中国检察官文联年鉴

2013

《中国检察官文联年鉴》编委会

中国检察出版社

图书在版编目（CIP）数据

中国检察官文联年鉴．2013/《中国检察官文联年鉴》编委会编．—北京：
中国检察出版社，2014．12
ISBN 978-7-5102-1328-1

Ⅰ．①中… Ⅱ．①中… Ⅲ．①检察官－工作－中国－2013－年鉴
Ⅳ．①D926．3-54

中国版本图书馆 CIP 数据核字（2014）第 274475 号

中国检察官文联年鉴（2013）

《中国检察官文联年鉴》编委会

出版发行：中国检察出版社
社　　址：北京市石景山区香山南路 111 号（100144）
网　　址：中国检察出版社（www.zgjccbs.com）
编辑电话：（010）68658769
发行电话：（010）68650029
经　　销：新华书店
印　　刷：中煤涿州制图印刷厂北京分厂
开　　本：889 mm × 1194 mm　16 开
印　　张：53 印张　插页 96
字　　数：1217 千字
版　　次：2014 年 12 月第一版　2014 年 12 月第一次印刷
书　　号：ISBN 978-7-5102-1328-1
定　　价：350.00 元

《中国检察官文联年鉴》（2013）
编辑委员会

委　员：

陈晓颖　河北省检察官文联主席，中国检察官文联常委，河北省人民检察院党组副书记、常务副检察长

王满春　山西省检察官文联主席，中国检察官文联常委，山西省人大常委会委员、法工委主任，山西省人民检察院原党组副书记、常务副检察长

韦亚力　内蒙古检察官文联主席，中国检察官文联常委，内蒙古自治区人民检察院党组副书记、常务副检察长

闫建成　辽宁省检察官文联主席，中国检察官文联常委，辽宁省人民检察院党组副书记、常务副检察长

陈凤超　吉林省检察官文联主席，中国检察官文联常委，吉林省人民检察院党组副书记、常务副检察长

车承军　黑龙江省检察官文联主席，中国检察官文联常委，黑龙江省人民检察院党组副书记、副检察长

任　国　浙江省检察官文联主席，中国检察官文联常委，浙江省人民检察院党组成员、政治部主任

陈怀安　安徽省检察官文联主席，中国检察官文联常委，安徽省政协常委、提案委副主任，安徽省人民检察院原党组副书记、常务副检察长

郑京水　福建省检察文联主席，中国检察官文联常委，国家检察官学院福建分院常务副院长

张国臣　河南省检察官文联主席，中国检察官文联常委，河南省人民检察院党组副书记、常务副检察长

徐汉明　湖北省检察文联主席，中国检察官文联常委，湖北省政协社法委主任，湖北省人民检察院原党组副书记、常务副检察长

卢乐云　湖南省检察官文联主席，中国检察官文联常委，湖南省人民检察院党组副书记、副检察长

陈　武　广东省检察官文联主席，中国检察官文联常委，广东省人民检察院党组副书记、常务副检察长

何　江　广西壮族自治区检察官文联主席，广西壮族自治区人民检察院原党组成员、政治部主任

黄卫国　海南省检察官文联主席，中国检察官文联常委，海南省人民检察院原党组副书记、常务副检察长

郭　彦　四川省检察官文联主席，中国检察官文联常委，四川省人民检察院党组成员、副检察长

叶亚玲　贵州省检察官文联主席，中国检察官文联常委，贵州省人民检察院党组成员、副检察长

肖　卓　云南省检察官文联主席，中国检察官文联常委，云南省人民检察院党组副书记、常务副检察长

崔明生　陕西省检察官文联主席，中国检察官文联常委，陕西省政府参事，陕西省人民检察院原党组副书记、常务副检察长

高继明　甘肃省检察官文联主席，中国检察官文联常委，甘肃省人民检察院党组副书记、副检察长

戴　军　青海省检察官文联主席，中国检察官文联常委，青海省人民检察院党组成员、政治部主任

汪　敬　宁夏回族自治区检察官文联主席，中国检察官文联常委，宁夏回族自治区人民检察院党组副书记、常务副检察长

占　堆　西藏自治区检察官文联主席，中国检察官文联常委，西藏自治区人民检察院党组成员、副检察长

马愿军　新疆生产建设兵团检察官文联主席，中国检察官文联常委，新疆生产建设兵团人民检察院原党组成员、副检察长

《中国检察官文联年鉴》(2013)
编　辑　部

《中国检察官文联年鉴》(2013)
撰稿人名单

（按姓氏笔画排序）

《中国检察官文联年鉴》(2013)
核稿人名单

（按姓氏笔画排序）

《中国检察官文联年鉴》（2013）
工作人员

金　俐　张凌威　王丽燕　南　娟　杨　磊

《中国检察官文联年鉴》（2013）
摄影作者名单

（按姓氏笔画排序）

马旭华	方　方	毛奕宏	王　建	王　静	王春龙	王晗雅	王福方	乔海东
刘春荣	刘铁猛	刘得秀	朱　璇	江　泳	许振聪	过　虹	严惠平	何新强
吴勇海	张　宁	张　昊	张　淦	张升臣	张建文	李　莉	李　爽	李大伟
李圣轩	李志强	李连丰	李晓辉	杜　平	杨　华	杨　磊	杨凤杰	陈正明
孟国庆	郑元君	姜　宏	赵阳平	钟　波	秦　天	谈　磊	曹华军	黄建军

《中国检察官文联年鉴》（2013）
理事单位名单

副理事长单位：北京法政实业集团有限公司
明达意航企业集团有限公司

理　事　单　位：中安思茹国际投资有限公司
北京网高科技股份有限公司
北京海剑理灵影视文化传播有限公司
北京博睿勤科技发展有限公司

编辑说明

一、《中国检察官文联年鉴》（2013）由中国检察官文学艺术联合会（以下简称中国检察官文联）主办，中国检察官文联、中国检察出版社联合编辑出版。《中国检察官文联年鉴》（2013）是一部全面反映各级检察机关文化艺术工作开展情况的综合性年刊，今年是第二卷，面向全国发行。

二、《中国检察官文联年鉴》（2013）以邓小平理论和“三个代表”重要思想为指导，全面落实科学发展观，认真贯彻落实党的十八大精神，力求全面、准确、客观、真实地反映全国检察机关文化艺术建设的丰硕成果，检察官文联建设的工作情况，以发挥年鉴的资治、宣传、交流、存史作用，总结经验，加强交流，不断开创检察官文联工作新局面。

三、《中国检察官文联年鉴》（2013）采用篇目、类目、分目、条目四级编辑体例，基本表现形式为条目，图、文、表有机结合。讲话、文献资料的收录，以时间顺序为原则。年鉴收录资料，本着尊重历史，尊重各单位经审核签发稿件为原则进行编辑。

《特载》：最高人民检察院领导同志2012年关于检察文化艺术工作的讲话资料。

《中国检察官文学艺术联合会》：中国检察官文联2012年度工作开展情况。

《中国检察官文学艺术联合会团体会员》：2011年成立或换届的8个省级检察官文联和2012年度成立的16个省级检察官文联检察文化艺术工作情况。

《各省、自治区、直辖市检察官文学艺术联合会筹备组，新疆生产建设兵团检察官文学艺术联合会筹备组》：各省级检察官文学艺术联合会筹备组2012年检察文化艺术工作情况。

《中国检察官文联年鉴》（2013）内容翔实、数据准确、覆盖面广、史料性强，是各级检察官文联及相关部门、单位必备的参考工具书。

Content

目　录

一、特　　载

文　件

讲　话

会　议

资　料

二、中国检察官文学艺术联合会

讲　话

文　　件

综　　述

会　　议

理论研究

文化艺术活动

重要奖项

文化交流

作品选载

三、中国检察官文学艺术联合会团体会员

河南省检察官文学艺术联合会

河南省检察官文学艺术联合会二届二次全委会

讲　话

资　料

河南省检察文化艺术工作情况

河北省检察官文学艺术联合会

资　料

河北省检察文化艺术工作情况

湖北省检察文学艺术联合会

湖北省检察文化艺术工作情况

江苏省检察官文学艺术联合会

资　料

江苏省检察文化艺术工作情况

吉林省检察官文学艺术联合会

资　料

吉林省检察文化艺术工作情况

海南省检察官文学艺术联合会

海南省检察文化艺术工作情况

安徽省检察官文学艺术联合会

安徽省检察文化艺术工作情况

山西省检察官文学艺术联合会

山西省检察文化艺术工作情况

北京市检察官文学艺术联合会

北京市检察官文学艺术联合会第一次会员代表大会

讲　话

资　料

北京市检察文化艺术工作情况

天津市检察官文学艺术联合会

天津市检察官文学艺术联合会第一次会员代表大会

讲　　话

资　　料

天津市检察文化艺术工作情况

浙江省检察官文学艺术联合会

浙江省检察官文学艺术联合会第一次会员代表大会

讲　话

资　料

浙江省检察文化艺术工作情况

上海市检察官文学艺术联合会

上海市检察官文学艺术联合会第一次会员代表大会

讲　话

资　料

上海市检察文化艺术工作情况

陕西省检察官文学艺术联合会

陕西省检察官文学艺术联合会第一次会员代表大会

讲　话

资　料

陕西省检察文化艺术工作情况

新疆维吾尔自治区检察官文学艺术联合会

新疆维吾尔自治区检察官文学艺术联合会第一次会员代表大会

讲　话

山东省检察官文学艺术联合会

山东省检察官文学艺术联合会第一次会员代表大会

讲　话

资　料

山东省检察文化艺术工作情况

江西省检察官文学艺术联合会

江西省检察官文学艺术联合会第一次会员代表大会

讲　话

资　料

江西省检察文化艺术工作情况

四川省检察官文学艺术联合会

四川省检察官文学艺术联合会第一次会员代表大会

讲　话

资　料

四川省检察文化艺术工作情况

福建省检察文学艺术联合会

福建省检察文学艺术联合会第一次会员代表大会

讲　话

资　料

福建省检察文化艺术工作情况

宁夏回族自治区检察官文学艺术联合会

宁夏回族自治区检察官文学艺术联合会第一次会员代表大会

讲　话

资　料

宁夏回族自治区检察文化艺术工作情况

内蒙古检察官文学艺术联合会

内蒙古检察官文学艺术联合会第一次会员代表大会

讲　话

资　料

内蒙古自治区检察文化艺术工作情况

黑龙江省检察官文学艺术联合会

黑龙江省检察官文学艺术联合会第一次会员代表大会

讲　话

资　　料

黑龙江省检察文化艺术工作情况

湖南省检察官文学艺术联合会

湖南省检察官文学艺术联合会第一次会员代表大会

讲　　话

资　　料

湖南省检察文化艺术工作情况

辽宁省检察官文学艺术联合会

辽宁省检察官文学艺术联合会第一次会员代表大会

讲　　话

资　　料

辽宁省检察文化艺术工作情况

重庆市检察官文学艺术联合会

重庆市检察官文学艺术联合会第一次会员代表大会

讲　话

资　料

重庆市检察文化艺术工作情况

四、各省、自治区、直辖市检察官文学艺术联合会筹备组，新疆生产建设兵团检察官文学艺术联合会筹备组

广东省检察官文学艺术联合会筹备组

检察官文联筹备

检察文化艺术工作情况

广西壮族自治区检察官文学艺术联合会筹备组

检察文化艺术工作情况

贵州省检察官文学艺术联合会筹备组

检察文化艺术工作情况

云南省检察官文学艺术联合会筹备组

检察文化艺术工作情况

青海省检察官文学艺术联合会筹备组

检察官文联筹备

检察文化艺术工作情况

甘肃省检察官文学艺术联合会筹备组

检察官文联筹备

检察文化艺术工作情况

新疆生产建设兵团检察官文学艺术联合会筹备组

检察文化艺术工作情况

五、中国检察官文学艺术联合会大事记

彩色插页

一、特　载

文　件

最高人民检察院关于深入贯彻落实党的十八大精神进一步加强检察文化建设的决定

（2012 年 11 月）

党的十八大对坚定不移走中国特色社会主义文化发展道路，推动社会主义文化大发展大繁荣，建设社会主义文化强国作出了重大部署。为深入贯彻落实党的十八大精神，进一步加强检察文化建设，促进检察工作和队伍建设不断科学发展，最高人民检察院作出如下决定。

一、充分认识加强检察文化建设的重要性和紧迫性，进一步增强推进检察文化建设的自觉性和主动性

1. 加强检察文化建设是贯彻落实中央要求、服务建设中国特色社会主义文化强国战略的重大举措。党的十八大报告指出，文化是民族的血脉，是人民的精神家园，是国家发展和民族振兴的强大力量。社会主义先进文化是马克思主义政党思想精神上的旗帜，是中国特色社会主义事业的重要精神支撑。我们党历来高度重视文化建设，在革命、建设、改革各个历史时期，都注重发挥文化引领风尚、教育人民、服务社会、推动发展的作用，有力推动了党和人民事业发展。检察机关作为国家法律监督机关，既是社会主义先进文化的建设者和推动者，也是社会主义先进文化的保障者、捍卫者，一定要从全局和战略的高度，切实加强和推动检察文化建设，为实现文化强国战略作出积极贡献。

2. 加强检察文化建设是适应新形势新要求、推动检察工作全面协调可持续发展的重要保障。检察文化建设涵盖思想政治建设、执法理念建设、行为规范建设、职业道德建设、职业形象建设等方面，是提高检察队伍法律监督能力、促进检察工作创新发展的重要载体和有效抓手。各级检察机关要不断深化对检察工作规律性的认识，积极探索和正确把握检察文化建设规律，以更加务实创新的精神、更加扎实有效的措施，充分发挥检察文化的教育、规范、约束、激励作用，进一步提升凝聚力、向心力、战斗力，为促进经济社会科学发展提供有力的司法保障。

3. 加强检察文化建设是强化队伍整体素质、提升检察机关执法公信力的重要途径。执法公信力是检察机关的生命线，是检察队伍职业素质和职业形象的集中体现。为造就一支高素质检察队伍，检察机关持续开展了一系列教育实践活动，有力提升了整体素质和执法公信力。但仍存在个别检察人员执法不严格、不公正、不规范、不文明，甚至违纪违法，究其症结都与文化素质和道德修养密切相关。实践证明，文化的作用更具渗透力和感召力，更具持久性和实效性。各级检察机关要把文化建设作为队伍建设的重要内容，坚决克服对文化建设存在的模糊认识，大力推进文化育检战略，有效提高检察人员的思想境界、职业操守、法律素养，树立理性、平和、文明、规范的良好执法形象，不断提升检察机关执法公信力。

二、始终坚持正确的政治方向，大力繁荣发展中国特色社会主义检察文化

4. 正确把握检察文化建设的总体要求。检察文化是社会主义文化的重要组成部分，是推动检察事业科学发展的动力源泉。繁荣发展检察文化，必须高举中国特色社会主义伟大旗帜，坚持以马克思主义、毛泽东思想、邓小平理论、“三个代表”重要思想和科学发展观为指导，坚持社会主义先进文化前进方向，按照建设社会主义核心价值体系的要求，牢固树立社会主义法治理念，以服务和推进检察事业科学发展为根本，以培育和践行政法干警核心价值观为重点，以提高检察队伍素质和执法公信力为目标，以群众性文化活动为载体，以改革创新为动力，紧贴检察工作和队伍建设实际，突出检察人员的主体地位，大力加强检察文化建设，逐步探索建立中国特色社会主义检察文化理论体系，为推动中国特色社会主义检察事业科学发展提供精神动力、舆论支持、文化保障。

5. 进一步明确检察文化建设的目标任务。通过开展检察文化建设，社会主义核心价值体系建设深入推进，检察人员职业信仰进一步坚定；社会主义法治理念和政法干警核心价值观持续深化，检察职业精神进一步弘扬；正确发展理念和执法理念得到强化，检察职业素质进一步提高；执法规范化建设深入推进，检察职业行为进一步规范；检察宣传工作力度加大，检察职业形象进一步提升；检察文化理论体系逐步确立，文化建设机制不断健全，文化活动丰富多采、文学艺术繁荣发展；检察文化建设阵地固定，基础设施齐备，物质保障有力；检察文化建设围绕中心、服务大局成效明显，促进各项检察工作健康发展。

6. 始终坚持检察文化建设的基本原则。坚持以中国特色社会主义理论体系为指导，持续用马克思主义中国化的理论成果武装头脑、指导实践，确保检察文化建设正确的发展方向；坚持“二为”方向和“双百”方针，坚持服务检察中心工作，切实把文化建设融入检察工作方方面面，有效提高检察队伍法律监督能力，推动检察事业科学发展；坚持以人为本、以我为主、眼睛向内，突出检察官的主体地位，贴近检察人员思想、工作和生活实际，形成共谋共建共享、全员参与的文化建设格局，促进人的全面发展；坚持重心向下、因地制宜，依托地方文化、历史等特色资源，突出基层文化建设，尊重基层首创精神，充分发挥基层文化建设的主观能动性和创造性；坚持与时俱进、改革创新，学习中外先进法治文明，借鉴各行业文化优秀成果，积极推进检察文化理论、内容、载体和机制创新，努力提高检察文化建设科学化水平。

三、大力加强检察思想政治建设，夯实公正执法的思想理论基础

7. 弘扬社会主义核心价值体系。社会主义核心价值体系是兴国之魂。坚持用社会主义核心价值体系统领检察文化建设，用马克思主义中国化最新成果武装头脑，用中国特色社会主义共同理想凝聚力量，用以爱国主义为核心的民族精神和以改革创新为核心的时代精神鼓舞斗志，用社会主义荣辱观引领风尚。坚持知行合一，注重实践养成，把社会主义核心价值体系融入检察文化建设全过程，引导和促进检察人员坚定理想信念和职业信仰，做中国特色社会主义事业的建设者、捍卫者和社会公平正义的守护者。

8. 践行政法干警核心价值观。政法干警核心价值观是社会主义法治文化的精髓。坚持把培育和践行政法干警核心价值观作为根本任务，结合检察实践，在准确理解、正确把握、自觉践行政法干警核心价值观的科学内涵和本质要求上下功夫，坚持用政法干警核心价值观引领检察工作和队伍建设，大力弘扬和培育检察职业精神，真正使政法干警核心价值观内化于心、外践于行，成为全体检察人员共同的精神力量、职业操守和行为准则。

9. 树立正确的发展理念和执法理念。坚持深入学习实践科学发展观，把科学发展观的根本要求转化为检察工作的正确发展理念。持续深化社会主义法治理念教育，坚决纠正不正确的执法理念。系统总结和概括发展、完善中国特色社会主义检察制度实践中形成的重要思想和观点，紧紧围绕“四个维护、两个促进”的根本目标，牢固树立“六观”，自觉坚持“六个有机统一”，切实做到“四个必须”，不断统一执法思想，更新执法理念，改进执法方式，规范执法行为，加强执法管理，实现执法公正。

四、深入推进检察职业素质建设，不断提升检察机关执法公信力

10. 提升执法能力。认真落实《“十二五”时期全国检察教育培训规划》，按照“干什么、训什么、缺什么、补什么”的原则，分级分类开展领导素能培训、任职资格培训、专项业务培训和岗位技能培训，重点抓好执法办案一线人员培训和基层检察人员全员轮训，着力提高侦查突破案件、收集固定证据、适用法律政策、调处矛盾纠纷、处置突发事件、做好群众工作、舆情应对引导等能力。坚持以队伍专业化推动能力建设，加快培养检察业务专家、各类专门业务尖子、办案能手。深化“建设学习型党组织、创建学习型检察院”活动，建立完善长效学习机制，引导检察人员坚持学习、善于学习、终身学习，不断更新知识结构，提高法律监督能力。

11. 规范执法行为。突出重点岗位和关键环节，不断完善执法制度，建立涵盖各业务部门和工作环节的统一、完备、权威的业务工作规范体系。认真贯彻执行《检察机关执法工作基本规范》和《检察官职业行为基本规范（试行）》等规范性文件，确保执法规范，促进执法公正。落实《中华人民共和国检察官职业道德基本准则（试行）》、《检察机关文明用语规则》等各项规定，大力推广检察官宣誓制度，统一规范检察职业礼仪，加强文化素养培训，以文明的举止、规范的用语开展执法工作。注重提升各项制度的执行力，建立健全教育、宣传、自律、监督、考核并重的实施机制，保障执法工作规范运行。

12. 转变执法作风。坚持从严治检，切实解决执法工作中存在的不公、不廉、违法办案等突出问题，永葆检察队伍的政治本色和先进性、纯洁性。认真落实党风廉政建设责任制，推行廉政风险防控机制，落实和完善领导干部廉洁从检若干规定等制度，加快建设科学严密、完备管用的检察机关惩治和预防腐败体系。注重思想教育和作风整顿，坚持治理机关庸、懒、散现象，坚持不懈地反对特权思想、霸道作风，加大检务督察工作力度，专项治理群众反映强烈的突出问题。大力加强廉政文化建设，深入开展岗位廉政教育和反面警示教育，推动检察机关纪律作风和反腐倡廉教育制度化、常态化，筑牢检察人员拒腐防变的思想防线。

13. 塑造执法形象。牢牢把握正确舆论导向，坚持团结稳定鼓劲、正面宣传，努力提升检察机关舆论引导的及时性、权威性和公信力、影响力。紧紧围绕检察中心工作和重大工作部署，充分发挥《检察日报》等检察机关所属新闻媒体的主阵地、主渠道作用，积极争取中央和地方主流新闻媒体的支持，不断拓展宣传平台，打造宣传品牌，大力开展对检察职能、检察队伍建设、检察改革和检察业务工作的全方位宣传，为检察事业科学发展营造良好的社会舆论氛围。继续深化检务公开，大力推行“阳光检察”、“检察开放日”等活动，不断提高检察工作的透明度，让人民群众充分了解检察机关，热情支持检察工作。结合创先争优活动，大力宣传体现检察职业特点和时代精神的先进典型，弘扬检察职业道德，培育检察职业精神，树立良好执法形象。

五、着力创新文化建设载体和内容，进一步增强检察文化发展的活力和凝聚力

14. 深化理论研究。紧密结合检察文化建设实践，坚持以马克思主义文化理论和法治理论为指导，组织力量有计划地开展专题研究，从哲学、政治学、法学、文化学、伦理学、管理学等多学科的视角，从历史与现实、理论与实践、现状与未来等多个层面，重点围绕检察文化的基本内涵、性质特征、功能作用、发展规律等深入研究，科学回答“什么是中国特色社会主义检察文化”“为什么建设中国特色社会主义检察文化”“怎样建设中国特色社会主义检察文化”等基础理论问题，推出一批有见解、有深度、高质量、较为系统的检察文化理论成果，逐步形成中国特色社会主义检察文化理论体系，为推动检察文化建设提供科学理论指导。

15. 培育检察文化品牌。坚持把创新载体、培育检察文化品牌作为检察文化建设的重要目标和关键环节，全面提升检察文化品味和吸引力。组织成立各类文艺团体和兴趣小组，广泛开展学习论坛、学术交流、文化沙龙、有奖征文、知识竞赛、技能比武等各类学习交流活动，有效提高检察人员的文化素养和业务技能。坚持把满足检察人员不断增长的精神需求作为重要目标，结合检察机关特点，以重要节日、重大纪念活动为契机，开展经常性文化、体育活动，努力提升检察人员的审美情趣，铸造人文精神。精心组织具有地方特色的“检察官文化节”、“检察艺术节”、“检察文化建设巡礼”等综合文艺活动，形成检察文化品牌，打造检察形象名片，向社会集中展示检察机关良好精神风貌。高检院将适时举办全国性书画、摄影、体育比赛、文艺调演等文化活动，整体推进各地检察文化建设。

16. 推出更多优秀检察文学艺术作品。创作生产无愧于时代、人民和历史的优秀作品，是文化繁荣发展的重要标志，也是检察文化建设的一项重要任务。积极组织、鼓励和支持有创作能力和艺术专长的检察人员，主动邀请社会文学艺术家贴近检察生活、贴近检察人员、贴近基层一线，以充沛的激情、生动的笔触、优美的旋律、感人的形象，创作生产思想性、艺术性、观赏性相统一的检察文学艺术精品。充分发挥检察文艺作品教育人、鼓舞人、激励人的作用，鼓励一切有利于陶冶情操、愉悦身心、寓教于乐的文学艺术创作，自觉抵制低俗、庸俗之风，不断扩大检察文化的影响力和受众面。

17. 发展检察网络文化。认真贯彻积极利用、科学发展、依法管理、确保安全的方针，切实加强网络思想文化阵地建设，唱响主旋律。充分利用检察专线网和局域网，通过建立网上图书室、开设网上论坛、网络课堂等，开阔检察人员视野，增大信息量，提高工作效率。通过统一设置"阳光检务"、"网上接待室"、"检察官便民服务站"，把检察机关门户网站建成检务公开和便民服务的权威平台。鼓励和引导检察人员创作生产更多更好的网络文化作品，打造富有检察特色、能充分满足广大检察人员和人民群众精神文化需求的网络文化精品。建设好、发展好、利用好检察文化建设网，传播检察文化、提供检察服务、丰富精神生活、引导主流舆论，为检察文化发展注入新动力，努力营造文明健康、积极向上的网络文化氛围，打造检察人员网上精神家园。

18. 营造和谐文化。坚持把和谐理念、和谐精神融入文化建设，坚持以人为本，注重人文关怀和心理疏导，加强心理健康教育，建立健全检察人员定期体检和心理咨询制度，努力改善检察人员的身体和心理素质，实现检察人员内心和谐。广泛开展和谐机关、和谐处室创建活动，积极营造团结信任、和谐共事的良好氛围，实现检察机关内部和谐。重视与人民法院、公安机关等部门联系沟通，建立良好的互动协调工作机制，创造和谐的外部工作环境。

六、扎实推动检察文化基础设施建设，积极营造团结和谐向上的工作环境

19. 打造办公区域法治文化。按照规模适当、庄重实用、布局规范、功能齐备的总体要求，加强检察机关办公区域的文化设施建设。坚持检察机关法律监督职能定位，结合地方实际和地域文化特点，量力而行，建设体现检察特色、彰显法治内涵、富有文化底蕴的文化长廊、文化橱窗、文化庭院、警示教育基地、雕塑雕像、附属建筑等，打造办公区域的文化氛围。广泛调动广大检察人员的积极性和能动性，参与设计、规划、制作反映检察工作理念、检察职业精神、廉政勤政要求的格言警句、文字标识和电子显示屏，大力营造庄重和谐、健康向上、文化气息浓郁的办公环境。

20. 建设文化活动阵地。既要充分利用社会资源开展检察文化活动，又要坚持以我为主、因地制宜、简便易行，积极建设检察机关自己的文化阵地，构筑形式多样的检察文化活动阵地。探索创办内部刊物，编辑出版业务论文、理论成果，与新闻媒体联合开办检察官专栏，为检察人员展示才华提供平台。加强机关局域网建设，设置检察文化专栏，打造文化建设新阵地。丰富和完善图书馆、阅览室建设，设立"检察官书架"，为检察人员工作和学习创造良好条件。建立检察官俱乐部，修建健身房、乒乓球、羽毛球馆等体育设施，为开展经常性文化活动提供阵地。

21. 建立和完善检察陈列室（馆）。坚持把深入学习、研究检察史作为汲取历史营养和精华的重要途径，重视对检察历史资料的搜集、整理、研究和利用，深入挖掘检察历史文化传承，不断丰富检察文化特性和文化内涵，展示检察文化的成长环境、发展历程和深厚底蕴。通过建立检察历史陈列室、院史馆（室）、荣誉室、编辑出版检察志等多种方式，引领检察人员继承和弘扬检察优良传统和职业操守，增进检察人员对检察制度、检察事业的政治认同、理论认同和感情认同，激发职业使命感、荣誉感和归属感。

七、切实加强组织领导，努力提高检察文化建设科学化水平

22. 落实领导责任。坚持把文化建设摆在全局工作的重要位置，做到与业务工作同部署、同检查、同考核，深入研究文化建设中的新情况、新特点，及时解决存在的困难和问题。建立健全检察文化建设领导机制，坚持检察长亲自抓，分管领导重点抓，检察政工职能部门和牵头单位具体抓，相关部门协作抓，各群团组织积极参与，形成职责明晰、分工负责、齐抓共管的工作格局。检察官文学艺术联合会要在各级检察院党组的领导和政工部门的指导下开展文化活动。领导干部要带头学习，提高文化修养，努力成为领导文化建设的行家里手。

23. 强化队伍建设。配好配齐文化工作领导干部，加快培养造就一支德才兼备、锐意创新、结构合理、规模适当的高素质检察文化人才队伍。加强基层文化人才队伍建设，在机构编制、业务培训、工作机制、政治待遇、表彰奖励等方面给予支持保障，鼓励基层检察人员参与检察文化建设和群众性文化活动，形成专兼结合的基层文化工作队伍。坚持“尊重、包容、服务、引导”的方针，在充分发挥检察文化资源的同时，加强与文艺界的沟通交流，整合社会资源，凝聚各方面人才共同繁荣发展检察文化。检察文艺工作者要加强自身修养，做道德品行和人格操守的示范者。

24. 开展考评考核。上级检察院要加强对下工作指导和督促检查，强化责任落实，做到目标、任务、措施细化和具体化，确保每项工作分工明确、责任清晰、落实到位。强化监督检查，建立健全文化建设考核机制，兼顾地域经济、历史、文化等方面的差异，从组织领导、文化载体、制度保障、工作效果等方面，细化检察文化建设标准，实行量化考核。强化奖惩激励，把文化发展成效纳入检察工作考核体系，综合进行考评，作为衡量领导班子和领导干部工作业绩的重要依据，制定相应的绩效考核和奖惩办法。充分发挥检察文化建设示范单位的典型引导作用，制定完善检察文化建设示范单位的评定标准和奖励机制，整体推进检察文化建设。

25. 加强经费保障。积极争取地方党委政府的支持，加强与相关职能部门的沟通协调，将检察文化建设经费纳入财政经费预算，确保基本经费投入年年有预算。发挥各地检察文联的社团组织优势，把握公益性特点，按照量力而行、规范运行的要求，不断探索拓宽检察文化建设的经费来源渠道，为开展经常性文化活动提供有力的经费支持。

讲　话

在全国检察机关文化建设工作会议上的讲话

（2012年6月19日）

胡泽君

同志们：

在全党全国喜迎党的十八大胜利召开、隆重纪念毛泽东同志《在延安文艺座谈会上的讲话》发表70周年之际，高检院党组决定召开全国检察机关首次文化建设工作会议，这是深入推进检察文化建设、促进检察事业科学发展的一次重要会议。会议的主要任务是，深入学习贯彻党的十七大、十七届六中全会精神，回顾总结党的十七大以来检察机关文化建设的基本经验，分析面临的形势任务，研究部署当前和今后一个时期加强检察机关文化建设的思路和措施，在新的历史起点上繁荣发展检察文化。高检院党组对检察文化建设高度重视，专门听取会议筹备情况汇报并提出明确要求。吉林省委对这次会议十分重视和支持，省委副书记、省长王儒林同志和有关领导同志亲自出席会议，王儒林省长作了热情洋溢的致辞。中央政法委、中宣部、最高法院、公安部、司法部等有关单位负责同志，以及中央有关新闻单位派员出席会议。在这里，我代表最高人民检察院党组和曹建明检察长，对长期关心、支持检察工作的吉林省委、省政府和各级党委、政府及社会各界，以及为这次会议付出辛勤劳动的吉林省各级检察院的同志们表示衷心的感谢！

党的十七大以来，全国各级检察机关认真贯彻落实中央关于推动社会主义文化大发展大繁荣的一系列精神，根据高检院党组的部署，坚持把文化建设作为推进检察事业发展和加强队伍建设的有效载体和重要抓手，大力实施文化育检战略，深入开展学习实践科学发展观活动，推进社会主义核心价值体系建设，深化社会主义法治理念教育，着力培育检察职业精神，促进了检察工作正确执法理念和发展观念的进一步确立；全面细化、落实执法规范化建设的各项要求，着力规范检察职业行为，促进了理性、平和、文明、规范执法；广泛开展特色检察文化活动，着力创新文化载体，推动了检察机关精神文明建设；宣传在全国有影响的检察先进单位和英模人物，着力营造良好舆论环境，树立了检察机关良好形象；研究推出有深度、高质量的理论成果，着力加强检察文化理论研究，完善了中国特色社会主义检察文化理论体系；建立健全文化建设各项制度规范，着力提供制度保障，提升了检察文化建设科学化水平。检察文化建设呈现出整体推进、蓬勃发展的良好态势，涌现出一批载体丰富、特色鲜明、成效显著的文化建设示范院，这次受表彰的单位和个人就是其中的优秀代表。在此，我代表高检院党组向首批评定的全国检察文化建设示范院，向参加纪念人民检察制度创立80周年系列活动获奖的单位和个人表示热烈祝贺！向辛勤工作在检察文化战线、为繁荣发展检察文化付出艰苦努力和积极奉献的同志们表示亲切慰问！

下面，我受党组和曹建明检察长的委托，讲几点意见：

一、深入学习贯彻党的十七届六中全会精神，从全局和战略高度充分认识加强检察文化建设的重要性和紧迫性，进一步增强推进检察文化建设的自觉性和主动性

党的十七届六中全会坚持我们党的崇高理想，把握文化发展趋势，展望文化发展前景，强调要培养高度的文化自觉和文化自信，努力建设中国特色社会主义文化强国。全会通过的《中共中央关于深化文化体制改革推动社会主义文化大发展大繁荣若干重大问题的决定》，对推进文化改革发展作出全面安排部署，是当前和今后一个时期指导我国文化改革发展的纲领性文件，是繁荣发展检察文化的基本遵循。各级检察机关要从建设中国特色社会主义文化强国、促进检察事业科学发展的高度，深刻认识加强检察文化建设的重要战略意义，切实增强文化自觉和文化自信，更大力度地推动中国特色社会主义检察文化不断繁荣发展。

（一）加强检察文化建设，是贯彻落实中央要求、服务建设中国特色社会主义文化强国战略的重大举措。文化是民族的血脉，是人民的精神家园，是国家发展和民族振兴的强大力量。我们党历来高度重视文化建设，注重发挥先进文化引领前进方向、凝聚奋斗力量的重大作用，有力推动了党和人民事业发展。70年前，在延安召开的文艺座谈会是我们党领导文化工作的一个重要里程碑。毛泽东同志在座谈会上发表了著名的重要讲话，站在历史的高度，把马克思主义基本原理同中国革命文艺实践创造性地结合起来，深刻阐述了文艺要为人民大众服务等中国革命文艺运动中的一系列重大问题，指引、推动了文艺事业的健康发展，为我国革命、建设、改革提供了强大的精神力量。《讲话》始终闪耀着伟大的真理光芒，《讲话》所指明的方向和道路始终是我国文艺事业发展必须遵循的正确方向和道路。在改革开放的新形势下，邓小平、江泽民、胡锦涛等党和国家领导人继承和发展《讲话》精神，高度重视文化对中国特色社会主义事业的精神支撑作用，就加强社会主义先进文化建设提出了一系列重要的新思想新论断，为推进社会主义文化事业指明了方向。当今时代，文化日益成为综合国力竞争的重要因素。只有占据了文化发展的制高点，才能在激烈的国际竞争中掌握主动权。十七届六中全会站在新的历史起点上，提出了建设社会主义文化强国的战略目标，充分体现了我们党高度的文化自觉和文化自信，标志着我国文化改革发展进入新的历史时期。我们要深刻认识到，建设社会主义文化强国关系实现全面建设小康社会奋斗目标，关系坚持和发展中国特色社会主义，关系实现中华民族伟大复兴，是全党全国各族人民共同的历史责任和神圣使命。检察机关作为国家法律监督机关，既是社会主义先进文化的建设者和推动者，也是社会主义先进文化的保障者、捍卫者，要更加自觉地把检察文化建设纳入社会主义文化建设的总体布局，不断加强和改进检察文化建设，为实现文化强国战略作出应有的贡献。

（二）加强检察文化建设，是适应新形势新要求、推动检察工作全面协调可持续发展的重要保障。当前，我国正处在经济转轨、社会转型的关键时期，检察机关肩负的责任日益繁重而艰巨。党中央对做好新形势下的检察工作高度重视，胡锦涛总书记等中央领导同志多次作出重要指示，对检察机关忠实履行法律监督职责，提出了殷切希望和新的更高要求，广大人民群众和社会各界越来越高度关注法律监督工作，对检察机关进一步发挥职能作用，切实维护人民群众合法权益、维护社会公平正义、促进社会和谐稳定、促进经济平稳较快发展充满期待。落实好中央领导同志的重要指示精神，回应人民群众对检察工作的关切和期盼，在新的历史起点上推动检察工作，关键是要在强化法律监督、强化自身监督、强化队伍建设上下功夫，牢固树立“六观”，自觉践行“六个有机统一”。必须大力加强检察文化建设，充分发挥检察文化对检察事业的精神支撑作用。要积极探索和正确把握检察文化建设规律，以更加务实创新的精神，更加扎实有效的措施，进一步加强检察文化建设，切实增强检察机关的凝聚力、向心力、战斗力，为促进经济社会科学发展提供有力的司法保障。

（三）加强检察文化建设，是强化队伍整体素质、提升检察机关执法公信力的重要途径。执法公信力是检察机关的立身之本，是检察队伍职业素质和职业形象的集中体现。长期以来，检察机关始终把造就高素质检察队伍作为事关根本的战略任务，持续开展了一系列教育实践活动，检察队伍的整体素质和执法公信力有了明显提高。随着世情、国情、党情的深刻变化，受多元化思想和复杂执法环境的影响，极少数检察人员执法不严格、不公正、不规范、不文明，甚至违纪违法，严重损害了检察机关的形象。从根本上解决检察队伍中存在的问题，关键是要在提高队伍的素质上下功夫。各级检察机关要坚持不懈地用先进文化武装检察队伍，在春风化雨、润物无声中，切实提高检察人员的思想境界、职业操守、法律素养、执法能力，树立理性、平和、文明、规范的良好执法形象，不断提升检察机关执法公信力。

二、始终坚持正确的发展方向，进一步明确新形势下加强和改进检察文化建设的总体思路和基本原则

中国特色社会主义先进文化孕育于中国特色社会主义事业的伟大实践之中，是推动中国特色社会主义事业发展的精神动力。中国特色社会主义检察文化是检察机关在长期法律监督实践和管理活动中逐步形成的与中国特色社会主义检察制度相关的思想观念、职业精神、道德规范和行为方式以及相关载体和物质表现的总和，是中国特色社会主义先进文化的重要组成部分，集中反映了检察制度的内涵和本质，伴随着中国特色社会主义检察事业的发展进步而不断丰富完善，对检察事业起着基础性和长期性的推动作用。

根据党的十七大、十七届六中全会精神，结合检察机关实际，当前和今后一个时期检察文化建设的总体思路是：高举中国特色社会主义伟大旗帜，坚持以邓小平理论和“三个代表”重要思想为指导，深入贯彻落实科学发展观，坚持社会主义先进文化前进方向，坚持社会主义核心价值体系，牢固树立社会主义法治理念，以服务和推进检察事业科学发展为根本，以培育和践行政法干警核心价值观为核心，以提高检察队伍素质和执法公信力为目标，以群众性文化活动为载体，以改革创新为动力，紧贴检察工作和队伍建设实际，突出检察人员的主体地位，大力加强检察文化建设，为推动中国特色社会主义检察事业科学发展提供精神动力、舆论支持、文化保障。繁荣发展中国特色社会主义检察文化，必须全面贯彻落实十七届六中全会精神，准确把握检察文化建设的发展定位和所应遵循的基本要求。

一是加强和改进检察文化建设，必须始终坚持以马克思主义为指导，坚定不移地坚持社会主义先进文化前进方向。胡锦涛总书记深刻指出，坚持以马克思主义为指导，以社会主义先进文化为引领，是中国特色社会主义文化最鲜明的特征，也是事关文化改革发展全局的根本问题。这就为我们加强检察文化建设，确保检察文化始终沿着正确的发展道路前进，指明了方向。检察文化建设必须始终坚持马克思主义在检察意识形态领域的指导地位，坚持用中国特色社会主义理论体系武装头脑，始终坚持“三个至上”、“四个在心中”，有效抵制各种错误政治观点、法治观念和腐朽思想的影响，确保检察文化建设正确的政治方向。

二是加强和改进检察文化建设，必须始终坚持围绕检察中心工作，服务和推动检察事业科学发展。检察文化建设是检察事业不可或缺的重要组成部分，归根到底是为检察工作服务的。服务党和国家工作大局，服务检察中心工作，是检察文化建设必须始终坚持的根本原则，偏离了这一点，检察文化建设就将迷失方向，失去重心。要坚持把检察文化建设置于检察事业发展的全局来思考、来谋划，善于用战略思维、开放视野、发展观点，统筹协调好检察工作发展、人才队伍发展和检察文化发展。要不断深化对检察工作规律性的认识，深化对检察文化建设规律性的认识，始终坚持坚定理想信念、提升职业素质、规范执法行为、塑造良好形象、推动工作发展的检察文化建设功能定位，把生动的检察实践作为文化发展不竭的动力源泉，进一步团结、凝聚、激励广大检察人员忠实履行法律监督职责，不断增进广大人民群众对检察工作的理解、信任和支持，努力开创检察工作新局面。

三是加强和改进检察文化建设，必须始终坚持检察文化建设的本质和作用，努力打造高素质检察队伍。检察文化建设是检察队伍建设的重要方面，要在凝聚检心检力、推动检察工作、营造良好氛围、更好履行法律赋予的职责上下功夫、见成效。各级检察机关要紧扣检察文化的本质要求，把培养、教育、激励、造就高素质检察队伍作为检察文化建设的根本任务，推动队伍建设不断发展进步。提高检察队伍建设的科学化水平，努力建设一支政治坚定、业务精通、作风优良、清正廉洁的高素质检察队伍。

四是加强和改进检察文化建设，必须始终坚持以人为本，突出检察人员主体地位。曹建明检察长反复强调，检察文化建设必须“眼睛向内、重心向下、以我为主、因地制宜”，要求把注重突出和充分发挥检察人员的主体作用，作为检察文化建设必须牢牢把握的重要原则。检察人员是检察事业的承载者和开拓者，也是检察文化的建设者和推动者，是繁荣发展检察文化最深厚的力量源泉。检察文化建设必须坚持以人为本，突出检察人员的主体地位，以满足检察人员精神文化需求、促进检察人员的全面发展为出发点和落脚点，坚持贴近检察人员思想、工作和生活实际，形成共谋共建共享、全员参与的文化建设格局。检察文化的根在基层，基层是检察文化建设的基石。要尊重基层首创精神，坚持重心向下，坚持贴近基层一线，贴近检察生活实际，贴近基层群众，依托地方文化、历史等特色资源，充分发挥基层文化建设的主观能动性和创造性。

五是加强和改进检察文化建设，必须始终坚持与时俱进、改革创新，永葆检察文化的活力。改革创新是当今时代的鲜明特征，也是检察文化保持生机、蓬勃发展的关键。文化建设示范院的成功实践启示我们，检察文化要体现特色、形成品牌、发挥效能，必须遵循文化发展规律和检察工作规律，必须坚持解放思想，实事求是，与时俱进，使检察文化建设始终体现时代性，把握规律性，富于创造性。各级检察机关要在广泛开展传统性、经常性、群众性文化活动的同时，积极推进检察文化理论创新、检察文化建设内容和载体创新等，不断增强检察文化的吸引力、感染力和传播力，永葆检察文化的生机与活力。

三、准确把握检察文化建设的基本内涵，大力推进检察文化建设

检察文化建设涵盖思想政治建设、执法理念建设、行为规范建设、职业道德建设、职业形象建设等方面，是提高检察队伍法律监督能力、促进检察工作创新发展的重要载体和有效抓手。加强检察文化建设必须坚持从检察文化的本质要求和核心任务出发，紧紧把握提高队伍素质、提升执法公信力、促进检察工作的关键点，按照新形势下检察文化建设的总体要求和目标任务，切实抓好以下几方面工作：

（一）夯实公正执法的思想理论基础

坚持把铸造检察职业精神作为检察文化建设的首要任务，强化教育引导，增强理论共识和感情认同，着力培育符合科学发展观、社会主义核心价值体系要求，体现社会主义法治理念、政法干警核心价值观和检察工作规律的检察职业精神，构建检察人员共同的价值追求和行动指南。

要大力弘扬社会主义核心价值体系。社会主义核心价值体系是兴国之魂，是社会主义先进文化的精髓，也是检察文化建设必须遵循的重要思想指导。要坚持用社会主义核心价值体系统领检察文化建设，始终用马克思主义中国化最新成果武装头脑，用中国特色社会主义共同理想凝聚力量，用以爱国主义为核心的民族精神和以改革创新为核心的时代精神鼓舞斗志，用社会主义荣辱观引领风尚。要坚持知行合一，注重实践养成，把社会主义核心价值体系融入检察文化建设全过程，引导和促进检察人员始终坚定理想信念和职业信仰，坚定不移做中国特色社会主义事业的建设者、捍卫者和社会公平正义的守护者。

要努力践行政法干警核心价值观。政法干警核心价值观是政法干警的立身之本、执业之基、发展之源。检察文化必须把培育和践行政法干警核心价值观作为根本任务，深入开展政法干警核心价值观教育实践活动，在准确理解、正确把握、自觉践行政法干警核心价值观的科学内涵和本质要求上下功夫，坚持用政法干警核心价值观引领检察工作和队伍建设，确保检察队伍在思想、组织、作风上永葆纯洁性、先进性。要结合检察实践，不断总结提炼富有时代气息、具有检察特质、社会普遍认同的检察职业精神，真正使“忠诚、为民、公正、廉洁”的政法干警核心价值观内化于心、外践于行，成为全体检察人员共同的根本宗旨、精神力量、职业操守和行为准则。

要牢固树立正确的发展理念和执法理念。曹建明检察长多次强调，解决好检察工作和队伍建设中的突出问题、推动检察事业科学发展，关键是要树立正确的发展理念和执法理念。各地要坚持深入学习实践科学发展观，把科学发展观的根本要求转化为检察工作的正确发展理念。深化社会主义法治理念教育，坚决摒弃和纠正不符合社会主义法治理念要求的陈旧观念和执法陋习。要把树立正确的发展理念和执法理念作为检察文化建设的核心内容，引领广大检察人员始终牢固树立“六观”，自觉坚持“六个有机统一”，切实做到“四个必须”，不断统一执法思想，更新执法理念，规范执法行为，加强执法管理，实现执法公正，推动检察事业全面发展进步。

（二）全面提升检察机关职业形象和执法公信力

坚持把提高职业素质作为检察文化建设的重要内容和关键环节，塑造良好职业形象、提升执法公信力。

要着力规范职业行为。认真贯彻执行《检察机关执法工作基本规范》和《检察职业行为基本规范（试行）》等规范性文件，确保执法规范，促进执法公正。突出重点岗位和关键环节，把各种规范要求融入执法办案流程、岗位职责和办案质量标准之中。认真落实《检察官职业道德基本准则（试行）》、《检察机关文明用语规范》等各项规定，实施检察官宣誓制度，统一规范检察职业礼仪，以文明的举止、规范的用语开展执法工作。建立健全教育、宣传、自律、监督、考核并重的实施机制，保障各项执法工作规范运行。

要着力强化职业素质。认真落实《“十二五”时期全国检察教育培训规划》，按照“干什么、训什么，缺什么、补什么”的原则，分级分类开展领导素能培训、任职资格培训、专项业务培训和岗位技能培训，重点抓好执法办案一线人员培训和基层检察人员全员轮训，着力提高侦查突破案件、适用法律政策、处置突发事件、做好群众工作、舆情应对引导等能力。当前，特别是要把修改后的新刑事诉讼法的学习培训作为重中之重的任务抓紧抓好。在即将召开的全国检察长座谈会上，如何贯彻执行刑诉法是会议的重要任务，高检院将提出明确要求，各地也要提早规划，保证法律正确实施。要坚持以队伍专业化推动能力建设，加快培养检察业务专家和各类专门人才。深化“建设学习型党组织、创建学习型检察院”活动，建立完善长效学习机制，引导检察人员坚持学习、终身学习，不断更新知识结构，提高法律监督能力。

要着力塑造职业形象。树立良好社会形象是检验检察文化建设成效的重要标准。坚持从严治检、廉洁从检，不断深化以“忠诚、公正、清廉、文明”为基本内容的检察职业道德教育，切实解决执法工作中存在的不公、不廉、违法办案等突出问题。教育活动要突出主题，提高针对性和实效性，切忌搞成“两张皮”，走过场。大力加强廉政文化建设，深入开展岗位廉政教育，推进思想教育和作风整顿，筑牢检察人员拒腐防变的思想防线。继续深化检务公开，推行“阳光检察”、“检察开放日”等活动，不断提高检察工作的透明度，树立良好执法形象。

（三）高度重视检察文化的基础建设和物质保障

坚持把物质环境建设作为检察文化建设的基础和保障，按照检察职业的价值取向，努力营造检察人员积极向上、干事创业的环境氛围。

要注重打造办公区域法治文化。按照规模适当、庄重实用、布局规范、功能齐备的总体要求，结合地方实际和地域文化特点，坚持量力而行，因地制宜，不贪大求全，不搞形式主义和面子工程，不铺张浪费。要突出检察机关法律监督职能定位，建设体现检察特色、彰显法治内涵、富有文化底蕴的文化长廊、文化橱窗、警示教育基地等。要广泛调动广大检察人员的积极性和能动性，参与设计、规划、制作反映检察工作理念、检察职业精神、廉政勤政要求的格言警句、文字标识和电子显示屏，营造庄重和谐、健康向上、文化气息浓郁的办公环境。

要切实加强文化活动阵地建设。坚持以我为主、因地制宜、简便易行，构筑形式多样的检察文化活动阵地。通过创办内部刊物，开办检察官专栏等，为检察人员展示才华提供平台。加强机关局域网建设，设置检察文化专栏，打造文化建设新阵地。要按照高检院的有关要求，进一步加强图书室、资料室、阅览室建设，及时更新内容，为检察人员工作和学习创造良好条件。

要积极建立和完善检察陈列室。坚持把深入学习、研究检察史作为汲取历史营养和精华的重要途径，重视对检察历史资料的搜集、整理、研究和利用，深入挖掘检察历史文化传承，不断丰富检察文化特性和文化内涵。通过建立检察历史陈列室、院史馆（室）、荣誉室、编辑出版检察志等多种方式，引领检察人员继承和弘扬检察机关的优良传统和职业操守，增进对检察制度、检察事业的政治认同、理论认同和感情认同，激发职业使命感、荣誉感和归属感。

（四）进一步增强检察文化发展的活力和凝聚力

检察文化建设要牢牢把握正确方向，遵循文化发展规律和检察工作规律，以改革创新的精神，不断丰富和拓展文化活动载体和内容，切实增强检察文化活力，推动检察文化建设繁荣发展。

要深化检察文化基础理论研究。要把检察文化理论研究作为检察文化建设的一项基础性工作，紧密结合实践，坚持以马克思主义文化理论和法治理论为指导，组织力量有计划地开展专题研究，重点围绕检察文化的基本内涵、性质特征、功能作用、发展规律等深入研究，科学回答“什么是中国特色社会主义检察文化”、“为什么建设中国特色社会主义检察文化”、“怎样建设中国特色社会主义检察文化”等基础理论问题，推出一批有深度、高质量、较为系统的检察文化理论成果。

要培育检察文化品牌。坚持把创新载体、培育检察文化品牌作为检察文化建设的重要目标和关键环节，全面提升检察文化品味和吸引力。要结合各地各单位实际，开展经常性文化、体育活动，不断满足和丰富检察人员的精神文化生活，提升审美情趣，铸造人文精神。要从本地本单位的实际出发，适时组织具有地方特色的“检察官文化节”、“检察艺术节”、“检察文化建设巡礼”等形式多样的文化活动，形成富有自身特色的检察文化品牌。要办好机关局域网，使网络文化成为检察文化建设的重要内容，切实加强网络思想文化阵地建设，唱响网上思想文化主旋律，打造检察网络文化精品，为检察文化繁荣发展注入新的活力。

要营造机关和谐人文环境。坚持把和谐理念、和谐精神融入检察文化建设，把尊重人、关心人、理解人、培育人作为文化建设的基本出发点。坚持从严治检和从优待检，帮助解决检察人员工作、学习、生活中遇到的困难，积极营造检察机关团结和谐、积极向上的人文环境。注重人文关怀和心理疏导，建立健全检察人员定期体检和心理咨询制度，努力改善检察人员的身体和心理素质。广泛开展和谐机关、和谐处室创建活动，切实加强机关思想政治工作，不断增强检察机关的凝聚力和战斗力。

四、加强组织领导，不断提高检察文化建设的科学化水平

党的十七届六中全会强调，加强和改进对文化工作的领导，是推进文化改革发展的根本保证，也是加强党的执政能力建设和先进性建设的内在要求。检察文化建设是一项关系全局和长远的工作，必须从检察机关实际出发，正确把握文化发展规律和检察工作规律，在加强组织领导、建立健全保障机制上下功夫，努力提升检察文化建设的科学化水平。

要加强组织领导。各级检察院党组要切实增强文化自觉和文化自信，坚持把文化建设摆在全局工作的重要位置，做到文化建设与业务工作同部署、同检查、同考核，深入研究文化建设中的新情况新特点，及时帮助解决存在的困难和问题。要建立健全检察文化建设领导机制，各级检察院党组统一领导文化建设，要高度重视文化建设，检察政工部门作为职能部门和牵头单位，要切实履行好职责。中国检察官文学艺术联合会和各地方组织，要紧紧围绕检察中心工作，在各级检察院党组的领导和政治部的指导下开展文化活动，充分发挥文化建设的重要阵地作用。各级领导干部要带头加强文化理论学习和文化问题研究，提高文化修养，努力成为领导文化建设的行家里手。

要加强指导督促。上级检察院要加强对下工作指导和督促检查，保证文化建设的各项任务要求落到实处。要强化责任落实，做到目标、任务、措施细化和具体化，确保每项工作分工明确，责任清晰，落实到位。强化监督检查，建立健全文化建设考核机制，兼顾地域经济、历史、文化等方面的差异，从组织领导、文化载体、制度保障、工作效果等方面，细化检察文化建设标准，把文化发展成效纳入检察工作考核体系，综合进行考评。要正确处理好阳春白雪与下里巴人的关系，增强考评的科学性和实效性。要充分发挥检察文化建设示范院的典型引导作用，大力宣传推广他们的先进经验和有效措施。今后，高检院将继续评定推出全国检察文化建设示范院。各省级检察院也要结合实际，树立一批具有各地特色的文化建设示范院，积极探索具有自身特色的检察文化发展之路，整体推进检察文化建设。

要加强经费保障。检察文化建设要把更多的注意力和精力放在引领和铸造检察人员职业精神与思想文化素质上。当然，搞文化建设也需要必要的物质投入。各级检察机关要积极争取地方党委政府的支持，加强与相关职能部门的沟通协调，为检察文化建设提供必要的经费保障。

同志们，检察文化建设事关检察事业的长远发展，任务艰巨，使命光荣。我们要坚持以邓小平理论和“三个代表”重要思想为指导，全面贯彻落实科学发展观，以高度的文化自觉和文化自信，求真务实，开拓创新，不断开创检察文化建设新局面，以优异的成绩迎接党的十八大胜利召开！

（胡泽君同志时任最高人民检察院党组副书记、常务副检察长。）

在全国检察机关文化建设工作会议上的总结讲话

（2012 年 6 月 20 日）

李如林

同志们：

全国检察机关文化建设工作会议今天就要结束了。受高检院党组和曹建明检察长的委托，下面，我就贯彻落实这次会议精神，以及做好下半年的检察宣传工作讲几点意见。

一、会议的基本情况和主要收获

这次会议为期两天，经过大家的共同努力，圆满完成了各项议程。会上，胡泽君常务副检察长作了重要讲话，为全国检察文化建设示范院授了牌，组织了现场观摩学习，讨论修改了《关于进一步加强检察文化建设的决定》。10 个单位的代表作了大会发言，34 个示范院作了书面交流。刚才，示范院的代表还向全国检察机关发出了倡议。大家一致认为，这次会议主题鲜明，锐意进取、注重实效，思路开阔、措施有力，既是一个统一思想、明确任务的工作部署会，又是一个学习经验、推动发展的现场促进会，也是一个振奋精神、开拓创新的动员誓师会。会议内容丰富，安排紧凑，开得很成功，对于做好当前和今后一个时期的检察文化建设工作必将起到重要的指导和推动作用，在检察文化建设历史上必将产生重大而深远的影响。

一是深化了对加强检察文化建设重要性、必要性的认识，进一步增强了推进检察文化建设的自觉性、主动性。大家一致认为，胡泽君常务副检察长的重要讲话，总揽全局，立意高远，思想深刻，紧扣贯彻落实党的十七大、十七届六中全会精神，深刻阐述了加强检察文化建设的重要性、必要性和紧迫性，明确提出了检察文化建设的目标任务、主要措施、基本要求，为在新的历史起点上加强和改进检察文化建设指明了方向，作出了全面安排部署。大家一致表示，要以高度的政治责任感和使命感，以高度的文化自觉和文化自信，深入推进检察文化建设，更好地服务检察事业科学发展，为建设中国特色社会主义文化强国贡献积极力量。

二是深化了对检察文化内涵和本质的认识，进一步明确了检察文化建设的核心内容和发展方向。胡泽君常务副检察长强调指出，加强和改进检察文化建设，必须牢牢把握检察文化的科学内涵和本质要求，必须在“五个始终坚持”上下功夫、见成效，确保检察文化建设正确的政治方向和发展定位，确保检察文化建设的科学性和实效性，并就加强对检察文化建设的组织领导和体制保障，提出了明确要求。大家一致表示，将准确理解和把握检察文化建设的内涵和本质，确保检察文化建设始终沿着正确的发展方向不断前进。

三是深化了对检察文化建设规律性的认识，进一步认清了加强检察文化建设的思路措施。大家认为，胡泽君常务副检察长的重要讲话，充分体现了新形势新阶段检察文化建设的成功探索，体现了检察文化建设的基本内容和发展目标，体现了检察文化建设工作的特点和规律，对于进一步加强和改进检察文化建设具有重要的指导意义。大家普遍反映，这次会议还安排了经验发言、书面交流、现场学习观摩，很受启发，进一步开阔了视野，拓宽了思路，丰富了措施。一致表示，一定要抢抓机遇，应对挑战，坚持以创新精神，全面抓好会议确定的各项工作任务的落实，推动检察文化建设不断科学发展。

四是深化了对检察文化建设发展前景的认识，进一步坚定了开拓检察文化建设新局面的信心和决心。大家普遍感到，当前，检察文化建设正处在难得的发展黄金期和机遇期。一致认为，有中央和高检院党组的正确领导，有各级检察院党组的重视和支持，有全体检察人员的共同参与，有检察文化建设多年创造的良好基础和成功经验，检察文化繁荣发展的美好春天必将到来，检察文化建设的明天一定会更加辉煌。大家一致表示，将以更大的信心和决心、更加扎实有效的措施，全面推进检察文化建设，不断创造新业绩，开创新局面。

二、认真贯彻落实会议精神，进一步深入推进检察文化建设

这次文化建设工作会议是高检院党组深入推进检察队伍建设、促进检察工作科学发展的重大措施，胡泽君常务副检察长代表高检院党组作了重要讲话。我们一定要认真学习，深刻领会，在实际工作中抓好落实，更好地推进检察文化建设。

一是要切实把文化建设摆到检察工作全局的重要位置。胡泽君常务副检察长在讲话中强调，各级检察院党组要坚持把文化建设摆在全局工作的重要位置，做到文化建设与业务工作同部署、同检查、同考核。这是高检院党组对检察文化建设规律性的把握，体现了高检院党组高度的文化自觉和文化自信。多年来，检察文化建设取得了很大成绩，有些地方出现了可喜的局面，积累了丰富的经验，但是仍然存在不少与新形势新要求，特别是与党的十七届六中全会精神不相符合、不相适应的问题。主要表现在，个别地方对检察文化建设缺乏正确认识，认为文化建设是“软任务”，工作缺乏积极性和主动性；一些地方对检察文化建设内涵定位不够准确，把检察文化建设与检察工作相混淆、相代替，造成工作重点不突出，成效不明显；一些地方过分偏重硬件建设，热衷于搞“形象工程”、“面子工程”，忽视了检察文化建设的核心内容和根本任务；有的地方创新精神不足，文化活动载体单一，检察人员参与活动的积极性不高。这些问题在一定程度上影响了检察文化建设的进一步科学发展，务必引起我们的高度重视。各级检察院一定要从全局和战略的高度，充分认识加强检察文化建设的重要意义，坚决摒弃和克服文化建设中存在的简单化、表面化、形式化、庸俗化等模糊认识和不正确做法，把检察文化与队伍建设很好地结合起来，及时解决工作中遇到的困难和问题，进一步推动检察文化健康发展。

二是要牢牢把握检察文化建设的核心。作为检察机关队伍建设的重要方面，文化建设属于意识形态，说到底是做人的工作。从一定意义来说，加强检察文化建设关键是在“以文化人”上下功夫，坚持把培养人、教育人、激励人、造就人作为文化建设的核心和根本任务。当前，最重要的就是要引领检察人员弘扬社会主义核心价值体系，牢固树立社会主义法治理念，培育政法干警核心价值观，努力践行正确的检察发展理念和执法理念。实践证明，核心价值就是凝结在文化中，决定文化立场、文化取向、文化选择的最深层要素，最终决定文化的生命力、凝聚力。以“忠诚、为民、公正、廉洁”为基本内容的政法干警核心价值观和以“六观”、“六个有机统一”、“四个必须”为基本内容的检察发展理念和执法理念，是社会主义核心价值体系和社会主义法治理念在检察文化中的集中体现，是检察文化的核心和灵魂。各级检察机关要把培育和践行政法干警核心价值观、检察发展理念和执法理念，作为检察文化建设的重要任务，各项工作目标都要根据这个核心来确定，力量都要向这个核心来凝聚，工作都要围绕这个核心来开展，进一步繁荣发展检察文化，充分发挥检察文化凝心聚气作用，促进各项检察工作健康发展。

三是要坚持服务和保障检察中心工作。胡泽君常务副检察长强调指出，服务党和国家工作大局，服务检察中心工作，是检察文化建设必须始终坚持的基本原则，偏离了这一点，检察文化建设就将迷失方向，失去重心。这就为我们加强文化建设指明了努力方向。各地的生动实践也充分证明，检察文化建设只有与各项业务工作有机融合，才具有可持续的生命力。当前，检察工作日益繁重，检察人员面临的执法办案压力越来越大，案多、人少、任务重的矛盾越来越突出。很多地方都把文化建设与检察业务工作及其他各项检察工作自觉不自觉地对立起来，怕抓文化建设影响了业务工作。这种错误有其认识的局限性，如何处理文化建设与业务工作关系，是开展检察文化建设必须首先解决的重要问题。这次命名的文化建设示范院很好地回答了这个问题，他们的经验启示我们，文化建设与业务工作是相辅相成、相互促进、相得益彰的。我们应当看到，加强检察文化建设是缓解检察人员办案压力、调整工作状态、提高工作质量的重要措施，对促进检察工作有益而无害。我们一定要把文化建设与各项日常工作有机结合起来，防止出现两张皮现象，在各项工作中融入文化元素，充分发挥文化的春风化雨、润物无声的独特作用，引导广大检察人员坚定职业信仰，提升执法能力，规范执法行为，塑造良好形象，推动各项检察工作科学发展。

四是要进一步明确检察文化建设的目标任务。胡泽君常务副检察长在讲话中，明确提出了加强和改进检察文化建设的目标要求、重要原则和总体思路，这是当前和今后一个时期检察文化建设的重要指导。各级检察机关要按照讲话要求，切实在以下七个方面下功夫见成效：一是社会主义核心价值体系建设深入推进，社会主义法治理念和政法干警核心价值观持续深化，正确的发展理念和执法理念更加深入人心，检察人员政治素质、业务素质进一步提高；二是执法规范化建设全面推进，各项制度措施得到细化落实，检察职业行为进一步规范；三是检察宣传和舆论引导工作力度不断加大，检察英模人物和先进单位层出不穷，检察职业形象进一步提升；四是检察文化建设工作机制健全，检察文学艺术繁荣发展，检察文化活动丰富多彩，文化建设走上制度化、经常化轨道；五是检察文化建设阵地固定，器材设施齐备，经费来源稳定，物质保障有力；六是中国特色社会主义检察文化理论体系逐步确立，对检察文化建设的规律性把握更加自觉，为推进检察文化建设提供有力的理论支撑；七是围绕中心、服务大局的思路更加清晰，措施更加有力，成效更加明显，促进了各项检察工作的健康发展。这七个方面，是检察文化建设必须牢牢把握的基本工作定位和目标要求，也是检验检察文化建设成效的重要衡量标准。

*五是要着力搞好规划和典型示范。*检察文化建设是一项基础性、综合性、长期的工作，需要长远规划、统筹考虑、科学安排，才能取得良好效果。为进一步加强对检察文化建设工作的规范和指导，高检院在下发《关于加强检察文化建设的意见》的基础上，又根据党的十七届六中全会精神和中央关于繁荣发展社会主义先进文化的一系列要求，组织专门力量，经过充分调研论证，研究起草了《关于进一步加强检察文化建设的决定》。高检院将认真吸纳这次会上大家的修改意见，抓紧时间修改完善，尽早印发实施。各地要立足实际，提早科学规划和制定本地区当前和今后一个时期检察文化建设的目标、任务和措施，注意把实现检察文化建设的长远发展与做好当前的工作紧密结合起来，有计划、分步骤地抓好各项任务的落实。为了整体推进全国检察文化建设，今年上半年，高检院采取抓典型示范的办法，评选确定了66个检察文化建设示范院。希望这些单位珍惜荣誉，以这次会议为新起点，能够继续总结探索，不断提高文化建设水平。今后，高检院还将继续开展评选确定全国检察文化建设示范院的活动，各省级检察院要重视这项工作，注意发现典型，精心培养，积极推荐。其他检察院要注意到文化示范院进行观摩学习，寻找差距，明确努力方向。

在这里需要强调的是，我们国家比较大，东西部地区经济发展不平衡，各个地方文化差异也比较大，检察文化建设的氛围也不一样。在文化建设中，既要遵循高检院的统一部署，同时也要坚持实事求是，注意结合地方特点和实际，按照检察文化建设的规律办事，不能搞花架子，不能搞形式主义，不能一哄而上，一定要把有限的精力、人力、财力用在有价值的地方，注重文化建设的实际效果。

三、切实抓好下半年检察宣传思想文化工作

今年时间即将过半，下半年的检察宣传思想文化工作任务仍然十分繁重。我们要以贯彻落实这次会议精神为动力，全面完成下半年的各项工作任务，推动检察宣传思想文化工作迈出新步伐，取得新成效。

*（一）着眼于强化队伍理论武装，认真做好学习宣传贯彻党的十八大精神的各项工作。*这是今年下半年检察宣传工作的首要任务，也是今后一个时期检察队伍思想政治建设的一项重要政治任务。高检院党组将按照中央的统一部署，对做好这项工作作出专门安排。各级检察机关要切实增强政治敏感性和工作前瞻性，提早作出相应计划。要在党的十八大胜利召开后，迅速掀起学习宣传贯彻的热潮，通过广泛举办各类学习研讨班、辅导讲座、座谈交流等形式，引导广大检察人员深入学习十八大提出的新思想新理念，全面理解和准确把握十八大对检察工作提出的新要求新任务，把思想和行动统一到十八大精神上来，把力量和智慧凝聚到实现十八大确定的各项目标任务上来，切实履行好中国特色社会主义事业建设者、捍卫者和公平正

义守护者的职责。

（二）着眼于加强检察队伍思想政治建设，深入推进政法干警核心价值观教育实践活动。今年以来，按照中央政法委的统一部署，全国检察机关把开展政法干警核心价值观教育实践活动作为队伍建设的首要任务，高度重视、精心组织，认真制定和落实实施方案，迅速掀起活动热潮，特别是结合检察实际，突出实践特色，狠抓政法干警核心价值观、坚持中国特色社会主义道路、保持党的纯洁性、检察机关正确发展理念和执法理念四个方面的学习，广泛组织英模事迹报告团、读书交流会、演讲比赛等活动，有力地促进了检察工作和队伍建设，取得了阶段性成效。各级检察机关要进一步深化思想认识，以更加饱满的热情开展教育实践活动；进一步抓好学习教育，真正使政法干警核心价值观内化于心；进一步丰富形式载体，努力增强教育实践活动的吸引力和感染力；进一步融入检察实践，着力推动各项检察工作，确保教育实践活动取得实实在在的效果。

（三）着眼于为党的十八大胜利召开营造良好氛围，扎实做好检察新闻宣传工作。要根据中央和高检院党组的部署要求，科学谋划，精心组织，深入开展“科学发展、辉煌成就”主题宣传教育活动，既要宣传好党的十七大以来我国经济建设、政治建设、文化建设、社会建设和生态文明建设以及党的建设取得的伟大成就和宝贵经验，也要宣传检察机关全面正确履行职责，服务党和国家大局作出的重要贡献，为十八大的胜利召开营造良好的舆论氛围。

同时，要继续加大检察新闻宣传工作力度。各级检察机关要高度重视对外宣传工作，紧紧围绕检察中心工作、重大工作部署和社会关注热点，加强新闻策划，充分发挥《检察日报》等检察机关所属媒体的主渠道主阵地作用，密切与中央和地方主流新闻媒体合作，推出系列检察主题宣传活动，扩大宣传声势，形成规模效应。要以召开检察队伍建设工作会、全国检察长座谈会、全国政法工作会议、全国检察长会议等重要会议为契机，通过举办新闻发布会、媒体通气会、组织专题采访、开辟专栏、举办检察开放日等多种途径，大力宣传全国检察机关立足检察职能，不断强化法律监督、强化自身监督、强化队伍建设，积极参与加强和创新社会管理，深入推进三项重点工作，全力维护国家安全和社会稳定，为贯彻落实主题主线、促进经济社会科学发展，提供良好司法保障的新举措和新成绩，大力宣传检察机关的性质、地位、职能和作用，大力宣传推出模范践行政法干警核心价值观的先进典型，充分展示检察机关良好执法形象，积极营造昂扬向上、团结奋进、开拓创新的良好氛围。

（四）着眼于树立正确舆论导向，妥善做好检察网络宣传和舆论引导工作。网络宣传是检察宣传工作的重要组成部分，也是当前检察宣传工作的难点。经验表明，愈是重大节日或重大活动节点，涉检负面舆情往往是愈加容易高发、多发。特别是党的十八大召开前后，检察网络宣传和舆论引导形势会更加严峻，任务也会更加繁重艰巨。各级检察机关要切实增强政治意识、责任意识、阵地意识，进一步提高工作的预见性和主动性。一方面，要加强检察门户网站建设，密切与中央主流媒体网站、主要商业网站的联系和合作，加大正面检察宣传工作，形成舆论引导合力。及时掌握舆论动态，引导舆论热点，开辟检民联系新渠道、舆论引导新阵地、形象展示新平台。另一方面，要加强涉检网络舆情监测，提高重大舆情发现和预警能力，积极稳妥做好突发事件和群体性事件的网上舆论引导。要探索建立检察机关上下一体、反应迅速、信息畅通的网络宣传和舆情应对处置工作机制，重点推行省际检察机关网络舆情预警、应对、处置、修复联动机制，充分整合资源，形成整体合力，为十八大的胜利召开营造良好的网络舆论环境。

这次会议时间虽然短，但内容重要，意义深远。希望大家回去后及时向院党组作会议精神专题汇报，研究制定具体的落实措施，推动检察文化建设不断发展进步。同时，要把会议精神向地方党委领导和有关部门汇报沟通，争取得到更多的支持。

同志们，目标任务已定，关键在于抓落实。我们要以这次文化建设工作会议为新起点，以更加饱满的精神状态，更加开阔的工作思路，更加扎实的工作措施，不断开创检察文化建设工作新局面，为推动检察事业科学发展作出新的更大的贡献，以优异的成绩迎接党的十八大胜利召开！

（李如林同志时任最高人民检察院党组成员、政治部主任，中国检察官文联副主席。）

会　　议

全国检察机关文化建设工作会议

2012年6月19日至20日，最高人民检察院在吉林省长春市召开全国检察机关首次文化建设工作会议。高检院党组副书记、常务副检察长胡泽君出席会议并作重要讲话，高检院党组成员、政治部主任李如林作会议总结。会议组织了现场观摩学习，讨论修改了《关于进一步加强检察文化建设的决定》，10个单位的代表作了大会发言，34个示范单位作了书面交流，为66个全国检察文化建设示范单位授了牌，为纪念人民检察制度创立80周年书画摄影展和文艺晚会两项文化活动获奖作者代表和优秀组织单位颁发了奖牌、证书。

会议提出，全国各级检察机关要以高度的政治责任感和使命感，以高度的文化自觉和文化自信，深入推进检察文化建设，全力服务检察事业科学发展，以更大的信心和决心，更加扎实有效的措施，全面推进检察文化建设，为建设中国特色社会主义文化强国贡献力量。

胡泽君代表高检院党组作重要讲话，她指出，加强检察文化建设，是贯彻落实中央要求、服务建设中国特色社会主义文化强国战略的重大举措，是适应新形势新要求、推动检察工作全面协调可持续发展的重要保障，是强化队伍整体素质、提升检察机关执法公信力的重要途径。各级检察机关要从建设中国特色社会主义文化强国、促进检察事业科学发展的高度，深刻认识加强检察文化建设的重要战略意义，切实增强文化自觉和文化自信，更加自觉地把检察文化建设纳入社会主义文化建设的总体布局，积极探索和正确把握检察文化建设规律，坚持不懈地用先进文化武装检察队伍，更大力度地推动中国特色社会主义检察文化不断繁荣发展。

胡泽君强调，当前和今后一个时期检察文化建设的总体思路是：高举中国特色社会主义伟大旗帜，坚持以邓小平理论和“三个代表”重要思想为指导，深入贯彻落实科学发展观，坚持社会主义先进文化前进方向，坚持社会主义核心价值体系，牢固树立社会主义法治理念，以服务和推进检察事业科学发展为根本，以培育和践行政法干警核心价值观为核心，以提高检察队伍素质和执法公信力为目标，以群众性文化活动为载体，以改革创新为动力，紧贴检察工作和队伍建设实际，突出检察人员的主体地位，大力加强检察文化建设，为推动中国特色社会主义检察事业科学发展提供精神动力、舆论支持、文化保障。

李如林同志作会议总结。他要求，各级检察机关要着眼于加强队伍建设、提高执法公信力、促进检察工作，坚持以政法干警核心价值观为引领，深入推进检察文化建设，不断开创检察文化建设新局面。

强调各级检察机关要切实把文化建设摆到检察工作全局的重要位置，牢牢把握检察文化建设的核心，坚持服务和保障检察中心工作，进一步明确检察文化建设的目标任务，着力搞好规划和典型示范。在文化建设中，既要遵循高检院的统一部署，同时也要坚持实事求是，注意结合地方特点和实际，按照检察文化建设的规律办事，把有限的精力、人力、财力用在有价值的地方，注重文化建设的实际效果。

会议要求，各级检察机关要按照中央和高检院的部署要求，坚持把铸造检察职业精神作为检察文化建设的首要任务，强化教育引导，增强理论共识和感情认同，着力培育符合科学发展观、社会主义核心价值体系要求，体现社会主义法治理念、政法干警核心价值观和检察工作规律的检察职业精神，构建检察人员共同的价值追求和行动指南。坚持把提高职业素质作为检察文化建设的重要内容和关键环节，塑造良好职业形象、提升执法公信力。坚持把物质环境建设作为检察文化建设的基础和保障，按照检察职业的价值取向，努力营造检察人员积极向上、干事创业的环境氛围。坚持以改革创新的精神，不断丰富和拓展文化活动载体和内容，切实增强检察文化活力，推动检察文化建设繁荣发展。

会议还对检察官文联在检察文化建设中的地位和职能作用作了明确定位。强调中国检察官文学艺术联合会和各地方组织，要紧紧围绕检察中心工作，在各级检察院党组的统一领导和政治部的指导下开展文化活动，充分发挥文化建设的重要阵地作用。要求在深入推进检察文化建设中，要充分发挥中国检察官文学艺术联合会和各地检察官文联的重要作用，创作一批高品质、有深度的检察文学艺术作品，推出一批有特色、高水准的检察文化品牌，为检察人员提供最好的精神食粮，努力打造符合检察工作规律、具有检察职业特色和时代特色的检察文化。

资　　料

全国检察文化建设示范院名单

北京市
朝阳区人民检察院
海淀区人民检察院

天津市
西青区人民检察院
河东区人民检察院

河北省
石家庄市长安区人民检察院
保定市新市区人民检察院
邯郸市峰峰矿区人民检察院

山西省
太原市晋源区人民检察院
孝义市人民检察院

内蒙古自治区
呼伦贝尔市人民检察院
呼和浩特市赛罕区人民检察院

辽宁省
盘锦市人民检察院
海城市人民检察院

吉林省
长春市朝阳区人民检察院
东辽县人民检察院
柳河县人民检察院

黑龙江省
绥化市人民检察院
大庆市红岗区人民检察院

上海市
浦东新区人民检察院
杨浦区人民检察院

江苏省
苏州市人民检察院
宜兴市人民检察院
响水县人民检察院

浙江省
绍兴市人民检察院
慈溪市人民检察院
永康市人民检察院

安徽省
蚌埠市人民检察院
天长市人民检察院

福建省
厦门市思明区人民检察院
云霄县人民检察院

江西省
南昌市东湖区人民检察院
丰城市人民检察院

山东省
济宁市人民检察院
济南市天桥区人民检察院
临沂市兰山区人民检察院

河南省
偃师市人民检察院
禹州市人民检察院
西华县人民检察院

湖北省
宜昌市人民检察院
武汉市汉阳区人民检察院
大冶市人民检察院

湖南省
醴陵市人民检察院
宜章县人民检察院

广东省
东莞市人民检察院
铁路运输检察分院
广州市海珠区人民检察院

广西壮族自治区
罗城仫佬族自治县人民检察院
柳州市鱼峰区人民检察院

海南省
万宁市人民检察院

重庆市
江北区人民检察院
万州区人民检察院

四川省
自贡市人民检察院
都江堰市人民检察院

贵州省
贵阳市南明区人民检察院

云南省
曲靖市人民检察院
昆明市官渡区人民检察院

西藏自治区
拉萨市城关区人民检察院

陕西省
宝鸡市陈仓区人民检察院
西安市莲湖区人民检察院

甘肃省
永靖县人民检察院
敦煌市人民检察院

青海省
西宁市城西区人民检察院

宁夏回族自治区
贺兰县人民检察院

新疆维吾尔自治区
乌鲁木齐市头屯河区人民检察院
库尔勒市人民检察院
新疆生产建设兵团
农四师检察分院

二、中国检察官文学艺术联合会

讲　话

在首届“迎新春、送文化”春联书写创作活动上的讲话

（2012 年 1 月 6 日　根据录音整理）

张　耕

今天，请大家一起来参与“迎新春、送文化”春联书写创作活动，这是中国检察官文联成立以后举办的一项重要的文化活动。这项活动，得到了高检院党组和曹建明检察长的高度重视。

这次活动，我们请了 30 位同志来参加，其中绝大多数是在去年书画展览中获得一、二、三等奖和优秀奖的同志。请大家来用两天多的时间书写 800 多副春联作品，一部分送给高检院机关的离退休老干部，一部分送给全系统的英模检察官家庭，给他们送去文化、送去党组的关心和慰问，送去我们书法艺术人才的情谊。

这次活动人数并不多，规模也不大，时间也不算长，但特点鲜明。

第一个特点，这次活动的主题突出。在岁末年初，春节快要到来之际，通过春联送去检察文化、法治文化和中华文化。目的就是通过送文化来凝聚检力，振奋精神，激励斗志，促进发展。虽然是一副春联，我想肯定会在我们老干部和英模中间引起强烈的反响。因为他们接到的不仅仅是副春联，而是高检院党组的关心、党组的温暖，是我们检察文化艺术人才的一份情谊。这就会感染他们，激励他们，大家团结起来，形成一股合力，来推动检察工作发展。

这个活动的对象也很明确。我们送春联，一个是老干部，一个是英模。如果搞的好，大家比较认可，社会反响也比较好。那么，明年就继续搞，各省也可以搞，就是送给各自机关的老干部，送给各省的英模家庭，这个范围还可以扩大。这次书写对联的内容也很明确。一个是书写法治文化的春联，一个是含有检察文化的春联，一个是含有传统文化的春联。春联的内容本身也是一种创作，每一副春联内容我都看过，那不是照搬的、不是简单的罗列。当然，在写的过程中，艺术家们还可以改，你们感觉哪个词用得不好，表达得不准确，就可以改。所以主题很突出，内容和对象都非常明确，这是今年这个活动的一个重要特点。

第二个特点，就是领导重视。曹建明检察长、胡泽君常务副检察长、邱学强副检察长、李如林主任等领导对这次活动非常重视。政治部和老干部局都很支持，政治部很快提供了全系统英模名单，共 390

多人。老干局举行一个老干部茶话会，在茶话会上举行赠送仪式。各省接到通知后，很快通知了参加活动的同志，在各项工作任务非常重的情况下，提供各种方便让大家参加活动。这表明了各省检察机关对文化活动的高度重视。北京市在接到合作任务后非常重视，慕平检察长专门参加昨天的活动，政治部主任张幸民亲自参加活动，为我们提供这么好的条件。

第三个特点，热情很高。参加这次活动的30名同志，满怀着深情参加创作，按时报到，精神饱满。

第四个特点，组织有力。中国检察官文联秘书处的同志为这次活动付出了艰苦的劳动。2011年12月9日的文艺演出后，第二天我们就开始研究这个活动，那时已经是12月中旬了。接着专门去安徽买纸张，设计春联袋等。文联秘书处的同志、北京市检察院的同志、北京市检察院延庆基地的同志为这次活动都付出了很大的心血。

下面，我想就开展好这次活动，提几点要求。

一、要以高度的政治热情搞好这次春联书写创作活动

我们要从政治的高度来看这次活动。一要把这次活动看成是贯彻党的十七届六中全会精神的具体举措。党的十七届六中全会集中研究文化的发展和繁荣问题，我们检察官文联的成立也是应运而生。因此，我们要运用一切文化艺术形式，贯彻落实六中全会精神。二要把这次活动看成是凝聚检察力量、振奋检察精神、推动检察工作科学发展的重要举措。大家从实践中也感觉到，文化的力量说到底就是振奋人的精神，凝聚力量，使大家齐心协力地朝着一个目标去努力，文化是跟人打交道，就是要塑造人的灵魂、振奋人的精神。人的精神不一样了，工作的效率、工作的质量就不一样。我去了很多地方，凡是那个地方文化工作做得好，单位干部的精神面貌就很好，凝聚力就很强，战斗力就很强，机关的面貌焕然一新，各项工作走在前面去。反之，就会出现这样那样的问题。六中全会有一个论断十分重要：物质贫穷不是社会主义，精神空虚也不是社会主义。有的同志讲得好，没有物质的支撑，一个国家、一个民族，一打就倒；没有精神的支持，一个国家和民族，不打自倒。所以，中央把文化问题提得很高，把文化作为民族的精神、民族的灵魂、民族的血脉、共有的精神家园，要求我们加强文化建设。我们检察机关把文化建设搞好了，干警的精神面貌就会更加振作，力量更加集中，大家心情舒畅地、信心百倍地推动工作发展。三要把这个活动看成是进一步推进文联自身建设、促进检察文化发展的具体举措。自从6月份中国检察官文联成立以后，检察官文联建设的步伐比较快。截至目前，全国已有8个省成立了检察官文联，19个地市成立了检察官文联。北京市检察官文联也将于今年2月23日成立，对全国将产生很大的推动和影响作用。半年时间，全国四分之一的省、自治区、直辖市成立了检察官文联，这得益于六中全会精神。老干部接到春联后，首先会感到检察官文联很尊重他，给他送的是文化，使他的精神为之一振！英模家庭接到春联后，在社会上会产生很大影响，他们都会进一步支持检察工作，支持检察官文联工作。四要把这次活动看成是我们检察系统文化艺术人才的一次聚会，也是大家展示才华、交流经验、共叙友谊的一次重要活动。我们30

位同志之间会增加了解，感情会更近，为将来的互相学习、联系、交流，提供了很好的机会。

二、要以深厚的职业感情搞好春联的书写创作

我们都是检察官，我们的春联要送给在检察机关曾经工作过的老同志，也送给为检察工作而牺牲的、为检察工作作出巨大贡献的英模家庭。送春联，表明了我们对他们的尊重、对他们的热爱、对他们的敬仰。实际上，这是个感情活动，而且是职业的感情、对检察官的感情，我们要从这个层面理解，并精心搞好这次活动。

三、要以饱满的艺术激情搞好这次春联的书写创作

大家肯定深有体会，写春联和画画一样，没有激情，写不出好字，也画不出好画。经常讲，文如其人、画如其人、书如其人，什么样的精神状态，会写出什么样的文字。精神状态从哪里来？一个是政治热情，一个是职业感情，这两个方面会转化为艺术的激情。

四、要以完美的艺术形式搞好这次春联的书写创作

春联是传统文化很好的载体。送春联首先给人家一个喜庆吉祥，同时传达一种文化的内涵。如何布局、字体如何选择，每个人都要根据自己的特长认真思考，把每一副春联都当作一件艺术品来创作，把完美的艺术品奉献给检察官。

五、要以乐于奉献的精神搞好这次春联书写创作

举办这一活动，我们看重的是社会效益和精神效益，这是奉献精神的表现。这次活动是无偿的，我相信大家一定会理解这一点，一定会以乐于奉献的精神搞好春联书写创作。中国检察官文联这个共有的精神家园，要靠我们检察系统的每一位文化艺术人才共同爱护、共同支撑、共同建设。

最后，预祝这次活动圆满成功。春节马上到了，也给大家拜个早年，祝大家身体健康、家庭和睦、工作顺利、万事如意！

谢谢大家！

（张耕同志时任全国政协教科文卫体委员会副主任，中国检察官文联主席，最高人民检察院原党组副书记、常务副检察长。）

在首届“迎新春、送文化”春联书写创作活动上的致辞

（2012 年 1 月 6 日　根据录音整理）

张幸民

同志们：

受慕平检察长的委托，我代表慕平检察长讲三句话。

一是欢迎。欢迎全国各地检察机关书法艺术爱好者来到北京检察院延庆基地，到这里参加“迎新春、送文化”春联书写创作活动。大家的到来，给我们北京市检察院、给我们延庆基地增添了光彩。过去，这个基地就是开会，但是这么多检察系统的书法爱好者云集这里，来进行创作、来增添文化的氛围，这是头一次。给我们北京市检察院带来了一次机会。我要向张耕主席、向中国检察官文联表示衷心的感谢！这个活动，一方面是创作，一方面也给我们北京市检察院提供了一个向全国各地的书法艺术爱好者、各位朋友学习的机会。我想，大家一定能够创作出非常好的，有文化内涵，有意境的、催人奋进的、祥和的、意义深刻的作品。通过这次向大家学习，对于我们北京市检察机关，对于促动我们思考检察文化建设，促动我们把北京市检察文化艺术活动搞活、搞新，让检察文化活动受干警欢迎，可以说机会是难能可贵的。

二是感悟。在党的十七届六中全会前后，全国上下讲文化的大环境下，中国检察官文联的成立恰逢其时。中国检察官文联的成立，契合了我们国家，作为几千年的文明古国那么厚重的文化底蕴的发展。检察文化作为中华文化的一个分支，对于促进检察工作的开展，提升我们的软实力，作用非常明显。中国检察官文联成立后，举办了丰富的活动，如纪念人民检察制度创立 80 周年全国检察机关书画展等等。全国各省、地区，检察文化活动方兴未艾。用文化来熏陶检察干警，提升他的人格魅力、提升他的素质、提升他的自信和自觉。用文化的涵养来从事检察工作，大家应当感受到，是非常受益的。可以说，一个好的检察官，他一定是有文化的。文化缺失的检察官，恐怕也很难做好检察工作。所以，中国检察官文联的成立，各省市成立检察官文联，意义深刻。因为，检察机关的这种软实力，是推动我们检察工作发展的不竭动力。

三是预祝。首先，我们会不遗余力为大家提供一个良好的创作环境，为大家服务好。我们预祝大家在这个环境里，精心创作、多出精品，使我们的活动取得丰硕的成果。

最后，我代表慕平检察长给大家拜个早年，祝大家身体健康、工作顺利、吉祥如意！

（张幸民同志时任北京市人民检察院党组成员、政治部主任。）

在“以梅喻检”文化活动座谈会上的讲话

（2012 年 2 月 29 日　根据录音整理）

张　耕

同志们：

在南京“国际梅花节”开幕之际，我们欢聚一堂，在这里举行“以梅喻检”文化活动，这次活动由中国检察官文联和江苏省检察官文联共同主办，南京市检察院承办，活动的主题是以梅花精神喻意检察精神、践行政法干警核心价值观，旨在弘扬检察精神，凝聚检察力量，促进检察工作科学发展。出席今天座谈会的有中国检察官文联领导、中国文联国内联络部负责同志、9 个省级检察官文联负责同志；国内部分知名书画家和检察系统具有省级以上书协、美协、摄协会员身份的代表；部分基层院和相关单位的特邀代表以及新闻界的朋友。让我们以热烈的掌声对他们的到来表示诚挚的欢迎！江苏省检察官文联和南京市检察官文联为这次活动的筹办做了大量的工作，让我们对他们的辛勤劳动表示衷心的感谢！

刚才，徐安同志作了非常精彩的致辞，虽然致辞很短，但讲得很深刻，大家要认真学习和贯彻。下面，我从研讨的角度谈三个问题，和大家一同探讨，以取得抛砖引玉的效果。

一、为什么举办“以梅喻检”文化活动

党的十七届六中全会闭幕后，中国检察官文联就在思考如何用文化艺术的形式来推动检察文化的发展，推动检察事业的科学发展。这次举办“以梅喻检”文化活动是今年中国检察官文联系列文化艺术活动之一。我认为这个活动的意义主要体现在五个方面：

（一）举办“以梅喻检”文化活动，是贯彻党的十七届六中全会精神、配合政法干警核心价值观教育实践活动的一项重要举措。党的十七届六中全会突出强调，社会主义核心价值体系是兴国之魂，是社会主义先进文化的精髓，并从中国特色社会主义事业全局和战略高度，提出了在国民教育、精神文明建设和党的建设全过程，在改革开放和社会主义现代化建设各领域，在精神文化产品创作生产传播各方面，全面推进社会主义核心价值体系建设的总体目标和任务。对检察机关而言，坚持用社会主义核心价值体系引领检察工作，就是要深入开展以“忠诚、为民、公正、廉洁”为内容的政法干警核心价值观教育实践活动。最近，曹建明检察长在中国检察官文联报送的工作报告上作出重要批示，强调检察官文联要以弘扬政法干警核心价值观作为根本任务。梅花精神和检察精神是相通的，和政法干警核心价值观也是一致的。因此，用梅花喻意检察精神，可以用文化艺术的形式配合政法干警核心价值观教育实践活动，使之更加形象、生动，富有感染力。

（二）举办“以梅喻检”文化活动，是中国检察官文联履行职责的一项重要举措。检察官文联的职责，就是用文化艺术形式来推动检察文化建设，推动检察队伍建设，提升检察人员的品位和素质，促进

检察工作科学发展。检察官文联工作的一个重要特点就是用文化艺术的形式配合检察机关加强队伍建设。“以梅喻检”文化活动是通过书法、绘画、摄影等艺术形式，以梅花精神来喻意检察精神，把思想教育和对文化艺术作品的欣赏结合起来，有利于政法干警核心价值观教育实践活动更加有声有色地开展。

（三）举办“以梅喻检”文化活动，是凝聚检察文化艺术人才、展示检察官风采的一项重要举措。检察系统有不少文化艺术人才，不少同志的文化艺术水平已经达到了专业水准，有的还是中国美协、书协、摄协的会员，这些同志是我们检察系统文化艺术队伍中的中坚力量。但是，目前这些人才分散在各地，没有形成合力。中国检察官文联成立后，就要借助这个平台，通过举办各种文化艺术活动，将检察系统的文化艺术人才凝聚起来，给他们提供一个展示才华的机会，发挥他们的聪明才智，用他们创作的文化艺术作品来感染、教育广大检察人员。“以梅喻检”文化活动就是其中重要的一次活动。

（四）举办“以梅喻检”文化活动，是加强文化艺术交流、提升检察系统文化艺术水平的一项具体举措。参与“以梅喻检”文化活动的人员除检察系统的文化艺术人才之外，我们还邀请了国内知名的艺术家参与，占总人数近一半。通过开展这次活动，给检察系统的文化艺术爱好者提供了一个和艺术大师们面对面切磋、学习的平台，对提升检察系统整体文化艺术水平也是一个很好的机会。

（五）举办“以梅喻检”文化活动，是扩大检察机关的影响力、提升检察官自身修养、增强检察官职业自觉和职业自信的一项重要举措。梅文化是中华传统文化的重要组成部分，也是一个亮点。“以梅喻检”文化活动在梅文化积淀深厚的南京举行，以国际梅花节为背景，有各方面的人员参加，这就有助于检察精神的传播，有助于增进社会各界对检察职业的了解与支持，扩大检察机关的影响力。检察系统的文化艺术人才在“以梅喻检”文化活动中，通过和艺术家们的交流，会深刻感受到检察文化艺术的差距，从而激励他们努力向艺术大师们学习，提高自身的文化艺术水平，不断增强检察官的职业自觉和职业自信。

二、怎样“以梅喻检”

谈到“以梅喻检”，首先要研究梅花精神是什么？检察精神是什么？两者有哪些共同点？有什么联系？最近我一直在思考这个问题。我把梅花精神与检察精神相通之处概括为六个方面：

一是忠贞。梅花忠于严冬季节，只有在“已是悬崖百丈冰”的时候才亭亭玉立、花开香飘。检察官永远忠诚于党的事业，忠诚于国家，忠诚于人民，忠诚于宪法和法律。

二是奉献。梅花只为报春，不求索取，“俏也不争春，只把春来报”。检察官满腔热忱，一片丹心，为国分忧，为民解难，不图名利，不求回报，按照国家和法律的要求依法履行职责。

三是刚毅。梅花不畏风雪，毅然挺立，清香四溢，毫无奴颜之色、谄媚之态。检察官为维护公平正义，认真履责，始终刚正不阿，不畏强权，不惧艰险，不怕困难。

四是执着。梅花无论花开花落都散发着清香，即使“零落成泥碾作尘”，也依然“香如故”。检察官对自己的职业选择，痴心不改，终生无悔。

五是知恩。梅花生长在大地、植根于沃土，吸天地之灵气，成就其令人赞誉的风骨。对此，梅花知恩图报，在最寒冷时向大地报来春的信息，当繁花似锦时把清香洒满人间，于落花飘零时悄然入土、滋养大地。检察官知党恩、知国恩、知民恩，始终牢记党和国家的期望，不忘人民的重托，为了公平正义、为了人民的利益、为了社会稳定，不惜牺牲个人生命，以党和国家的要求为工作最高准则，以人民满意程度为衡量工作优劣之最高标准。

六是廉洁。梅花活跃于严冬，开花于冰雪之中，在银色世界里更彰显其皓身自洁的高贵品质。检察官秉公执法，廉洁办案，在利益面前不动心，在香风面前不动情，不为人情所干扰，不为私利所诱惑，坚守职业操守，严把道德防线，始终保持执法如山、廉洁自律的良好形象和铮铮铁骨的高尚品格。

三、如何开展好“以梅喻检”文化活动

这里，我提几点要求：

一要高度重视，满腔热情地投入到活动中去。要深刻认识这次活动的意义，从讲政治的高度认真对待这次活动，全身心投入到这次活动中去。要以很高的热情和激情搞好这次活动。

二要突出主题，在“喻”字上做好文章。为检察抒写、为检察放歌，积极创作无愧于时代、无愧于检察事业、为检察人员和人民群众喜闻乐见的文化艺术精品力作，是检察官文联的重要职责。努力建设检察人员的共有精神家园，是检察官文联的事业追求。所以，这次文化活动，一定要紧扣梅花这个创作对象，围绕以梅喻检、践行政法干警核心价值观这个主题来开展，满含对检察工作、对检察干警的职业深情，精心创作，热情讴歌，无论是书法、绘画还是摄影，不能仅仅是一副字、一幅画、一幅照片，一定要赋予作品检察精神的内涵，以精湛的文化艺术创作，弘扬检察精神、塑造检察品格、展示检察形象、推动检察工作。

三要发挥专长，努力营造“百花齐放”的氛围。这次文化活动，要认真贯彻“百花齐放，百家争鸣”方针，注重作品内容、题材、载体的创新，努力做到思想性、艺术性、观赏性相统一，以充沛的激情、生动的笔触、感人的形象，讴歌检察生活，尽力形成一批具有梅花神韵、蕴含检察精神、突出检察特色、体现检察风格的精品力作。

四要互相学习，总结经验。在这次活动中，大家要抓住机会，多交流、多切磋，互相学习，取长补短。特别是检察系统的文化艺术人才，更要珍惜这次难得的机遇，虚心向艺术家们学习、求教，把自己的文化艺术水平尽可能地提升一步。活动结束后，还要及时总结经验，以便为将来举办类似文化活动提供有益的借鉴。

五要注意安全，确保这次文化活动顺利进行。在活动期间，希望大家自觉遵守活动的各项纪律和规定，注意安全，注意身体，有什么困难和问题及时与活动秘书处联系，确保活动顺利进行。尤其是在梅花山实地采风时，一定要更加注意安全，避免发生这样那样的问题。

谢谢大家！

（张耕同志时任全国政协教科文卫体委员会副主任，中国检察官文联主席，最高人民检察院原党组副书记、常务副检察长。）

在“以梅喻检”文化活动座谈会上的致辞

（2012年2月29日）

徐　安

各位领导、各位嘉宾：

在龙年新春的美好季节里，由中国检察官文联和江苏省检察官文联共同举办的“以梅喻检”文化活动，今天在南京梅花山畔开幕了。“以梅喻检”，寓意深刻。它将梅花不畏风寒、傲霜立雪的风骨与人民检察官坚忍不拔、刚正不阿、不求赞誉、甘于奉献的精神相结合，与弘扬社会主义核心价值体系和政法干警核心价值观相结合，通过主题研讨和创作活动，将进一步丰富检察文化内涵，提升检察文化品位。这是一项别具创意的检察文化活动，是中国检察官文联成立以来举办的又一件影响广泛的文化盛事，必将对加强检察文化建设起到有力的推动作用。

检察文化作为社会主义文化大家庭的一个组成部分，不仅对激励、熏陶、感染广大检察干警维护社会和谐稳定、维护社会公平正义、维护人民群众合法权益、维护社会主义法制统一、尊严和权威起着重要作用，而且以自身的发展壮大，为社会主义文化大发展大繁荣的春天也增添生机和活力。这次“以梅喻检”文化活动，将梅文化与检察文化融合，既是对检察文化的创新，也是对传统优秀文化的弘扬。梅文化是中国传统文化的一朵奇葩，在我国有记载的植物史、园林史、城市发展史和思想文化史上，梅文化都留下了璀璨的轨迹。迄今为止梅花已有三千年的种植史，从秦汉开始就被广泛栽培和应用，并留下了绵延千年而不衰的植梅、赏梅的风气。六朝古都南京与梅花的关系更是渊源流长，早在春秋时代吴王夫差筑城时南京就有了植梅的记录，南京梅花山为“中国四大梅园”之一，以“天下第一梅山”的称号蜚声中外。每到冬末初春季节，“龙蟠胜景地，十里香雪海”的美景，使中外游人流连忘返。梅花因其凌霜初绽，斗寒独俏，傲雪怒放，香艳奇绝，同松竹并称“岁寒三友”，与兰竹菊被誉为“花中四君子”，引得历代文人骚客为之吟咏赞赏，丹青妙手为之泼墨挥毫，其身影闪现在广为传颂的千古诗词之中，也浮凸于墨香四溢的纸面之上。梅花的独特清气、傲然骨气和蓬勃生气，更成为中华民族精神的典型载体和独特象征，代表着中华儿女百折不挠、奋发图强的性格，象征着勤劳勇敢、吃苦耐劳的民族精神，彰显着不屈不挠、巍然独处的高尚气节。梅花的不屈精神和高尚气节，正与检察机关积极践行的“忠诚、为民、公正、廉洁”的核心价值观相契合，以梅喻检，以梅励志，既可以丰富检察文化内涵，又可以提升检察人员素养、促进检察队伍建设，这是一项很有意义的文化创举。

近年来，我省各级检察院高度重视检察文化建设，认真贯彻高检院“文化育检”的方针和部署，坚持以科学发展观为统领，突出检察干警的主体地位，始终以先进思想占领检察文化主阵地，努力做到用科学的理论武装人，用正确的舆论引导人，用高尚的精神塑造人，用优秀的作品鼓舞人，通过开展富有时代精神、检察特色鲜明、寓教于乐的文化活动，在春风化雨、潜移默化中不断提升检察干警的思想境界、职业道德、法律素养，把“立检为公、执法为民”的根本要求和“忠诚、为民、公正、廉洁”的政法干警核心价值观落实到以执法办案为中心的各项检察工作中，积极投身到强化法律监督、服务人民群众、推动科学发展的伟大实践中，不断端正执法理念，改进执法方式，规范执法行为，加强执法管理，努力提高法律监督能力和执法办案水平，为全省检察机关争创一流业绩、打造一流队伍、争当全国检察机关科学发展排头兵提供了有力的思想保证和精神动力。

去年，我们积极响应高检院的部署要求，在全国较早成立了省级检察官文联，推动各市院加快成立市级检察官文联，作为推进检察文化建设的一个重要阵地和一支重要力量，进一步加强与宣传、新闻、出版等部门和文联、作协等社团组织的联系、沟通、协调，借助地方优势文化资源和文艺团体力量，联合开展各种文化活动，提升检察文化活动的层次和品位。我们采取文学、影视、新闻、书法、绘画、摄影、音乐、舞蹈等多种表现形式，在各级检察机关开展经常性文化艺术活动，近年来创作了一批反映江苏检察工作成就和检察队伍精神风貌、具有鲜明检察特点和浓郁地方特色的优秀文化作品。我们组织引导广大文艺爱好者深入检察生活，深入执法办案一线，开展采访、交流和研讨，挖掘先进典型和事迹，积极打造典型文化。省院组织力量对党的十七大代表、全国模范检察官、省院法医顾晓生同志十多年来鉴定1200多件死因案件无一差错的感人事迹进行深入采访、整理，改编成长篇报告文学，作品推出后社会反响很好。常州市院女检察官纪萍，结合办案实践撰稿释法说理、进行法制宣传，九年来在《常州日报》、《江苏法制报》开辟专栏连续刊文，广受群众欢迎，贾春旺同志亲自为其法制文学集《女检察官手记》题写书名，改编成同名电视剧播出后受到观众喜爱，目前正在筹拍60集电视系列剧，“纪萍工作室”已成为全省有影响力的检察文化品牌。镇江市院副检察长董新建创作的长篇小说《生死一线间》，今年1月在北京举行了30集电视连续剧开机仪式，下一步还要拍成同名电影。我们还不断丰富检察文化载体，充分利用网络、音像、视频等现代形式表现检察文化内涵。苏州市院成立由女检察官组成的苏州评弹演出队，自编自演，不仅在当地声名远扬，还多次参加高检院文艺调演。该院制作的普法教育动漫片《琨琨和珊珊》和动漫系列歌曲《检察之声》等，形成富有检察特色的文化品牌。苏北地区响水、射阳等一些基层检察院，由在职干警组成的检察文化“大蓬车”，长年坚持深入基层乡村、学校、企业进行普法演出，深受广大群众欢迎。

这次“以梅喻检”文化活动放在江苏举办，是高检院、中国检察官文联对江苏检察机关的信任，也是对江苏检察文化建设的检验和促进。我们将以这次活动为契机，通过创作、座谈和交流，很好地向各兄弟单位、英模人物、艺术家和文艺爱好者学习，充分学习借鉴你们的好传统、好经验、好做法，开阔思路，开拓进取，抓住机遇，乘势而为，在新的起点上推进江苏检察文化繁荣发展，以检察文化建设水平的不断提升，为推动社会主义文化大发展、大繁荣作出积极的贡献。

最后，预祝这次“以梅喻检”文化活动取得圆满成功。预祝各位领导、各位嘉宾工作顺利、生活愉快、身体健康、万事如意！真诚希望大家对江苏检察文化建设多提宝贵意见！

谢谢！

（徐安同志时任江苏省人民检察院党组书记、检察长，江苏省检察官文联主席。）

以《讲话》和《决定》精神为指导 努力开创检察官文联工作新局面

——在首届中国检察官文化论坛上的讲话

（2012 年 5 月 26 日）

张　耕

这次论坛时间虽短，但议题重要，内容丰富，开得很好，达到了预期目的。今天，借此机会，我想就为什么要在延安举办这次论坛和论坛主要取得了哪些成果，检察官文联为什么强调要抓好检察文化和法治文化理论研究，如何以《讲话》和党的十七届六中全会《决定》精神为指导，努力开创检察官文联工作新局面三个方面的问题，谈谈自己的一些看法，供大家参考。

一、为什么要在延安举办这次论坛和论坛主要取得了哪些成果

为什么要在延安召开这次论坛呢？主要有三方面考虑：一是纪念毛泽东同志《在延安文艺座谈会上的讲话》发表 70 周年。中央对纪念活动非常重视，胡锦涛总书记发表了重要讲话，中央有关部门组织了盛大的文艺活动和纪念活动。中国检察官文联刚刚成立，以纪念《讲话》发表 70 周年为主题，来研究检察文化和法治文化的基本理论问题，推动检察文化建设和检察官文联工作的开展，很有意义。二是接受革命传统教育。延安是一块红色文化积淀很深厚的土地，延安精神是我们用之不竭的强大精神力量和精神支柱。在延安召开这次会议，我们会深刻地感受到，我国的革命是怎么成功的，感受到我们党和毛主席等老一辈革命家为中国革命所付出的代价；我们会深刻地感受到，以毛泽东同志为核心的第一代中央领导集体确实英明伟大，我们的社会主义制度来之不易，这对增强我们对国家、民族和社会主义制度的深厚感情无疑有重要意义。三是标志着检察官文联和检察文化艺术队伍学习贯彻落实《讲话》精神和党的十七届六中全会《决定》的态度是坚定的。我们一定要沿着《讲话》和《决定》指引的方向努力工作，为加强检察文化建设，推动社会主义文化大发展大繁荣，建设社会主义文化强国作出应有的贡献。

这次论坛取得的成果主要表现在以下三个方面：

第一，通过学习和交流，更加深刻地认识到《讲话》和《决定》对于推动检察文化建设和法治文化建设具有十分重要的意义。很多同志的发言都是围绕对《讲话》和《决定》的学习和理解展开的，特别是几位专家的发言，使我们受到了深刻的教育和很大的启发。大家认为，党的十七届六中全会通过的《决定》和《讲话》是一脉相通的，是一个传承和发展的关系，《决定》是对《讲话》精神的进一步继承、发展和创新。这次的交流和学习对我们今后进一步贯彻《讲话》和《决定》精神会起到很重要的作用。

第二，通过学习和交流，对检察文化和法治文化的一些基本理论问题进行了初步探讨，增强了我们做好检察文化理论研究工作的信心和责任感。这次论坛共交流了39篇论文，都很有特点，主题都很突出，有些论文写得有深度、有高度，特别是不少论文对检察文化和法治文化的一些基本理论问题进行了探讨。不少同志认真总结了检察文化实践中的丰富经验，这次经验总结和过去的经验总结有所不同，就是不管哪一个同志总结检察文化建设经验，都和理论探讨结合起来了，这是非常可喜的现象。

第三，通过学习和交流，研究了检察官文联工作的一些问题，增强了我们做好检察官文联工作的自信心和自觉性。有的同志的发言，讲了检察官文联的地位、定位和功能，有的同志的发言涉及到了检察官文联有关方面的工作，这对加强检察官文联建设，推动检察官文联工作开展，具有很重要的指导作用。

二、检察官文联为什么要强调抓好检察文化和法治文化理论研究

检察官文联为什么要强调抓好检察文化和法治文化理论研究？检察官文联为什么要把理论研究工作放到一个重要的位置呢？主要有两个方面的思考：一方面是对理论本身功能的思考。我们经常讲，理论是对实践经验的概括、总结、升华，使之带有典型性、普遍性和指导性，简而言之就是理论是实践的先导。检察官文联要搞好工作，不能没有理论的指导，这就是检察文化理论和法治文化理论的指导。另一方面是出于对检察官文联工作自身的思考。检察官文联是以文化艺术形式推动检察文化建设和检察队伍建设的一支重要力量、一块重要阵地、一个重要平台。检察官文联是搞检察文化艺术工作的，作为检察官文联的工作人员，一定要懂得检察文化和法治文化的基本理论，要有自己的思考，否则是难以搞好工作的。

具体讲，检察官文联强调加强检察文化和法治文化理论研究有以下四个方面的理由：

第一，开展检察文化和法治文化理论研究，可以保障检察官文联工作的正确方向。检察官文联的工作要保持正确的方向，一定要有正确理论的指导。只有在检察文化理论的指导下，才能明白工作发展的方向，才能知道工作抓什么、怎么抓。

第二，开展检察文化和法治文化理论研究，可以为检察官文联的文化艺术创作和文化艺术活动提供丰富的资源。检察官文联的文化艺术创作和文化艺术活动，不是凭空产生的，是把检察文化理论研究成果，诸如司法理念、执法宗旨、价值观等以及工作经验，通过艺术家的概括和提升，转化为文化艺术作品和文化艺术活动，使之典型化、艺术化。因此，没有检察文化理论研究成果，检察文化艺术创作和文化艺术活动就会成为无源之水，无本之木。

第三，开展检察文化和法治文化理论研究，可以提高检察官文联工作人员的素质，提高做好检察官文联工作的本领。检察官文联机关的工作人员和检察系统的文化艺术队伍，都要有理论的修养，都要加强检察文化理论学习，通过学习，不断提升自己的文化艺术素养。只有这样，才能做好本职工作。

第四，开展检察文化和法治文化理论研究，可以提高检察文化艺术作品和文化艺术活动的品位，增强作品和活动的感染力、凝聚力和鼓舞力。检察文化艺术作品和文化艺术活动，如果没有理论的高度和理论支撑，就可能是低俗的。检察机关的文化艺术作品和文化艺术活动，一定要有感染力和影响力。这种感染力和影响力从哪儿来？归根结底是从理论上来，没有理论的深度和高度，就没有文化艺术创作和文化艺术活动的感染力和影响力。从上述四个方面分析，可以得出一个结论，检察官文联不能单纯地抓文化艺术创作和文化艺术活动，不能简单地搞书画、摄影、音乐、舞蹈等等，这些活动一定要有丰富的检察文化内涵，一定要有检察机关的特色和丰富的检察精神，这种特色和精神，集中起来就表现为检察文化理论。所以，检察官文联一定要把检察文化理论研究工作放在十分重要的位置抓紧抓好。

三、以《讲话》和《决定》精神为指导，努力开创检察官文联工作新局面

中国检察官文联成立后，在高检院党组的领导和曹建明检察长的关心下，在各省级检察院党组的领导和认真推动下，全国检察官文联的建设势头很好。目前，已经有13个省市检察院和近百个地市县检察院建立了检察官文联。这个推进说明了什么呢？说明从最高人民检察院到各省地市甚至县检察院，对党的十七届六中全会精神的贯彻落实是认真的，是很有成效的。党的十七届五中全会之后，高检院党组就研究决定成立中国检察官文联。中国检察官文联的筹建工作从2010年5月份正式启动，到2011年6月22日成立，前后一年多时间。在中国检察官文联成立过程中，高检院党组和曹建明检察长非常关心。高检院政治部做了大量工作。各方面都十分支持。总的看，检察官文联成立比较顺利，成立后活动也开展得比较好。在这里，我简要通报一下去年以来的主要工作。在筹建中国检察官文联期间，为了取得民政部的理解和支持，筹建组做了很多铺垫性工作，包括召开理论研讨会，进行调研，举办书画摄影创作、笔会、采风、展览等活动。中国检察官文联成立后，主要抓了几项比较大的活动：一是为了纪念人民检察制度创立80周年，去年11月举办了规模较大的全国检察机关书画摄影展览，在国家博物馆展出了400多幅作品，这些作品绝大多数都是检察官自己的作品。通过这些作品多角度、全方位地反映了人民检察制度创立80年来发展壮大的历史，生动、艺术地展现了人民检察事业与时俱进、昂扬向上的时代精神。二是去年年底在人民大会堂举办了一场规模较大的文艺演出。这次演出采取了专业团队和检察人员相结合的办法，全系统选调了500多名检察人员到北京参加排练。这台晚会的突出特点是，所有节目都是检察官的故事，都是在展示检察机关发展的历史。演出比较成功，得到了各方的好评。三是今年春节前夕举办了“迎新春、送文化”活动。我们将全检察系统在纪念人民检察制度创立80周年全国检察机关书画摄影展览中书法作品获得一、二、三等奖的作者，邀请到北京搞春联创作，共写了近千副春联，分别赠送给高检院机关的离退休老干部家庭和全国检察英模家庭，引起了很好的反响。四是今年3月份，同江苏省检察官文联以国际梅花节为背景，在南京共同举办了“以梅喻检”文化活动。用梅花精神意喻检察精神，召开了研讨会，进行了实地采风，举办了现场笔会，以文化艺术形式推进政法干警核心价值观教育实践活动深入开展。各地检察官文联和筹备组织也开展了许多文化艺术活动，取得了很好的效果。

在新的形势下，要做好检察官文联工作，开创工作新局面，应当把握好以下几点：

第一，要准确把握检察官文联的定位，充分发挥检察官文联的职能作用。明确检察官文联的定位是搞好检察官文联工作的前提。关于检察官文联的定位，最重要的有三条：一是检察官文联是在检察院党组领导下，由检察系统的文化艺术爱好者联合组成的非盈利性社会团体。因此，检察官文联必须自觉地接受检察院党组的领导，重大问题必须向党组汇报，检察官文联的工作决不能游离在检察院党组工作部署之外，一定要在党组工作部署之内来谋划各项工作，这个问题一点都不能含糊，否则是要出问题的。同时，检察官文联是一个社会团体，还必须接受行业管理，既要接受中国文联和地方文联的业务指导，又要接受民政部门的监督管理。二是检察官文联是加强检察文化建设和检察队伍建设的一支重要力量和重要助手。检察官文联虽然是检察文化建设的重要力量和重要助手，但不是职能部门，文化建设、队伍建设的职能部门是各级检察院的政治部门。因此，检察官文联在重大问题上一定要和政治部门密切协作，一定要接受政治部门的指导和协调。三是检察官文联是以文化艺术形式推进检察文化建设的重要阵地和平台。通过各种文化艺术形式弘扬检察精神，展示检察形象，凝聚检察队伍，提升检察影响。检察官文联工作一定要在这方面下功夫，见成效。这三个方面的定位非常重要，只有准确把握好定位，检察官文联才能处理好方方面面的关系，工作才能得到方方面面的支持，否则就会带来这样那样的问题，带来这样那样的不协调。

第二，要牢牢把握检察官文联工作的正确方向。检察官文联正确的工作方向如何体现呢？主要有三个方面：一是检察官文联的各项工作，要以社会主义核心价值体系为引领。社会主义核心价值体系是社会主义先进文化的精髓。社会主义核心价值体系在检察机关的具体体现就是政法干警核心价值观，即“忠诚、为民、公正、廉洁”。所以检察官文联的各项工作，各项文化艺术创作和文化艺术活动，都要体现政法干警核心价值观，只有这样，方向才是正确的，否则就会出问题。二是检察官文联的各项工作要围绕党和国家的工作大局，要服务于检察机关的中心工作。去年中国检察官文联开展的几项重大活动，之所以得到了各方面的支持和领导的肯定，很重要的一条就是围绕大局、服务中心。纪念人民检察制度创立 80 年，是高检院党组决定开展的一项重大活动，是全国检察系统的一项中心工作。我们举办的“迎新春、送文化”活动是落实中国文联九次文代会精神和中国文联在春节前的工作要求，这也是大局。还有我们举办的“以梅喻检”文化活动是落实在政法系统和检察系统开展的以政法干警核心价值观为主题的教育实践活动，这也是中心工作。三是检察官文联的各项工作要坚持以人为本，突出检察官的主体地位。要做好检察官文联工作，就要走进检察官、熟悉检察官、歌颂检察官，弘扬检察精神，凝聚检察力量，否则各项工作就没有意义。

第三，要始终坚持“两手抓”，一手

抓检察文化理论研究，一手抓检察文化艺术创作和文化艺术活动。在检察文化理论研究方面，我认为，检察官文联应重点研究精神层面的问题，就是要研究检察理念、检察精神、检察价值观，还有检察的重要规范等等。对于具体检察制度、物资装备等问题，主要是检察机关要研究解决的问题。检察官文联可以通过检察文化理论研究，为检察机关的行为文化、物质文化建设提出建议。在检察文化理论研究中，既要组织好检察官文联的研究力量，还要协调好检察系统的研究力量，也要借用好社会的研究力量。同时，还要争取多方面的资金支持，解决检察文化理论研究项目所需的经费。这里，顺便讲一讲《检察文化理论研究大纲》和《法治文化理论研究大纲》问题，这两个大纲初稿已经印发给大家讨论，大家可以就大纲的某些方面提意见，也可以把这两个大纲推倒，提出新的大纲。关于文化艺术创作和文化艺术活动问题，我们一定要认真落实曹建明检察长关于中国检察官文联的工作要从实际出发、因地制宜、量力而行、规范运行的批示要求。每年的活动不一定搞得很多，也不一定搞得很大，但不搞则已，要搞就要搞好，就要搞出影响、搞出成效。具体怎么搞，要从各地的实际出发，谋划好了就认真组织实施。这里，我简单通报一下中国检察官文联今年拟开展的文化艺术活动的一些想法，这些活动安排可能会有些变化，有些要报高检院党组批准实施。一是在今年三月份举办的“以梅喻检”文化活动的基础上，准备在下半年举办“以荷喻检”文化活动，以荷花精神意喻检察精神，推动廉政建设。与此同时，我们还协助高检院纪检监察部门举办廉洁从检书画摄影作品创作和展览活动。二是开展“印象检察——百姓心中的人民检察官”文化艺术创作活动。这个活动具体怎么搞，还要进一步研究。三是继续举办“迎新春、送文化”活动。这个活动去年搞了，反响很好，今年想和去年的做法有所区别。去年是由中国检察官文联拟定春联内容，今年建议请各省（市区）根据本地的检察英模人物的事迹和特点，有针对性地为他们编写对联，然后组织全系统的书法家书写。四是2013年迎新晚会。去年的文艺晚会产生了较大影响，中央电视台也比较认可，同意把高检院的这台文艺演出列入迎新系列文化活动。目前，中国检察官文联正在策划这台迎新晚会，方案要报高检院领导审批，如果同意了，今年就继续办。我想我们如果连续搞上几年，就有可能像公安部那样打造一个中国检察机关迎新文化品牌，成为宣传检察机关的重要平台。

第四，继续抓好检察文化艺术的交流合作。一个是国内省际间、区域间的交流合作。中国检察官文联和各省检察官文联都可以适当组织一些省际间的检察文化艺术交流活动，也可以组织一些地域间的交流，比如内地和边疆、少数民族地区、城市和农村、上级和基层都可以，以便形成立体性的文化互动态势，推动检察文化建设深入开展。还要加强与港澳台地区的文化艺术交流，进一步促进两岸三地间检察文化艺术的交流合作。另一个是对外的交流。要通过开展国际间的检察文化艺术交流活动，大力宣传我国检察制度的优越性，宣传中国检察官的感人事迹，宣传中国检察机关的职能和工作业绩，多角度地展示我国检察文化的发展和进步，努力扩大我国检察文化艺术工作的影响力。同时，要认真研究、吸收、借鉴各国文化发展的有益成果。对于检察官文联来说，检察文化艺术交流是一项很重要的工作，要认真做好，但要实事求是，因地制宜。

第五，切实抓好各级检察文化艺术队伍和检察官文联的自身建设。一是今年要把全系统的文化艺术爱好者的底数搞清楚。每个省究竟有多少文化艺术爱好者，特别是国家级专业协会会员和省级专业协会会员，这些文化艺术爱好者有什么特长，这个底数弄清楚了，有利于我们有针对性地组织各项文化艺术活动。二是要培养和提升这支队伍。要办一些培训班，搞一些活动，或者请一些专家辅导，以提升检察文化艺术队伍的素质。可以考虑把检察文化艺术的有关内容纳入检察官培训计划，每年可以有组织地对检察系统的文化艺术爱好者进行专业培训。三是要为文化艺术人才提供展示的平台，尽可能发挥他们的特长。对检察文化艺术人才，要善于发现他们、培养他们，使他们有展示才华的机会。

关于检察官文联自身的建设，要着重抓好三点：一是要继续推动检察官文联的建立，既要积极，又要稳妥，不管是建立省级检察官文联、市级检察官文联，还是县级检察官文联，都不要一哄而起，不要定时间、定进度、定数量，有条件成立的就尽快成立，没有条件的可以创造条件，条件不具备的也可以暂缓成立。二是已成立检察官文联的，要抓好内设机构和专业协会的建设。要通过各专业协会组织开展活动，充分发挥检察官文联的作用。三是要加强检察官文联机关的思想政治建设、业务建设、作风建设、廉政建设，特别要加强廉政建设。

我们要按照高检院党组的要求，全面贯彻落实党的十七届六中全会、全国政法工作会议、第十三次全国检察工作会议和中国文联九次文代会精神，进一步做好检察官文联的各项工作，不断开创工作新局面，努力服务于党和国家的全局工作，服务于检察机关的中心工作，为推动检察文化和法治文化大发展大繁荣，建设社会主义法治国家和文化强国做出应有的贡献，以优异成绩迎接党的十八大胜利召开。

（张耕同志时任全国政协教科文卫体委员会副主任，中国检察官文联主席，最高人民检察院原党组副书记、常务副检察长。）

在首届中国检察官文化论坛开幕式上的致辞

（2012 年 5 月 24 日）

胡太平

尊敬的张耕主席、各位领导、各位来宾、各位代表，大家好：

五月的革命圣地延安，槐花飘香，生机盎然。今天，来自高检院、中国检察官文联、陕西省委、省政协、省文联和全国各地检察官文联的领导和部分知名专家学者齐聚延安，共同见证首届中国检察官文化论坛的盛大开幕。在这里，我谨代表本次论坛的主办方之一——陕西省人民检察院向出席论坛的张耕主席、各位领导、各位来宾、各位代表表示热烈的欢迎！向对本届论坛的举办给予大力支持的延安市委、市政府表示衷心的感谢！

70 年前，在孕育了中国革命的延安，毛泽东同志针对中国革命文艺的发展问题，发表了著名的《在延安文艺座谈会上的讲话》，《讲话》紧密结合中国革命的实际，创造性地阐释了文艺与人民、文艺与政治、文艺与生活等一系列重大问题，确定了党对文艺工作的基本方针，指导和推动了党领导的文艺事业蓬勃发展。70 年来，《讲话》精神伴随着时代的发展而不断丰富和发展，《讲话》所体现的毛泽东文艺思想，一直是我们党做好各项文化工作的重要指引。

党的十七届六中全会通过了《关于深化文化体制改革推动社会主义文化大发展大繁荣若干重大问题的决定》，《决定》全面总结了党领导文化建设的成就和经验，深刻分析了文化改革发展面临的形势和任务，阐述了中国特色社会主义文化发展道路，确立了建设社会主义文化强国的战略目标，提出了新形势下推进文化改革发展的指导思想、重要方针、目标任务、政策举措，吹响了建设社会主义文化强国、实现社会主义文化大发展大繁荣的前进号角。

在纪念毛泽东同志《在延安文艺座谈会上的讲话》发表 70 周年之际，中国检察官文联和陕西省检察官文联在这里共同举办以“重温《讲话》精神，推进检察文化建设”为主题的首届中国检察官文化论坛，深入学习贯彻党的十七届六中全会精神，交流研讨检察文化和法治文化的一些基本理论问题，这是继承发扬党的文艺工作优良传统、贯彻落实党的十七届六中全会精神的重要举措，对于推动检察文化理论研究、繁荣检察文化艺术创作、加强检察文化建设、推动检察工作科学发展具有重要意义。

陕西地处三秦大地，自古就是中华文明和中华文化的重要发祥地，历史文化底蕴深厚。近年来，省委、省政府高度重视文化建设，把文化建设摆在全局工作的重要战略地位，提出“文化强省”的奋斗目标，出台了一系列政策举措，坚持物质文明和精神文明两手抓，推动文化事业和文化产业同发展，取得了显著成就，为促进陕西经济发展、社会和谐稳定和人民幸福安康，提供了有力的精神动力和文化支持。陕西检察机关在陕西省委和高检院的正确领导下，始终紧紧围绕全省工作大局，认真履行职责，坚持将加强检察文化建设作为推动队伍建设、推动检察工作的重要工作内容，大力实施检察文化发展和“文化育检”战略，不断丰富检察文化内涵，开展丰富多彩的文化创建活动，在检察文化理论研究和检察文化建设实践上作了许多有益的探索，促进了陕西检察工作科学发展，取得了明显成效，特别是陕西省检察官文联的应运而生，为今后更好地开展检察文化建设奠定了坚实的基础。

中国检察官文联举办的这次首届中国检察官文化论坛，为推动检察文化理论研究、加强沟通交流、共谋检察文化发展大计提供了一个重要平台，是进一步深化检察文化和法治文化理论研究的有益尝试。文化论坛在陕西召开，充分体现了高检院对陕西检察工作和检察文化建设的充分肯定和认可，是对全省检察干警的巨大鼓舞和有力鞭策！必将对陕西检察工作和检察文化建设的深入开展起到积极的推动作用。

我们相信，在各方的鼎力支持和合作下，本次论坛必将进一步加深我们对社会主义文化建设、法治文化建设和检察文化建设重要性的认识，进一步推动检察机关提高文化自觉，增强文化自信。

我们希望，利用本次论坛举办的大好机会，充分研讨、相互切磋、集思广益、博采众长，努力为推动检察文化和法治文化理论研究、繁荣检察文化艺术创作、加强检察文化建设、推动检察工作科学发展作出积极贡献。

同时，我们也将以论坛的召开为契机，虚心学习借鉴兄弟省市院检察文化建设的经验，进一步做好检察文化工作，不断掀起检察文化建设新高潮，积极开创我省检察文化建设新局面，用检察文化建设的新成效，努力推动全省检察队伍建设和检察工作科学发展再上新台阶，以优异的成绩迎接党的十八大的胜利召开！

最后，预祝本次文化论坛取得圆满成功！祝各位领导、嘉宾、代表身体健康、工作顺利、万事如意！

谢谢大家！

（胡太平同志时任陕西省人民检察院党组书记、检察长，陕西省检察官文联名誉主席。）

在"以荷喻检"文化活动座谈会上的讲话

（2012 年 8 月 4 日　根据录音整理）

张　耕

同志们：

这次"以荷喻检"文化活动在山东省枣庄市举行，有关方面的领导、艺术家和企业家等齐聚一堂，共同研讨如何用荷花精神喻意检察精神。

山东是一个文化积淀厚重的省份，枣庄市是文化的圣地，文化底蕴深厚，临近10万亩荷花的微山湖。在这个地方举办"以荷喻检"文化活动具有重要意义。这次活动得到了各个方面的大力支持。高检院对这次活动高度重视，曹建明检察长要求我们一定要把这个活动组织好。高检院机关14位厅级领导出席这次活动，政治部副主任胡尹庐同志受政治部李如林主任委托到会并致辞。山东省对这次活动也十分重视，省委常委、政法委书记才利民同志明确指示，一定要把这次活动举办好。山东省检察机关做了大量筹备工作，保证了这次活动顺利进行。我们充分相信这次活动一定能够组织好、开展好。

山东省检察机关很重视检察文化建设。山东省检察官文联前不久正式成立，山东省人大常委会副主任、山东省检察院原检察长国家森同志担任检察官文联主席，山东省检察院吴鹏飞检察长任检察官文联名誉主席。山东省检察官文联的成立，历经了两届党组，国家森同志在担任检察长期间，就积极筹备成立检察官文联，国家森同志离任到省人大后，吴鹏飞检察长很重视，加快筹备成立检察官文联。检察官文联的成立为山东省检察文化建设的进一步开展，创造了十分有利的条件。

我们这次活动的主题是"以荷喻检"，就是通过研讨、采风、笔会等形式，彰显荷花精神，以荷花精神喻意检察精神。最近，我看了一些资料，也做了一些思考，我认为荷花精神同检察精神确实有很多是相通的。比如，第一，荷花有一种刚直的品格。它的枝干是笔直的，一般不是弯曲的，检察人员应该有这种精神，刚直不阿，执法如山。第二，荷花有一种大度的风范。荷花的干内是空的，空即虚，虚就是大度，善于包容。检察人员应该有这种大度包容的品质。第三，荷花还有慎思的品质。荷花的藕是多孔的，有的八个，有的九个，这种多孔体现了什么呢？体现出荷花多心，多心就可以引申为慎思。检察人员也应该慎思。无论办案，还是处理问题都应该慎思慎行，多几条举措、多几个方案。第四，荷花还有自强的品格。只要把荷花的藕埋下去，就可以发芽生长，不用施肥、不用除虫、不用护理。检察人员也应当自强不息，艰苦奋斗。第五，荷花还有一种奉献精神。荷花全身都是宝，它的叶子、花瓣、莲藕等等，有的可以入药，有的可以食用。检察人员也应当执法如山，无私奉献。第六，荷花还具有清廉品格。这是人们一直赞誉的品格。检察人员也应当一身正气，廉洁从检。由此可见，只要我们研究荷花的品格就会发现，荷花的品格与检察人员应具备的品格在很多方面都是相似的。从这方面来讲，我们在这里举办“以荷喻检”文化活动就具有重要的现实意义，通过这个活动，我们用书法、绘画、摄影等艺术形式进一步诠释“忠诚、为民、公正、廉洁”的政法干警核心价值观。

今天，各方面的同志都来参加这个活动，我很高兴，表明大家对这个活动的重视，也表明大家对检察官文联工作的支持，我对大家表示感谢。因为这次活动只有两天半的时间，今天的研讨会就是一个上午，我希望在这个比较短的时间里，大家能够各抒己见，畅所欲言，把今天上午的研讨会开好，把荷花精神、检察精神结合来进行研讨。下午我们就要进行实地采风，明天举行一天的笔会，请书画家们挥毫泼墨，尽情地展示自己的艺术才华，把这次活动推向高潮。

最后，我再次感谢大家参加这个活动，同时也预祝这次活动圆满成功！

（张耕同志时任全国政协教科文卫体委员会副主任，中国检察官文联主席，最高人民检察院原党组副书记、常务副检察长。）

在“以荷喻检”文化活动座谈会上的致辞

（2012年8月4日）

王　建

尊敬的各位领导、艺术家大家好：

“接天莲叶无穷碧，映日荷花别样红”，今天在“千顷荡地，万荷飘香”的中国荷都、微山湖畔我们欢聚一堂，喜迎“以荷喻检”文化活动的隆重开幕。首先我受省检察院吴鹏飞检察长的委托，代表山东省院党组和山东省广大检察人员，对这次活动的开幕表示热烈的祝贺，对出席这次活动的各位领导、艺术家和同志们表示热烈的欢迎。

山东是中华文明的重要发祥地之一，素有孔孟之乡、礼仪之邦的美誉，同时还有着波澜壮阔的革命文化，特色鲜明的民俗文化和丰富多彩的现代文化，微山湖荷文化是博大精深、源远流长的齐鲁文化的璀璨明珠，荷花有色、有香、有节、有操，具有清水出芙蓉、天然去雕饰的清新气质，出淤泥而不染、濯清涟而不妖的圣洁品味和香远益清，可远观而不可亵玩的高贵情操，历来被世人誉为君子的象征、真善美的代表和祥瑞圣洁的化身。这次“以荷喻检”文化活动将荷文化与检察文化紧密结合，将荷花洁身自好、傲视独立的品格气节与人民检察官坚贞纯洁清正廉明的职业精神紧密结合，以荷励志，以荷养德，既是对检察文化建设的有益探索，也是对传统文化精华的大力弘扬，进一步丰富了检察文化的内涵，提升了检察文化品味。

多年来，山东省检察机关始终把检察文化建设摆在突出位置，以培养社会主义核心价值体系和政法干警核心价值观为根本，以建设检察人员共有的精神家园、提升队伍素质为目标，大力实施文化育检工程，积极搭建精神文明创建、文化产品创作、文化阵地建设和文化品牌展示的制度，初步构建起了理念文化、管理文化、廉政文化和环境文化为主要内容，体现法制特征，突出检察特色、融合齐鲁文化精髓的山东检察文化体系，组织创作了大型音乐舞蹈诗《献身使命》、102集《演说论语》，莱芜梆子现代戏《儿行千里》，廉政剧《清河弯弯》，以及电视片《西行无故事》，巨幅油画《公诉日本战犯》等一大批具有很强思想性、艺术性和观赏性的检察文化作品，推出了青岛市院清检为公，临沂市院红色检察，济宁市院儒苑检魂以及烟台芝罘区院的绿洲文化，邹城市院人和检察等一大批具有鲜明地域特色的检察文化品牌，检察文化建设呈现出蓬勃发展的良好态势，为提升检察队伍的凝聚力、创造力和执法公信力起到了重要作用。

这次“以荷喻检”文化活动在山东举办，是高检院、中国检察官文联对我们高度信任和充分肯定，是对我省检察文化建设的极大鼓舞和有力促进，我们将以这次活动为契机，认真学习和借鉴各位领导和艺术家的好思想、好作风、好成果，进一步开阔思路、创新举措，不断开创我省检察文化建设新局面。

“有朋自远方来不亦乐乎”，对这次活动我们将全力做好各项服务工作，真诚希望各位领导、各位艺术家在山东多走走多看看，真诚希望大家对山东检察文化建设多提宝贵意见。最后祝本次活动取得圆满成功，祝各位领导、各位嘉宾在山东期间生活愉快、身体健康，谢谢大家！

（王建同志时任山东省人民检察院副检察长，山东省检察官文联副主席。）

在中国检察官文学艺术联合会会刊《检魂》创刊问计座谈会开始时的讲话

（2012 年 12 月 1 日　根据录音整理）

张　耕

今天开这个座谈会，议题是研究如何办好中国检察官文联会刊杂志。这次会议是在党的十八大刚刚胜利闭幕，全国上下学习贯彻党的十八大精神的大背景下召开的，这也是我们学习领会贯彻党的十八大精神的一次会议。

中国检察官文联会刊承担着很重要的任务。高检院党组非常重视这个刊物的创办工作，中国检察官文联成立不久就向高检院党组写了报告，党组很重视，同意创办这个刊物。这个刊物怎么办，怎么具体设计刊物的栏目和内容，需要认真研究。文联秘书处做了很多工作，也和有关方面进行了研究，检察日报文艺部的同志花费了很大精力，出主意、想办法，提出了许多很好的意见和建议。究竟把检察官文联会刊办成一个什么样的刊物，怎样才能够立于全国有影响的刊物之林，这是我一直思考的问题。中国检察官文联秘书处的几位同志不是办刊的内行，我也是外行，心里没底。所以这次座谈会叫“问计会”，请大家出主意、想办法，群策群力，共同把这个刊物办成检察官共有的精神家园。

很多同志是有备而来，希望大家今天能放开，有什么意见都可以讲，对提交讨论的这个方案可以提补充完善的意见，也可以全部推翻。大家不要拘束，也不要有顾虑，有什么想法都可以谈。今天来的同志，对办刊还是有经验的，有的对刊物还很有研究。我们今天请来了十个省（区市）检察官文联的同志，覆盖了全国三分之一的省份，听了大家的意见，基本上可以代表全检察系统的意见。我们要群策群力，把这个刊物研究好。我不主张急于出刊，一定要研究好，把刊物设计好，心里有底了，再研究如何试刊的问题。请大家畅所欲言，发表意见。

（张耕同志时任全国政协教科文卫体委员会副主任，中国检察官文联主席，最高人民检察院原党组副书记、常务副检察长。）

在中国检察官文学艺术联合会会刊《检魂》创刊问计座谈会结束时的讲话

（2012 年 12 月 1 日　根据录音整理）

张　耕

我集中一下大家的意见，有些是大家讲的，有些是我的一些思考，不管讲的怎么样，不做最后的定论。我把中国检察官文联会刊杂志看的比较重，我不想轻而易举地把它拿出去，一定要研究清楚后再说，至于什么时候出刊，没有时间表。听完今天大家讲的意见后，我打算再听一些专家的意见，可能还要开个座谈会，比如文联几个专业协会办刊的专家、比较有名的法治刊物的专家，听完他们的意见后再定。

我们今天这个座谈会叫“问计座谈会”，大家讲了很多很好的意见，我感觉会议开的很好。上午到现在，时间不长，大家发言比较充分，基本达到了预期目的。这次座谈会有这么几个特点。第一，参加会议的单位和同志比较重视，各地认真推荐和确定来参加会议的人员。在这方面各省是下了功夫的，开始有的省是确定检察官文联主席、副主席来，后来改成了副主席、秘书长来，还有一些是基层检察官文联的负责同志。我也了解过几个省检察官文联的负责同志，他们说，让我们去了参加会，讲不出什么意见，还是推荐懂行的同志去为好，各省推荐懂行、能讲出意见的同志来参加会，这说明各地对这次座谈会的高度重视，反映出对我们刊物的高度重视。大家都希望中国检察官文联能够有一个和这个团体相匹配的、能够为检察官所喜爱、有利于推进检察文化发展的高品位刊物。第二，大家准备的比较充分，几乎每个同志都做了认真的书面准备。这就说明大家动了脑筋，认真琢磨，认真看了我们提供的方案，进行了深入思考。第三，发言的重点突出，每个同志的发言基本没有出现离题万里的现象。紧扣怎么办好这个刊物，这个刊物怎么定位，怎么设立栏目，办好这个刊物需要做哪些工作等等来发表自己的意见，这才使我们的会议开的比较简短，效果比较好。第四，大家发言很踊跃、很积极，一个接着一个，没有冷场，没有等着点名发言，会场的气氛很好。各抒己见，畅所欲言，确实充满了民主、自由的气氛，既有相同的意见，也有不同的意见。我觉得这样的风气非常好。我们检察官文联就是要有民主、自由、磋商、探讨的风气，这样才能把问题讲清楚，才能得出比较好的结论。接下来，我就办刊的几个问题谈谈自己的看法。

一、关于刊物的性质问题

这本刊物的性质总体讲它是中国检察官文联的会刊。既然是会刊就要区别于现有的检察机关的刊物，它既不是检察业务工作刊物、检察理论研究刊物，也不是检察文化建设刊物。它是从检察官文联的角度研究和展示检察文化艺术相关问题的刊物。简言之，是一本文化艺术刊物。我想请大家注意，在中国检察官文联成立后，我始终没有用“文学艺术”这个概念，我是用“文化艺术”这个概念。我们检察官文联的名称叫“中国检察官文学艺术联合会”，为什么要有“文学”这个概念呢？是为了与中国文联的称谓相衔接。但是，我们检察官文联与中国文联的情况不完全一样，我们检察官文联不是单纯研究文学问题，也不单纯研究艺术问题，我们是研究检察文化的。从逻辑上讲，文化应包括艺术，艺术应包括文学。文化应当包括文学和其他艺术形式，比如书法、美术、摄影、舞蹈、影视、曲艺等等。我们的检察官文联不是仅搞文学研究或者其他艺术研究，我们是用文化艺术的形式来推进检察文化建设，加强检察队伍建设，推动检察工作科学发展。作为检察官文联，我们要研究的是以各种艺术形式为载体的检察文化，但检察官文联不是推进检察文化建设的职能部门。我反复讲过，检察文化建设的职能部门是检察机关的政治部门。检察官文联是以文化艺术形式推进检察文化建设和队伍建设。检察官文联不是单纯地组织文学作品的创作，也不是单纯地组织书画、音乐、歌舞、影视等艺术作品的创作，这些都是载体，检察官文联工作最根本目的是以文化艺术为载体深化检察理念，弘扬检察精神，凝聚检察力量，展示检察形象，推动检察工作。我们的刊物肯定要和检察官文联的这一性质相适应，也就是说，我们的刊物不是一个纯艺术的刊物，不是只刊登小说、诗歌、散文、剧本、文化活动等等。我们这个刊物要和检察机关其他刊物相区别，与中国文联的刊物相区别，与书法、美术、篆刻等刊物相区别。这点，请大家来认真研究，很好地把握。

二、关于刊物的定位问题

这个刊物既然是中国检察官文联的会刊，有别于理论研究刊物，有别于工作研究刊物，也有别于文化建设刊物。那么它的定位是什么呢？对此，我概括了四条。第一，这个刊物是文化宣传的重要阵地。在中国检察官文联成立时，我把检察官文联工作的目标或者叫使命概括了四句话，即“立足检察文化，面向法治文化，传承中华文化，放眼世界文化”。因此，我想首先要把这个刊物办成宣传检察文化和法治文化，传承中华文化，介绍世界文化的重要阵地，起到很好的宣传作用。第二，这个刊物是检察文化艺术成果展示的重要平台。检察文化艺术成果，不仅仅局限于检察官的文化艺术作品，凡是同检察机关、检察精神相联系的文化艺术作品，不管是谁创作的，都可以在这个刊物上展示。第三，这个刊物是培育、提升检察文化艺术人才的学校。通过这个刊物为检察文化艺术人才的成长提供机会，创造条件，不断提高他们的文化素养、艺术才能和水平，起到培养人才的重要作用。第四，这个刊物是检察文化艺术交流的重要渠道。这种交流既包括检察系统内的交流，也包括与其他部门、艺术团体和艺术人士的交流，还包括与国外艺术团体、艺术人士的交流。

三、关于刊物的服务对象问题

我想这主要有四个方面。第一，检察系统的文化艺术爱好者和骨干力量。这是我们刊物服务的很重要的对象。第二，全体检察官。所有检察官都是我们刊物服务的对象。第三，相关部门。比如人大代表、政协委员、政法干警、相关文艺团体、文艺人士等等。第四，社会公众。我们刊物的服务对象不仅是检察机关，也不仅仅是检察队伍，还要面向社会公众，要给他们一个窗口。让他们从这个窗口看到检察官的另一方面，检察官不仅仅是铁面严肃的司法者，而且有多种爱好，有艺术追求，还是和蔼可亲的公众权益的维护者。检察官的文化素养提高了，他在执法过程中，就会多一份人文关怀，多一份理性、平和、文明、规范。所以，我们刊物服务对象的面要大，要放开，不要仅局限在检察这个圈子里面。

四、关于刊物的特色问题

我们的刊物要办出特色，怎么有别于其他刊物呢？我想主要有这么几条：第一，刊物要做到理论、文化、艺术三者结合。有理论，就是刊物要有文化艺术理论的支撑，没有理论色彩就没有精气神，就没有脊梁柱，这个刊物就立不起来。有文化，就是刊物要传递大量的文化信息，让读者能够加深对文化的理解，特别是对检察文化、法治文化的理解和思考，还要使读者得到文化的基本知识，提高文化素养。有艺术，就是刊物要有艺术的感染力，使读者看后觉得很美，特别是对文化艺术感兴趣的人读后能够产生共鸣。第二，刊物要做到思想性、品味性、欣赏性、活泼性相统一。没有思想性就会在办刊的方向上出问题，我们这个刊物不能办成纯娱乐性刊物。检察机关的刊物不能不讲思想性，但也不能办成标语口号式的刊物，都是大白话不行，纯理论也不行。品味性，就是作为文化艺术刊物，刊物的语言不能全是工作报告的语言，既要思想深刻，还要很有文采，很有品味。我们刊物中的理论文章不应当是报告式的，而是要把理论融入文采中去，这个要求是比较高的。卷首语应当达到这个要求，做到这一点不是那么简单。欣赏性，主要体现在艺术作品上。刊物刊登的每幅艺术作品，比如书法、绘画、摄影等等，让读者看后觉得很美，能够产生愉悦感，受到艺术的感染和美的享受，让人愿意看。活泼性，就是刊物从内容到风格设计都要充满生气，要有时代性和创新性，不能板着面孔说教。第三，刊物要做到检察文化、法治文化、传统文化、世界文化相融合。这“四种文化”在这个刊物中都要体现出来，要挖掘传统文化、世界文化中与法治文化有关的元素，把它们融合起来。这样刊物内容就丰富了，耐看了。第四，刊物要做到“短、深、新、精”相一致。短，就是除长篇小说外，所有的文章都尽可能简短，不搞长篇大论。长篇文章害死人，确实有内容的也还可以。套话的文章，套来套去，实际上没有几句有用的话。习近平总书记在同中外记者见面的那篇讲话，就很短，很平实，讲的最多的是“人民”和“责任”四个字，内外反映都很好。我们刊物的文章要力求简短，不要穿靴戴帽。深，就是要有思想性，要有观点，观点讲到位了就有深度了。新，就是多讲新话，少讲老话，不讲套话。编辑部的同志要学习，有些网络语言是很好的，很生动的。精，就是对作品的选择一定要精益求精，一定是我们认为最好的。对刊物栏目用“精品”这个词，我认为是不妥的，我们认为是精品，别人不一定认同。我们不说我们刊登的是精品，但是要去追求精品。

五、关于刊名问题

刊名大家有争议，我认为这很好。刊名是刊物的眼睛，从某种意义上说是刊物的灵魂。用什么名称，可以进一步研究。这里，我想讲一讲使用“检魂”这个刊名的一些不成熟想法。为什么用“检魂”这个刊名呢？对这个刊名我是比较看重的。当然，我也不拒绝大家的意见，这个刊名现在还没最后确定，还可以进一步讨论。我赞同这个刊名的理由是：第一，这个刊名基本符合刊物的性质和检察官文联工作的性质。我们这个刊名既要有一定的思想性，又要有一定的艺术性，我们不能搞成口号性的刊名，也不能搞成难以理解、过于含蓄的刊名。“检”，比较明确，检察机关之意。“魂”，是沉重了一些，但是现在对“魂”的理解，不是从“阴魂”的角度理解的，我理解“魂”就是精神。我们过去说魂是灵魂，魂走人死，似乎太沉重。现在说“魂”，赋予的内涵是精气神。刚才我讲了，检察官文联是干什么的，检察官文联是以文化艺术形式推进检察文化建设、加强检察队伍建设，核心是解决检察队伍的精神状态问题。实践证明，凡是检察文化搞得好的地方，干警的精神状态就不一样，凝聚力就不一样，机关的工作氛围就不一样，工作的劲头就不一样。组建检察官文联的目的就是要提升检察队伍的精气神，因此，用“检魂”这个刊名，同我们成立检察官文联的目的、开展检察官文联工作的目的是相吻合的。第二，这个刊名说到底是突显检察精神。“检魂”源于我们现在对文化的理解和中央对文化的表述，党的十七届六中全会指出，文化是民族的精神，是民族的血脉，是人民的精神家园，中国特色社会主义核心价值体系是兴国之魂。检察文化是检察队伍之魂，检察队伍没有文化就没有精神，没有灵魂。毛主席曾经讲过，没有文化的队伍是愚蠢的队伍，愚蠢的队伍是不能战胜敌人的。同样的道理，检察队伍如果没有文化，检察队伍就没有战斗力，人如果没有文化和精神，这个人就是行尸走肉。因此，我认为“魂”这个概念的意义很深刻。检察之魂就是检察文化。第三，这个刊名既避免了用其他刊名的直白表述，又具有一定的文化艺术色彩。一个刊物的名称要有一定的震撼力，如果一个刊名喊出去能震撼人，那就有力量，效果就比较好。“魂”仅是一种比喻，一种象征，从这个意义上讲，“检魂”具有一定的艺术性。综合比较，我倾向用“检魂”这个刊名，但这不是最后决定，我还要听一听其他方面，特别是专家们的意见。

六、关于刊物板块和栏目的设计问题

初步方案把刊物分四大板块，我原则赞同。第一个板块是检察文化艺术理论研究。这个研究不是一般的理论研究，要集中研究检察理念，对检察理念要有简明扼要的阐释，比如“立检为公，执法为民”宗旨，政法干警核心价值观，“理性、平和、文明、规范”执法理念，曹建明检察长和高检院党组提出的“六观”、“六个并重”等等，对这些理念，要进行诠释，不是长篇大论，也不是空话套话，而是要画龙点睛，要用艺术语言表述，使读者便于理解，使检察人员易于内化于心，外化于行。还要研究检察文化艺术规律，检察文化艺术有什么特点，检察文化艺术的繁荣发展要解决什么问题等等。还要研究检察文化理念和检察文化艺术作品的关系，研究怎么样把检察理念转化为艺术作品。这样，我们的刊物理论研究就区别于检察基础理论研究和检察工作理论研究。第二个板块是检察文化艺术成果的推介和点评。包括各种文艺形式，如小说、散文、诗歌、书法、绘画、摄影、音乐、舞蹈等等，不仅对这些作品推荐，还要点评，请名家点评。第三个板块是检察文化艺术活动的展示，一些比较大的检察文化艺术活动都可以展示。第四个板块是各个方面的交流。包括国内省际和地域间的交流，部门之间的交流，国内和国外的交流。根据座谈会上一些同志的意见，我建议再加一个板块，就是“检察文史”。比如过去的老故事、老照片等等，都可以刊登。当然这不是单纯的历史记录，而是艺术的展现。

初步方案中的栏目设计也还可以，但有些表述不太准确，也不明确，有的不太好理解。比如“行”、“融”怎么理解。栏目的表述还要很好地研究，栏目的表述一定要简明、准确、易懂、有文采。如果一个字表达不清楚，可以用两个字或三个字，不一定非要一个字，不强求一个模式。要把栏目最核心的内容表达清楚。栏目现在可以这样设计，出刊的时候，不一定每本刊物都有所有的栏目，可以根据需要进行调整。一旦栏目定下来，总体要体现，每期可调整。

七、关于办刊力量的组织问题

没有很强的力量，要把刊物办好是不可能的，一定要下力气把办刊的力量组织好。一是要很好地依托检察日报文艺部的力量。文艺部的同志有经验，有能力，一定能把刊物办好。他们现在非常辛苦，如果力量不足，也可考虑再借用一些力量。二是要抓紧组建通讯员队伍。中国检察官文联秘书处要很快研究这个问题，要给已经成立检察官文联的省（区、市）发一个通知，请他们推荐通讯员队伍的人选，也可以采取自报的形式，要把推荐和自报结合起来，尽快把底子搞清楚，把通讯员队伍建立起来，这是我们依靠的力量。通讯员队伍要和编辑部建立日常联系，组织相应的活动，发挥这支队伍的作用。三是要组建顾问团。请一些艺术专家，作为我们的顾问。有些点评文章，请他们来写。还可以不定期的请他们来做讲座、办培训班，有的可以在网上做，要充分发挥专家们的作用。四是逐步形成相对稳定的特邀撰稿人队伍。比如卷首语，要有相对稳定的特邀撰稿人队伍。五是请文艺部考虑还能组织哪些力量，提出可行的意见和建议。要抓紧从以上几个方面做工作，争取尽快形成一支基本的编辑队伍，保证我们的刊物持续发展。

八、关于美编设计问题

美编设计对一个刊物来说非常重要。比如封面设计、栏目设计、作品展示设计，还有插页、插图等等。这些设计是刊物的名片，对提升刊物社会影响力和知名度至关重要。要充分发挥美编人员的创造力和工作自信力。设计、插图、排版等等，要做到三点：一是新颖时尚。要有一种很新的感觉，面目全新，不是老面孔，时尚就是要有时代感。二是要大方大气。“检魂”这个刊名字很响亮，很有分量，刊物不能搞得小里小气的。三是要文雅实在。我们的刊物毕竟是文化艺术刊物，要搞得很精美，但是不浮、不飘。这些说起来容易，做起来很难。

这次座谈会后，先按这个大的思路做好各项筹备工作。工作要抓紧，千万不要等。我就讲这些意见，请大家进一步研究。

谢谢！

（张耕同志时任全国政协教科文卫体委员会副主任，中国检察官文联主席，最高人民检察院原党组副书记、常务副检察长。）

文　件

中国检察官文学艺术联合会二○一二年工作要点

2012年，是深入学习贯彻党的十七届六中全会精神、打牢检察官文联工作基础的重要一年。中国检察官文联工作要按照“围绕大局，服务中心，打牢基础，抓好规范，力求实效，促进发展”的总体要求，全面贯彻落实党的十七届六中全会、全国政法工作会议、第十三次全国检察工作会议和中国文联九次文代会精神，以马列主义、毛泽东思想、邓小平理论和“三个代表”重要思想为指导，深入贯彻落实科学发展观，坚持社会主义先进文化前进方向，以建设社会主义核心价值体系，践行“忠诚、为民、公正、廉洁”的人民检察核心价值观为根本任务，以满足检察人员精神文化需求为出发点和落脚点，以提高检察队伍素质、提升检察机关执法公信力、促进检察工作科学发展为目标，以改革创新为动力，充分发挥中国检察官文联指导、联络、协调、服务职能，坚持紧贴检察工作实际和一切从实际出发，坚持眼睛向内、重心下移、以我为主、因地制宜、量力而行、规范运行，大力开展适合基层广大检察人员参加、富有检察特色的文化艺术创作和大众文化艺术活动，不断发现、培养、凝聚检察文化艺术人才，努力服务检察机关，服务检察队伍，服务基层建设，服务人民群众，为推动检察文化和法治文化大发展大繁荣，建设社会主义法治国家和文化强国做出应有的贡献，以优异的成绩迎接党的十八大胜利召开。

一、深入学习贯彻党的十七届六中全会精神，打牢中国检察官文联工作的思想基础

1. 深入学习贯彻党的十七届六中全会精神，结合检察官文联工作实际，认真制定具体学习计划和贯彻落实意见，采取专题辅导、交流学习、理论研讨等方式，切实把学习贯彻党的十七届六中全会与进一步学习贯彻全国政法工作会议、第十三次全国检察工作会议和中国文联九次文代会精神有机结合起来，真正落实到中国检察官文联各项工作中去。

2. 以纪念毛泽东同志《在延安文艺座谈会上的讲话》发表70周年为契机，与中国检察官协会联合举办首届“中国检察官文化论坛”，认真研究检察文化和法治文化的基础性理论与应用性理论，推出一批有分量的理论成果，创作一批文化艺术作品，推动中国特色社会主义检察和法治文化创作大发展大繁荣。

二、以社会主义核心价值体系为引领，践行人民检察核心价值观，牢牢把握中国检察官文联工作的正确方向

3. 坚持用社会主义核心价值体系引领、用社会主义法治理念指导中国检察官文联工作，充分运用文化艺术形式和载体，大力弘扬人民检察核心价值观。举办以“梅花”和“荷花”为主题的文化艺术创作活动和书画摄影展览，以梅花喻意检察官忠诚为民的高贵品质，以荷花喻意检察官公正廉洁的职业操守，通过文化艺术手法使社会主义核心价值体系和人民检察核心价值观内化于心、外践于行，成为广大检察人员的主导意识和精神支柱。

4. 配合全国检察机关开展的人民检察核心价值观主题教育实践活动，开展“印象检察—百姓心中的人民检察官”文化艺术创作活动，组织专业作家、艺术家和检察系统的文化艺术爱好者分期分批深入检察基层、深入办案第一线，用艺术视角诠释人民检察官忠诚履职、执法为民、公正执法、廉洁从检的良好社会形象，通过优秀文化艺术作品的创作和展示，促进主题教育实践活动深入开展。

三、坚持锐意创新，大力推动检察文化艺术创造，开展形式多样的检察文化艺术活动

5. 为迎接党的十八大召开，与中国文联联合开展“党的十七大以来优秀检察文化艺术作品”评选活动，推出优秀作品，奖掖优秀人才，激发创作热情，不断提升检察文化艺术作品水平，推动检察工作科学发展。

6. 实施“检察文化艺术创作精品工程”，加强检察文化和法治文化舆情分析研判，鼓励、扶持检察系统文化艺术人才和专业作家、艺术家，进行反映检察生活和检察英模的现实题材的文化艺术创作，不断推出主题鲜明、反映检察工作发展，蕴含检察价值追求，富有思想性和艺术性、形式新颖、独具检察特色和检察风格的优秀检察文化艺术作品。

7. 协同高检院职务犯罪预防厅举办全国检察机关预防职务犯罪书画展、廉政文化摄影展，宣传检察机关的职责，提升全社会预防职务犯罪的能力。

8. 联合中央电视台文艺频道筹办2013年迎新文艺晚会。同时，组织检察系统开展各种群众性文体活动，努力提升检察人员的文化艺术品位，营造浓厚的检察文化建设氛围。

9. 组织编纂《中国检察文化年鉴》，总结和推广基层检察文化建设经验和成果；配合各级检察机关抓好院史室、文化室和文化长廊建设，共同构筑基层检察人员共有精神家园和展示检察形象与检察业绩的窗口。

10. 创办中国检察官文联会刊，开通中国检察官文联网站，设立中国检察官文学艺术发展专项基金，努力拓展检察文化艺术建设新载体、新途径，扩大检察文化的覆盖面和渗透力，促进检察文化艺术事业繁荣发展。

四、加强检察文化艺术队伍建设，努力培养检察文化艺术人才，为检察文化艺术事业繁荣发展提供人才支撑

11. 深入研究检察文化艺术人才现状，通过开展形式多样的文化艺术活动，发现一批检察文化艺术人才并吸纳到检察官文联中来，不断完善人才扶持、表彰、激励机制，不断优化人才资源配置，逐步建成检察系统文化艺术人才库。

12. 与中国文联各文艺家协会、专业文艺研究机构联合组织开展书法、美术、摄影等短期专业培训，制定中国检察文联专项培训计划，创新人才培养模式，积极搭建检察文化艺术人才学习平台，逐步培养、造就德才兼备、锐意创新、结构合理的检察文化艺术人才队伍。

五、抓好检察文化艺术交流合作，努力提高中国检察文化艺术工作影响力

13. 配合中宣部、文化部、中国文联开展的各项文化艺术宣传活动，结合检察系统的特点，积极加强与国内文化单位、专业艺术团体的交流合作，努力借鉴其他行业先进文化经验，展示检察文化艺术成果，扩大检察机关和检察官文联的社会影响力。

14. 组织中国检察文化代表团出访，开展国际间的检察文化艺术交流活动，宣传中国检察制度，展示中国检察文化艺术成果，提升中国检察文化艺术工作的国际影响力。

15. 组织检察官文化艺术代表团赴港澳台地区参观访问，积极开展与港澳台地区检察机关的文化艺术交流，进一步促进两岸三地检察机关和检察工作的发展与合作。

六、加强中国检察官文联自身建设，严格监督，从严管理，不断夯实检察官文联工作的基础

16. 自觉接受高检院党组的领导，主动接受中国文联的业务指导和民政部的监督管理，加强与高检院各部门的工作联系，确保中国检察官文联工作的健康发展。

17. 加强中国检察官文联党的建设，健全党组织，完善“三会一课”制度，抓好党的组织生活，以党的建设带动和促进队伍建设；加强中国检察官文联政治理论学习和教育培训，提高思想道德修养和文化艺术素养；加强中国检察官文联党风廉政建设，强化自律，严明纪律，严格管理。

18. 抓紧完善秘书处内设机构设置和直属专业委员会（协会）的建立，配齐配强工作力量；完善制度建设，规范工作运行机制，加强物质保障；稳妥推进各省级检察官文联和地方各级检察官文联建设，积极做好指导、联络、协调、服务工作，认真做好会费的收缴、管理和使用工作。

中国检察官文学艺术联合会一届一次全委会文件

关于中国检察官文学艺术联合会成立以来工作情况的报告

中国检察官文联秘书长　杨　明

各位委员：

我受中国检察官文联主席办公会的委托，向委员会报告一年来的工作情况，请审议。

在高检院党组和曹建明检察长的关心支持下，在相关部门的大力帮助下，中国检察官文学艺术联合会于2011年6月22日在北京成立，自成立以来，中国检察官文联深入学习贯彻党的十七届五中、六中全会和中国文联第九次全国代表大会精神，坚持用科学发展观统领检察官文联工作，在高检院党组的领导下，在机关政治部的协调和指导下，自觉接受中国文联的业务指导和民政部的监督管理，以成立中国检察官文联为总抓手，以开展书画摄影展览、文艺晚会等文化艺术活动为着力点，努力加强自身建设，各项工作取得了较好成绩。主要体现在：

一、认真学习贯彻党的十七届五中、六中全会、“十三检”和中国文联九次文代会精神，加强思想政治建设，确保检察官文联工作的正确方向

根据党中央的部署和高检院党组的要求，中国检察官文联及时组织传达学习贯彻党的十七届五中、六中全会、第十三次全国检察工作会议和中国文联第九次全国代表大会等一系列重要会议精神，通过召开主席办公会、专题学习会、研讨会、撰写理论文章等形式，组织中国检察官文联机关人员认真学习胡锦涛总书记在庆祝中国共产党成立90周年大会上、在党的十七届六中全会上和在中国文联九次文代会上的重要讲话精神，深入学习《中共中央关于深化文化体制改革、推动社会主义文化大发展大繁荣若干重大问题的决定》及“十二五”规划纲要，认真学习曹建明检察长在“十三检”会议上的讲话，围绕现阶段我国文化工作的主题和文艺工作者的庄严使命深入进行讨论。同时，按照高检院统一部署，紧密结合检察文化艺术工作和检察官文联工作实际，围绕“发扬传统、坚定信念、执法为民”等主题教育活动，研究检察官文联工作的指导思想和具体措施，努力使检察官文联的各项工作服务于检察中心工作，服务于检察队伍建设，服务于检察工作科学发展，在凝聚检力、振奋精神、扩大影响、提高检察机关执法公信力等方面发挥应有的作用。通过加强思想政治建设，中国检察官文联机关人员走中国特色社会主义文化发展道路的信念更加坚定，推动检察文化发展的责任意识更加自觉，服务党和国家工作大局、服务检察中心工作更加主动。

二、完成中国检察官文联筹建工作，积极推进各地检察文联筹建，夯实检察官文联的工作基础

为了落实党的十七届五中全会精神，进一步加强和改进检察文化建设，丰富检察文化建设的组织形式，构建检察人员共有的精神家园，高检院党组决定成立中国检察官文学艺术联合会筹备领导小组，于2010年5月正式开始筹建工作。经过反复调研论证，多次与国务院相关部门、中国文联、民政部等部门磋商沟通，2011年6月22日，中国检察官文联第一次会员代表大会在北京召开，通过了中国检察官文联章程，确定了中国检察官文联会徽，选举产生了中国检察官文联第一届领导机构和组成人员，中国检察官文联正式成立。原中共中央政治局常委、中央政法委书记罗干，中共中央政治局委员、全国政协副主席王刚，全国政协副主席、中国文联主席孙家正先后对加强检察文化建设和中国检察官文联成立作出重要批示和贺词。曹建明检察长亲自出席成立大会开幕式并讲话。所有这些都为中国检察官文联成立和做好检察文联工作指明了方向、增添了强大动力。

中国检察官文联的成立有力推动了地方各级检察官文联的筹建工作。目前，全国各省级检察院在党组的领导下都在积极组建检察官文联，河南、河北、湖北、江苏、吉林、海南、安徽、山西、北京、天津、浙江、上海、陕西等省市的检察官文联已经成立，有的省的检察官文联即将成立，有的已进入筹备成立阶段。一些地市级检察院已经成立或正在积极筹建检察官文联。

三、紧紧围绕党和国家工作大局、围绕检察中心工作，积极开展文化艺术活动，努力发挥检察官文联的职能作用

按照高检院党组的要求，中国检察官文联紧紧围绕党和国家的工作大局，紧贴检察机关的中心工作，坚持眼睛向内、重心向下、以我为主，先后组织开展了以庆祝中国共产党成立90周年、纪念人民检察制度创立80周年等一系列文化艺术活动，宣传检察工作，弘扬检察精神，展示检察业绩和检察机关的良好形象，得到了中央和高检院领导同志的肯定，受到了社会各界的好评，在服务检察工作科学发展中发挥了积极作用。

为配合纪念建党90周年和我国检察制度创立80周年，中国检察官文联组织了一系列文化艺术活动。于2011年3月26日至27日邀请全国检察系统部分文化艺术人才在北京香山举办了书画摄影重点创作研讨会，研究了重大历史题材作品的内容和创作要求。邀请来自中国书协、中国国家画院、中国艺术研究院的近20名专业书画家于2011年4月13日至17日在河北省滦平县举办了书画创作笔会。邀请在京的近40名书画名家在北京中国地质大学举办了创作笔会。组织中国检察官文联摄影爱好者赴北京怀柔等地进行了采风活动。这些活动密切了与艺术界的联系，为中国检察官文联的成立作了准备，也为11月份举办书画摄影展览提供了素材、奠定了基础。

为配合全国检察机关开展的“发扬传统、坚定信念、执法为民”主题教育活动，由中国检察官文联与高检院政治部、中国文联联合主办，中国书协、中国美协、中国摄协协办，在中国国家博物馆举办了“纪念人民检察制度创立80周年全国检察机关书画摄影展览”。全国各级检察机关和广大检察人员积极参与，共报送作品4141幅，经过专家严格审核，精选出456幅政治主题鲜明、检察特色突出、富有文化价值的作品参展。2011年11月16日至24日，书画摄影展开展，前来参观的社会各界群众纷纷留言，社会反响良好。期间，还专门为高检院老干部、九次文代会代表、全国政协委员举办了专场。据不完全统计，展览共接待观众12000余名。全国政协副主席、中国文联主席孙家正，最高人民检察院检察长曹建明，最高人民法院原院长肖扬等领导先后参观展览，对展出作品的艺术品位和精神内涵，对检察人员投身文化艺术创作的热情和成绩予以肯定和鼓励，认为展览具有鲜明的检察特色和很强的艺术感染力，多角度、全方位地反映了人民检察制度创立80年来不断发展壮大的历史，艺术展现了人民检察事业与时俱进、昂扬向上的时代精神和人民检察官执法为民、献身使命的理想情操，展示出检察文化发展的良好势头。

按照高检院纪念人民检察制度创立80周年系列重大活动的总体部署，中国检察官文联与高检院政治部、中央电视台共同主办，北京军区战友文工团承办，举办了“为了公平正义——纪念人民检察制度创立80周年文艺晚会”，全国各级检察机关积极参与、认真创作，选送了大量贴近检察实际、贴近检察工作、贴近检察人员、富有检察特色和地方特色的文艺节目，全国22个省（市区）选送500多名检察人员参加演出，一批知名艺术家为晚会专门创作了节目，给予了大力支持。2011年12月9日晚，晚会在北京人民大会堂大礼堂演出。中共中央政治局委员、中央政法委副书记王乐泉，全国人大常委会副委员长兼秘书长李建国，国务委员、公安部部长孟建柱，最高人民检察院检察长曹建明，中央军委委员、解放军总政治部主任李继耐等领导同志观看了演出，对演出高度赞扬，认为整台晚会思想性强、特色鲜明、时代感强、检察特色突出，生动、形象地表现了人民检察事业在党的领导下发展壮大的历史进程和新时期检察工作的新发展、新成就，展示了检察队伍认真履行职责的新风貌、新风采，宣传了检察机关和人民检察官良好的形象。

为了贯彻落实中国文联九次文代会精神，中国检察官文联在2012年春节前夕，组织开展了“迎新春，送文化”活动。由中国检察官文联组织在纪念人民检察制度创立80周年全国检察机关书画摄影展中书法作品获奖的30多位检察人员，集中书写了近千副以检察和法治文化为内容的春联，分别赠送给高检院机关的离退休老干部和全国检察系统的英模家庭，向他们送去高检院党组新春的慰问和温暖，送去新春佳节的美好祝福，营造文明、健康、团结、和谐的节日氛围。

为了落实高检院党组关于开展“忠诚、为民、公正、廉洁”政法干警核心价值观教育实践活动部署，2012年2月29日至3月1日，中国检察官文联会同江苏省检察官文联在南京举办了“以梅喻检”文化活动，国内部分知名书画艺术家、检察系统的书画骨干代表、中国文联和各级检察官文联代表共70余人参加了活动，活动得到了高检院政治部，江苏省委、省委政法委、省委宣传部、省文联的高度重视和支持。与会代表围绕“以梅喻检”主题进行了座谈，开展了实地采风和书画摄影创作。曹建明检察长对活动的成功举办予以充分肯定，指出“‘以梅喻检’文化活动搞得好，有意义”。

全国各级检察官文联和筹备组织，在当地检察院党组的领导下，结合当地检察工作实际，先后举办了各具地方特色的书画摄影展、文艺汇演、观看检察题材电影、演艺人才选拔、检察文化节、检察文化下乡等活动，活跃了检察机关业余文化生活，丰富了检察人员的精神文化需求，凝聚了力量，振奋了精神，促进了工作。

四、积极开展检察文化艺术交流合作，努力增强检察文化艺术工作和检察官文联工作的影响力

中国检察官文联把加强检察文化艺术的交流合作作为一项重要工作来抓，在各项工作开展中，注意与相关部门和团体的合作与交流，重大工作部署和相关情况及时报告中国文联，重大文化艺术活动及时与相关部门和各专业艺术团体进行磋商，努力争取各方面的帮助和支持。同时，还积极开展对外文化艺术交流合作。2011 年 9 月 19 日至 28 日，应亚洲预防犯罪基金会和法国、匈牙利总检察长邀请，由张耕同志任团长，率中国检察文化代表团赴日本、匈牙利访问，并顺访了法国，了解了三国的检察文化建设和检察制度的发展情况，就加强相互之间的文化交流合作进行了磋商，增进了友谊，扩大了中国检察文化的国际影响。

五、大力加强检察官文联自身建设，不断提高检察官文联工作的能力和水平

中国检察官文联坚持把自身建设放在重要位置。一是深入学习邓小平理论和“三个代表”重要思想，全面贯彻落实科学发展观，牢固树立社会主义法治理念，不断增强政治意识、大局意识和责任意识。通过及时传达相关会议精神，举行专题学习会和研讨会等形式，提高思想认识，增强业务知识。二是注重抓好规范化建设，完善制度，严格纪律，加强管理。先后出台了中国检察官文联《主席办公会议事规则》、《秘书处工作规则》、《秘书处公文处理办法》，草拟了《会费管理暂行办法》、《接受捐赠资助暂行规定》等制度，促进检察官文联工作规范化。三是各地检察官文联（筹备组织）在当地检察院党组的关心和支持下，在加强自身建设和基础设施建设方面，采取了一系列措施，取得了积极成效。通过加强自身建设，进一步提高了检察官文联工作的服务水平，增强了检察官文联的亲和力和凝聚力。

在充分肯定成绩的同时，检察官文联工作中还存在一些不容忽视的困难和问题，主要表现在：检察文化艺术工作难以满足检察人员日益增长的文化艺术需求；检察文化艺术理论研究比较薄弱；检察文化艺术爱好者的素质和水平亟待提高；检察文化艺术创作需要进一步加强；检察文联的自身建设需要高度重视等等。对于这些问题，我们将在高检院党组的领导下，认真对待，采取措施，逐步加以解决。

2012 年，是深入学习贯彻党的十七届六中全会精神、打牢检察官文联工作基础的重要一年。中国检察官文联要按照“围绕大局，服务中心，打牢基础，抓好规范，力求实效，促进发展”的总体要求，全面贯彻落实党的十七届六中全会、全国政法工作会议、第十三次全国检察工作会议和中国文联九次文代会精神，以马列主义、毛泽东思想、邓小平理论和“三个代表”重要思想为指导，深入贯彻落实科学发展观，坚持社会主义先进文化前进方向，以建设社会主义核心价值体系，践行“忠诚、为民、公正、廉洁”的人民检察核心价值观为根本任务，以满足检察人员精神文化需求为出发点和落脚点，以提高检察队伍素质、提升检察机关执法公信力、促进检察工作科学发展为目标，以改革创新为动力，充分发挥中国检察官文联指导、联络、协调、服务职能，坚持紧贴检察工作实际和一切从实际出发，坚持眼睛向内、重心下移、以我为主、因地制宜、量力而行、规范运行，大力开展适合基层广大检察人员参加、富有检察特色的文化艺术创作和大众文化艺术活动，不断发现、培养、凝聚检察文化艺术人才，努力服务检察机关，服务检察队伍，服务基层建设，服务人民群众，为推动检察文化和法治文化大发展、大繁荣，建设社会主义法治国家和文化强国做出应有的贡献，以优异的成绩迎接党的十八大胜利召开。

中国检察官文学艺术联合会会费管理暂行办法

（2011 年 8 月 29 日中国检察官文学艺术联合会第一届委员会第一次主席办公会，2012 年 5 月 25 日中国检察官文学艺术联合会一届一次全委会通过）

第一条 为规范中国检察官文学艺术联合会会费的收缴、使用、管理，根据《民政部、财政部关于调整社会团体会费政策等有关问题的通知》、《中国检察官文学艺术联合会章程》以及其他相关法律法规规定，结合本会实际，制定本暂行办法。

第二条 会费是本会重要经费来源之一，本会的单位会员和所属各专业协会个人会员有按时足额缴纳会费的义务，根据本会章程第十二条规定，会员如逾期一年不缴纳会费，可视为自动退会。

第三条 在民政部、财政部规定的范围内按照团体会员和个人会员定额收取不同数额的会费。西部及贫困地区会员经审批同意后可适当减少会费收取数额。

第四条 会费缴纳办法为：

（一）团体会员应于每年 1 月 15 日之前，个人会员应于每年 3 月 31 日之前，将当年会费分别汇至本会的专用财务账户。

（二）如有特殊情况不能按时足额缴纳会费的，需向本会秘书处提交书面申请，由秘书处报请主席办公会研究决定。

（三）本会收到会员缴纳的会费后，需向其出具财政部印（监）制的社会团体会费收据。

第五条 会费使用坚持取之于会员、用之于会员、不得在会员中分配的原则，主要用于：

（一）组织开展章程规定的与检察文化艺术发展相关的业务活动。

（二）召开会员代表大会、委员会会议、常务委员会会议、主席办公会以及各专业协会工作会议。

（三）资助会员开展检察文化艺术创作活动。

（四）开展表彰奖励及宣传活动。

（五）开展业务培训、交流与联络活动。

（六）经主席办公会批准的其他与文联工作相关的支出。

第六条 会费的收支纳入本会专用财务账户统一管理。配备具有专业资格的会计人员，会计、出纳分设。建立会费收支明细账目，实行单独会计核算。

第七条 严格执行本会财务管理制度，明确会费使用的审批程序，遵守相关财务纪律。

第八条 实行会费预算、决算制度。每年的会费收支预算都应经主席办公会审议、通过后执行，决算需报主席办公会审议。

第九条 定期公布会费收支情况，接受会员与上级主管部门的监督：

（一）本会秘书处定期将会费收支情况向主席办公会、常委会和委员会报告，接受委员会审议。

（二）换届时，会费的收支情况由本届委员会向会员代表大会报告，接受会员代表大会审议。

（三）接受上级主管部门和财政部门的监督，并在社会团体年检时向民政部报告会费收支情况。

第十条 本暂行办法自通过之日起生效。

第十一条 本暂行办法由中国检察官文学艺术联合会秘书处负责解释。

中国检察官文学艺术联合会
关于接受社会捐赠、
资助的暂行规定

（2011 年 8 月 29 日中国检察官文学艺术联合会第一届委员会第一次主席办公会，2012 年 5 月 25 日中国检察官文学艺术联合会一届一次全委会通过）

第一条 为加强对本会接受社会捐赠、资助资产的使用、管理和监督，保护捐赠人、资助人和受益人的合法权益，更好地动员和争取社会资源支持检察文化艺术事业发展，制定本暂行规定。

第二条 依照《中华人民共和国公益事业捐赠法》、《社会团体登记管理条例》、《中国检察官文学艺术联合会章程》及其他相关法律法规规定，本会依法接受关心、支持检察文化艺术事业的捐赠和资助，同时接受捐赠人、资助人、主管单位和社会各界的监督。

第三条 一切具有财产价值的动产、不动产和权利均属于本办法所指的捐赠、资助财产，包括现金、实物、知识产权、服务、使用权等。

第四条 本会按照以下原则接受社会捐赠、资助：

（一）作为非营利性社会团体，社会捐赠、资助是本会经费来源之一，必须用于本会章程规定的业务范围和事业发展，任何人不得侵占、挪用和损毁。

（二）在法律法规和本会章程规定的范围内，捐赠、资助财产的使用充分尊重捐赠人、资助人意愿。

（三）捐赠、资助活动应当遵守国家法律、法规的规定，不得违背社会公德，不得损害国家利益、公共利益和他人的合法权益。

（四）各类捐赠、资助行为应当是自愿的、无偿的，无不正当附加条件，不得以捐赠、资助为名从事营利活动。

第五条 捐赠人、资助人捐赠、资助的财产应当是合法的、有处分权的财产，应按照法律法规规定或约定的时间、方式办理所有权移交手续。

第六条 本会秘书处负责对捐赠、资助相关事项进行审核，包括捐赠、资助人相关情况、捐赠、资助项目是否属于本会业务范围，是否涉嫌商业贿赂、权钱交易等违法行为，提出是否接受捐赠、资助的初步意见，提请主席办公会研究决定，数额较大的捐赠、资助项目报高检院领导审核。

第七条 本会应与捐赠人、资助人签署由本会统一印制的《捐赠协议》、《资助协议》，约定捐赠、资助的种类、数量、质

量、用途以及协议履行方式、履行期限等。协议一式两份，捐赠人、资助人与本会秘书处各留存一份。

第八条 捐赠、资助的款项按照协议可直接汇入本会专用财务账户；捐赠、资助物品按照协议可发往本会，也可直接发往受助单位。

第九条 本会接受捐赠、资助后，应及时向捐赠人、资助人出具合法、有效的票据和捐赠证书。

第十条 对于接受的捐赠、资助财产，按照国家有关规定及时登记入账。接受捐赠、资助的固定资产，应按照有关规定及时进行资产登记。对受赠、受助的资产，要建立完整的捐赠、资助档案资料，妥善保管。

第十一条 社会捐赠、资助资金纳入本会专用财务账户统一管理，实行单独会计核算。建立健全财务会计制度和受赠、受助财产的管理使用制度。主动接受财政部门的监督。

第十二条 定期向业务主管单位和会员代表大会报告接受、使用社会捐赠、资助的相关情况。依法接受审计机关的监督。

第十三条 捐赠人、资助人有权向本会查询捐赠、资助财产的使用、管理情况，并提出意见和建议。对于捐赠人、资助人的查询，本会必须如实予以答复。

第十四条 及时了解掌握社会捐赠、资助的到位情况，协调落实捐赠、资助协议中本会应履行的义务，督促捐赠人、资助人按时履行捐赠、资助协议约定的义务。

第十五条 本会依法保护捐赠者、资助人合法权益。凡向本会捐赠、资助的企业和个人均可享受国家规定的税收优惠政策。

第十六条 未经本会同意和书面授权，任何组织机构和个人不得以本会名义在社会上募集或接受捐赠、资助。

第十七条 本会秘书处负责接受捐赠、资助活动的日常协调管理工作。

第十八条 本会各直属专业协会接受社会捐赠、资助适用本办法。本会单位会员接受社会捐赠、资助可参照本办法执行。

第十九条 本暂行规定自印发之日起施行。

第二十条 本暂行规定由中国检察官文学艺术联合会秘书处负责解释。

致中国检察官文学艺术联合会顾问
莫言获诺贝尔文学奖的贺信

尊敬的莫言先生：

欣闻您荣获2012年诺贝尔文学奖，我们谨向您致以崇高的敬意和热烈的祝贺！

多年来，您一直对检察文学艺术事业给予关心和支持！2011年6月22日，您亲自出席了在北京召开的中国检察官文学艺术联合会第一次会员代表大会，并当选为中国检察官文学艺术联合会顾问。作为中国当代作家的杰出代表，您始终秉持高尚的艺术追求，创作了一大批思想深刻、内涵丰富、深受读者喜爱的优秀作品，您此次获得诺贝尔文学奖，是中国文学繁荣进步的体现，是我们国家文学艺术界的大事和喜事，更为全国广大检察文学爱好者树立了楷模，我们怀着喜悦，分享您的荣誉，中国检察官文学艺术联合会为您感到骄傲和自豪。

中国检察官文学艺术联合会将始终坚持在高检院党组的领导下和政治部的指导下，坚持检察人员的主体地位，坚持检察文化理论研究、文化艺术创作、文化艺术活动“三位一体”的检察官文联工作思路，以文化艺术的形式服务于检察工作科学发展、服务于检察队伍建设、服务于基层检察机关、服务于社会主义文化建设，以优异成绩迎接党的十八大胜利召开！

衷心祝愿您身体健康，创作出更多的精品佳作，真诚期待您一如既往为检察文学艺术事业，给予我们关心、支持和帮助！

此致

敬礼

中国检察官文学艺术联合会

二〇一二年十月十四日

综　　述

中国检察官文学艺术联合会二○一二年工作综述

2012年，中国检察官文联坚持用科学发展观统领检察官文联工作，深入学习贯彻党的十七届五中、六中、七中全会和党的十八大精神，学习贯彻全国检察机关文化建设工作会议和中国文联第九次全国代表大会精神，在高检院党组领导下，在机关政治部指导下，自觉接受中国文联的业务指导和民政部的监督管理，充分发挥检察官文联职能作用，按照“围绕大局，服务中心，打牢基础，促进发展”的总体工作要求，以加强检察文化理论研究为基础，以开展文化艺术创作和文化艺术活动为重点，大力加强自身建设，各项工作取得了较好成绩。

一、深入学习，深化认识，明确检察官文联工作的正确方向

根据高检院党组的部署和中国文联的要求，中国检察官文联及时组织传达学习贯彻党的十七届五中、六中、七中全会和党的十八大精神，学习贯彻全国检察机关文化建设工作会议和中国文联第九次全国代表大会等一系列重要会议精神。党的十八大胜利闭幕后，中国检察官文联及时向各省级检察官文联和检察官文联筹备组织发出通知，就党的十八大等相关会议精神学习贯彻提出具体要求，通过召开专题学习会、研讨会、撰写理论文章、集中学和自学结合等形式，认真学习党的十八大报告、新党章，学习胡锦涛、习近平等中央领导同志的重要讲话精神。与此同时，进一步深入学习《中共中央关于深化文化体制改革、推动社会主义文化大发展大繁荣若干重大问题的决定》，认真学习高检院曹建明检察长在全国检察长座谈会上的重要讲话和胡泽君常务副检察长等高检院领导在全国检察机关文化建设工作会上的重要讲话和相关文件，围绕现阶段我国文化工作的主题和文化艺术工作者的庄严使命深入进行讨论，认清检察官文联工作面临的大好形势和机遇挑战，明确检察官文联工作正确的发展方向。同时，按照高检院统一部署，紧密结合自身工作实际，围绕“忠诚、为民、公正、廉洁”政法干警核心价值观教育实践活动，研究检察官文联工作的指导思想和具体措施，明确检察官文联的各项工作任务，努力使检察官文联的各项工作服务于党和国家工作大局、服务于检察中心工作、服务于检察队伍、服务于检察基层、服务于检察工作科学发展，在凝聚检力、振奋精神、扩大影响、提高检察机关执法公信力等方面发挥应有的作用。通过学习，澄清了模糊认识，深化了对加强检察文化建设、做好检察官文联工作重要性和必要性的认识，进一步增强了做好检察官文联工作的自觉性、主动性，厘清了工作思路，使检察官文联的同志走中国特色社会主义文化发展道路的信念更加坚定，推动检察文化建设的责任意识更加自觉，服务党和国家工作大局、服务检察中心工作的行动更加主动。

二、紧紧围绕党和国家工作大局、围绕检察中心工作，努力发挥检察官文联的职能作用

按照高检院党组的要求，中国检察官文联紧紧围绕党和国家的工作大局，紧贴检察机关的中心工作，坚持眼睛向内、重心向下、以我为主，一手抓检察文化理论研究，一手抓检察文化艺术创作和检察文化艺术活动，宣传检察工作，弘扬检察精神，展示检察业绩和检察机关的良好形象，得到了高检院领导的肯定，受到了基层检察院的好评，在服务检察队伍建设和检察工作科学发展中发挥了积极作用。

第一，坚持把检察文化理论研究放在重要位置来抓，力争用科学的理论成果引领检察官文联工作深入开展。在高检院曹建明检察长等领导的关心和支持下，中国检察官文联和陕西省检察官文联于 2012 年 5 月 24 日至 26 日在陕西省延安市共同举办了首届中国检察官文化论坛。39 位来自全国各省区市的中国检察官文联常委、省级检察院副检察长、政治部主任和部分基层检察院代表以及文化理论研究的专家学者提交了研究论文，35 位同志进行了大会发言。大家围绕“什么是检察文化、为什么要开展检察文化理论研究、怎样开展检察文化理论研究”问题进行了研究和探讨，从不同角度对检察文化和法治文化的一些基本问题进行了探讨，并对检察文化建设实践中的经验作了理论层面的总结、概括和提升。在深入研究的基础上，中国检察官文联正在组织编写《检察文化初论》一书，以推动检察文化理论研究深入开展。

第二，为了贯彻中国文联九次文代会精神，中国检察官文联在 2012 年春节前夕，组织开展了首届“迎新春，送文化”活动。由中国检察官文联和北京市检察官文联共同组织在纪念人民检察制度创立 80 周年全国检察机关书画摄影展中书法作品获奖的 30 多位检察人员，集中书写了 1000 多副以检察和法治文化为内容的春联，分别赠送给全国检察系统的英模家庭和高检院机关的离退休老干部，向他们送去高检院党组和曹建明检察长的新春慰问，送去新春佳节的美好祝福，营造文明、健康、团结、和谐的节日氛围。这一活动得到了曹建明检察长等高检院领导的肯定，受到广大检察人员的欢迎。

第三，为了弘扬检察精神，践行“忠诚、为民、公正、廉洁”政法干警核心价值观，2012 年 2 月末和 8 月初，中国检察官文联分别会同江苏省检察官文联和山东省检察官文联在南京和枣庄举办了“以梅喻检”和“以荷喻检”文化活动，国内部分知名书画艺术家、检察系统的书画摄影爱好者、中国文联和各级检察官文联、基层检察院代表参加了活动，活动得到了高检院政治部等有关部门，江苏、山东两省省委、省委政法委、省委宣传部、省文联的高度重视和支持。与会代表围绕“以梅喻检”和“以荷喻检”主题分别进行了座谈，开展了实地采风和书画摄影创作。两项文化活动，主题鲜明，意境清新，很好地彰显了检察职业道德、品格和精神，是检察官文联贯彻落实党的十七届六中全会和全国检察机关文化建设工作会议精神，以文化艺术形式助推政法干警核心价值观教育实践活动的一项重要举措，对于展示政法干警核心价值观教育实践活动成果，加强和促进检察文化艺术创作，发现和培养检察文化艺术人才提供了一个很好的平台，两项文化活动都得到了曹建明检察长等高检院领导的肯定。

第四，为了深入学习贯彻党的十八大精神、推进政法干警核心价值观教育实践活动和保持党的纯洁性教育活动，2012年12月中旬，中国检察官文联配合高检院纪检组、监察局、政治部在首都博物馆举办了全国检察机关“廉洁从检”书画摄影展，545幅优秀作品参展，参展作品体裁多样、视角开阔，廉政主题鲜明、检察特色突出，多角度地反映了检察机关廉政文化建设，是集中展示检察文化特别是廉政文化建设的一次盛大巡礼，曹建明检察长和高检院党组同志出席了开幕式并参观展览。许多观众认为，通过参观展览深受教育和启发。

第五，积极推动检察文化艺术创作和检察文化艺术活动开展。中国检察官文联积极与相关部门沟通，加大指导和推介力度，支持和推动省级检察官文联开展检察文化艺术创作和检察文化艺术活动。由河南省检察官文联组织拍摄的电影《火红的杜鹃花》入选国家广电总局“迎接党的十八大国产重点影片”。由山东省济宁市检察官文联拍摄的102集大型电视系列片《演说〈论语〉》获第十一届全国电视文艺“百家奖”一等奖和恩欧希教育信息化发明创新奖。由湖北省检察官文联组织创作的《人民检察官下乡来》等原创歌曲获第三届中国职工艺术节“开滦杯”声乐展演二、三等奖和优秀奖。由检察官创作的《动之以情》等摄影作品获第三届中国职工艺术节“浙江能源杯”摄影艺术展二、三等奖和优秀奖。中国检察官文联荣获优秀组织奖和特别贡献奖。

地方各级检察官文联和筹备组织，在当地检察院党组的领导下，结合当地检察工作实际，先后举办了各具地方特色的书画摄影展、文艺汇演、观看检察题材电影、演艺人才选拔、检察文化节、检察文化下乡等活动，活跃了检察机关业余文化生活，丰富了检察人员的精神文化需求，凝聚了力量，振奋了精神，促进了工作。北京、上海、天津、河北、山东、湖北、安徽、江西、陕西、海南等省区市检察官文联围绕当地检察中心工作适时开展了丰富多彩的文化艺术活动。如陕西举办了全部由检察人员自编、自演的大型文艺巡回演出，海南开展了“检民心连心基层行”文艺慰问活动，江苏举办了“百姓镜头中的江苏检察”摄影比赛活动，安徽开展了以纪念安徽省人民检察院成立60周年、迎接党的十八大胜利召开为主题的“六个一”系列活动，都取得了良好效果，扩大了影响。

三、积极推进各地检察官文联筹建，不断夯实检察官文联的工作基础

在各地检察官文联筹建工作中，中国检察官文联积极加强指导，推动地方各级检察官文联成立。各省级检察官文联成立时，中国检察官文联主席张耕同志都出席成立大会并就如何做好检察官文联工作讲话；地市级检察官文联成立时，中国检察官文联都致信祝贺或派员指导。目前，全国各省级检察院在院党组的领导下都在积极组建检察官文联，河南、河北、湖北、江苏、吉林、海南、安徽、山西、北京、天津、浙江、上海、陕西、新疆、山东、江西、四川、福建、宁夏、内蒙古、黑龙江、湖南、辽宁、重庆等24个省级检察官文联已经先后成立，百余个地县级检察院也先后成立了检察官文联。地方各级检察官文联的陆续成立，使全国的检察文化艺术资源得到有效整合，为繁荣和发展检察文化艺术事业奠定了重要基础。

四、积极开展检察文化艺术交流合作，着力增强检察文化和检察官文联工作的影响

中国检察官文联把加强检察文化艺术的交流合作作为一项重要工作来抓，注意与相关部门和团体加强合作与交流，重大工作部署和相关情况及时报告中国文联，重大文化艺术活动及时与相关部门和各专业艺术团体进行磋商，努力争取各方面的帮助和支持。同时，还积极开展对外文化艺术交流合作，扩大中国检察文化事业的国际影响。2012 年 9 月 17 日至 27 日，应土耳其司法学院和克罗地亚总检察长邀请，张耕同志率中国检察文化代表团赴土耳其和克罗地亚进行了访问，参观了土耳其检察官绘画作品展览，了解了土耳其和克罗地亚两国的检察文化建设和检察制度的发展情况，就加强相互之间的文化交流合作进行了磋商，增进了友谊。

五、大力加强检察官文联自身建设，不断提高检察官文联工作的能力和水平

中国检察官文联坚持把自身建设放在重要位置。一是深入学习邓小平理论、“三个代表”重要思想和科学发展观，牢固树立社会主义法治理念，不断增强政治意识、大局意识、责任意识和廉政意识。通过及时传达学习相关会议精神，举行专题学习会和研讨会等形式，提高思想认识。二是强化培训，提升业务素质。通过组织学习会、派员参加中国文联、民政部等部门组织的专业培训等形式强化业务学习，增强业务素质。三是注重抓好规范化建设，完善制度，严格纪律，加强管理。先后出台了中国检察官文联《秘书处工作规则》、《秘书处公文处理办法》、《学习制度》、《保密制度》、《印章管理制度》、《财务管理制度》等，促进检察官文联工作规范化。四是切实加强检察官文联机关党的建设、作风建设和廉政建设，取得了积极成效。2012 年 7 月 13 日，中组部、中直机关工委、中国文联在中国检察官文联召开了社团组织党建工作座谈会，检察官文联的党建工作得到了中组部、中直机关工委、中国文联和高检院机关党委的肯定。五是积极拓展、创新工作平台和载体。开通了中国检察文艺网，建立了中国检察官文学艺术发展专项基金，抓紧编辑中国检察官文联年鉴，积极筹办中国检察官文联会刊《检魂》。六是积极改善办公条件。扩展了办公区，添置了办公设备，办公条件得到明显改善。通过加强自身建设，进一步提高了中国检察官文联工作的服务水平，增强了检察官文联机关的亲和力和凝聚力。

会　议

学习贯彻曹建明检察长重要批示精神会议

2012年1月，曹建明检察长就中国检察官文联工作作出重要批示，对做好检察官文联工作提出明确要求，强调检察官文联在新的一年里，要认真贯彻落实党的十七届六中全会精神，以弘扬社会主义核心价值体系特别是“忠诚、为民、公正、廉洁”的人民检察核心价值观为根本任务，坚持紧贴检察工作实际和一切从实际出发，坚持眼睛向内、重心下移、以我为主、因地制宜、量力而行、规范运行，积极开展适合基层广大检察人员参加的、富有检察特色的大众文化艺术活动，奋力推进检察文化建设和检察队伍建设，以新的优异成绩迎接党的十八大胜利召开。

中国检察官文联迅速召开工作会，传达了曹建明检察长的重要批示，并组织全体人员进行了专题学习和交流，要求全体工作人员认真学习、反复思考、深刻领会批示精神，真正把批示要求落到实处，落实到检察官文联的各项工作中去。

张耕主席就如何落实曹建明检察长重要批示精神和做好2012年中国检察官文联工作，提出具体要求：一要坚持围绕大局，服务中心。围绕大局就是要围绕党和国家的工作大局，服务中心就是要服务检察机关中心工作。今年在全国检察机关开展的以建设社会主义核心价值体系、践行政法干警和人民检察核心价值观为内容主题教育实践活动，是与检察官文联工作密切相关的一项中心工作。要充分利用检察官文联这个平台，以文化艺术的形式生动、深入、有效地弘扬、宣传、践行政法干警和人民检察核心价值观。在开展的各项文化艺术活动中，都要坚持“眼睛向内、重心下移、以我为主”，做到“创作向内、笔墨向内、镜头向内、演出向内”，无论是文化艺术创作，还是文化艺术活动，都要歌颂检察官、宣传检察工作、弘扬检察精神、树立检察形象、提升检察机关的执法公信力。二要注重打牢基础，抓好规范。打牢基础抓好规范就是要着力改善基本工作条件，加强规范化建设。重点是完善规章制度，做到职责明确；建立和完善工作机构；加强检察官文联自身建设。三要注重力求实效，促进发展。力求实效就是要按照曹建明检察长的批示要求，坚持紧贴检察工作实际和一切从实际出发，因地制宜，量力而行，规范运行，积极开展适合基层广大检察人员参加的、富有检察特色的大众文化艺术活动，奋力推进检察文化建设和检察队伍建设。要重点抓好旨在弘扬社会主义核心价值体系和政法干警核心价值观的“以梅喻检”、“以荷喻检”文化活动；配合纪念毛泽东同志《在延安文艺座谈会上的讲话》发表70周年，举办首届检察官文化论坛；配合高检院有关厅局举办全国检察机关廉政文化摄影展等文化艺术活动，宣传检察机关的职责，提升全社会预防职务犯罪的能力等活动。在抓好工作实效的同时，要抓好促进文联整体的发展，增强文联发展的后劲。

全国检察机关文化建设工作会议精神专题学习会

2012年6月25日，中国检察官文学艺术联合会召开专题学习会，传达学习全国检察机关文化建设工作会议精神，并就如何贯彻落实会议精神、做好检察官文联工作作了具体部署。

会上，传达学习了高检院党组副书记、常务副检察长胡泽君所作的工作报告和高检院党组成员、政治部主任李如林的总结讲话精神，并就如何贯彻会议精神进行了认真讨论和研究。大家认为，全国检察机关文化建设工作会议认真贯彻党的十七届六中全会精神，深刻阐述了加强检察文化建设的重要性、必要性和紧迫性，明确提出了检察文化建设的目标任务、主要措施和基本要求，主题鲜明，内容丰富，思想深刻，为在新的历史起点上加强和改进检察文化建设指明了方向。大家表示，一定要以高度的政治责任感和使命感，以高度的文化自觉和文化自信，准确理解和正确把握检察文化建设的内涵和本质，开阔视野，扩宽思路，完善措施，抓住机遇，应对挑战，以创新精神全面抓好会议确定的各项工作任务的落实，推动检察文化建设不断科学发展。

会议提出，中国检察官文联要深入理解、深刻领会会议精神，要组织系列学习活动，并结合检察官文联工作实际研究讨论贯彻实施意见。强调中国检察官文联和地方各级检察官文联组织，要深刻认识全国检察机关文化建设工作会议的重大现实意义，把会议精神和会议要求始终贯穿到检察官文联工作的全过程，以良好的精神状态和工作作风努力做好检察官文联各项工作。

全国政协教科文卫体委员会副主任、中国检察官文联主席张耕同志参加会议并就如何贯彻落实全国检察机关文化建设工作会议精神、做好检察官文联工作提出明确要求。他强调，一要把学习贯彻全国检察机关文化建设工作会议精神和继续学习贯彻党的十七届六中全会精神结合起来，明确检察文化建设的目标、任务、要求和必须遵循的基本原则，特别是要明确检察官文联在检察文化建设中承担的历史使命和工作任务，深刻理解检察官文联的定位、职责、功能，进一步增强做好检察官文联工作的使命感和责任感，努力做好各项工作，充分发挥检察官文联作为检察文化建设重要阵地和平台的作用。二要始终牢牢把握检察官文联正确的工作方向。要坚持用社会主义核心价值体系引领检察文联工作，大力弘扬“忠诚、为民、公正、廉洁”的政法干警核心价值观；坚持围绕党和国家的工作大局，服务检察机关的中心工作；坚持以人为本，突出检察官的主体地位，弘扬检察精神，凝聚检察力量，树立检察形象。三要立足检察官文联职责，搞好文化艺术创作和文化艺术活动。弘扬改革创新精神，加强检察文化理论研究，不断丰富和完善检察文化艺术内容和载体，创作一批高品质、有深度的检察文学艺术作品，推出一批有特色、高水准的检察文化品牌，为检察人员提供最好的精神食粮，努力打造符合检察工作规律、具有检察职业特点和时代特色的检察文化，以文化艺术的形式推进检察文化建设和检察工作科学发展。四要重心下移，把工作重点和工作重心放到基层，下大力气推进基层检察文化艺术创作和文化艺术活动。要想基层检察文化建设之所想、急基层检察文化建设之所急，尊重基层的首创精神，积极开展适合基层广大检察人员参加的、富有检察特色的大众文化艺术活动，不断满足广大检察人员的精神文化需求。五要正确认识和处理好与各级检察机关、各级检察机关的政治部门、地方各级检察官文联、中国文联和地方文联以及相关部门的关系，始终坚持在各级检察院党组的统一领导和政治部的指导下开展工作，争取各界对检察官文联工作的了解、支持和帮助，推动检察官文联工作全面协调发展。六要着力加强检察官文联自身建设。要继续推动地方各级检察官文联的建立，既要积极，又要慎重；要抓好内设机构和专业协会的规范化建设。通过建章立制，使检察官文联的各项工作规范运作；要加强检察官文联的思想政治建设、业务建设、作风建设、廉政建设，特别要加强廉政建设。在此基础上，中国检察官文联要思考如何结合党的十七届六中全会和全国检察机关文化建设工作会议精神，制定中长期工作规划，作为全国检察官文联遵循的原则性指导意见，以推动检察官文联工作的深入开展。

会议要求，各级检察官文联要珍惜检察文化建设难得的发展机遇，以更大的信心和决心，更加有效的措施，扎实工作，开拓创新，努力开创检察官文联工作新局面，为推动检察文化和法治文化大发展大繁荣，建设社会主义法治国家和文化强国做出应有的贡献，以优异的成绩迎接党的十八大胜利召开。

中国检察官文学艺术联合会第一届委员会第一次常委会会议

2012年5月25日下午，中国检察官文联在陕西延安召开中国检察官文联第一届委员会第一次常委会会议，会上通报了中国检察官文联成立以来的工作情况，审议了已于2011年8月29日中国检察官文联第一届委员会第一次主席办公会讨论通过的《中国检察官文学艺术联合会会费管理暂行办法》和《中国检察官文学艺术联合会关于接受社会捐赠、资助的暂行规定》。

中组部、中直工委、中国文联来我会调研党建工作座谈会

7月13日，中组部组织二局副局长许鹏，中直工委组织部副部长、巡视员马永明，中国文联正局级巡视员、社团工作负责人周雪静，中国文联机关党委副书记、机关纪委书记刘国强一行来我会调研社团组织党建工作，高检院机关党委组织部部长任长义陪同调研，我会秘书处党支部成员参加座谈。

受张耕主席委托，杨明秘书长汇报了中国检察官文联党建工作情况。他说，中国检察官文联成立以来，在高检院党组的领导下，在高检院政治部和机关党委的指导、支持下，在中国文联的指导下，深入学习贯彻党的十七届五中、六中全会和中国文联第九次全国代表大会精神，坚持用科学发展观统领检察官文联工作，以党建带队建、以队建促工作。始终注重抓组织建设，为推进文联工作提供坚强的组织保障；抓学习教育，为做好文联工作提供有力的思想保证；抓工作，充分发挥党组织和党员的模范带头作用；抓党建带队建，大力加强检察官文联秘书处建设，为做好检察官文联各项工作提供了坚强的思想和组织保证，使检察官文联始终充满了凝聚力和战斗力。

在抓组织建设上，一是建好组织，在文联筹备之时就成立了临时党支部；二是明确责任，认真落实“一岗双责”；三是完善制度，建立理论学习制度、民主生活会制度、谈心制度等。在抓学习教育上，一是注重政治和理论学习，及时传达学习中央有关精神、高检院工作要求和中国文联的工作部署；二是采取专题学习会、研讨会与撰写理论文章等灵活的形式开展学习；三是坚持“每周一次”的集中学习。在抓工作上，以党建促工作，充分发挥党组织和党员在各项工作中的模范带头作用，一是完成中国检察官文联筹建工作；二是组织开展了以庆祝中国共产党成立90周年、纪念人民检察制度创立80周年的一系列文化艺术活动；三是积极开展检察文化艺术交流合作，增强检察文化艺术工作和检察官文联工作的影响力。在抓党建带队建上，一是组织机关全体工作人员深入学习中国特色社会主义理论体系，提高思想认识，增强业务知识；二是完善制度，严格管理，抓好规范化建设；三是发挥党员先锋模范作用，克服困难，团结合作，扎实工作，保证了中国检察官文联各项工作的顺利开展。

调研组听取了我会党建工作情况汇报后，充分肯定了我会党建工作的思路、措施和取得的成效，并希望我会在今后的工作中进一步加强党建工作，以党建带队建，更好地促进检察文化事业发展，服务检察工作，服务科学发展大局。

党的十八大精神专题学习会

2012年11月16日，中国检察官文学艺术联合会秘书处召开党的十八大精神专题学习会，张耕同志传达会议精神，并就中国检察官文联学习贯彻党的十八大精神提出要求。与会同志进行了认真讨论，进一步研究了贯彻落实的意见。

会上，中国检察官文联主席张耕同志介绍了党的十八大基本情况，传达了党的十八大主要精神。与会同志认真学习党的十八大工作报告，并结合检察官文联工作实际进行了深入讨论，交流了学习体会。

大家积极发言，深入讨论，同志们一致认为，党的十八大把文化建设提到了新的高度，对扎实推进社会主义文化强国建设作出新的重大部署，进一步深刻阐明了文化建设的指导原则和努力方向，对深化文化体制改革，解放文化生产力，发扬学术民主和艺术民主，丰富人民的精神文化生活等方面都提出了新的要求，这为我们做好检察官文联工作指明了方向。大家表示，有信心、有决心按照高检院党组部署和中国文联的要求，切实把党的十八大精神贯彻落实到检察官文联各项工作中去，努力做好工作，不断为推动检察文化艺术事业繁荣发展作贡献。

会议强调，各级检察官文联和检察官文联筹备组织要把学习好、贯彻好、落实好十八大精神作为当前和今后一个时期的首要政治任务切实抓紧抓好，要按照高检院党组的部署和中国文联的要求，结合检察官文联工作实际，进一步增强做好检察官文联工作的信心和决心，不断推动检察文化艺术事业繁荣发展。

杨明秘书长主持专题学习会。中国检察官文联秘书处、中国检察文艺网全体人员参加了学习会。

理论研究

《检察文化和法治文化理论研究大纲》起草座谈会

2012年3月23日，中国检察官文联邀请全国政协社会和法制委员会副主任、原国务院法制办公室主任曹康泰，中国社会科学院法学研究所副所长冯军，人民检察杂志社社长徐建波，中国检察理论研究所副所长谢鹏程等同志就《检察文化和法治文化理论研究大纲》起草工作进行座谈。与会同志就起草《检察文化和法治文化理论研究大纲》的重要意义、目的、主要内容、需要研究的重点问题和大纲的基本框架等问题进行了充分交流。张耕同志主持座谈会。

冯军提出，法治文化理论研究既是整个法治建设的重要环节，又是目前法治研究领域正在兴起的热点。中国检察官文联及时适应新形势，在现有检察文化理论研究已取得一定成效和经验的基础上，提出加强检察文化和法治文化理论研究，就显得非常有意义。如何使文化与法治建设相结合，如何从传统文化中汲取合理元素融入检察文化和法治文化研究，如何加强对检察文化和法治文化基本内涵的研究，都是我们需要关注的重要课题。

谢鹏程认为，检察文化和法治文化理论研究的目标和任务，就是以科学的、现代的社会主义文化和法治精神去塑造人、塑造制度、塑造环境，通过加强检察文化和法治文化理论研究，为推动中国特色社会主义法治文化和检察文化建设作贡献。检察文化和法治文化理论研究的重点是加强对检察文化和法治文化的历史渊源、地域性、当代中国的法治文化建设和检察文化建设实践等问题的研究。建议以中国检察官文联为主体，把检察文化和法治文化理论研究作为一项重要工作任务来抓，通过准确选题，优化组合，加强保障，组织社会有关力量，实行课题制研究，尽快推出一批理论研究成果。

徐建波认为，加强检察文化理论研究，要重点在研究什么是检察文化上下功夫，对当前的检察制度的形成和检察工作中存在的问题从文化层面进行研究，通过研究，从中找出规律性的东西，实现检察文化建设的总体目标要求。检察文化和法治文化理论研究要近期、中期、长期规划相结合，通过不断深入地研究，推出一批研究成果。

曹康泰提出，要从推进中国特色社会主义法治建设的高度，大力弘扬社会主义法治文化，加强法治文化和检察文化理论研究。中国检察官文联提出加强检察文化和法治文化理论研究，符合当前党和国家对文化工作的要求。重点要研究什么是法治文化？什么是中国特色社会主义法治文化？从法治文化的概念、法治文化的地位和作用、法治文化研究的目标和任务等方面着手，提出切合法治文化建设实践的理论课题和实施方案，通过研究，推动在全社会养成崇尚法治、信仰法治的法治素养和文化自觉。

张耕同志认真听取了大家的发言后表示，几位专家学者所提的意见和建议，对加强检察文化和法治文化理论研究很有帮助。他认为，检察文化和法治文化的发展和繁荣需要强有力的理论支持。要紧紧抓住制约和影响检察文化和法治文化发展繁荣的突出问题，深入调研，勇于探索，大胆创新，不断增强检察文化和法治文化理论研究的针对性、实效性和指导性，逐步建立和完善中国特色社会主义检察文化和法治文化理论体系，用科学的理论指导和推动检察文化建设和法治文化建设。他提出，要把加强检察文化和法治文化理论研究作为检察官文联的一项基础性、战略性工作来抓。从检察文化和法治文化的基本概念，检察文化和法治文化理论研究的范畴，检察文化和法治文化与传统文化、世界法治文化等的关系，检察文化和法治文化的传播方式、途径等方面入手，从宏观角度和精神层面，立足检察文化建设和法治文化建设实践，深入研究检察文化和法治文化的内涵、基本特征、历史发展、内在规律、地位作用、发展目标、发展动力、发展思路、发展格局以及与其他文化的关系等基本问题，选定若干课题，与政法院校、科研机构密切合作，借助各方力量，共同进行攻关。

会议提出，要抓紧组织力量，尽快研究确定《检察文化和法治文化理论研究大纲（草案)》的基本思路和总体框架，经反复研究、修改，提交5月下旬在陕西省延安市举办的中国检察官文化论坛讨论审定后，组织力量，抓紧实施。

首届中国检察官文化论坛

2012年5月24日至26日，为了纪念毛泽东同志《在延安文艺座谈会上的讲话》发表70周年，由中国检察官文学艺术联合会和陕西省检察官文学艺术联合会共同举办、延安市人民检察院承办、榆林市人民检察院协办的首届中国检察官文化论坛在延安举行。这次论坛以“重温《讲话》精神，推进检察文化建设”为主题，深入学习《讲话》和党的十七届六中全会《决定》，就检察文化和法治文化的基本理论问题进行研讨和交流，旨在进一步推动检察文化和法治文化理论研究，加强检察文化建设，推动检察工作科学发展。全国毛泽东文艺思想研究会副会长曹桂方教授，中国文化软实力研究中心主任张国祚教授，中国社会科学院法学所副所长、文化法制研究中心主任冯军教授作了主旨发言。35位检察人员进行了大会发言。

全国政协教科文卫体委员会副主任、中国检察官文学艺术联合会主席张耕主持论坛开幕式并在结束时讲话。他指出，在纪念《讲话》发表70周年之际，举办这次论坛意义重大。他强调，深入开展检察文化和法治文化理论研究，是深入贯彻党的十七届六中全会精神的必然要求，是适应检察文化和法治文化建设蓬勃开展的客观形势的迫切需要，是提高检察文化素养，造就高素质检察文化队伍，为检察文化和法治文化建设提供人才支撑的迫切需要。他要求，检察官文联要在检察文化和法治文化理论研究中发挥重要作用，以《讲话》和《决定》为指导，努力开创检察官文联工作新局面。要准确把握检察官文联的定位，充分发挥检察官文联指导、协调、联络、服务的职能作用。要坚持以社会主义核心价值体系为引领，认真践行政法干警核心价值观；坚持围绕党和国家工作大局，服务检察中心工作；坚持以人为本、突出检察官的主体地位，以牢牢把握检察官文联工作的正确方向。要坚持检察文化理论研究和检察文化艺术创作、文化艺术活动两手抓，实现检察官文联工作协调、可持续发展。要继续抓好检察文化艺术的交流合作，努力提高检察文化艺术工作的影响力。要进一步抓好检察文化艺术队伍建设和检察官文联的自身建设，不断提高工作能力和水平，夯实检察官文联工作发展的基础。

全国政协教科文卫体委员会副主任、中国文学艺术基金会理事长胡振民，最高人民法院咨询委员会副主任、中国法官协会法院文化分会会长李玉成，陕西省政协副主席王晓安，陕西省人民检察院党组书记、检察长胡太平，新疆维吾尔自治区人民检察院党组书记、副检察长杨肇季出席论坛开幕式。中国检察官文联常委、部分知名专家学者和来自全国各地的检察官代表共100多人参加了这次论坛。最高人民检察院政治部副主任、中国检察官文学艺术联合会副主席胡尹庐，中国检察官文学艺术联合会秘书长杨明分别主持大会发言。论坛期间，与会代表参观了延安革命纪念馆、枣园、杨家岭等革命纪念地，接受革命传统教育。

组织编写《检察文化初论》

2012 年 6 月 11 日，中国检察官文联召开中国特色社会主义检察文化理论研究课题组会议，全国政协教科文卫体委员会副主任、中国检察官文联主席、《检察文化初论》课题组长张耕出席会议并作重要讲话，中国检察官文联秘书长杨明主持会议。《检察文化初论》课题组第一副组长、中国检察理论研究所副所长谢鹏程，课题组副组长、人民检察杂志社社长徐建波，课题组副组长、清华大学教授张建伟及课题组成员参加了会议。会议讨论确定了《检察文化初论》提纲和写作纲目。

研讨创办中国检察官文联会刊《检魂》

2012年11月15日，中国检察官文联会刊《检魂》编辑方案研讨会在京召开。全国政协教科文卫体委员会副主任、中国检察官文联主席张耕出席会议，高检院办公厅、政治部、检察日报社、检察理论所、检察出版社、法制日报等单位同志参加研讨会。

2012年12月1日，中国检察官文联会刊《检魂》创刊问计座谈会在京召开。全国政协教科文卫体委员会副主任、中国检察官文联主席张耕出席会议并讲话。检察日报社，北京、山东、上海、江苏、浙江、陕西、内蒙、辽宁等十个省市检察官文联负责同志参加了会议。

2012年12月21日，中国检察官文联创办《检魂》会刊研讨会在京召开。全国政协教科文卫体委员会副主任、中国检察官文联主席张耕出席会议并作重要讲话。《中国作家》杂志社主编艾克拜尔·米吉提，检察日报社社长李雪慧，《啄木鸟》杂志社社长张曙，《美术》杂志社编辑部主任张瞳，《中国摄影》杂志社主编助理马勇及高检院办公厅、政治部、国际合作局、《人民检察》杂志社、《方圆》杂志社、中国检察出版社、《检察日报》文艺部的同志参加会议。

文化艺术活动

首届“迎新春、送文化”活动

2012年1月6日至8日，由中国检察官文联和北京市人民检察院政治部共同组织的首届“迎新春、送文化”春联创作活动在北京举行。全国政协教科文卫体委员会副主任、中国检察官文联主席张耕出席活动并讲话。来自在纪念人民检察制度创立80周年全国检察机关书画摄影展中书法作品获奖的30多位检察人员集中书写了1000多副以检察和法治文化为内容的春联，在春节前夕分别赠送给全国检察系统的英模家庭和高检院机关的离退休老干部，向他们送去高检院党组和曹建明检察长的新春慰问，送去新春佳节的美好祝福，营造文明、健康、团结、和谐的节日氛围。

"以梅喻检"文化活动

2012年2月29日至3月1日，为了深入贯彻党的十七届六中全会精神，落实中央政法委和高检院党组关于开展"忠诚、为民、公正、廉洁"政法干警核心价值观教育实践活动的部署，以文化艺术的形式推进政法干警核心价值观教育实践活动，由中国检察官文联和江苏省检察官文联主办，南京市检察官文联承办的"以梅喻检"文化活动在江苏省南京市举行。全国政协教科文卫体委员会副主任、中国检察官文联主席张耕主持座谈会并作主旨讲话。江苏省人民检察院党组书记、检察长，江苏省检察官文联主席徐安致辞，最高人民检察院政治部副主任、中国检察官文联副主席胡尹庐代表高检院政治部讲话，中国文联、国内知名书画艺术家、检察系统的书画爱好者代表、各级检察官文联代表参加了活动。活动由"以梅喻检"主题座谈会、实地采风、书画创作笔会、艺术作品展示和文艺演出组成。

一、认真筹备，确保如期举行

中国检察官文联把做好"以梅喻检"文化活动，作为弘扬社会主义核心价值体系、开展政法干警核心价值观教育实践活动、落实曹建明检察长对检察官文联工作要求的重要举措。中国检察官文联主席张耕同志要求，要认真贯彻曹建明检察长重要批示精神，发挥检察官文联职能作用，组织好"以梅喻检"文化活动，以文化艺术形式推进政法干警核心价值观教育实践活动，提高检察队伍素质。中国检察官文联与江苏省检察官文联共同制定了《"以梅喻检"文化活动实施方案》，成立了以徐安同志为组长的"以梅喻检"文化活动领导小组，提出了将文化活动"做好、做实、做细、做足"的要求，明确了责任分工，编印了《咏梅诗词一百首》，制作了富有梅花文化韵味的活动手册、会场背景板、演出节目。江苏省检察官文联面向全省13个地级市检察院和基层检察院征集反映检察人员践行政法干警核心价值观的书画、工艺美术作品82件，自编自演的文艺节目8个。

二"以梅喻检"，内涵丰富深刻

"以梅喻检"文化活动，由主题座谈会、实地采风、书画创作笔会、艺术作品展示和文艺演出等组成，真正做到了以梅花为载体彰显检察精神，以文化艺术形式推进政法干警核心价值观教育实践活动。

张耕同志主持座谈会，作了主旨发言，对梅花精神作了提炼、概括，并就梅花精神与检察精神、政法干警核心价值观如何融合，如何搞好活动提出了要求。他指出，这次活动是贯彻党的十七届六中全会精神、践行社会主义核心价值体系、配合政法干警核心价值观教育实践活动的一项重要举措。梅花精神可以概括为忠贞、奉献、刚毅、执着、知恩、廉洁等六个方面的高尚品格，与检察精神，与政法干警"忠诚、为民、公正、廉洁"的核心价值观内涵契合、精神相通。他要求，要紧紧围绕以梅花精神喻意检察精神、践行政法干警核心价值观这个主题，满含对检察工作、对检察官的职业深情，深入观察，精心创作，以精湛的文化艺术创作，为弘扬检察精神、塑造检察品格、展示检察形象、推动检察工作作贡献。

全国首届“德艺双馨”艺术家、人民功勋艺术家、中国戏剧“梅花奖”两度获得者、著名京剧表演艺术家黄孝慈认为：“这次活动让我重新认识了检察官和检察官的精神、形象。梅花的精气神与检察官们‘忠诚、为民、公正、廉洁’的精气神是相契合的。”中国文联国内部副主任李培隽认为：“我们往往习惯于宣教式的、口号式的教育活动，以文化人、以艺感人恐怕做得还是不够。这次活动以文化艺术形式，依托梅花的形象来彰显检察精神，推动政法干警核心价值观教育实践活动，这一创意非常好。希望中国检察官文联把这个活动做成系列性活动，成为一个‘立得住，叫得响，传得下’的文化品牌。”江苏省扬州市书法家协会主席、扬州大学艺术学院教授杨小扬认为：“许多城市有自己的市树、市花，但没有听说过哪支队伍用非常具有文化内涵、特色鲜明的花来作为载体，表达、传达自己队伍建设的精神追求。‘以梅喻检’文化活动立意高、寓意深。”

徐安同志强调：“将梅花不畏风寒、傲霜立雪的风骨与人民检察官坚韧不拔、刚正不阿、不求赞誉、甘于奉献的精神相结合，与弘扬社会主义核心价值体系和政法干警核心价值观相结合，通过主题研讨和创作活动，将进一步丰富检察文化内涵，提升检察文化品位，这是一项别具创意的检察文化活动。”胡尹庐同志指出：“这一活动是检察官文联找准定位、发挥作用的一个体现，是以文化艺术的形式推动检察文化发展的一次非常好的尝试。以文化为载体开展教育活动能起到潜移默化、润物无声的作用和效果，会有持久的影响力。”党的十七大代表、全国模范检察官顾晓生同志深有感触：“每年梅花盛开时节，我都会到梅花山，赏梅喻己，梅花美在天地间、香自苦寒来、俏也不争春。每当我用自己学到的专业知识维护了法律的尊严、化解了社会矛盾时，我都感到欣慰和快乐，感到法医的平凡和神圣。我要像梅花一样，将有限的时间投入到无限的检察工作中去，活出精彩的检察人生！”吉林省检察院政治部主任李瑞东同志说：“‘以梅喻检’，人是主体，梅花是载体。在万事万物中寻找比赋的对象，象征我们的追求与向往，为宣传教育活动增加了文化色彩，使大家有一种亲近感，每时每刻都能感受到文化的浸润和感染，能够感动大家，从文化层面上使大家内化于心、外化于形。”不少艺术家即席吟诗填词，表达他们对梅花精神和检察精神的深刻感悟。

通过梅花山采风，大家近距离感受了含苞待放的梅花的勃勃生机，观看了江苏省检察官文联组织的“以梅喻检”艺术作品展览和文艺演出，聆听了咏梅诗词诵读、咏梅歌曲演唱，使大家感受到梅花精神的生命力。在创作笔会上，艺术家们挥毫泼墨，书写各自对检察精神和此次活动的感受。中国女检察官协会秘书长王凤琴同志很有感慨地说：“用绘画的形式来表达对检察官维护公正的理解，真是让人感动。”

三、成效明显，影响良好

这次文化活动邀请的国内知名书画艺术家，检察系统国家级书协、美协、摄协会员，检察系统省级书协、美协会员，现场创作诗词7首，书法、绘画作品93幅，并共同创作了《金陵梅韵》长卷。透过文化活动，搭建了检察机关和社会交流的平台，促进了艺术家和检察官的交流，增进了社会对检察机关的了解。中国文联国内部副主任李培隽认为：“从这次活动中看到，检察官不仅有刚正不阿、严格执法的严肃形象，也有着丰富内心世界的普通人形象，这才是一个完美的检察官形象。这个活动除了提高我们思想素质、文化修养外，其实也是检察机关一个很好的对外宣传。”太原市美术家协会主席、山西省美协名誉主席、国家一级美术师刘素珍说：“我是带着惊奇和疑惑的态度参加这次活动的，在我们心目中，检察官与我们画家的距离很远很远。这次文化活动，完全改变了我的这种看法，检察官们工作很辛苦，但很可亲、很可敬、很可爱，希望我们多联谊，我们愿意为检察机关创作更多的艺术作品。”

文化活动经《检察日报》、《中国文化报》、《中国艺术报》、《江苏法制报》报道后，人民网、新华网、正义网、凤凰网等国内50余家报刊网络纷纷转载。正义网法律博客博主知云在《“以梅喻检”感怀》博文中说：“梅花具有的忠贞刚毅和傲然气节与检察官‘忠诚、为民、公正、廉洁’的核心价值观相契合。”“忠贞只为报春来，何惧严寒霜雪压。更喜昂首怒放时，品行高洁数英华。执著心语东风知，检徽相映照天涯。”引来网民关注，纷纷跟帖。更有网民“沉静如水”回复说：“有书香气，检察机关应当具有这种气质。”《咏梅诗词一百首》等资料更是受到与会代表的喜爱。

“以荷喻检”文化活动

2012年8月4日至6日，为了贯彻落实党的十七届六中全会和全国检察机关文化建设工作会议精神，配合廉政教育，以荷花品格喻意检察精神，诠释政法干警核心价值观，以文化艺术形式展示政法干警核心价值观教育实践活动成果，激励检察人员弘扬检察精神，将政法干警核心价值观内化于心、外化于行，由中国检察官文联和山东省检察官文联共同举办、山东省枣庄市人民检察院承办的“以荷喻检”文化活动在山东省检察官培训学院枣庄分院举行。

全国政协教科文卫体委员会副主任、中国检察官文联主席张耕出席开幕式并讲话。最高人民检察院政治部副主任、中国检察官文联副主席胡尹庐，山东省人民检察院副检察长、山东省检察官文联副主席王建，中共枣庄市委书记、市人大常委会主任陈伟致辞。全国政协教科文卫体委员会副主任、中国文学艺术基金会理事长胡振民，最高人民检察院原副检察长、中国女检察官协会名誉会长胡克惠，山东省人大常委会副主任、山东省检察官文联主席国家森，山东省人民检察院检察长、山东省检察官文联名誉主席吴鹏飞，高检院有关厅局负责人，中央相关单位负责人，中国检察官文联和地方各级检察官文联代表，部分全国知名艺术家和检察系统的书画摄影爱好者代表参加了这次活动。

活动由“以荷喻检”主题座谈会、实地采风、书画创作笔会、摄影作品展示和文艺演出组成。活动期间，与会代表参观了台儿庄大战纪念馆、台儿庄古城，接受了革命传统教育。

一、广泛参与，检察人员主体作用突出

此次活动得到了中央政法委队建室、高检院政治部等有关部门，山东省委、省人大、省委政法委、省检察院，枣庄市委、市人大、市政府、市政协的高度重视和支持。

中国检察官文联、山东省检察官文联在会前制定了活动实施方案，在形式和内容的设计上，注重广泛参与，突出检察人员的主体作用。检察系统的40余名检察官书画摄影艺术人才、各级检察官文联、基层检察院代表、国内10余位知名书画摄影艺术家以及有关单位代表参加了活动。

枣庄市人民检察院在筹备阶段通过互联网向全市检察人员征集到“荷花颂”摄影作品2000余幅，引导检察人员用镜头感悟荷花的品格，以荷喻检、养德、励志，并从中精选130余幅作品，在活动期间展出，受到了与会书画摄影艺术家的好评。同时，还与中国检察官文联、山东省检察官文联共同编辑印发了百首咏荷诗词汇编，得到了与会代表的称赞。枣庄市人民检察院还自创自演了“以荷喻检”文艺节目，展现了检察官的感人风采。在座谈会上，中国书法家协会理事、中华诗词学会理事吴震启说：“很久没有文艺作品让我这样感动了，小品《站好最后一班岗》中即将退休的老检察官在女儿为犯罪嫌疑人男友说情面前表现出的公正无私、秉公执法精神，使我流下了热泪。”他还即席赋诗一首：“父女交织情与法，欣从小品看公明，台前万点珍珠泪，足见人心向善行。”

二、主题鲜明，生动诠释政法干警核心价值观

“以荷喻检”座谈会上，与会代表围绕荷花品格喻意检察精神积极发言，大家认为荷花品格与检察精神的内涵相通、密切相连。

全国政协教科文卫体委员会副主任、中国检察官文联主席张耕同志首先发言，他把荷花品格概括为“刚直、大度、慎思、自强、奉献、清廉”等六个方面，并以此诠释政法干警核心价值观。

全国政协教科文卫体委员会副主任、中国文学艺术基金会理事长胡振民说：“文化最本质的含义，是以文化人，这次活动紧紧抓住了这一功能。‘以荷喻检’正体现了文化如水、润物无声，把传统文化与核心价值体系紧密结合起来了。”

高检院原副检察长、中国女检察官协会名誉会长胡克惠说：“‘以荷喻检’诠释政法干警核心价值观，要比空洞的说教丰富得多、生动得多，影响力、感染力大得多。当下，老百姓更希望我们检察官保持一个清正廉洁的政治品格，大胆、义无反顾地惩贪反腐，‘以荷喻检’用荷花的品德意喻、警醒我们检察官的言行，符合民心民意。”

高检院政治部副主任、中国检察官文联副主席胡尹庐说：“这次活动以建设社会主义核心价值体系、践行政法干警核心价值观为主题，以荷花的品质诠释检察精神，可以充分彰显检察官忠诚的政治本色、为民的宗旨理念、公正的价值追求、廉洁的职业操守，对弘扬检察精神，提升队伍素质，树立检察形象，推动检察文化工作开展特别是促进检察官文联各项工作的深入开展必将起到积极的作用。”

与会代表争相发言。河南省人民检察院常务副检察长、河南省检察官文联主席张国臣说：“荷之中通体现出检察官内心的通达与平和。‘以荷喻检’，激励检察官在精神上坚守信念，淡泊名利；行为上谦虚处事，谦和待人；执法上不偏不倚、不枉不纵。这种托物言志的文化活动非常有意义。”北京市人民检察院政治部主任、北京市检察官文联副主席张幸民说：“中国人赏花更多的是欣赏花的人格喻意与精神。莲被称为花之君子、清廉之花，体现了对荷花高雅圣洁、出淤泥而不染的高尚情操的赞赏，以荷花来喻意检察品格是非常贴切的，荷花品格是我们检察人共同的追求。”全国模范检察官、河北省衡水市人民检察院检察长、衡水市检察官文联名誉主席李永志说：“来到枣庄，我们切身感受到中华民族荷文化浓浓的氛围，这里荷花绽放，沁人心脾，‘以荷喻检’引发了我们对检察官品格的深刻认识。”山西省人大常委、法工委副主任、山西省检察官文联主席、山西省人民检察院原常务副检察长王满春说：“‘以梅喻检’和‘以荷喻检’是检察文化载体的创新和探索，前者注重从梅花的精神，后者注重从荷花的品格来喻意检察精神，诠释政法干警核心价值观。这就将文化活动与思想政治教育、革命传统教育相结合，起到了春风化雨、相得益彰的作用。”江苏省南京市人民检察院宣传处副处长、南京市检察官文联秘书长胡永刚说：“清廉，是检察官职业道德的本色，具备了这种品德和人格，才能忠诚于民、取信于民。我们的办公大楼前就摆放着荷花，教育基地也修建了莲花池，就是想取荷花廉洁高尚的品格喻意建立一支廉洁的检察队伍。”重庆市人民检察院第一分院干部邓晓岗说：“荷花有刚、有虚、有气度，何尝不像我们的检察官淡泊明志、埋头苦干呢。”

中国摄影家协会副主席张桐胜对一幅名为《呵护》的荷花摄影作品发出自己的感慨，他说：“风雨过后百花凋零，一朵荷花在硕大的荷叶下静静绽放。荷叶呵护着荷花，这使我们为之感动。花草树木被赋予精神品格之后，就象征着我们的精神，展示了我们的情怀，指导我们的内心，树立我们的形象。中国人对自然、对文化的理解提升了我们的人格，丰富了我们的生活。‘以荷喻检’文化活动，使我们对自然的了解、学习和思考不断深入，这也成为我们不断了解检察官品德的过程。”

三、反响良好，有力推动检察官文联工作开展

这次活动时间虽短，但社会反响很好，引起了各方关注。《中国文艺报》、《检察日报》、《大众日报》、山东卫视、新华网、人民网、新浪网、搜狐网、凤凰网、正义网、中国检察文艺网等近30家媒体对活动情况进行了报道和转载。《中国文艺报》、《检察日报》专门刊发了此次活动的侧记和作品。网络论坛、博客、微博等各种网络载体从不同角度对“以荷喻检”文化活动及时进行了播报。

全国检察机关“廉洁从检”书画摄影展

2012年12月11日至18日，为了深入学习贯彻党的十八大精神、推进政法干警核心价值观教育实践活动和保持党的纯洁性教育活动，由最高人民检察院纪检组、监察局、政治部、检察日报、中国检察官文联联合主办，九州兴和文化发展（北京）有限公司承办的全国检察机关“廉洁从检”书画摄影展在首都博物馆举行。

最高人民检察院党组书记、检察长曹建明出席开幕式。最高人民检察院党组副书记、常务副检察长胡泽君出席开幕式并致辞。最高人民检察院党组副书记、副检察长邱学强，全国政协教科文卫体委员会副主任、中国检察官文联主席张耕，高检院检委会专职委员童建明、杨振江，司法部原部长邹瑜，高检院老领导王晓光、冯锦汶、胡克惠、熊传震、王克等出席开幕式。高检院党组成员、中纪委驻高检院纪检组组长莫文秀主持开幕式。

胡泽君在致辞中说，举办“廉洁从检”书画摄影作品创作和展览，是检察机关学习贯彻党的十八大精神、全面加强检察机关自身反腐倡廉工作的重大举措，是深入推进“忠诚、为民、公正、廉洁”政法干警核心价值观教育实践活动和保持党的纯洁性教育活动的具体行动，是集中展示检察文化特别是廉政文化阵地建设的一次巡礼。她指出，检察机关作为国家法律监督机关和反腐倡廉建设的重要职能部门，承担着维护社会公平正义、促进反腐倡廉建设的重大责任。高检院党组和曹建明检察长强调，要牢固树立监督者更要自觉接受监督的权力观，始终坚持把强化自身监督放到与强化法律监督同等重要的位置来抓，坚持从严治检、廉洁从检。检察廉政文化作为检察文化的重要组成部分，是保持检察机关党员干部纯洁性和加强自身反腐倡廉建设的重要力量源泉，是检察人员的共同精神追求。繁荣发展中国特色社会主义检察文化，必须加强检察廉政文化建设。各级检察机关要站在全局和战略的高度，以更为广阔的视野，更加重视并切实加强廉政文化建设，牢固树立公正廉洁理念，弘扬新风正气，全面推进检察机关自身反腐倡廉建设。

中纪委、中政委、最高人民法院、国家安全部、司法部的有关部门负责人，中国文联、中国书法家协会、中国美术家协会、中国国家博物馆、中国法官协会法院文化分会、全国公安文联、中国石油文联、中国文学艺术基金会等有关单位的负责人，全国检察系统英模代表、部分参展作品作者代表、高检院和北京市检察系统干警及国家检察官学院学员代表等共计600多人出席开幕式并参观了展览。展览期间，以检察人员为主体及社会各界人士共计3000余人参观了展览，引起了较大反响，受到了广泛好评。

本次书画摄影展共有11395名检察人员参与创作，提供作品14876件，报送至高检院的作品3900余件。经过展览组委会认真筛选和专家评送，从中精选出545幅优秀作品参加展出。参展作品分为书法、绘画和摄影三个展区，每个展区又被细分为领导干部（含离退休领导干部）作品、英模人物及其亲属作品、在职检察人员作品和检察人员家属作品四个板块。书法展区，围绕“廉”字做文章。既有名言警句，也有自创的从检心得。最高人民检察院原检察长张思卿的书法作品《名节重如山，利欲轻鸿毛》、原检察长韩杼滨的书法作品《公正执法、廉洁自律》、原检察长贾春旺的书法作品《廉洁从检》等领导为展览创作了作品。水墨画、油画、漫画，画人、画物、画景……绘画展区，各式绘画或清新淡雅，或浓墨重彩，令人应接不暇。摄影展区，是广大检察人员日常工作和生活的真实写照。《服务群众》是上海市人民检察院第一分院龚佩琳的作品，图片中检察官和人民群众真诚沟通的画面，生动阐述了检察工作的人民性；安徽省天长市人民检察院黄晨子的作品《警钟长鸣》，警示检察人员“打铁需得自身硬”，在履行法律监督职责中做到自身正、自身净、自身硬……展出作品体裁多样、视角开阔，廉政主题鲜明、检察特色突出，整个展览贴近检察实际、贴近检察工作、贴近检察人员，多角度、全方位反映了检察机关廉政文化建设的新经验和自身反腐败的新风貌，生动展现了检察机关党风廉政建设的新成果。

重要奖项

中国检察官文联第二届“迎新春、送文化”活动春联征集获奖名单

一、一等奖（10名）

谢复兴　福建省将乐县人民检察院
李熠星　北京市大兴区人民检察院
张　波　山东省济宁市人民检察院
崔钢兵　中国农业银行湖南省怀化分行
李国伟　河北省涞水县人民检察院
景力伟　辽宁省喀喇沁左翼蒙古族自治县人民检察院
徐　罡　山东省青岛市人民检察院
解云凤　安徽省马鞍山市
刘晓明　北京市人民检察院第一分院
李祥伟　湖北省黄石市铁山区人民检察院

二、二等奖（20名）

姜　驰　辽宁省喀喇沁左翼蒙古族自治县人民检察院
王利瑛　辽宁省喀喇沁左翼蒙古族自治县人民检察院
张　波　山东省济宁市人民检察院
乔　莲　山东省青岛市市南区人民检察院
郭万云　湖北省当阳市人民检察院
李祥伟　湖北省黄石市铁山区人民检察院
盛云来　湖北省黄石市铁山区人民检察院
郭良坤　山东省成武县人民检察院
周　杰　四川省夹江县人民检察院
谢复兴　福建省将乐县人民检察院
陆拣开　广东省佛山市三水区人民检察院
朱　芬　湖北省天门市人民检察院
邱崇亮　湖北省黄石市铁山区人民检察院
李红艳　湖北省武汉经济技术开发区人民检察院
解云凤　安徽省马鞍山市
张爱灵　广东省五华县梅林中学
邢道宽　江苏省南京市浦口区人民检察院
徐　韦　江苏省宿迁市人民检察院
蒋靖静　江苏省邳州市人民检察院
吕　萍　北京市人民检察院第一分院

三、三等奖（30名）

景力伟　辽宁省喀喇沁左翼蒙古族自治县人民检察院
尹晓东　辽宁省喀喇沁左翼蒙古族自治县人民检察院
赵德才　黑龙江省富锦市人民检察院

杜淮海　江苏省南京市栖霞区人民检察院
樊　苗　山东省威海市高技术产业开发区人民检察院
郭良坤　山东省成武县人民检察院
李祥伟　湖北省黄石市铁山区人民检察院
盛云来　湖北省黄石市铁山区人民检察院
谢复兴　福建省将乐县人民检察院
陈志荣　福建省厦门市集美区检察院
曹赤志　湖南省人民检察院怀化铁路运输检察院
陈亚文　广东省清远市清城区人民检察院
李永福　广东省清远市人民检察院
杨小军　贵州省毕节市人民检察院
周　杰　四川省夹江县人民检察院
覃　勇　湖北省武汉市人民检察院
陈自如　安徽省枞阳县陈瑶湖镇青山街
庄倩倩　江苏省赣榆县人民检察院
李　林　辽宁省辽阳市白塔区人民检察院
宋海洋　辽宁省喀左县人民检察院
王泰宗　辽宁省抚顺市人民检察院
邱崇亮　湖北省黄石市铁山区人民检察院
楼笔军　广西壮族自治区兴安县人民检察院
薛海龙　北京市人民检察院第一分院
庄京花　吉林省大安市人民检察院
梅　欣　宁夏回族自治区检察官文学艺术联合会
姜学厚　江苏省赣榆县人民检察院
罗国斌　江苏省兴化市人民检察院
李雄高　河南省灵宝市
罗锦山　福建省永春县人民检察院

四、优秀奖（84名）

刘宝良　北京市人民检察院
郭　萌　北京市西城区人民检察院
李思瑶　北京市海淀区人民检察院
邓家良　北京铁路运输人民检察院
夏剑英　北京市昌平区人民检察院
申朝辉　北京市大兴区人民检察院
徐文彩　北京市大兴区人民检察院
李熠星　北京市大兴区人民检察院
蒲宏涛　北京市大兴区人民检察院
王玉柱　北京市怀柔区人民检察院
彭海龙　北京市密云县人民检察院
王　莹　北京市平谷区人民检察院
陈　旭　北京市通州区人民检察院
杨霄芳　北京市延庆县人民检察院
聂智慧　北京市延庆县人民检察院
刘峥嵘　河北省涿州市人民检察院
杨立颖　辽宁省朝阳市人民检察院
尹晓东　辽宁省喀左县人民检察院
袁庆波　辽宁省喀左县人民检察院
王泰宗　辽宁省抚顺市人民检察院
韩志君　吉林省九台市人民检察院
何其伟　黑龙江省大庆市人民检察院
赵德才　黑龙江省富锦市人民检察院
郭公平　江苏省苏州市人民检察院
陈　政　江苏省金坛市人民检察院
叶　飞　江苏省金坛市人民检察院
毛　竹　江苏省金坛市人民检察院
高亚男　江苏省金坛市人民检察院
杨振华　江苏省洪泽县人民检察院

政治处　江苏省淮安市人民检察院
王　凡　江苏省连云港市人民检察院
汤谨华　江苏省灌南县人民检察院
贺俊红　江苏省连云港市连云区人民检察院
杨　琦　江苏省南京市人民检察院
王生辉　江苏省海安县人民检察院
茅玲玲　江苏省海门市人民检察院
李　超　江苏省南通市人民检察院
朱健锋　江苏省无锡市滨湖区人民检察院
蒋靖静　江苏省邳州市人民检察院
曾　峥　江苏省盐城市盐都区人民检察院
王雅萌　江苏省扬州市邗江区人民检察院
齐美满　安徽省人民检察院
吕　强　福建省厦门市人民检察院
谢复兴　福建省将乐县人民检察院
罗锦山　福建省永春县人民检察院
陈志荣　福建省厦门市集美区检察院
刘志宇　江西省新余市渝水区人民检察院
刘冬盛　山东省烟台市人民检察院
郭良坤　山东省成武县人民检察院
徐　罡　山东省青岛市人民检察院
孙新裕　山东省烟台市经济技术开发区人民检察院
于永水　山东省宁津县人民检察院
刘家云　湖北省大冶市人民检察院
邱崇亮　湖北省黄石市铁山区人民检察院
盛云来　湖北省黄石市铁山区人民检察院
李祥伟　湖北省黄石市铁山区人民检察院
郑天惠　湖北省公安县人民检察院
王文炎　湖北省荆门市人民检察院
朱　芬　湖北省天门市人民检察院
胡汉慧　湖北省武汉市人民检察院
李红艳　湖北省武汉经济技术开发区人民检察院
郭万云　湖北省宜昌市人民检察院
张舜鑫　广东省揭阳市榕城区人民检察院
李永福　广东省清远市人民检察院
陆拣开　广东省佛山市三水区人民检察院
张杏强　广东省惠州市惠阳区人民检察院
卜琳琳　广东省潮州市湘桥区人民检察院
黎长林　广西壮族自治区天等县人民检察院
韦海东　广西壮族自治区上林县人民检察院
韦九报　广西壮族自治区南宁铁路运输检察院
罗继高　广西壮族自治区宜州市人民检察院
郭　旋　四川省乐山市人民检察院
杨镇宇　贵州省三都县人民检察院
王　勇　贵州省纳雍县人民检察院
杨永丽　云南省陇川县人民检察院
朱晓东　甘肃省正宁县人民检察院
王友来　北京市朝阳区
王艳梅　安徽巢湖市苏湾镇初级中学
翟红本　河南省平顶山市鲁山县委组织部

李雄高　　河南省灵宝市
陈自如　　安徽省枞阳县陈瑶湖镇
吴进文　　安徽省马鞍山市
解云凤　　安徽省马鞍山市
吴　迟　　安徽省马鞍山市

五、优秀组织奖

北京市检察官文学艺术联合会
辽宁省检察官文学艺术联合会
黑龙江省检察官文学艺术联合会
江苏省检察官文学艺术联合会
山东省检察官文学艺术联合会
河南省检察官文学艺术联合会
湖北省检察官文学艺术联合会
宁夏回族自治区检察官文学艺术联合会
广东省检察官文学艺术联合会（筹备组织）
贵州省检察官文学艺术联合会（筹备组织）

全国检察机关“廉洁从检”书画摄影展特邀作品名单

1. 最高人民检察院原检察长、全国政协原副主席 张思卿

作品：《名节重如山 利欲轻鸿毛》（书法）

2. 中国法学会会长、最高人民检察院原检察长 韩杼滨

作品：《公正执法 廉洁自律》（书法）

3. 最高人民检察院原检察长 贾春旺

作品：《廉洁从检》（书法）

4. 最高人民检察院原副检察长、全国政协原副主席 王文元

作品：《先天下之忧而忧 后天下之乐而乐》（书法）

5. 最高人民检察院原常务副检察长 梁国庆

作品：《笔直》（书法）

6. 全国政协教科文卫体委员会副主任、中国检察官文学艺术联合会主席、最高人民检察院原常务副检察长 张耕

作品：《清廉》（书法）、《荷塘清风彰显检察精神》（绘画）

7. 湖南省人民检察院原检察长 张树海

作品：《修为政之德 思贪欲之害 怀律己之心》（书法）

8. 湖南省人民检察院检察长 龚佳禾

作品：《梅以清香凝品格 竹因大节养胸怀》（书法）

9. 广西壮族自治区人民检察院检察长张少康

作品：《思廉》（书法）

10. 吉林省人民检察院检察长 杨克勤

作品：《忠诚为民 公正廉洁》（书法）

11. 山西省人民检察院检察长 杨司

作品：《于成龙心语》（书法）

12. 西藏自治区人民检察院检察长张培中

作品：《布达拉宫》（摄影）、《冈仁波齐峰》（摄影）

13. 最高人民检察院计划财务装备局局长 张本才

作品：《颂莲》（书法）

全国检察机关“廉洁从检”书画摄影展获奖作品名单

一、书法作品获奖名单

一等奖（7名）：

1. 天津市人民检察院 陈辉昆

作品：《人因寡欲颜长好 官守清廉梦亦闲》

2. 江苏省昆山市人民检察院 刘燕飞

作品：《有感金纪文先进事迹》

3. 山东省夏津县人民检察院 李建水

作品：录《爱莲说》《陋室铭》短文两则

4. 安徽省萧县人民检察院 董正夫

作品：《古诗四首》

5. 江苏省海安县人民检察院 程奎连

作品：篆刻

6. 河北省邯郸市人民检察院 霍玉辰

作品：唐·陆龟蒙《白莲》

7. 山东省宁津县人民检察院 包书强

作品：唐·李白《古风·碧荷生幽泉》

二等奖（10名）：

8. 河北省承德市人民检察院 孙权

作品：甲骨文《论语·里仁篇》节录

9. 河北省人民检察院 孟宪昌

作品：唐太宗百字箴言

10. 安徽省人民检察院 陈怀安

作品：清如秋菊何妨瘦 廉似梅花不畏寒

11. 山东省聊城市东昌府区人民检察院 张庆年

作品：录《检察官白云箴言》

12. 浙江省天台县人民检察院 孙新龙

作品：有关家国书常读 无益身心事莫为

13. 广西壮族自治区人民检察院 林广成

作品：自身正 自身净 自身硬

14. 湖北省武汉市人民检察院 张建军

作品：廉政锦言

15. 江西省南昌市人民检察院 陈代光

作品：文天祥《正气歌》

16. 上海市黄埔区人民检察院 郑建华

作品：篆刻

17. 河北省大城县人民检察院 孔博为

作品：吕本中《官箴》节录

三等奖（20名）：

18. 济南铁路运输人民检察院 安学森

作品：明·况钟《拒礼诗》

19. 山西省忻州市人民检察院 任俊威

作品：反腐合民意中华春浩荡 崇廉正党风日月辉煌

20. 黑龙江省依安县人民检察院 鲁佳利

作品：俭以养德

21. 河南省郏县人民检察院 马俊欣

作品：和德清正

22. 山东省莒县人民检察院 王君安

作品：邵明强箴言

23. 广东省佛山市人民检察院 李建刚

作品：廉养德

24. 河南省开封市人民检察院 刘运轩

作品：唐代咏荷诗二十首节录

25. 辽宁省辽宁市白塔区人民检察院

李林

作品：朗月照人 如鉴临水

26. 湖南省岳阳市人民检察院 杨石溪

作品：答友人

27. 江西省丰城市人民检察院 李清

作品：陈宏谋《给四侄钟杰书》节录

28. 湖南省临武县人民检察院 雷渊杰

作品：浩然正气

29. 河北省秦皇岛市人民检察院 孔令驰

作品：梅荷诗词选录

30. 陕西省绥德县人民检察院 周合江

作品：池中荷叶鱼儿伞 梁上蛛丝燕子帘

31. 甘肃省渭源县人民检察院 高海龙

作品：咏梅诗

32. 江苏省泰兴市人民检察院 辛平

作品：宋·周敦颐《爱莲说》节录

33. 宁夏回族自治区隆德县人民检察院 石庆壁

作品：毛泽东《沁园春·长沙》

34. 上海市嘉定区人民检察院 黄忠宇

作品：观海听涛

35. 四川省广元市人民检察院 赵海

作品：林岫《题梅绝句》

36. 海南省人民检察院第一分院 陈振玉

作品：澄怀观道

37. 湖南省人民检察院 曹志刚

作品：荷塘月色

优秀奖（18 名）：

38. 云南省永德县人民检察院 张福高

作品：廉洁从检 刚直不阿

39. 福建省福州市人民检察院 杨玉勋

作品：高洁

40. 青海省人民检察院 冯奎

作品：毛泽东《念奴娇·昆仑》

41. 四川省广汉市人民检察院 王隆兴

作品：韩非子《孤愤》节录

42. 辽宁省朝阳市人民检察院 吴术平

作品：文天祥《正气歌》节录

43. 吉林省辽源市人民检察院 武德吉

作品：赞全国模范检察官金立河

44. 河北省顺平县人民检察院 杨立鸿

作品：莲出绿波有君子德 兰生幽谷为众人香

45. 山东省龙口市人民检察院 张宏全

作品：竹因临水情斯畅 兰以当风气亦和

46. 贵州省贵阳市人民检察院 江鱼翔

作品：廉政诗一首

47. 湖南省株洲市芦淞区人民检察院李云开

作品：篆刻

48. 江苏省南京市浦口区人民检察院朱蓝生

作品：荷赞

49. 云南省昭通市人民检察院 黄家翔

作品：宋·周敦颐《爱莲说》

50. 上海市虹口区人民检察院 田鸣

作品：篆刻

51. 四川省遂宁市人民检察院 蒋世恒

作品：宋·范仲淹《岳阳楼记》节录

52. 黑龙江省绥化市人民检察院 王春霞

作品：澄怀观道

53. 上海市人民检察院 吴军敏

作品：忠诚为民 公正廉洁

54. 贵州省遵义市汇川区人民检察院田晓波

作品：文天祥《正气歌》

55. 四川省仪陇县人民检察院 庄为充

作品：反腐倡廉歌

二、美术作品获奖名单

一等奖（3 名）：

1. 山东省人民检察院 张升臣

作品：新中国反贪第一案

2. 四川省眉山市人民检察院 陈义志

作品：秋清泉气香

3. 甘肃省兰州市人民检察院 龙丽荣

作品：雨后春笋

二等奖（8 名）：

4. 吉林省舒兰市人民检察院 张殿勋

作品：共和国历任检察长

5. 浙江省桐庐县人民检察院 黄伯君

作品：春风沐山林 清泉濯丘壑

6. 四川省成都市人民检察院 马光剑

作品：荷鹤图

7. 安徽省合肥市人民检察院 王世勇

作品：家居山水间

8. 甘肃省兰州市人民检察院 陈革

作品：连环画《郁林石》

9. 湖南省永州市人民检察院 盘树高

作品：板桥听竹

10. 海南省人民检察院 王良

作品：又见廉风抚家乡

11. 甘肃省通渭县人民检察院 王辉

作品：风雪铸忠魂

三等奖（11 名）：

12. 山东省淄博市淄川区人民检察院 徐志斌

作品：事事清白

13. 福建省福州市人民检察院 杨玉勋

作品：腊梅

14. 浙江省舟山市人民检察院 杨云仙

作品：冰清玉洁

15. 甘肃省兰州市七里河区人民检察院 管希诚

作品：周恩来

16. 重庆市黔江区人民检察院 王博

作品：走好每一步

17. 上海市松江区人民检察院 杨奔骅

作品：红梅傲雪洁无尘

18. 江西省万年县人民检察院 蔡阳先

作品：清正图

19. 河北省邢台市桥西区人民检察院 张建军

作品：油画《雨后巴黎》

20. 福建省三明市梅列区人民检察院 费龙文

作品：公诉科的年轻人

21. 山东省宁津县人民检察院 刘殿芳

作品：秋韵

22. 黑龙江省人民检察院 关澍

作品：雪域

优秀奖（21 名）：

23. 江苏省徐州市人民检察院 许连锁

作品：云山水长

24. 云南省红河州人民检察院 王瑞

作品：包拯掷砚

25. 云南省丽江市永胜县人民检察院 成联柱

作品：农家荷塘

26. 辽宁省宽甸县人民检察院 孙崇

作品：油画《莲洁》

27. 河北省秦皇岛市开发区人民检察院 李福林

作品：清风高洁

28. 江苏省泰兴市人民检察院 叶国权

作品：清风

29. 山东省莱西市人民检察院 莫松波

作品：忠诚为民 公正廉洁

30. 四川省攀枝花市人民检察院 陈妍熹

作品：我的爸爸“做人要做清白的人”

31. 重庆市沙坪坝区人民检察院 王志明

作品：静心洁尘

32. 河南省确山县人民检察院 王春祥

作品：油画《女检察官白洁》

33. 安徽省合肥市人民检察院 杨凌娅

作品：莲香

34. 江西省铅山县人民检察院 陈建平

作品：油画《秋》

35. 广东省珠海市斗门区人民检察院 梁剑辉

作品：清秋雀跃晓露凝香

36. 广西壮族自治区苍梧县人民检察院 邹伟贤、王锦梅

作品：近荷心香

37. 浙江省杭州市江干区人民检察院 张曦

作品：山静霏微等三幅

38. 陕西省眉县人民检察院 杨益民

作品：秦松汉柏精神

39. 陕西省宝鸡市陈仓区人民检察院 晁露露

作品：漫画《贪欲》

40. 河北省廊坊市人民检察院 刘春雨

作品：荷塘清趣

41. 河北省辛集市人民检察院 马忠田

作品：莲洁溢清香

42. 山西省运城市人民检察院 李永宏

作品：雨中小景—爱心

43. 陕西省汉中市汉台区人民检察院 李跃军

作品：梅花

三、摄影作品评奖名单

一等奖（5名）：

1. 吉林省人民检察院 牟凤樵

作品：清晨

2. 安徽省蚌埠市人民检察院 王永法

作品：冰清玉骨

3. 山东省巨野县人民检察院 马云生

作品：谁也没俺闺女多

4. 上海市徐汇区人民检察院 褚浩

作品：不朽胡杨 铮铮铁骨

5. 云南省玉溪市人民检察院 杨燕晨

作品：我们身后的目光

二等奖（9名）：

6. 福建省人民检察院 陈建新

作品：访贫问苦心系百姓

7. 河北省衡水市人民检察院 任振潮

作品：起舞

8. 福建省福州市人民检察院 林立

作品：坝上晨曦

9. 山西省太原市人民检察院 刘建平

作品：大地的胸怀

10. 最高人民检察院巡视工作办公室 李金声

作品：归

11. 河北省唐山市人民检察院 蔡志和

作品：晨雾

12. 山东省枣庄市人民检察院 贾广勤

作品：金色梯田

13. 河北省人民检察院 过虹

作品：太行晨曦

14. 江西省分宜县人民检察院 邹建军

作品：娇羞

三等奖（9名）：

15. 山东省威海市人民检察院 张杰

作品：见不得光的财产

16. 四川省绵竹市人民检察院 李锐

作品：一家亲

17. 安徽省天长市人民检察院 黄晨子

作品：警钟长鸣

18. 山东省枣庄市山亭区人民检察院 李传华

作品：嘱托

19. 福建省福安市人民检察院 毋寿明

作品：奔腾

20. 安徽省砀山县人民检察院 冯钟

作品：小荷才露尖尖角

21. 山东省荣成市人民检察院 李海龙

作品：比翼双飞

22. 河南省人民检察院 郭华

作品：雪乡

23. 贵州省余庆县人民检察院 陈朝伟

作品：在路上

优秀奖（9 名）：

24. 吉林省桦甸市人民检察院 张健

作品：检企共建助推经济活力

25. 福建省莆田市人民检察院 王磊

作品：晨捕

26. 河南省开封市人民检察院 张志超

作品：圣洁

27. 辽宁省鞍山市铁东区人民检察院 田征明

作品：黄河口

28. 河南省漯河市源汇区人民检察院 孙留喜

作品：勇往直前

29. 广东省佛山市人民检察院 林启华

作品：爱意浓浓

30. 云南省昆明市人民检察院 李俊敏

作品：法警支队下乡来

31. 山东省威海市人民检察院 于栋杰

作品：激情延安

32. 四川省眉山市人民检察院 陈义志

作品：觅

全国检察机关“廉洁从检”书画摄影展特别奖作品名单

一、书法作品（57 名）

1. 安徽省灵璧县人民检察院 刘擎

作品：《墨香》与《清如秋菊何妨瘦廉如梅花不畏寒》

2. 吉林省四平市铁东区人民检察院 黄力杰

作品：秉公执法

3. 黑龙江省齐齐哈尔市人民检察院 纪少全

作品：个人感言

4. 黑龙江省嫩江县人民检察院 郭爱云

作品：个人感言

5. 北京市西城区人民检察院 张京文

作品：一身正气为人

6. 山东省枣庄市人民检察院 傅延华

作品：工作感言

7. 河南省驻马店市遂平县人民检察院李宪中

作品：《一尘不染》与《心正则廉》

8. 山西省大宁县人民检察院 曹生贵

作品：毛泽东《七律 长征》

9. 山西省原平市人民检察院 王计斗

作品：藕入泥中玉管通地理 荷出水面朱笔点天文

10. 内蒙古自治区乌兰察布市商都县人民检察院 姚吉

作品：录商都检察精神

11. 上海市青浦区人民检察院 王健华

作品：勤政为民廉为先得人心 以人为本心向党民拥戴

12. 上海市黄浦区人民检察院 戴国建

作品：篆刻

13. 浙江省人民检察院 王周裕

作品：毛泽东《满江红》节录

14. 浙江省舟山市定海区人民检察院刘奕

作品：篆刻

15. 山东省博兴县人民检察院 孔勇

作品：江山如画

16. 四川省雅安市人民检察院 张汉文

作品：一生耿耿为民事，铁骨铮铮铸检魂。两袖清风回故里，遵纪守法留芳名。

17. 贵州省人民检察院 林林

作品：公仆颂

18. 云南省建水县人民检察院 曾尔钧

作品：以身作则好榜样 公正执法美名扬

19. 青海省人民检察院 党克利

作品：中流砥柱

20. 新疆维吾尔自治区霍城县人民检察院 朱向阳

作品：静水流深

21. 新疆维吾尔自治区人民检察院 安福斌

作品：廉

22. 浙江省衢州市人民检察院 杨志成

作品：《道德经》节录

23. 福建省漳州市诏安县人民检察院黄群龙

作品：石洁缘泉洗 松古任风摇 身直影

自正 行端道亦宽

24. 山东省邹城市人民检察院 孔宪喜

作品：《论语》节录

25. 湖南省新化县人民检察院 曾德泽

作品：清·郑板桥诗

26. 甘肃省敦煌市人民检察院 南飞燕

作品：清泉碧水日月美 正气廉风人心明

27. 甘肃省兰州市人民检察院 梁正丰

作品：畏斋先生传

28. 甘肃省武山县人民检察院 王家虎

作品：宋·范仲淹《岳阳楼记》节录

29. 新疆生产建设兵团人民检察院 马振生

作品：诚信义重

30. 云南省昭通市鲁甸县人民检察院 李宪章

作品：为官当自律甘心清贫不触高压线 做人需正己诚信守法勿打擦边球

31. 河北省廊坊市人民检察院 王作修

作品：浩然正气

32. 山西省太原市阳曲县人民检察院 侯竹青

作品：奉廉洁旗帜 助凤凰腾飞

33. 黑龙江省依安县人民检察院 吕杰

作品：百代兴盛依清正 千秋基业仗为民

34. 黑龙江省林甸县人民检察院 罗志刚

作品：读书是修身之道

35. 上海市松江区人民检察院 卫予成

作品：历览前贤国与家 成由勤俭败由奢

36. 上海市崇明县人民检察院 盛剑成

作品：明·况钟《饯别诗二首》

37. 上海市黄浦区人民检察院 顾晏

作品：鉴古观今明镜悬

38. 安徽省蚌埠市怀远县人民检察院王颜柳

作品：名节重于泰山 利欲轻如鸿毛

39. 福建省三明市将乐县人民检察院冯单祚

作品：当官有私难公道 从政无为不服人

40. 湖南省岳阳市人民检察院 杨子谦

作品：廉洁从检代代相传

41. 湖南省人民检察院 宋思池

作品：三思方举步 百折不回头

42. 广东省汕头市朝阳区人民检察院黄竹笋

作品：廉洁奉公芳百世 贪赃枉法臭千秋

43. 广东省深圳市龙岗区人民检察院吴万安

作品：《周易》名句

44. 广东省河源市东源县人民检察院张滢尹

作品：书法扬道义 翰墨播文明

45. 广东省韶关市人民检察院 冯莉媛

作品：清言如水 无私奉献

46. 广东省佛山市顺德区人民检察院陈梓亮

作品：恰同学少年

47. 广东省佛山市顺德区人民检察院卢天健

作品：天下为公

48. 广东省肇庆市人民检察院 李谦益

作品：公正廉洁

49. 广西壮族自治区南宁市良庆区人民检察院 黄元琳

作品：宋·周敦颐《爱莲说》

50. 广西壮族自治区钦州市人民检察院 杨妍

作品：池塘喜夜雨 庭院醉春风

51. 重庆市垫江县人民检察院 张雅菡

作品：《五代史·冯道论》节录

52. 贵州省贵阳市人民检察院 刘子豪

作品：忠诚为民 公正廉洁

53. 贵州省毕节市赫章县人民检察院 李世清

作品：一身正气铁肩担道义 两袖清风法域谱华章

54. 云南省人民检察院 王万铨

作品：慎独

55. 云南省石林县人民检察院 昂继忠

作品：彝族撒尼格言警句

56. 陕西省宝鸡市人民检察院 张昭

作品：仿明代董其昌书法

57. 陕西省宝鸡市岐山县人民检察院 霍茅睿

作品：清正廉明

二、绘画作品（13 名）

1. 浙江省人民检察院 王光晏

作品：莲风清馨

2. 江西省萍乡市安源区人民检察院 何孟波

作品：扇面

3. 湖北省武汉市东西湖区人民检察院 高谷生

作品：搏击

4. 宁夏回族自治区人民检察院 任光荣

作品：赞梅花精神

5. 江苏省常熟市人民检察院 黄祖耀

作品：长春图

6. 广西壮族自治区来宾市人民检察院 吴刚

作品：香祖

7. 广西壮族自治区百色市人民检察院 麦志

作品：老共产党员

8. 宁夏回族自治区隆德县人民检察院 王俭

作品：钟馗

9. 重庆市南川区人民检察院 郑建

作品：铁面无私包青天

10. 上海市闵行区人民检察院 王真画

作品：小小少年（旧报纸手撕画）

11. 浙江省舟山市人民检察院 马静雨

作品：铭记在心

12. 广西壮族自治区桂林市人民检察院 朱沁萌

作品：浪漫的事

13. 甘肃省兰州市安宁区人民检察院 刘志斌

作品：永远的丰碑

三、摄影作品（8 名）

1. 福建省人民检察院 李彬

作品：百姓手中的秤

2. 安徽省淮北市人民检察院 陈方方

作品：蜂鸟

3. 河北省唐山市人民检察院 郑喜兰

作品：荷花

4. 北京市昌平区人民检察院 彭燕

作品：荷花

5. 山东省莒县人民检察院 邵明强

作品：清

6. 山东省菏泽市人民检察院 张敬艳

作品：检察官的午餐

7. 辽宁省鞍山市铁东区人民检察院 田征明

作品：黄河口

8. 黑龙江省梅河口市人民检察院 张维忠

作品：宁静致远

全国检察机关“廉洁从检”书画摄影展览活动组织奖、特别支持奖单位名单

一、全国检察机关“廉洁从检”书画摄影展览活动组织奖

1. 山西省人民检察院纪检组、监察处
2. 吉林省人民检察院纪检组、监察处
3. 上海市人民检察院纪检组、监察处
4. 安徽省人民检察院纪检组、监察处
5. 福建省人民检察院纪检组、监察处
6. 山东省人民检察院纪检组、监察处
7. 湖南省人民检察院纪检组、监察处
8. 广西壮族自治区人民检察院纪检组、监察处
9. 云南省人民检察院纪检组、监察处
10. 甘肃省人民检察院纪检组、监察处

二、全国检察机关“廉洁从检”书画摄影展览活动特别支持奖

北京市人民检察院纪检组、监察处

检察官音乐作品在中国职工艺术节“开滦杯”声乐展演中获奖

2012年9月16日，第三届中国职工艺术节“开滦杯”声乐展演颁奖晚会在河北省唐山市落幕，中国检察官文联选送的歌曲《人民检察官下乡来》获二等奖，《心里有灯不怕黑》、《白雪红梅的故事》、《真情换得百姓心》、《情怀》获优秀奖，中国检察官文联获组织奖。此次声乐展演比赛活动由中华全国总工会、中国文联、中央文明办、中央电视台、中国音乐家协会共同主办。

电影《火红的杜鹃花》入选“迎接党的十八大国产重点影片”

2012年10月10日，国家广电总局在北京举行“迎接党的十八大国产重点影片推介典礼”，26部电影作品被作为党的十八大献礼片隆重推介，以女检察官程建宇为主人公原型的电影《火红的杜鹃花》入选。该片主人公原型、河南省洛阳市汝阳县人民检察院女检察官程建宇，患病27年，4次接到病危通知书，依然带病坚持工作，办案800多起无一例冤假错案，被最高人民检察院授予“全国模范检察官”荣誉称号。

检察官摄影作品在第三届中国职工艺术节“浙江能源杯”摄影艺术展获奖

2012年11月17日，由中华全国总工会、中国文学艺术界联合会、中央精神文明建设指导委员会办公室、中央电视台、中国摄影家协会联合主办的第三届中国职工艺术节“浙江能源杯”摄影艺术展览在浙江省杭州市举行。由中国检察官文联选送的《动之以情》获记录类二等奖、《春江渔歌》获记录类优秀奖、《漓江渔歌》和《龙脊梯田》获艺术类优秀奖。中国检察官文学艺术联合会获“优秀组织奖”。

文化交流

中国检察文化代表团出访土耳其和克罗地亚

2012 年 9 月 17 日至 27 日，应土耳其司法学院和克罗地亚总检察长邀请，中国检察官文联组成以张耕主席为团长，郑鲁宁、杨学工、高二江、龙梅、孙勤为团员，一行 6 人的中国检察文化代表团，赴土耳其和克罗地亚进行了访问，参观了土耳其检察官绘画作品展览，了解了土耳其和克罗地亚两国的检察文化建设和检察制度的发展情况，就加强相互之间的文化交流合作进行了磋商，增进了友谊。

作品选载

检梅缘

——为“以梅喻检”文化活动而作

张　耕

壬辰初春，天气尤寒，古都金陵，热气融融，一年一度的“梅花节”将于2月下旬在此举行。以此为背景，由中国检察官文联和江苏省检察官文联共同举办的“以梅喻检”文化活动同时拉开帷幕。

梅花、检察，似乎相距甚远，然二者之内涵却心有灵犀；其精神风骨何其相似。古往今来，文人墨客，赞美梅花之诗词歌赋，比比皆是；褒扬清官书画戏曲，枚不胜举。何也？皆缘其内心世界相同矣。

梅花，乃梅、兰、竹、菊“四君子”之首也。何缘？君不见数九寒天，大雪纷飞，千里冰封，万木枯萎，百花凋零，一片银装世界。唯梅花挺立，迎风傲雪，丽花怒放，清香醉人，向人间传寄春之信息。

检察，乃公平正义之守神也。何缘？君不见司法程序之侦查、起诉、审判、执行诸环节中，检察均须介入，履行法律监督职责，此宪法之规定也。执法中，检察官一身正气，不畏强权，唯法唯实，两袖清风，向人间彰显正义之力量。

如是，梅花风骨与检察精神相通之处，已显而易见。细言之，可概括为：

一曰：忠贞。梅花忠于严冬，只有在“已是悬崖百丈冰”之时，才亭亭玉立，花开香飘。检察官忠于党、忠于祖国、忠于人民、忠于法律。为了党的事业，为了祖国繁荣，为了人民安宁，为了法律尊严，忠贞之心坚定不移，个人安危置之度外。

二曰：刚毅。梅花，杆似盘龙，苍劲有力，无论风飓，还是雪狂，总是毅然挺立，清香四溢，毫无奴颜媚色。检察官为维护公平正义，刚正不阿，不畏艰险，不怕困难，不惧曲折，始终坚守信仰和诺言，理直气壮地履职尽责。

三曰：奉献。梅花体态高雅，清香沁人，只为报春，不求索取，正如毛泽东《咏梅》词云：“俏也不争春，只把春来报，待到山花烂漫时，她在丛中笑。”检察官执业，满腔热忱，一片丹心，为国分忧，为民解难，不图名利，不求回报，置家事于不顾，对亲情于难酬，将一切献之于事业追求。

四曰：执着。梅花，开花于严冬，香飘于四海，即使落花飘零，其清香淡雅，悠然长存，总会留给人间。正如陆游《咏梅》词云：“零落成泥碾作尘，只有香如故。”检察官对职业选择，痴心不改，无悔无怨。多少次风雨雷电，多少个酷夏严冬，从未退却，从不抱怨，始终坚守一个信念：

人民检察官，要为公平正义而战。

五曰：知恩。梅花植根于原野之沃土，吸呐天地之灵气，成就其天生丽质。对此，梅花知恩图报。在最寒冷之时，她向大地报春之信息。当其繁花似锦之时，她把清香洒满人间。当其落花飘零之时，又辗转入土，滋养大地。检察官来之于民、养之于民，执法为民乃职业之宗旨，知恩图报为应有之本色。检察官知党恩、国恩、民恩，牢记党和国家之期望，不负人民之重托，关注民情，体察民意，温暖民心，以党和国家之要求为工作最高准则，以人民满意程度为衡量工作优劣之最高标准。以拳拳之心报海深之恩。

六曰：廉洁。梅花活跃于严冬，开花于冰雪世界，大地白茫茫一片真干净，方显出梅花冰肌玉肤之风骨。“质本洁来还洁去，一抔净土掩风流”，红楼梦《葬花吟》的句子道出了梅花皓身自洁之品质。检察官秉公执法，一尘不染，在金银财宝面前不动心，在香风美色面前不动情，坚守职业操守，严把道德防线，坚持公正司法，廉洁办案，不为人情所干扰，不为私利所诱惑，始终保持执法如山、廉洁自律之良好形象和铮铮铁骨。

嗟夫！自古以来，以景抒情，以物喻人，以事写意者甚多，以梅喻检之意，则不言自明矣。大千世界，万物纷云，唯梅花与检察精神相近、相通。故以梅为题举办此次文化活动，以艺术造化之形式，宣传检察精神，弘扬检察精神，践行检察精神。上列梅之六种精神，正契合政法核心价值观之内涵，故此次活动亦是弘扬政法核心价值观之举措。这正是活动策划者、组织者之初衷。

为使活动取得实效，研讨深入，谨写此拙文，以取抛砖引玉之功效也。

2012年2月5日于北京翰墨轩

（张耕同志时任全国政协教科文卫体委员会副主任，中国检察官文联主席，最高人民检察院原党组副书记、常务副检察长。）

检荷缘

——为“以荷喻检”文化活动而作

张　耕

壬辰盛夏，赤日炎炎，清风徐来，荷塘飘香。一年一度之荷花节在山东微山湖举行。由中国检察官文联和山东省检察官文联共同举办的“以荷喻检”文化活动也同时拉开帷幕。此次活动以荷花之品格喻意检察精神，意在激励检察官严守执业操守，视维护社会公平正义为己任，做堂堂正正、清清白白的人民检察官。

荷非昂贵之花，然被世人钟爱。古往今来，文人墨客，贤达显贵，爱荷者甚多，或吟诗歌咏，或挥毫泼墨，赞美之作感人至深。爱荷者，大凡因其出污泥而不染、独具清廉之品格而赞口不绝。然荷之品格并非仅限于此，仔细品来，尚有诸多之处。纵观荷之生长规律、所处环境、相貌特征，对其品格可概括如下：

一曰刚直。荷之躯干笔直不弯。无论风吹雨打，百般摇弋，总是昂首眺望，亭亭玉立。即使秋风萧瑟，叶残枝枯，其躯干毅然直立，宁折不弯。检察官在履职中，一身正气，顶天立地，铮铮铁骨，刚正不阿，唯事实为根据，以法律为准绳，不为强权左右，不受私情干扰，彰显出人民检察官之高尚品质，此为刚直之气也。

二曰大度。荷之躯干外直内空。空者，虚也。虚，则大度，大，则能容。此乃荷花胸怀若谷之品格。检察官在执业中，亦具大度之心，宽容之态。秉理性、平和、文明、规范之执法理念，不以感情办案，不以好恶执法；不单纯以认罪态度定处罚，不简单以办案数量论英雄。重证据，重调研，轻口供，不逼供。对当事人耐心讲理说法，对可和解案件实行检调对接，以获最佳之司法效果。

三曰慎思。荷根为藕。藕多孔，或八或九。有人云：荷多孔，则多心，多心，则慎思。故荷有慎思之品格。检察官在执法中亦慎思、慎行。慎思，则多几分把握，慎行，则会避免差错。侦查办案，精心分析案情，不放过任何蛛丝马迹；提起公诉，认真审查证据，不轻信嫌疑人口供。凡事，多几条举措，多几套预案，反复比较，择优从之，以求法律、社会效果之完美统一。

四曰自强。荷为根生植物，只要芽从藕发，就会自然生长。不需除草施肥，不用防虫护理，全靠自身力量，排除万难，茁壮成长。检察官在执业中，亦会遇到各种困难和风险，需自强不息，艰苦奋斗，不屈不挠，顽强拼搏，挫折面前不弯腰，艰险面前不低头，以大无畏气概和勇于创新精神，奋力向前，争取胜利。

五曰奉献。荷周身是宝，终生奉献。荷花清香飘逸，可净化空气；荷叶宽大如伞，可用于包装；莲子香甜可口，可滋养身体；莲藕肉肥甘脆，可做美餐佳肴。即是残枝败叶，也会腐烂入泥，滋养万物。检察官亦忠于职守，奉献终生。为了法律尊严，为了国家和人民之安宁，他们一年四季，春夏秋冬，不分白昼黑夜，不论节日假日，总是默默奉献，鞠躬尽瘁，死而后已。

六曰清廉。清廉为荷之本质品格，历为世人所称颂。荷生于污泥，长于污泥。当其破泥而出时，便直身自洁，一尘不染，一派君子、淑女之气度。古人云：打铁先得自身硬。检察官乃国家法律之监督者，在履行职责中，刚正廉洁，两袖清风，坚持自身正、自身净、自身硬，在权势威逼之下不低头，在金钱诱惑之下不伸手，在美色引诱之下不动情，永葆人民检察官之本色，为检察事业奋斗终生。

大千世界，万物丛生。万物之间皆有相通之处，以荷喻检正契此道。以荷之品格喻意检察精神，旨在形象、具体、生动地诠释“忠诚、为民、公正、廉洁”政法干警，亦即检察人员核心价值观，激励全体检察人员牢记使命，不负重托，大力弘扬和践行检察精神，不断开创工作新局面，为建设社会主义法治国家和社会主义文化强国作出贡献，以优异成绩迎接党的十八大胜利召开。

（张耕同志时任全国政协教科文卫体委员会副主任，中国检察官文联主席，最高人民检察院原党组副书记、常务副检察长。）

中国检察官文联第二届“迎新春、送文化”春联征集活动一、二、三等奖获奖作品

一等奖（10副）

又值三春涵紫气；
还须两袖弄清风。
勤检为民
谢复兴　福建省将乐县人民检察院

心血皆成庭上句；
韶华都作卷中尘。
一心为民
李熠星　北京市大兴区人民检察院

可借春风扬正气；
更凭铁骨铸丰碑。
任重道远
张　波　山东省济宁市人民检察院

廉字闪光镶福字；
清风送爽汇春风。
国泰民安
崔钢兵　中国农业银行湖南省怀化市分行

廉伴春风苏冻土；
检随正气拓新程。
廉政迎春
李国伟　河北省涞水县人民检察院

倡导清风廉励志；
弘扬正气法铭心。
奉公守己
景力伟　辽宁省喀喇沁左翼蒙古族自治县人民检察院

清风盈袖廉似雪；
正义满怀法如春。
人诚事公
徐　罡　山东省青岛市人民检察院

公仆一词铭座右；
民生万事注心头。
执政为民
解云凤　安徽省马鞍山市湖北路江东诗社

廉泉流水春光曲；
法海扬帆正气歌。
春满法苑
刘晓明　北京市人民检察院第一分院

明镜高悬春永驻；
法纲常振国长安。
河清海晏
李祥伟　湖北省黄石市铁山区人民检察院

二等奖（20副）

春风满院张民意；
剑气横空壮国魂。
民乐国强
姜　驰　辽宁省喀喇沁左翼蒙古族自治县人民检察院

悬明镜、阳光正气；
执法绳、铁面公心。
正气公心
王利瑛　辽宁省喀喇沁左翼蒙古族自治县人民检察院

倡廉喜奏迎春曲；
反腐频敲警世钟。
国泰民安
张　波　山东省济宁市人民检察院

宠辱不惊，笑看花开花落；
清廉自处，漫随云卷云舒。
乔　莲　山东省青岛市市南区人民检察院

领上检徽匡正义：
灯前鬓影眷民生。
日月双悬
郭万云　湖北省当阳市人民检察院

忠诚二字为人本；
廉洁一生作检魂。
浩气冲天
李祥伟　湖北省黄石市铁山区人民检察院

文咏清廉扬美德；
联弘公正谱新篇。
莺歌燕舞
盛云来　湖北省黄石市铁山区人民检察院

吃粗饭淡中有味；
守法条梦里不惊。
淡泊宁静
郭良坤　山东省成武县人民检察院

清心似镜得民意；
执法如山铸检魂。
立检为公
周　杰　四川省夹江县人民检察院

庭前有月花虽好；
法外无私品更高。
春光明媚
谢复兴　福建省将乐县人民检察院

秉公执法天知地鉴；
立检为民气正心安。
无私无畏
陆拣开　广东省佛山市三水区人民检察院

权衡轻重，甘做天平砝码；
识别忠奸，勇为法证先锋。
敢作敢为
朱　芬　湖北省天门市人民检察院

为官永作领头雁；
执政甘当孺子牛。
克勤克俭
邱崇亮　湖北省黄石市铁山区人民检察院

国运千秋唯法治；
民心万古颂青天。
国纪民生
李红艳　湖北省武汉经济技术开发区人民检察院

好雨三春千幅锦；
清官一任万民碑。
时和景泰
解云凤　安徽省马鞍山市湖北路江东诗社

敏行厚德诚于信；
守法遵章爱及民。
勤政爱民
张爱灵　广东省五华县梅林中学

官廉威自远；
镜洁照长明。
政清人和
邢道宽　江苏省南京市浦口区人民检察院

依法为民言似鼎；
秉公办事气如虹。
吉祥盛世
徐　韦　江苏省宿迁市人民检察院

无畏无私伸正义；
有情有理诉公平。
执法为民
蒋靖静　江苏省邳州市人民检察院

非利非名只为法律千钧重；
任劳任怨但求国家万事兴。
立检为公
吕　萍　北京市人民检察院第一分院

三等奖（30 副）
琴心谱写检察史；
剑胆磨成铁面魂。
剑胆琴心
景力伟　辽宁省喀喇沁左翼蒙古族自治县人民检察院

倡廉反腐守门将；
荡垢扬清仗剑兵。
执法为民
尹晓东　辽宁省喀喇沁左翼蒙古族自治县人民检察院

满腔热血悬明镜；
两袖清风执法鞭。
司法中坚
赵德才　黑龙江省富锦市人民检察院

铁骨铮铮铸公平正义
忠心耿耿扬勤政廉洁
春光无限
杜淮海　江苏省南京市栖霞区人民检察院

一身正气，手执青锋擎日月；
两袖清风，胸怀大义著春秋。
和谐安定
樊　苗　山东省威海市高技术产业开发区人民检察院

无私办案心如镜；
正派为人身似竹。
无私无畏
郭良坤　山东省成武县人民检察院

清风吹拂和谐景；
廉雨滋开幸福花。
一世清廉
李祥伟　湖北省黄石市铁山区人民检察院

公正为民须磊落；
清廉处世必忠诚。
为人坦荡
盛云来　湖北省黄石市铁山区人民检察院

月朗风清图正义；
丹心赤胆鉴忠诚。
心系人民
谢复兴　福建省将乐县人民检察院

公平尺寸十年剑；
诉讼唇舌一丈台。
执法如山
陈志荣　福建省厦门市集美区人民检察院

一身正气执国法；
两袖清风暖民心。
人民检察
曹赤志　湖南省人民检察院怀化铁路运输检察院

忠诚干练民为首；
公正廉洁法当先。
检察为公
陈亚文　广东省清远市清城区人民检察院

红花绿柳增春意；
赤胆忠心壮检魂。
一心为公
李永福　广东省清远市人民检察院

清污除浊扬正义；
立检为公构和谐。
国泰民安
杨小军　贵州省毕节市人民检察院

春风醉染花千树；
明月清捎竹几竿。
花竹报春
周　杰　四川省夹江县人民检察院

反腐倡廉亮利剑；
公平正义铸检魂。
不辱使命
覃　勇　湖北省武汉市人民检察院

无规矩，方圆怎出；
有法章，荣耻能分。
心正眼明
陈自如　安徽省枞阳县陈瑶湖镇青山街

展正气鞠躬尽瘁；
守廉洁造福于民。
执政为民
庄倩倩　江苏省赣榆县人民检察院

人当好处品增艳；
法正公时情亦香。
忠诚公正
李　林　辽宁省辽阳市白塔区人民检察院

丹心铁骨欣无欲；
时雨春风贵有情。
岁月如歌
宋海洋　辽宁省喀喇沁左翼蒙古族自治县人民检察院

为民常办秉公事；
报国永怀廉政心。
爱民报国
王泰宗　辽宁省抚顺市人民检察院

廉洁诺言铭座右；
忠诚警句镂心中。
知足常乐
邱崇亮　湖北省黄石市铁山区人民检察院

为党一身正气；
爱民两袖清风。
执法为民
楼笔军　广西壮族自治区兴安县人民检察院

为公平无怨无悔；
扬正义自始自终。
检苑情深
薛海龙　北京市人民检察院第一分院

依法维权扬正气；
为民谋利荡春风。
公平正义
庄京花　吉林省大安市人民检察院

福泽百姓方为好；
绿遍九州始是春。
利民惠民
梅　欣　宁夏回族自治区检察官文学艺术联合会

清廉辞岁革旧弊；
节俭迎春树新风。
辞旧迎新
姜学厚　江苏省赣榆县人民检察院

龙岁才舒千里目；
蛇年更上一层楼。
捷步青云
罗国斌　江苏省兴化市人民检察院

忠诚公正神州靖；
廉洁为民盛世春。
云天寄志
李雄高　河南省灵宝市新灵街尹富市场东口

德似春风能化雨；
心如秋水不沾尘。
廉洁奉公
罗锦山　福建省永春县人民检察院

文以载道　以文化人

——中国检察官文学艺术联合会成立一年来工作综述

邱春艳　郭存星

6月22日，中国检察官文学艺术联合会将迎来1周岁生日。自2011年6月22日那天起，中国检察官文联便扬帆起航，开始了她的漫漫征途。一年来，在最高人民检察院党组的领导下，在相关部门的支持和帮助下，中国检察官文联认真贯彻党的十七届六中全会精神，充分发挥职能作用，取得了初步的工作成效，以其独有的文化艺术形式和社会团体优势，配合检察机关政治部门推进检察文化建设，构建检察人员共有的精神家园，推动检察队伍建设，促进检察工作科学发展。

一、大势所趋：检察官文联应运而生

事业兴，则文化兴。中国检察官文联的成立和发展，是在党中央、国务院高度重视文化建设的大背景下应运而生的，是中央领导、最高人民检察院党组以及相关部门热情关怀、大力支持的结果，是我国检察事业和检察文化蓬勃发展的趋势使然。

党的十七届五中全会提出，文化是一个民族的精神和灵魂，是国家发展和民族振兴的强大力量。这就为我们社会主义文化建设的深入推进指明了方向。检察机关恢复重建以来，我国检察事业迎来了大发展的历史机遇，检察文化也逐步发展繁荣。高检院高度重视检察文化建设。2002年3月，高检院颁布《人民检察院基层建设纲要》，明确提出了“检察文化建设”的任务。2007年11月又在广州举办了全国检察机关文化建设巡礼活动，推进了检察文化建设的进一步发展。

为了有效整合检察系统的文化艺术力量，更有效地促进检察文化事业繁荣发展，高检院党组研究决定成立中国检察官文学艺术联合会，组建了筹备领导小组。2010年5月，筹建工作正式开始。高检院进行了反复调研论证，同时多次与国务院相关部门、中国文联、民政部等部门磋商沟通。2011年6月22日，中国检察官文联第一次会员代表大会在北京召开，通过了中国检察官文联章程，确定了会徽，选举产生了第一届领导机构和组成人员，中国检察官文联正式成立。自此，我国检察机关拥有了自己的全国性文学艺术团体。

中国检察官文联的筹备和成立，承载着各级领导的深切关爱和殷切希望。罗干、王刚、孙家正先后对加强检察文化建设和中国检察官文联成立作出重要批示、发来贺词。高检院党组为检察官文联的创建和发展倾注了大量心血，曹建明检察长亲自出席成立大会开幕式并讲话。所有这些都成为催生中国检察官文联成立、推动检察官文联工作创新发展的强大动力。

二、文艺创作和文艺活动：为检察抒写，为检察放歌

开展文化艺术创作和文化艺术活动，是检察官文联的重要工作任务。中国检察官文联刚刚成立，就把这项工作摆上重要日程，举检察官文联之全力，调动全国检察系统文化艺术爱好者的积极性和创造性，紧贴检察机关中心工作，把检察文化艺术创作和文化艺术活动搞得红红火火。

为了配合全国检察机关开展的“发扬传统、坚定信念、执法为民”主题教育实践活动，由中国检察官文联与高检院政治部、中国文联联合主办的“纪念人民检察制度创立80周年全国检察机关书画摄影展览”于2011年11月16日在国家博物馆展出。全国各级检察机关和广大检察人员积极参与，共报送作品4100余幅，经过专家审核，精选出456幅参展作品。这些作品主题鲜明、检察特色突出、富有艺术感染力。一幅由检察官创作的反映检察机关公诉日本战犯的巨幅油画，长6米，高3米，十分令人震撼。

在9天的展出时间里，最高人民检察院检察长曹建明，全国政协副主席、中国文联主席孙家正，中央政策研究室、中央政法委、全国政协教科文卫体委员会、最高人民法院、最高人民检察院、司法部、文化部、国家新闻出版总署、中国文联等单位的领导，以及1.2万余名观众包括港澳台同胞、国际友人等参观了展览。由于作品内容紧贴检察实际，使参观者倍感亲切。他们对作品的思想性、真实性和艺术性给予充分肯定，认为这些作品多角度、全方位地反映了人民检察制度创立80年来不断发展壮大的历史，生动、艺术地展现了人民检察事业与时俱进、昂扬向上的时代精神。

为了纪念人民检察制度创立80周年，由中国检察官文联、高检院政治部、中央电视台共同主办的大型文艺晚会《为了公平正义》，2011年12月9日晚在北京人民大会堂隆重演出。以白雪红梅喻意检察职业精神的舞台背景，一个个热烈、欢快、质朴、豪放的文艺节目，演员们充满激情的精彩表演，博得了观众们阵阵热烈掌声。这台晚会的最大特点是检察官当主角，将“检察元素”以最浓烈的形式展现出来，节目内容都与检察工作相关，有的由检察官创作，有的由检察官表演，展示的都是检察官的故事，都是检察机关走过的历史。

为了践行“忠诚、为民、公正、廉洁”政法干警核心价值观，今年2月末，正值南京“国际梅花节”举行之际，中国检察官文联和江苏省检察官文联在南京共同举办了“以梅喻检”文化活动，以梅花特具的忠贞、奉献、刚毅、执着、知恩、廉洁等高尚品格，诠释政法干警核心价值观。此次活动由主题座谈会、实地采风、创作笔会、作品展示和文艺演出组成。活动的每位参与者热情都很高，有的即席吟诗，有的现场填词作画，尽情展示自己的感悟和才华。著名京剧表演艺术家黄孝慈说：“这次活动让我重新认识了检察官和检察官的精神、形象。传统文化理念对我们的人生、道德具有引领和约束作用。我认为梅花的精气神与检察官们‘忠诚、为民、公正、廉洁’精神是相契合的，我们的人民检察官就要这样尽好自己的职责。”

2012年春节前夕，中国检察官文联开展了“迎新春、送文化”活动，组织在纪念人民检察制度创立80周年全国检察机关书画摄影展览中书法作品获得一、二、三等奖的作者，到北京集中开展春联创作，写出近千副以检察和法治文化为内容的春联，分别赠送给高检院机关的离退休老干部家庭和全国检察系统的英模家庭。

三、引领推动：理论研究和交流合作向前跨了一大步

理论是实践的先导。中国检察官文联成立伊始，就强调要坚持两手抓：一手抓文化艺术创作和文化艺术活动，一手抓检察文化理论研究，确保检察官文联工作的正确方向。一年来，中国检察官文联围绕“什么是检察文化、为什么要开展检察文化理论研究、怎样开展检察文化理论研究”问题进行了研究和探讨。

今年5月24日至26日，中国检察官文联和陕西省检察官文联在陕西省延安市共同举办了首届中国检察官文化论坛。39位来自全国各省市的中国检察官文联常委、省级检察院副检察长、政治部主任和部分基层检察院代表以及文化理论研究的专家学者提交了研究论文，35位同志进行了大会发言交流。他们从不同角度对检察文化和法治文化的一些基本问题进行了探讨，并对检察文化建设实践中的经验作了理论层面的总结、概括和提升。在深入研究的基础上，中国检察官文联正在组织编写《中国特色社会主义检察文化初论》，以推动检察文化理论研究深入开展，努力开创检察官文联工作新局面。

文化艺术需要交流合作，取长补短。中国检察官文联把加强检察文化艺术的交流合作作为一项重要工作来抓。在开展各项工作过程中，注重与相关部门和团体的合作与交流，重大文化艺术活动及时与相关部门和各专业艺术团体进行磋商，努力争取各方面的帮助和支持，以推动各项工作深入开展。同时，中国检察官文联还积极开展对外文化艺术交流合作。2011年9月下旬，中国检察文化代表团首次赴日本、匈牙利和法国访问，了解了三国的检察文化建设和检察制度的发展情况，就加强相互之间的文化交流合作进行了磋商，增进了友谊，扩大了中国检察文化事业的国际影响。

四、13个省市、近百个地级市成立了检察官文联

打铁先得自身硬。中国检察官文联成立后，坚持把自身建设放在首要位置。一方面加强检察官文联机关工作人员思想政治建设，通过及时传达相关会议精神，举行专题学习会和研讨会等形式，提高思想认识，增强业务知识。另一方面，注重抓好规范化建设，完善制度，严格纪律，加强管理。先后制定了《主席办公会议事规则》、《秘书处工作规则》、《秘书处公文处理办法》、《会费管理暂行办法》、《接受捐赠资助暂行规定》等，促进检察官文联工作规范化。

同时，中国检察官文联加强指导，积极推动地方各级检察官文联的筹建工作。目前，全国各省级检察院在院党组的领导下积极组建检察官文联，河南、河北、湖北、江苏、吉林、海南、安徽、山西、北京、天津、浙江、上海、陕西等13个省市的检察官文联先后成立，近百个地级市检察院也成立了检察官文联。

各级检察官文联的陆续成立，使全国的检察文化艺术资源得到有效整合，为提高全国检察机关文化艺术创作水平、繁荣和发展检察文化艺术事业打下了坚实的基础。

坚冰已经打破，航道已经开通；正是百舸争流，千帆竞发时。中国检察官文联已满周岁，今后，中国检察官文联将在最高人民检察院党组的领导下，高举中国特色社会主义伟大旗帜，认真贯彻落实党的十七届六中全会精神，以马列主义、毛泽东思想、邓小平理论和“三个代表”重要思想为指导，全面贯彻落实科学发展观，坚持紧贴检察工作实际和一切从实际出发，坚持眼睛向内、重心下移、以我为主、因地制宜、量力而行、规范运行，突出检察官主体地位，深入开展检察文化和法治文化理论研究，大力实施检察文化艺术创作精品工程，积极开展适合基层广大检察人员参加的、富有检察特色的大众文化艺术活动，凝聚检察文化艺术人才，总结经验，克服不足，攻坚克难，扎实工作，努力服务检察机关，服务检察队伍，服务检察基层，服务人民群众，坚持立足检察文化，面向法治文化，传承中华文化，放眼世界文化，不断推动检察文化和法治文化大发展大繁荣，为建设社会主义法治国家和社会主义文化强国作出应有贡献，以优异成绩迎接党的十八大胜利召开。

（载于《检察日报》2012 年 6 月 21 日第四版，邱春艳系检察日报社记者，郭存星系中国检察官文联秘书处工作人员。）

首届中国检察官文化论坛发言选载

文艺与文化软实力

中国文化软实力研究中心　张国祚

这次论坛是在纪念毛泽东同志《在延安文艺座谈会上的讲话》发表70周年这样一个背景下召开的。昨天中共中央刚刚开过座谈会，胡锦涛作出重要批示，指出毛泽东同志《在延安文艺座谈会上的讲话》把马克思主义基本原理同中国革命文艺实践创造性地结合起来，是我们党领导文艺事业的经典文献。之所以称之为经典文献，就是因为毛泽东这篇著名讲话为我们党的文艺工作指明了前进方向、为文艺事业的繁荣和发展提供了指导思想和理论政策依据。在《讲话》精神的指引下，一批又一批团结人民、教育人民、服务人民、引导人民的革命文艺作品应运而生，为夺取抗日战争、解放战争、抗美援朝、社会主义改造和社会主义建设的胜利发挥了不可替代的重要作用。文艺所发挥的这种不可替代的重要作用，包括坚定理想信念、激发爱国热情、引导正确舆论、团结凝聚人心、鼓舞顽强斗志、激励勇敢精神、树立高尚品德、培养谋略智慧、提高人文素质、增强创造活力、引领社会等，这是文艺的力量。如果我们把武器、弹药、装备、粮食、钢铁、水泥、石油等可以计量的军需品称之为“物质硬实力”，那么文艺的力量就是一种难以计量的“文化软实力”。中国共产党领导的革命和军队所以能由小变大、由弱变强，在物质条件处于绝对劣势的情况下不断壮大，最后夺取全国胜利，首先不是因为“物质硬实力”强大，而是因为“文化软实力”强大。由此可见《讲话》有着极其重要的理论价值和实践意义。

在新的历史条件下如何继承和弘扬《讲话》精神呢？最重要的就是深入贯彻落实党的十七届六中全会精神，坚持中国特色社会主义文化发展道路，增强国家文化软实力，建设社会主义文化强国。党的十七届六中全会在我们党历史上的重要意义在哪里，这是我们党历史上第一次集中全党的智慧来研究和部署关于文化问题的一次全会。那么，党中央为什么如此重视文化建设呢？六中全会《公报》指出，当今世界正处在大发展、大变革、大调整时期，文化在综合国力竞争中的地位和作用更加凸显，维护国家文化安全的任务更加艰巨，增强国家文化软实力、中华文化国际影响力要求更加紧迫。这段话就是从国际背景来强调文化建设的重大意义。为什么这样看问题？因为任何国家都需要两条腿走路，一条腿是“物质硬实力”，一条腿是“文化软实力”。如果说“物质硬实力”这条腿不行，那么这个国家可能一打就垮、一打就败；如果说“文化软实力”这条腿不行，那么这个国家可能不打自垮、不打自败。苏联解体就是这样一个典型的案例。我们知道，苏联过去是和美国并驾齐驱的超级大国，这样的大国为什么呼啦啦似大厦倾，以超出人们预料的速度解体了？有人说，是因为苏联的工业布局不合理，重工业太重，轻工业太轻，忽视了民用工业；有人说，是因为苏联和美国搞军备竞赛，被美国拖垮了；有人说，是因为苏联共产党太僵化，而且已经腐败了；等等。所有这些说法，应当说都有一定道理。但是，苏联解体有一个更深层、更直接的原因，那就是苏联的文化软实力大厦坍塌了，意识形态防线崩溃了。苏联文化软实力大厦坍塌，追根溯源就是从1956年苏共二十大开始，赫鲁晓夫在会上作了大反斯大林的秘密报告《关于个人崇拜及其后果》。从此整个苏联的意识形态就乱了，人们开始怀疑斯大林、怀疑苏联共产党、怀疑苏联历史、怀疑社会主义制度。到60年代初期，就出现一些所谓公开否定共产党和社会主义制度的“持不同政见者”，最有名的是萨哈罗夫、索尔仁尼琴等人。1968年，当时的苏共中央总书记勃列日涅夫已经意识到这个问题的严重性，他在一次苏共中央意识形态工作会议上忧心忡忡地说，看一看我们的历史教科书，人们在怎样攻击诽谤我们的党，然而我们有哪些党员能够勇敢地站出来批驳这些错误观点呢？没有。尽管勃列日涅夫意识到问题的严重性，但是由于当时苏联的体制确实很僵化，包括它的宣传也是如此，讲到西方就是一片漆黑，讲到苏联自己就是一片光明，这显然也不实事求是，不实事求是当然就没有说服力。那么与此同时呢，美国在苏联周围建立了60多个电台，每天全天候24小时对苏联进行广播，运用苏联各民族语言宣传西方的自由、民主、人权、价值观、生活方式，揭露所谓的苏联阴暗面，而且美国的宣传很巧妙，不是喊空洞的口号，而是采用不少文学艺术手法，这个人的亲身经历记和回忆录呀，那个人的历史见证呀，让人听起来都有鼻子有眼的。老百姓听后感到，苏联自己的宣传有点假、大、空，而美国人的宣传还挺有听头，所以渐渐地整个苏联社会心理发生了变化，社会主义文化软实力大厦的根基越来越虚化。等到戈尔巴乔夫上台宣扬他的“新思维”时，在意识形态领域已经很有市场了。特别是，戈尔巴乔夫犯了两个致命的错误，一个是他重用了雅科夫列夫。雅科夫列夫年轻的时候留学美国，后来出任苏联驻加拿大大使。克格勃前官员已经向戈尔巴乔夫举报，说雅科夫列夫在留学美国期间就已经被美国中央情报局策反了，但是戈尔巴乔夫坚决不让查处此事。那么雅科夫列夫就推着戈尔巴乔夫朝着自由化、朝着资本主义的方向发展。戈尔巴乔夫另一个严重的错误是，他宣布解除报禁党禁，允许私人成立政党，允许私人办媒体，广播、电视、报纸、刊物、出版社私人都可以办，而这些私人媒体几乎都毫不例外地接受西方和国内自由主义势力的赞助。我们中国有句老话，吃人家的嘴短，拿人家的手软，接受西方赞助，当然要替西方说话。所以在苏联解体以前，整个苏联的舆论界除了少数官方媒体外，都是向西方一边倒，没有人去维护苏联共产党、苏联社会主义制度。所以，尽管当时苏联的军力可以和美国叫板，苏联的工业基础、科技基础在当时世界上也是一流的，但这些都挽救不了苏联解体，因为它的文化软实力大厦坍塌了，意识形态防线崩溃了，失去了舆论和理论的支持，失去了人心。苏联的解体，就是因文化软实力不行而不打自垮的典型案例。

文化软实力，即使在一场战争当中，

它的作用也是非常突出的。比如说美国发动伊拉克战争，不仅很快拿下了伊拉克，而且最后还活捉了萨达姆。美国靠什么呢？人们说，那是因为美国武器先进，什么精确制导武器、战略打击武器、远程轰炸武器、信息战等都很厉害。这样看问题对不对？对，但不全对。美国要发动伊拉克战争，首先它必须了解世界各主要大国在伊拉克有什么样的战略利益，美国攻打伊拉克世界各主要大国会做出什么样的反应，伊拉克周边的阿拉伯国家、伊拉克国内政府各级官员、军队各级军官会做出什么反应。美国要把所有这些问题都考虑清楚之后，才能决定这场仗是打还是不打；如果打，什么时候打，怎么打。所有这些都不是军事武器问题，而是政治谋略思想问题。政治谋略思想就是文化软实力的一个重要内容。美国后来又不得不从伊拉克撤军，去年圣诞节全部撤走了。为什么呢？因为美国虽然在伊拉克取得军事上的胜利，但在政治上却失败了。奥巴马之所以能够上台，其中原因之一，就是小布什发动了伊拉克战争，因为这场战争不仅耗费了美国的大量资财，而且使美国4000多名士兵的生命丢到了那里，联军近万名士兵生命丢在了那里，使伊拉克有10多万人遭受伤亡，有100多万人沦为难民。美国前国务卿赖斯的安全顾问阿德尔曼认为，美国在伊拉克犯了当年在越南同样的错误，那就是在发动这场战争之前，对伊拉克政治、历史、文化等等没有研究透彻。前后对比美国在伊拉克的处境，我们可以说，美国在伊拉克，成，得益于文化软实力，败，也是受制于这个文化软实力还不到家、不到位。

文化软实力如此重要，那么如何增强文化软实力呢？最重要的，就是一定要按照社会主义核心价值体系的要求去办。社会主义核心价值体系主要有4个方面的要求。

第一，要坚持以马克思主义为指导。这一条是最重要的。坚持什么样的马克思主义呢？就是要坚持发展着的、中国化的马克思主义，而发展着的、中国化的马克思主义的第一人就是毛泽东。50年代经过朝鲜战争，美国人认识到一个问题：中国共产党和中国军队是很难用武力征服的，所以美国当时的国务卿杜勒斯就提出了和平演变战略，美国中央情报局为了配合和平演变战略，提出了十条诫令，企图通过用思想文化渗透来改变中国，妄图让我们的人民和青年，忘记自己民族的历史，并以我们的领袖为耻。我国清代著名的思想家龚自珍说：“灭人之国，必先去其史。”意思是，如果你想消灭某个国家，就先消灭它的历史，或者让那个国家的人民以自己的历史为耻。那么这个国家将不战而败。美国人是这么说的，也是这么做的。所以改革开放之后，在美国中央情报局的策划下，西方出版了很多丑化毛泽东的书，采取颠倒是非、混淆黑白、无中生有、似是而非的手法，污蔑丑化毛泽东。因为西方敌对势力很清楚呀，一旦把毛泽东彻底丑化、彻底否定了，那么中国共产党就没有什么执政资格了。所以在这个问题上，我们所有的党内同志，所有的知识分子、专家学者包括广大文艺工作者，应该保持清醒的头脑，自觉坚持以马克思主义为指导，包括坚持以毛泽东思想为指导。而对于广大文艺工作者来说，尤其要坚持以毛泽东文艺思想为指导。这正是毛泽东同志《在延安文艺座谈会上的讲话》意义深远之所在。

为什么要坚持以马克思主义为指导呢？如果马克思主义不是科学真理，那么为什么要以马克思主义为指导呢？如何证明马克思主义的科学真理性呢？马克思主义科学真理性的证明不是个理论问题，而是个实践问题，因为实践才是检验真理的唯一标准。我们想一想，从19世纪中叶鸦片战争到19世纪末20世纪初，中国一步步濒临亡国灭种的边缘。从1842年到1912年，我国同西方签订了700多个条约，其中有40多个条约是不平等条约，包括割地赔款、丧权辱国的条约。沙皇俄国利用英国在鸦片战争中打败中国的机会，强迫腐败无能的清政府签下了一系列不平等条约，通过《中俄瑷珲条约》、《中俄天津条约》、《中俄北京条约》、《中俄勘分西北界约记》、《中俄伊犁条约》，从中国攫取大片领土。黑龙江以北、外兴安岭以南60万平方公里，乌苏里江以东到海参崴（就是现在地图上的符拉迪沃斯托克）40万平方公里，新疆汗腾格里峰以南、巴尔喀什湖以南以东51万平方公里都被沙俄侵占，总共151万平方公里。19世纪末20世纪初，我们中国在世界上的形象是“东亚病夫”、“一盘散沙”，在国际上没有任何尊严和地位，确实面临亡国灭种的边缘。但是，20世纪过去了，21世纪到来了，我们不但没有亡国灭种，而且还看到了中华民族伟大复兴的曙光。原因很多，但其中一个最重要的原因，就是中国共产党找到了一个真理，这个真理就是马克思主义。正是中国共产党不断把马克思主义和中国革命实际相结合，先后产生了毛泽东思想、邓小平理论、“三个代表”重要思想和科学发展观。一路走来，才使中国逐渐从积贫积弱、一盘散沙，走向团结富强，成了世界第二大经济体，成了举足轻重的世界大国，看见了中华民族伟大复兴的曙光。这是个不争的事实，马克思主义的科学真理性因这个事实而得到证明。所以，我们对马克思主义，包括对毛泽东的文艺思想，必须怀抱真诚的态度，要带着感情去真学、真懂、真信、真用。

第二，要坚定中国特色社会主义理想信念。大家都身在其中、长在其中、干在其中、看在其中、思考在其中，中国特色社会主义好不好，如果不好，我们干嘛要坚定这个理想信念呢。不否认当代中国有不如意的地方，有值得忧虑的地方，有潜在的危机，但我们看问题要看大局，看总体，看本质，应当把今日中国放在历史发展长河过程当中去纵向比较，放在当今国际格局下去横向比较，这样得出的结论才能比较客观公正。我曾经参加中国资深专家考察团去朝鲜、俄罗斯和印度考察了一圈，考察的结论很能发人深思。这个结论简单概括就是：到了朝鲜你就会知道，不改革不行，中国特色社会主义就是好；到了俄罗斯你就会知道，乱改革不行，中国特色社会主义就是好；到了印度你就会知道，不坚持共产党领导、不走社会主义道路不行，中国特色社会主义就是好。目前我国虽然也面临一些问题，但是，解决这些问题不能够靠偏离我们经过30多年探索得来的中国特色社会主义道路来解决的，而应当靠集中全党智慧来完善这个道路、解决好我们面前的问题。因此，我们的文艺要描写、赞美、歌颂、反映中国特色社会主义，激励和引导人们坚定中国特色社会主义理想信念。

第三，要弘扬以爱国主义为核心的民

族精神和以改革创新为核心的时代精神。如果说有普世价值，爱国主义和时代精神就是普世价值。请问，哪个国家不需要爱国主义？哪个国家不需要时代精神？都需要，当然这就是普世价值了。

第四，要树立和践行社会主义荣辱观。记得我上小学的时候的小学生手册就写着的，爱祖国，爱人民，爱科学，爱劳动等等。那就是说这“四爱”是公民道德底线，小学生都要做到。这“四爱”是“八荣八耻”的重要内容，然而今天我们党的先进性建设把“八荣八耻”作为重要的学习内容。这又说明什么呢？说明我们的党风廉政建设确实存在一些值得忧虑的问题，说明我们的纪检监察部门、执法部门反腐败任务艰巨。

上面的分析告诉我们，社会主义核心价值体系对于当代中国来说的确非常重要，正如党的十七届六中全会所指出，社会主义核心价值体系是兴国之魂，没有它，实现中华民族伟大复兴，那是瞎扯、空话；说它是社会主义先进文化的精髓，决定了中国特色社会主义前进的方向，如果背离了它，中国特色社会主义可能就真正地变成中国特色资本主义了，所以，我们要按照中国特色社会主义核心价值体系的要求去做。今天我们举办中国检察官文化论坛，并且以纪念毛泽东同志《在延安文艺座谈会上的讲话》发表70周年为主题，这对于深化文化软实力研究，繁荣发展检察文化，很有意义。只要我们遵循社会主义核心价值体系要求，我们的检察文化肯定会越发展越好，越发展越丰富，越发展越有吸引力，越发展越有利于增强检察队伍的文化软实力。

《讲话》精神与中国特色社会主义文化发展道路

全国毛泽东文艺思想研究会　曹桂方

七十年前的1942年5月2日至23日，在革命胜地延安，由党中央决定召开了延安文艺座谈会，毛泽东同志作了举世闻名的《在延安文艺座谈会上的讲话》（以下简称《讲话》）。这个《讲话》是抗日战争时期我党在革命根据地局部执政条件下的第一个指导文艺工作的纲领性文献。“半个多世纪的实践充分证明，《讲话》是中国现代文学发展史上的划时代的文献，在中国革命文艺史和思想史上，占有重要的地位，具有深远的意义。”“历史还将继续证明：《讲话》是马克思主义的重要文献，是革命人民的宝贵精神财富，它属于历史，属于人民，在人民前进的历史进程中，将永远闪烁着不可磨灭的光辉。”①

2011年10月15日至18日，在首都北京召开的中国共产党第十七届中央委员会第六次全体会议上，讨论、通过了《中共中央关于深化文化体制改革推动社会主义文化大发展大繁荣若干重大问题的决定》（以下简称《决定》）。这个《决定》是在世界多极化、经济全球化深入发展，我国全面建设小康社会的关键时刻和深化改革开放的攻坚时期，“第一次从文化纲领、文化目标、文化政策上阐述文化强国的中国道路，这是我国文化发展历程中划时代的历史贡献”，“这是我们党在深入总结改革开放特别是十六大以来文化建设实践探索、深刻把握文化发展特点规律的基础上，所做出的重大理论创新”，“不仅标志着我国文化改革发展进入了新的阶段，更表明中国特色社会主义事业进入了新的境界”。②

《讲话》和《决定》的问世，相隔六十九年，随着时间和时世的推移和变迁，二者无论在主要内容和闪光点上，还是在表述形式和语言风格上，都有很大的差异。但在指导思想上，在总体精神上，在根本出发点和终极落脚点上，则是一脉相承的。二者有紧密的内在联系乃至高度的一致性。《决定》不仅是《讲话》精神的合乎逻辑的坚持和传承，更是在新的历史和社会条件下对《讲话》精神的最有价值的开拓和发展。

一、《讲话》的实践品格、理论价值及其划时代的历史贡献

《讲话》的实践性品格，在于它是从当时的实际出发，在充分的调查研究和大量文化实践活动，特别是“五四”以来革命文化实践的基础上，归纳、总结、提炼出来的理论学说体系，是马克思主义文化思想在我国革命文艺运动具体实践中的运用和发展，又反过来指引革命文艺的实践和发展，有极强的现实针对性和半个多世纪的实践经历，经受了现实的和历史的、正面的和反面的实践的检验。七十年来，在中国共产党的领导下，我们伟大的民族经历了抗日战争、解放战争、抗美援朝战争、和平建设和改革开放的光辉历程，也

① 参见《延安文艺史》（下卷），第318—319页。

② 参见《人民日报》2011年11月10日。

经历了错误的思想路线特别是“左”的路线造成的损失和灾难。我们的文艺事业也经历了由繁荣到衰落再到繁荣的曲折发展过程。其间，有坚持和发展《讲话》精神的主流，也有疏远、背离它的支流，还有诬蔑和攻击它的逆流。而在思想文化界处于混乱、迷茫和困惑时，一些人要从西方的现代和后现代的诸多思想体系中找到理论根据，以取代《讲话》的作用和影响；一些人则想举起古代的儒学旗帜以引领新时期的思想意识。可实践已经证明，这两条路都行不通。至今，仍没有哪一种西方的或古代的思想、理论、学说，能用来指引中国文化建设的伟大实践。而《讲话》所指明的革命文化建设的方向和道路，则仍然为我们党和广大思想文化工作者所坚持和践行，并且已经有了多方面的创造性的发展。（并不简单非古，也不盲目排外，而恰恰是相反，如同《讲话》所说：“我们绝不可拒绝和借鉴古人和外国人……但是继承和借鉴绝不可以变成替代自己的创造。”）

《讲话》的理论价值，指的是它以马克思主义的辩证唯物主义与历史唯物主义的立场、观点、方法，阐述了文艺与时代、文艺与政治、文艺与生活、文艺与人民、文艺的内容和形式、思想性与艺术性、文艺的继承与创新、世界观与创作、文艺创作与文艺批评、歌颂与暴露、普及与提高等诸多关系，从哲学的高度阐明了文艺（文化）的性质、特征、作用，以及文艺作为一种特殊的意识形态的外部和内部规律。从立场和世界观、思想感情以及艺术素养等视角研究文艺工作者主观因素和时代、历史、社会等外部因素对创作的制约作用，并进一步指明文艺家应走的正确创作道路。这些富有创造性的理论、观点，至今仍有极强的现实指导意义。毋庸讳言，由于历史的、时代的局限，《讲话》中也有个别观点和表述不甚科学之处，如过于强调文艺的阶级属性，过于强调文艺为抗战服务、把文艺批评的思想内容方面的标准仅仅归结为“政治标准”等。但其主体思想和基本精神无疑是具有普遍意义的，是具有真理价值的。

至于《讲话》的历史贡献和意义，历来就有正、反两个方面截然不同的判断。人民群众认为它是“五四”以来革命文艺运动经验的总结，是马克思主义的光辉文献，它开辟了中国现代文艺（化）发展的新纪元，具有里程碑的意义，是指引革命文艺发展的“灯塔”、“旗帜”、“指路明灯”；反对者则认为它是“庸俗社会学”，是“官本位文学观”，是“片面的理论解说”，是“导致中国新文学传统后来不幸夭折”的“达摩克利斯之剑”……限于时间和篇幅，不再赘述。这里只想就如何判断一种思想、理论和学说的价值谈一点自己的看法。

一种思想、理论和学说有没有价值，有多大的价值，关键在于它是否从实际出发，提出并解决人民群众所关注的、社会发展迫切需要得到解决的重要问题。列宁说过：“判断历史的功绩，不是根据历史活动家没有提供现代所要求的东西，而是根据他们比他们的前辈提供了新的东西。”从这个观点出发，可以理直气壮地说：毛泽东的《讲话》在历史上的贡献和意义是毋庸置疑的，其价值也是难以估量的。《讲话》至少在以下五个方面实现了我国文艺（化）运动史上新的突破：（1）《讲话》运用马克思主义的立场、观点和方法，对

“五四”运动的成绩与不足第一次做出了科学的、实事求是的总结，体现了中国共产党理论上的成熟和实事求是的思想路线的进一步确立；（2）《讲话》把马克思主义的理论同中国的文艺实际相结合，提供了我国第一个马克思主义的、系统的、纲领性的文艺学说；（3）《讲话》第一次从理论上明确提出并解决了文艺为什么人的问题，为我国革命文艺指明了正确的发展方向；（4）《讲话》是第一个把文艺理论、文艺批评和文艺政策结合起来的马克思主义的思想体系，它促进了文艺创作的繁荣和文艺运动的发展，推出了中国共产党领导的文艺发展史上的第一个黄金时代；（5）《讲话》吸引、团结、哺育了大批革命文艺工作者，在中国革命文艺史上第一次形成了一支浩浩荡荡的、很有战斗力的文艺大军，这支文艺大军在我国民主革命、社会主义革命和建设的伟大事业中，发挥了重要的、不可替代的作用。

理论来自实践，又反作用于实践。理论有多种多样，但归纳起来不外以下几种：一是错误的理论，其中既包括反动的歪理邪说，也包括由于认识的局限而得出的不符合实际的理论；二是在此时此地正确而在彼时彼地就不很正确或很不正确的理论；三是在相当长的时间内和相当大的范围内都正确、都能对社会起促进作用的理论。我们认为毛泽东的《讲话》属于第三种理论。实践是检验真理的唯一标准。所谓实践，在时间上有历时长短的区分，在空间上有范围大小的界域。毛泽东的《讲话》，从时间上看，不仅在40年代，而且在建国后乃至改革开放的新时期；从空间上看，不仅在延安、陕甘宁边区及其他解放区，而且在全中国乃至全世界，都已经发生了并将继续发挥重要作用。个中的原因，就在于它所涉及的基本问题，在极大范围内和极长的时期内都有着普遍的意义，所提出的根本问题和解决办法，至今仍有极强的针对性和现实意义。

二、《决定》和《讲话》的内在联系及传承、发展关系

《决定》和《讲话》的内在联系，主要体现在指导思想、根本目的和基本方针等方面。

首先，二者都是以马克思主义为指导，从实际出发，在整个社会的政治经济文化状况的大背景下，考察研究和认识文化在整个革命事业全局中的地位、作用和发展，总结以往的实践和经验，指明今后的发展方向，制定有效措施，推进文化事业更快的发展，以更好地发挥其在整个革命事业中的巨大而不可替代的作用。《讲话》是在其所处的“全世界的反法西斯战争”、“中国已经进行了五年的抗日战争”的大背景下，从“文武两个战线”的高度来“研究文艺工作和一般革命工作的关系”，以“求得革命文艺的正确发展，求得革命文艺对其他革命工作的更好的协助，借以打倒我们民族的敌人，完成民族解放的任务”。而《决定》所面对的则是“当今世界正处在大发展、大变化、大调整时期，世界多极化、经济全球化深入发展，科学技术日新月异，各种思想文化交流、交融、交锋更加频繁，文化在综合国力竞争中的地位和作用更加凸显，维护国家文化安全任务更加艰巨，增强国家文化软实力、中华文化国际影响力要求更加紧迫”。《决定》站在科学发展观的高度，强调“把文化建设放在党和国家全局工作重要战略地位，坚持物质文明和精神文明两手抓”，

"进一步推动文化建设与经济建设、政治建设、社会建设以及生态文明建设协调发展"，为全面建设小康社会提供"坚强思想保证，强大精神动力，有力舆论支持，良好文化条件"。

从延安文艺座谈会的召开和毛泽东《讲话》的问世，到党的十七届六中全会的召开和《决定》的通过，可以清楚地看出：从社会进步的大背景和革命事业全局的高度考量，重视文化在社会发展中的地位和作用，是党领导革命事业和文化建设的一贯思想。在这一点上，二者是一脉相承的，是一致的。

其次，《讲话》和《决定》在根本目的上，都是为了促进文化事业乃至整个革命事业的发展，以提高人民大众的物质文化生活水平。无论是进行抗日战争，开展新民主主义革命，还是坚持有中国特色的社会主义道路，全面建设小康社会，其出发点和落脚点都是人民群众。《讲话》中说，"为什么人的问题，是一个根本问题，原则的问题"。"我们的文学艺术都是为人民大众的，首先是为工农兵的，为工农兵而创作，为工农兵所利用的。"《决定》中说要"坚持以人为本，贴近实际、贴近生活、贴近群众，发挥人民在文化建设中的主体作用，坚持文化发展为了人民、文化发展依靠人民、文化发展成果由人民共享，促进人的全面发展，培育有理想、有道德、有文化、有纪律的社会主义公民"。指明"一切进步的文化创作生产都源于人民、为了人民、属于人民。必须牢固树立人民是历史创造者的观点，坚持以人民为中心的创作导向……"《讲话》和《决定》的这种一致性，其实正是党的"全心全意为人民服务"的宗旨在文化事业上的具体体现。

第三，《讲话》和《决定》都强调尊重科学和艺术发展的自身规律，明确和实施正确的方针政策，营造良好的文化发展环境和氛围，促进文化的繁荣和发展。《讲话》不仅从大局方面讲"在团结抗日的大原则下，我们应该容许包含各种各色政治态度的文艺作品的存在"。给文艺工作者"到群众中去的完全自由，给他们以创作真正革命文艺的完全自由"。还特别鼓励文艺作者"注意群众的墙报"、"通讯文学"、"小剧团"以及"群众的歌唱"、"群众的美术"等文艺形式，鼓励艺术家从人民群众中乃至从古代文化和外国文化中吸取多种营养，按照艺术创作的特点和规律创造出人民群众所喜闻乐见的，既有正确的思想内容，又有完美的艺术形式的作品（有人说《讲话》及全部毛泽东思想，根本不注重文艺作品的审美属性。这是一种误解、偏见乃至歪曲和诬蔑）。而《决定》则明确提出要贯彻执行毛泽东同志概括提出的"双百方针"，"坚持发扬学术民主、艺术民主，营造积极健康、宽松和谐的氛围，提倡不同观点和学派充分讨论，提倡体裁、题材、形式、手段充分发展，推动观念、内容、风格流派积极创新。"这既是对多年来党领导文艺（化）事业经验的总结，也是继续进行中国特色社会主义文化建设所必须遵循的基本原则。

第四，《讲话》和《决定》都强调文化工作者要学习马克思主义，学习社会，深入人民群众的实际生活，以培养和建设一支强大的人民大众的文化工作队伍。《讲话》中的"引言"部分的最后一个问题，就讲的是文艺工作者学习马克思列宁主义和学习社会的问题，在"结论"中则多处对此进行有针对性的深入论述。《决定》则在多处强调坚持马克思主义的指导地位，号召党员、干部“学习马克思主义经典著作，系统掌握马克思主义立场、观点、方法”，“引导干部群众在重大理论问题上划清是非界限、澄清模糊认识，批判各种错误和腐朽思想影响”。《决定》还专门深入阐述了建设宏大文化人才队伍的战略意义、宏观规划、总体要求和政策导向等，强调文艺工作者做到“三贴近”，使文化人才队伍建设得以落到实处。

《决定》一方面与《讲话》有着紧密的内在联系和一致性，另一方面更对《讲话》有重大的发展和开拓。这种发展和开拓至少有以下几个方面。

第一，在党的中央全会上专门研讨和通过社会主义文化发展问题的“决定”，是党史上的第一次，标志我国文化建设已经上升到自觉而又自信的新阶段、新境界。如果说，毛泽东的《讲话》面对的是抗日战争、新民主主义革命的现实，核心内容讲新民主主义的文化建设的话，那么《决定》所面对的则是改革开放新时期的现实，核心内容讲社会主义文化特别是有中国特色社会主义文化建设，这既是新时期对文化建设的新要求，也是《决定》对《讲话》精神的合乎逻辑的发展，说明我国的文化建设已经进入到了一个历史的新时期。《决定》中许多重要论述，诸如“文化是民族的血脉，是人民的精神家园”；“在坚持以经济建设为中心的同时，自觉把文化繁荣发展作为坚持发展是硬道理，发展是党执政兴国第一要务的重要内容，作为深入贯彻落实科学发展观的一个基本要求”；“物质贫乏不是社会主义，精神空虚也不是社会主义。没有社会主义文化繁荣发展，就没有社会主义现代化”；“社会主义核心价值体系是兴国之魂，是社会主义先进文化的精髓，决定着中国特色社会主义发展方向”；“满足人民基本文化需求是社会主义文化建设的基本任务”……这些重要而精辟的论述，标志着我国的文化建设已经上升到了一种自觉而又自信的新阶段、新境界。

第二，《决定》归纳并提出了中国特色社会主义文化发展道路，“第一次从文化纲领、文化目标、文化政策上阐述文化强国的中国道路，这是我国文化发展历程中划时代的历史贡献”和“重大的理论创新”。对此，《人民日报》已有文章进行了专门论述，在此不做赘述。

第三，《决定》中关于推进社会主义核心价值体系建设的论述，第一次全面深刻地指明了社会主义核心价值体系的实质、作用、内容以及如何进行社会主义核心价值体系建设，这是我党在改革开放新时期对马克思主义的理想信念教育和精神道德建设的新贡献。《决定》关于“坚持用社会主义核心价值体系引领社会思潮”的命题，更是旗帜鲜明地厘清了在世界大发展、大变革、大调整时期，在我国改革发展进一步深化的大背景下，社会主义核心价值体系和各种思想倾向、思想潮流的是非界限和主从关系，是我们在复杂多变的各种思想文化交流、交融、交锋中必须始终坚持的一面旗帜，既有极强的现实针对性，又有深远的历史意义。

第四，《决定》中关于“大力发展公益性文化事业”和“加快发展文化产业”的论述，特别是关于“推动文化产业成为国民经济支柱性产业”的论述，以及一系列关于深化文化体制、机制改革的方针和举措的提出，既是我国政治、经济、文化发展的必然，也是我国社会发展史上和我党思想文化建设发展史上的“第一次”，充分体现了我们党对社会发展现实的清醒认识和实事求是、与时俱进的思想品格。

三、以高度的文化自觉，为有中国特色社会主义文化建设承担使命

经过多年的革命实践，特别是经过30多年改革开放的实践，我国的生产力和国民生产总值，我们的综合国力和国际地位，我们人民的思想观念和生活水平乃至文化需求，都有了极大的提高和举世瞩目的变化。在这大变化、大发展的历史新时期，也应清醒地认识到一些基本理论、基本原则、基本信仰、基本方针政策的稳定性和不变性。比如：我们坚持建设中国特色社会主义并最终实现共产主义的奋斗目标没有变；共产党全心全意为人民服务的宗旨没有变；坚持共产党对我国革命和建设事业领导（包括对文艺事业领导）的原则没有变；文艺在社会生活中的地位和作用没有变；人民需要艺术、艺术更需要人民的辩证关系没有变；等等。作为改革开放的参与者、奉献者和受惠者，必须继续以主人公的姿态，自觉肩负起建设中国特色社会主义、包括建设中国特色社会主义文化的历史使命。

坚持走有中国特色社会主义文化发展道路，推动社会主义文化大发展大繁荣，需要培养和唤起全民族的文化自觉。这种“文化自觉”，除有党和国家乃至政府执行层面的自觉外，还有广大干部群众、特别是广大知识分子层面的自觉。这种“文化自觉”，不仅体现在理论认识层面，更应体现于实际践行方面。对于广大人民群众，则应从以下三方面做出自己的承担和奉献。

一是自觉学习马克思主义，用马克思主义的立场、观点和方法观察和认识国内外形势，努力提高建设中国特色社会主义文化的紧迫感和责任感。马克思主义是正确反映社会发展规律，指引人类走向幸福社会的真理和学说。在世界多极化，经济全球化特别是在市场经济发展的整个过程中，始终充满各种复杂的社会矛盾，时时存在着形形色色的思想意识和道德品格问题，诸如拜金主义、享乐主义、极端个人主义，以权谋私，造假欺骗，见利忘义，损人利己等等。因此，在积极学习自然科学知识的同时，必须加强对马克思主义的学习，努力提高自己的精神境界和思想水平，学会运用马克思主义的立场、观点、方法去认识和对待处理复杂的社会生活，永远保持清醒的头脑，坚持正确的人生理念和崇高的道德情操，抵制各种错误思想的影响和腐朽思想的侵袭，使自己成为“有理想、有道德、有文化、有纪律的社会主义公民”。

二是努力树立并积极宣传社会主义核心价值观、社会主义荣辱观和科学发展观，做社会主义先进文化的忠实捍卫者和宣传员。这个问题似乎无边无际，大而无当，其实十分具体，有着有落。社会主义先进文化并不虚无渺茫，它存在于社会的方方面面，当然也存在于人的思想意识和言论行动之中。可以说，社会主义先进文化就在我们身边，就在我们的身上，就在我们心中。作为一名国家工作人员，从一定意义上讲，都应是社会主义先进文化的忠实捍卫者和宣传员。我们要从“言”和“行”两个方面，通过与人交往的言谈话语、开会发言、撰写文章以及参加相关的社会活动，诸如献爱心活动、学雷锋活动、扶弱助残活动、尊老爱幼活动、志愿者活动、建设文明社区活动、反腐倡廉活动、惩恶扬善活动、遵纪守法和见义勇为活动以及相关的思想文化宣传活动等等，积极做好这方面的工作。

三是努力做好本职工作，以高度的事业心、强烈的责任感和突出的工作业绩，为中国特色社会主义文化建设添砖加瓦。对待本职工作的认识、态度和业绩，是标示人的思想文化素质的一个重要方面。我们要把自己的本职工作和国家的、社会的整体工作联系起来，和社会发展的大趋势、大目标联系起来，积极而又扎实地做好本职工作，力求有所突破，有所创新。这一点对国家检察机关和检察系统的工作人员来说，尤其具有特殊的意义。“人民检察院是国家的法律监督机关”，它的任务和职权是“依照法律规定独立行使检察权”，并“教育公民忠于社会主义祖国，自觉遵守宪法和法律，积极同违法行为作斗争”。大家所从事的工作本身就是思想文化建设的重要内容，是建设文明、和谐社会的有机组成部分，是建设中国特色社会主义的应有之义。再从一个特殊的角度讲，中国检察官文联的成立及一年来开展的活动，也足以证明，检察系统的工作不仅应当而且可以和文艺（化）事业很好地结合起来；换句话说，文艺（化）应当而且可以在检察事业中发挥重要的、不可替代的作用。

学习马克思主义、做社会主义先进文化的捍卫者和宣传员以及努力做好本职工作，这三者是互相联系、互为依托、互相促进而又有机统一的，最终是要体现于从事中国特色社会主义建设者的个体的言行之中的。具体到从事检察工作的人员，我以为应从“法”、“理”、“情”、“术”四个方面下真工夫，闪亮出彩。“法”指学法、知法、守法、卫法，用全部智慧和精力乃至生命，维护法律的权威和尊严；“理”指明理、讲理，据理力争，以理服人；“情”指满怀对人民、对祖国深厚爱戴和感恩之情，做好工作，以情感人；“术”指讲究工作方法和技巧，力争做到方法得体，事半功倍。

今天举办的“首届中国检察官文化论坛”，都是围绕《讲话》和《决定》精神，就检察文化和法治文化进行理论研讨，并对检察官文联工作进行总结和规划的，这是落实《讲话》和《决定》精神的一次很有必要、很有创意的活动！祝愿论坛取得圆满成功。相信检察官文联的工作一定会越做越好，不断取得新的、更大的成绩。

中国传统法律文化的现实影响

中国社会科学院法学研究所　冯　军

引言：围绕传统法律文化的争论

清末民初是我国法律文化历史长河中"传统"与"近现代"的分水岭。此前的法律文化归入"中国传统法律文化"，此后则属于"中国近现代法律文化"。清末明初究竟发生了什么事情，而使得绵延数千年的中华法系及其背后的法律文化成为了"历史传统"？问题的答案是众所周知的，那就是从清朝末年民国初年开始，国家全面移植西方法制与法律文化，中国法律文化的传承至此发生重大转折。从那时起一直到现在，关于中法与西法、本土与西化、传统法律文化与西方法律文化的讨论和争论反复进行。可以预见，在我国最终建成法治国家之前，这方面的争论都不会停息。

我国传统法律文化的问题因"西法东渐"而生，因而中国传统法律文化之争的背后隐含着对"西法东渐"的不同立场与态度。在如何对待传统法律文化的问题上，主要有三种观点：

一是主张全盘肯定，坚持"祖宗之法不可变"，要求把传统文化的一切都当做"国粹"加以继承，完全反对向西方学习和进行任何法制改革。这种观点"把以往一切传统，特别是以'三纲'为核心的礼教，包括法律中的'十恶'、'八议'、'亲属相隐'等说成是几千年'相传之国粹，立国之大本'，绝对不许变革的'祖宗之成法'，根本反对向西方学习和进行任何改革"。

二是主张全盘否定，认为中国传统法律文化维护封建专制统治，一无是处，应当彻底抛弃。可以想见，持此种观点者也同时主张西化。"中国古代史就是一部专制史。专制制度是中国传统政治文化的核心，建立和维护君主专制政体及其统治秩序是中国传统法律文化的主要起点和归宿。""我以为唯有从根西方，是中国民族的惟一出路……（否则）是非亡国不可的。"

三是折衷论。认为传统法律文化精华与糟粕并存，其中精华部分对当代中国法治建设具有传承和参考借鉴价值。在持折衷论立场的论者中间又可分为两类，一类认为传统法律文化虽有少数精华，但多数为糟粕，对我国推进法治建设总体上弊大于利。另一类认为传统法律文化在我国法治现代化进程中具有重大价值，应当予以高度重视。"移植的西方法律只有适合中国的文化土壤才能生长，中国的现代法治只有基于自己的传统才有望获得成功。"近年来，学术界主张重新审视中国传统法律文化价值、重视挖掘传统法律文化"本土资源"的呼声较高，已形成一股潮流。

一、传统法律文化的流变

中国传统法律文化主要以儒家学说为支撑，从理论到制度、从制度到实践都有一套自己的东西，与西方传统法律文化相比毫不逊色。中国传统法律文化是中国古代法律实践活动及其成果的总称，包括法律思想、法律规范、法律设施、法律艺术四个方面。有学者把我国传统法律文化的发展划分为 4 个不同时期，即夏、商的“神本位——任意法（法没有规范的表现形式）”时代，西周、春秋的“家本位——习惯法（判例法）”时代，战国、秦的“国本位——成文法”时代，汉至清的“国、家本位——混合法”时代。

神本位时代法律文化的基本特征是“神治”，家本位时代法律文化的基本特征是“礼治”，国本位时代法律文化的基本特征是“法治”，国、家双重本位时代法律文化的基本特征是“礼法合流”。需要注意的是，我国传统法律文化中的“法治”，与近现代意义上的法治，虽然名称相同，但其内容与内在精神相去甚远，完全不能相提并论。据有关学者研究，反倒是我国古代礼治与近现代法治之间有不少“暗合”之处。汉代以来我国法律文化进入“礼法合流、德主刑辅”的稳定发展期，这一时期长达 2000 多年，是中国传统法律文化的主体和主流。我国著名法史学家瞿同祖先生认为政治法律儒家化是汉代以来我国传统封建法制的主要特色。“古代法律可说全为儒家的伦理思想和礼教支配。”

具体说来，中国传统法律文化有以下几点主要特征：

第一，对法的独特理解。中国古代社会对法的理解和认识与西方国家有很大的差异。在中国传统法律文化中，“法”几乎就是“刑”的代名词。《说文》：“法者，刑也。”《尔雅·释诂》：“刑，法也。”有权威学者研究发现：“法律即刑罚，这是商人最早的法律观。”“商代人的刑观念，是中国法律文化史上最早的法律观。”

在中国法产生的初期，法与刑是不分的，法的起源等同于刑的起源，如禹刑、汤刑、吕刑、九刑、五刑、刑书等。后来随着社会的发展进步，法的内容更加丰富，不限于刑，但是总体上，法与刑密切相关，即便是民商事法律规范也大多与刑相联，完全与刑无关的民商事法律规范是比较稀少的。“刑”是一种国家暴力，钱钟书先生在分析古代中国“兵”与“刑”的相通之处时，曾精辟指出“兵与刑乃一事之内外异用，其为暴力则同”。如前所述，中国传统法律文化从“刑”的角度理解“法”，表明在古代中国的“法”意识、“法”观念里，法本质上是一种国家施加的暴力。这与西方国家形成鲜明对比。“在另一些语系比如印欧语系的希腊、罗马、日耳曼等语系里面，‘法’字不但与‘刑’字无关，而且其本身也丝毫不含刑罚的意思。值得注意的，倒是西语中的‘法’字几乎可以同时读作‘权利’。”由于在认识上将“法”视为“刑”，加上秦王朝奉行法家理论、严刑峻法的所谓“法治”实践，因而重视法律和法治，在中国传统政治和法律文化的语境下，意味着倡导对社会施重典、用重刑，这是与儒家精神、与德政善治的理想明显相悖的。西方社会则不同，它们有将“法”视为“公平正义”、“权利自由”的历史传统，因此倡行法治就如同在古代中国宣扬“礼治”和“德治”一样，能够占据道义上的制高点，故法治能够在西方国家大行其道，而在古代中国自汉代以后基本上没有立足之地。

中国传统法律文化对“法”的特殊理解在当代中国仍具有深厚的社会基础，其对贯彻落实“依法治国、建设社会主义法治国家”基本方略的影响不容忽视。

第二，道德法律一体化，德礼入法。

德主刑辅、礼出法随、重义轻利是中国传统法律文化的基本特征之一。

第三，国家、家族本位。政治和法律把维护宗法秩序作为其重要功能。

第四，以等级尊卑有序作为构建法律秩序的基本出发点。平等不是中国古代法的原则。不平等、法的适用因人而异才是法在适用时需要遵循的基本原则。

第五，法律体系的行政化、集权化与注重道德教化的控权思路。

第六，官员职业化与浓厚的清官文化。

第七，和谐与厌讼文化。

第八，诸法合体、公法为主。

在主要方面，从形式到内容都与西方法律文化有明显区别，形成鲜明反差。

二、传统法律文化的现实影响力

中国法律制度、法律传统和法律文化在清末民初中断了其“自然成长”的过程而发生了一次重大断裂。“西法东渐”导致中国几千年的传统法律文化在短期内被抛弃和颠覆。但是，中国古代法律制度及其传统既然已经沉淀下来，成为民族文化的一部分，它就不可能轻而易举地成为“历史”。在中国法制近现代以来的100多年间，中国传统法律文化尽管在意识形态和制度层上终结了，但却以文化形态转入“地下”和“后台”继续或明或暗地发挥着它的影响力。从这个意义上讲，中国传统法律文化是非常现实的，就在我们身边，从未远去。

当然，中国传统法律文化的现实影响和作用是比较复杂的，既有积极的一面，也有消极的一面。我国著名法制史学者张国华教授对中国传统法律文化的精华和缺陷做了比较全面的总结，认为中国传统法律文化有五点精华和四点缺陷。五点精华是：

第一，天命神权思想受到有效遏制，在全国范围内始终没有形成一种凌驾于世俗政权之上的具有莫大权威的教权和教会，因而在政治法律思想上比西方减少了许多麻烦。

第二，曾经涌现出一大批很有贡献的法学思想家以及在世界法律史上具有首创或前沿地位的法制和法学成果。

第三，积累了管理一个多民族大国的丰富经验，如科举制度、监察制度、民间调解制度等。

第四，中国传统法律文化相较于西方中世纪的领主制文化具有更多“开明”和“开放”因素。

第五，中国传统法律文化中的“重民”思想和“天下为公”的大同理想等有利于抵御西方文化中唯利是图的拜金意识等消极的东西，对于社会主义法治建设具有积极意义。

中国传统法律文化的四点缺陷是：

第一，法律特别是私法不发达，法律观念淡薄和不普及，未能深入民间。

第二，长期不能摆脱父系家长制和家庭伦理观念的束缚，形成根深蒂固的以家族或家庭为本位的法律体系，广大社会成员处于无权地位。

第三，君主制一贯到底，形成以“三纲”为核心的礼教笼网和等级特权，严重窒息了人民的思想，剥夺了人民的基本权利和自由。

第四，农民的平均主义和迷信权威的皇权思想盛行，形成产生个人迷信、个人独裁的温床。

北京大学武树臣教授把中国传统法律文化遗产分为劣性遗产、良性遗产和中性遗产。其中，劣性遗产是：（1）“亲亲”、“尊尊”的差异性精神；（2）“重狱轻讼”的专制主义色彩。良性遗产是：（1）朴素唯物主义、辩证法和无神论精神；（2）“人治”、“法治”相结合的混合法样式；（3）日臻纯熟的法律艺术。中性遗产是：（1）立足于社会总体利益的“集体本位”；（2）行为规范的多元综合结构；（3）司法中的温情主义；（4）统一、完备的法律设施。

上述两位学者对中国传统法律文化的分析具有代表性，但学术界对于中国传统法律文化的认识由于论者立场和价值观的不同其实存在很大的分歧。笔者认为，在观察和思考中国传统法律文化的现实影响时应当区分“客观事实”与“价值判断”两个层面。中国传统法律文化对于当代法治建设有没有影响以及产生何种影响，属于客观层面的问题，在探讨这一问题时应当尽量避免个人主观好恶的干扰。至于中国传统法律文化的现实影响或作用好不好，是良性的、中性的还是恶性的，则属于带有主观性质的价值判断问题。

中国传统法律文化对当代法治建设的影响是客观存在的。近代以来中国的法与法治等概念基本上是从西方移植过来的，与古代中国的法与法治尽管名称相同，但实际内容和内在精神相去甚远。中国传统法律文化下的法和法治观已经有数千年的历史，可谓根深蒂固，人们总是自觉或不自觉地以传统的关于法和法治的观念看待、评判和要求近现代法治，导致近现代法治在中国国情条件下很难落地生根。另一方面，中国传统法律文化中也不乏具有现代性的元素，这些元素将发挥积极促成人们改变对于法和法治的滞后认识，以及帮助新的法治机制和法治文化逐步适应中国国情的作用。

三、对传统法律文化价值的再认识

当前，学术界正在兴起一股重新认识中国传统法律文化的热潮，这是由我国法治建设和法学研究的发展现状所决定的。在新中国成立以后的很长一段时间内，学术界和法律实务部门十分强调法律制度和法学研究的阶级性，采取的做法是全面确立马克思主义在法治建设和法学研究中的指导地位，对旧法律以及旧法学展开彻底批判，不仅彻底排斥西方法制和法学，而且对于中国传统法律文化也持全盘否定的态度。改革开放以后，在解放思想、实事求是的思想路线的指导下，我国法学和法律界无论对西方法律文化还是中国传统法律文化，都出现了由全盘否定向逐步肯定的转变，并且出现了一个非常有趣的现象：即法律制度和法学研究“西化”的色彩越浓，要求重视中国传统法律文化的呼声就越高。这一点在我国进入新世纪后表现得尤为突出。

这一时期，在对西方法律文化的态度上，中国法律工作者和法学研究者的立场已经十分开放，西方法律文化对我国当代法制和法学的影响全面增强，一定程度上法学界形成学习和推崇西方的风气，导致这一时期的法学研究出现三个方面的新情况和新特点：一是“言必称希腊”，研究中国自己的法律问题，首先必须“放眼世界”，看看西方发达国家是怎么想、怎么做的，然后以此作为推理的大前提，从中导出解答中国问题的答案。这几乎已发展成为我国现今法学研究的一种“套路”。二是过多使用注释，以为注释越多学术性越强，学术品味越高。三是大量使用外文原文注释，甚至在正文中大段引用外文原文，少数论文甚至谈论的是中国问题，但通篇没有一个中文注释，所有注释都是令人眼花缭乱的外文。过去外文引文一般为英文，近年来出现了加速向小语种扩散的趋势。蔡枢衡先生在上个世纪40年代所描述的“今日中国法学之总体，直为一幅次殖民地风景图：在法哲学方面，留美学成回国者，例有一套Pound学说之传播；出身法国者，必对Dugint之学说服膺拳拳；德国回来者，则于新康德派之Stammler法哲学五体投地”之景象在时空流转六七十年后似又重现。清华大学高鸿钧教授也有类似的评论：“在过去短短的二十多年里，中国法学从一片荒芜走向了空前繁荣。这很大程度上得益于西方法学的引进。随着时间的推移，中国法学西化的倾向日益加深，至今已经颇有‘西’风荡漾、‘洋’话连篇之势，似乎只有‘西天’的‘法经’才是真经，惟有‘洋人’的‘法理’方为至理。论及法治，时下的著述更是言必称希腊、罗马，语必出英美、欧陆。”“在所谓法律本土化和法律全球化趋势中，西方法律因素的全面浸入已经构成了中国法律现代化的一个重要方面。并且这种法律西方化的趋势在我们这代人的生活时段中恐怕还有加强的可能，或许中国正处在法律西方化的高峰前夜。”有意思的是，这种现象没有出现在中国国力较弱的改革开放初期以及上个世纪90年代，而是出现在中国综合国力快速增长的最近十年。

但是，中国法制特别是法学对西方法律文化的新一轮推崇，一如中国法学史上反复发生的故事一样，同时引发了学术界一批学者的质疑和批评。所不同的是，这波质疑、抵制和批评在中国重新崛起和文化恢复自信的背景下，来得更加猛烈和强势。北京大学苏力教授的评论非常尖锐，他在一篇文章中写道：“我们的法学基本上是在炒西方学者的冷饭。没有自己的见识和洞察力，没有自己的发现，乃至在国内的其他学科面前，也被讥笑为‘幼稚的法学’。这种状况是中国法学家的一种耻辱。”清华大学高鸿钧教授问道：“缺乏西方法治传统的中国，能够通过法律西化的途径而走向现代法治吗？”他进而断言：“如果我们‘执迷不悟’，继续演绎时下如火如荼的法律‘洋务运动’，则有可能使中国法治现代化的进程误入歧途。”青年一代的学者中也有不少人呼应上述观点，“一种只知道模仿西方，而不重视自己的传统与现实，也不注重对元命题进行追问的法理学，如何能够产生原创性的思想？”

尽管存在上述问题，我们同时又应当看到，这是中国法学和当代法律文化实现跨越式发展难以逾越的一个阶段。在这一阶段，除了一定程度上确有盲目崇拜西方、“食洋不化”的问题外，我国法学研究和法律文化建设在经过近10年的“开放式”发展后，也取得了丰硕的成果。法学研究的视野大大开阔，研究方法和手段不断丰富，学术规范日趋严格并基本可与国际接轨，使得中国法学在不长的时间内即具备了与西方法学交流和对话的基础，为中国法学和当代中国法律文化未来“走出去”创造了有利条件。

在经过近10年对西方法学的“敞开心扉”之后，我国法学和当代法律文化是否又将迎来一次深刻的历史性转变？在这次转变之后，当代中国法学与法律文化是否从此将走上一条既有中国特色，又有非凡创新能力，能够与西方发达国家的法学和法律文化并驾齐驱（当然我们现在还不能奢谈超越）的康庄大道？关于这个问题学术界肯定有不同看法，但对于我国当代法学与法律文化存在的突出问题的解读似乎正在形成共识。中国社会与西方之间无论在政治上还是在文化上都存在显而易见的差异，我国当代法学和法律文化对西方法学与法律文化的“跟随”，无疑拉近了两者的距离，增加了两者之间的共同点，但同时也造成法学理论与社会实践之间形成“两张皮”现象。“两张皮”现象不消除，法学研究和法律文化建设取得的成果再多，也只能是虚假繁荣。其次，我国法学和法律文化与西方法学以及法律文化距离的拉近为彼此的对话和交流创造了条件，但如果中国当代法学和法律文化没有自己的东西，根本不可能与西方法学和法律文化展开平等的对话和交流。所有西方发达国家的法学在研究本国的公法现象与公法问题时，毫无例外皆以本国的法律与法学资源为主，没有一个国家会大量借助外国法律和法学资源分析并解决本国的问题，更不可能将外国学者的论述当作解决本国问题的圭臬，这给予我们什么样的启示？

中国正在快速崛起，其经济政治社会变化之快、之复杂在世界历史上没有先例。当中国以一种开放但不同于西方的方法取得成功之后，中国法学和法律文化体系不可能以西方法学现成的知识体系来解释中国复杂的公法现象，并为解决中国独特的公法问题提供科学、理性的答案。中国法学以对西方法学和法律文化的“跟随式”研究为主流的研究范式又将面临一次重大转型。这一转型将在中国法学研究和法律文化建设的历史进程中产生深远影响。在新的发展阶段，中国当代法学和法律文化建设仍会继续对西方开放，大量运用比较法材料开展法学研究的“偏好”短期内还不会有显著变化，但是，中国法学者对西方法制与法学、对自身的法律传统与法律资源不会再采取“厚此薄彼”的态度，而将趋于理性。中国法学论文依靠简单阐述西方法学知识即可论证中国特有法律问题的时代将历史性地成为过去。《法学研究》近年在选发法学论文时已非常重视论文作者是否解决好“西方材料”与“中国语境”的联结问题，即“那个观点或方法对西方有用，为什么移到中国来依然适用?”

中国法学和法律文化依靠“对外开放”实现了对自己原有知识体系的创新，而如今当代中国法学和法律文化已经走到了需要对它的“老师”——西方法学和法律文化进行创新的阶段。实现这一目标的路径只有一个，即中国法学须将研究的重点由“跟随西方”转为深挖中国法学和法律文化的本土资源。从这个意义上讲，中国法学和法律文化建设又将面临一次重大的历史性转型，并且转型的时机已经到来，而转型成功与否的一个重要标志则是中国法学从此彻底摆脱“中西”之争，摆脱“扬中拒西”或“褒西贬中”交替轮回的怪圈，真正以科学、冷静的同一标准对待中西方法学成果与法律文化。

中国是世界上经济成长最快的国家，据研究，再过10年左右中国的经济规模将逼近美国，少数乐观的研究甚至预测在2020年前后，中国的GDP总量将赶超美国，成为世界第一；而人均GDP也将达到1万美元左右。中国应当说创造了人类发展史上的奇迹。这一奇迹对中国法制、法学和法律文化的未来将产生如下重要影响：

第一，当代中国政治和社会体制的正当性很大程度上来源于中国创造的发展奇迹，而支撑这一奇迹最根本的政策基础是“改革开放”。我们有理由认为中国自1978年以来始终坚持的改革开放的基本路线在未来十年会一直延续下去，这就决定未来现代化的、具有中国特色的法律文化不会出现“走回头路”或者“完全西化”的前景。

第二，未来中国经济和社会的惊人发展必将加速中国文化自觉和自信的进程。一个国家的崛起必然伴随其文化的复兴，法律文化是一国文化的重要组成部分，中国文化的自觉、自信势将催生和推动中国法律文化的再次复兴。未来十年西方法学和法律文化对中国法学与法律文化的发展可能仍将继续保持较大的影响，但这种单向度的影响将显著趋弱。

在重新审视中国传统法律文化的价值和作用时，我们必须保持清醒的头脑。“中国传统法律文化留给我们的历史遗产中既有千斤重负，又有万两黄金。”我们不能因为需要反对全盘西化，而走到过分夸大中国传统法律文化现实意义的另一个极端。中国当代法律文化是与中国特色社会主义发展道路相适应的法律文化，具有很强的意识形态属性，对当代中国法律文化建设最具决定性和影响力的两个要素分别是中国现阶段及未来可预见时间内的国情特别是法治国情，以及中国化的、不断发展的马克思主义。与这两个要素相比，汲取传统法律文化和西方法律文化中的有益成分固然重要，但毕竟不能占据主导地位。

政法干警核心价值观和检察文化建设

最高人民检察院　胡尹庐

文化是篇大文章。在纪念毛泽东同志《在延安文艺座谈会上的讲话》发表70周年、全党全国人民深入贯彻党的十七届六中全会精神之际，举办首届中国检察官文化论坛很有意义。借此机会，我谈一谈政法干警核心价值观与检察文化建设的问题。这个选题很好，很有针对性，非常切合当前的实际，对我们理清工作思路，深入开展政法干警核心价值观教育实践活动，稳步推进检察文化建设具有重要意义。这里，我谈三个观点，供大家参考。

第一，必须通过树立和践行政法干警核心价值观来引领、形成先进的检察文化。什么是核心价值观，什么是文化，这里涉及到几个概念。一般认为，价值观是有别于事实判断和科学知识的另一类认识形式，是判断是非曲直、真善美与假恶丑的一种价值准则，核心价值观是人们基于一定的世界观、人生观形成的基本价值取向和最高价值判断标准，对人的思想和行为起着统领和支配的作用，是指导人们行动的指南。而文化的概念，可以说是多种多样，十分复杂。我们一般认为文化是指人们在长期的生活实践中所形成的普遍的价值观，以及在该种价值观影响下形成的生活方式和行为方式的总和。可见文化的内涵是价值观，价值观在社会文化中居于核心地位，是文化的精神之所在。不同文化之间的差异，最主要的就是价值观的差异；不同文化间的冲突，最主要的也是价值观的冲突。比如，西方资产阶级主张的是“自由、民主、平等、博爱”，而我国封建社会儒家文化倡导的是“礼、义、仁、智、信”，那么，这两种文化就有很大的差异。我们再来看看中国封建社会知识分子精英群体崇尚的是一种什么样的价值观。历代中国文人，留下了很多的名言警句。比如，“修身齐家治国平天下”，“先天下之忧而忧，后天下之乐而乐”，“位卑未敢忘忧国”，“为天地立心，为生命立命，为往圣继绝学，为万世开太平”，还有温家宝总理经常引用的林则徐的诗句“苟利国家生死以，岂因祸福避趋之”。这其中蕴含的就是旧时代知识分子精英群体的一种核心的价值观，也就是“士大夫精神”，归纳起来就是“尽职、担当、奉献”，对于维护当时的社会稳定、推动社会进步发挥了不可替代的作用。

改革开放以来，我们党在治国理政方面取得了飞跃性的进步，特别是党的十七届六中全会对推动社会主义文化大发展大繁荣作出战略部署，强调要推进社会主义核心价值体系建设，这对于巩固全党全国各族人民团结奋斗的共同思想道德基础，形成强大的精神力量具有重要作用。但是，从这些年的实践看，如何在操作层面上把社会主义核心价值体系变成全民喜闻乐见、身体力行的精神支撑和价值认同，显然功夫还不到位，还有大量艰苦细致的工作需要各地各行业来共同努力。

以“忠诚、为民、公正、廉洁”为主要内容的政法干警核心价值观，是检察文化的灵魂，它鲜明地回答了什么是和如何坚持政法干警的政治本色、宗旨理念、价值追求、基本操守等根本问题，反映了社会主义法治理念的本质要求，体现了政法机关的根本属性，这是检察人员的立身之本、执业之基、发展之源。只有把握了政法干警核心价值观，才能明确检察文化建设的正确方向，才能规范检察文化的主要内容，才能体现检察文化的职业特色，才能形成先进的检察文化。

第二，开展政法干警核心价值观教育实践活动，必须借助文化载体实现“文化育检、文化兴检”。当前，随着社会主义经济结构、利益结构的深刻变化，人们思想的独立性、选择性、多变性、差异性明显增强，价值取向日益多元，加之西方敌对势力加紧对意识形态领域的渗透，检察队伍面临严峻的挑战和考验。建设一支政治坚定、业务精通、作风优良、执法公正的高素质检察队伍是检察机关的重要任务。为此，中央今年专门部署了在政法机关开展政法干警核心价值观教育实践活动，高检院对此也提出了明确要求。要求广大检察人员原原本本地学习有关重要文献，深入开展大学习、大讨论和各类教育培训活动，深刻领会政法干警核心价值观和保持党员干部纯洁性的本质要求，进一步坚守忠诚的政治本色，筑牢为民的宗旨理念，坚定公正的价值追求，恪守廉洁的基本操守。无疑开展正面教育是非常必需的，也是非常必要的。但是，要使政法干警核心价值观真正地内化于心、外践于行，并成为广大检察人员自觉遵行的行为准则，仅靠一段时间的集中教育是不够的，效果也是有限的。这就类似于我们常说的经济领域有看得见的手和看不见的手的关系（即宏观调控和市场配置的关系），文化起着潜移默化、润物无声的独特作用，它往往比宏观的、大而化之的正面说教更有穿透力、说服力和持久影响力。所以，我们说要“用科学的理论武装人，用正确的舆论引导人，用高尚的精神塑造人，用优秀的作品鼓舞人”，实际上就是要走“以文化人”这条必由之路。

第三，要认真思考检察文化建设的路径问题。首先，检察文化建设要尊重规律，走渐进式发展道路。文化艺术有它自身的生长规律，从来都不会因为一哄而起、贪大求全、急功近利、官话套话就能大发展大繁荣。历史因积淀而形成，文化因传承而丰富。一部精品力作总是需要时间来打磨，一个文化大家的诞生，总是离不开特定的环境、土壤与时代。检察文化作为一个新的领域，它的历史比较短暂，还需要我们深入研究它的性质、内涵、功能、特色，把握其内在发展规律。其次，检察文化建设要注意把握核心，走内涵式发展道路。文化之神永远大于文化之形，文化之道永远大于文化之术。文化不同于有形的经济，它作为价值的体现和精神的凝聚，具有内在性和深层性的特点，如果不能把握这个价值灵魂，那么很多有声有色、有形有状、轰轰烈烈的文化活动和文化建设可能就会流于形式，无法真正实现文化自觉和文化自强。大家可能注意到，在前年召开的检察文化暨法治文化理论研讨会上，有学者把检察文化分为“检察的文化”和“文化的检察”两部分，其中“检察的文化”是指涉及检察工作的文化活动，“文化的检察”是指国家检察制度、国家检察机关和检察人员的活动及其物化的载体之中蕴含的文化底蕴和内核，也即国家检察活动背后所蕴含的具有文化意义的内在精神、思维方式、行为习惯等，认为检察文化建设的核心就是要把对检察人员的理想要求转化为从心灵和思想深处支配检察人员思维和行动的内在文化。这一观点对我们很有启发，就是说检察文化的重点应当着眼于如何塑造检察人员的职业信仰、职业精神、职业行为和职业素养。再次，检察文化建设要注意突出检察人员的主体地位。曹建明检察长在中国检察官文联成立大会上的讲话中指出，“要坚持眼睛向内、重心向下、以我为主，把满足检察人员日益增长的文化需求，作为检察文化建设的出发点和落脚点，把广大检察人员认可不认可、满意不满意，作为评价检察文化建设成效的重要标准”。高检院党组在学习贯彻党的十七届六中全会精神时再次强调，检察文化建设要坚持贴近检察实际，贴近基层一线，坚持广大检察人员在检察文化建设中的主体地位，因地制宜组织广大检察人员乐于参与、便于参与的文化活动，精心培育植根检察人员、服务检察人员的文化载体，加强优秀文艺作品创作，加强优秀传统文化思想价值的挖掘和阐发，引导广大检察人员在文化建设中自我教育、自我表现、自我服务，为更好满足检察人员精神需求，丰富检察人员精神世界，增强检察人员精神力量，创造良好的文化条件。这是我们今后推进检察文化建设需要把握的一项重要原则，同时，检察文化作为一种职业文化，本身是随着时间的推移、随着历史的积淀而不断形成发展的，在这个过程中每一位检察人员的微观实践至关重要。

（胡尹庐同志时任最高人民检察院政治部副主任，中国检察官文联副主席。）

中国检察官文学艺术联合会
第一届委员会主席、副主席、秘书长

张 耕

李如林

胡尹庐

张本才

高保京

杨学工

郑鲁宁

雷万亚

杨 明

主　　席 张 耕
副 主 席 李如林　胡尹庐　张本才　高保京　杨学工　郑鲁宁　雷万亚
秘 书 长 杨 明

1. 2012 年 12 月 11 日至 18 日，最高人民检察院曹建明检察长等领导出席全国检察机关“廉洁从检”书画摄影展。
2. 2012 年 7 月 13 日，中组部、中直工委、中国文联来中国检察官文学联合会调研党建工作。
3. 2012 年 11 月 16 日，中国检察官文联秘书处召开党的十八大精神专题学习会 。
4. 2012 年 2 月 29 日至 3 月 1 日，在江苏省南京市举行“以梅喻检”文化活动。
5. 2012 年 5 月 24 日至 26 日，在陕西省延安市举行首届中国检察官文化论坛 。
6. 2012 年 8 月 4 日至 6 日，在山东省枣庄市举行“以荷喻检”文化活动 。

1	2
3	4
5	6

中国检察官文学艺术联合会

1. 2012年5月25日，中国检察官文联第一届委员会第一次常委会在延安召开。
2. 2012年9月16日，中国检察官文联在第三届中国职工艺术节“开滦杯”声乐展演中获“优秀组织奖”。
3. 2012年12月1日，中国检察官文联会刊《检魂》创刊问计座谈会在京召开。
4. 2012年6月11日，《中国特色社会主义检察文化理论研究》课题组会议在北京召开。
5. 2012年9月17日至27日，中国检察文化代表团访问土耳其司法学院。
6. 2012年1月6日至8日，首届“迎新春、送文化”活动在北京举行，全体春联书写创作人员集体送“福”。

1	2
3	4
5	6

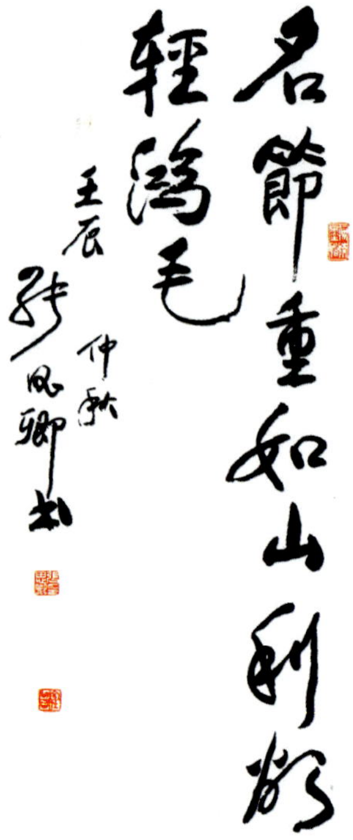

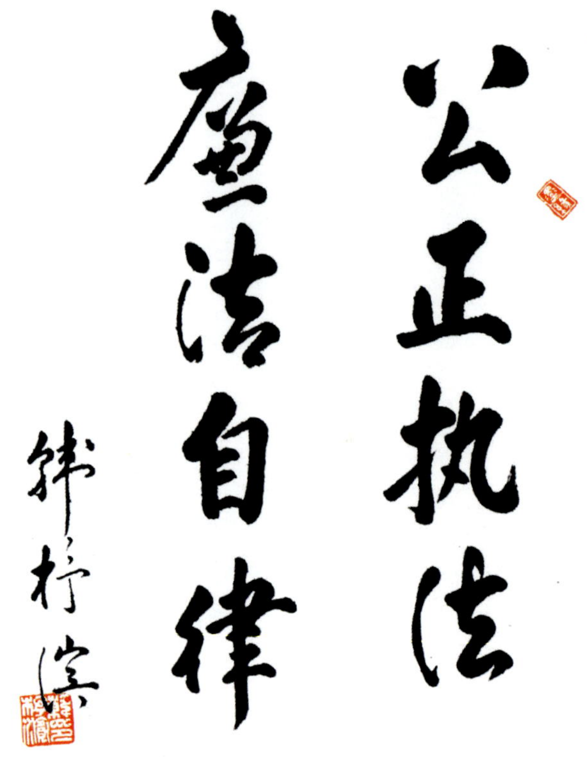

1	2
3	4

1. 张思卿《名节重如山 利欲轻鸿毛》 最高人民检察院原检察长、全国政协原副主席
2. 韩杼滨《公正执法 廉洁自律》 中国法学会会长、最高人民检察院原检察长
3. 贾春旺《廉洁从检》 最高人民检察院原检察长
4. 王文元《先天下之忧而忧 后天下之乐而乐》 最高人民检察院原副检察长、全国政协原副主席

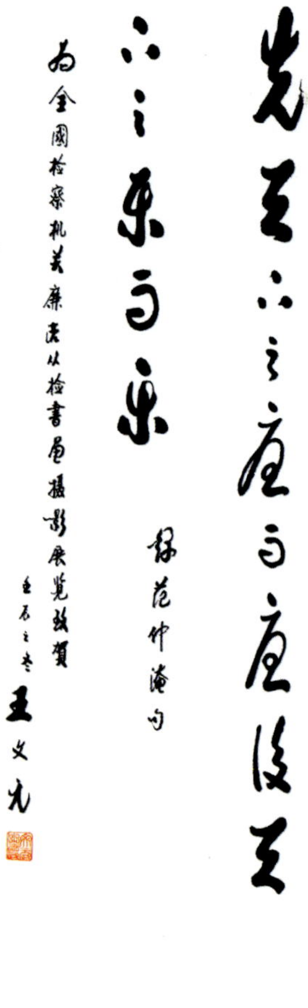

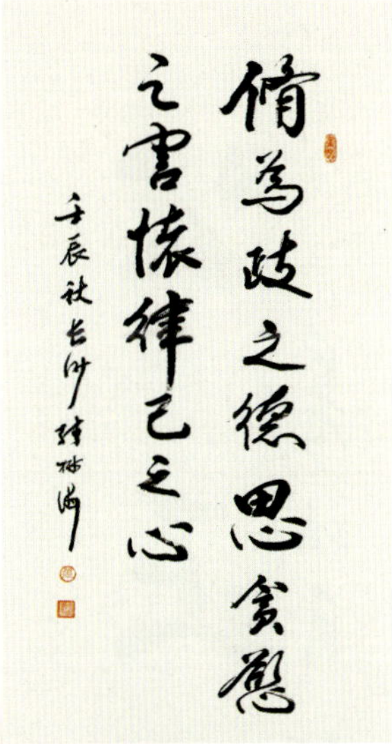

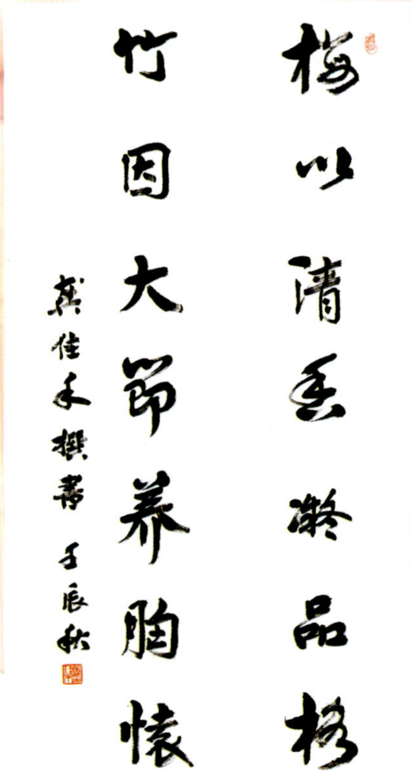

1. 梁国庆《笔直》　最高人民检察院原常务副检察长
2. 张　耕《清廉》　全国政协教科文卫体委员会副主任、中国检察官文学艺术联合会主席、最高人民检察院原常务副检察长
3. 张　耕《荷塘清风 彰显检察精神》　全国政协教科文卫体委员会副主任、中国检察官文学艺术联合会主席、最高人民检察院原常务副检察长
4. 张树海《修为政之德 思贪欲之害 怀律己之心》　湖南省人民检察院原检察长
5. 龚佳禾《梅以清香凝品格 竹因大节养胸怀》　湖南省人民检察院检察长
6. 张少康《思廉》　广西壮族自治区人民检察院检察长

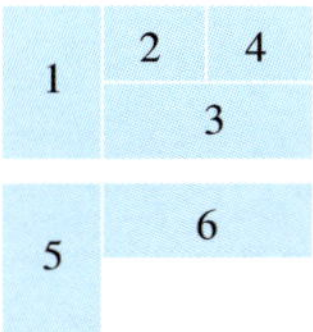

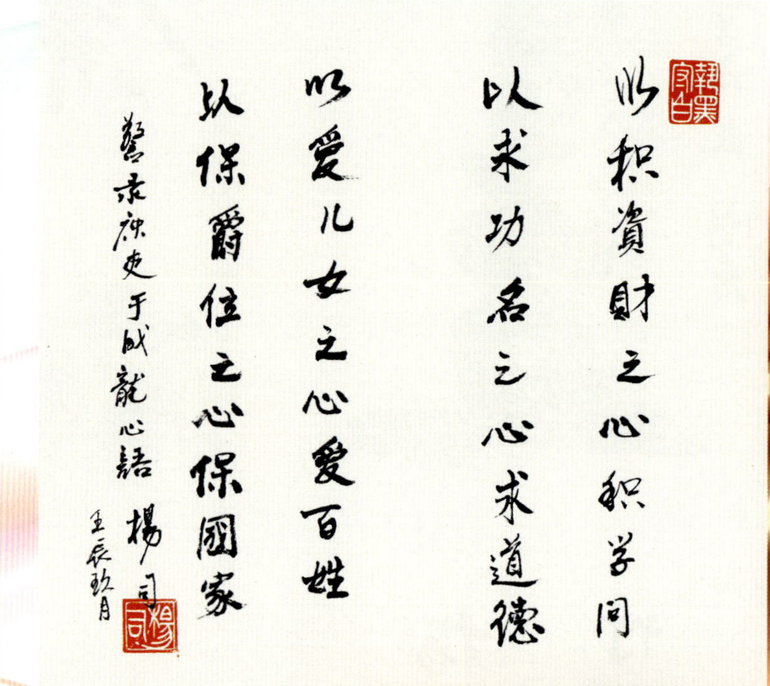

1	2
	3
4	5

1. 杨克勤《忠诚为民 公正廉洁》 吉林省人民检察院检察长
2. 张本才《颂莲》 最高人民检察院计划财务装备局局长
3. 杨　司《于成龙心语》 山西省人民检察院检察长
4. 张培中《布达拉宫》 西藏自治区人民检察院检察长
5. 张培中《冈仁波齐峰》 西藏自治区人民检察院检察长

全国检察机关"廉洁从检"书画摄影展·书法一等奖

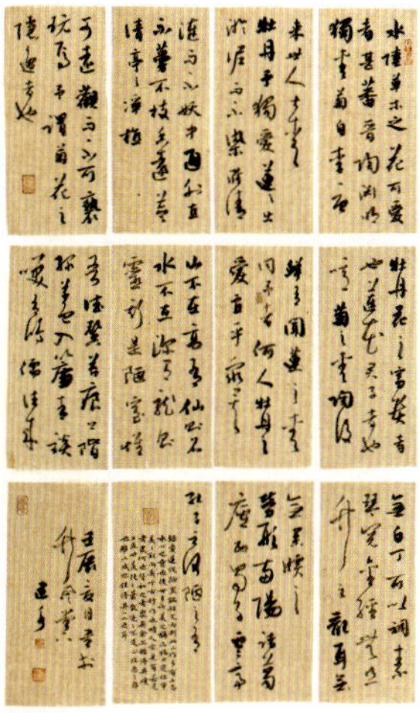

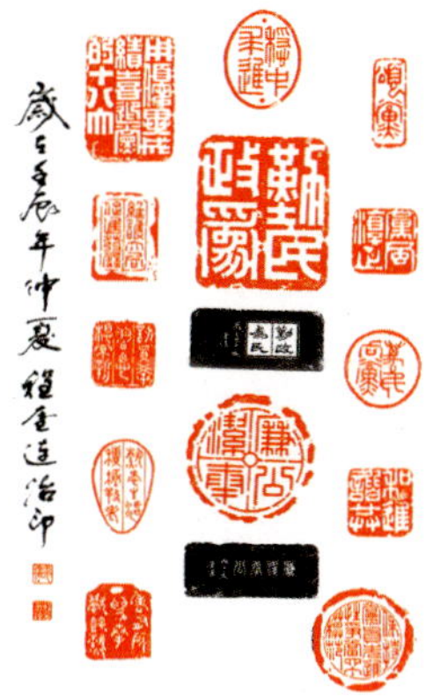

1. 陈辉昆《人因寡欲颜常好 官守清廉梦亦闲》 天津市人民检察院
2. 刘燕飞《有感金纪文先进事迹》 江苏省昆山市人民检察院
3. 李建水 录《爱莲说》、《陋室铭》 短文两则 山东省夏津县人民检察院
4. 董正夫《古诗四首》 安徽省萧县人民检察院
5. 程奎连《篆刻》 江苏省海安县人民检察院
6. 霍玉辰 唐·陆龟蒙《白莲》 河北省邯郸市人民检察院
7. 包书强 唐·李白《古风·碧荷生幽泉》 山东省宁津县人民检察院

1	2	3	5
4		6	7

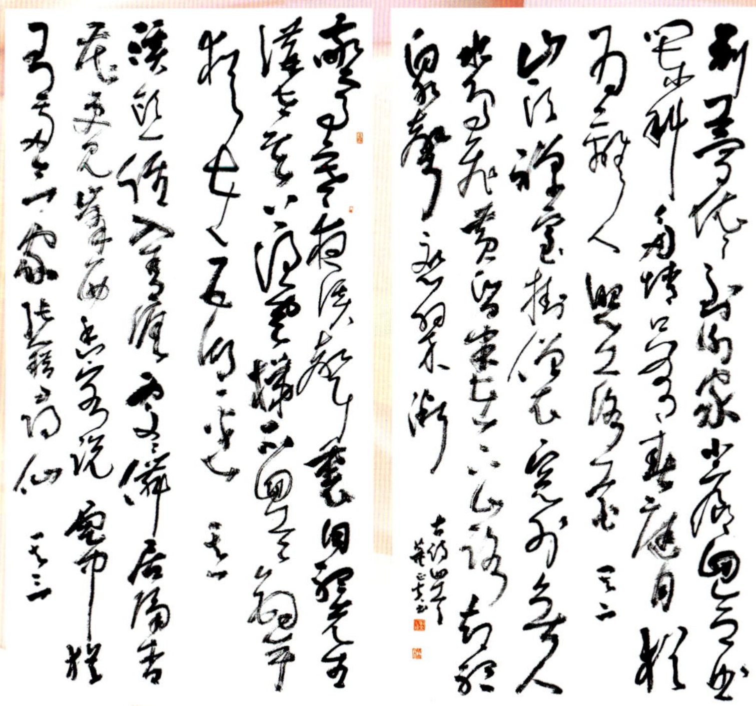

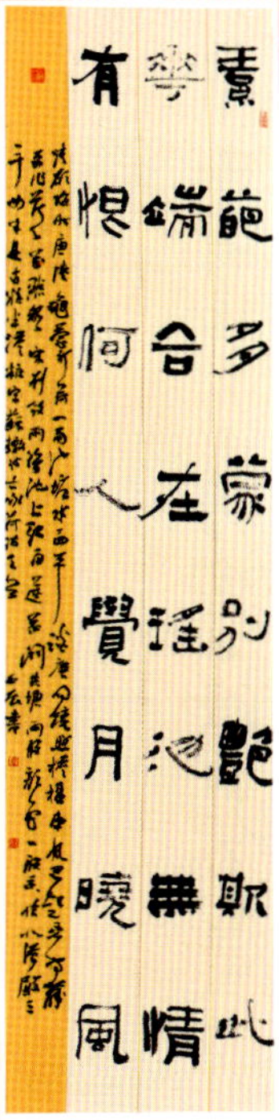

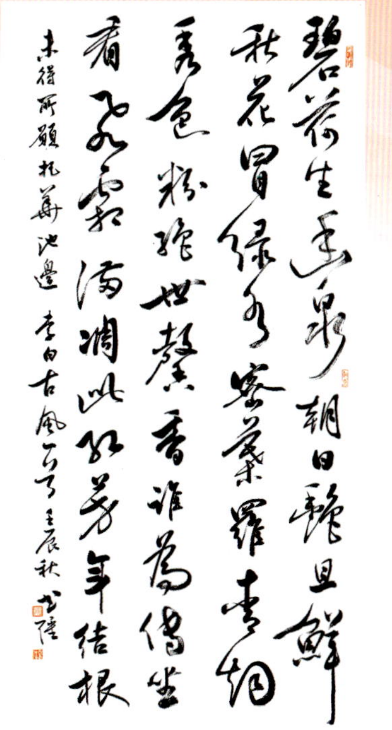

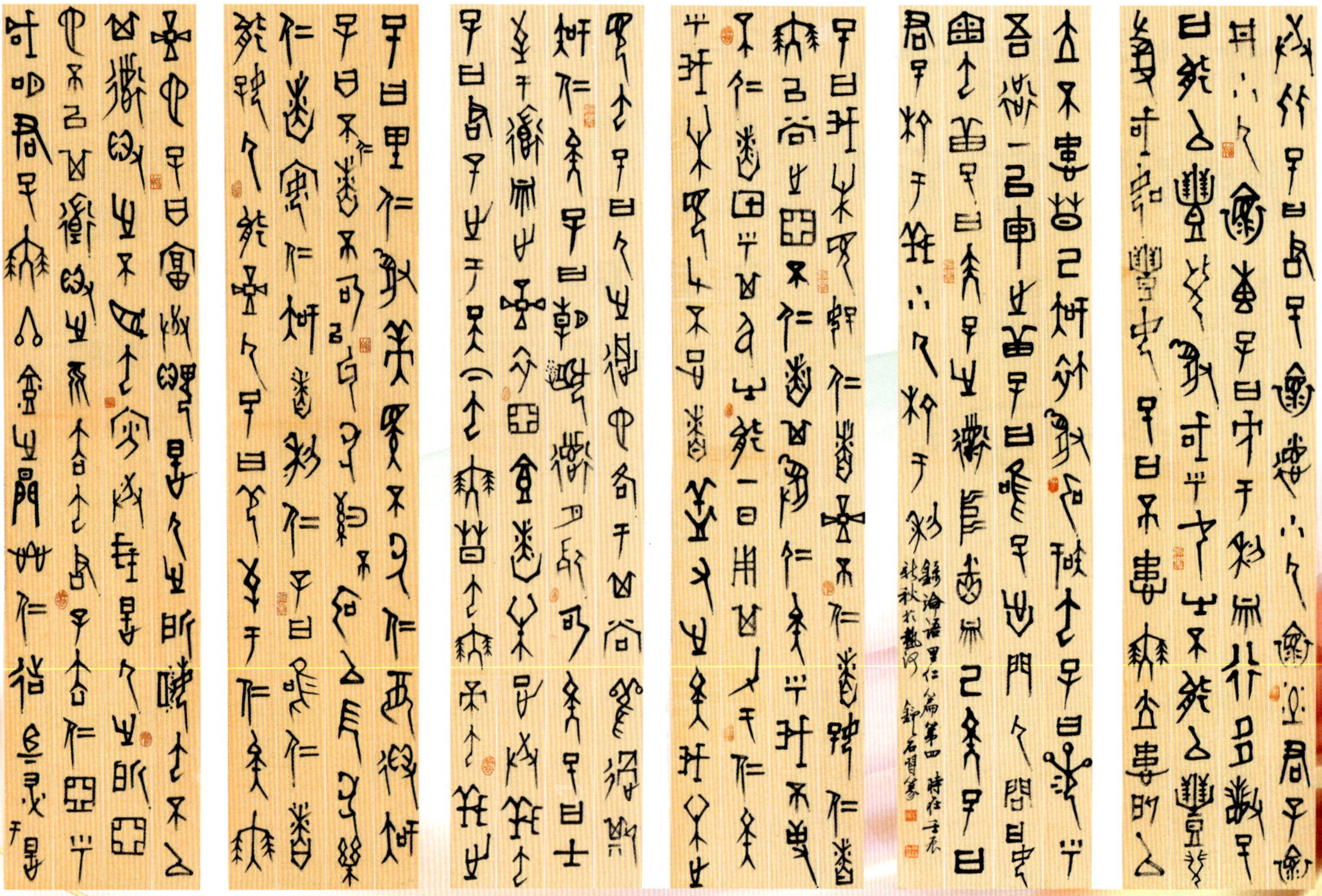

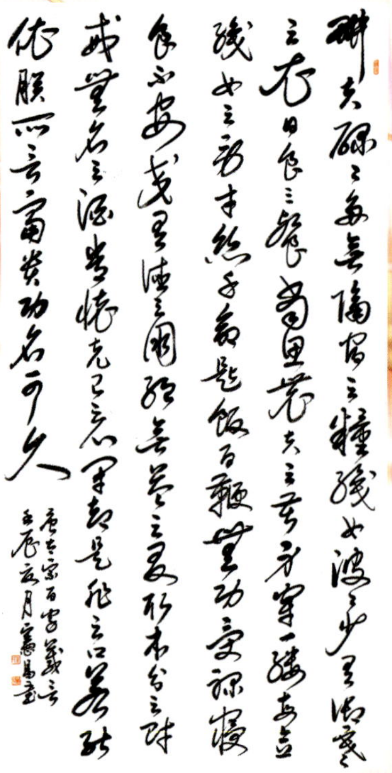

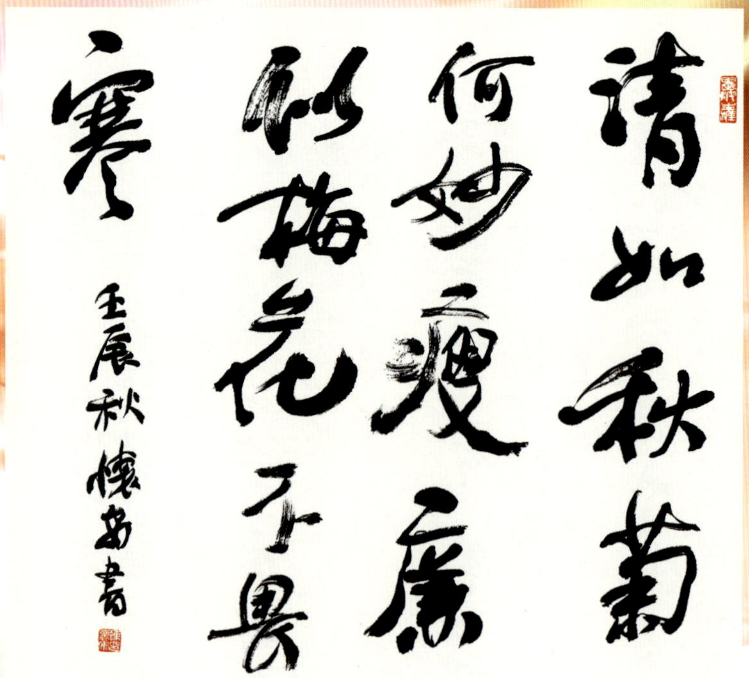

1. 孙权 甲骨文《论语·里仁篇》节录　河北省承德市人民检察院
2. 孟宪昌《唐太宗百字箴言》　河北省人民检察院
3. 陈怀安《清如秋菊何妨瘦 廉似梅花不畏寒》　安徽省人民检察院

1	
2	3

全国检察机关“廉洁从检”书画摄影展·书法二等奖

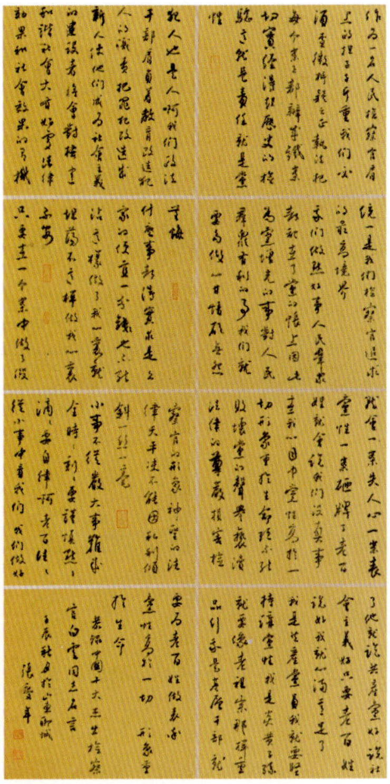

1 2
3 7
4 5 6

1. 张庆年 录《检察官白云箴言》 山东省聊城市东昌府区人民检察院
2. 孙新龙 《有关家国书常读 无益身心事莫为》 浙江省天台县人民检察院
3. 林广成 《自身正 自身净 自身硬》 广西壮族自治区人民检察院
4. 张建军 《廉政锦言》 湖北省武汉市人民检察院
5. 陈代光 文天祥《正气歌》 江西省南昌市人民检察院
6. 郑建华 《篆刻》 上海市黄浦区人民检察院
7. 孔博为 吕本中《官箴》节录 河北省大城县人民检察院

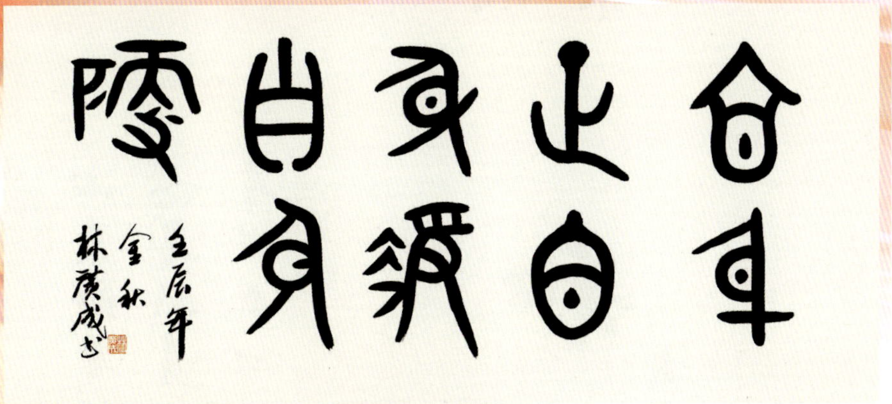

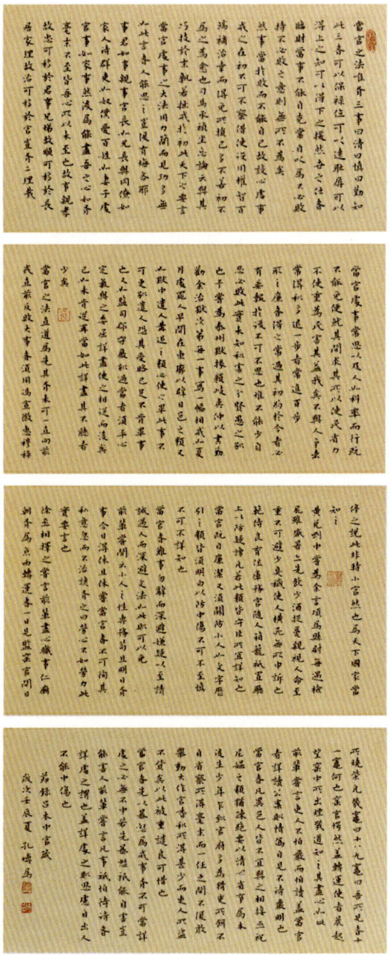

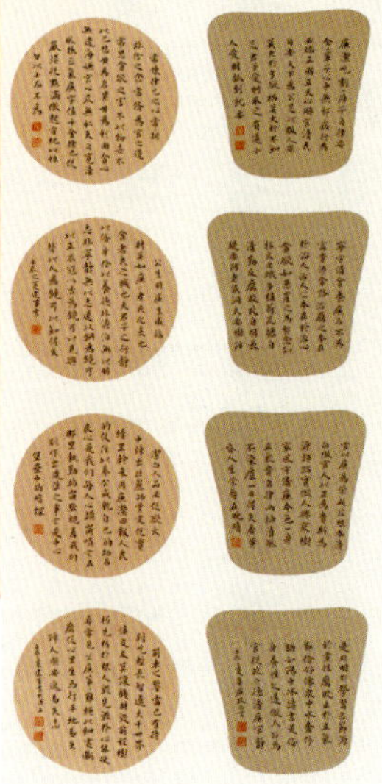

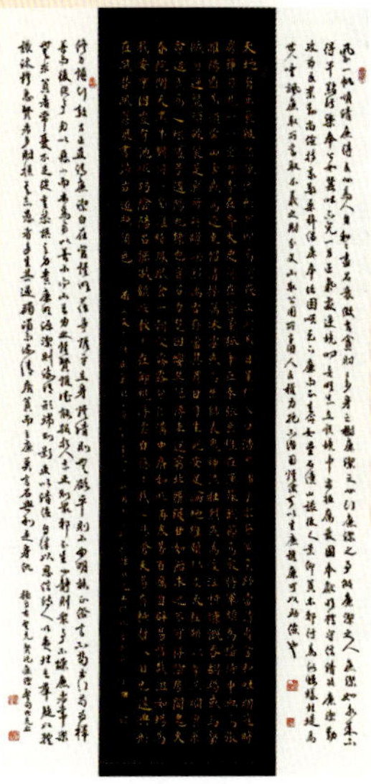

	1	2
3	4	5

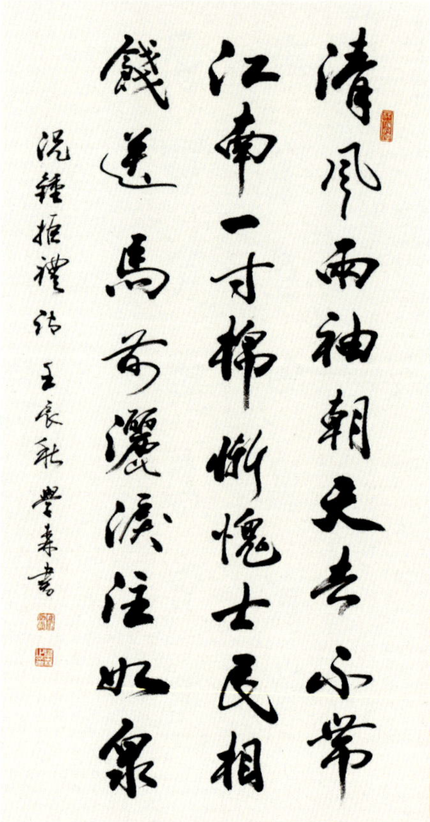

1. 安学森 明·况钟《拒礼诗》 山东省人民检察院济南铁路运输分院
2. 任俊威《反腐合民意万里中华春浩荡 崇廉正党风九天日月景辉煌》 山西省忻州市人民检察院
3. 鲁佳利《俭以养德》 黑龙江省依安县人民检察院
4. 马俊欣《和德清正》 河南省郏县人民检察院
5. 王君安《邵明强箴言》 山东省莒县人民检察院

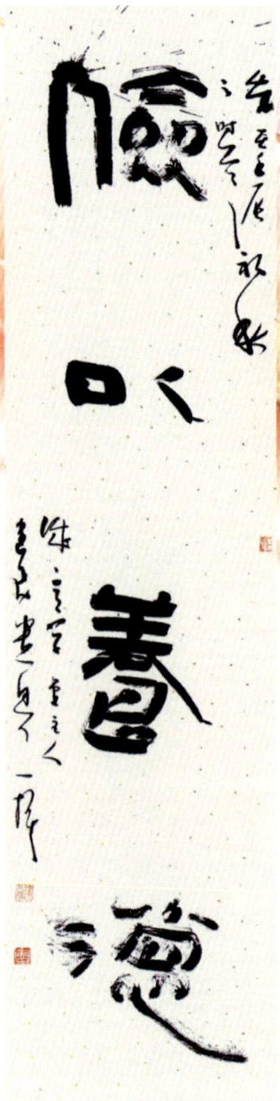

全国检察机关"廉洁从检"书画摄影展·书法三等奖

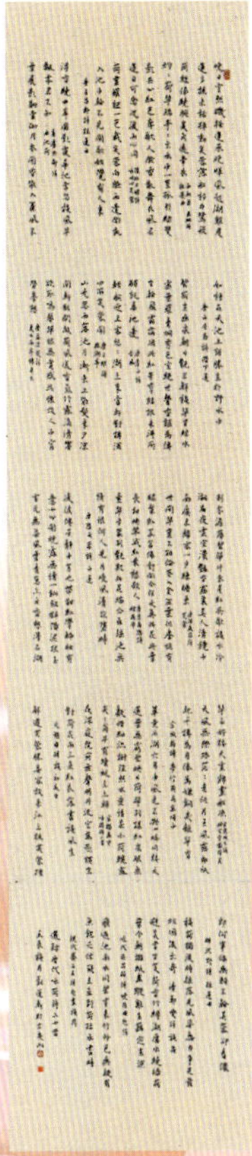

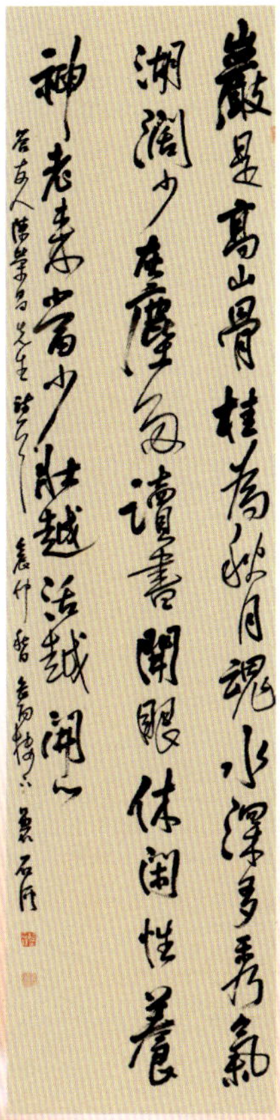

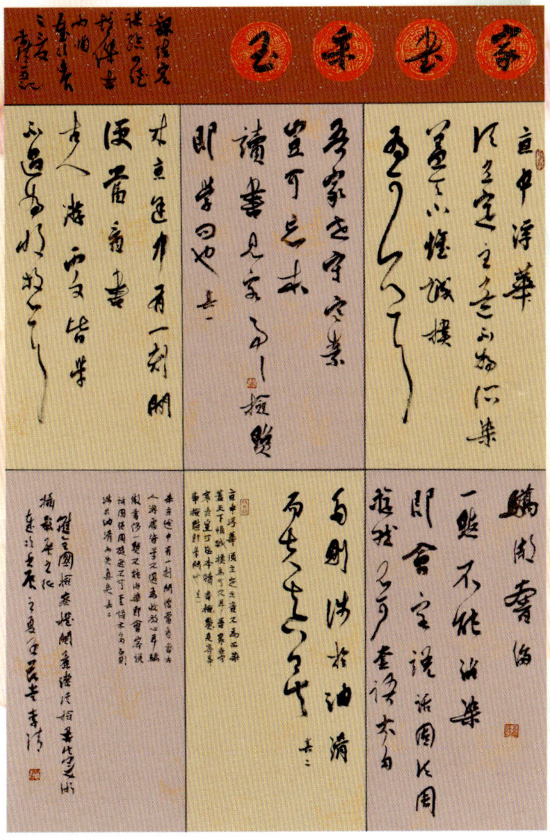

1 2 3 4
5 6

1. 李建刚《廉养德》 广东省佛山市人民检察院
2. 刘运轩《唐代咏荷诗二十首节录》 河南省开封市人民检察院
3. 李　林《朗月照人 如鉴临水》 辽宁省辽阳市白塔区人民检察院
4. 杨石溪《答友人》 湖南省岳阳市人民检察院
5. 李　清 陈宏谋《给四侄钟杰书》节录 江西省丰城市人民检察院
6. 雷渊杰《浩然正气》 湖南省临武县人民检察院

全国检察机关"廉洁从检"书画摄影展·书法三等奖

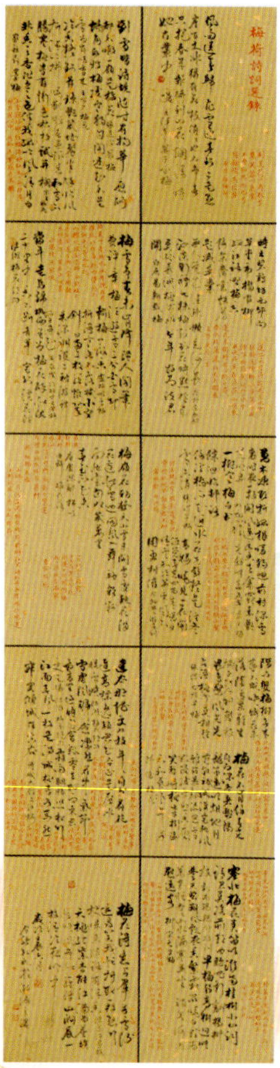

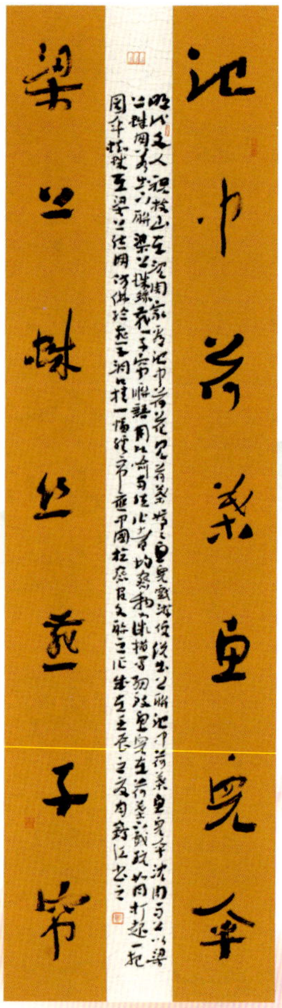

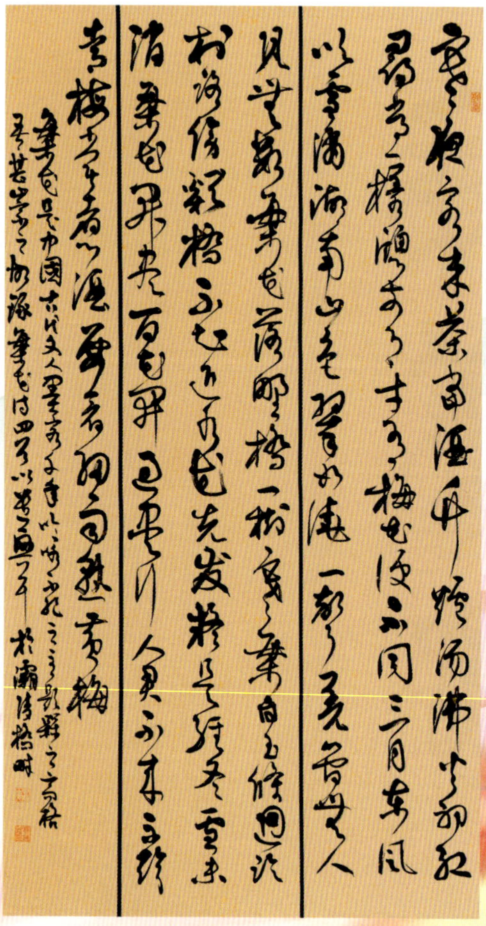

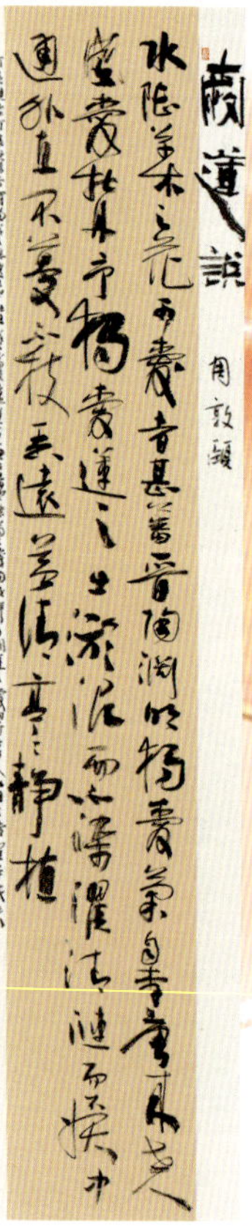

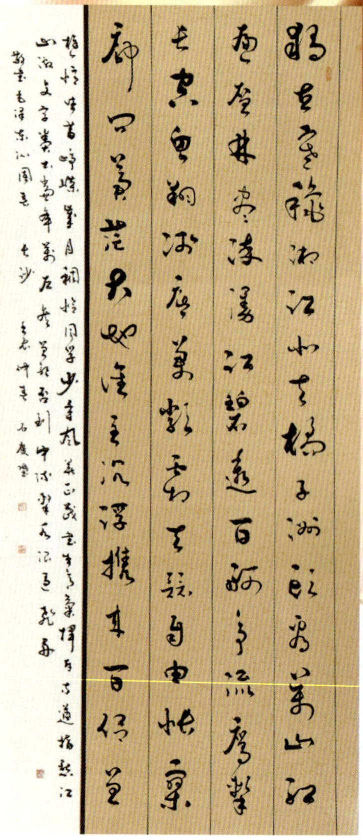

1	2	3
4	5	

1. 孔令驰《梅荷诗词选录》 河北省秦皇岛市人民检察院
2. 周合江《池中荷叶鱼儿伞 梁上蛛丝燕子帘》 陕西省绥德县人民检察院
3. 高海龙《咏梅诗》 甘肃省渭源县人民检察院
4. 辛 平 宋·周敦颐《爱莲说》节录 江苏省泰兴市人民检察院
5. 石庆壁 毛泽东《沁园春·长沙》 宁夏回族自治区隆德县人民检察院

全国检察机关“廉洁从检”书画摄影展·书法三等奖

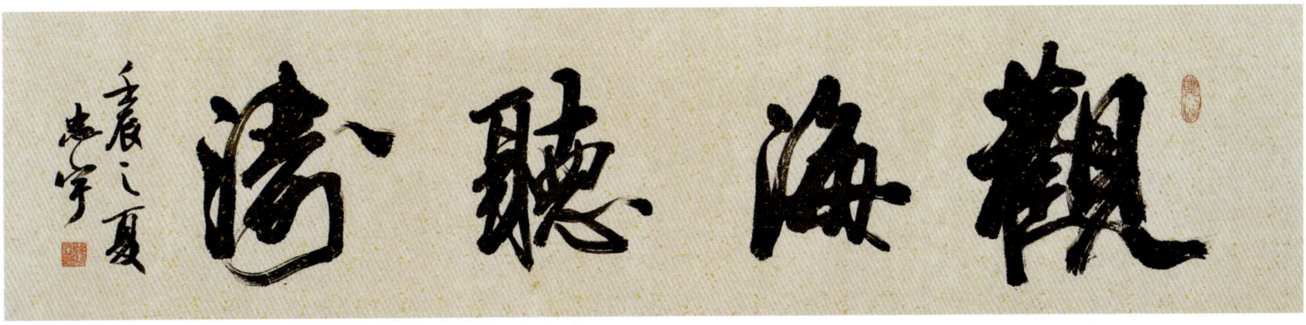

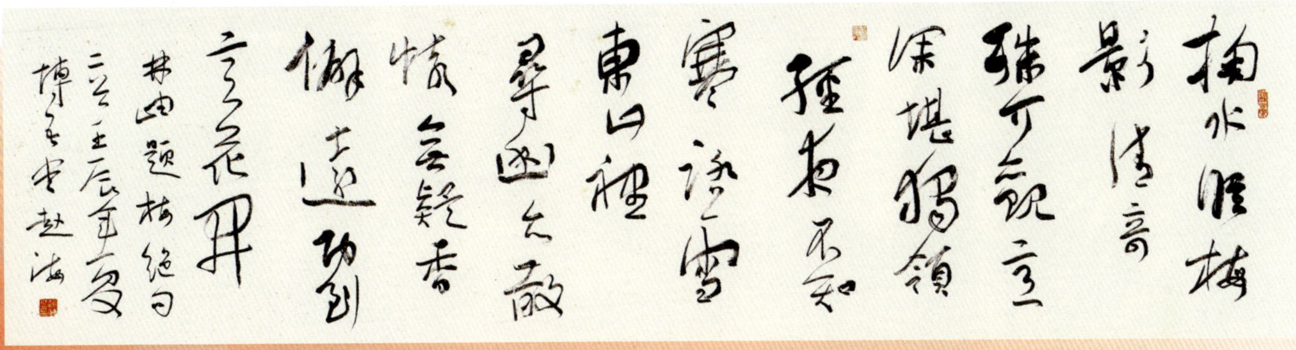

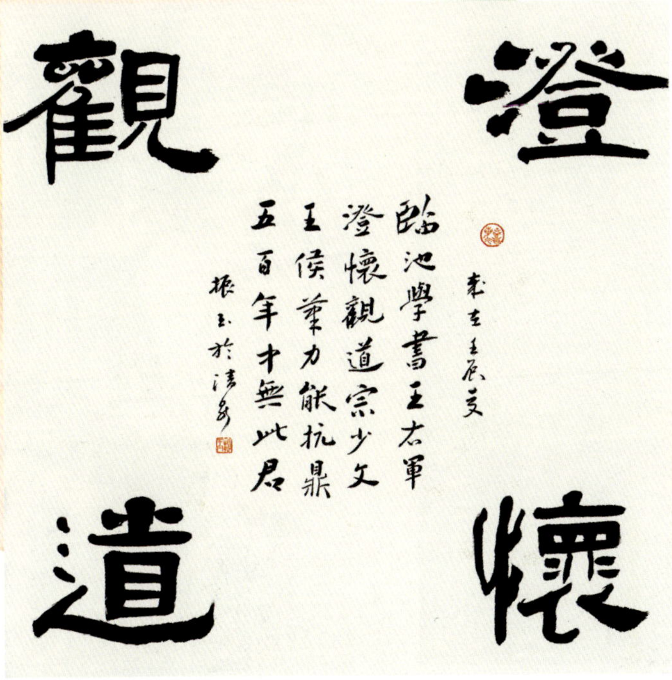

1	
2	
3	4

1. 黄忠宇《观海听涛》　上海市嘉定区人民检察院
2. 赵　海 林岫《题梅绝句》　四川省广元市人民检察院
3. 陈振玉《澄怀观道》　海南省人民检察院第一分院
4. 曹志刚《荷塘月色》　湖南省人民检察院

全国检察机关“廉洁从检”书画摄影展·美术一等奖

1. 张升臣《新中国反贪第一案》 山东省人民检察院
2. 陈义志《秋清泉气香》 四川省眉山市人民检察院
3. 龙丽荣《雨后春笋》 甘肃省兰州市人民检察院

1	
2	3

全国检察机关"廉洁从检"书画摄影展·美术二等奖

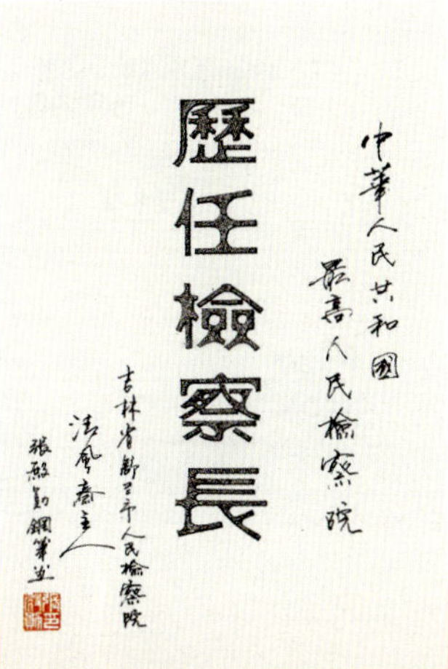

张殿勋《共和国历任检察长》（钢笔肖像画） 吉林省舒兰市人民检察院

全国检察机关“廉洁从检”书画摄影展·美术二等奖

1. 黄伯君 《春风沐山林 清泉濯丘壑》 浙江省桐庐县人民检察院
2. 马光剑 《荷鹤图》 四川省成都市人民检察院
3. 王世勇 《家居山水间》 安徽省合肥市人民检察院
4. 陈革 连环画《郁林石》 甘肃省兰州市人民检察院
5. 盘树高 《板桥听竹》 湖南省永州市人民检察院
6. 王良 《又见廉风抚家乡》 海南省人民检察院
7. 王辉 《风雪铸忠魂》 甘肃省通渭县人民检察院

全国检察机关“廉洁从检”书画摄影展·美术三等奖

1. 徐志斌《事事清白》 山东省淄博市淄川区人民检察院
2. 杨玉勋《腊梅》 福建省福州市人民检察院
3. 杨云仙《冰清玉洁》 浙江省舟山市人民检察院
4. 管希诚《周恩来》 甘肃省兰州市七里河区人民检察院
5. 王 博《走好每一步》 重庆市黔江区人民检察院
6. 杨奔骅《红梅傲雪洁无尘》 上海市松江区人民检察院

1	2
3	
4	5
	6

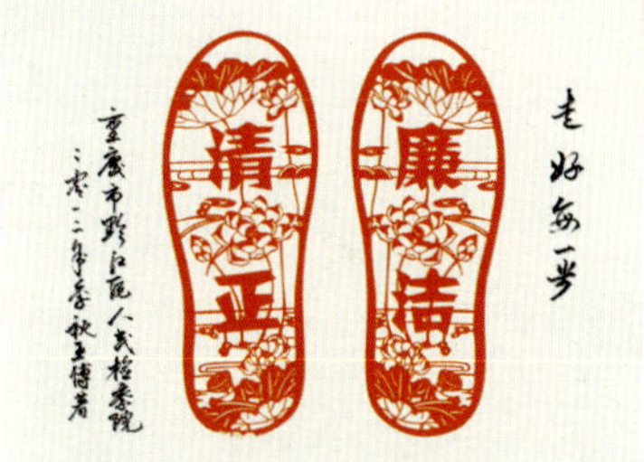

全国检察机关“廉洁从检”书画摄影展·美术三等奖

1. 蔡阳先《清正图》 江西省万年县人民检察院
2. 张建军 油画《雨后巴黎》 河北省邢台市桥西区人民检察院
3. 费龙文《公诉科的年轻人》 福建省三明市梅列区人民检察院
4. 刘殿芳《秋韵》 山东省宁津县人民检察院
5. 关澍《雪域》 黑龙江省人民检察院

1	2
3	
4	5

全国检察机关“廉洁从检”书画摄影展·摄影一等奖

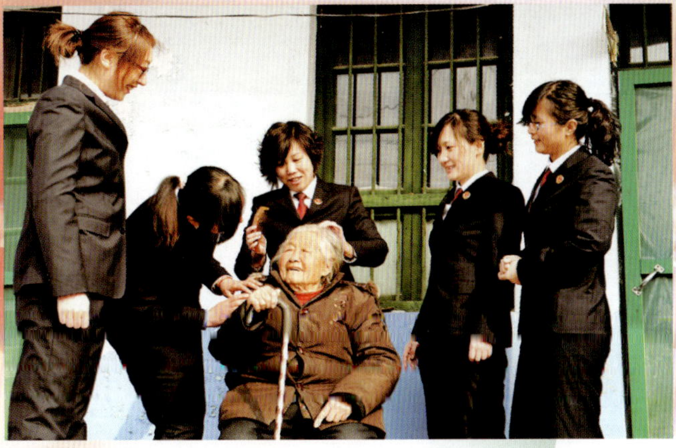

1	2
3	4
	5

1. 牟凤樵《清晨》　吉林省人民检察院
2. 王永法《冰清玉骨》　安徽省蚌埠市人民检察院
3. 马云生《谁也没俺闺女多》　山东省巨野县人民检察院
4. 褚 浩《不朽胡杨 铮铮铁骨》　上海市徐汇区人民检察院
5. 杨燕晨《我们身后的目光》　云南省玉溪市人民检察院

全国检察机关“廉洁从检”书画摄影展·摄影二等奖

1. 陈建新《访贫问苦心系百姓》 福建省人民检察院
2. 任振潮《起舞》 河北省衡水市人民检察院
3. 林 立《坝上晨曦》 福建省福州市人民检察院
4. 刘建平《大地的胸怀》 山西省太原市人民检察院

1

2 3

4

全国检察机关"廉洁从检"书画摄影展·摄影二等奖

1	2
3	5
4	5

1. 李金声《归》　最高人民检察院
2. 蔡志和《晨雾》　河北省唐山市人民检察院
3. 贾广勤《金色梯田》　山东省枣庄市人民检察院
4. 过　虹《太行晨曦》　河北省人民检察院
5. 邹建军《娇羞》　江西省分宜县人民检察院

全国检察机关“廉洁从检”书画摄影展·摄影三等奖

1	2	
3	4	5
6	7	8
9		

1. 张　杰《见不得光的财产》　山东省威海市人民检察院
2. 李　锐《一家亲》　四川省绵竹市人民检察院
3. 黄晨子《警钟长鸣》　安徽省天长市人民检察院
4. 李传华《嘱托》　山东省枣庄市山亭区人民检察院
5. 毋寿明《奔腾》　福建省福安市人民检察院
6. 冯　钟《小荷才露尖尖角》　安徽省砀山县人民检察院
7. 李海龙《比翼双飞》　山东省荣成市人民检察院
8. 郭　华《雪乡》　河南省人民检察院
9. 陈朝伟《在路上》　贵州省余庆县人民检察院

三、中国检察官文学艺术联合会团体会员

河南省检察官文学艺术联合会

河南省检察官文学艺术联合会二届二次全委会

讲　　话

在河南省检察文联二届二次全委会上的讲话

（2012 年 5 月 9 日）

张国臣

经过认真的筹备，河南省检察文联二届二次全委会今天胜利召开了。这次会议的主要任务是：深入学习贯彻党的十七届六中全会精神、全国全省“两会”精神、全国全省“十三检”会议精神，交流经验，回顾总结全省检察文联去年的工作，安排部署今年的任务。这次会议既是一次检察文联的年度例会，也是一次革命传统教育活动，同时还是一次文联采风活动。会议期间，将组织大家参观河南检察博物馆、鄂豫皖首府旧址、许世友将军故居，并在新县举行采风活动，希望大家集中精力，把会议开好，把活动开展好。

刚才，全委会表决通过了文联更名事宜，增选广军同志为省检察文联副主席，通过了对四名副秘书长的提请事项，进一步充实加强了文联的领导力量，为下一步工作的开展提供了更加坚强有力的组织保障。信阳、洛阳两个市院从不同的角度介绍了加强检察文联工作和文化建设工作，促进队伍建设和业务工作的经验，讲的都很好，各有千秋，各具特色，具有很强的指导意义，希望各地认真学习借鉴。下面我讲三个方面的意见，供大家参考。

一、2011 年文联工作的回顾和总结

2011 年，全省检察文联在各级院党组的正确领导下，以贯彻科学发展观为统领，认真落实中央、高检院、省委关于加强文化建设的指示精神，按照蔡宁检察长“弘扬检察文化，推进检察事业”的要求，紧紧围绕检察中心工作，认真履行服务、推动和协调职能，坚持突出检察特色，突出检察人员的主体地位，坚持面向基层，充分展示检察队伍的精神和风采，工作扎实推进，活动有声有色，取得了较好的成绩。

（一）围绕中心，助推检察工作科学发展有声势

按照省院党组的工作部署，省检察文联遵循为党和国家大局服务、为法制建设服务、为检察机关的中心工作服务的基本原则，举办了一系列文艺活动。为加强检察职业道德建设，弘扬“忠诚、公正、清廉、文明”的检察职业精神，践行“强化法律监督、维护公平正义”的检察工作主题，省检察文联在各地市文艺调研的基础上，举办了“正义颂”——河南省检察机关2011年迎新春文艺晚会，受到了省人大、省政协、省政法委和省直政法各部门领导的一致好评。为庆祝中国共产党成立90周年、人民检察创建80周年，省检察文联认真筛选、排练节目，参加高检院在人民大会堂举办的“为了公平正义”——纪念人民检察制度创立80周年文艺晚会，受到高检院领导的充分肯定。与此同时，还举办了全省检察机关书法、绘画、摄影作品展，省院机关“检察官五人行”书法作品展等。各分市院、各基层院也都结合本地实际，组织开展了一系列形式多样、内容丰富的文化艺术活动。这些活动贴近检察工作实际和检察生活实际，深入宣传检察工作的方针政策和重大举措，展示了检察工作的丰硕成果和检察队伍的良好形象，团结、激励检察人员忠实履行宪法和法律赋予的职责，发挥了检察文化塑造精神、凝聚力量、提高素质、树立形象、推动工作的功能作用，有力地推动了检察工作的科学发展。

（二）面向基层，检察文联的服务职能有提升

为检察基层服务，为人民群众服务，是检察文联的重要职责，也是检察文化艺术事业蓬勃发展的力量之源。在这方面，主要做了三项工作。一是指导工作面向基层。蔡宁检察长在基层院视察调研中多次就加强文化建设工作提出明确要求，省检察文联和各市检察文联（筹备组织）的领导同志也都经常深入基层，就文化建设、文联工作进行调研，及时研究解决工作中存在的问题和困难，进行面对面的指导。二是创作内容源自基层。经常组织专家和文艺骨干深入基层，熟悉检察生活，体验检察情感，创作了一批为广大检察人员和人民群众喜闻乐见的文化艺术作品，充分展示了检察队伍的精神和风采。在振奋基层检察人员精神，调动他们工作积极性的同时，又密切了检察机关同人民群众的血肉联系，进一步夯实了检察工作的群众基础。三是总结经验重在基层。去年以来，省院通过调查研究，实地考察，先后树立了禹州、偃师、西华、永城、邓州、淇县等一批文化建设先进院，并及时总结推广他们的先进经验，对全省检察文化建设发挥了较好的示范引导作用。

（三）搭建平台，检察文化精品创作有发展

全省各级检察文联坚持把创新作为深入推进检察文化建设的动力源泉，依托当地自然、历史和文化特点，积极搭建文化建设平台。信阳市人民检察院在商城县建

立了信阳市检察文联黄柏山创作基地，为干警文艺创作提供了良好的条件。一年来，通过大力开展检察文艺创作，产出了一批优秀检察文艺作品，扩大了检察机关的影响力和受众面。信阳市人民检察院检察长刘建国主编的《鄂豫皖革命根据地的人民检察制度》一书，被高检院以《人民检察制度在鄂豫皖革命根据地的发展》为名纳入了“纪念人民检察制度创立80周年”丛书；开封市检察院干警刘红梅创作的“半写实主义”长篇小说《公寓心》在《检察日报》连载，人民网、新浪网、搜狐网等多家网络媒体相继进行转载，引起了读者的强烈共鸣；省院离休干部郭复善创作的庆祝建党90周年大型音乐作品《节日圆舞曲》，送到北京后，受到了“庆祝建党90周年”组委会的高度评价。检察影视作品创作也取得了新进展，省检察文联副主席、省院专职检委会委员余秀华原著、编剧的25集电视连续剧《生命留一半给精神》已拍摄完毕；省院《公民与法》杂志编辑部主任李厚健创作的反映南阳市检察机关反渎职侵权工作的电视系列剧《权力轨道》已公开播出；根据汝阳县检察院女检察官程建宇的真实事迹改编的电影《火红的杜鹃花》已经公映，这是继《女检察官》、《远山》之后在河南拍摄的第三部反映检察英模事迹的电影。

（四）稳步推进，检察文联自身建设有加强

2010年底河南省检察文联成功换届后，新一届领导班子通过转变领导工作方式，改进工作作风，致力于把省检察文联建设成为团结服务广大检察艺术人才的温馨和谐之家，成为培养检察文艺人才的重要基地，成为传播先进文化、弘扬社会主义核心价值体系的重要阵地，成为推动社会主义文化大发展大繁荣的重要力量。省检察文联成立了文学协会、书法美术协会和摄影协会，确定了办公地点，购置了办公用具，制定了活动规则。信阳、郑州两市的检察文联已经成立，其他市分院也正在积极筹备。刚才，会议又增选广军同志为省检察文联副主席，同意吕青、孙国群、张萍、尚文会四位同志为省检察文联副秘书长，这是对省检察文联领导机构和办事机构的进一步充实和加强。通过努力，检察文联的工作有了新的气象和面貌，整体实力扎实推进，工作活力竞相迸发，检察文联组织的吸引力、亲和力和凝聚力得到进一步增强。

总之，2011年，检察文联围绕全省检察工作大局，组织开展了丰富的文艺活动，为全省检察工作的科学发展营造了良好的文艺氛围，省院党组对检察文联的工作是满意的。这些成绩的取得是各级院党组坚强领导的结果，是中国检察官文联和河南省文联有力指导的结果，也是全体会员和广大检察干警共同努力的结果。在此，我代表省院党组和省检察文联，向为检察文联事业发展做出积极贡献的全体委员和广大检察文艺工作者表示衷心的感谢和诚挚的敬意！

在充分肯定成绩的同时，我们也要清醒地看到，检察文联的工作还有许多亟待改进和加强的地方，主要表现在：一是对检察文联工作科学发展的规律性认识有待进一步深化，转变思想观念、锐意改革创新的意识有待进一步增强；二是工作谋划水平与高标准的工作要求还有差距；三是在推进精品创作，在资源整合、方式手段的运用上需要进一步探索；四是各地工作发展还不够平衡，特别是在文联组织建设上进展缓慢。对这些问题，我们要高度重视，并在今后的工作中认真加以研究和解决。

二、2012 年文联工作安排意见

2012 年，全省检察文联工作要按照“围绕大局，服务中心，打牢基础，抓好规范，力求实效，促进发展”的总体要求，全面贯彻落实党的十七届六中全会、全国政法工作会议、第十三次全国检察工作会议、省委九届二次全会精神，以马列主义、毛泽东思想、邓小平理论和“三个代表”重要思想为指导，深入贯彻落实科学发展观，坚持社会主义先进文化前进方向，以建设社会主义核心价值体系，践行“忠诚、为民、公正、廉洁”的政法干警核心价值观为根本任务，以满足检察人员精神文化需求为出发点和落脚点，以提高检察队伍素质、提升检察机关执法公信力、促进检察工作科学发展为目标，以改革创新为动力，充分发挥检察文联指导、联络、协调、服务职能，坚持紧贴检察工作实际和一切从实际出发，坚持眼睛向内、重心下移、以我为主、因地制宜、量力而行、规范运行，大力开展适合基层广大检察人员参加、富有检察特色的文化艺术创作和大众文化艺术活动，不断发现、培养、凝聚检察文化艺术人才，努力服务检察机关，服务检察队伍，服务基层建设，服务人民群众，为推动检察文化和法治文化大发展大繁荣，推动我省检察工作科学发展做出应有的贡献。

（一）抓好检察文化艺术创作，打造优秀的文化艺术力作

检察文联的一项重要职责就是团结、组织检察文化艺术队伍，做好检察文化艺术创作工作，把更多的优秀作品奉献给检察机关，奉献给检察人员，奉献给人民群众。因此，检察文联要把检察文化艺术创作放在基础性、战略性的位置，实施精品战略，竭尽全力抓紧抓好。要实施“检察文化艺术创作精品工程”，鼓励、扶持全省检察系统文化艺术人才和专业作家、艺术家，进行反映检察生活和检察英模的现实题材的文化艺术创作，不断推出主题鲜明、反映检察工作发展，蕴含检察价值追求，富有思想性和艺术性、形式新颖、独具检察特色和检察风格的优秀检察文化艺术作品，弘扬检察精神，塑造检察品格，展示检察形象，推动检察工作。要配合全国检察机关正在进行的政法干警核心价值观主题教育实践活动，开展“印象检察——百姓心中的人民检察官”文化艺术创作活动，组织检察系统的文艺爱好者分期分批深入检察基层、深入办案第一线，用艺术视角诠释人民检察官忠诚履职、执法为民、廉洁从检的良好社会形象，通过优秀文化艺术作品的创作和展示，促进主题教育实践活动深入开展。

（二）抓好检察文化和法治文化理论研究，为检察文化艺术事业发展提供有力的理论支持和丰富的创作资源

检察文化和法治文化理论研究成果，既可以指导检察文化艺术事业的发展，又可以通过检察文化艺术工作者的辛勤劳动转化为类型各异的文化艺术作品。因此，检察文化和法治文化理论研究同样是检察文联的一项基础性、战略性工作。要深入研究检察文化和法治文化的内涵、基本特征、历史发展、内在规律、地位作用、发展目标、发展动力、发展思路、发展格局以及与其他文化的关系等基本问题。要以纪念毛泽东同志《在延安文艺座谈会上的

讲话》发表70周年为契机，结合中国检察官文联举办的首届“中国检察官文化论坛”，认真研究检察文化和法治文化的基础性理论与应用性理论，力争推出一批有分量的理论成果，为检察文化艺术创作提供丰富的素材。

（三）抓好各类文化艺术活动，彰显检察文化艺术工作的魅力

开展形式多样、为广大检察人员和人民群众喜闻乐见的文化艺术活动，是检察文联的一项重要工作。要通过这些文化艺术活动，展示检察文化的深厚底蕴，激发检察人员的职业使命感、职业荣誉感和归属感，提升广大检察人员的文化品位，营造浓厚的检察文化建设氛围。今年，高检院职务犯罪预防厅将举办全国检察机关预防职务犯罪书画展、廉政文化摄影展，中国检察官文联要举办以“梅花”和“荷花”为主题的文化艺术创作活动和书画摄影展览，各级检察文联要积极参与，搞好配合。通过文化艺术手法使社会主义核心价值体系和政法干警核心价值观内化于心、外践于行，成为广大检察人员的主导意识和精神支柱。在抓好重大文化艺术活动的同时，还要注重抓好适合检察机关特点的文化艺术活动，活跃机关生活，培养检察人员良好的生活作风和健康的生活情趣。要适时开展形式多样的文艺演出和文艺慰问活动，以振奋人心，鼓舞士气，丰富基层检察机关、检察人员和广大人民群众的文化生活。

（四）抓好载体创新，为检察文化艺术活动建立广泛、有效的展示平台

文化艺术载体种类繁多，形式各异，这些载体对于检察文化艺术作品的传播和展示发挥着巨大作用。要进一步完善这些载体，用好这些载体，同时要解放思想，与时俱进，不断开拓有时代特征、体现时代精神的新型载体。要高度重视电视传媒的开发和建设，打造展示检察官形象和风采的重要平台和品牌栏目。要继续创办好检察文联会刊，开通检察文联网站，努力拓展检察文化艺术建设新载体、新途径，扩大检察文化的覆盖面和渗透力，促进检察文化艺术事业繁荣发展。要加强信息交流，总结和推广基层检察文化建设经验和成果；配合各级检察机关抓好院史室、文化室和文化长廊建设，共同构筑基层检察人员共有精神家园和展示检察形象与检察业绩的窗口。

（五）抓好检察文化艺术人才建设，努力造就一支高素质的检察文化艺术队伍

人才是事业发展的重要保障。发现、培养、凝聚、使用人才，造就一支热爱祖国、热爱人民、热爱检察事业、德艺双馨、开拓进取的检察文化艺术队伍是检察文联的重要职责。要善于发现人才。深入研究全省检察文化艺术人才现状，通过开展形式多样的文化艺术活动，发现一批检察文化艺术人才并吸纳到检察文联中来，不断优化人才资源配置，逐步建成检察系统文化艺术人才库。要善于培养人才。重视检察文化艺术队伍的思想道德修养，引导他们牢固树立正确的世界观、人生观和价值观，以良好的职业精神和职业道德，以高尚的情操和真诚的艺术创造赢得检察机关的认可和人民群众的尊重。要与省文联各文艺家协会、专业文艺研究机构联合组织开展文学、书法、美术、摄影等短期专业培训，制定全省检察文联专项培训计划，创新人才培养模式，积极搭建检察文化艺术人才学习平台，逐步培养、造就德才兼

备、锐意创新、结构合理的检察文化艺术人才队伍。要善于凝聚人才，不断完善人才扶持、表彰、激励机制，充分调动一切积极因素，把各类人才凝聚到检察文联这个大家庭之中，为检察文化建设贡献力量。要善于使用人才。按照各类检察文化艺术人才的特点、专长进行管理使用，为各类检察文化艺术人才展示才华创造有利条件和宽松环境，积极帮助他们解决实际困难和问题，努力形成人尽其才、才尽其用的良好局面，逐步培养一批优秀的检察文化艺术骨干，脱颖出一批政治坚定、业务精湛、品德优良、成就突出的检察文化艺术领军人物，为繁荣发展检察文化艺术事业提供有力的人才支撑。

（六）抓好舆论宣传，逐步提升检察文联的社会影响力

检察文联的各项工作，都需要依赖媒体的力量扩大影响，逐步取得社会各界的了解和支持。因此，检察文联要主动加强同新闻媒体的联系，经常通报工作情况，提供工作信息，努力做好新闻报道工作。通过舆论宣传，使社会各界了解检察文联的职能定位、工作思路和目标任务，了解检察文联在推动检察文化建设中发挥的作用和取得的成效，从而更加关心、支持检察文联的工作。全省各级检察文联都要从实际出发，加大舆论宣传力度，努力推动检察文联工作深入开展。

（七）抓好检察文联组织体系建设，为全面做好检察文联工作提供坚实的组织保障

要认真抓好市县检察文联的建立工作。市县检察文联是做好全省检察文联工作的基础，建设好市县检察文联是省检察文联今后一个时期必须认真抓好的一项重要工作。目前，全省各市分院都在积极组建检察文联，有的已经成立，有的将要挂牌，有的正在积极筹备。省检察文联要切实加强指导，帮助各分市院检察文联筹备组织做好筹建工作。省检察文联要注重发挥对下指导和推动工作的作用；各地市检察文联要注重在组织文化艺术活动和推广工作经验上下功夫；基层检察院的检察文联要注重结合自身实际，大力开展丰富多彩的文化艺术活动，推进以文化人、以文育人，努力提高检察干警的综合素质。要抓好检察文联所属各专业协会的建立。检察文联各专业协会是各项检察文化艺术活动的直接组织者和推动者，因此，一定要把检察文联各专业协会建立好、建设好。要根据各地的实际情况，统筹规划，量力而行，适度发展，建好机构，配好力量，定好制度，使各专业协会的工作从一开始就步入规范化运行的轨道。

（八）抓好检察文化艺术交流合作，提高检察文化影响力

文化艺术需要交流合作，取长补短。加强检察文化艺术的交流合作，是省检察文联面临的一项重要任务。结合检察系统的特点，要积极加强与国内、省内文化单位、专业艺术团体的交流合作，努力借鉴其他行业先进文化经验，展示检察文化艺术成果，扩大检察机关和检察文联的社会影响力。在条件成熟的情况下，可以组织检察官文化艺术代表团赴港澳台地区参观访问，开展与港澳台地区检察机关的文化艺术交流，进一步促进两岸三地检察机关和检察工作的发展与合作。

（九）抓好检察文联自身建设，不断提高工作能力和水平

检察文联和各专业协会队伍素质如何，

直接关系着检察文联的工作成效，关系检察文化艺术事业的繁荣和发展。因此，必须把检察文联和各专业协会的自身建设放在十分重要的位置，常抓不懈，抓紧抓好。一要坚定政治信念。深入学习邓小平理论和“三个代表”重要思想，全面贯彻落实科学发展观，牢固树立社会主义法治理念，坚定走中国特色社会主义道路，不断增强政治意识、大局意识和责任意识，进一步增强服务党和国家工作大局、服务检察中心工作、服务检察文化艺术队伍建设、服务社会主义法治文化建设的主动性，把检察文化艺术工作融入到各项工作中去，确保检察文联工作的正确方向。二要强化教育培训。牢固树立终身学习理念，勤于学习，善于学习，强化业务培训，通过举办专题培训、网络教育等形式，广泛学习政治、经济、法律、文化、艺术等各领域知识，不断提高做好检察文联工作的能力和水平，努力成为推进检察文化艺术事业发展的行家里手。三要加强规范化建设。按照精简、高效、规范、科学的原则，建设好检察文联和各专业协会，努力提高检察文联和各专业协会的工作效率和水平。四要强化管理和监督。牢固树立自觉接受监督的理念，深入开展党风党纪教育，切实抓好廉洁自律工作，做到自重、自省、自警、自律，经得住考验，抗得住诱惑，管得住小节，确保检察文联队伍自身净、自身正、自身硬。要加强检察文联和各专业协会的管理监督，严格纪律，完善制度，堵塞漏洞，严防不廉洁问题的发生。

三、关于做好今年文联工作需要强调的几个问题

当前检察文联工作正站在一个新的历史起点上，向着新的更高目标迈进。各级检察文联组织及全体会员要清醒认识形势的新发展、新变化，积极回应广大检察干警对文化建设的新期待、新要求，以改革创新的精神激励自己，用更加严格的标准要求自己，扎扎实实把工作提升到一个新水平。

一要提高认识。党的十七届六中全会和省委九届二次全会，对建设文化强国、文化强省，推动文化大发展大繁荣作出全面部署，全社会文化自觉大大提高，文化自信大大增强，文化建设站在了一个新的起点上，文化大发展大繁荣的春天已经到来。高检院明确指出，检察文化是社会主义先进文化的重要组成部分，是检察队伍建设的重要载体和有效抓手，是检察队伍的精神和灵魂。检察文联作为促进检察队伍建设的重要力量，作为检察文化建设的重要阵地和有效平台，对于培育检察精神，凝聚检察力量，推动检察文化繁荣，促进检察工作科学发展具有重要作用。我们一定要增强责任感和使命感，找好检察文联工作在检察文化发展中的位置，找好工作的结合点和着力点，抓住机遇、乘势而上，主动作为，积极作为，为我省检察文化发展做出更大贡献。

二要注重运作。十七届六中全会通过的《中共中央关于深化文化体制改革推动社会主义文化大发展大繁荣若干重大问题的决定》、国务院颁发的《关于支持河南省加快建设中原经济区的指导意见》和省委九届二次全会通过的《关于贯彻落实〈中共中央关于深化文化体制改革推动社会主义文化大发展大繁荣若干重大问题的决定〉的实施意见》都推出了大量有利于文化建设的政策。各级检察文联都要深入学习研究这些政策，紧密结合当地文化建设的实际需要，紧密结合检察文联工作的实际需要，找准工作的切入点，研究提出加强检察文化建设、加强检察文联工作的措施和意见，通过积极运作、科学运作、有效运作，真正把各项文化政策用足用活，进而推动检察文化建设、检察文联工作再上新台阶。

三要优化服务。各级检察文联都要认清全省检察工作大局，把握广大检察干警和文艺工作者需求，进一步提高服务大局、服务干警、服务基层、服务文艺创作、服务文艺工作者的能力和水平，积极探索联络服务检察艺术工作者的新途径，在扩大服务范围、拓宽服务渠道、改进服务方式和提高服务水平上下功夫，引导他们创作更多更好的优秀文艺作品，为广大检察干警提供更多优质的文化服务。

四要树立形象。良好形象是一个单位凝聚力和向心力的生动体现，是一种重要的无形资产。当前，检察文联工作在全省检察工作大局中的地位和作用日渐提升、社会影响日益扩大，检察文联工作正处在最好的历史发展时期，我们要格外珍惜这一来之不易的大好形势，自觉维护良好的社会形象。要始终保持昂扬向上、奋发有为的精神状态，对检察文联工作充满激情，在困难矛盾面前不气馁、不言败，顽强拼搏，攻坚克难，努力创造一流的工作业绩，让各级院党组放心，让文艺工作者满意，让检察干警高兴。

资　　料

河南省检察官文联名誉主席、主席、副主席、秘书长、副秘书长名单

名誉主席

蔡　宁　河南省人民检察院党组书记、检察长

主　席

张国臣　河南省人民检察院党组副书记、常务副检察长

副主席

李自民　河南省人民检察院党组成员、副检察长

田效录　河南省人民检察院党组成员、副检察长

王广军　河南省人民检察院党组成员、政治部主任

余秀华　河南省人民检察院检委会专职委员

张志超　开封市人民检察院党组书记、检察长

种松志　洛阳市人民检察院党组书记、检察长

秘书长

刘海奎　河南省人民检察院政治部综合处处长

副秘书长

吕　青　河南省人民检察院政治部综合处副处长

张　萍　河南省人民检察院宣传处副处长

孙国群　河南省人民检察院办公室副主任

尚文会　河南省人民检察院机关党委办公室主任

2012年12月31日前成立的地市级检察官文联负责人名单

郑州市检察官文联（2008年3月25日郑州市检察文联成立暨会员代表大会通过）
主　席：赵朝胜
副主席：任兵、张东、贾佳、陈增瑞、韩济魁、王发坤、吉善涛、关俊卿
秘书长：任兵（兼）

洛阳市检察官文联（2012年12月洛阳市检察文联第二次主席会议通过）
主　席：种松志
副主席：王宫武　金鹏华　赵晋予　徐鸿森　郑建刚　周武农　孙国杰
秘书长：王朝宏

开封市检察官文联（2011年4月20日洛阳市检察文联第二次主席会议通过）
主　席：张志超
副主席：王尚义　赵雪娜　赵玉平
秘书长：岳朝阳

周口市检察官文联（2010年11月30日周口市检察文联成立大会通过）
名誉主席：禹星轸
主　席：庞黎明
副主席：陈东风　刘光辉　郭金玉
秘书长：韦成才
副秘书长：王永举　刘祥华　王璐

南阳市检察官文联（2012年6月1日南阳市检察官文联成立大会通过）
名誉主席：凌解放、秦俊、刘在贤
主　席：郭国谦
副主席：李乔、杜海宛
秘书长：杜海宛（兼）

实施五项举措　加强文化育检　推动检察工作科学发展

信阳市检察文学艺术联合会

信阳市检察文联于2010年12月29日正式成立，中国检察官文联主席张耕、省检察文联副主席李自民等领导亲临成立大会祝贺指导。信阳市检察文联成立后，积极健全组织，加强阵地建设，紧紧围绕检察工作开展丰富多彩的文化育检活动，有力推动了我市检察工作的科学发展。

一、以红色文化导向引领

信阳是革命老区、红色苏区，具有独特丰富的红色教育资源，这里诞生了红二十五军、红二十八军和红四方面军等三支红军主力，走出了许世友、李德生、郑维山等100多位开国将领。我们将红色文化、老区精神作为信阳检察文化建设的精髓所在，采取多种方式把红色教育融入到各项专项活动和各类教育培训中。围绕红色文化积极开展政法干警核心价值观教育、职业道德教育和法治理念教育，依托丰富的红色资源和厚重的革命历史，广泛开展爱国教育和革命传统主义教育，坚定检察人员扎根红土、忠诚检察、奉献检察的决心和信心。多方筹措资金，投资3800余万元，在新县建成了占地153亩的河南省检察系统红色革命传统教育基地一期工程。争取上级支持，建成了河南省人民检察博物馆。在博物馆开馆之时，信阳市检察文联组织了一场以“检察魂·红土情”为主题的文艺演出。省院党组书记、检察长蔡宁，原检察长席宝山、李学斌、王尚宇，省院贺恒扬、李自民等领导及各分市院主要领导观看了演出。整场演出激荡着红色文化的主旋律，昭示着公平正义的检察魂，洋溢着欢乐和谐的豫南情，取得了圆满成功。河南人民检察博物馆开馆一年来，已接待省内外参观人员20000余人，其中检察人员9000余人，成为了检察干警和社会各界感知、聆听河南省人民检察史的重要场所。

二、以素质文化强基固本

以培养高素质、专业化的检察队伍为目标，广泛深入开展“大培训、大练兵、大比武”活动，坚持“一周一学、一月一课、一季一考、一年一评”，建立了以学者、教授和资深检察官为主体的师资库，分门别类建立了电子题库，积极筹建计算机考试系统。为每名干警建立了个人素能档案，每年评选全市“十大学习标兵”并予以重奖。在信阳市直机关率先开通了党员干部现代远程教育系统，被信阳市委组织部命名为市直唯一的示范点。制定《信阳检察人才培养规划》，建立了业务骨干人才库，选拔了50名全市检察业务尖子；与武汉大学合作，在市院设立了武汉大学研究生培养基地，已有37名干警获得法律硕士学位。投入14万元为每位干警购置检察业务培训教材，制定多项措施鼓励干警参加司法考试，司考通过率逐年提高。经过近几年的努力，我市检察干警本科以上学历比例从76.4%上升到82.9%。有1人被评为“全国检察理论研究人才”，1人被评为“全国反渎侦查业务能手”，在全省业务比武竞赛中，有20人受到表彰，先后有8件案件被评为“全省十大精品案件”。

三、以和谐文化凝聚力量

积极改善干警工作环境和生活环境，努力营造浓厚的和谐文化氛围，使干警工作有激情、健身有去处、娱乐有空间，把干警的内在潜能和创造力最大限度地发挥出来，有效增强了检察队伍的凝聚力。一是建设了检察官活动中心和文联创作基地。开辟专门场地，建成了包括标准网球场、室内羽毛球馆、乒乓球馆、室内健身房、棋牌室等设施的检察官活动中心，配备了专职管理人员，受到了广大检察干警的广泛好评，省院原检察长王尚宇为活动中心亲笔题字命名为“检察官之家”。在风景秀美的商城县黄柏山建成了信阳市检察文联创作基地，成为检察干警采风、创作、休假、疗养的“心情驿站”。二是坚持每年组织春节文艺汇演。连续五年举办市院机关春节文艺汇演，提倡自创节目，贴近检察生活，领导干警共同参与，才艺展示自娱自乐。另外，增加了节目的艺术性、竞争性和趣味性，观众人人参与打分，台上台下互动，配合使用现代化声光电齐备，提升了节目品味，展示了检察干警的良好精神风貌。三是连续举办两届运动会。我们除了坚持经常性的文化体育活动之外，还坚持每两年举办一次全市检察机关综合运动会。去年 11 月，我院在新启用的检察官活动中心成功举办了第二届运动会，市院和十个县区院共组成 11 个代表队，共有 200 余名运动员参加了五个项目的角逐，取得了运动成绩和精神文明双丰收。四是打造检察干警精神家园。在市院局域网上开辟了检察文联专栏，设立了工作动态、文学创作、音乐舞蹈、书画、摄影、体育等六个子栏目，共发表各类作品、信息 100 余篇。我们还创办了《信阳检察文联工作动态》专刊，已编发了七期，其中 1 篇被高检院转发。开辟图书室、电子阅览室等活动场地，建立了机关干警年度休假疗养制度，为干警充实知识、陶冶情操提供了便利条件。

四、以行为文化规范引导

一是培育争先文化。大力营造“进位争先、有为有位”和“凭党性干工作、靠政绩用干部”的文化氛围，树立“逢先必争、逢旗必夺”的竞争意识、“百舸争流、不进则退”的危机意识和“说了干、定了办”的执行意识，使全市干警逐步养成了敢做、能做、善做的务实之风。2011 年，全市先后有 5 个集体、1 名个人受到国家级表彰，17 个集体、31 名个人受到省级表彰，1 人当选为省第九次党代会代表。二是培育管理文化。坚持党组周例会、月分析、季讲评制度，建立了基层检察长目标管理考评机制。围绕重点执法环节形成了制度汇编，强化了机关考勤、值班、车辆、安全、舆情等管理。开展了不设“小金库”和不参与赌博活动承诺书签订活动，两级院部门负责人共签订不设“小金库”承诺书 368 份，干警签订不参与赌博承诺书 830 份，营造了遵章守纪的文化氛围。三是培育细节文化。教育干警树立“细节决定成败”、“没有借口”的理念，强化质量意识、规则意识和效率意识，把日常工作的“细枝末节”纳入督察和考核范围，坚持每月升国旗仪式和每天上下班指纹签到，对信访接待人员着装、会议签到点名、规范文明用语、集体活动着装等进行经常检查，促进干警优良习惯的养成。四是培育廉政文化。通过编撰检察干警违法违纪案件警示录、安排职务犯罪服刑人员现身说“法”、开展纪律条规学习考试、参观市预防职务犯罪警示教育基地、组织干警到信阳监狱参观、布设廉政文化教育长廊等形式，警示教育干警，筑牢思想“篱笆”。积极营造浓厚的廉政文化氛围，坚持新年上班第一天上廉政教育课、纪检监察部门为业务部门年度会议作廉政辅导报告，努力实现廉政教育和廉政文化对干警工作生活的全面延伸和融入。2010 年院机关被省纪委、省委宣传部、省文化厅、省监察厅命名为全省首批、全市唯一的省级“廉政文化进机关”活动示范点。去年 11 月，我院又被市纪委推荐为全省廉政文化进机关精品示范点。

五、以创新文化激发活力

积极鼓励创新，着力培育亮点，打造信阳检察品牌，不断充实检察文化的内涵，激发检察队伍的活力。2007 年以来，先后有 14 项工作经验受到高检院、省院的肯定和推广。建立了以司法警察为主力军的追逃模式，使大批在逃职务犯罪嫌疑人归案，工作经验被高检院、省院推广，市院法警支队被高检院命名为“全国检察机关司法警察编队管理示范单位”。深入贯彻落实宽严相济刑事政策，积极推行非羁押诉讼与快速办理工作机制，探索未成年人办案机制、刑事和解办案机制，省院在我市召开现场会，推广这些做法。积极推行案后救助、党组信访月例会、信访督察专员等制度，工作经验被高检院转发，市院控申处被高检院授予全国检察机关“文明接待示范窗口”，被省委省政府表彰为“全省人民满意的公务员集体”。推行人性化执法，开展节日探访职务犯罪嫌疑人及其家属活动，建立职务犯罪嫌疑人亲情会见、量刑建议和职务犯罪嫌疑人书写悔过书制度，增强了办案效果。推行办案说情报告制度，全市共有 3000 余人次报告了有关案件的说情情况，有效遏制了说情风对检察工作的干扰。立足检察实际，积极参与检察理论探索和创新，去年，我院承担了中国政法大学“辨认规范化初评研究”和“伤情鉴定审查判断规范化实证研究”两个研究课题，该两项研究成果均得到了樊崇义教授的肯定和赞扬，并与美国的司法研究机构做了交流。

深入贯彻十七届六中全会精神　持续推进检察文化大繁荣

河南省洛阳市人民检察院

洛阳市检察机关把检察文化建设作为检察队伍建设的灵魂工程，作为推进检察工作创新发展的支撑点和动力源，大力实施文化强院战略，充分发挥文化独有的潜移默化、引导约束、激励鼓舞等功能，为检察事业发展提供了坚强的思想保证、智力支持和精神动力。我们的主要做法和下步打算是：

一、科学定位，用文化统领检察事业的发展

检察队伍建设是检察事业发展的根本，而检察文化是检察队伍建设的灵魂。为什么这么说？因为文化的缺失必然导致理念的缺失，理念的缺失必然导致权力的滥用，而权力的滥用必然导致权力的腐败，我们现阶段检察队伍中存在的问题，其根源很大程度上来自检察文化的滋养和培育不够。开展检察文化建设，首要的是要解决思想和认识的问题，给检察文化建设找到准确的定位。经过多年的探索和实践，我们对检察文化的理解是：检察文化是检察人员在司法实践活动中培育形成的先进执法理念、司法精神、行为规范、核心价值观及其成果的总和。大家普遍认为：首先，推进检察文化建设是践行检察官职业道德的有效途径。文化决定人的思维习惯、道德观念、价值取向和精神智慧，具有潜移默化、引导约束、激励鼓舞等作用，能够为道德建设营造浓厚氛围，引导检察人员树立正确的世界观、人生观和价值观，促进检察官职业道德的养成，为检察事业发展提供坚强的思想保证和智力支持。其次，推进检察文化建设是落实基层检察院“四化建设”的必然要求。管理科学化是我们一直追求的目标。实践证明，通过文化的作用影响检察人员的思想和行为，更具渗透力和感召力，更具持久性和实效性。它是培育核心价值观、构建干警精神家园的重要途径，是提升检察机关执法形象、增强司法公信力、实现社会和谐稳定的重要手段和节省管理成本的根本措施。检察文化作为新的管理思想、管理理论和管理形式应运而生，为管理科学化提供了一种新的尝试。第三，推进检察文化建设是中国特色检察制度所要遵循的基本规律所在。中国特色检察制度的方向和目标是科学发展，要实现科学发展，必须树立理性、平和、文明、规范的执法理念，而达到理性司法的效果，就必须以文化对检察队伍进行滋养和培育，在这一认识的前提下，洛阳市院提出了“文化建院、理性司法、科学发展”的检察工作发展模式，把检察文化建设作为检察机关的“灵魂工程”、作为强院战略来抓。同时，明确提出了“检察文化的核心内涵是和谐、价值追求是和谐、至高境界也是和谐”的洛阳检察文化定位，把和谐作为事业之本、发展之本、成功之本、幸福之本；积极践行“维护法制统一、坚守公平正义、文明廉洁司法、实现社会和谐”的洛检人核心价值观；培育和打造了“与时俱进、敢为人先、勇争一流、科学发展”的富有时代特色的洛阳检察精神。

二、突出特色，着力打造一流的洛阳检察文化品牌

在准确定位的基础上，为推动检察文化的可持续发展，并打造全国一流的洛阳检察文化品牌，我们先后两次组成考察组赴北京、上海、广东、山东、湖北等地文化建设先进院进行学习考察，汲取先进经验；同时，邀请全国检察系统文化建设方面的专家和法学界的专家学者就检察文化与职业道德、检察文化与和谐文化开展了多层次的理论研讨活动。从而明确了检察文化的建设标准，丰富了文化生活的载体，推出了一批在全省，乃至全国都有一定影响的检察文化品牌。一是规范了检察文化的建设标准。我们在全国检察机关率先提出检察文化规范化建设的理念，将检察文化细分为理念文化、精神文化、物质文化、素质文化、管理文化、环境文化、网络文化和廉政文化等八个方面，规范建设内容，细化目标要求，实施量化考核，评出了7个检察文化建设示范院。这项工作得到最高人民检察院的充分认可，已在全国检察机关进行全面推广。二是重视检察文化载体创新，用各种方式搭建检察文化建设平台。我们把每三年一届的“洛阳检察官文化艺术节”作为推动检察文化繁荣、扩大检察文化影响的载体，巡礼检察文化建设成果；建立了以小浪底法治论坛和中国政法大学、清华大学法学院、北京大学法学院等六大法学院校洛阳教学科研基地为支撑的人才培养平台，促进检察干警转变执法理念，提升执法水平；全市两级院普遍建立了包括院史室、荣誉室、警示教育基地、文化长廊、检察文化宣传广场等设施，普遍成立了文学、书法、摄影等文体协会，定期开展各类体育比赛及综合性文化活动，活跃干警文化生活；高度重视各类检察文艺活动，专门成立了洛阳检察官文化艺术团，偃师市检察院的管弦乐队、涧西区检察院的检察官合唱团等已经成了在检察系统有一定影响的节目。注重树立道德模范标杆，坚持典型引路，用榜样文化推进主题实践教育活动深入开展，以我市检察干警、全国模范检察官程建宇同志先进事迹为原型创作的电影《火红的杜鹃花》的播放，极大地鼓舞了检察干警的敬业精神，有力地提升了检察形象。三是坚持文化的检察特色和地域特色，不断培育洛阳检察文化品牌。市院把检察文化建设与洛阳悠久灿烂的历史文化相结合，提出了创建洛阳检察文化品牌要求。16个基层院从当地底蕴深厚的历史文化中提炼出了各具特色的文化精神并以此形成了自己的检察文化特色。偃师市院的“玄奘”精神，孟津县院的“龙马”精神，“荷花”精神，“汉柏”精神，伊川县院的“忧乐”精神，洛宁县院的“绿竹”精神，嵩县县院从程朱理学中提炼出的“人本”精神，栾川县院融合道家思想形成的“养德、守道、有为、和谐”的文化育检理念等都在一定程度上体现了我们的品牌效应，扩大了洛阳检察文化的影响。

三、突出实效，文化建院结出累累硕果

我市检察文化建设充分发挥了凝聚作用、教育作用、引导作用、约束作用和激励作用，创造了良好的人文环境，凝聚了人心，鼓舞了士气，对于检察队伍建设、检察工作起到了“润物细无声”的良好效果。

从文化建设自身来讲，我市的检察文

化建设得到了各方面的认可，2009年以来，先后有20多个省市检察院到我院考察交流检察文化建设的情况；2010年洛阳市院两次受邀在全国检察文化建设有关会议上介绍经验；全国政协教科文卫委员会副主任、中国检察官文联主席张耕同志专程到洛阳检察机关调研文化建设并给予积极评价；2011年8月18日，高检院曹建明检察长在河南召开了“忠诚履职，执法为民”座谈会，市检察院作为全省检察机关两个市级院之一，向与会领导汇报了洛阳检察文化建设情况，曹建明检察长和卢展工书记对洛阳检察文化建设给予充分肯定。2011年11月28日，全国检察文化建设现场会在洛阳召开，进一步推动了洛阳检察文化的发展。

更为重要的是，文化建设创造了良好的人文环境和司法环境，得到了广大干警的思想认同和情感认同，培育了检察精神，转变了执法理念。在洛阳，社会普遍反映检察干警思想境界高了、司法理念新了、队伍形象好了、执法公信力提升了，全市检察工作呈现出蓬勃发展之势。文化建设实现了“三个有力推动”。一是有力推动了检察队伍素质的提高。三年来，我市先后有29名检察干警被授予“全省十佳公诉人”、“全省侦查监督十佳干警”、“全省十佳控申干警”、“全省十佳民行干警”等称号；检察官本科以上学历由三年前的51%达到现在的84%，司法考试通过率由三年前的39%达到现在的66%。二是有力推动了洛阳检察机关执法公信力的提升。2009年以来，共有2个基层院被高检院命名为“全国先进基层检察院”，1个基层院被高检院荣记集体一等功；全市16个基层院全部进入省级文明单位行列，市院今年已被省文明委以全市第一的位次推荐为全国文明单位；1名同志荣获全国“模范检察官”称号，2名个人被高检院记一等功。这些先进集体和个人树立了检察队伍和检察机关的良好社会形象。在市委委托省统计局进行的全市“群众满意度”测评中，市院“群众满意度”连续两年位居全市政法机关第一名，洛阳市委专门发函对我院进行表彰；洛阳市院连续三年的人大报告均以满票通过。三是有力推动了检察事业的全面发展。开展检察文化建设在有效提升检察队伍素质的同时，也有力助推了检察工作的全面发展。三年来，洛阳市检察机关在两项自侦案件办理中引入“三三制”办案机制，办案周期平均减少了15天，大要案率提高了25个百分点，有罪判决率提高了29.6个百分点；有6起案件被评为“全省十大精品案件”。在涉检信访工作中积极推行便民服务、五步工作法和“防、疏、治”相结合的工作理念，全市涉检信访案件总量下降了68个百分点，取得了显著效果。2011年9月19日，在中央政法委召开的集中处理信访积案座谈会上，洛阳市院作为全国检察系统唯一代表作了题为《以五个转变推动涉检信访积案的化解》的典型发言，得到中央政治局委员、中央政法委副书记王乐泉同志和与会领导的高度评价。实践证明，检察文化建设对检察工作的促进是全方位的，是不可替代的。

四、明确方向，坚持不懈地推进检察文化大繁荣

党的十七届六中全会通过了《中共中央关于深化文化体制改革、推动社会主义文化大发展大繁荣若干重大问题的决定》，确立了建设文化强国的发展战略，为我们大力加强检察文化建设提出了新的更高要求，进一步明确了努力方向。洛阳检察机关将借助十七届六中全会的东风，持之以恒地推进文化建设，不断提升自身软实力，为检察工作的深入开展提供强大精神动力和智力支持，实现文化大繁荣、素质大提升、事业大发展的奋斗目标。

一是以提升检察文化定位为核心，继续践行“文化建院、理性司法、科学发展”的检察工作发展模式。十七届六中全会指出：“文化是民族的血脉，是人民的精神家园。”这是对文化地位和作用的高度概括。具体到某一行业来说，一项没有文化的事业是没有根基的事业。检察文化能够培养检察人员核心价值观，增强检察人员干事创业的向心力和凝聚力，为中国特色检察制度夯实根基，其作用不可替代。下一步，我们将把检察文化建设摆在更加突出的位置，持之以恒、坚持不懈地推进，以文化建设统领队伍建设，促进业务建设，实现洛阳检察工作的跨越式发展。

二是以提升执法公信力为根本，着力培养检察官核心价值观。十七届六中全会强调：“要推进社会主义核心价值体系建设、巩固全党全国各族人民团结奋斗的共同思想道德基础。”社会主义核心价值体系是社会主义文化的引领和主导。在当前各种文化思潮大交流、大融合、大碰撞的新形势下，检察文化建设必须坚持以社会主义核心价值体系为引领，否则就会迷失方向，成为无本之木、无源之水。推进检察文化大繁荣，必须紧紧抓住培养检察官核心价值观这个根本。我院在实践中提炼出的“维护法制统一，坚守公平正义，文明廉洁司法，实现社会和谐”这一洛检人核心价值观，是对中央政法委提出的“忠诚、为民、公正、清廉”政法干警核心价值观的具体阐释，具有鲜明的检察职业特色，体现了对法律监督内在价值的高度认同和不懈追求。我们将进一步开展主题实践教育，用社会主义法治理念武装全体检察人员，使核心价值观成为广大检察人员日常生活、工作的基本准则，培养检察人员的独立法律人格，树立坚定的法律信仰。

三是以丰富文化活动为载体，不断提高检察人员参与文化建设积极性。十七届六中全会指出：“满足人民基本文化需求是社会主义文化建设的基本任务。”要坚持把服务检察人员的文化需求作为基本出发点和落脚点，积极开展形式活泼、寓教于乐、深受检察人员喜闻乐见的经常性书画、摄影、文艺表演、球类、棋类等文化活动，既为广大检察人员展示才华提供平台，也使大家通过参加活动放松身心、陶冶性情、获得精神上的满足和依归。要充分发挥检察文化在改善队伍管理、激发活力等方面的重要作用，坚持以人为本的管理理念和管理模式，注重人文关怀，不断激发检察人员的集体荣誉感、归属感和使命感。要繁荣检察文艺创作，打造检察文化精品，继续发挥检察报刊、杂志、影视、艺术在文化建设中重要作用，积极利用电视、电台等文化传媒，进一步加强检察题材文学艺术作品的创作和宣传，弘扬主旋律，提升检察机关形象和执法公信力。

河南省检察文化艺术工作情况

综　述

2012 年，河南省检察官文联坚持以科学发展观为统领，以服务检察业务工作和队伍建设为中心，认真贯彻党的十八大精神和全国检察文化建设工作会议精神，各项工作扎实推进，取得了新的成效。

一、积极开展检察文化活动

举办 2012 年省检察院机关迎新春文艺晚会，参演的文艺节目都由省检察院干警自编自演，主题突出，形式多样，展示了检察干警奋发进取的精神风貌，营造出团结、文明、和谐的工作环境和喜庆、温馨、快乐的节日氛围。举办以全国模范检察官、洛阳市汝阳县检察院干警程建宇为原型的电影《火红的杜鹃花》河南首映式，省委常委、洛阳市委书记毛万春发来贺信，省委常委、省委政法委书记毛超峰，省委常委、宣传部长赵素萍，省人大常委会副主任张程锋，省政府副省长、省公安厅厅长秦玉海，省政协副主席邓永俭，省高级法院院长张立勇，省检察院检察长蔡宁等出席首映式，《法制日报》、《检察日报》等 24 家媒体分别以消息、专题、视频等形式进行全方位的报道。积极参加第八届中国文联文艺评论奖和第十二届精神文明建设“五个一工程”评选活动，组织报送了《测谎——说谎不是好干部》、《公寓心》两部长篇小说，电影《火红的杜鹃花》和歌曲《心头有灯不怕黑》等作品。积极参加中国检察官文联举办的以梅花和荷花为创作主题的“廉洁文化”书画摄影创作活动和“迎新春、送文化”春联征集活动，河南省检察官文联获优秀组织奖。组织举办全省检察机关“庆十八大、迎新春”书法、摄影、绘画及春联创作大赛活动，对经过专家认真评审出的优秀作品进行了表彰奖励。各市级检察官文联和检察官文联筹备组织、各基层检察院也都结合本地实际，组织开展了一系列形式多样、内容丰富的文化艺术活动。

二、努力创作检察文化作品

坚持贴近检察实际、贴近基层一线，注重突出检察官的主体地位，积极整合检察系统文艺人才、社会资源和社会文艺人才，大力开展检察文艺创作，创作了一批优秀检察文艺作品，扩大了检察机关的影响力和受众面。河南省检察院党组副书记、常务副检察长、省检察官文联主席张国臣主持研究的 2010 年最高人民检察院重点课题《中国检察文化发展暨管理模式研究》初稿已完成。省检察官文联副主席、开封市检察院检察长张志超的摄影作品入展中澳建交 40 周年澳中文化年纪念册，由张志超作词反映女检察官情怀的歌曲《女检察官之歌》已创作完成，并成功制作 MV 发行。开封市检察院干警刘红梅创作的长篇小说《公寓心》在开封市成功举办新书首发式。河南省检察院干警李厚健与他人合著的长篇纪实小说《测谎》已在《检察日报》成功连载。延津县检察院干警侯森凤创作的《民行检察官》已被《检察日报》社审定，拟在《检察日报》上连载刊发。检察影视作品创作也取得了新进展，省检察文联副主席、省检察院专职检委会委员余秀华原著、编剧的26集电视连续剧《正义的承诺》，已通过国家广播电影电视总局的审查，国家广播电影电视总局以（广剧）剧审字（2012）第32号颁发了发行许可证，即将在全国公映。南阳市检察院干警司金顺创作、编剧的反映检察题材的10集电视剧《欲望的代价》，已由南阳市检察官文联和南阳电视台联合摄制制作完毕，即将播出。为推动法治文化、廉政文化建设，河南省检察院成功举办了首届十佳廉政短片评选活动，候选作品在河南电视台新闻频道、都市频道和法制频道进行展播，在《东方今报》和检察内网分别进行了报纸投票、网络投票。

三、大力加强文联自身建设

紧密结合检察工作部署，年初及时制定年度工作计划，使检察官文联的工作与检察政治工作及开展的以“忠诚、为民、公正、廉洁”为主题的政法干警核心价值观教育实践活动同步安排，同步推进。召开河南省检察文联二届二次全委会，表决通过河南省检察文联更名为河南省检察官文联的决议，增补新的文联委员会委员、常务委员、副主席和副秘书长。同时，各市级检察官文联还交流了工作经验。进一步健全组织机构，完善相关工作制度，及时对摄影、写作等分会的组成人员进行了调整充实，确保文联工作的全面开展，确保全省检察干警能够积极参与，主体作用能够得到充分发挥。

会　议

【二届一次主席办公会】3月16日上午，河南省检察文联召开主席办公会议，专题研究全省检察文联工作。省检察院党组副书记、常务副检察长、省检察文联主席张国臣主持会议。省院党组成员、副检察长、省检察文联副主席李自民，省院党组成员、纪检组长、省检察文联副主席田效录，开封市检察院检察长、省检察文联副主席张志超，洛阳市检察院检察长、省检察文联副主席种松志，省检察文联秘书长刘海奎等有关同志参加了会议。

会议听取了刘海奎秘书长提请本次主席办公会研究的几项工作：一是研究向中国检察官文联上报的各直属专业协会常务理事、理事人选名单；二是研究河南省检察文联各专业分会领导成员名单；三是研究全省检察文联委员会年会相关事宜，拟增选王广军同志为省检察文联副主席，拟由秘书长向文联常务委员会提请吕青、张萍、尚文会、孙国群为省检察文联副秘书长；四是研究河南省检察文联更名为“河南省检察官文学艺术联合会”。

经过认真讨论，会议形成以下决议：第一，同意秘书长提出的中国检察官文联直属专业协会常务理事、理事人选名单和河南省检察文联各专业分会领导成员名单；同意按照中国检察官文学艺术联合会的要求，提请省检察文联委员会审议，把河南检察文联更名为“河南省检察官文学艺术联合会”；同意提请省检察文联委员会审议增选省检察院党组成员、政治部主任王广军同志为省检察文联副主席；同意吕青、张萍、尚文会、孙国群为省检察文联副秘书长候选人，由秘书长提请省检察文联常务委员会审议。第二，同意4月份在信阳召开全省检察文联委员会年会，同意会议议程；鼓励检察文联委员携带作品在会议期间进行展览；邀请中国检察官文联的有关领导和河南省文联的部分书画名家参加会议。第三，同意把全省检察文联委员会年会与全省检察系统核心价值观主题教育活动结合起来，并在会议期间举行“魅力信阳——河南省检察文联首次书画摄影采风活动”，以史育检，以文育检。第四，制定检察文联活动规则。按照中国检察官文联的部署，省检察文联工作要紧紧围绕检察工作开展，为检察中心工作服务，各项工作要适当，开展活动要有度；建立全省检察文联人才库，摸清各类专业人才底数；制定管理规则和活动办法，加强对省检察文联各专业分会的管理，各专业分会组织大型活动，必须经主席办公会研究同意，严格按照规矩办事，不许乱拉赞助，不许违法违纪。第五，要确定办公地点，建立资料保管室、书画创作室，对省院以前各种活动中保存的书画作品登记造册，妥善保管。由秘书处确定需要购置的家具设备清单，交计财处购买。此项工作3月份完成。

【二届二次全委会】5月9日，河南省检察文联二届二次全委会在河南省新县召开，89名检察文联委员参加会议。会期一天。会议表决通过了河南省检察文联更名为河南省检察官文联的决议，增补河南省检察院党组成员、政治部主任王广军同志为河南省检察官文联第二届委员会委员、常务委员、副主席，审议通过吕青、孙国群、张萍和尚文会同志为河南省检察官文联第二届副秘书长。信阳市检察文联、洛阳市检察院分别就做好检察文联工作、加强检察文化建设进行了经验交流。河南省检察文联主席、省检察院常务副检察长张国臣作了重要讲话。

会议从四个方面对2011年全省检察文联工作进行了回顾，一是围绕中心，助推检察工作科学发展有声势。举办了一系列文艺活动，展示了检察工作的丰硕成果和检察队伍的良好形象。二是面向基层，检察文联的服务职能有提升。坚持指导工作面向基层、创作内容源自基层、总结经验重在基层，始终为检察基层服务，为人民群众服务。三是搭建平台，检察文化精品创作有发展。全省各级检察文联坚持把创新作为深入推进检察文化建设的动力源泉，依托当地自然、历史和文化特点，积极搭建文化建设平台，创作出了一批优秀检察文艺作品。四是稳步推进，检察文联自身建设有加强。省检察文联成立了文学协会、书法美术协会和摄影协会，确定了办公地点，购置了办公用具，制定了活动规则。

会议强调，2012年全省检察文联工作要按照“围绕大局、服务中心、打牢基础、抓好规范、力求实效、促进发展”的总体要求，以建设社会主义核心价值体系，践行“忠诚、为民、公正、廉洁”的政法干警核心价值观为根本任务，以满足检察人员精神文化需求为出发点和落脚点，以提高检察队伍素质、提升检察机关执法公信力、促进检察工作科学发展为目标，充分发挥检察文联指导、联络、协调、服务职能，大力开展富有检察特色的文化艺术创作和大众文化艺术活动，为推动检察工作科学发展做出新的贡献。一是要抓好检察文化艺术创作，打造优秀的文化艺术力作；二是要抓好检察文化和法治文化理论研究，为检察文化艺术事业发展提供有力的理论支持和丰富的创作资源；三是要抓好各类文化艺术活动，彰显检察文化艺术工作的魅力；四是要抓好载体创新，为检察文化艺术活动建立广泛、有效的展示平台；五是要抓好检察文化艺术人才建设，努力造就一支高素质的检察文化艺术队伍；六是要抓好舆论宣传，逐步提升检察文联的社会影响力；七是要抓好检察文联组织体系建设，为全面做好检察文联工作提供坚实的组织保障；八是要抓好检察文化艺术交流合作，提高检察文化影响力；九是要抓好检察文联自身建设，不断提高工作能力和水平。

活　动

【电影《火红的杜鹃花》河南首映式】11 月 1 日，以全国模范检察官、洛阳市汝阳县检察院干警程建宇为原型的检察题材电影——《火红的杜鹃花》河南首映式在河南省检察院机关会议中心举行。河南省委常委、洛阳市委书记毛万春发来贺信，省委常委、省委政法委书记毛超峰，省委常委、宣传部长赵素萍，省人大常委会副主任张程锋，省政府副省长、省公安厅厅长秦玉海，省政协副主席邓永俭，省高级法院院长张立勇，省检察院检察长蔡宁等出席首映式。蔡宁检察长作了热情洋溢的致辞。法制日报、检察日报、人民网河南频道、新华网河南频道、中国新闻社河南分社、河南日报、河南人民广播电台、河南电视台新闻频道和都市频道、法制频道以及大河报、河南法制报等 24 家媒体应邀现场采访，并分别以消息、专题、视频等形式进行全方位的报道。

【全省检察机关“庆十八大、迎新春”书法摄影绘画及春联创作大赛】为庆祝党的十八大胜利召开，进一步推动全省检察文化建设，促进政法干警核心价值观教育活动深入开展，展现全省检察机关和检察人员良好的精神风貌，营造欢乐祥和迎接新春的气氛，河南省检察官文联会同河南省检察院政治部、机关党委联合开展了全省检察机关“庆十八大、迎新春”书法摄影绘画及春联创作大赛。活动从 10 月开始，到 12 月 27 日获奖作品展隆重开幕，历时 3 个月。大赛共收到书法作品 285 幅，摄影作品 351 幅，绘画作品 80 幅，春联作品 180 余幅。经过大赛评选委员会认真评审，共评出获奖作品 60 名，其中书法一等奖 4 名，二等奖 8 名，三等奖 12 名；摄影一等奖 2 名，二等奖 4 名，三等奖 6 名；绘画一等奖 2 名，二等奖 4 名，三等奖 6 名；春联一等奖 2 名，二等奖 4 名，三等奖 6 名。开封市检察院、洛阳市检察院、南阳市检察院被授予组织奖。

获奖情况

禹州市检察院、偃师市检察院、西华县检察院被评为全国检察文化建设示范院。

创　作

【电视剧《正义的承诺》】由河南省人民检察院检察委员会专职委员、省检察官文联副主席余秀华同志创作编剧的26集电视连续剧《正义的承诺》，已通过国家广播电影电视总局审查，国家广播电影电视总局以（广剧）剧审字（2012）第32号颁发了发行许可证，即将在全国公映。

【电视剧《欲望的代价》】根据南阳市检察院干警司金顺同志创作的反映检察题材的长篇小说《欲望的代价》改编的10集同名电视剧，已由南阳市检察官文联和南阳电视台联合摄制制作完毕，即将播出。

河北省检察官文学艺术联合会

资 料

河北省、市、县级检察官文学艺术联合会主席、副主席、秘书长、副秘书长、专业协会（或委员会）负责人名单

	文联职务	姓 名	性 别	单位职务
河北省检察官文联	主席	陈晓颖	男	河北省人民检察院党组副书记、常务副检察长
	副主席	曲 波	男	河北省人民检察院党组成员、政治部主任
	副主席	蒋瑞杰	男	河北省人民检察院检察委员会专职委员
	秘书长	高金川	男	河北省人民检察院政治部宣传处处长
	副秘书长	过 虹	男	河北省人民检察院政治部宣传处正处级检察员、检察日报驻河北记者站站长
	副秘书长	朱新燕	女	河北省人民检察院政治部宣传处副处长
	理论研究专业委员会主任	杨震纲	男	河北省人民检察院研究室正处级检察员、《河北检察》主编
	文学专业委员会主任	丁 煊	女	河北省人民检察院预防处正处级检察员
	书法美术专业委员会主任	杨贵亮	男	河北省人民检察院政治部综合处正处级干部
	摄影专业委员会主任	过 虹	男	河北省人民检察院政治部宣传处正处级检察员
	体育和音乐舞蹈专业委员会主任	郭占府	男	河北省人民检察院机关工会主席
	影视专业委员会主任	李书品	男	河北省人民检察院政治部宣传处正处级检察员
	新闻专业委员会主任	王绍华	男	河北省人民检察院政治部宣传处调研员
石家庄市检察官文联	主席	傅君佳	男	石家庄市人民检察院党组副书记、副检察长
	常务副主席	李芳栋	男	石家庄市人民检察院党组成员、政治部主任
	副主席	郭新房	男	石家庄市人民检察院调研员
	副主席	李吉亭	男	石家庄市人民检察院调研员
	副主席	张青山	男	正定县人民检察院党组书记、检察长
	副主席	王国政	男	井陉县人民检察院党组书记、检察长
	副主席	兰志伟	女	桥西区人民检察院党组书记、检察长
	秘书长	赵同生	男	石家庄市检察官文联专职秘书长
	副秘书长	刘 剑	男	石家庄市人民检察院政治部宣传处副处长
	理论研究专业委员会主任	李吉亭	男	石家庄市人民检察院调研员
	文学专业委员会主任	孟 岩	女	石家庄市人民检察院政治部干部处处长

续表

	文联职务	姓　名	性　别	单位职务
	书法美术专业委员会主任	郭新房	男	石家庄市人民检察院调研员
	摄影专业委员会主任	赵同生	男	石家庄市检察官文联秘书长
	体育和音乐舞蹈委员会主任	孙旭峰	女	石家庄市人民检察院政治部宣传处处长
	影视专业委员会主任	刘　剑	男	石家庄市人民检察院政治部宣传处副处长
	新闻专业委员会主任	胡宪政	男	石家庄市人民检察院政治部宣传处副处长
承德市检察官文联	主席	戴俊卿	男	承德市人民检察院原副检察长
	副主席	侯　宇	男	承德市人民检察院党组成员、政治部主任
	副主席	刘向禄	男	承德市人民检察院政治部宣传处处长
	秘书长	孙　权	男	承德市人民检察院干警
	副秘书长	傅新春	男	承德市人民检察院干警
张家口市检察官文联	主席	于先兴	男	张家口市人民检察院党组副书记、常务副检察长
	副主席	宋　锋	男	张家口市人民检察院党组成员、政治部主任
	秘书长	张　弘	男	张家口市人民检察院政治部宣传教育处处长
秦皇岛市检察官文联	主 席	赵国民	男	秦皇岛市人民检察院党组副书记、副检察长
	副主席	熊　伟	男	秦皇岛市人民检察院党组成员、政治部主任
	副主席	李国栋	男	秦皇岛市人民检察院检察委员会专职委员
	秘书长	纪亚东	男	秦皇岛市人民检察院政治部副主任兼宣传处处长
	副秘书长	郑密强	男	秦皇岛市人民检察院政治部宣传处干警
	副秘书长	娄建玉	男	秦皇岛市人民检察院计划财务装备处处长
	副秘书长	王　凯	男	秦皇岛市人民检察院人民监督员办公室主任
	文学艺术组组长	宋长万	男	抚宁县人民检察院党组成员、政治处主任
	美术书画组组长	靳　东	男	秦皇岛市开发区人民检察院党组成员、副检察长
	新闻摄影组组长	张建春	男	青龙县人民检察院政治处副主任
	乒羽组组长	赵全海	男	秦皇岛市开发区人民检察院党组成员、检察长
	钓鱼组组长	李春平	男	秦皇岛市人民检察院党组成员
	篮排组组长	茹殿利	男	抚宁县人民检察院副检察长
	棋牌组组长	赵振辉	男	北戴河区人民检察院检察长
唐山市检察官文联	主席	杨　浩	男	秦皇岛市人民检察院党组书记、检察长
	副主席	刘玉国	男	唐山市人民检察院党组成员、副检察长
	秘书长	蔡志和	男	唐山市人民检察院预防处处长

续表

	文联职务	姓　名	性　别	单位职务
衡水市检察官文联	主　席	金荣海	男	衡水市人民检察院党组副书记、常务副检察长
	常务副主席	李文波	男	衡水市人民检察院党组成员、政治部主任
	副主席	张　鹏	男	衡水市人民检察院侦监二处处长
	副主席	李彦青	男	衡水市人民检察院干部处处长
	副主席	信章旗	男	枣强县人民检察院院纪检书记
	秘书长	李　哲	女	衡水市人民检察院政治部组宣处副处长
邢台市检察官文联	主席	苗庭宽	男	邢台市人民检察院党组副书记
	副主席	左建水	男	邢台市人民检察院党组成员、副检察长兼政治部主任
	副主席	王德志	男	邢台市人民检察院检委会专职委员
	秘书长	王　颖	女	邢台市人民检察院政治部组宣处处长
	文学艺术协会会长	杨海书	男	邢台市人民检察院退休干部
	书画协会会长	张九龄	男	邢台市人民检察院办公室副主任
	摄影协会会长	王德志	男	邢台市人民检察院检委会专职委员
	体育协会会长	白庆国	男	邢台市人民检察院法警支队副队长
邯郸市检察官文联	主席	吴玉安	男	邯郸市人民检察院原党组副书记
	副主席	李书文	男	邯郸市人民检察院党组成员、副检察长
	秘书长	夏连锋	男	邯郸市人民检察院政治部宣传处处长

河北省检察文化艺术工作情况

综　述

2012年，河北省检察官文学艺术联合会坚持以邓小平理论、“三个代表”重要思想和科学发展观为指导，在中国检察官文联的指导和省院党组的领导下，自觉接受省民政厅的监督管理，坚持检察文化理论研究、检察文化艺术创作、检察文化艺术活动“三位一体”的工作思路，着力做好各项工作，为推动全省检察工作科学发展提供了坚强的思想保证、强大的精神动力和有力的文化保障。

一、认真学习，提高认识，确保检察官文联工作的正确方向

根据省检察院党组的部署和中国检察官文联的要求，省检察官文联及时组织传达学习贯彻党的十七届五中、六中、七中全会精神，以及全国检察机关文化建设工作会议精神。党的十八大闭幕后，省检察官文联及时向各市检察官文联（筹备组织）发出通知，对学习贯彻十八大精神提出具体要求。全省各级检察官文联（筹备组织）按照上级要求，结合本地实际，认真制订学习方案，周密筹划部署，采取邀请专家学者作辅导报告、开展学习日活动、举办主题征文和知识竞赛、撰写心得体会、开展学习成果交流等各种形式，组织全员大培训，认真学习党的十八大报告、新党章和中央领导同志的重要讲话精神。与此同时，进一步认真学习了曹建明等高检院领导在全国检察长座谈会和全国检察机关文化建设会议上的重要讲话，以及省检察院领导关于加强检察文化建设的重要讲话和指示。通过学习，深化了对加强检察文化建设、做好检察官文联工作重要性和必要性的认识，明确了检察官文联工作正确的方向，增强了做好工作的自觉性和主动性。

二、不断加强检察官文联的自身建设工作

河北省检察官文联按照精简、高效、规范、科学的原则，积极推进自身建设。2月28日，召开了省检察官文联主席办公会，审议通过了省检察官文联《主席办公会议事规则》、《秘书处工作规则》、《会费管理办法》、《关于接受社会捐赠、资助的暂行规定》等4项规章制度，决定筹备成立理论研究、文学、书法美术、摄影、体育和音乐舞蹈、影视、新闻等7个专业委员会，决定任命了2名副秘书长。7月27日，河北省检察官文学艺术联合会第一届常委会第二次（扩大）会议在张家口市崇礼县召开。会议深入学习了党的十七届六中全会和全国检察机关文化建设工作会议精神；省院党组副书记、常务副检察长、省检察官文联主席陈晓颖在讲话中，回顾总结了省检察官文联成立以来的工作情况，分析了检察官文联的职能定位和工作方向，提出了当前和今后一个时期省检察官文联工作的总体工作思路和目标任务；会议表决确认了省检察官文联各专业委员会及各专业委员会主任、副主任、委员人选；全国毛泽东文艺思想研究会副会长、河北师范大学原党委书记、校长曹桂方应邀作学术报告。10月12日，组织召开了省检察官文联各专业委员会成立会议。会上，陈晓颖主席对加强各专业委员会自身建设、做好工作提出了明确要求。通过加强省检察官文联自身建设，订好制度，配齐人员，保证了检察官文联各项工作顺利开展。

省检察官文联在注重自身建设的同时，加强对各市检察官文联筹备工作的督导，及时了解掌握情况，帮助协调解决问题。截至目前，唐山、衡水、石家庄、邢台、保定、张家口、秦皇岛、承德、邯郸等9家市级检察官文联先后成立，其他2家市级检察官文联正在积极筹建中。

三、大力开展检察文化活动

全省各级检察官文联充分发挥检察文化陶冶情操、鼓舞士气、凝聚人心的作用，以迎接、庆祝党的十八大胜利召开为主题，开展了文艺汇演、主题演讲、征文比赛、书画摄影展、体育活动等一系列文化活动，推出了一批优秀文化作品。省检察官文联积极向全国第十二届精神文明建设“五个一工程”评选活动和中国检察官文联举办的“廉洁文化”书画摄影展览、春联征集活动推荐优秀作品。积极组织参加中国检察官文联组织的首届中国检察官文化论坛和“以梅喻检”等各项文化活动。中国检察官文联组织最高人民检察院机关检察官业余合唱团和兴隆县人民检察院联合录制的公益歌曲《白雪红梅的故事》，在全国总工会、中国文联、中央精神文明办、中央电视台、中国音乐家协会主办的第三届中国职工艺术节声乐展演中获得优秀奖。

根据中国检察官文联通知要求，认真做好有关材料的搜集汇总工作，撰写了《中国检察文化年鉴［2012］（河北卷）》，并开展了对全省检察文化人才的摸底统计工作。高度重视检察官文联的宣传工作，先后向各市检察官文联（筹备组织）印发了《关于加强检察官文联宣传工作的通知》、《关于做好检察文化信息报送工作的通知》和《关于积极向〈河北检察〉和〈河北法制报·检察周刊〉投稿的通知》，各市检察官文联按照要求及时报送有关信息，向各新闻媒体踊跃投稿，取得了良好效果。

在省检察官文联的大力支持和具体指导下，各市检察官文联（筹备组织）开展了丰富多采的文化活动。邢台市检察官文联举办了迎新春联欢会，在革命老区前南裕举办了“检察杯”干部职工登太行活动；秦皇岛市检察官文联举办了全市检察机关第四届“公平正义”杯乒乓球比赛，组织开展了“咏荷促廉”主题摄影创作比赛和首届淡水钓鱼大赛活动；沧州市检察官文联筹备组织举办了“盛世检察情”2013年新年联欢会、全市检察机关迎接党的十八大书画摄影展活动和沧州检察精神征文活动，建立了机关文化长廊；保定市检察官文联举办了“学习十八大精神践行检察使命”演讲比赛和“廉洁文化”摄影绘画展览。

四、加强对检察文化建设的理论研究

坚持把检察文化理论研究放在重要位置来抓，用科学的理论成果引领检察官文联工作深入开展。2012年3至4月，省检察官文联围绕“以培育和践行政法干警核心价值观为目标，大力实施文化育检工程”的专题开展了调研活动。通过采取召开座谈会、实地考察、统计分析等形式，广泛了解和掌握真实情况，总结新规律、新经验，查找并深刻分析存在的问题，提出切实可行的解决办法和措施。省检察官文联分别与《河北检察》杂志和《河北法制报·检察周刊》合办了“七彩园地”和“检察文苑”栏目，除集中展示全省检察文化建设优秀成果外，组织领导干部、一线干警、法学专家等开展检察文化建设的理论研讨，积极探索检察文化建设的新途径，建立健全科学完备的检察文化理论体系，为推动检察文化建设科学发展提供理论指导。

会　议

【省检察官文联主席办公会】2012 年 2 月 28 日，省检察官文联主席办公会在石家庄召开。省检察官文联主席、副主席、秘书长参加会议，驻省检察院机关的检察官文联常务委员、委员列席会议。会议由省检察院党组副书记、常务副检察长、省检察官文联主席陈晓颖主持。主席办公会研究通过了《河北省检察官文联贯彻落实党的十七届六中全会精神的意见》；审议通过了河北省检察官文联《主席办公会议事规则（草案）》、《秘书处工作规则（草案）》、《会费管理办法（草案）》、《关于接受社会捐赠、资助的暂行规定（草案）》；决定了河北省检察官文联副秘书长；决定筹备成立河北省检察官文联 7 个专业委员会，并提出各专业委员会主任人选。

陈晓颖主席讲话强调，全省各级检察官文联要进一步学习党的十七届六中全会精神，按照省检察院党组的要求，进一步增强做好检察官文联工作的信心，不断推动检察文化艺术事业繁荣发展。要充分发挥检察官文联的职能作用，通过开展文化艺术活动，激发全省检察人员的职业使命感、职业荣誉感和归属感，提升广大检察人员的文化品位，营造浓厚的检察文化建设氛围。要积极推进检察官文联组织建设，使各项工作尽早步入规范化运行轨道。

【全省检察机关文化建设工作会议暨河北省检察官文学艺术联合会第一届常务委员会第二次（扩大）会议】2012 年 7 月 27 日，全省检察机关文化建设工作会议暨河北省检察官文学艺术联合会第一届常务委员会第二次（扩大）会议在张家口市崇礼县召开。会议深入学习贯彻了党的十七届六中全会和全国检察机关文化建设会议精神，回顾总结近年来全省检察文化建设的基本经验，分析面临的形势任务，研究部署当前和今后一个时期全省检察文化建设的思路和措施。会议决定成立理论研究、文学、书法美术、摄影、体育和音乐舞蹈、影视专业和新闻专业等 7 个委员会，并选举产生了组成人员。受省检察院党组书记、检察长张德利委托，省检察院党组副书记、常务副检察长、省检察官文联主席陈晓颖出席会议并作工作部署讲话，张家口市委书记王晓东到会指导，省检察院副巡视员李献春主持会议。全国毛泽东文艺思想研究会副会长、河北师范大学原党委书记、校长曹桂方应邀作了题为《弘扬“讲话”精神，坚持“决定”提出的中国特色社会主义文化发展道路》学术报告。

【河北省检察官文学艺术联合会各专业委员会成立会议】2012 年 10 月 12 日，河北省检察官文联各专业委员会成立会议在石家庄召开，陈晓颖主席作重要讲话，蒋瑞杰副主席主持会议。陈晓颖主席强调，各专业委员会是省检察官文联的内设机构，是省检察官文联决策部署的执行者，是具体业务工作的组织者，其作用至关重要。大家要充分认识自己肩负的责任，通过加强自身建设，订好制度，配齐人员，使各项工作从一开始就步入规范化运行的轨道。陈晓颖主席要求，各专业委员会要加强自身建设、做好工作。一是要勤于学习，善于学习，不断提高做好检察官文联工作的能力和水平。二是要求真务实，真抓实干，为推进我省检察文化建设作出新贡献。三是要模范遵守规章制度，自觉维护团结，推动各项工作健康有序开展。

活　动

【参加第十二届精神文明建设“五个一工程”评选活动】根据中国检察官文联通知精神，积极征集作品，报送张清海同志撰写的长篇小说《靠山》、信章旗同志撰写的长篇小说《斥候兵传奇》、《老鸹村》等三篇作品参加“五个一工程”评选活动。

【参加“廉洁文化”书画摄影展览】积极参加中国检察官文联举办的“廉洁文化”书画摄影展览。从征集的作品中遴选出 45 件作品（其中书法作品 23 件，绘画作品 6 件，摄影作品 16 件）报送中国检察官文联参展。

【参加“迎新春、送文化”春联征集活动】积极组织参加中国检察官文联举办的“迎新春、送文化”春联征集活动。从征集的 181 副春联中遴选出 69 副向中国检察官文联推荐。

【各市检察官文联（筹备组织）开展的活动】邢台市检察官文联举办了迎新春联欢会，在革命老区前南裕举办了“检察杯”干部职工登太行活动。秦皇岛市检察官文联举办了全市检察机关第四届“公平正义”杯乒乓球比赛，组织开展了“咏荷促廉”主题摄影创作比赛和首届淡水钓鱼大赛活动。沧州市检察官文联筹备组织举办了“盛世检察情”2013 年新年联欢会、全市检察机关迎接党的十八大书画摄影展活动和沧州检察精神征文活动，建立了机关文化长廊。保定市检察官文联举办了“学习十八大精神践行检察使命”演讲比赛和“廉洁文化”摄影绘画展览等。

获奖情况

【全国检察文化建设示范院】2012 年，河北省各级检察机关大力加强检察文化建设，取得良好效果。石家庄市长安区人民检察院、保定市新市区人民检察院、邯郸市峰峰矿区人民检察院等 3 个基层院被最高人民检察院评为“全国检察文化建设示范院”。

【纪念人民检察制度创立 80 周年书画摄影展和文艺晚会两项文化活动】在由高检院政治部、中国检察官文联协同相关部门共同举办的“全国检察机关书画摄影展”和“为了公平正义”文艺晚会两项重大文化活动中，河北省检察机关共有 17 幅作品获奖，河北省人民检察院政治部获两项活动组织工作奖。

纪念人民检察制度创立80周年书画摄影展获奖情况

姓名	单位	作品名称	类别	奖项
孙　权	承德市人民检察院	《甲骨文》	书法	二等奖
刘　谨	河北省人民检察院	《岳阳楼记》	书法	二等奖
霍玉辰	邯郸市人民检察院	《爱莲说》	书法	优秀奖
孟宪昌	河北省人民检察院	《念奴娇赤壁怀古》	书法	优秀奖
王翠军	河北省人民检察院	《新诗》	书法	优秀奖
孔令驰	秦皇岛市人民检察院	《廉政格言警句摘抄》	书法	优秀奖
高　萍　周祖光	唐山市人民检察院	《古木清风图》	美术	三等奖
马忠田	辛集市人民检察院	《古韵新风图》	美术	三等奖
刘永兴	涿州市人民检察院	《来之不易》	摄影	一等奖
赵同生	石家庄市人民检察院	《操练》	摄影	二等奖
吕富荣	张家口市人民检察院	《脊梁》	摄影	三等奖
丁　富	滦平县人民检察院	《雄关》	摄影	三等奖

【全国检察机关廉洁从检书画摄影展】 2012年12月，在全国检察机关“廉洁从检”书画摄影展中，河北省检察机关13幅作品获奖。

“全国检察机关廉洁从检书画摄影展”获奖情况

姓名	单位	作品名称	类别	奖项
霍玉辰	邯郸市人民检察院	唐·陆龟蒙《白莲》	书法	一等奖
孙　权	承德市人民检察院	甲骨文《论语·里仁篇》	书法	二等奖
孟宪昌	河北省人民检察院	唐太宗百字箴言	书法	二等奖
孔博为	大城县人民检察院	官箴	书法	二等奖
孔令驰	秦皇岛市人民检察院	梅荷诗词选录	书法	三等奖
杨立鸿	顺平县人民检察院	莲出绿波有君子德，兰生幽谷为众人香	书法	优秀奖
张建军	邢台市桥西区人民检察院	油画	绘画	三等奖
李福林	秦皇岛开发区人民检察院	清风高洁	绘画	优秀奖
马忠田	辛集市人民检察院	莲洁溢清香	绘画	优秀奖
任振潮	衡水市人民检察院	起舞	摄影	二等奖
蔡志和	唐山市人民检察院	晨雾	摄影	二等奖
过　虹	河北省人民检察院	太行晨曦	摄影	二等奖
郑喜兰	唐山市人民检察院	荷花	摄影	特别奖

【其他作品获奖情况】2012年，中国检察官文联组织最高人民检察院机关检察官业余合唱团和兴隆县人民检察院联合录制的公益歌曲《白雪红梅的故事》，在全国总工会、中国文联、中央精神文明办、中央电视台、中国音乐家协会主办的第三届中国职工艺术节声乐展演中获得优秀奖。邯郸市检察院录制的公益广告片《合适的椅子》在全国检察机关首届廉政短片公益广告评选中获三等奖。武安市检察院录制的公益广告片《黄粱梦》在全国检察机关首届廉政短片公益广告评选中获优秀奖。另有12个作品在省级以上文化活动中入选或获奖。

在省级以上其他文化活动中入选、获奖情况

姓名	单位	作品名称	类别	文化活动名称	获奖种类	获奖时间
刘　谨	河北省检察院	书法作品	书法	庆祝中英建交40周年书画展	银奖	2012.12
周喜庆	秦皇岛市北戴河区检察院	《爱的笙箫》	诗歌	炎黄杯国际诗歌大赛	金奖	2012.11
周喜庆	秦皇岛市北戴河区检察院	《秋景》	诗歌	时代颂歌诗歌大赛	一等奖	2012.9
张俊杰	任丘市检察院	外来生物入侵	摄影	2012年第5届斯洛文尼亚国际摄影展	入选	2012.11
刘永兴	涿州市检察院	古堡谐曲	摄影	十四届艺术摄影	优秀奖	2012.9
崔五杰	邢台市检察院	《董存瑞烈士雕像》	摄影	“百幅红色影像”作品征集	入选	2012.2
崔五杰	邢台市检察院	《二月二龙抬头（组）》	摄影	“我们的节日”第四届河北省民俗摄影大赛	一等奖	2012.8
崔五杰	邢台市检察院	《祈福“转黄河”（组）》	摄影	“我们的节日”第四届河北省民俗摄影大赛	三等奖	2012.8
崔五杰	邢台市检察院	《小马蜂》	摄影	香港第四届全国摄影艺术展	入选	2012.8
崔五杰	邢台市检察院	《牵手五十年》	摄影	“百姓眼中的和谐河北”摄影展	入展	2012.12
任振潮	衡水市检察院	家园	摄影	河北省第一届园林博览会专业展	一等奖	2012年
李　默	深州市检察院	情人节“打劫记”		《家庭》期刊举办的“华帝·我的幸福生活”全国征文	三等奖	2012年

理论研究

河北省各检察官文联（筹备组织）坚持把检察文化理论研究放在重要位置来抓，用科学的理论成果引领检察官文联工作深入开展。省检察官文联围绕“以培育和践行政法干警核心价值观为目标，大力实施文化育检工程”的专题组织开展了调研活动，推出了一批检察文化理论研究文章。

全省检察文化理论研究成果统计表

作品名称	出版社或刊物名称	出版或发表时间	姓名	单位和职务
提升检察文化 推动检察机关党建工作取得新突破	创新基层党建 推进社会管理探索与实践（下）	2012.7	刘延祥	秦皇岛市山海关区人民检察院检察长
依托检察文化平台推进基层建设全面发展	河北检察	2012.2	刘延祥	秦皇岛市山海关区人民检察院检察长
传承和践行——大钊故乡检察文化建设的探索与思考	高检院检察队伍建设	2012.10	庞祥海	唐山市人民检察院检察长
文化建设熠熠生辉	全国检察机关文化建设交流材料	2012. 6	保定市新市区人民检察院	
如何深入推进检察文化创新工作	民主法制建设与实践探索	2012.12	周彦利	饶阳县人民检察院副检察长
从形象建设促工作发展	检察日报	2012.6	贾振之	邯郸市人民检察院检察长
检察文化建设抓住地方特色	检察日报	2012.12	涉县人民检察院	

出版创作情况

全省检察机关文化作品创作出版情况统计表

作品名称	作品种类	出版社	出版时间	作者姓名	单位和职务
《花如雪》	诗歌	团结出版社	2012.8	周喜庆	秦皇岛市北戴河区人民检察院科员
《靠山 1》	小说	中国检察出版社	2012.3	张清海	秦皇岛市人民检察院检委会原委员
《靠山 2》	小说	中国检察出版社	2012.3	张清海	秦皇岛市人民检察院检委会原委员
花为谁红	小说	作家出版社	2012.10	信章旗	枣强县人民检察院纪检组长
邢台历史大事件	历史文学	河北美术出版社	2012.9	苗庭宽	邢台市人民检察院党组副书记
隧道	小说	检察日报	2012.5	杜建平	武安市人民检察院政治处干警

人才队伍

全省检察文艺人才统计表

姓 名	性别	单位职务	文学艺术方向	加入社团名称、职务
蒋瑞杰	男	河北省人民检察院检委会专职委员	文学	河北省作家协会会员
过　虹	男	河北省人民检察院政治部宣传处正处级检察员、《检察日报》驻河北记者站站长	摄影	河北省摄影家协会会员、河北省民俗摄影协会会员
肖俊林	男	河北省人民检察院政治部宣传处干部、《检察日报》驻河北记者站副站长	新闻	河北省民俗协会理事
杨贵亮	男	河北省人民检察院政治部综合处干部	书法	河北省书法家协会会员
刘　谨	男	河北省人民检察院侦监一处副处级检察员	书法	河北省书法家协会楷书委员会副主任、河北省书协省直分会副秘书长
王翠军	男	河北省人民检察院研究室主任科员	书法	东方书画艺术家协会会员、河北省书法家协会会员、河北省侨商会艺术家联谊会常务理事
杨震纲	男	河北省人民检察院研究室正处级检察员、《河北检察》编辑部主编	理论研究	河北省哲学学会会员、河北省作家协会会员
赵同生	男	石家庄市人民检察院政治部宣传处副处长	摄影	河北省摄影家协会会员
梁瑞琴	女	石家庄市桥东区人民检察院检察长	理论研究	河北法学会会员
武亭廷	男	石家庄市长安区人民检察院研究室主任	舞蹈	河北省舞蹈家协会会员
闫镇国	男	平山县人民检察院研究室主任	文学	河北省诗词协会会员
陈铁民	男	新乐市人民检察院副检察长	书法	石家庄市书法协会行书专业委员会副主任
戴俊卿	男	承德市人民检察院副检察长	文学	中国散文学会会员、中国作家创作协会会员、中国汉诗研究会研究员
傅新春	男	承德市人民检察院检察员	文学摄影	河北省摄影家协会会员
孙　权	男	承德市人民检察院工作人员	书法	中国书法家协会会员、中国川夫画院院士
于长泗	男	承德市人民检察院老干部处负责人	书法	中国榜书协会会员
白凤仙	男	丰宁县人民检察院纪检组长	文学	北京诗词协会会员
卢　江	男	张家口市人民检察院政治部宣传处副处长	摄影	中国摄影家协会会员
吕富荣	男	张家口市桥东区人民检察院法警队副队长	摄影	河北省摄影家协会会员
李桂明	男	怀来县人民检察院副检察长兼反渎局局长	摄影	河北省摄影家协会会员
靳鹏飞	男	张家口市宣化区人民检察院局长	摄影书法	中国硬笔书法协会会员、河北省摄影家协会会员
王敏胜	男	张家口市人民检察院法警支队政委	摄影	河北省摄影家协会会员

续表

姓名	性别	单位职务	文学艺术方向	加入社团名称、职务
刘学玲	女	张家口市人民检察院反渎局科员	摄影	河北省摄影家协会会员
李士军	男	卢龙县人民检察院职务犯罪预防科科长	音乐奇石赏析	河北省音乐家协会会员、河北省观赏石协会理事
张兴达	男	秦皇岛市人民检察院团委书记	导演演讲	乌鲁木齐市音乐、舞蹈家协会会员；乌鲁木齐市作家协会会员；秦皇岛市音乐家协会会员。
张清海	男	秦皇岛市人民检察院检委会原专职委员	小说	中国作家协会会员
蔡志和	男	唐山市人民检察院预防处处长	影视体育	河北省电视艺术家协会会员、河北省摄影家协会会员
亢立国	男	唐山市人民检察院研究室主任	文学	河北省作家协会会员
梁胜伟	男	玉田县人民检察院副检察长	摄影	河北省摄影家协会会员
吴　健	男	廊坊市广阳区人民检察院纪检组长	书法	河北省书法家协会会员
孙元芳	男	保定市人民检察院副检察长	理论研究	中国检察学会会员、河北省法学会会员、河北省科协会会员、河北省心理学会会员
张大华	男	保定市人民检察院（退休干部）	书法绘画	全国书画协会会员、河北省书法家协会会员
李黎薇	女	保定市北市区人民检察院研究室干警	书法	河北省书法家协会会员、中国硬笔书法协会会员、河北省硬笔书法协会会员
郭俊维	男	保定市北市区人民检察院研究室干警	书法绘画	河北省书法家协会会员
刘永兴	男	涿州市人民检察院技术处干警	摄影	中国摄影家协会会员
张俊杰	男	任丘市人民检察院反贪局副局长	摄影	中国摄影家协会会员
刘海军	男	孟村县人民检察院退休干部	书法	河北省书法家协会会员
任振潮	男	衡水市人民检察院副检察长	摄影	中国民俗摄影学会会员
吕新华	男	武强县人民院检察长	书法	中国书法家协会会员
信章旗	男	枣强县人民检察院纪检组长	文学	河北省作家协会会员、河北省散文学会会员
杨友诗	男	邢台市人民检察院原副检察长（退休）	书法	河北省书法家协会会员
王德志	男	邢台市人民检察院检委会专职委员	摄影	中国艺术摄影家协会会员、河北省摄影家协会会员
崔五杰	男	邢台市人民检察院组宣处副处长	摄影	河北省摄影家协会会员
宋子轩	男	威县人民检察院政治处主任	书法	河北省书法家协会会员
霍玉辰	男	邯郸市人民检察院副处级检察员	书法	河北省书法家协会会员
温建军	男	曲周县人民检察院检察长	文学	河北省青年诗人学会副会长、河北省作家协会会员
任寒霜	男	魏县人民检察院政治处负责人	摄影	中国民俗摄影协会会员
冯志华	男	永年县人民检察院副检察长、反贪局长	书法	中国硬笔书法家协会会员

基层检察文化

2012年，全省基层检察院按照高检院和省院的统一部署，大力加强检察文化建设，基层检察文化建设呈现蓬勃发展势头。

【怀来县人民检察院】近年来，怀来县人民检察院积极实施文化育检战略，将检察文化融入到队伍建设和各项执法活动中，有力促进了检察事业科学发展，在荣获第二、三、四届全国先进基层检察院的基础上，2010年被高检院记集体一等功，2011年被评为全国检察机关“四化”建设示范院，连续10年荣膺“全省先进检察院”称号。

该院坚持政治建检，始终把思想政治教育放在各项工作的首位来抓，扎实开展各类主题实践活动，记录该院学习实践活动的专题片《科学发展铸检魂》，被中组部作为农村党建教材全国播放。注重加强环境文化建设，着力营造文明庄重、优雅和谐、井然有序、文化气息浓厚的工作环境，成为张家口市唯一获评“全省庭院绿化达标示范单位”的基层检察院。强力推进科技强检，配备了办案交通工具、监控及同步录音录像器材、多媒体示证设备等物质装备，被评为全省检察机关信息化工作先进单位。崇尚以人为本的检察文化，以怀来县检察官文学艺术联合会成立为契机，定期开展业务交流、实务研讨，承担并高质量完成省、市院重点调研课题，多次在《人民检察》、《河北检察》等国家、省级刊物发表理论文章。经常开展各类检察文化活动，组织干警踊跃参加上级院组织的书法、绘画、摄影、演讲等比赛，获得多个奖项。作为英雄出生地，该院以董存瑞精神为纽带与英雄牺牲地隆化县检察院跨区域联谊，互帮共建，组织干警到董存瑞纪念馆、革命圣地延安、西柏坡学习参观，重温入党誓词，接受革命传统教育。注重从优待检与人文关怀，每逢干警生日，院党组都要送上生日蛋糕及精美礼品，并将祝福信息在LED显示屏上播出，强化干警“以院为家、爱岗敬业”的责任感。

通过丰富多彩的检察文化活动，潜移默化地培育检察职业精神，在推动检察队伍思想政治素质和业务工作能力得到提高的同时，还培育出全省摄影家协会会员、书法家协会会员及篆刻、书法、绘画、乒乓球爱好者等一批检察文化人才。

【唐山市路北区人民检察院】唐山市路北区人民检察院始终坚持正确把握检察文化建设的科学规律，坚持以“修心、正行、怡情”三项重点工程为有效抓手，内外兼修、丰富形式、创新载体，有效地促进了检察工作全面科学发展，取得了明显成效。先后被最高人民检察院评为“全国先进基层检察院”、“全国检察宣传先进单位”，被河北省人民检察院评为“全省先进检察院”。

一是营造耳濡目染的文化环境。坚持用触手可及的检察环境文化设计，使干警工作在文化的环境，生活在文化的氛围，在无声无形中增强文化的底蕴。该院办公楼二层大厅设有“正义之鼎”和“雄关漫道”大型浮雕壁画。办公楼内设计了廊道文化，电梯间里设置了“儒家文化语录”，楼梯口设置了“12月花语墙”，楼道内设置了“名家箴言文化墙”。办公楼内设置了大型电子显示屏、触摸屏，每层电梯等候区设有液晶屏，循环交替播放本院宣传专题片及法律规范等，处处营造着浓厚的文化氛围。

二是提供科学超前的文化保障。确保检察文化建设资金和物质投入，建立完善文化活动场所，配置先进的器材和设施，为检察文化建设提供有力的物质保障。该院建立了高标准的检察荣誉室，面积600平方米、9种24台运动健身设备的文体活动中心，古朴典雅的检察书画室，面积近百平方米的图书阅览室。建立了迅捷高速的网络中心，30台高配置电脑连接互联网，确保干警零距离接触前沿资讯。

三是开展丰富多彩的文化活动。充分利用检察物质文化的建设成果，坚持经常开展文化活动，做到年度有大型活动、节日有专题活动、每月有小型活动。成立了文艺演出队、体育运动队、读书会、书画会、棋牌会、文艺创作会、业务研究学会等多种的群众性组织，书画室被唐山市检察院指定为“唐山市检察官文联书画基地”，乒乓球室被指定为“唐山市检察官体协乒乓球运动基地”。经常邀请有关专家举办文化讲座，开展读书心得交流、演讲比赛、知识竞赛、书画摄影展评、摄影采风、棋牌比赛、诗歌朗诵会、趣味运动会等活动，熏陶和启迪广大干警，由形到神提升检察文化建设新境界。

【临城县人民检察院】近年来，临城县检察院党组坚持以人为本，不断加强和改进检察文化建设，将检察文化建设贯穿到检察业务和队伍建设的全过程，凝聚警心、提升素质、增强干警履行法律监督能力，推动检察事业科学持续发展。

一是建立文化建设运行机制。该院认真贯彻落实上级院关于加强检察文化建设的工作部署，把检察文化建设作为推进检察工作创新发展的重要载体，列为全年检察队伍建设工作重点，研究制定了工作运行机制和保障措施，不断充实、完善、提高，充分发挥检察干警在检察文化建设中的主体地位，将先进文化的精髓和内涵渗透到执法实践的各个环节，培育干警职业精神，提升职业素质，规范执法行为，激发工作动力，塑造良好形象，推动临城检察事业不断科学健康发展。

二是搭建文化建设平台。该院投资10万多元，新筹建图书资料室60余平米，购买法律、检察业务和文化图书3000余册。投资8万多元在办公楼一楼大厅新建彩色显示屏，党组书记、检察长陈志刚编辑推出了300余条检察文化短语，在屏幕上滚动播出，教育、引导、激励广大检察干警珍惜荣誉，勤奋敬业，踏实工作，在工作中感受乐趣。2012年以来将一楼大厅电子屏幕作为检察文化阵地，由各科室局轮办，每周更换新内容。在检察内网和各部门网站设立了文化专栏，及时交流检察文化建设动态、成果，激发干警活力。院内网、部门网站、大厅电子屏幕就像干警们自己的博客，及时宣传时事政治、法律法规、展示干警自我思想动态等，营造了学政治、学业务和学文化的浓厚氛围，搭建了拓宽思路和眼界、提高综合素质、促进检察工作开展的平台。

三是开展丰富多彩的文化活动。该院成立读书、写作、摄影、书法等兴趣小组，适时开展干警联欢、歌咏比赛、知识竞赛、诗歌朗诵、书法摄影展等形式多样的文体活动，充实文化育检内涵，努力提高检察文化层次。2012年，该院选送的歌伴舞《我的祖国》参加了邢台市院春节联欢晚会，受到市院及各兄弟县院的一致好评。

该院组织的全体干警大合唱《我们走在大路上》，经过预赛、复赛、决赛，参加了临城县春节文艺晚会，展现了检察干警积极向上、奋发有为、敢于担当的精神风貌。晚会正值全县“两会”期间，受到了县领导和人大代表、政协委员及社会各界的好评。

临城县院通过加强检察文化建设，凝聚了正能量，焕发了新面貌，增强了履职能力，提高了工作质量和效力，各项检察工作取得了新发展和进步。2011 年以来，该院被先后评为“全国先进基层检察院”、“全省模范检察院”，被省委、省政府授予“省级文明单位”，获得全市政法系统“职业化建设示范单位”，全市检察系统“综合考评先进单位”和全县“实绩突出单位”等称号，先后有 14 个科室（局）和 26 人次立功受奖。

湖北省检察文学艺术联合会

湖北省检察文化艺术工作情况

综　述

2012 年，湖北省检察机关紧紧围绕高检院、省委关于进一步加强检察文化建设的决策部署，深入贯彻落实党的十八大精神，深刻认识加强检察文化建设的重要性和紧迫性，准确把握检察文化建设的指导思想、目标任务和基本原则，突出抓好检察文化建设的工作落实和载体创新，切实强化组织保障，努力提高检察文化建设科学化水平，不断推进“文明检察”建设，进一步促进检察工作和队伍建设科学发展、跨越式发展。

全省检察机关始终坚持把培育政法干警核心价值观作为检察文化建设的根本任务，着力用核心价值观武装头脑、凝聚力量，突出“法治精神”和“公信力”两个主题，通过丰富多彩、鲜活多样的实践活动，在潜移默化、润物无声中促进检察职业精神在检察人员内心的认知与认同，为检察工作创新发展提供有力的思想保证、精神动力和智力支持，形成履职尽责的强大推动力量，全省检察文化建设呈现出繁荣发展的良好局面，在 6 月召开的全国检察机关文化建设工作会议上，湖北省院作了大会发言，宜昌市检察院、武汉市汉阳区检察院、大冶市检察院等三个单位被高检院评定为“全国检察文化建设示范院”。主要做法是：

以核心价值观为引领，打造精神高地。着力把社会主义核心价值体系教育与中国特色社会主义理论体系、党的纯洁性、社会主义法治理念和政法干警核心价值观等教育紧密结合起来，引导广大检察人员自觉将“六观”、“六个有机统一”、“四个必须”根植于心，不断锻造对法律的信仰、对正义的追求、对公平的维护、对法治的尊崇，牢固树立正确的发展理念和执法理念，努力做到“惩治犯罪与保障人权并重、强化法律监督与强化自身监督并重、实体公正与程序公正并重、公正与效率并重、严格公正执法与理性平和文明规范执法并重”。

以检察人员为主体，丰富文化载体。坚持眼睛向内，以我为主，突出检察官的主体地位，不断丰富和拓展文化活动载体和内容，培育检察文化品牌。组织撰写《检察发展研究文库》和《检察文化丛书》，夯实检察文化发展理论根基；举办“检察文学作品首发暨签售仪式”、“检察机关网络文化比赛”，为检察人员搭建展示才华、提升水平的平台；组织“老区检察情”摄影书法绘画基层采风，使广大检察人员共建共享检察文化建设成果；开展弘扬政法干警核心价值观书画摄影展，不断满足检察人员精神文化生活，增强检察文化的影响力和辐射力；组织检察人员积极参加各类文化活动，原创作品在第三届全国职工艺术节上分获歌曲及戏曲类二等奖；省院在第二届湖北产（行）业职工歌手大赛上荣获组织奖，1 人获三等奖，1 人获优秀奖。

以先进典型为标杆，打造示范单位。湖北省检察院在全省打造了一批文化建设示范单位，注重总结提炼经验做法，产生示范效应，影响辐射全省各级检察院，形成“思想持续进步，制度持续改进，工作持续创新”的良性机制，使检察文化建设成为创先争优、推进工作的重要手段，营造检察文化百花盛开、争先绽放的繁荣景象。

作为推动检察文化繁荣发展的重要阵地和有效平台，湖北省检察官文联自成立以来，认真贯彻落实高检院、中国检察官文联和省院党组的决策部署，紧紧围绕检察中心工作，充分发挥联络、协调、服务职能作用，坚持以提高检察队伍素质、提升检察形象和执法公信力为目标，组织、团结、凝聚检察文化艺术队伍，加强检察文化艺术人才培养力度；不断加强基础理论研究，注重以理论创新引领工作创新；积极开展检察文化艺术创作和文化艺术活动，着力满足检察干警文化需求；重视以项目计划为导向，以服务检察为核心，以创新载体为抓手，各项工作积极稳妥向前推进，检察官文联对检察文化建设的助推作用逐渐显现，成为加强检察文化和法治文化建设不可或缺的重要阵地。

与此同时，湖北省检察官文联坚持实事求是、因地制宜，不断加大对下指导力度，积极稳妥地推进各地检察官文联的筹建工作。在 2011 年宜昌、襄阳、荆门等地成立检察官文联的基础之上，2012 年，咸宁、荆州、黄冈等地积极创造条件，相继成立检察官文联，为全省检察官文联的组织体系建设及检察文化建设繁荣发展奠定了基石，夯实了检察文化建设的群众基础，初步建立起上下一体、协调运转的全省检察官文联运行体系。截至目前，全省共有 6 个地市级检察院、1 个基层检察院成立了检察官文联。

经验做法

【项目导向】 检察文化建设的理论和实践都表明，以项目化的工作模式来开展检察文化建设，符合检察文化建设基本规律和文联工作功能定位，是检察官文联开展工作、服务检察文化建设的基本工作方法，是检察官文联工作创新发展的关键所在。湖北省检察官文联在开展工作、推进检察文化建设过程中，始终牢牢把握“项目导向”，切实将思想战略方案化、方案谋划项目化、项目实施活动化，以具体项目、具体活动为抓手，推动发展思路、发展目标的具体落实。

一是抓好项目布局。从大局着眼，细节入手，谋划和制定好检察官文联年度项目计划和中长期项目规划，合理调配，利用有限的资源在规定时间内完成。省检察官文联确定了推出一批检察文化建设丛书，推广一批检察文化建设典型，健全完善检察人员行为规范，制定出台全省检察文化建设实施纲要等十个重点项目，各市级检察官文联紧紧围绕重点项目，结合自身实际，抓好项目布局，集中精力做大做好。

二是抓好项目实施。坚持以项目为载体，明确项目具体内容、完成时间、承办人、资金来源等事项，加强组织领导，有步骤、有重点地开展实施，确保项目建设顺利完成、达到预期效果。

三是抓好项目管理。科学部署、统筹安排，强化过程控制和细节管理，严格按时间、预算、资源等要求规范有序开展项目。

四是强化项目责任。积极争取党组领导，自觉接受政工部门协调，将检察官文联的项目规划纳入党组加强文化建设的重要议程，争取人员、经费、工作措施等方面的支持，切实加强物质保障。检察官文联的主要负责人成为项目管理的第一责任人，亲自规划、亲自组织，对于重大项目带头排难攻关，对于已经完成的项目积极组织推广，在扩大项目影响方面取得实效；各专业委员会的负责人定期检查项目实施情况，积极督促、协调，确保项目高质高效完成。

五是提升项目效应。按照“以小见大、以虚见实、以一见十”的要求，注重对项目的策划、运作、包装、推广，推出一批“叫得响、站得住、推得出、反响大、能传承”的成果，服务、促进检察工作科学发展、跨越式发展。

【丰富和完善检察文化理念】发挥检察文化的教育功效，充分彰显内心驱动力。坚持以社会主义核心价值体系、社会主义法治理念和政法干警核心价值观为引领，紧紧围绕“法治精神”和“公信力”两个主题，大力弘扬和培育检察职业精神，以树立正确的法律信仰和价值取向为核心，引导和促进检察人员坚定理想信念，确保检察文化建设的正确方向。以理论中心组学习、集中培训、定期研讨、深入调研、创先争优、仪式激励、舆论引导、共教共育等活动为有效载体，结合思想政治教育实践活动，使理论学习规范化、常态化，促进检察文化的理念不断提升、理论不断创新。结合检察工作的生动实践，充分发挥荆楚文化的优势，打造具有湖北特色的检察文化形态。坚持因地制宜，与时俱进，鼓励基层首创精神，根据执法形势的新变化、人民群众的新期待不断总结、提炼彰显检察特色、富有时代气息、符合本地特色的文化理念，增强检察人员的凝聚力和向心力。

【深入推进职业素质建设】发挥检察文化的规范功效，着力提升执法公信力。认真落实《“十二五”时期全国检察教育培训规划》和省院《关于统筹全员培训的意见》，按照“干什么、训什么，缺什么、补什么”的原则，分级分类开展领导素能培训、任职资格培训、专项业务培训和岗位技能培训，重点抓好执法办案一线人员、年轻干部培训和基层检察人员全员轮训，不断提高检察人员做好新形势下群众工作能力、维护社会公平正义能力、新媒体时代舆论引导能力、科技信息化应用能力和拒腐防变能力。以执法能力素质为核心，不断提升检察队伍的专业化、职业化水平，大力推进检察人才重点工程，加快培养检察业务专家、各类专门业务尖子、办案能手。深化“建设学习型党组织，创建学习型检察院”活动，营造良好的学习氛围，引导检察人员树立“终身学习、创新学习、团队学习”的意识，不断更新知识结构，提高法律监督能力。积极开展学习共建，进一步加强与高校、科研院所和相关单位的合作交流，拓展学习平台，建立实践基地，形成资源共享、互帮互学、共同提高的局面。

【着力促进职业形象养成】发挥检察文化的塑形功效，不断扩大社会影响力。强化检察职业道德教育，落实《中华人民共和国检察官职业道德基本准则（试行）》、《检察机关文明用语规则》等各项规定，大力推广检察官宣誓制度，着力建立统一威严、文明友善、健康向上的职业礼仪规范，引导检察人员坚定职业信念、改进职业作风、严肃执业纪律，以文明的举止、规范的用语开展执法工作。始终坚持为民、务实、清廉的群众路线，不断加强和改进新形势下检察机关群众工作，以规范执法的实际行动将先进检察文化的价值理念、思维方式、行为作风等传达给人民群众，不断增强社会各界对检察机关的认可度、支持度、满意度。紧紧围绕检察中心工作和重大工作部署，充分发挥检察日报等检察机关所属新闻媒体的主阵地、主渠道作用，通过开设专栏、制作专题节目、拍摄宣传片等形式，对检察职能、检察队伍建设、检察改革和检察业务工作进行全方位宣传，为检察事业科学发展、跨越式发展营造良好的社会舆论氛围。深化检务公开，大力推行“阳光检察”、“公众开放日”等活动，不断提高检察工作的透明度。结合创先争优活动，大力宣传体现检察职业特点和时代精神的先进典型，弘扬检察职业道德，培育检察职业精神，树立良好执法形象。

突出抓好网络思想文化阵地建设，充分利用检察专线网和局域网，通过建立网上图书室、开设网上论坛、网络课堂等，开阔检察人员视野，增大信息量，提高工作效率。通过统一设置“网上接待室”、“检察官便民服务站”，充分发挥检务微博、微信公众平台等新媒体作用，把检察机关门户网站建成检务公开和便民服务的权威平台。

【建立健全制度体系】发挥检察文化的管理功效，切实增强工作执行力。认真贯彻执行《检察机关执法工作基本规范》和《检察官职业行为基本规范（试行）》等规范性文件，确保执法规范，促进执法公正。突出重点岗位和关键环节，不断完善执法制度，建立涵盖各业务部门和工作环节的统一、完备、权威的业务工作规范体系，推动检察工作规范运行，有序开展。坚持从严治检，切实解决执法工作中存在的不公、不廉、违法办案等突出问题，永葆检察队伍的政治本色和先进性、纯洁性。认真落实党风廉政建设责任制，推行廉政风险防控机制，落实和完善领导干部廉洁从检若干规定等制度，加快建设科学严密、完备管用的检察机关内部监督制度体系。注重思想教育和作风整顿，坚持治理机关庸、懒、散现象，坚持不懈地反对特权思想、霸道作风，加大检务督察工作力度，专项治理群众反映强烈的突出问题。大力加强廉政文化建设，深入开展岗位廉政教育和警示教育，筑牢检察人员拒腐防变的思想防线。积极探索人本管理模式，坚持以人为本，体现人文关怀，激发检察人员干事创业的主人翁意识，不断增强工作活力。

【积极营造文化氛围】发挥检察文化的渗透功效，营造和谐向上的工作环境。

按照规模适当、庄重实用、布局规范、功能齐备的总体要求，立足检察职能定位，结合地方实际和地域文化特点，量力而行，建设体现检察特色、彰显法治内涵、富有文化底蕴的文化长廊、文化橱窗、文化庭院、警示教育基地、雕塑雕像、附属建筑等，打造办公区域的文化氛围。广泛调动广大检察人员的积极性和能动性，参与设计、规划、制作反映检察工作理念、检察职业精神、廉政勤政要求的格言警句、文化标识等，大力营造庄重和谐、健康向上、文化气息浓郁的办公环境。丰富和完善图书馆、阅览室建设，设立“检察官书架”，为检察人员工作和学习创造良好条件。建立检察官俱乐部，修建健身房、乒乓球、羽毛球馆等体育设施，为开展经常性文化活动提供阵地。通过建立检察历史陈列室、院史馆（室）、荣誉室、编辑出版检察志等多种方式，引领检察人员继承和弘扬检察优良传统和职业操守，增进检察人员对检察制度、检察事业的政治认同、理论认同和感情认同，激发职业使命感、荣誉感和归属感。

【着力创新文化建设载体和内容】 发挥检察文化的凝聚功效，增强检察文化发展活力。紧密结合检察文化建设实践，深化基础理论研究，推出一批有见解、有深度、高质量、较为系统的检察文化理论成果，逐步形成中国特色社会主义检察文化理论体系，为推动检察文化建设提供科学理论指导。组织成立各类文艺团体和兴趣小组，广泛开展学习论坛、学术交流、文化沙龙、有奖征文、知识竞赛、技能比武等各类学习交流活动，以重要节日、重大纪念活动为契机，开展经常性文化、体育活动，努力提升检察人员的审美情趣，铸造人文精神。精心组织具有地方特色的“检察官文化节”、“检察艺术节”、“检察文化建设巡礼”等综合文艺活动，培育检察文化品牌。繁荣检察文艺创作，适时邀请和组织检察文艺工作者、专业作家、文艺创作者深入基层、深入办案一线，体验生活，弘扬主旋律，提倡多样化，创作优秀检察文艺作品，扩大检察机关的影响力和受众面。

创　作

【理论研究】 紧密结合检察文化建设实践，注重对检察文化基本内涵、基本范畴、基本特征以及检察文化建设与检察事业科学发展的关系等基础理论研究，推出一批有见解、有深度、高质量、较为系统的检察文化理论成果，积极探索检察文化建设规律，为检察文化建设和创建活动提供理念支撑和科学指导。省检察官文联主席徐汉明同志撰写的《当代中国检察文化研究》一书已由知识产权出版社公开发行。

【读书心得】 湖北省女检察官读书心得《检苑心香》经知识产权出版社出版，在全国公开发行。《检苑心香》收录整理历史、文学、哲学等各门类读后感60余篇。心得文风质朴、笔调清新、立意独到，充分展示了湖北女检察官蓬勃向上、勤勉进取的良好精神面貌。

荣　誉

【核心价值观征文】 积极参加高检院组织的“践行政法干警核心价值观”主题征文比赛，共报送征文771篇，省检察院党组书记、检察长敬大力等5名同志撰写的征文入选高检院优秀征文，数量在全国领先，省院政治部被高检院政治部授予组织奖。

【第三届中国职工艺术节】 由省检察官文联徐汉明主席亲自填词、由国家一级作曲王原平、一级编导唐静平导演的检察主题歌曲《人民检察官下乡来》，以具有浓厚湖北地方特点的神农架梆鼓为主旋律，以真挚的情感、磅礴的气势，反映出检察官与人民群众的鱼水之情。在9月16日举行的第三届中国职工艺术节“开滦杯”声乐展演上，该节目荣获二等奖。

由英山县院检察干警参与创作的检察题材黄梅小戏《心有千千结》，在9月8日举行的第三届中国职工艺术节“鄞州杯”戏曲展演上，荣获二等奖。

【第二届湖北产（行）业歌手大赛】 在湖北省文联举办的第二届湖北产（行）业歌手大赛上，省检察官文联荣获组织奖，荆州市荆州区院干警聂云荣获三等奖，钟祥市院干警刘大发荣获优秀奖。

【书画摄影展】 为深入推进政法干警核心价值观教育实践活动，丰富干警文化生活，省检察官文联组织开展了“弘扬政法干警核心价值观书画摄影展”，征集作品300余幅，并从中挑选优秀作品报送高检院和中国检察官文联。省院被高检院授予“全国检察机关书画摄影展和文艺晚会两项活动组织工作奖”。

文化建设示范单位

【宜昌市人民检察院】 近年来，宜昌市院坚持以科学发展观为统领，以社会主义法治理念、政法干警核心价值观、检察机关“六观”的发展理念和“六个有机统一”的执法理念为指导，坚决落实上级机关关于文化建设的一系列重要部署，大力实施“文化立检、文化固检、文化育检、文化亮检”四大战略，积极开展检察文化建设的探索与实践，实现了文化强检、促进发展的目标。

一、精准把握定位，夯实思想基点

宜昌市院准确把握检察文化的战略性、基础性和先导性地位，坚持知行统一，为检察文化建设奠定了坚实的思想基础。

（一）提升三大认识，把握战略定位

1. 文化是发展之基。丰富发展内涵，文化是基础。推进检察文化建设，就是要践行科学发展观，推动检察机关由“外延发展型”和“裂变转轨型”向“内涵深化型”转变。坚持“文化是发展之基”，以战略眼光和系统思维来谋划检察文化建设，努力转变发展模式，着力打造文化软实力，促进提升法律监督硬实力。

2. 文化是活力之源。破解发展瓶颈，文化是本源。宜昌检察机关地处中西部，山区院多，小院多，检察官断档、人才短缺问题尤为突出，检察干警思想观念相对封闭。面对这些发展瓶颈，市院注重发挥文化的治本作用，强化职业信仰，更新思想观念，提振精神状态，努力向内使劲挖潜，最大限度地激发自身发展活力。

3. 文化是队伍之魂。实现人的发展，文化是灵魂。随着社会思潮多样化、价值取向多元化，增强检察队伍的职业荣誉感、责任感和使命感，形势紧迫，任务艰巨。引领检察队伍抵制时弊、纯洁灵魂、凝心聚力，加强检察文化建设是必由之路。

（二）厘清三大问题，坚持知行统一

1. 厘清基本内涵，确立建设重点。检察文化的基本内涵包括四个层面：一是理念，包括核心价值观、发展理念、执法理念、检察精神、检察职业道德、共同愿景等；二是制度，包括检察组织机构、规章制度、管理规范等；三是行为，包括检察行为传统、行为模式、意志风气和外在形象等；四是氛围，包括硬件设施和软件载体等。通过深刻揭示检察文化“是什么”的问题，确立了建设重点。

2. 厘清功能定位，明晰建设方向。市院认为，检察文化具有五项功能：一是导向功能。检察文化对检察人员有“风向标”的作用。二是凝聚功能。检察文化可以将个体力量整合为统一目标下的团队力量，起到“粘合剂”的作用。三是激励功能。检察文化所确立的共同价值目标，能够激发干警的内心向往和创造激情，发挥“动力源”的作用。四是约束功能。检察文化蕴含的行为准则，对检察行为是一种内在的无形的“衡量尺”。五是辐射功能。检察文化对检察机关内部和社会各界发挥着“传播器”的作用，有利于公正廉洁执法环境的加快形成。市院通过厘清检察文化“为什么”的问题，把握了其功能定位，克服了浅表化和功利化倾向。

3. 厘清载体抓手，找准建设路径。基于以上思考，从2007年开始，在市院党组书记、检察长孙光骏同志的推动下，该院制定了《宜昌检察文化建设纲要》和《三年实施规划》，采取四步走的方法，启动了检察文化建设实践。一是学习思考阶段。成立领导小组和活动小组，用半年的时间进行学习研讨，形成价值体系构建思路。二是宣贯推广阶段。开展“学习与修养”主题活动季和“榜样的力量”主题宣传季，强化全员对价值体系的认同。三是全面创建阶段。全面推行规范化管理，培育制度文化；加强理想信念、法律素养、检察礼仪等教育，培育行为文化；建设物质载体，丰富文化活动，打造氛围文化。四是总结提高阶段。回顾反思建设实践，深入进行总结提炼和理论升华，形成有形的检察文化成果。

二、力推四大战略，大兴建设实践

大力实施“文化立检、文化固检、文化育检、文化亮检”四大战略，推动了检察文化建设的落地、生根、开花。

（一）构建三层体系，推进文化立检

1. 确立宜检院训。紧扣检察工作主题，鲜明地提出了“忠诚、公正、责任、使命”的院训，以忠诚为法律监督的根本保障，以公正为法律监督的价值目标，以责任为法律监督的内在要求，以使命为法律监督的动力源泉，使宜检院训始终指向法律监督，并进行研讨、阐发和宣讲，构建起检察人员的精神高地。

2. 提炼宜检精神。立足检察职能，吸收传统文化和宜昌本土文化的养分，用“崇法”定向职业信仰，用“厚生”定位执法宗旨，用“勇毅”定型执法形象，用“求索”定格精神风貌，提炼形成了宜昌检察机关“崇法、厚生、勇毅、求索”的八字精神。

3. 建立共同愿景。运用学习型组织理论，逐层建立个人愿景和团队愿景，并确立了“争先进，创品牌，建一流检察机关”的共同愿景，指明了宜昌检察事业的奋进目标。

这些理念凝练上口、简明易记，逐层转换、渐次深入，贯穿了党的创新理论，体现了社会主义法治理念和政法干警核心价值观，贯彻了高检院“六观、六个有机统一”的发展理念和执法理念，构建起检察文化的核心框架。

（二）实行三项管理，推进文化固检

市院坚持刚性约束、活性机制和柔性关怀三管齐下，实现了管案、管人与管事的有机统一。

1. 实行规范管理，提升执行力。引入国际质量标准管理理念和方法，健全了程序严密、标准统一、考评科学的制度体系，实行流程管理和质量控制，推进办公办案的信息化，提升了全员的责任感和执行力。

2. 实行绩效管理，提升创新力。结合高检院和省院考核体系，修改完善绩效考评办法，对基层院 22 项检察工作和市院机关各个岗位进行量化考评和激励奖惩，突出检察官的主体地位，让干警干有标准、干有舞台、干有创新、干出成就。

3. 实行人本管理，提升凝聚力。实行“六必谈六必访”、定期分析队伍思想动态，定期征求干警意见，定期组织青年干警座谈，大兴民主管理，让干警充分行使知情权、参与权和表达权，做到常进干警门、常解干警难、常连干警心，增强团队归属感和凝聚力。

（三）实施三项工程，推进文化育检

1. 实施龙头工程，发挥引领作用。市院要求两级院领导班子辩证地处理“全局与局部、重点与一般、求真与务实、对上与对下、育才与用人、民主与集中、主角与配角、正人与正己”等八对关系，并提出“讲政治、树正气、持公心、善团结、重诚信、守廉洁、慎交友、聚人心、忌浮躁、有追求”等十大要求，促使领导干部争做检察文化建设的思考者、探索者和实践者，为全体干警树榜样、立标杆。

2. 实施导向工程，弘扬新风正气。倡导宜昌检察官“修身九德”和“十个好习惯”，编印《检察礼仪 50 条》，促进干警日常养成。先后策划了“重大先进典型”、全市“十佳女检察官”、全市“劳动模范”、全市“优秀党员”、“自侦办案先进典型”、纪念建党 90 周年“先锋颂”系列报道等“选、树、推”活动，引导干警“看身边人、说身边事、学身边样”。

3. 实施素能工程，丰富干警内涵。坚持开展“七个一”活动，即推荐一本励志书籍：向干警赠送《责任胜于能力》、《细节决定成败》、《活法》等书籍，引导干警去除浮躁、常闻书香；确定一个“理论学习月”：邀请各界知名人士来院讲座，引导干警拓宽视野、学习新知、增强素养；开展一次全员“反思”：利用年初、半年和年终集中开展反思，找亮点、查短板、谋发展；召开一届青年干警座谈会：连续召开五届青年干警座谈会，院领导与年轻人交心谈心、共话成长；策划一系列主题文化活动：每逢重大节庆，均组织演讲、歌咏、舞蹈、党员“忠诚”签名、检察官集体宣誓等活动，陶冶情操，激扬士气；组织一场岗位学练赛：采用“学、练、赛、考、评”五种方法，提升干警的“说、辩、研、写、录”五项技能；开展一次社会实践活动：近年来先后开展了“服务项目一线行”、“两服务两促进”、“法律监督四走进”、“服务百强企业”、“三万”活动、“关爱民企、阳光导航”、参与社会管理创新等服务实践活动，紧紧围绕经济社会发展大局，优化职能服务，共促转型发展。

（四）创新三大载体，推进文化亮检

市院结合市院机关“两房”建设，用

检察文化固化于“物”、美化于“景”、教化于“人”。

1. 系统布局“六大文化外景”。规划布局了寓意奋进不息的风车状楼栋，寓意公开透明执法理念的阳光大厅，以核心价值观“忠诚、公正、责任、使命”命名的办公楼，以检察职业道德“忠诚、公正、清廉、文明”命名的院内道路，体现便民利民的一站式受理服务中心，赋予文化内涵的庭院绿化，使干警置身其中，耳濡目染。

2. 精心设计“七处文化亮点”。设计装点了主题壁雕、文化廊、展览厅、阅览室、书画室、党员活动之家和新闻工作者之家，按功能、分层次展示检察文化，使之时时处处浸润干警心田。

3. 全面打造“八种文化软件”。在全省率先成立了一个文化组织检察官文联；建设了一个富有文化品味的检察网站；印制了一本工具书《宜昌检察文化手册》；编辑了一本解读《宜昌检察文化关键词》；设计了一枚检察标识“正义之眼”；创作了一组院歌《有我》和《最高的奖赏》；拍摄了一部文化专题片《超越》；出版了一套理论专著《检察文化概论》和《检察权与检察职能理论与实践》。这八种软件全方位打造了有形的检察文化传播载体。

三、紧扣科学发展，实现文化强检

紧紧围绕“强化法律监督、强化自身监督、强化队伍建设”的总要求和推进检察事业科学发展的主题，全面加强检察文化建设，实现了文化强检的目标。

（一）业务竞争力稳步提升。五年来，全市检察机关共立案侦查各类职务犯罪695件769人，办理大案461件、要案37人，人均办案数连续多年稳居全省前列，为国家和集体挽回直接经济损失近7000万元。刑事办案的法定时限审结率和准确率均达100%，体现了高质量和高效率。五年来，共启动刑事、民事、行政诉讼违法行为调查397件，诉讼监督拓展了新领域。市院连续两年有12项工作被省院评为优秀，优秀率居全省前列。

（二）工作创新力持续增强。五年来，市院共完成高检院和省院重点课题6个，在核心期刊发表法学论文70余篇。宜昌的检察工作一体化机制、执法规范化机制、检察职业道德建设、基层院建设、学习型创建、检察文化建设、小院内部整合改革等多项经验，先后被高检院、省院肯定推广。

（三）队伍战斗力充分彰显。涌现出全国检察业务专家、全国检察理论研究人才、全国十佳反贪局长、全国优秀侦监检察官、全国优秀接待员，全省检察业务专家、全省优秀青年卫士、全省十佳检察官、全市优秀共产党员、全市劳动模范等一批先进人物。

（四）文化传播力日益扩大。迁址两年来，市院已接待国内外各类参观团100多批次10000余人。全国检察机关规范化机制建设现场观摩会、全国检察技术信息工作会、全省党建学会年会、全省文明行业创建推进会、全省宣传思想工作现场会、全市创先争优推进会先后将市院作为参观现场。2010年和2011年，省委宣传部组织的“行业文化品牌行”和“荆楚文化掠影”专题报道活动两度到宜昌市院采风作重点宣传，宜昌检察文化连续两年入选全省文明创建品牌案例。市院先后在全国检察文化建设理论研讨会、全省检察文化建设经验交流会上重点发言。近年来，高检院常务副检察长胡泽君、中国检察官文联主席张耕、中央文明办专职副主任王世明、省委常委、宣传部长尹汉宁等领导先后亲临市院视察；高检院《检察队伍建设》和湖北省政府《咨询与决策》先后转载了宜昌检察文化建设经验。

（五）执法公信力广受好评。宜昌市院多次荣获全国和全省基层院建设组织奖，连续四年保持全市目标考评优胜单位和群众满意机关，连续五届荣获市级文明单位，连续两届荣获全市宣传思想工作先进单位，荣获2006—2010年度全省法制宣传教育和法治建设先进集体、2009—2010年度全省最佳文明单位。近年来，全市涌现出3个全国先进基层院、4个一等功集体、11个省级最佳文明单位和省级文明单位等先进集体。

【湖北省大冶市人民检察院】 文化是一个民族的精神和灵魂，是国家发展和民族振兴的强大力量。近年来，我院根据高检院、省院关于文化建设的一系列指示精神，结合本院队伍建设和业务建设的现实需求，站在全局和战略的高度，科学谋划，最大限度地凸显以人为本理念，系统推进检察文化建设，不断推进从制度管理向文化管理的转变，推动大冶检察工作整体上台阶。

一、注重检察文化构建

（一）构建主题

该院检察文化的主题为铜鉴之光。“铜鉴”取唐太宗李世民的一句名言：“以铜为鉴，可以正衣冠；以人为鉴，可以明得失，以史为鉴，可以知兴替。”“铜”即青铜，体现的是大冶的地域特色。“鉴”有三层意思：镜子，照、观看、审查，都与检察机关的监督职责相吻合。

（二）构建体系

检察文化建设是个系统工程，价值取向是检察文化建设的首要前提。我们以社会主义核心价值体系、社会主义法治理念、政法干警核心价值观为根本，保证检察文化建设的正确方向。坚持走“专文结合”之路，将检察文化建设渗透到检察工作的方方面面，构建了较为系统的价值体系。

一是构建社会主义法治理念教育体系。围绕依法治国、执法为民、公平正义、服务大局、党的领导等内容，通过《法的起源》、《法的演变》、《公平正义》、《法制人物》、《法律至上》、《法治时代》等浮雕传承法治文明；通过包括世界五大法系、中外法制典籍、中西方法制名言及故事等内容的法制文化长廊，增强检察干警的法治意识。

二是构建政法干警核心价值观教育体系。围绕“忠诚、为民、公正、廉洁”政法干警核心价值观，通过“铜鉴之光”综合展厅和地方文化长廊的表现形式，教育干警展示“强化法律监督、维护公平正义、推动科学发展、促进社会和谐”的检察工作追求。

三是构建预防职务犯罪警示教育体系。在我院11楼建成湖北省基层院规模最大、形式最新的预防警示教育基地，以预防职务犯罪为主题，运用声光电技术，配合大量生动翔实的图文资料，打造一个集警示性、教育性、知识性于一体，具有廉政文化和警示教育内涵的体验空间。该基地先后被命名为黄石市、大冶市廉政教育基地，在反腐倡廉教育中发挥积极作用。

（三）表现形式

院魂：采冶域之铜，铸乾坤之鉴，辨曲直善恶，护正义公平。

院训：惟公、惟民、惟德、惟先。其

引申意为“惟公——尽监督之责；惟民——显民生之本；惟德——养浩然之气；惟先——走创新之路”。

院歌：《忠诚献祖国》。歌词由干警自己创作。整个歌曲为小调，雄浑有力，催人奋进。

文化标识：为手握火炬整体造型。上方是一团由“冶”字组成的火焰，下方的手与火炬手柄是“检察”二字的首位字母“J”和“C”变形而成，其标准色为红色。整个标志集中体现了大冶青铜矿冶文化的地域特色，并与检察工作融为一体，象征着大冶检察事业红红火火，奋发向上。

两个展厅：“铜鉴之光”文化建设综合展厅、职务犯罪预防警示教育基地。

四个文化长廊：法制文化长廊、地方文化长廊、精神理念文化长廊和廉政文化长廊。

三个文化墙：浮雕墙、愿景墙、壁画墙。

（四）精神文化

该院结合大冶的地域特色和检察职能提炼出“九种精神”，以激发干警奋发有为，积极向上。一是铜斧精神。铜斧是1973年大冶市铜绿山古铜矿遗址出土的珍贵文物，是大冶古代文明和青铜文化历史的见证。它体现了一种攻坚克难、开拓进取的精神。二是榴花精神。石榴花是大冶的市花，象征着青春与活力。它体现了一种热情奔放、铁血丹心的精神。三是香樟精神。香樟树是大冶的市树。科学研究证明，长期生活在有樟树的环境中，会避免患上很多疑难病症。它体现了一种坚忍不拔、拒腐防变的精神。四是蜜蜂精神，体现的是一种辛勤耕耘、敬业奉献的精神。五是竹笋精神。竹笋具有顽强的生命力，它体现了一种顽强生长、积极向上的精神。六是奥运规则，体现的是一种公开公正、公平竞争的精神。七是劲牌理念。劲牌公司是享誉全国的优秀民营企业。该公司“健康人类，永无止境”的企业精神，也适用于检察机关。八是雁阵理论，体现的是一种团队精神。九是斜口杯思维，体现的是一种开拓进取、锐意创新精神。

（五）行为文化

“九求理念”是具体落实检察文化理念的方法论，也是我院检察文化建设最具特色的地方。一是工作求为。检察机关要谋法律监督之事，保百姓安居乐业，促地方百业兴盛，护社会公平正义，肯为敢为，有所作为。二是学习求博。检察干警要坚持工作学习化，学习工作化，深入推进学习型检察院文化建设。三是管理求序。要以现代科学管理理论为先导，引入先进管理模式，促进队伍管理、检察业务管理规范化、科学化、有序化，确保各项检察工作井然有序。四是执法求度。要把握“打击、预防、保护、服务”之度，不枉不纵，宽严相济，实现惩治犯罪与保障人权，执法办案与化解矛盾，法律效果与社会效果的有机统一。五是侦查求睿。要用深邃的思想、过人的胆识、敏锐的洞察力，不断增强预防职务犯罪的能力，提高惩治职务犯罪的水平。六是监督求格。要以事实为依据，以法律为准绳，坚持实体与程序并重，严把事实关、证据关，权衡利弊得失，处理宽严有度，彰显公平公正。七是反思求鉴。要把公正廉洁执法作为检察工作追求的目标，以执法监督为核心，以制度化管理为保障，严肃执纪，从严治检。八是安全求慎。要牢固树立安全第一，预防为主的意识，建立安全防范措施，规范办案流程，增强安全办案自觉性，筑牢办案安全防线。九是待人求和。要坚持理性、平和、文明、规范执法理念，充分发挥职能作用，破解民生难题，化解矛盾，维护社会和谐稳定。

（六）物质文化

该院努力争取上级检察机关和地方党委和政府的支持，进一步加强检察基础设施、技术设备、物质装备建设，健全执法保障机制，建成了15000平方米的办案技术大楼，严格按要求建成2200平方米的办案工作区、260平方米的受理接待中心，办公环境绿化、亮化、美化。

二、专文结合，从文化育检走向文化管理

近年来，该院把检察文化建设作为强化管理的有效手段，从文化育检起步，积极探索逐渐从文化育检走向文化管理的转变之路，提出了“两构建”、“三跟进”的工作构想。

一是文化育检，积极推行“五个融合”。

“智慧融合”。就有无必要开展检察文化建设在全院干警中进行民主测评，并恳请大家就如何开展这项工作谏言献策，充分发挥集体智慧，集体确定基本思路和内容。“培训融合”。先就检察文化的具体内涵培训业务骨干，然后全面铺开全员培训，确保检察文化内涵入耳入心。“业务融合”。鼓励各内设机构找到检察文化与检察业务的结合点，用文化指导业务。“关联融合”。将各种主题教育活动与检察文化建设信息资源共享，实现信息的综合“集成效应”。推行“行为融合”。要求全体干警在各自岗位上落实文化理念要求，充分发挥检察文化软实力作用，汇聚成一股奋勇向前的力量，推进检察事业又好又快发展。

文化育检，使检察文化建设潜移默化的能动作用逐渐显现出来，检察人员的思想观念不断升华，团队精神不断提升。经常性开展的文娱体育活动，使广大干警的身心更愉悦，队伍的凝聚力不断增强。创先争优的开展，使甘于奉献的团队精神得到发扬，涌现出了全国司法警察编队管理示范单位司法警察大队、“全国文明接待示范窗口”综合受理中心和全国三八红旗手、模范检察官原检察长袁群荣、全国检察技术鉴定先进个人刘生海等一批先进集体和个人。各类人才不断涌现，大家把学习和工作当成乐趣，学理论、钻业务、勤调研、重宣传蔚然成风，由过去的零通过率转变到近几年连续通过17人，一大批优秀人才脱颖而出。培养和造就全省检察业务专家1人，黄石市检察机关拔尖人才3人和多名省市检察机关各类能手。创新能力不断增强，推出了绩效考核科学考评、“一案一评”案件质量考评、制度巡查等创新机制，且有多项机制被上级检察机关评为创新成果。执法公信力不断提高，一批案件相继被评为全国查办能源和生态环境十大精品案件和省、市检察机关精品案件。切实加强检察机关群众工作，努力使执法过程变成服务群众的过程，社会满意度和执法公信力明显提升。去年9月，我院的检察文化建设工作经验在全省检察机关文联成立大会上交流。

二是文化管理，积极谋划“两构建”、“三跟进”。

“两构建”即共性和个性构建，目的是通过发展先进文化的引导、协调、教育等功能，努力营造鼓励人才干事业，帮助人才干好事业的良好环境，把实现检察机关的整体价值和实现检察人员的个人价值统一起来。在共性构建方面，要做好制度规范和理念管理文章，从文化管理角度出发，紧密结合检察文化建设内容，完善各种管理制度，促进制度管理和文化管理的互补和互动；要继续弘扬“九种精神”和落实“九求理念”，全面开展检察工作。在个性构建方面，重视检察人员的个人因素在检察工作中的决定性作用，充分调动检察人员的积极性、创造性，又从理解、尊重、培养人的角度出发，关心检察人员的个人生活，实现和满足他们的物质和精神需求。激励检察人员围绕“九种精神”和“九求理念”开展富有岗位性、明显个性化特征的争先创优工作，鼓励检察人员围绕各自的工作目标制定各种具体措施，创造性地开展工作。

“三跟进”是落实“两构建”的方法措施。跟进专文结合的网格化管理。研究检察专项工作与检察文化之间所形成的互相交叉、全面贯串联结的关系，申请开发业务管理软件和文化管理软件，推动检察业务和检察文化在网格这个基本单元上的聚集整合，创新检察基础管理平台，分块落实管理责任，全面形成全方位、动态式、便捷高效的检察工作格局。跟进统一指挥的扁平化管理。减少管理层次，压缩职能机构，建立紧凑、高效、灵活、富有弹性的以智力资源为主体的管理组织，通过目标、机构和制度、人员行为的调适等，达到各部分的协调与行动一致，实现科学管理的有效制约，增强检察机关的内部团结和检察机关之间的协作协调，以保证检察职能的良性运行。跟进评价客观的痕迹化管理。通过电子监察控系统，全过程记录各部门工作流程和工作质量。工作流程图对不同工作预先设计相关完成时限，从服务指令下达开始，管理系统逐步记录每个执行环节的工作“痕迹”、工作对象相关评价，工作部署与跟踪督办同步进行，部门考核、干部评价以日常“痕迹”为依据，有效确保检察工作全面推进。

三是专文结合，打造检察工作的文化品牌。

文化是一种无形的力量。检察文化建设如果只停留在纸上，挂在墙上，停留在办公场所装修的档次和品位上，只能算作文化的空壳。发挥文化的软实力，要充分运用其所应有的无所不在、无孔不入的软实力，切实做好“专”与“文”相结合的大文章。在向市人大所作的工作报告中，明确提出了要争创全国先进基层检察院、全省文明单位、全省一流文化管理单位的目标。在具体工作部署中，也相应融入不少检察文化元素。除按省院部署的培育重商文化外，特别提出要将我院文化建设的“九求理念”落到实处，着力打造查办和预防职务犯罪的“智慧”品牌，诉讼监督工作的“格力”品牌，检察改革和检察管理的“有序”品牌，群众工作和队伍建设的“人和”品牌，并相应进行了具体的部署安排。对此，人大代表及社会各界均给予了高度的关注和普遍好评。

三、创新机制，有序推进检察文化建设

近年来，该院以“继承、创新、发展”为原则，本着有利于陶冶干警情操、提升干警文化底蕴、促进检察工作发展，推陈出新，创新机制，使文化建设更加自觉、更加主动、更加与时俱进，从而推动检察文化建设走向创新和繁荣。一是推行精细化管理机制。实现课题式设计。对每一项工作进行可行性论证，确定课题，并制定详细方案，设定要达到的预期效果。实现项目式管理。把每一项任务和活动都作为一个项目，明确目标要求，制定奖惩措施，层层分解责任，使启动、计划、实施、完结形成一个控制过程，并在过程中及时进行有效调控。实现工程式推进。增强工作系统性，把每一项工作作为一个系统架构中的工程来实施管理，分清主次，排出时间表，实现工作效率最高化、效能最佳化、成果最大化。实现台账式督察。对每一项工作进行科学量化，实施追踪监督，及时调度推进，确保工作按时按质完成任务。实现绩效式考核。严格考核标准，明确奖惩措施，全面考评执法办案、诉讼监督、综合业务、综合管理、检务保障等5类22个单项的检察工作，引导和促进办案，提高工作质量和水平，推动检察工作科学发展。二是坚持日常运行机制。坚持全院从检察长到普通干警的上下联动，全院一盘棋，有效保证检察文化工作正常、有序运转。三是坚持投入保障机制。确保检察文化建设各项资金及时到位。我们还将建设一个由3—5人组成的控制中心，与网格化管理对接，行使指挥、调度、处理、反馈职责，随时跟进检察文化建设和检察业务工作绩效。

江苏省检察官文学艺术联合会

资　　料

江苏省、市、县级检察官文学艺术联合会主席、副主席、秘书长、副秘书长、专业协会（或委员会）负责人名单

江苏省检察官文联负责人名单

（2011年10月25日　江苏省检察官文联第一次会员代表大会通过）

文联职务	姓　名	工作单位、部门及时任职务
主 席	徐 安	江苏省人民检察院检察长
副主席	严 明	江苏省人民检察院副检察长
副主席	范 群	江苏省人民检察院副检察长
副主席	葛晓燕（女）	南京市人民检察院检察长
副主席	杨其江	徐州市人民检察院检察长
副主席	王君悦	苏州市人民检察院检察长
副主席	赵志凯	南通市人民检察院检察长
副主席	董安庆	江苏省人民检察院宣传处处长
秘书长	董忠伟	江苏省人民检察院宣传处副处长（拟任）
备 注		

南京市检察官文联负责人名单

（2011 年 12 月 26 日　南京市检察官文联会员大会通过）

文联职务	姓　名	工作单位、部门及时任职务
主 席	葛晓燕（女）	南京市人民检察院检察长
副主席	孙道林	南京市人民检察院副检察长
副主席	陆晓敏	南京市人民检察院副检察长
副主席	杨继栋	南京市人民检察院政治部主任
副主席	李爱君（女）	南京市人民检察院副检察长
副主席	黄晓非	南京市人民检察院副检察长
副主席	赵英琴（女）	南京市人民检察院副巡视员
副主席	杨建萍（女）	南京市鼓楼区人民检察院检察长
秘书长	胡永刚	南京市人民检察院宣传处副处长
书画摄影影视协会	梁 云	南京市人民检察院办公室主任
新闻文学协会	肖水金	南京市人民检察院宣传处处长
音乐戏曲舞蹈协会	丁紫金	南京市人民检察院巡视员
法学协会	刘 军	南京市人民检察院研究室主任
文化理论研究协会	朱 赫	南京市秦淮区人民检察院检察长
体育协会	高志毅	南京市人民检察院控申处副处长
备 注		

无锡市检察官文联负责人名单

（2011 年 12 月 12 日　无锡市检察官文联第一次会员代表大会通过）

文联职务	姓　名	工作单位、部门及时任职务
主 席	蒋永良	无锡市人民检察院检察长
副主席	张媛（女）	无锡市人民检察院副检察长
副主席	吴九盛	无锡市人民检察院政治部主任
副主席	王玉珏	宜兴市人民检察院检察长
副主席	陆剑凌	无锡市滨湖区人民检察院检察长
副主席	徐增文	无锡市人民检察院反渎局副局长
秘书长	徐增文	无锡市人民检察院反渎局副局长
副秘书长	李营（女）	无锡市人民检察院公诉处处长
文学协会	李营（女）	无锡市人民检察院公诉处处长
书画协会	张晓东	江阴市人民检察院副检察长
摄影协会	卢敏（女）	无锡市人民检察院未检处处长
音乐舞蹈协会	徐瑾（女）	无锡市人民检察院案管处处长
备 注		

徐州市检察官文联负责人名单

（2012 年 5 月 16 日　徐州市检察官文联第一次会员代表大会通过）

文联职务	姓　名	工作单位、部门及时任职务
名誉主席	杨其江	徐州市人民检察院检察长
主 席		（暂缺）
副主席	孙 晋	徐州市鼓楼区人民检察院检察长
副主席	张成刚	徐州市泉山区人民检察院检察长
秘书长	沈统来	徐州市人民检察院宣教处处长
副秘书长	查新民	徐州市泉山区人民检察院检察员
备 注		

常州市检察官文联负责人名单

（2011 年 12 月 22 日　常州市检察官文联第一次会员代表大会通过）

文联职务	姓　名	工作单位、部门及时任职务
主 席	游巳春	常州市人民检察院检察长
副主席	丁正红	常州市人民检察院副检察长
副主席	黄秋雄	常州市人民检察院副检察长
副主席	计 英	常州市人民检察院政治部主任
秘书长	梅奇（女）	常州市人民检察院宣传处处长
副秘书长	刘琦平（女）	常州市人民检察院培训中心副主任
副秘书长	殷虹（女）	常州市人民检察院办公室副主任
文学协会	丁正红	常州市人民检察院副检察长
书画协会	黄秋雄	常州市人民检察院副检察长
摄影协会	黄秋雄	常州市人民检察院副检察长
音乐舞蹈协会	梅奇（女）	常州市人民检察院宣传处处长
影视协会	丁正红	常州市人民检察院副检察长
新闻协会	丁正红	常州市人民检察院副检察长
体育协会	梅奇（女）	常州市人民检察院宣传处处长
备 注		

苏州市检察官文联负责人名单

（2012 年 9 月 21 日　苏州市检察官文联第一次会员代表大会通过）

文联职务	姓　名	工作单位、部门及时任职务
主 席	王君悦	苏州市人民检察院检察长
副主席	凌永兴	苏州市人民检察院副检察长
副主席	李 赞	苏州市人民检察院副检察长
副主席	闵 钐	苏州市人民检察院党组成员
秘书长	朱家春	苏州市人民检察院宣传处处长
备 注		

南通市检察官文联负责人名单

（2011 年 6 月 10 日　南通市检察官文联成立大会通过）

文联职务	姓　名	工作单位、部门及时任职务
名誉主席	王向红	南通市人大常委会副主任
主 席	赵志凯	南通市人民检察院检察长
副主席	任淑琴（女）	南通市人民检察院副检察长
副主席	房 栋	南通市人民检察院政治部主任
副主席	陈建忠	南通市人民检察院纪检组组长
副主席	居少波	南通市人民检察院副调研员
秘书长	房 栋	南通市人民检察院政治部主任
文学协会	杨伯森	海安县人民检察院反贪局副局长
摄影协会	王卫国	南通市通州区人民检察院正科级检察员
音乐舞蹈协会	吴洪燕（女）	启东市人民检察院侦监科副科长
备 注		

连云港市检察官文联负责人名单

（2012年11月9日　连云港市检察官文联第一次会员代表大会通过）

文联职务	姓　名	工作单位、部门及时任职务
主 席	汪 跃	连云港市人民检察院检察长
执行主席	李 翔	连云港市人民检察院副检察长
执行主席	刘兵方	连云港市人民检察院党组副书记
执行主席	史良成	连云港市人民检察院政治部主任
副主席	戴文浩	连云港市人民检察院副检察长
副主席	王绪华	连云港市人民检察院副检察长
副主席	董月明	连云港市人民检察院反贪局局长
副主席	朱景胜	连云港市人民检察院纪检组组长
副主席	郑云龙	连云港市人民检察院反渎局局长
秘书长	宋华（女）	连云港市人民检察院宣教处处长
备 注		

淮安市检察官文联负责人名单

（2011年12月30日　淮安市检察官文联第一次会员代表大会通过）

文联职务	姓　名	工作单位、部门及时任职务
主 席	李 军	淮安市人民检察院副检察长
副主席	金淮江	淮安市人民检察院调研员
副主席	周思民	淮安市人民检察院调研员
副主席	张剑斌	淮安市人民检察院副检察长
副主席	朱华丽（女）	淮安市人民检察院机关党委书记
副主席	张建龙	淮安市淮安区人民检察院检察长
副主席	杨小平	淮安市人民检察院政治部主任 淮安经济技术开发区人民检察院检察长
秘书长	冀益斌	淮安市人民检察院宣教处处长
文学协会	张建龙	淮安市淮安区人民检察院检察长
书画协会	王 刚	涟水县人民检察院检察长
沙虫摄影协会	周思民	淮安市人民检察院调研员
音乐舞蹈协会	杨洪英（女）	淮安市人民检察院纪检组组长
体育协会	杨小平	淮安市人民检察院政治部主任 淮安经济技术开发区人民检察院检察长
备 注	检察官文联副主席杨小平为2012年增选。	

扬州市检察官文联负责人名单

（2011 年 11 月 15 日　扬州市检察官文联第一次会员代表大会通过）

文联职务	姓　名	工作单位、部门及时任职务
主 席	张开峰	扬州市人民检察院副检察长
副主席	杨 哲	原扬州市人民检察院政治部主任 扬州市政协社会法制工作委员会主任
副主席	费依（女）	扬州市人民检察院宣传处处长
秘书长	费依（女）	扬州市人民检察院宣传处处长
备 注		

镇江市检察官文联负责人名单

（2012 年 2 月 7 日　镇江市检察官文联第一次会员代表大会通过）

文联职务	姓　名	工作单位、部门及时任职务
主 席	董新建	镇江市人民检察院调研员（拟任）
副主席	侯建伟（女）	镇江市人民检察院政治部主任
秘书长	侯建伟（女）	镇江市人民检察院政治部主任
副秘书长	耿宜燕	镇江市人民检察院宣教处处长
备 注		

泰州市检察官文联负责人名单

（2011 年 12 月 30 日　泰州市检察官文联第一次会员代表大会通过）

文联职务	姓　名	工作单位、部门及时任职务
主 席	周剑浩	泰州市人民检察院检察长
副主席	李作斌	泰州市人民检察院副检察长
副主席	何建明	泰州市医药高新区人民检察院检察长
秘书长	朱亚峰	泰州市人民检察院职务犯罪预防处处长
备 注		

宿迁市检察官文联负责人名单

（2011 年 12 月 23 日　宿迁市检察官文联第一次会员代表大会通过）

文联职务	姓　名	工作单位、部门及时任职务
主 席	俞昕水	宿迁市人民检察院副检察长
副主席	李志强	宿迁市人民检察院机关党委书记
副主席	王 斌	宿迁市人民检察院政治部主任
秘书长	裴海波	宿迁市人民检察院宣教处处长
副秘书长	孙 涛	宿迁市人民检察院宣教处副处长
戏曲曲艺协会	胡 波	沭阳县人民检察院副检察长
书法绘画协会	徐体成	泗阳县人民检察院政治处主任
新闻文学协会	王利军	泗洪县人民检察院政治处主任
摄影影视协会	王晓红（女）	宿迁市宿城区人民检察院副检察长
音乐舞蹈协会	朱建华	宿迁市宿豫区人民检察院副检察长
备 注	检察官文联主席俞昕水为 2013 年 7 月 25 日宿迁市检察官文联全委会改选通过。	

南通市崇川区检察官文联负责人名单

（2011 年 4 月 27 日　南通市崇川区检察官文联成立大会通过）

文联职务	姓　名	工作单位、部门及时任职务
主 席	张 正	南通市崇川区人民检察院副检察长
副主席	王志良	南通市崇川区人民检察院副检察长、反贪局局长
副主席	朱明洁（女）	南通市崇川区人民检察院政治处主任
备 注		

南通市通州区检察官文联负责人名单

（2012年9月20日　南通市通州区检察官文联成立大会通过）

文联职务	姓　名	工作单位、部门及时任职务
主 席	李建国	南通市通州区人民检察院检察长
副主席	王 栋	南通市通州区人民检察院副检察长
副主席	曹卫星	南通市通州区人民检察院副检察长
副主席	左仰东	南通市通州区人民检察院政治处主任
秘书长	左仰东	南通市通州区人民检察院政治处主任
副秘书长	王立新	南通市通州区人民检察院政治处副主任
备 注		

海安县检察官文联负责人名单

（2012年5月14日　海安县检察官文联成立大会通过）

文联职务	姓　名	工作单位、部门及时任职务
主 席	李 平	海安县人民检察院检察长
副主席	秦建军	海安县人民检察院副检察长
副主席	陈彦（女）	海安县人民检察院政治处主任
副主席	孙仕新	海安县人民检察院主任科员
秘书长	陈彦（女）	海安县人民检察院政治处主任
备 注		

如皋市检察官文联负责人名单

（2011年11月　如皋市检察官文联成立大会通过）

文联职务	姓　名	工作单位、部门及时任职务
主 席	何 强	如皋市人民检察院检察长
副主席	钱志强	如皋市人民检察院副检察长
秘书长	丛 越	如皋市人民检察院政治处主任
备 注		

如东县检察官文联负责人名单

（2011 年 11 月　如东县检察官文联成立大会通过）

文联职务	姓　名	工作单位、部门及时任职务
主 席	顾祖林	如东县人民检察院检察长
副主席	朱美云（女）	如东县人民检察院副检察长
秘书长	曹建飞	如东县人民检察院政治处主任
备 注		

海门市检察官文联负责人名单

（2012 年 10 月 31 日　海门市检察官文联成立大会通过）

文联职务	姓　名	工作单位、部门及时任职务
主 席	李 铁	海门市人民检察院检察长
副主席	黄 胜	海门市人民检察院副检察长
副主席	姜 甫	海门市人民检察院政治处主任
秘书长	张 斌	海门市人民检察院检察长助理
备 注		

启东市检察官文联负责人名单

（2012 年 4 月 10 日　启东市检察官文联成立大会通过）

文联职务	姓　名	工作单位、部门及时任职务
主 席	瞿 忠	启东市人民检察院检察长
副主席	曹伯荣	启东市人民检察院副检察长
副主席	陈亚平（女）	启东市人民检察院副检察长
副主席	李 斌	启东市人民检察院纪检组组长
秘书长	周柳柳（女）	启东市人民检察院政治处副主任
备 注		

沭阳县检察官文联负责人名单

（2012年6月19日　沭阳县检察官文联成立大会通过）

文联职务	姓　名	工作单位、部门及时任职务
主 席	刘俊祥	沭阳县人民检察院检察长
副主席	徐士明	沭阳县人民检察院党组副书记
副主席	李建林	沭阳县人民检察院副检察长
副主席	周 汨	沭阳县人民检察院党组副书记
副主席	胡 波	沭阳县人民检察院副检察长
秘书长	胡 波	沭阳县人民检察院副检察长
副秘书长	张开林	沭阳县人民检察院政治处主任
备 注		

江苏省检察文化艺术工作情况

综　述

2012年，江苏省检察官文联在省院党组的领导和中国检察官文联、江苏省文联的指导下，深入学习贯彻党的十八大、江苏省委十二届四次全会精神，全面贯彻落实全国检察长会议、全国检察机关文化建设工作会议和全省检察长会议精神，认真落实“文化育检”的方针部署，坚持以先进思想占领检察文化主阵地，以检察干警为文化建设主体，充分发挥检察官文联的职能作用，开展了一系列形式多样、干警喜闻乐见的检察文化活动，为建设高素质检察队伍、推动检察工作科学发展发挥了积极的作用。

一、认真学习、明确方向，为江苏检察文化发展提供有力思想保障

思想建设是检察文化建设的重要组成部分，并对整个文化建设起到统领和引导作用。该省把加强思想建设放在检察官文联工作的首要位置，根据高检院和省院党组的部署，采取多种形式，认真学习党的十八大报告和新党章，学习习近平总书记重要讲话精神，学习全国检察长会议和全省检察长会议精神，认清检察文化建设面临的大好形势和机遇挑战，明确全省检察文化的正确发展方向，进一步增强做好检察文化建设的自觉性和主动性。围绕争当全国检察机关科学发展排头兵目标，全面贯彻落实高检院、省院党组关于检察文化建设的各项工作部署和全国检察机关文化建设工作会议精神，找准文联工作和检察工作的结合点和着力点，努力使检察官文联的各项工作服务于检察中心工作、服务于检察队伍、服务于检察基层、服务于检察工作科学发展，在凝聚力量、提振精神、扩大影响、提升检察机关执法公信力方面发挥了应有作用。

二、围绕中心、服务大局，充分发挥检察官文联职能作用

该省结合政法干警核心价值观教育实践活动，组织开展重大主题性文化活动，生动展现全省检察机关文化建设成果和队伍建设风采，大力唱响时代主旋律。一是着力拓展检察文化内涵，充分展示江苏检察文化底蕴。省检察官文联与中国检察官文联在江苏南京共同举办“以梅喻检”文化活动，邀请国内部分知名书画家和检察系统省级以上书协、美协、摄协会员代表，以及部分基层院和相关单位特邀代表近80人参加，通过主题座谈、实地采风和书画摄影创作、梅花主题文化作品展览、咏梅主题文艺晚会等形式，将梅花忠贞、奉献、刚毅、执着的高尚品格与政法干警“忠诚、公正、清廉、文明”的核心价值观相契合，深入探究检察精神和检察品质，拓展了检察文化内涵。高检院曹建明检察长专门批示：“‘以梅喻检’文化活动搞得好，有意义。”二是着力营造良好氛围，努力夯实检察队伍思想根基。七一前夕，组织开展了全省检察机关“迎接十八大、岗位做贡献”演讲比赛，积极营造迎接党的十八大召开的良好氛围，鼓励检察干警立足岗位，奉献检察事业，牢固树立正确的人生观、世界观和大局观，夯实检察队伍思想根基。三是着力推进主题教育实践活动，努力弘扬政法干警核心价值观。精心组织承办江苏政法干警书画摄影展，用优秀文艺作品展现江苏检察机关创先争优、奋发有为的良好形象。由江苏省文联专家组成的评委组从1600余件书法绘画摄影作品中评选出参展作品270余件，作品主题鲜明，立意高远，体现了鲜明的江苏特色、时代特征和政法特点。全省政法机关和各界群众共8000余人参观了展览，40余家媒体进行了报道和转载。四是着力提升新媒体时代社会沟通能力，积极推进检察网络文化发展。省检察官文联联合《清风苑》杂志社、中江网等媒体，于2012年底启动“清风杯”微博廉政短语大赛，这种全国性的利用微博等新媒体开展的廉政短语大赛尚属首例。该省还积极运用现代互联网等新媒体手段，在积极推进网络文化开展的同时，努力探索检察官方网络平台建设，设置检察文化频道，进一步扩大检察文化的影响力和覆盖面。

三、夯实基础、提升亮点，稳步推进基层检察文化发展

一是认真贯彻落实省院党组对检察文化建设工作的要求，制定下发《2012年全省检察文化工作要点》，指导全省开展检察文化建设，为检察工作全面发展提供坚强的精神动力和思想文化保证。积极开展创建基层检察文化建设先进单位活动，苏州市院、宜兴市院、响水县院获评全国检察文化建设示范院。二是积极推进检察文化品牌建设，努力提升检察文化软实力。集中优势资源，推进各地因地制宜开展文化品牌建设活动。苏州市院开展首届检察文化建设巡礼活动，组织评选出全市检察机关十大文化品牌的第三批入选项目和提名项目，拍摄反映全市基层院建设成果及工作经验的电视片和电子杂志。南通市院举行全市检察文化建设推进大会暨如东检察文化园开园仪式。镇江市院制定出台《检察文化建设实施纲要》，开展“镇江检察文化名片”创建和评选活动。三是坚持以人为本、服务基层的理念，组织开展健康向上的检察文化活动。省检察官文联联合省摄影家协会组织开展了“百姓镜头中的江苏检察”摄影比赛活动，作品以老百姓的视角反映了检察机关和检察人员服务大局、保障民生、秉公执法、清正廉明的生动画面和感人场景，收到摄影作品15000余幅，评选出139幅获奖和入选作品。作品在党外人士通报会、全省检察长会议和南京夫子庙广场展出，产生了良好反响。南京市院开展了第四届“和谐杯”篮球比赛。徐州市院评选全市检察机关“十佳检察官”并举办隆重的颁奖晚会。镇江组建“清和艺术团”巡回演出。无锡开展“清莲颂”主题摄影展。连云港邀请书法家、画家到新浦区院开展检察文化交流活动。南通市院举办“林洋杯”歌唱大赛、“聚焦南通检察”摄影作品评比等活动。镇江市院董新建创作长篇小说《生死一线间》，被改编成电影和30集电视连续剧。扬州市院举办检察官诗歌赏析会。淮安市院组织开展“以荷喻检”摄影比赛等检察文化活动，吸引了广大检察干警的踊跃参与。

四、完善组织、拓展职能，不断提升检察官文联自身建设水平

该省始终坚持抓活动与抓建设并重，以自身建设水平的提升推动检察文化事业的繁荣发展。一是完善省检察官文联组织建构。在江苏省民政厅和省文联的支持和指导下，完成了省检察官文联登记注册和变更手续，充实调整了文联组织的专兼职力量。二是推进地方检察官文联组织建设。积极推动地方各级检察官文联成立，2012年全省又有苏州、镇江、淮安、徐州、连云港5个市成立了市级检察官文联，盐城市检察官文联也将于2013年初成立，至此全省13个市院将全部成立检察官文联组织。三是认真组织各地检察官文联参加各项文化活动。积极选送优秀作品或选派文艺人才，参加高检院和中国检察官文联组织的“以梅喻检”、“以荷喻检”、“全国检察机关‘廉洁从检’书画摄影展”、“迎新春、送文化春联征集”等文化活动，该省春联征集活动共有669人1430副春联作品参评，24人25副作品获等级奖，199副作品获纪念奖，参加人数、报送作品数和获奖总数位居全国检察机关第一。该省检察院还被高检院评为人民检察制度创立八十周年文化活动优秀组织奖单位。

会　议

【江苏省人民检察院和新华报业传媒集团召开新闻宣传工作座谈会】2月15日，江苏省检察院和新华报业传媒集团召开新闻宣传工作座谈会，省检察院党组书记、检察长徐安要求全省检察机关紧扣工作主题、紧跟时代步伐，紧贴基层实际，做到六个“更加”，大力提升宣传水平。一是合作更加紧密。要加强与新闻媒体的联系与协作，共同做好检察新闻宣传工作。二是监督要更加有力。要充分发挥检察机关的法律监督职能和新闻媒体的舆论监督作用，共同做好监督工作。三是重点要更加突出。要突出基层关注一线，更好地反映检察机关围绕大局、服务中心、积极参与和推进社会管理创新，认真履行法律监督职能，坚持执法为民的新举措、新成效。四是挖掘要更加着力。要深入挖掘、培育、宣传先进典型，树立鲜活生动的正面形象。五是形式要更加多样。不仅要重视平面媒体宣传，还要拓展电视、网络、手机等新媒体的宣传空间。六是影响要更加深远。要通过宣传检察工作，反映江苏检察工作和江苏法治建设的成果，让人民生活得更加幸福，社会更加公平正义，江苏小康社会更加和谐稳定，为党的十八大胜利召开营造良好的舆论环境。

【江苏省南通市召开检察文化建设推进大会】6月8日下午，江苏省南通市检察文化建设推进大会暨如东检察文化园开园仪式在如东县检察院举行。全国政协教科文卫体委员会副主任、中国检察官文联主席张耕，江苏省检察院党组副书记、副检察长严明，南通市委常委、纪委书记庄中秋等出席会议并为如东检察文化园揭牌。省院党组副书记、副检察长严明在会上代表省院党组和省检察官文联讲话，他要求全省各级检察院高度重视检察文化建设，以成立检察官文联为契机，认真贯彻高检院“文化育检”的方针和部署，坚持以科学发展观为统领，突出检察干警的主体地位，始终以先进思想占领检察文化主阵地，努力做到用科学的理论武装人，用正确的舆论引导人，用高尚的精神塑造人，用优秀的作品鼓舞人，为江苏争当全国检察机关科学发展排头兵提供了有力的思想保证和精神动力。各级检察院要着力培育政法干警核心价值观，为检察工作科学发展、争当“双兵”提供强大精神动力；要充分发挥文化导向作用，引领检察干警公正廉洁执法、理性文明办案；要积极开展检察文艺创作，打造具有时代特征和地方特色的检察文化品牌；要广泛传播检察文化，增强检察机关服务发展大局、服务人民群众的“软实力”。

【全省检察机关宣传工作会议在泰州靖江召开】9月21日召开全省检察机关宣传工作会议，会议全面回顾今年以来全省检察机关宣传工作，深入学习贯彻全国检察机关文化建设工作会议、第十届全国检察长论坛和高检院、省检察院党组关于检察宣传工作指示精神，集中部署下一阶段特别是十八大前后进一步加强检察宣传工作。与会代表参观了靖江市院检察文化建设和“明霞窗口”。会议强调，全省检察机关要充分认清新形势下进一步做好检察宣传和舆论引导工作的重要意义，切实增强责任感、紧迫感，把检察工作主旋律唱得更响，把科学发展的道理讲得更明，把创先争优的氛围造得更浓，把争当排头兵的信心鼓得更足，以优异的成绩喜迎党的十八大胜利召开。会议要求，全省检察机关要着力为党的十八大胜利召开营造和谐稳定的社会环境，不断拓展宣传阵地，完善宣传机制，加强宣传队伍建设，努力提升检察宣传工作水平。进一步加大检察文化建设力度，提升文化育检的能力水平。加大协作力度，充分发挥好《检察日报》、《江苏法制报》、《清风苑》等检察宣传主阵地作用，共同营造检察工作科学发展的良好氛围。

【召开全省检察机关传达学习贯彻党的十八大精神电视电话会议】11月19日，省检察院召开全省检察机关传达学习贯彻党的十八大精神电视电话会议，党的十八大代表、常州市检察院副检察长韩筱筠为全省检察干警介绍了参加党的十八大会议的亲身经历、体会和感受。徐安检察长在会上强调，学习贯彻十八大精神要正确认识和把握大会主题，更加自觉地做中国特色社会主义事业的建设者、捍卫者。要正确认识和把握科学发展观的历史地位，更加自觉地用科学发展观指导检察工作。要正确认识和把握建设中国特色社会主义事业的总体布局，更加自觉地增强服务大局的意识。要正确认识和把握全面建成小康社会的奋斗目标，更加自觉地争当全国检察机关科学发展排头兵。要正确认识和把握全面推进依法治国的战略思想，更加自觉地履行好法律监督职能。要正确认识和把握反腐倡廉的新部署，更加自觉地在反腐败斗争中发挥检察机关的作用。要正确认识和把握全面提高党的建设科学化水平的新要求，更加自觉地抓好检察机关党建工作和队伍建设。全省检察机关必须坚持理论联系实际、学以致用、用以促学，以十八大精神为指导，确立江苏检察工作科学发展中需要进一步解决的重大问题。要以强化法律监督为重点，深入推进法治江苏建设。要以强化自身监督为重点，深入推进执法规范化建设。要以提升素质能力为重点，深入推进检察队伍建设。要以强化基层基础为重点，夯实检察工作根基。

活　动

【“以梅喻检”文化活动在南京隆重举行】2月29日，正值南京“国际梅花节”举行之际，由中国检察官文联和江苏省检察官文联共同举办的“以梅喻检”文化活动在南京隆重举行。此次活动包括“以梅喻检”主题座谈会、实地采风和书画摄影创作、梅花主题文化作品展览、咏梅主题文艺晚会等内容组成，为期两天。中国检察官文联领导和9个已成立的省级检察官文联负责人，国内部分知名书画家和检察系统省级以上书协、美协、摄协会员代表，部分基层院和相关单位的特邀代表参加了活动。活动期间，江苏省委书记罗志军，省委常委、政法委书记李小敏亲切会见了全国政协教科文卫体委员会副主任、中国检察官文联主席张耕，并对这次“以梅喻检”活动成功举办表示祝贺。张耕主席在主题座谈会讲话中指出，举办“以梅喻检”文化活动是贯彻党的十七届六中全会精神、践行社会主义核心价值观、配合“忠诚、为民、公正、廉洁”政法干警核心价值观教育实践活动的一项重要举措，也是检察官文联履行职责、用文化艺术形式促进检察文化建设、服务检察队伍建设、推动检察工作的重要活动，有利于凝聚检察文化艺术人才、展示检察机关风采、增强检察工作亲和力，有利于加强文化艺术交流、增进社会各界对检察工作的了解、提高检察文化艺术创作水平，有利于提升检察官自身修养、增强检察官的职业自觉自信、扩大检察机关的影响。梅花具有忠贞、奉献、刚毅、执著、知恩、廉洁等高尚品格，张耕主席希望与会同志围绕梅花精神和检察精神的内涵及相互关系进行深入研讨，重点在“喻”字上做文章，创作人员要突出主题，发挥专长，满腔热情地投入到活动中，努力营造百花齐放的良好氛围。江苏省检察院检察长、江苏省检察官文联主席徐安在致辞中说，“以梅喻检”寓意深刻，梅花的不屈精神和高尚气节，正与检察机关积极践行的“忠诚、为民、公正、廉洁”的核心价值观相契合，既可以丰富检察文化内涵，又可以提升检察人员素养，促进检察队伍建设，这是一项很有意义的文化创举。全省各级检察院要以此次文化活动为契机，认真贯彻高检院“文化育检”的方针和部署，坚持以科学发展观为统领，突出检察干警的主体地位，始终以先进思想占领检察文化主阵地，努力做到用科学的理论武装人，用正确的舆论引导人，用高尚的精神塑造人，用优秀的作品鼓舞人，把“立检为公、执法为民”的根本要求和“忠诚、为民、公正、廉洁”的政法干警核心价值观落实到以执法办案为中心的各项检察工作中，积极投身到强化法律监督、服务人民群众、推动科学发展的伟大实践中，努力提高法律监督能力和执法办案水平，为全省检察机关争创一流业绩、打造一流队伍、争当全国检察机关科学发展排头兵提供有力的思想保证和精神动力。

【江苏省举办第二届“十佳女检察官”暨“省三八红旗手”颁奖典礼】3月1日，江苏省第二届“十佳女检察官”暨“省三八红旗手”颁奖典礼在南京举行。中国女检察官协会会长胡克惠，江苏省委常委、政法委书记李小敏，江苏省检察院检察长徐安等与获奖者座谈并出席颁奖典礼。截至2012年3月，江苏全省女检察官人数占检察官总数的24%。广大女检察官始终坚持立检为公、执法为民，在各自岗位上建功立业、奋斗成才，为全省检察事业又好又快发展作出了积极贡献。为表彰先进，树立典型，引导和激励更多的女检察官在争当全国检察机关科学发展排头兵活动中有更大作为，2011年下半年，江苏省检察院和省妇联联合开展了江苏省第二届“十佳女检察官”评选活动，徐明明等10位女检察官当选，省妇联同时授予她们“江苏省三八红旗手”称号。

【举办“百姓镜头中的江苏检察”图片展】为充分展示检察队伍精神风貌，促进检察文化的繁荣和发展，江苏省检察官文学艺术联合会、江苏省摄影家协会于5月至11月联合举办了“百姓镜头中的江苏检察”摄影比赛。活动历时6个月，共收到摄影作品15000余幅。评委会从中评选出40幅获奖作品和110幅入选作品，作品以百姓的视角、百姓的眼光、百姓的感受真实记录了近几年来江苏省检察机关在服务大局、查办和预防职务犯罪、诉讼监督、保障和服务民生、执法方式和执法公信力、队伍建设等方面取得的新进展和新成效。“百姓镜头中的江苏检察”图片展在南京举办，展览共分“发挥检察职能，维护社会公平正义”、“推行检务公开，确保权力依法正确行使”、“强化群众工作，保障和服务民生民利”、“加强队伍建设，提高公正廉洁执法水平”、“推进检察文化建设，提振检察‘精气神’”、“活动花絮”等六个专题，展出作品300余幅，绝大多数是“百姓镜头中的江苏检察”摄影比赛的获奖及入选作品，也有少量近几年反映江苏检察的优秀作品。

【省院机关举行“迎接十八大、岗位做贡献”主题演讲比赛】为进一步弘扬社会主义核心价值体系，推进政法干警核心价值观教育实践活动深入开展，5月28日江苏省检察院机关举行“迎接十八大、岗位做贡献”主题演讲比赛，激励省院机关干警努力争当全国检察机关科学发展排头兵，以优异成绩迎接党的十八大胜利召开。17名同志的精彩演讲，充分表达和展示了广大检察干警坚定的理想信念，自觉践行“忠诚、为民、公正、廉洁”的政法干警核心价值观和勤奋努力工作，争创一流业绩的精神风貌。经过激烈角逐，反渎局陈浩获一等奖，指挥办汤宁林、反贪局指导处路屹获二等奖，民行处刘丹、侦监处陈宏、研究室安东获三等奖。

【全省检察机关“迎接十八大、岗位做贡献”演讲比赛在南京举行】6月28日，全省检察机关“迎接十八大、岗位做贡献”演讲比赛在省检察院举行。省院机关及全省13个市检察机关共14名选手经过激烈的竞争，来自连云港市检察院的王帆获一等奖，省检察院路屹、常州市检察院陶婷婷2人获二等奖，扬州市检察院郝亮、镇江市检察院蒋安凌、宿迁市检察院陈健扬3人获三等奖，徐州市检察院化颖慧等8人获优秀奖。省检察院党组书记、检察长徐安，最高人民检察院政治部宣传部部长马丽莉等领导观看了比赛，并为获奖选手颁奖，省检察院党组副书记、副检察长严明致辞。这次比赛旨在进一步弘扬社会主义核心价值，推进全省检察机关政法核心价值观教育实践活动深入开展，充分展示江苏检察机关服务经济社会发展、“强化法律监督、维护公平正义”的精神风貌，激励检察人员立足岗位，自觉践行

"忠诚、为民、公正、廉洁"的政法核心价值观，努力争当全国检察机关科学发展排头兵，以优异成绩迎接党的十八大胜利召开。省委政法委、省委组织部、省委宣传部、省级机关工委、省公安厅、省法院、省安全厅、省司法厅、省人大有关单位领导观看了比赛。

【组织"最美青年检察官"宣传活动】 8月初，根据高检院通知要求，全省检察机关深入发掘、认真总结、大力举荐、广泛宣传体现检察职业精神和时代良好风尚的优秀青年检察官，共推选出15个青年检察官个人和群体。在全国检察机关推选出的33个优秀青年检察官个人和群体中，该省扬中市检察院"知心姐姐"热线团队入选。省检察院政治部从10月12日至11月14日，在《江苏法制报》、江苏检察网等媒体同步开设"最美青年检察官"专栏，对全省检察机关推选出的青年检察官个人和群体进行了集中宣传。专栏以"发现最美青春，展示检察风采，凝聚奋斗力量，推动工作发展"为活动主题，通过深入发掘、宣传体现检察职业精神和时代良好风尚的优秀青年检察官个人和群体，凝聚和焕发检察队伍爱岗敬业、执法为民、崇德尚义、奋发向上的精神力量，多角度、全方位地展示全省青年检察官的生机活力和青春风采，扩大检察机关社会影响力，以优异成绩迎接党的十八大胜利召开。11月19日，《江苏法制报》、江苏检察网刊登了"最美青年检察官"选票，省院根据投票情况及实际工作情况，从15个青年检察官个人和群体中评选出8名"最美青年检察官"，其余为"最美青年检察官"提名奖，广大检察干警和社会各界积极参加了此次评选活动。

【举办全省政法文化艺术周书画摄影作品展】 11月27日至30日，由江苏省委政法委主办、江苏省检察院承办的全省政法文化艺术周书画摄影作品展在江苏省美术馆开幕。全国政协科教文卫委员会副主任、中国检察官文联主席张耕出席开幕式并致辞，江苏省委常委、政法委书记李小敏参观了展览，省检察院检察长徐安在开幕式上致辞。这次书画摄影作品展得到全省各级政法机关和广大政法干警的大力支持，共征集到1600余幅书法、绘画和摄影作品。这些作品题材多样、风格各异，突出了学习宣传贯彻党的十八大精神、践行政法干警核心价值观的鲜明主题，展现了作为文化强省政法干警的文化素养和人文情怀，具有鲜明的时代特征、江苏特色和政法特点。此次展览在广大政法干警和社会各界群众中引起广泛关注，4天展期中，前来参观的观众达8000余人，三个展厅时常出现爆满。多名国家级的书画家观展，省政法老领导、书画家和普通观众纷纷签名或题字，许多大专院校的学生在喜爱的字画作品前留影纪念。检察日报、新华日报、扬子晚报、江苏法制报、清风苑杂志等纸媒和江苏卫视、江苏城市频道、江苏教育台、江苏人民广播电视台等电视广播媒体以及中江网都作了报道。11月6日下午，全省政法文化艺术周书画摄影作品展活动组委会在省检察院举行了作品评选活动，邀请省文联、省美术家协会、省书法家协会、省摄影家协会知名艺术家担任评委，综合考虑作品的主题性、艺术性、广泛性等多角度，从征集到的1600余幅书画和摄影作品中遴选出参展作品270余件，其中获一等奖作品3件，二等奖9件，三等奖15件，优秀奖60件。

创 作

【踊跃参加“迎新春、送文化”春联征集活动】为庆祝党的十八大胜利召开，深入贯彻全国检察机关文化建设工作会议精神，努力践行政法干警核心价值观，营造欢乐祥和迎新春的氛围，12月份中国检察官文联组织开展了“迎新春、送文化”春联征集活动。省检察院认真组织、广泛发动，广大干警踊跃参与，春联征集活动共有669人1430副春联作品报送中国检察官文联。经评选，24人25副作品获等级奖，199副作品获纪念奖，参加人数、报送作品数和获奖总数位居全国检察官文联系统第一。

【举办“清风杯”微博廉政短语大赛】12月28日下午，法制微博小说大赛颁奖暨“清风杯”微博廉政短语大赛启动仪式在江苏省检察院举行，省院徐安检察长和省委政法委、省预防腐败局、省互联网信息办公室等有关领导出席仪式，省检察院、省委宣传部、中国江苏网等两个大赛的主办方代表150余人参加了仪式，5名法制微博小说大赛的获奖作者代表专程从上海、河北、安徽等地赶来现场。该活动由清风苑杂志社联合江苏省检察官文联、中国江苏网、微博江苏、苏州市检察官文联共同举办，分为微博小说颁奖和微博廉政短语大赛启动两个阶段。省检察院徐安检察长发表了热情洋溢的致辞，他指出加强法制建设单靠专门机关是不够的，必须取得广大人民群众的理解、支持和帮助。健全法制建设必须要与时俱进，积极运用现代互联网等新媒体手段，使法制的声音和要求能够家喻户晓。法制的感染力在于加强文化建设，检察机关要加强检察文化建设，将法制精神更好地传递给全社会。

获奖情况

【江苏省检察院机关踢毽、跳绳代表队在全民健身运动会上取得优异成绩】6月上旬，江苏省检察院机关组队参加第六届江苏省全民健身运动会踢毽、跳绳比赛，取得优异成绩。其中，省院踢毽队获团体二等奖、体育道德风尚奖，陈宁红获个人二等奖，刘莉、蔡翠英、刘峻获个人三等奖；跳绳队胡昀晖获个人二等奖，葛石烨、吴寒冰获个人三等奖，吴美琴获个人三等奖、体育道德风尚奖。

【苏州市等三个检察院被评为“全国检察文化建设示范院”】6月19至20日，最高人民检察院在吉林长春召开了全国检察机关文化建设工作会议。会上，宣读了《关于评定全国检察文化建设示范院的决定》，并向全国检察文化建设示范院颁发了铜牌。江苏省苏州市检察院、宜兴市检察院、响水县检察院被评为“全国检察文化建设示范院”。

【江苏省检察机关两篇新闻作品获2010年度全国法制好新闻奖】8月中旬，由江苏法制报记者宋世明、连云港市检察院宋华采写的《一个反贪先锋的“双城记”》、省检察院宣传处卢志坚、睢宁县检察院王威采写的《村官被查，网友开起“庆祝大会”》两篇新闻作品，分别获得2010年度全国法制好新闻通讯类二等奖、消息类三等奖。全国法制好新闻评选活动由全国法制记协主办，旨在更好地发挥新闻宣传在实施依法治国方略、建设社会主义法治国家中的积极作用，大力推动法制新闻事业的繁荣和发展。

【顾晓生、纪萍被评选为江苏省首届“十大法治人物”】9月下旬，以“践行法治理念、弘扬法治文化、传播法治精神、推进法治进程”为主旨的江苏省首届“十大法治事件、十大法治人物”评选活动结果揭晓。9月28日，“十大法治人物”颁奖仪式在扬州举行。江苏省检察院主任法医师顾晓生、常州市检察院检察员纪萍被评选为江苏省首届“十大法治人物”，苏州市检察院公诉处副处长王勇获得江苏省首届“十大法治人物”提名奖。此次入选的江苏省首届十大法治事件和人物，是自2004年《法治江苏建设纲要》颁布以来，在全省引起社会广泛关注、在社会生活中产生重大影响、对法治江苏建设全局具有里程碑意义的标志性事件和人物。

【江苏检察系统6件作品在全国首届廉政短片公益广告评选中获奖】10月上旬，高检院通报了全国检察机关首届廉政短片、公益广告评选活动情况和获奖结果，共评出首届廉政宣传短片、公益广告特等奖5个、一等奖10个、二等奖20个、三等奖30个、优秀奖100个，最佳影像奖1个、最具创意奖1个，组织奖6个。江苏省检察系统的参评作品《廉石》、《失一时，毁一世》、《签字》分别获一、二、三等奖，《莲语》、《求医》、《千里之堤溃于腐败》获优秀奖，省院获组织奖。

【王春林书法作品获江苏省首届老年文化艺术节书画摄影大赛金奖】10月下旬，江苏省检察院退休干部王春林书写的《牛首山历史文脉旧影寻踪》小楷作品，荣获江苏省首届老年文化艺术节·书画摄影大赛金奖。王春林同志善书小楷，退休后坚持读帖习字，从未间断，凡遇书画活动都踊跃参加、积极投稿，他书写这幅获奖作品用了近一周时间。

【江苏省人民检察院离退休干部象棋队获得省级机关首届老年人象棋比赛团体冠军】11月中旬，由江苏省院退休干部韩继光、顾景生和薛同清组成的省院象棋队，齐心协力，力挫群雄，夺得2012年省级机关首届老年人象棋比赛团体冠军，韩继光夺得个人季军。

【江苏检察机关网球代表队夺得2012全国检察机关第三届网球赛桂冠】2012年全国检察机关“泰昌杯”第三届网球比赛于12月1日在温州举行。由南京市检察院李爱君、崔洁、葛冰、何蒋坤、黄欢欢、高晨晨6名网球选手组队代表江苏检察机关参赛。来自高检院、江苏、广东、浙江等检察机关60余名网球爱好者，进行男子双打、女子双打两个组别的比赛。经过激烈角逐，江苏代表队独揽网球比赛两个组别第一，即男子双打冠军和女子双打冠军，另有一对选手获得男子双打第五名的优异成绩。江苏检察机关代表队敢打敢拼、勇夺第一的精神，得到高检院领导和参赛选手的一致好评。

【江苏省江阴市人民检察院詹爱平摄影作品《船台曲》获金奖】江苏省检察官文联第一届委员会委员、江阴市检察院检察员詹爱平的一组摄影作品《船台曲》，在江苏省第十届“五星工程奖”美术书法摄影作品展中获金奖，并获评全国“群星奖”优秀奖。

【江苏省人民检察院被高检院评为人民检察制度创立80周年文化活动优秀组织奖

单位】2011年12月9日晚，由高检院政治部、中国检察官文联主办的纪念人民检察制度创立80周年大型主题文艺晚会，在北京人民大会堂隆重举行。王乐泉、李建国、孟建柱、曹建明、李继耐等领导同志出席观看。我省选送的由大丰市院40多名干警参加的检察服装表演——音诗画《我们从瑞金走来》入选晚会，赣榆县院公诉科书记员王帆作为从全国检察机关选拔出的2名主持人，与中央电视台著名主持人朱军、董卿同台主持晚会。文化活动结束后，省院被高检院评为人民检察制度创立80周年文化活动优秀组织奖单位。

出　版

【董新建创作的长篇小说《生死一线间》和《魔方》出版】由江苏省检察官文联第一届委员会常务委员、镇江市检察院副检察长董新建创作的长篇小说《生死一线间》和《魔方》先后由江苏凤凰出版集团出版。《生死一线间》获镇江市第七届文学艺术提名奖，被改编成电影和30集电视连续剧，由最高人民检察院影视中心和正义网络传媒有限公司联合摄制。

文化交流

【江苏省人民检察院向拉萨市人民检察院赠送图书《检察官说法》】8月30日，由江苏省检察院清风苑杂志社援印的《检察官说法》赠书仪式在拉萨市检察院举行。江苏省检察院党组副书记、副检察长严明亲手将《检察官说法》交到了拉萨市检察院检察长次仁旺堆手中。严明副检察长表示，《检察官说法》既是对拉萨市检察机关公正执法成就的展示，是一本法制宣传教育的精品，也是江苏、拉萨两地检察机关相互学习、交流、支持的结晶。清风苑杂志社援印这本书，一方面能够扶持、帮助拉萨市检察机关的文化建设，另一方面也能够为藏区普法尽绵薄之力，是检察援藏的一种新的拓展与深化。今后将进一步创新援藏的合作形式，继续为藏区检察多做贡献。赠书仪式结束后，清风苑杂志社与拉萨市检察院的部分同志进行了座谈，就进一步开展检察文化宣传、合作交流方面的工作进行了深入的交谈。

教育培训

【江苏省人民检察院政治部组织政法干警核心价值观专题学习】6月4日，江苏省检察院政治部组织全体干警参加政法干警核心价值观专题学习会，市县工作处副处长刘权新结合参加高检院师资培训班的学习体会和有关案例，从社会主义核心价值体系和政法干警核心价值观提出的时代背景、什么是政法干警核心价值观、怎样践行政法干警核心价值观等方面进行了专题辅导。省院政治部主任朱斌参加专题学习会，并就加强政治部理论学习提出了三点要求：一是政治部全体干警要带头大力弘扬政法干警核心价值观，做忠诚、为民、公正、廉洁的政工干部；二是政治部要坚持常态化的学习制度，经常组织开展各类专题学习活动；三是政治部要扎实开展好“检校合作”工作，在把高校专家、学者“请进来”的同时，也要“走出去”，鼓励检察机关专家型人才到高校讲课，加大双向交流力度。

基层检察文化艺术工作

【南京市检察机关开展第四届“和谐杯”篮球比赛等多项文化活动】南京市检察机关紧贴检察工作实际，组织开展干警喜闻乐见、贴近生活、多层面的文化活动，举行第四届“和谐杯”全市检察机关篮球比赛，组织参加全市检察机关优秀书画摄影作品征集活动和省院举办的“百姓镜头中的江苏检察”摄影比赛，组织全市检察机关“迎接十八大、岗位做贡献”演讲比赛等，全面展示检察文化工作的动力和活力，有力推进了该市检察工作的全面发展。

【无锡市检察机关开展“清莲颂”主题摄影展等文化活动】无锡市检察院举办“清莲颂”主题摄影展、迎“七一”主题书画作品展，精选书画和摄影作品近百幅展出；编辑出版《光彩墨韵——无锡检察干警书画摄影作品集》，择优选取全市检察干警优秀书画摄影作品百余幅，集中展示全市检察人员的艺术成果和良好素养。中国检察官文联张耕主席题写书名。

【徐州市检察机关评选“十佳检察官”并举办隆重的颁奖晚会】徐州市检察院在全市检察机关开展“十佳检察官”评选活动，12月中旬在徐州音乐厅隆重举办了“十佳检察官”颁奖晚会，广泛宣传检察工作执法为民、服务大局的神圣职责和工作业绩，激发检察干警爱岗敬业、建功立业的激情和士气，进一步提升检察机关的执法公信力和社会满意度。

【常州市检察机关开展“百姓镜头中的龙城检察”摄影大赛活动】常州市检察院与市摄影家协会共同组织开展了“百姓镜头中的龙城检察”摄影大赛活动，两级院检察干警踊跃参加，收到参赛作品近200幅，全面展示了检察机关公正廉洁执法的良好精神风貌。市检察院邀请常州摄影家协会知名专家担任评委，对参赛作品进行评审，有12幅作品分获特等奖和一、二、三等奖。

【苏州市检察机关开展首届检察文化建设巡礼等活动】苏州市检察院开展首届检察文化建设巡礼活动，以展板与多媒体形式充分展示近年来基层检察文化建设的新理念、新思路、新举措、新成效、新成果，并评选出文化建设示范院。同时，结合文化巡礼活动，举行微博小说集《情与法》首发式，集中展示法制微博小说大赛活动成果。继续开展全市检察机关“十大文化品牌”评选活动，确定“太仓港杯”法制微博小说大赛活动、虎丘区检察院《检察官手记》入选第三批项目，另有5个项目获得提名。拍摄了反映全市基层院建设成果及工作经验的电视片《风正潮平舸争流》，制作了《文润姑苏——发挥检察文化软实力，推动检察工作新发展》的电子杂志，以“品牌”拉升了全市检察文化建设整体水平。

【南通市检察机关举办“聚焦南通检察”摄影作品评比活动】5月22日，南通市检察官文联在通州区检察院举办“聚焦南通检察”摄影作品评比活动，全市检察机关政工领导和部分摄影爱好者共50余人参加。共收到参评作品262幅，其中反映检察题材的81幅。经专家评选，评选产生了一批优秀作品。这些摄影作品全方位、多角度、真实地反映了检察生活和检察干警的精神风貌，表达了广大检察干警对祖国、对人民、对生活的真诚热爱。

【连云港市检察机关开展检察文化交流和主题演讲比赛活动】连云港市检察院邀请7名著名书法家、画家，到新浦区院开展“苍梧晚报艺术工作室携市书画名家走进新浦区检察院”文化交流活动。精心选送文学、书法、绘画、摄影作品参加“以梅喻检”文化活动，中国检察官文联张耕主席为该市题词——“连云风骨”。该院还开展了全市检察机关“与雷锋车同行，践行政法干警核心价值观”主题演讲比赛，来自全市两级院的24名干警参加了预赛和决赛。

【淮安市检察机关开展“以荷喻检”摄影比赛等检察文化活动】淮安市检察院先后组织开展了“以荷喻检”摄影比赛活动、“清风杯”乒乓球比赛、“迎新春、送春联”等系列检察文化活动，丰富了全市检察干警的文化生活，吸引了广大检察干警的踊跃参与。在淮安市委政法委举办的“践行价值观，喜迎十八大”演讲比赛中，市院李玥同志荣获二等奖。

【盐城市召开全市检察机关检察文化建设推进会】7月17日，盐城市检察院在响水县组织召开了全市检察机关检察文化建设推进会，市院、各县（市、区）检察院检察长及政治部主任参加会议，对今后一段时间全市检察文化建设工作作了部署。盐都区院在院内修建“清风”文化游园；射阳县检察院成立“鹤乡检风艺术团”，为干警提供展示才艺的文化平台；东台市检察院建成法治文化厅、检察文化长廊、院史室、图书室等廉政文化活动场所，加快了全市检察文化建设的步伐。

【扬州市检察机关举办检察官诗歌赏析会】5月份，举行由扬州市文联、市检察官文联、市集邮公司、集邮协会主办，邗江区检察院、市检察官集邮协会承办的《在延安文艺座谈会上的讲话》发表七十周年纪念邮票、《诗词之市》马踏飞燕明信片发行暨检察官诗歌赏析会，通过丰富的文化活动促进全市干警人格修养、文化品位和道德情操的提升，达到凝聚人心、振奋精神的目的。

【镇江市检察机关开展“镇江检察文化名片”创建和评选活动】镇江市检察院制定出台了《检察文化建设实施纲要》，开展了“镇江检察文化名片”创建和评选活动，不断提升检察品牌传播力和工作发展力。该院还组织“清和艺术团”巡回演出，举办了《腾飞2012——庆祝镇江市检察官文联成立文艺演出》，组织排演《检察官哥哥下乡来》节目参加省委政法委举办的文化艺术周暨“政法干警忠于党”文艺演出，展示了良好的检察形象。句容市院的“徐敏书画工作室”、开发区院的“检察文化展示厅”等一批检察文化名片已具有一定的社会知晓度，产生了一定的品牌效应。

【泰州市检察机关开展“百姓镜头中的泰州检察”摄影比赛等活动】泰州市检察院结合参加省院举办的摄影比赛活动，开展了“百姓镜头中的泰州检察”摄影比赛，部分作品入选首届“祥泰之州”美术、书画、摄影集，在泰州美术馆展览。该市还重点宣传靖江检察院干警丁明霞，以及以她名字命名的“明霞窗口”先进典型，充分发挥典型文化的教育引领作用。

【宿迁市检察机关加大检察文化室等硬件建设力度营造浓厚的文化氛围】宿迁市

两级检察院改建新建了一批检察文化室等硬件设施，在办公区域陈设展示法治格言、廉政警句、干警书画摄影作品、古今清官事迹介绍等，营造浓厚的文化氛围。该市检察官文联成立后，召开了文联工作座谈会，组织开展了“我眼中的检察工作”征文比赛、预防职务犯罪知识竞赛、演讲比赛、文艺汇演等群众性文化活动，促进了全市检察文化工作的开展。

吉林省检察官文学艺术联合会

资　　料

吉林省各市、县级检察官文学艺术联合会成立情况

【长春地区】

一、长春市

2012年5月23日，长春市检察官文学艺术联合会成立。

检察官文学艺术联合会负责人名单：

主　席　肖春光　长春市人民检察院常务副检察长

副主席　高林树　长春市人民检察院政治处主任

秘书长　秦洪祥　长春市人民检察院宣传处处长

工作人员　王云庆　长春市人民检察院宣传处副处长

二、长春市朝阳区

2012年11月5日，长春市朝阳区检察官文学艺术联合会成立。

检察官文学艺术联合会负责人名单：

主　席　陈凤英　长春市朝阳区人民检察院副检察长

副主席　杨宝权　长春市朝阳区人民检察院副检察长

秘书长　王永举　长春市朝阳区人民检察院宣教科科员

工作人员　张　欣　长春市朝阳区人民检察院宣传科科员

三、九台市

2012年3月1日，九台市检察官文学艺术联合会成立。

检察官文学艺术联合会负责人名单：

主　席　焦成千　九台市人民检察院检察长

副主席　李忠国　九台市人民检察院副检察长

秘书长　呼显志　九台市人民检察院办公室主任

工作人员　张伟路　九台市人民检察院科员

四、榆树市

2012年4月13日，榆树市检察官文学艺术联合会成立。

检察官文学艺术联合会负责人名单：

主　席　卞青山　榆树市人民检察院常务副检察长

副主席　张连山　榆树市人民检察院检委会委员

秘书长　赵　辉　榆树市人民检察院宣教科科长

工作人员　郭　平　榆树市人民检察

院办公室副主任

【吉林地区】

五、吉林市

2012年7月30日，吉林市检察官文学艺术联合会成立。

检察官文学艺术联合会负责人名单：

主　席　于国军　吉林市人民检察院常务副检察长

副主席　杨　敏　吉林市人民检察院副检察长

秘书长　李志强　吉林市人民检察院宣传处处长

工作人员　蒋　锐　吉林市人民检察院宣传处检察员

六、蛟河市

2012年10月27日，蛟河市检察官文学艺术联合会成立。

检察官文学艺术联合会负责人名单：

主　席　刘　锐　蛟河市人民检察院副检察长

副主席　黎雅宏　蛟河市人民检察院政治处主任

秘书长　于海洋　蛟河市人民检察院宣传科副科长

工作人员　郑艳杰　蛟河市人民检察院科员

七、吉林市船营区

2012年11月28日，吉林市船营区检察官文学艺术联合会成立。

检察官文学艺术联合会负责人名单：

主　席　孙　雨　吉林市船营区人民检察院副检察长

副主席　肖雅梅　蛟河市人民检察院政治处主任

秘书长　王桂芳　蛟河市人民检察院宣传科副科长

工作人员　李　博　吉林市船营区人民检察院宣传科科员

八、桦甸市

2012年11月16日，桦甸市检察官文学艺术联合会成立。

检察官文学艺术联合会负责人名单：

主　席　郭延华　桦甸市人民检察院常务副检察长

副主席　潘金库　桦甸市人民检察院副检察长

副主席　王　杰　桦甸市人民检察院检委会专职委员

秘书长　张臣忠　桦甸市人民检察院干部科科长

九、舒兰市

2012年9月，舒兰市检察官文学艺术联合会成立。

检察官文学艺术联合会负责人名单：

主　席　高栋柱　舒兰市人民检察院副检察长

副主席　张凤双　舒兰市人民检察院政治处主任

秘书长　张殿勋　舒兰市人民检察院宣传科科长

工作人员　江　健　舒兰市人民检察院办公室主任

十、磐石市

2012年10月26日，磐石市检察官文学艺术联合会成立。

检察官文学艺术联合会负责人名单：

主　席　郑成文　磐石市人民检察院副检察长

副主席　闫广亮　磐石市人民检察院政治处主任

秘书长　王少飞　磐石市人民检察院政治处副主任

工作人员　郜　邶　磐石市人民检察院宣传科科长

十一、吉林市龙潭区

2012年8月1日，吉林市龙潭区检察官文学艺术联合会成立。

检察官文学艺术联合会负责人名单：

主　席　徐旭安　吉林市龙潭区人民检察院常务副检察长

副主席　牛大群　吉林市龙潭区人民检察院政治处主任

秘书长　张　晶　吉林市龙潭区人民检察院宣教科科长

工作人员　顾　莹　吉林市龙潭区人民检察院宣教科科员

十二、永吉县

2012年8月1日，永吉县检察官文学艺术联合会成立。

检察官文学艺术联合会负责人名单：

主　席　刘英冲　永吉县人民检察院副检察长

副主席　张宝光　永吉县人民检察院纪检组长

秘书长　褚　明　永吉县人民检察院宣传科科长

秘书长　赵　莹　永吉县人民检察院宣教科副科长

【四平地区】

十三、四平市

2012年5月18日，四平市检察官文学艺术联合会成立。

检察官文学艺术联合会负责人名单：

主　席　李季春　四平市人民检察院常务副检察长

副主席　高跃军　四平市人民检察院检察专员

副主席　马晓明　四平市人民检察院计财处处长

秘书长　郝荣伟　四平市人民检察院宣传处处长

十四、四平市铁西区

2012年5月30日，四平市铁西区检察官文学艺术联合会成立。

检察官文学艺术联合会负责人名单：

主　席　刘帆影　四平市铁西区人民检察院副检察长

副主席　王家志　四平市铁西区人民检察院专职书记

副主席　鲁志和　四平市铁西区人民检察院政治处主任

秘书长　李佑山　四平市铁西区人民检察院宣教科科长

十五、伊通满族自治县

2012年12月，伊通满族自治县检察官文学艺术联合会成立。

检察官文学艺术联合会负责人名单：

主　席　张　晶　伊通满族自治县人民检察院政治处主任

副主席　汤香满　伊通满族自治县人民检察院宣教科长

秘书长　顾鹏林　伊通满族自治县人民检察院侦监科员

工作人员　李东晨　伊通满族自治县人民检察院干部科长

十六、公主岭市

2012年8月13日，公主岭市检察官文学艺术联合会成立。

检察官文学艺术联合会负责人名单：

主　席　刘福东　公主岭市人民检察院政治处主任

副主席　张　伟　公主岭市人民检察院计财科长

秘书长　孙国珊　公主岭市人民检察

院宣传科长

【延边地区】

十七、延边朝鲜族自治州

2012年5月30日，延边朝鲜族自治州检察官文学艺术联合会成立。

检察官文学艺术联合会负责人名单：

主　席　马　冲　延边朝鲜族自治州人民检察院常务副检察长

副主席　韩姬善　延边朝鲜族自治州人民检察院政治部副主任

秘书长　高同启　延边朝鲜族自治州人民检察院宣传处处长

工作人员　吕　翠　延边朝鲜族自治州人民检察院科员

【松原地区】

十八、松原市

2012年5月16日，松原市检察官文学艺术联合会成立。

检察官文学艺术联合会负责人名单：

主　席　周连胜　松原市人民检察院副检察长

副主席　李　静　松原市人民检察院政治部主任

秘书长　付景江　松原市人民检察院副检察长

工作人员　张玉成　松原市人民检察院宣传处处长

十九、乾安县

2012年5月16日，乾安县检察官文学艺术联合会成立。

检察官文学艺术联合会负责人名单：

主　席　王俊杰　乾安县人民检察院副检察长

副主席　于海波　乾安县人民检察院副检察长

副主席　吕　莹　乾安县人民检察院副检察长

秘书长　刘　东　乾安县人民检察院政治部主任

二十、长岭县

2012年5月16日，长岭县检察官文学艺术联合会成立。

检察官文学艺术联合会负责人名单：

主　席　解德才　长岭县人民检察院副检察长

副主席　韩国忱　长岭县人民检察院副检察长

副主席　陈景文　长岭县人民检察院副检察长

秘书长　罗春燕　长岭县人民检察院宣传科科长

二十一、前郭县

2012年6月19日，前郭县检察官文学艺术联合会成立。

检察官文学艺术联合会负责人名单：

主　席　解德才　前郭县人民检察院党组副书记

副主席　白晓光　前郭县人民检察院副检察长

秘书长　于占仁　前郭县人民检察院政治处副主任

工作人员　刘洪丽　前郭县人民检察院科员

【白城地区】

二十二、白城市

2012年8月，白城市检察官文学艺术联合会成立。

检察官文学艺术联合会负责人名单：

主　席　程海峰　白城市人民检察院副检察长

副主席　于建民　白城市人民检察院副检察长

副主席　包宏伟　白城市人民检察院副检察长

秘书长　潘秀萍　白城市人民检察院宣传处处长

二十三、大安市

2012 年 8 月，大安市检察官文学艺术联合会成立。

检察官文学艺术联合会负责人名单：

主　席　彭大羽　大安市人民检察院检察长

副主席　孙维成　大安市人民检察院副检察长

副主席　张质铭　大安市人民检察院政治处主任

工作人员　华　南　大安市人民检察院宣教科科长

二十四、洮南市

2012 年 8 月 9 日，洮南市检察官文学艺术联合会成立。

检察官文学艺术联合会负责人名单：

主　席　王东权　洮南市人民检察院副检察长

副主席　方葆莉　洮南市人民检察院政治处主任

副主席　石英博　洮南市人民检察院副检察长

秘书长　梁大鹏　洮南市人民检察院干教科副科长

【通化地区】

二十五、通化市

2012 年 7 月 4 日，通化市检察官文学艺术联合会成立。

检察官文学艺术联合会负责人名单：

主　席　于昕德　通化市人民检察院常务副检察长

副主席　吴向前　通化市人民检察院正处级调研员

副主席　柴国立　通化市人民检察院正处级调研员

秘书长　王晓辉　通化市人民检察院宣教处处长

二十六、辉南县

2012 年 7 月 4 日，辉南县检察官文学艺术联合会成立。

检察官文学艺术联合会负责人名单：

主　席　姜景铭　辉南县人民检察院检察长

副主席　郭士新　辉南县人民检察院副检察长

副主席　郑　伟　辉南县人民检察院政治处主任

秘书长　柴万志　辉南县人民检察院宣教科科长

二十七、梅河口市

2012 年 4 月 10 日，梅河口市检察官文学艺术联合会成立。

检察官文学艺术联合会负责人名单：

主　席　李志刚　梅河口市人民检察院检察长

副主席　韩学智　梅河口市人民检察院副检察长

副主席　滕　飞　梅河口市人民检察院副检察长兼政治处主任

秘书长　唐　莉　梅河口市人民检察院政治处副主任

二十八、通化市柳河县

2012 年 5 月 24 日，通化市柳河县检察官文学艺术联合会成立。

检察官文学艺术联合会负责人名单：

主　席　闫树龙　通化市柳河县人民检察院检察长

副主席　马铁志　通化市柳河县人民

检察院常务副检察长

秘书长　王连才　通化市柳河县人民检察院检委会委员

工作人员　徐洪伟　通化市柳河县人民检察院办公室副主任

【辽源地区】

二十九、辽源市

2012年5月27日，辽源市检察官文学艺术联合会成立。

检察官文学艺术联合会负责人名单：

主　席　车全华　辽源市人民检察院常务副检察长

副主席　胡素杰　辽源市人民检察院纪检组长

秘书长　刘　平　辽源市人民检察院研究室副主任

工作人员　门广茹　辽源市人民检察院宣教处处长

三十、辽源市龙山区

2012年12月7日，辽源市龙山区检察官文学艺术联合会成立。

检察官文学艺术联合会负责人名单：

主　席　汤宪民　辽源市龙山区人民检察院常务副检察长

副主席　安　鹏　辽源市龙山区人民检察院副检察长

秘书长　谢　莹　辽源市龙山区人民检察院副检察长

工作人员　李宝石　辽源市龙山区人民检察院副检察长兼政治处主任

三十一、东丰县

2012年3月18日，东丰县检察官文学艺术联合会成立。

检察官文学艺术联合会负责人名单：

主　席　陈秋艳　东丰县人民检察院检察长

副主席　许广权　东丰县人民检察院副检察长

秘书长　苏兴民　东丰县人民检察院政治处主任

工作人员　赵喜华　东丰县人民检察院宣教科副科长

三十二、辽源市东辽县

2012年6月8日，辽源市东辽县检察官文学艺术联合会成立。

检察官文学艺术联合会负责人名单：

主　席　赵海涛　辽源市东辽县人民检察院检察长

副主席　邹仁贵　辽源市东辽县人民检察院副检察长

秘书长　李秀林　辽源市东辽县人民检察院政治处主任

工作人员　时云环　辽源市东辽县人民检察院宣教科副科长

【白山地区】

三十三、白山市

2012年8月1日，白山市检察官文学艺术联合会成立。

检察官文学艺术联合会负责人名单：

主　席　赵玉珠　白山市人民检察院政治部主任

秘书长　张凤举　白山市人民检察院宣传处处长

副秘书长　丁世军　白山市人民检察院宣传处副处长

三十四、抚松县

2012年5月11日，抚松县检察官文学艺术联合会成立。

检察官文学艺术联合会负责人名单：

主　席　孙俪铵　抚松县人民检察院检察长

副主席　司潮锋　抚松县人民检察院

政治处主任

秘书长　吕绪伟　抚松县人民检察院政治处副主任

三十五、长白县

2012年9月，长白县检察官文学艺术联合会成立。

检察官文学艺术联合会负责人名单：

主　席　由晓军　长白县人民检察院检察长

副主席　邵春德　长白县人民检察院副检察长

秘书长　王丽颖　长白县人民检察院宣传科长

副秘书长　李　颖　长白县人民检察院办公室主任

三十六、白山市浑江区

2012年5月10日，白山市浑江区检察官文学艺术联合会成立。

检察官文学艺术联合会负责人名单：

主　席　陈淑红　白山市浑江区人民检察院政治处主任

副主席　张忠杰　白山市浑江区人民检察院政治处副主任兼宣教科长

秘书长　尹　璐　白山市浑江区人民检察院干部科科长

副秘书长　王文屏　白山市浑江区人民检察院控申科科长

三十七、白山市江源区

2012年5月15日，白山市江源区检察官文学艺术联合会成立。

检察官文学艺术联合会负责人名单：

主　席　张振杰　白山市江源区人民检察院检察长

副主席　刘进春　白山市江源区人民检察院副检察长

秘书长　张馨月　白山市江源区人民检察院政治处主任

工作人员　王玉清　白山市江源区人民检察院宣教科长

三十八、白山市临江区

2012年5月15日，白山市临江区检察官文学艺术联合会成立。

检察官文学艺术联合会负责人名单：

主　席　姜彦芝　白山市临江区人民检察院副检察长

副主席　穆银伟　白山市临江区人民检察院副检察长

秘书长　潘兴龙　白山市临江区人民检察院办公室主任

工作人员　李文钢　白山市临江区人民检察院宣教科科员

三十九、靖宇县

2012年5月11日，靖宇县检察官文学艺术联合会成立。

检察官文学艺术联合会负责人名单：

主　席　林　勇　靖宇县人民检察院检察长

副主席　张茂库　靖宇县人民检察院副检察长

秘书长　庞士山　靖宇县人民检察院办公室主任

吉林省检察文化艺术工作情况

综　述

2012年，吉林省检察机关认真贯彻落实中央、高检院和省委关于加强文化建设的一系列精神，紧紧围绕工作大局，践行科学发展观，认真学习、贯彻、落实党的十八大精神，忠实履行宪法和法律赋予的职责，把检察文化融入检察工作、融入工作环境、融入干警生活，坚持把文化建设作为加强队伍建设、推进检察事业发展的有效载体和重要抓手，坚定法律信仰、弘扬检察精神、提升职业素质、促进公正廉洁，为实现吉林省检察机关自身的"平稳、健康、创新"发展，为吉林省经济社会平稳较快发展作出了积极贡献。

一、大力培育检察文化理念和执法理念

全面深入开展学习实践科学发展观活动，大力推进社会主义法治理念、"五职"、政法干警核心价值观等教育实践活动，引导干警深刻理解和准确把握"六观"、"六个有机统一"、"四个必须"的科学内涵和本质要求，引导检察干警树立崇高的政治信仰、正确的价值追求和先进的执法理念。

二、文化建设站在政治、全局的高度，始终坚持把政治信仰、法治理念、职业信念作为文化建设主题，贯穿文化建设始终

深刻认识到加强检察文化建设的政治性，把检察文化纳入社会主义文化建设的总体布局，努力把握好检察文化建设的政治脉搏，时刻关注、研究党的创新理论、国家发展大局、时事形势变化和检察改革趋势，确保在政治上头脑清、方向明；坚持检察文化的人民性内涵，把"为人民服务"作为检察文化建设出发点和落脚点，在深入群众、深入社会中汲取检察文化的营养，在满足人民的需求中寻找构建文化的灵感，在表达人民的愿望和诉求中丰富文化建设的内容；坚持检察文化的先进性，不断探索确立与时代发展相适应的新理念、新思维，发挥文化引领实践的特有魅力。

三、全面推动检察事业的理论创新

加强检察文化、业务研究，围绕强化法律监督职能，结合反贪、反渎、侦监、公诉、控申等检察业务工作，组织理论研讨，提高干警理论研究能力，形成了《检察工作基本规律探究》、《新型案件管理模式探索》等一批理论成果，提出的坚持经济社会科学发展与检察工作自身科学发展同行的建议，被高检院采纳；召开了全省检察文化理论研讨会，评选出76篇优秀论文，为检察文化建设提供了理论支撑。

四、坚持把基础建设作为保障文化建设的重要内容，切实抓好抓实

注重加强办公区域的文化建设，结合地域文化特点和单位实际，建设体现检察特色和法治内涵的文化展示窗口和平台；调动广大检察人员的积极性和能动性，参与创作、设计、制作反映检察工作理念、检察职业精神、廉政勤政要求的格言警句、文字标识和电子显示屏，营造庄重和谐、健康向上、文化气息浓郁、品位高雅的办公环境。加强文化活动阵地建设，办好本单位的内部刊物、简报等文化载体；加强机关局域网和门户网站建设，充分利用好内外网的检察文化建设专栏，打造文化的新阵地；进一步丰富图书馆、阅览室，为检察人员工作和学习创造良好的条件；加强检察史志工作，重视对检察历史资料的搜集、整理、研究和利用，深入挖掘检察历史文化传承，建立和完善检察历史陈列室、院史馆（室）、荣誉室、编辑出版检察志等，不断增进对检察制度、检察事业的政治认同、理论认同和感情认同。

五、广泛开展了特色检察文化活动

加强检察文化特点规律探索实践，制定下发了《吉林省检察机关“检察文化特色院”创建工作实施方案》，将红色文化、民族文化、地域文化等融入检察文化，形成了一道道独特的文化风景线。如，辽源市院的“廉政文化”、白山市院的“检察官文化节”、延边州院的“文化活动周”等活动开展得有声有色，东辽县院的群众性文化、柳河县院的“书法文化”、磐石市院的“以石育检”等活动特色鲜明。还涌现出一批文化建设先进典型，3个基层院被高检院评为“全国检察文化示范院”，16个院被评为“省级文化建设特色院”。在高检院召开的检察文化座谈会、研讨会、现场会上，吉林省多次介绍经验。

六、深入推进检察文化实践

坚持把文化建设融入到检察实践，全面深入开展了“三帮扶”、“四走进”、新农村建设帮扶、扶贫开发等活动，增强了检察干警为民服务、为民执法的意识，增进了检民感情；坚持以文化促进检察工作，大力推行标准化建设、检察工作服务站建设等工作，推动了检察工作的创新发展；坚持在培训中提高干警素质，举办各类检察培训班170余期，实施了50名专家、200名能手、300名尖子的“523”人才工程，提升了检察队伍的整体素能，牢牢把握好检察文化的实践方向，使检察文化建设始终保持旺盛的生命力。

七、对存在的不足保持清醒的认识

检察文化建设现阶段存在一些问题，一是文化建设发展不平衡，有些院对检察文化建设重要作用认识不足、重视不够，文化建设提不上应有的位置；二是对文化建设的内涵、外延以及原则把握不够到位，有些院文化建设处在自发自为的随意状态，发育不够全面；三是文化建设的内生动力不够足，文化建设的自觉性不够强；四是要进一步加强物质和经费保障。检察文化建设作为检察事业长期的、基础的战略工程，一方面，我们要在坚持打造和丰富检察人员的精神内涵上下功夫。另一方面，也离不开必要的物质保障和经费投入，吉林省各级检察院积极争取地方党委政府的支持，加强与相关职能部门的沟通协调，千方百计为检察文化建设创造条件、提供保障，特别是注意为文化骨干创造学习提升的机会。上述问题需要我们高度重视，进一步研究解决。

会　议

【全国检察机关文化建设工作会议】 2012年6月20日，全国检察机关文化建设工作会议在长春召开，会上深入学习贯彻党的十七大、十七届六中全会精神，总结检察机关文化建设的基本经验，研究部署当前和今后一个时期加强检察机关文化建设的措施，在新的历史起点上繁荣发展检察文化。最高人民检察院常务副检察长胡泽君讲话。省长王儒林致辞。最高人民检察院政治部主任李如林主持会议。会上，向首批命名的全国检察文化建设示范单位、参加纪念人民检察制度创立80周年系列活动获奖单位和个人颁奖。

【吉林省检察机关文化建设工作会议】 2012年9月20日，吉林省检察机关文化建设工作会议在辽源市召开。总结交流文化建设工作经验，研究部署了今后一个时期检察文化建设工作的目标任务和措施，表彰了16个“检察文化建设特色基层院”，做到了学有榜样，干有目标，创有空间。印发《吉林省人民检察院关于加强检察文化建设的实施意见》，进一步明确了检察文化建设的指导思想、目标任务和方法措施，规范了文化建设工作。

活　动

【“评公诉大赛精神 议检察文化建设”活动】 2012年1月“评公诉大赛精神 议检察文化建设”座谈会在国家检察官学院吉林分院召开。这次会议主要是以吉林公诉人代表队在全国检察机关公诉人论辩赛中取得佳绩为契机，认真总结我省公诉队伍在执法规范化建设，贯彻“六观”专项活动和开展吉林检察文化建设的最新进展。座谈会由省院政治部、国家检察官学院吉林分院、公诉部门联合举办。会议由盛美军副检察长主持，政治部李瑞东主任、国家检察官学院吉林分院曾天院长，宣传处、公诉处的主要负责同志，以及参赛选手和全省三级院部分公诉干警代表发表了自己对公诉大赛精神和检察文化建设的见解和体会。与会人员一致认为，公诉人参与全国重要赛事取得成绩，只完成了吉林检察文化建设任务的一半，更大的考验是法治建设主战场。公诉人作为吉林检察文化建设的生力军，要不断提升公诉人职业修为和人生境界，为建设中国特色检察制度，为推进国家的法治进程，再立新功。

【爱在你我之间传递活动】 自2012年2月20日开始历时一个月，吉林省检察院机关“关爱他人，奉献社会，女检察官在行动”暨庆“三八”国际劳动妇女节系列活动在院党组、各支部和学院党委的大力支持和全体女干警的积极参与下拉开了序幕。爱心活动一：“姐妹献爱心每人捐献一元钱”活动。女干警们积极参与“姐妹献爱心每人捐献一元钱”活动。机关102名女干警踊跃捐款，所有捐款都用于帮扶农村贫困家庭学生及开展服务农村妇女工作。爱心活动二：为女干警送保险活动。在全体女干警积极捐款，奉献爱心的同时，省院机关党委及妇委会在为送保险活动忙碌着。为让女干警早日受益，妇委会干部认真核对、收集汇总，只用了2天的时间就把102名女干警的信息收集完成，送交保险公司办理。为大家购买团体安康险，为女干警抵御大病筑起一道屏障，关爱她们的生命健康。爱心活动三：在“魅力女性，如歌岁月”省直机关庆“三八”联谊会展现女检察官风采。吉林省院机关舞蹈协会编排了许多优美的民族舞蹈，走出机关，展现女检察官的别样风采，藏族舞蹈《卓玛》通过编演人员精心编排、认真排演，3

月1日，在省直机关联谊会上闪亮登场，优美的舞姿赢得省直及所属各单位领导的阵阵掌声。爱心活动四：慰问省院机关女干警活动。为做好慰问女干警活动，2月末，机关党委和机关妇委会就积极谋划，精心安排，3月2日给机关每位女干警送上了一份礼物，在送去温暖的同时，也送上了节日的祝福。爱心活动五：巾帼志愿者服务进区活动。此次巾帼志愿者服务进社区活动地点在绿园区银融社区，为社区所辖聋哑学校的110名儿童购买了最好的生活用品，在给他们送去慰问的同时，也送去了检察干警对聋哑儿童的祝福和希望。爱心活动六："魅力女性 铿锵玫瑰"省检察院庆"三八"节服装展示秀活动。为过好女性自己的节日，3月初，在为他人送去温暖和爱心的同时，女干警们也在紧锣密鼓地策划着自己的节日庆典。她们订制旗袍、挑选配饰、相互切磋、苦练"猫"步，有条不紊、心情愉悦地忙碌着。3月7日上午，一组组优雅、端庄、大方、活泼的T台秀在省院机关女干警"缤纷时尚映文化，百花竞放千姿秀"的演出中完美绽放，每个版块都演绎得让人惊慕。美服和配饰的相得益彰，充分展现了女检察官的别样风采。吴玉琦副检察长身着唐装的表演，更赢得了全场热烈的掌声。演出中，三位男干警甘当绿叶的友情出演和七位歌舞演员声情并茂的表演更使演出精彩纷呈。此次系列活动，得到了省院党组的高度重视和国家检察官学院吉林分院党委的强力支持，整个过程同志们都被爱包围着，有来自领导的关爱、有来自同事的友爱，还有献身公益、关爱他人的无私之爱。

【政法干警核心价值观教育实践活动】2012年4月1日，为了扎实推进教育实践活动深入开展，吉林省检察院不断丰富活动内容，创新活动载体。向全省检察干警推荐了一批反映马克思主义中国化最新成果方面的10本理论书籍，创办《读书专刊》刊登广大检察人员读书学习心得，积极开展读书学习活动；开展"感动吉林"优秀检察官和先进集体评选活动，大力营造学先进、赶先进的浓厚氛围。为了把核心价值观贯彻落实到具体工作中，全省检察机关在教育实践活动中注重解决工作中存在的三个方面的问题：一是开展"问题排查"活动。采取自查、互查、上下帮查等形式，针对涉检信访、群众上访、检察干警违法违纪、司法不公引发的不稳定因素、群体性事件等，进一步梳理排查本地区、本单位、本部门以及个人存在的突出问题，深挖思想根源，深刻汲取教训，制定整改措施。二是继续开展"案件评查"活动，确定一批重点案件，对案件事实是否清楚、证据是否充分、程序是否合法、法律适用是否正确、办案人员有无违法违纪等进行认真审查，通过深入评查和解决执法不公正、不规范、不文明和不廉洁等突出问题。三是开展"开门评检"活动。通过召开座谈会、发放征求意见书、登门走访、开设网上意见箱等形式，广泛征求社会各界的意见建议，自觉接受群众监督。这次活动使政法干警核心价值观教育实践活动在吉林大地蓬勃开展。

【观看吉林省廉政教育展览活动】吉林省检察院机关党委于4月11日下午，组织省院机关及直属单位副处长以上领导干部100余人，在党组副书记、常务副检察长陈凤超同志及部分副厅级以上领导同志的带领下，观看了吉林省廉政教育展览。此次观展，使每一名领导干部更加充分认识到廉政建设的重要性。参观的同志表示，一定要一如既往地发扬党的优良传统，模范实践“三个代表”重要思想，认真贯彻落实科学发展观，做到立身不忘做人之本，为政不移公仆之志，用权不谋一己之私，为统筹推进“三化”、实施“三动”战略，实现科学发展，加快振兴、富民强省目标，努力让城乡居民生活的更加美好而努力奋斗。

【“拥抱五四，扬帆启航”活动】2012年5月4日，省院公诉党总支、林业检察处党支部联合省院机关党委、国家检察官学院吉林省分院党委、宣传处党支部、干部教育处党支部和女检察官协会，在国家检察官学院吉林省分院，共同举办了“拥抱五四，扬帆启航”的联欢文艺汇演。整场演出气氛热烈，干警们和与会领导不仅共同演出了丰富多样的文艺节目，还进行了“趣味抽奖”、“团队运球”、“手舞足蹈”等多彩活泼的游戏互动。整个会场都洋溢着青春的味道、青春的欢笑。这次汇演充分展现了新一代青年检察官积极向上的良好精神风貌。

【离退休老同志畅游台湾宝岛活动】为丰富省院离退休干部的文化生活，感受检察文化内涵，5月5日，省院老干部一行19人从长春机场出发经过3个多小时航程，到达台北机场，登上祖国宝岛台湾。在之后8天时间里，从故宫博物院到士林官邸，从野柳风景区到日月潭，从阿里山森林公园到鹅鸾鼻灯塔，从花莲的北回归线纪念碑到国父纪念堂，此行使老同志们既了解了台湾的风土人情、悠久历史，感受到台湾民众对祖国大陆的向往和同根、同源、同是黑眼睛黄皮肤的民族情谊，也进一步增强了对祖国统一大业的信心，同时也通过活动达到了愉悦身心、开阔眼界、强身健体的目的。5月12日，老同志们满怀喜悦心情、风尘仆仆离开宝岛回到长春，圆满完成了这次旅程。

【“激扬青春，璀璨年华”歌手大赛】吉林省检察官文联为丰富干警文化生活于5月25日在二楼报告厅举办“激扬青春，璀璨年华”省检察院十佳歌手大赛。本次大赛共有20名选手报名参加。大赛特别邀请了省院党组成员、副检察长韩起祥同志担任本次大赛的评委，韩起祥副检察长在百忙中支持了这次活动。另外，还邀请了长春市老年大学音乐系副教授陶进、吉林省著名作曲家王成竹、机关党委专职副书记温肖玉、民事检察一处姜大民担任本次大赛的评委。专家评委对本次大赛进行了精彩点评。他们称赞选手们对歌曲的演绎和台风，展示了他们不凡的实力。一曲曲歌曲充分展现出当代青年检察官积极向上，朝气蓬勃的精神面貌和精湛的艺术感染力。青年干警们将会以本次大赛为契机，为检察文化建设增添更新的活力与激情。

【组织参观全省创先争优成果展览活动】为了深入贯彻落实十次党代会精神，根据省直工委的安排，省检察院机关党委7月12日上午组织全院干警到吉林省博物院参观了全省创先争优活动成果展览。省检察院党组成员，副检察长盛美军参观了此次展览。成果展以“科学发展、加快振兴，让城乡居民生活得更加美好”为主题，集中展示两年多来全省创先争优活动的生动实践和丰硕成果，各级基层党组织的有益探索和创新做法，新时期共产党员的良好形象和精神风貌。通过参观展览，全体干警受到了深刻的教育，一致表示要向先进典型学习，进一步发扬解放思想、开拓创新、追求卓越、勇创一流的进取精神，在检察工作岗位上创造一流业绩。

【军民共建活动】7月31日，省院盛美军副检察长前往吉林省武警总队走访慰问，盛美军副检察长代表吉林省检察院向全体武警官兵致以节日的祝福，并带去了慰问品。省武警总队领导代表总队官兵亲切接见了盛检一行。盛美军副检察长简要介绍了省检察院近年来开展法律监督工作的有关情况，并对省武警总队为检察机关开展走进军营活动提供的热情帮助表示感谢。总队领导对全省检察机关多年来为总队官兵开展普法教育、法律咨询等各项活动提供的支持表示谢意，并对省武警总队与省检察机关开展的军民共建活动给予高度评价。双方还就下一步如何开展好共建活动进行了很好的交流。

【省院机关秋季趣味运动会活动】9月21日，省院机关举办了2012年秋季趣味运动会。本届趣味运动会的主题是“团结协作，勇争第一”。运动会包括八个项目：30米袋鼠跳、60米飞绳跑、30米钓鱼跑、4×30米拉手接力赛跑、乒乓球、羽毛球、台球和扑克比赛。省院领导和各部门的负责人对本次运动会给予了大力支持，省院党组成员、副检察长韩起祥同志亲自参加比赛，并获得乒乓球比赛男子单打第一名。干训处张红处长、反贪局侦查二处胡金刚处长、检察信息处石岐处长、监察处闵志处长、机关服务中心张莲芝主任，还有一些副处长们都亲自到场参加比赛。虽然运动会的时间很短，但是精彩纷呈的画面不断在运动会中展现，讲团结、讲协作、讲拼搏、讲风格。通过本届运动会让大家愉悦了身心，增进了友谊，陶冶了情操，收获的是一种精神，传承的是一种动力。

【“接力三帮扶，献爱微心愿”主题志愿服务活动】11月10日，省院机关同志来到了白山市浑江区委，为19名留守儿童送去了他们梦寐以求的书包、学习用品、课外书籍、篮球、画架、帽子围巾等生活、学习用品，还为5名需要资金帮扶的孩子每人送上了资金500元，完成了孩子们的微心愿。本次活动是对“三帮扶”和“千名处长进千村”活动的延伸，是为了帮助贫困村留守儿童实现微心愿而开展的一次青年志愿服务活动，也是让青年干警走进基层、深入群众、体验生活的一次重要活动。这次活动是我们爱心的体现，也是爱心活动的开始。省检察院将尽己所能，继续开展爱心捐助活动，为孩子们的成长献上一份爱，为社会大家庭出一份力，为构建社会和谐尽一份情。

【吉林检察机关开展大规模普法宣传活动】12月4日，吉林省检察院以“弘扬宪法精神，服务科学发展”为主题，组织全省各级检察机关开展了丰富多彩的普法宣传活动。4日上午，吉林省检察院利用检察长接待日、举报中心接待、电子屏幕等方式，组织了法制宣传活动。全省各级检察机关利用各自的特点开展了丰富多彩、各具特色的法制宣传活动。

【拥军慰问活动】今年是中国人民解放军建军85周年，为继承和发扬“双拥”工作的光荣传统，进一步巩固和发展“同呼吸、共命运、心连心”的新型军民关系，不断加深了解、增进感情，7月31日上午，省检察院党组成员、副检察长韩起祥同志和党组成员、反贪局局长刘志兵同志受省检察院党组和杨克勤检察长委托，前往省消防总队走访慰问。韩起祥副检察长首先代表省检察院党组和杨克勤检察长，向消防部队官兵送上全省检察机关的深情厚意和节日美好祝福，并赠送“水火交融，本色天兵”的牌匾。在座谈会上，韩起祥副检察长宣读了省检察院党组致全省消防官兵的慰问信，称他们是和平年代最可爱的人、最可敬的人。省消防总队党委书记、总队长李树田同志对省检察院多年来支持消防工作表示感谢，希望今后继续保持军民鱼水情、军地一家亲的深情厚谊，增进了解，加强沟通，军检携手，为全省的消防安全及新增的18项救援任务贡献力量。当天下午，副省长、省政法委副书记、省公安厅长黄关春同志及省消防总队官兵与韩起祥副检察长一行共同在长春国际会展中心观看了主题为“神圣使命，忠诚誓言”的长影乐团专场音乐会。

【“百姓心中的检察官”和“百姓心中的检察院”评选活动】12月26日，吉林省“百姓心中的检察官”和“百姓心中的检察院”评选活动是省检察院深入推进政法干警核心价值观教育实践活动，集中展示新时期检察形象，赢得社会各界对检察工作了解和支持的一项重要举措。这项活动，引起了各地党政领导和广大人民群众的广泛关注，得到了省内新闻媒体的密切配合，在社会各界和检察系统内部引起了强烈反响。这些先进典型，模范践行政法干警核心价值观，执法为民，业绩突出，赢得了社会的广泛认可和人民群众的高度评价，为提升检察机关的执法公信力、群众认可度、社会影响力，起到了十分重要的推动作用。

【涉检网络舆情现场实战演练活动】10月29日至11月1日，全省检察机关第二届网评员培训班暨第二届涉检网络舆情现场实战演练活动在长春市关东文化园举办，来自全省各级检察机关分管涉检网络舆情工作的领导同志和全体网评员150余人参加了培训，其中有36名网评员参加了实战演练活动，其他参训人员进行了现场观摩。省检察院党组成员、政治部主任刘星出席了开班仪式并讲话，他强调要充分认识网络舆情工作的重要性，进一步增强舆情工作的危机感和责任感，加快建立舆情工作的制度机制，大力提高舆情应对的主动性和实效性，全面提升队伍的能力素质，不断适应舆情工作面临的新任务和新挑战。

【“迎新春、送文化”春联征集活动】10月22日，为庆祝党的十八大胜利召开，深入贯彻全国检察机关文化建设工作会议精神，努力“践行政法干警核心价值观，欢乐祥和迎新春”，中国检察官文联决定于2013年春节前开展“迎新春、送文化”活动，面向全国各级检察机关征集春联。

【读书学习征文活动】7月10日，为深入贯彻落实党的十七届六中全会和省十次党代会精神，推进学习型党组织建设，营造重视学习、崇尚学习、坚持学习的浓厚氛围，省院组织开展读书学习征文活动。

【迎新春象棋比赛活动】1月13日，省院机关职工象棋协会第三届会员联赛落下帷幕，机关物业罗晓勇夺冠，省院法律政策研究室王天保、反渎职侵权局综合指导处于喜峰分获亚军和季军。此次赛事，是省院机关职工象棋协会成立三年多来，举办的第三次赛事活动。赛事得到省院机关党委及工会的关心和支持。来自机关各部门的参赛者工作比赛两不误，表现出对赛事的热情支持和积极参与。选手们在比赛中赛出了风格和水平，展现了检察干警的精神风貌。

检察文化软实力建设

【吉林省检察院门户网站】3月5日，吉林省检察院门户网站经过紧张的筹备工作，开通试运行，政治部李瑞东主任和宣传处处长丛向东参加开通仪式。吉林检察网目前设计有36个栏目，分别为吉林检察新闻、吉林检察视频、高层视野、权威发布、近日视点、检务公开、理论研究、思想园地、专题报道、警钟长鸣、他山之石等。这些栏目涵盖了检察工作涉及的政策法规、信息动态、经验介绍、理论研讨、检察文化等各个方面，是展现吉林检察工作的有效平台，更是深化检务公开、接受社会监督、推进检察工作创新发展，实现“阳光检察”的窗口。吉林检察网站通过文字、图片、视频等多种生动活泼的形式，及时向社会发布吉林检察机关的工作信息，反映检察工作和队伍建设动态。吉林检察新闻网站的开通，为检察机关联系人民群众拉起了新纽带，为接受社会各界监督搭建了新平台，多层次、多角度、全方位地介绍检察工作，提供更全面、更方便的法律服务。

【全省检察机关女子检察官素能提升培训】3月12日，吉林省检察机关首届女子检察官素能培训班在国家检察官学院吉林分院隆重开班。来自全省各级检察机关的160余名女检察官参加培训，省院党组成员、政治部主任李瑞东，国家检察院学院吉林分院院长曾天以及省院教育培训处、检察官学院相关同志出席了开班仪式。省院教育培训处处长张红就课程的安排以及女检察官素能提升的必要性进行了说明，指出这是全国检察机关首届女子检察官素能提升班，影响重大，意义非凡。简短的开班仪式结束后，省院党组成员、政治部主任李瑞东为全体学员做了“女检察官应当多读书、读好书”的辅导报告。

【吉林省检察机关高端公诉人培训班】4月10日，吉林省检察机关在省检察官学院举办全省第二届高端公诉人暨公诉业务尖子培训活动，这标志着吉林省检察机关着力推进公诉队伍能力建设，打造精英化公诉人战略的全面持续推进。培训活动得到省院党组的高度重视，省检察院党组成员、副检察长盛美军同志、省院党组成员、政治部主任李瑞东同志出席了会议，国家检察官学院吉林分院院长曾天同志到会致辞，省院宣传处负责同志应邀参加了会议。此次培训活动为期两个月，培训对象为全省公诉系统60余名业务骨干。开班仪式上，各地公诉部门代表和学员代表先后作了表态发言，大家一致表示，要以此次培训为契机，以饱满的热情、虚心的态度、刻苦的精神、求实的作风，全身心地投入到紧张又充实的学习中来，争取学有所获，学有所成，学以致用，为全省公诉工作再上新台阶贡献智慧和力量。

【加快振兴集聚优秀人才】7月20日，北大、清华12名选调生来我院工作，体现了省委对检察工作的重视和支持，也是我院优化干部队伍结构的一次难得机遇。12名同志的到来，将为省院机关干部队伍注入新鲜血液，有效地改善省院机关干部队伍的年龄、学历和专业结构，增强干部队伍活力。按照院领导指示精神，为让12名选调生有更多的机会经受锻炼，他们将全部被下派到基层院一线工作一年，然后再回到省院正式工作。

【贯彻修改后民事诉讼法培训班】10月21日至24日，全省检察机关贯彻修改后民事诉讼法培训班在国家检察官学院吉林分院举办。省院副检察长李振华、民一处处长聂晓生、民二处处长李勇、行政检察处处长吕玖昌、省院全体民行干警及全省各级民行检察业务骨干共计140余人参加了培训。

【职务犯罪侦查业务技巧实训班】10月30日上午，吉林省检察机关职务犯罪侦查业务技巧实训班在检察官学院开班。省院反贪局副局长许柏峰、反渎局副局长刘颖、学院副院长王卫星出席了开班仪式并致辞。

理论研究

【吉林省市县检察长政法干警核心价值观专题研讨】4月25日，为了把政法干警核心价值观教育实践活动的开展引向深入，吉林省检察院举办了为期两天的由全省各级检察长参加的首期“全省市县检察长政法干警核心价值观专题研讨班”。省检察院党组书记、检察长杨克勤在研讨班上所作的“忠诚”专题辅导，受到了学员们的热烈欢迎。针对政法干警核心价值观主要内容，省检察院安排4名党组成员分别以“忠诚”、“为民”、“公正”和“廉洁”为主题，对研讨班学员进行专题辅导，进一步落实关于领导干部带头学的要求。全省检察机关切实按照中央政法委和高检院的统一部署，深入扎实开展政法干警核心价值观教育实践活动，深入扎实做好各项检察工作。

【刑事诉讼法修改与诉讼监督专题讲座】5月7日，省院邀请中国政法大学卞建林教授来我院举办刑事诉讼法修改与诉讼监督专题讲座，省院盛美军副检察长出席并主持讲座，省院有关领导、各内设机构、派出机构、检察官学院全体人员到会聆听讲座。讲座中，卞建林教授深刻地阐述了新刑事诉讼法与诉讼监督的关系，使与会人员对新刑事诉讼法有了更加系统、全面的认识，这一活动对保障新刑事诉讼法的正确贯彻实施起到了积极的促进作用。

【新刑事诉讼法与公诉业务讲座】5月15日上午，为保障新刑事诉讼法的全面贯彻实施，省院组织开展了题为“新刑事诉讼法对公诉工作的影响”的专题讲座，特别就“公诉环节非法证据排除相关问题”，邀请了全国知名专家——清华大学法学院教授、博士生导师周光权教授作专门辅导。省院盛美军副检察长出席会议并主持讲座。全省各级公诉人员通过视频集中观看了讲座。讲座中，周光权教授从检察职能实际出发，深入系统地讲解了新刑事诉讼法的历史背景、立法内涵以及司法实践中需要注意和解决的实际问题，并在讲座中与学员进行积极互动，精彩解答现场提问，使讲座更具生动性和实效性，取得了明显效果。这次培训活动对检察人员及时更新执法理念，深刻领会新法律新政策的科学内涵，进一步提升业务水平，促进执法效果和人民群众的满意度，起到了重要的推进作用。

【《吉林日报》刊载杨克勤文章】2012年12月11日《吉林日报》刊载杨克勤检察长文章：《用查办和预防职务犯罪最新成果取信于民》。

出　版

【图书《百家讲检察》出版】2012 年 6 月，吉林省人民检察院宣传处处长丛向东和孙峰松等处内同志将 60 期“百家讲检察”的文章汇集成册，在吉林大学出版社出版发行，该书从不同侧面、不同层面对检察工作进行剖析，以全方位、多视角向社会坦诚布公地宣传检察，展示了检察机关的工作职能、建设情况、责任担当和精神风貌，使检察工作走进千家万户，走进人民群众的日常生活，让人民群众不仅看到检察、知道检察，还要参与检察、监督检察，进而实现“以公开促公正，以公正促公信”的目标。

【图书《撬动社会管理创新的大门》出版】2012 年 12 月，吉林省人民检察院研究室主任宋光文和郭新、王天保等处内全体同志撰写的书籍《撬动社会管理创新的大门》一书在吉林文史出版社出版，内容紧紧围绕“检察改革与社会创新”这一主线，集中阐述了加强和创新社会管理工作的一般原理，即社会管理创新的意义和目的、思路和原则、途径和措施。

获奖情况

【获奖学术文章】8 月 13 日，省院韩起祥副检察长代表我省，应邀到齐齐哈尔市参加了辽宁、吉林、黑龙江、内蒙古三省一区法学会共同举办的第 7 届“东北法治论坛”活动。会上，韩起祥副检察长撰写的《立足反贪办案职能，推进社会管理创新》一文，从 700 多篇征文中脱颖而出，荣获论文一等奖，为我省法学界和检察系统争得了荣誉。国家检察官学院吉林分院马志龙副院长也参加了会议，撰写的《政法干警核心价值观探析》一文，获三等奖。

文化交流

【杨克勤检察长会见韩国春川地方检察代表团】应吉林省人民检察院邀请，韩国春川地方检察厅检察代表团 2012 年 4 月 23 日抵达长春进行友好访问。省检察院检察长杨克勤会见并宴请了该代表团全体成员。韩国春川地方检察厅与省检察院在 2000 年就建立了友好往来关系，两地检察机关曾多次互派代表团进行友好访问和工作交流，在打击跨国犯罪、开展司法协助、交流检察业务等方面一直有着紧密合作。省院党组书记、检察长杨克勤于 23 日晚与韩国代表团进行了工作会谈。双方表示要进一步加强双方检察机关的交流，在履行法律监督职责、开展职务犯罪侦查和刑事检察等方面建立更好的合作平台。

【副省长马明会见韩国春川地方检察厅代表团】4 月 24 日吉林省副省长马明在长春南湖宾馆会见了以黄允成检事长为团长的韩国春川地方检察厅代表团。会上马明对韩国友人的到来表示热烈欢迎，并向韩国春川地方检察厅代表团介绍了吉林省的经济、社会及检察工作的发展情况。马明指出，近年来吉林省抓住中国振兴东北老工业基地的历史机遇，经济社会实现了又好又快发展；吉林省检察机关按照中国宪法、法律的规定，认真履行国家法律监督机关的职责，切实维护社会公平正义，维护法律统一、尊严、权威，为全省经济社会科学发展营造了良好的司法环境、提供了有力的法律保障。并表示我省检察工作在全国有地位、有影响，是吉林的一个“品牌”。而早在2000年，韩国春川地方检察厅就与吉林省检察院建立了友好往来关系，两地检察机关曾多次互派代表团进行友好访问和工作交流，在打击跨国犯罪、开展司法协助、交流检察业务等方面一直有着紧密合作。今年是中韩建交20周年暨“中韩友好交流年”，这次黄允成检事长一行来吉林省进行友好访问，与我省检察机关共叙友情，商讨打击跨国犯罪、加强检察工作交流合作、提高司法协助效率等方面事宜，必将进一步促进两国、两地检察机关的业务交流与互信合作。黄允成检事长对此次我省的热情接待表示衷心的感谢，并对我省的经济及检察工作予以良好的祝愿！

【香港廉政公署第五届国际会议】 香港廉政公署第五届国际会议于2012年5月9日至5月11日在香港会议展览中心举行，来自全球50余个国家和地区的代表500余人参加了会议。省院副检察长韩起祥同志和反贪局副局长许柏峰同志作为中国检察代表团的成员也参加了这次会议。最高人民检察院党组副书记、常务副检察长胡泽君任中国检察代表团团长，成员包括高检院部分厅局长和16个省市自治区院的32名代表。会议的主题是：旧挑战，新对策，因时制宜反贪腐。参加会议的包括各国的反贪机构代表、司法和调查机构代表、国际组织和非政府组织代表以及研究反贪问题的学术界人士。最高人民检察院和国家预防腐败局分别组团参加了会议。

【西藏自治区部分反贪业务骨干来我省学习培训】 8月1日上午，高检院反贪总局张伟同志率西藏自治区检察院部分反贪业务骨干赴我省学习交流，省院党组成员、反贪局长刘志兵同志代表省院党组出席对接会并讲话。根据高检院援藏援疆工作领导小组办公室的安排，西藏自治区人民检察院8名反贪业务骨干到我省检察机关学习培训，高检院反贪总局张伟同志又亲赴我院代表高检院和西藏区院安排部署。省院高度重视，杨克勤检察长作出批示，韩起祥副检察长提出具体工作意见，要求省院反贪局制定工作方案。刘志兵局长还强调，西藏8名反贪业务骨干到我省学习培训，是高检院交给我们的一项政治任务，是对我省的信任，同时也是我省的光荣，省院反贪局要求市区院要在思想上高度重视，充分认识好这项工作的深远意义。希望通过这次交流，达到共同提高的目的，进一步增强两地干警的友谊。

【广西壮族自治区检察机关职务犯罪侦查指挥培训】 11月26日上午，广西壮族自治区检察机关职务犯罪侦查指挥实训班开班仪式在学院举行。出席开班仪式的有省院党组成员、副检察长韩起祥、广西壮族自治区检察院副检察长刘继胜、国家检察官学院广西分院院长刘缨。学院副院长王卫星主持了开班仪式并代表学院党委书记、院长曾天和全体教职员工发表了热情洋溢的致辞。广西壮族自治区检察院副检察长刘继胜谈到，这次培训班主要任务是深入学习研讨明年一月份实施的新刑事诉讼法，学习吉林省反贪、反渎工作先进的执法理念，努力提高职务犯罪侦查业务干警规范执法水平。并对学员提出三点要求：一要提高认识，增强学习的紧迫感和使命感。二要明确方向，着力提高八种能力。三要严格纪律，珍惜机会，确保不虚此行。培训班共计24个课时，为期6天。

【中俄检察业务研讨会】10月22日，为期两天的中俄检察业务研讨会在吉林长春召开。最高人民检察院常务副检察长胡泽君、吉林省人民检察院检察长杨克勤，以及俄罗斯联邦总检察院司法合作总局引渡局副局长卡尔连科·谢尔盖·弗拉基米洛维奇出席开幕式并致辞。会议以“加强跨国案件的调查取证、罪犯的缉捕和引渡、涉案款物的追缴与返还等方面的合作”为主题，旨在分析当前跨国犯罪案件取证的新方式和新方法，深入探讨检察在缉捕和引渡罪犯过程中所发挥的监督作用，探索加强涉案款物的追缴和返还的新手段和做法。胡泽君指出，此次会议是中俄两国检察机关2011年合作计划的重要内容，也是落实第八次上海合作总检察长会议共识的重要组成部分。希望双方代表以本次研讨会为契机，进一步扩大交流，围绕跨国取证、案犯引渡、资产返还等方面的热点问题，进行全面、深入的研讨。对上述问题，胡泽君提出三点意见：一要以条约、协议和国际公约为基础，进一步推进两国检察机关的依法务实合作；二要以上海合作组织总检察长会议为平台，积极开展多层次、多渠道的交流与合作，提升合作效率和水平；三要以大案、要案的相互协助为突破口，提高联合打击跨国犯罪的实效。杨克勤在致辞中表示，吉林作为与俄罗斯接壤的边境省份，从1997年起在最高人民检察院的领导下，与俄罗斯部分边境检察院开展了案件协查、罪犯引渡等司法协助工作，积累了一些经验，也取得了一些成果，与俄罗斯检察机关建立了深厚的友谊。但我们深知，双方的合作还有进一步深入的空间。希望同俄罗斯检察机关建立更加密切的交流合作关系，积极开展多层面、务实、有效的合作，努力开创我省检察机关国际司法交流与合作新局面。俄罗斯联邦总检察院代表卡尔连科表示，中俄检察机关合作关系历史悠久。目前，双方在国际合作方面有很多共同的观点是战略合作伙伴。俄方赞成胡泽君检察长关于双方加强交流合作的建议，将以本次研讨会为契机，与中方交流在罪犯引渡、打击恐怖主义等方面的实践经验。

人文关怀

【慰问检察院各部门干警】1月18日开始，院党组领导深入省院每个处室看望慰问干警，与全体干警亲切交谈，询问工作和生活情况，鼓励干警做好工作，并且进行了座谈。杨克勤书记春节过后立即深入处室开展调研工作，对全员干警来说，是莫大的鼓舞，也是莫大的鞭策，更体现了对干警的政治关心和情感关怀。

【杨克勤检察长致援藏援疆检察干警的一封信】2012年6月27日省院党组书记、检察长杨克勤在信中这样写到，援藏援疆检察干警同志们：你们好！值此建党91周年来临之际，谨向你们和你们的家庭致以美好的祝福和诚挚的问候，对你们在援藏援疆工作中所付出的辛勤劳动表示崇高的敬意！在过去的一个月时间里，你们能够认真贯彻落实党的十七届六中全会精神和党的民族政策，努力践行“忠诚、为民、公正、廉洁”的政法干警核心价值观，把对口援助地区当作第二故乡，充分发挥自身优势和特长，立足本职，不畏艰苦，无私奉献，树立了吉林检察干警的良好形象。援藏援疆工作是党中央、国务院为维护边疆地区稳定，巩固国家统一，促进边疆地区经济社会发展所作出的一项战略决策。你们能够积极响应党的号召，服从组织安排和工作需要，到最艰苦的环境中去工作，到最需要的岗位去锻炼，远离家乡，远离亲人，自觉克服工作和生活上的困难，充分体现了舍小家为大家的无私奉献精神，表现出了很强的政治意识、大局意识、责任意识和使命意识。在今后的援藏援疆工作中，希望你们进一步加强政治理论学习，始终保持高度的政治鉴别力和政治敏锐性，进一步提高对援藏援疆工作的认识；要在当地党委、政府的领导下，不断加强自身的思想、作风和制度建设，进一步增强工作的积极性、主动性、创造性；要把业务援助工作放在突出位置，研究解决当地检察机关履行法律监督职能过程中遇到的疑难复杂问题，切实加强业务支持和经验交流；要向当地干部群众和检察干警虚心学习，既要做一名合格的“老师”，又要扑下身子甘当“小学生”，自觉接受艰苦实践锻炼，努力提高政治觉悟，不断丰富人生阅历。省检察院党组始终把援藏援疆工作作为大事来抓，摆上重要议事日程。党组关注着你们，家人关注着你们。我们将全力支持你们的工作，努力为你们排忧解难，永远做你们的坚强后盾。希望你们牢记宗旨，不辱使命，甘于奉献，开拓创新，为加强民族团结，促进当地经济社会和检察事业的科学发展，做出新的更大贡献。祝身体健康！工作顺利！阖家幸福！

【致全省女检察干警的一封信】杨克勤检察长致全省女检察干警的一封信，写在2012年3月8日于北京全国“两会”，信中这样写到，全省女检察干警：在这阳光明媚、春意盎然的三月，迎来了“三·八”国际妇女节。值此，我谨代表省院党组，向你们致以节日的祝福和诚挚的问候！女人的肩膀是柔弱的，而在你们柔弱的肩膀上，却担起了检察事业和照顾家庭双重重担；女人的心灵是细腻的，而在你们细腻的心灵中，却激荡着维护公平和守护正义的光荣使命。你们是检察战线亮丽的风景，你们用智慧和柔情撑起了检察事业半边天。在过去的检察工作中，你们无私奉献、秉公执法、围绕中心、服务大局，为全省检察工作科学发展作出了积极贡献，发挥了不可替代的重要作用。2012年，是全省深入实施“十二五”规划、全力推进振兴发展的关键一年，也是全省检察工作继往开来、谋求进步、大有可为的重要一年。希望全省女检察干警继续发挥聪明才智，积极投身检察工作，强化法律监督，维护公平正义，为全省检察事业科学发展再创佳绩，再作新贡献。祝全省女检察干警节日快乐、工作顺利、身体健康、阖家幸福！

教育培训

【加强检察干警锻炼培养】吉林省检察院结合援藏援疆任务落实，协调全省三级检察院截至2012年6月底，先后选派三批37名检察干部，进藏赴疆开展工作。大家积极发挥作用，办理各类案件，许多业务工作为当地实现了零的突破，在检察工作的主战场上发挥了重要作用。同时接收日喀则地区19名、阿勒泰地区9名检察干部来我省岗位实践锻炼，并按照高检院安排，接收了10名西藏检察机关反贪干部进行为期两个月的跟班实践。全省各对口支援检察院为西藏一地三县、新疆一地四县共9个检察院提供1100万元援助资金。其中，为日喀则地区受援检察院提供信息化建设援助资金120万元，为阿勒泰地区受援检察院提供车辆补助资金160万元，省院为布尔津县院“两房”建设协调援建资金230万元，受到省援藏援疆机构的充分肯定。

【检察官培训学院充分发挥作用】 检察官培训学院吉林分院，充分发挥在吉林省检察教育培训工作中的主导作用，办班数量全面提升。全年共举办、承办各类培训班33期，培训2205人，培训质量明显提高。坚持以实训基地为统领，全方位拓展培训覆盖面。全年共举办各类检察业务培训25期，培训干警1699名。主要班次有：与省院反贪局、反渎局共同举办职务犯罪侦查技巧、侦查指挥实训8期，开创实训新模式；外省利用实训基地办班4期，培训人员244人，实训基地作用初步发挥效能；举办两期高技能速录人才培训，填补了我省检察培训空白；首次举办女检察官素能培训，满意率97.1%；首次整建制地培训基层院，为扶余县院举办刑事诉讼法培训班；承办国家检察官学院第四期《刑诉法修改与适用》培训班；协助举办基层检察人员轮训师资示范班和公诉业务尖子培训班、全国公诉人电视大赛集训班，协助控申、监所、民事举办业务培训班，培训面进一步拓展。

【制定《基层检察人员轮训实施方案》】 2012年3月1日，吉林省检察院制定了《基层检察人员轮训实施方案》，基层检察人员轮训采取集中脱产的方式进行，用2年时间将所有基层院在职在编人员分层分类轮训一遍，每人集中脱产参加培训时间不少于7天。轮训期内参加其他正规化岗位培训（5天以上）的，可不再参加本次轮训。2012年3月开始开展女检察官专题培训，每期100人，每月两期。广纳社会资源，丰富课程设置，提高干警综合能力。4月开始，结合参加高检院检察业务师资培训示范班，抓好我省师资选拔和培训，开展百名拟任教官听评活动。利用问卷调查、课堂听评等方式，选拔一批优秀的专、兼职教师。6—8月，开展赴基层巡讲活动。组织一批受欢迎、满意度高的专兼职教官深入基层开展巡讲。9—11月，以“吉检名师”评选启动高端人才引领计划。充分发挥专家能手作用，组织各地区检察干警赴北京大学、国家检察官学院、延安革命老区等地接受教育。10—12月，深入研究新型教学模式。各地区选树一个基层院作为教学典型，适时召开岗位练兵现场会。

【群众性精神文明建设实施方案】 2012年5月，为进一步做好省检察院精神文明建设工作，吉林省人民检察院制定省院机关群众性精神文明建设实施方案：（1）推动机关文化建设大发展大繁荣；（2）扎实推进社会主义核心价值体系建设；（3）抓好政（行）风建设；（4）扎实开展多种形式的志愿服务活动；（5）加强对精神文明建设的领导。

【绩效管理工作实施方案】 2012年8月，吉林省人民检察院为做好省院机关绩效管理工作，进一步提升绩效管理的制度化、规范化、科学化水平，结合本院工作实际，制定2012年度吉林省人民检察院绩效管理工作实施方案。

设施建设

【营造文化氛围】吉林省检察院办公楼C座内设有法警训练场、健身室、舞蹈室、乒乓球、羽毛球、桌球场等设施，为干警锻炼强健体魄提供了良好条件；室外设有篮球场、网球场；加强图书室建设，新增电子图书8000余册；新建成的文书、音像档案库房面积300余平方米，实现了检察档案的科学化、现代化管理。

【加大检务公开设施建设】为落实检务公开，吉林省检察院建立了数字多媒体信息发布系统，设置了信息发布LED大屏4个，电梯前厅显示器20个，触摸查询机2个，可以及时发布各种视频、图片、文字等办公信息，及时传送机关、社会和时事新闻，也可方便来院人员了解相关情况。

【增加保密设施】吉林省检察院为适应当前新形势下检察机关保密工作的要求，在各处室内勤办公室增加了保密碎纸系统，保证文件可以集中收集、集中销毁、集中处理，防止泄密。

【改善生活环境】吉林省检察院为了给广大检察干警一个舒适温馨的生活环境，在办公楼内设置宽敞明亮的餐厅，同时容纳500多人就餐；同时配有理发室、浴室、干洗间、贴心购物小超市、舒适明亮的老干部棋牌活动室等，为全院干警提供了健康舒心的活动场所，文印中心配备了多种功能的打字、复印、速印、胶印、装订设备；具有净化功能的直饮水系统保证了饮用水的安全洁净。

【检察文化墙】设计检察院大厅文化角、吉林检察主题文化墙、贵宾厅文化墙、报告厅文化墙。

基层检察文化

［长春市］

【教育实践活动演讲比赛】为了深化“忠诚、为民、公正、廉洁”政法干警核心价值观，推动“形象建设年”活动深入开展，展示长春市检察干警的精神风貌，也为选拔、推荐优秀人才参加全市政法系统演讲大赛，于4月23日上午举行了全市检察机关教育实践活动演讲比赛。这次大赛，两级院党组给予了高度重视。该院27个处室经过认真筛选，共有8名选手，派出院和基层院共选拔出12名选手，参加本次大赛。

【长春市检察机关公诉人大赛】4月24日—28日举办了第四届长春市十佳公诉人暨市级优秀公诉人大赛，本次大赛共有92名选手参赛，其中长春地区52名选手，吉林省院公诉部门、延边地区、辽源地区派出40名选手参加比赛。大赛特别聘请了吉林大学法学院副院长张光宇教授、博士生导师李韧夫教授等7名专家学者担任评委，为此次大赛公平、公正奠定了坚实的基础。大赛采用口试、笔试、论辩三种形式。经过五天鏖战，最终评出了“长春市十佳公诉人”、10名“市级优秀公诉人”、5名“优秀论文奖”、5名“最佳辩手奖”及5名“最佳法律文书制作奖”。本次比赛加强了公诉队伍全员素质建设，大力推进了公诉部门“强化政法干警核心价值观，加强检察队伍形象建设”教育实践活动的开展，达到了在全市公诉系统“以老带新，以赛代训”全方位大练兵的培训目的。

【“伊通河畔检察情”文化节活动】5月23日，长春市检察院召开了长春市检察官文学艺术联合会成立大会暨第一次会员代表大会并举办“伊通河畔检察情”首届检察文化节。成立大会审议通过了检察官文联《章程》，选举产生了文联第一届领导机构和组成人员，省、市有关领导及省、市知名作家、艺术家、书法家等参加了会议。下午，在健身中心举办了“伊通河畔检察情”首届检察文化节活动。检察官自己珍藏或创作的书画、摄影作品挂在墙上展示。同时，又献上了一台自编自演的诗朗读、舞蹈等精彩节目，展现了检察干警的文化底蕴和精神风采。我省著名歌唱家刘春梅登台献艺，一展歌喉，把演出推向了高潮。才艺表演结束后，书画名家挥毫泼墨。笔墨丹青寄情伊通河畔，浓墨重彩抒发检察豪情，干警们报以一次又一次热烈掌声。

【长春市二道区青年检察官送法进社区】5月，长春市二道区检察院组织团员、青年检察官开展了“弘扬五四精神、送法进社区”活动。在二道区八里堡东荣社区露天广场，20余名团员、青年检察官在当地企业、学校、社区干部、居民代表的见证下进行了宣誓，表达了对检察事业的忠诚和全心全意为人民群众服务的决心。团员、青年检察官大力进行宪法宣传教育，着力提高公民的宪法意识和法治观念；大力进行社会治安、依法信访、依法维权等有关法律法规的学习宣传，提高公民依法办事、依法表达诉求、依法维护自身合法权益的意识和能力；重点就与百姓生活息息相关的征地搬迁、物业管理、相邻关系等容易引发社会矛盾的领域，开展专题法制宣传，教育广大群众正确处理相邻关系，从源头上预防和减少社会矛盾的发生，促进社会和谐。此次活动还制作了法律宣传展板，青年干警对渎职侵权犯罪案件进行了生动的讲解，号召群众对渎职侵权行为进行监督、举报。并结合新刑诉法的修改，制作了普法宣传单，现场向社区居民发放2000余份，共解答群众咨询的各种法律问题30余人次，提升了团员青年的责任感、使命感，有效发挥了团员青年在建设和谐社会中的重要作用。

【系列主题活动纪念“七一”】6月29日上午，长春市二道区人民检察院开展了“红歌嘹亮庆七一，检察文化展风采”主题文化活动。全院干警在姜博仁检察长的带领下重温了入党誓词，政治处主任朱晓莉向干警发出成立“检察文化家园”的倡议，六个党支部举行了忆党史感党恩歌咏比赛和团队拓展训练。此外，该院还开展了“五个一”系列活动纪念“七一”。开展了一次学党章、学党史教育活动，一次党员谈心谈话活动，一次“党员一线行”展风采、树形象活动，一次“四走进”，扎实开展服务民生工作，一次深入社区开展法律宣讲活动。二道区院举办的“七一”系列主题活动，进一步浓厚了全院“创先争优比干劲，服务发展比贡献”的活动氛围，激励了广大检察干警在建设繁荣、优美、和谐新二道中奋发进取、建功立业。检察官们纷纷表示：通过这些活动，大家接受了一次次深刻生动的教育，我们一定不忘继承和发扬党的优良传统，牢记使命，不负重托，全力化解社会矛盾，推进社会管理创新，带头公正廉洁执法，真正实现政治效果、社会效果和法律效果三个效果的有机统一。

【户外拓展训练】长春市双阳区检察院为纪念共青团建团90周年、五·四运动93周年，推进“忠诚、为民、公正、廉洁”的政法核心价值观教育实践活动，激发青年干警的积极性、主动性和创造性，促进青年干警之间互相砥砺思想，相互学习，磨炼意志，于2012年5月3日，组织28名青年干警前往吊水湖森林公园拓展园开展丰富多彩户外拓展训练活动。整个户外活动，主要开展三项活动，第一项活动是登山、摄影。全体队员从吊水湖停车场出发经过溶洞徒步登山到吊水湖公园山顶，即长春第一峰，每位干警自带了相机，沿途进行了摄影采风。第二项活动是开展检察官宣誓。在长春第一峰高处，年轻检察官面对国旗重温了检察官誓词。第三项活动是开展拓展训练活动。在吊水湖公园的拓展园青年干警平均分为三个队，每队采取民主推荐的方式推选出队长，队长带领队员，发挥聪明才智、群策群力，三个队的队员依次通过“找宝”、“拔河”、“攀轮胎云梯”、“荡秋千”、“爬电网”等具有较高难度的拓展训练项目考验，圆满完成各项任务。使青年干警们更加真切地体会到“团结”、“信任”、“拼搏”、“坚持”等耳熟能详词语的真正涵义。干警们纷纷表示，在今后的工作中，进一步激发检察干警爱党、爱国、爱检热情，弘扬五·四精神，更加注重发挥团队凝聚力、战斗力，强化争先创优意识，把活动中好的品质作风坚持并发扬下去，为推动检察工作科学发展贡献力量。

【海棠笔会暨检察开放日】5月11日，九台市检察官文联举办“‘从一朵海棠花开始’九台市首届检察笔会暨检察开放日活动”。省市检察院、长春市文联、省内知名作家、艺术家、人大代表、政协委员、人民监督员和群众代表百余人参加了此次活动。

【“弘扬核心价值观，永葆党的纯洁”知识竞赛】5月18日上午，市院举行了全市检察机关“弘扬核心价值观，永葆党的纯洁”知识竞赛。经过必答题、选答题、抢答题等环节的角逐，市院徐伟卓同志获得一等奖、市院梁峥华等三名同志获得二等奖、南关区院段频捷等六名同志获得三等奖。

【市院徒步协会参加2012长春净月潭瓦萨国际森林徒步节】2012年6月17日上午9时长春净月潭瓦萨国际森林徒步节在长春市市长姜治莹热情洋溢的致辞中，拉开序幕。长春市检察院徒步协会在院机关党委赵丽华书记的带领下，在刘红虹会长的精心组织下，在院计财处的鼎力支持下，约百余名干警在净月潭参加了徒步7.5公里的活动。干警们一致认为此次徒步活动充分展现了我们检察机关积极向上的精神风貌，活跃并丰富了检察文化，既有利于身心健康，又有利于干警之间的交流，对学习、工作、生活都起到了积极的促进作用。

【慰问抗战老兵活动】7月25日，市检察院团委开展拥军活动，组织青年志愿者服务队的部分队员到双阳区太平镇抗战老兵李清增、陈友家中，送去慰问金，打扫卫生，听老兵陈友追忆艰辛的抗战岁月，队员们深受感动，纷纷表示今后要树立重行务实的工作作风，进一步深化“忠诚、为民、公正、廉洁”的政法干警核心价值观，立足岗位执法办案，不辜负老兵的殷切希望。今后，团委将加大志愿服务力度，带领青年服务民生、践行宗旨、磨练意志，为建设幸福长春做出更大的贡献。

【检察大讲堂】7月24日，市委宣传部在市检察院举办了“中国特色社会主义理论与长春改革发展”宣讲报告会，这也是市检察院检察大讲堂的第一课。党组副书记、副检察长肖春光主持会议，院领导及全体干警300余人参加，市委宣传部派员出席。吉林大学法学院博士生导师，李拥军副教授作了《弘扬法治精神，建设先进的检察司法文化》主题宣讲报告。李拥军教授从树立两个“敬畏”理念和树立六个“优于”观念的层面，全面阐述了新形势下树立正确的、先进的检察司法文化的重要性。李教授的宣讲内涵深刻，意义深远，对于加强检察文化建设，树立用先进文化提高检察队伍的思想境界、职业操守、法律素养，提升检察机关法律监督能力和执法公信力有重要指导意义。

【“五四”青年节走进善满家园开展“春风送暖”行动】为大力弘扬“五四”精神，引领青年干警做道德建设的传播者和良好的社会风尚者，南关区检察院结合深入开展的“三提升，四增强”工程，5月2日，由党组书记张颖彧检察长带队，组织全院青年干警走进长春道德建设基地——九台“善满家园”，开展“春风送暖”献爱心活动。九台“善满家园”儿童智障中心是胡艳萍女士17岁时在未接受任何捐助的情况下自筹资金创建的，她先后收养救助40多名残智障儿和流浪孤寡老人，无偿为他们提供衣食和住所。目前，该中心共收留残障人士32人。

[松原市]

【专家大讲堂】5月17日，松原市人民检察院启动专家大讲堂活动。讲堂以“彰显特色、注重实效、促进工作”为原则，力求主题鲜明、内容精练，既可以是业务理论、工作经验、工作方法，也可以是自己对检察工作在某一方面所具有的独到的理念、见解或实践体会，还可以借助讲解，抛砖引玉，提出思考性问题，引发听者深入探讨等等。松原市人民检察院侦查监督一处处长、检委会委员刘立国讲解《刑事和解制度的理解与适用》，他从刑事和解的概念、原则、条件、范围、程序、处置和完善七个方面进行讲解。

【核心价值观主题演讲比赛】5月23日，松原市检察院举办主题演讲比赛。来自全市四县一区的12名检察干警以《八字箴言、浩气如歌》、《用青春谱写检察事业之歌》和《核心价值观引领我成长》等为题，从自己的亲身感受到学习身边的楷模，生动诠释了“忠诚、为民、公正、廉洁”的深刻内涵。演讲内容深刻丰富、朴实感人，抒发了青年检察官对检察事业的忠诚和热爱，集中展现了全市检察队伍的精神风貌和良好形象。比赛过程公开、公正，评委现场点评、现场打分，评选出一等奖一名，二等奖二名，三等奖三名，优秀奖六名。

【检察职业素能提升高级研修班】5月27日，松原市院与上海华东政法大学联合举办的“检察职业素能提升高级研修班”，在华东政法大学正式开班，松原市院50名干警参加了首期培训。开班仪式在简约而又不失隆重的气氛中进行，华东政法继续教育学院副院长丁绍宽、党总支书记王戎及松原市人民检察院副检察长周连胜等领导参加了开班仪式。5月27日至30日，干警们投入到紧张的学习之中。研修班先后邀请了上海市人民检察院反贪局局长张亮、华东政法大学教授、硕士生导师王俊民、上海市杨浦区人民检察院副检察长李翔等几位有较高理论水平的教授和有着丰富司法实践经验的检察官为干警们授课。授课内容不仅涉及了法学知识、侦查技巧及检察实务等方面，还包括职务犯罪心理学、刑事犯罪证据专题及新旧刑诉法、民诉法的对比等。老师们紧密结合检察工作实际，以理论与实际相结合的方式，通过大量实际案例，以通俗易懂的语言，深入浅出地为干警们讲解了与检察工作密切相关的法律知识，并对检察工作中普遍遇到的难题做了透彻的讲解。

【检察理论研讨会】2012 年 11 月 16 日，松原市检察理论研讨会在松原市院召开。会上，对 7 篇优秀论文进行了交流，并对优秀论文作者进行了表彰。

【松原市检察官文联成立文体活动小组】市检察官文联决定，成立篮球小组、乒乓球小组、“书香检察”读者小组、舞蹈小组、徒步小组等 5 个专业性文体活动小组。

【举办全市检察系统第九届篮球赛】8 月 29 日，由松原市人民检察院举办，扶余县人民检察院承办的全市检察系统第九届篮球赛在扶余县人民检察院开幕。比赛历时三天，来自市院和各县（区）的 6 支代表队参加了比赛，宁江区院代表队获得冠军。

【松原市人民检察院开展“弘扬宪法精神，服务科学发展”法制宣传活动】为深入贯彻落实党的十八大精神，全面开展“12·4”全国法制宣传日活动，认真落实“六五”普法规划，充分发挥检察职能，更好地为松原经济社会科学发展服务，根据省院和松原市依法治市领导小组的部署要求，松原市人民检察院决定，从 12 月 4 日法制宣传日开始，到 12 月中旬结束，采取多种形式的法制宣传活动。

［吉林市］

【检察理论研究年会】10 月 18 日，吉林市院针对刑事诉讼法的修改给检察工作带来的机遇和挑战，为持续推进贯彻实施修改后的刑事诉讼工作，召开了全市检察机关贯彻实施修改后刑事诉讼法专题研讨会暨检察理论研究年会。

【“快乐女人、魅力绽放”丽人节联谊会】为了纪念第 102 个“三八”国际劳动妇女节。3 月 7 日吉林市检察院举办了“快乐女人、魅力绽放”丽人节联谊会。市院领导班子成员参加了联谊会。联谊会上，副检察长杨敏代表市院党组向全体女检察官祝贺节日。杨敏副检察长高度赞扬了市院全体女检察官为事业、为家庭作出的贡献，勉励大家要继续发扬团结进取的精神，为检察事业再创辉煌贡献力量。女检察官们纷纷登台献艺，用优美的服饰和优雅的表演表达了节日的快乐心情。

【廉政书画摄影展】2012 年 11 月，吉林市人民检察院纪检组、政治部在“国庆”和中秋佳节前，联合举办“践行政法干警核心价值观、弘扬廉政文化”书画摄影作品展。此次活动充分调动全地区检察干警创作积极性，深化廉政文化主题，共征集毛笔书法、钢笔书法、国画、钢笔画、水粉画、漫画、篆刻、剪纸及摄影作品 209 件，最终展出 129 件，并组织全地区干警参观，使干警接受一次深刻的廉政教育。

【户外拓展训练活动】7 月 20 日，吉林市检察院组织全体检察干警赴北大壶旅游开发区，开展了以“加强团结协作，勇于超越自我”为主题的拓展训练实践活动。全体干警不分年龄、职务、性别，全身心地投入到训练中，并组成了7支队伍，分别起了“利剑队”、“黑鹰队”、“雪豹队”等响亮的队名，选出队长、确定队呼、设计队徽。开展了极具挑战的训练。全体干警相互配合，团结协作，圆满完成了训练项目。通过此次活动，进一步增强了队伍的凝聚力和向心力，激发了参训干警勇于超越自我，敢于承担责任的精神，同时也增强了干警之间的沟通、信任和友谊，为打造一支纪律严明、作风过硬的检察队伍起到了积极的作用。

【义务植树活动】5月，吉林市高新技术产业开发区人民检察院20余人在检察长朱红月同志的带领下，到吉林市彩虹桥下义务植树200余棵。吉林市园林处的同志感动的说，待到这些树成林时，将把这些林木命名为“高新检察林”。

【小学助学活动】6月12日，吉林市船营区院党组成员在原满检察长的带领下，来到欢喜乡下洼子小学，为10名特困学生送去了书本、衣物等生活和学习用品。自2002年以来，船营区检察院多次对船营区欢喜乡下洼子村开展访贫助困和走访慰问活动，多次帮助特困户解决实际困难，深受当地村民的赞扬。迄今为止，该院连续11年走进下洼子小学开展“春蕾”助学活动，共帮扶贫困学生40名，捐助款物达4.5万余元。

【检察人员在北大培训学习】吉林市人民院检察分两批于6月24日至6月30日和7月4日至7月11日组织其院检察人员赴北京大学，参加北京大学吉林市人民检察院干部能力与综合素质提升研修班培训学习。此次培训内容分别是古代交友之道与现代人际关系、社会转型与法治建设、文化发展与文化创新、宪政改革与大国崛起、中国当前稳定与社会管理创新、干部压力释放与压力管理、刑诉法修正案解读及刑事诉讼前沿理论问题、国家军事安全与南海问题。培训系统而丰富，课程涵盖了法律、宪政、儒家、军事、经济、心理学等多个领域的精品课程。

［四平市］

【检察文化活动月活动】4月，双辽市检察院为推进检察文化建设年活动，举办了一场以“和谐之春·阳光检察”为主题的文艺汇演，这也标志着该院检察文化活动月大幕正式拉开。汇演前，该院检察长薄守东针对检察文化活动月作了动员讲话。整台演出，演员感情真挚，台下观众热情互动，抒发了干警们对检察事业无私奉献和对美好生活的热爱，展现了检察干警意气风发、昂扬向上的精神风貌，集中表现了该院争创阳光检察、系统先锋的信心和决心。双辽市人民检察院根据检察文化建设“一地一品、一院一品”的原则，结合当地特点及工作实际，科学地确立了“古城新韵·阳光检察”检察文化理念体系，并以此为核心主题，将4月确定为检察文化活动月，活动月将通过文艺汇演、“检察情怀”主题征文、编撰《检察文化案例集》、内训师宣讲等一系列活动推动该院检察文化建设工作全面、深入地开展，通过文化培植精神，以精神凝聚力量，用集体智慧推动各项检察工作再攀新高。

［白山市］

【白山市检察院开展“发现雷锋、学

习雷锋”活动】2012年3月，白山市院以学习雷锋精神为载体，深入开展政法干警社会主义核心价值观教育，不断提升干警的职业素养、职业道德。在活动中，他们紧密结合时代发展，赋予雷锋精神以崭新内涵，即：为服务人民、助人为乐的奉献精神，干一行爱一行、专一行精一行的敬业精神，锐意进取、自强不息的创新精神，艰苦奋斗、勤俭节约的创业精神。全体干警行动起来，从身边人、最普通干警找起，发现典型、发现雷锋。一个个看似普通，却因为长时间的认真坚守而变得不平凡的干警被大家找到，释放出咄咄光芒。

【白山检察文化节】6月28—29日，白山市检察官文联举办两级检察机关600余名检察人员共同参与的“白山检察文化节”。文化节以白山检察文化精神——“刚正不阿，执法如山显高山气魄；润泽大地，敬业奉献汇三江精神”为依托，突出长白山区域特色和检察文化特点，积极打造最有文化品位基层院、塑造最具文明素养检察官。文化节举办了羽毛球、乒乓球、篮球体育赛事、厨艺大赛、书画摄影展、奇石展、鹿鸣诗会、检察文化发展论坛、检察电影展、检察酒会、大型文艺会演共计九大系列15项文化活动，多角度、全方位地调动全体检察人员参与文化活动的积极性。文化节历时两天，收集到全市检察官摄影、书画、论文、诗歌、奇石等作品2000余幅，并辑录成《鹿鸣诗集》、《检察文化论文集》、《白山检察文化理念集成》、《白山检察书画摄影作品集》、《警钟》五本书籍。清华美院教授等全国各界文化名流、吉林省检察系统诗词、书画名人受邀前来，研讨观摩，吟诗诵答，摄影泼墨，进一步提升了白山检察文化节品位。全国政协教科文卫体委员会副主任、中国检察官文联主席张耕为文化节题写牌匾。

【“与公正同行、与百姓同在”专题宣传活动】4月19日上午，阳光明媚，春意盎然，白山市人民检察院和浑江区人民检察院民事行政检察干警结合检察机关“四走进”活动，走进浑江区新建街道宜宾社区，并制作了生动形象、通俗易懂的专题活动宣传展板，宣传民事行政检察职能，开展“与公正同行、与百姓同在”专题宣传活动。

【赏奇石、品松花、体味松花石历史与文化传承活动】自江源区院成立检察官文学艺术联合会以来，其下设的各个协会纷纷开展形式多样的活动，以迎接检察文化节的到来。近日，江源检察官石友会开展了第一次协会活动，石友会的全体会员先后来到松花石博物馆、松花石艺术馆、松花砚加工现场，全方位了解松花石、松花砚，探究松花石背后身后的文化、历史底蕴。通过观看松花石形成过程纪录片，石友们全面系统的了解了松花石从形成到被发掘，到形成工艺的全过程，松花石博物馆讲解员的详细讲解，带领石友们穿越松花石的历史长河，从远古时的“磨刀石”到大清朝的“国宝玉砚”，再到新时代的“瑰宝奇石”、现代砚、旅游纪念品，利用松花石的发展历程有一个清晰的认识与了解。通过此次石友协会活动，不仅丰富了石友的松花石知识，更重要的是将石友自身充分融入到松花石文化中，从而提高检察干警的文化涵养。

【清明节祭扫活动】为悼念革命烈士，缅怀先烈丰功伟绩，教育青年干警继承革命先烈的光荣传统，弘扬民族精神，深入开展核心价值观主题实践活动，3月29日，靖宇县检察院党支部、青年检察官协会组织20名青年党员，在院党支部书记的带领下，来到杨靖宇将军殉国地开展缅怀革命先烈，弘扬靖宇精神清明祭扫活动，干警们怀着对先烈无限崇敬的心情，胸戴白花，手拿清雪工具首先来到纪念碑下，打扫了杨靖宇将军殉国地地面上的积雪，然后干警们在烈士碑前久久肃立，向革命先烈默哀、鞠躬、敬献花圈，并进行了庄严的宣誓："忠于国家、忠于人民、忠于宪法和法律……"祭奠革命先烈，是靖宇县检察院全面开展创先争优，深入开展政法干警核心价值观教育实践活动的一项举措，旨在通过这次纪念革命先烈活动，使全院青年干警受到一次深刻的革命传统教育，使青年干警继承和弘扬革命传统，践行党的宗旨，坚持中国特色的社会主义信念，艰苦奋斗、实事求是、勤政廉洁，增强工作的责任感和紧迫感，深入推进三项重点工作，深化、细化主题教育实践活动，推动靖宇检察工作再上新台阶。

【靖宇检察院晨曦青年学友会开展读书月活动】为迎接"五四"青年节的到来，靖宇县人民检察院晨曦青年学友会将开展为期一个月的"读书月"活动。通过"读一本好书，写一篇心得"的方式，传承五四精神，同时培养青年干警爱读书、读好书、善读书的良好习惯，营造人人学习、自觉学习、终身学习的浓厚氛围，为检察事业改革发展提供精神动力和智力支持。读书月活动开展时间为2012年4月9日至2012年5月4日，由靖宇县人民检察院晨曦青年学友会会长林勇检察长推荐阅读书目，包括《红岩》、《青春之歌》、《血沃濛江》等青年文学读物，并将读物电子版上传至该院内网教育培训论坛上以便干警阅读交流。

【法治讲座进课堂，打造平安校园】5月3日，长白县院检察干警为新房子镇中学全校师生进行了一次形象生动的法制讲座。讲座结合当前未成年人的特点，有针对性地分析了未成年人犯罪的原因及对未成年人自身、家庭、社会造成的严重危害，就如何预防青少年犯罪、遇到不法侵害时如何保护自己的合法权益等问题进行了深入剖析。并通过发生在学生身边以及校园内外的正反两方面的鲜活事例以案说法，增强青少年的"免疫力"和"自控力"。

【《试析检察文化特征功能及培育》】白山市检察院检察长张书华论文《试析检察文化特征功能及培育》在2012年5月22日"首届中国检察官文化论坛"上做经验发言，得到与会领导、专家、代表好评。

【"政法工作科学发展"理论研讨活动】2012年9月，在白山市政法委组织的"政法工作科学发展"理论研讨活动中，白山市文联选送申报62余篇论文，占申报论文总数的50%以上。该活动共有36篇论文获奖，检察机关占有19篇，占获奖总数的52.7%。其中获一等奖2篇，二等奖4篇，三等奖6篇，优秀奖7篇。

【调研理论文章】2012年10月，白山检察官文联秘书长张凤举论文《以文化建设、行无痕管理、建优秀队伍——白山市检察官文联检察文化建设调研报告》在吉林省检察刊物《检察之声》上发表。

【专辑出版物】2012年专辑出版物为：《鹿鸣诗集》、《检察文化论文集》、《白山检察文化理念集成》、《白山检察书画摄影作品集》、《警钟》。2012年7月27日，反映白山检察文化建设的通讯《放歌长白山》在《检察日报》发表。

【宣传思想文化工作创新奖】2012年白山检察官文联举办的白山检察文化节获白山市宣传思想文化工作创新奖。白山检察官文联秘书长张凤举获白山市宣传思想文化先进个人。

【首届中国检察官文化论坛】2012年5月，白山检察官文联文化建设经验在“首届中国检察官文化论坛”上做经验发言并交流。2012年9月，在吉林省检察文化建设推进会上，白山检察官文联文化建设经验代表市级检察院做经验发言并交流。

【中央政法委到白山市院采录白山检察文化建设专题片】7月23日，中央政法委《民主与法制》社文化影视中心高利主任一行赴白山市院，对白山市院以检察文化节为代表的检察文化建设工作进行深入采访，并拟作一期白山检察文化建设专题栏目在全国刊播。6月28日、29日，一项满足白山市600余名检察人员强烈文化需求、挖掘其文化潜力，为其打造展示平台的检察文化节胜利举办。检察文化节精心组织了发展论坛、诗会、书画摄影展、检察题材电影展、体育赛事、厨艺、奇石展、酒会等10项生动有趣、各具特色的活动，检察官们人人踊跃参加。这项旨在弘扬检察文化，彰显时代价值，为检察工作发展凝神聚力，体现检察特色，体现广泛参与性的文化盛事，在全面提升检察人员文化素质、积极促进各项检察工作开展同时，也收到了良好的社会效果，树立了白山检察人富于浓郁文化气息的高雅形象。也引起中央政法委的关注，选题报上去后，中央政法委宣传部认为白山的检察文化节创意新、规模大、各项做法非常突出，故迅速批准了选题，并选派高利主任一行赴白山进行拍摄。

［辽源市］

【辽源市检察官文学艺术联合会成立大会】2012年8月10日，辽源市人民检察院召开辽源市检察官文学艺术联合会成立大会暨第一次会员代表大会。72位会员代表参加了会议。会议聘请市作协主席、市书协主席、市曲艺家协会主席等7名文学艺术界知名人士为顾问。辽源市委常委、市政法委书记刘伟同志作了重要指示：“市检察官文联的成立，是我市政法机关文化建设的一件大事，市政法委、市法学会要大力支持。希望市检察院以此为契机，进一步加强检察文化建设。”

【“创、建、评”活动】省院深入开展政法干警核心价值观教育实践活动电视电话会议刚刚结束3月，辽源市院迅速行动，认真落实，搭建活动载体，细化实施方案，站位高、有创新、抓得失，以“创、建、评”活动为载体，扎实开展政法干警核心价值观教育实践活动。

【“建设检察林，服务新发展”义务植树活动】2012年4月12日，辽源市检察院举办了以“建设检察林，服务新发展”为主题的义务植树造林活动，市检察院检察长赵彦峰亲自带队参加了植树活动。植树现场，领导身先士卒，干警个个争先，两人一组，一人扶苗、一人铲土、一人培土，一人踩实，个个忙得满头大汗，经过一上午奋战，共植云杉树苗500余棵。此次植树活动是市检察院开展践行政法干警核心价值观，开展“创、建、评”活动的一项内容之一，也是服务转型发展，响应市委创建“省级园林城”建设号召的具体行动，目的是让广大干警通过参加义务植树活动，提升服务理念，筑牢为民意识，增进凝聚力，增强团队精神，体会劳动的艰辛和快乐。通过此次义务植树活动，干警们纷纷表示，既磨练了意志，锻炼了体魄，又亲近了自然，绿化了环境，美化了家园。

【“农村体验日”活动】4月27日上午，辽源市检察院全体干警在常务副检察长车全华等班子领导的带领下，来到东辽县农业科学研究所的实验基地，开展了以“参加春耕播种，体验农村生活”为主题的义务劳动。此次活动是该院为进一步深入开展政法干警核心价值观教育实践活动的又一项重要举措，它不仅有益于转变机关工作作风，更有益于培养干警吃苦耐劳的精神，使干警倾听农民朋友的心声，感受到新农村发展成就，更好地体会执法为民的深刻内涵，为新农村建设尽了一份力量。

【辽源市领导视察市检察院检察文化建设】6月28日，市委常委、政法委书记刘伟带领市委政法委常务副书记贺诗俊、副书记郭伟平、综治办副主任宋艳江、防处办副主任皮富国来到市检察院，视察了市检察院检察文化建设情况，听取2012年上半年全市检察工作报告。

【践行核心价值观、向雷锋同志学习”专题读书报告会】4月24日，辽源市人民检察院举办“践行核心价值观、向雷锋同志学习”专题读书报告会。市院班子成员及全体干警参加了会议，报告会由市院副检察长、政治部主任李军主持。

【读书活动】3月，辽源市院结合政法干警核心价值观教育实践活动，深入开展读书活动。为干警提供20个书目，每名干警自选两本书，由院里统一购买，为干警学习提供方便。要求每名干警要做读书笔记、撰写读书心得，在内网设读书心得专栏，为干警读书交流提供平台。计划半年举办一次读书报告会，把读书活动纳入干警年度考核内容，鼓励大家自觉学习。

【法学会工作开展情况调研会】11月13日，省政协常务副主席、省法学会会长李申学，省检察院原检察长、省法学院名誉会长张金锁，省政法委副书记姜德志一行8人来辽源视察法学会工作开展情况，视察组先后到东辽县院、市院视察检察官协会、女检察官协会、检察官文联工作开展情况。市委副书记、市长金育辉，市政协主席王国栋，市委常委、市委秘书长薛金安，市委常委、政法委书记刘伟，市院代检察长赵彦峰、市政府秘书长刘永军等领导全程陪同。

【“百题知识竞赛”活动】5月4日上午，辽源市西安区检察院结合纪念五四青年节，在辽源电视台演播大厅，举办了一场别开生面的核心价值观暨“创、建、评”活动百题知识竞赛。市院副检察长李军、院班子成员和全院干警一同观看了比赛。竞赛结束时，市院副检察长李军、本院检察长赵俊峰等有关领导同志为获奖选手颁发证书和奖杯。并鼓励参赛干警要以本次竞赛活动为契机，自觉践行“忠诚、为民、公正、廉洁”的核心价值观，以实际行动推动争创一流业绩，打造“五型”机关，实现人民满意的“创、建、评”目标。

【重大节日特色的纪念活动】辽源龙山区检察院利用“五·一”劳动节，开展了“继承和发扬劳动人民本色”的生活体验，走向社会，组织一次公益劳动；利用“五·四”青年节，组织青年干警参观辽源市博物馆，了解辽源的发展史，并组织“宣誓仪式”，进一步增强“热爱祖国、为家乡建设建功立业”的热情；利用“世界微笑日”组织“志愿者宣讲团”走进市第十三中学，举办了一场“让世界充满爱”的法律讲座“爱国主义”教育课。

【开展“双一”活动】辽源龙山区检察院开展“读一部好书、写一篇心得”活动，强化干警的学习意识；“看一部警示片、写一篇观后感”，增强干警拒腐防变意识；组织“家乡一日游、表达一句感言”，激发干警爱辽源、促和谐、做贡献的工作干劲；组织“军营一日行、开展一次讨论”，让干警亲身感受人民军队铁的纪律和良好的作风；“结一个守法对子、促成一个五好家庭”，使干警融入到和谐社会建设中；“进一次工业园、上一堂创业课”，进一步发掘干警创造性工作的独立精神和执行力；“访一户农家、干一天农活”，使干警亲身感受来之不易的劳动成果；“出一计良策、赠一句谏言”，让干警为社会管理创新发挥聪明才智；“建立一个‘阳光关爱基地’，结一个共建对子”，让检力为未成年人提供法律帮助；“参加一次社会实践，写一篇调研文章”，在干警中大兴调研之风。4 月 6 日，利用“清明节”宣传防火之机，该院组织部分干警深入到寿山镇山湾村，走进村民家中，进行了一天的农村劳动和生活体验活动。5 月 19 日，该院再次组织部分干警到大唐辽源发电厂，同 300 多名员工进行了接触和交流，了解和体验了企业生产的火热生活，并同员工一起进行了 3 个多小时的登山和行走活动，进一步密切了同干部职工的联系。

【“弘扬雷锋精神，争做群众贴心人”活动】辽源市西安区检察院为了使干警既能在思想上受到教育，又能在践行上得到深化，在全院开展了“弘扬雷锋精神，争做群众贴心人”活动。3 月 2 日，政治处组织 20 多名青年干警深入到西安区社会福利院开展送温暖、献爱心活动。干警们来到福利院，热情地帮助扫院子、铲雪、清垃圾、擦玻璃、整理物品，并亲手将捐送的洗漱用具和食品送到福利院老人手中，深受老人们的欢迎。干警们通过开展助人为乐和热情捐助活动，深刻地体会到，只有时时处处为人民着想、时时刻刻为人民做好事，才能真正成为人民群众的朋友和贴心人。政治处主任徐长林在活动总结时指出，树立“忠诚、为民、公正、廉洁”的核心价值观，就是要从大处着眼，从小事做起，从我做起，从现在做起，时刻把人民群众放在心中最高位置，我们的工作才能得到人民群众的拥护和支持，我们的事业才会兴旺发达。

【“三室一廊”建设】辽源龙山区检察院建设“三室一廊”，即建设好一个“荣誉室”、一个“图书室”、一个“干警文化活动室”，选择主楼主要走廊，建设一条“检察文化长廊”，利用这几个载体促进干警队伍的思想建设和文化建设。让干警走进“荣誉室”，了解龙山区检察院的发展史，不断增强自豪感和责任意识，牢固树立“忠诚、为民、公正、廉洁”的政法干警核心价值观，为检察事业自觉做贡献；让干警走进“图书室”，在干警中逐步形成读书学习的浓厚氛围，不断推进“学习型机关”建设；让干警走进“文化活动室”，通过健康、向上、文明、活泼的文化活动，不断丰富龙山检察院的文化生活；通过对“文化长廊”的不断接触，时刻提醒干警“自尊、自爱、自强、自律”，永葆清醒的政治头脑，恪守“职业道德”，遵守“职业纪律”，“干净做人、明白做事”，廉洁奉公，执法为民。

【“检察公益林”植树活动】5月，东辽县检察院全体干警来到白泉镇兴泉村西山，进行了“检察公益林”植树活动。植树前，召开了全院干警“检察公益林”建设活动动员大会。在大会上，戴君副检察长作了动员讲话，他代表班子要求全院干警要紧紧围绕全县工作大局，以建设东辽、美化东辽为己任，积极投身到生态县建设上来。牢固树立责任意识，把“检察公益林”建设作为检察官应负的社会责任和应尽的社会义务，作为检察官引领社会风尚的功德之举，在全社会树立起人民检察官的良好形象。动员大会后，干警驱车20分钟又徒步爬山20分钟来到兴泉村西山，立即就在县林场技术员的指导下开始了植树。经过近两个小时的劳动，共植红松、白桦树苗1000多株。以后每年他们都将来到这里进行“检察公益林”建设。

【进一步完善自身特色文化】6月21日，辽源市人民检察院迅速召开党组会议，认真学习领会全国检察文化建设工作会议精神，同时结合辽源检察工作实际、文化建设特点，按照全国检察文化建设工作会议要求，进一步完善自身特色文化的措施和办法。第一，强化环境文化建设，从文化育人、文化育检角度，以文化建设引领和推动检察工作、检察事业科学发展出发，精心设计文化环境模式，发挥环境熏陶人、激励人、警示人、塑造人的作用。在环境文化建设上，构建八个体系（检察文化广场、检人玉心厅、检官学苑、康健乐园、廉检文化廊、温馨滋养、检察新村），营造寓教于乐的文化环境。第二，强化制度文化建设，以标准化建院为契机，进一步完善以预防为主的防控制度体系建设，打造思想防控、制度防控、文化防控、监督防控“四位一体”的防控体系，推动执法规范化上水平。第三，强化督察文化建设，立足辽源检务实际，把纪律作风建设作为重要内容，强化督察。建立上下联动、违纪通报、违纪必究机制，用督察推动干警廉洁自律、遵纪守法意识的形成。第四，强化道德文化建设以“践行政法干警核心价值观开展‘创、建、评’活动”为载体，强化对干警的“忠诚、为民、公正、廉洁”教育，夯实廉政文化基础，大力推进以廉检文化为核心的辽检文化建设力度，编撰“廉政修身百勿经”、“倡廉歌”，提出“检察文化宣言”，在办公楼内张贴标语，收集365条名言警句，在大屏幕上发布廉政文化每日一语，在潜移默化中提升干警的文化素养。

［白城市］

【祭扫革命烈士墓活动】4月1日，白城市院全院干警在院领导的带领下，着装整齐，胸佩白花，来到白城市烈士陵园，深切缅怀革命烈士的丰功伟绩，寄托对革命烈士的无限哀思。在人民英雄纪念碑前，全体干警高举右手，庄严宣誓：忠于国家，忠于人民，忠于宪法和法律，忠实履行检察官职责，恪守检察职业道德，维护公平正义，维护法制统一。朗朗的宣誓誓言映着园内的苍松翠柏，显得格外响亮。白城市院在开展的以“忠诚、为民、公正、廉洁”为内容的政法干警核心价值观教育实践活动中，把清明节祭扫革命烈士墓行动作为开展活动的重要契机和载体，通过寻找革命烈士走过的足迹，传承革命先烈的遗志，来教育和激发检察干警对检察事业的追求和热情，不断增强宗旨意识和服务意识，坚守检察官职业道德，进一步树立社会主义核心价值观，为经济发展、社会和谐、平安稳定做出新的贡献。

【“巾帼志愿者送法进社区”活动】 2012年3月16日，通榆县人民检察院女检察官法律志愿者服务队的五名队员与通榆县妇联工作人员一起，深入到开通镇育才社区、兴华社区与百余名社区居民面对面开展法制宣传和法律咨询服务活动。在育才、兴华两个社区，女检察官们以发生在身边的典型案例释法说理，开展了生动形象、丰富多彩的法制宣传活动。为了便于社区居民进一步了解检察机关的职能，公诉科长田晓波同志首先向他们介绍了检察机关的主要工作职能，以及如何向检察机关进行举报和申诉、正确维护自己权益的合法途径等相关法律常识。随后，女检察官们一边向社区居民发放宣传资料，一边耐心地提供有关婚姻家庭、民间借贷、刑事犯罪等方面的法律咨询服务，解答相关的法律问题。此次活动，共向群众发放法律宣传资料200余份，接受咨询20余人次，通过活动一方面普及了法律知识，提高社区居民的法律意识；另一方面也向社区群众展现了当代女检察官的风采，了解了人民群众的诉求，对密切检民关系、增进检群感情、构建和谐社区起到了十分重要的作用，赢得了社区干部群众的普遍赞誉。

【“争做雷锋式检察官”活动】 3月23日，洮南市检察院召开“践行核心价值观争做雷锋式检察官”座谈会，与会干警围绕如何在工作和生活中弘扬雷锋精神、切实践行“忠诚、为民、公正、廉洁”的政法核心价值观畅谈了具体的心得体会。该院党组要求，在开展“践行核心价值观争做雷锋式检察官”活动中，要带着感情、带着责任去学习雷锋精神，全面深化雷锋精神内涵，通过开展演讲比赛、读书感悟、“四走进”等系列活动，夯实干警“忠诚、为民、公正、廉洁”的核心价值观，努力提升法律监督能力和执法办案水平，全面推进检察工作和队伍建设的科学发展。

【“全员帮扶行动”】 白城市检察机关以“全员帮扶行动”为载体扎实推进政法干警核心价值观教育实践活动，从3月20日开始，在全市两级检察机关深入开展以“服务企业、帮建村屯、扶助贫困家庭”为内容的全员帮扶行动。

【大安市检察文化特色院建设内容丰富多彩】 为加快检察文化特色院建设的步伐，迎接中国共产党诞辰91周年，热情讴歌党的丰功伟绩，赞美检察事业取得的巨大成就，白城大安市人民检察院以创建“检察文化特色院”为契机，着眼检察干警日益增长的精神文化需求，坚持因地制宜，积极探索和加强检察文化建设，开展了一系列文化特色院建设活动。第一，成立文体活动小组。为更好地推动检察文化特色院创建活动的健康顺利开展，活跃检察文化氛围，使文化特色院创建活动具有时代性、先进性，增强感召力，该院成立了文体、文学创作、读书和书法摄影等4个文体活动小组，活动小组涵盖了球、棋类、散文、诗歌、通讯报导类、书法绘画类和摄影类，目前，已有46名检察干警加入了活动小组，成为文体活动小组成员。第二，开展了“检徽在我心中”演讲活动。为纪念中国共产党诞辰91周年，该院结合开展政法系统“忠诚、为民、公正、廉洁”核心价值观教育活动，于6月28日，举办了纪念建党91周年庆七·一“检徽在我心中”演讲比赛活动。来自不同岗位的8名检察干警，结合纪念建党91周年，围绕“忠诚、为民、公正、廉洁”核心价值观教育这一主题，联系本职工作实际，以朴实无华的语言，饱满的热情和真挚的情感，用自身和身边同事生动感人的鲜活事例，抒发了对固守操行、廉洁从检的精神境界和以人为本、文明执法的爱民情怀，诠释了检察干警对党、对人民的无比忠诚，对政法干警核心价值观的理解，对公平、正义的执着追求，充分展示了人民检察官和检察院干警清正廉洁、司法为民的风采，以身体力行的实际行动，践行“忠诚、为民、公正、廉洁”的政法干警核心价值观，体现了爱岗敬业，献身检察事业的高尚情操。参赛选手满怀激情、感人肺腑、催人奋进、声情并茂的演讲，让人感到真实、可信，感染了现场的每一位检察干警，从而使广大检察干警的心灵受到深深的触动和强烈的震撼。干警们纷纷表示，要以这次演讲活动为契机，牢固树立“忠诚、为民、公正、廉洁”的政法核心价值观，维护法律公平正义，以崭新的精神面貌和优异的检察业绩迎接党的十八大胜利召开。第三，开展书法、绘画、摄影、篆刻比赛活动。全院60余名检察干警积极参加此次比赛活动，参赛作品百余幅。这些作品均以反映政法干警核心价值观为主题。通过开展书画摄影作品比赛活动，从不同侧面、不同角度，全方位反映了检察干警践行核心价值观的成果，诠释了核心价值观的精神实质，展示了检察队伍的精神风貌，陶冶了检察干警的情操，营造了良好的文化氛围，达到了文化育检的效果，对促进检察文化的大繁荣、大发展起到了积极作用。第四，加强文化娱乐场所建设并全天候开放。为加快文化特色院建设、倡导文化兴院的理念，不断丰富检察干警的业余文化娱乐生活，陶冶情操，去年以来，该院先后投入资金24万元，建起了电子阅览室、图书室、健身房、篮（排）球场，购置了先进体育设备，并全天候开放，满足了检察干警不同层次、不同文体爱好的娱乐需求。

【大安市检察院举办书画摄影展】 7月30日，大安市院举办了“大安市检察机关核心价值观书画摄影展”。举办这次书画摄影展的目的是，弘扬检察文化，发挥检察文化的感染和渗透作用，达到文化育检，以先进的检察文化引导人、以团结和谐的精神凝聚人、以优秀的艺术作品塑造人的目的。书画摄影展作品，以当前开展的“忠诚、为民、公正、廉洁”的政法干警核心价值观教育活动为主题，从5月初开始征集作品，全院检察干警积极踊跃参加，到7月30日，共征集参赛作品47件。展出的作品，主题鲜明、内容丰富，既有大气磅礴、挥毫泼墨的书法作品，又有壮丽的大好河山、秀美的田园风光、繁忙的大安港码头和嫩江湾湿地公园美景的摄影作品，还有剪纸、刺绣民间工艺美术作品等，这些优秀书画摄影作品，以饱满的热情挥毫泼墨，聚焦精彩，采取不同的艺术表现形式，全方位展现了近年来检察工作取得的新成就、检察官丰富的生活情趣和深厚的检察文化底蕴，展现了检察干警热爱党、热爱祖国、热爱家乡和健康向上的精神风貌，展示了检察干警们的良好文化艺术修养和高尚的思想品德。

［延边州］

【延边州检察机关举办乒乓球比赛】 2012年7月10日，延边州检察机关乒乓球比赛在龙井市举行，全州50名运动员参加了此次比赛。州院检察长金光镇、副检察长庾成日、闫立华等领导出席了开幕式并观看了比赛。此次延边州检察机关乒乓球比赛是州检察院组织的又一项重大检察文化活动和体育赛事。州检察院下发关于举办第五届乒乓球比赛的通知以后，各市县基层院积极响应，组织选拔赛，积极进行集训备战。检察官乒乓球好手们在赛场上挥拍拼搏，展现了团结进取、积极向上的精神风貌。加强检察文化建设，积极开展检察文化体育活动，是建设社会主义精神文明的需要，是提高检察人员精神文化素质和健康身体素质的需要，是提高检察机关凝聚力和战斗力的需要。延边州检察院始终把检察文化建设作为一项重要工作来抓，通过各种生动活泼的文体活动不断提升干警的综合素质和队伍的凝聚力、向心力，建设一支不仅在政治上、法律上、检察业务上都过得硬，而且文化素养全面、身体健康、生机勃勃的检察官队伍。下一步，延边州检察院将于8月初举办全州检察机关第四届体育运动大会和全州检察机关文艺汇演，为检察文化建设续写新篇。

【“检察文化周”活动】延边州检察机关“检察文化周”活动，8月1日晚19时30分，延边州检察机关检察文化周文艺汇演在延边艺术剧场拉开帷幕。延边州州委常委、州政法委书记康芳，州人大副主任高杰，州政法委副书记金昌石，州人大内司委主任陶晓杰，延边州副州长甄玉兰等领导以及延边州八个县市政法委书记、部分人大代表、人民监督员出席晚会现场。延边歌舞团、国家一级编剧、吉林省检察院文联艺术顾问朴春善，延边大学音乐表演系书记兼教授全明镐，延边电视台、著名作曲家朴凤浩，延边大学艺术学院舞蹈家严德善，延边歌舞团著名舞蹈编导卢京丽等专业艺术人员担任本次文艺汇演的评委，为来自八个县市基层检察院的21个精彩节目打分排名，评取一、二、三等奖。本次文艺汇演节目种类多样，内容形式新颖，在观众中引起很大反响，为观众留下了难忘的印象。受邀的国家一级演员廉寿元、任香淑也分别为文艺汇演献上精彩演唱。全州检察机关第五届体育运动大会暨检察文化周文艺汇演活动的举办拉开了“检察文化周”活动序幕，是对全州检察文化建设和队伍建设的一次阅兵，是对检察机关作风和干警精神风貌的一次展示，是对“政法干警核心价值观”主题教育实践活动的一次丰富，更是为党的十八大胜利召开和州庆60周年的一份献礼！同时也为全州干警施展才能、促进发展、愉悦身心、增进交流搭建了平台。对于进一步营造团结和谐、积极向上的机关工作学习氛围，促进各项检察工作全面深入发展具有重要的意义。

【敦化市院“传承雷锋精神，做新时代检察官”系列活动】敦化市检察院青年检察官协会在3月5日——纪念“向雷锋同志学习”题词49周年纪念日这天，以弘扬雷锋精神为主题，开展“传承雷锋精神，做新时代检察官”系列活动。

【敦化市检察院庆“三·八”活动】敦化市人民检察院为庆祝“三·八”国际妇女节102周年，开展了系列丰富多彩的活动。一是开展“三·八”献爱心活动。我院组织全体女检察官进行一次爱心捐款慰问，向社区贫困党员、“三帮扶”对象等捐款、捐物，走访慰问。二是组织一次健康体检。为体现院党组对女检察官的关心和爱护，组织全体女检察官到敦化市妇幼保健所进行一次女性健康体检，同时还为全体女检察官及男检察官家属投保了女性疾病保险，体现人文关爱。三是召开一次座谈会。院党组邀请了敦化市著名化妆美容、服饰搭配的专业老师来院为女检察官进行关于女性礼仪、化妆技巧、服装搭配等方面的讲座，陶冶女检察官的生活情操，激发大家以更饱满的精神风貌投入检察工作。四是参加一次长跑比赛。和往年一样，积极组织女检察官参加敦化市妇联主办的女性健身长跑比赛活动，向社会展现女检察官团结拼搏、积极向上、奋发进取的精神风貌。五是照一张全家福，吃一顿团圆饭。组织全体女检察官去照相馆照一张全家福，留下美好回忆，中午由院党组安排聚餐，并向女干警发放礼品，体现全院上下对女干警的关怀。

【“走基层、献爱心”活动】4月，汪清县检察院结合“三项重点工作”、“四走进”和政法干警“核心价值观”教育实践活动，围绕中心工作，立足于检察职能，强化民本意识，本着前移检察窗口，掌握社情民意，服务基层群众，化解矛盾纠纷的原则，将服务触角延伸，近日，主动与社管委沟通，走进大川和新民社区，为“爱心超市”的“检察官爱心专柜”捐款，该院60余名干警全部参加捐款活动，共募集款额10100元，已于当日分别送到2个超市。据了解，“爱心超市”是在县社管委和县总工会倡议下，在大川、新民两大社区的支持下成立的，目的是为了解决社区低保人员的生活问题。社区贫困人员及低保户凭证购买零成本的生活及日用品。

【纪念五四青年节法律宣传活动】5月4日上午，延吉市检察院组织80后全体干警走上街头、广场，通过悬挂横幅、摆设展板、发放宣传资料和现场咨询等方式集中开展法律宣传活动。该院为有效普及法律知识，立足检察职能，针对群众急需了解的法律问题，精心制作图文并茂的常用法律知识、举报须知及举报奖励等宣传资料。宣传现场，群众纷纷领取《常用法律实用手册》、《职务犯罪举报方法》等法律资料，还就自己关心的法律问题进行咨询。此次活动共发放宣传资料500余份，悬挂横幅2条，宣传展板2块，接受法律咨询30人次。

【延边林区分院为患病干警捐款】7月17日，省检察院延边林区分院举行“送温暖、献爱心”捐款活动，分院机关全体干警向该院身患重病的干警李秀琴捐款1.98万元。充分体现了检察院大家庭的温暖和谐与干警之间浓浓的关爱之情，这是分院机关深入践行“忠诚、为民、公正、廉洁”政法干警核心价值观的又一重要举措。李秀琴是延边林区分院公诉处的干警，几年前就因患脑瘤进行了一次手术，当时院里就伸出爱心之手为其进行了一次捐款。今年7月16日，李秀琴同志到长春吉大一院复查病情时，再次被诊断出患有脑瘤，同时家中丈夫、老人、孩子都相继患有不同程度的疾病，家庭经济十分困难，根本无力再支出继续治疗所需的医疗费。检察长张立华得知这一情况后，随即向该院干警发出“送温暖、献爱心”的倡议，帮助李秀琴渡过难关。在爱心捐款仪式上，在检察长的带领下，不论是院领导，还是借调干警、一般干警、聘用人员都纷纷伸出援助之手，慷慨解囊，奉献爱心，一些在外出差、学习的同志专门打电话委托同事代为捐款，在不到10分钟的捐款活动中，共为李秀琴捐款1.98万元。

［通化市］

【民事行政检察宣传日活动】为进一步宣传民事行政检察职能，充分发挥民事行政检察在深入推进社会矛盾化解工作中的作用，4月19日上午，梅河口市检察院组织20多名干警在市文化广场开展以“加强民事行政监督，维护公民合法权益”为主题的民事行政检察宣传日活动。

【爱老、敬老、尊老活动】5月4日，吉林省通化县检察院组织青年志愿者发扬中华民族传统美德，深入通化县民政局所属敬老院开展爱老、敬老、尊老活动，把敬老院的老人当亲人，帮助敬老院老人打扫室内外卫生，还为老人表演文艺节目，与老人同聚同乐，度过美好时光，受到老人的热烈欢迎和称赞。

【增强团队协作 开展拓展训练】辉南县检察院全体干警在检察长姜景铭的带领下，进行了以“勇于超越自我，促进检察发展”为主题的拓展训练实践活动。此次拓展训练活动在牡丹江镜泊湖进行，6月8日至6月10日为期三天，训练项目丰富，精神内涵深刻，通过拓展训练，打破了干警传统思维定式，开阔思路，激发个人潜能，重新认识和体验集体精神的强大力量，使大家深刻体会到了同志间信任和关怀的重要意义。拓展训练过程中，通过组织开展团体协作活动，强化干警们的合作意识、集体荣誉感和互助精神。虽然此次拓展训练仅三天时间，但通过训练，大家的组织、协调、沟通能力都得到了很好的锻炼，不仅激发了个人潜能，更树立了相互配合、相互支持的团队精神和大局意识。同时，也彰显了辉南县院对干警精神文化生活的关注，对干警“忠诚、为民、公正、廉洁”核心价值观的培养，着力增强干警的集体荣辱感以及组织责任感，激发干警工作热情，营造融洽和谐的工作氛围。

【“庆七一、听党史”专题讲座】为了庆祝中国共产党成立91周年，丰富政法干警核心价值观主题教育实践活动载体，进一步促进主题实践活动深入开展，6月28日上午，梅河口市检察院邀请市委党校李光江教授，举办了一场“庆七一、听党史”专题讲座，全院60多名干警聆听了讲座。讲座以“讲党性，充分发挥政法干警先锋模范作用”为题，从共产党91年的光辉业绩、“讲党性”是共产党人宗旨的体现和充分发挥党员的先锋模范作用三个方面讲述了中国共产党91年辉煌的历程，对不同时期的党性要求进行了深刻的剖析。以详实的语言、生动的事例，讲述了我党从建立、发展到逐渐壮大的过程，还从当前国际、国内形势以及社会生活的巨变等方面详尽讲解了党的发展历程，面对当前我国正处于矛盾的凸显期，提出了检察干警的具体党性要求——“忠诚、为民、公正、廉洁”。精彩的讲座赢得了全体干警的热烈欢迎，使得全院党员及干警在重温党的历史过程中得到了新的启迪和教育。

【举办联谊活动】7月，通化市检察院举办两级院联谊活动，增强青年干警之间的凝聚力和战斗力。

【举办家属助廉签名仪式】7月，通化市检察院举办家属助廉座谈会，促进廉政文化建设。

【举办书画摄影展】8月，通化市检察院举办书画摄影展，全市两级院共展出书法、国画、摄影作品近300幅，聘请市内专家进行了评奖。

【举办演讲比赛】9月，通化市检察院举办“让青春在为党和人民建功立业中焕发绚丽光彩”主题演讲比赛。

【举办业务论辩赛】9月，通化市检察院举办了优秀公诉人选拔赛，评选全市十佳公诉人。

【举办春节联欢会】12月，通化市检察院举行迎新晚会，辞旧迎新。

海南省检察官文学艺术联合会

海南省检察文化艺术工作情况

综 述

2012 年，是海南省检察官文联成立的第一年。海南省检察院党组十分重视省检察官文联工作，两次召开党组会把检察官文联工作纳入研究议题，进一步明确检察官文联的职能定位，为检察官文联工作指明了方向。一年来，省检察官文联在省检察院党组的正确领导和省检察院政治部的统一组织指导下，按照中国检察官文联提出的推动检察文化艺术理论研究、检察文化艺术创作、检察文化艺术活动整体推进、协调发展“三位一体”的工作思路，围绕省检察院党组关于重点抓好学习贯彻修改后刑诉法、集中整治“庸懒散贪”、派驻乡镇检察室建设三项工作部署和对检察官文联工作的总体要求，坚持用科学发展观统领检察官文联工作，自觉接受海南省文联的业务指导和省民政部门的监督管理，充分发挥指导、联络、协调、服务职能作用，组织、团结、凝聚检察文化艺术队伍，积极开展丰富多彩的检察文化艺术创作和检察文化艺术活动，不断提升检察文化艺术品味，丰富检察人员的精神文化生活，在服从、服务于检察业务工作，弘扬检察精神，繁荣检察文化，构建检察人员共有的精神家园中取得了较好的成绩。

一、着眼于加强思想政治建设，深入学习贯彻党的十八大精神，努力提高文化自觉和文化自信

坚持把深入学习贯彻落实好党的十八大精神作为当前和今后一个时期的首要政治任务，通过学习，切实把思想和行动统一到党的十八大精神上来，统一到中央、省委和高检院的决策部署上来，进一步坚定中国特色社会主义文化发展道路的信心和决心，坚定做好检察官文联工作的责任感和使命感，始终保持检察官文联工作的正确方向。

二、着眼于服从和服务于检察业务工作，积极开展适合检察人员参与、富有检察特色的文化艺术活动，努力构建检察人员共有的精神家园

结合全省检察机关深入贯彻党的十七届六中全会精神、开展政法干警核心价值观教育实践活动、集中整治“庸懒散贪”、纪念毛泽东同志《在延安文艺座谈会上的讲话》发表七十周年等系列活动，先后举办了全省检察机关2012年春节大型团拜联欢会、“检民心连心基层行”慰问演出、海南省检察机关书画摄影展、全省检察机关“迎国庆、铸检魂”诗歌朗诵比赛、“红棉杯”检察文学创作评选等文化文艺活动，塑造检察魂，传递正能量。组织开展书画创作笔会、摄影采风等文化活动，为检察书画摄影爱好者搭建学习交流平台，激发检察文化艺术爱好者的创作热情，提高创作水平。组织检察文化艺术爱好者踊跃参加全国、全省性各类文化艺术活动，取得好成绩，一批优秀文化艺术作品获奖和入选。各级院成立各类兴趣小组，经常性组织开展书画展、文化沙龙以及篮球、乒乓球、羽毛球、舞蹈、游泳、摄影、登山等文化体育活动，丰富检察干警文化生活，以检察文化陶冶干警情操，真正使政法干警核心价值观内化于心、外践于行。

三、着眼于打造具有海南检察特色的电视栏目剧品牌，满足检察人员的精神文化需求，积极推进与影视媒体的战略合作进程

就海南检察题材电视栏目剧制作项目，加强与央视中视创新文化发展有限公司和海南电视台战略协作，达成发挥各自优势、实现资源共享、共同发掘和传播海南检察工作和检察文化建设新成果的长期战略合作共识，于4月23日在海口举行了三方战略合作签约仪式；以派驻乡镇检察室工作为题材，突出检察官的主体地位，与中视创新文化发展有限公司联合摄制了6集央视系列栏目剧《乡镇检察官》，并在央视12频道《社会与法》栏目播出，开辟了检察文化建设新渠道；促成“中央电视台中视创新自制剧拍摄基地”在省检察院落户揭牌，为打造具有海南检察特色的电视栏目剧品牌奠定基础。

四、着眼于提高检察文化艺术理论支撑，重视加强检察文化艺术理论研究

省检察官文联积极发挥职能作用，团结、凝聚、引导检察文化艺术理论人才，积极开展检察文化艺术理论研究。琼山区检察院组织开展“琼山特色检察文化”理论调研活动，挖掘琼山历史人文资源，打造琼山特色检察文化，推出《挖掘琼山历史人文资源，打造“六种”检察文化品牌》等20篇检察文化建设理论调研文章。省检察官文联主席黄卫国撰写的理论调研文章《立足实践全面推进检察文化建设——重温〈延安文艺座谈会上的讲话〉的启示》一文，在中国检察官文联举办的“首届中国检察官文化论坛”上作交流并获得好评。

会　议

【全省检察长会议部署检察文化建设】 2月22日在定安南丽湖召开，会议确定了2012年全省检察工作思路。会议强调，要着力把服务和保障社会主义文化建设的任务落到实处。认真落实省委《关于贯彻落实党的十七届六中全会精神推动海南文化大发展大繁荣的实施意见》，依法打击境内外敌对势力通过思想文化渗透进行的刑事犯罪，积极查办文化基础设施建设、文化管理和执法中的职务犯罪，配合有关部门开展“扫黄打非”、整治网络淫秽色情和低俗信息等专项行动，维护文化安全和文化市场秩序。积极参与“海南文明大行动”，依法促进诚信建设和社会公共道德建设，加强对见义勇为、扶危济困、扶弱助残等行为的司法保护，依法妥善处理相关案件，使执法办案的过程成为惩恶扬善的过程。依法促进廉政文化和法治文化建设，深入推进检察工作进乡镇、进学校、进村社、进农家活动，引导群众依法理性反映诉求、解决纠纷、维护权益。切实加强检察文化建设，进一步发挥检察官文联的桥梁纽带作用，着力打造以环境文化、理念文化、和谐文化和管理文化为主要内容的海南检察文化，增强检察事业发展的软实力。

【省检察院党组会研究检察官文联工作】9月21日下午在省检察院召开，省检察院党组书记、代检察长贾志鸿同志主持。会议议题之一：研究检察官文联提交的《关于学习贯彻“以荷喻检”文化活动情况的报告》。会议指出，检察官文联成立后，积极开展工作，对丰富检察官文化生活是有好处的。检察官文联对检察机关来说是一个新生事物，工作范围、方向、经费来源以及与机关各部门的协作还在探索中。开展检察官文联工作，首先要处理好三个关系，即检察官文联工作与检察业务的关系、与省院党组的关系、与省院政治部的关系。检察官文联的工作要服从、服务检察业务工作，起到丰富检察业务工作的作用，不能过多地影响检察业务工作。检察官文联工作是检察工作各个组成部分中的一小部分，要在省院党组的统一领导下，纳入全省整体检察工作格局统筹考虑，其任何一项工作都首先要向分管检察长汇报。检察官文联与省院政治部是上下级关系，要在政治部领导下开展工作。检察官文联工作要按照文联章程，有针对性地丰富检察文化生活，做到有所为、有所不为，以开展小型活动为主，大型活动不要搞太多，要从小型、个别、专业、特色角度去考虑工作。会议决定，今后凡是开展需要全省检察机关上下联动的活动，都要省院党组决定，政治部组织，检察官文联可挂名参与。对检察官文联发动社会各界捐赠的款项要严格管理，按财务规定使用。

【省检察院党组会研究检察官文联专业协会成立】12月19日上午在省检察院召开，省检察院党组书记、代检察长贾志鸿同志主持。会议议题之一：研究省检察官文联提交的《关于成立海南省检察官文学艺术联合会书法美术协会等五个专业协会的请示》。会议原则同意，按照中国检察官文联要求，在省检察官文联成立书法美术、摄影影视、音乐舞蹈、检察文学创作、体育运动五个专业协会。会议要求，各专业协会的领导人选要重新选定，原则上在职的分市院领导同志不担任协会的会长。协会会长宜挑选具有该方面特长技能的离退休同志或在职的其他同志担任。为便于工作，可以考虑由分市院的机关党委副书记或工会主席担任副会长。会议强调，检察官文联开展各项活动要本着小而精、适当适度、不影响检察业务工作的原则。开展工作情况都要及时向省院分管副检察长请示报告。

【省检察官文联主席办公会】6月12日，省检察官文联主席黄卫国同志主持召开省检察官文联主席办公会。会议主要完成以下任务：第一，传达学习中国检察官文联延安首届检察文化论坛和中国检察官文联第一届委员会第一次常委会精神。会议指出，中国检察官文联首届检察文化论坛和一届一次常委会，是深入学习贯彻党的十七届六中全会精神，纪念毛泽东同志《在延安文艺座谈会上的讲话》发表70周年之际决定召开的一次重要会议，会议提出的“重温《讲话》精神，推进检察文化建设”主题，对当前和今后一个时期做好海南检察官文联工作具有重要的指导意义。会议强调，省检察官文联要在新的历史条件下，认真重温《讲话》精神，深入学习贯彻党的十七届六中全会精神，坚持中国特色社会主义文化发展道路，坚持“二为”方向和“双百”方针，正确把握检察官文联的性质定位，不断开创检察官文联工作新局面，为推进检察文化建设和发展做出新贡献。第二，听取秘书处关于省检察官文联2012年上半年工作情况及下一步工作安排的情况汇报。第三，研究增补省检察官文联副主席及常委等事项。经黄卫国主席提名，会议同意增补一分院副检察长刘海平、海口市院副检察长李成同志为省检察官文联副主席人选，同时接受李广和同志因退休、韩精华同志因调省公安厅任职而辞去省检察官文联副主席职务的申请；会议同意增补省院办公室副主任邱隽同志、一分院办公室主任李滨同志为省检察官文联委员、常委人选。以上人选经请示省院党组同意后将提交省检察官文联委员会表决通过。第四，听取各副主席关于组建检察官文联各专业协会工作情况的汇报。会议强调，要加快省检察官文联各专业协会的组建工作，尽快建立检察官文化艺术人才库，以此带动省检察官文联会员发展工作，壮大检察官文化艺术队伍，夯实省检察官文联工作基础。第五，研究部署省检察官文联下半年主要工作。（1）要加强政治理论学习。突出重点学习毛泽东同志《在延安文艺座谈会上的讲话》和党的十七届六中全会《关于深化文化体制改革、推动社会主义文化大发展大繁荣若干重大问题的决定》及胡锦涛同志对纪念毛泽东同志《在延安文艺座谈会上的讲话》发表70周年座谈会作出重要指示、曹建明检察长有关重要讲话等文件精神，不断提高政治理论水平和业务能力，检察官文联收集相关文件汇编成册后下发人手一册。（2）近期组织检察文化艺术爱好者开展一次摄影采风活动。由王彦青副主席负责组织实施。（3）继续做好“红棉杯”检察文学创作评选活动的宣传发动工作，鼓励广大检察人员积极参与，推出一批优秀检察文学作品进行奖励，编辑出版“红棉杯”检察文学创作评选活动精选作品集。（4）组织开展全省检察机关“迎国庆、铸检魂”诗歌朗诵比赛活动。提倡原创作品参赛，对优秀原创作品给予奖励。

【省检察官文联主席办公会】8月31日，省检察官文联主席黄卫国同志主持召开省检察官文联主席办公会。会议主要完成以下任务：第一，听取各位副主席关于各专业协会组建情况、“迎国庆、铸检魂”诗歌朗诵比赛和“红棉杯”检察文学创作评选活动准备情况汇报。（1）关于各专业协会组建情况。目前，除体育运动协会外，其他四个专业协会（即书法美术协会、摄影影视协会、音乐舞蹈协会、检察文学创作协会）的基本框架已建立。会议强调，体育运动协会的组建工作要加大力度，尽快落实好人选，确保各专业协会组建同步推进。检察官文联要抓紧就组建五个专业协会形成书面材料报省院党组审批。（2）关于“迎国庆、铸检魂”诗歌朗诵比赛准备情况。各级院十分重视，动员广大干警踊跃参与，认真确定参赛人员，认真组织诗歌作品创作和节目排练；有的院还通过开展比赛活动选出优秀节目报送参赛。总体看，原创诗歌作品参赛的比例较高。会议决定，诗歌朗诵比赛先在省院机关和各分市院辖区进行预赛，预赛分别由各位副主席负责牵头组织实施，预赛名额分配如下：省院2个，一分院4个，二分院3个，海口市院3个，三亚市院2个。总决赛将在海口举行，由省检察官文联组织实施，共14个节目进入总决赛。设置奖项：一等奖1个、二等奖2个、三等奖3个，其余参赛节目为优秀奖，另设组织奖2个。（3）关于“红棉杯”文学创作评选活动准备情况。省院政治部、省检察官文联于今年5月中旬联合下发《关于举办“红棉杯”检察文学创作评选活动的通知》（琼检政发［2012］42号），全省各级院均进行了安排部署，从目前情况看，一分院对辖区院开展此项活动进行了摸底和督促检查，工作相对较主动一些，但大多数院动员、组织还不够，干警的积极性还没有调动起来，工作还比较被动。会议强调，各位副主席要加大对本辖区院开展此项活动的督促力度，督促各级院切实做好宣传发动工作，在广大检察干警中形成浓厚氛围，确保此项活动的有效开展。检察官文联要拟定“红棉杯”检察文学创作评选方案，明确评选办法及程序、奖项设置及奖金，以及评委名单，方案要报省院领导审批。评选活动结束后，检察官文联要会同省院政治部下发获奖作品的通报。第二，传达贯彻省院党组有关文件精神。会议传达了省院党组文件（琼检党〔2012〕26号）精神，根据省院党组的决定，省院党组成员、副检察长彭忠学分管检察官文联工作，省院副巡视员马天友协助分管检察官文联工作。会议指出，今后检察官文联要主动向彭检、马副巡视员汇报工作中存在的问题和难题，检察官文联的文件均要呈两位分管领导阅示，主动争取两位分管领导的支持。会上，马天友副巡视员对检察官文联工作给予充分肯定，同时对检察官文联工作提出两点建议：（1）检察文化宣传工作是政工部门的职责之一，推动检察官文联工作要依靠政工部门；（2）检察官文联要积极向分管院领导汇报工作中存在的问题和难题，抓好任务落实。

活　动

【政法干警核心价值观教育实践活动】 为加强检察队伍建设，推动各项检察工作创新发展，按照最高人民检察院的统一部署，省检察院党组决定，自2012年2月至2013年1月，在全省检察机关深入开展“忠诚、为民、公正、廉洁”政法干警核心价值观教育实践活动。通过开展教育实践活动，努力实现以下目标：（1）坚守忠诚的政治本色。忠诚是政法干警核心价值观的灵魂，是检察人员必备的基本政治品格，要深化社会主义核心价值体系教育和社会主义法治理念教育，增强对中国特色社会主义的政治认同、理论认同、感情认同，自觉坚持党的事业至上、人民利益至上、宪法法律至上，始终做到忠于党、忠于国家、忠于人民、忠于宪法法律，更加自觉地服从、服务于党委政府的工作大局。（2）筑牢为民的宗旨理念。为民是检察工作的根本出发点和落脚点，是检察人员肩负的重要职责，要始终把人民放在心中最高位置，真正在思想上尊重群众、感情上贴近群众、工作上依靠群众，自觉把群众是否满意作为衡量和检验工作成效的根本标准，充分发挥检察职能，服务和保障改善民生，全力维护群众的切身利益，促进社会和谐。（3）坚定公正的价值追求。公正是检察工作的生命线和根本目标，要牢固树立公正之心、恪守公正之德、践行公正之举，坚持以强化法律监督为立身之本，做到敢于监督、善于监督、依法监督、规范监督，努力营造诚信有序的市场环境、和谐稳定的社会环境、廉洁高效的政务环境和公平正义的法治环境。不断强化自身监督制约，使检察机关的每一项执法活动、每一个执法环节都成为维护社会公平正义的具体实践。（4）严守廉洁的基本操守。廉洁是检察人员必须坚守的道德底线，要加强对检察队伍的严格教育、严格管理、严格监督，筑牢广大检察人员拒腐防变的思想防线，坚决抵御来自各方面的诱惑，做到自身正、自身净、自身硬，清正廉明，进一步树立检察机关公正廉洁执法的良好形象。（5）保持党的纯洁性要求。深入推进检察机关自身党风廉政建设和反腐败建设，积极开展维护党纪检纪教育，加大对检察机关党员领导干部监督制约，严肃查处违纪违法案件，不断提高自我净化、自我完善、自我革新、自我提高能力，保持思想纯洁、队伍纯洁、作风纯洁、清正廉洁，永葆先进性、纯洁性，自觉成为党的性质和宗旨的模范践行者。（6）树立正确的发展理念和执法理念。“六观”是引领检察工作科学发展的理论武器，更是指导检察机关执法办案的行动指南，要深入领会、准确把握“六观”、“六个有机统一”和“四个必须”的丰富内涵和精神实质，做到内化于心，外化于形，固化于制，努力作群众满意的法律监督者，检察工作科学发展的有力推动者。

【全省检察机关2012年春节大型团拜联欢会】1月10日在海口隆重举行，省委常委、省委政法委书记肖若海，省人大常委会副主任陈海波，副省长符跃兰，省政协副主席邱德群等领导出席并对晚会给予高度赞扬，省检察院党组书记、检察长马勇霞致辞。全省各级检察院检察长、省检察官文联代表及海口地区检察干警等600余人参加。马勇霞检察长在贺年致辞中指出，2011年全省检察机关广大干警在省委和高检院的坚强领导下，高举科学发展、执法为民、团结干事的旗帜，紧紧围绕海南国际旅游岛和生态省建设的中心大局，以深入开展三项重点工作和治安环境整治为载体，以强化法律监督、强化自身监督、强化高素质检察队伍建设为要求，着力服务保障民生，积极服务重大项目建设，保持查办职务犯罪案件强劲态势，严厉打击各种刑事犯罪，着力化解各类矛盾纠纷，加强诉讼监督，强化自身监督制约，加快科技强检步伐，在服务和保障海南国际旅游岛和生态省建设进程中，谱写了浓墨重彩的新篇章。马勇霞检察长表示，2012年是全面实施“十二五”规划、推进海南国际旅游岛建设的重要一年，是检察工作以优异成绩迎接党的十八大召开的鼓劲落实之年。全省检察机关要把思想和行动统一到党中央、省委和高检院的总体要求和决策部署上来，忠实履行宪法和法律赋予的职责，全力维护人民合法权益、维护社会公平正义、维护社会和谐稳定、促进经济社会发展，以优异的成绩迎接党的十八大的召开，为海南国际旅游岛和生态省建设做出新的更大的贡献！

联欢会上，由省检察院、省检察官文联和海口地区各级检察院选送的现代舞

《检察官颂》、相声《情系海南》、琼剧《春草闯堂》、快板《文明大行动》、小品《回家过年》、情景诗朗诵《永不熄灭的灯》等一系列精彩文艺节目，贴近检察工作实际、贴近检察干警生活，具有鲜明的检察特色、很强的艺术感染力和浓厚的时代气息。海口市检察院表演的小品《回家过年》，唱响了“基层检察工作重心下移、检力下沉，把法律监督的触角延伸到广大农村”的主旋律。省检察院表演的情景诗朗诵《永不熄灭的灯》，热情讴歌了全国模范检察官刘新力同志的先进模范事迹，他的一生如同一盏橘灯，照亮了工作，照亮了群众，却烧尽了生命中最后一滴灯油，但是，这盏灯将永远不会熄灭。省检察官文联选送的相声《情系海南》，由“人民喜爱的艺术家”、全国著名相声表演艺术家唐杰忠老师和他的高徒、著名相声演员崔喜悦及闭门弟子、著名相声演员韩占军同台表演，通过他们的精彩表演，诠释了广大检察干警对海南这片热土深深的爱。龙华区检察院表演的服装秀《飞扬青春，时尚环保》，重墨描绘了检察官自己设计、自己制作、自己编排的一组变废为宝的废报纸服装秀，大力倡导低碳、环保的生活理念。美兰区检察院表演的快板《文明大行动》，唱出了“海南文明大行动，文明美好你和我；检察干警作表率，文明执法我先行”的检察干警崭新风貌。整台演出节日气息浓厚、高潮迭起、精彩纷呈，赢得了观众的阵阵掌声。100多名检察人员参加了演出。

【“检民心连心基层行”文艺演出慰问活动】2月24日、2月27日分别在澄迈县福山镇和海口市秀英区永兴镇举行，省检察院党组书记、检察长马勇霞冒着毛毛细雨观看在秀英区永兴镇举行的慰问演出。“检民心连心基层行”慰问演出活动，旨在通过文艺演出的形式，把省检察院党组的亲切关怀和新春祝福送到基层、送给一线的检察干警，每场慰问演出都吸引了当地上万名群众到场观看，既宣传检察工作，弘扬检察精神，鼓舞队伍干劲，同时让农民群众更多的了解检察工作、理解检察工作、认同检察工作、支持检察工作，拉近了检察机关与人民群众之间的距离，得到了基层检察干警和人民群众的普遍好评，社会各界也给予了广泛关注，海南日报、法制时报、南海网等多家新闻媒体进行了报道。

【海南省检察机关书画摄影展】5月8日至12日在海南省博物馆举办，这是海南省检察机关有史以来的一次规模大、规格高、上水平、高品位的书画摄影展。5月8日上午举行开幕仪式，中国检察官文联常委、省检察官文联主席黄卫国致辞，省文联作协党组书记、省文联主席张萍，省委政法委副秘书长杜一戎，省检察院党组成员、政治部主任、省检察官文联常务副主席冯刚出席，省委宣传部、省高级法院、省公安厅、省安全厅、省司法厅、省文体厅、省文联及省检察官文联顾问等有关单位领导嘉宾应邀莅临指导。省检察院120多名干警作为首批观展队伍参加了开幕仪式。5月12日上午，省委常委、省纪委书记、省检察院党组书记、检察长马勇霞参观展览后给予高度评价并兴致勃勃地挥笔留言。本次书画摄影展共向全省检察人员征集各类书画摄影作品1400多幅，其中书法作品110多幅，绘画作品20多幅，摄影作品1300幅。经过精选展出的200多幅书画摄影作品，主题突出、视角开阔，构思新颖、意境深远，笔随时代、墨见精神，多角度诠释了全省检察干警忠诚、为民、公正、廉洁的政治品格、职业操守、奉献情怀和昂扬向上、锐意进取的精神风貌，集中展示了新时期检察官风采和检察文化魅力。本次书画摄影展奖项分书法、绘画、新闻摄影和艺术摄影四类，每类设一、二、三等奖和优秀奖（绘画类不设优秀奖）。经专家评审小组进行评选，书法作品：一等奖1幅：《兰亭集序》（张凤一）；二等奖2幅：《论书》（陈振玉）、《九成宫碑》（李宏伟）；三等奖3幅：《出师表》（王彦青）、《毛泽东诗一首》（文晓辉）、《王维诗一首》（曾圣和）；优秀奖6幅：《沁园春·雪》（雷宗儒）、《岳阳楼记》（李远航）、《揽古兴怀》（龙鹏轩）、《水清平衡执法如山》（龙仕位）、《五三三目标》（唐伟）、《张猛龙碑》（杨翘名）。绘画作品：一等奖1幅：《春江月夜鱼乐图》（林玥）；二等奖2幅：《欣欣向荣》（陆胜平）、《荷花赞》（杨青）；三等奖3幅：《廉洁之花》（陈书文）、《荷趣图》（刘佳峰）、《清白不染》（朱岩）。新闻摄影作品：一等奖1幅：《罗保铭书记视察农村干部警示教育基地》（吴勇海）；二等奖2幅：《肖若海常委和马勇霞检察长为派驻乡镇检察室揭牌》（吴勇海）、《检察官奋战在抗洪一线》（邝继利）；三等奖3幅：《检察干警骑车下基层》（肖俊）、《过去现在将来咱都是讲法制的社会》（谭伟斌）、《运动会拔河比赛》（许振聪）；优秀奖6幅：《下乡访民情》（王钜娇）、《爱心助学》（冯怡）、《田径赛场展雄姿》（刘春荣）、《在白沙起义馆缅怀先烈》（曾民）、《登上山顶后的喜悦》（王巍）、《篮球赛上的检察官》（夏国华）。艺术摄影作品：一等奖1幅：《焰火》（李威）；二等奖2幅：《椰风海韵美丽三亚》（杨宁）、《侗寨来了检察官》（王群）；三等奖3幅：《儋州峨曼海滩》（李威）、《静》（黄展健）、《夕阳照牧归》（朱建明）；优秀奖10幅：《春的畅想》（刘玫）、《高原碧玉》（张燕云）、《龙飞凤舞》（王伟元）、《梦中九寨》（雷宗儒）、《三亚湾》（孙玉）、《日照金山月同辉》（冯怡）、《五指山迎客松》（黄雄）、《印象丽江》（孙元秀）、《蒸酒》（麦文忠）、《月亮湾》（黄展健）。在本次书画摄影展活动中，海口市院、万宁市院获组织工作奖。本次活动结束后，精选了139幅书画摄影作品汇编成《海南省检察机关书画摄影展作品精选集》一书。

【全省检察机关“迎国庆、铸检魂”诗歌朗诵比赛】9月27日在海口举行，省院党组书记、代检察长贾志鸿，省文联作协党组书记、省文联主席张萍，中国检察官文联常委、省检察官文联主席黄卫国出席，省委政法委、省委宣传部、省高级法院、省公安厅、省司法厅、省安全厅等单位有关领导应邀莅临指导，海口地区各级检察院领导及干警共300多人参加。全省各级检察院高度重视，认真组织、指导诗歌创作和节目排练，广大检察干警踊跃参与，共有53个诗歌朗诵节目112名干警分别参加了一分院、二分院、海口市院、三亚市院四个片区和省院机关的预赛，其中原创诗歌作品43首。经过预赛选拔，13个优秀节目22名干警进入最后总决赛，其中原创诗歌作品12首。本次诗歌朗诵比赛活动主题鲜明，原创作品参赛特点突出，独诵、合诵、男女轮诵、父女合诵、舞台朗诵、情景朗诵交融辉映，声情并茂，抑扬顿挫，精彩纷呈，富有创意，具有很强的思想性、艺术性和观赏性。经过激烈的角逐，海口市院赵凯独诵《英雄——追记全国模范检察官刘新力》获一等奖；二分院陈美玲、李海滨合诵《做无愧于历史和时代的检察人》，东方市院郝思帅、郝怡昕父女合诵《选择》获二等奖；龙华区院孙文斌、俞宣伊合诵《我们骄傲，我们自豪，我们是乡村检察官》，秀英区院林芊、张涵合诵《检察官之歌》，临高县院朱建明、孙敏合诵《一路走来》获三等奖。一分院、二分院、海口市院、三亚市院和秀英区院获组织工作奖。

【“红棉杯”检察文学创作评选活动】为繁荣检察文化，提升文化品味，推动我省检察文学创作健康发展，5月3日至12月31日（截稿时间），开展“红棉杯”检察文学创作评选活动，旨在以红棉品格意喻检察精神，诠释政法干警核心价值观，彰显检察职业道德、品格和精神。制定了“红棉杯”检察文学创作评选方案：第一，成立由9名评委组成的创作作品评选委员会，其中4名评委由省检察院领导和部门负责人担任，5名评委由聘请的省内知名专家、学者担任。第二，奖项设置：本次活动设一等奖1篇，二等奖3篇，三等奖6篇，优秀奖13篇。第三，评选办法及程序：（1）由检察官文联负责将征集的全部作品隐去作者姓名及单位，并汇编成“‘红棉杯’检察文学创作作品集”后，连同“‘红棉杯’检察文学创作评选一览表”一并送达每位评委（或发电子邮件）审阅；（2）每位评委认真审阅后，从全部作品中选出36篇优秀作品进行排序，并填好“红棉杯检察文学创作评选一览表”（即为每位评委的初评结果）后送交检察官文联；（3）检察官文联对每位评委的初评结果进行汇总，按得票多少进行排序，以此作为本次活动的初评结果；（4）检察官文联召集评委会议，集中对本次活动的初评结果进行充分讨论，最终评出一、二、三等奖和优秀奖共23篇获奖作品。本次活动共征集各类检察文学创作作品146篇，其中，小说7篇、诗歌81篇、散文44篇、报告文学2篇、工作调研文章12篇。经评选委员会评审，一等奖1篇：小说《心结》（张幸）；二等奖3篇：小说《落地生根——谨以此文献给那些与海南共艰苦共奋斗共发展的检察人》（张幸）、散文《有一种绽放叫红棉花》（陈广军）、诗歌《我的北方，我的南方》（郭紫薇）；三等奖6篇：散文《我的木棉情》（胡智勇）、散文《丝丝白发儿女债，道道深纹岁月痕》（何强健）、散文《苍穹下站成一株红木棉》（文海虹）、散文《木棉魂》（刘俊剑）、诗歌《选择》（郝思帅）、报告文学《让死囚犯复活的故事——查办黄圣育、黄亚全申诉案纪实》（刘亚铭）；优秀奖13篇：小说《宗族》（王彦青）、小说《玉兰》（张幸）、小说《心安即是归处》（鄢月武）、小说《千里追凶》（张纳军）、散文《孝道》（徐振华）、散文《幸福三原色》（余曦）、散文《青春之歌》（王维坤）、散文《检徽伴我成长》（田巧玲）、散文《灿若红棉铸检魂》（高彩玉）、散文《红棉如火，励我前行》（付茸）、诗歌《致木棉一样的你们》（彭迪）、诗歌《红木棉》（康海杰）、工作调研文章《新刑诉法引发对未成年犯社区矫正的思考》（谢维）。

【摄制央视系列栏目剧《乡镇检察官》】2008年以来，海南省检察机关强力推进基层检察工作重心下移、检力下沉，把法律监督触角延伸到广大农村，设置派驻乡镇检察室工作，在全省广大农村设置36个派驻乡镇检察室，较好地呼应了社会主义新农村建设对法律监督的需求，改善了法律监督在农村缺位的状况，在收集、发现职务犯罪线索和涉检涉稳信息，畅通农民群众诉求渠道，有效化解农村矛盾纠纷，促进农村社会和谐稳定，推动农村社会管理创新，夯实党的执政基础等方面起到了很好的作用。海南省检察机关的做法得到了最高人民检察院的认可，在全国检察机关推广。为进一步宣传海南省检察机关派驻乡镇检察室工作取得的显著成效，展示检察机关良好形象和基层检察干警的时代风采，省检察官文联与中央电视台中视创新文化发展有限公司携手合作，于2011年12月启动央视社会与法栏目剧拍摄项目，主要以派驻乡镇检察室工作为题材，突出检察官的主体地位，精心策划，潜心创作，有序组织，经过4个多月的努力奋战，成功拍摄了6集央视社会与法系列栏目剧《乡镇检察官》——《窃案风波》、《麻辣邻居（上、下）》和《征地风波》、《沉默的村会计（上、下）》，分别于2012年11月26、27、28日和12月3、4、5日在央视12频道播出。该剧拍摄过程中，有20多名检察人员扮演不同角色参与了拍摄，使一批检察文化艺术爱好者得到了很好的锻炼。

【检察题材电视栏目剧战略合作签约仪式】4月23日下午，省检察官文联、中视创新文化发展有限公司、海南广播电视总台战略合作签约仪式暨中视创新自制剧拍摄基地揭牌、《乡镇检察官》栏目剧杀青仪式在海口举行，省检察院党组副书记、常务副检察长、中国检察官文联常委、省检察官文联主席黄卫国，中视创新文化发展有限公司总经理张玉志，海南广播电视总台台长助理莫壮衡分别代表三方签署战略合作协议并致辞。省委政法委、省高级法院、省公安厅、省司法厅、省文体厅、省文联等有关单位领导嘉宾应邀出席仪式。省检察官文联、中视创新、海南电视台三方建立长期战略合作关系，旨在更好发挥各自优势，实现资源共享，共同打造具有海南特色、检察特点、时代特征的电视栏目剧品牌，传播海南检察工作和检察文化建设新成果，推动检察文化艺术事业繁荣发展。仪式上，省检察院常务副检察长黄卫国、中视创新公司总经理张玉志为落户省检察院的“中视创新自制剧拍摄基地”揭牌。央视系列栏目剧《乡镇检察官》就是“拍摄基地”催生的第一个检察文化产品。

【海南省检察机关书画创作笔会】3月27日上午在省检察院举行，中国书法家协会副主席、海南省书法家协会主席吴东民、中国美术家协会理事、海南省美术家协会主席陈茂叶等11位知名书画家应邀出席，我省部分检察书画爱好者参加。11位书画名家大师齐聚一堂，挥毫泼墨，一展风采，现场创作优秀书画作品30余幅，为举办“海南省检察机关书画摄影展”增添了一批精品力作，同时为检察书画爱好者提供了一次难得的学习机会。

【摄影采风活动】9月8日在尖峰岭举行，这是省检察官文联成立以来首次组织摄影艺术爱好者进行艺术交流、实地采风的一次实践活动，20多名检察摄影爱好者参加。在尖峰岭开展摄影采风活动，主要考虑到尖峰岭是我国现存整片面积最大、保存最完好的热带原始雨林，其植被的完整性和生物物种的多样性位居全国前列，被誉为“热带北缘生物物种基因库”，在尖峰岭这个原始森林生物王国里，还有美丽的卧佛仙山、天池映月、尖峰观日、黑岭望海、银河飞瀑、古道幽洞、三海（云海、林海、大海）奇观、猴王弄观音、元军下马营等天然景观和人文古迹，是理想的摄影采风胜地。摄影爱好者把握大自然赋予的灵感，拍出了一批优秀作品，同时加强了相互间的生活感悟沟通和摄影艺术交流，一定程度提升了摄影创作水平。

【开展机关文明处室、文明标兵评比活动】12月19日，为表彰先进、推动文明机关建设，根据《海南省人民检察院机关文明处室、文明标兵考核评比办法（试行）》，省检察院机关党委对机关各部门开展文明创建工作情况和文明处室、文明标兵进行全面考核评比，并经院党组同意，授予综合指导处、案件管理办公室、侦查一处、监察处、公诉一处、公诉二处、新闻宣传处、侦查监督处8个处室为“2012年度省院机关文明处室”称号；授予王晓丽等32名干警为“2012年度省院机关文明标兵”称号。

【拓展训练活动】为推动政法干警核心价值观教育实践活动和学雷锋活动深入开展，培养检察干警脚踏实地，爱岗敬业，勇于挑战，敢于担当的精神品格，提高检察队伍的战斗力和凝聚力，增强做好检察工作的责任感和使命感。4月6日至8日，省检察院机关组织33名干警前往鹦哥岭进行野外素质能力拓展训练。活动主题：突破自我，历练品质，学习先进，艰苦奋斗。活动内容：（1）参观白沙起义纪念馆；（2）在鹦哥岭进行野外素质能力拓展训练；（3）在鹦哥岭自然保护区植树。

【检察文化艺术活动获奖情况】密切配合省检察院纪检组、监察处和政治部，动员、组织检察书画摄影爱好者积极参加高检院“廉洁从检”书画摄影作品创作活动，做好书画摄影作品征集、评选、上报工作，推荐了一批优秀书画摄影作品参加“全国检察机关廉洁从检书画摄影展”（12月11日至18日在首都博物馆举办），其中，（1）获奖作品（2幅）：美术作品《又见廉风抚家乡》（王良）、书法作品《澄怀观道》（陈振玉）分别荣获“全国检察机关廉洁从检书画摄影展”美术类二等奖和书法类三等奖。（2）入选作品（9幅）：书法作品7幅：《宋·周敦颐〈赞莲〉》（李宏伟）、《新陋室铭》（陈振玉）、《野旷天低树　江清月近人》（曾圣和）、《廉政诗八首》（张凤一）、《宋·周敦颐〈爱莲说〉》（雷宗儒）、《虚怀养天和》（文晓辉）、《张猛龙碑》（杨翘名）；美术作品1幅：《清莲》（冯雨）；摄影作品1幅：《普法宣传在行动》（谭伟斌）。密切配合省检察院机关党委组织检察文艺爱好者创作、编排文艺节目，踊跃参加省直政法系统“喜迎十八大”专题文艺晚会（2012年7月27日在海口举行），由省检察院选送、检察干警自编自演的情景诗朗诵节目《永不熄灭的灯》获二等奖。动员、组织干警积极参加高检院开展的“政法干警核心价值观、正确的发展理念和执法理念”征文活动，其中，《从〈秋菊打官司〉到〈威尼斯商人〉：关于公正的一种解读》（彭迪）、《检察官核心价值观的模式构建——以检察职业道德为逻辑起点得到思考》（刘海燕、王兴安）、《一滴水的幸福》（秦瑞静）等3篇文章获优秀征文。

安徽省检察官文学艺术联合会

安徽省检察文化艺术工作情况

综　述

2012年，在省院党组的领导下，在中国检察官文联、省文联和省院政治部的指导下，安徽省检察官文联以党的十七届六中全会和党的十八大精神为指导，以推动检察文化大发展、大繁荣为目标，按照紧贴实际、打牢基础、建立规范、促进发展的总体要求，逐步建立组织机构，广泛开展文化活动，积极推动对外交流，加强对下指导，不断强化检察文化队伍建设，促进了全省检察文化建设，提升了我省检察文化的影响力，为推动我省检察工作科学发展做出了积极贡献。

一、健全组织机构，为检察文化建设提供有力组织保障

2012年，是安徽省检察官文联成立后的第一年。为保证开好局、起好步，省检察官文联坚持把加强组织机构建设作为成立之初的重要工作来抓。一是进一步加强常委会、委员会和秘书处建设。先后召开了一届一次常委会议，一届二次、三次主席办公会议，增补5名同志为第一届委员会常务委员，增补24名同志为文联第一届委员会委员，确定了财务工作负责人、秘书处兼职副秘书长、秘书处工作人员和兼职会计。目前，省检察官文联第一届委员会共有委员80人，其中，常务委员29人。二是加强各专业委员会组织建设。根据全省检察文化发展和人才队伍实际，组织成立了书法、美术、摄影、体育、文学、收藏、新闻、音乐舞蹈等8个专业委员会。坚持把热爱检察文化、群众一致认可、有组织领导能力、有专业文艺特长的同志选拔为各专业委员会会长、副会长和秘书长，为专门性文化活动顺利开展提供坚强的组织保证。三是加强规范化建设。坚持把制度建设作为省检察官文联成立之初的重要工作，根据检察官文联章程的要求，结合我省检察工作实际和文联运转、管理实际，制定了文联秘书处工作职责、信息通报办法、公文处理、鉴印管理、财务管理和档案管理等六项制度，基本保证了文联工作有章可循、规范运行。四是积极推动市级院成立检察官文联。认真贯彻落实最高人民检察院加强检察文化建设的决定精神和中国检察官文联关于加强市级院检察官文联建设的具体要求，把成立市院文联作为加强全省检察文化建设的基础性工程来抓。进一步明确工作目标和具体要求，争取市级院领导特别是检察长对文化和文联建设的重视，切实加强对下指导，主动帮助有条件的市院开展文联筹备工作。在省检察官文联的大力推动和相关市院党组的重视下，池州市检察官文联、淮南市检察官文联先后成立，另外还有一些市院也在积极筹备中。

二、积极发挥职能作用，承办迎接党的十八大系列活动

为迎接党的十八大的胜利召开和纪念安徽省人民检察院成立60周年，按照省院统一部署，省检察官文联与省院政治部共同承办了全省检察机关演讲比赛、书画摄影作品暨藏品展、篮球羽毛球比赛、文艺调演等一系列大型文体活动。按照统一策划和安排，书法、摄影、收藏等委员会紧密配合，因地制宜，精心挑选200多件书画摄影作品和藏品，高质量地完成了书画摄影暨收藏展工作，得到了观展领导和同志们的一致好评。体育运动委员会抽调人员力量，强化统筹协调，加大对下指导和监督力度，篮球和羽毛球比赛取得圆满成功。在庆祝检察机关成立60周年大型文艺调演方面，文联秘书处、音乐舞蹈委员会对40多个文艺节目进行逐一审查、挑选，多次修改完善，进一步提升节目的艺术表现力和现场感染力，体现了演出的专业性和高水准，展现了检察机关文化建设的新成就和检察机关的良好精神风貌。新闻委员会多次通过文字和图片的形式，在《检察日报》、正义网和《安徽检察》报道我省检察机关喜迎党的十八大有关情况，营造了良好的舆论氛围。在举办重点活动的同时，检察官文联还组织编印《庆祝省检察院成立六十周年活动集锦》画册，进一步扩大了活动的影响力。省检察官文联坚持简约、简朴的原则，在保证各项活动隆重热烈的同时，大力压缩活动经费，减少不必要的开支，尽可能地使用省院机关现有会议设施和场地，尽可能地利用业余时间、周末和节假日开展工作，保证了参与活动的干警工作、活动两不误、两促进。

三、积极开展对外交流，提升文联的影响力

开展对外交流是繁荣和促进检察文化的必要方法和重要途径。省检察官文联坚持扩大交流、开阔视野、吸收借鉴先进经验和做法，进一步加强和改进自身工作，积极打造安徽检察文化的品牌效应。一是积极参与中国检察官文联举办的相关活动，参加了中国检察官文联举办的“以梅喻检”、“以荷喻检”研讨和书画活动，及“首届中国检察官文化论坛”，我省检察官文联在大会上的发言受到较好评价。二是组织开展赴山东省检察机关的文化考察活动，学习了经验，开阔了视野，并就考察情况向省院党组作了专题报告。三是为中国检察官文联举办的“廉洁从检”书画摄影展征集作品245件，实际展出56件，数量位居全国第四。四是根据中国检察官文联的要求，完成了《中国检察文化年鉴2012》（安徽篇）的撰稿任务。五是积极参加方圆法治论坛，围绕“检察文化建设与核心价值观”主题和“以检察文化建设提高队伍素质”、“以检察文化建设提高执法公信力”两个议题展开探讨，我省检察官文联代表被指定作大会主旨发言。

四、发挥专业委员会作用，大力开展创作活动和专业培训

文化艺术创作是衡量检察机关文化建设水平的重要标尺。省检察官文联充分发挥各专业委员会在专门领域的影响和带动作用，大力开展专业培训，积极培养和发现专门性人才，进一步推动文化创作工作，鼓励多出精品力作。摄影委员会举办了“印象检察——百姓心中的人民检察官”主题创作活动启动仪式和“摄影艺术与艺术摄影”创作培训讲座，组织观摩了安徽省第十八届摄影艺术展；积极开展“以梅喻检”主题赏梅摄影活动、主题摄影采风活动和实地摄影创作活动；与安徽高校摄影协会、合肥市摄影家协会联合开展“皖南秋色”摄影创作活动。收藏委员会举办“印象检察·寿州行”采风活动，在合肥隆福臻品会馆组织开展了收藏鉴赏交流会。书法委员会举办了第五期书法创作骨干培训班，组织省院机关书法爱好者开展了“书法沙龙”第一次活动；积极开展送文化下基层活动，组织骨干赴白湖、太湖县、合肥庐阳区等检察院，送书画下基层，并现场指导基层院文化建设工作。美术委员会举办了“美好安徽——石台行”采风活动，组织开展形式多样的笔会和写生活动，并邀请文联艺术顾问、著名画家进行现场指导。音乐舞蹈委员会组织了“印象检察——放歌金秋”活动，开展了音乐辅导讲座和歌舞沙龙活动；还应邀观摩了总政话剧团演出。体育运动委员会积极组队参加全省社会组织第二届乒乓球比赛，省检察官文联代表队分别获得男子单打冠军、男子双打冠军、男子单打第 6 名、第 7 名等奖项。新闻委员会通过多种形式开展对会员的培训，共培训人员 300 多人次；积极报道省检察官文联活动开展情况，在中国检察官文联刊物、方圆杂志、正义网专题推介我省检察官文联创作的书法、摄影作品，其中摄影作品《云中卓玛》获得第 25 届全国专业报新闻摄影年赛艺术类金奖。文学创作委员会在自己的专属网页上，工作开展非常活跃，既有小说连载，又有散文、随笔等，形式多样。

五、开通文联网站，努力为检察文化建设搭建新平台

网站建设是文联确定的年度重点工作。在省院技术处的大力支持下，于 2012 年 10 月 26 日，省检察官文联网站正式开通。文联秘书处和各专业委员会积极录入信息，保证网站信息全面、充实、准确，努力发挥文联网站在宣传文化建设中的作用。省检察官文联网站成为全国首家开通的省级院检察官文联网站。

2012 年，检察官文联各项工作取得了一定的进展和成绩，这是省院党组正确领导、中国检察官文联和省文联具体指导的结果，是各市院、县区检察院对检察文化建设关心和支持的结果，是省检察官文联各位常委、委员、各专业委员会及其工作人员共同努力的结果。实现了文联各项工作的良好开局，在省院和全省检察干警心目中树立了良好形象，让检察官文联日渐成为省院党组开展文化建设的重要抓手和得力助手。但也存在一些问题：一是由于文联刚刚成立，各项工作都在摸索中进行，存在不规范、不完善的问题；二是各专业委员会的人才发现与培养工作有待进一步加强；三是文联活动的整体水平有待进一步提高；四是对外交流与合作有待进一步深化。2013 年，省检察官文联将认真研究、逐步解决这些问题，推动文联工作全面、协调、可持续发展。

会　议

【安徽省检察官文学艺术联合会一届二次主席办公会暨一届一次常务委员会】 2012年4月13日，安徽省检察官文学艺术联合会一届二次主席办公会暨一届一次常务委员会在合肥召开。

陈怀安主席主持了一届二次主席办公会。会议共有七项议程：研究检察官文联2012年工作要点；研究检察官文联六项工作制度；研究提名检察官文联专业委员会领导机构拟任人选；研究决定检察官文联秘书处兼职副秘书长、工作人员推荐人选；研究增补王继军等24名同志为检察官文联第一届委员会委员的提名建议；研究增补叶桂牛等5名同志为第一届委员会常务委员的提名建议；研究检察官文联专业委员会会长提名建议。

参加会议的常委们及列席会议代表，分组讨论了《检察官文联2012年工作要点》、《检察官文联六项工作制度》。接着召开了一届一次常务委员会，会议由鲍国友副主席主持。大会通过了增补王继军等24名同志为检察官文联第一届委员会委员的决定；增补叶桂牛等5名同志为第一届委员会常务委员的决定；马长城等8名同志为检察官文联专业委员会会长的决定。并通过了检察官文联专业委员会领导机构人员名单，以及检察官文联秘书处组成人员名单。

会上，陈怀安主席发表了重要讲话，鲍国友副主席作了总结讲话。

【省检察官文联召开一届三次主席办公会】 2012年9月7日下午，省检察官文联一届三次主席办公会在文联会议室召开。参加会议的有文联主席陈怀安，副主席鲍国友、李中学、王永法、许治安、马长城、陈峰，秘书长许刚，专职副秘书长卢斐，副厅级检察员、文联常务委员阮永传列席会议。会议由陈怀安主席主持。

会议研究通过了一届二次主席办公会以来文联工作情况的报告、文联网站建设情况的报告。会议研究决定，由许刚秘书长暂时代理文联书法委员会负责人，由阮永传同志负责文联财务工作，聘请张群、许广为同志为文联兼职会计人员。会议研究了文联经费筹集和使用工作。

【安徽省检察官文联摄影业委员会第一次会议暨“印象检察”创作活动】 6月15—16日，安徽省检察官文联摄影委员会第一次会议暨“印象检察——百姓心中的人民检察官”主题创作活动启动仪式，在蚌埠市召开。省院党组副书记、副检察长、省检察官文联主席陈怀安同志，蚌埠市委常委、政法委书记巫希平同志，蚌埠市院党组书记、检察长、省检察官文联副主席王永法同志等领导同志，以及省检察官文联各专业委员会会长参加会议。会议邀请了省摄影家协会副主席刘小兵同志，安徽高校摄影家协会会长栗洪宁同志，蚌埠市摄影家协会、蚌埠淮河影友联谊会、蚌埠市艺术摄影协会的领导，来自全省部分检察机关的省检察官文联会员和蚌埠市检察机关的摄影爱好者也应邀参加会议。

会议由摄影委员会副会长鲁明同志主持。摄影委员会孙军会长在会上做了工作报告，并就新的一年工作进行了部署。

省院党组副书记、副检察长、省检察官文联主席陈怀安作重要讲话，对摄影业委员会以及检察官文联各专业委员会的工作开展提出要求，并为安徽省检察官文联

《印象检察——百姓心中的人民检察官》年度文学艺术主题创作活动启动仪式剪彩。

会议安排了摄影沙龙活动，省高校摄影家协会会长、合工大栗洪宁副教授主讲了“摄影艺术与艺术摄影”主题创作讲座。与会人员还参观了蚌埠市院检察文化艺术中心建设成果。会后，摄影委组织与会摄影爱好者们前往全国模范基层检察院——怀远县院进行主题摄影采风活动，并深入群众生活，走近百姓中间，在淮北临涣乡村进行实地摄影创作活动。

【安徽省检察官文学艺术联合会收藏委员会第一次会议暨“印象检察·寿州行”采风活动】 6月30日，安徽省检察官文学艺术联合会收藏委员会第一次会议暨“印象检察·寿州行”采风活动在寿县成功举行。省院党组副书记、副检察长、省检察官文联主席陈怀安，省院副检察长、省检察官文联副主席鲍国友出席会议并讲话。六安市院检察长张棉，省院副厅级检察员方海、阮永传，省院原副厅级检察员杨建民应邀参加会议。来自全省检察机关20多位收藏爱好者参加了会议。

收藏委员会会长叶桂牛向会议报告了工作，并就当前和今后一个时期的工作提出安排意见；与会代表进行了座谈讨论，提出了很多很好的意见和建议。会后，全体代表观看了寿县检察院开展文化建设的图片展，参观了寿县博物馆和当地历史文化遗存，并进行了深入交流。

【省检察官文联网站建设讨论会】 8月10日上午，省检察官文联网站建设讨论会在省院党组会议室召开。文联各专业委员会会长、秘书长，文联秘书处有关人员参加会议。文联秘书长许刚主持会议。

会上，许刚秘书长简要介绍了文联网站建设基本情况。省院技术处徐茜同志详细介绍了网站各版块构成、版块名称等，现场培训了网站信息管理系统操作流程。与会人员围绕网站建设，广泛讨论，深入交流，提出了很多建设性意见和建议。最后，许刚秘书长强调，文联网站是展示文联各项工作的重要载体，是展示检察干警文艺才能的重要平台。在文联领导的高度重视和大力支持下，在技术处有关同志和技术人员的共同努力下，网站建设工作进展顺利，已经初见雏形；下一步，将按照大家的意见建议修改完善。他重点就网站各个版块的信息发布工作进行了具体分工，并提出了明确的时间要求。

【文联书法委员会第一次会议暨第五期书法创作骨干培训班】 检察官文联书法委员会于10月12日至14日在芜湖县召开第一次会议，同时举办了全省检察机关第五期书法创作骨干培训班。省院副检察长、省检察官文联主席陈怀安，芜湖市院检察长胡胜友，国家一级美术师、中国书法家协会理事、省书协副主席方茂鸿，省书协副主席、巢湖学院副院长傅爱国，安徽省检察官文联的有关同志，全省部分书法创作骨干及芜湖市、县两级院的有关领导全程参加了会议和培训活动。

会上，文联秘书长兼书法委员会负责人许刚作了工作报告，报告回顾了书法委员会成立后的工作开展情况，同时提出了工作思路、工作目标及下一步打算。

陈怀安副检察长肯定了书法委员会的前期工作，并对今后的工作提出了具体要求。

书法爱好者们与大师们共同进行了书法创作活动。

【省检察官文联音乐舞蹈委员会第一次会议暨“印象检察——放歌金秋”庆十八大活动】 11月10日，省检察官文联音乐舞蹈委员会第一次会议暨“印象检察——放歌金秋”庆十八大活动在铜陵市举行。出席会议并参加活动的有省检察官文联主席陈怀安、副主席鲍国友、李中学、王永法，常务委员阮永传等文联领导同志，部分市院宣传处长以及部分音乐舞蹈爱好者，共30余人。铜陵市检察院曹敏检察长全程参加并发表致辞。音乐舞蹈委员会会长刘军在会上做了工作报告，并举办了音乐舞蹈沙龙活动。

活　动

【陈怀安副检察长应邀参加中国检察官文联“迎新春、送文化”专题活动】 中国检察官文学艺术联合会首次于元月6日至8日在北京举办了以“凝聚检力、振奋精神、促进和谐、文化共享”为主题的“迎新春、送文化”春联集中创作活动。中国检察官文联主席张耕、北京市检察院检察长慕平以及高检院有关领导参加了活动。应高检院和中国检察官文联邀请，来自全国检察机关的在高检院大型书画展览中获奖的30名作者参加了活动。

省院党组副书记、副检察长、省检察院文学艺术联合会主席陈怀安和省院离干处处长王成、临泉县院徐如民等3名同志应邀参加了活动。此次活动，我省3名同志共为全国检察英模、高检院老干部书写春联120余副，为中国检察文联书写书法作品20余幅，此外，还与来自全国的27名书法爱好者一起共同创作了近20米长的书法长卷，为中国检察文联永久收藏。

【参加中国检察官文联举办的“以梅喻检”文化活动】 2月29日至3月1日，由中国检察官文联和江苏省检察官文联共同举办的“以梅喻检”文化活动，在南京举行。来自全国各地的81位会议代表，围绕“以梅喻检”主题进行座谈，实地采风和书画摄影创作。中国检察官文联主席张耕主持座谈会并作重要讲话。安徽省检察院党组副书记、副检察长、中国检察官文联常委、安徽省检察官文联主席陈怀安在会上作了专题发言。中国文联、各级检察官文联代表，以及书画摄影艺术家们进行了交流与互动。

【省检察官文联主席陈怀安同志率团赴山东考察检察文化工作】 5月9日至15日，省院党组副书记、副检察长、省检察官文联主席陈怀安同志率领检察文化考察团一行8人，赴山东考察检察文化建设工作。考察团分别到山东省院，济南、烟台、青岛等市院进行了考察学习。山东省院党组副书记、副检察长李少华同志会见了考察团一行，省院副检察长吕涛同志全程陪同。代表团在山东省院参观了控申接访大厅、民生检察服务热线、办案工作区、报告厅、电视电话会议室，并进行了座谈。代表团还分别考察了济南、烟台、青岛等市院的特色检察文化建设。

【安徽省检察文化建设喜获高检院表彰】 全国检察机关文化建设工作会议于6月19—20日在长春召开。高检院党组副书记、常务副检察长胡泽君出席会议并讲话，党组成员、政治部主任李如林主持会议。会议表彰了“全国检察文化建设示范院”，安徽省蚌埠市检察院、天长市检察院获此殊荣，安徽省检察院荣获“全国检察文化建设组织奖”，安徽省检察院党组成员、政治部主任李中学代表省院领奖。

【全省检察机关弘扬政法干警核心价值观主题演讲比赛】 7月6日，全省检察机关弘扬政法干警核心价值观主题演讲比赛在省院成功举办。省院党组副书记、副检察长陈怀安，党组成员、政治部主任李中学，党组成员、机关党委书记柴学友，省委政法委政治部副主任彭跃繁，安徽省电视台主任播音员、省演讲协会常务理事蒋煜，省直文明办主任、省演讲协会副会长吴一平，安徽大学艺术学院戏剧系讲师，省演讲协会任飞等领导和专家担任评委。

举办此次演讲比赛旨在纪念安徽省检察机关成立60周年，迎接党的十八大胜利召开，推动政法干警核心价值观教育实践活动深入开展。各市院高度重视此次活动，精心组织，认真选拔并推荐优秀选手参加比赛。来自全省检察机关的17位选手紧紧围绕“忠诚、为民、公正、廉洁”这一主题，以充实的内容、真挚的感情，讲述了自己对政法干警核心价值观的理解和感悟，充分展示了检察队伍良好的精神面貌和昂扬向上的价值追求。

【全省检察机关“迎接党的十八大胜利召开、纪念安徽省检察院成立六十周年”书画摄影暨收藏展】 8月31日上午，全省检察机关“迎接党的十八大胜利召开、纪念安徽省检察院成立六十周年”书画摄影暨收藏展在省院机关大楼举行，干警们欣赏佳作，回顾历程，感受时代脉搏，激发爱党情怀。

【全省检察机关篮球、羽毛球比赛】 7月下旬—8月下旬，举行了全省检察机关篮球、羽毛球比赛。比赛期间，各参赛代表队和运动员服从组委会的领导，自觉遵守各项竞赛规则，顽强拼搏，积极进取，取得了比赛成绩和道德风尚的双丰收，集中展示了全省检察干警团结一心、奋发进取的昂扬风貌。

【“喜迎十八大、纪念安徽省人民检察院成立60周年”全省检察机关文艺调演】 9月20日，“喜迎十八大、纪念安徽省人民检察院成立60周年”全省检察机关文艺调演在安徽省歌舞剧院成功举办。文艺调演在安徽省人民检察院检察长崔伟热情洋溢的致辞中拉开了帷幕。省人大常委会副主任胡连松，副省长倪发科，省政协副主席郑牧民，省检察院检察长崔伟，以及省检察院老检察长赵保星、刘生、宋孝贤等出席，省直机关有关领导、部分离退休检察长和检察英模代表、省院机关干警、各市院干警代表近600人观看了演出。

这次文艺调演突出了“喜迎十八大，纪念安徽省人民检察院成立60周年”的主题和“传承优秀文化，融和创新理念，构建和谐检察，塑造皖检精神”的主旨，在各级检察院的高度重视和大力支持下，在全体演职人员的共同努力和辛勤付出下，整台演出大气磅礴，精彩纷呈，全面展示了我省检察文化建设的丰硕成果。

【陈怀安主席参加“以荷喻检”文化活动】 8月4日至6日，由中国检察官文联和山东省检察官文联共同举办、枣庄市检察院承办的“以荷喻检”文化活动在枣庄市举行。全国政协教科文卫体委员会副主任、中国检察官文联主席张耕，全国政协教科文卫体委员会副主任、中国文学艺术基金会理事长胡振民参加活动。省检察官文联主席陈怀安参加活动并作发言。

【省院摄影委员会组织摄影爱好者观展】 10月12日上午，省检察官文联摄影委员会组织机关部分摄影爱好者前往合肥久留米美术馆，参加了由省文联、省摄影家协会主办的安徽省第十八届摄影艺术展开幕式。据了解，作为安徽省文联喜迎十八大系列文艺活动之一的本届影展，共收到1123名摄影家和摄影爱好者所送的稿件13276幅，作品数量比上一届猛增3000余幅，创下了全省摄影展收稿之最。

本次影展的摄影作品分为“记录”、“艺术”、“商业”三类。其中我省检察系统卞东胜的作品《人民喜爱的检察官》、《侗家捕鱼节》，鲁明的作品《冰上芭蕾》，分别获得优秀奖。

【崔伟检察长调研全国检察文化建设示范院——天长市检察院】 10月17日，安徽省检察院检察长崔伟到“全国检察文化建设示范院”、该省天长市检察院调研。滁州市检察院检察长郑光和天长市委副书记、市长刘荣祥陪同调研。

在听取了天长市检察院检察长张斌的工作汇报后，崔伟检察长赞扬说，天长市检察院的检察文化建设很有特色，文化氛围很浓厚，干警精神状态很好，地方党委政府支持力度大，党组一班人齐心协力，都在谋事干事，不愧为是“全国检察文化建设示范院”。特别是文化展示大厅中展示的99个“德”字和100个“法”字，寓意深刻，意味深长，检察文化建设的目的就是要以德养人，追求百分百的公正执法效果。检察文化建设要与中国特色社会主义文化建设有机结合起来，与干警的理想信念有机结合起来，与检察业务建设有机结合起来，并最终落实到提升检察队伍整体素质、履行好检察职能上来。

【安徽省检察官文联网站开通】 10月26日上午，安徽省检察官文联网站开通仪式在省院党组会议室举行。文联主席陈怀安、副主席鲍国友、李中学，文联各专业委员会会长、副会长、正副秘书长，文联秘书处全体人员参加仪式。鲍国友副主席主持仪式。

开通仪式上，陈怀安主席作重要讲话。陈主席充分肯定了文联网站建设的重要意义，指出文联网站的开通是省检察官文联工作的一件大事，也是我省检察文化建设的一件喜事。他重点对网站运转工作进行了部署：一要充实内容，推动网站正常运转；二要认真把关，确保网站信息安全；三要加强宣传，扩大网站影响范围。他希望大家齐心协力、共同努力、尽心尽力，把安徽省检察官文联网站办出特色、办出成效、办出水平，为推动文联各项工作、丰富干警文化生活、加强检察文化建设作出积极贡献。

基层检察文化

【池州市检察官文学艺术联合会成立大会】 11月21日，池州市检察官文学艺术联合会成立大会在池州市院隆重召开，这是安徽省成立的第一个市级院检察官文学艺术联合会。安徽省检察官文联主席陈怀安、专职副秘书长卢斐、副秘书长王顺专程到会祝贺。

陈怀安主席在会上作了重要讲话，他指出：以党的十七届六中全会为标志，社会主义文化建设和繁荣进入了一个新的历史发展阶段，检察系统内也正在形成前所未有的、齐心协力发展检察文化事业的共识，文化正越来越成为新一轮发展的软实力和驱动力。池州市检察官文联的成立，不仅是池州市检察机关贯彻落实党的十八大精神的一项重要举措，也是自觉把检察文化建设纳入社会主义文化建设总体格局，为社会主义文化大发展大繁荣所作出的积极贡献。

【池州市检察官文联领导机构】

名誉主席：

张　兵　池州市人民检察院党组书记、检察长

主　席：

桂建明　池州市人民检察院党组成员、副检察长

副主席：

许乐生　池州市人民检察院党组成员、副检察长

余世斌　池州市人民检察院党组成员、副检察长

何三定　池州市人民检察院调研员

苏天明　池州市人民检察院党组成员、纪检组长

秘书长：

杨　昕　池州市人民检察院接待办主任

副秘书长：

邹国平　池州市人民检察院研究室主任

各专业协会负责人：

文学艺术委员会主任：邹国平

体育运动委员会主任：江会生

以上人员，经2012年11月27日池州市检察官文联成立大会决定。

【淮南市检察官文学艺术联合会成立】

12月20日，淮南市检察官文学艺术联合会成立。省政协常委、省检察官文学艺术联合会主席陈怀安，淮南市政府副市长孙全玉、市政协副主席杨天标，省检察官文学艺术联合会秘书长许刚出席会议。

会议审议通过了《淮南市检察官文学艺术联合会章程》，选举产生了淮南市检察官文联第一届委员会。淮南市检察院检察长许治安当选第一届主席。大会聘请了中国作家协会会员李思法，中国书法家协会会员、省青年书法家协会副主席方斌，中国摄影家协会会员、淮南市摄影家协会主席迟军等9名同志担任淮南市检察官文学艺术联合会艺术顾问。

【淮南市检察官文联领导机构】

主　席：许治安　淮南市人民检察院检察长

副主席：余正清　淮南市人民检察院副检察长

万　平　淮南市人民检察院纪检组组长

朱长珍　淮南市人民检察院政治部主任

秘书长：杨玉云　淮南市人民检察院政治部副主任、干部处处长

2013年4月10日，经主席会议研究决定，成立音乐舞蹈、体育、收藏、礼仪、摄影、文学、书法美术等七个小组。

音乐舞蹈组　组长：黄尚

副组长：周婧

体育组　组长：张险峰

副组长：尹良海

收藏组　组长：纪贵富

礼仪组　组长：秦锐

副组长：平艳

摄影组　组长：李晓东

副组长：张敬斌

文学组　组长：杨玉云

副组长：周锦

书法美术组　组长：陈光

副组长：陈甜

【宿州市检察官文学艺术联合会领导机构】

名誉主席　张晓光　宿州市人民检察院检察长

主　　席　刘　擎　宿州市人民检察院副检察长

副 主 席　王金华　宿州市人民检察院宣传处处长

王绍智　宿州市人民检察院检察长助理

董正夫　萧县人民检察院政治处副主任

秘 书 长　尹建成

专职副秘书长　王　侠

2014 年 3 月 26 日召开的宿州市检察官文学艺术联合会第一次会员代表大会选举并通过。

山西省检察官文学艺术联合会

山西省检察文化艺术工作情况

综　述

2012 年，山西省检察机关以科学发展观为指导，深入开展政法干警核心价值观教育实践活动和保持党的纯洁性学习教育活动；大力加强思想政治建设，始终保持检察工作正确方向；加强领导班子建设。认真落实领导班子年度考核、检察长述职述廉等制度，加强对下级检察院领导班子及检察长的管理监督；深化检察体制机制改革，稳妥推进基层检察院内设机构整合改革；加大教育培训力度，省检察院举办培训班 102 期，培训 12909 人次，全省有 1441 名检察人员通过司法考试；实施“351”人才选拔培养工程，培养业务专家 35 名、业务尖子 430 名、办案能手 1106 名。加强机关作风建设，省检察院机关组织开展“三建三创”活动和纪律作风教育整顿活动，倡导开短会、讲短话、干实事，工作效能明显提升。

活　动

【召开山西省检察官文联主席第一次办公会议】 3 月 9 日，省检察官文联在太原市晋源区康庄森林度假村召开《山西省检察官文联第一次主席办公会议》。省检察官文联主席、副主席、秘书长、副秘书长，拟任各专业协会会长、副会长共 37 人参加了会议。会议研究通过 8 个专业协会会长、副会长人选任职。研究讨论省检察官文联年度工作计划，介绍了中国检察官文联在南京开展“以梅喻检”活动情况。会议期间还组织学习了有关文件，现场还进行了笔会、歌舞等文化活动。

【组织参加政法干警核心价值观教育公祭活动】 4 月，省、市、县三级检察院千余名检察干警分赴各地烈士陵园参加全省政法机关“政法干警核心价值观教育公祭活动”，深切缅怀革命先烈，集中开展革命传统教育。省委常委、政法委书记王建明，省检察院检察长杨司等省委政法委员会委员出席祭奠仪式。王建明代表省委政法委员会向革命先烈敬献了花篮，全体干警向革命先烈默哀一分钟，并重温入党誓词。省检察院机关和太原市检察院百余名干警在太原市双塔烈士陵园参加公祭活动。

【政法机关英模事迹巡回报告团举行报告会】 5月，山西省政法机关英模事迹巡回报告团在省城太原隆重举行报告会，省、市政法机关一千余名干警聆听了先进英模的事迹。山西省委常委、政法委书记王建明接见了来自全省基层政法机关的五名报告团成员。并同报告团成员、陵川县检察院监所检察科科长丁端阳亲切交谈。57岁的丁端阳，是全国政法系统优秀党员干警，从事监所检察工作十多年来，恪尽职守，秉公执法，没有一起超期羁押案件发生。他的事迹感人至深，受到广大群众和干警的高度赞誉。报告团在全省11个地市作了巡回报告。

【开展第四届“山西省十大杰出检察官”评选活动】 6月，为推动“忠诚、为民、公正、廉洁”政法干警核心价值观教育实践活动深入开展，大力宣传近年来检察工作和检察队伍建设取得的新成就，省检察院启动了第四届“山西省十大杰出检察官”评选活动。经过市、县两级院推荐、资格审查、宣传推介、公众投票、干警评议、媒体公示、评委会定评，省院党组决定授予太原市迎泽区人民检察院公诉科副科长侯强等10名同志第四届“山西省十大杰出检察官”荣誉称号，太原市人民检察院控告申诉处副处长徐主平等14名同志荣获第四届“山西省优秀检察官”荣誉称号。

【参加2012年山西省党政领导干部乒乓球比赛】 9月，检察官文联体育协会组队代表省检察院参加了2012年山西省“晋城煤销杯”党政领导干部乒乓球比赛。获得男子单打第三名、男女混合第三名、团体第五名的成绩。

【举行学习新刑事诉讼法知识竞赛】 9月，省检察院举行全省检察机关学习新刑事诉讼法知识竞赛，全省12个代表队近70名检察官同台竞技。经过预赛和决赛两轮比赛，产生一、二、三等奖，晋中市检察院代表队最终夺冠。这次知识竞赛是省检察院推进新刑事诉讼法学习培训工作的一项重要举措，目的在于进一步激发全省检察干警的学习热情，切实提高学习培训效果。省检察院党组对这次竞赛活动高度重视，专门成立了领导小组和办公室，并制定了实施方案。各市、分院精心组织，择优选拔队员，积极开展培训，为竞赛的顺利举办奠定了坚实的基础。

【开展“三建三创”活动】 10月，山西省检察院机关召开“三建三创”暨“加强思想建设、作风建设、能力建设，创建学习型、效能型、服务型机关”活动动员大会。全院干部职工共计403人参加会议。“三建三创”活动旨在进一步推进创先争优活动和政法干警核心价值观教育实践活动的深入开展，发挥省院机关在全省检察机关的引领示范作用，全面加强检察队伍建设，推进我省检察工作科学发展。要求全院干部职工紧紧围绕“领导班子好，干部队伍素质好，机关纪律作风好，完成工作任务好，机关工作环境好”的“五好”目标。

基层检察文化

【孝义市人民检察院着力打造孝检文化品牌】 孝义市检察院立足于检察事业发展的新要求，始终把检察文化建设作为提高检察人员素质和检察工作的新动力，充分发挥先进检察文化的育人、激励、凝聚、激励等措施，严格落实《山西省人民检察院检察文化建设示范院工作标准》，有效推进了孝义检察事业的持续发展。新建的检察技侦大楼配备有电子阅览室、乒乓球室、羽毛球馆、篮球场、书刊杂志、文体健身器材。技侦大楼前设置了7块宣传栏，定期更新宣传检察文化建设；门厅内设计了具有孝义地域特色的大型浮雕；每层的楼梯口设置了干警收集的格言警句墙。引以自豪的是投资20余万元，利用公共走廊空间建成精品检察文化长廊，首期展示26块检察文化影像资料，30幅摄影作品，10幅书画作品，18件手工艺术品，46件收藏品。孝义市院注重举办多种形式的文娱活动，传达检察文化精神，营造检察文化氛围。

【太原市晋源区人民检察院以文化软实力助检察健康发展】 太原市晋源区检察院以“人文检察、和谐晋源”为中心，坚持“政治建检，业务强检，作风治检，制度管检，文化育检”的工作思路，提出了“法为上、民为本、德为先、廉为首、新为魂”的检察文化主题，狠抓检察文化“三个五工程”，依托检察文化五大平台，加强检察文化五项建设，实现检察文化五个品牌，即以主题教育实践活动为平台，加强理念文化建设。以晋源检察文联为平台，加强干警业余文化建设。以警示教育基地为平台，加强廉政文化建设。以完善制度为平台，加强制度文化建设。以办案工作区为平台，加强业务文化建设。实现“文化研究品牌、人才建设品牌、公益事业品牌、人文地貌品牌、共建交流品牌”。将“文化育检”转变为“文化强检”，充分发挥先进检察文化的引导、教育、凝聚、塑造等作用，促进了各项检察工作健康发展，进一步证明了检察文化软实力就是战斗力的论断。近年来，连续获得市“文明和谐单位标兵”、“双拥先进集体”和“山西省文明和谐单位”称号，先后被评为山西省检察机关“四化建设示范院”、案件管理改革工作先进单位和全省检察文化建设示范院，5月份成立了全省第一家基层检察官文学艺术学会，6月被高检院授予“全国检察文化建设示范院”称号。

【曲沃县人民检察院传承历史底蕴实施文化强检战略】 作为晋国故都，曲沃县有着丰厚的文化沉淀。曲沃县人民检察院依托曲沃丰厚的文化资源，借力基层检察院规范化建设的平台，实施文化强检战略。

该院在技术侦查大楼每个楼层楼道分别建立了“地域文化长廊”、“德育文化长廊”、“法律文化长廊”、“廉政文化长廊”和“健康文化长廊”；投资20万元建立图书阅览室、文化展示室、院史陈列室、党员活动室、运动健身室；利用山西省检察专网信息化建设的机会，建成网络交流平台，创建电子杂志、开设网上文化园地、网络论坛、博客；开办“检察文化讲坛”。利用每周二上午例会时间，分别开展纪律警示教育、政治理论教育、素质情操教育和业务技能教育；建立检察人员家庭书房。全院检察人员均设有个人家庭书房。青年检察还建有电子网络书房交流读书心得；完善办公家庭“雅室文化”。该院为所有办公室统一定制字画作品，摆放花卉盆景，发放工具书籍，全面营造书香雅室。形成了风清气正、文明和谐的良好风尚。

2012年6月，曲沃县人民检察院作为山西省省级文化建设示范院代表参加了在吉林长春召开的全国首次检察文化建设经验交流会议；2012 年 8 月，在山东济南召开的全国党建工作理论研讨会暨政法干警核心价值观推进会议上，该院刘俊茂检察长参会并作了经验交流发言。

【忻州市忻府区人民检察院“五教育、六活动”提升检察文化软实力】忻州市忻府区人民检察院制定《加强检察文化建设的实施方案》，丰富内容，创新载体，以“五教育、六活动”为切入点，使检察文化建设活动形成系统工程，彰显规模效应。“五教育、六活动”即开展检察职业信仰教育、检察职业精神教育、检察职业素质教育、检察职业行为教育、检察职业道德和廉政教育；开展检察文化建设理论研究活动、丰富多彩的文化活动、机关办公场所廉政文化建设活动、心理健康教育和疏导活动、检察文化拓展传播创新活动、“红色教育”活动。该院确定为山西省检察机关文化建设示范院。

北京市检察官文学艺术联合会

北京市检察官文学艺术
联合会第一次会员代表大会

讲　　话

在北京市检察官文学艺术联合会
成立大会上的讲话

（2012 年 2 月 23 日　根据录音整理）

张　耕

同志们：

今天有幸参加北京市检察官文联的成立大会，我感到非常高兴。北京是我们的首都，是我国的政治、经济、文化中心，北京市检察官文联的成立，在全国检察系统必然会产生很大的反响。今天的会议开得很顺利，市委政法委、市文联有关领导都参加了会议，慕平检察长亲临大会并讲话，这说明各界、各方面对检察官文联的成立高度重视。首先，我代表中国检察官文联对这次会议的召开，对北京市检察官文联的成立表示热烈的祝贺！

北京市检察官文联成立意义重大，它不仅是北京市检察机关的一件大事、一件喜事，也是全国检察机关的一件大事和喜事。北京市检察官文联成立的意义，主要体现在以下五点：

第一，北京市检察官文联成立，是北京市委、市政府，以及相关方面对北京市检察文化建设高度重视和热情支持的重要标志。北京市检察官文联从去年 9 月份开始筹备到今年 2 月份开成立大会，不到半年的时间，工作进展很快。中国检察官文联从开始筹建到召开会员代表大会用了一年多时间，北京市用了不到半年时间，足以证明北京市检察院党组对检察文化建设和检察官文联成立给予了高度重视，也表明了市委、市政府和各个方面对检察文化建设和检察官文联成立给予了高度重视。检察官文联成立，对加强检察文化建设将起到一个很好的推动作用。

第二，北京市检察官文联成立，是北京市检察文化建设的一项重要成果。北京市的检察文化建设取得了明显成效，为检察官文联成立奠定了重要基础。近年来，北京市检察院对检察文化建设高度重视，尤其是慕平检察长特别重视检察文化建设，他在不同场合都讲到了检察文化建设问题，市院各项文化建设措施的实施和工作的推进都证明了这一点。比如，市检察院制定了检察文化建设的实施意见，比较早地成立了各种文化社，为加强检察文化建设和开展检察文化活动提供了重要载体和平台；积极开展了一系列检察文化艺术创作，出版了40多部6000多册检察文化作品，还拍摄了多部检察题材电影，如《正义使命》等等，形成了一批很好的成果。开展了一系列检察文化艺术活动，举办了论坛、笔会、采风活动、展览等等，所有这些活动都起到了凝聚检察力量、振奋检察精神、鼓舞检察士气、推动检察工作的作用。这就说明北京市检察文化建设起步早、效果好，这些都为北京市检察官文联的成立奠定了非常好的基础，没有这一基础，检察官文联成立就很难推进，也很难得到有关部门的批准。

第三，北京市检察官文联成立，是建设检察人员共有精神家园的一个重要平台。检察官文联成立充分展示出北京市检察队伍的凝聚力、亲和力在增强，执法公信力在提升。检察官文联成立后，通过文化艺术的形式宣传检察，展示检察，扩大检察机关在社会上的影响，这对整个检察队伍肯定是一种鼓励，对凝聚力是一个增强。我在全国各地做过调研，凡是检察文化建设做得好的地方，那里干部的凝聚力、队伍亲和力就非常强，他们工作的精神状态就比较好，工作的成效也比较好。

第四，北京市检察官文联成立，是检察机关加强与社会各界联系的一项重要举措。北京市检察官文联成立充分表明了北京市检察机关的社会影响力和执法公信力上在不断提高。只有这种影响力和执法公信力提高了，才能使社会多方面认为有必要成立检察官文联。成立检察官文联的过程就是对检察机关宣传的过程，就是一个展示的过程，就是一个取得社会理解和支持的过程。检察官文联成立会进一步重视检察机关与社会各界的联系，取得他们的支持。

第五，北京市检察官文联成立，是促进检察系统文联组织建设的一项重要举措。北京市所处的位置不一样，影响力就不一样。全国现在成立了8个省级检察官文联，北京是第9个。也就是说，现在全国成立的省级检察官文联还不到三分之一，北京市检察官文联成立对全国是一个促进。我相信，北京市检察官文联成立后，其他各个省市检察官文联成立的速度肯定会加快。再加上北京市检察官文联成立的程序、文件的制定和安排都非常规范，这对没有成立检察官文联的省份来说会起到示范作用，北京市成立检察官文联的经验将会对他们有所帮助。

下面，我就如何按照党的十七届六中全会精神做好检察官文联工作谈一些看法。着重强调四点：

一、要认真落实党的十七届六中全会精神，始终坚持正确的方向

坚持什么样的方向才是正确的工作方向，我讲三点。第一，检察官文联要深入学习党的十七届六中全会精神。党的十七届六中全会在我党文化发展历史上是一个新的里程碑。这次会议在我党文化建设中形成了几个第一：一是党的中央全会专题研究文化建设问题，这是第一次。这足以表明党中央对文化建设的高度重视，也足以表明加强文化建设的重要性和紧迫性；二是把社会主义文化大发展、大繁荣作为党的中央全会的主题进行专题研究，并作出了决定，这也是第一次；三是总结出坚持中国特色社会主义文化发展道路，这也是第一次；四是提出了建设社会主义文化强国的战略目标，这也是第一次。这个目标非常宏伟，也非常艰巨。检察官文联要认真学习贯彻党的十七届六中全会精神，努力做好各项检察文化艺术工作，用工作的实效推动检察文化的大发展大繁荣，进而为社会主义文化大发展大繁荣增砖添瓦，为实现建设社会主义文化强国作出应有的贡献。第二，检察官文联的各项工作必须坚持以社会主义核心价值体系为引领。社会主义核心价值体系具体到检察部门来讲，就是检察核心价值观，也就是“忠诚、为民、公正、廉洁”的政法干警核心价值观。检察官文联的所有工作都要以这个核心价值观来衡量，检察官文联的所有文化艺术活动都要体现这个核心价值观，如果离开了这一条，检察官文联的工作在方向上将会出问题。所以，我们要认真思考，怎么样通过检察官文联的工作，通过文化艺术的形式来弘扬检察核心价值观。检察官文联要通过各式各样的文化艺术活动，把检察理念、价值观形象化、艺术化，以广大检察人员喜闻乐见的形式渗透到检察官的脑海里，潜移默化地成为他们自身的价值追求和行为准则。第三，检察官文联的各项工作要紧紧围绕大局、努力服务中心。围绕大局就是围绕党和国家的工作大局，服务中心就是服务检察机关中心工作，如果离开了这一条，检察官文联的工作就不可能得到检察机关的支持，也不可能取得全系统的认可。比如，去年中国检察官文联组织了两项文化艺术活动，一个是全系统的书画摄影展览，一个是年终的文艺演出，都是为纪念人民检察制度创立80周年而举办的。北京市检察院对这两个活动给予了大力支持，特别是文艺演出。所以，我要反复强调，检察官文联的工作一定要跟检察机关的中心工作紧密结合，要通过文化艺术形式展示检察机关的工作成果。

二、要以科学发展观为指导，始终坚持以人为本，突出检察官的主体地位

我们的力量源泉是检察系统的广大检察人员，我们的服务对象也是他们，检察官文联的工作一定要眼睛向内、重心下移，突出检察官的主体地位，在各项文化艺术活动中都要充分体现这一点。去年中国检察官文联在各项活动中都突出强调了一点，就是所有的文艺节目都是讲检察官的事，讲检察院的工作，展示检察官的风采，文艺作品由检察官创作，文艺节目主要由检察官演。因而，在全国检察机关引起了强烈反响，得到了各方面的支持。

三、要努力创作出精品力作，为检察人员和人民群众提供丰富的精神食粮

检察官文联一定要不断创新文化载体、艺术形式，要使各种检察文艺作品为检察人员所喜爱，使他们受到启发和感染。这是关系到检察官文联工作能否取得实效的很重要一点。要不断发现、培养和提高检察文化艺术队伍的素质，为检察事业和检察文化的发展提供良好的人才支撑。通过检察官文联这个组织，把检察系统的文化艺术人才团结起来、凝聚起来，经过采取不同方式的培训，不断提高他们的素质，特别是专业艺术水平，这支队伍的素质提高了，就会为繁荣检察文化艺术创作，丰富检察文化活动载体奠定扎实的基础。

四、要始终坚持抓好检察官文联的自身建设

检察官文联一定要认真研究检察文化建设的规律性，要研究文化艺术形式怎么创新，内容怎么创新。要做到这点，就必须抓好自身建设。要加强检察官文联自身的机构建设和直属专业协会的建设。这两个层面的建设都包括思想建设、业务建设、组织建设、制度建设、廉政建设等等。在这里，我要强调的是检察官文联与社会各方面打交道的地方很广，跟检察机关不完全一样，它要和企业、社会团体等方面打交道，这就需要有很强的自律意识、廉洁意识和风险意识，切实做到清正廉洁。检察官文联的工作人员，一定要严格要求自己，模范遵守纪律，防止在履行职责的过程中出现这样那样的问题。

我相信，在北京市检察院党组的领导下，北京市检察官文联工作一定会做得很好，一定会进一步推动全市检察文化建设和检察队伍建设，一定会以新的成绩迎接党十八大胜利召开。

谢谢大家！

（张耕同志时任全国政协教科文卫体委员会副主任，中国检察官文联主席，最高人民检察院原党组副书记、常务副检察长。）

在北京市检察官文学艺术联合会第一次会员代表大会上的讲话

（2012年2月23日）

慕　平

同志们：

刚才，北京市检察官文联第一次会员代表大会圆满完成了各项议程，取得了预期的效果。全国政协教科文卫体委员会副主任、中国检察官文联主席张耕同志亲临大会指导，高检院政治部、市委政法委、市文联有关负责人也出席大会，在此，我代表市检察院党组向光临今天会议的领导和嘉宾表示热烈的欢迎！向北京市检察官文联的成立表示热烈的祝贺！北京市检察官文联的成立是全市检察机关的一件大事，我们要以此为契机，继续深入扎实地推进检察文化建设。下面，我就加强检察官文联工作和检察文化建设讲三点意见。

一、进一步提高思想认识，明确加强检察文化建设的重要意义

成立北京市检察官文学艺术联合会是北京市检察机关贯彻落实党的十七届六中全会精神，进一步加强检察文化建设的重要举措。高检院制定的《关于加强检察文化建设的意见》和中国检察官文学艺术联合会第一次会员代表大会就加强检察官文联工作提出了方向性的明确要求。要贯彻落实高检院和中国检察官文联的要求，进一步深刻认识加强检察文化建设的重要意义。

（一）加强检察文化建设是加强检察队伍建设、提升检察人员素质能力的客观需要。当前，加快转变经济发展方式、维护社会和谐稳定、保障和改善民生、强化法律监督的新形势对北京市检察机关提出了新要求，对检察队伍建设和检察人员的素质能力提出了新要求。检察文化建设是思想政治教育的重要途径，对检察人员的思想观念、道德情操的发展变化有着重要影响，也是提升检察人员法律监督能力的有效手段之一。

（二）加强检察文化建设是树立检察机关良好形象、提高执法公信力的客观需要。检察人员的执法观念、执法行为和执法作风直接关系到检察机关的形象。通过加强检察文化建设，加大正面宣传引导力度，消除陈旧的执法观念，用健康向上的检察文化占领检察人员的思想阵地，树立起检察官的职业道德操守，不断提升检察人员内在的素质和涵养，转变执法作风，提高执法能力和执法水平，在开放、透明、信息化条件下树立起检察机关的良好形象。

（三）加强检察文化建设是保障检察中心工作、服务首都经济社会发展的客观需要。要正确履行检察职能，充分发挥检察文化在传播精神、弘扬理念、引领风尚、规范行为、塑造形象方面的重要作用，使先进的检察职业品格在检察机关发扬光大。北京市检察机关的文化建设要在推进检察队伍建设、促进检察事业发展方面发挥引领作用，为服务检察中心工作和首都经济社会科学发展提供思想文化保障。

要把检察官文联作为加强检察文化建设的重要力量和重要阵地，充分发挥检察官文联在文化艺术方面的独特优势，通过开展丰富多采的文化活动，进一步繁荣发展检察文化，推动检察文化建设和队伍建设不断发展进步，促进各项检察工作科学发展。

二、准确把握检察官文联的工作方向，进一步推进检察文化建设

一是要准确把握检察官文联的职能定位。北京市检察官文联是经民政部门批准登记的社会团体，既独立于机关，又离不开机关的支持和帮助。在现阶段，北京市检察官文联是北京市检察机关开展检察文化建设的重要组织形式，全市各级检察机关都要对检察官文联的工作给予支持和帮助。检察官文联也要充分发挥社会团体的优势，以文化艺术的形式协助检察机关推进检察官文化建设。检察官文联要紧紧围绕党和国家工作大局，围绕检察中心工作，以提高检察队伍素质、提升检察形象和执法公信力为目标，充分发挥联络、协调、服务职能，组织、团结、凝聚检察文化艺术队伍。通过开展各种文化艺术创作和艺术活动，宣传检察工作，弘扬检察精神，使人民群众和社会各界更加了解和支持检察机关，进一步密切与人民群众的联系，增强检察机关的社会影响力和执法公信力。

二是要充分利用检察官文联广泛开展检察文化活动。成立检察官文联为广大检察人员广泛开展群众性的检察文化活动提供了有效载体。要依托检察官文联，整合已经成立的检察文化研究会和各类检察文化社团，在基层检察人员中开展经常性的检察文化活动。要通过检察官文联加强对基层检察文化社团的鼓励和支持，要注重挖掘和培养一批检察文化人才，关注具有文化特长的人才，建立健全检察文化工作者队伍，推动群众性文化活动蓬勃开展。把检察官文联和基层文化社团作为检察文化建设的实践载体，通过深入、持久、扎实的文化活动，形成广泛参与、普遍受益、规范有序、充满生机的检察文化创建局面。

三是要以成立检察官文联为契机，进一步推进检察文化建设。检察官文联的成立开创了北京市检察机关检察文化建设的新局面。要紧密结合新形势下检察队伍的实际，结合当前思想政治工作的实际，深入开展政法干警核心价值观教育实践活动。深入开展检察文化的基础理论和应用理论研究，积极鼓励检察文艺创作。要把握正确的创作方向，坚持贴近检察生活、贴近检察人员、贴近检察一线，打造思想性、艺术性、观赏性兼备的文化精品。要创造良好工作环境，从检察人员的实际需要出发，最大程度地为检察人员解决实际困难，拓展发展空间。要创造和谐的思想氛围，注重人文关怀，加强心理疏导，实现检察人员内心和谐和检察机关内部和谐。要创造外部宣传效果，充分利用新闻媒体、公益广告等平台，展示检察文化作品和成果，进一步营造蓬勃向上的检察文化氛围。

三、立足实际，采取措施加强检察官文联和检察文化建设

一是要加强组织领导。全市各级检察机关要把检察官文联工作纳入检察文化建设的整体部署来思考和筹划，完善检察文化建设的具体规划和措施。要明确专人负责检察官文联工作，检察政工部门作为牵头部门和责任部门具体抓，基层党组织、工会、共青团、女检协等党群组织要发挥各自优势，积极参与组织开展各项活动。市院政治部要采取具体措施健全和完善检察官文联的组织机构和规章制度，确保检察官文联工作稳步推进、取得实效。

二是要突出区域特色。通过加强检察官文联建设，全市各级检察机关要加强对本地区特色文化的研究，把本地区优秀的文化与检察文化相结合，形成具有本单位特色的检察文化成果，积极打造具有鲜明特点的检察文化品牌。各单位要在深入调研的基础上，求真务实、注重实效，结合本单位实际制定切实可行的工作措施，找准自身文化建设的着力点，构建具有本地区特色的检察文化体系。要循序渐进，突出重点，深入研究和把握检察文化建设的规律，切实增强针对性和实效性，使检察文化理念和成果真正能够入情入理，入脑入心。

三是要健全工作机制。制度需要文化做支撑，文化离不开制度的保证，制度是文化的根基所在。要建立健全检察文化建设长效机制，保持检察文化建设的持久性和延续性，从而推动检察官文联工作稳步发展。要建立检察文化培训制度、成果展示制度、考核评价制度、物质保障制度等，为检察文联工作和检察文化建设提供持续发展的保障和基础。

同志们，北京市检察官文联的成立为检察文化建设带来了生机和活力。我们一定要深入贯彻落实党的十七届六中全会精神，以更加饱满的精神、务实的作风、创新的思路，全面推进检察官文联的各项工作，为繁荣发展检察文化、提升检察队伍素质、促进检察工作做出新的更大的贡献！

深入贯彻落实十七届六中全会精神　大力加强首都检察文化建设

——在北京市检察官文学艺术联合会第一次会员代表大会上的工作报告

（2012 年 2 月 23 日）

高保京

各位代表、同志们：

今天，北京市检察官文学艺术联合会正式成立，这是全市检察机关文化生活中的一件大事、喜事。大会选举产生了北京市检察官文联领导集体，推选我担任北京市检察官文联主席，这是市院党组和各位代表对我的信任，是荣誉，更是责任，我谨向大会和同志们表示衷心的感谢！

近年来，在高检院和市委的领导下，全市检察机关高度重视检察文化建设，按照检察工作特点和文化建设规律，在检察文化理论和实践问题上进行了一些探索，实施检察文化发展和“文化育检”战略，丰富检察文化内涵，开展丰富多彩的文化创建活动，促进检察工作科学发展，取得了明显成效。北京市检察官文联的成立，既充分反映了过去我们在检察文化建设上取得的积极成效，也为今后更好地开展这项工作创造了条件、搭建了平台。全市各级检察机关要以此为契机，认真落实高检院和市委的各项工作部署，按照中国检察官文联的要求，积极进取，扎实工作，在新的起点上把全市检察机关检察文化建设提高到一个新水平。下面，我就加强检察官文联工作，讲三点意见。

一、准确把握检察官文联的职能定位

正确认识和把握检察官文联的职能定位，是做好检察官文联工作的前提。根据北京市检察官文联章程的规定和文联组织的性质，北京市检察官文联的职能定位主要体现在五个方面：

第一，北京市检察官文联是在市院党组领导下，在中国检察官文联和北京市文联指导下，经民政部门批准登记注册，由全市检察机关文学艺术工作者和爱好者组成的地方性、专业性、非营利性的社会团体。在工作中，要自觉接受市院党组的领导和市院政治部的联系协调与指导，以文化艺术的形式，发挥社会团体的优势，协助检察机关推进检察文化建设。

第二，北京市检察官文联是全市检察队伍中文化艺术工作者和爱好者的联合组织。它以全市检察机关文化艺术骨干为主体，团结广大检察文化艺术爱好者，组成检察文化艺术队伍，共同推动全市检察机关检察文化繁荣发展。

第三，北京市检察官文联是检察机关加强检察队伍建设、提高检察队伍素质的重要助手和力量。它以文化艺术的形式和社会团体的优势协同全市各级检察机关推进检察文化建设，培育检察精神，建设检察人员共有的精神家园。

第四，北京市检察官文联是密切全市检察机关与人民群众血肉联系的桥梁和纽带。它通过各种文化艺术创作和文化艺术活动，宣传检察工作，树立检察形象，使

人民群众和社会各界更加了解检察、理解检察、认同检察、支持检察，增强全市检察机关的社会影响力和执法公信力。

第五，北京市检察官文联是加强全市检察文化建设，促进北京市文化大发展大繁荣的重要阵地。检察文化是中国特色社会主义文化和社会主义法治文化的重要组成部分，检察文化的繁荣发展，必然推进法治文化的繁荣发展，进而为社会主义文化大发展大繁荣贡献力量。

二、全面明确检察官文联的主要任务

按照党的十七届六中全会精神和北京市检察机关“十二五”规划的要求，根据检察官文联的职能定位，当前和今后一个时期北京市检察官文联的总体工作思路是：以邓小平理论和“三个代表”重要思想为指导，深入贯彻落实科学发展观，紧紧围绕党和国家工作大局，围绕全市检察中心工作，充分发挥检察文联联络、协调、服务职能，团结、动员检察文艺工作者、爱好者，立足检察文化，面向法治文化，大力开展检察文化艺术创作和文化艺术活动，培育社会主义核心价值体系，弘扬检察官职业道德，繁荣和发展检察文学艺术事业，为推动全市检察文化大发展大繁荣作出积极的贡献。

当前和今后一个时期，北京市检察官文联的主要任务是：

（一）积极开展检察文化艺术创作。北京市检察官文联要团结、组织全市检察文化艺术队伍，做好检察文化艺术创作工作，把更多的优秀作品奉献给检察机关，奉献给检察人员，奉献给人民群众。要把文化艺术创作真正扎根于检察生活和人民群众之中，在丰富多彩的检察工作实践中不断汲取艺术营养、丰富生活体验、增强艺术功力。要广泛借助社会资源，吸引更多的艺术人才关注和参与检察文化艺术创作。要树立精品意识，实施精品战略，努力创作出一批高扬爱国旗帜、弘扬共同理想、礼赞高尚情操、展现时代精神，反映检察工作科学发展，蕴含检察价值追求，富有思想性和艺术性、独具检察特色和检察风格的优秀作品。

（二）积极开展各类文化艺术活动。开展形式多样、为广大检察人员和人民群众喜闻乐见的文化艺术活动，是北京市检察官文联的一项重要工作。要通过这些文化艺术活动，展示检察文化的深厚底蕴，激发全市检察人员的职业使命感、职业荣誉感和归属感，提升广大检察人员的文化品位，营造浓厚的检察文化建设氛围。要注重抓好适合检察机关特点的文化艺术活动，适时开展形式多样的文艺演出和文艺慰问活动，不断丰富检察人员特别是基层检察机关的文化生活。

（三）积极推动文化艺术载体创新。要进一步完善文化艺术载体，用好这些载体，同时要解放思想，与时俱进，不断创新具有时代特征、体现时代精神的新型载体。要进一步加强与网络媒体的合作，充分利用微博等新兴手段，开展更多的网上检察文化艺术活动。要高度重视电视传媒的开发和建设，打造展示检察官形象和风采的重要平台和品牌栏目。要高度重视基层检察院文化室和文化长廊建设，建设展示基层检察人员文化艺术作品、开展文化艺术教育的平台，起到陶冶情操、纯洁心灵、振奋精神、激励斗志、推动工作的积极作用。

（四）积极培养检察文化艺术人才。深入研究检察文化艺术人才的现状，通过开展各种文化艺术活动，发现一批人才并把他们吸纳到检察官文联中来。加强检察文化艺术队伍思想道德建设，引导他们牢固树立正确的世界观、人生观和价值观，以高尚的情操和真诚的艺术创造赢得检察机关的认可和人民群众的尊重。要通过举办各种论坛、讲座、研讨会，请著名文化艺术家讲课、辅导、对文艺作品进行点评、开展文艺批评，提高检察文化艺术人才的艺术理论水平和对文化艺术作品的鉴别力、欣赏力。要通过组织笔会、采风、展览、演出等活动，使检察文化艺术人才在各类文化艺术活动中展示才华、经受锻炼、汲取营养，不断提高文化艺术才能和专业水平。

（五）积极开展检察文化艺术宣传。北京市检察官文联要主动加强与新闻媒体的联系，经常通报工作情况，提供工作信息，努力做好新闻宣传报道工作。通过舆论宣传，使社会各界了解检察官文联的职能定位、工作思路和目标任务，了解检察官文联组织开展的各种文化艺术活动，了解检察官文联在推动检察文化建设中发挥的作用和取得的成效，从而更加关心、支持检察官文联的工作。

三、切实加强检察官文联的建设

北京市检察官文联在各方面的支持下成立了，但还需要进一步建立健全制度，完善组织架构，提高业务素质，才能发展壮大。因此，必须把检察官文联的自身建设放在十分重要的位置，常抓不懈，抓紧抓好。

一是要统一思想认识。全市各级检察机关党组都要重视、支持检察官文联工作，结合本单位实际，积极组织参加检察官文联的各项活动。要努力形成党组领导、政工宣传部门牵头协调、其他部门密切配合、检察官文联组织参与，共同推进检察文化事业蓬勃发展的良好格局。要不断增强政治意识、大局意识和责任意识，把检察文化艺术工作融入到各项工作中去，确保检察官文联工作的正确方向。

二是要增强服务意识。要多做增进了解、加强交流、化解矛盾的工作，增进检察文化艺术队伍的向心力和凝聚力，使每位检察文化艺术工作者能够心情舒畅地干事业。要改进服务方式，提高服务质量，多办好事实事，多听各方意见，依法维护检察文化艺术队伍的合法权益，使检察官文联真正成为他们的家。要努力创造条件、搭建平台，推荐优秀作品，推出检察文化艺术新人。

三是要树立良好作风。要坚持深入实际，深入基层，深入了解检察机关的情况，倾听检察文化艺术队伍的呼声和要求，帮助他们解决困难和问题。要坚持厉行节约、艰苦奋斗，精打细算地用好每笔资金。要坚持求真务实，改革创新，勤奋工作，无私奉献，以良好的作风组织检察文化艺术队伍做好各项工作。

四是要加强制度建设。要尽快完善北京市检察官文联的各项组织，将日常办事机构设在市院政治部组宣处，要建立健全教育培训制度、日常活动制度、经费使用制度和创先评优制度。要加强检察官文联各专业协会建设，按照文学、理论、书法绘画、音乐舞蹈、摄影、影视、新闻、体育等门类，逐步组建专业协会，建好机构，定好制度，以方便会员及时开展好各项活动。

五是要强化管理和监督。牢固树立自觉接受监督的理念，深入开展党风党纪教育，切实抓好廉洁自律工作。要严格自律，加强管理，规范运作，在会员队伍、经费财务上自觉接受主管单位和登记机关的监督，做到自重、自省、自警、自律。要加强检察官文联和各专业协会的管理监督，严格纪律，完善制度，堵塞漏洞，防止不廉洁问题的发生。

同志们，检察官文联工作意义重大，使命光荣。我们要进一步解放思想，开拓进取，努力开创北京市检察官文联工作的新局面，促进中国特色社会主义检察文化大发展大繁荣，为服务检察工作自身科学发展和首都经济社会科学发展提供有力的思想保证和精神动力。

资　　料

北京市检察官文学艺术联合会章程

（2012 年 2 月 23 日　北京市检察官文学艺术联合会第一次会员代表大会通过）

第一章　总　则

第一条　本团体定名为：北京市检察官文学艺术联合会（以下简称本会）。英文译名为：Beijing Procuratorial literature and Art Association. 缩写：BPLAA。

第二条　本会由北京市各级检察机关有一定文学艺术成就的检察人员（含离退休人员）自愿组织建立，是经北京市社会团体登记机关核准登记的非营利性社会团体法人。

第三条　本会的宗旨是：以马列主义、毛泽东思想、邓小平理论和“三个代表”重要思想为指导，深入贯彻落实科学发展观，团结、动员检察文艺工作者、爱好者坚持党的基本路线、基本纲领，遵守宪法、法律、法规和国家政策，遵守社会道德风尚，坚持文艺为人民服务、为社会主义服务、为检察事业服务的方向和百花齐放、百家争鸣的方针，培育社会主义核心价值体系，弘扬检察官职业道德，坚持贴近检察实际，贴近人民群众，繁荣和发展检察文学艺术事业，凝聚检察机关人心，激励检察人员斗志，提高检察队伍素质，促进检察工作科学发展，为推动中国特色社会主义法治文化大发展大繁荣，维护社会公平正义与和谐稳定贡献力量。

第四条　本会接受北京市人民检察院、北京市文学艺术界联合会和北京市民政局的业务指导和监督管理。

第五条　本会的住所：北京市东城区建国门北大街 9 号。

第二章　业务范围

第六条　本会的业务范围包括：

（一）采取各种措施，努力提高全市检察文艺创作和文艺活动水平，大力扶植和培养检察文艺新人，不断壮大检察系统文艺队伍。

（二）组织和支持全市检察机关文艺工作者深入生活、深入基层，积极开展各种创作、展演、交流、比赛、研究、评论等活动，对全市检察机关优秀文艺工作者和各文学艺术门类的优秀成果予以推介，经政府有关部门批准，开展表彰奖励活动。

（三）研究、探索首都检察文化和法治文化建设的历史发展及其规律性，分析、解决首都检察文化和法治文化实践中出现的新情况、新问题，总结、推广检察文化和法治文化建设的新经验，使检察文化和法治文化自觉服务于大局，服务于检察中心工作，服务于检察队伍建设，服务于社会和谐稳定和法治化建设进程。

（四）积极与北京市宣传、文化、新闻、出版等社会各界沟通联系，努力推进全市各级检察机关的团结、协作，不断扩大行业内外文艺界之间的联系、交流和合作。

（五）充分反映全市检察机关广大检察文艺工作者的意见和要求，维护他们的正当权益。

（六）完成上级及有关部门委托的其他任务。

第三章　会　　员

第七条　申请加入本会的会员，必须具备下列条件：

（一）自愿加入本会；

（二）拥护本会章程；

（三）会员为全市检察机关有一定文学艺术成就的检察人员（含离退休人员）。

第八条　会员入会程序：

（一）提交入会申请书，其中个人会员须经两名正式会员介绍，或所在单位推荐；

（二）经理事会讨论通过；

（三）由理事会授权的机构发给会员证。

第九条　会员享有下列权利：

（一）选举权、被选举权和表决权；

（二）参加本会的活动；

（三）获得本会服务的优先权；

（四）享受本会为创作活动提供的必要帮助和便利条件；

（五）有权请求本会保障其合法权益不受侵害；

（六）有对本会工作的批评建议权和监督权；

（七）入会自愿，退会自由。

第十条　会员履行下列义务：

（一）遵守本会章程，执行本会决议，完成本会布置的工作；

（二）维护本会合法权益；

（三）经常与本会保持联系，向本会反映情况，提供有关资料；

（四）单位会员应及时向本会报告年度工作计划和工作总结；

（五）按规定缴纳会费。

第十一条　会员退会应书面通知本会，并交回会员证。

会员如逾期一年不缴纳会费或长期不参加本会活动，视为自动退会。

第十二条　会员如违反国家法律，对社会造成危害，或严重违反本会章程，或长期不参加活动，经本会核实，可给予警告、限期改正或除名等处理。

第四章　组织机构

第十三条　会员代表大会是本会的最高权力机构，由各单位会员和有关方面推选的会员代表组成。会员代表大会的职权是：

（一）制定和修改本会章程；

（二）选举和罢免理事会理事；

（三）审议理事会的工作报告和财务报告；

（四）制定和修改会费标准；

（五）决定终止事宜；

（六）讨论和决定其他重要事项。

第十四条　会员代表大会须有三分之二以上的会员代表出席方能召开，其决议须经到会会员代表半数以上表决通过方为有效。

第十五条　会员代表大会每四年召开

一次。因特殊情况需提前或延期的，须由理事会表决通过，报业务主管单位审查并经社团登记管理机关批准同意，但延期最长不超过一年。

第十六条 理事会是会员代表大会的执行机构，在闭会期间领导本会工作，对会员代表大会负责。

第十七条 理事会的职权是：

（一）执行会员代表大会的决议；

（二）选举本会主席、副主席、秘书长、监事长；

（三）筹备召开会员代表大会；

（四）向会员代表大会报告工作和财务状况；

（五）决定会员的吸收或除名；

（六）决定设立办事机构、分支机构、代表机构和实体机构；

（七）决定副秘书长、各机构主要负责人的聘任；

（八）领导本会各机构开展工作；

（九）制定内部管理制度；

（十）决定名誉职务的设立和人选；

（十一）决定其他重大事项。

第十八条 理事会理事由各单位会员及有关方面按规定名额推选，并经会员代表大会表决通过后产生，每届任期四年。由于工作变动等原因不再担任理事职务时，其缺额可由原单位会员或有关方面推举，经理事会确认。

第十九条 理事会须有三分之二以上理事出席方能召开，其决议须经到会理事半数以上表决通过方能生效。

第二十条 理事会每年至少召开一次会议；情况特殊的，也可采用通讯形式召开。

第二十一条 本会设监事会，设监事长一名，监事会的职权：

（一）监督理事会对会员代表大会决议和本会章程的执行情况；

（二）监督本会财务收支情况；

（三）监督本会其他重大事项。

第二十二条 本会设立主席办公会，由主席、副主席和秘书长、监事长组成，其职权为：

（一）贯彻会员代表大会和理事会决议；

（二）监督本会各项规章制度的实施；

（三）监督本会年度工作计划的实施；

（四）监督本会年度财务预算的实施；

（五）提出由理事会研究的建议议题。

第二十三条 主席办公会由主席提议，须有三分之二以上成员出席方能召开，其决定须经到会成员半数以上表决通过方能生效。重大事项须向理事会备案并确认。

第二十四条 本会主席、副主席、秘书长、监事长必须具备下列条件：

（一）坚持党的路线、方针、政策，政治素质好；

（二）在本会业务领域内有较大影响；

（三）最高任职年龄不超过 70 周岁；

（四）身体健康，能坚持正常工作；

（五）未受过剥夺政治权利的刑事处罚；

（六）具有完全民事行为能力。

第二十五条 本会主席、副主席、秘书长、监事长如超过最高任职年龄需延长任期的，须经理事会表决通过，报业务主管单位审查并社团登记管理机关批准同意后，方可任职。

第二十六条 本会主席、副主席、秘书长、监事长每届任期四年，最长不得超过两届。因特殊情况需延长任期的，须经会员代表大会半数以上会员代表表决通过，报业务主管单位审查并经社团登记管理机关批准同意后方可任职。

第二十七条 主席为本会法定代表人。法定代表人代表本会签署有关重要文件。

因特殊情况，经主席委托，理事会同意，并报业务主管单位审查、登记管理机关批准后，可以由秘书长担任法定代表人。

本会法定代表人不兼任其他团体的法定代表人。

第二十八条 本会主席在副主席协助下，行使下列职权：

（一）召集和主持理事会；

（二）检查会员代表大会、理事会决议的落实情况；

（三）根据理事会的授权处理其他事项。

第二十九条 本会秘书长行使下列职权：

（一）主持本会各工作部门开展日常工作，组织实施年度工作计划；

（二）协调各机构开展工作；

（三）提名副秘书长及各机构主要负责人，交理事会决定；

（四）决定专职工作人员的聘用；

（五）处理其他日常事务。

第三十条 本会监事长行使下列职权：

（一）主持监事会开展日常工作；

（二）检查监事会决议执行情况；

（三）处理其他日常事务。

第五章 资产管理

第三十一条 本会经费来源：

（一）会费；

（二）捐赠和赞助；

（三）政府资助；

（四）在核准的业务范围内开展活动或服务的收入；

（五）利息；

（六）其他合法收入。

第三十二条 本会按照国家有关规定收取会员会费。

本会开展表彰奖励活动，不收取任何费用。

第三十三条 本会经费必须用于本章程规定的业务范围和事业的发展，不得在会员中分配。

第三十四条 本会建立严格的财务管理制度，保证会计资料合法、真实、准确、完整。

第三十五条 本会配备具有专业资格的会计人员。会计不得兼任出纳。会计人员必须进行会计核算，实行会计监督。会计人员调动工作或离职时，必须与接管人员办清交接手续。

第三十六条 本会的资产管理必须执行国家规定的财务管理制度，接受会员代表大会和财政部门的监督。资产来源属于国家拨款或者社会捐赠、资助的，必须接受审计机关的监督，并将有关情况以适当方式向社会公布。

第三十七条 本会换届或更换法定代表人之前必须接受社团登记管理机关和业务主管单位组织的财务审计。

第三十八条 本会的资产，任何单位、个人不得侵占、私分和挪用。

第三十九条 本会专职工作人员的工资和保险、福利待遇，参照国家对事业单位的有关规定执行。

第六章 章程的修改程序

第四十条 对本章程的修改，须经理事会表决通过后报会员代表大会审议。

第四十一条 本会修改的章程，须在会员代表大会通过后十五日内，报业务主管单位审查，经其同意，并报社团登记管理机关核准后生效。

第七章 终止程序及终止后的财产处理

第四十二条 本会自行解散或由于分立、合并等原因需要注销的，由理事会提出终止动议。

第四十三条 本会终止动议须经会员代表大会表决通过，并报业务主管单位审查同意。

第四十四条 本会终止前，须在业务主管单位及有关机关指导下成立清算组织，清理债权债务，处理善后事宜。清算期间，不开展清算以外的活动。

第四十五条 本会经社团登记管理机关办理注销登记手续后即为终止。

第四十六条 本会终止后的剩余财产，在业务主管单位和社团登记管理机关的监督下，按照国家有关规定，用于发展与本会宗旨相关的事业。

第八章 附 则

第四十七条 本章程经2012年2月23日第一次会员代表大会表决通过。

第四十八条 本章程由理事会负责解释。

第四十九条 本章程自社团登记管理机关核准之日起生效。

北京市检察官文学艺术联合会第一届理事会名单

主　席

高保京

副主席（4 名，按姓氏笔划排序）

平家友　许庆文　张幸民　高　凯

秘书长

焦海涛

监事长

程德刚

理事（35 名）

马守智　马宝成　支宏伟（女）

王东军　平家友　权立新

曲　虹（女）刘　星　刘宝元

许庆文　苏国孟　李继华

李继征　吴精伟　佟　齐（满族）

邹开红　沈爱民（女）　张　伟

张　豫　张幸民　陈建平

邵明峰　屈永明　赵晓峰

郗　琳（女，满族）　袁春桔（女）

顾建军　高　凯　高　涛

高保京　韩　冰（女）　董常青（女）

程德刚　焦海涛　冀　鸣

北京市检察文化艺术工作情况

综　述

2012年，北京市检察机关深入学习贯彻党的十八大和十七届六中全会精神，创新思想政治教育形式，采取一系列措施加强检察文化建设，为改进检察思想政治工作、推进检察队伍建设取得了积极的效果。

一、积极采取各项措施，探索建立检察文化建设长效机制

（一）明确工作思路，健全制度机制。健全培训制度，充分利用各种社会资源，进行文化培训，不断提高检察干警的文化素养和专业水平。2012年全市检察机关组织开展各类文化培训活动200余次。健全成果展示制度，通过参加各类文化比赛展示各单位检察文化建设成果。2012年积极参加中国检察文联“以梅喻检”、“以荷喻检”文化活动、“廉洁文化”书画摄影展览和春联征集活动，积极参加北京市“践行北京精神，弘扬清正廉洁”反腐倡廉文艺作品大赛，在各类比赛中取得了优异成绩。健全考核评比制度，将检察文化建设作为基层院考核内容之一，进行检察文化建设先进集体、先进个人和优秀作品的评比活动。

（二）成立专门机构，统筹文化资源。2012年2月，召开了北京市检察官文学艺术联合会第一次会员代表大会，正式成立了北京市检察官文联。4月承办了高检院政治部举办的全国部分省市文化建设座谈会，朝阳院、海淀院被评为全国检察文化建设示范单位。总结近年来全市检察机关文化建设工作亮点，张幸民主任在全国检察机关文化建设工作会议上做经验发言，市院政治部获得高检院组织的两项文化活动组织奖。

（三）开展理论研究，推动文化发展。充分发挥首都检察文化研究会作用，深入开展检察文化的基础理论和应用理论研究，开展检察文化专题性、综合性调研和学术交流活动，逐步构建具有检察职业特点的文化理论体系。每年确定一个检察文化调研课题，积极开展理论调研，《推进思想政治工作时代化研究》在首都政法文化研究会的评比中获二等奖。

二、将检察文化建设与思想政治工作深度融合，着力推进文化工程建设

（一）推进学习型组织建设工程。坚持把文化建设融入检察业务工作，在全市检察机关开展“学习型组织”创建活动，深入、广泛、持久地开展岗位练兵、业务竞赛等活动。加强学习全市检察机关学习型党组织建设，2012年迎接市委宣传部对获得北京市学习型党组织品牌活动的复查。

（二）推进职业道德建设工程。在理想信念、道德修养、执法作风等方面融入检察文化因素，结合本职工作，在检察岗位上开展结合身边人、身边事的检察文化活动，通过创作文艺作品、动漫作品、影视作品等引导检察人员恪尽职守，乐于奉献，坚定检察职业信念；崇尚法治，客观求实，强化检察职业责任；清正廉洁，接受监督，严肃检察职业纪律；严格执法，文明办案，改进检察职业作风。

（三）推进职业环境建设工程。通过检察文化建设，创造良好工作环境，使检察人员创业有机会、干事有舞台、发展有空间。注重人文关怀，加强心理疏导，积极引入心理疏导培训，注重科学疏导，营造和谐的思想氛围。全市检察机关都精心设计、美化办公环境，突出检察特色，布置充满职业精神、格调高雅清新的办公大楼。

（四）推进文化阵地建设工程。利用检察文化社团开展技能比武、文艺汇演和体育运动会等活动。开辟文化长廊、艺术沙龙、院史展、荣誉室、健身房、图书室、检察官俱乐部等场所，发挥其在文化建设中的主阵地作用。充分利用影视、网络、移动通讯等新兴传媒方式，介绍检察职能，宣传先进典型，展现检察风采。采用征稿、采风、笔会等形式，推动检察文学和艺术作品的创作。

三、培养宣传先进典型，提升首都检察队伍形象

典型的培养和宣传是检察文化建设的重要内容，也是加强和改进检察机关思想政治工作的重要手段。2012 年，利用各种有利契机，不断挖掘具有过硬的政治素质、突出的工作业绩、坚实的群众基础和鲜明的时代特征的先进典型。开展了全市检察机关典型宣传工作专题调研，张幸民主任亲自带队，在东城院召开专题座谈会，到朝阳院、海淀院、丰台院、石景山院、房山院、通州院、昌平院深入挖掘典型事迹。“五四”前后，大力宣传了勤学敬业的青年检察官门美子同志的先进事迹，市院党组发出了向门美子同志学习的决定，召开了先进事迹报告会，门美子同志当选全国检察机关最美青年检察官，受到了曹建明检察长的亲切接见。新华社内参刊发了全国十佳公诉人、年轻检察官叶衍艳同志的先进事迹，曹建明检察长做了批示。继续深入宣传全国模范检察官彭燕同志的先进事迹，以她为原型拍摄制作了电影《钢铁玫瑰》，彭燕同志也光荣当选为十八大代表。组织新闻媒体先后宣传报道了昌平检察院侦查监督处、朝阳检察院司法警察大队等集体的先进事迹，集中向社会展示检察工作的各个方面。组织开展了“我身边的榜样”——北京市检察机关践行政法干警核心价值观先进典型评选活动。通过基层推荐、群众投票、专家评选、民主测评等方式评选出 10 名个人和 10 个集体“双十佳”先进典型。在市检二分院召开了“践行政法核心价值观、绽放时代检察风采”教育实践活动推进会。高检院党组副书记、常务副检察长胡泽君同志、时任市委副书记、政法委书记王安顺同志和市院慕平检察长到会并发表重要讲话。深入总结宣传在“7·21”特大自然灾害中涌现出的房山院燕山检察处、房山院李刚、徐德胜等先进集体和先进个人事迹。向市委政法委推荐丰台院马若怡参评“首都精神文明建设奖”和 2 个“身边雷锋”先进团队和 3 个“身边雷锋”先进个人。

下一步，北京市检察文联将继续构建检察文化建设的长效机制，加强对检察文化基础理论、基本规律的研究和建设成果的总结，逐步加大对检察文化建设的投入，建立健全检察文化建设的目标管理、考核评价和激励机制，推动检察文化建设不断向纵深发展。

成立大会

2月23日，北京市检察官文学艺术联合会第一次会员代表大会在市检察院召开。大会通过了北京市检察官文联章程，选举产生了文联的领导机构，圆满完成了各项规定的议程，北京市检察官文学艺术联合会正式成立。

全国政协教科文卫体委员会副主任、中国检察官文联主席张耕，市检察院时任党组书记、检察长慕平，最高人民检察院政治部副主任、中国检察官文联副主席胡尹庐，北京市文联党组副书记、副秘书长张占琴，市委政法委宣传处处长崔阳等领导和嘉宾参加了会议。来自全市各级检察机关的174名会员代表认真审议通过了文联的章程，选举产生了35名理事。第一届理事会选举高保京同志为第一任主席，张幸民、平家友、高凯、许庆文同志为副主席，焦海涛同志为秘书长，程德刚同志为监事长。在大会上，市检察院党组成员、政治部主任张幸民同志做了《关于北京市检察官文学艺术联合会筹备成立情况的报告》，市检察院党组副书记、副检察长高保京同志作为当选主席做了工作报告。

全国政协教科文卫体委员会副主任、中国检察官文联主席张耕同志作了重要讲话。张耕同志指出，北京市检察官文联的成立意义重大，是北京市检察机关贯彻落实十七届六中全会精神的重要举措，是加强北京市检察文化建设的重要举措，是建设检察官共有精神家园的重要举措，是密切检察机关与社会各界联系的重要举措，是促进检察文联组织建设发展的重要举措。他希望北京市检察官文联要继续深入贯彻落实十七届六中全会精神，一是要坚持检察文联正确的政治方向，围绕政法干警核心价值观开展各项工作，努力服务检察中心工作；二是要以科学发展观为指导，以人为本，突出检察官的主体地位；三是要努力创造文化精品，为检察人员和人民群众提供精神食粮；四是要加强检察文联的自身建设，尤其要坚持不懈地抓好廉政建设。张耕同志希望北京市检察官文联要进一步解放思想，开拓进取，努力开创文联工作的新局面，为中国特色社会主义检察文化大发展大繁荣做出新的贡献。

活　动

3月31日，“全国部分省级检察院文化建设调研座谈会”在朝阳区检察院召开。来自北京、江苏、陕西等8个省、自治区、直辖市院参加会议。高检院政治部常务副主任王少峰、副主任胡尹庐出席会议并发表重要讲话。朝阳院、海淀院被评为全国检察文化建设示范单位。

6月11日，北京市检察机关深入开展政法干警核心价值观教育实践活动推进会在市检二分院召开。最高人民检察院党组副书记、副检察长胡泽君，时任市委副书记、政法委书记王安顺同志和市院慕平检察长到会并发表重要讲话。

8月9日，电影《钢铁玫瑰》在昌平保利影剧院举行了首映式。市院党组成员、政治部主任张幸民，市政治部副主任焦海涛，区委副书记、政法委书记朱光彤，区委常委、宣传部长余俊生，昌平院全体党组成员、昌平区区政法系统各单位机关干部、中国政法大学学生以及参与影片演出的群众演员参加了首映仪式。

“迎新春、送文化”春联征集活动于11月底圆满完成。全市各级检察机关积极响应、深入发动，全体检察人员踊跃参与。经认真筛选后，最后确定将743幅楹联报送中国检察官文联，同时参加了“圆梦中国 文明北京”2013年春节楹联的征集活动。

12月9日，“共创美好未来——第三届中国职工艺术节闭幕式文艺晚会”在中国剧院举行。北京市检察机关组织了12名检察人员参加了演出，同时组织数十人的检察方阵参与本次活动。

理论研究

【检察调研成果转化】 全市检察机关共公开发表检察理论文章1389篇，比上年增长39%，其中权威报刊1篇，法学类知名期刊4篇，综合类知名期刊100篇；公开出版检察理论专著10部，论文集5部；完成各级重点课题128个，比上年增长109.8%，其中省级以上课题72个；246项调研成果转化为规范性文件，比上年增长12.3%，其中转化为市院文件4件，区级机关文件15件，会签文件127件；86篇调研报告被各级领导批示；组织高质量大型学术会议13次，干警参加省级以上学术会议并提交论文534篇次，比上年增长62.3%。调研成果获得省级以上重要评奖47篇次，比上年增长74.1%。

【市院获得市调查研究工作先进单位】

5月9日，北京市调查研究工作会在北京会议中心召开，北京市委刘淇书记出席会议并作重要讲话，郭金龙市长主持会议。市委常委、秘书长李士祥在会上宣读了关于表彰北京市调查研究工作先进单位和优秀调查研究成果的决定，25个调研工作先进单位、100篇优秀调研成果受到表彰。北京市人民检察院获得2010—2011年度北京市调查研究工作先进单位，市院苗生明、张新宪主持、二分院孙春雨和海淀院戚进松执笔的《行政执法与刑事司法衔接之工作机制研究》成果，获得优秀调查研究成果一等奖。

【北京市检察机关参加十三届检察理论研究年会获优秀成果奖】 2012年5月20—22日，中国检察学研究会成立大会暨第十三届全国检察理论研究年会在湖北武汉召开。最高人民检察院曹建明检察长、中国法学会韩杼滨会长、最高人民检察院胡泽君常务副检察长、孙谦副检察长出席会议并作重要讲话。高检院胡泽君常务副检察长宣读了《最高人民检察院关于表彰2011年度全国检察基础理论研究优秀成果的决定》。市院甄贞副检察长的文章《英国附条件警告制度及其借鉴意义》和市检一分院赵鹏检察官的文章《酌定不起诉之现状考察及完善思考》获得优秀成果二等奖。

北京市检察机关共有5篇论文（一分院2篇，二分院1篇，朝阳院1篇，平谷院1篇）入选第十三届全国检察理论研究年会，其中，市检二分院李斌作为入选论文作者代表进行了主题发言。

【中法检察机关“网络犯罪的司法处理与生产、销售伪劣商品罪的司法处理”

座谈会召开】 2012年5月30—31日在市院机关1010会议室本会召开。会议由市院办公室主任邹开红、市院研究室副主任闫俊瑛主持，中法检察机关共30余名检察官参加了会议。

【第三届京台检察实务论坛在北京市院召开】 2012年9月19日，由北京市检察官协会、台湾检察官协会共同主办的第三届京台检察实务论坛在北京市院举行，本届论坛的主题为“刑事诉讼制度之变革与犯罪诉追的精进”。北京市检察官协会会长、市院慕平检察长、台湾检察官协会理事长、台湾高等法院高雄分院检察署主任检察官施庆堂出席会议并致辞。台湾检察官协会秘书长陈文琪等14名检察官、法官，最高人民检察院检察理论研究所谢鹏程副所长、北京师范大学宋英辉教授、黑龙江省人民检察院沙莎专职委员等特邀领导嘉宾，北京市检察官协会副会长、市院副检察长甄贞，北京市检察官协会常务理事、副检察长苗生明等北京市检察机关的领导和检察官共计近50人参加了论坛。

【市院在首届执法公信力论坛——“执法规范与程序公正”主题征文活动中荣获优秀组织奖】 为展示党的十六大以来司法体制和工作机制改革成果，推动执法公信力建设，促进政法实务部门与理论界的良性互动，中央政法委政研所、公安部法制局、中国法学会联合举办了首届执法公信力论坛“执法规范与程序公正”主题征文活动。北京市检察院研究室积极组织各院参加征文活动，择优报送了94篇征文。征文组委会组织中央有关部门和专家学者，经初评、复评、定评三个环节和学术不端行为检测，从收到的2003篇征文中确定一等奖论文10篇、二等奖论文20篇、三等奖论文30篇。北京市检察机关共有6篇征文获奖：一等奖1篇，二等奖2篇，三等奖4篇。北京市检察院因组织得力，报送的征文质量高，被组委会授予优秀组织奖。

【行政执法与刑事司法衔接的理论与实践专题研讨会在大兴召开】 为进一步完善行政执法与刑事司法衔接工作机制，推进两法衔接信息平台建设，促进两法之间规范、高效的衔接，国家检察官学院、北京市人民检察院、北京市人民政府法制办、大兴区人民政府、大兴区人民检察院于2012年11月28日在北京市大兴区举办“行政执法与刑事司法衔接的理论与实践”专题研讨会。市政府法制办主任刘振刚、高检院侦监厅副厅长黄海龙、市院副检察长苗生明、大兴区副区长沈洁、国家检察官学院副院长杨迎泽出席会议，北京、天津、江苏、宁夏等地检察机关代表、北京市各行政执法机关代表以及北京大学、中国人民大学、中国政法大学、中国人民公安大学、国家检察官学院、北京警察学院等高校的专家学者共130余人参加会议。研讨会分三个单元进行，重点围绕两法衔接的理论与机制、实践与应用、反思与完善等方面内容开展讨论，来自检察机关、政府法制部门、行政执法部门代表以及理论界专家学者进行了主题发言。

对外交流

[出访情况]

【北京市检察院代表团赴新加坡、越南考察】 应越南河内市人民检察院和新加坡总检察署邀请，以北京市检察院副检察长高祥阳为团长的5人代表团，于2012年4月17日至26日对越、新两国司法检察机关进行了为期10天的访问和考察交流。在越期间，北京市检察院代表团与越南最高人民检察院、河内市人民检察院、河内市高等法院、河内市慈廉县人民检察院、胡志明市人民检察院、胡志明市古芝县人民检察院等司法检察机关进行了深入座谈和交流。越南中央电视台、河内市电视台对北京市检察院代表团的访问进行了相关新闻报道。在新期间，代表团分别拜会了新加坡总检察署和新加坡贪污调查局，与刑事检控司、国家公诉司的高级检察官们进行了广泛深入的座谈和交流。

【北京市检察官协会代表团赴台湾考察】为进一步增进京台两地检察官的互动和交流，2012年6月14日至6月21日，北京市检察官协会在北京市人民检察院副检察长王一俊的带领下，一行11人赴台湾进行了为期8天的考察。考察内容主要包括：实地参观宜兰、高雄、台北地方法院检察署以及台湾地区法务部司法官训练所等。

【北京市检察院代表团赴美国、加拿大考察】2012年6月26日至7月5日，应美国旧金山市政府和加拿大尼亚加拉市政厅的邀请，以北京市人民检察院副检察长苗生明为团长的5人检察代表团赴美国、加拿大考察司法检察制度。代表团分别访问了美国旧金山市政府国际商贸部门和纽约市皇后区检察院，与多伦多市警务处刑事侦查部、多伦多地方法院的检察官进行了座谈交流。在两国访问期间，代表团分别向美国及加拿大的警官、检察官们介绍了我国检察机关的地位、特点和法律监督职能。

【北京市检察院代表团赴丹麦、瑞典考察】2012年7月19日至28日，应丹麦总检察院以及瑞典卡尔斯塔德市政厅的邀请，北京市人民检察院副检察长李新生率6人检察代表团赴丹麦、瑞典两国进行了为期10天的考察。代表团一行先后拜访了丹麦皇家检察院、丹麦议会大厦、瑞典市政厅、瑞典卡尔斯塔德市政厅等地，与当地的检察官、律师、政府官员等进行了深入交流，对丹麦、瑞典两国的司法制度、议会监察监督制度、知识产权保护及政府政务公开等内容有了详细了解。

【北京市检察院代表团赴韩国、日本考察】2012年7月24日至8月2日，以北京市检察院副检察长顾军为团长的6人代表团赴日本、韩国进行了为期10天的考察访问。考察期间，代表团先后拜访了日本东京检察厅、韩国首尔中央检察厅，并与亚洲犯罪预防基金会、首尔律师协会等团体组织进行座谈交流。访问交流中，考察团重点考察了日本、韩国检察、司法制度，特别是对日韩两国检察系统的组织结构、机构设置、检察职权以及检察官的选任、检察官在刑事诉讼中的职责作用等进行了全面深入的考察了解，不仅增进了首都检察机关与日韩两国检察系统及相关国际组织、司法团体的联系与交流，而且也为进一步开展交流与互访活动奠定了坚实的基础。

【北京市检察院代表团赴蒙古考察】应蒙古国总检察院的邀请，北京市人民检察院第二分院巡视员柴树印率5人检察代表团，于2012年9月17日至9月21日前往蒙古国进行为期5天的技术培训与交流活动。代表团向蒙古国总检察院和乌兰巴托市检察院移交北京市检察机关援助的电子取证技术设备并且对蒙方技术人员进行了培训。在访蒙期间，代表团充分展示了中国检察官的良好形象，圆满完成了工作任务，促进了交流，增进了友谊，达到了预期目的。

【北京市检察院代表团赴法国考察】 应法国巴黎大审法院检察院的邀请，以北京市人民检察院反贪局局长朱小芹为团长的3人检察代表团，于2012年11月18日至11月23日赴法国进行了以“关于公职腐败受贿以及国外公职人员腐败问题”为主题的公务考察。代表团在法期间参观了巴黎上诉法庭、巴黎大审法院检察院，与巴黎大审法院检察院的检察长、副检察长和检察官进行了座谈交流，了解了巴黎大审法院检察院架构及职责和金融部门办理案件的情况，进一步深化了双方之间的交流与合作。

［来访情况］

【慕平检察长会见全国政协委员代表团】 2012年3月10日下午，慕平检察长会见了全国政协社会和法制委员会主任张福森及在京参加“两会”的香港地区全国政协委员等一行16人。慕平检察长向来宾简要介绍了北京市检察机关的基本情况，他指出，北京市检察机关感谢各位政协委员的关心和支持，要主动接受来自人大代表和政协委员的监督；今后要加强与香港法律界的联系和交流，促进双方相互了解与合作。随后，张福森主任一行还参观了北京市人民检察院反腐倡廉展览。市院副检察长马剑光、高保京陪同参加了会见。

【英国苏格兰检察代表团访问市检察院】 2012年5月29日上午，甄贞副检察长会见了到访的苏格兰总检察长弗兰克·穆赫兰德一行。双方就保障犯罪嫌疑人、被害人权益，打击严重暴力犯罪、环境犯罪等进行了交流，双方一致认为，在刑事犯罪日趋国际化的今天，各国检察机关之间的合作与相互支持十分重要，今后应加强中英两国检察机关的交流与合作，互相学习各自在检察实务中积累的成功经验和有益做法，促进两国检察工作的共同提高。

【法国检察机关代表团访问市检察院】 中法首都检察机关“网络犯罪的司法处理与生产、销售伪劣商品罪的司法处理”专题座谈会，于5月30日至31日在市院召开。法国驻华大使馆法律参赞吕妍婧女士、法国巴黎大审法院检察院两名女检察官，北京市检察机关相关领导和检察官参加了座谈交流。5月30日上午，慕平检察长会见了代表团一行。慕平检察长简要回顾了双方过去五年间开展的卓有成效的合作与交流，并预祝此次交流活动取得圆满成功，成为下一个五年合作的新起点。吕妍婧参赞表示，巴黎大审法院检察院新任检察长弗朗西斯·莫林先生希望明年能到北京访问以推动未来的合作深入开展。法国驻华使馆将一如既往地全力为双方之间的合作交流提供服务和便利。

【欧盟审计院外宾到市检察院访问交流】 2012年7月4日上午，高祥阳副检察长会见了到访的欧盟审计院成员米兰·马丁·希维科先生。高祥阳副检察长向来宾介绍了北京市的历史沿革、自然环境、行政区划、经济建设等概况，以及北京市检察机关的机构设置、职责职能、正在开展的重点工作等基本情况，并回应了外宾关注的检察机关经费保障等问题。米兰·马丁先生也简要介绍了欧盟审计院的人员构成、主要职责、运转方式、与欧盟议会和其他欧盟组织的关系等情况。双方一致认为，要在中国与欧盟交往合作日益增多的大背景下，加强中国司法检察机关与欧盟审计院之间的交流合作，互相学习各自工作中积累的成功经验和有益做法。

【慕平检察长会见莫桑比克总检察长】 2012年7月6日上午，慕平检察长会见了到访的莫桑比克总检察长奥古斯托·保利诺一行6人代表团。慕平检察长向来宾介绍了市检察院的机构设置、职责职能和重点工作开展情况，以及北京市检察机关面临的新问题和新挑战。慕平检察长还应代表团成员的提问，介绍了北京市基层检察院的相关情况。保利诺总检察长也简要介绍了莫桑比克检察机关的情况。双方一致认为，代表团此次访问一定会加深中莫两国检察机关的彼此了解，增进互信与共识，推动两国检察机关之间的司法合作与交流。

【慕平检察长会见尼泊尔总检察长】 2012年8月17日上午，慕平检察长在市院机关会见了到访的尼泊尔总检察长穆克提·纳拉扬·普拉丹一行4人代表团。慕平检察长向来宾介绍了北京市检察机关概况，并回应了外宾关注的立法及相关司法实践等问题。普拉丹总检察长也简要介绍了尼泊尔检察机关的情况。市检察院高祥阳副检察长、办公室邹开红主任等相关部门负责人参加了会见。

【"两岸法学交流研讨班"到市检察院访问交流】 2012年8月20日上午，甄贞副检察长会见了到访的"两岸法学交流研讨班"学员一行。甄贞副检察长向来宾介绍了北京市的历史沿革、自然环境、行政区划、经济建设等概况，以及北京市检察院机关的机构设置、职责职能和正在开展的重点工作等基本情况，双方就检察机关人员培训、司法协助、侦查监督等问题展开了深入的座谈交流。会见结束后，学员们参观了反腐倡廉教育展和北京市检察机关院史展。

【台湾检察官协会代表团访问市检察机关】 2012年9月17日至21日，以台湾检察官协会施庆堂理事长为团长的台湾检察官代表团访问北京市检察机关，在市院召开了第三届京台检察实务论坛，并到海淀院、西城院进行了交流座谈。市院慕平检察长出席了论坛开幕式并致辞。市院甄贞副检察长、王一俊副检察长、苗生明副检察长参加了论坛研讨活动。

【香港廉政公署第32届总调查主任指挥课程代表团访问市检察机关】 香港廉政公署第32届总调查主任指挥课程学员并工作人员共36人组成代表团于2012年11月11日至16日访问了北京。11月14日上午，代表团到市院进行了交流访问，高祥阳副检察长主持了座谈会并介绍了北京概况及检察机关工作情况，市院相关部门负责人参加了座谈会并做会议发言。在京期间，代表团还拜访了最高人民检察院、北京市纪委、北京市海淀区人民法院、中国银行北京分行等相关部门。

创作出版

2012年1月，由市检察院徐苏林创作的长篇反腐小说《声色》由金城出版社出版。

2012年2—3月，北京市人民检察院参与联合摄制的电影《致命关系》、《身份疑云》在央视电影频道（CCTV－6）播出。

2012年8月9日，由北京市人民检察院参与联合摄制的电影《钢铁玫瑰》，在昌平区保利影剧院举行了首映式。

2012年12月，北京市人民检察院第一分院侯新明出版个人专著《触摸记忆》，该书由中国检察出版社出版，最高人民检察院政治部主任李如林为该书题写书名。

2012年12月，北京市人民检察院制作了《守护公平正义》系列光盘，向市人大、政协代表、特约检察员、特约监督员、人民监督员以及部分公众发放。

由市检二分院编写的先进典型事迹汇编《绽放时代检察风采》一书由中国检察出版社出版，检察日报专门刊发了书评。

市检二分院策划制作的廉政公益广告片《书包的故事》先后在中国网络电视台、人民网等亮相，持续1个月在北京电视台8个频道滚动播出。

获奖情况

北京市人民检察院获得“共创美好未来——第三届中国职工艺术节闭幕式文艺晚会”优秀组织奖；

全国检察文联第二届“迎新春、送文化”春联征集活动获奖情况：

一等奖：

刘晓明　北京市人民检察院第一分院

李熠星　北京市大兴区人民检察院

二等奖：

吕　萍　北京市人民检察院第一分院

三等奖：

薛海龙　北京市人民检察院第一分院

优秀奖：刘宝良（北京市人民检察院）等15人

教育培训

【概况】 年内，全市各级院累计培训86886人次，同比增长203%。市院组织培训班53期，培训43485人次，同比增长190%；举办脱产培训班26期113天2112人次，较2008年分别增长178%、209%和38.2%。高检院报告显示：北京培训覆盖率和满意度分别位居全国第二、第三位，较2009年43%的满意度提升了34.4个百分点。

【承办全国基层检察人员轮训师资培训示范班】 3月27日至30日，市检察院教育培训处承办全国基层检察人员轮训师资培训示范班，高检院党组副书记、常务副检察长胡泽君出席并做重要讲话：“把北京市检察机关的公诉实训模式列进培训课程，目的就是引发大家对培训发展方向的思考，走出一条检察教育培训的新路。”全国各省级检察院教育培训部门负责人、公诉部门负责人和教育培训、公诉业务骨干共161人参加此次培训班。

【举办修改后刑诉法的学习培训班】 市检察院根据“新刑事诉讼法”的立法精神、法条规定和法律适用，先后组织开展培训25期，累计24023人次参加，培训时间共计30天，各分院、各区县院累计培训4259人次，并开发七门“新刑事诉讼法学习测试”在线课程，8642人次选学。

【开展“精品培训课程送基层”活动】 4月20日上午，市院教育培训处2012年“精品培训课程送基层”活动在丰台区检察院举行启动仪式，市院党组成员、政治部张幸民主任，丰台检察院全体干警参加了启动仪式，并听取了培训课程。2012年“精品培训课程送基层”活动，为11个基层院送教上门，1355名干警参加培训。

【举办第28期刑事司法疑难问题巡回讲学】4月24日，市检察院在顺义院举办了北京市检察机关第28期刑事司法疑难问题巡回讲学活动。此次巡回讲学特邀请中国政法大学教授、顺义院挂职副检察长于志刚、中国青年政治学院教授林维、清华大学教授张建伟主讲。讲学活动采取视频网络形式，全市检察机关反贪局、侦监处、公诉处、研究室等业务处室800余人参加了培训。

【举办两期领导素能研修班】5月下旬及6月下旬，市检察院在国家检察官学院北京分院分别举办了两期北京市检察机关领导干部研修班。慕平检察长出席培训班开班仪式并作重要讲话：“本次培训从策划、准备、实施，政治部做了大量工作，取得很好成绩，希望不断改进，使之成为干部培训的一种经常方式。”全市检察机关分院班子成员、基层院检察长、副检察长、市院处长共70人参加了培训。

【成立国家检察官学院北京分院暨北京市检察官学院】5月28日上午，国家检察官学院北京分院暨北京市检察官学院在延庆正式挂牌成立。市院党组书记、检察长慕平同志和高检院政治部常务副主任王少峰同志为国家检察官学院北京分院揭牌并作重要讲话，国家检察官学院院长胡卫列同志和北京市发改委副主任王英建同志为北京市检察官学院揭牌。

【举办郑州市公诉业务技能实训班】10月14日至23日，国家检察官学院北京分院成功举办了河南省郑州市检察机关学习新刑诉法公诉业务技能实训班。本班是学院成立以来承办的第一个外地检察机关委托培训班，标志着北京公诉实训品牌影响力进一步扩大，北京市检察官学院建设迈出了新步伐。

【天津市检察院到教育培训处交流培训工作经验】10月23日天津市院政治部副主任、教育培训处处长、副处长来市院教育培训处进行交流座谈，会上北京市院教育培训处李继华处长对我院近3年的教育培训工作经验进行了深入的介绍。

【举办新招录人员岗前培训班】11月27日至12月2日，市检察院举办了北京市检察机关2012年度新招录人员岗前培训班，全市检察机关214名新招录人员参加了培训。培训课程采取专题模块式，涉及政治思想、业务技能、成长成才、实践锻炼等方面，切实增强新招录人员的责任感、使命感和荣誉感。

人才队伍

一、大力加强领导班子建设，提升领导检察工作科学发展的能力

一是继续优化各级院领导班子结构，全面提高领导检察工作的能力。先后配合市委组织部、政法委，对分院副检察长、反贪局局长、市级院检委会专职委员等职位开展竞争性选拔，共选任副局级干部6名。根据换届后进一步加强各级院领导班子建设需要，重点推进处级班子和处级领导干部调整配备工作，按照干部管理权限，全年共任免市级检察院处级领导干部71名，其中提拔任职47名，平职调整21名，免职13名。另外，还协助区县党委任免区县检察院领导班子成员42名，其中提拔任

职的23名，平职调整的6名，免职的13名，优化了各级院领导班子和市分院中层干部结构，全面提高了领导检察工作的能力。

二是不断加强对各级领导干部的监督管理，确保公正廉洁执法。今年4月，按照市委组织部要求，市院召开中层以上干部会议，通报和分析了上级反馈的2011年度局级考核结果、“一报告两评议”结果和组织工作满意度民意调查结果，并专门就“选人用人”、“基层基础建设”、“司法执法成本与效益”等得分相对偏低的考评项目，在全市检察机关进一步地征求了意见，在此基础上，市院党组召开了专题民主生活会，并及时制定和上报了《市检察院关于领导班子局级领导考核测评等情况的整改方案》。全市各级检察院都按照市委部署及时召开了民主生活会，认真学习上级要求，广泛征求群众意见，开展批评和自我批评，有针对性地制定整改措施。坚持和完善分院、区县院检察长述职述廉制度，2012年11月，市院听取了东城、房山、延庆三院检察长向市院述职述廉，目前，已向各述职报告工作单位反馈了评议意见。

三是切实加强领导干部能力培养，注重在实践中提升领导检察工作的能力和水平。将国家检察官学院培训、市委组织部培训、市委政法委境外培训、市委组织部“三个一百”交流等，作为提升检察干部领导素能的重要途径，共推荐局处级领导干部50人次。选派44名局处级后备干部和优秀年轻干部到其他政法机关、党政部门、市纪检监察系统挂职锻炼。组织第五批19名有发展潜力的年轻干部在全市各级检察院之间交流培训，进一步地拓宽视野、丰富阅历。

二、全面强化干部队伍管理，不断激发活力和创造力

一是优化检力资源配置。2012年全市检察机关共录用应届大学毕业生185名，以法学类研究生以上学历为主，各院基本实现满员录用。积极应对刑诉法修改对检察工作的新挑战，在深入调研的基础上提前做好编制调整工作。2011年以来，中央编委为北京市检察机关下达了第二、第三批515名政法专项编制，除部分用于成立第三分院、部分用于完成因刑诉法修改而增加的工作量以外，其他编制全部用于加强基层办案一线。认真完成第三分院的机构设置工作，10月，市编委印发了《关于印发北京市人民检察院第三分院主要职责内设机构和人员编制规定的通知》。积极探索有利于充分发挥检察职能的机构设置方式，进一步规范了全市检察机关派驻检察机构设置工作。积极推进市分院设立未成年人案件检察处，民事、行政检察机构分设工作。

二是有序开展干部职级晋升等工作。完成市、分院非领导干部职级晋升、检察官选任等工作，共择优选拔市院检察员任命人选17名，选任助理检察员7名。晋升市院处级非领导职务12名，其中，晋升正处级非领导职务8名，副处级非领导职务4名，晋升科级非领导职务24名，晋升二分院正处级非领导职务10名。在严格履行民主推荐、组织考察、会前酝酿、讨论决定、任前公示、任前谈话等程序的基础上，坚持将思想政治工作贯穿全过程，特别是对符合晋升条件，但是因为职数限制没有晋升的同志，及时地疏导情绪、鼓舞干劲，取得了明显的效果，受到了全院干警的充分肯定。稳慎推进铁检体制改革人员过渡，2012年6月，市人力社保局对铁检两级院共131名干警进行了公务员登记，身份转换顺利完成。

三是全面加强日常管理。及时维护政法队伍管理信息系统数据，按期、准确上报数据和本单位队伍状况分析报告，充分运用信息化手段，不断提高工作的规范化水平。本着便捷高效的原则，开发了市院机关网上考勤系统，根据考勤记录，先后对7人次扣减工作性津贴。完善了平时考核制度，开发了网上公务员考核系统，与原有的职位说明书、执法档案、考勤管理、处室考核等制度都进行了有机结合，考核的规范化、科学化程度进一步提高。严格按照上级的要求，完成局级干部工资变动、借调干部、查核涉组涉干信访举报、报告干警生病死亡信息等相关工作，未出现纰漏。

三、深入推进干部人事制度改革，提高组织工作满意度和选人用人公信度

一是竞争性选拔领导干部工作常态化。2012年市分院先后组织开展了5个批次的处级领导职务竞争性选拔工作，共有31名同志通过竞争性选拔走上处级领导岗位。经与区县委组织部门沟通，探索将区县院副检察长职位纳入全市检察机关竞争性选拔范围，择优向区县委推荐了2名副检察长人选。通过竞争性选拔，进一步拓宽了选人用人的视野，增强了选人用人工作的透明度，为全市优秀检察人才的脱颖而出搭建了平台。

二是加大异地提拔和交流任职力度。市院党组充分发挥协管职能，积极协调地方党委开展处级领导干部交流任职工作，特别是深入推进区县院反贪局长、分管刑检工作副检察长等关键岗位异地任职，2012年市院党组共提出并协调地方党委实施处级领导干部异地交流任职26人次，其中市分院到区县院的6名，区县院到市分院的8名，市分院之间的2名，区县院之间的3名，跨系统7名。通过交流任职，促进了干部丰富阅历、振奋精神、增长才干，同时也有利于公正廉洁执法。

三是加大培养选拔年轻干部和后备干部力度。加大优秀年轻干部的培养使用力度，对有发展潜力的优秀干部，按照“缺什么补什么”的原则，分别交流到市分院或区县院任职，补充和丰富经历。研究制定市分院处级后备干部补充调整和培养管理实施方案，结合岗位空缺和工作实际，通过笔试、民主推荐、差额考察等竞争性方式择优确定市分院正处后备47名，市院副处后备40名，补充和加强了市分院处级后备干部队伍，加大了对优秀年轻干部的培养力度。按照市委组织部统一部署，认真开展年轻处级领导干部公开选拔工作，选任1名80后干部，担任团河院驻北京市未成年劳教所检察室主任。

四是提高选人用人的民主程度和规范水平。在干部选任过程中，通过动员部署、征求意见、信息公示等措施，有效地保障了干警的知情权、参与权、表达权和监督权，市院纪检部门全程参与干部选任工作。市院党组讨论决定任免事项均能严格执行《干部任用条例》及检察官法、公务员法规定的资格条件，没有越级、破格情况。干部选拔任用均能严格按照《干部任用条例》和四项监督制度的规定程序进行，没有临时动议、违规操作的情况。按照市委组织部的要求，全面落实、严格执行干部任免票决制度和干部选任全程纪实制度，选人用人规范化水平得到进一步提升。

四、努力实施人才强检战略，增强了人才工作的实效性

一是全面落实《“十二五”时期首都检察人才建设工程》任务。2012年初，制定了《北京市检察人才工作领导小组工作办法》，确立了重点人才工作年度安排制度和年度总结报告制度，并于5月召开全市检察人才工作领导小组第一次会议，听取和审议了人才工作三项配套制度，部署了2012年12项人才工作重点任务，年初确定的各项任务基本完成，特别是人才工作制度体系已经构建完毕。年底，开展了全市检察业务骨干和岗位能手评审，全面构建了高中初三级人才梯队，为明年进行大规模、有计划的人才培养做好了准备。《人才工程》得到了市委组织部的高度关注和大力支持，获批“北京市优秀人才培养资助项目”集体资助，为人才工作注入了强大的动力。

二是建立了人才培养与干部使用的衔接机制。为进一步提高人才工作的实效性，2012年市院出台了《北京市检察业务人才管理规定》，明确要求各院检委会除席位制委员之外，其他委员应当在全市检察业务专家和业务骨干中择优产生；各院领导班子成员和检委会专职委员中应当分别至少有1名全市检察业务专家；业务部门正职一般应当由全市检察业务专家或业务骨干担任；市、分院业务岗位从下级院遴选检察官应当从入选检察业务人才库的人员中产生，实现了人才培养与干部使用的有机衔接。

三是努力营造良好的人才成长环境。继续开展检察工作重点课题资助，全市检察机关多项检察理论研究成果获得省部级以上认定。按季度开展全市检察机关“学习之星”和“公诉之星”评选，全年共有3批101名同志当选“两星”。积极选拔北京市优秀检察业务专家，参加高检院组织的第三届全国检察业务专家评审。推荐2名“新世纪百千万人才工程”市级人选，申报市人力社保局的培养经费资助。大力宣传石景山院“北京市优秀青年知识分子”门美子同志的先进事迹，在干警中成功地营造了学以致用、终身学习的良好风气。以上措施，为人才的发展提供了优良的组织资源和成长环境。

设施建设

北京市检察官文联，充分利用现有条件，对市检察院办公楼T层进行了改造、修缮，成立了文化娱乐活动中心——检察官俱乐部。同时，进一步完善了运动、服务设施。

检察官俱乐部设在顶层（T层），面积共1840 m^2，分为现代和仿古两个区域。东侧的现代区域包括图书资料阅览、报刊杂志阅览、咖啡吧、网吧、小型视听室等。干警可以在舒适、温馨的氛围里查阅业务资料、网上浏览各类资讯。

南侧仿古区域沿用中国古代建筑的形式，仿造贡院风格设计了会客室、书房、棋室、台球室等。贡院是元代礼部旧址，是明清两代各地举人赴京考取进士的考场，具有非常高的历史价值。这一区域的设计体现了传统文化在现代建筑中的延伸。

科学规划了体能训练区，设有球类训练馆、器械训练馆、健身房等。球类训练馆包括两个标准羽毛球场和三个乒乓球练习场，室外有一个标准的塑胶篮球场。健身房可满足瑜伽、体操、舞蹈等训练要求。

进一步强化了生活服务区（洗衣房、小餐厅、干警餐厅、理发室、医务室等）功能，提高效率。

基层检察文化

【北京市人民检察院第一分院】 2012年紧紧围绕上级工作部署，坚定“走精兵路，办精品案”方向，不断深化“三型院”建设，各项工作取得了新成效。

一是思想政治建设不断增强。认真开展政法干警核心价值观主题教育活动。积极开展“听走送”为民实践活动。走进企业、农村、社区广泛提供法律服务。结合落实十八大安保维稳工作，选派4名处级后备干部到安保一线工作。十八大闭幕后，迅速掀起学习宣传高潮，采取支部集中学习、邀请专家辅导、组织专题报告会和主题征文等形式，认真学习领会党的十八大精神，在思想上形成共识，在实践中突出检察特色，学习贯彻取得初步成效。

二是能力素质培训全面加强。先后组织参加上级专项培训900余人次，该院采取分期分批专项实训的形式，集中对公诉、民行、自侦等业务部门执法办案人员进行了培训，确保新法普及全员到位。2012年参加各级各类培训123期，人均培训达到130学时，100%完成培训任务，得到市委组织部和市院的充分肯定。

三是典型推树工作取得进展。落实十八大维稳工作要求，开展党员承诺、践诺，创建执法办案先锋岗活动，涌现出一批先进典型。先后推树出北京市三八红旗集体、北京市三八红旗手、北京市检察机关“我身边的榜样”双十佳“北京市检察机关先进集体”、“北京市检察机关先进个人”等。

四是推动业务建设效果显著。通过深化创先争优活动，增强了全院同志争创一流业绩的意识，承办了刑事案件证人出庭作证现场会，刑事案件证人出庭作证研讨会。邀请人大代表参与保外就医专项检察会议。在执法办案中，该院院反贪局侦查二处、公诉二处“7·21”专案组被记集体一等功，公诉一处“郭宗奎等人贩毒案办案组”被记集体三等功。反贪局侦查一处等四个部门办案组受到嘉奖表彰。

五是检察宣传工作进步明显。认真落实院党组关于加强检察宣传工作的部署，创新工作方法，组织20余名干警开通个人实名微博，赵鹏同志编写的“微案例”，引起了高检院领导的重视。在腾讯网开通了一分院微博，已成为检务公开、引导舆论的新型检察宣传平台，发挥了检察机关服务社会的积极作用。检察文化建设取得新进展，在中国检察官文联举办的“迎新春、送文化”春联征集活动中，该院3名干警分获一、二、三等奖；侯新明等多名同志出版了文学作品专著和检察业务丛书。依托检察官俱乐部，开展了一系列群众性体育文化活动，先后参加了市直机关第三届文化艺术节；2名干警摄影和书法作品分别入选优秀作品集；承办了市直机关和谐杯乒乓球赛及片组间各类比赛，获得优秀组织奖。此外，先后还组织了各项文体活动，如爱心捐款、对外文化交流、登山活动、迎新春联欢会、拔河比赛、台球积分赛、羽毛球比赛等，该院侯新明出版个人专著《触摸记忆》，由最高人民检察院政治部主任李如林为该书题写书名。作者用平实的语言、朴素的文字，表达了对检察事业的热爱之情，展现了战友间的手足之情和对家乡的思念之情。该书为检察文化建设增添了一抹亮丽色彩。

【北京市人民检察院第二分院】 持续推进先进检察文化建设，坚持文化建检、文化育检、文化强检，挖掘整合资源，突出实践特色，丰富文化载体，不断提高检察文化建设科学化水平，增强检察队伍的文化自觉、文化自信和文化自强，有效促进了各项工作全面发展。

一是启动专题调研，制定实施意见。 开展文化建设专题调研活动，明确检察文化的内涵和功能，总结近年来本院加强文化建设的经验做法，深入分析了影响和制约检察文化建设发展的问题及原因，提出了新时期加强检察文化建设的指导思想、发展目标、基本原则及相关措施。在此基础上，制定了《关于进一步加强检察文化建设的实施意见》，为本院开展文化建设指明了方向。

二是挖掘文化底蕴，营造环境文化。 立足法律监督职能定位，结合首都文化特点，开展办公区域文化设施建设，建成了突出检察特色、彰显法治内涵、富有文化底蕴的文化长廊、荣誉室、创先争优光荣榜和案例展示区，在展现二分院文化底蕴的同时营造出美观大方、雅致整洁、赏心悦目的工作环境，使检察人员的心灵在潜移默化的浸染中得到净化，思想在优雅的环境中得到升华，行为在无声的教化中得到规范。

三是精心组织实施，丰富文化活动。 依托10个全院性文体兴趣小组，有效利用健身房、党员活动室、报告厅、图书室等场所，广泛开展论坛、沙龙、征文、比赛等经常性文体活动。以春节、“三·八”妇女节、“五·四”青年节、“八·一”建军节等重要节日及党和国家举办的重要活动、会议为载体，有针对性地组织丰富多彩的文化活动，开展文化“软宣传”，促进提升检察人员的审美情趣，铸造人文精神，如举办了“奏响北京精神的检察乐章”春节联谊会，把工作亮点回顾与交响乐欣赏有机融合，寓教于乐涵育北京精神和政法干警核心价值观；“三·八”妇女节之际，组织全院女干部赴天津参观周恩来、邓颖超纪念馆，缅怀革命先烈高尚情操，激励检察人员的爱国、敬业情怀；组织复转军人赴文化创意产业园开展庆“八·一”主题教育活动以及“以菊喻检”健步行等活动，传递检察文化的正能量。

四是实施精品工程，打造亮点品牌。 发挥文化建设推进思想政治工作的积极作用，着力打造“绽放时代检察风采”思想教育品牌，挖掘、选树了8个践行政法干警核心价值观的先进典型，创新思路，综合运用内部信息、短篇消息、长篇报道、微纪录片等多种载体进行立体式宣传，并承办了“北京市检察机关深入开展政法干警核心价值观教育实践活动推进会”，胡泽君、王安顺等领导同志到会并讲话，对典型宣传工作给予充分肯定，各主流媒体对此进行了集中报道，引起较大社会反响。先进典型事迹汇编《绽放时代检察风采》一书由中国检察出版社出版，检察日报专门刊发了书评。策划制作的廉政公益广告片《书包的故事》彰显时代性、规律性、创造性和群众性，既渗透了政法干警核心价值观的内在要求，又实现了检察职能宣传与媒体传播公益的互促双赢，“践行宗旨、人生无悔，保持纯洁、幸福相随”的主旨深入人心，该片先后在中国网络电视台、人民网等亮相，持续1个月在北京电

视台8个频道滚动播出，并在全国检察机关评比中荣获一等奖。“绽放时代检察风采”、“紫芳读书沙龙”、“检察文化节”、检察开放日、公益广告片、文化建设调研成果等都已产生了精品效应，形成二分院的一个个亮点品牌。

五是探索实践模式，传播检察文化。举办了首届“检察文化节”，开展书画名家走进二分院、书画摄影比赛、文艺演出等活动，用优秀的文化作品和检察人员喜闻乐见的方式阐释和传播政法干警的核心价值观，在丰富精神世界的过程中陶冶情操、升华境界，营造良好的政治生态环境，为实现本院争创“全国一流检察院”的目标提供源源不断的智力支持和精神动力。“爱民月”、检察开放日等活动持续深入，不断延伸职能宣传检察工作和检察文化，其中，自2004年首次“开放日”以来，至2012年12月，已成功举办73次检察开放日活动，受众达到1万余人，成为二分院宣传检察业务、增强检务公开、联系人民群众的标识。参与社会管理创新，依托未成年人检察业务开通了“放飞束缚的梦想”官方微博和检察官实名微博，形成服务未成年人的新媒体平台；建立退休干部博客，积极提供法律服务，宣传法治文明。志愿服务蓬勃开展，组织“让检察青春插上志愿服务的翅膀”主题讲座，退休干部到海淀区行知实验学校捐资助学、普法教育，并在该校建立“志愿服务基地”；与丰台区方庄紫芳园社区签订共建协议，建立检察志愿者法律服务站，落实市委政法委“四项机制”工作有力，42名退休干部报名参与志愿服务；十八大安保期间，全院共有289人报名参加学雷锋志愿者活动，占检察人员总数的89%，并在143个社区登记开展志愿服务，建立了志愿服务手册长效机制，进一步规范检察志愿者服务工作。

六是开展文化活动，取得丰硕成果。积极参加市直机关工委第三届文化艺术节书画、摄影比赛及京剧、歌曲、乐器表演荣获8个奖项，参加市委政法委举办的离退休干部第六届“康寿杯”书法、绘画、摄影联谊联赛获二等奖和优秀奖，参加中国职工艺术节摄影艺术展荣获银奖。在北京市检察机关基层院建设考评中二分院已连续3年获得总分第一；深化创先争优的典型经验先后在市直机关、市委政法委和全市检察机关创先争优总结大会上作交流发言；“全国优秀公诉团队”、“全国检察机关优秀反渎职侵权局”、“北京市政法系统‘执法为民创先争优示范窗口’”、“北京市政法系统‘政法先锋号’”、“首都文明单位标兵”、“市直机关创先争优先进基层党组织”、市政法系统“五好党支部”、“人民满意的政法单位”争创奖、“人民满意的政法干警”争创奖、“市直机关创先争优优秀共产党员”等荣誉不断取得，涌现出公诉二处、反渎职侵权局、控告申诉检察处、二审监督处以及邢庆、陈明荣、吴铭、位鲁刚、孙继东、赵彬等一大批践行政法干警核心价值观、在本职岗位创先争优的先进集体和个人，集中展现了首都检察机关的时代风采。

【北京市东城区人民检察院】举办“感动、践行、超越”主题活动两年来，新东检涌现出了一批工作勤勉、作风质朴、不懈追求、崇尚卓越的榜样人物。为在政法干警核心价值观学习实践活动中发挥榜样的引领作用，该院积极推进我身边的榜样评选推树工作，在全院范围内开展“感动东检——我身边的榜样”评选活动。该院把全院评选出的16名同志的先进事迹编印成册，并举办“感动、践行、超越”主题活动。

2012年9月，该院举办了“感动、践行、超越”主题活动，市院党组书记、检察长慕平，市院党组成员、政治部主任张幸民，东城区区委副书记、政法委书记常卫等领导以及部分人大代表、特约监督员、媒体记者出席了本次活动，首都政法网对本此活动进行了全程同步直播。

活动中，首先播放了东城检察院组建两年以来开展创先争优活动、深入践行政法干警核心价值观工作的回顾短片。随后，殷健检察长发表致辞，对东城检察院开展创先争优活动情况进行了全面总结，并向全院发出了学习身边榜样，进一步践行政法干警核心价值观，弘扬“勤勉质朴、追求卓越”的“东检精神”的倡仪。接着通过播放人物事迹短片、采访所在处室干警或办案单位领导等方式，介绍了因工作勤勉、作风质朴、不懈追求、崇尚卓越被评选为身边榜样的四组典型人物的事迹，并向他们颁发了荣誉证书。干警代表作了表态发言。

最后，慕平检察长在讲话中充分肯定了东城检察院开展的“感动东检——我身边的榜样”活动，认为本次活动一方面反映了这些年来东城检察院在创先争优活动中取得的成果，另一方面也推进了政法干警核心价值观主题教育活动；评选的这四组干警具有充分的代表性，将对党、对国家、对人民的热爱和对检察事业的忠诚完全体现在了具体的爱岗敬业的过程中，将政法干警核心价值观教育活动进一步具体化，使全院干警心中产生亲切感和共鸣感。慕平检察长指出，东城检察院自合并重组以来，院党组带领全院干警，紧紧围绕全区的中心工作，努力克服各种困难，充分发挥检察职能，为大局服务，各项工作都取得了明显的进步，尤其是形成了“勤勉质朴、追求卓越”的东检精神，团结和激励了全院干警踏实进取，勇争一流。慕平检察长还对东城检察院的工作提出了三点具体要求：一是要以优异的检察工作业绩迎接党的十八大的胜利召开。按照上级有关要求和年初制定的各项工作部署，认真地履行好检察职能，扎实做好矛盾排查化解工作，努力做好党的十八大的安全稳定工作。二是要认真贯彻落实修改后刑事诉讼法。切实按照中央、高检院和市院的要求，全面、扎实地做好贯彻实施修改后刑诉法的各项准备工作，在全市检察机关贯彻实施新刑事诉讼法中起到表率作用。三是要结合队伍建设和今天的活动，将主题教育活动中激发出来的力量转化为工作的成效。以推进政法干警核心价值观教育实践活动为契机，充分发挥全国模范基层检察院的榜样作用，高举模范的旗帜，勇担模范的责任，以全国一流基层检察院的最高标准，按照高检院关于“四化建设”的要求，不断加强业务、队伍、管理和保障建设，创造出新的经验，为全市检察工作的发展发挥更大的引领作用。

【北京市西城区人民检察院】检察文化建设硕果累累：

1. “正义的颂歌——迎国庆西城检察院践行政法干警核心价值观”诗歌朗诵会。朗诵会的全部作品均由该院干警结合各自工作中的经历和感悟创作而成，是检察文化素养修养的一次全院大练兵，在全院范围内形成浓厚的文化氛围。

2. 理论研究成果。(1)《职务犯罪案件取证合法性探析》：于小嫚、刘珣，载《人民检察》2012年第23期；(2)《公司企业人员能否构成玩忽职守罪的主体》：傅晓雨，载《检察日报》2012年11月6日；(3)《涉检网络舆情的现状和引导处置》：乔旭，载《中国检察官》2012年第8期上；(4)《职务犯罪案件中“特定关系人”的询问策略》：赵锦海，载《中国检察官》2012年10月上；(5)《从一宗刑事申诉案件谈执法观念的转变》：任晓芊，载《中国检察官》2011年11月下。

3. 创作。创作西检之歌《守护》：该歌曲将西检精神融入其中，旋律优美，激昂奋进。

4.“西检精神”。选定“尚德、明法、求实、创新”为西检精神，把该院的文化与精神高度浓缩，精准提炼。

5. 获奖。《会所腐败》——汪文涛、林哲、张京文获检察日报社2012年度十佳影响力报道；《返还会议费》——赵锦海获2011年度中检报业年度影响力报道；《“捞人案”频发背后的隐情》——荣获2010年度全国法制好新闻通讯类三等奖；姜楠、李斐斐、古芳、陆叶分别荣获由北京市人民检察院和北京日报社主办的“检察官在线好新闻”优秀奖；陆叶荣获“检察官在线好新闻”特等奖；邱江华荣获“检察官在线好新闻”一等奖。

6. 出版。制作廉政宣传短片《莫伸手》。该廉政短片在“全国检察机关首届廉政短片、公益广告评选活动”中获三等奖，并于2012年4月6日起在北京289列地铁列车、140个站点、14943个终端屏中覆盖播出，取得了良好的社会效果。

制作DVD《我身边的榜样》。7月份，借市院举办的“我身边的榜样”评选活动机会，录制了《全国模范检察官张京文》、《全国政法系统优秀党员马鲁原》、《前进中的公诉一处》三部专题片，并合为践行政法干警核心价值观教育实践活动宣传片《我身边的榜样》，激励干警续写新历史，创造新荣誉。

制作画册《西检印记》。回顾了该院57年的历史、取得的荣誉及和谐、典雅、现代化的办公环境。

7. 建立楼宇文化。该院在办公楼的各个楼层展出了富含检察文化气息的字画，以丰富干警业余生活，陶冶情操。修建中庭沙雕，在设计上充分考虑了法律文化和地域特色的结合。浮雕左侧由代表成文法系国家标志的法典和正义之剑组成，右侧是西城区的代表性景观，北海白塔、元大都遗址和金融街的繁华景色，意在展示检察机关严格履行法律监督职责，为区域发展服务。

8. 教育培训。开展西检系列文化讲座。邀请《百家讲坛》著名讲授人纪连海作了题为“法律与民生”的专题讲座；著名的军队理论研究学者、中国国防大学教授公方彬就当前思想文化领域的几个重大问题与干警进行了交流；中国人民大学教授葛晨虹以“公务能力建设从礼仪形象开始”为主题为干警做了公务礼仪培训；北京大学人民医院主任医师赵辉应邀为干警进行了秋季养生的保健讲座。

开展培训、竞赛活动。通过开展调研、信息、外宣培训、领导素能系列培训和综合写作能手技能竞赛、法律文书制作能手技能竞赛等活动，达到了对检察干警公务素养能力的提升和全面考察的目的，并以此为机不断促进干警检察业务技能的全面提高。

开展各类参观交流。院党组理论中心组在党组书记、检察长韩索华的带领下，集体前往中国航天技术研究院进行参观交流；全院干警300余人前往北京展览馆参观“科学发展成就辉煌”大型图片展览。通过这些参观交流，干警们更加坚定了对中国特色社会主义的信念，对改革开放的信心，对党的领导的信赖。

9. 创建院史展览室。读史以明志，温故而知新，院史展览室是院党组为集中展示该院的发展历史、独具西城特色的西检文化底蕴和发展成果，更好的传承西检精神而搭建的一个平台，展出了自1955年以来的数百件（幅）资料。

【北京市朝阳区人民检察院】抓住时机、全力以赴，推动该院文化建设实现跨越式发展。

一是与时俱进，推动文化建设工作进一步制度化、规范化。深入贯彻落实十七届六中全会的决定，制定出台《关于进一步深化检察文化建设的实施意见》，明确了深化检察文化建设的指导思想、总体要求、具体措施和组织领导；注重总结、提炼，结合近年来文化建设工作实际，创立了“精神文化、制度文化、行为文化、物质文化”有序运转的“四位一体”检察文化管理模式。

二是拓展平台，推动文化建设形式内容不断创新。继续发挥好检察文化长廊的宣传阵地作用，推动文化建设与主题实践活动的互动与融合；推出“政法干警核心价值观与北京精神”、“感动在身边”、“喜迎十八大”、“刑事和解专题介绍”系列活动展板，全方位阐释主题教育活动的深刻内涵，展示重点工作成果；在院刊《朝阳检察》开设“文化建设视窗”专栏，成为文化建设成果展示的固定平台；召开文化社团工作会，对近年来社团工作情况进行全面梳理和总结，规范和完善社团工作；组织干警参观朝阳区文化创意产业园区，使检察文化与区域特色文化有机融合，切实增强检察文化建设的生机和活力。

三是创作精品，推动检察文化建设实践探索。参加“全国检察机关文化建设示范单位”评比，设计制作“文化建设专题片”、《朝阳·映像》画册并最终获评，标志着该院检察文化建设又迈上一个新台阶；注重发挥文化人才力量，组织干警编排歌舞《赤诚的心》、话剧《重新启航》，参加由市纪委、市委宣传部等单位联合举办的“践行北京精神，弘扬清正廉洁”反腐倡廉文艺作品大赛，展示该院检察文化建设成果；积极组织干警参与区级以上各类征文比赛、书画摄影比赛等活动，一名干警的摄影作品获得中国检察新闻摄影研讨会摄影作品二等奖。

【北京市丰台区人民检察院】按照高检院、市检察院关于在检察教育培训中推行“检察官教检察官”教学模式的相关精神，2011年以来，丰台院充分发挥内部人才在检察工作发展中的传承带动作用，启动“丰检讲坛”系列活动，将其作为该院助推内部师资、课程建设的一项长效机制推行至今，取得了较好的效果。相关经验和做法如下：

一是制度先行、立足长效。经党组研究、讨论，出台了《丰台区人民检察院“丰检讲坛”系列活动的实施方案》（丰检发〔2012〕21号），在全院上下统一思想、引起重视、明确目标，明确了该院开展“丰检讲坛”系列活动的目标任务、形式、内容、人员安排、时间安排、具体要求等事项，将活动要求具体化、活动形式常态化、活动机制长效化。

二是广泛参与、助推成才。“丰检讲坛”主要采取“检察官教检察官”的授课形式。发展初期，以院领导、中层干部、业务骨干为主进行授课。党组书记、叶文胜检察长率先垂范，结合政法干警核心价值观教育活动，就“利益观”问题，编写讲义、制作课件，为全院干警授课。现阶段，将北京市“检察业务骨干”和本院“检察岗位能手”纳入师资队伍，并将授课情况和人才复审挂钩，鼓励更多的干警立足岗位调研和思考，成长为“一个问题的专家”。

三是贴近实际、内容丰富。“丰检讲坛”2—3个月开展一期，每期确定一个主题，以检察工作涉及的重点难点问题和理论前沿问题为重点，涵盖思想政治、综合素养、法律前瞻、实务探讨等方方面面。活动启动以来，先后就“利益观的思考”、“网络舆情”、“微博管理”、“刑诉法修改与检察工作”、“检察书记员的成长”等主题开展了9期活动。

四是扎实推进、初现成效。结合该院高层次人才相对匮乏、师资和课程建设基础薄弱的现状，坚持数量和质量并重的原则，扎实推进“检察官教检察官”制度。每一名走上“丰检讲坛”的干警，每次授课时长不少于45分钟（一课时），授课规范比照北京市检察机关“十佳兼职教师”评选标准。一年来，在“丰检讲坛”系列活动的助推下，该院开发新课程7个，挖掘新师资6人，组织编写内部培训教材3本12.3万字，在师资、课程和教材建设等方面均取得了较好成效。

【北京市门头沟区人民检察院】创作检察文艺作品，丰富检察文化内涵。该院坚持“以优秀的作品鼓舞人”，组织和支持检察官创作反映检察生活和检察官精神风貌的文艺作品。创作了反映检察官默默无闻、无私奉献的诗歌《敬礼，人民检察官》；歌颂检察官清正廉洁、秉公执法的舞台剧《红楼新梦》；赞扬检察官服务群众、执法为民的舞台剧《亲情无价》、动漫《老张的烦恼》；展现女检察官风采的纪录片《敬礼，女检察官》等一批文艺作品。该院干警的摄影作品《取证》在“纪念人民检察制度创立80周年全国检察机关书画摄影展览”中获得一等奖；两名干警的书法作品在“全国检察机关廉洁从检书画摄影展”上展出。通过这些作品，弘扬了检察队伍主旋律，感染和鼓舞检察官，激发热爱检察事业、书写壮丽人生的思想情怀。

【北京市昌平区人民检察院】在深入开展政法干警核心价值观教育实践活动中，注重发挥身边典型的引领示范作用，专题策划创作了以全国模范检察官、昌平检察院公诉二处处长彭燕为原型的主旋律电影《钢铁玫瑰》。

2011年8月，《钢铁玫瑰》剧组在昌平区召开了开机新闻发布会，该片女主人公原型、昌平院公诉二处处长彭燕，区文化创意产业促进中心主任任柏翰，导演穆艺锋，著名演员、电影《钢铁玫瑰》女主演茹萍等出席会议，中央电视台、北京电视台、北京日报等近30家媒体记者对此进行了报道。

2012年8月9日，电影《钢铁玫瑰》在昌平保利影剧院举行了首映式。电影放映后受到了观影群众的广泛好评。11月1日，作为该院与中国政法大学检学共建的一项重要内容，电影《钢铁玫瑰》走进中国政法大学礼堂，500 余名政法大学学生观看了该影片并得到热烈反响。

为达到通过典型宣传推动全院检察工作科学发展的目的，在电影《钢铁玫瑰》首映式现场，该院及时采访、了解群众观影感受，征求对检察工作的意见、建议，并结合政法干警核心价值观教育，开展“深入学习彭燕同志的先进事迹，我该怎么做？争创全国模范检察院，我该怎么做?”研讨交流活动，努力把典型个体的积极因素转化为倍增的群体效应，形成创先争优的共同愿景。在先进典型的示范带动下，干警奋发有为、敢为人先的热情得到激发，昌平检察工作也步入了追求卓越、科学发展的快车道，先后荣获“北京市先进基层检察院”、“全国先进基层检察院”、“全国文明单位”等荣誉称号。

天津市检察官文学艺术联合会

天津市检察官文学艺术联合会第一次会员代表大会

讲　　话

在天津市检察官文学艺术联合会成立大会上的讲话

（2012 年 3 月 29 日　根据录音整理）

张　耕

同志们：

我很高兴参加天津市检察官文联成立大会。天津市检察官文联成立是天津市检察系统，也是全国检察系统的一件大事，一件喜事。我代表中国检察官文联对天津市检察官文联的成立表示热烈的祝贺！向检察官文联成立给予支持和帮助的有关领导和同志们表示衷心的感谢！

天津市检察官文联成立具有重要意义，我认为主要有三点。

第一，天津市检察官文联成立是天津市检察机关贯彻落实党的十七届六中全会精神的重要举措。党的十七届六中全会是我们党研究文化改革和发展的一次重要会议，是我们党文化工作历史上又一个里程碑。这次大会明确提出了我国文化发展的方向和目标，作出了建设社会主义文化强国的战略决策，意义非常深远。对这次会议精神的贯彻和落实，需要我们从各个方面去努力加强检察官文化建设就是一个重要的方面。天津市检察官文联成立，表明检察文化建设有了一个新的开始，有了一支重要力量，这必将促进检察文化建设的深入开展。

第二，天津市检察官文联成立是天津市检察文化建设进入新阶段的重要标志。多年来，天津市检察院党组对检察文化建设高度重视，实施了“文化育检”战略。天津市检察文化建设措施有力，发展很快，成效显著。成立检察官文联，就会为天津市检察文化建设开创一条新途径，一个新局面，取得新成效。

第三，天津市检察官文联成立是全国检察官文联建设取得新成果的重要标志。中国检察官文联之所以能够在不到一年时间里就成立起来，这和高检院党组的高度重视是分不开的，和中央领导的关心和支持是分不开的，和各个方面的支持是分不开的。现在，全国检察系统已经成立了9家检察官文联。天津市第10家。天津检察官文联成立会在全国产生很大的影响。因为天津市是直辖市，北京市检察官文联是在2月份成立的，天津在3月份成立，这两个直辖市检察官文联成立，对全国各省（区、市）检察官文联的成立无疑会起到重要的示范和推动作用。

下面我就检察官文联今后的工作讲一点意见。

一、要始终坚持正确的工作方向

检察官文联工作正确的方向是什么呢？我想主要有三条。第一，检察官文联的所有工作都要坚持服务大局，围绕中心。所谓服务大局就是服务党和国家的工作大局，所谓围绕中心，就是围绕检察机关的中心工作。只有这样，检察官文联的工作才能够与党和国家的工作大局、检察机关的工作部署相一致、相协调，也才能够得到党和国家、得到检察机关的关心和支持，自身也才能发展。比如，去年中国检察官文联组织的几个大的文化艺术活动，一个是为纪念建党90周年和人民检察制度创立80周年，举办的全国检察系统书画摄影展览，共征集了4000多幅作品，全部是检察官的作品，最后选了400多幅作品在国家博物馆展览，取得了很好的效果。后来又在人民大会堂举办了一台大型文艺演出，宣传检察制度，宣传检察工作，也取得了很好的效果。今年2月底，中国检察官文联又和江苏省检察官文联联合在南京市举办了以梅花精神寓意检察精神的“以梅喻检”文化活动，也取得了很好的效果。为什么这些活动能够取得成效，得到方方面面的支持呢？就是因为这些活动紧扣党和国家的工作大局，紧紧围绕检察机关的工作重点。比如“以梅喻检”文化活动，它的主题是配合正在全国开展的政法干警核心价值观主题教育实践活动，借助南京国际梅花节背景，拉近了检察官和艺术家的距离，增进了艺术家对检察官和检察工作的了解，取得很好的效果。曹建明检察长、胡泽君常务副检察长在“以梅喻检”文化活动总结报告上分别作出了批示，给予了肯定。第二，检察官文联要以社会主义核心价值体系为引领。检察官文联的工作，要认真落实政法干警核心价值观，认真落实地方党委提出的地方精神。党的十七届六中全会提出社会主义核心价值体系是兴国之魂，是社会主义文化的精髓。对检察机关来讲，就是要践行“忠诚、为民、公正、廉洁”的政法干警核心价值观，这是社会主义核心价值体系在检察机关的具体体现。检察官文联在开展各项工作中，一定不要忘记社会主义核心价值体系，要结合工作实际，努力践行政法干警核心价值观和当地党委提出的地方精神。比如，天津市检察官文联就要结合工作实际，把天津市委提出的“爱国诚信、务实创新、开放包容”的天津精神认真落到实处。第三，要始终坚持检察官的主体地位。检察官文联的每一项工作都要以检察官为主，要讲检察官的故事，宣扬检察精神，提高检察机关的社会影响力和执法公信力。检察官文联一定要“镜头向内，创作向内，演出向内，笔墨向内”，检察官文联的各项文化艺术工作一定要紧紧围绕检察官去做，尽可能由检察官参与。做到了以上三条，检察官文联的工作方向才是正确的。

二、要始终坚持两手抓，一手抓检察文化艺术创作和检察文化艺术活动，一手抓检察文化理论研究

我认为，检察官文联的工作总体上是两个方面，一个是检察文化艺术创作和检察文化艺术活动，一个是检察文化理论研究。检察官文联工作一个很重要的特点，就是要把文化艺术创作和文化艺术活动与文化理论研究等结合起来。我认为，文化理论研究是源头，文化艺术创作和活动是载体，现在看来这两个方面在检察系统都相对较弱，检察文化理论研究应该说只是开了个头，目前还没有有分量的理论研究成果。最近中国检察官文联准备在纪念毛主席在延安文艺座谈会上的讲话发表70周年时，在延安举办首届中国检察官文化论坛。讨论检察文化理论研究大纲，通过长期努力逐步地建立起检察文化理论体系，这是一个很重大的课题，也是一个很繁重的任务，我希望天津市检察官文联能够在这方面做出努力。在检察文艺创作和检察文化活动方面，去年中国检察官文联组织了几个大的活动，8月份还要在山东组织一次“以荷喻检”文化活动，以荷花精神寓意检察精神。通过这些活动，进一步弘扬检察精神，凝聚检察力量。

三、要始终坚持认真履行检察官文联的职责

检察官文联的职责主要有四个方面：协调、联络、服务和指导。协调，就是协调方方面面的关系，为检察系统的文化艺术爱好者建立一个发挥他们聪明才智的良好环境。联络，就是联系各方面的力量，包括全国和地方文联直属的专业协会、社会上的文化艺术单位和文化艺术团体，以形成共同推进检察文化建设的合力。服务，就是服务检察机关、检察队伍、检察基层和人民群众。指导，就是通过各种方式指导各级检察官文联工作的开展。这四个方面作用，发挥好了，检察官文联的作用就会凸显出来，就会实现检察官文联工作的要求。我经常讲，检察官文联的工作不是检察文化建设的全部，只是检察文化建设的一支重要方面军，检察官文联是通过文化艺术的形式发挥作用，协助检察机关的政治部门推动检察队伍建设。所以检察官文联要在这四个职能方面下功夫，通过这四个方面职能的发挥，推动检察官文联工作的开展，促进检察文化建设和检察队伍建设。

四、要始终抓好检察文化艺术队伍建设

要不断发现、培养和提高、检察文化艺术队伍的素质，为检察事业和检察文化的发展提供良好的人才支撑。通过检察官文联这个组织，把检察系统的文化艺术人才团结起来，凝聚起来，通过不同方式的培训，不断提高他们的素质，特别是专业艺术水平，这支队伍的素质提高了，就会影响、带动检察队伍文化素养的提高。因此，努力为检察文化艺术人才队伍的成长创造更好的条件和环境，发现，培养、提高用好这支队伍，是检察官文联一项十分重要的工作。

五、要始终坚持抓好检察官文联的自身建设

检察官文联是检察系统文化艺术爱好者的联合组织，是经过国家正式批准的法人单位，要不断提高检察官文联的工作水平，就必须抓好自身建设。检察官文联自身建设主要有两个层面，一个是检察官文联自身的机构建设，一个是直属专业协会的建设。这两个层面的建设都包括思想政治建设、组织建设、制度建设、廉政建设等等。在这里，我要特别强调的是检察官文联要认真开展政法干警核心价值观教育，更加严格的要求自己，更加模范的要求自己，防止在履行职责的过程中出现这样那样的问题。因为检察官文联与社会各方面打交道的地方很广，跟检察机关不完全一样，它要和企业、社会团体等方面打交道，这就需要有很强的自律意识、廉洁意识、风险意识，切实做到清正廉洁。

天津市检察官文联成立后，我相信在天津市检察院党组的领导下，一定能够开创出工作新局面，一定能够在推进检察文化的大发展大繁荣方面发挥重要作用，也一定能够为全国检察官文联工作积累经验，以新的成绩迎接党的十八大胜利召开！

谢谢大家！

（张耕同志时任全国政协教科文卫体委员会副主任，中国检察官文联主席，最高人民检察院原党组副书记、常务副检察长。）

在天津市检察官文学艺术联合会第一次会员代表大会上的讲话

（2012 年 3 月 29 日）

于世平

尊敬的张耕主席、各位代表、各位来宾、同志们：

天津市检察官文联第一次会员代表大会今天隆重召开，这是全市检察机关文化建设的一次盛会。中央候补委员、全国政协教科文卫体委员会副主任、中国检察官文联主席张耕同志亲临大会指导，并做了重要讲话；市委常委、市委政法委书记散襄军同志还专门为大会做了重要批示；最高人民检察院政治部副主任胡尹庐同志，市委政法委副书记滕锦然同志，市文联党组书记、秘书长孙福海同志，市民政局副局长曲孝丽同志等领导和嘉宾也到会祝贺，我代表市检察院党组向张耕同志及光临今天会议的领导、嘉宾表示衷心感谢！向参与天津市检察官文联筹备工作的同志和广大检察官文联会员表示亲切慰问！向天津市检察官文联的成立和第一次会员代表大会的胜利召开表示热烈祝贺！

成立天津市检察官文联，是天津检察机关的一件大事，标志着我市检察文化事业进入一个新阶段，必将对全市检察队伍素质建设、检察工作科学发展，起到积极的促进作用。借这个机会，我就天津检察文化建设和天津检察官文联工作讲三点意见。

一、提高思想认识，明确加强检察文化建设的重要意义

党的十七届六中全会，对社会主义文化体制改革、推动社会主义文化大发展大繁荣作出了新的全面部署，市委、高检院和市委政法委也十分重视检察文化建设，高丽书记、曹建明检察长和襄军同志都对检察文化工作做出过重要指示。我们要深刻认识加强检察文化建设的重要意义，不断加强和改进检察文化建设。

第一，加强检察文化建设是繁荣社会主义文化的客观需要。文化是一个民族的血脉，是人民的精神家园，也是社会主义精神文明的根源所在。实现社会主义文化大发展大繁荣的战略目标，是全党全社会的共同事业，需要包括检察机关在内的各方面的积极参与。繁荣和发展检察文化，不仅对提高检察队伍素质、推动检察工作、更好地服务大局具有战略意义，而且对弘扬法治精神、培育廉政风尚、促进社会和谐具有积极促进作用。全市各级检察机关要深刻认识肩负的重要责任，自觉把检察文化建设纳入社会主义文化建设的总体格局，以检察文化建设水平的不断提升为社会主义文化大发展大繁荣作出积极贡献。

第二，加强检察文化建设是检察事业科学发展的客观需要。检察文化根源于、产生于、发展于检察实践，集中体现了检察职业特点和精神内涵，是推动检察工作克服各种艰难险阻、不断前进的精神动力，也是引领和促进检察事业发展进步的重要力量。当前，加快转变经济发展方式、维护社会和谐稳定、保障和改善民生、强化法律监督的新形势，对天津检察工作提出了新要求。我们要通过发挥检察文化在传播精神、弘扬理念、引领风尚、规范行为方面的重要作用，更好地引导广大检察人员坚定中国特色社会主义信念，增强公正廉洁文明执法的自觉性和职业道德意识，提升检察机关的凝聚力、向心力、战斗力，为检察事业的科学发展提供思想保证、精神动力和智力支持。同时，检察工作要努力为文化建设、文化发展、文化繁荣提供法治保障，依法打击涉及文化方面的犯罪活动。

第三，加强检察文化建设是打造高素质检察队伍的客观需要。当前，我们正处在一个加速发展的特定阶段，思想活跃，观念碰撞，文化相互交融，人们思想活动的独立性、选择性、多变性、差异性明显增强。在这样的时代背景下，检察人员受思想认识、道德选择、价值取向多样化影响的趋势日益明显，检察人员的精神文化需求不断增长，辨析和抵制错误腐朽思想文化的能力亟待提高。建设一支高素质的检察队伍，离不开科学理论的引导、先进文化的熏陶、高尚精神的鼓舞。我们要坚持把检察文化建设作为加强检察队伍建设的有效抓手，深入持久地用先进的文化武装检察队伍，在潜移默化、润物无声过程中提高检察队伍的思想政治素质、职业道德素质和法律监督能力。

第四，加强检察文化建设是树立检察机关良好形象的客观需要。检察人员的执法观念、执法行为和执法作风直接关系检察机关的形象。通过加强检察文化建设，可以更好地发挥文化艺术独特的精神感召力、思想影响力和内心驱动力，消除陈旧的执法观念，提升检察人员内在的素质和涵养，进一步转变执法作风，提高执法能力和水平。我们要坚持把检察文化建设作为树立检察机关良好形象的有效抓手，加大正面宣传引导力度，在开放、透明、信息化条件下更好地树立检察机关的良好形象。

二、把握根本方向，全面加强检察文化建设

去年年底，高检院出台了《关于加强检察文化建设的意见》，对检察文化建设提出了明确的目标、原则、任务和具体要求。最近，曹建明检察长就中国检察官文联工作作出重要批示，强调检察官文联要认真贯彻落实党的十七届六中全会精神，以弘扬社会主义核心价值体系特别是“忠诚、为民、公正、廉洁”的人民检察核心价值观为根本任务，坚持紧贴检察工作实际，积极开展适合基层广大检察人员参加的、富有检察特色的大众文化艺术活动，奋力推进检察文化建设和检察队伍建设，以新的优异成绩迎接党的十八大胜利召开。襄军同志在大会批示中也提出明确要求，我们要认真落实《意见》和曹建明检察长及襄军同志的重要批示精神，深化对检察文化建设规律的研究和把握，创新检察文化建设的途径与方法，推动检察文化向更高层次发展。

一是坚持用社会主义核心价值体系引领检察文化建设。文化建设是意识形态领域的本质体现。检察文化建设必须坚持社会主义核心价值体系的指导地位，将其贯穿到检察文化建设全过程。要坚持把坚定理想信念放在检察文化建设的首位，充分运用各种文化形式和载体，坚持不懈地用马克思主义中国化的最新成果武装广大检察人员头脑，用社会主义法治理念指导实践，自觉坚持“三个至上”和“四个在心中”，努力用忠诚、为民、公正、清廉的政法核心价值观凝聚力量，引导和促进广大检察人员坚定理想信念、弘扬职业道德，做中国特色社会主义事业的建设者、捍卫者和社会公平正义的守护者。

二是注重从法律监督实践中提炼检察文化成果。检察文化来源于检察实践。要紧紧围绕检察中心工作，贴近检察实际，贴近人民群众，把履行法律监督职责的丰富实践作为检察文化工作的不竭源泉，以艺术的表现形式，深入宣传检察工作的方针政策和重大举措，热情讴歌检察队伍的模范典型和先进事迹，全方位展示检察工作的丰硕成果和检察队伍的良好形象，激励广大检察人员更好地履行职责，增进人民群众对检察机关的理解、信任和支持，不断开创检察工作新局面。

三是围绕检察人员精神文化需求夯实检察文化基础。检察文化的根在基层，在广大检察人员。所以，必须眼睛向下，把基层作为文化艺术创作的肥沃土壤，把满足检察人员文化需求特别是精神需求，作为出发点和落脚点，积极开展形式活泼、寓教于乐的文化活动，营造良好的检察文化氛围。要充分调动和激发检察人员参与文化建设的积极性、主动性、创造性，使他们在文化建设中陶冶道德情操、感受文化气氛、提升文化品位，不断丰富检察人员的精神文化生活。同时，检察文化还要走向广大人民群众，从群众丰富的社会实践中，寻找创作的灵感和题材，再把优秀作品奉献给群众，进而密切检察机关同人民群众的血肉联系。

四是结合天津区域特色构建检察文化体系。具有地方特色的检察文化更加富有感染力和生命力。要把检察文化建设与“爱国诚信、务实创新、开放包容”的天津精神学习实践活动结合起来，相互融合，相互促进。全市各级检察机关要把本地区优秀的文化与检察文化相结合，形成具有天津特色的检察文化成果，打造具有本单位特点的检察文化品牌。要立足实际，充分考虑本单位的文化资源、发展条件和检察人员的现实需求，边工作边完善，边探索边发展，以点带面，由浅入深，循序渐进，持之以恒，使检察文化理念和成果真正入情入理，入脑入心。

五是创造丰富多彩和喜闻乐见的检察文化形式。成立检察官文联为广泛开展群众性检察文化活动提供了有效载体。要依托这个载体，整合已经成立的各类检察文化社团，在广大检察人员中开展经常性的检察文化活动。要丰富活动的内容和形式，在精神文化方面，可以多开展书画精品赏析、歌咏诵读比赛、音乐舞蹈鉴赏、摄影沙龙等活动；在体育活动方面，可以多开展检察人员广泛参与的竞技运动会、趣味运动会、球类棋类竞赛等活动；在文艺作品创作方面，鼓励积极创作集思想性、艺术性、观赏性于一体的诗歌、散文、影视剧等优秀文学艺术作品，更多更好地诠释和反映新时期检察官的精神风采，营造浓厚的检察文化氛围。要紧密结合检察文化实践，进一步强化对检察文化理论的研究，加强对检察文化建设好经验、好做法的理论概括，为检察文化大发展大繁荣提供坚强的科学指引和理论支撑。

三、强化自身建设，充分发挥检察官文联的重要作用

天津市检察官文联的成立，使天津检察文化建设事业步入有组织、有保障、有规划的新阶段。作为推动检察文化建设的重要力量，检察官文联要按照文联章程的规定，认真做好各项工作。

一要认清职能定位。检察官文联是由热爱文化艺术、有一定特长的检察人员自愿结成的联合性、非营利性社会组织，是检察队伍中文化艺术骨干和爱好者的联合组织，其功能应该是服务检察业务工作，满足检察精神追求，促进职业道德建设。同时，必须自觉接受院党组的领导和政治部门的指导，自觉接受市文联的指导，发挥社会团体的优势，协助检察机关搞好检察文化建设。

二要发挥职能作用。检察官文联要坚持以提高检察队伍素质、提升检察形象和执法公信力为目标，团结检察文艺人才，壮大检察文艺队伍，大力开展文艺创作活动和文化理论研究，增进与社会各界和人民群众的沟通联系，使检察官文联成为加强检察队伍建设、推动检察工作科学发展的重要助手。

三要广泛开展文化活动。成立检察官文联为广大检察人员广泛开展群众性的检察文化活动提供了有效载体。要依托检察官文联，在检察人员中开展经常性的检察文化活动，注重挖掘和培养检察文化人才，建立健全检察文化工作者队伍，通过深入、持久、扎实的文化活动，形成广泛参与、普遍受益、规范有序、充满生机的检察文化创建局面，推动群众性文化活动蓬勃开展。

四要加强自身建设。检察官文联作为刚刚成立的组织，各项制度还不够完善，运行机制还不够健全，还缺乏工作经验，要注意结合文联的工作实际，不断加以总结、完善、提高。要重视加强文联工作人员思想、组织、作风、业务等方面的建设，不断提升文联工作水平，更好地指导、协调、推动检察文艺事业的繁荣发展。要稳步推进市检察官文联和有关专业协会的建设，对条件具备的专业协会要抓紧组建，积极推动，打牢组织基础，扩大检察官文联的社会影响力。

同志们，天津市检察官文联的成立，为天津检察文化建设注入了生机和活力。我们要深入贯彻落实党的十七届六中全会精神，以更加开阔的思路、更加有力的措施，掀起检察文化建设的高潮，开创我市检察文化建设新局面，推动我市检察事业科学发展。

在天津市检察官文学艺术联合会第一次会员代表大会上的讲话

（2012年3月29日）

杨学工

各位代表、各位委员、同志们：

今天，天津市检察官文学艺术联合会正式成立，这是全市检察人员文化生活中的一件大事。大会选举产生了天津市检察官文联领导集体，推选我担任市检察官文联主席，这是市院党组和各位委员、代表对我的信任，是荣誉，更是责任，我谨向大会和同志们表示衷心的感谢！

下面，我代表当选的检察官文联领导集体，就检察官文联如何贯彻落实张耕主席和于世平检察长的讲话要求，做好检察官文联工作，讲三点意见。

一、明确职能定位，准确把握检察官文联工作的总体思路和基本要求

根据天津市检察官文联章程的规定和文联组织的性质，检察官文联的职能定位主要体现在五个方面：一是天津市检察官文联是在市院党组领导下，在中国检察官文联和天津市文联指导下，经民政部门批准登记注册的联合性、非营利性社会团体。在工作中，自觉接受市院党组的领导和市院政治部的联系协调与指导，以文学艺术的形式，发挥社会团体的优势，协助市院推进检察文化建设和检察队伍建设。二是天津市检察官文联是全市检察队伍中文学艺术工作者和爱好者的联合组织。它以全市检察文学艺术骨干为主体，团结广大检察文学艺术爱好者，组成检察文化艺术队伍，共同推动全市检察文化繁荣发展。三是天津市检察官文联是检察机关加强检察队伍建设、提高检察队伍素质的重要助手和力量。它通过发挥自身优势，协同市检察院政治部推进检察文化建设，培育检察精神，建设检察人员共有的精神家园。四是天津市检察官文联是密切全市检察机关与人民群众血肉联系的桥梁和纽带。它通过各种文学艺术创作和文学艺术活动，宣传检察工作，树立检察形象，使人民群众和社会各界更加了解检察、理解检察、认同检察、支持检察，增强全市检察机关的社会影响力和执法公信力。五是天津市检察官文联是加强全市检察文化建设，促进我市法治文化大发展大繁荣的重要阵地。检察文化是中国特色社会主义文化和社会主义法治文化的重要组成部分，在检察官文联这个舞台上，既宣传检察文化，又宣传法治文化；既弘扬检察精神，又弘扬法治精神；既展示检察机关的工作业绩，又展示我市法治建设的成就，通过繁荣检察文化，推进法治文化的繁荣发展，进而为社会主义文化大发展大繁荣，建设文化强市贡献力量。

按照党的十七大、十七届六中全会及市委九届十一次全会精神和“十二五”规划纲要的要求，根据检察官文联的职能定位，当前和今后一个时期天津市检察官文联工作的总体思路是：以邓小平理论和“三个代表”重要思想为指导，深入贯彻落实科学发展观，紧紧围绕党和国家工作大局，围绕全市检察中心工作，以提高检察队伍素质、提升检察形象和执法公信力为目标，以改革创新为动力，充分发挥检察官文联联络、协调、服务职能，团结、组织全市检察文化艺术队伍，立足检察文化，面向法治文化，传承中华文化，放眼世界文化，大力开展检察文学艺术创作和文学艺术活动，服务检察机关、服务检察队伍、服务基层、服务群众，为文化强市战略，推动全市检察文化大发展大繁荣作出积极的贡献。

根据天津市检察官文联总体工作思路的要求，做好检察官文联各项工作，要坚持以下几点：

一要坚持牢牢把握检察官文联工作的政治方向。党的十七届六中全会指出，社会主义核心价值体系是兴国之魂，是社会主义先进文化的精髓。要把社会主义核心价值体系融入文化建设和文联工作，牢固树立社会主义法治理念，不断强化以“忠诚、为民、公正、廉洁”为主要内容的政法干警核心价值观，引导和促进广大检察人员牢固树立“六观”，始终坚持“三个至上”，切实做到“四个在心中”。

二要坚持为检察中心工作服务。检察官文联要坚持围绕中心，服务大局，围绕党和国家的重大决策、重大部署，围绕检察工作发展的总体格局来谋划、来推进工作。要把履行法律监督职责的丰富实践作为检察文化建设和检察官文联工作的不竭源泉，深入宣传检察工作方针政策和重大举措，热情讴歌检察队伍的模范典型和先进事迹，全方位展示检察工作的丰硕成果和检察队伍的良好形象，不断促进全市检察工作科学发展。

三要坚持为基层服务、为人民群众服务的宗旨。检察官文联要牢固树立群众观点、实践观点、生活观点，大力宣传检察工作，弘扬检察精神，树立检察形象，提升检察机关的执法公信力。要深入基层，深入实际，为广大检察人员和人民群众创作喜闻乐见的文学艺术精品，不断满足检察人员的文化艺术需求，进一步夯实检察工作的群众基础。

四要坚持突出检察人员的主体地位。要坚持以人为本，重视检察人员在检察文化建设中的重要作用，支持他们的首创精神和进取精神，积极引导检察人员创作具有较高思想性、艺术性、观赏性的优秀文学艺术作品，广泛开展群众性检察文化活动，使广大检察人员在检察文化建设中陶冶道德情操，激励斗志，凝聚力量，努力开创检察官文联工作的新局面。

五要坚持“百花齐放，百家争鸣”的方针。文化艺术产品是重要的精神产品，需要有自由的空间和宽松的环境。要充分发扬艺术民主和学术民主，营造积极健康、宽松和谐的良好氛围。鼓励不同艺术风格、不同流派的文化艺术作品争奇斗艳，努力创造有利于优秀的检察文化艺术作品和检察文化艺术人才脱颖而出的环境和条件。

六要坚持突出检察特色和天津特色。检察官文联作为加强检察文化建设的重要阵地，要深化对检察工作规律性的认识，深入宣传检察工作主题，弘扬检察机关法律监督的实效。同时，要体现天津地域特色，不断增强检察文化的生命力，打造具有自身特色的检察文化品牌，努力使天津检察文化建设和检察官文联工作走在全国检察系统的前列。

七要坚持创新发展。检察官文联和检察文化艺术工作者要努力转变观念，解放思想，积极推动检察文化和法治文化理论创新、检察文化艺术内容和载体创新、检察文化艺术流派和风格创新、检察文化艺术科技手段创新，全面推进检察文化艺术事业的发展和繁荣。

二、突出文联工作重点，推动检察文化艺术事业繁荣发展

按照十七届六中全会和市委九届十一次全会的部署，根据中国检察官文联确定的工作目标和任务，结合我市实际，当前和今后一个时期，天津市检察文联的主要任务是抓好七个方面工作。

（一）抓好检察文化艺术创作。十七届六中全会指出，创作生产更多无愧于历史、无愧于时代、无愧于人民的优秀作品，是文化繁荣发展的重要标志。检察官文联作为宣传检察文化的重要阵地，要在抓好各项工作的同时，把检察文化艺术创作生产放到更加突出的位置来抓。要坚持“二为”方向和“双百”方针，立足检察官文联的实际，整合检察系统文艺人才、社会资源和社会文艺人才，做好检察文化艺术创作工作。要建立激励机制，激发检察文化艺术队伍的创作热情与活力，力争在短期内，创作一批独具检察特色和检察风格的优秀作品。

（二）抓好检察文化和法治文化理论研究。检察文化和法治文化理论研究是检察文联的一项基础性、战略性工作，能为检察文化艺术事业发展提供有力的理论支持和丰富的创作资源。要深入研究检察文化和法治文化的内涵、基本特征、历史发展、内在规律、地位作用、发展目标、发展动力、发展思路、发展格局以及与其他文化的关系等基本问题。要重视重点课题研究，加强与政法院校、科研机构密切合作，整合科研资源，共同进行攻关，推动中国特色社会主义检察文化理论体系的建立。要加强对我市检察事业发展历史中的重大事件、重大案件、重要人物的研究，注意从检察史（志）中挖掘文化艺术资源，为检察文化艺术创作提供丰富的素材。

（三）抓好各类文化艺术活动。开展形式多样的文化艺术活动，是检察官文联的一项重要工作。要通过组织开展各种形式的文学艺术活动，展示天津检察文化的深厚底蕴，激发全市检察人员的职业使命感、职业荣誉感和归属感，提升广大检察人员的文化品位，营造浓厚的检察文化建设氛围。要把满足检察人员的文化需求作为文联工作的出发点和落脚点，积极组织经常性书画、摄影、文艺表演、体育运动等文化活动，适时开展形式多样的文艺演出和文艺慰问活动，为检察人员展示才华搭建平台。各级院要注重抓好适合检察机关特点的文学艺术活动，培养健康的生活情趣，使检察人员的思想情操在潜移默化中受到陶冶和激励。

（四）抓好文化艺术载体创新。要高度重视各类文化艺术载体的使用，充分发挥它们在传播检察文学艺术作品过程中的巨大作用。坚持解放思想，与时俱进，不断创新具有时代特征、体现时代精神的新型载体。当前，要深入研究、积极推进检察网络文化建设，进一步加强与正义网、北方网等网络媒体的合作，充分发挥互联网传播快、受众面广的优势，加大检察文化的覆盖面和渗透力。要高度重视电视传媒的开发和建设，打造展示检察官形象和风采的重要平台和品牌栏目。要高度重视基层检察院展览室、文化室和文化长廊建设，积极创建展示基层检察人员文学艺术作品、开展文学艺术教育的平台。

（五）抓好文化艺术人才队伍建设。党的十七届六中全会提出，推动社会主义文化大发展大繁荣，队伍是基础，人才是关键。要深入实施人才强检战略，通过开展各种文学艺术活动及时发现人才，不断优化人才资源配置，为各类检察文化艺术人才展示才华创造有利条件和宽松环境，支持他们开展文学艺术创作活动，为检察文化大繁荣大发展提供有力的人才支撑。要加强检察文化艺术队伍思想道德建设，引导文化工作者自觉践行社会主义核心价值体系，加强自身修养，恪守检察职业道德。要通过举办各种论坛、讲座、研讨会，提高检察文化艺术人才的艺术理论水平和对文化艺术作品的鉴别力、欣赏力。要通过组织笔会、采风、展览、演出等活动，使检察文化艺术人才在各类文学艺术活动中展示才华、经受锻炼。

（六）抓好检察文化艺术宣传。检察官文联作为新成立的社会团体，要主动加强与新闻媒体的联系，经常通报工作情况，提供工作信息，努力做好新闻宣传报道工作。要通过舆论宣传，使社会各界了解检察官文联的职能定位、工作思路和目标任务，了解检察官文联组织开展的各种文学艺术活动，了解检察官文联在推动检察文化建设中发挥的作用和取得的成效，不断扩大自身的影响力。要加强与中央和市内报刊、电视台等媒体的联系，争取他们的支持和帮助，为检察官文联工作创造有利的舆论环境。要重视《检察日报》等检察系统的舆论宣传阵地，加强与《天津检察》、天津检察系统局域网合作，开辟检察文化专栏，发挥好这些阵地的作用。各级院要从实际出发，加大舆论宣传力度，努力推动检察文联工作深入开展。

（七）抓好文化艺术交流合作。文化艺术需要交流合作，取长补短。加强检察文化艺术的交流合作，是检察官文联面临的一项重要任务。既要加强国内省际间、地域间的检察文化艺术交流，也要加强国际间的检察文化艺术交流。通过开展各省市之间交流，与市文联各协会间交流，与本市其他政法部门交流，大力宣传我市检察官的感人事迹，宣传检察机关的职能和工作业绩，多角度地展示检察文化的发展和进步，努力扩大检察文化的影响力。同时，认真研究、吸收、借鉴各国文化发展的有益成果。加强与港澳台地区的文化艺术交流，进一步促进两岸三地间检察文化的交流合作。

三、加强文联自身建设，切实提升工作能力和水平

检察官文联和各专业协会队伍素质如何，直接关系着检察官文联的工作成效，关系检察文学艺术事业的繁荣和发展。因此，必须把检察官文联和各专业协会的自身建设放在十分重要的位置，常抓不懈，抓紧抓好。

一要坚定政治信念。广大文联会员和文联委员要深入学习邓小平理论和“三个代表”重要思想，深入贯彻落实科学发展观，牢固树立社会主义法治理念，坚定走中国特色社会主义道路，不断增强政治意识、大局意识和责任意识，进一步增强服务天津经济社会发展大局、服务检察中心工作、服务检察文学艺术队伍建设的主动性，把检察文学艺术工作融入到各项工作中去，确保检察官文联工作的正确方向。

二要加强教育培训。要牢固树立终身学习理念，勤于学习，善于学习，强化业务培训，通过举办专题培训班广泛学习政治、经济、法律、文化、艺术等领域知识，不断提高做好检察文联工作的能力和水平。

三要做好团结服务工作。要多做增进了解、加强交流的工作，增强文化艺术队伍的向心力和凝聚力，使每位检察文化艺术工作者能够心情舒畅地干事业。要改进服务方式，提高服务质量，依法维护检察文化艺术队伍的合法权益。努力创造条件、搭建平台，推荐优秀作品，不断推出检察文学艺术新人。坚持求真务实，改革创新，勤奋工作，无私奉献，以良好的作风组织检察文化艺术队伍做好各项工作。

四要加强规范化建设。要以推进检察队伍职业化建设为契机，大力加强检察官文化艺术队伍的职业化建设。加强检察官文联组织建设，按照精简、高效、规范、科学的原则，稳步推进各专业协会建设，积极发展好会员。各位委员要充分发挥作用，带领广大会员组织好各专业协会的活动，推动文联整体工作开好头、起好步。同时，着手制定相关工作制度，完善工作规程，逐步使文联各项工作步入规范化轨道。

同志们，做好天津市检察官文联工作，责任重大，使命光荣。我们要在市院党组的领导下，在中国检察官文联和天津市文联的指导下，在全市广大检察人员的支持下，进一步积极进取、开拓创新、求真务实、真抓实干，努力做好天津市检察官文联各项工作，为实现全国检察文化大发展大繁荣，推进检察事业科学发展作出重要贡献，以优异的成绩迎接党的十八大胜利召开！

关于天津市检察官文学艺术联合会筹备成立情况的报告

（2012年3月29日）

王 文

各位代表、各位来宾：

受天津市检察官文学艺术联合会筹备领导小组的委托，我就天津市检察官文学艺术联合会筹备成立情况向大会作报告。

一、成立天津市检察官文学艺术联合会是检察机关加强检察文化建设的重要举措

文化是一个国家和民族的血脉和灵魂，是当今世界综合国力竞争的软实力。我们党历来高度重视文化建设。党的十六大以来，伴随着中国特色社会主义事业的蓬勃发展，中国特色社会主义文化事业得到了长足的进步。党的十七大、十七届五中全会把文化建设作为社会主义现代化建设“四位一体”总体布局的重要组成部分加以推进。特别是十七届六中全会提出了深化文化体制改革，推动社会主义文化大发展大繁荣、提升国家文化软实力的战略任务。胡锦涛总书记强调指出，要从战略高度深刻认识文化的重要地位和作用，以高度的责任感和紧迫感，顺应时代发展要求，深入推进文化体制改革，推动社会主义文化大发展大繁荣，这为我们深入推进检察文化建设指明了前进方向。

检察机关作为国家法律监督机关，既是社会主义事业的维护者和建设者，同时也是社会主义文化建设的参与者和推进者，在推动经济社会发展和文化繁荣方面发挥着重要作用。曹建明检察长多次对检察文化建设作出重要批示，强调坚持把检察文化建设摆到更加重要的位置，更加积极、更加主动、更加自觉地加强和改进检察文化建设。中央领导和高检院领导的重视和关怀，为当前和今后一个时期推动中国特色社会主义检察文化和法治文化大发展大繁荣进一步明确了指导思想和目标要求。

多年来，在市院党组的高度重视和正确领导下，全市检察机关坚持把检察文化建设作为提高队伍素质、提升检察形象的重要抓手，积极推进“文化育检”工程，教育引导广大检察人员大力弘扬和践行“爱国诚信、务实创新、开放包容”的天津精神和政法干警核心价值观，以文艺汇演、书画展览、体育比赛等多种形式激发检察人员投身检察文化建设的热情。同时不断深化对检察文化重要性的认识，总结检察文化建设的成果和经验，研究探讨检察文化建设的理论与实践，在组织推动、制度创新、机制建设等方面进行了有益的探索，积累了一定的经验，培养了一批检察文化人才。但由于没有专门机构进行组织，我市的检察文化建设发展还不平衡，检察人员的文化潜质还没有得到充分挖掘和表现。为适应检察文化建设的需要，根据高检院的要求，市院党组决定，成立天津市检察官文学艺术联合会，以进一步加强和改进检察文化建设，丰富检察文化建设的组织形式，充分发挥检察文化的教育、引导、约束、凝聚作用，不断提高检察队伍思想政治素质和职业道德素养，增强检察队伍的凝聚力和战斗力，繁荣和发展检察文化事业，构建检察人员共有的精神家园。

二、天津市检察官文学艺术联合会的成立是各方面大力支持的重要成果

在高检院政治部、中国检察官文联、市文联和市民政局的关心支持下，市院成立了天津市检察官文学艺术联合会筹备领导小组。市院党组多次听取筹备小组的工作汇报，研究解决遇到的实际问题。经过深入调研，多方沟通，反复酝酿，市院向民政局提出成立天津市检察官文学艺术联合会的申请报告。今年1月31日，市民政局依照《社会团体登记管理条例》有关规定，做出行政许可决定，准予成立天津市检察官文学艺术联合会。

根据市民政局批复的《准予行政许可决定书》，市院党组决定召开天津市检察官文学艺术联合会第一次会员代表大会。会议将审议通过天津市检察官文学艺术联合会章程，选举产生第一届检察文联组织机构和领导集体，部署当前和今后一个时期检察文联工作。开好这次会议，对于团结检察文化艺术队伍，凝聚文化艺术力量，繁荣和发展检察文化事业，进一步加强检察队伍建设，推动检察工作科学发展都将起到重要作用。

为确保大会的顺利召开，市院成立了会议筹备小组，筹备人员以严谨的态度和务实的作风投入筹备工作，认真做好章程草案等会议文件的起草印刷、选举事项安排、会议代表推选产生等各项工作。目前，各项筹备工作已顺利完成，会议如期召开。在筹备成立过程中，筹备工作得到了高检院、中国检察官文联、市委政法委、市文联、市民政局等有关单位和各级检察机关的大力支持和帮助。在此，我代表天津市检察官文联筹备领导小组，向关心、支持天津市检察官文联成立的各位领导、各位来宾和同志们，表示衷心的感谢！

三、天津市检察官文学艺术联合会是推动检察文化繁荣发展的重要阵地

天津市检察官文联的成立，是检察机关的一件大事，标志着检察文化建设掀开了新的一页，进入新的阶段，在推动检察文化繁荣发展方面具有里程碑意义。检察官文联将在市检察院的领导下，在中国检察官文联、市文联的指导和市民政局的监督下，在各兄弟单位的支持下，积极组织、团结、凝聚广大检察文化艺术工作者和爱好者，以邓小平理论和“三个代表”重要思想为指导，认真落实十七届六中全会和市委九届十一次全会精神，深入贯彻落实科学发展观，紧紧围绕全市工作大局，围绕检察中心工作，以提高检察队伍素质、提升检察形象和执法公信力为目标，以改革创新为动力，充分发挥检察文联联络、协调、服务的职能作用，紧贴检察工作，深入检察实际，大力开展检察文化艺术创作和文化艺术活动，坚持服务检察机关、服务检察队伍、服务基层、服务群众，为推动天津检察文化进一步繁荣发展，为促进检察工作科学发展作出应有的贡献！

关于天津市检察官文学艺术联合会第一次会员代表大会代表资格审查情况的报告

（2012 年 3 月 29 日）

各位代表：

受天津市检察官文学艺术联合会筹备领导小组委托，现将本次大会代表资格审查情况报告如下：

一、代表推选情况

在市院党组的领导下，在市文联和市民政局的指导下，依靠全市各级检察机关的支持，筹备领导小组办公室参照市文联和市民政局相关规定，结合检察文化艺术队伍的发展现状，确定出席会议的代表共 112 名。

二、代表的条件

拥护中国共产党的领导，认真贯彻执行党的文艺路线、方针、政策，热爱检察文化艺术事业，在检察文化艺术工作中做出一定成绩的检察人员，全市检察系统的文化艺术工作者和爱好者。

三、代表名额分配

按照天津市检察官文学艺术联合会机构设置要求和工作需要相结合的原则，确定代表名额的分配。基层代表和女性代表应有一定比例。具体名额分配情况是：市院机关 12 名，一、二分院各 6 名，滨海新区院及所属各院、各区县院各 4 名，市院离退休干部 2 名，市检察官文联发起人 10 名。

四、代表的产生办法

由天津市检察官文学艺术联合会筹备领导小组根据代表名额分配原则，协商市院相关部门、分院和基层院提出候选人名单，同市院政治部协商酝酿，经筹备领导小组研究，报市院党组审查同意，最终产生 112 名会议代表。

五、代表的结构

这些代表中，既有来自全市各级人民检察院从事文学艺术工作的领导、组织者，又有有一定文化艺术特长和影响力的检察文化艺术人才代表，还有退休老干部代表。

我们对出席本次大会的代表资格进行了认真审查，认为这些代表的产生严格遵守了相关规定，履行了推选程序，经所在单位和主管部门严格审核，手续完备，符合要求，代表资格有效。

特此报告，请审议。

资　　料

散襄军同志重要批示

值此天津市检察官文学艺术联合会成立和第一次会员代表大会召开之际，谨代表市委和市委政法委表示热烈的祝贺！

多年来，在市委和高检院的领导下，全市检察机关在依法履行办案职能的同时，高度重视检察文化建设，大力实施文化育检工程，深入开展学习实践科学发展观、检察职业道德、“发扬传统、坚定信念、执法为民”等教育实践活动，积极开展丰富多彩的文化活动，在检察文化理论和实践上进行了有益探索，对建设高素质检察队伍、促进检察工作科学发展、树立检察机关良好形象起到了积极的推动作用。天津市检察官文联的成立，是全市检察机关深入贯彻党的十七届六中全会和市委九届十一次全会精神的一项重大举措。希望全市检察机关以此为契机，认真落实中央和市委的工作部署，按照建设文化强市的要求，大力弘扬“爱国诚信、务实创新、开放包容”的天津精神，积极践行政法干警核心价值观，开拓进取，扎实工作，把检察文化建设提高到一个新水平，为实现检察工作走在全国前列的目标、推动检察工作科学发展提供有力的思想保证和精神动力。

天津市检察官文学艺术联合会章程

（2012年3月29日　天津市检察官文学艺术联合会第一次会员代表大会通过）

第一章　总　　则

第一条　本会名称为天津市检察官文学艺术联合会，简称天津市检察官文联，英文译名：Tianjin Prosecutor's Federation of Literature and Art，英文缩写：TPFLA。

第二条　本会是在天津市人民检察院领导下，由热爱文化艺术、有一定文化艺术特长的检察人员（含离退休人员）自愿结成的全市性、联合性、非营利性社会团体。

第三条　本会的宗旨是：以邓小平理论和“三个代表”重要思想为指导，深入贯彻落实科学发展观，大力弘扬社会主义核心价值体系、社会主义法治理念和政法干警核心价值观，坚持文艺为人民服务、为社会主义服务、为检察事业服务的方向，充分发挥联络、协调、服务职能作用，组织、团结、凝聚检察文化艺术队伍，积极开展检察文化艺术创作和文化艺术活动，发现、培养检察文化艺术人才，为推动检察文化和法治文化繁荣发展，提高检察队伍综合素质，促进检察事业科学发展做出应有的贡献。

第四条　本会的业务主管单位是天津市人民检察院，登记管理机关是天津市民政局。本会接受中国检察官文学艺术联合会、天津市文学艺术联合会的业务指导和天津市民政局的监督管理。

第五条　本会办公地址设在天津市南开区万德庄大街1号（天津市人民检察院）。

第二章　业务范围

第六条　本会的业务范围包括：

（一）充分发挥组织机构作用，组织和支持检察系统文化艺术工作者深入生活、深入基层，积极开展文化艺术创作、展演、交流、比赛、研讨、评论等活动，组织参加最高人民检察院、市委市政府、全国检察官文联等机关、团体组织的文艺演出、展览、竞赛等活动，对全市检察系统优秀文化艺术工作者和各文化艺术门类的优秀成果予以推介，报经上级主管部门批准，开展表彰奖励活动；

（二）采取有效措施，努力提高全市检察文化艺术创作和文化艺术活动水平，大力扶植和培养检察文化艺术新人，不断壮大检察系统文化艺术队伍；

（三）研究、探索检察文化和法治文化建设的历史发展及其规律，分析、解决检察文化和法治文化实践中出现的新情况、新问题，总结、推广检察文化和法治文化建设的新经验，使检察文化和法治文化更好地服务全市工作大局，服务检察中心工作，服务检察队伍建设；

（四）积极与宣传、文化、新闻、出版等社会各界沟通联系，不断扩大与文化艺术界之间的联系、交流和合作；

（五）反映广大检察文化艺术工作者的意见和要求，维护他们的合法权益；

（六）承办业务主管单位授权、委托

交办的其他事项，以及依照法律、法规办理的事项。

第三章　会　　员

第七条　本会会员包括单位会员和个人会员。

第八条　申请加入本会的会员必须具备下列条件：

（一）拥护本会章程；

（二）自愿加入本会；

（三）个人会员为热爱文化艺术并有一定文化艺术特长的检察人员（含离退休人员）；

（四）单位会员暂不设立。

第九条　个人会员入会程序：

（一）提交入会申请书，并经两名正式会员介绍，或所在单位推荐；

（二）经本会审核通过；

（三）由本会秘书处发给会员证。

第十条　会员享有下列权利：

（一）本会的选举权、被选举权和表决权；

（二）参加本会的活动；

（三）获得本会服务的优先权；

（四）对本会工作的批评建议权和监督权；

（五）入会自愿，退会自由；

（六）享受本会为创作活动提供的必要帮助和便利条件；

（七）请求本会保障其合法权益不受侵害。

第十一条　会员履行下列义务：

（一）遵守本会章程，执行本会决议；

（二）维护本会合法权益；

（三）完成本会交办的工作；

（四）与本会保持联系，向本会及时反映工作情况；

（五）按规定缴纳会费。

第十二条　会员退会应书面通知本会，并交回会员证。会员如逾期一年不缴纳会费或长期不参加本会活动，可视为自动退会。

第十三条　会员如违反国家法律，对社会造成危害，或严重违反本会章程，经委员会表决通过，可给予警告、限期改正或除名等处理。

第四章　组织机构及选举、任免程序

第十四条　本会的最高权力机构是会员代表大会。会员代表大会的职权是：

（一）制定和修改本会章程；

（二）选举和罢免委员会委员；

（三）审议委员会的工作报告和财务报告；

（四）决定终止事宜；

（五）讨论和决定其他重大事项。

第十五条　会员代表大会须有三分之二以上的会员代表出席方能召开，其决议须经到会会员代表半数以上表决通过方为有效。

第十六条　会员代表大会每五年召开一次。因特殊情况需提前或延期的，须由委员会表决通过，报业务主管单位审查并经社团登记管理机关批准同意，但延期换届最长不超过一年。

第十七条　委员会是本会会员代表大会的执行机构，在会员代表大会闭会期间领导本会开展日常工作，对会员代表大会负责。

委员会由会员代表大会选举产生，每届任期五年。委员会委员名额和产生办法由本会主席办公会议决定。

第十八条 委员会的职权是：

（一）执行会员代表大会的决议；

（二）选举本会主席、副主席、秘书长；

（三）决定委员会委员的候补人选；

（四）筹备召开会员代表大会；

（五）向会员代表大会报告工作和财务状况；

（六）决定会员的吸收或除名；

（七）决定设立本会各专业协会和办事机构、分支机构、实体机构；

（八）领导本会各机构开展工作；

（九）制定和修改会费标准；

（十）制定内部管理制度；

（十一）决定其他重大事项。

第十九条 委员会会议由主席办公会召集，须有三分之二以上委员出席方能召开，其决议须经到会委员半数以上表决通过方能生效。

第二十条 委员会会议每年召开一次，情况特殊的，可采用视频会、电话会等形式召开。

第二十一条 本会设主席1人，副主席若干人，秘书长1人，副秘书长若干人。副主席协助主席工作，副秘书长协助秘书长工作。

第二十二条 本会主席、副主席、秘书长由委员会选举产生，并报业务主管单位和社会团体登记管理机关备案。

第二十三条 本会主席、副主席、秘书长必须具备下列条件：

（一）坚持党的路线、方针、政策，政治素质好；

（二）在本市检察机关文艺领域有一定影响；

（三）最高任职年龄不超过70周岁；

（四）身体健康，能坚持正常工作；

（五）未受过剥夺政治权利的刑事处罚；

（六）具有完全民事行为能力。

第二十四条 本会主席、副主席、秘书长如超过最高任职年龄的，须报业务主管单位和社团登记管理机关审查，经委员会表决通过。

第二十五条 本会主席、副主席、秘书长任期五年，任期最长不得超过两届。因特殊情况需延长任期的，须报业务主管单位和社团登记管理机关审查，经委员会表决通过。

第二十六条 主席为本会的法定代表人。本会法定代表人不兼任其他团体的法定代表人。

第二十七条 本会主席在副主席协助下行使下列职权：

（一）召集和主持委员会、主席办公会会议；

（二）检查会员代表大会、委员会决议的落实情况；

（三）代表本会签署有关重要文件；

（四）根据委员会的授权处理其他事项。

第二十八条 本会设立主席办公会，主席办公会由主席、副主席、秘书长组成。主席办公会由主席根据需要即时召集。

第二十九条 主席办公会在委员会闭会期间行使下列职权：

（一）召集委员会会议，向委员会会议报告工作，执行委员会会议的决议；

（二）提出需要委员会会议决定的各项议案；

（三）决定本会某些重大事项，并向

下次委员会报告；

（四）研究处理本会日常工作中的重大问题；

（五）决定聘请本会顾问、名誉主席、名誉委员人选；

（六）任免副秘书长及各专业协会、分支机构、实体机构主要负责人；

（七）决定会员的吸收和除名；

（八）制定本会的内部管理制度；

（九）审查本会的财务收支情况；

（十）应当由主席办公会行使的其他职权。

第三十条　本会设秘书处，作为日常办事机构。秘书处在秘书长领导下工作。

本会根据需要可以设立专业协会、分支机构及实体机构。

第三十一条　本会秘书长为兼职，行使下列职权：

（一）主持本会办事机构开展日常工作，组织实施年度工作计划；

（二）协调本会各专业协会的工作；

（三）提名本会副秘书长人选；

（四）提出办事机构、实体机构专职工作人员聘用意见，报主席办公会议决定；

（五）处理其他日常事务。

第三十二条　本会设立若干专业协会。各专业协会受委员会领导；在委员会会议闭会期间，受主席办公会议领导。

第三十三条　各专业协会由会长、副会长、秘书长、理事和会员组成。

第五章　资产的管理使用

第三十四条　本会经费来源：

（一）主管机关拨款；

（二）会费；

（三）社会捐赠、资助；

（四）利息；

（五）其他合法收入。

第三十五条　会员会费的收取，按照本会制定的会费标准和国家有关规定执行。

第三十六条　本会经费必须用于本章程规定的业务范围和本会的事业发展，不得在会员中分配。

第三十七条　本会建立严格的财务管理制度，保证会计资料合法、真实、准确、完整。

第三十八条　本会配备具有专业资格的会计人员。会计不得兼任出纳。会计人员必须进行会计核算，实行会计监督。会计人员调动工作或离职时，必须与接管人员办清交接手续。

第三十九条　本会的资产管理必须执行国家规定的财务管理制度，接受会员代表大会和财政部门的监督。资产来源属于国家拨款或者社会捐赠、资助的，必须接受审计机关的监督，并将有关情况以适当方式予以公布。

第四十条　本会换届或更换法定代表人之前必须接受社团登记管理机关和业务主管单位组织的财务审计。

第四十一条　本会的资产，任何单位、个人不得侵占、私分和挪用。

第六章　章程的修改

第四十二条　本会章程的修改，须经委员会表决通过后提交会员代表大会审议。

第四十三条　本会修改的章程，须在会员代表大会通过后 15 日内，经业务主管单位审查同意，并报社团登记管理机关核准后生效。

第七章　终止程序及终止后的财产处理

第四十四条　本会自行解散或由于分立、合并等原因需要注销的，由委员会或主席办公会议提出终止动议。

第四十五条　本会终止动议须经会员代表大会表决通过，并报业务主管单位审查同意。

第四十六条　本会终止前，须在业务主管单位及有关机关指导下成立清算组织，清理债权债务，处理善后事宜。清算期间，不开展清算以外的活动。

第四十七条　本会经社团登记管理机关办理注销登记手续后即为终止。

第四十八条　本会终止后的剩余财产，在业务主管单位和社团登记管理机关的监督下，按照国家有关规定，用于发展与本会宗旨相关的事业。

第八章　附　　则

第四十九条　本章程经天津市检察官文学艺术联合会第一次会员代表大会表决通过实施。

第五十条　本章程解释权属本会的委员会。

第五十一条　本章程自社团登记管理机关核准之日起生效。

关于《天津市检察官文学艺术联合会章程（草案）》起草情况的说明

（2012年3月29日）

各位代表：

受天津市检察官文学艺术联合会筹备领导小组委托，现就《天津市检察官文学艺术联合会章程（草案）》的起草情况作如下说明：

一、关于性质和宗旨

（一）性质。天津市检察官文学艺术联合会是在天津市人民检察院领导下，由热爱文化艺术、有一定文化艺术特长的检察人员（含离退休人员）自愿结成的全市性、联合性、非营利性社会团体。本会接受天津市人民检察院的领导，中国检察官文联、天津市文联的业务指导和天津市民政局的监督管理。

（二）宗旨。本会坚持以邓小平理论和"三个代表"重要思想为指导，深入贯彻落实科学发展观，大力弘扬社会主义核心价值体系、社会主义法治理念和政法干警核心价值观，紧紧围绕全市工作大局，围绕检察中心工作，坚持文艺为人民服务、为社会主义服务、为检察事业服务的方向，充分发挥联络、协调、服务职能作用，组织、团结、凝聚检察文化艺术队伍，积极开展检察文化艺术创作和文化艺术活动，发现、培养检察文化艺术人才，为推动检察文化和法治文化繁荣发展，提高检察队伍综合素质，促进检察事业科学发展作出应有的贡献。

二、关于业务范围

根据天津市检察官文学艺术联合会的性质和宗旨，在起草制定章程第二章第六条业务范围时，我们认为应该包括以下主要内容：组织和支持检察系统文化艺术工作者，积极开展文化艺术创作等工作；采取有效措施，努力提高全市检察文化艺术创作和文化艺术活动水平；研究、探索检察文化和法治文化建设的规律，总结推广新经验；积极与宣传、文化、新闻、出版等社会各界沟通联系，不断扩大与国内外文化艺术界之间的联系、交流和合作；反映广大检察文化艺术工作者的意见和要求。

三、关于组织机构

章程草案第四章作了具体规定：

1. 会员代表大会：是本会最高权力机构，由各单位推选的会员代表组成。会员代表大会具有制定和修改本会章程、选举和罢免委员会委员、审议委员会的工作报告和财务报告等五项职权。会员代表大会每五年召开一次，须有三分之二以上会员代表出席方能召开，其决议须经到会会员代表半数以上表决通过方为有效。

2. 委员会：是本会会员代表大会的执行机构，对会员代表大会负责。第十八条规定了委员会具有执行会员代表大会的决议等十一项职权。委员会会议每年召开一次，须有三分之二以上委员出席方能召开，其决议须经到会委员半数以上表决通过方能生效。

为减少领导层次，提高工作效率，本会拟不设立常务委员会，其职责由主席办公会行使。

3. 主席办公会：由主席、副主席和秘书长组成。在委员会闭会期间，领导本会工作。章程草案规定了主席办公会有十项职权。主席办公会会议由主席提议，须有半数以上成员出席方能召开，其决定须经到会成员半数以上表决通过方能生效。重大事项须向委员会备案。

4. 主席、副主席、秘书长：章程草案规定了主席、副主席、秘书长任职条件和职权。同时规定，本会主席、副主席、秘书长由委员会选举产生，并报业务主管单位和社团登记管理机关备案。

5. 秘书处：是本会的常设办事机构，在秘书长领导下开展工作，负责落实会员代表大会、委员会、主席办公会议的各项决议，具体承办各项工作任务和本会的日常工作。

6. 专业协会：本会设立若干专业协会。各专业协会受委员会领导；在委员会会议闭会期间，受主席办公会领导。

四、关于资产的管理使用

章程草案规定，本会经费来源包括：主管机关拨款、会费、社会捐赠、资助和其他合法收入。会费的收取按照本会制定的会费标准和国家有关规定执行。本会经费必须用于本章程规定的业务范围和本会的事业发展，不得在会员中分配。本会建立严格的财务管理制度，保证会计资料合法、真实、准确、完整。同时规定，本会的资产管理必须执行国家规定的财务管理制度，接受会员代表大会和财政部门的监督。资产来源属于国家拨款或者社会捐赠、资助的，必须接受审计机关的审计监督，并将有关情况以适当方式向社会公布。

五、关于章程的修改

章程草案规定，本章程修改须经委员会表决通过后报会员代表大会审议。修改的章程须在会员代表大会审议通过后15日内，经业务主管单位同意，报社团登记管理机关核准后方能生效。

六、关于章程起草的经过

去年8月，市院党组决定筹建检察文联，成立了筹备领导小组，开始与民政部门联系沟通，章程草案的起草工作同时展开。章程草案的起草，是在市院党组的领导下进行的。主要做了以下几个方面的工作：一是严格遵循国家的法律、法规和有关政策。筹备领导小组认真学习了国务院《社会团体登记管理条例》、《中国检察官文联章程》及有关法律法规政策的规定，多次向民政部门报告起草工作进展情况，寻求政策指导。二是认真起草，反复调研，征求意见。由市院政治部牵头，组织有关人员着手起草初稿，并广泛征求意见。三是主动取得中国检察官文学艺术联合会、市文联的指导和帮助。在多次修订完善后，经市院党组讨论，报市民政局社团管理局审核，最后形成了今天提交审议的《天津市检察官文学艺术联合会章程（草案）》。

特此说明，请审议。

天津市检察官文学艺术联合会
第一届委员会委员选举办法

根据天津市《社会团体登记管理条例》和《天津市检察官文学艺术联合会章程（草案）》有关规定，制定本选举办法。

一、天津市检察官文学艺术联合会（以下简称天津市检察官文联）第一届委员会委员由天津市检察官文联第一次会员代表大会选举产生。

二、天津市检察官文联第一届委员会委员候选人由天津市检察官文联筹备领导小组商全市检察系统各单位提出候选人建议名单，同市院政治部酝酿协商后，报请市院党组审查同意，提请天津市检察官文联第一次会员代表大会审议，确定为正式候选人。

三、天津市检察官文联第一次会员代表大会的参会代表超过代表总数三分之二，方可进行选举。

四、天津市检察官文联第一届委员会委员的产生，采用举手表决方式，实行等额选举。

五、正式候选人名单按姓氏笔画排序。

六、选举人对候选人可以表示赞成、反对或弃权。

七、候选人得赞成票超过实到代表半数以上，方可当选。

八、本选举办法，经天津市检察官文联第一次会员代表大会审议通过后生效。

天津市检察官文学艺术联合会第一届委员会主席、副主席、秘书长选举办法

根据天津市《社会团体登记管理条例》和《天津市检察官文学艺术联合会章程（草案）》有关规定，制定本选举办法。

一、天津市检察官文学艺术联合会（以下简称天津市检察官文联）第一届委员会主席、副主席、秘书长，由天津市检察官文联第一届委员会第一次全体会议选举产生。

二、天津市检察官文联第一届委员会主席、副主席、秘书长候选人由天津市检察官文联筹备领导小组从第一届委员会委员候选人名单中提名，同市院政治部酝酿协商后，报请市院党组审查同意，提请天津市检察官文联第一届委员会全体会议审议，确定为正式候选人。

三、天津市检察官文联第一届委员会出席第一次全体会议的委员超过委员总数三分之二，方可进行选举。

四、天津市检察官文联第一届委员会主席、副主席、秘书长的产生，采用举手表决方式，实行等额选举。

五、正式候选人名单按姓氏笔画排序。

六、选举人对候选人可以表示赞成、反对或弃权。

七、候选人得赞成票超过实到代表半数以上，方可当选。

八、本选举办法，经天津市检察官文联第一届委员会第一次全体会议审议通过后生效。

天津市检察官文学艺术联合会
第一届委员会委员名单

（2012 年 3 月 29 日　天津市检察官文学艺术联合会第一次会员代表大会通过）

（按姓氏笔画排序）

（68 人）

于向阳　王　文（女、回族）　王　知
王　健　王玉琴（女）　王延增
王体强　王家利　王锦芬（女）
冯洪明　闫　浩　刘　军　刘　虹
刘丹梅（女）　刘华阳（回族）　刘浙康
齐义勇　孙加胜　阮　津（女）
李　智（女）　李　博（女）　李　斌
李作明　杨　玲（女）　杨弘傑
杨正路　杨学工　杨惠芳（女）
吴宝江　吴国恩　汪海涛　宋吉祥
祁振宏　张卫国　张万青　张有强
张志凌（女）　张咏梅（女）　张恩奎
苗　宇　孟祥福　范　伟　范平华
周贤发　郑国振　郝　静（女）　赵伟伟
赵屹松　赵振江　赵福杰　哈　杨
胡伯溟　陶　明　郭津生　高象华
贾俊玲（女）　黄祖帅　黄耀耀　董广军
董建民　韩　娟（女）　韩鲁红（女）
韩增军　温俊泖　甄玉光　路耀森
樊　明　霍明善

天津市检察官文学艺术联合会
第一届委员会主席、副主席、秘书长
候选人名单

（2012年3月29日　天津市检察官文学艺术联合会第一次会员代表大会通过）

（按姓氏笔画排序）

（10人）

主　席（1人）

杨学工

副主席（8人，按姓氏笔画排序）

王　文（女）　王家利　刘　虹　李　智（女）　张卫国　张有强　陶　明　韩鲁红（女）

秘书长（1人）

高象华

天津市检察官文学艺术联合会第一届委员会顾问推举名单

（8 人）

孙福海　天津市文联党组书记、秘书长

曹德兆　天津市美术家协会主席

唐云来　天津市文联艺委会主任、天津市书法家协会主席

曹德森　天津市音乐家协会常务副主席、秘书长

刘　颖　天津市舞蹈家协会主席

刘瑞峰　天津市摄影家协会副主席、秘书长

翟振江　天津市电视台总编辑

黄维勉　天津市体育局副局长

天津市检察文化艺术工作情况

综　述

2012年，在市院党组的正确领导下，全市各级检察机关认真贯彻中央、市委和高检院关于加强文化建设的各项部署，深入贯彻落实党的十七届六中全会和十八大精神，以提高检察干警思想政治素质、职业道德素质和文化素养为着眼点，以加强检察文化队伍建设、基础设施建设和创新文化活动载体为着力点，大力实施“文化育检”工程，为全市各项检察工作上新水平提供了思想政治保证和文化支撑。

一、加强思想政治建设，引领检察文化的正确政治方向

始终把强化理论武装和思想教育作为检察文化建设的首要任务，坚持政治建检方针，以党组中心组学习为龙头，以领导班子和领导干部为重点，加强中国特色社会主义理论体系学习教育，认真组织开展保持党的纯洁性教育和政法干警核心价值观教育实践活动，引导和促进广大检察人员牢固树立“六观”，始终坚持“三个至上”，切实做到“四个在心中”。及时组织党员干警集中观看中国共产党第十八次全国代表大会开幕式实况直播，按照中央、市委和高检院认真贯彻落实党的十八大会议精神的通知要求，召开市院党组扩大会议，于世平检察长传达市委扩大会议精神并提出要求。为把学习贯彻党的十八大精神引向深入，制定下发《关于认真学习宣传贯彻党的十八大精神的通知》，组织局处级领导干部参加政法系统市委宣讲团党的十八大精神报告会，举办了局处级领导干部学习十八大精神研讨班，引导检察人员树立正确的发展理念和执法理念，坚定不移地做中国特色社会主义事业的建设者和捍卫者。

二、加强基础设施建设，筑牢检察文化的发展根基

全市各级检察机关普遍建立了健身房、乒乓球、羽毛球等活动场所，开设了图书室、电子阅览室，为检察干警营造了浓厚的文化氛围。精心打造检察文化展示平台，市院决定，在新建办公大楼建立天津市检察展览馆，现正在整体谋划、积极筹备。各级院普遍建立了院史荣誉室、文化宣传橱窗、检察文化长廊等。充分利用庭院、楼道、橱窗等悬挂人生修养等名言警句和书画艺术作品，多数检察院在办公楼内设立了大型LED显示屏，利用PPT、声像形式滚动播放格言警句、廉政建设、检察信息等，通过声、光、电的现代科技手段提升检察机关的人文环境，为检察干警营造一个优美、和谐、健康、充满活力的环境。

三、加强文化载体建设，拓展检察文化的影响领域

充分发挥检察文化的熏陶、启迪作用，通过丰富多彩的文化活动，丰富检察干警的文化生活，提升检察人员素质和文化品位。成立了“天津市检察官文学艺术联合会”，召开了第一次会员代表大会，进一步推动天津检察文化的发展。各级检察机关结合本单位特点，组建了足球队、篮球队、合唱队、文学社、书法小组等文体团队，活跃了干警文化生活。认真组织干警参加高检院和市委政法委举办的书画摄影作品展，有13幅作品入选在首都博物馆举办的全国检察机关廉洁从检书画摄影展，有16幅作品入选祝贺“天津市政法系统文学艺术联合会”成立书画摄影展，展示了我市检察文化建设成果和天津检察干警良好的精神风貌。举办全系统第二届男子足球比赛、人民检察史知识竞赛等活动，反映新时期检察官的精神风采，营造浓厚的检察文化氛围。积极征集“迎新春、送文化”春联，并推荐入选参与中国检察官文联在广州组织的获奖春联的书写工作。各级院分别组织趣味运动会、春节联欢会、文艺表演、歌咏比赛等活动，展示了检察干警的竞技能力和艺术才华，丰富了干警的业余文化生活。加大与正义网、北方网等网络媒体的合作，利用局域网和门户网站拓展检察文化发展空间，打造展示检察官形象和风采的重要平台和品牌栏目，加大检察文化的覆盖面和渗透力。

会　议

【天津市检察官文学艺术联合会成立大会暨第一次会员代表大会】3月29日召开。会议审议通过有关章程，选举产生第一届组织机构和领导集体。全国政协教科文卫体委员会副主任、高检院原党组副书记、常务副检察长、中国检察官文学艺术联合会主席张耕出席会议并讲话，代表中国检察官文联对天津检察官文联的成立表示热烈祝贺，希望天津检察官文联始终坚持正确方向，认真履行职责，加强文艺队伍建设，推动天津检察文化大发展大繁荣。市委常委、市委政法委书记散襄军就天津检察官文联成立作出批示，希望全市检察机关以此为契机，大力加强检察文化建设，为实现天津检察工作走在全国前列、推动检察工作科学发展提供有力的思想保证和精神动力。于世平检察长出席会议并讲话，要求全市检察机关切实提高思想认识，充分发挥检察官文联的作用，努力开创我市检察文化建设新局面。会上，杨学工副检察长作为当选的检察官文联第一届委员会主席，对做好文联工作进行了部署，政治部主任王文作《关于天津市检察官文联筹备成立情况的报告》。市文联党组书记、秘书长孙福海向大会致辞并赠送书画作品。高检院政治部副主任胡尹庐，市民政局副局长、市社团局局长曲孝丽，高检院政治部、中国检察官文联、市委政法委有关部门负责同志，市文化艺术界嘉宾以及112名市检察官文联会员代表参加会议。

【全市检察机关文化建设工作会议】9月25日，在静海县院召开。市院政治部主任王文作题为《提升检察队伍素质，服务检察中心工作，推进全市检察文化建设再上新水平》的工作报告，对当前和今后一个时期全市检察文化建设提出六点意见。一是加强思想政治教育，着力夯实科学执法的思想基础；二是加强检察职业形象建设，着力提升检察机关执法公信力；三是加强文化基础建设，着力营造积极向上、干事创业的文化氛围；四是加强文化活动载体创新，着力满足检察人员精神文化需求；五是加强检察官文联工作，着力发挥服务队伍建设、促进检察工作的作用；六是加强组织领导，着力完善保障机制、抓好各项文化建设工作的落实。市院政治部副主任张有强主持会议。市检二分院、河东区院、西青区院、和平区院、滨海新区塘沽院、东丽区院、宝坻区院、静海县院等8个单位分别作交流发言。

活　动

【组织天津市检察机关廉政宣传短片评比活动】4月10日，市院组织全市检察机关廉政宣传短片评比活动，邀请市院特约检察员、专家咨询委员会委员、新闻传媒人士及市院有关部门负责人担任评委。本次活动共有16个单位21个作品参加比赛。经过评委现场打分，和平区院的作品《倒下的不倒翁》获得一等奖，北辰区院《“爱”的代价》和红桥区院《手》获得二等奖，滨海新区院《果园与蛀虫》、滨海新区汉沽院《贪似火无制则燎原，欲如水不遏必滔天》和塘沽院《水轮》获得三等奖。

【举办“高举团旗跟党走”团日活动】5月3日，市院团委为纪念青年团成立90周年和“五四”运动开展93周年，举办“高举团旗跟党走”团日活动，组织团员青年参观了周邓纪念馆，聆听周恩来、邓颖超等老一辈革命家的光辉事迹，并举行入团誓词宣誓活动。组织青年团员参观了滨海新区辉煌成就展。

【天津市检察院离退休干部迎新春联欢会】1月17日召开，市院党组成员与全体离退休干部欢聚一堂，共贺新春。市院党组副书记、副检察长杨学工向广大离退休老同志致以新春祝贺，并通报了2011年全市检察工作主要情况和2012年工作总体安排，希望各位老领导、老同志继续发扬优良传统，继续关心检察事业，以更加优异的成绩迎接党的十八大胜利召开。

【天津市检察院机关迎新春联欢会】1月19日召开，市院党组成员与全体干警欢聚一堂，共贺新春。市院机关的检察官们表演了自编自导的文艺节目，歌舞、独唱、合唱、小品、三句半、情景剧等节目异彩纷呈，形式多样，内容丰富，检察文化特色鲜明，全场掌声、笑声不断，气氛热烈而欢快。

【市院机关举办“三八”杯健身活动】3月7日，市院组织女干警开展“三八”杯健身活动，进行跳绳、托球、踢毽等各种体育比赛，活跃了女干警业余文化生活。

【天津市检察系统第二届男子足球比赛】5月8日至6月3日在天津市检察官学院进行，共有18个院代表队的280余名运动员参加，经过8轮40场次、历时27天的激烈角逐，一分院、宝坻区院、南开区院分获冠军、亚军和第三名，二分院、武清区院、蓟县院获得精神文明奖。通过比赛，凝聚了力量，鼓舞了士气，增进了友谊，取得了运动成绩和精神文明双丰收。于世平检察长在比赛总结报告上作了重要批示：“足球比赛活动举办的很好，对此活动进行及时地总结更好，有利于提高工作水平，希望各部门学习并坚持下去。”

【市院2012年“迎新年、庆元旦”趣味运动会】12月28日举行，市院干警积极参加抢收抢种、夹球接力跑、障碍赶球跑、飞镖等项目比赛。市院检察长于世平、政治部主任王文、检委会专职委员张有强、副巡视员段跃华等领导出席颁奖仪式。

【参加祝贺“天津市政法系统文学艺术联合会”成立书画摄影展】 9月26日，市院韩增军，一分院董建民，二分院孙宝成、董征杰，滨海新区院葛庆峰，河东区院邢晓星，南开区院吴贺功、范晶晶，红桥区院萧伟强，大港院王绪才，东丽区院王体强，津南区院胡学礼、邢立民、刘军等同志的16幅作品在“天津市政法系统文学艺术联合会”成立书画摄影展上展出。于世平检察长观看后给予充分肯定。

【参观全国检察机关廉洁从检书画摄影展】 12月13日，市院副巡视员段跃华带领干警代表和市院部分离退休老同志共60余人在首都博物馆参观展览。市院陈辉昆、安维藩、王一先、赵屹松，二分院孙宝成、董征杰，滨海新区院葛庆峰，南开区院吴贺功，河东区院赵伟伟，红桥区院肖伟强，津南区院刘军，北辰区院刘长龙、张富强等人的13幅作品入选，展示了我市检察机关廉政文化建设工作成果和天津检察干警良好的精神风貌。

【全市检察机关“忠诚检察事业”人民检察史知识竞赛】 7月25日，在二分院举行决赛，经过选拔考试胜出的6支代表队参加决赛。通过一分钟速答、题板连线、必答、抢答、演讲五个环节的比赛，东丽区院获得一等奖，红桥区院、二分院获得二等奖，静海县院、河北区院、塘沽院获得三等奖。市院检察长于世平，二分院检察长张铁英，市院政治部主任王文、副主任张有强，各参赛单位检察长到现场观看比赛。本次活动，从4月份开始，在全体干警普遍答题基础上，经过层层选拔，最后有6个单位组成的代表队进入决赛。

【天津市女检察官“保持党的纯洁性暨政法干警核心价值观教育”演讲会】 11月15日举行。女检协全体理事、女检察官代表和优秀演讲人齐聚一堂，交流主题教育活动的学习体会，演讲女检察官践行主题教育活动的先进事迹，丁晶等12名同志荣获“优秀演讲人”称号。市女检协会长、一分院检察长刘宝霞，市院党组副书记、副检察长史建国，副检察长王悦群出席。

获奖情况

【男、女队双双荣获市级机关羽毛球团体赛亚军】 12月4日至6日，2012年市级机关工委举办的羽毛球男女团体赛在本市河东区东局子体育馆举行。市级机关所属会员单位的48个男子团体、39个女子团体代表队参加了比赛。天津市人民检察院男女代表队一路披荆斩棘，过关斩将，双双荣获亚军。

【两个基层院被评为全国检察文化建设示范院】 6月15日，高检院下发《关于评定全国检察文化建设示范院的决定》（［2012］高检政发106号），在全国范围内评定66个检察院为全国检察文化建设示范院，河东区院和西青区院被评为全国检察文化建设示范院。

出版创作

【出版《津门优秀检察官》】 9月，由市院政治部组宣处编辑出版。于世平检察长为该书作序，希望全市各级检察机关和广大检察干警宣传学习先进典型的模范事迹，形成人人争先创优的浓厚氛围，为建设高素质检察队伍，实现天津检察工作走在全国前列的目标而拼搏奋进。该书收录了2007年至2012年间，全市检察系统获得全国模范检察官、天津市劳动模范、优秀党员和天津市政法系统十大优秀检察官、十大爱民助民模范以及全国十佳公诉人、十佳侦查监督检察官等荣誉称号的31位检察官的先进事迹。

教育培训

【第六届“天津检察论坛”论文交流暨颁奖大会】11月8日在河东区院召开。向获奖论文作者颁发证书。市院检委会专职委员韩庆祥出席，对论坛成果给予充分肯定。一、二分院、各区县院主管调研工作领导、研究室主任、获奖论文作者参加会议。

【举办“天津检察讲坛”】为加强领导素能培训，提高领导干部开拓创新、驾驭全局、科学决策、危机管理等方面能力，举办了三期“天津检察讲坛”讲座（每季度一讲），分别于5月22日邀请天津师范大学关心下一代工作委员会副主任、副局级退休干部王辅成老师讲授《守望者神圣的思考——把人民放在心中最高位置》；11月2日邀请全国人大常委、法工委副主任郎胜作《新刑诉法的理解与适用》专题讲座；12月18日邀请中央党校刘余莉教授做心理学专题讲座《心态改变命运》。市检察院设主会场，各单位设分会场，全系统中层以上领导干部和干警通过电视电话系统收看讲座。

设施建设

【做好天津市检察展览馆的筹建工作】8月，按照市院党组要求，成立了检察展览筹备工作领导小组及办公室，先后组织人员到江西井冈山人民检察博物馆、山东省院、济南市院及天津市高级人民法院等单位考察学习，制定工作方案，起草展览大纲框架，下发《征集检察展览馆展品资料的通知》，在全市检察系统征集展品实物、资料，与市档案馆联系查找资料，为确保按时保质完成展览馆建设打下了良好基础。

【检察文化阵地建设】从3月份开始，在市院局域网开设“理论学习”、“干警风采”、“检察文化”、“文体活动”、“文学随笔”、“美术欣赏”、“摄影天地”等栏目，全年共登载动态信息480余条，向高检院检察文化建设专网上报信息206条，被采用188条，位居全国省级院第一，受到高检院通报表扬。

人才队伍

【推荐市政法文联各机构组织成员】8月，统计整理文学创作、书法、美术、摄影、体育、表演艺术等6类文艺人才资料上报市政法文联，推荐市政法文联副主席、副秘书长、委员及各协会副主席人选10人，其中市检察官文联副主席王文兼任市政法文联副主席、体育协会主席，市检察官文联秘书长高象华兼任市政法文联副秘书长、体育协会秘书长，市检察官文联理事杨弘傑、李博、赵屹松、赵伟伟、霍明善、孙家胜分别担任市政法文联体育协会、表演艺术协会、书法协会、美术协会、文学创作协会、摄影协会副主席，推荐各协会理事40人。

基层检察文化

[天津市人民检察院第一分院]

【举办春季棋牌赛】3月5日至8日进行春季棋牌赛。全院100余名干警参加了象棋、跳棋、军棋、五子棋、华牌、单升、双升等项目的角逐。比赛活跃了干警业余文体生活，增进了干警友谊，增强了机关向心力、凝聚力。

【践行政法干警核心价值观先进事迹报告会】3月8日召开，160余名干警参加。邀请全国模范检察官蒋汉生同志介绍自己践行政法干警核心价值观，做人民满意的检察官的体会。干警们表示，要以蒋汉生等先进英模为榜样，自觉践行政法干警核心价值观，始终坚持忠诚的政治品格，始终牢记为民的根本宗旨，始终坚守公正的价值追求，始终恪守廉洁的职业操守，进一步树立检察机关良好形象。

【举办趣味运动会】6月8日举办，共设置4个集体项目、5个个人项目，院领导与干警同场竞赛。经过激烈角逐，12个集体和66名干警分别获集体和个人一、二、三等奖。

【保持党的纯洁性暨践行政法干警核心价值观演讲会】6月28日举行。13名干警从不同的角度讲述了发生在他们身旁践行“忠诚、为民、公正、廉洁”核心价值观的感人事迹，诠释对保持党的纯洁性和政法干警核心价值观的理解，抒发对中国共产党的无限忠诚。

【完成2010年、2011年年鉴编纂工作】年鉴以专文、检察工作概况、重要文件选载、案件选载、大事记、统计资料、附录及图片资料等生动全面地反映近两年一分院加强和改进检察工作、检察文化建设、人员结构变化、干警表彰晋升等情况。于世平检察长对《年鉴》做出批示：看了一分院2010年和2011年两本《年鉴》，感到内容好且创意更好。为官一任，既要善于带领大家做好平时的检察工作以创造丰富检察历史，又要组织大家总结积累书写好检察历史，如此坚持下去，不仅为天津检察历史宝矿不断增添高品位的矿石，而且还可为代代传承的天津检察工作奠定更加坚实的基础，这是功在当前、利在未来的一件大事。请全市三级院领导班子特别是一把手给予高度重视并学习参阅。

【卫冕全市检察系统足球比赛冠军】6月3日，在天津市检察系统第二届男子冠亚军决赛中，一分院足球队以4:3战胜宝坻区院足球队，将“最佳射手”、“最佳守门员”收入囊中，充分展示了检察干警敢于争先，奋发有为，干事创业的良好精神风貌。

【在天津市第三届“体彩杯”全民健身运动会上获佳绩】8月15日，在天津市第三届“体彩杯”全民健身运动会游泳比赛中，一分院监所检察处干警董建民奋勇拼搏，荣获50米蛙泳、50米蝶泳亚军，展现了检察干警昂扬向上的精神风貌。

[天津市人民检察院第二分院]

【召开检察文化建设专题座谈会】2月

23日，政治部组织召开由办公室、公诉处、反贪局、监所处、技术处、研究室等六个部门主要负责同志参加的座谈会，就《二分院检察文化建设规划（2012—2015年）》征求意见和建议。院党组成员、政治部主任刘华阳出席会议，政治部副主任宋中华主持会议。

【举办新闻摄影专题讲座】3月30日，二分院邀请《天津日报》视觉中心主任、中国新闻摄影学会副秘书长、天津市新闻摄影学会副会长、天津摄影家协会副主席陈国兴，为各处室内勤、摄影兴趣小组成员和摄影爱好者就新闻摄影的要领和技巧进行培训，取得良好效果。

【“青年干警在检察文化建设中的定位、责任和使命”主题演讲活动】4月27日举行。7名选手围绕演讲主题，结合思想和工作实际畅谈了各自的见解、感受和体会，表达了积极投身、踊跃参与和创新推进检察文化建设的信心和决心。

【组织干警开展主题摄影采风活动】8月14日，二分院摄影小组开展了“爱祖国爱家乡、发现美记录美”主题摄影采风活动，20余名干警参加活动并拍摄了百余张展现津城发展变化和人民幸福生活的照片。

【成立文化兴趣小组】2月底，二分院组建了书法、绘画、文学创作、摄影、演唱、朗诵、舞蹈、棋牌、羽毛球、乒乓球、足球、台球等12个文化体育活动小组，确定了召集人负责组织开展日常活动，制定了《关于成立文化兴趣小组并组织开展活动的实施方案》。

【改造健身场所和设施】5月，二分院扩建了乒乓球室、台球室，新建了男女干警健身房，并购买了新的电动跑步机、综合体能训练器、仰卧起坐板、健身车等一批健身设施。

［天津市滨海新区人民检察院］

【举办迎新春趣味文体活动】1月18日，为喜迎新春，丰富和活跃机关文化生活，营造生动活泼、团结向上、创先争优的良好氛围，滨海新区院举办“迎新春趣味文体活动”。活动有球类、棋牌类等项目，全院干警积极参加。

【获得朗诵比赛一等奖】12月11日，滨海新区院退休干部张卫国同志，在天津经济技术开发区管委会主办的“精彩人生情颂泰达”2012首届泰达杯中英文诗歌朗诵大赛中，经过初赛、复赛、决赛，获得中文组一等奖。

［天津市和平区人民检察院］

【参观平津战役纪念馆】3月30日，和平区院组织青年干警赴天津平津战役纪念馆，参观“踏寻雷锋足迹”展览，缅怀革命先烈丰功伟绩。

【开展“五个一”活动】7月27日，和平区院开展“学唱一首公民道德歌曲”、“诵读一段传统经典语录”、“宣讲一个身边道德故事”、“作一番道德点评”、“开展一次道德讨论”的五个一活动，进一步促进了检察文化建设。

【和平院检察文化展览馆建成使用】12月30日，和平区院迁入新办公大楼，检察文化展览馆也正式投入使用。展览馆分领导关怀、亲临指导，历史沿革、发展变化，检察风采、建设之路，文化强检、荣誉史成等4篇章，通过回顾和检人薪火相传的检察历程，展示积极进取的发展成就，诠释“团结、敬业、实干、创新”的和检精神，激发开拓创新的顽强斗志，以进一步推进和平区院全面建设再上新水平。

【荣获和平区跳绳比赛冠军】3月29日，和平区院代表队获得和平区“三八健康杯”跳绳比赛冠军。

［天津市河西区人民检察院］

【2012年迎新春联欢会】1月10日举行，河西区院干警欢聚一堂，共贺新春。联欢会节目丰富多彩，有歌曲联唱、相声、短剧、游戏、抽奖等内容。

【法制宣传剧场】3月2日，河西区院组织开展社区志愿者活动，选派青年检察官与文玥北里社区的居民共同排演法制宣传剧。检察干警联系检察职能，发挥特长演唱《醉驾的你》，告诫人们珍爱生命，拒绝酒驾，对社区居民表演的法制短剧《防骗测试》、《冒牌警察》和《潜伏》做了法律点评。此次活动受到社区居民的广泛好评，起到了良好的宣传效果。

【举办足球友谊赛】4月6日，河西区院与二分院进行足球友谊赛。比赛中，双方展现了良好的技术水平，赛出了精彩，竞出了友谊。

【拍摄法制微电影】10月11日，河西区院与团市委、团区委合作，联合拍摄天津市首部法制宣传微电影首映。电影以查办的网络盗窃案件为基础，通过描述新时期网络诈骗、网络盗窃等犯罪过程，展示青少年心理特征及性格弱点，进行预防青少年犯罪法制宣传，创新了宣传方式。

［天津市河东区人民检察院］

【举办迎新春联欢会】1月19日，举行2012年迎新春联欢会。河东区院干警欢聚一堂，表演自编自导的节目，参与互动游戏，喜迎新春佳节。

【举行趣味运动会】9月28日，河东区院举行“迎国庆、强体魄”趣味运动会，展现了干警团结协作、唯旗誓夺的良好精神风貌，进一步增强了检察队伍凝聚力。

【著名书法家冉繁英应邀进行书法指导】9月17日，著名书法家冉繁英先生应邀到河东区院，对该院书画兴趣小组的成员进行书法指导，有效提升了书画兴趣小组的整体活动水平。

【设置检察文化长廊】4月，在办公办案楼内部设置“检察文化长廊”，展示河东区院检察文化建设成果，创建全院思想文化建设和检察政治工作宣传阵地。

【荣获纪念建团90周年主题情景剧大赛二等奖】5月4日，河东区院干警创作并编排的情景短剧《明天，我们重新启航》，荣获团区委举办的“青春建功 幸福河东”纪念建团90周年主题情景剧大赛二等奖。

【美术作品荣获全国检察机关书画摄影展览三等奖】6月25日，高检院下发《关于纪念人民检察制度创立80周年书画摄影展和文艺晚会两项文化活动获奖作品和优秀组织单位的通报》，河东区院干警赵伟伟作品《兴国县苏维埃工农检察部任命书》获美术作品三等奖。

［天津市河北区人民检察院］

【举办迎新春联欢会】1月29日，河北区院举办2012年新春联欢会，干警们自编自演了歌曲、太极拳、器乐演奏等精彩节目，联欢会在欢乐祥和的气氛中进行。

【举办第二届摄影书画艺术展】5月11日，河北区院第二届摄影书画艺术展开幕，有20余名干警创作的作品参展。检察长韩东讲话，党组成员崔庚伟及作者参加了开幕式。

【与天津泰达足球队名宿开展足球友谊赛】6月16日，检察长韩东带队，在本市红光中学与于根伟等原天津泰达足球队明星阵容进行足球友谊赛，进行文化交流。

【举办首届趣味运动会】7月13日，河北区院举办首届趣味运动会，比赛项目注重竞技性和趣味性的结合。干警们以满腔的热忱、高昂的斗志、良好的心态投入到比赛当中，在运动中展示了风采，取得了好成绩，收获了好心情。

【举办双节联欢会】9月29日，为庆祝“双节”来临，河北区院举办“祝中秋团圆，贺祖国华诞”联欢会，干警欢聚一堂。

【王卓清荣获鸿顺里街社区达人秀擂台赛十强称号】为积极参与社区共建，共创和谐社区，6月14日，河北区院工会主席王卓清参加了鸿顺里街首届社区达人秀擂台赛，并以一曲钢琴独奏《献给爱丽丝》荣获擂台赛十强称号。

［天津市南开区人民检察院］

【举行新春联欢会】1月18日，南开区院举行新春联欢会，干警表演了精彩纷呈的自创节目，用歌曲、舞蹈、书法、朗诵、乐器演奏等多种形式，展现出良好的精神风貌和奋发有为的精神状态。

【开展户外拓展训练】4月21日，南开区院组织青年干警到西青区杨柳青庄园开展丰富多彩的户外拓展训练活动，通过“破冰”、“背摔”、“黑白雷区”、“勇渡链桥”等拓展训练，使青年干警们认识到自身潜能，克服了心理惰性，磨炼了坚持与拼搏的意识。

【吴贺功同志作品入选央视】2月初，南开区院干警吴贺功同志书法作品《临龙门贴、赏龙门对、传龙精神》入选中央电视台书画频道第二届迎新春书画展播，被评为优秀作品。

【荣获天津市文明单位称号】3月，南开区院荣获天津市精神文明建设委员会颁发的2009—2011年度天津市文明单位称号。

【荣获市检察机关第二届男子足球赛季军】6月3日，在天津市检察机关第二届男子足球赛中，南开区院足球队获得季军。

【在南开区青年体育节游泳比赛中获奖】8月16日，南开区院青年干警在参加2012南开区青年体育节游泳比赛中，最终在五个单项比赛中获得两个第三名的优异成绩。

［天津市红桥区人民检察院］

【举办社会主义核心价值观讲座】7月13日，红桥区院邀请区委党校杜彧韬老师为全院干警作主题为“贯彻六中全会精神，努力建设社会主义核心价值观体系”的专题讲座，为迎接十八大胜利召开打下良好的思想政治基础。

【举办书法赏析讲座】8月24日，红桥区院举办“中国书法的魅力”书法赏析讲座，邀请天津市著名书画家李继忱来院进行讲座，进一步满足干警对高层次文化艺术需求和对中国传统文化知识的渴求，提升对中国传统文化的了解与认识。

【举办卡拉OK歌咏比赛】9月27日，红桥区院在西沽公园松园文化馆内举办“歌唱祖国 歌颂生活”卡拉OK比赛。40余名干警参加了此次活动。

【设立图书阅览室】7月2日，红桥区院设立图书阅览室，购进检察专业、中外文学、社会科学、自然科学、人物传记、旅游地理、民俗文化等领域的书籍，配备专门电脑与外网连接，供干警进行信息查询和电子阅读。

【成立检察文化社团】红桥区院根据干警年龄结构、兴趣爱好，4 月成立了太极拳队、羽毛球队、合唱队等 8 个文化团队，搭建丰富多样的文化平台，扩展参与范围。

［天津市滨海新区塘沽人民检察院］

【举办“迎新春”棋牌类比赛】1 月 20 日，滨海新区塘沽院组织 50 余名干警开展了台球、中国象棋、跳棋、拱猪和升级等体育比赛，喜迎新春。

【参加检察题材电影《馨海蝶》拍摄】7 月 19 日至 20 日，塘沽院派出 30 多名干警作为群众演员参加电影《馨海蝶》的拍摄。该影片由塘沽人民检察院、最高人民检察院影视中心、天津贻成集团、北京左岸映画影视策划有限公司联合拍摄。

【开展检企共育企业廉洁文化活动】10 月 30 日，塘沽院副检察长赵棣中带领预防科干部，到天津港集团有限公司开展以“工程建设领域警示教育展览”为主题的检企共育企业廉洁文化活动。

【成立院足球队】5 月 2 日，滨海新区塘沽院足球队成立。

【成立检察文化建设领导组织】11 月 6 日，塘沽院成立检察文化建设领导小组，下设文学创作、廉政文化、影视制作、书画创作、摄影爱好、文体活动、网络文化等 7 个活动小组。

【廉政宣传片《水轮》荣获全国检察机关首届廉政公益广告三等奖】9 月 30 日，由塘沽院预防科制作的廉政公益宣传短片《水轮》在全国检察机关首届廉政短片公益广告评选活动中获得三等奖。

［天津市滨海新区汉沽人民检察院］

【举办青年节主题演讲】4 月 27 日，滨海新区汉沽院举办纪念五四青年节“青春不停步 永远跟党走”主题演讲活动。赛后，检察长李若宽为获奖干警颁发了奖品。

【举办书法笔会】12 月 28 日，滨海新区汉沽院举办“迎新春”书法笔会，邀请汉沽统战部、长芦汉沽盐场的部分领导和职工来院，相互交流，切磋书艺。

【新建文化活动室】11 月 15 日，滨海新区汉沽院新建了文化活动室，购置了一批笔墨纸砚和视频教材，为干警们学习书法、绘画提供了交流学习的平台。

［天津市滨海新区大港人民检察院］

【举办新春联欢会】1 月 18 日，滨海新区大港院举办 2012 年“情系检察，欢聚龙年”新春联欢会。全体干警和检察官学院教职员工欢歌笑语，齐聚一堂，喜迎 2012 年。

【参加大港机关干部运动会】3 月 31 日，滨海新区大港院 15 名干警积极参与了滨海新区大港工委机关举办的集体跳绳、接力跳绳、个人跳绳、踢毽子、沙包入筐和羽毛球掷远等比赛项目。参赛干警团结协作，奋力拼搏，展现了检察机关良好的精神风貌。

【参加大港机关干部运动会广播操比赛】8 月 8 日，滨海新区大港院 40 余名干警在世纪广场参加了大港全民健身日活动暨 2012 年大港机关干部运动会“民政杯”广播操比赛。

【举行“演绎青春风采 书写检察未来”

主题演讲比赛】8月17日，大港院9名干警在主题演讲比赛中，分别结合自身工作及成长经历，畅谈感想，表达了发挥主观能动性，为检察事业贡献青春的决心。

［天津市东丽区人民检察院］

【举办新春联欢会】1月19日，东丽区院举办2012年迎新春联欢会，节目异彩纷呈，高潮迭起，全体干警在欢乐祥和的气氛中度过了一个“快乐年”。

【举办专题文化讲座】为加强检察文化建设，引导全院干警践行“忠诚、为民、公正、廉洁”的核心价值观，2月16日，东丽区院邀请南开大学法学博士后、博士生导师于语和教授作《中国传统法律文化的特点及对当下检察院工作的启示》专题讲座。

【举办读书周活动】4月17日，东丽区院举办以“加强检察文化建设，深入弘扬政法干警核心价值观”为主题的第三届读书周活动。

【新建廉政文化宣传墙】2月，东丽区院新建廉政文化宣传墙，丰富了廉政文化建设，进一步激发了文化内生动力。

【在演讲比赛中荣获一等奖】6月20日，东丽区院两名干警在东丽区区委宣传部、团区委等七个部门主办的“关爱地球节能节水”主题演讲比赛中，分别获得一等奖、优秀奖的好成绩。

【体操比赛荣获一等奖】10月，东丽区院健身操代表队在东丽区第12届健身操比赛中荣获一等奖。

［天津市津南区人民检察院］

【参加津南区机关工会系统文化建设现场交流推动会】10月19日，在区总工会牵头组织的全区机关工会系统文化建设现场交流推动会上，津南区院作为进行经验推广的四个主要参展活动单位之一，进行了经验交流。

【举办秋季趣味运动会】11月2日，津南区院举办秋季趣味运动会，设立了乒乓球、投飞镖、拱猪、接力托球跑、慢骑自行车、双人投沙包等项目，全院干警、职工90余人参加比赛。

【聘请文化艺术顾问】1月13日，为大力推进检察文化建设，提升文化创作水平，津南区院聘请天津市美协副秘书长、书画家史振岭等8名书画、摄影家为津南区检察院文化艺术顾问。

【摄影技术培训】3月20日，津南区院邀请检察文化艺术顾问景文军来院，为青年检察干警及各科室内勤进行摄影技术培训。

【文化组织】2012年，津南区院先后成立了男子足球队、乒乓球队、棋牌小组等8个文化团队。

【廉政宣传短片获奖】9月30日，津南区院制作的廉政宣传短片《天平——拒腐防变 廉洁从政》在全国检察机关首届廉政短片公益广告评选活动中获得优秀奖。

【秋季长跑比赛】9月26日，津南区院组织干警参加区体育局举办的秋季长跑运动会，获优秀组织奖，一名干警获第二名。

［天津市西青区人民检察院］

【举办新春联欢会】1月17日，西青区院举办2012年迎新春联欢会，文艺演出内容丰富，紧贴检察生活，讴歌时代精神，反映检察新貌，激励鼓舞干警，团结一心，拼搏进取，共同谱写西青区院新篇章。

【举办廉政灯谜会】2月8日，西青区

院举办廉政灯谜会活动，借助猜灯谜这一传统形式，打造生动活泼的廉政教育平台，使干警在动手动脑的猜谜过程中，把廉洁从检的各项规定印在脑海中。

［天津市北辰区人民检察院］

【举办廉政书法比赛】1月9日，北辰区院举办廉政书法比赛，共征集廉政名言、警句的毛笔、硬笔书法作品20余幅，并进行了展览，评出一、二、三等奖。

【举行检察官宣誓仪式】为进一步增强对检察职业的热爱和使命的坚守，增强履职尽责的责任感和自觉性，6月29日，北辰区院举行检察官宣誓仪式。

【引进流动图书车】9月，北辰区院与天津市图书馆达成协议，由市图书馆每月定期派“流动图书车”送书至区院，供干警借阅。车载图书涵盖文学、地理、历史等领域，共3000余册，内容丰富，可读性强，受到干警们的广泛欢迎。

【举办第十六届运动会】9月27日，北辰区院在天津第四十七中学体育馆举办了第十六届运动会。集体项目以支部为单位，进行了拍篮球接力、夹乒乓球接力、两人背对背夹球接力、投掷沙包等四个项目的比赛，个人项目中设置了羽毛球、乒乓球、台球、飞镖、定点投篮、跳绳等九个项目的比赛。

【举办首届辰检论坛】11月13日，北辰区院召开首届辰检论坛获奖论文交流暨颁奖大会，对获奖干警予以表彰奖励，并由获奖者做主题发言，与会专家学者进行点评。通过举办辰检论坛，进一步提高了干警的调研能力和水平。

【举办廉政短信征集活动】12月初，北辰区院举办廉政短信征集活动。活动以“人人动手参与，原创廉政短信”为主题，形式新颖，得到了全院干警的积极响应和配合。

【成立乒乓球队】5月8日，北辰区院成立了由老、中、青等10余名干警组成的乒乓球队，进一步丰富文化建设，增强团队凝聚力，激发干警工作热情和活力。

【成立女子健身舞蹈队】10月，北辰区院成立女子舞蹈队，聘请天津商业大学舞蹈教练定期授课，受到女干警们的热烈欢迎。组织女干警进行舞蹈、健美操等项目的训练，不仅能陶冶情操、愉悦身心、增强体魄，而且能激发干警对工作和生活的热爱。

【设立检察名人榜和光荣榜】11月，北辰区院在办公楼大厅设立检察名人榜和光荣榜。名人榜分为两类，一类是曾经荣获二等功以上荣誉及高检院荣誉的干警；一类是获得检察理论人才称号及在检察机关各项评比中获得十佳的干警。光荣榜包括在年度考核中荣立院集体三等功或集体嘉奖的部门以及年度考核中评选出的优秀检察干警。

【制作浮雕说明】10月，北辰区院与设计公司合作，对原有浮雕进行诠释说明，浮雕下方的说明文字言简意赅，字体富于艺术美感，给人以立体雕刻的视觉效果，与整幅浮雕作品融为一体，凸显了北辰检察独特的文化气息。

［天津市武清区人民检察院］

【组织每周一课活动】从3月份开始，武清区院开展“每周一课”活动，内容涉及经典品读、国学研习、书画鉴赏、法学理论、职业道德、案例分析等，旨在培养干警“快乐、仁慈、正直、勤俭、智慧、恒心、刻苦、勇敢、合群、礼貌、忠诚、信仰”的品质，引导干警树立正确的世界观、人生观、价值观。

【组织拓展训练活动】5月4日，武清区院青年干警开展主题为“弘扬五四精神、凝聚青春力量、奉献检察事业、争当发展先锋”拓展训练活动。

【组织初任检察官宣誓】10月29日，武清区院组织新任助理检察员进行检察官宣誓仪式。

【成立兴趣小组】10月，武清区院成立“文学、体育、艺术、其他”四大类10个兴趣活动小组。

【拍摄宣传短片】6月，武清区院组织创作拍摄廉政宣传短片《莫伸手 伸手必被捉》，先后在武清电视台、天津机场、天津地铁站循环播出。

【荣获天津市文明单位称号】3月，武清区院被授予2009—2011年度“天津市文明单位”称号。

[天津市宝坻区人民检察院]

【举办“检察官大讲堂”活动】1月至10月，宝坻区院共举办“社会主义核心价值体系教育是政法文化建设的主要任务”、“如何做好检察信息工作”、“保持党的纯洁性，提高履职能力”、“基层检察业务工作如何应对新刑事诉讼法的修改”等六期“检察官大讲堂”活动。

【组织迎新春文体活动】1月上旬，宝坻区院组织丰富多彩的文体活动，包括台球、篮球、乒乓球、跳绳、踢毽子、扑克比赛和干警们自编自演的相声、小品、三句半等文艺节目。

【开展文体交流活动】为进一步丰富和活跃干警的文化生活，培养干警团结协作、顽强拼搏的精神，宝坻区院在3月22日、4月25日分别与武清区院、南开区院开展文体交流活动，就近年来开展机关文体建设情况进行座谈，进行了足球友谊赛。

【文学社艺术社开展采风活动】8月29日，宝坻区院潮白浪花文学社和博雅艺术社组织部分社员前往有“千年古渡”之称的小辛码头村采风，既增进了对宝坻文化的了解，也为创作提供了素材。

【潮白浪花文学社举办文学创作讲座】11月15日，宝坻区院潮白浪花文学社举办文学创作讲座，邀请宝坻区作协副主席孟令海、中国小说家协会会员樊云洪、原宝坻区委组织部正处级调研员张树桐，讲授了散文、小说和诗歌的相关知识和创作技巧。

【获天津市检察系统第二届足球赛亚军】6月3日，宝坻区院足球队获得全市检察系统第二届足球赛亚军。

[天津市静海县人民检察院]

【组织“让阅读成为习惯 让思考伴随人生”读书交流会】4月24日，8位干警在读书交流会上，与全体干警分享了读书的感受、收获与体会。

【召开“弘扬五四精神　践行政法干警核心价值观”青年座谈会】5月4日，25名青年干警在座谈会上，结合正在开展的政法干警核心价值观和保持党的纯洁性教育实践活动，从不同角度、不同侧面分别畅谈了参加工作以来的感受、体会和收获。

【组建民乐队】为丰富干警的业余文化生活，提升干警的文化修养，7月份，静海县院29名干警组建了民乐队，院里出资购置了包括二胡、阮、葫芦丝、扬琴、柳琴、月琴等十余种民族乐器，并邀请县少年宫老师为民乐队成员授课。

【成立“80后青年书友会”】5月4日，静海县院吸收全院青年干警成立了“80后青年书友会”，举行了成立仪式，宣读并通过了书友会章程，选举了书友会秘书长和活动小组负责人。

【创建文化展示平台】为了提升干警文化品位，静海县院于6月建立了院史展览厅、健身房、阅览室、文化长廊、老干部活动室、乒乓球室等文体活动场所。

【被授予“天津市文明单位”荣誉称号】3月，静海县院被天津市委文明委授予2009—2011年度“天津市文明单位”荣誉称号。

［天津市蓟县人民检察院］

【举办青年趣味知识竞赛】1月10日，蓟县院举办青年趣味知识竞赛，比赛由知识答题和趣味竞赛两部分组成，既有法律、科技、党团、历史等各类知识，又有猜歌词、投球入篓等竞赛活动。

【举办“迎国庆、展风采、树形象”联欢会】9月27日举行，主要节目有《歌唱祖国》、《说说咱蓟县检察院》、《现代版包公审案》、双簧、歌曲弹唱等，展现了干警们积极向上的精神风貌，营造出了团结、和谐、欢快、喜庆的氛围。

【成立文体兴趣小组】2月23日，蓟县院团委积极调研，精心策划，依据干警的兴趣爱好，筹划成立了篮球、书画、摄影、读书、棋类等10个文体协会。

【编辑印刷宣传画册】7月，宣传画册《检魂》出版，分为蓟州神韵、检察风采两个板块。检察风采下设领导关怀、服务大局、队伍建设、业务建设、科技强检、检察文化、优秀业绩、珍贵回忆、见证崛起等9方面内容。

【加强文化设施建设】5月，蓟县院先后投资40余万元，建成干警活动中心，内有羽毛球、乒乓球、台球、跑步机等各种健身活动场地。

［天津市宁河县人民检察院］

【举办春节联欢晚会】1月20日，在宁河丽晶大酒店举办。干警们表演了自编自导的文艺节目，配乐诗朗诵、相声、合唱等节目异彩纷呈，检察文化特色鲜明，气氛热烈而欢快。

【举办演讲比赛】5月23日，为推动“保持党的纯洁性暨政法干警核心价值观”教育实践活动深入开展，宁河县院举办了“保持党的纯洁性暨政法干警核心价值观”演讲比赛。

【干警朱晨昊荣获羽毛球比赛亚军】6月21日，宁河县院干警朱晨昊在宁河县第一届运动会“太平洋寿险杯”羽毛球比赛中，荣获男子单打亚军。

［天津铁路运输检察院］

【举行检察官宣誓仪式】11月16日在市院举行。市院党组书记、检察长于世平为19名新任检察官颁发任命证书。市院党组成员、政治部主任王文主持仪式，市院检委会专职委员、政治部副主任张有强领誓。

浙江省检察官文学艺术联合会

浙江省检察官文学艺术联合会第一次会员代表大会

讲　　话

在浙江省检察官文学艺术联合会成立大会上的讲话

（2012 年 4 月 11 日　根据录音整理）

张　耕

同志们：

参加浙江省检察官文联成立大会，我感到很高兴，也很荣幸。浙江省检察官文联成立是浙江省检察机关的一件大事，也是全国检察系统的一件大事，一件喜事。我代表中国检察官文联对浙江省检察官文联成立表示热烈的祝贺！浙江省检察官文联成立具有重要意义。

第一，浙江省检察官文联成立是浙江省检察机关认真贯彻落实党的十七届六中全会精神，促进检察文化大发展大繁荣的一项重要举措。党的十七届六中全会把文化建设提高到一个新的高度，是我们党的历史上文化建设的又一个里程碑，意义非常深远。特别是在当前文化日益成为国家软实力的情况下，加强文化建设显得更为紧迫。文化说到底是塑造人的灵魂，是解决人的精神状态问题的，所以对检察机关来说，抓检察文化建设就是要振奋检察精神，凝聚检察力量，推动检察工作科学发展。实践证明，只要一个地方的检察文化建设搞得好，搞得有声有色，富有成效，那个地方的检察队伍的精神面貌就不一样，它的各项工作就会充满活力。浙江省检察官文联的成立，就是要进一步加强检察文化建设，贯彻落实党的十七届六中全会精神。

第二，浙江省检察官文联成立标志着浙江省检察文化建设进入了一个新阶段，将开创出一个新局面。多年来浙江省检察机关对检察文化建设高度重视，采取了很多措施，取得了明显成效，检察官文联成立就是一个证明。如果检察文化建设成效平平，那么要成立检察官文联是不可能的。浙江省检察官文联成立之所以只用了半年的时间，就是因为浙江省检察文化建设很有成效。检察官文联成立后，会从组织上更好地推动检察文化建设，检察官文联将成为检察文化建设进一步发展、开拓新局面的重要标志。

第三，浙江省检察官文联成立也是推动全国检察官文联建设的一个重要举措。自中国检察官文联成立以来，全国包括浙江省在内已有11个省级检察院成立了检察官文联。不到一年时间，全国三分之一的省级检察官文联已经成立，这个进度是很快的。据我了解，有些行业文联建立以后，几年时间内省级行业文联建立的数量还不足三分之一。我们只用了不到一年的时间，全国就成立了三分之一，而且很多省的各项筹备工作已基本到位了。比如上海市在这个月下旬成立检察官文联，其他省也将陆续成立。浙江省检察官文联的成立在全国是第11家，这对于全国检察官文联建设是一个有力的推动。我相信浙江省检察官文联的成立，将会对其他省级检察官文联的成立起到很好的推动作用。

对检察官文联成立后工作的开展，陈云龙检察长已经讲了很好的意见，我再谈谈几点：

一、要始终牢牢把握检察官文联工作的正确方向

检察官文联工作的正确方向是什么呢？我想主要体现在三个方面：第一，要坚持服务大局，围绕中心。服务大局就是服务党和国家的工作大局，围绕中心就是紧紧围绕检察机关的中心工作，离开这两条，检察官文联的工作就会出现这样那样的问题。检察官文联要想得到检察院党组的关心和支持，得到检察人员的支持，就必须紧紧围绕检察机关的中心工作部署开展检察官文联工作。比如，去年中国检察官文联组织的大型书画摄影展览和大型文艺演出活动，还有年终的“迎新春、送文化”活动。这几个活动的突出特点就是以纪念人民检察制度创建80周年为契机，紧紧围绕检察机关的中心工作，紧紧配合检察官职业道德教育活动，配合政法干警核心价值观教育实践活动，配合检察队伍建设的各项重要工作，从而得到了高检院党组的重视和全系统的支持。第二，检察官文联一定要坚持以社会主义核心价值体系为引导，践行政法干警核心价值观。党的十七届六中全会强调，社会主义核心价值体系是社会主义先进文化的精髓，是兴国之魂。作为检察官文联，一个很重要的任务就是要配合政法干警核心价值观教育，通过文化艺术的形式来宣传和弘扬“忠诚、为民、公正、廉洁”的政法干警核心价值观。只有这样，检察官文联的工作才能和检察机关的工作，和中央的要求融合在一起，才能使检察官文联的工作保持正确的方向。第三，检察官文联一定要坚持以人为本，突出检察官的主体地位。这方面主要有三点：一是在检察官文联开展的各项文化艺术活动中，内容一定要讲检察官的故事，讲检察机关的故事。比如搞摄影，不能单纯地拍风光片，一定要镜头向内，拍检察官的活动，拍检察官的形象，以艺术化的手法展示他们的生活和形象，用以弘扬检察精神，凝聚检察力量。二是检察官文联的工作一定要体现检察机关的特色。检察机关的特色是什么？我理解就是“强化法律监督，维护公平正义”，这是检察机关区分于其他政法机关的一个重要特点，检察官文联的工作要体现这一点。三是检察官文联的工作，一定要始终心系检察官，为检察官而歌，为检察官而写。只有明确了这一点，才能振奋人心，凝聚力量。

二、要始终正确把握检察官文联的性质、定位，充分发挥职能作用

检察官文联成立后要干好工作，有两条必须把握好：一是要定好位，二是要在职能的范围内发挥作用。检察官文联的定位概括地讲主要有三点：第一，检察官文联是检察院党组领导下的非营利性社会团体，这个定位要求检察官文联一定要自觉接受检察院党组的领导。要在服务上下功夫，不能以经济效益为目标，而是要以社会效益为目标。第二，检察官文联是检察文化建设的重要部门，但不是职能部门。检察机关的文化建设需要各个部门积极参与，其职能部门是各级检察机关的政治部门。检察官文联是检察文化建设的重要力量，是协助政治部门推动和加强检察文化建设，在这个问题上，检察官文联要摆正位置，是协助，是配合，而不是牵头。第三，检察官文联的工作是检察文化建设的一个重要方面。这就是说，检察官文联的工作不是检察文化建设的全部，是以文化艺术的形式来推动检察文化建设。所以，检察官文联要认真研究怎么样充分发挥文化艺术形式的优势，使检察推动理念、执法宗旨、价值观、行为规范等变成各种各样的文化艺术形式，使之更具体、更生动，更容易使广大检察人员内化于心，外化于行。这是检察官文联要认真做好的事情。比如，可以用书法、绘画、诗歌、舞蹈、音乐、体育、影视等各种各样的文化艺术形式把我们检察机关在工作实践中形成的执法理念、工作原则、行为准则等具体化、形象化。文化是一个很大的概念，可以指人类在改造客观世界和主观世界中创造的物质成果和精神成果的总和，也可以指人类在改造客观世界和主观世界中创造的精神成果的总和。所以，检察官文联的工作不仅是文化建设的一部分，而且是比较特殊、比较活跃的一部分。以上三个方面的定位表明，检察官文联在具体工作中一定要摆正位置，在自己的职责范围内发挥作用。具体而言，主要有四个方面：一是协调，检察官文联要协调与检察文化建设有联系的各个方面，使检察文化建设形成一个比较好的合力；二是联络，检察官文联要把检察系统的文化艺术爱好者组织起来，逐步建立一支检察文化艺术骨干队伍；三是服务，检察官文联要为检察系统的文化艺术爱好者服务好，为检察官服务好，为基层和人民群众服务好；四是指导，检察官文联要指导好所属的专业协会和会员，不断地提高他们的工作能力，帮助他们提升文化艺术水平。

三、要始终坚持既抓好各项检察文化艺术活动，又抓好检察文化理论研究

这两个方面的工作是检察官文联非常重要的工作。因为没有检察文化理论的支撑，各项检察文化艺术活动就是苍白的，不会有深刻的文化内涵，很容易变成一般的说说唱唱、蹦蹦跳跳，这种文化艺术活动作为单独的娱乐性是可以的，但是要作为一种文化艺术来教育人、感染人、影响人、塑造人是难以奏效的。所以，检察官文联不能只搞一般性的文化娱乐活动，一定要把文化理论研究放在重要位置。检察文化理论研究有两个方面：一个方面是基础理论研究，包括检察文化和法治文化一些基本理论问题，比如检察文化的概念、特征、规律、功能、传播方式和途径等等，另一个方面是实用性的理论研究，就是要把检察文化理论研究与检察工作紧密联系在一起，从理论和实践的结合上，对检察文化建设和检察工作中遇到的一些重大问题从理论上加以回答。这两个方面的研究都要认真抓好，使之成为检察官文联工作的重要指导。今年五月下旬，中国检察官文联将在延安举办首届中国检察官文化论坛，重点研究检察文化和法治文化的一些共同性理论问题。

四、要始终坚持不懈地抓好检察文化艺术队伍建设，为检察文化的发展和繁荣提供人才保障

检察系统的文化艺术人才从数量上讲是不少的，但从素质上讲还需要很大的提高，尽管有不少同志是中国书协、美协、摄协的会员，也有很好的作品，但总体上讲，检察系统有影响的文化艺术人才还比较少。这就给检察官文联提出了一个很重要的任务，是要抓紧培养人才。培养人才首先要善于发现人才，组织好人才，然后通过各种形式培养人才。比如举办各种类型的培训班、文化艺术活动和交流活动，使他们在实践中培养才干，提高水平。同时，要用好人才。我去过一些基层检察院，有的地方搞文化墙、文化走廊，就充分发挥了文化艺术人才的作用。我们打算经过若干年的努力，争取在检察系统培养出一批高水平的文化艺术专家。

五、要始终坚持抓好检察官文联自身建设，不断提高检察官文联自身的工作能力和水平

检察官文联的工作有自身的特点和规律性。每一位检察官文联的工作人员都要认真研究这些问题，使自己尽快适应这方面的工作。要侧重思想政治建设。首先政治上要强，要认真贯彻高检院党组提出的“六观”，树立好“六观”，这是我们思想政治建设的重要内容。其次，要加强业务建设，多组织一些业务培训活动和实践活动，不断提高检察官文联工作人员的业务水平。再次，要加强廉洁自律建设。检察官文联成立以后要和很多方面打交道，社会联系要比检察机关更广泛一些，廉政建设显得更为重要。检察官文联既要搞好工作，又要使我们这支队伍不出现这样那样的问题，使我们的工作能够顺利、稳步地开展起来。

浙江省检察官文联成立是各方面大力支持的结果，我代表中国检察官文联对浙江省委、省政府、省委政法委、省民政厅、省文联等相关部门表示衷心的感谢！我相信，浙江省检察官文联在浙江省检察院党组的领导下，一定会把各项工作做得更好，以优异的工作成绩迎接党的十八大胜利召开！

谢谢大家！

（张耕同志时任全国政协教科文卫体委员会副主任，中国检察官文联主席，最高人民检察院原党组副书记、常务副检察长。）

在浙江省检察官文学艺术联合会第一次会员代表大会上的讲话

（2012年4月11日）

陈云龙

各位领导、各位来宾、同志们：

今天，浙江省检察官文联第一次会员代表大会隆重召开，这是全省检察文化建设的一次盛会。高检院领导对这次会议非常重视，全国政协教科文卫体委员会副主任、中国检察官文联主席张耕同志和高检院政治部副主任夏道虎同志专程到会指导，体现了高检院对检察文化建设的高度重视。省委政法委、省民政厅、省文联领导同志也莅临指导。在此，我代表省院党组，向大会的召开表示热烈的祝贺！向莅临会议的张耕主席、夏道虎副主任以及省委政法委、省民政厅、省文联领导表示热烈的欢迎和诚挚的谢意！向参与检察文联筹备工作的同志们和检察文学艺术工作者和爱好者表示亲切的慰问！

党中央高度重视社会主义文化建设。十七届六中全会作出了《关于深化文化体制改革推动社会主义文化大发展大繁荣若干重大问题的决定》。省委十二届十次全会也作出《关于认真贯彻党的十七届六中全会精神大力推进文化强省建设的决定》。这些重要文件指明了加强社会主义文化建设的重要意义和重大作用，对于我们明确检察文化建设在检察队伍建设中的重要地位和作用，加强检察文化建设必须坚持的方向和基本要求，具有重要意义，我们一定要认真学习、全面贯彻。下面，我就加强我省检察机关的文化建设和做好检察文联工作，讲三点意见。

一、充分认识新形势下加强检察文化建设的重要意义

检察文化是社会主义先进文化的重要组成部分，是检察事业不断发展的重要力量源泉。全省各级检察机关要从适应社会主义先进文化发展的要求、提升检察文化软实力的战略高度，深刻认识加强检察文化建设的重要性、必要性和紧迫性，不断加强和改进检察文化建设。

*一要充分认识加强检察文化建设是推动社会主义文化大发展大繁荣的必然要求。*党的十七届六中全会指出，当代中国进入了全面建设小康社会的关键时期和深化改革开放、加快转变经济发展方式的攻坚时期，文化越来越成为民族凝聚力和创造力的重要源泉、综合国力竞争的重要因素、经济社会发展的重要支撑，丰富精神文化生活越来越成为我国人民的热切愿望。我们必须自觉把文化繁荣发展作为坚持发展是硬道理、发展是党执政兴国第一要务的重要内容，作为深入贯彻落实科学发展观的一个基本要求，进一步推动文化建设与经济建设、政治建设、社会建设以及生态文明建设协调发展，为继续解放思想、坚持改革开放、推动科学发展、促进社会和谐提供坚强思想保证、强大精神动力、有

力舆论支持、良好文化条件。党中央突出强调了文化建设在中国特色社会主义事业总体布局中的重要地位和作用，体现了我们党对文化建设的高度重视和对文化建设规律的科学把握，也为加强检察文化建设指明了发展方向。实现社会主义文化大发展大繁荣的战略目标，是全党全社会的共同事业，需要包括检察机关在内的各方面的积极参与。繁荣和发展检察文化，不仅对提高检察队伍素质、推动检察工作更好地服务党和国家工作大局具有战略意义，而且对在全社会弘扬法治精神、培育廉政风尚、促进社会和谐等方面也具有积极作用。各级检察机关要更加深刻地认识肩负的重要责任，更加自觉地把检察文化建设纳入社会主义文化建设的总体格局，以检察文化建设水平的不断提升为社会主义文化大发展大繁荣作出积极贡献。

二是要充分认识加强检察文化建设是推动检察事业科学发展的重要保障。检察文化产生于、发展于检察实践，集中体现了检察职业特点和精神内涵，是推动检察工作克服各种艰难险阻、不断前进的精神动力，也是引领和促进检察事业发展进步的重要力量。目前检察工作面临难得的历史机遇，也面临日益繁重的工作任务，面临各种复杂局面和严峻考验。在这样的形势下，迫切需要进一步加强检察文化建设，通过充分发挥检察文化的教育、规范、约束、凝聚、激励等作用，更好地引导广大检察人员坚定中国特色社会主义信念，增强公正廉洁文明执法的自觉性和职业道德意识，形成共同的行为取向和行为规范，提升检察机关的凝聚力、向心力、战斗力，为检察事业的科学发展提供思想保证、精神动力和智力支持。

三是要充分认识加强检察文化建设是强化高素质检察队伍建设的迫切需要。检察文化建设是检察队伍建设的一个重要方面，也是强化高素质检察队伍建设的重要途径。当前，我们正处于一个思想大活跃、观念大碰撞、文化大交融的时代，人们思想活动的独立性、选择性、多变性、差异性明显增强。在这样的时代背景下，检察人员受思想认识、道德选择、价值取向多样化影响的趋势日益明显，检察人员的精神文化需求不断增长，辨析和抵制错误腐朽思想文化的能力也亟待提高。建设一支高素质的检察队伍，既需要严格管理、严格监督、严格约束，更要注重用科学理论引导、先进文化熏陶、高尚精神鼓舞，全面提升检察人员的思想境界、职业操守、人文素养，促进检察人员的全面发展。近年来我省各地开展检察文化建设的实践也一再证明，把检察文化建设与检察队伍建设紧密结合，发挥文化独特的精神感召力、思想影响力和内心驱动力，对于检察队伍整体素质和执法公信力的提高具有重要推动作用。要坚持把检察文化建设作为加强检察队伍建设的有效抓手，深入持久地用先进的文化武装检察队伍，在潜移默化、润物无声过程中提高检察队伍的思想政治素质、职业道德素质和法律监督能力，树立理性、平和、文明、规范的良好执法形象。

二、突出重点，努力推动我省的检察文化建设工作

要深入学习贯彻党的十七届六中全会通过的《关于深化文化体制改革推动社会主义文化大发展大繁荣若干重大问题的决定》精神，认真落实高检院和省院《关于加强检察文化建设的意见》，以坚定法律信

仰、弘扬检察精神、提升职业素质、促进公正廉洁为重点，不断深化对检察文化建设规律的研究和把握，不断创新检察文化建设的途径与方法，兴起检察文化建设的高潮。在此，我强调几点：

一是要坚持以社会主义核心价值体系和政法干警核心价值观为指引，更加坚定检察人员的理想信念。社会主义核心价值体系是社会主义意识形态的本质体现，在整个文化建设中居于统摄和支配地位。政法干警核心价值观是党和人民对政法队伍的基本要求，也是广大政法干警必须自觉坚持的共同价值取向。要坚持用社会主义核心价值体系和政法干警核心价值观引领检察文化建设，贯穿到检察文化建设全过程，不断巩固社会主义核心价值体系和政法干警核心价值观在检察文化领域的指导地位，确保检察文化建设的社会主义方向。要坚持把坚定理想信念放在检察文化建设的首要位置，充分运用各种文化形式和载体，坚持不懈地用马克思主义中国化的最新成果武装广大检察人员头脑，用社会主义法治理念指导实践，用政法干警核心价值观凝聚力量，引导和促进广大检察人员坚定理想信念，弘扬职业道德，做中国特色社会主义事业的建设者、捍卫者和社会公平正义的守护者。

二是要坚持围绕检察中心工作，积极服务检察事业科学发展。要坚持把检察文化建设置于检察事业发展全局来思考和谋划，融入到检察工作和队伍建设的方方面面，充分运用各种文化艺术形式，服务检察机关、服务检察队伍、服务基层、服务群众。要紧紧围绕检察中心工作，贴近检察实际，贴近人民群众，把履行法律监督职责的丰富实践作为检察文化工作的不竭源泉，深入宣传检察工作的方针政策和重大举措，热情讴歌检察队伍的模范典型和先进事迹，全方位展示检察工作的丰硕成果和检察队伍的良好形象，更好地团结激励广大检察人员忠实履行宪法和法律赋予的职责，更好地增进广大人民群众对检察工作的理解、信任和支持，充分发挥检察文化塑造精神、凝聚力量、提高素质、树立形象、推动工作的功能作用，不断开创检察工作新局面。

三是要突出广大检察人员的主体地位，着力满足广大检察人员日益增长的文化需求。要坚持眼睛向内、眼睛向下、以我为主，把满足广大检察人员日益增长的文化需求作为检察文化建设的出发点和落脚点，把广大检察人员认可不认可、满意不满意作为评价检察文化建设成效的重要标准，积极开展形式活泼、寓教于乐、广大检察人员喜闻乐见的经常性文化活动，营造良好的检察文化氛围。既要注重发挥检察文化专门人才的作用、加强与文化艺术界的交流，也要充分调动和激发广大检察人员参与检察文化建设的积极性、主动性、创造性，打牢检察文化的群众基础，使广大检察人员在文化建设中陶冶道德情操，抒发美好理想，感受文化气氛，提升文化品位，丰富文化享受，共建共享检察文化建设成果。

四是要坚持文艺活动和理论建设两手抓，实现检察文化建设全面协调发展。从总体上看，检察文化建设尚处于探索发展阶段。一些地方在检察文化建设中还存在定位不准确，重点不突出，特色不鲜明，发展不平衡，工作表层化、简单化等问题。特别是对检察文化的理论研究不深入，对检察文化建设规律把握不准确，日益成为制约检察文化建设的一个瓶颈和障碍。要针对这些问题，把检察文化实践活动与理论研究有机结合起来，推动检察文化建设向纵深发展。要坚持“百花齐放、百家争鸣”的方针，大力推进检察文艺创作和检察文化活动，积极创作集思想性、艺术性、观赏性于一体的优秀文学艺术作品，广泛开展形式活泼、寓教于乐的群众性检察文化活动，不断丰富检察文化的物质载体和传播途径，形成繁荣的文化局面、浓厚的文化氛围。同时，要紧密结合检察文化建设实践，围绕关系检察文化深入发展的重大问题，进一步加强对检察文化的基本内涵、性质定位、功能作用、主要特征、发展规律等基础性问题的理论研究，加强对检察文化实践中重大问题、重要措施的理论论证，加强对各地开展检察文化建设的好经验、好做法的理论概括，为检察文化大发展大繁荣提供坚强的科学指引和理论支撑。

五是要坚持实事求是、因地制宜，积极稳妥推进检察文化建设。检察文化建设是一项长期、复杂的系统工程，涉及面很广，既不能消极等待，无所作为，又不能急于求成，贪大求全，搞一刀切、一阵风。要立足实际，充分考虑本地区本单位的文化资源、发展条件和检察人员的现实需求，边工作边完善，边探索边发展，以点带面，由浅入深，循序渐进，持之以恒，确保实效。要突出特色，注重发挥各地特别是基层检察院的积极性，鼓励引导各地加强对本地区本单位文化的总结提炼，在团结、凝聚广大检察人员的同时，逐步形成具有区域特色的文化成果，打造检察职业特点鲜明的文化品牌，增强检察文化的感染力、生命力。各级检察机关政工部门要统筹规划，研究制定本地区本单位检察文化发展规划和具体措施，增强文化建设的系统性、预见性，统一部署，逐步实施，有序推进，逐步完善各项工作机制，扎实打牢持续发展的深厚基础，不断拓展检察文化发展空间，提高检察文化建设水平。

三、充分发挥检察文联在推动检察文化建设中的重要作用

成立浙江省检察官文联，是省院党组为进一步加强检察文化建设，促进检察文化的繁荣发展而采取的一项重大举措。经过半年多的积极筹备，浙江省检察官文联得以正式成立，这也标志着检察文化建设事业进入一个新的阶段，必将对建设高素质检察队伍，推动检察工作科学发展，起到积极的作用。

作为推动检察文化建设的重要力量，检察文联要按照文联章程的规定，认真做好各项工作。

一要正确把握性质定位。检察文联是在各级检察院党组领导下，在中国检察官文联和地方文联指导下，由热爱文化艺术、有一定特长的检察人员自愿结成的联合性、非营利性社会组织，是检察队伍中文化艺术骨干和爱好者的联合组织。在工作中，检察文联要自觉接受同级检察院党组的领导和政工部门的联系协调与指导，以文化艺术的形式，发挥社会团体的优势，协助检察机关推进检察文化建设。

二要充分发挥职能作用。检察文联要紧紧围绕检察中心工作，坚持以提高检察队伍素质、提升检察形象和执法公信力为目标，着力团结广大检察文化艺术人才、壮大检察文艺队伍，着力提高检察文艺创作和文艺活动水平，着力加强检察文化和法治文化理论研究，着力增进与社会各界和人民群众的沟通联系，使检察文联成为检察机关加强队伍建设的重要助手，密切与人民群众血肉联系的桥梁纽带，加强检察文化和法治文化建设的重要阵地。

三要切实加强自身建设。检察文联要注意加强制度建设，充实工作力量，认真开展工作。要重视加强检察文联工作人员的思想政治、业务能力、纪律作风建设，强化自我教育、自我管理和自我约束，不断提高检察文联的工作水平，更好地指导、协调、推动检察文艺事业的繁荣发展。要积极稳步推进各市检察文联和有关专业协会的建设，对条件具备的要抓紧组建，积极推动，同时也要坚持实事求是，结合实际，量力而行，节俭办事，健康有序发展，夯实检察文化事业的组织基础。省检察官文联要加强对各市检察文联的业务指导，增强工作合力，扩大检察文联的整体工作效能和社会影响力。

各级检察院党组要切实加强和改善对检察文化建设和检察文联工作的政治领导、思想领导和组织领导，把这项工作摆上重要议事日程，纳入检察工作全局来研究部署，及时听取汇报，帮助解决存在的问题。要把政治思想坚定、组织协调能力强、具有开拓精神、热爱熟悉文化工作的干部安排到检察文联工作岗位，把检察机关交由检察文联承办的工作项目经费纳入年度预算，为检察文联工作的开展提供有力的保障。各级检察机关政工部门作为检察文化建设的职能部门，要认真贯彻党组的决定，协助党组加强与检察文联的具体联系、指导和协调，管好干部、管好导向，支持检察文联开展文化活动，进一步形成各级检察院党组领导、政工宣传部门牵头协调、其他部门配合、检察文联等团体和群众组织参与，各方面齐抓共管、共同推进检察文化事业蓬勃发展的工作格局。

同志们，加强检察文化建设，推动社会主义文化大发展大繁荣，任务艰巨，使命光荣。我们要坚持以邓小平理论和“三个代表”重要思想为指导，全面贯彻落实科学发展观，以更加开阔的思路，更加有力的措施，掀起检察文化建设新高潮，开创检察文化建设新局面，为推动中国特色社会主义检察事业科学发展作出新的更大贡献。

在浙江省检察官文学艺术联合会第一次会员代表大会上的讲话

（2012 年 4 月 11 日）

任　国

各位领导、各位来宾、同志们：

今天，浙江省检察官文学艺术联合会第一次会员代表大会在这里隆重召开，会议审议通过了浙江省检察官文联章程，选举产生了浙江省检察官文联第一届领导机构和组成人员，推选我担任浙江省检察官文联主席，这是省院党组和各位委员对我的信任，是荣誉，更是责任，我谨向大会和同志们表示衷心的感谢！

这次会议得到了高检院、省院领导和省直有关单位的关心支持，中国检察官文联张耕主席专程从北京赶来出席今天的会议，省院陈云龙检察长专门听取筹备工作情况汇报并亲自出席会议，待会陈云龙检察长和张耕主席还要作重要讲话，此外，高检院政治部、省委政法委、省民政厅和省文联有关领导也到会指导，在此，我谨代表浙江省检察官文联第一届委员会对各位领导和嘉宾的到来表示热烈的欢迎和衷心的感谢！

浙江省检察官文联今天正式成立了，接下来，全省各市检察官文联也将相继成立，同时，还要紧密结合我省检察工作和队伍建设实际，进一步研究部署全省检察文联各项工作。下面，我就如何抓好当前和今后一个时期的检察文联工作讲三个方面的意见。

一、统一思想，深化认识，进一步增强做好检察文联工作的责任感和使命感

成立检察文联是高检院党组贯彻落实党的十七大、十七届五中全会精神，进一步加强和改进检察文化建设，丰富检察文化建设的组织形式，促进检察文化事业繁荣发展，更好地实施“文化育检”战略，推动检察工作创新发展而作出的重要决策。浙江省院党组对此十分重视，从去年 5 月份开始就要求省院政治部认真做好筹备成立浙江省检察官文联的前期工作。今年初，又专门听取了筹备工作情况汇报，明确要求把检察文联作为进一步加强检察文化建设、提高队伍素质、提升检察形象的重要抓手，切实抓紧抓实抓出成效。全省各级检察机关尤其是各级检察院的领导干部一定要从全局和战略的高度，充分认识加强检察文化建设的重要意义，进一步统一思想、深化认识，以高度的责任感和使命感，积极抓好检察文联工作。深入贯彻落实中央、省委和高检院关于加强文化建设的决策部署，紧紧围绕“强化法律监督，维护公平正义”的检察工作主题，以牢固树立政法干警核心价值观为主线，以提高检察队伍政治素质、业务素质、职业道德素质和优化检察干警职业形象为目标，以形式多样、内涵丰富的主题教育和文化活动为载体，坚持以人为本，注重开拓创新，深

入推进检察文化建设，为推动浙江检察事业科学发展提供有力的思想保证、精神动力、智力支持和舆论力量。

二、明确职能定位，围绕宗旨任务，认真抓好检察文联各项工作的落实

检察文联是检察队伍中文化艺术工作者和爱好者的联合组织，是各级检察院党组领导下的检察队伍建设、检察文化建设的辅助力量，是密切检察机关与人民群众血肉联系的桥梁和纽带，是加强检察文化和法治文化建设，促进中国特色社会主义文化大发展大繁荣的重要阵地。其职能作用主要是以文学艺术的形式，充分发挥社会团体的优势，协同检察机关政治部门推进检察文化建设，培育检察精神，建设检察人员共有的精神家园。通过各种文化艺术创作和文化艺术活动，宣传检察工作，树立检察形象，使人民群众和社会各界更加了解检察、理解检察、认同检察、支持检察，增强检察机关的社会影响力和执法公信力。

检察文联工作要始终坚持以中国特色社会主义理论体系为指导，深入贯彻落实科学发展观，深入践行社会主义核心价值体系，牢固树立社会主义法治理念和政法干警核心价值观，大力加强理论武装，强化理想信念教育，确保检察文联工作的正确方向。要始终坚持服务检察中心工作，切实把文联工作融入到检察工作和队伍建设的方方面面，努力提高法律监督能力和水平，促进检察事业科学发展。要始终坚持以人为本，贴近检察人员思想、工作和生活实际，突出检察官的主体地位，尊重基层的首创精神，增强文化建设的针对性和实效性。要始终坚持突出检察特色，深化对检察工作规律性的认识，了解检察机关的重大工作决策和部署，以文化艺术的形式宣传检察机关"强化法律监督，维护公平正义"的工作主题，弘扬检察机关法律监督的实效，激励检察人员严格公正司法，促进检察职能作用的发挥，维护国家法制统一，实现司法公正，为建设社会主义和谐社会做出积极贡献。

全省各级检察文联要在各级检察院党组的领导下，认真贯彻执行党的文艺路线方针政策，认真贯彻落实检察院党组的决策部署，紧密结合检察工作和队伍建设实际，把加强检察文化建设置于检察事业发展的全局来思考和谋划，切实抓好检察文联各项工作的落实，着力在围绕中心，服务大局，推动人民检察事业科学发展上见实效；在培育检察精神，提升队伍素质，塑造检察机关良好形象上见实效；在构建检察文化理论体系，促进中国特色社会主义检察文化大发展大繁荣上见实效；在活跃检察人员生活，密切检群关系，促进社会和谐稳定上见实效；在发现和培养检察系统文学艺术人才，繁荣检察文化事业上见实效；在丰富内容、创新载体，开创检察文化建设新局面上见实效，使检察精神文化内化于心、检察制度文化外化于行、检察物质文化稳步推进，不断拓展检察文化建设的深度和广度，为检察事业的科学发展提供强大的精神动力和智力支持。

三、强化自身建设，与时俱进，努力开创检察文联崭新的工作局面

检察官文联的成立，对检察文化艺术事业的繁荣发展必将起到积极的推动作用。要认真抓好检察文联组织体系建设，全省各市检察院都要抓紧筹备组建检察文联，省院检察官文联要注重发挥对下指导和推动工作的作用，积极帮助各市院做好检察文联的筹建工作，为推动我省检察文联工作的全面开展提供坚实的组织保障。要加强检察文联的规范化建设，按照精简、高效、规范、科学的原则，建立健全检察文联内设机构和下属各专业协会团队，切实加强检察文化艺术队伍建设，坚持求真务实，勤奋工作，无私奉献，以良好的作风做好各项工作。要坚持与时俱进、改革创新，不断创新工作思路、活动载体、工作机制，努力提高检察文联工作的科学化水平。要密切同上级检察文联、地方文联和相关部门的沟通联系，积极开展形式多样的合作交流，争取更多的支持和帮助，形成合力，共同推动检察文化的繁荣和发展。要抓好舆论宣传，努力做好新闻宣传报道工作，逐步提升检察文联的社会影响力，使社会各界了解检察文联的职能定位、工作思路和目标任务，了解检察文联组织开展的各种文化艺术活动，了解检察文联在推动检察文化建设中发挥的作用和取得的成效，从而更加关心、支持检察文联的工作，为检察文联工作顺利、有效地开展营造良好的外部环境。

同志们，检察文联工作机遇和挑战并存，希望和未来同在。我们要以邓小平理论和“三个代表”重要思想为指导，全面贯彻落实科学发展观，在高检院、省院党组的领导和中国检察官文联的指导下，以更加昂扬的精神状态、更加务实的工作作风，兢兢业业、扎扎实实地做好检察文联工作，努力开创检察文联崭新的工作局面，为进一步促进社会主义法治文化建设，推动检察事业科学发展，构建社会主义和谐社会作出新的、更大的贡献！

浙江省检察官文联筹备情况说明

浙江省检察官文联筹备办公室

为全面推进我省的检察文化建设，促进检察机关群众文化体育活动的繁荣发展，去年年初，省院党组决定筹建浙江省检察文学艺术体育联合会，并成立了筹备办公室。

去年5月，省院向省民政厅、省文联提出了筹建浙江省检察文学艺术体育联合会的申请。去年5月，省文联函复同意成立浙江省文学艺术体育联合会。9月，省民政厅批复同意筹备成立浙江省检察文学艺术体育联合会。

根据中国检察官文联的要求和《浙江省社会团体管理办法》的规定，筹备办公室进行了认真的准备。起草了文联章程草案等文联第一次代表大会和第一届委员会所需的文件材料；提出了文联领导成员以及第一届委员、常务委员候选人建议名单，报省院党组讨论同意，其中省管领导干部兼职事项报省委组织部批准。

根据中国检察官文联关于“各级检察机关文联统一名称为‘检察官文学艺术联合会’”的要求，报经省民政厅同意，将原申请筹备的“浙江省检察文学艺术体育联合会”更名为“浙江省检察官文学艺术联合会”。

特此说明，请予审议。

资　　料

浙江省检察官文联组织机构成员名单

姓　名	检察官文联职务	工作单位及职务
任　国	主　席	浙江省人民检察院党组成员、政治部主任
倪集华	副主席	浙江省人民检察院副巡视员
武耀庭	副主席	浙江省人民检察院副巡视员
岳耀勇	副主席	浙江省人民检察院副巡视员
修杭生	副主席	浙江省人民检察院副巡视员
宋立新	秘书长	浙江省人民检察院组织宣传处处长
陈铁平	副秘书长兼办公室主任	浙江省人民检察院副调研员

浙江省检察官文学艺术联合会章程

第一章　总　　则

第一条　浙江省检察官文学艺术联合会简称浙江省检察官文联，英文名称：Procuratorial literature and Art Association of Zhejiang Province。缩写：ZJPLAA

第二条　浙江省检察官文学艺术联合会是浙江省人民检察院及其下属各级检察院检察人员自愿结合的群众组织，负责组织和推动全省检察机关检察人员开展文学、艺术活动，为非营利性社会组织。

第三条　浙江省检察官文学艺术联合会以马列主义、毛泽东思想、邓小平理论和“三个代表”重要思想为指导，深入贯彻科学发展观，坚持中国特色社会主义政治方向，拥护中国共产党的领导，遵守宪法、法律、法规、国家政策和社会公德，发扬“团结、进步、友谊”精神，以加强检察文化建设、提高检察人员素质、增强检察队伍凝聚力为目标，组织广大检察人员积极开展有益身心健康的文学艺术活动，为推动检察机关精神文明建设、推进检察工作科学发展服务。

第四条　浙江省检察官文学艺术联合会自觉接受业务主管单位浙江省人民检察院和登记管理机关浙江省民政厅的业务指导和监督管理；同时接受中国检察官文联和浙江省文联的业务指导。

第五条　浙江省检察官文学艺术联合会地址：浙江省杭州市

第二章　业务范围

第六条　浙江省检察官文学艺术联合会业务范围：

1. 贯彻落实最高人民检察院和省人民检察院关于加强检察文化建设的规划部署，研究制定工作计划措施，指导和协调全省各级检察机关文艺团队开展群众性文化艺术活动。

2. 负责主办全省检察机关文艺赛事交流活动，承办全国及省际检察机关文艺赛事交流活动，组织代表队参加全国或省内文艺赛事交流活动，完成上级单位及有关部门交办委托的其他任务。

3. 组织和支持检察系统文艺人才积极开展各种文学艺术创作、展演、交流、比赛、研究、评论活动，加强对全省检察系统优秀文艺人才的选拔培养，适时组织优秀成果推介和评选，大力加强全省检察文化建设调研，及时总结交流经验，表彰先进。

4. 积极探索检察文化服务中心工作和科学发展的新思路、新途径，以文体活动为载体，对检察人员进行爱国主义、集体主义和检察职业道德教育，普及文学艺术科学知识，促进检察机关精神文明建设。

5. 积极开展与系统外文学艺术界的沟通和联系，加强合作与交流，不断提升检察机关文学艺术发展水平。

第三章　会　　员

第七条　本联合会会员包括单位会员

和个人会员。

第八条 会员入会条件和程序：

1. 本联合会单位会员为全省各级检察院检察官文学艺术联合会；个人会员为有一定文学艺术影响力的检察人员（含事业编制及离退休人员）。

2. 自愿加入本会，遵守本会章程；

3. 提交入会申请书，其中个人会员须经两名正式会员介绍，或所在单位推荐；

4. 经委员会或常务委员会讨论通过；

5. 由委员会或委员会授权的机构发给会员证。

第九条 会员权利：

1. 本联合会的选举权、被选举权和表决权；

2. 参加本联合会举办的各项活动；

3. 对本联合会的工作提出意见、建议和进行监督；

4. 提出困难和问题，请联合会给与帮助解决；

5. 入会自愿，退会自由。

第十条 会员义务：

1. 遵守本联合会的章程，执行本联合会的决议；

2. 参加本联合会的各项活动，积极完成本联合会交办的工作任务；

3. 向本联合会反映情况，提供有关资料；

4. 自觉维护本联合会的合法权益和良好形象。

5. 按规定缴纳会费。

第四章 组织机构

第十一条 本联合会的最高权力机构是会员代表大会，由各单位会员和有关方面推选的会员代表组成。会员代表大会的职权是：

1. 制定和修改联合会章程；

2. 讨论和决定联合会工作方针、工作任务和有关重大事项；

3. 审议联合会工作报告和财务报告；

4. 选举和罢免本联合会委员会委员；

5. 制定和修改会费标准；

6. 决定终止事宜。

第十二条 会员代表大会每 5 年召开一次。因特殊情况需提前或延期换届的，须由委员会表决通过，报业务主管单位审查并经社团登记机关批准同意。但延期换届最长不超过 1 年。

第十三条 本联合会设立委员会，是会员代表大会的执行机构，在会员代表大会闭会期间领导本联合会开展日常工作，对会员代表大会负责。

第十四条 委员会由省检察院领导、副巡视员、各市检察院政治部主任、省检察院部分内设机构主要负责人及其他有关人员组成。

第十五条 委员会的职权是：

1. 执行会员代表大会的决议；

2. 筹备召开会员代表大会；

3. 选举和罢免联合会主席、副主席、秘书长及其他常务委员；

4. 向会员代表大会报告工作和财务状况；

5. 决定设立联合会的办事机构、分支机构、单项活动团队和实体机构；

6. 决定本联合会顾问、名誉主席、副秘书长、各机构主要负责人的聘任；

7. 领导本联合会各机构开展工作；

8. 制定内部管理制度；

9. 决定会员的吸收、除名及有关奖罚；

10. 决定其他重大事项。

第十六条 委员会每年至少召开一次会议，须有 2/3 以上委员出席方可召开，其决议须经到会委员 2/3 以上表决通过方可生效。

第十七条 本联合会设常务委员会。常务委员会由联合会主席、副主席、秘书长及其他有关人员组成，负责委员会日常工作，在委员会闭会期间负责行使第十五条中的第 1、2、5、6、7、8、9 项职权。

常务委员会每半年至少召开一次会议，须有 2/3 以上常务委员出席方可召开，其决议须经到会常务委员 2/3 以上表决通过方能生效。

第十八条 本联合会主席、副主席、秘书长每届任期 5 年，可连选连任，但任期最长不得超过两届。

第十九条 本联合会主席为本联合会法定代表人。

第二十条 本联合会主席行使下列职权：

1. 召集和主持委员会和常务委员会；
2. 检查会员代表大会、委员会决议的落实情况；
3. 代表本联合会签署有关重要文件；
4. 向会员代表大会报告工作。
5. 根据委员会授权，处理其他事项。

第二十一条 本联合会秘书长行使下列职权：

1. 主持办事机构开展日常工作，组织实施年度工作计划；
2. 协调所属各单项团队、实体机构开展工作；
3. 提名副秘书长以及各单项团队和机构主要负责人，提交委员会或常务委员会决定；
4. 决定办事机构、实体机构专职工作人员的聘用；
5. 处理其他日常事务。

第五章 资产和经费管理、使用原则

第二十二条 本联合会经费来源：

1. 会费收入；
2. 财政拨款；
3. 社会捐助；
4. 在核准的业务范围内开展活动或服务的收入；
5. 利息收入；
6. 其他合法收入。

第二十三条 本联合会建立严格的财务管理制度，保证会计资料合法、真实、准确、完整。

第二十四条 本联合会配备具有专业资格的会计人员，会计不得兼任出纳。

第二十五条 本联合会的资产管理执行国家规定的财务管理制度，接受会员代表大会和财政部门的监督。资产来源属于财政拨款或社会捐赠、资助的，接受审计机关的监督。

第二十六条 本联合会换届或更换法定代表人之前，应接受社团登记机关和主管单位的财务审计。

第二十七条 本联合会的资产，任何单位、个人不得侵占、私分和挪用。

第六章 章程修改程序

第二十八条 对本联合会章程的修改，须经委员会审议通过后提交会员代表大会表决通过。

第二十九条 本联合会修改的章程，须在会员代表大会通过后 15 日内，经业务主管单位审查同意，并报社团登记管理机关核准后生效。

第七章　终止程序

第三十条　本联合会完成宗旨或自行解散或由于分立、合并等原因需要注销的，由委员会提出终止动议。

第三十一条　本联合会终止动议须经会员代表大会表决通过，并报业务主管单位审查同意。

第三十二条　本联合会终止前，须在业务主管单位及有关机关指导下成立清算组织，清理债权、债务，处理善后事宜。清算期间，不开展清算以外的活动。

第三十三条　本联合会经社团登记管理机关办理注销登记手续后即为终止。

第三十四条　本联合会终止后的剩余财产，在业务主管单位和社团登记管理机关的监督下，按照国家有关规定，用于发展与本协会宗旨相关的事业。

第八章　附　　则

第三十五条　本章程经2012年4月11日第一次会员代表大会表决通过。

第三十六条　本章程的解释权属本联合会委员会。

第三十七条　本章程自社团登记管理机关核准之日生效。

第一届委员会委员选举办法

根据《浙江省社会团体登记管理条例》和《浙江省检察官文学艺术联合会章程》有关规定，制定本选举办法。

一、浙江省检察官文学艺术联合会（以下简称浙江省检察官文联）第一届委员会委员由浙江省检察官文联第一次会员代表大会选举产生。

二、浙江省检察官文联第一届委员会委员候选人由浙江省人民检察院政治部酝酿协商提出候选人建议名单，报请浙江省人民检察院党组审查同意，提请浙江省检察官文联第一次会员代表大会审议，确定为正式候选人。

三、浙江省检察官文联第一届委员会委员的产生，采用举手表决方式，实行等额选举。

四、候选人须超过实到会员代表半数以上同意，方可当选。

五、本选举办法，经浙江省检察官文联第一次会员代表大会审议通过后生效。

浙江省检察官文学艺术联合会第一届委员会
委员候选人建议名单

任　国（浙江省人民检察院党组成员、政治部主任）
武耀庭（浙江省人民检察院副巡视员）
倪集华（浙江省人民检察院副巡视员）
岳耀勇（浙江省人民检察院副巡视员、组织宣传处处长）
何成克（杭州市人民检察政治部主任）
李红澜（宁波市人民检察政治部主任）
吴成钢（温州市人民检察政治部主任）
顾黎鸣（湖州市人民检察政治部主任）
水红浙（嘉兴市人民检察政治部主任）
郑中庆（绍兴市人民检察政治部主任）
唐光新（金华市人民检察政治部主任）
郭志仁（衢州市人民检察政治部主任）
张信昌（舟山市人民检察政治部主任）
朱先地（台州市人民检察政治部主任）
陈华平（丽水市人民检察政治部主任）
方建成（浙江省人民检察院行政装备处处长）
徐晓红（浙江省人民检察院机关党委专职副书记）
宋立新（浙江省人民检察院组织宣传处副处长）
陈铁平（浙江省人民检察院组织宣传处副处级助理检察员）

浙江省检察官文学艺术联合会第一届委员会主席、副主席、秘书长和常务委员选举办法

根据《浙江省社会团体登记管理条例》和《浙江省检察官文学艺术联合会章程》有关规定，制定本选举办法。

一、浙江省检察官文学艺术联合会（以下简称浙江省检察官文联）第一届委员会主席、副主席、秘书长和常务委员，由浙江省检察官文联第一届委员会第一次全体会议选举产生。

二、浙江省检察官文联第一届委员会主席、副主席、秘书长和常务委员候选人由浙江省人民检察院政治部酝酿协商提出候选人建议名单，报请浙江省人民检察院党组审查同意后提交浙江省检察官文联第一届委员会第一次全体会议选举产生。

三、浙江省检察官文联第一届委员会主席、副主席、秘书长和常务委员的产生，采用举手表决方式，实行等额选举。

四、候选人须超过实到委员半数以上同意，方可当选。

五、本选举办法，经浙江省检察官文联第一届委员会第一次全体会议审议通过后生效。

浙江省检察官文学艺术联合会第一届委员会主席、副主席、秘书长和常务委员候选人名单

主　席：任　国（浙江省人民检察院党组成员、政治部主任）

副主席：武耀庭（浙江省人民检察院副巡视员）

倪集华（浙江省人民检察院副巡视员）

秘书长：岳耀勇（浙江省人民检察院副巡视员、组织宣传处处长）

常务委员：何成克（杭州市人民检察院政治部主任）

李红澜（宁波市人民检察院政治部主任）

吴成刚（温州市人民检察院政治部主任）

方建成（浙江省人民检察院行政装备处处长）

徐晓红（浙江省人民检察院机关党委专职副书记）

宋立新（浙江省人民检察院组织宣传处副处长）

浙江省检察文化艺术工作情况

综　述

近年来，浙江省检察机关深入贯彻落实中央、省委和高检院关于加强文化建设的决策部署，紧紧围绕“强化法律监督，维护公平正义”的检察工作主题，以社会主义核心价值体系为指导，以牢固树立社会主义法治理念为核心，以提高检察队伍政治素质、业务素质、职业道德素质和优化检察干警职业形象为目标，以形式多样、内涵丰富的主题教育和文化活动为载体，坚持以人为本，注重开拓创新，深入开展检察文化建设，取得了明显成效。

政治建检　不断提升检察队伍思想政治素质

以深入开展主题教育活动为主线，切实加强检察队伍的理论武装和思想政治教育。通过认真组织开展学习实践科学发展观、社会主义法治理念、检察职业道德、“发扬传统、坚定信念、执法为民”和政法干警核心价值观等一系列主题教育实践活动，坚持用中国特色社会主义理论体系武装全体检察人员头脑，大力推进践行社会主义法治理念目标化活动，把社会主义法治理念和“忠诚、公正、清廉、文明”的检察职业道德基本要求，落实到检察工作的各个环节，转化为检察机关全面正确履行法律监督职能的实际成果，确保检察机关始终坚持党的事业至上、人民利益至上、宪法法律至上，始终保持检察队伍忠于党、忠于国家、忠于人民、忠于法律的政治本色，努力展示检察队伍严格、公正、文明执法的职业素养和精神风貌。

强化学习　着力提升检察人员的法律素能

坚持把开展创建学习型检察院、争做学习型检察官活动，作为加强检察文化建设的一个重要载体，着力在拓展广度深度和求实效上下功夫，积极营造检察机关良好的学习氛围。通过进一步健全完善学习培训制度和工作机制，加强政治理论学习和正规化教育培训，不断提升检察人员的综合素质和法律监督能力；通过加大检察人才培养力度，努力打造复合型、专家型的检察官队伍；通过以课题制、年会制和检察理论成果转化基地建设为抓手，加强检察理论研究，切实提高检察机关的理论研究水平和检察实务水平。

先进引领　弘扬创先争优主旋律

大力培养和树立先进典型，充分发挥先进典型在推进检察工作科学发展中的引领、示范作用，深入开展创先争优活动。不断推出反映时代精神、体现检察特色、具有人格魅力、在全国全省有较大影响的先进典型，形成以“全国十佳基层检察院”、“全国模范检察院”、“全国先进基层检察院”和“中国十大杰出检察官”、“全国模范检察官”、“浙江省优秀检察官”以及其他省级先进模范集体和个人为主体的先进典型群体，并将各类先进典型事迹汇报成册，印发全省供学习，在全省检察机关营造创先争优的良好氛围。

强化宣传　不断优化检察形象

加大检察宣传力度，充分运用报刊、电视、广播、网络等各种舆论工具，积极开展对检察职能和检察工作的全方位宣传，大力宣传中国特色社会主义检察制度的历史必然性和制度优越性，大力宣传检察机关履行法律监督职责、服务经济社会发展大局的新成绩，大力宣传检察机关从严治检、加强队伍建设的新面貌，让人民群众充分了解检察机关，全力支持检察工作，为检察事业的创新发展营造良好的舆论氛围。通过建立和完善检察机关新闻发布制度，进一步推进检务公开，不断提高检察工作的透明度，进一步树立了检察机关和检察队伍的良好形象。

文化育检　深入推进检察文化建设

认真落实全国检察文化建设工作座谈会精神，组织广大检察人员深入学习贯彻党的十七届六中全会精神，充分认识文化建设对国家改革发展稳定的重大意义，充分认清检察文化建设在保证检察工作正确的政治方向，践行社会主义法治理念，以及在培养人、教育人、团结人、凝聚人等方面的重要作用。制定印发《浙江省人民检察院关于加强检察文化建设的意见》，坚持以人为本，紧密结合实际，扎实推进全省检察文化建设。积极开展丰富多彩的文艺体育活动，不断提高检察人员的精神文化素养和身体素质。通过提炼检察院训、检察精神和打造廉政文化走廊等活动，进一步突出“强化法律监督、维护公平正义”检察工作主题；通过开展丰富多彩的群众性文体活动，促进检察人员增强体质、陶冶情操。省院组织开展了建党90周年系列庆祝活动，成功举办了全省检察机关首届羽毛球赛、红色经典歌咏会、第二届书画摄影作品赛等活动，初步形成以“三项球类两项文艺”活动为载体，每年一赛事，三年一轮回的良好格局，得到了全省广大检察人员的欢迎。各级院抓住完成“两房”建设的有利时机，加强检察文化阵地建设，大部分检察院设立了院史室、荣誉室、文化长廊以及篮球场、乒乓球室、健身房等基础建设，积极组织开展文艺汇演、体育比赛等各类文体活动，不断推进检察机关精神文明建设，努力营造昂扬向上、团结奋进的良好氛围。

高度重视　迅速成立检察官文学艺术联合会

高检院部署要求筹备成立检察官文联后，省院党组高度重视，紧密结合我省检察机关实际，迅速部署筹备成立浙江省检察文学艺术联合会。经过一年多时间的精心筹备，2012年4月11日上午，浙江省检察官文学艺术联合会第一次会员代表大会在绍兴市召开。全国政协教科文卫体委员会副主任、中国检察官文学艺术联合会主席张耕，浙江省检察院检察长陈云龙出席会议并讲话。最高人民检察院政治部副主任夏道虎以及浙江省委政法委、省文联、省民政厅有关负责人到会祝贺。来自全省各级检察院的150余名会员代表参加会议。会议审议通过了浙江省检察官文联章程等文件，选举产生了浙江省检察官文联第一届委员会，浙江省检察院党组成员、政治部主任任国当选为浙江省检察官文联第一任主席。随后全省各市、县相继开始筹备成立市县级检察官文联。2012年8月20

日，我省第一家县级检察官文联在天台县检察院成立。

全省各级检察官文联在各级检察院党组的领导下，认真贯彻执行党的文艺路线方针政策，认真贯彻落实检察院党组的决策部署，紧密结合检察工作和队伍建设实际，把加强检察文化建设置于检察事业发展的全局来思考和谋划，切实抓好检察文联各项工作的落实，坚持与时俱进，不断强化自身建设，以更加昂扬的精神状态、更加务实的工作作风，兢兢业业、扎扎实实地做好检察官文联工作，着力在围绕中心，服务大局，推动人民检察事业科学发展上见实效，努力开创检察官文联崭新的工作局面。7 月 9 日，浙江省检察摄影协会在杭州成立。9 月 20 日，浙江省检察书画协会在武义成立。9 月 10 日，我们还组织了我省第一个检察人员个人书画展——天台县检察院法警孙兴龙个人书画展。

上海市检察官文学艺术联合会

上海市检察官文学艺术联合会
第一次会员代表大会

讲　　话

在上海市检察官文学艺术联合会
成立大会上的讲话

（2012 年 4 月 28 日　根据录音整理）

张　耕

同志们：

我很高兴参加上海市检察官文联成立大会。上海市检察官文联的成立是检察系统的一件大事，一件喜事，也是一件很有意义的事情。上海市检察官文联成立，充分表明了上海市委、市人大、市政府、市政协及相关部门对检察文化的高度重视，充分表明了上海市检察机关对党的十七届六中全会精神的认真贯彻和落实，也表明上海市检察文化建设取得了可喜成绩，预示着上海市检察文化建设将有更大的发展，出现崭新的局面。在此，我代表中国检察官文联对上海市检察官文联的成立表示热烈的祝贺！

多年来，上海市检察院党组高度重视检察文化建设，开展了一系列的检察文化活动，取得了明显成效，积累了丰富的经验，提升了检察人员的素质，振奋了精神，凝聚了力量，推动了工作。据我了解，早在 1985 年上海市检察机关就成立了上海市检察官合唱团，27 年来，上海市检察官合唱团参加了近百场国内外文艺演出，赢得了多项国家级和省级的殊荣。多年来，上海市检察机关创作了一批优秀的检察文艺作品，包括书画、摄影、文学、影视等。在去年举办的全国检察机关书画摄影展览中，有 19 名上海市检察人员的作品参展。

同时，上海市的检察人员还参加了去年高检院组织的大型文艺晚会，受到了普遍好评。近几年来，上海市检察机关还成功举办了庆祝新中国成立60周年、纪念中国共产党建党90周年书画摄影展，展出了200多人的600多幅作品。所有这些都说明上海市检察机关文化建设很有成效，为上海市检察官文联的成立奠定了非常好的基础。有了这样一个好的基础，检察官文联的工作一定会有更大的发展，取得更好的成效。

下面，我就检察官文联工作的开展讲几点意见：

一、要准确把握检察官文联工作的指导思想

检察官文联工作要搞好，首先必须明确工作的指导思想，始终坚持正确的工作方向。检察官文联的各项工作必须坚持以邓小平理论、“三个代表”重要思想和科学发展观为指导，努力服务于党和国家的工作大局，服务于检察机关的中心工作。这个指导思想确立的好不好、牢不牢，在实际工作中能不能认真贯彻，关系着检察官文联的生命，关系着检察官文联工作的方向。这个指导思想具体体现在三个层面：一是检察官文联各项文化艺术创作和文化艺术活动，都要围绕党和国家的重大决策、重大部署来谋划、来推进，满腔热情地歌颂党、歌颂祖国、歌颂人民、歌颂社会主义制度，为完成“十二五”规划纲要确定的目标，全面建设小康社会贡献力量。二是要围绕法治建设的全局来研究、来思考，立足检察文化、面向法治文化、传承中华文化、放眼世界文化。用检察文化的成果丰富法治文化、中华传统文化和世界先进文化，用法治文化的理论和原则指导检察文化建设，从中华传统文化和世界先进文化中汲取营养，进一步促进检察文化的发展和繁荣。三是要紧贴检察机关的中心工作来决策、来部署，运用各种文化艺术形式宣传检察工作，弘扬检察精神，展示检察业绩和检察机关的良好形象。要切实做到文艺创作向内、书画笔墨向内、摄影镜头向内、舞台演出向内，突出检察官的主体地位，使各项检察文化艺术活动真正贴近检察工作、检察实际和检察生活，生动地展示检察官的风采，展示检察工作的动人场面。

二、要正确认识和把握检察官文联的职能定位

检察官文联的职能定位主要体现在五个方面：第一，检察官文联是在各级检察院党组领导下的非营利性社会团体。所以，检察官文联一定要自觉地接受检察机关党组的领导，接受地方文联和民政部门的业务指导和监督管理。第二，检察官文联是检察系统文化艺术带头人、爱好者和支持者的联合组织。因此，检察官文联一定要把检察系统的文化艺术的带头人、爱好者和支持者紧密地团结起来，形成一种宏大的文化艺术队伍，为检察工作的科学发展服务。第三，检察官文联是检察机关加强队伍建设的一支重要力量和重要助手。因此，检察官文联要通过文化艺术的形式来推动队伍建设，推动检察文化的发展和繁荣。第四，检察官文联是加强检察机关和人民群众联系的重要纽带和桥梁。因此，检察官文联要通过文化艺术的形式反映检察工作的成果，展示检察官的形象，使全社会广大人民群众更加了解检察机关，更加理解检察机关，进而支持检察工作。第五，检察官文联是弘扬检察文化和法治文化的一个重要平台和阵地，检察官文联不仅要大力弘扬检察文化，还要弘扬法治文化、传承中华文化，还要学习和借鉴世界文化的先进内容，在检察官文联这个平台上，既要宣传检察精神，又要宣传法治精神。

三、要深入开展检察文化理论研究

这是检察官文联的一项基础性工作。理论研究包括两个方面：一是基础性的理论研究，二是应用性的理论研究。研究的目的，一是为检察官文联的各项工作提供理论指导，保证工作的正确方向和顺利开展。二是为检察创作和文化艺术活动提供丰富的资源，提升文化艺术的品味，防止文化艺术活动成为单纯的娱乐性活动，以增强检察文化艺术活动的凝聚力、感染力。既然检察文化理论研究包括了两个方面的内容，因此，一方面就要深入研究检察文化的内涵、基本特征、历史发展、内在规律、地位作用，以及与其他文化的关系等等这些基础性的理论问题。对于这些问题要选定若干个重大课题与政法院校、科研机构密切合作，整合资源，深入研究，逐步建立起中国特色社会主义检察文化理论体系。另一方面要加强对人民检察事业发展历史中的重大事件、重大案件、重要人物，工作中的热点、难点等应用性问题进行深入研究，还要注意从检察史、检察志中挖掘检察文化艺术资源，为检察文化艺术创作提供丰富的内容，推动检察文化的大发展、大繁荣。

四、要不断创新和巩固检察文化载体

检察文化艺术载体的种类繁多，形式各异，这些载体对于检察文化艺术作品的传播和展示发挥着极其重要的作用，特别是在影视、互联网信息快速发展的情况下，更需要不断创新文化艺术载体。这样，检察文化艺术表现形式就会多样化，就会使检察官和人民群众对检察机关和检察工作了解的更加深刻，使他们对检察文化产生浓厚的兴趣。在这方面上海市检察机关做了大量工作，进行了有益的探索，取得了很好的成绩。比如，开设了上海检察微博平台，联合摄制《检察风云》电视节目，联合多方开展区县院检察长、优秀公诉人系列的访谈节目，等等，这些载体对于检察文化艺术作品的传播和展示起到了很好的作用。希望上海市检察官文联能够继续办好这些载体，继承好的做法，解放思想、与时俱进，不断开拓具有时代特征、体现时代精神的新型载体。

五、要切实抓好检察文化艺术队伍建设和检察官文联自身建设

工作要做好，队伍是关键。一是要发现好队伍，凝聚好队伍，培养、提升和展示好队伍，通过提供机会，搭建平台，使检察机关文化艺术人才的才华能够得到充分的发挥。二是要加强检察官文联自身建设，特别是要加强专业协会的建设和专业知识的学习。三是要加强廉政建设，使检察官文联这支队伍能够在检察机关文化建设中始终保持清正廉洁，发挥出更大的作用。

最后，我代表中国检察官文联十分感谢上海市委、市委政法委、上海市文联对中国检察官文联工作的关心和支持，感谢上海市检察院党组对检察官文联工作的高度重视，感谢各位艺术家们对检察官文联工作的支持。我相信，在上海市检察院党组的领导下，在各位专家、艺术家的支持和帮助下，上海市检察官文联的工作一定能够做得更好，取得新的成绩，为检察文化建设、检察队伍建设、检察工作的科学发展贡献自己的力量。

谢谢大家！

（张耕同志时任全国政协教科文卫体委员会副主任，中国检察官文联主席，最高人民检察院原党组副书记、常务副检察长。）

在上海市检察官文学艺术联合会成立大会上的讲话

陈　旭

同志们：

今天，上海市检察官文联第一次会员代表大会隆重召开，这是上海检察系统文化建设的一次盛会。在此，我代表市院党组，向对大会的成功召开表示热烈的祝贺！向参与上海市检察官文联筹备工作的同志们和广大检察文学艺术工作者表示亲切的慰问！向当选的领导成员表示热烈的祝贺！同时，也对一直以来关心支持上海检察工作，特别是检察文化建设的中国检察官文联主席，最高人民检察院原党组副书记、常务副检察长张耕同志表示衷心的感谢！经过一年多的积极筹备，上海市检察官文联得以正式成立，这标志着上海检察文化建设事业进入一个新的阶段，我们相信，上海检察文联的成立，将有助于整合全市检察文化资源，提升检察文化发展空间，更好地服务于检察工作和检察队伍建设，有效提升检察机关的“软实力”，也必将对全市检察工作科学发展产生重要的推动作用。下面，我就检察文化和检察官文联工作，讲几点意见。

一、从加强检察文化建设的高度，充分认识新形势下开展检察官文联工作的重要意义

检察文化是社会主义先进文化的重要组成部分，是检察事业不断发展的重要力量源泉。全市各级检察机关要从适应社会主义先进文化发展的要求、提升检察文化软实力的战略高度，深刻认识加强检察文化建设的重要性和紧迫性，不断加强检察文化建设，开展好检察官文联工作。要充分认识到，成立检察官文联是检察机关加强检察文化建设的重要举措，有利于推进检察文化的发展繁荣，进而推进法治文化、社会主义文化的发展繁荣；检察官文联是检察机关加强队伍建设、提高队伍素养的重要途径，有利于团结广大检察文化艺术人才、壮大检察文艺队伍，以文化艺术的形式和社会团体的优势培育检察精神，建设检察人员的精神家园；检察官文联是密切检察机关与人民群众联系的桥梁，有利于树立检察形象，使人民群众和社会各界更加了解和认同检察工作，增强检察机关的社会影响力和执法公信力。

二、准确把握检察官文联工作的正确方向

加强检察文化建设是推动检察工作和检察队伍建设科学发展的内在要求。检察文化建设的最终目的还是要服务于检察工作。检察官文联作为检察文化建设的专门力量和社会文化团体，其工作重点必须贴近检察工作实际，必须服从、服务于检察中心工作和检察队伍建设这个大局。因此，检察官文联的每一项活动，每一项工作都要跟上、跟好检察中心工作，都要有利于加强检察队伍建设，有利于凝聚检察队伍的力量，有利于展示检察队伍和检察机关的良好形象，有利于推动检察工作的科学发展。要把社会主义核心价值体系融入检察文化建设的全过程，这是检察官文联工作必须坚持的基本原则。要把社会主义法治理念教育贯穿到检察官文联工作的每个环节，真正使社会主义法治理念在检察人员中内化于心、外践于行。要大力弘扬和培育检察职业精神，不断总结提炼富有时代气息、具有检察特点、社会普遍认同的检察职业精神，探索建立符合检察工作实际的职业道德建设长效机制。要加强职业形象建设，充分利用各种新兴媒体，以各种文化形式，展现和树立检察机关良好的执法形象。

三、充分发挥文联在提高检察队伍素养中的作用

检察官必须具有较高的人文素质，才能具有强烈的正义感、责任感和使命感。检察官文联要坚持把服务检察人员的文化需要、提高检察人员的文化内涵作为基本出发点和落脚点，大力营造爱读书、读好书的良好风气，通过建立学习交流制度、读书学习小组等方式，每年阅看一些文学、历史、哲学方面的书籍，推动干警不断提升文化素养；要积极开展形式活泼、寓教于乐、检察人员喜闻乐见的书画、摄影、文艺表演、球类、棋类等文化活动，特别要倡导开展不受环境条件和时间限制，便于组织安排、便于检察人员参与，适合机关工作特点的文体活动，既为广大检察人员展示才华提供平台，也使大家通过参加活动放松身心、陶冶情操、获得精神上的满足和依归，真正做到快乐的工作和快乐的生活。今年，我们将开展三次大型活动，一是在全市“十佳检察官”颁奖典礼上，组织一次文艺汇演；二是为迎接党的十八大召开，开展书画摄影展览；三是开展一次全市检察系统的运动会。

四、充分发挥文联在营造激励人、感染人、凝聚人的文化氛围中的作用

检察职业是崇高、神圣的职业，这个职业群体必须对自己的职业具有崇高的职业信仰和绝对的职业忠诚。这种职业信仰来源于检察工作的荣誉感、使命感的树立。这既要靠个人的不断努力，也要靠文化氛围的长期熏陶。检察官文联作为加强检察文化建设的重要阵地，要充分发挥在营造激励人、感染人、凝聚人的文化氛围中的作用。要立足检察职业特点，体现检察特色，从干警深层次的心理需求出发，更加注重人文关怀，更加注重采用看得见、感受得到、参与得了的方式方法，用心营造良好的文化氛围。要深入检察工作第一线，深入了解和把握上海检察工作成就和检察队伍精神风貌，精心创作更多地方特色浓郁、艺术魅力强、检察特点鲜明的原创作品，使检察干警受到艺术的熏陶和感染，培养干警的荣誉感和使命感。

五、坚持检察干警的主体地位，充分展示队伍的精神和风采

检察文化艺术队伍是由爱好文化艺术工作的检察干警组成的，这是检察文化建设的主体力量。离开了这支队伍，检察官文联的工作将成为无源之水、无本之木。因此，无论是文化艺术作品的创作，还是文化艺术活动的开展，都要坚持以检察干警为主，充分体现检察干警的主体地位。有些文化艺术项目可以与专业艺术团体的专业人员合作，但必须以检察干警为主。这样才能激励检察干警的斗志，凝聚检察队伍的力量，展示检察官的良好精神风貌，齐心协力开创检察官文联工作新局面。

六、要切实加强检察官文联自身建设

检察官文联和各专业协会队伍素质如

何，直接关系着检察官文联的工作成效，关系检察文化艺术事业的繁荣和发展。因此，必须把检察官文联和各专业协会的自身建设放在十分重要的位置，常抓不懈，抓紧抓好。一要加强规范化建设，按照精简、高效、规范、科学的原则，建设好检察官文联机关和各专业协会，努力提高检察官文联和各专业协会的工作效率和水平；二要树立良好工作作风，坚持深入实际，深入基层，深入了解检察机关的情况，倾听检察文化艺术队伍的呼声和要求，有针对性地开展文化活动；三要坚持厉行节约，精打细算地用好每笔资金；四要处理好与中国检察官文联和上海市文联的关系，自觉接受中国检察官文联和上海市文联业务指导，密切联系。

七、加强对检察文化建设的组织领导

繁荣和发展检察文化是当前检察机关面临的一项重要任务，是在新的历史起点上推动检察工作上层次、上水平的重要措施。各级院党组要进一步深化认识，加强领导，把检察文化工作纳入检察工作整体部署来思考和筹划，统筹兼顾检察工作、队伍建设和文化发展。要立足实际，突出特色，注重对本地区本单位文化的挖掘和总结提炼，在团结、凝聚广大检察人员的同时，逐步形成具有区域特色的文化成果，打造检察职业特点鲜明的文化品牌，增强检察文化的感染力、生命力。要认真落实高检院《关于加强检察文化建设的意见》和执行上海检察机关《关于加强检察文化建设的意见》，加强与上海市检察官文联的联系和协调，支持检察官文联开展文化活动，进一步形成各级检察院党组领导、政工宣传部门牵头协调、其他部门配合、检察官文联等团体和群众组织参与，各方面齐抓共管、共同推进检察文化事业蓬勃发展的工作格局。

同志们，检察文化建设常抓常新，充满活力，大有可为，责任重大。我们要以上海市检察官文联成立为契机，以更加深刻的认识、更加开阔的思路、更加有力的措施，努力开创检察文化建设新局面，为全面推进我市检察工作科学发展提供强有力的精神动力、舆论支持和文化保障！

在上海市检察官文学艺术联合会成立大会上的讲话

吴志明

尊敬的张耕主席，各位检察官、同志们：

今天，上海市检察官文学艺术联合会第一次会员大会隆重召开，这是上海政法文化建设的一次盛会，也是一件很有意义的事，在此，我谨代表上海市委、市委政法委向大会的成功召开表示热烈的祝贺！向长期以来关心支持上海政法文化建设的各有关部门领导和同志们表示衷心的感谢！

党中央一直高度重视文化建设，党的十七届六中全会在深刻分析当前文化发展形势和任务的基础上，对深化文化体制改革、推动社会主义大发展大繁荣作出了全面部署，提出了一系列新思想、新要求和新举措。上海历来是文化重镇，在全国文化建设大局中有着举足轻重的地位。近年来，全市精神文化产品创作日益繁荣，人民群众精神文化生活丰富多样，特别是法治精神、廉政风尚的弘扬和形成为建设社会主义现代化国际大都市提供了强大的精神动力和文化保障。这是与上海检察机关广大干警的辛勤工作所分不开的，为此，我代表上海市委、市委政法委向上海检察系统广大干警，向在文学艺术战线奋战的同志们表示衷心的感谢并致以崇高的敬意！

当前，上海正处在改革发展的关键时期，上海的“四个率先”和“四个中心”建设步伐正在加快推进，要实现创新驱动、转型发展，相比以往任何时候，尤为需要文化的提振、支撑和引领，需要法治文化的保障。全市检察机关要认真贯彻落实党的十七届六中全会精神，以上海市检察官文联的成立为契机，坚持中国特色社会主义文化发展道路，以社会主义核心价值体系引领检察文化建设，把社会主义法治理念贯彻于检察文化建设全过程，自觉践行“忠诚、为民、公正、廉洁”的政法干警核心价值观，积极开展检察文化艺术创造和文化艺术活动，大力宣传检察工作维护社会公平正义和保障人民群众合法权益的生动实践，不断提升广大检察干警的思想境界、职业操守和法律素养，努力营造争当全国检察机关科学发展排头兵的良好氛围。

同志们，深化文化体制改革，推动文化大发展大繁荣，是时代赋予我们的历史使命和光荣职责。让我们紧密团结在以胡锦涛同志为总书记的党中央周围，深入贯彻党的十七届六中全会精神，开拓进取、奋发有为，开创上海检察工作的新局面，为推进创新驱动、转型发展，建设国际文化大都市作出新的更大贡献！

坚定信心　做好检察文联各项工作
开拓进取　促进检察文化发展繁荣

——在上海市检察官文学艺术联合会第一届委员会第一次会员大会上的工作报告

（2012年4月27日）

郑鲁宁

各位会员、同志们：

上海市检察官文联在中国检察官文联的亲切关怀和市文联、市民政局的指导帮助下，在市检察院党组的直接领导和各级检察院的支持配合下，经过半年多的努力完成了筹备工作，今天正式成立了！我谨代表上海市检察官文联，向关心、支持上海市检察官文联成立的各级领导和相关部门表示衷心的感谢！向在上海市检察官文联筹备工作中不辞劳苦、付出辛勤劳动的同志们致以崇高的敬意！上海市检察官文联的成立，必将对检察文化艺术事业的繁荣发展起到积极的推动作用。刚才，大会选举产生了上海市检察官文联领导集体，推选我担任上海市检察官文联主席，这是市检察院党组和各位会员对我的信任，是荣誉，更是责任，我谨向大会和同志们表示衷心的感谢并将努力做好工作。

下面，我就如何做好上海市检察官文联工作向大会作报告。

一、认清形势，明确任务，切实增强做好检察官文联工作的责任感和使命感

文化是民族的血脉，是人民的精神家园。当今世界正处在大发展大变革大调整时期，各种思想交流交融交锋更加频繁，文化越来越成为民族凝聚力和创造力的重要源泉，越来越成为综合国力竞争的重要因素，越来越成为经济社会发展的重要支撑。同样，检察文化建设也对检察工作的发展和检察人员综合素质的提高起着重要的引领作用。去年6月，中国检察官文联应运而生，标志着检察文化艺术事业的发展进入了新的历史阶段。同样，上海市检察官文联的成立，也标志着上海检察文化艺术建设进入了新的发展阶段。

当前，我们做好检察官文联工作有诸多有利条件：一是党和国家高度重视文化建设。党的十七大，尤其是十七届六中全会把文化建设提到了前所未有的高度，作为现代化建设总体布局的重要组成部分加以推进，提出了深化文化体制改革、推动社会主义文化大发展大繁荣、提升国家文化软实力的战略任务。上海市委九届十六次全会提出要以高度的政治自觉承担起推进文化建设的使命，进一步传承和发扬上海文化特色，建设社会主义现代化国际文化大都市。这些都为检察文化艺术事业的发展指明了方向。二是中华文化和上海海派文化的厚重积淀，为上海检察文化艺术事业的繁荣发展提供了宝贵资源。中华民族的优秀文化，源远流长，博大精深，生生不息，绵延不绝，是五千年来维系中华民族生存发展的血脉所在，必然成为繁荣和发展检察文化艺术事业取之不尽、用之不竭的源泉。植根于中华传统文化，以海纳百川、善于扬弃、追求卓越、勇于创新为特点的海派文化也为建设和发展上海检察文化提供了丰厚而独特的土壤。三是最高人民检察院和市检察院党组高度重视检察文化建设。去年，高检院下发了《关于加强检察文化建设的意见》，对检察文化建设做出了全面规划部署，提出了新的更高要求；今年2月，市检察院下发了《关于加强上海检察机关文化建设的指导意见》，就加强上海检察机关文化建设提出了要求，做出了部署，这些都为加强检察官文联工作提供了良好的机遇和条件。四是上海检察机关加强检察文化建设已有良好的基础。近年来，上海检察机关组建了检察官合唱团，举办了纪念新中国成立60周年、纪念建党90周年书画摄影展、“永远跟党走”红歌展演、“检察文化月”、“检察职业道德教育活动周”等重大检察文化活动，丰富和发展了检察文化内涵。各分院、区县院都将检察文化建设作为提高队伍素质、提升检察形象的重要抓手，实施“文化育检”、“以德兴院”战略，培养和凝聚了一批优秀的文化艺术人才，取得了积极成果，积累了宝贵经验。这些都为做好检察官文联工作奠定了重要的基础。我们要牢牢抓住这些有利条件，增强做好工作的信心和决心，以奋发有为的精神状态和求真务实的工作作风，努力开创上海市检察官文联工作新局面。

二、准确定位，明确思路，努力推动上海检察文化发展繁荣

正确认识和把握检察官文联的职能定位，是确立检察官文联总体工作思路、做好检察官文联工作的基本前提。按照上海市检察官文联章程的规定和文联组织的本质属性，上海市检察官文联的职能定位主要体现在四个方面：一是上海市检察官文联是在中国检察官文联和上海市检察院党组领导下，在上海市文联指导下，经民政部门批准登记注册的联合性、非营利性社会团体。既要自觉接受中国检察官文联和市检察院党组的领导，又要在业务上接受上海市文联的指导和民政部门的监督管理。二是上海市检察官文联是上海检察队伍中热爱文学艺术，有一定文学艺术特长的检察人员自愿结成的联合组织。它以检察文化艺术骨干为主体，团结广大检察文化艺术爱好者，组成相对专业的检察文化艺术队伍，共同推动检察文化大发展大繁荣。三是上海市检察官文联是检察机关加强检察队伍建设、提高检察队伍素质的重要助手和力量。它以文化艺术的形式和社会团体的优势协同检察机关政治部门共同推进检察文化建设，建设检察人员共有的精神家园。四是上海市检察官文联是密切检察机关与人民群众沟通联系的桥梁和纽带。它通过各种文化艺术创作和文化艺术活动，宣传检察工作，树立检察形象，使人民群众和社会各界更加了解检察、理解检察、认同检察、支持检察，增强检察机关的社会影响力和执法公信力。

根据上海市检察官文联的职能定位，当前和今后一个时期上海市检察官文联的总体工作思路是：以邓小平理论和“三个代表”重要思想为指导，深入贯彻落实科学发展观，紧紧围绕上海经济社会发展大局，围绕检察中心工作，以提高检察队伍素质、提升检察形象和执法公信力为目标，以改革创新为动力，充分发挥上海市检察官文联的联络、协调、服务职能，团结、组织检察文化艺术队伍，深入检察实际，紧贴检察工作，大力开展检察文化艺术创作和文化艺术活动，服务检察机关、服务检察队伍、服务基层、服务群众，为推动检察文化大发展大繁荣作出应有的贡献。按照上海市检察官文联总体工作思路的要求，做好上海市检察官文联的各项工作，推动上海检察文化大发展大繁荣，要坚持以下几点：

（一）坚持以科学发展观为指导，保证检察官文联工作的正确方向。检察官文联要全面落实科学发展观，以马克思主义中国化的最新理论成果武装头脑、指导工作。要坚持社会主义核心价值体系，牢固树立社会主义法治理念。要始终坚持党的事业至上、人民利益至上、宪法法律至上，切实做到党在心中、国家在心中、人民在心中、法律在心中；要坚持“忠诚、为民、公正、廉洁”的政法干警核心价值观和上海倡导的“公正、包容、责任、诚信”价值取向，牢牢把握检察官文联工作的正确方向。

（二）坚持服务大局，围绕中心，推动检察工作科学发展。为党和国家大局服务，为法治建设服务，为上海经济社会发展服务，为检察机关的中心工作服务，是上海市检察官文联工作必须坚持的基本原则。检察官文联的文化艺术创作和文化艺术活动，要围绕党和国家、最高人民检察院、上海检察机关的重大决策和部署来谋划和推进；要紧贴检察机关的中心工作，运用各种文化艺术形式，宣传检察工作，弘扬检察精神，展示检察业绩和检察机关的良好形象，切实做到“书画笔墨向内，摄影镜头向内，舞台演出向内”，使检察文化艺术创作和活动具有鲜明的检察特色和强烈的感染力。

（三）坚持突出检察特色，促进检察职能作用的发挥。检察机关是国家法律监督机关，其根本的工作，就是履行法律监督职责，维护社会公平正义。检察官文联作为加强检察文化建设的重要阵地，各项工作都要体现检察特色。因此，检察官文联和检察文化艺术队伍，要深化对检察工作规律性的认识，了解检察机关的重大工作决策和部署，以文化艺术的形式宣传检察机关“强化法律监督，维护公平正义”工作主题，弘扬检察机关法律监督的实效，激励检察人员严格公正司法，实现司法公正，为推进依法治国和建设社会主义和谐社会作出积极贡献。

（四）坚持检察人员的主体地位，充分展示检察队伍的精神和风采。检察文化艺术队伍是由热爱文学艺术、有一定文学艺术特长的检察人员组成的，这是检察文化建设的主体力量。离开了这支队伍，检察官文联的工作将成为无源之水、无本之木。因此，无论是文化艺术作品的创作，还是文化艺术活动的开展，都要坚持以检察人员为主，充分体现检察人员的主体地位。有些文化艺术项目可以与专业艺术团体的专业人员合作，但要以检察人员为主。这样才能激励检察人员的斗志，凝聚检察队伍的力量，展示检察官的良好精神风貌，把检察官文联工作做实做好。

（五）坚持创新发展，不断增强检察文化艺术事业的生机和活力。坚持以先进的文化引导人，以高尚的精神塑造人，以优秀的作品鼓舞人，弘扬主旋律，提倡多样化，不断满足检察人员多层次、多样化、多方面的文化艺术需求。要尊重检察文化艺术工作者的创造性劳动，承认差异，包容多样，大力营造保护创作热情、鼓励创新实践，充分激发检察文化艺术队伍的创造活力。要在开展传统性文化艺术创作和文化艺术活动的同时，积极推进检察文化理论创新、检察文化艺术内容和载体创新、检察文化艺术科技手段创新，创造出更多、更好的检察文化艺术作品，开展好多种形式的检察文化艺术活动。要充分运用现代科技发展成果，丰富文化艺术表现手段，拓宽文化艺术传播途径，全面推进检察文化艺术事业的发展和繁荣。

三、强化措施，抓好落实，努力做好检察官文联各项工作

（一）抓好检察文化艺术创作，奉献优秀的文化艺术作品。检察官文联的一项重要职责就是团结、组织检察文化艺术队伍，做好检察文化艺术创作工作，奉献出更多的优秀作品给检察机关、检察人员和人民群众。因此，检察官文联要把检察文化艺术创作放在基础性、战略性的位置，竭尽全力抓紧抓好。要鼓励检察文化艺术队伍把文化艺术创作真正扎根于检察生活之中，在丰富多彩的检察工作中不断汲取艺术营养，丰富生活体验，增强艺术功力。不但要有一批传统的精品作为保留项目，更要不断创作出弘扬时代精神，体现上海特色，具有检察特点和检察风格，富有思想性和艺术性的优秀作品，不断推动检察文化艺术创作工作深入发展。

（二）抓好各类文化艺术活动，彰显检察文化艺术工作魅力。开展形式多样、为检察人员喜闻乐见的文化艺术活动，是检察官文联的一项重要工作。要通过文化艺术活动，展示检察文化的底蕴，激发检察人员的职业使命感、职业荣誉感和归属感，提升广大检察人员的文化品位，营造浓厚的检察文化建设氛围。今年是上海市检察官文联成立的第一年，也是贯彻落实党的十七届六中全会精神的重要一年，又适逢党的十八大召开，上海市检察官文联成立后，要结合政法干警核心价值观教育实践活动，举办若干重要活动，展示检察机关的良好形象。检察官文联从现在起就要着手筹划安排，制订方案，抓好落实。各专业协会都要结合自身特点和实际，精心谋划，积极开展丰富多彩的文化艺术活动，以实际行动向党的十八大献礼。

（三）抓好载体创新，为检察文化艺术活动建立广泛、有效的展示平台。文化艺术载体种类繁多，形式各异，这些载体对于检察文化艺术作品的传播和展示发挥着重要作用。要以院史陈列室、荣誉室、文化室和文化长廊等为载体，展示检察机关发展历程、检察队伍建设成就、检察人员文化艺术作品，开展文化艺术教育，振奋精神，激励斗志。要进一步完善这些载体，用好这些载体，同时要不断开拓具有当今时代特征、上海城市特点的新型载体。当前，要深入研究、积极推进网络检察文化建设，充分发挥互联网传播快、受众面广的优势，加大检察文化传播的覆盖面和渗透力，推动检察工作发展。

（四）抓好检察文化艺术人才建设，努力造就一支高素质的检察文化艺术队伍。人才是事业发展的重要保障。发现、培养、凝聚、使用人才，造就一支高素质的检察文化艺术队伍是检察官文联的重要职责。要牢固树立人才是第一资源的理念，立足上海检察文化艺术人才现状，通过开展各种各样的文化艺术活动，发现和培养检察文化艺术人才。要通过举办各种论坛、讲座、研讨会，请著名文化艺术家讲课、辅导，提高检察文化艺术人才的艺术理论水平和对文化艺术作品的鉴别力、欣赏力。要通过组织笔会、采风、展览、演出等活动，使检察文化艺术人才在各类文化艺术活动中展示才华、汲取营养，不断提高文化艺术才能和专业水平。要不断完善人才表彰、激励机制，充分调动一切积极因素，把各类人才凝聚到检察官文联这个大家庭之中，为检察文化建设增添力量。要按照各类检察文化艺术人才的特点、专长进行管理使用，为各类检察文化艺术人才展示才华创造有利条件和宽松环境，全力支持他们开展检察文化艺术创作和文化艺术活动，逐步培养一批优秀的检察文化艺术骨干，为繁荣发展检察文化艺术事业提供有力的人才支撑。同时要吸引更多的检察人员参与检察官文联活动，使检察官文联真正成为广大检察人员共同的家庭，使检察官文联的活动成为广大检察人员共同的活动。

（五）抓好舆论宣传，逐步提升检察官文联的社会影响力。检察官文联是新成立的社会团体，需要依赖媒体的力量扩大影响，逐步取得社会各界的了解和支持。因此，检察官文联要主动加强同宣传部门、新闻媒体的联系，及时通报工作情况，提供工作信息，做好新闻宣传报道工作。通过舆论宣传，使社会各界了解检察官文联的职能定位、工作思路和目标任务，了解检察官文联组织开展的各种文化艺术活动，了解检察官文联在推动检察文化建设中发挥的作用和取得的成效，争取社会各界的关心和支持。要加强同上海及中央新闻单位在沪机构的联系，争取他们的支持和帮助，为工作的开展创造有利的舆论环境，推动检察官文联工作深入开展。

（六）抓好检察官文联自身建设，不断提高工作能力和水平。检察官文联和各专业协会队伍素质如何，直接关系着检察官文联的工作成效。因此，必须把自身建设放在十分重要的位置，常抓不懈，抓紧抓好。一要坚定理想信念。要深入学习邓小平理论和“三个代表”重要思想，全面贯彻落实科学发展观，不断增强政治意识、大局意识和责任意识，增强服务党和国家工作大局、服务检察中心工作的主动性，把检察文化艺术工作融入到各项具体工作中去，确保检察官文联工作的正确方向。二要做好团结服务工作。要多做增进了解、加强交流、促进和谐的工作，增进检察文化艺术队伍的向心力和凝聚力，使检察官文联会员快乐创作、愉快干事。要改进服务方式，提高服务质量，多办好事实事，多听取各方意见，努力创造条件、搭建平台，推荐优秀作品，推出检察文化艺术新人。三要抓好各专业协会的规范化建设。检察官文联各专业协会是各项检察文化艺术活动的直接组织者和推动者，它们的工作关系着检察官文联工作的全局。要按照文学、书法绘画、音乐舞蹈、摄影、影视、体育等门类，加强统筹规划，量力而行，适度发展，使工作从一开始就步入规范有序运行的轨道。四要强化管理和监督。牢固树立自觉接受监督的理念，加强检察官文联的党建工作，深入开展党风党纪教育，切实做到廉洁自律。

这里，我再讲一讲正确处理好检察官文联工作中的几个关系问题。检察官文联工作不是孤立的，它同相关部门的关系十分密切，正确认识和处理好这些关系，对于确保检察官文联工作全面协调发展十分重要。一要正确认识和处理检察官文联与各基层检察院的关系。在检察文化建设中，检察机关是主体，检察院党组是领导核心，检察官文联是参谋助手。上海市检察官文联要十分明确这一点，自觉贯彻执行检察院党组的决策部署，紧贴检察中心工作，使检察官文联的工作始终沿着正确的方向发展。二要正确认识和处理检察官文联与检察机关政治部门的关系。检察机关的政治部门是主管检察文化建设的职能部门，检察官文联是开展检察文化建设的重要力量。检察官文联的重大活动都要和政治部门沟通，主动争取政治部门的支持，形成合力，共同推动检察文化的繁荣和发展。三要正确认识和处理上海市检察官文联与中国检察官文联、上海市文联之间的关系。上海市检察官文联是中国检察官文联的团体会员，也是上海市文联的团体会员。上海市检察官文联要自觉接受中国检察官文联和上海市文联的业务指导。四要正确认识和处理检察官文联与相关部门的关系。上海市检察官文联对外要加强与政法兄弟单位、教育文化部门、新闻媒体等之间的联系和交流，积极开展形式多样的合作，争取更多的支持和帮助，营造良好的外部环境。对内要积极与机关工会、共青团、妇联等组织加强联系和协作，共同来做好检察机关文化建设工作。

同志们，做好上海市检察官文联工作责任重大、使命光荣。我们要以邓小平理论和“三个代表”重要思想为指导，全面贯彻落实科学发展观，在中国检察官文联、上海市检察院党组的领导下，在上海市文联的指导和民政部门的监督管理下，坚定信心，齐心协力，努力开创上海市检察官文联工作的新局面，为促进上海检察文化发展繁荣，推动上海检察工作科学发展作出应有的贡献！

关于上海市检察官文学艺术联合会筹备成立情况的报告

（2012年4月27日）

周越强

各位会员：

受上海市检察官文学艺术联合会筹备工作组的委托，我就上海市检察官文学艺术联合会（以下简称上海检察官文联）筹备工作向大会作报告。

一、关于成立上海检察官文联

文化是民族的血脉和灵魂。党的十七届六中全会，集中阐明了中国特色社会主义文化发展道路，描绘了建设社会主义文化强国的宏伟蓝图。检察文化建设在凝聚检察队伍，推动全面履行法律监督职能、突显执法为民宗旨上有独特作用。市院党组高度重视全市检察机关的文化建设，把文化建设作为推动检察工作、促进队伍建设的重要内容，列入党组重要议事日程。为了进一步落实党的十七届六中全会精神，加强检察文化建设，市院党组决定成立上海检察官文联。陈旭检察长专门批示要抓紧检察官文联筹备成立工作，以进一步加强和改进检察文化建设，增强检察队伍的凝聚力和战斗力，推动检察工作发展。他还多次就检察官文联筹备工作进展情况听取汇报，作出明确指示。

二、关于上海检察官文联筹备工作情况

（一）成立上海检察官文联筹备工作组

2011年8月初，市检察院党组研究决定，成立上海检察官文联筹备工作组，由市院党组成员、副检察长郑鲁宁任组长，办公室、政治部、行装处等部门有关人员为成员。筹备工作组第一次会议，确定上海检察官文联的全称为“上海市检察官文学艺术联合会”，下设文学、书法美术、摄影、影视、音乐舞蹈、体育6个专业委员会。会议向全市各级检察机关印发了“上海检察官文联筹备工作组会议纪要”，标志着上海检察官文联的各项筹备工作启动。

（二）组织起草《上海市检察官文学艺术联合会章程》（草案）

章程是上海检察官文联成立的依据，也是检察官文联的工作准则。筹备工作组把握前瞻性、系统性、合法性原则，认真学习和参考了相关规定，结合上海检察机关及其人员特点，起草章程草案共七章五十一条，对上海检察官文联的性质、宗旨、业务范围、会员权利与义务、组织机构、负责人、资产管理等方面作了全面、明确的规定。在章程草案起草过程中，筹备组成员多次走访，听取检察官、检察文艺人才、市文联、市社团管理局工作人员的意见和建议；同时根据高检院、市委宣传部、市文联、市社团管理局的意见，反复对章程进行修改，最后提交市社团管理局审核，确保章程符合国家政策和法律规定。

（三）向上级业务主管部门和监督管理部门申报成立文联

为了使申报文联成立所需申请材料更加合乎要求，保证申报工作顺利进行，筹备组成员近10次专程至市文联登门咨询、请教。为满足筹备社团必须有50名会员的

前提条件，筹备组将上海市检察官协会和上海市女检察官协会2个单位会员、11名拟任检察官文联领导和45名已推荐加入中国检察官文联的个人会员拟吸收为58个基本会员。经过近两个月的准备，2011年10月初，正式向上海市文联提交了上海检察官文联筹备申请材料。通过市文联报经市委宣传部审核同意，上海检察官文联挂靠上海市文联，作为市文联的单位会员；2011年12月，市文联以沪文联发［2011］148号文件形式批复同意筹备成立上海检察官文联；市文联党组也批复同意成立上海检察官文联党的工作小组。

进入2012年，筹备申请工作转向市民政部门。筹备工作组主动多次上门咨询沟通，听取对申报材料的修改指导意见，经市社团管理局社会服务中心预审后，初步通过了筹备成立的可行性报告、章程草案、拟定负责人等申请筹备材料。2月下旬，筹备工作组将经过反复修改完善后的申请筹备材料，（包括申请书、申请表、市委宣传部初审意见审核表、市文联批复、市文联党组对党建报告的批复、章程草案、住所产权或使用权证明、拟吸收会员名单、验资报告等9项）正式提交市社团管理局审核；4月15日，市社团管理局正式批复同意成立上海检察官文联。至此，上海检察官文联筹备工作迈出了关键性的一步。

（四）推荐上海检察官文联委员会委员候选人，发展上海检察官文联专业委员会会员

根据检察官文联各专业委员会性质，结合上海检察机关实际，筹备工作组研究确定了专业委员会会员、委员会委员候选人推荐条件、办法和程序，于今年2月下旬向全市各级检察机关发出通知，要求推荐上海检察官文联委员会委员候选人，动员广大检察人员报名参加上海检察官文联各专业协会。此后，又于3月中旬补发了扩大吸收会员范围的通知。目前经个人自愿申请、单位推荐的个人会员共466人（548人），其中申请加入文学协会的58人次、书法美术协会的77人次、摄影协会的115人次、影视协会的28人次、音乐舞蹈协会的124人次、体育协会的146人次；各单位和有关方面推荐委员会委员候选人55人次。

为开好上海检察官文联成立大会，3月下旬开始，筹备工作组起草了一系列大会文件和材料，做好了各项会务工作。经过半年多的认真筹备，上海检察官文联今天正式成立，这是包括中国检察官文联、上海市文联、市社团管理局和上海各级检察机关在内的方方面面大力支持和共同努力的结果。在此，我谨代表筹备工作组向关心、支持和帮助上海市检察官文联筹备成立的同志们、朋友们表示衷心的感谢！

上海检察官文联将在中国检察官文联和市检察院党组的领导下，在上海市文联的指导帮助和民政部门的监督管理下，在社会各界的关心支持下，进一步壮大检察文艺力量，提高检察文化艺术创作水平，积极开展检察文化艺术活动，为促进上海检察文化的发展繁荣贡献力量！

资　　料

上海市检察官文学艺术联合会章程

（2012 年 4 月 27 日　上海市检察官文学艺术联合会第一次会员代表大会通过）

第一章　总　　则

第一条　根据国务院《社会团体登记管理条例》和《上海文学艺术界联合会章程》制定本章程。

第二条　本会的名称是上海市检察官文学艺术联合会，简称上海市检察官文联。英文名称是 Shanghai Prosecutor’s Federation of Literature and Art，缩写 SPFLA。

第三条　本会是由上海市检察系统热爱文学艺术、有一定文学艺术特长的检察人员（含离退休人员）自愿结成的联合性、非营利性的社会组织。

第四条　本会的宗旨是：以马列主义、毛泽东思想、邓小平理论和“三个代表”重要思想为指导，深入贯彻落实科学发展观，大力弘扬社会主义核心价值体系和社会主义法治理念，紧紧围绕党和国家大局，围绕检察中心工作，充分发挥联络、协调、服务职能作用，组织、凝聚检察文化艺术队伍，积极开展检察文化艺术创作和文化艺术活动，发现、培养检察文学艺术人才，为推动检察文化和法治文化繁荣发展，提高检察队伍综合素质，促进检察事业科学发展做出应有的贡献。

第五条　本会的登记管理机关是上海市社会团体管理局，业务主管单位是上海市文学艺术界联合会。本会接受登记管理机关和业务主管单位的监督管理。

第六条　本会的住所设在上海市。

第二章　业务范围

第七条　本会的业务范围：

（一）扶植和培养检察文艺人才；

（二）开展各种形式的文艺活动；

（三）表彰优秀文艺人才与成果；

（四）加强和社会各界交流合作；

（五）维护文艺爱好者合法权益。

第三章　会　　员

第八条　本会会员包括单位会员和个人会员。

第九条　申请加入本会的会员，必须具备下列条件：

（一）承认本会章程，自愿加入本会；

（二）单位会员为全市各区县检察官文联；

（三）个人会员为热爱文学艺术并有一定文学艺术特长的检察人员（含离退休人员）。

第十条　会员入会程序：

（一）提交入会申请书，其中个人会

员须经两名正式会员介绍，或所在单位推荐；

（二）经本会主席办公会审核通过；

（三）由本会秘书处发给会员证。

第十一条 会员享有下列权利：

（一）选举权、被选举权和表决权；

（二）对本会工作的知情权、批评建议权和监督权；

（三）参加本会的活动权；

（四）获得本会服务的优先权；

（五）享受本会为创作活动提供的必要帮助和便利条件；

（六）请求本会保障合法权益不受侵害；

（七）入会自愿、退会自由权。

第十二条 会员履行下列义务：

（一）遵守本会章程；

（二）执行本会决议；

（三）维护本会合法权益；

（四）向本会反映情况，提供有关资料；

（五）按规定缴纳会费。

第十三条 会员退会应书面通知本会，并交回会员证。会员超过一年不履行义务的，可视为自动退会。

第十四条 会员如违反国家法律，对社会造成危害，或严重违反本会章程，或长期不参加活动，经本会主席办公会核实，可给予警告、限期改正或除名等处理。

第四章 组织机构、负责人

第一节 会员大会

第十五条 本会的组织原则是民主集中制。本会的最高权力机构为会员大会。

第十六条 会员大会的职权是：

（一）制定和修改章程；

（二）选举或者罢免委员；

（三）制定会费标准；

（四）审议委员会的工作报告和财务报告；

（五）决定更名、终止等重大事宜。

第十七条 会员大会须有三分之二以上的会员出席方能召开，其决议须经到会会员半数以上表决通过方为有效。

第十八条 会员大会每五年召开一次。因特殊情况需提前或延期的，须由委员会表决通过，报业务主管单位审查并经社团登记管理机关批准同意。但延期最长不超过一年。

第二节 委员会

第十九条 委员会是本会会员大会闭会期间的执行机构，对会员大会负责。

第二十条 委员会的职权是：

（一）召集会员大会，向大会提交工作报告和财务报告；

（二）执行会员大会的决议；

（三）选举或者罢免本会主席、副主席、秘书长；

（四）决定本会顾问、荣誉职务、副秘书长和各机构主要负责人的聘免；

（五）决定办事机构、分支机构、代表机构的设立或者注销，并依法向登记管理机关备案或登记；

（六）领导各机构开展工作；

（七）制定内部管理制度；

（八）听取、审议秘书长的工作报告，检查秘书长的工作；

（九）会员大会授予的其他职权。

第二十一条 委员会委员由会员大会选举产生，每届任期五年。

增补委员，须经会员大会选举。特殊情况下可由委员会补选，但补选委员须经下一次会员大会确认。

第二十二条 委员会会议须有三分之

二以上委员出席方能召开；委员会决议须经到会委员三分之二以上通过方能生效。

第二十三条 委员会会议每年至少召开一次。情况特殊可随时召开。

第三节 主席办公会

第二十四条 本会设立主席办公会，由主席、副主席和秘书长组成。主席办公会是本会领导机构，在委员会会议闭会期间，行使本章程第二十条第二、四、五、六、七、九款和以下职权：

（一）确认委员会委员的候补人选；

（二）决定会员的吸收或除名；

（三）提出委员会研究的议题；

（四）处理本会日常重大事项；

（五）委员会授予的其他职权。

第二十五条 主席办公会会议至少每半年召开一次，情况特殊可随时召开。由主席提议，须有三分之二以上成员出席方能召开，其决议须经到会成员三分之二以上表决通过方能生效。

第四节 主席、副主席、秘书长

第二十六条 本会主席、副主席、秘书长由委员会选举产生。

第二十七条 本会主席、副主席、秘书长必须具备下列条件：

（一）坚持党的路线、方针、政策；

（二）在本会业务领域内有较大的影响和较高的声誉；

（三）最高任职年龄不超过70周岁，身体健康，能坚持正常工作；

（四）具有完全民事行为能力；

（五）未受过剥夺政治权利的刑事处罚。

第二十八条 本会主席、副主席、秘书长每届任期与委员相同，连任一般不超过两届。因特殊情况需要延长任期的，须经委员会表决通过，报业务主管单位审查同意并经登记管理机关批准后，方可任职。

第二十九条 主席为本会法定代表人，行使下列职权：

（一）主持会员大会，召集、主持委员会和主席办公会；

（二）检查会员大会、委员会、主席办公会决议的落实情况，代表本会签署有关重要文件；

（三）根据主席办公会的授权处理其他事项。

第三十条 本会副主席协助主席工作。本会秘书长一般为专职，在主席领导下开展工作，主要职责是：

（一）主持秘书处的日常工作，组织实施年度工作计划；

（二）协调各分支机构、代表机构开展工作；

（三）拟订内部管理规章制度，报委员会审批；

（四）向委员会提议聘任或解聘副秘书长和各机构负责人人选；

（五）向主席和委员会报告工作情况；

（六）处理其他日常事务。

第三十一条 本会专职工作人员应当参加登记管理机关或业务主管单位组织的岗位培训，熟悉和了解社会团体法律、法规和政策，努力提高业务能力。

第五节 秘书处

第三十二条 本会秘书处为常设办事机构，在秘书长领导下开展工作，负责落实会员大会、委员会、主席办公会的各项决议，具体承办本会的日常事务性工作。

第六节 专业委员会

第三十三条 本会根据工作需要可设立若干专业委员会，各专业委员会的设立由本会委员会决定。

第五章　资产管理和使用

第三十四条　本会经费来源：

（一）政府部门资助；

（二）会员会费；

（三）社会各界捐赠；

（四）其他合法收入。

第三十五条　本会按照会员大会通过的会费标准收取会员会费。

第三十六条　本会经费必须用于本章程规定的业务范围和事业的发展，不得在会员中分配。

第三十七条　本会开展表彰奖励活动，不收取任何费用。

第三十八条　本会执行国家规定的《民间非营利组织会计制度》，建立严格的财务管理制度，保证会计资料合法、真实、准确、完整。

第三十九条　本会配备具有专业资格的会计人员。会计不得兼任出纳。会计人员必须进行会计核算，实行会计监督。会计人员调动工作或离职时，必须与接管人员办清交接手续。

第四十条　本会的财务管理必须执行国家制定的《民间非营业组织会计制度》，接受会员大会和财政部门的监督。资产来源属于有关部门资助或者社会捐赠的，必须接受审计机关的监督，并将有关情况以适当方式向社会公布。

第四十一条　本会换届或更换法定代表人之前必须接受登记管理机关和业务主管单位组织的财务审计。

第四十二条　本会的资产，任何单位、个人不得侵占、私分和挪用。

第四十三条　本会专职工作人员的工资和保险、福利待遇，根据国家有关规定执行。

第六章　终止程序及终止后的财产处理

第四十四条　本会完成章程规定的宗旨或自行解散或由于其他原因需要注销的，由委员会会议提出终止动议。

第四十五条　本会终止动议须经会员大会表决通过，报业务主管单位审查同意，向登记管理机关申请注销登记。

第四十六条　本会终止前，须在业务主管单位及有关机关指导下成立清算组织，清理债权债务，处理善后事宜。清算期间，不开展清算以外的活动。

第四十七条　本会经登记管理机关办理注销登记手续后即为终止。

第四十八条　本会终止后的剩余财产，在业务主管单位和登记管理机关的监督下，按照国家有关规定，用于发展与本会宗旨相关的事业。

第七章　附　则

第四十九条　对本会章程的修改，须经委员会表决通过，并在提交会员大会审议通过后的15日内，报业务主管单位审查同意，并报登记管理机关核准后方能生效。

第五十条　本章程经2012年4月27日第一届第一次上海市检察官文学艺术联合会会员大会表决通过。

第五十一条　本章程解释权属本会委员会。

第五十二条　本章程自登记管理机关核准之日起生效。

上海市检察官文联组织机构成员名单

主　席：郑鲁宁

副主席：周越强、潘柏生、江静良、金雅蓉（女）、许国庆、顾晓敏、曹苏明（女）、刘节田、沈坚、商璟（女）

秘书长：江静良

副秘书长：杨康健

文学委员会主任：马　卫

书法美术委员会主任：杨康健

摄影委员会主任：蒋爱山

音乐舞蹈委员会主任：商　璟

影视委员会主任：张　径

体育委员会主任：曹　化

以上正副主席、秘书长经2012年4月27日一届一次委员会会议选举。各专业委员会主任经2012年4月27日一届会员大会决定。专职副秘书长经2011年4月7日政治部办公会议讨论同意并报院领导，2012年6月向市民政部门申请登记时经市检察官文联领导确定。

上海市检察文化艺术工作情况

综　述

一年来，上海市检察官文联通过筹备申请，召开一次会员大会暨成立大会，登记领证，建立组织机构，搭建工作架构，建章立制，开展各项活动，工作取得了积极进展，呈现出良好局面和发展趋势。

筹备情况

【向市民政部门申报成立】1月初，筹备申请工作由市文联转向市民政部门。筹备工作组在市社会团体管理局的指导下，初步通过了筹备成立的可行性报告、章程草案、拟定负责人等申请筹备材料。2月下旬，经反复修改完善，包括申请书、申请表、市委宣传部初审意见审核表、市文联批复、市文联党组对党建报告的批复、章程草案、住所产权或使用权证明、拟吸收会员名单、验资报告等9项申请筹备材料正式提交市社团管理局审核。4月15日，市民政局、市社团管理局正式批复同意成立上海市检察官文联。

【推荐委员 发展会员】2月下旬，筹备工作组向全市各级检察机关发出通知。要求推荐上海市检察官文联委员会委员候选人，动员广大检察人员报名参加上海市检察官文联各专业委员会。各分院、区县院从政治部负责人以上领导中推荐一名拟任上海市检察官文联委员会委员人选；市院各部、局、处室从部门负责人中推荐一名拟任上海市检察官文联委员会委员人选；老干部处和离退休干部各推荐一名拟任上海市检察官文联委员会委员人选，加上拟任主席团及专业委员会主任人选，各单位和有关方面共推荐委员会委员候选人55名。

上海市检察官文联拟下设文学、书法美术、摄影、音乐舞蹈、影视、体育6个专业委员会，根据推荐加入专业协会首批会员的对象及条件：（1）具有一定文学艺术成就的检察人员（含离退休人员）；（2）已经加入区县级以上文学艺术团体的检察人员；（3）获得区县级以上相关奖项的检察人员；（4）出版过文艺类专著的检察人员；（5）相关作品发表在省部级以上报刊杂志2件以上的检察人员；（6）参加市检察系统或区级以上展览、演出或比赛2次以上的检察人员；（7）爱好球类（乒乓球、羽毛球、网球、篮球、足球），棋牌类（象棋、围棋、桥牌、扑克牌）等体育活动，且具有较好水平的检察人员。3月中旬补发了扩大吸收会员范围（至文体爱好者）的通知。经个人自愿申请、单位推荐的个人会员共466人（548人次）。

【拟定主席团成员及专业委员会负责人】3月份，拟定的上海市检察官文联第一届委员会主席团成员为正副主席、秘书长（兼）11位，其中2位局级领导，9位处级领导，均按照程序完成报批；拟定上海市检察文联下设文学、书法美术、摄影、音乐舞蹈、影视和体育6个专业委员会负责人（与推荐中国检察官文联专业协会理事人选基本一致）。

【筹备一次会员大会暨成立大会】 3月19日，选调廉敬武、郭勇辉、吴懿卿3位同志充实筹备工作组，为4月下旬召开第一次会员大会暨成立大会准备大会材料，开展会务工作。

会　议

【第一次会员大会】 上海市检察官文学艺术联合会第一次会员大会暨成立大会，于4月27日在华亭宾馆召开。大会应出席会员466人，实际出席会员375人。大会由上海市检察官文联筹备工作组组长郑鲁宁主持。

大会听取了上海市检察官文联筹备工作组副组长周越强《关于上海市检察官文学艺术联合会筹备成立情况的报告》；上海市检察官文联筹备工作组成员江静良《关于上海市检察官文学艺术联合会章程（草案）的说明》；审议通过了《上海市检察官文学艺术联合会章程（草案）》；选举产生了上海市检察官文学艺术联合会第一届委员会委员共55人。

大会期间召开的一届一次委员会会议选举产生了上海市检察官文联领导机构，选举上海市人民检察院党组成员、副检察长郑鲁宁为主席；上海市人民检察院党组成员、政治部主任周越强，上海市人民检察院政治部宣传处处长江静良，浦东新区人民检察院副检察长潘柏生，黄浦区人民检察院副检察长金雅蓉，闵行区人民检察院副检察长许国庆，上海铁路运输检察分院副检察长顾晓敏，上海市人民检察院女检察官协会秘书长、案件管理处处长曹苏明，上海市人民检察院第一分院政治部副主任沈坚，上海市人民检察院第二分院政治部副主任刘节田，上海市人民检察院工会主席商璟等10人为副主席；秘书长由江静良兼任。

大会决定上海市检察官文学艺术联合会下设文学、书法美术、摄影、音乐舞蹈、影视和体育六个专业委员会，并决定马卫任文学委员会会长，杨康健任书法美术委员会会长，蒋爱山任摄影委员会会长，商璟（副主席兼）任音乐舞蹈委员会会长，张径任影视委员会会长，曹化任体育委员会会长。会议决定聘请（按姓氏笔画排名）叶辛、叶惠贤、张哲、何麟、周志高、南飞、施大畏、赵丽宏、钱文忠、奚美娟、曹建国、廖昌永等12位文化艺术界知名人士担任上海市检察官文学艺术联合会第一届委员会顾问。

最后大会听取了当选主席郑鲁宁所作题为“坚定信心 做好检察文联各项工作，开拓进取 促进检察文化发展繁荣”的工作报告。报告主要内容：第一，认清形势，明确任务，切实增强做好检察官文联工作的责任感和使命感；第二，准确定位，明确思路，努力推动上海检察文化发展繁荣；第三，强化措施，抓好落实，努力做好检察官文联各项工作。报告号召：以邓小平理论和“三个代表”重要思想为指导，全面贯彻落实科学发展观，在中国检察官文联、上海市检察院党组的领导下，在上海市文联的指导和民政部门的监督管理下，坚定信心，齐心协力，努力开创上海市检察官文联工作的新局面，为促进上海检察文化发展繁荣，推动上海检察工作科学发展作出应有的贡献！

【第一次主席办公会议】6月15日，在市检察院建国西路648号17楼会议室召开了首次主席办公会议。全体正副主席出席，各专业委员会主任列席。会议由郑鲁宁主席主持。会议就文联成立后面临的有关会费、活动、建立组织架构、安排顾问讲座、确定设立文联网页、配齐各专业委员会副主任、及时办理申请登记等问题进行了研究部署。

基础建设工作

【申请登记，获取证书】经申请登记：于7月16日领取到了市民政局、市社会团体管理局颁发的《社会团体法人登记证书》。因市院机关搬迁，通过办理社团住所变更登记手续，9月23日更新了市检察官文联《社会团体法人登记证书》。9月29日，又领取到了下属6个专业委员会的《社会团体分支机构登记证书》。10月26日领取到了市组织机构代码管理中心颁发的《中华人民共和国组织机构代码证》。

【建立规定条例】7月，制定了《上海市检察官文学艺术联合会对下属专业委员会管理规定》、《上海市检察官文学艺术联合会专业委员会工作条例》。

【建立工作架构】通过征求各专业协会、有关单位或部门意见，调整配齐了具有一定文体特长的各专业委员会副主任2名；通过与各分院、区县院政治部协商沟通，在各单位政治部负责人中（一般是检察官文联委员的首选），确定一名为市检察官文联联络员；结合中国检察文艺网招聘通讯员工作，着手建立“上海检察文艺”网通讯员队伍。

活　动

【文学委员会】专门走访了市作家协会和市公安局书刊社；组织部分文学爱好者参加市作协举办的文学讲座。

【书法美术委员会】在市院新大楼1号楼4层走廊建立了“上海检察官艺术长廊”，展出检察干警书画作品60余件；印制了2013年检察干警书画台历2000册。

【摄影委员会】在第一期“上海检察官艺术长廊”，展出了检察干警摄影作品100余件。组织上海十佳检察官风采拍摄创作活动和进行“以荷喻检”摄影采风活动。

【音乐舞蹈委员会】坚持每两周组织检察官合唱团进行一次排练。在上海市十佳检察官颁奖大会、上海律师公会成立100周年纪念大会和市直机关迎接党的十八大活动中分别参加演出。

【影视委员会】以市检察第二分院为主线，拍摄完成了片长18分钟的专题片《上海检察历史的痕迹》。

【体育委员会】对全市体育爱好者情况进行了调查摸底。为举办大型综合体育活动或分类开展各项体育活动做好准备。

【文化专题讲座】联合检察官学院或单独邀请检察官文联顾问廖昌永、叶辛到检察官培训中心作文化专题讲座；邀请检察官文联顾问王汝刚、钱文忠到市院作文化专题讲座。全市先后近2000人次检察人员参加听讲。

【建成上海检察文艺网页】由陈旭检察长题写的“上海检察文艺”网页，在上海检察网站内外网上分别建成。其中网页中的“图片新闻”、“文联动态”、“专项活动”、“文联规章”和“组织机构”等栏目部分图片文字内容开始上传。

获奖情况

【沈汉芳获奖】在中华全国总工会、中国文联、中央文明办、中央电视台、中国音乐家协会联合主办的第三届中国职工艺术节“开滦杯”声乐展演中，荣获民族唱法优秀奖。

成立大会

2012 年 4 月 27 日下午第一次会员大会后，紧接着召开了上海市检察官文学艺术联合会成立大会。大会首先向上海市检察官文联顾问颁发了聘书。大会重点听取了出席大会的全国政协常委、教科文卫体委员会副主任、中国检察官文联主席张耕，上海市委常委、市政协副主席、市委政法委书记吴志明，市院党组书记、检察长陈旭的讲话。张耕强调，检察官文联要准确定位，主动作为，始终坚持正确的政治方向，通过工作成效推动检察工作的科学发展，为经济社会发展大局服务。吴志明要求，上海市检察官文联要积极开展检察文化艺术创作和文化艺术活动，为上海建设国际文化大都市作出贡献。陈旭号召，全市各级检察机关要深刻认识加强检察文化建设的重要性和紧迫性，以检察官文联成立为契机，以坚定法律信仰、提升职业素质、促进公正廉洁为重点，充分发挥检察官文联对检察队伍的激励、感染和凝聚作用，为检察工作发展提供精神动力和文化保障。市委政法委、市人大、市政协，市公安局、市高级人民法院、市司法局、市国家安全局，市文联和市社团局等单位有关负责人，市检察院、检察分院局级以上干部，各区县院检察长和参加会员大会的人员共 400 余人出席了成立大会。

陕西省检察官文学艺术联合会

陕西省检察官文学艺术联合会
第一次会员代表大会

讲　话

在陕西省检察官文学艺术联合会
成立大会上的讲话

（2012年5月4日　根据录音整理）

张　耕

同志们：

非常高兴参加陕西省检察官文联成立大会。在座的各位，大部分都是陕西老乡，我们有一种天然的联系，所以对陕西省检察官文联的成立我感到更为亲切。首先我代表中国检察官文联对陕西省检察官文联成立表示热烈祝贺！向关心和支持检察文化事业，关心和支持陕西省检察官文联成立的省委、省政府、省人大、省政协以及相关部门的领导表示衷心的感谢！也向省检察院党组、向在筹备陕西省检察官文联成立过程中付出辛勤劳动的所有同志致以崇高的敬意！

陕西省检察官文联成立在检察系统是一件大事、一件盛事，也是一件喜事。我认为它的成立有重要意义。

第一，陕西省检察官文联成立是陕西省检察机关认真贯彻党的十七届六中全会精神的具体举措。党的十七届六中全会是一次非常重要的会议，用党的全会形式专门研究文化发展问题在我们党的历史上是第一次，作出加强文化建设的决定也是第一次，提出建设社会主义文化强国战略目标也是第一次。在党的十七届六中全会之后，陕西省检察院抓紧筹备检察官文联，而且在不长的时间内就把检察官文联建立起来了。这无疑表明陕西省检察机关对党的十七届六中全会精神的贯彻和落实是认真的、坚定的、富有成效的。

第二，陕西省检察官文联成立也是继承传统，勇于创新，促进陕西文化大发展大繁荣的具体行动。陕西省是一个文化积淀很厚重的省份。这里有远古文化，半坡博物馆是一个代表；有周秦汉唐文化，发掘的很多文化遗迹是很重要的证明；还有秦岭的山水文化，这在全国也是比较典型的；还有佛教、道教、儒教文化，黄土、黄帝、黄河文化；特别是还有红色文化，比如延安的革命文化。刚才胡太平检察长讲到了延安精神，这是陕西人的财富，是陕西的骄傲，当然也是全国人民的财富，是全国人民的骄傲。不管从哪个角度讲，陕西省的文化积淀都是很厚重的，陕西省文化的发展是源远流长的。在这么一块土地上，省检察官文联建立起来无疑对推动陕西省的文化建设和检察文化建设将起到重要的作用，进而会推动检察工作的科学发展。

第三，陕西省检察官文联成立也是陕西检察文化建设进入新阶段，取得新成效的重要标志。多年来，陕西省检察机关对检察文化建设高度重视，采取了一系列有效措施，开展了一系列文化活动，取得了很好成绩。比如，去年省检察院组织的文艺巡演活动效果就非常好，院领导亲自担任巡演活动领导小组的组长，组织了30多人的轻骑队，深入基层慰问干警，演出了几十场，巡回10个地市，有关方面领导、检察官和群众一万多人观看了演出，给予了充分肯定和高度评价。检察官文联成立以后，作为检察文化建设的一支重要力量，无疑将会起到对检察文化建设有新推动，取得新成效。

第四，陕西省检察官文联成立也是全国检察官文联建设取得新成效的重要标志。去年6月22日中国检察官文联成立以来，全国各省（区、市）检察院党组对检察官文联成立高度重视，目前已成立13家，陕西是第14家，陕西省检察官文联成立之后，全国省级检察官文联成立接近一半，紧接着江西等几个省市也要陆续成立。我估计，到今年年底可能会有三分之二的省级检察官文联成立起来。在全国检察官文联成立接近一半的时候，陕西省检察官文联成立，无疑对其他省份特别是西北地区各省级检察官文联的成立将会起到很好的带动、辐射和促进作用。

借这个机会我就检察官文联的工作讲几点意见。

一、要始终把握好检察官文联的性质和定位

这是我们做好检察官文联工作的重要前提。检察官文联的性质和定位，我认为最重要的有三条。第一，检察官文联是在各级检察院党组领导下的非营利性社会团体。这就决定了检察官文联必须自觉接受检察院党组的领导。检察官文联的重大工作部署、主要举措都要向同级检察院党组报告，要取得党组的指示。在这个问题上，一点不能马虎。检察官文联既然是一个团体，在业务上就一定要接受地方文联和中国文联的指导，在管理上要接受民政部门的监督。第二，检察官文联是检察文化建设的一支重要力量、重要方面军和重要助手。检察官文联不是检察文化建设的职能部门，职能部门是各级检察院的政治部门，所以检察官文联要和政治部门密切协作，在重大问题上要和政治部门及时沟通。检察官文联的工作方式是用文化艺术形式来推动检察文化建设和检察队伍建设。这是检察官文联工作的一个明显特点。因此检察官文联的工作不是检察文化建设的全部，更不是检察队伍建设的全部，在这个问题上，检察官文联一定要找准位置。要帮忙，不添乱，不越位，一定要在自己的职权范围内工作。对于检察官文联的职责，中国检察官文联概括了八个字，即“协调、联络、服务、指导”。检察官文联要在这个范围内履行自己的职责，发挥自己的作用。第三，检察官文联是检察文化和法治文化建设的重要平台和重要阵地。检察官文联的工作不能就检察文化抓检察文化，而是要把检察文化放在法治文化和中华文化这个大范畴内来思考。在中国检察官文联成立的时候，我提出了检察官文联要“立足检察文化，面向法治文化，传承中华文化，放眼世界文化”的工作思路。这就表明检察官文联不能孤立地就检察文化抓检察文化，而是要放开视野，既要建设检察文化，弘扬法治文化，还要传承中华文化，要用法治文化理念、中华文化的优秀成果，指导和丰富检察文化。

二、要始终坚持正确的工作方向

主要是三个方面。第一，检察官文联的各项工作一定要服务大局，围绕中心。服务大局就是服务党和国家的工作大局，围绕中心就是围绕检察机关的中心工作，如果检察官文联的工作脱离了这两个方面，那就不会取得成效，不会得到党委、检察机关和检察人员的支持，还可能出现这样那样的问题。比如，去年高检院政治部、中国检察官文联联合举办的全国检察机关书画摄影展和在人民大会堂举办的大型文艺演出，之所以得到了高检院党组的重视，得到有关领导和广大检察人员的充分肯定，就是因为我们紧紧围绕了大局，服务了中心。去年两个活动的主题，都是纪念人民检察制度创立80周年，以弘扬检察精神、反映检察官的生活为主要内容，而且又由检察官亲自表演、亲自书写、亲自绘画、亲自摄影，充分展示了他们的风采。第二，要坚持以社会主义核心价值体系为引领，践行“忠诚、为民、公正、廉洁”的政法干警核心价值观。检察官文联的文化艺术创作和检察文化艺术活动，都要紧紧围绕这个核心价值观展开。只有这样才能保持正确的工作方向。第三，要坚持检察官的主体地位。无论是艺术创作，还是文化艺术活动，都要以检察官为主体，使检察官受到教育，受到感染，受到鼓舞。所以，我特别赞赏省检察院去年搞的文艺巡演活动，因为所有节目都是自编、自导、自演，没有专业演员，都是我们的检察官，这肯定在检察系统会引起强烈的反响。

三、要始终坚持两手抓，一手抓检察文化理论研究，一手抓检察文化艺术创作和检察文化艺术活动

这两个方面相辅相成，不可偏废。检察文化理论研究是起指导和引领作用的，没有理论的指导，工作方向就会出问题。检察文化理论研究可以为检察文化艺术创作和检察文化艺术活动的开展提供丰富的资源，很多检察文化理论成果可以转化成艺术作品，可以转化为文化艺术活动。检察文化理论研究还可以提升检察文化艺术创作和检察文化艺术活动的品位和内涵，防止将检察文化艺术活动搞成单纯的娱乐活动或低俗的娱乐活动。今年5月，中国检察官文联和陕西省检察官文联将在延安联合主办首届中国检察官文化论坛。主题是研究检察文化理论和法治文化理论问题，以纪念毛主席《在延安文艺座谈会上的讲话》发表70周年。对这次论坛省检察院非常重视，胡太平检察长提出了许多要求。省检察官文联做了大量筹备工作。会上将有十几位同志作专题发言。各地检察官文联要把检察文化理论研究放在重要位置认真抓好。同时还要抓好检察文化文艺创作和检察文化文艺活动，用检察文化文艺创作和检察文化文艺活动承接检察文化理论研究成果，使这些成果变得更生动，更好地发挥塑造形象、鼓舞斗志、凝聚力量、促进发展的作用。

四、要始终抓好检察文化载体的创新和丰富

检察文化载体种类繁多。比如书法、绘画、摄影、音乐、舞蹈、影视、新闻、体育等等。当前，我十分关注的一个问题就是互联网问题，就是检察文化网站的建设。互联网覆盖面广、传播速度快、影响大。昨天胡太平检察长跟我讲，省院正在建设门户网站和文化艺术网站，我认为这是一个非常好的举措，中国检察官文联也正在建设中国检察文化艺术网，我们力求把它打造成一个很好的平台，成为检察系统文化艺术爱好者和工作者的交流平台、展示平台和受教育的平台。

五、要始终坚持抓好检察文化艺术队伍建设和检察官文联自身建设

我们检察系统的文化艺术人才不少，水平也不低，去年全国检察机关书画摄影展览举办后，今年三月中国检察官文联又在江苏举办了“以梅喻检”文化活动，通过这些活动，我们发现了一批检察系统的文化艺术人才。但是，这支队伍的底数还不大清楚，我们一定要把这个底数搞清楚。在此基础上，培训这支队伍，提升这支队伍，尽量给他们创造展示才华、提升素质的环境、条件和机会，使他们的才华能够得到最充分的发挥。同时要使用好这支队伍，充分发挥他们的作用。经过几年的努力，在检察系统逐步形成一支文化艺术骨干队伍，这样检察官文联的各项工作才会取得新的成果。

关于检察官文联自身建设，当务之急是健全组织，健全检察官文联的内设机构、专业协会，完善内部各项制度。另外还有各级检察官文联建设的问题，全国已经有近百个地市级检察院成立了检察官文联。实践证明，凡是文化艺术活动搞得好的地方，检察人员的面貌就不一样，这个地方的凝聚力就不一样，这个地方的工作成效也不一样。文化最重要的功能就是化人，以文化人，以文化人的核心是塑造人的灵魂。通过检察文化来振奋检察精神，改变精神状态，然后把力量投入到检察工作中去。所以基层检察官文联的建设，也是一项非常重要的工作，当然要从实际出发，循序渐进，量力而行。

陕西检察官文联成立之后，在党的十七届六中全会精神的指引下，在陕西省检察院党组的领导下，今后的工作一定会搞得很好，一定会取得新的成绩，以实际行动迎接党的十八大胜利召开！

谢谢大家！

（张耕同志时任全国政协教科文卫体委员会副主任，中国检察官文联主席，最高人民检察院原党组副书记、常务副检察长。）

资　　料

陕西省检察官文联主席、副主席、秘书长、副秘书长名单

主　席：崔明生

副主席：房燕萍

　　　　任小青

　　　　邢志坚

　　　　周红梅

秘书长（兼任）：任小青

副秘书长：郑　琪

陕西省宝鸡市检察官文联名誉主席、主席、副主席、秘书长名单

名誉主席：

霍永库　宝鸡市人民检察院

主　席：

王西平　宝鸡市人民检察院

副主席：

梁思勇　宝鸡市人民检察院

贺昌林　宝鸡市人民检察院

马全宏　麟游县人民检察院

周　彤　岐山县人民检察院

秘书长：

陈忠和　宝鸡市人民检察院

陕西省检察文化艺术工作情况

综　述

2012年以来，陕西省各级检察院以提高队伍整体素质为目标，以强化机关管理为手段，以营造机关和谐氛围为形式，积极开展形式多样的检察文化建设活动，有效推动了各项检察工作持续健康发展。广大干警的精神面貌焕然一新，工作作风进一步转变，人民群众的满意率进一步提升，树立了检察机关的良好形象。

一、着力加强环境文化，营造文化育检氛围

环境文化是检察文化的物质表现，也是最直观的文化建设。陕西省各级检察院高度重视环境对干警的育化作用，大力开展环境文化建设。初步建成了以工作环境、学习环境、休闲环境、运动环境为内容的环境文化，使干警产生强烈的自豪感和归属感。一是在"两房"建设过程中，按照建设园林庭院的要求对机关进行绿化、美化、净化和亮化，机关院内花草繁茂，绿树成荫，让干警在紧张有序的工作中感受轻松自然舒适的环境。二是加大资金投入和物质保障力度，建立、完善了涵盖各项检察业务需要的图书阅览室，为干警提供和创造了良好的学习条件与学习环境；设置了简明整洁的荣誉室，增强了干警的凝聚力和荣誉感；注重办公楼大厅与走廊"法制"文化墙、廉政文化长廊的建设，让检察干警在潜移默化中陶冶情操，滋养心灵；部分市、县（区）院建成了篮球场、网球场、乒乓球室、健身房和文化休闲吧，让干警在工作之余加强锻炼，提高身体素能。

二、着力加强和谐文化，增强队伍凝聚力

全省各级检察院充分发挥党组织、女检协、工会等社团组织和文化兴趣小组的积极作用，广泛开展丰富多彩的文体活动。以"凝聚人心、鼓舞干劲、营造和谐机关"为目标，以弘扬检察职业精神，践行执法为民宗旨为依托，不断丰富检察文化的载体建设。通过举办文艺晚会，开展主题演讲比赛，举办迎春联欢会、书画摄影展、球类体育赛事、趣味运动、登山拔河、健身游艺等节庆活动，形成文化建设四面开花，机关活力空前高涨的良好局面。随着检察文化活动的广泛开展，一批声乐、器乐、舞蹈、书法、绘画、摄影等方面的文化艺术人才脱颖而出，为推动检察文化持续发展提供了精神动力和人才保障。在注重内部文化建设的同时，全省各级院还不同程度地开展了对外文化交流与展示，先后组织参加了各地市城市运动会、政法系统"喜迎十八大"书画摄影展、"庆祝建国六十周年"歌咏比赛、全省检察机关文艺汇演和全省检察机关网络书画摄影展等，分别获得多个单项奖和团体奖。绥德县院周和江同志的书法作品获得2012年全国检察机关书画摄影作品展览一等奖，汉中市院王三品同志所作词曲获第七届全国新创词曲优秀奖，李跃军同志摄影作品获全国检察机关廉洁从检书画摄影展优秀奖。

三、着力加强素质文化，切实提高干警的执法水平

以提升干警综合素质为目标，全力抓实素质文化建设。一是深入开展各项主题教育实践活动。通过组织开展“诵读红色经典”、“党日活动”、干警论坛、“检察大讲堂”等形式多样主题活动，使社会主义法治理念和“忠诚、为民、公正、廉洁”的政法干警核心价值观成为检察人员的主导意识。二是把检察文化建设融入创建学习型检察院活动中，积极推行互动式、案例式的岗位“学、练、赛”活动，提升检察人员综合素能。如组织干警赴先进检察院学习好经验、好做法，结成“友好检察院”进行团队式交流、交叉检查等练、赛、学活动，不断提高队伍专业化水平和执法水平。近两年来先后有多人荣获省市“十佳（优秀）公诉人”、“十佳侦查监督能手”、办案能手等荣誉称号；有些市、县（区）院举办检察夜校，采取“一对一”帮扶，以新带老，开展信息化技术应用培训和新闻摄影、采编专业辅导。以支部为单位，在全体党员干警中开展“读、讲、传、唱”活动，把干警的精力引导到学习、思考、钻研、创新上来。各级院充分运用检察讲坛或干警论坛，每位干警轮流登台讲授，开展述学、考学、评学活动。全省各级院还积极开展读书活动，通过购置书籍、在局域网设电子书等途径，提倡干警广泛阅读，提升人文修养。三是积极开展体验式教育。通过组织干警进行革命传统教育、开展“一村一检察官”、“走千家访万户送法律送服务”、扶贫帮困、“连心共建”等活动，密切检民联系，增强检察职业荣誉感和责任感，激发干警爱岗敬业的工作热情和积极性。四是加强廉政警示教育。采取集中学习、听先进事迹报告、观看警示教育影视等形式，对干警进行正反两方面的教育，使干警打牢拒腐防变的思想防线。

四、着力加强机关管理文化，促进检察工作规范发展

以规范管理为主，不断强化管理文化建设，坚持抓管理提效能、抓规范促公正，大力推进队伍管理规范化。一是建立健全领导组织机构，全省三级院均成立由院领导任组长的文化建设领导小组和办公室，由政工部门牵头主抓文化建设工作，形成了院领导负总责、政工部门具体负责、各部门和全体干警积极参与的文化建设工作格局。建立健全工作考评体系，把文化建设《实施方案》确定的各项目标任务纳入对各市、县区院各内设机构和全体干警的目标责任考评体系，细化分解任务，明确工作时限和目标要求，落实工作责任，加强动态考评和督促检查，保证各项任务切实落到实处，取得实效。二是以绩效考评为基础，建立目标管理机制。实行“周例会、月分析、季调度、半年总结考核”动态督察工作机制和考核手册制度，有效地推进了考核工作的规范化、常态化。如汉中市汉台区院建立了“目标引导、量化考评、奖优罚劣、激励发展”的科学考评机制，在部门和干警中形成论表现、比干劲、创业绩、争一流的良好竞争氛围。县区院修订完善规范执法科学管理的制度机制，有力地提升了工作效能。三是牢固树立法律监督者更要接受监督的思想，建立健全监督制约机制。实行执法过错责任追究制，促进公正廉洁执法。落实诫勉谈话、检务督察、执法档案等制度规范，扎实开展办案安全、执行办案纪律、扣押冻结涉案款物等专项检查，确保队伍廉洁、执法公正。每年主动向人大、政协汇报工作，实地走访人大代表、政协委员，虚心听取他们的意见和建议；全面实行人民监督员工作制度，按要求接受人民监督员的监督。四是坚持民主、公平、公开原则，严格按程序选拔任用干部，积极解决干警职级问题，极大地激发了干警的内在潜力和工作热情。

会 议

【陕西省检察院党组听取首届中国检察官文化论坛和会议精神的汇报】5月30日，陕西省检察院召开党组会议，党组书记、检察长胡太平同志主持会议，听取了陕西省检察官文联负责同志对首届中国检察官文化论坛主要精神及贯彻意见的传达和汇报。

与会同志一致认为，在纪念毛泽东同志《在延安文艺座谈会上的讲话》发表70周年之际，全国检察官文联举办这次论坛意义重大，在陕西延安举办，更赋予了检察文化和法治文化建设新的时代内涵。全省检察官文联工作，一定会以这次论坛为契机，以《讲话》为指导，进一步推动检察文化建设，服务全省检察工作科学发展。

活 动

【首届中国检察官文化论坛在延安举行】为了纪念毛泽东同志《在延安文艺座谈会上的讲话》发表70周年，首届中国检察官文化论坛于5月24日至26日在延安举行。全国政协教科文卫体委员会副主任、中国检察官文学艺术联合会主席张耕主持论坛开幕式并讲话。

全国毛泽东文艺思想研究会副会长曹桂芳教授，中国文化软实力研究中心主任张国祚教授，中国社会科学院法学所副所长、文化法制研究中心主任冯军教授作了主旨发言。来自各省市、区检察院的35位代表分别作了大会发言。

全国政协教科文卫体委员会副主任、中国文学艺术基金会理事长胡振民，最高人民法院咨询委员会副主任、中国法官协会法院文化分会会长李玉成，陕西省政协副主席王晓安，陕西省人民检察院党组书记、检察长胡太平，新疆维吾尔自治区检察院党组书记杨肇季出席论坛开幕式。中国检察官文联常委、专家学者及来自全国各地的检察官代表共100多人参加了论坛。论坛期间还召开了中国检察官文学艺术联合会第一届委员会第一次常委会，审议了有关规定。

本次论坛由中国检察官文学艺术联合会和陕西省检察官文学艺术联合会共同举办，延安市检察院承办，榆林市检察院协办。

【陕西省人民检察院成功举办陕西检察网开通仪式】5月30日下午，陕西省检察院在机关会议室举办了陕西检察网开通仪式。省检察院党组书记、检察长胡太平，省检察院党组副书记、副检察长崔明生、毛海，省检察院党组成员、副检察长程紫平、史建泉，副检察长巩富文，省检察院党组成员、反贪局长贺佑荣以及省检察院检委会专职委员、副厅级检察员、各内设机构负责人出席开通仪式。陕西省工信厅副厅长蔡苏昌也应邀出席了开通仪式。

开通仪式由省检察院党组副书记、副检察长毛海主持。省检察院党组副书记、副检察长崔明生就搞好陕西检察网工作作了重要讲话。省检察院党组书记、检察长胡太平与陕西省工信厅副厅长蔡苏昌一起点击鼠标启动陕西检察网。

【省检察院举办“解读刑诉法大修”和检察微故事征文活动】 为帮助各级检察机关更好地理解和适用修改后的刑事诉讼法，6月—12月陕西检察网在全省检察机关开展“解读刑诉法大修”征文活动，共有26篇文章分获一、二、三等奖，4个单位获优秀组织奖。

陕西省人民检察院政治部会同全省检察机关开展的政法干警核心价值观专题实践活动，在全省检察机关开展了“践行核心价值观，走千访万服务群众”检察微故事征文活动，先后收到作品近400份，在全省检察干警中引起强烈反响，最终评出了一等奖3个、二等奖5个、三等奖7个，优秀奖62个。所有文章被汇编成《检察微故事——我与人民群众那些事》一书下发全省检察院，并分送省人大代表、政协委员及全国驻陕人大代表、政协委员。

【“践行核心价值观，建设美好安康”文艺展演】 5月5日，安康市人民检察院组队参加全市政法系统“践行核心价值观，建设美好安康”文艺展演。

【“铜川大讲堂·养生文化与亚健康”专题报告会】 6月6日下午，由市委主办，中共铜川市委组织部、铜川市人民检察院协办的铜川大讲堂“养生文化与亚健康”专题报告会，在新区图书馆报告大厅举办。市委副书记张应龙主持报告会，世界中医药学会联合会亚健康专业委员会常务理事、陕西健康养生讲师团团长常海沧教授主讲，市委常委、副市长赵晓明，市委常委马秉寅，市委常委、市委宣传部部长闫旭等市级领导，市级离退休老同志，各区县委、政府、新区管委会、照金景区管委会，市委和市级国家机关各部门、各人民团体副县级以上领导干部，省、市“两代表一委员”，市检察院人民监督员及全市检察系统干警参加了报告会。

【铜川市检察机关举行文化育检汇报演出】 2月3日，举办全市检察机关元宵节联欢晚会。3月26日，举办“奋进的2012，铜川市检察机关文化育检汇报演出”。10月19日，举办“夕阳红”老干部联欢活动。

【举办“全省检察机关廉洁从检书画、摄影作品评审活动”】 6月初，根据最高人民检察院纪检组监察局和最高人民检察院政治部关于举办全国检察机关廉洁从检书画、摄影作品评审活动的通知精神，陕西省人民检察院纪检组、监察处和陕西省检察官文联共同组织举办了“全省检察机关廉洁从检书画、摄影展览”。旨在繁荣检察文化，弘扬职业道德，活跃文化生活，寓教于乐，启迪心灵。

从中筛选作品报送最高人民检察院纪检组监察局和最高人民检察院政治部。陕西省检察机关选送的书画摄影作品共有15件入选参展。

【“迎双节、健体魄、保稳定”野外拉练活动】 9月27日，安康市人民检察院组织开展“迎双节、健体魄、保稳定”野外拉练活动。

【举办书画展喜庆党的十八大胜利召开】 11月22日，陕西省人民检察院离退休第一党支部举办了“喜庆十八大书画展览”。近百幅书画作品，以不同的形式讴歌了党的领导，反映了革命和建设所取得的成果，展示了离退休老同志心系国家，情系检察事业的精神风采。

【检民红歌合唱诉心声】4月30日下午，在铜川市耀州区秀房沟煤矿举行“五一”文艺汇演，检察官作为特邀嘉宾与刑满新生人员和矿工家属合唱的《社会主义好》把演出推向高潮，赢得了观众的阵阵掌声。新生人员纷纷表示，检察官和他们同台演出，这个别样的节日他们过得很高兴、很温暖，努力工作、好好生活是他们对党和政府最好的回报。

【淳化县检察院开展“廉政文化进家庭”活动】9月，淳化县检察院联合县纪委、县监察局、县妇联等单位，在全县范围内开展了以“树清廉之风、建和谐家庭”为主题的廉政文化进家庭系列活动。为此他们成立了由纪检组牵头的家庭助廉委员会，给干警及家属发送廉洁自律短信和“建设廉政家庭倡议书”，动员干警家属争当贤内助；组织干警及家属观看廉政教育警示片，以案说法，教育引导干警及家属警钟长鸣，防微杜渐，倡导发扬艰苦朴素、勤俭持家的美德，树立思廉助廉意识，帮助亲属把好“廉政关”。

【丹桂飘香秋送爽 翰墨丹青迎国庆】9月27日，汉中市检察机关举办了“庆祖国华诞，迎十八大”书画摄影展。汉中市法学会副会长陈晓进、市人大调研员杨兴明、市政协社法委副主任赵松祥、市书法院院长杨翰阳、市书法家协会副主席尤全生、市美术家协会副主席宁明智、市摄影家协会秘书长席汉涛等领导及嘉宾应邀出席了开幕仪式，汉中市检察院检察长李志虎代表院党组到会致辞。

此次展出的70余幅作品，均由该市检察干警在工作之余创作完成。作品紧贴检察工作实际，记录检察干警生活，描绘祖国壮美山川、独特的风俗民情以及检察事业发展的精彩瞬间，具有浓郁的地方特色和职业特点。

【汉中市人民检察院举办全院职工运动会】12月中旬，汉中市人民检察院举办了2012年职工运动会，在机关工会的安排组织下，全院干部职工利用休息时间投入到乒乓球、羽毛球、篮球赛和拔河比赛当中，用实际行动诠释“我运动、我健康、我快乐”的信念。这也是今年以来该院举办又一次集体文体活动。

【凤县人民检察院开展庆元旦体育活动】12月中旬，凤县人民检察院组织全院干警开展了“庆元旦、强体魄、促协作”的体育活动。

活动在月亮湾公园举行。下午3点整，干警们齐聚入口，随着副检察长韩山青的起跑令声，大家开始向山顶攀登。14分钟后，反渎职侵权局干警文晶率先完成了3.5公里的路程到达终点。稍事休息，干警们又进行了拔河比赛。

创　作

【编排舞蹈“清风荷花颂”获二等奖】9月28日，在陕西省省直机关首届文化艺术节闭幕式上，省人民检察院机关自编自排自演的舞蹈节目“清风荷花颂”荣获二等奖。

8月初，省直机关工委发出通知，决定在省直机关举办首届文化艺术节，旨在激发广大干部工作热情，活跃机关文化生活，以良好的精神面貌迎接党的十八大胜利召开。陕西省人民检察院在本届文化艺术节上共参加了 10 个项目的活动，其中，由陕西省检察官文联和机关党委办公室牵头组织的舞蹈“清风荷花颂”在文艺汇演中表现不俗。该节目清新活泼，寓意深刻，以荷花出淤泥而不染的品格启示党员干部，一定要立党为公，秉公用权，拒腐蚀永不沾。节目编排过程中，陕西省检察官文联副主席兼秘书长任小青、机关党委闫国营等同志，带领抽调的 17 名检察官演员，潜心琢磨，刻苦训练，加班加点，克服困难，付出了大量的心血和汗水。

由于节目编排巧妙，准备充分，表演到位，在决赛中从 40 多个节目中脱颖而出，赢得了赞誉。

【拍摄专题短片“魅力榆林文明检察”】10 月份，榆林市院与高检院影视中心合作，拍摄了反映榆林市人民检察院各项工作和整体风貌的专题宣传片《魅力榆林　文明检察》。

获奖情况

【陕西省检察院干警陈丽琼荣获省直机关工委举办的“清风伴我行”演讲比赛三等奖】9 月 7 日，在省纪委办公厅、省直机关纪工委举办的“清风伴我行”演讲比赛中，陕西省检察院干警陈丽琼荣获三等奖。

【陕西省人民检察院在省直机关首届文化艺术节上取得好成绩】9 月 6 日至 9 月 28 日，由陕西省省直机关工委牵头，成功举办了首届省直机关文化艺术节。

在陕西省检察官文联、陕西省人民检察院监察处、研究室以及有关部门的大力支持和积极配合下，省院机关组织参加了本届文化艺术节“清风伴我行”演讲比赛、机关文化建设与全面建设西部强省论坛、喜迎十八大文艺汇演等 10 个项目的活动。其中，省院机关自编自导的舞蹈“清风荷花颂”表现不俗，在参加文艺汇演的 40 多个节目中脱颖而出，获得二等奖，侦监二处陈丽琼同志在“清风伴我行”演讲比赛中获得三等奖，省院机关获得本届文化艺术节优秀组织奖。

【陕西省检察机关 15 件作品入选全国检察机关廉洁从检书画摄影展】全国检察机关廉洁从检书画摄影展于 12 月 11 日至 12 月 18 日在北京首都博物馆举行。在这次展览中，陕西省检察机关选送的书画摄影作品共有 15 件入选参展。

全国检察机关共选出 481 件作品展出。陕西省检察机关共报送作品 66 件，其中省检察院机关高园林、西安市莲湖区人民检察院李建西、沙坡地区检察院杨少妮、宝鸡市人民检察院张昭、宝鸡市陈仓区人民检察院晁露露、岐山县人民检察院霍茅睿、眉县人民检察院杨益民、太白县人民检察院李逢、乾县人民检察院严峰、汉中市汉台区人民检察院李跃军、西乡县人民检察院祝儒林、安康市人民检察院赵宏勋、洛南县人民检察院王曦峰、丹凤县人民检察院韩俊英、绥德县人民检察院周合江等 15 名同志创作的书画摄影作品入选参展，为全省检察机关赢得了荣誉。

【陕西省人民检察院干警姚兰荣获全省“清风伴我行”主题征文活动一等奖】12 月中旬，陕西省纪委办公厅通报表彰了全省“清风伴我行”主题征文活动获奖作品及其作者，陕西省人民检察院的姚兰同志在 60 篇获奖作品中获一等奖并名列第一。

【陕西省城固县检察院干警在县政法委举办的主题演讲比赛中获得二等奖】 8月14日，城固县举办了政法系统“忠诚 为民 公正 廉洁”政法干警核心价值观主题演讲比赛，其中，城固县检察院干警饶亮、杨林峰《检察干警的价值观》、《我身边的反贪干警》以良好的形象和精彩的演讲赢得了在场领导、评委和全体干警的一致好评，获得并列第二名的好成绩。

【陕西省人民检察院编排的舞蹈“清风荷花颂”获二等奖】 9月28日，在陕西省省直机关首届文化艺术节闭幕式上，省人民检察院机关自编自排自演的舞蹈节目“清风荷花颂”荣获二等奖。

【周合江同志获全国检察机关书画作品大赛一等奖】 绥德县人民检察院干警周合江的作品《楹联》获书法作品一等奖。

【高检院首届廉政宣传短片大赛】 榆林人民检察院廉政宣传短片《传承》荣获全国检察机关廉政宣传短片二等奖，横山县人民检察院廉政宣传短片《小学生的理想》荣获省院优秀奖。

【铜川市检察院文学创作成绩优异】 铜川市新区检察室干警吕学敏创作的计划生育题材的长篇小说《子宫》在第十四届中国人口文化奖评奖中获得“文学类”三等奖。吕学敏同志创作的电视短剧“金凹村里计生事”获得陕西人口文艺奖二等奖。

铜川市检察院干警陈文合出版诗集《洁净的天空》。诗歌《 山桃花与孟姜女的传说 》获由中共陕西省委宣传部、陕西省文化厅、陕西省文学艺术界联合会主办的陕西省首届民间文化艺术节·民间诗歌大赛优秀奖。诗歌《思念与守候》获陕西省第三届农民诗歌大奖赛优秀奖。

【检察“微故事”征文获奖作品】 靖边县人民检察院干警杨柳的文章《在押犯对我说“谢谢”》获得三等奖。

【“解读刑诉法大修”征文活动获奖作品】 神木县院干警朱锐的文章《新刑诉法背景下检察机关适用简易程序探析》获得优秀奖。

出 版

【铜川市检察院创新出版成果丰硕】 铜川市检察院通过各种措施，创新宣传形式，充分利用网络等新兴媒体，进一步拓宽发稿渠道，全市检察机关的新闻宣传工作得到进一步发展，新闻媒体稿件采编数有了大幅度提升。与铜川市电视台共同摄制7期《政法时空》节目，合作摄制“检察官在基层”专题片15期，在《铜川新闻联播》报道工作动态31次。在《铜川日报》开办“抓学习，创特色；抓效率，比速度；抓进位，争一流”专栏，在《西部法制报》开办铜川检察专刊2期。全市检察机关共发新闻稿件903篇，同比增长53%，其中一类媒体379篇，二类媒体182篇，三类媒体342篇。特别是在《人民日报》发稿1篇，在《人民日报海外版》发稿11篇，在《法制日报》发稿4篇。

【《汉中检察》】 2012年《汉中检察》共刊登干警诗歌散文等原创文学作品12篇，调研文章198篇。

文化交流

【西安市未央区检察院检察官面向社会交流读书体会】5月22日上午，西安市未央区检察院在西安图书馆报告厅面向社会举办了“书香检察，学习建院”检察官读书交流会，检察干警、社区群众、驻地大学生、区级部门干部100余人共同参加。

4名检察干警对《新波斯人信札》、《巨人归来》、《发现母亲》和《重读中国近代历史》等书籍的感悟和体会，让与会听众共享了读书的快乐。中国作协会员、陕西诗词学会副会长、西安作家协会副主席商子秦用“视野、感悟、表达、文化”等关键词对4名检察官的交流进行了精彩点评，充分肯定了检察官读书活动。

西安市检察院党组成员、副检察长田玉兰，西安图书馆馆长胥文哲出席会议，并作讲话。

【于丹教授做客“陕西检察讲堂”讲授“构建和谐心灵”】为了深入推进全省检察机关开展的“忠诚、为民、公正、廉洁”政法干警核心价值观教育实践活动，6月14日，陕西省检察院邀请于丹教授，在“陕西检察讲堂”上作“构建和谐心灵”专题讲座。讲座采取视频会议形式进行，省院设为主会场，各市分院、基层院设立分会场，全省7000余名检察人员同步收听收看。同时，省院主会场还邀请了20多位在陕的全国人大代表及省人大代表、政协委员，各市、分院也邀请了人大代表及政协委员莅临会场。陕西省检察院副检察长、省检察官文联主席崔明生主持了本期讲座。

【汉中市汉台区人民检察院举办书画笔会喜迎十八大召开】10月22日，汉中市汉台区人民检察院邀请10余名本土书画名家来院与干警进行笔会交流，现场创作书画作品，共同寄托对党和人民的热爱，对幸福生活的赞美。现场创作观摩结束后，还进行了交流座谈，进一步增强了文化交流，提高了干警的创作能力和热情。其中一批优秀作品将以喜迎十八大为主题，集中向社会展出。

教育培训

【陕西师范大学政治经济学法学系主任王蓓教授应邀为检察干警作报告】按照陕西省委政法委关于政法干警核心价值观教育实践活动的统一部署，从8月中旬开始在全省组织开展政法干警核心价值观专题宣讲活动，这是深入推进政法干警核心价值观教育实践活动的重要举措。

8月31日上午，“陕西检察讲堂”邀请王蓓教授为全省检察干警作《探析科学理论，把握政法要义》的报告，报告会由省检察院副检察长崔明生主持。

【中国延安干部学院李世明教授应邀来省院作专题党课讲座】10月16日上午，中国延安干部学院李世明教授应邀为省院干警作《延安精神与成功之路》党课讲座。在120多分钟的讲座中，李世明教授从延安精神的历史作用和地位、延安精神的内涵、延安精神的时代价值等方面，全面阐释了延安精神。他总结了中国共产党在延安13年的奋斗历程，指出延安是中国革命的成功成熟之地，是中国革命的“落脚点”、“出发点”、“转折点”和“试验田”，认为延安精神就是“民族精神”、“世界精神”。其内涵就是：政治方向、实事求是、艰苦奋斗、为人民服务四个方面。

这次党课学习由省院机关党委副书记周红梅主持。省院领导同志、厅级干部和全体干警、职工参加了党课学习。

【陕西省人民检察院组织干警观看历史文献纪录片《信仰》】根据最高人民检察院和陕西省委组织部、宣传部的要求，10月24日上午，陕西省人民检察院机关组织全体干警集中观看了历史文献纪录片《信仰》。

《信仰》由中央组织部、中央文献研究室、中央党史研究室、中央电视台联合摄制。以党的91年光辉历程为背景，通过讲述革命、建设、改革各个历史时期优秀共产党员坚持理想信念、发挥先锋模范作用、保持先进性和纯洁性的感人故事，深刻阐述了中国共产党人的核心价值观，具有较强的思想性、艺术性和观赏性，是对党员干部和政法干警进行理想信念教育的重点教育片。

设施建设

【宝鸡市金台区检察院多措并举促进检察文化建设】近年来，宝鸡市金台区检察院大力弘扬忠诚、为民、公正、廉洁的核心价值观，大力开展检察文化建设活动，采取五项措施全面提升干警的思想境界、职业操守、人文素养，努力营造和谐、健康、向上的文化氛围。

一是成立文体兴趣小组。结合干警个人特长，因势利导，先后投资3万余元，成立了电声管乐、摄影、舞蹈、演讲、男子乒乓球、男子篮球6个兴趣小组。干警利用闲暇时间积极参加学习、训练。其中电声管乐队有萨克斯、长笛、电子琴、贝斯、架子鼓等专业设备供干警练习。

二是切实加强文体场所及设施建设。积极筹措资金，先后建有乒乓球室、多功能健身房等活动场地。为广大干警缓解工作压力、养成良好生活情趣、保持身心健康提供条件。

三是高度重视办公场所的文化形象塑造，重点加强控申、值班等文明窗口建设，建立办事公开、文明接待、岗位责任等制度，改进诉讼引导和查询咨询服务，认真落实各项司法为民、便民、利民措施，努力营造尊重和方便人民群众的良好氛围。

四是有效渲染烘托公用区域的文化氛围。充分利用办公楼大厅、走廊、接待室等公用区域，精心打造“文化墙”，悬挂、张贴法律名言、廉政警句以及干警各类书画优秀作品，通过耳濡目染对干警进行潜移默化的思想教育，增强自律意识。

五是努力抓好阅览室和网站建设。根据工作实际，合理配备、及时订购理论、检察业务等书刊，为广大干警工作和学习提供条件。同时，不断加强网站的运行和管理，及时更新检察信息动态，为干警加强学习、参与文化建设提供载体。积极向社会传播和展示检察文化。

【神木县院“文化墙”浓缩检察形象】走进神木县检察院大门，南面“文化墙”上“立检为公、执法为民”几个大字，诠释着神木检察宗旨。

“文化墙”共分为六大部分：本院简

介、队伍建设、检察业务、视察指导、历年荣誉和检察文化，配有精选历年照片和简要说明，是神木检察形象的浓缩。

“文化墙”的设立，全面展示了神木县检察院的各项工作成绩，起到了良好的宣传作用。

【陕西省安塞县检察院将图书室建成为检察干警的“精神粮仓”】为了加强检察文化建设，为全院干警营造优美、和谐、健康、充满活力的检察文化环境和良好的学习环境，安塞县院多渠道筹措资金，购置了6000多册图书，有法律法规、人文历史等9大类，基本满足了全院干警查阅资料、业务学习和阅读休闲需要。干警们都说，图书室是他们的“精神粮仓”，是大脑的“充电房”！

基层检察文化艺术工作

【蓝田县检察院举办首届干警摄影大赛】4月15日，蓝田县检察院举行首届干警摄影大赛颁奖大会，6名干警的摄影作品分获一、二、三等奖。

本次摄影大赛由蓝田县检察院新成立的摄影协会主办。该院党组成员都参加了颁奖仪式，并分别为获奖干警颁奖；蓝田县检察院党组书记、检察长李文凯随后发表了讲话。

【大荔县检察院积极营造文化氛围加强检察文化阵地建设】为进一步丰富机关文化生活，提升检察人员整体素质，实现检察事业的全面发展，打造对外良好形象，今年以来，大荔县检察院以科学发展观为主线，以干警核心价值观教育实践活动为抓手，在干警中牢固树立“忠诚、为民、公正、廉洁”的核心价值观，积极营造文化氛围，大力加强检察文化阵地建设，注重构建文艺活动、体育活动、学术交流三大平台。充分利用内部局域网络，拓展文化建设新空间。开辟“荔检动态”、“荔检讲坛”等固定栏目，发表检察干警撰写的论文、书法、摄影等作品；在局域网上开设“学习天地”、“干警论坛”等栏目，为干警提供学习、交流、展示的现代化平台；设置院史展览馆、荣誉档案室和文化墙，组建篮球队、乒乓球队、羽毛球队等团队，定期或不定期地组织开展不同主题的文化、艺术、体育活动，营造一种积极向上的检察文化氛围。

【洛川县检察院组队参加该县直属机关工委“城投杯”篮球比赛并获二等奖】为展示检察队伍形象，增强全院干警的凝聚力和战斗力，打造团队精神，7月洛川县检察院组队参加了该县直属机关工委“城投杯”篮球比赛，并获二等奖。

【检察讲坛——每位检察官的大舞台】7月中旬蒲城县检察院第8期检察讲坛——《解析黄岩岛事件》开讲，主讲者是该院的王宇鹏副检察长。他的讲座贯穿经典百战，一览全局战略，洞悉邦国心机，使全院干警产生了维护国家主权，珍爱世界和平的共鸣。

【凤县检察院检察文化宣传广受群众欢迎】7月下旬，凤县人民检察院干警深入距县城70余公里的坪坎镇开展检察文化宣传活动。他们带去了自编自演的相声、小品、舞蹈、合唱等结合检察业务工作和群众生产生活的节目，受到了群众的热烈欢迎。尤其是小品《下乡》中反映的向村里捐献60吨水泥、5000元钱的故事就是源自于当年“三问三解”的真实故事。

【检察书香味正浓】汉中市汉台区检察院将学习作为搞好检务工作的第一要务，制定建设“书香汉台”工作目标，把提高综合素质能力作为“书香检察”的实质性内涵，明确提出要率先在全省建成一流基层图书阅览室。

他们以创新载体为关键点，搭建高效率的学习平台为手段，更新一批计算机设备及购置一大批最新图书为干警拓展阅读空间，全面开展“爱读书、读好书、善读书”学习活动，采取“书香进科室”、“经典图书大家看”、“传承经典，享受阅读，感悟和谐”、“法眼争鸣”、“读书论坛”等方式，广泛开展“日读万字、周明一理、季撰一文”活动，做到“五个一”：全院每周进行一次集中理论学习、每人每天坚持一小时自学、每月组织一次学习研讨交流、每人每季度至少完成一篇读书笔记、每人半年要撰写一篇检察调研报告；提出“集中式、讲座式、交流式、网络式”的“四式”学习法。

通过领导垂范带动学、转变观念主动学、集中辅导强化学、丰富载体灵活学、外出考察借鉴学、营造氛围激发学、建立制度督促学这“八大课堂”，激发干警学习兴趣，变“要我学”为“我要学”。“分享、信任”已成为汉中市汉台区检察院新的读书风尚。

【陕西省周至县检察院举办廉政书画展】8月中旬，周至县检察院举办了廉政书画展，用一幅幅字画宣传法制文化、廉洁文化，以增强广大党员干部爱岗敬业、甘于奉献、廉洁自律的意识，营造浓厚的廉政氛围。

【蓝田县检察院举办首届“读书沙龙”活动】8月30日下午，西安市蓝田县检察院青年检察官协会组织举办了以“激发＋投入”为主题的“读书沙龙”活动，20余名青年干警参加了这场文化育检活动。

活动中，广大干警踊跃发言，畅谈自己对读书学习的认识、感悟及对所读书籍的心得体会，并互荐好的书籍。

【岚皋县人民检察院大力开展文体活动倡导健康快乐理念】为丰富干警业余文化生活，陶冶干警情操，促进文化育检，岚皋县人民检察院利用工作之余举办了乒乓球、羽毛球等系列文体竞赛活动。全院检察干警踊跃报名，包括胡海东检察长在内共有36人参加了各项比赛。检察干警们在比赛中充分发扬积极拼搏的精神，比风格，赛友谊。经过激烈角逐，决出了各项比赛的前三名。

这次活动为干警们提供了锻炼身体、放松心情的机会，展示了检察干警积极向上、健康和谐的精神风貌，体现了“快乐工作、健康生活”的理念。

【汉中市汉台区人民检察院书画摄影奇石展获好评】12月13日，汉中市人民检察院检察长李志虎、政治部主任饶猛一行在汉台区人民检察院检察长王建宁等陪同下，兴致勃勃地来到汉中市群艺馆，参观了该院主办的“喜庆十八大、丹青铸检魂”书画摄影奇石展。

参观结束后，李志虎检察长指出：这次书画摄影奇石展，集中表达了汉台区人民检察院加强检察文化建设的决心，展现了基层检察干警健康向上的价值追求，希望进一步创新形式，激发队伍活力，优质高效完成各项检察工作任务。

队伍建设

【陕西省检察官文学艺术联合会成立】 2012年5月4日，陕西省检察官文学艺术联合会成立大会暨第一次会员代表大会在西安隆重召开。这次会议审议通过了《陕西省检察官文学艺术联合会章程（草案）》，选举产生了陕西省检察官文学艺术联合会第一届委员会和第一届委员会领导机构及组成人员。全国政协教科文卫体委员会副主任、中国检察官文学艺术联合会主席张耕，省院党组书记、检察长胡太平出席会议开幕式并作重要讲话。陕西省委政法委、省文联、省民政厅、省文化厅、省司法厅有关负责同志到会祝贺，省法官协会、省公安文联、省检察官协会、省女检察官协会等社团组织也到会祝贺或发来贺电。全省各级检察机关70余名代表参加了本次会议。

会议在雄壮的国歌声中开始，省民间组织管理局刘卫平副局长宣读了《陕西省民政厅关于陕西省检察官文学艺术联合会筹备成立的批复》，陕西省人民检察院政治部主任、陕西省检察官文联筹备领导小组副组长吕萍同志通报了陕西省检察官文联筹备工作情况，省文联专职副主席黄道峻同志发表了热情洋溢的致辞。

张耕主席在讲话中指出，陕西省检察官文联的成立是陕西省检察机关认真贯彻落实党的十七届六中全会精神和“十二五”规划纲要要求，大力实施“文化育检”战略，推动检察文化繁荣发展的结果。

胡太平检察长就做好陕西省检察官文联的工作提出了明确要求，他希望文联工作要根植检察实践，充分利用陕西悠久丰厚的历史文化、光辉灿烂的革命文化、特色鲜明的民俗文化和颇具实力的现代文化，推出具有陕西特色的检察文化成果，打造具有本单位特点的检察文化品牌。

省院党组副书记、副检察长崔明生同志当选为陕西省检察官文联主席，任小青、房燕萍、邢志坚、周红梅当选为副主席，任小青兼任秘书长，房燕萍兼任副秘书长，郑琪为副秘书长，王学习、王西平、崔景文、杜建成、王二民、杨明奎、宋之友、罗致、刘树山、饶浩强、李志明当选为常务委员。

新当选的陕西省检察官文联主席崔明生向大会作了工作报告。

吕萍主任在大会闭幕式上作总结讲话。

大会在嘹亮的《歌唱祖国》歌声中圆满结束。

【铜川市人民检察院检察官文学艺术联合会成立】 9月22日上午，铜川市人民检察院召开了铜川市检察官文学艺术联合会成立大会，中国检察官文联秘书长杨明，陕西省人民检察院反贪局局长贺佑荣，陕西省检察官文联副主席兼秘书长任小青，铜川市委常委、市委政法委书记袁丁兴等同志应邀出席会议并表示了祝贺和寄语。

会上，铜川市检察官文学艺术联合会筹备领导小组就铜川市检察官文联成立筹备情况向大会进行了通报，市民政局领导宣读了《铜川市民政局关于铜川市检察官文学艺术联合会筹备成立的批复》，会员代表大会审议通过了《铜川市检察官文学艺术联合会章程（草案）》，选举48名同志为铜川市检察官文学艺术联合会第一届委员会委员，同时召开铜川市检察官文联第一届委员会第一次全体会议，选举杜建成同志为铜川市检察官文学艺术联合会第一届委员会主席，王新社、杨小平、张宏甫、刘少田同志为铜川市检察官文学艺术联合会第一届委员会副主席，刘少田同志兼铜川市检察官文学艺术联合会第一届委员会秘书长。任命陈文合、齐慧琴、高艳华、李阳同志担任铜川市检察官文学艺术联合会第一届委员会副秘书长。聘请王其敏同志为铜川市检察官文学艺术联合会名誉主席。会上，铜川市检察官文学艺术联合会第一届委员会主席杜建成同志作了发言；铜川市检察院党组书记、检察长、铜川市检察官文学艺术联合会名誉主席王其敏同志讲话。陕西省检察官文联副主席任小青及中国检察官文联秘书长杨明对铜川市检察官文联的成立表示祝贺，同时也提出了殷切的希望。

【西安市检察官文学艺术联合会成立】 2012 年 12 月 26 日下午，在我院十楼视频会议室召开西安市检察官文联第一次代表大会，出席成立大会的领导有：省院党组副书记、毛海副检察长；省检察官文联副主席、秘书长任小青同志；市文联副主席陈兆朋同志、市文联协会部主任方忠明同志；市院张民生检察长、吕惠萍副检察长。出席大会的代表有各基层院的分管副检察长、政工科长和市院部分文体骨干。会议由院党组成员、政治部王学习主任主持，吕惠萍副检察长通报西安市检察官文学艺术联合会筹备工作情况；会议选举产生西安市检察官文联第一届委员、常务委员、副秘书长、秘书长、副主席、主席、名誉主席；西安市人民检察院副检察长吕惠萍当选西安市检察官文联主席，西安市人民检察院检察长张民生当选名誉主席；省检察官文联副主席、秘书长任小青同志、市文联副主席陈兆朋同志发表了热情洋溢的讲话，提出了宝贵的意见、建议，对市检察官文联开展各项工作具有很好的指导意义。张民生检察长从提高认识、明确检察文化建设的重要意义，把握方向、全面加强检察文化建设，加强文联建设、发挥检察官文联重要作用等三方面对全市检察文化建设和检察官文联工作讲了几点意见。

新疆维吾尔自治区检察官文学艺术联合会

新疆维吾尔自治区检察官文学艺术联合会第一次会员代表大会

讲　话

在新疆维吾尔自治区检察官文学艺术联合会成立大会上的讲话

（2012年7月14日　根据录音整理）

张　耕

同志们：

新疆维吾尔自治区检察官文联的成立，各个方面给予了很大的关心和支持，全国13个省的检察官文联发来了贺电与贺信，新疆维吾尔自治区有关部门的领导同志都来参加成立大会，这表明各方面对检察文化建设的高度重视和大力支持。在这里，我代表中国检察官文联对新疆维吾尔自治区检察官文联的成立表示热烈的祝贺，对各个方面、各个单位对检察文化建设和检察官文联成立的关心和支持表示衷心的感谢。

新疆维吾尔自治区检察官文联成立是检察系统的一件大事，是全国成立的第14家检察官文联，这表明检察官文联这支队伍在不断壮大。自治区检察官文联成立意义重大，主要体现在四个方面：

一、自治区检察官文联成立是深入贯彻和落实党的十七届六中全会精神的具体举措。党的十七届六中全会是我国关于文化建设的一次极其重要的会议，全会把文化建设作为主题，进行专门研究，而且做出了决定，这对全国文化建设是一个巨大的推动。检察官文联的成立是应运而生，如果没有六中全会精神的推动，检察官文联不会成立得这么迅速。检察官文联是专门从事检察文化艺术的社会团体，通过开展一系列文化艺术活动，必将推动六中全会精神的进一步贯彻和落实。

二、自治区检察官文联成立是弘扬新疆精神，实现新疆跨越式发展和长治久安两大历史任务的有效举措。中央新疆工作座谈会提出了实现新疆跨越式发展和长治久安的两大历史任务。为了实现这两大历史任务，自治区党委强调要坚持以现代文化为引领。我认为这是一个战略性抉择，表明自治区党委对文化建设的高度重视。对新疆来说，现代文化的一个重要内涵，就是“爱国爱疆、团结奉献、勤劳互助、开放进取”的新疆精神，这十六个字概括得很好、很重要，是社会主义核心价值体系在新疆的具体表现。检察文化是社会主义先进文化的重要组成部分，检察文化的核心就是“忠诚、为民、公正、廉洁”的政法干警核心价值观，这同新疆精神是完全一致的。从这个意义上讲，检察官文联通过开展各种文化艺术活动，弘扬检察精神，加强检察文化建设，就会推进新疆精神的进一步的宣传和弘扬，就会对实现新疆两大历史任务起到应有作用。

三、自治区检察官文联的成立是加强检察文化建设，提高检察队伍素质的重要举措。文化是塑造人的灵魂的。我们很难想象，一个有较高文化素养的检察官，会去做那些违反法律的事情。因此，要提高检察官的文化素养，就必须加强检察文化和法治文化建设。在这方面，检察官文联是一个重要的平台和阵地，通过开展各种文化艺术创作和文化艺术活动，就会把检察文化建设进一步向前推进，检察官的文化素养就会有较大的提高。

四、自治区检察官文联的成立是推动检察工作科学发展的有力举措。高检院党组反复强调，检察工作的开展要以科学发展观为指导。检察官文联通过自身职能的发挥，通过一系列检察文化理论研究和检察文化艺术创作，把检察理念更具体、更生动地转化为形式多样的艺术作品，就会使检察人员和人民群众受到感染、熏陶和鼓舞。同时，通过各种各样的文化艺术形式把检察机关的工作成绩、英雄模范人物的模范事迹向社会宣传，就会提升检察机关的影响力，增强检察机关的执法公信力，从而推动检察工作科学发展。

检察官文联成立后，一定要把各项工作做好。这里，我讲几点意见，供大家参考。

一、要始终坚持准确地把握检察官文联的定位

准确把握检察官文联的定位是做好检察官文联工作的重要前提。怎样理解检察官文联的定位，我认为主要有三条：第一，要明确认识到检察官文联是在各级检察院党组直接领导下的非营利性的社会团体。这个定位表明检察官文联必须自觉接受检察院党组的领导，重要活动、重要部署一定要向党组报告，不能把检察官文联的工作游离到党组的工作部署之外。同时，必须接受中国文联与地方文联的业务指导和民政部门的监督与管理。第二，检察官文联是推动检察文化建设的重要力量。检察文化建设是一项全局性工作，涉及到检察工作的方方面面，如果从文化的大概念上来讲，所有的检察工作都在检察文化之内，也就是说，加强检察文化建设就是加强检察工作，所以检察文化建设的职能部门是检察机关的政治部门，检察官文联只是一支重要力量，一个重要平台。这个定位很重要，定好了，就会处理好与政治部门的关系，形成检察文化建设的合力。第三，检察官文联是以文化艺术形式推动检察文化建设。检察官文联的主要工作是通过开展检察文化艺术创作和检察文化艺术活动，宣传检察机关的执法理念、核心价值观、检察机关的英雄模范人物等等，弘扬检察精神，激励检察斗志，推动检察工作。

二、要始终坚持检察官文联工作的正确方向

怎样保证检察官文联工作的正确方向，我认为主要有三条。第一，要以社会主义核心价值体系为引领，具体说就是要践行政法干警核心价值观。第二，要坚持围绕大局、服务中心。就是围绕党和国家的全局工作，服务于检察机关的中心工作，如果偏离了这两点，检察官文联工作的方向就会有问题。实践证明，只要紧紧围绕党和国家的全局工作，服务检察机关的中心工作，检察官文联工作就会得到大的发展。第三，要坚持以人为本，突出检察官的主体地位。按照曹建明检察长的要求，检察官文联的工作要眼睛向内，重心下移，以我为主。要在检察队伍内部找素材，通过文化艺术作品充分反映检察官的生活、检察官的形象、检察官的风采。

三、要始终坚持两手抓，一手抓检察文化理论研究，一手抓检察文化艺术创作和检察文化艺术活动

为什么检察官文联要强调抓文化理论研究，我认为，检察文化理论研究和检察官文联的工作有非常密切的关系，如果检察官文联的工作人员对检察文化理论不了解，一些重大的理论问题不清楚，检察文化艺术创作和检察文化艺术活动就无法开展，没有检察文化理论的研究和指导，检察官文联的文化艺术创作和文化艺术活动就会成为无源之水、无本之木。在抓好检察文化理论研究的同时，不能放松检察文化艺术创作和检察文化艺术活动。检察文化艺术创作和检察文化艺术活动要贴近检察实际，突出检察特点，面向检察基层，努力为基层的检察人员提供丰富的精神食粮。

四、要始终坚持抓好检察文化艺术队伍建设

在检察系统，文化艺术人才不少，不少文化艺术爱好者已是各级文化艺术团体的会员，但这支队伍比较分散，专业水平亟待提高。因此，要把检察文化艺术队伍建设摆在重要位置。一是要把队伍的底子摸清楚。在一个省、区、市范围内究竟有多少文化艺术爱好者，里面有多少骨干力量，有多少是全国和省一级文化艺术团体的成员。弄清了这些情况，我们就会有针对性地培养这支队伍，用好这支队伍。二是要注重培养人才。通过培训、实地采风、组织笔会和各种各样的文化艺术活动来锻炼队伍。三是要采取各种各样的办法，为检察文化艺术队伍提供创作条件和展示机会，把他们紧紧地团结在检察官文联周围，使大家感觉到检察官文联就是他们的家，形成凝聚力和向心力。

五、要始终坚持抓好检察官文联的自身建设

一要健全机构。检察官文联成立后，要把有关的专业协会建立起来，以便更有效地开展各种各样的文化艺术活动。二要提高检察官文联工作人员的文化素养。在检察官文联工作的同志要加强学习，努力提高素质，使自己尽快成为文化艺术工作的行家里手，以便组织好各项检察文化艺术活动。三要重视廉政建设。检察官文联作为社会团体，和社会打交道的机会大大增多，活动面也大大扩展，一定要高度重视廉政建设。

最后，预祝新疆维吾尔自治区检察官文学艺术联合会成立大会圆满成功。我相信，新疆维吾尔自治区检察官文联成立后，一定会在自治区检察院党组的领导下，把各项工作开展得很好，以优异的工作成绩迎接党的十八大胜利召开。

谢谢大家！

（张耕同志时任全国政协教科文卫体委员会副主任，中国检察官文联主席，最高人民检察院原党组副书记、常务副检察长。）

山东省检察官文学艺术联合会

山东省检察官文学艺术联合会第一次会员代表大会

讲　　话

在山东省检察官文学艺术联合会成立大会上的讲话

（2012 年 7 月 26 日　根据录音整理）

张　耕

同志们：

今天是 7 月 26 日，这是个好日子，山东省检察官文联成立大会开的很顺利，选举也很顺利。山东省检察官文联正式成立是检察系统文化建设的一件大事，一件喜事。我代表中国检察官文联对山东省检察官文联的成立表示热烈的祝贺！

山东省检察官文联的成立是应运而生。如果没有党的十七届六中全会这个强劲的东风，如果没有山东省检察文化建设的厚实基础，如果没有山东省检察院党组大力的关心和支持，检察官文联的成立是不可能的。山东省检察官文联成立经历了两届党组。在国家森同志任山东省检察院党组书记和检察长期间就开始筹备这项工作，他费了很大的心血，特别是他自己提出愿意担任检察官文联主席，他担任这个主席职务是很不容易的。不但省委要同意，还要中央组织部同意，还要辞去山东省检察官协会会长职务。吴鹏飞同志担任山东省检察院党组书记、检察长之后，对山东省检察官文联的成立非常关心，“两会”期间在北京开会时就和我讲过，回来以后就抓紧筹办，我上个月底到山东来，又和两位领导商量过，吴鹏飞检察长说一定要在 7 月底以前成立，今天是 7 月 26 日，吴鹏飞检察长这个承诺实现了。山东省检察官文联的成立意义重大，主要有以下几个方面：

第一，山东省检察官文联的成立，是落实党的十七届六中全会精神，进一步加强山东检察文化建设的一项重要举措。党的十七届六中全会是我们党文化建设史上一次具有里程碑意义的会议。在党的十七届六中全会精神的推动下，全国的文化建设如火如荼，进展很快，不断地取得新的成绩。山东省检察院党组对检察文化建设高度重视，采取了很多的措施，明确提出要以理念文化塑造灵魂，以管理文化提升境界，以廉政文化涵养操守，以环境文化营造氛围，这四个方面实际上就是以文化为引领，全面推进检察工作的科学发展。为了推动文化建设，山东省院党组采取了一系列具体措施，使山东省的检察文化建设一直走在全国前列。我来山东比较多，每来一次都会受到启发、受到教育，都会产生一些新的工作思路。过去我们没有从文化的角度思考检察工作的推进和发展，党的十七届六中全会以后我们开始从文化的角度来思考工作，现在回过头来看，工作成果确实与文化建设有很大关系。从一个民族讲，如果没有文化的传承，民族就很难延续，很难形成强大的凝聚力。我们中华民族之所以几千年延续下来，就是因为有中华传统文化这个纽带，把各个民族紧紧地维系在一起，形成强大的凝聚力。一个地区、一个单位也是这样。山东省文化建设走在全国前列，有很多亮点，我印象很深的，比如你们编导的大型音乐舞蹈诗《献身史命》，我看了光碟后，很受感染和震撼，这个节目得到了省领导和高检院领导的高度评价和充分肯定，在全系统也很有影响。再比如济宁市检察院拍摄的《演说论语》，不仅在全国，甚至在世界引起了很大反响，已作为120多个国家的孔子学院的教材，这是一件很了不起的事情，对宣传中华传统文化、提升我们国家的国际形象和国际影响都起到了重要的作用。再比如去年中国检察官文联组织的两个全国性的文化艺术活动，一个是在国家博物馆举办的大型书画摄影展，一个是在人民大会堂举办的大型文艺演出。在这两个活动中，山东省参加展览的作品数量比较多，参与的节目影响也比较大。在获得一等奖的3幅美术作品中山东省就占了2幅，一幅是你们省检察院政治部的一位副处长张升臣同志创作的油画《起诉日本战犯》，这幅油画长6米、高3米，突出展示了公诉人的形象，这幅油画被评为一等奖。有一位参加过审判日本战犯的老检察官亲自从外地来看这幅画，他在画前驻足留影，激动的热泪盈眶。还有一幅是青岛市检察院吕海洋同志创作的《讲解员》，这幅画很生动，非常好，也被评为一等奖。在文艺演出中有一首歌叫《献身史命》，是国家森检察长亲自作词，很有感染力。以上特此表明，山东省检察文化建设确实搞得很不错。我相信检察官文联成立后，有了这个平台，再加上吴鹏飞检察长这么重视和支持检察官文联的工作，山东的检察文化建设一定会开展得更好，产生新的飞跃。

第二，山东省检察官文联的成立，是推动山东文化建设，推动形成齐鲁画派的一个重要平台。昨天我看了国家森检察长在齐鲁画派推进形成座谈会上的一篇讲话，我对齐鲁画派的概念有了一些了解，我很赞同他讲话中的一些观点。我认为省委、省政府提出要推进形成齐鲁画派这个决策，不只是要建立起一个地方画派，而是要弘扬一种文化精神。这表明了山东省委、山东省政府对党的十七届六中全会精神贯彻的坚定性。山东是一个文化积淀很厚重的地方，孔孟之乡、文人圣地。山东的检察文化是山东文化的重要组成部分，山东检察系统的书法家和书画爱好者是推进形成齐鲁画派的一支重要力量。山东省检察官文联成立以后，检察系统的文化艺术爱好者一定会为推进形成齐鲁画派做出应有的贡献。

第三，山东省检察官文联的成立，是加强山东检察队伍建设，提升队伍素质的重要力量。文化说到底是化人的，是塑造人的灵魂的。文化的对象始终是人，是用生动的艺术形式来教育人、感化人、激励人。检察官文联成立后把检察系统的文化艺术人才组织起来，通过开展文化艺术创作和文化艺术活动，把检察理念、检察精神、检察价值，转化为具体的文化艺术作品，以此教育、感染、激励检察人员，这样就会更有效地推动检察队伍素质的提高。

第四，山东省检察官文联的成立，也是提升检察机关的社会影响力和执法公信力，推动检察工作科学发展的重要力量。检察官文联的工作主要是面对全体检察人员，同时也要面向全社会。检察官文联应该是一个开放的、包容的社会团体，通过它组织的各种文化艺术活动，向全社会展示检察官的形象、弘扬检察精神，使全社会对检察工作有更多的了解、更多的理解，进而给予更多的支持，这样就能进一步推动检察工作的全面开展。

对于检察官文联今后的工作，吴鹏飞检察长、国家森检察长都讲得很明确了，我强调几点：

一、要深刻认识和准确把握检察官文联的职能和定位

这是搞好检察官文联工作的一个前提条件。怎么理解和把握这个定位呢？主要有以下几点：第一，检察官文联是在各级检察院党组直接领导下的非营利性社会团体。这里有几个关键词，一个是党组的直接领导、一个是非营利、一个是社会团体。这就要求检察官文联必须自觉地接受检察院党组的领导，不能另搞一套，重大活动、重要工作一定要向院党组报告，不能把检察官文联的工作游离在党组工作之外。第二，检察官文联是一个社会团体，所以要自觉地接受中国文联和地方文联的业务指导，接受民政部门的管理和监督。第三，检察官文联是一个非营利性的社会团体，所以检察官文联不能直接从事经营活动，但不是说不去研究经营问题，检察官文联成立后文化产业的问题要不要研究、要不要考虑，这确实是一个比较复杂的问题。从非营利组织的角度来讲，检察官文联不能直接从事经营活动；从检察官文联发展来看，要开展各种各样文化艺术活动，不能没有资金的支持，所以还需要研究文化产业问题。要把检察官文联从事的文化产业同社会上的文化公司从事的文化产业区分开来。

二、要始终坚持正确的工作方向

这个问题实际上两位领导都讲到了，我再强调一下，一是检察官文联成立后，一定要认真学习和贯彻党的十七届六中全会关于加强文化建设的决定，同时要学习贯彻高检院关于加强检察文化建设的意见，这是我们要遵循的两个很重要的文件，要把这两个文件的要求和当地检察文化建设、检察官文联工作的实际密切地结合起来。二是检察官文联工作，一定要坚持服务大局，围绕中心。所谓服务大局就是要服务党和国家工作的大局，围绕中心就是围绕检察机关的中心工作，这一点要始终坚持，一点不能偏离。如果去年中国检察官文联搞的活动没有围绕大局，没有服务中心工作，那么绝对不会得到中央领导和高检院领导的支持，也不会得到他们的肯定。三是检察官文联工作一定要始终坚持以人为本，突出检察官的主体地位。主体地位有两个方面的含义：一方面是我们所有的文化艺术活动都面向全体检察人员，另一个方面是我们组织的文化艺术活动尽可能由检察官参加。去年的大型文艺演出，全国检察系统有500多名检察人员参加了演出，所有节目内容都和检察工作相关，大力弘扬了检察精神，充分展示了检察工作。这三点把握好了，我们的工作方向就会正确，否则就会出现这样和那样的问题。

三、要始终坚持两手抓，一手抓检察文化理论研究，一手抓检察文化艺术创作和检察文化艺术活动

检察官文联要善于学习，要深入开展检察文化理论研究。要研究检察文化的规律性，研究检察理念、检察精神、检察价值观等等。理论研究始终需要回答三个方面的问题：一个是回答是什么，一个是回答为什么，一个是回答怎么干。检察官文联一定要研究什么是检察文化，为什么要加强检察文化，怎样加强检察文化建设，不研究这些问题检察官文联的工作就不会有明确的方向，也不会有有效的方法，我们的工作就会成为无源之水、无本之木。同时还要抓好检察文化艺术创作和文化艺术活动，这是检察官文联最基本的职责，检察官文联就是要通过文化艺术创作和文化艺术活动推进检察队伍建设，推进检察工作的科学发展。

四、要始终坚持抓好检察官文联的自身建设

一是要把检察官文联的专业机构完善起来。要从实际出发，抓紧组建检察官文联的各个专业机构，以便更好地开展各项文化艺术活动。二是要努力提高检察官文联自身的素质，特别是文化素质。我们既然从事检察官文联工作，那就必须懂文化，要逐步使自己成为检察文化建设方面的内行。三是要完善检察官文联的各项工作机制，完善各项规章制度。四是要高度重视检察官文联的廉政建设。检察官文联与社会的联系面相对检察机关来说大大地拓展了，和企业、文化团体的联系增多了，按照章程的规定还可以接受社会捐赠。这就给我们提出了一个十分严肃的问题，接受社会捐赠一定要十分谨慎，使用捐赠资金更要严格按照有关规定办理，严禁出现这样那样的问题。

五、要高度重视检察系统文化艺术队伍的建设

检察系统的文化艺术人才不少，但比较分散，专业素质还需要进一步提高。山东省检察官文联成立后要把山东省检察系统的文化艺术人才的底数摸清楚，以便有针对性地组织这支队伍，培养、提高、使用好这支队伍。

山东省检察官文联成立是山东省检察文化建设的新开端和新起点。我相信，在山东省检察院党组的坚强领导下，在各方面的支持和帮助下，山东省检察官文联的工作一定会搞得很好，一定会以更加出色的成绩迎接党的十八大的胜利召开！

谢谢大家！

（张耕同志时任全国政协教科文卫体委员会副主任，中国检察官文联主席，最高人民检察院原党组副书记、常务副检察长。）

在山东省检察官文学艺术联合会成立大会上的讲话

（2012年7月26日）

国家森

各位领导、同志们：

非常感谢省院党组对我的信任，我深感使命光荣，责任重大。非常感谢尊敬我们的老领导、中国检察官文联主席张耕同志长期以来对山东检察事业倾注的心血、坚强的领导和工作的支持。刚才鹏飞同志就做好文联工作做了讲话，一会儿张耕主席还要做重要讲话。文联的同志们要好好研究张耕主席、鹏飞同志讲话的精神思路，做好贯彻落实。文联成立后，要找准位置，调整好工作的思路，把检察文联的工作做好。

关于文化建设，刚才鹏飞同志讲得非常生动。一个国家、一个民族、一个系统形成自己的文化是成熟的表现。如果没有成熟的文化，我们国家不可能真正强大，我们检察系统也不可能成为真正意义的成熟的执法系统，文化具有不可估量的意义。因此中央十七届六中全会专门作出了推动社会主义文化大发展大繁荣的决定，对于文化建设重要性、具体的工作措施作出了全面部署。

人类社会的物质生产活动和文化生产活动是相辅相成的。没有文化的创造、积累和发展，不可能有人类的绵绵不息。我们中华民族之所以五千年历经内忧外患、历尽了坎坷风雨而自强不息，今天成为世界上的大国，屹立于世界民族之林，就是靠文化的力量把我们的民族凝聚起来众志成城。所以抓好文化建设是真正的文化自觉、文化自信，也是一种信仰自觉和价值自信。所谓文化的自觉，就是对文化建设发展规律的认识，我们检察官文联要有这种自觉，要有对检察文化建设规律的探讨和认识，从一个必然王国向自由王国的发展。文化自信就是要我们建立自己的文化体系，来服务于山东检察事业的发展。

许许多多我们前人创造的伟大工程已不复存在，但是依靠文化传承下来。万里长城现在已残缺不全，但是万里长城的建设却依靠文化传承下来；当年秦始皇的阿房宫已不复存在，但是秦朝的文化却传承下来。自汉朝以后罢黜百家、独尊儒术，孔孟之道成为我们这个民族主体的文化意识形态，虽然期间有过分裂、战争、内乱，但是最终走向了团结和谐。仁义礼智信这些传统文化因素始终指导着我们，使我们成为一个有凝聚力的民族。前几天我到了鹏飞同志的老家浙江，我们从小就知道许仙游湖、断桥相会的故事，知道祝英台十里长亭相送的故事，到了那里一看，却发现断桥不大、十里长亭不长，其实都很普通。但是我们的黄河大桥、燕山立交桥很大，却没有几个人知道，为什么？这就是文化。正因为白蛇传、梁祝这样的名篇，使这两个建筑变得中外闻名，这就是文化的力量。前几天我到枣庄去，就想有几个人知道枣庄？但一说铁道游击队都知道。刘知侠的《铁道游击队》，“微山湖上静悄悄”这些文化因素向全世界推介了他们。

我们的检察工作想要得到社会的认知，我们形成的好的司法理念、做法、经验、成绩、先进的事迹要成为启迪后人、影响社会的力量，那还得靠文化。真正具有生命力的，是靠文化的传承。

山东省检察官文联的成立翻开了山东检察文化建设新的一页，从今天开始我们要续写新的篇章。那么我们怎么办？刚才鹏飞同志讲了一些工作的意见，张耕主席还要做重要讲话，这里我简单地提几句话。

第一，我们一定要坚持正确的发展方向。要认真的贯彻党的十七届六中全会精神，认真落实中央、省委关于文化建设的决策部署，认真贯彻落实好科学发展观，特别是我们司法部门应该坚定不移地贯彻好社会主义核心价值观和社会主义法治理念，而最核心的是公正和文明。我们文化建设的指导思想必须紧紧围绕这个展开，遵循着这样一个方向来发展。坚持这个方向，围绕着检察工作的中心，服务于检察工作的大局，认真落实中央、省委关于文化建设的决策部署和要求，围绕着检察工作的中心来开展文化建设，检察文化建设处于一个围绕与服从、服务的地位。

第二，必须明确我们的领导旗帜。就是坚定不移地在党组的领导下开展工作，自觉接受中国检察官文联和省文联的领导和指导，而不是另搞一套，这是必须明确的。

第三，我们的检察文联主体是全体检察人员，包括已经离退休的、曾经从事过检察工作的人员，这是我们检察文化发展的主体。要靠我们这支力量共同的参与、共同的创造来共同的建设检察文化，而不是只靠我们少数人。我们的检察队伍人才济济，具有多方面、多门类的人才，有文学创作的、有诗歌创作的、有绘画的、有摄影的、有书法的、有舞蹈的，还有音乐的等等，我们的队伍有丰厚的人才资源，有可发挥的巨大的潜力。退下来的老同志对我们的检察事业充满着感情，他们也十分乐意通过检察文联这个载体，来继续为我们检察事业发一份光、献一份力。文化建设不要把它看得神秘化，不要看作是封闭的，我们的检察文化建设是面向全体检察人员，是开放的、包容的。我们还应该向社会开放，应该向社会方方面面对于我们检察文化建设给予帮助的力量开放。

第四，我们要研究搭建若干个平台。搞活动就要有平台，人的才能具有差异性，有的有这方面的才能，有的有那方面的才能，我们检察官文联的各个协会的领导应该为全体检察人员发挥各方面的才能搭建平台，使他们有充分的展示才能的机会。这些年我们检察事业蓬勃发展的局面为我们文化艺术的创造提供了前所未有的母体和原点。文学艺术是需要有母体的，我们社会主义法治理念的学习，我们执法办案由粗放到精细，由野蛮到文明，由不规范走向规范，走向严格依法办案，这些理念的变化、办案质量的提高、队伍素质精神面貌的变化，为我们文化艺术的创造、文化建设提供了大量的原始素材。如果我们的生活不是这样的波澜壮阔、不是这样的丰富多彩，那我们的艺术创作、文化建设就没有什么高素质的东西。我们的文化建设、检察官文联的建立，也是由于我们山东检察文化建设乃至整个队伍建设、整个执法办案的水平的提高而应运而生的。我们有这么好的素材，再提供若干个平台，使我们检察人员的才能有充分展示的机会。

有一个事情我一直挂在心里，就是我

们的山东检察系统有大量的原始素材，能不能搞一个电视剧，来反映我们司法理念的转变，检察队伍素质的提高，是我们检察官生活的真实反映。希望在座的志士仁人能自动地挑起这个重担，搞一部在全国有影响的电视剧。如果能成功，那我们的文联就算是真正作出了一件很有标志性的工作。

第五，我们要认真地研究形成一个什么样的制度、渠道、方式、机制，通过文联的活动来实现围绕中心、服务大局，支持促进检察工作的开展。我们的检察官担负着大量的繁重的执法任务，不可能拿出大量的时间来搞艺术创作。检察工作要做，文联工作要搞，在人员、时间上就会有一些矛盾冲突，怎么样建立一个良好的机制，做到相辅相成、互不妨碍，这需要我们在实践当中来进行探索。我们离退休的检察官、热心于检察文联建设的同志可以多发挥一些作用。文联的制度建设、场地建设等还刚刚开始，都要从零做起，要在实践中不断探索、不断完善。但是，我们指导思想要很清楚，要围绕中心、服务大局，而不能影响中心、影响大局。

第六，我们要通过检察官文联的活动来提升我们检察队伍的素质。对外提升形象，对内凝聚人心，使我们队伍的凝聚力更强，使我们队伍的素质提升的更快，为我们检察事业的发展提供智力支持、精神支持、文化支持乃至全方位的支持。我们要在这些方面来开动脑筋，开好头、服好务，使我们检察官文联在原有的基础上、在张耕主席的指导下，能够走在全国的前列，谢谢大家！

在山东省检察官文学艺术联合会成立大会上的讲话

（2012 年 7 月 26 日）

吴鹏飞

各位领导、同志们：

今天，山东省检察官文学艺术联合会第一次会员代表大会隆重召开，这是我省检察文化发展史上的一件大事。省检察官文联的成立离不开中国检察官文联、省委及省民政厅、省文联等部门的重视、关心和支持。今天，中国检察官文联主席张耕同志，以及省民政厅厅长张国琛同志、省文联主席潘鲁生同志在百忙之中亲临会议指导，张主席还要作重要讲话，这是对全省检察文艺工作者的极大鼓舞和有力鞭策。首先，我代表省院党组，向张主席及各位领导表示衷心的感谢，向大会的召开表示热烈的祝贺，向参与检察官文联筹备工作的同志们和全省广大检察文学艺术工作者表示亲切的慰问！

多年来，全省检察机关根据中央、省委和高检院的部署，自觉将检察文化建设融入队伍建设和各项工作之中，探索符合山东检察工作实际的文化建设之路，取得了显著成效，为全省检察事业科学发展提供了有力的思想保证和精神动力。经过一年多的积极筹备，山东省检察官文联正式成立，开启了我省检察文化建设的新篇章，必将对促进山东检察文化的大发展大繁荣，深入推动全省检察工作科学发展起到积极作用。下面，我讲三点意见。

一、深化认识，增强做好检察官文联工作的责任感和主动性

检察文化作为社会主义先进文化的重要组成部分，是检察事业不断发展进步的重要推动力量。检察官文联是加强检察文化建设，促进检察文化繁荣发展的重要阵地和有效平台。全省检察机关要从政治和全局的高度，充分认识做好检察官文联工作的重要意义，科学谋划、有序推进，扎实开展检察官文联工作。

（一）做好检察官文联工作，是服务和保障加快建设经济文化强省的必然要求。党的十七届六中全会，明确提出了推动社会主义文化大发展大繁荣的指导思想、目标任务和重要方针；省第十次党代会，作出了加快建设经济文化强省、谱写山东人民美好生活新篇章的重大部署；高检院制定下发了《关于加强检察文化建设的意见》，对检察文化建设作出了全面规划，并成立全国检察官文联，组织推动检察文化建设。这些战略部署和要求，充分体现了中央、省委和高检院对文化建设的高度重视，体现了对文化发展规律的科学把握，为我们指明了努力方向。省检察官文联要深刻认识肩负的重要使命，认真贯彻中央、省委和高检院的决策部署，积极推进我省检察文化建设，大力弘扬法治精神、培育廉政风尚、促进社会和谐，为加快建设经济文化强省作出积极贡献。

（二）做好检察官文联工作，是推动全省检察工作科学发展的重要保障。当前，检察工作面临许多新情况、新挑战，特别是刑诉法的修改，对检察机关履行法律监督职能提出了更高要求，对我们的执法理念、执法方式、执法能力等提出了新考验。省检察官文联要通过开展独具特色的检察文化活动，创作贴近检察工作和队伍建设实际的文艺作品，以文化的力量带动和促进全体检察人员更新执法观念、提升执法能力，使检察机关更好地适应新形势、迎接新挑战、解决新问题，更好地担负起宪法和法律赋予的职责，为全省检察工作科学发展提供强大的思想保证、精神动力和智力支持。

（三）做好检察官文联工作，是提高检察队伍素质的迫切需要。检察文化建设是检察队伍建设的重要方面，也是强化高素质队伍建设的重要途径。多年来开展检察文化建设的实践证明，建设高素质的检察队伍，既需要严格要求、严格管理、严格监督，更需要注重运用科学理论引导、先进文化熏陶、高尚精神鼓舞。省检察官文联要通过发挥检察文化独特的精神感召力、思想影响力和内心驱动力，大力加强检察队伍的思想政治建设、纪律作风建设和自身反腐倡廉建设，为提高检察队伍素质和执法公信力作出应有努力。

二、强化措施，扎扎实实做好我省检察官文联工作

全省检察机关要以省检察官文联成立为契机，以坚定法律信仰、弘扬检察精神、提升职业素质、促进公正廉洁执法为重点，充分发挥检察官文联的职能作用，积极组织开展检察文化艺术创作和文化艺术活动，推动全省检察文化繁荣发展。

一要坚持以社会主义核心价值观为引领，牢牢把握正确的政治方向。全省检察机关要切实强化和巩固社会主义核心价值体系在检察文化领域的统领地位，确保检察文化建设和检察官文联工作的社会主义方向。要坚持把坚定理想信念放在首要位置，充分运用各种文化形式和载体，坚持不懈地用马克思主义中国化的最新成果武装广大检察人员头脑，深入开展政法干警核心价值观教育实践活动，把社会主义核心价值体系融入文联工作的全过程，引导和促进大家牢固树立“六观”，始终坚持“三个至上”，切实做到“四个在心中”，深入践行“忠诚、为民、公正、廉洁”的政法干警核心价值观，坚定不移地做中国特色社会主义事业的建设者、捍卫者和社会公平正义的守护者。

二要坚持围绕检察中心工作，积极推动我省检察事业创新发展。服从服务于检察中心工作，是检察官文联的重要使命。要把检察官文联工作置于检察工作发展全局来思考和谋划，紧紧围绕检察中心工作，贴近检察实际，贴近人民群众，把全省广大检察人员多年来忠诚履职、服务大局、执法为民、廉洁从检的丰富实践作为不竭源泉，通过文学艺术的形式，深入宣传检察工作的重大决策部署，热情讴歌检察队伍的模范典型和先进事迹，充分展示检察工作的丰硕成果和检察队伍的良好形象，团结和激励广大检察人员按照“干在实处，干出实效，走在前列”的要求，振奋精神，开拓进取，不断开创全省检察工作科学发展新局面。

三要坚持突出检察人员主体地位，着力满足广大检察人员日益增长的文化需求。检察官文联作为检察文化艺术爱好者的联合组织，要始终坚持眼睛向内、以我为主，把满足检察人员日益增长的精神文化需求作为出发点和落脚点，把检察人员认可不认可、满意不满意作为评价工作成效的重要标准，广泛开展广大检察人员乐于参加、便于参加的经常性文化活动，努力构建全体检察人员共有精神家园。要充分调动检察人员参与检察官文联活动的积极性、创造性，让检察人员在文化建设中充当主角，积极引导检察人员创作具有较高思想性、艺术性、观赏性的优秀文学艺术作品，使广大检察人员在检察文化建设中陶冶道德情操，抒发美好理想，感受文化气氛，提升文化品位，共建共享检察文化发展成果。

四要坚持突出特色，努力打造更多山东检察文化品牌。要大力弘扬勇于创新、争创一流的精神，解放思想，创新理念，拉高标杆，创造性地开展工作，确保我省检察文化建设走在全国前列。要充分发挥山东文化大省，具有深厚文化底蕴的优势，充分汲取历史文化中“诚信、仁爱、尊重、奉献”等优秀思想，加强对地域特色历史文化的深度研究，把本地优秀文化与检察文化紧密结合起来，打造特色文化品牌，争取推出更多主题鲜明，蕴含检察价值追求，富有思想性和艺术性，独具地方特色的优秀检察文化艺术作品，增强检察文化的吸引力、感染力和生命力。

五要坚持因地制宜，积极稳妥地推进检察官文联工作。检察文化建设是一项长期、复杂的系统工程。当前，各市级院都在积极组建或筹备成立检察官文联，要立足实际，充分考虑本地区、本单位的文化资源、发展条件和检察人员的现实需求，边探索边发展，边建设边完善，确保取得实实在在的效果。各级院政治部门要统筹规划，研究制定本地区、本单位检察官文联发展规划和具体措施，建立完善制度机制，增强文联工作的系统性和预见性，打牢持续发展的深厚基础，不断拓展检察文化发展空间，提高检察文化建设水平。

三、加强自身建设，切实发挥检察官文联在推动检察文化建设中的重要作用

成立山东省检察官文联，是省院党组为促进检察文化发展而采取的一项重大举措。省检察官文联要立足职能，积极作为，充分发挥检察文化塑造精神、凝聚力量、提高素质、树立形象、推动工作的功能，为建设高素质检察队伍、推动检察工作科学发展发挥应有的作用。

一要准确把握职能定位。省检察官文联是在中国检察官文联和省文联的指导下，由全省检察系统文学艺术工作者、爱好者和相关社会组织组成的全省性、非营利性、联合性的社会团体法人。要自觉接受省院党组的组织领导和政治部门的协调指导，以提高检察队伍素质、提升检察形象和执法公信力为目标，以改革创新为动力，进一步繁荣发展我省检察文化，推动全省检察工作，努力使检察文联成为加强队伍建设的重要助手、密切群众关系的桥梁纽带、加强法治文化建设的重要阵地。

二要充分发挥职能作用。要立足检察、立足法治、立足地域文化，组织实施检察文化“精品战略”，积极开展检察文学艺术创作和检察文化艺术活动，努力创作出体现检察特色，弘扬检察精神，塑造检察品格，展示检察风采的优秀作品。要坚持文化理论建设和检察文化艺术创作、文化艺术活动统筹推进，既注重加强理论研究、发挥好指导作用，又注重打造精品力作、切实搞好文化服务，确保我省检察官文联工作整体推进。

三要切实加强检察文化艺术人才建设。要加强检察官文联工作人员的思想政治建设、业务能力建设、纪律作风建设，强化自我教育、自我管理和自我约束，提高检察官文联工作水平，更好地服务我省检察文化建设。要抓好检察文化艺术人才建设，善于发现人才、培养人才、凝聚人才、使用人才，建立我省检察文化艺术人才库，搭建检察文化艺术人才学习平台，不断完善人才扶持、表彰、激励机制，逐步培养一批优秀的检察文化艺术骨干，为繁荣发展我省检察文化提供有力的人才支撑。

四要切实加强领导。各级院党组要重视支持检察官文联建设，纳入检察工作全局来研究部署，帮助解决存在的问题。省检察官文联要加强指导，帮助各地检察官文联筹备组织做好工作，及时总结推广经验，注重发挥对下指导和推动工作的作用。各地检察官文联要结合自身实际，积极组织开展丰富多彩的文化艺术活动。各级院政治部门要积极帮助和大力支持检察官文联开展工作，使检察官文联能够更加有效地发挥作用。

同志们，加强检察官文联工作，发展繁荣我省检察文化，任务艰巨，使命光荣。我们要坚持以邓小平理论和“三个代表”重要思想为指导，深入贯彻落实科学发展观，以更加开阔的思路，更加有力的措施，掀起全省检察文化建设新高潮，以崭新的精神风貌和优异的工作业绩迎接党的十八大胜利召开！

关于山东省检察官文学艺术联合会筹备成立情况的报告

（2012 年 7 月 26 日）

崔久明

各位代表、同志们：

受山东省检察官文学艺术联合会筹备领导小组的委托，我就山东省检察官文学艺术联合会筹备成立情况向大会作报告。

一、成立山东省检察官文联是加强检察文化建设的重要举措

党的十七届六中全会强调，要培养高度的文化自觉和文化自信，推动社会主义文化大发展大繁荣，努力建设中国特色社会主义文化强国。检察机关作为国家法律监督机关，在推动经济社会发展和文化繁荣方面发挥着重要作用。检察文化是社会主义先进文化的重要组成部分，是推动检察事业不断发展的重要力量源泉。

近年来，省院党组高度重视检察文化建设，先后制定下发了《关于加强检察文化建设的意见》等一系列重要文件，精心确定了一批文化建设试点院，全省检察机关严格遵照中央、高检院和省委的部署要求，坚持用文化建设推动队伍建设，紧紧围绕培育政法干警核心价值观，突出服务队伍建设、服务执法办案方向，坚持“眼睛向内、重心向下、以我为主、因地制宜”的原则，探索搭建精神文明创建、文化产品创作、文化阵地建设和文化品牌展示四个平台，形成了以理念文化、管理文化、素质文化、廉政文化和环境文化五个方面为主要内容的检察文化体系，初步构建起体现法治特征、突出检察特色、融合齐鲁文化精髓的山东检察文化，取得了丰硕成果，得到高检院和省委领导的高度评价和充分肯定。

从总体上看，各地结合检察工作和本地区域特点，在检察文化的理论研究、组织推动、制度创新、机制建设等方面进行了有益探索，积累了丰富经验，培养了一批检察文艺人才，推动了检察队伍建设。但是，我们也清醒地看到，各地检察文化建设发展不够平衡、组织松散等问题比较突出，需要建立全省统一的组织机构来指导整体推进我省检察文化建设。为适应新形势对检察文化建设提出的新任务、新要求，根据高检院的部署要求，省院党组决定成立山东省检察官文联，以丰富检察文化建设的有效组织形式，构建我省检察人员共有的精神家园，繁荣和发展检察文化事业。

二、山东省检察官文联的成立得到了上级领导及相关部门的大力支持

2010 年 7 月，省院党组决定成立山东省检察官文联筹备领导小组，筹备期间，多次听取专题汇报，研究解决筹备过程中遇到的实际问题。2010 年 10 月，省检察院向省民政厅提出申请筹备成立山东省检察官文联。2011 年 1 月，省民政厅批复同意山东省检察官文联筹备成立。2011 年 5 月、

11 月及 2012 年 1 月，中组部和省委组织部先后批复同意国家森、王建、李占国、吕盛昌、崔久明等 5 名厅以上领导干部兼任山东省检察官文联领导职务。根据省民政厅《关于同意筹备成立山东省检察文学艺术联合会的批复》和省文联《关于同意成立山东检察文联的批复》，省检察院党组研究决定，召开山东省检察官文联成立大会暨第一次会员代表大会。会议将选举产生山东省检察官文联第一届领导机构和组成人员，部署当前和今后一个时期的检察官文联工作。

为确保大会顺利召开，工作人员以严谨的态度和务实的作风投入筹备工作，认真做好章程草案的拟定、领导讲话等会议文件的起草印制、选举事项安排、会议代表推选产生等各项工作。目前，各项筹备工作已顺利完成。

在山东省检察官文联的筹备成立过程中，得到了中国检察官文联、省委组织部、省民政厅、省文联的大力支持和热情帮助，在此，一并表示衷心的感谢！

谢谢大家！

资　　料

山东省检察官文学艺术联合会章程

（2012 年 7 月 26 日　山东省检察官文学艺术联合会第一次会员代表大会通过）

第一章　总　　则

第一条　本团体的名称为山东省检察官文学艺术联合会，简称山东检察官文联，英文译名为 Shandong Prosecutor's Federation of Literature and Art，英文缩写为 SPFLA。

第二条　本团体是由山东省检察系统内热爱文化艺术、有一定文化艺术特长的检察人员（含离退休人员）和相关社会组织自愿结成的全省性非营利性联合性的社会团体法人，是山东省人民检察院党组领导下的群团组织，是中国检察官文联、山东省文联的团体会员。

第三条　本团体的宗旨是：以马列主义、毛泽东思想、邓小平理论和“三个代表”重要思想为指导，深入贯彻科学发展观，团结、动员检察文艺工作者、爱好者，坚持党的基本路线、基本纲领和政策，遵守宪法、法律、法规和国家政策，遵守社会道德风尚，坚持文艺为人民服务、为社会主义服务、为检察事业服务的方向和百花齐放、百家争鸣的方针，培育社会主义核心价值体系，弘扬、培育检察官职业道德，坚持贴近检察实际，贴近人民群众，繁荣和发展检察文学艺术事业，凝聚检察机关人心，激励检察干警斗志，提高检察队伍素质，促进检察工作科学发展，为推动中国特色社会主义法治建设和社会主义文化大发展大繁荣贡献力量，为建设经济文化强省而奋斗。

第四条　本团体接受山东省文联作为业务主管单位、山东省民政厅作为社团登记管理机关的业务指导和监督管理。

第五条　本团体的住所位于山东省济南市二环东路 5592 号。（山东省人民检察院办公楼内）

第二章　业务范围

第六条　本团体的业务范围：

（一）组织和支持对检察文化的理论研究，探索和解决检察文化实践中出现的新情况、新问题，总结和推广检察文化工作的新经验，使检察文化自觉服从于全党工作的大局，服务于检察工作大局，服务于社会和法治建设。

（二）组织开展并积极参与和检察文化相关的国内外学术交流活动，不断拓宽我省检察文化建设的视野，加深对检察文化丰富内涵的理解。

（三）组织和支持检察系统文艺工作者深入生活、深入基层，努力提高全省检察文艺创作和文艺活动水平。

（四）积极组织开展各种展演、比赛等活动，并积极宣传报道，不断扩大我省检察文化建设成就的影响力。

（五）加强与宣传、文化、新闻、出版等社会各界的联系，努力推进全省检察系统文艺界的团结，不断扩大与行业内外文艺界之间的联系、交流与合作，使我省检察文化建设不断迈上新台阶。

（六）及时对全省检察系统优秀文艺工作者和各文学艺术门类的优秀成果予以推介、表彰和奖励，提高检察系统文艺队伍的创作积极性和创造性。

（七）组织开展对检察文艺队伍的培训，提升艺术水平和修养，大力扶植和培养检察文艺新人，不断壮大检察系统文艺队伍。

（八）组织编辑出版检察文化刊物，推介交流展示检察文化建设成果。

（九）重视广大检察文艺工作者的意见和要求，维护他们的正当权益。

（十）根据国家法律和政策，从实际出发，积极创造条件，兴办检察文化设施，不断增强检察队伍的活力和凝聚力，为全省检察机关文化建设的开展提供文艺服务。

第三章　会　　员

第七条　本团体实行会员制。相关社会组织可申请作为团体会员加入本会；有一定文学艺术成就的检察机关工作人员（含离退休人员）可以申请作为个人会员加入本会，并按照专业特长参加相应的专业委员会活动，接受该专业委员会管理。按照自愿的原则，经常委会批准，在文学艺术界具有一定影响、关心支持检察事业、为检察文化事业做出过贡献的社会人士可吸收为特邀会员。

第八条　申请加入本团体的个人会员，必须具备下列条件：

（一）自愿加入本会；

（二）拥护本会章程；

（三）有一定文学艺术成就。

第九条　个人会员入会程序：

（一）提交入会申请书；

（二）经两名正式会员介绍，或所在单位推荐；

（三）经本会批准；

（四）核发会员证。

第十条　团体会员入会程序：

（一）提交入会申请书；

（二）经本会批准。

第十一条　会员享有下列权利：

（一）选举权和被选举权；

（二）参加本会的活动；

（三）获得本会服务的优先权；

（四）享受本会为创作活动提供的必要帮助和便利条件；

（五）有权请求本会保障合法权益不受侵害；

（六）有对本会工作的建议权和监督批评权；

（七）入会自愿，退会自由。

第十二条　会员履行下列义务：

（一）遵守本会章程，执行本会决议，完成本会布置的工作；

（二）维护本会合法权益；

（三）经常与本会保持联系，向本会反映情况，提供有关资料；

（四）团体会员应及时向本会报告年度工作计划和工作总结；

（五）按规定缴纳会费。

第十三条　个人会员和团体会员退会，应书面通知本会，并交回会员证，本会按程序予以除名。个人会员和团体会员如不按期缴纳会费或不参加本会活动，视为自动退会。

第十四条 个人会员和团体会员如违反国家法律，对社会造成危害，或严重违反本会章程，或长期不开展活动，经本会核实，可给予警告、限期改正或除名等处理。

第四章 组织机构和负责人产生、罢免

第十五条 本团体的最高权力机构为会员代表大会。会员代表大会由各团体会员和有关方面推选的代表组成。会员代表大会的职权是：

（一）制定和修改章程；

（二）选举和罢免委员；

（三）审议委员会的工作报告和财务报告；

（四）决定终止事宜；

（五）制定和修改会费标准；

（六）决定其他重大事宜。

第十六条 会员代表大会须有 2/3 以上的会员代表出席方能召开，其决议须经到会会员代表半数以上表决通过方能生效。

第十七条 会员代表大会每届任期 5 年。因特殊情况需提前或延期换届的，须由委员会表决通过，报业务主管单位审查并经社团登记管理机关批准同意。但延期换届最长不超过 1 年。

第十八条 山东检察官文联委员会是会员代表大会的执行机构。在闭会期间领导本团体开展日常工作，对会员代表大会负责。委员会委员由各团体会员及各有关方面按规定名额推选，提交大会通过。

第十九条 委员会的职权是：

（一）执行会员代表大会的决议；

（二）选举和罢免主席、副主席、秘书长和常务委员；

（三）筹备召开会员代表大会；

（四）向会员代表大会报告工作和财务状况；

（五）决定会员的吸收和除名；

（六）决定设立办事机构、分支机构、代表机构和实体机构；

（七）决定副秘书长、各机构主要负责人的聘任；

（八）领导本团体各机构开展工作；

（九）制定内部管理制度；

（十）增补和撤换委员会委员；

（十一）决定其他重大事项。

第二十条 委员会须有 2/3 以上委员出席方能召开，其决议须经到会委员 2/3 以上表决通过方能生效。

第二十一条 委员会每年至少召开一次会议；情况特殊的，也可采用通讯形式召开。

第二十二条 文联委员会每届任期五年。委员会委员由于工作变动等原因不再担任该职务时，其缺额可由其团体会员单位或有关方面重新推举，或由接任者自然更替。但重新推选或自然更替的名单须及时报告山东检察官文联并经委员会予以确认。

第二十三条 本团体设立常务委员会。常委会由主席、副主席、秘书长、常务委员组成，由委员会选举产生，在委员会闭会期间行使第十九条第一、三、五、六、七、八、九项的职权，对委员会负责。（常委会人数不超过委员人员的 1/3）

第二十四条 常务委员会须有 2/3 以上常务委员出席方能召开，其决议须经到会常务委员 2/3 以上表决通过方能生效。

第二十五条 常务委员会至少每半年

召开一次会议；情况特殊的，也可采用通讯形式召开。

第二十六条 本会的主席、副主席、秘书长必须具备下列条件：

（一）坚持党的路线、方针、政策，政治素质好；

（二）在本会业务领域内有较大影响；

（三）主席、副主席、秘书长最高任职年龄不超过70周岁，秘书长为专职；

（四）身体健康；

（五）未受过剥夺政治权利刑事处罚；

（六）具有完全民事行为能力。

第二十七条 本团体主席、副主席、秘书长如超过最高任职年龄的，须经委员会表决通过，报业务主管单位审查并经社团登记管理机关批准同意后，方可任职。常委会人员变动，应经委员会选举通过。

第二十八条 本团体主席、副主席、秘书长任期五年，任期最长不得超过两届。因特殊情况需延长任期的，须经会员代表大会2/3以上会员代表表决通过，报业务主管单位审查并经社团登记管理机关批准同意后方可任职。

第二十九条 本团体秘书长为本会法定代表人，本团体法定代表人不得兼任其他团体的法定代表人。

第三十条 本团体主席行使下列职权：

（一）召集和主持委员会或常务委员会；

（二）检查会员代表大会、委员会或常务委员会决议的落实情况；

（三）代表本会签署有关重要文件；

（四）其他应由主席行使的职权。

第三十一条 本团体秘书长行使下列职权：

（一）主持办事机构开展日常工作，组织实施年度工作计划；

（二）协调各分支机构、代表机构、实体机构开展工作；

（三）提名副秘书长以及各办事机构、分支机构、代表机构和实体机构主要负责人，交委员会或常务委员会决定；

（四）决定办事机构、代表机构、实体机构专职工作人员的聘用；

（五）处理其他日常事务。

第三十二条 本团体视必要可设名誉主席、顾问若干人，名誉主席由委员会推举产生；顾问可由常委会聘任。

第五章 资产管理、使用原则

第三十三条 本团体经费主要来源：

（一）会费；

（二）企业、团体、个人捐赠；

（三）省检察院资助；

（四）在核准的业务范围内开展活动或服务的收入；

（五）其他合法收入。

第三十四条 本团体按照国家有关规定收取会员会费。

第三十五条 本团体经费必须用于本章程规定的业务范围和事业的发展，不得在会员中分配。

第三十六条 本团体认真执行《民间非营利组织会计制度》，建立严格的财务管理制度，保证会计资料合法、真实、准确、完整。

第三十七条 本团体配备具有专业资格的会计人员。会计不得兼任出纳。会计人员必须进行会计核算，实行会计监督。会计人员调动工作或离职时，必须与接管人员办清交接手续。

第三十八条 本团体的资产管理必须

执行国家规定的财务管理制度，接受会员代表大会和财政部门的监督。资产来源属于国家拨款或社会捐赠、资助的，必须接受审计机关的监督，并将有关情况以适当方式向社会公布。

第三十九条 本团体换届或更换法定代表人之前，必须接受社团登记管理机关和业务主管单位组织的财务审计。

第四十条 本团体的资产，任何单位、个人不得侵占、私分和挪用。

第四十一条 本团体专职工作人员的工资和保险、福利待遇，参照国家对事业单位的有关规定执行。

第六章 章程的修改程序

第四十二条 对本团体章程的修改，须经委员会表决通过后，报会员代表大会审议。

第四十三条 本团体修改的章程，须在会员大会（或代表大会）通过后15日内，经业务主管单位审查同意，并报社团登记管理机关核准后生效。

第七章 终止程序及终止后的财产处理

第四十四条 本团体完成宗旨、自行解散或由于分立、合并等原因需要注销的，由委员会或常务委员会提出终止动议。

第四十五条 本团体终止动议须经会员代表大会表决通过，并报业务主管单位审查同意。

第四十六条 本团体终止前，须在业务主管单位及有关机关指导下成立清算组织，清理债权债务，处理善后事宜。清算期间，不得开展清算以外的活动。

第四十七条 本会经社团登记管理机关办理注销登记手续后即为终止。

第四十八条 本会终止后的剩余财产，在业务主管单位、社团登记管理机关的监督下，按照国家有关规定，用于发展与本会宗旨相关的事业。

第八章 附 则

第四十九条 本章程经2012年7月26日会员代表大会表决通过。

第五十条 本章程的解释权属山东省检察官文学艺术联合会。

第五十一条 本章程自社团登记管理机关核准之日起生效。

山东省检察官文学艺术联合会第一届委员会名誉主席、主席、副主席、秘书长、副秘书、常务委员、委员名单

（2012年7月26日　山东省检察官文学艺术联合会第一次会员代表大会通过）

名誉主席（1人）

吴鹏飞　山东省人民检察院党组书记、检察长

主席（1人）

国家森　山东省人大常委会党组副书记、副主任

副主席（3人）

王　建　山东省人民检察院党组成员、副检察长

李占国　山东省人民检察院党组成员、副检察长

吕盛昌　山东省人民检察院党组成员、副检察长

秘书长（1人）

崔久明　山东省人民检察院正厅级检察员

副秘书长（4人）

宋文娟（女）　山东省人民检察院党组成员、政治部主任

张庆建　济宁市人民检察院党组书记、检察长

何庄龙　山东省人民检察官培训学院常务副院长

赵继明　滨州市人民检察院原检察长

常务委员（31人）

宋文娟（女）　山东省人民检察院党组成员、政治部主任

张庆建　济宁市人民检察院党组书记、检察长

何庄龙　山东省检察官培训学院常务副院长

赵继明　滨州市人民检察院原检察长

段连才　山东省人民检察院办公室主任

宋聚荣　山东省人民检察院政治部副主任

苏金森　山东省人民检察院政治部副主任

徐安江　山东省人民检察院政治部宣传处处长

陈建华（女）　山东省人民检察院机关党委专职副书记

杨克安　山东省人民检察院计财处处长

于开战　《山东检察》编辑部副总编

贾富彬　山东省人民检察院政治部宣传处副处长、《检察日报》记者站负责人

宋燕敏（女）　山东省人民检察院研究室副主任（主持工作）

张鲁生　济南市人民检察院正局级检察员

曹延亮　青岛市人民检察院党组副书记、副检察长

谭振民　淄博市人民检察院党组副书记

贾广勤　枣庄市人民检察院党组副书记、副检察长

陈建林　东营市人民检察院党组副书记、副检察长

李栋梁　烟台市人民检察院党组副书记、副检察长

赵克林　潍坊市人民检察院党组成员、副检察长

刘继祥　济宁市人民检察院党组副书记、副检察长

曹建安　泰安市人民检察院党组副书记、副检察长

王锡友　威海市人民检察院党组副书记、副检察长

郑玉竹　日照市人民检察院党组副书记、副检察长

魏　玲（女）　莱芜市人民检察院党组副书记、副检察长

林树果　临沂市人民检察院党组副书记、副检察长

张朝勃　德州市人民检察院党组副书记、副检察长

黄泽民　滨州市人民检察院党组副书记、副检察长

宋晓磊　聊城市人民检察院党组成员、副检察长

范玉国　菏泽市人民检察院党组副书记、副检察长

陈　梅　铁检分院党组成员、政治部主任

委员（63人）

孟宪伟　山东省人民检察院办公室副主任

张升臣　山东省人民检察院政治部宣传处副处长

许　勍　山东省人民检察院侦监处正处级检察员

孔繁润　山东省人民检察院公诉一处副处长

李　丽（女）　山东省人民检察院公诉二处正处级检察员

王　芸（女）　山东省人民检察院公诉三处副处长

侯学新　山东省人民检察院反贪局综合处副处长

孙海清　山东省人民检察院反渎局渎职侦查处副处长

贾传新　山东省人民检察院监所处正处级检察员

贾慧芝（女）　山东省人民检察院民行一处副处级检察员

吴素平（女）　山东省人民检察院民行二处副处长

苗成营　山东省人民检察院控申处副处长

石晓梅（女）　山东省人民检察院预防处副处级检察员

马金剑　山东省人民检察院技术处副处长

杨红光　山东省人民检察院研究室副主任

柳鲁月　山东省人民检察院警务处副处长

毕仁增　山东省人民检察院计财处调研员

杨　超（女）　山东省人民检察院离退休干部处副处长

林庆明　山东省人民检察院机关工会主席

徐园松　山东省人民检察院监察处副调研员

杨　红（女）　山东省人民检察院检务督察办调研员

王倩松（女）　山东省人民检察院人

民监督员办公室副主任
丁西超　山东省人民检察院案件管理办公室主任
耿　丽（女）　《山东检察》编辑部副处级检察员
卢金增　《检察日报》记者站副站长
聂新建　山东省人民检察院信息中心副处级检察员
林家箴　山东省人民检察官培训学院副院长
范　芸（女）　济南市人民检察院党组成员、副检察长
张智勇　济南市市中区人民检察院监察科副科长
闫成山　青岛市人民检察院政治部宣传处处长
王海声　青岛市人民检察院政治部宣传处正科级助检员
杜洪海　淄博市人民检察院政治部宣传处处长
徐志斌　淄博市淄川区人民检察院技术科副科长
金　春　枣庄市人民检察院党组成员、政治部主任
曹华军　枣庄市人民检察院政治部宣传处处长
李县社　东营市人民检察院政治部宣教处副处长
谷新民　东营市人民检察院政治部宣教处科员
张宝军　烟台市人民检察院政治部宣教处副处长
曲丽芬（女）　烟台市人民检察院机关党委正科级检察员
刘乐生　潍坊市人民检察院政治部宣教处处长
谭　斌　潍坊市人民检察院公诉一处副处长
孔凡学　济宁市人民检察院副检察长
许庆德　济宁市人民检察院办公室副主任
王敬政　泰安市人民检察院党组成员、政治部主任
赵方进　泰安市人民检察院工会主席、督察办主任
张　杰　威海市人民检察院政治部副主任
殷进军　威海市环翠区人民检察院工业新区检察室主任
朱家旺　日照市人民检察院监察处副处长
史金标　莒县人民检察院党组成员
董　峰　莱芜市人民检察院政治部组宣教处处长
侯学军　莱芜市人民检察院政治部科员
谭长志　临沂市人民检察院党组成员、政治部主任
赵　伟　临沂市人民检察院政治部宣传处处长
李寿山　德州市人民检察院反渎局局长
李胜平　德州市人民检察院政治部教育培训处副处长
马兰亭　聊城市人民检察院党组成员、政治部主任
王凯忠　聊城市人民检察院政治部宣传处副处长
扈炳刚　滨州市人民检察院政治部宣教处处长
魏俊强　滨州市人民检察院信息管理办公室主任

许澎涛　菏泽市人民检察院市院党组成员、政治部主任

李佳芮（女）　菏泽市牡丹区人民检察院侦监科助检员

田洪孝　铁检分院政治部宣传负责人

陈思远　济南铁检院反贪局检察员

山东省检察文化艺术工作情况

综　述

2012年，山东省检察机关以迎接党的十八大和学习贯彻党的十七届六中全会、十八大精神为契机，深入贯彻落实科学发展观，坚持社会主义先进文化前进方向，坚持社会主义核心价值体系，牢固树立社会主义法治理念，以“干在实处、干出实效、走在前列”为总体要求，以服务和推进检察事业科学发展为根本，以培育和践行政法干警核心价值观为核心，以提高检察队伍素质和执法公信力为目标，以群众性文化活动为载体，以改革创新为动力，紧贴检察工作和队伍建设实际，大力加强检察文化建设，筹备成立了山东省检察官文联，为推动全省检察事业创新发展提供了精神动力、舆论支持、文化保障。

全省各级检察机关在近年来检察文化建设大发展的基础上，着力夯实公正执法的思想理论基础，牢牢把握了检察文化建设的正确方向；紧紧服务和保障检察中心工作，始终坚持检察文化建设的基本原则；大力培育高度的文化自觉和文化自信，充分发挥了检察人员主体地位作用；用心抓好创建活动的统筹结合，确保了检察文化建设科学发展；坚持与时俱进创新载体，彰显了检察文化建设的生机与活力；切实加强组织领导，不断提高检察文化建设科学化水平。

会　议

【全省检察机关文化建设工作会议】 10月25日，在枣庄召开了全省检察机关文化建设工作会议。省院吴鹏飞检察长会前作出重要批示，时任副检察长李少华出席并讲话。

吴鹏飞检察长批示指出，检察文化作为社会主义先进文化的重要组成部分，是全体检察人员的精神家园，是检察事业不断发展进步的重要推动力量。党的十七届六中全会提出了推动社会主义文化大发展大繁荣的战略任务；省第十次党代会作出了加快建设经济文化强省、谱写山东人民美好生活新篇章的重大部署；全国检察机关文化建设工作会议也对加强检察文化建设提出了明确要求。长期以来，我省检察机关按照中央、省委和高检院的决策部署，大力加强检察文化建设，涌现出一批检察文化建设先进集体和个人，有力促进了队伍建设和业务建设，推动了检察工作科学发展。全省各级检察机关要深刻认识加强检察文化建设的重要意义，紧紧围绕检察中心工作，切实增强文化自觉和文化自信，不断发展好、巩固好检察文化建设的良好势头，按照省检察院党组“干在实处、干出实效、走在前列”的总体要求，以加强检察文化建设的优异成绩，提升全省检察工作科学化水平。

会议对全省检察文化建设示范单位、第二届全省检察机关文化建设“金徽奖”、检察文化征文获奖作品和优秀组织单位进行了表彰。部分市县（区）院作经验介绍并播放文化建设电视专题片。组织参观了滕州市院检察文化建设现场。举行了“检察之歌”专场文艺演出。

【成立大会】2012 年 7 月 26 日，山东省检察官文学艺术联合会成立大会在济南召开。全国政协教科文卫体委员会副主任、中国检察官文联主席张耕出席并讲话。

会议通过了山东省检察官文联章程，选举出省检察官文联领导机构，省院检察长吴鹏飞任名誉主席，时任省人大常委会党组副书记、副主任国家森当选主席。省民政厅厅长张国琛、省文联主席潘鲁生出席会议并宣读相关批复。省院机关及各市级检察院代表近 120 人参加大会。

新当选的山东省检察官文联主席国家森在讲话中强调，检察官文联要准确认识和把握职能定位，围绕检察中心工作开展文化艺术创作和文化艺术活动，通过文化建设服务检察工作大局，为加快建设经济文化强省作出贡献。

新当选的山东省检察官文联名誉主席吴鹏飞在讲话中指出，山东省检察官文联的成立，是省检察院党组促进检察文化繁荣发展的一项重大举措，开启了我省检察文化建设的新篇章。全省检察机关要以此为契机，始终坚持以社会主义核心价值观为引领，牢牢把握正确的政治方向；始终坚持围绕检察中心工作，促进检察工作不断科学发展；始终坚持突出检察人员的主体地位，着力满足广大检察人员日益增长的文化需求；始终坚持因地制宜，积极稳妥地推进检察文联工作；始终坚持突出特色，努力打造更多山东检察文化品牌。要以坚定法律信仰、弘扬检察精神、提升职业素质、促进公正廉洁执法为重点，通过文学艺术的形式，深入宣传检察工作方针政策和重大举措，热情讴歌检察队伍的模范典型和先进事迹，全方位展示检察工作的丰硕成果和检察队伍的良好形象，团结激励广大检察人员按照“干在实处，干出实效，走在前列”的要求，扎实工作，强化落实，推进全省检察工作科学发展。

【省检察官文联秘书长办公会】10 月 31 日，省检察官文联秘书长崔久明主持召开省检察官文联秘书长办公会，听取省院政治部宣传处关于文联成立大会以来的工作情况和计划安排，听取各副秘书长关于文联下一步工作设想，确定近期文联工作目标。

会议认为，作为省院党组关于加强检察文化建设的重要步骤，要继续推进各市级检察官文联成立。要积极推进各协会的建立，宣传处提出各协会领导人选，提出方案并向吴检、国主任汇报。成立后可由各协会提出活动方案。会议强调，要建立严格的财务制度。要逐渐发展文化产业，逐步做到以会养会。崔久明、张庆建、何庄龙、赵继明、宋聚荣、徐安江、李大伟参加会议。

【济宁市人民检察院召开检察文化建设推进会】2012 年 11 月，济宁市人民检察院召开全市检察机关文化建设推进会暨文联第二次理事会。会议认真传达了全省检察机关文化建设工作会议精神，研究部署今后检察文化建设工作，明确了全市检察文化建设实施“亮点打造、素质提升、形象展示、文化拓展”四大工程的责任分工。

市院张庆建检察长总结分析了全市检察机关文化建设的情况，指出济宁检察机关作为全省乃至全国检察文化建设的先行者，如何在检察文化发展的激烈竞争中，抓住机遇，创新发展，是全市检察机关的重要课题。他强调要做到“五个必须”：即必须在思想认识上再深化再提升；必须准确认识和把握新形势下加强和改进检察文化建设的原则和要求；必须创新检察文化建设的推进举措；必须充分发挥检察官文联的职能作用；必须强化组织领导。

【东营市检察官文联召开成立大会】 2012年11月22日，东营市检察官文学艺术联合会成立大会暨第一次会员代表大会召开。东营市人民检察院检察长张爱军当选东营检察官文联主席。

活　动

【“以荷喻检”文化活动】 8月初，山东省检察官文联承办了中国检察官文联在枣庄举办的“以荷喻检”文化活动。全国政协教科文卫体委员会副主任、中国检察官文联主席张耕出席开幕式并讲话，全国政协教科文卫体委员会副主任、中国文学艺术基金会理事长胡振民，高检院原副检察长、中国女检察官协会名誉会长胡克惠，山东省院检察长吴鹏飞、山东省检察官文联主席国家森等领导出席活动。高检院有关厅局领导和中央相关单位负责同志，中国检察官文联和地方各级检察官文联代表，部分知名书画摄影艺术家和检察系统书画摄影爱好者代表，相关单位代表共128人参加。活动取得圆满成功，高检院曹建明检察长作出重要批示：“以荷喻检”文化活动搞得好，很好地彰显了检察职业道德、品格和精神。

【大型现代戏《儿行千里》到各市检察机关巡演】 为深入贯彻落实党的十七届六中全会和省委全委会精神，进一步加强检察文化建设和队伍建设，积极倡导忠诚、为民、公正、廉洁的价值追求，以实际行动推动文化强省建设，在省委宣传部和莱芜梆子剧团的大力支持下，省院于2011年12月至今年6月，组织莱芜梆子大型现代戏《儿行千里》到各市检察机关巡回演出，受到全省检察人员和各地群众的热烈欢迎，反响强烈，效果显著。

【“喜迎十八大”全省检察机关书画摄影展】 国庆前后举办了“喜迎十八大”全省检察机关书画摄影展。各地踊跃报送作品1000余幅，经认真筛选，有296幅优秀作品参展，受到干警好评。

【第二届山东省检察机关文化建设“金徽奖”优秀作品评选活动】 于9月下旬至10月中旬举办了第二届山东省检察机关文化建设“金徽奖”优秀作品评选活动，对2008年1月1日至2012年8月31日期间公开发表、出版、播映的图书、论文、文学、影视四类作品组织专家进行了评选。其中，《儒家文化与检察文化建设研究》等59件优秀作品获得作品奖，济南市院政治部等6个单位获组织工作奖。

理论研究

【检察文化专题研讨征文活动】 为深入学习贯彻十七届六中全会精神，纪念毛泽东同志在《延安文艺座谈会上的讲话》

发表70周年，推动检察文化和法治文化理论研究，迎接党的十八大胜利召开，2012年5月，组织了以“重温《讲话》精神，推进检察文化建设”为主题的检察文化专题研讨征文活动。各级各部门对活动高度重视，积极组织动员，认真整理上报，确保了征文活动的圆满顺利进行。广大检察人员尤其是部分市县院检察长积极参与，把撰写征文作为推动检察文化建设、加强文化修养、提升能力素质的有效途径，结合基层检察文化的创新探索和检察工作生动实践，撰写出一批思想性、实践性、理论性较强的研讨文章，对检察文化的基本内涵、性质定位、功能作用、发展规律等基础性问题进行了深入探讨，对检察文化建设的方法路径、具体措施等实践活动进行了全面论证，为检察文化发展繁荣提供了有力的理论支撑和实践指引。

经评委会认真评比，本次征文活动共评选出一等奖2篇，二等奖3篇，三等奖5篇，优秀奖10篇。同时，济南市检察院政治部等6个单位组织工作好、论文篇数多、质量高，被授予组织工作奖。

获奖情况

【省院荣获全省第一批“廉政文化示范点”称号】省纪委发出通知，命名省院为第一批“山东省廉政文化示范点”，这是省院廉政文化建设首次获得省级殊荣，在省纪委命名的134个示范点中，省院是两个获此殊荣的省直单位之一。2011年11月，省纪委对省院廉政文化建设情况进行了严格考核验收和全面审查，认为省院立足检察工作实际，大力加强廉政文化建设，反腐倡廉教育主题鲜明、内容丰富，文化活动形式多样，特色鲜明，廉政文化建设成果丰富，成效明显，为推进全省经济文化强省建设作出了重要贡献。在省纪委通知中，东营市东营区院也被命名为第一批“山东省廉政文化示范点”。同时，济南市院预防职务犯罪展览室被命名为第二批“山东省反腐倡廉教育基地”。

【济宁市人民检察院：《演说论语》获全国电视文艺“百家奖”一等奖】2011年12月18日，第八届电视戏曲“兰花奖”、第十一届全国电视文艺“百家奖”颁奖典礼在河南郑州举行。由济宁市人民检察院发起，联合其他单位拍摄的102集大型电视系列片《演说论语》，获得全国电视文艺“百家奖”电视专题类一等奖、优秀撰稿奖、优秀创意奖，荣膺三项桂冠。

大型儒学文化电视系列片《演说论语》，由济宁市院发起，联合中国光华科技基金会、济宁市儒家文化与企业发展协会、曲阜东方圣城文化传播有限公司、太原文佳影视制作有限公司、孔子研究院等单位拍摄。《演说论语》出版后，先后在中国教育电视台、湖北电视台、东莞电视台、太原电视台播出，获得了广大观众的好评，被国家新闻出版总署列为“十一五”国家重点出版物，中国光华基金会全国青少年传统道德文化教育系列片，全国检察干警中华传统文化教育教材。

全国电视文艺“百家奖”是中国电视业界电视文艺的最高奖项。业内专家认为：《演说论语》用现代传媒技术传播传统国学文化尚属空前，其创新意识和执著精神实属不易，可喜可贺。这次获得殊荣，是济宁检察文化建设丰硕成果的再度体现，也是社会各界对山东检察文化建设成果的认可和鼓励。

【在纪念人民检察制度创立80周年书画摄影展和文艺晚会两项文化活动中获一等奖和组织奖】2012年6月19日至21日，高检院在长春召开全国检察机关文化建设工作会。省院党组成员、政治部主任宋文娟和宣传处处长徐安江参加了会议。我省济宁市院等10个单位的代表作了大会发言，济南天桥区院等34个示范单位做了书面交流。会议宣读了高检院《关于评定全国检察文化建设示范院的决定》，有66个单位获得“全国检察文化建设示范单位”称号，我省有济宁市院、济南天桥区院、临沂兰山区院3个单位名列其中，为获得此称号单位最多的省份之一。

会议还宣读了高检院《关于纪念人民检察制度创立80周年书画摄影展和文艺晚会两项文化活动获奖作品和优秀组织单位的通报》。其中，美术类一等奖有三件，省院政治部宣传处副处长张升臣同志创作的巨幅油画《1956 沈阳 起诉日本战犯》和青岛市院吕海洋同志创作的《讲解员》都名列其中。山东省院政治部等12个单位获“两项文化活动组织奖”。

【迟培杰在全国书画联展中获特等奖】省院老干部迟培杰在2011年十大文化团体举办的庆祝中国共产党成立九十周年全国书画联展中荣获特等奖。迟培杰同志系山东省人民检察院研究室原主任、副厅级检察员，1996年退休后，坚持老有所学、老有所为、老有所乐，专心学习钻研书法艺术，先后荣获特等奖、金奖14次，银奖9次，铜奖6次。

文化交流

【山东在全国检察长会议上专题介绍检察文化建设经验】在2012年初的全国检察长会议上，时任省院党组成员、副检察长王建代表山东省院，作了题为《用文化建设推动队伍建设，以文化软实力提升执法公信力》的大会发言，并播放了电视专题片《文铸检魂——山东省检察机关加强检察文化建设纪实》，受到与会人员的一致好评。

【派员参加“以梅喻检”文化活动】2012年2月29日至3月1日，由中国检察官文联和江苏省检察官文联共同举办的“以梅喻检”文化活动在江苏南京举行。滨州市院原检察长、中国书法家协会会员赵继明，枣庄市院党组副书记、副检察长、中国摄影家协会会员贾广勤应邀出席本次活动。赵继明同志在座谈会上作了专题发言，并创作了六幅书法作品，得到与会人员的一致好评。贾广勤同志在座谈会上介绍了枣庄市院文化建设的情况。

【参加《检魂》会刊创刊座谈会】12月初，根据中国检察官文联通知要求，由省检察官文联副秘书长赵继明代表山东省检察官文联，到北京参加中国检察官文联组织的《检魂》会刊创刊座谈会，就办刊方向、栏目设计、征稿渠道提出意见建议。

组织机构建设

【筹备建立市级检察官文联和专业协会】省检察官文联成立后，要求各市级院根据本地实际，抓紧筹备成立各市级检察官文联。组建专业协会。根据高检院要求和我省实际，正着手组建书法绘画、文学影视、摄影、音乐舞蹈体育四个专业协会。其中，计划将书法绘画、文学影视、音乐舞蹈协会设在省院，摄影协会计划设在群众基础较好、活动开展广泛的枣庄市院。

【山东省东营市检察官文联成员名单】

主席（1人）

张爱军　山东省东营市人民检察院党组书记、检察长

副主席（4人）

陈建林　山东省东营市人民检察院党组副书记、副检察长

魏玉民　山东省东营市人民检察院党组成员、副检察长

赵有明　山东省东营市人民检察院党组成员、副检察长

李砺生　山东省东营市人民检察院党组成员、副检察长

秘书长（1人）

张东霞（女）　山东省东营市人民检察院党组成员、政治部主任

常务委员（20人）

陈　凌（女）　山东省东营市人民检察院党组成员、正县级检察员

李金强　山东省东营市人民检察院党组成员、反贪局局长

王海鹰　山东省东营市人民检察院党组成员、纪检组组长

刘学农　山东省东营市人民检察院工会主席

张　军　山东省东营市人民检察院副县级检察员、办公室负责人

宋秀玉（女）　山东省东营市人民检察院政治部副主任

张丰乐　山东省东营市人民检察院研究室主任

刘淑林　山东省东营市人民检察院行政装备处处长

黄玉丽（女）　山东省东营市人民检察院机关党委书记

李县社　山东省东营市人民检察院政治部宣教处副处长

冯宗利　山东省东营市东营区人民检察院党组副书记、副检察长

王新宏　山东省东营市河口区人民检察院党组副书记、副检察长

贾永胜　山东省广饶县人民检察院党组副书记、副检察长

周新海　山东省垦利县人民检察院党组副书记、副检察长

张秋玲（女）　山东省利津县人民检察院党组副书记、副检察长

田开封　山东省东营市人民检察院民行处处长

王维清　山东省东营市东营区人民检察院技术科科长

刘曙光　山东省广饶县检察院党组成员、办公室主任

李瑞林　山东省东营市人民检察院反贪局副局长

李晶晶（女）　山东省东营市人民检察院培训中心副主任

委员（17人）

齐永锋　山东省东营市人民检察院侦监处副科级检察员

王　峰　山东省东营市人民检察院一处正科级检察员

崔汉刚　山东省东营市人民检察院公

诉二处处长

张　超　山东省东营市人民检察院反渎局科员

刘新群　山东省东营市人民检察院监所处科员

闫金石（女）　山东省东营市人民检察院控申处副处长

王庆联　山东省东营市人民检察院预防处处长

苏　滨（女）　山东省东营市人民检察院技术处科员

李云龙　山东省东营市人民检察院案管中心负责人

叶海卫　山东省东营市人民检察院警务处科员

梅永亮　山东省东营市人民检察院监察处副主任科员

张　娱（女）　山东省东营市人民检察院人民监督员办公室科员

刘向华（女）　山东省东营市人民检察院行装处副处长

温夕辉　山东省东营市东营区人民检察院党组成员、工会主席

孙佃海　山东省东营市河口区人民检察院党组成员、副检察长

王艳青（女）　山东省垦利县人民检察院警务科副科长

岳桂民　山东省利津县人民检察院党组成员、纪检组长

东营检察文学艺术联合会第一届委员会副秘书长、各分委员会主要负责人

副秘书长（2人）

刘学农　山东省东营市人民检察院工会主席

黄玉丽（女）　山东省东营市人民检察院机关党委书记

各分委员会主要负责人

（一）理论研究委员会

田开封　山东省东营市人民检察院民行处处长

（二）文学委员会

张丰乐　山东省东营市人民检察院研究室主任

（三）书画委员会

刘曙光　山东省广饶县人民检察院党组成员、办公室主任

（四）摄影委员会

王维清　山东省东营市东营区人民检察院技术科科长

（五）音乐舞蹈委员会

李晶晶　山东省东营市人民检察院培训中心副主任

（六）新闻委员会

李县社　山东省东营市人民检察院政治部宣教处副处长

（七）体育委员会

李瑞林　山东省东营市人民检察院反贪局副局长

设施建设

在省院局域网设立了“山东检察文化网”，为全省检察文化建设提供一个交流的平台，并作为省检察官文联的对外窗口。

人才队伍

山东省检察官文联筹备过程中，省院专门下发通知，要求各地上报各地文艺人才情况。各地上报后，根据高检院组建专

业协会的设想，对上报人才按文学、理论、书法绘画、音乐舞蹈、摄影、影视、新闻、体育进行了分类统计，目前掌握的人才数有330多人。随着各项活动的展开，我们还会对名单不断补充完善。

基层检察文化艺术工作

【济南市人民检察院：《农夫捉猴》代表中国参加国际廉政宣传短片评选】2011年12月份，济南市人民检察院设计制作的廉政宣传短片《农夫捉猴》被高检院选定，代表中国参加国际廉政宣传短片比赛，为我省检察机关争得了新的荣誉。

此次国际廉政宣传短片比赛，是根据国际反贪局联合会执行委员会的决议，由香港廉政公署承办的。9月初，高检院决定在全国检察系统内征集廉政宣传短片，择优参赛。济南市院党组高度重视，积极投入资金、组织骨干人员设计、制作了《农夫捉猴》动漫短片。作品紧紧围绕“廉政宣传”这一主题，以鞭挞贪污腐败，传播廉政理念为基本思路，讲述了一个贪吃的猴子，面对香甜大米的诱惑不能自拔，本可放手而逃却最终被农夫设计的陷阱俘获的故事。寓示了人们面对内心的欲望，只有放下无尽的贪念与欲求，张开双手才能把握住人生的正确方向。短片画面清新，主题鲜明，内涵深刻，富有创意。经层层筛选，《农夫捉猴》在全国100多部参赛作品中脱颖而出，被高检院确定为参加国际廉政宣传短片评选的六部作品之一。

【德州市检察系统举办女检察官文化艺术展】2012年“三八”国际劳动妇女节期间，德州市检察系统举办了全市女检察官文化艺术展。德州市院检察长李万堂及班子成员、机关部门负责人和市委政法委、市直机关工委、市妇联等领导观看了作品展示。展览共展出作品近40幅，包括书法、摄影、国画、油画、水彩画、刺绣、十字绣、剪纸、布艺、手工制作等，充分展示了德州市检察系统女干警才艺和健康向上的良好精神风貌。

【菏泽市人民检察院举办《孝道与传统法文化》专题讲座】为进一步弘扬中国传统文化，加强检察文化建设，2012年10月，菏泽市院邀请到西南政法大学教授、博士生导师龙大轩为全院干警作题为《孝道与传统法文化》的专题讲座。讲座过程中，龙教授广征博引，将“孝道”与“传统法文化”有机融合，分别从法律和文化的角度对“孝”的概念进行界定，使广大干警享受了一场内涵深厚、大有裨益的文化盛宴。

【滨州市滨城区人民检察院成立“镜湖”文学社】为深化检察文化建设，积极争创“全国模范检察院”，滨城区院组织青年干警成立“镜湖”文学社。滨城区院青年干警占到60%以上，院党组在采纳青年干警合理建议基础上，研究决定成立“镜湖”文学社。文学社以“研讨法律课题，记录执法感悟，交流心得体会，展示青春风采”为宗旨，定期组织开展研讨、采风、文化讲座、文学作品评比等丰富多彩的文化活动，并利用《滨城检察》专刊的媒介作用，定期向社会公众宣传检察工作的新成果、新亮点；在院检察局域网上开辟“镜湖文苑”专栏，积极向新闻媒体推荐成员撰写的文章，多角度宣传滨城检察工作。

【青州市人民检察院召开“文化建设与检察管理创新”专题研讨会】2012年5月18日，青州市院召开“文化建设与检察管理创新”专题研讨会。此次研讨会共提交调研文章27篇。研讨会上，10名调研骨干结合撰写的调研文章，围绕基层检察文化建设、层级管理在检察机关中的优势和效果、青年干警导师制培养模式、不捕案件跟踪监督机制、社区矫正法律监督工作和量刑建议制度等内容进行了主题发言。经过评委组严格公正打分，评选出一等奖两名、二等奖三名和三等奖五名并颁发了荣誉证书。

【龙口市人民检察院“送文化下乡”】为深入贯彻落实党中央以及省委市委关于丰富基层群众精神文化建设的工作要求，推进基层检察工作顺利开展，2012年8月20日晚，龙口市院在该院的帮扶结对村冶基村开展了“送文化下乡”演出活动。市吕剧团结合四德工程建设自编自导自演的小吕剧《钱是妈》，经典古装吕剧小品《柜中缘》等节目得到了群众的热烈欢迎。龙口市院还在活动现场搭起临时咨询台，开展基层群众普法宣传教育，热情地为群众解疑答惑，提供法律服务。

江西省检察官文学艺术联合会

江西省检察官文学艺术
联合会第一次会员代表大会

讲　　话

在江西省检察官文学艺术联合会
成立大会上的讲话

（2012 年 7 月 30 日　根据录音整理）

张　耕

同志们：

我今天参加江西省检察官文联成立大会，感到很荣幸，也很高兴。首先，我代表中国检察官文联对江西省检察官文联成立表示热烈的祝贺！也对在检察官文联成立期间给予支持、关心的江西省有关部门及领导表示衷心的感谢！

江西省检察官文联成立是检察系统文化建设的一件大事，一件喜事，一件值得庆贺的事。井冈山是我们革命的摇篮，军队的摇篮，人民共和国的摇篮，我来井冈山这是第四次，井冈山的变化确实是突飞猛进，在这个地方举行江西省检察官文联成立大会，我觉得意义更为深远，具体有这么几点：

第一，江西省检察官文联成立是进一步贯彻落实党的十七届六中全会精神，加强检察文化建设的重要举措。党的十七届六中全会是我们党和国家文化发展史上的一次非常重要的会议，具有里程碑的意义。这次会议所作的决定是前所未有的，这次会议对我们国家的文化建设作出全面部署，提出了许多战略性的要求，党的十七届六中全会的决定是我们推进文化建设的纲领性的文件，这个决定的意义将随着时间的推移，越来越充分地显现出来。党的十七届六中全会把文化提到了一个很高的位置，强调文化是民族的灵魂，是民族的血脉，是人民的精神家园，是国家的软实力。我认为“软实力”可以转化为“硬实力”，当今世界的较量，在很大程度上是在软实力方面，所以中央提出文化要大发展大繁荣，无疑是一个战略性的、很有远见的、英明的决策。在党的十七届五中、六中全会精神的指引下，检察机关的文化建设有了很大的发展，高检院党组对文化建设非常重视，专门召开了文化建设工作会，很快出台了检察文化建设的意见，正是在这样一个大背景下，中国检察官文联应运而生。随着中国检察官文联的建成，全国各地都在积极筹建检察官文联，目前全国已经有15个省成立了检察官文联，江西省检察官文联是第16家，这是贯彻落实党的十七届六中全会精神的重要成果，也是加强和推进检察文化建设的重要举措。

第二，江西省检察官文联成立是进一步加强江西检察文化建设，开创检察工作新局面的重要举措。近年来，江西省检察院党组对检察文化建设高度重视，采取了一系列措施，开展了一系列活动，江西省检察文化建设呈现出非常突出的特点，在检察文化建设中十分注重检察文化理论研究。比如，开展了检察职业文化理论研究强调加强检察执法理念、检察价值观、检察职业道德等方面的研究，用文化艺术形式诠释这些理念，同时还强调要注重地域文化的研究，提出了三种地域文化，叫做古色文化、红色文化、绿色文化。这三种文化代表了江西检察文化的特点。江西是一个人杰地灵的地方，是一个文化底蕴非常厚重的地方，在江西这块土地上，从古到今产生了一批在历史上很有影响的思想家、政治家、文学家、艺术家，比如大家都很熟悉的欧阳修、文天祥、八大山人、黄婷轩、朱熹等等。所以，在江西文化里面，中华民族文化占有很重要的分量，这是古色文化的重要内容。红色文化更不用说了，江西的红色文化在全国都是非常突出的，因为井冈山和瑞金，是我们党革命的发源地，特别是井冈山，为了我们革命的胜利付出了巨大的代价。昨天上午我参观了井冈山革命博物馆，向烈士陵园敬献了花圈，倍受感动，江西省人民特别是井冈山人民，为了革命的胜利，不惜流血牺牲，很多英烈的精神，英烈的气概，都使我们非常感动。有一个烈士叫刘仁勘，他一直在宣传革命，被捕后，敌人把他的舌头割掉了，他忍着剧痛，用脚蘸着自己的鲜血写下“革命成功万岁”然后英勇就义。江西的红色文化是当之无愧的，他的内涵非常丰富，江西红色文化的核心，就是井冈山精神，检察机关要在弘扬井冈山精神，发展红色文化上做文章。围绕红色文化，江西省检察机关开展了大量检察文化艺术创作和检察文化艺术活动，去年结合纪念人民检察制度创立80周年这个重大主题，创作推出《瑞金往事》这个节目很有影响。还根据各地的特点，提出了“莲文化”，用莲花精神激励检察人员。下月初，中国检察官文联和山东省检察官文联将在山东省枣庄市，以微山湖荷花节为背景，举办“以荷喻检”文化活动，以荷花精神激励检察人员保持清廉的工作作风，努力践行政法干警核心价值观。再比如，丰城市检察院提出了“剑喻文化”，就是用剑的精神寓意检察精神，这些具有强烈地域特色的文化，大大丰富了检察文化内涵，推动了检察文化发展。检察官文联作为文化建设的一个重要阵地和重要平台，必将有力地推动检察文化建设，更好地落实党的十七届六中全会精神，努力开创检察文化建设新局面。

第三，检察官文联的成立是进一步提高检察队伍文化素质，加强检察队伍建设的重要举措。我们都知道，文化的一个重要功能，就是化人，就是用先进文化、先进理念塑造人的灵魂，用先进制度约束人们的行为。检察官文联成立后，可以协助检察机关的政治部门加强文化教育，用文化艺术的形式熏陶检察人员，激励检察人员。这对检察队伍素质的提高无疑是有力的推动。检察官文联成立后，一定要在协助检察机关政治部门加强检察队伍建设上发挥作用，通过提高检察队伍的文化素质，增强检察队伍的凝聚力和战斗力。

第四，检察官文联的成立也是提升检察机关影响，推动检察工作科学发展的重要举措。目前，社会各界对检察机关的定位，对检察机关的职能还认识不够明确，要让社会了解检察机关，就要加强宣传的力度，用文化艺术形式宣传检察机关的职能，宣传检察机关的工作成绩，宣传检察机关的英模，会取得很好的效果。去年中国检察官文联在人民大会堂举办了一台大型文艺演出，引起了强烈反响，对于扩大检察机关的社会影响，起到了很好的作用。因此，检察官文联成立以后，要通过多种文化艺术活动，彰显检察机关的职能和作用，让社会更加了解我们，进而理解我们，并转化为支持我们，这样检察机关的社会影响力和执法公信力就会有一个大的提升。

江西省检察官文联成立后，要立足于本省的优势，大力开展多项文化艺术活动。江西是一个独特的地方，是一个传统文化和红色文化都非常厚重的地方，江西的红色文化在全国居于很重要的位置，而红色文化的核心就是井冈山精神。江西省检察官文联要在弘扬红色文化，弘扬井冈山精神方面下大功夫，做大文章，把弘扬红色文化，弘扬井冈山精神，作为江西省检察官文联的一项重要的工作任务。

一、要以井冈山精神为引领，坚定理想信念，始终坚持检察官文联正确的工作方向

井冈山精神是一个原创精神，有了井冈山精神，才有后来很多很多的精神，比如长征精神、遵义精神、延安精神、大庆精神、抗洪精神、载人航天精神等等，这么多的精神，追根求源，都是从井冈山精神派生出来的，所以井冈山精神是原创性的精神。井冈山精神是在井冈山形成的，作为井冈山的检察官，有责任宣传、弘扬和践行井冈山精神，所以我提出要以井冈山精神为引领。井冈山精神的第一条内容就是坚定信念。坚定信念对检察官文联来讲主要有三条。第一，检察官文联的工作一定要以社会主义核心价值体系为引领，努力践行政法干警核心价值观。把井冈山精神和社会主义核心价值体系、政法干警核心价值观融合起来，我们的信念就是要坚信社会主义道路，坚信党的领导，坚信社会主义法律体系和法律制度，我们的法律制度是进步的、先进的、优越的，一定要有这个信念，要通过文化艺术创作和文化艺术活动弘扬这个信念，使之成为所有检察人员的精神追求。第二，检察官文联的工作一定要服务党和国家的工作大局，服务检察机关的中心工作。第三，检察官文联的工作一定要面向基层，眼睛向内，重心下移，为检察官提供丰富的精神食粮。

检察官文联工作的重点在基层，基层不牢，地动山摇。检察官文联的工作一定要为基层着想，要关注基层检察院的人和事，把他们故事转化为文化艺术作品和各种形式的文化艺术活动。

二、要以井冈山精神为引领，坚持实事求是，服务群众，努力做好检察官文联的各项工作

井冈山精神的一个重要内容就是实事求是，依靠群众。检察官文联要立足检察机关的实际，从文化艺术的角度进行研究，寻找检察官文联工作的规律。检察官文联的工作不仅仅是面对检察官，还要面对社会、面向群众，更好地为检察队伍服务，为人民群众服务。为此，要认真把握好以下几点。第一，要准确认识和把握检察官文联的定位。这是搞好检察官文联工作的首要条件。按照检察官文联章程规定，检察官文联是在同级检察院党组直接领导下的非营利性社会团体，这就要求检察官文联一定要自觉地接受同级检察院党组的领导，检察官文联的工作部署，绝对不能游离于检察院党组工作部署之外，要紧贴检察机关的中心工作，努力为中心工作服务。同时要自觉接受中国文联和地方文联的业务指导，接受民政部门的监督管理。第二，要紧贴检察机关的实际，突出检察特征。检察官文联是运用文化艺术形式来弘扬检察精神，宣传检察工作的，所以检察官文联的工作一定更要立足检察实际，彰显检察精神。要深入了解检察机关各项工作开展情况，了解检察工作中的新理念、新成绩、新典型，把这些作为检察文化艺术创作和检察文化艺术活动的重要资源，这样才能彰显出检察工作的特点。第三，要突出检察官的主体性。检察官文联是检察系统文化艺术人才的联合体。所以检察官文联开展的各项文化艺术活动，在内容上，都要反映检察官的生活、检察官的风采、检察官的形象；在参与对象上，要动员更多的检察官直接参与，尽可能的突出检察官的主体性。第四，要立足检察，面向全国。检察官文联的工作不是封闭的，是开放的，是既为检察官服务，又为社会服务，所以检察官文联的文化艺术活动要尽可能面向社会。我曾经到江苏省如东县检察院调研，他们在检察院的旁边建了一个集宣传、教育于一体的检察文化园，里面有很多检察和法治元素，这个园子既面向检察官，又向社会开放，群众走进这个圈子既受到了检察文化和法治文化的熏陶，又了解了检察工作，取得了很好的效果。

三、要以井冈山精神为引领，勇于创新，大力开展各种检察文化艺术创作和检察文化艺术活动

井冈山精神的又一个重要内容就是敢创新路，这实际上就是创新精神、时代精神。检察官文联工作一定要勇于创新，勇于在理论上创新，在内容上创新，在载体上创新。理论和内容创新，就是要深入研究检察机关提出的检察理念。比如，高检院就贯彻执行新刑诉法提出的牢固树立的“五个意识”和努力做到的“六个并重”。对这些理念要深入研究，并把它转化为文化艺术作品和文化艺术活动，这就是创新。同时要十分关注文化载体的创新，现在最值得关注的就是网络载体，检察官文联怎么建设文化艺术网络，怎么样用网络来弘扬检察精神和检察理念，这是值得我们深入研究的课题。

四、要以井冈山精神为引领，大力加强检察文化艺术队伍建设，推动检察官文联各项工作取得新成绩

井冈山精神的又一个重要内容，就是勇于胜利。这对检察官文联来讲就是要勇于取得新的工作成绩。要取得新成绩，必须有一支素质高的队伍。检察官文联一定要把检察系统的文化艺术爱好者凝聚起来，不断地提高他们。第一，要摸清检察文化艺术人才的底数。江西全省有多少检察文化艺术人才，有多少是省级和国家级协会的会员，有多少在文化艺术活动中，获得过奖项、他们各有什么特长？这样才能有针对性地组织培训和开展活动。第二，要搞好检察文化队伍的素质建设。通过各种形式的培训、采风等活动，提升这支队伍的文化素质和艺术素质。第三，要激励这支队伍的创造力。要建立一些能展示他们才华的平台，给他们提供条件，激励他们充分发挥各自的专长，为加强检察文化建设贡献力量。

五、要以井冈山精神为引领，发扬艰苦奋斗的精神，努力加强检察官文联的自身建设

井冈山精神还有一个重要内容就是艰苦奋斗。对检察官文联来讲，特别是刚刚建立的检察官文联来讲，这个精神非常重要。省级检察官文联的很多同志都是兼职的，这些同志到检察官文联从事检察文化艺术工作，他们要付出比其他同志更多的代价，既要做好检察业务工作，又要做好检察官文联的工作，这是很不容易的。所以，检察官文联要发扬艰苦奋斗精神。检察官文联成立后在自身建设方面，要抓紧做好三件事：第一，要把机构建立起来，要抓紧建立相应的专业委员会。第二，要抓紧学习，更快提升自己的文化艺术素养。第三，要注重廉政建设。检察官文联按照章程规定，可以接受社会捐赠。检察官文联在和社会打交道方面，比检察机关广泛的多，在这种情况下检察官文联的廉政建设更为重要，特别是在接受社会捐赠的时候一定要慎之又慎，对捐助资金的运用，一定要有章可循，严防发生不廉洁问题。

江西省检察官文联成立标志着检察文化建设进一步加强，标志着检察官文联队伍逐步壮大。我们相信，在江西省检察院党组的领导下，在各方面的支持下，江西省检察官文联一定会把工作做得很好，一定会在原有文化建设的基础上，创造更加辉煌的成果，以优异的成绩迎接党的十八大胜利召开！

谢谢大家！

（张耕同志时任全国政协教科文卫体委员会副主任，中国检察官文联主席，最高人民检察院原党组副书记、常务副检察长。）

在江西省检察官文学艺术联合会成立大会上的讲话

（2012 年 7 月 30 日）

曾页九

尊敬的张耕主席、各位来宾、各位代表、同志们：

今天，江西省检察官文学艺术联合会正式成立，这是全省检察机关文化生活中的一件大事、喜事。大会选举产生了江西省检察官文联领导集体，推选我担任江西省检察官文联主席，这是各位代表对我的信任，是荣誉，更是责任，我谨向大会和同志们表示衷心的感谢！向亲临大会指导的全国政协教科文卫体委员会副主任、中国检察官文学艺术联合会主席张耕同志，及光临会议的高检院政治部、省文联领导、嘉宾表示热烈的欢迎和衷心感谢！

下面，我就加强检察文联工作，讲三点意见。

一、要增强文化建设自觉自信

当前检察文化建设面临着前所未有的大好形势和难得的发展机遇。党的十七届六中全会和《国家“十二五”时期文化改革发展规划纲要》把推进社会主义文化大发展大繁荣提高到民族精神和灵魂的战略高度来认识、部署和推进。江西省第十三次党代会提出了“着力推动文化大发展大繁荣，建设全省人民美好精神家园”战略目标。高检院去年成立了中国检察官文联，前不久又召开了全国检察机关首次文化建设工作会议，对检察文化建设工作进行了全面规划部署，掀起了全国检察机关开展检察文化建设的新热潮。

近年来，全省检察机关认真贯彻高检院和省委部署，坚持把文化建设作为推进检察事业发展和加强队伍建设的有效载体和重要抓手，充分利用江西丰富的红色资源和得天独厚的苏区检察传统，坚持政治建检和文化育检相结合，检察文化和本土文化相融合，检察工作理念培育和职业道德培育相统一的检察文化建设思路，着力创新文化载体，积极探索职业化、本土化、多样化的检察文化建设之路。特别是今年以来，制定出台我省首个《关于加强检察文化建设的实施意见》，部署构建“四大体系”、实施“八项行动”，着力形成“一鼎四足”的检察文化建设格局，取得了丰硕成果。今年 6 月，省院在全国检察机关文化建设工作会议上作大会经验发言，省院被高检院评为“全国检察机关书画摄影展”和“为了公平正义文艺晚会”两项文化活动组织奖，南昌市东湖区院和丰城市院被高检院评为“全国检察文化建设示范院”，我省多幅作品获得高检院表彰。汇编的《每周一文——与检察人员的心灵对话》和《榜样在身边——2010～2011 江西检察人物》两本书，在全国检察机关产生广泛影响。这次还专门举办“弘扬检察·赞美江西——全省检察机关书法、美术、摄影作品展”。这些都为做好检察文联工作积累了丰富经验，奠定了重要基础。

在这样的大好形势下，江西省检察官文联应运而生，既充分反映了过去我们在检察文化建设上取得的积极成效，也为今后更好地开展这项工作创造了条件、搭建了平台，标志着我省检察文化艺术事业的发展进入了新的历史阶段。有利于进一步整合检察系统的文艺力量和文化资源，有利于建立健全检察文化建设的长效机制，有利于改善检察文艺人才创作环境，对于进一步提升检察队伍综合素质、推进检察事业的科学发展具有深远的意义。全省检察机关要以此为契机，牢牢抓住难得的历史机遇和有利条件，把检察官文联作为加强检察文化建设的重要力量和重要阵地，充分发挥检察文联在文化艺术方面的独特优势，在新的起点上把江西检察机关文化建设提高到一个新水平。

二、要充分发挥检察官文联的职能作用

江西省检察官文联是由热爱文化艺术、有一定特长的检察人员自愿结成的联合性、非营利性社会组织，是全省检察队伍中文化艺术骨干和爱好者的联合组织。其功能应该是服务检察业务工作，满足检察精神追求，促进职业道德建设。同时，必须自觉接受省院党组的领导，自觉接受省文联的指导，发挥社会团体的优势，与政治部门密切配合，共同搞好检察文化建设。按照党的十七届六中全会精神和江西检察工作“十二五”规划的要求，根据检察文联的职能定位，当前和今后一个时期江西省检察官文联的总体工作思路是：以邓小平理论和“三个代表”重要思想为指导，深入贯彻落实科学发展观，紧紧围绕党和国家工作大局，围绕全省检察中心工作，充分发挥检察文联联络、协调、服务职能，团结、动员检察文艺工作者、爱好者，立足检察文化，面向法治文化，大力开展检察文化艺术创作和文化艺术活动，培育社会主义核心价值体系，弘扬检察官职业道德，繁荣和发展检察文学艺术事业，为推动全省检察文化大发展大繁荣作出积极的贡献。根据这一思路，江西省检察官文联要重点抓好以下三项工作：

*一是坚持围绕中心，积极开展检察文艺创作和文化活动。*要团结、组织全省检察文化艺术队伍，深入基层，深入执法一线，从丰富多彩的检察工作实践中不断汲取艺术营养，为广大检察人员和人民群众创作出一批富有思想性和艺术性、独具检察特色和检察风格的优秀文化艺术作品，弘扬检察精神，塑造检察品格，展示检察形象，增进人民群众对检察机关的理解、信任和支持。要把满足检察人员的文化需求作为文联工作的出发点和落脚点，积极组织开展书画、摄影、文艺表演、体育运动等形式活泼、寓教于乐、广大检察人员喜闻乐见的经常性文化活动，使广大检察人员在文化建设中陶冶道德情操，提升文化品位，共建共享检察文化建设成果。

*二是坚持以人为本，努力造就一支高素质的检察文化艺术队伍。*要牢固树立人才是第一资源的观念，深入研究检察文化艺术人才的现状，通过开展各种文化艺术活动，发现一批人才并把他们吸纳到检察文联中来。要善于凝聚人才，不断完善人才培养、扶持、表彰、激励机制，不断优化人才资源配置，为各类检察文化艺术人才展示才华创造有利条件和宽松环境，最大限度地激发检察文化艺术队伍的创造活力。要加强检察文化艺术队伍思想道德建

设，引导文化工作者自觉践行社会主义核心价值体系，加强自身修养，恪守检察职业道德。要广泛借助社会资源，吸引更多的艺术人才关注和参与检察文化艺术创作。

三是坚持继承创新发展有机统一，着力提升检察文化的吸引力、感染力和传播力。要突出区域特色，充分挖掘江西悠久的历史文化、光辉灿烂的红色文化、特色鲜明的地域文化、得天独厚的生态文化资源，积极打造具有江西鲜明特点的检察文化品牌。要适应检察文化发展规律，大力推进检察文化理论创新、内容创新、载体创新、体制机制创新，不断为检察文化艺术创作和文化艺术活动注入新内容、构建新平台、创造新形式，增强检察文化的吸引力、感染力和传播力。要加强地域间、省际间和国际间的检察文化艺术交流合作，积极与宣传、文化、新闻、出版等社会各界沟通联系，认真研究、吸收、借鉴文化发展的有益成果，及时宣传检察文联组织开展的各种文学艺术活动，多角度地展示检察文化的发展和进步，努力扩大检察文化的影响力。

三、要切实加强检察官文联自身建设

江西省检察官文联作为刚刚成立的组织，各项制度还不够完善，运行机制还不够健全，还缺乏工作经验，要注意结合文联的工作实际，不断加以总结、完善、提高。

一是要提供有力保障。各级院党组都要重视、支持检察官文联工作，积极组织参加检察文联的各项活动，把检察文化艺术工作融入到各项工作中去，确保检察文联工作的正确方向。要明确专人负责检察文联工作，检察政工部门作为牵头部门和责任部门具体抓，基层党组织、工会、共青团、女检协等党群组织要发挥各自优势，积极参与组织开展各项活动，形成党组领导、政工宣传部门牵头协调、其他部门密切配合、检察文联组织参与，共同推进检察文化事业蓬勃发展的良好格局。

二是要加强制度建设。按照精简、高效、规范、科学的原则，尽快完善各项组织，稳步推进各专业协会建设，积极发展好会员，打牢组织基础。要建立健全教育培训、日常活动、经费使用等相关制度和工作规程，逐步使文联各项工作步入规范化轨道。各位委员要充分发挥作用，带领广大会员组织好各专业协会的活动，推动文联整体工作开好头、起好步。

三是要树立良好形象。要重视加强检察文联工作人员的思想政治、业务能力、纪律作风建设，强化自我教育、自我管理和自我约束，不断提高检察文联的工作水平。要坚持厉行节约、艰苦奋斗，精打细算地用好每笔资金。要坚持求真务实，改革创新，勤奋工作，无私奉献，以良好的作风组织检察文化艺术队伍做好各项工作。

同志们，做好检察文联工作，责任重大，使命光荣。我们一定要深入贯彻落实党的十七届六中全会精神，以更加饱满的精神、务实的作风、创新的思路，全面推进检察文联的各项工作，为实现检察文化大发展大繁荣，推进检察事业科学发展作出重要贡献，以优异的成绩迎接党的十八大胜利召开！

资　料

关于江西省检察官文学艺术联合会筹备成立情况的报告

（2012 年 7 月 30 日）

江西省人民检察院政治部

为深入学习贯彻党的十七届六中全会和中国检察官文学艺术联合会第一次会员代表大会精神，进一步推进江西省检察机关检察文化建设，经省院党组研究决定，成立江西省检察官文学艺术联合会，筹备成立情况如下：

一、成立江西省检察官文学艺术联合会是江西检察机关加强检察文化建设的重要举措

近年来，省检察院党组高度重视检察文化建设，坚持把检察文化建设作为提高队伍素质、提升检察形象的重要手段，大力实施“文化育检”工程，充分利用江西丰富的红色资源和得天独厚的苏区检察传统，着力创新文化载体，积极探索职业化、本土化、多样化的检察文化建设之路，在检察文化的理论研究、组织推动、制度创新、机制建设等方面进行了有益探索，积累了丰富经验，培养了一批检察文艺人才，全省检察机关检察文化建设得到有效发展。特别是今年以来，制定出台《江西省人民检察院关于加强检察文化建设的实施意见》，通过实施“八项行动”，构建“四大体系”，着力形成“一鼎四足”的检察文化建设格局，有力地推动了检察文化的大发展大繁荣。但也存在各单位发展不够平衡、检察文化建设的系统化制度化有待加强等问题，需要建立统一的组织机构来整体推进检察文化建设。为适应新形势、新任务和新要求，省院党组决定成立江西省检察官文学艺术联合会，以进一步加强和改进检察文化建设，丰富检察文化建设的组织形式，充分发挥检察文化独特的教育、引导、约束、凝聚功能，不断提高检察队伍的思想政治素质和职业道德素养，增强检察队伍凝聚力和战斗力，繁荣和发展江西省检察机关检察文化事业，构建检察人员共有的精神家园。

二、江西省检察官文学艺术联合会的成立是各方面大力支持的重要成果

2011 年 6 月，省检察院党组在学习中国检察官文学艺术联合会第一次会员代表大会精神时，曾页九检察长指出，要认真贯彻落实会议精神，筹备成立江西省检察官文联。此后，省检察院政治部开展了调研和走访活动，征求了全省检察机关部分基层单位的意见，听取了兄弟省院成立检察文联的做法和经验，了解了社团登记成立的有关程序，起草了江西省检察官文联章程（草案）。在筹备过程中，省院党组和曾页九检察长高度重视，多次听取专题汇报，研究解决筹备过程中遇到的实际问题。他要求，要认真贯彻高检院和中国检察官文联的要求，把筹备成立江西省检察官文联作为江西省检察机关贯彻十七届六中全会精神的重要举措。2011 年 10 月，省院成立了江西省检察官文联筹备工作领导小组和具体办事机构。2011 年 12 月，省检察院向江西省文联发出筹备成立江西省检察官文联的函，省文联批复同意作为江西省检察官文联的业务主管单位。2012 年 7 月，省院向省委组织部提交了江西省检察官文学艺术联合会主席、副主席兼职人选的请示，得到省委组织部批复同意。2012 年 7 月，省检察院向江西省民间组织管理局提出申请登记成立江西省检察官文学艺术联合会，省民间组织管理局批复同意。根据省民间组织管理局《关于江西省检察官文学艺术联合会筹备成立的批复》，省院决定召开江西省检察官文学艺术联合会第一次会员代表大会。会议将选举产生第一届领导机构和组成人员，部署当前和今后一个时期的检察文联工作。

为确保大会顺利召开，省院政治部以严谨的态度和务实的作风投入筹备工作，认真做好章程草案的拟定、领导讲话等会议文件的起草、选举事项安排、会议代表推选产生等各项工作。目前，各项筹备工作已顺利完成，会议将如期召开。

江西省检察官文联筹备成立过程中，得到了中国检察官文联、高检院政治部、省委组织部、省委宣传部、省委政法委、省文联、省民间组织管理局等相关部门的热情支持和帮助。在此，向关心、支持江西省检察官文学艺术联合会成立的各位领导、各位同志表示衷心的感谢！

三、江西省检察官文学艺术联合会是推动检察文化繁荣发展的重要阵地和有效平台

江西省检察官文学艺术联合会的成立，是江西省检察机关的一件大事，标志着江西检察文化建设掀开新的一页，进入新的阶段，对推动全省检察机关检察文化建设具有重要意义。江西省检察官文联将在省院党组的领导下，在江西省文联的主管下，在省民间组织管理局的监督下，在各兄弟单位的支持下，积极组织、团结、凝聚广大检察文化艺术工作者和爱好者，以邓小平理论和“三个代表”重要思想为指导，深入贯彻落实科学发展观，紧紧围绕党和国家工作大局，以提高检察队伍素质、提升检察形象和检察机关执法公信力为目标，以改革创新为动力，充分发挥检察文联联络、协调、服务的职能作用，紧贴检察工作，深入检察实际，大力开展检察文化艺术创作和文化艺术活动，为推动全省检察文化进一步繁荣发展，为促进江西检察工作科学发展做出新的更大的贡献！

江西省检察官文学艺术联合会章程

（2012年7月30日　江西省检察官文学艺术联合会第一次会员代表大会通过）

第一章　总　则

第一条　根据国务院《社团登记管理条例》、《中国文学艺术界联合会章程》和检察机关的职能定位制定本章程。

第二条　本会名称为：江西省检察官文学艺术联合会，简称江西省检察官文联。英文名称：Jiangxi Prosecutor's Federation of literature and Art，英文缩写为JPFLA。

第三条　本会是在江西省人民检察院领导下，由全省热爱文化艺术、有一定文学艺术特长的检察人员（含离退人员）和地方检察官文联自愿结成的全省性、联合性、非营利性社会团体。

第四条　本会的宗旨是：以邓小平理论和“三个代表”重要思想为指导，深入贯彻科学发展观，大力弘扬社会主义核心价值体系、社会主义法治理念和政法干警核心价值观，紧紧围绕党和国家工作大局，围绕检察中心工作，充分发挥联络、协调、服务职能作用，组织、团结、凝聚检察文化艺术队伍，积极开展检察文化艺术创作和文化艺术活动，发现、培养检察文化艺术人才，为推动检察文化和法治文化繁荣发展，提高检察队伍综合素质，促进检察事业科学发展做出应有的贡献。

第五条　本会接受江西省文学艺术界联合会和中国检察官文学艺术联合会的业务指导，接受江西省民政厅的监督管理。

第六条　本会会址设在南昌市。

第二章　业务范围

第七条　本会的业务范围包括：

（一）采取各种措施，努力提高江西检察文化艺术创作和文化艺术活动水平，大力扶植和培养检察文化艺术新人，不断壮大江西检察系统文化艺术队伍；

（二）组织和支持全省检察系统文化艺术工作者深入生活、深入基层，积极开展各种文化艺术创作、展演、交流、比赛、研究、评论等活动，对全省检察系统优秀文化艺术工作者和各文学艺术门类的优秀成果予以推介，报经主管单位批准，开展表彰奖励活动；

（三）研究、探索检察文化和法治文化建设的历史发展及其规律，分析、解决检察文化和法治文化建设中出现的新情况、新问题，总结、推广检察文化和法治文化建设的新成果、新经验，使检察文化和法治文化自觉服务党和国家工作大局，服务检察中心工作，服务检察队伍建设；

（四）积极与宣传、文化、新闻、出版等社会各界沟通联系，不断扩大对外联系、交流和合作；

（五）反映全省广大检察文化艺术工作者的意见和要求，维护他们的合法权益；

（六）完成其他任务。

第三章　会　员

第八条　本会会员包括单位会员和个人会员。

第九条 申请加入本会的会员，必须具备下列条件：

（一）自愿加入本会；

（二）拥护本会章程；

（三）单位会员为江西省各设区市人民检察院和南昌铁路运输检察分院检察文联；

（四）个人会员为热爱文化艺术并有一定文化艺术特长的检察人员（含离退休人员）。

第十条 会员入会程序：

（一）提交入会申请书，其中个人会员须经两名正式会员介绍，或所在单位推荐；

（二）经本会审核通过并发给会员证。

第十一条 会员享有下列权利：

（一）选举权、被选举权和表决权；

（二）参加本会的活动；

（三）获得本会服务的优先权；

（四）享受本会为创作活动提供的必要帮助和便利条件；

（五）请求本会保障其合法权益不受侵害；

（六）对本会工作的批评建议权和监督权；

（七）自由退会的权利。

第十二条 会员履行下列义务：

（一）遵守本会章程，执行本会决议，完成本会布置的工作；

（二）维护本会合法权益；

（三）与本会保持联系，向本会及时反映工作情况；

（四）单位会员应及时向本会报告年度工作计划和工作总结；

（五）单位会员的重要人事变动，应报本会审查备案；

（六）按规定缴纳会费。

第十三条 会员退会应书面通知本会，并交回会员证。

会员如逾期一年不缴纳会费或长期不参加本会活动，可视为自动退会。

第十四条 会员如违反国家法律，对社会造成危害，或严重违反本会章程，或长期不开展活动，经本会核实，可给予警告、限期改正或除名等处理。

第四章 组织机构及选举、任免程序

第一节 会员代表大会

第十五条 会员代表大会是本会的最高权力机构，由各单位会员和有关方面推选的会员代表组成。

第十六条 会员代表大会的职权是：

（一）制定和修改本会章程；

（二）选举和罢免委员会委员；

（三）审议委员会的工作报告和财务报告；

（四）决定终止事宜；

（五）讨论和决定其他重要事项。

第十七条 会员代表大会须有三分之二以上的会员代表出席方能召开，其决议须经到会会员代表半数以上表决通过方为有效。

第十八条 会员代表大会每五年召开一次。因特殊情况需提前或延期的，须由委员会表决通过，报业务主管单位审查并经社团登记管理机关批准同意。但延期最长不超过一年。

第二节 委员会

第十九条 委员会是本会会员代表大会的执行机构，对会员代表大会负责。

第二十条 委员会的职权是：

（一）执行会员代表大会的决议；

（二）选举本会主席、副主席、秘书长和常务委员会委员；

（三）决定本会顾问、荣誉职务的设立和人选；

（四）决定设立本会各专业协会和本会办事机构、分支机构、代表机构等工作机构；

（五）制定和修改会费标准；

（六）筹备召开会员代表大会；

（七）向会员代表大会报告工作和财务状况；

（八）会员代表大会授予的其他职权。

第二十一条 委员会委员由会员代表大会选举产生，每届任期五年。

第二十二条 委员会会议须有三分之二以上委员出席方能召开，其决议须经到会委员半数以上表决通过方能生效。

第二十三条 委员会会议每年至少召开一次；情况特殊的，也可采用视频会、电话会等形式召开。

第三节 常务委员会

第二十四条 本会设立常务委员会，由主席、副主席、秘书长及常务委员组成。常务委员会是本会领导机构，在委员会会议闭会期间领导本会工作。

第二十五条 常务委员会的职权是：

（一）决定委员会委员、常务委员的候补人选；

（二）根据主席办公会提名，决定本会各专业协会会长的候选人选；

（三）在委员会会议闭会期间，决定本会顾问、荣誉职务的设立和人选，并由委员会予以确认；

（四）在委员会会议闭会期间，决定设立本会各专业协会和本会办事机构、分支机构、代表机构等工作机构，并由委员会予以确认；

（五）监督会员代表大会决议的执行情况；

（六）监督本会各机构开展工作；

（七）监督内部管理制度的制定和执行；

（八）委员会授予的其他职权。

第二十六条 常务委员会会议须有三分之二以上常务委员出席方能召开，其决议须经到会常务委员半数以上表决通过方能生效。

第二十七条 常务委员会会议至少每半年召开一次。必要时，经主席办公会同意，可适时召开。

第四节 主席办公会

第二十八条 本会设立主席办公会，由主席、副主席和秘书长组成。在常务委员会会议闭会期间，领导本会工作。

第二十九条 主席办公会职权是：

（一）提名委员会委员、常务委员的候补人选；

（二）决定本会副秘书长人选，决定本会各专业协会副会长、秘书长人选；

（三）落实会员代表大会、委员会、常务委员会的决议；

（四）决定本会顾问、荣誉职务的设立和人选，并由委员会予以确认；

（五）提出设立本会各专业协会和本会办事机构、分支机构、代表机构等工作机构的建议；

（六）决定秘书处各内设部门的设置和调整；

（七）决定本会内设机构专职工作人员的聘用；

（八）决定会员的吸收或除名；

（九）决定内部管理制度的制定和实施；

（十）指导和协调本会各专业协会、本会各内设部门的日常工作；

（十一）提出委员会或常务委员会研究的议题；

（十二）处理本会日常重大事项；

（十三）常务委员会授予的其他职权。

第三十条　主席办公会会议由主席提议，须有半数以上成员出席方能召开，其决议须经到会成员半数以上表决通过方能生效。重大事项须向常务委员会备案。

第五节　主席、副主席、秘书长

第三十一条　本会主席、副主席、秘书长由委员会选举产生，并报业务主管单位和社团登记管理机关备案。

第三十二条　本会主席、副主席、秘书长必须具备下列条件：

（一）坚持党的路线、方针、政策，政治素质高；

（二）在本会业务领域内有一定影响；

（三）最高任职年龄不超过70周岁；

（四）身体健康，能坚持正常工作；

（五）未受过剥夺政治权利的刑事处罚；

（六）具有完全民事行为能力。

第三十三条　本会主席、副主席、秘书长每届任期五年，最长不得超过两届。因特殊情况需要延长任期的，须报业务主管单位和社团登记管理机关审查，经委员会表决通过。

第三十四条　主席为本会法定代表人。法定代表人代表本会签署有关重要文件。

因情况特殊，经主席委托，委员会同意，并报业务主管单位审查、登记管理机关批准后，可以由秘书长担任法定代表人。

本会法定代表人不得兼任其他团体的法定代表人。

第三十五条　本会主席在副主席协助下，行使下列职权：

（一）召集和主持委员会、常务委员会、主席办公会会议；

（二）检查会员代表大会、委员会、常务委员会决议的落实情况；

（三）根据常务委员会的授权处理其他事项。

第三十六条　本会秘书长行使下列职权：

（一）主持本会日常工作，组织实施年度工作计划；

（二）协调本会各专业协会的工作；

（三）提名本会副秘书长人选；

（四）对本会聘用的办事机构专职工作人员提出建议；

（五）处理其他日常工作事务。

第六节　专业协会

第三十七条　本会设立若干专业协会。各专业协会受委员会领导；在委员会会议闭会期间，受常务委员会领导。在常务委员会会议闭会期间，受主席办公会领导。

第三十八条　各专业协会由会长、副会长、秘书长、常务理事、理事和会员组成。

第五章　资产的管理使用

第三十九条　本会经费来源：

（一）财政拨款；

（二）会费；

（三）社会捐赠、资助；

（四）其他合法收入。

第四十条　会员会费的收取，按照本会制定的会费标准和国家有关规定执行。

第四十一条 本会经费必须用于本章程规定的业务范围和本会的事业发展，不得在会员中分配。

第四十二条 本会开展表彰奖励活动，不收取任何费用。

第四十三条 本会建立严格的财务管理制度，保证会计资料合法、真实、准确、完整。

第四十四条 本会配备具有专业资格的会计人员。会计不得兼任出纳。必须进行会计核算，实行会计监督。会计人员调动工作或离职时，必须与接管人员办清交接手续。

第四十五条 本会的资产管理必须执行国家规定的财务管理制度，接受会员代表大会和财政部门的监督。资产来源属于国家拨款或者社会捐赠、资助的，必须接受审计机关的审计监督，并将有关情况以适当方式向社会公布。

第四十六条 本会换届或更换法定代表人之前必须接受社团登记管理机关和业务主管单位组织的财务审计。

第四十七条 本会的资产，任何单位、个人不得侵占、私分和挪用。

第四十八条 本会专职工作人员的工资和保险、福利待遇等，参照国家对事业单位的有关规定执行。

第六章 章程的修改

第四十九条 本章程的修改，须经委员会表决通过后提交会员代表大会审议。

第五十条 修改的章程须在会员代表大会通过后15日内，报业务主管单位审查，经其同意，并报社团登记管理机关核准后方能生效。

第七章 终止程序及终止后的财产处理

第五十一条 本会自行解散或由于分立、合并等原因需要注销的，由委员会或常务委员会提出终止动议。

第五十二条 本会终止动议须经会员代表大会表决通过，并报业务主管单位审查备案。

第五十三条 本会终止前，须在业务主管单位及有关机关指导下成立清算组织，清理债权债务，处理善后事宜。清算期间，不开展清算以外的活动。

第五十四条 本会经社团登记管理机关办理注销登记手续后即为终止。

第五十五条 本会终止后的剩余财产，在业务主管单位和社团登记管理机关的监督下，按照国家有关规定，用于发展与本会宗旨相关的事业。

第八章 附 则

第五十六条 本章程经江西省检察官文学艺术联合会会员代表大会通过实施。

第五十七条 本章程解释权属江西省检察官文学艺术联合会。

第五十八条 本章程自社团登记管理机关核准之日起生效。

江西省检察官文学艺术联合会第一届委员会委员选举办法

（2012 年 7 月 30 日　江西省检察官文学艺术联合会第一次会员代表大会通过）

根据国务院《社会团体登记管理条例》和《江西省检察官文学艺术联合会章程（草案）》有关规定，制定本选举办法。

一、江西省检察官文学艺术联合会（以下简称江西省检察官文联）第一届委员会委员由江西省检察官文联第一次会员代表大会选举产生。

二、江西省检察官文联第一届委员会委员候选人，由省院各部门和各设区市院、南铁分院按照分配的数额和条件确定初步人选，报江西省检察官文联筹备领导小组初审并提名，经省院政治部审核，省院党组审定后确定为正式候选人，提请江西省检察官文联第一次会员代表大会选举。

三、江西省检察官文联第一次会员代表大会的参会代表超过代表总数三分之二，方可进行选举。

四、江西省检察官文联第一届委员会委员的产生，采用举手表决方式，实行等额选举。

五、正式候选人名单按姓氏笔画排序。

六、选举人对候选人可以表示赞成、反对或弃权。

七、候选人得赞成票超过实到代表半数以上，方可当选。

八、本选举办法，经江西省检察官文联第一次会员代表大会审议通过后生效。

江西省检察官文学艺术联合会第一届委员会主席、副主席、秘书长和常务委员会委员选举办法

（2012 年 7 月 30 日　江西省检察官文学艺术联合会第一届委员会第一次会议通过）

根据国务院《社会团体登记管理条例》和《江西省检察官文学艺术联合会章程》，制定本选举办法：

一、江西省检察官文学艺术联合会（以下简称江西省检察官文联）第一届委员会主席、副主席、秘书长和常务委员会委员，由江西省检察官文联第一届委员会第一次全体会议选举产生。

二、江西省检察官文联第一届委员会主席、副主席人选由江西省检察官文联筹备工作领导小组提名，经省院政治部审核、省院党组审定后按规定报中组部和省委组织部审批；秘书长和常务委员会委员候选人由江西省检察官文联筹备领导小组提名，经省院政治部审核，省院党组审定后，提请江西省检察官文联第一届委员会第一次会议选举。

三、江西省检察官文联第一届委员会出席第一次全体会议的委员超过委员总数三分之二，方可进行选举。

四、江西省检察官文联第一届委员会主席、副主席、秘书长和常务委员的产生，采用举手表决方式，实行等额选举。

五、正式候选人名单按姓氏笔画排序。

六、选举人对候选人可以表示赞成、反对或弃权。

七、候选人得赞成票超过实到委员半数以上，方可当选。

八、本选举办法，经江西省检察官文联第一届委员会第一次会议审议通过后生效。

江西省检察官文联主席、副主席、秘书长、各专业协会负责人名单

（2012年7月30日　江西省检察官文学艺术联合会第一次会员代表大会通过）

主　席：曾页九　江西省人民检察院党组书记、检察长

副主席：薛江武　江西省人民检察院党组副书记、副检察长

李智　江西省人民检察院党组成员、副检察长

张勇玲　江西省人民检察院党组成员、政治部主任

王漪清　江西省人民检察院副厅级检察员

秘书长：周文英　江西省人民检察院政治部副主任兼政治工作综合处处长

体育协会

会　长：李智　江西省人民检察院党组成员、副检察长

副会长：孙秥昌　江西省人民检察院检委会专职委员

音乐舞蹈文学影视协会

会　长：张勇玲　江西省人民检察院党组成员、政治部主任

副会长：江阶虎　江西省人民检察院检委会专职委员

书法美术摄影协会

会　长：王漪清　江西省人民检察院副厅级检察员

副会长：蔡田　江西省人民检察院检委会专职委员

成立大会会议日程

<table>
<tr><th>日期</th><th>时间</th><th colspan="2">内容</th><th>主持人</th><th>参加人员</th><th>地点</th></tr>
<tr><td rowspan="3">7月
29日</td><td>上午</td><td colspan="2">委员报到</td><td>董晓琼
褚长江</td><td>全体委员</td><td>一楼大厅</td></tr>
<tr><td>14：30至
15：00</td><td colspan="2">参观“弘扬检察·赞美江西”——全省检察机关书画摄影展</td><td></td><td>全体委员</td><td>阳光大堂</td></tr>
<tr><td>15：00</td><td colspan="2">出席或列席全省检察长座谈会</td><td>薛江武</td><td>全体委员</td><td>四楼多功能会议厅</td></tr>
<tr><td rowspan="3">7月
30日</td><td>8：20</td><td colspan="2">合影</td><td></td><td>全体委员</td><td>和谐苑前</td></tr>
<tr><td>8：30
至
9：30</td><td>江西省检察官文联成立暨第一次会员代表大会</td><td>1. 省院党组副书记、副检察长薛江武同志宣读《省民政厅关于江西省检察官文学艺术联合会筹备成立的批复》；
2. 省院党组成员、副检察长李智同志宣读各单位贺信；
3. 审议通过《江西省检察官文学艺术联合会章程（草案）》；
4. 选举江西省检察官文学艺术联合会第一届委员会委员；
5. 选举江西省检察官文学艺术联合会第一届委员会主席、副主席、秘书长、常务委员；
6. 省文联领导致贺词；
7. 江西省检察官文学艺术联合会当选主席讲话；
8. 全国政协教科文卫体委员会副主任、中国检察官文联主席张耕作重要讲话。</td><td>张勇玲</td><td>全体委员、非检察官文联委员的省院内设机构部门负责人、各市分院办公室主任</td><td>四楼多功能会议厅</td></tr>
<tr><td>下午</td><td colspan="2">非全省检察长座谈会代表的委员离会</td><td></td><td></td><td></td></tr>
</table>

江西省检察文化艺术工作情况

综　述

2012 年 7 月 30 日，江西省检察官文联成立，张耕主席出席成立大会并讲话。会议期间，举办了“弘扬检察·赞美江西——全省检察机关书画摄影展”，张耕主席、舒晓琴书记等领导参观展览并给予高度评价。11 月 22、23 日，举办了江西省检察机关恢复重建以来第一次全省性体育比赛——全省检察机关羽毛球、乒乓球比赛，充分展示了全省检察人员良好的精神风貌。在高检院组织的 2 次文化交流活动中做了经验介绍，在高检院组织的 2 次活动中荣获组织奖，提升了江西检察文化建设的知名度。建立江西省检察官文联人才库，拟制《江西省检察官文学艺术联合会财务管理制度》等有关制度，推动了江西省检察官文联健康发展。

会　议

7 月 30 日，江西省检察官文联在井冈山召开了成立暨第一次会员代表大会。全国政协教科文卫体委员会副主任、中国检察官文联主席张耕出席会议并讲话，高检院政治部副主任、中国检察官文联副主席胡尹庐，江西省文联党组成员、副主席曹杭出席会议，全省三级检察院 100 余人参加会议。会议审议通过了《江西省检察官文学艺术联合会章程》，选举产生了江西省检察官文联第一届领导机构和组成人员。省院党组书记、检察长曾页九当选主席；省党组副书记、副检察长薛江武，党组成员、副检察长李智，党组成员、政治部主任张勇玲，副厅级检察员王漪清等 4 人当选副主席；省院政治部副主任兼政治工作综合处处长周文英当选秘书长；省院检委会专职委员江阶虎、蔡田、孙牯昌，南昌市院党组书记、检察长徐胜平，九江市院党组书记、检察长熊少健，景德镇市院党组书记、检察长黄永茂，萍乡市院党组书记、检察长朱德才，新余市院党组书记、检察长刘炽，鹰潭市院党组书记、检察长罗庆华，赣州市院党组书记、检察长胡火箭，宜春市院党组书记、检察长熊金文，上饶市院党组书记、检察长黄严宏，吉安市院党组书记、检察长谢健，抚州市院党组书记、检察长何刚，南昌铁路运输检察分院党组书记、检察长丁高保，省院办公室主任燕晓华、政治部副主任兼干部人事处处长胡兴平、新闻处处长熊明、干部教育培训处处长刘恩祥、职务犯罪预防处处长熊国钦、法律政策研究室主任罗军、计划财务装备处处长姜玉娟、机关委员会专职副书记兼机关纪律检查委员会书记梅君健、纪检组副组长兼监察处处长茆荣权等 24 人当选常务委员。

10 月 25 日，文联主席曾页九主持召开了主席办公会议。会议确定文联下设体育协会、书法美术摄影协会和音乐舞蹈文学影视协会。

体育协会会长为李智，副会长为孙牯昌；音乐舞蹈文学影视协会会长为张勇玲，副会长为江阶虎；书法美术摄影协会会长为王漪清，副会长为蔡田。每个协会根据需要可设副会长若干名、秘书长 1 名和副秘书长若干名，名单由各协会审定。

活　动

7 月 29 日至 31 日，在井冈山举办了“弘扬检察·赞美江西——全省检察机关书画摄影展”。此次展出活动得到全省各级检察机关的高度重视，广大检察人员怀着对事业和生活的无限热爱，踊跃创作，积极投稿，用笔墨丹青艺术而生动地抒发了全省检察机关和广大检察人员“忠诚、为民、公正、廉洁”的职业追求，描绘了富裕、和谐、秀美江西的盛世华章。活动共收集作品 369 件，其中书法作品 112 件，摄影作品 232 件，绘画（剪纸）作品 25 件。经过专家评审，分别评出书法类、摄影类、绘画（剪纸）类特等奖 1 名、一等奖 2 名、二等奖 3 名、三等奖 4 名、优秀奖 4 名，并将荣获特等奖、一、二、三等奖的作品进行了展出。中国检察官文联主席张耕，省委常委、省委政法委书记舒晓琴等领导参观展览后给予了高度评价。

11 月 22 日至 23 日，在南昌举办了全省检察机关羽毛球、乒乓球比赛。22 日上午组织了开幕式，省院党组书记、检察长、省检察官文联主席曾页九出席开幕式并为比赛宣布开球，省院党组副书记、副检察长、省检察官文联副主席薛江武作了重要讲话，省体育局副局长李小平同志致辞，省院党组成员、副检察长、省检察官文联副主席李智主持，省院在家院领导出席了开幕式。23 日下午组织了闭幕式，省院党组书记、检察长、省检察官文联主席曾页九出席闭幕式并为获奖运动员颁奖，省院党组副书记、副检察长、省检察官文联副主席李智作了重要讲话，省院党组成员、政治部主任、省检察官文联副主席张勇玲主持，省体育局党组书记付作成、副局长李小平和省院在家院领导出席了闭幕式，并为获奖运动员颁奖。

此次比赛是江西省检察机关恢复重建以来第一次全省性体育比赛，全省各级检察机关高度重视，逐级进行比赛，精心挑选运动员参赛。省院、各设区市院和南铁分院 13 个代表队、162 名运动员围绕羽毛球男子团体、羽毛球女子单打、乒乓球男子团体、乒乓球女子单打等四个项目进行比拼，以饱满的热情、拼搏的精神赛出了团结、赛出了水平，充分展示了全省检察人员良好的精神风貌。其中，南昌、宜春、九江、省院、吉安、景德镇等 6 支代表队依次荣获羽毛球男子团体比赛前 6 名；抚州陈秀英、九江杨汉兰、景德镇朱丽清、赣州陈红花、九江叶敏、景德镇孟艳等 6 名同志依次荣获羽毛球女子单打前 6 名；赣州、南昌、新余、南铁、九江、上饶等 6 支代表队依次荣获乒乓球男子团体比赛前 6 名；萍乡钟咏兰、景德镇李兰香、南铁李力、抚州罗美君、萍乡肖玉华、抚州童兆兵等 6 名同志依次荣获乒乓球女子单打前 6 名；鹰潭代表队荣获精神文明奖。

理论研究

紧紧围绕检察中心工作，充分利用

江西丰富的红色文化资源和得天独厚的苏区检察传统，加强检察文化艺术理论研究。向中国检察官文联报送了坚持走职业化、本土化、多样化的特色文化发展道路的理论研究文章。

获奖情况

省院政治部荣获高检院、中国检察官文联共同举办的“全国检察机关书画摄影展”和“为了公平正义”文艺晚会两项文化活动组织奖，丰城市院袁剑波创作的《战洪魔》荣获摄影作品一等奖，丰城市院李清创作的《心织笔畊》荣获书法作品二等奖。

省院政治部荣获高检院组织的政法干警核心价值观、正确的发展理念和执法理念征文活动组织奖，新余市院检察长刘炽作为优秀征文代表出席了高检院政治部召开的政法干警核心价值观、正确的发展理念和执法理念座谈会。

文化交流

3月，在陕西延安召开的中国检察官文化论坛上做了题为《江西检察文化红色气质与创新实践》的经验发言。

6月，在吉林长春召开的全国检察机关文化建设工作会议上做了《坚持走职业化、本土化、多样化的特色文化发展之路》的经验发言。

人才队伍

江西省检察官文联牢固树立人才是第一资源的观念，深入摸查全省检察文化艺术人才的现状，着力打造全省检察机关艺术人才库。全省检察机关已加入国家级、省级、市级文学艺术团体或单位的人员共43人。其中加入摄影家协会的12人，加入书法家协会的18人，加入作家协会的4人，加入美术家协会的3人，加入音乐家协会的3人，加入剧作家协会、象棋协会、楹联协会的各1人。全省检察机关共有376人申请加入省检察官文联各有关协会。其中，180人申请加入书法美术摄影协会，97人申请加入体育协会，99人申请加入音乐舞蹈文学影视协会。

基层检察文化艺术工作

全国检察文化建设示范院——丰城市院与正义网联合举办全国政法干警核心价值观主题教育活动摄影大赛活动。广大摄影艺术家、爱好者坚持正确的创作导向，用镜头集中展现了新时期检察事业取得的新进步新成就，涌现了一批政治主题鲜明、检察特色突出、富有文化价值、艺术观赏性强的优秀摄影作品。大赛共收集摄影作品1200幅，评选产生了一等奖3名、二等奖6名、三等奖8名、优秀奖32名。

四川省检察官文学艺术联合会

四川省检察官文学艺术联合会第一次会员代表大会

讲　话

在四川省检察官文学艺术联合会第一次会员代表大会上的讲话

（2012 年 8 月 9 日　根据录音整理）

张　耕

同志们：

今天，我非常高兴参加四川省检察官文联的成立大会。四川省检察官文联成立是检察系统文化建设的一件大事。首先，我代表中国检察官文联对四川省检察官文联的成立和顺利当选的第一届领导集体的各位同志表示热烈的祝贺！对关心和支持四川省检察官文联成立的省委、省人大、省政府、省政协和相关部门表示衷心的感谢！

四川是一个文化大省，文化积淀非常厚重。当前，全省都在贯彻省委提出的建设文化强省的战略部署，文化建设蓬勃开展，以文化建设的新成绩喜迎党的十八大胜利召开。在这个大背景下，四川省检察官文联成立，具有重要的意义。

第一，四川省检察官文联成立是进一步贯彻落实党的十七届六中全会精神，加强检察文化建设，推动社会主义文化大发展大繁荣的具体举措。党的十七届六中全会把文化建设提到了一个很高的战略地位，强调文化是民族的血脉，是人民共有的精神家园。按照党的十七届六中全会的要求，全国的文化建设包括检察系统的文化建设都在蓬勃开展，在不断取得新的成果。在这种情况下，有了四川省检察官文联这个平台和阵地，将会更加有力地推动检察文化建设，助推社会主义先进文化建设。从这个角度看，四川省检察官文联的成立，是进一步贯彻党的十七届六中全会精神的具体举措。

第二，四川省检察官文联成立标志着省委、省政府和相关部门对检察文化建设的高度重视。如果没有省委、省人大、省政府、省政协和相关部门的关心支持，四川省检察官文联的成立是不可能的。四川省委对文化建设高度重视，推出了许多重要举措。省人大、省政协、省委政法委对检察工作和检察文化建设都非常重视，积极推动检察文化建设的重要平台和阵地——检察官文联的建立。检察官文联的成立是省委、省人大、省政府、省政协和相关部门高度重视检察文化建设的重要标志。

第三，四川省检察官文联成立是四川检察文化建设进入新阶段的重要标志。多年来，四川省检察院党组对检察文化建设高度重视，各项工作不断发展，突出表现在：一是省院党组和各级检察机关都认真实施“文化育检、文化兴检、文化强检”的战略部署，采取了很多措施推进检察文化建设。比如，举办了检察文化巡礼，邓川检察长在巡礼上作了重要讲话，提出了“五个坚持”和重视“五个方面工作”的要求，他的讲话是指导四川省检察文化建设的重要文件。再比如，省检察院很快制定了实施高检院加强检察文化建设意见的实施意见，这个文件对落实高检院意见、进一步加强和推动检察文化建设起到了很重要的作用。二是四川省的检察文化建设比较注重调查研究，比较注重根据各地区不同情况进行文化建设部署。我看了郭彦副检察长的一份调研报告，写得非常好。根据经济发达地区、欠发达地区、民族地区不同经济发展状况和文化历史特点，提出了检察文化建设的要求。这就使得检察文化建设很有针对性，很容易体现出地域特征，体现出检察特征。三是四川省的检察文化建设立足检察、注重融合。注意把先进文化、现代文化、地域文化、红色文化、检察文化很好地融合在一起，特别是注重把文化的元素融合到各项检察工作之中。昨天下午，我去了都江堰市检察院，了解了他们的检察文化建设情况。他们从都江堰市的实际出发，经过调查研究、概括提升，形成了“山、水、堰、道、情”这个具有地域特点和检察特点的文化理念，既融入了传统文化的元素，又融入了现代文化的元素，还融入了地域文化的元素。四川省的检察文化建设给我留下了深刻的印象。近年来，四川省检察机关的文化建设把各项文化元素融合在了一起。比如，把规范化建设和检察文化建设很好地融合起来，把建设学习型检察院和检察文化建设很好地融合起来，把环境建设和检察文化建设很好地融合起来，等等。这样就使得检察文化建设是具体、生动的，而不是干枯、空洞的，也不是单纯把检察文化建设搞成说说唱唱、蹦蹦跳跳，而是把检察文化建设和整个检察工作融合到一起。有了这么好的检察文化建设的基础，检察官文联的成立就是应运而生了。

第四，四川省检察官文联的成立是全国检察官文联建设的一个新的重要成果。从去年 6 月到现在，全国已经有 16 个省（区、市）成立了检察官文联。未成立的和已经成立的省（区、市）正好是一半，全国地方检察官文联建设的天平是平衡的。四川省是第 17 家成立检察官文联的，成立以后，天平就倾斜了。所以，我说四川省检察官文联的成立分量是很重的，必将进一步推动全国地方检察官文联的建设。从现在的情况看，全国有望在九、十月份有三分之二以上的省（区、市）成立检察官文联。

检察官文联成立以后，怎样开展工作？刚才，几位领导都讲得很好。我也谈一些自己的体会和看法，供大家参考：

一、要坚定不移地走中国特色社会主义文化发展道路，始终坚持检察官文联工作的正确方向

最近，胡锦涛总书记在省部级主要领导干部专题研讨班开班仪式上发表重要讲话，号召全党和全国各族人民更加紧密地团结起来，坚定不移沿着中国特色社会主义道路奋勇前进。这是党中央向我们发出的号召，也是党中央对十六大以来或者说是我们整个革命和建设经验的新的总结。要坚持社会主义道路，文化建设是其中很重要的一个方面。中国特色社会主义文化发展道路是在党的十七届六中全会上提出来的，是写进中央决定中去的。这个道路是我们党在总结了多年来文化建设历史经验基础上做出的一个基本结论。检察文化是社会主义先进文化的重要组成部分，当然要坚持社会主义文化发展的道路。怎样坚持，需要从以下几个方面去认真把握：

一是要继续认真学习贯彻党的十七届六中全会精神。要把对党的十七届六中全会精神的学习贯彻和贯彻省委关于强化文化体制改革、加快建设文化强省的决定结合起来，和贯彻高检院关于加强检察文化建设的意见结合起来，和省院提出的落实高检院意见的实施意见结合起来。这样，我们坚持中国特色社会主义文化发展道路才是实际的、具体的，而不是空洞的。

二是要坚定不移地践行社会主义核心价值体系。社会主义核心价值体系是社会主义先进文化的精髓。对检察机关来讲，践行社会主义核心价值体系就是要践行“忠诚、为民、公正、廉洁”的政法干警核心价值观，就是要贯彻落实中央和高检院提出的一系列具体要求，要和检察机关的执法理念和工作要求结合起来。

三是要坚持“二为”方向。“二为”方向是毛泽东同志在延安文艺座谈会讲话中提出来的，即为社会主义服务、为人民群众服务。到现在，这个理论仍然是正确的。对检察机关来讲，检察官文联的工作、检察文化艺术工作坚持“二为”方向，就是要坚持为党和国家的工作大局服务，为检察机关的中心工作服务，为检察官特别是基层的检察官和人民群众服务。曹建明检察长多次提出，我们的工作要重心下移，面向基层，以我为主。

四是要继续认真贯彻“双百”方针。即“百花齐放、百家争鸣”。在检察官文联的工作中，一定要倡导不同的艺术风格、不同的艺术流派，互相学习、互相促进。要提供更多的条件、更多的平台，来展示检察系统文化艺术人才的才华，使他们的聪明才智得到充分发挥。

五是要坚持“三贴近”的原则。即贴近实际、贴近生活、贴近群众。贴近实际，就是贴近检察实际。贴近生活，就是贴近检察官的生活。贴近群众，就是贴近检察官和广大人民群众。这样，检察官文联的工作才能始终坚持正确的发展方向，才能真正走中国特色社会主义文化发展的道路。

二、要始终坚持检察官文联的职业属性，充分发挥作为检察文化建设重要阵地和重要平台的作用

检察官文联的职业属性是什么？这在检察官文联的章程中已经讲得很明白。概括起来，是两个方面。一个方面，检察官文联是在各级检察院党组直接领导下的非营利性社会团体。第二个方面，检察官文联的主要工作方式是文化艺术，就是用文化艺术的形式，服务于检察机关的工作，服务于检察队伍建设。这个职业属性决定了检察官文联在开展工作中必须认真把握以下几条：一是要自觉接受各级检察院党组的领导；二是要自觉接受中国文联和地方文联的业务指导；三是要自觉接受民政部门的行业管理；四是要加强同检察机关政治部门的联系，接受政治部门的工作指导。这几条，是检察官文联在实际工作中必须牢牢把握的基本要求。哪一条出了问题，检察官文联的工作将会受到很大的影响。检察官文联还要充分发挥协调、联络、指导、服务的职能，这几个方面的职能是中国文联提出的要求，检察官文联也要认真执行。

三、要坚持不断地加强检察文化理论研究工作、检察文化艺术创作和检察文化艺术活动

这三个方面是检察官文联重要的、长期的工作任务。检察官文联的工作主要围绕这三个方面来抓。而这三个方面工作任务的完成又是艰难的、长期的。这三个方面也是“三位一体”的，文化理论研究是检察官文联工作的指导，文化艺术创作是检察官文联工作的根本，文化艺术活动是检察官文联工作的重要载体，三个方面应该互相促进、互相推动、协调发展。今年五月份在延安召开的首届中国检察官文化论坛上，我专门讲了检察文化理论研究工作、检察文化艺术创作和检察文化艺术活动三个方面的工作，以及怎样处理好三者的关系，促进三项工作的协调发展。

四、要坚持不懈地抓好检察文化艺术人才队伍建设

这是做好检察官文联各项工作的组织保障。检察系统的文化艺术人才不少。特别是四川是一个文化大省，文化积淀很厚重，文化艺术人才很多。比如，去年举办全国检察机关书法绘画摄影展览，四川的作品获奖是比较多的，特别是马光剑同志的作品很优秀，获得美术类一等奖，应当说他是检察系统文化艺术创作的带头人之一。检察系统的文化艺术人才不少，但比较分散，专业艺术水平还需要极大地提高。要把这些文化艺术人才凝聚起来，提高他们的专业艺术水平，一个重要的组织形式就是检察官文联。检察官文联应该成为这支队伍的家，应该成为他们的精神家园，应该成为他们展示才华的重要平台。所以，检察官文联成立后，一定要抓紧检察文化艺术队伍建设。具体要抓好三个方面的工作：一是要把文化艺术队伍的底数搞清楚。全国检察系统包括每个省究竟有多少文化艺术人才，哪些是国家级专业协会会员和省级专业协会会员，每个文化艺术人才有什么特长，这些情况都要摸清楚。二是要创造条件提高这支队伍的素质。要举办一些培训活动，开展一些采风活动、交流活动，以提升检察文化艺术队伍的素质。三是要采取有效措施激励检察文化艺术人才，使他们充分发挥自己的聪明才智和艺术特长。

五、要坚持弘扬伟大的抗震救灾精神，切实加强检察官文联自身建设，努力推动和做好检察官文联的各项工作

2008 年发生在四川汶川的特大地震造成了很大的灾难，但是在党中央、国务院和省委、省政府的坚强领导下，全国各地大力支援，四川人民顽强拼搏，从灾难中走了出来，不但建设了美好的新家园，更重要的是在这场斗争中凝练出了“万众一心、众志成城、不畏艰险、百折不挠、以人为本、尊重科学”的伟大抗震救灾精神。各级检察官文联要大力弘扬这一精神。检察官文联是一个新兴事物，已成立的检察官文联基本上都是白手起家，一无所有，困难重重，需要以抗震救灾的伟大精神奠定工作的基础。一是要把文联工作的各项制度建立起来，尽快走上规范化的道路。二是要把刚刚建立的机构完善起来。四川省检察官文联的八个专业协会一起成立，这非常好。要把这些协会建设好，力争创造出好的经验。三是要加强检察官文联的廉政建设。检察官文联是一个社会团体，开展工作的面很大，按照章程的规定还可以接受社会的捐助。这就需要特别注重廉政建设，特别是要严格按照有关规定接受社会捐助，严格管理使用好社会捐助的资金。

四川省检察官文联建立的时机很好，工作的基础很好。我相信，在省院党组的直接领导下，四川省检察官文联一定能够开展好各项工作，一定能够为推动社会主义文化大发展大繁荣，建设社会主义文化强国和文化强省作出应有的贡献，以优异成绩迎接党的十八大胜利召开！

谢谢大家！

（张耕同志时任全国政协教科文卫体委员会副主任，中国检察官文联主席，最高人民检察院原党组副书记、常务副检察长。）

在四川省检察官文学艺术联合会第一次会员代表大会上的讲话

（2012年8月9日）

刘玉顺

尊敬的张耕主席，各位领导、各位代表、同志们：

在四川全省上下深入学习贯彻党的十七届六中全会、省委九届九次全会、省第十次党代会精神之际，四川省检察官文学艺术联合会第一次会员代表大会今天隆重召开。在此，我谨代表四川省委对大会的召开表示热烈的祝贺！对张耕主席和各位领导莅临指导表示诚挚的欢迎！向全省检察系统广大文艺工作者、爱好者致以亲切的慰问！

党的十七届六中全会以来，全省检察机关认真贯彻落实中央、省委和高检院的一系列决策部署，坚持把文化建设作为推进检察事业发展和加强检察队伍建设的有效载体和重要抓手，深化社会主义法治理念和政法干警核心价值观教育，为服务四川经济社会又好又快发展作出了积极贡献。成立检察官文学艺术联合会是多年来全省检察机关文化建设成果的一个具体体现，是在新的起点上繁荣发展四川检察文化，推动四川政法文化、法治文化建设的重要举措。全省检察机关要依托检察官文学艺术联合会这个有效载体，更加自觉地把检察文化建设纳入文化强省建设的总体布局，积极探索具有四川特色、政法特点、时代特征的检察文化建设新路子。

一、要在推动社会主义法治文化建设上主动作为。要充分运用文学艺术的形式，助推社会主义法治理念和政法干警核心价值观教育，不断提高检察干警的执法能力和水平，切实做到严格、公正、文明、廉洁执法。要彰显检察机关参与大调解工作，开展检调对接，积极化解矛盾纠纷，促进社会和谐的成效，推动检察机关更好地履行职能，维护社会稳定，促进社会和谐。

二、要在营造健康向上的文化发展环境上主动作为。要围绕文化强省建设的全局来研究、来思考检察文化建设，遵循文化发展的规律和文化发展的趋势，不断丰富和拓展文化建设载体和内容，培育检察文化品牌，切实增强检察文化发展的活力和凝聚力，用检察文化的成果丰富法治文化和四川文化，进一步促进检察文化事业和四川文化事业的发展和繁荣。

三、要在营造和谐人文环境上主动作为。要坚持把铸造检察职业精神作为检察文化建设的首要任务，努力践行政法干警核心价值观，牢固树立正确的执法理念。坚持把提高职业素质作为检察文化建设的重要内容和关键环节，着力提升检察机关的职业形象和执法公信力。要把和谐理念、和谐精神融入检察文化建设，积极营造检察机关团结和谐、积极向上的人文环境。省检察官文联要加强自身建设和检察文化人才队伍建设，切实成为检察机关加强队伍建设的重要助手，密切与人民群众血肉联系的桥梁纽带，加强检察文化和法治文化建设的重要阵地。

同志们，检察文化建设事关检察事业的长远发展。全省检察机关一定要在省检察院党组的正确领导下，在中国检察官文联和四川省文联的指导下，以四川省检察官文学艺术联合会为有效载体，不断推进检察文化建设，不断推动检察工作不断取得新的发展和进步，在服务保障四川建设西部经济发展高地和全面小康社会的进程中作出新的更大的贡献！

在四川省检察官文学艺术联合会第一次会员代表大会第二次全体会议上的讲话

（2012年8月9日）

邓　川

尊敬的张耕主席、玉顺书记，各位领导，各位代表，同志们：

今天，四川省检察官文学艺术联合会第一次会员代表大会隆重召开，这是四川检察机关检察文化建设的一次盛会。张耕主席、玉顺书记亲临大会指导，并作了重要讲话，对四川省检察文化建设和检察官文联的工作提出了明确要求，我们一定要认真学习领会，抓好落实。省院老领导和省高院、省国安厅、省司法厅、省民政厅、省公安文联、省作协的领导也到会祝贺。首先，我代表省检察院党组，向光临今天会议的各位领导表示热烈的欢迎！向四川省检察官文联的成立和第一次会员代表大会的胜利召开表示热烈的祝贺！同时，我要感谢各位委员对我的信任，推举我担任四川省检察官文联名誉主席。

文化是民族的血脉，是政党和国家的精神旗帜。中央和省委、高检院高度重视文化建设。党的十七届六中全会提出了推动社会主义文化大发展大繁荣的战略任务。省委九届九次全会、省第十次党代会作出了要建设与西部经济发展高地相适应的文化强省的全面部署。高检院曹建明检察长强调，要坚持把检察文化建设摆到更加重要的位置。这些都为当前检察文化事业的发展提出了明确要求、指明了前进方向。

四川省检察院党组历来高度重视检察文化建设，在全省检察机关大力实施“文化育检、文化兴检、文化强检”战略，全省检察文化事业呈现出蓬勃发展的良好态势。成立四川省检察官文学艺术联合会，是省院党组深入贯彻中央、省委和高检院相关部署，进一步加强全省检察文化建设的重要举措，标志着我省检察文化事业跨入了一个新的发展阶段。四川省检察官文联作为推动全省检察文化建设的重要力量，要按照章程的规定，充分发挥好在加强和改进检察文化建设中的职能作用。

第一，要围绕服务中心工作，突出四川特色和检察特色。要主动融入文化强省建设工作。检察文化是社会主义文化的重要组成部分。四川省检察官文联开展的各项文学艺术创作和文化艺术活动，要围绕省委关于建设与西部经济发展高地相适应的文化强省的相关部署来谋划，要依托四川特色文化资源，以社会主义核心价值体系为行动指引，用伟大的抗震救灾精神来鼓舞斗志，为四川建设文化强省贡献检察机关的力量。要主动融入检察中心工作。要按照检察机关的工作部署来研究谋划检察官文联的工作。通过开展丰富多彩、独具特色的文化艺术活动，充分展示四川检察机关服务经济社会发展，强化法律监督、强化自身监督、强化队伍建设、强化基层基础工作的丰硕成果，更好地团结激励广大检察干警自觉践行政法干警核心价值观，忠实履行宪法和法律赋予的职责，更好地增进广大人民群众对检察工作的理解、信任和支持，进一步增强四川检察机关的执法公信力。要主动融入高素质检察队伍建设。检察干警是检察官文联的主体力量。要紧紧依靠广大检察干警，团结检察文艺人才，壮大检察文艺队伍，激发他们积极参与各类文学艺术活动，使他们的检察职业信仰进一步坚定，职业道德素养进一步夯实，执法办案能力进一步提高，执法办案行为进一步规范，促进检察队伍的全面发展。

第二，要围绕推动检察文化发展，抓好理论研究和检察文化活动。要深化检察文化理论研究。积极吸纳理论研究人才，紧密结合检察工作实践和检察队伍实际，深入开展检察文化的基础理论和应用理论研究，推动中国特色社会主义检察文化理论体系的建立，为检察文化建设提供理论支撑。要大力开展检察文学艺术活动。成立检察官文联为广大检察干警广泛开展群众性检察文化活动提供了有效载体和平台。要依托检察官文联的各专业协会，通过开展形式多样、寓教于乐的检察文学艺术活动，宣传检察工作，弘扬检察精神，提升检察形象。同时，要抓好检察文学艺术的内外交流合作，努力提高检察文学艺术工作的影响力。要积极鼓励检察文艺作品创作。要把握正确的创作方向，坚持贴近检察实际、贴近检察干警、贴近检察一线，创作出主题鲜明、内涵深刻、形式新颖、感召力强的优秀检察文艺作品。要着眼于外部宣传效果，充分利用媒体、网络等平台，展示检察文化作品和成果，进一步营造蓬勃向上的检察文化氛围，扩大检察文化的受众面。

第三，要围绕提高文联工作水平，加强自身建设和组织保障。要加强组织领导。四川省检察官文联要自觉接受省院党组的领导，自觉接受中国检察官文联和省文联的指导，自觉接受省民政厅对社团组织的监督管理，加强与相关单位和部门的协调配合，共同推进检察文联工作。各级检察院党组要给予高度重视，把这项工作纳入检察文化建设的整体部署来思考和筹划，加强领导、强化措施、建立机构、完善机制，及时研究、解决工作中遇到的问题，从人力、财力等方面给予大力支持，为检察官文联工作的顺利开展提供有力保障。要抓好检察官文联组织体系建设。要认真抓好检察官文联组织机构及各专业协会的建设工作，建立工作制度，健全工作机制，不断探索创新检察官文联的组织形式、运行体制和管理体制，确保检察官文联工作稳步推进、取得实效。要加大对文学艺术人才的培养吸收。检察官文联要关注具有文学艺术特长的人才，着力挖掘和培养一批检察文化人才，不断壮大检察文化工作者队伍，形成检察文学艺术人才不断涌现的生动局面。要加强文联工作人员思想、组织、作风、业务等方面的建设，不断提高文联工作水平，更好地指导、协调、推动检察文艺事业繁荣发展。

在四川省检察官文学艺术联合会第一次会员代表大会上的工作报告

（2012年8月9日）

郭　彦

尊敬的张耕主席、玉顺书记，各位领导、各位代表，同志们：

今天，我们在这里隆重召开四川省检察官文学艺术联合会第一次会员代表大会，这是四川检察干警文化生活中的一件大事，标志着四川检察文化建设和检察文学艺术人才队伍建设进入一个新的发展阶段。大会选举产生了四川省检察官文联领导集体，并选举我担任主席，这是省院党组和各位委员、代表对我的信任和鞭策，既是荣誉，更是责任。在此，我谨表示衷心的感谢！

下面，我代表当选的四川省检察官文联领导集体向大会作工作报告，并就做好四川省检察官文联工作讲几点意见。

一、把握宝贵机遇，坚定做好检察官文联工作的信心和决心

当前，检察文化建设和检察官文联工作正迎来宝贵的历史机遇。党的十七届六中全会突出强调了文化建设在中国特色社会主义事业总体布局中的重要地位和作用。国民经济和社会发展“十二五”规划纲要明确提出要传承创新、推动文化大发展大繁荣。省委九届九次全会、省第十次党代会提出了“建设与西部经济发展高地相适应的文化强省”的目标。高检院曹建明检察长多次强调，要更加积极、更加主动、更加自觉地加强和改进检察文化建设，并对当前和今后一个时期推进检察文化建设、做好检察官文联工作提出了明确要求。今年6月中旬，高检院召开了全国检察机关文化建设工作会议，研究部署了当前和今后一个时期加强检察文化建设的思路和措施，明确提出了在新的历史起点上繁荣发展检察文化的要求。这些都为检察文化建设指明了发展方向，提供了有利条件。

近年来，全省检察机关认真贯彻落实高检院“文化育检”的方针和部署，结合四川检察工作实际，坚持以人为本的指导思想，积极探索检察文化建设的新思路、新方法、新举措，全省检察文化建设取得了明显成效，为建设高素质检察队伍、推动全省检察工作科学发展创造了积极向上的精神氛围。去年12月，省检察院下发了《关于加强检察文化建设的实施意见》。我省检察人员创作的一些作品在全国检察机关书画比赛、精神文明建设“金鼎奖”评选中获奖，《爸爸的集结号》、《胜利的阳光》等优秀文艺作品脱颖而出，受到观众好评。检察干警创作的《放歌世博》诗集、长篇小说《生死捍卫》等作品，得到文艺评论专家的关注和读者的好评。目前，全省检察文化人才信息库已涵盖8大类共411人。

2010年7月，高检院抓紧推动全国检察官文联筹备工作的同时，明确提出各省级检察院要相应成立省级检察官文联的要

求。2011年6月，中国检察官文学艺术联合会正式成立，这是检察文化发展史上的一件大喜事。在高检院的统一部署和省院党组的高度重视下，四川省检察官文学艺术联合会筹备工作有序推进。今年7月3日，省民政厅正式批复同意成立四川省检察官文学艺术联合会筹备组。同时，各市州检察院坚持把检察官文联筹备工作摆上重要议程，加强组织领导，努力争取党委、政府和文联的支持，积极提供保障条件。其中，自贡市检察院率先成立了市级检察官文联，为推动全市两级院检察文化建设搭建了有效平台。作为推动检察文化建设的重要助手，检察官文联工作取得的成效，必然对检察文化的繁荣发展和检察工作的科学发展产生积极的影响。当前，我们一定要抓住宝贵的历史机遇和有利条件，切实增强做好检察官文联工作的紧迫感和责任感，坚定做好检察官文联工作的信心和决心，主动作为，趁势而上，切实发挥好检察官文联在加强和改进检察文化建设中的积极作用。

二、明确职能定位，准确把握检察官文联工作的总体思路和基本要求

正确认识和准确把握四川省检察官文联的职能定位，是做好检察官文联工作的前提和基础。根据四川省检察官文联章程的规定和文联组织的性质，四川省检察官文联的职能定位主要体现在以下五个方面：

一是四川省检察官文联是在省院党组领导下，在中国检察官文联和四川省文联指导下，经省民政厅批准登记注册的联合性、非营利性社团组织。在工作中，既要自觉接受省院党组的领导，又要主动接受中国检察官文联、四川省文联的指导和省民政厅的监督管理。注重以文学艺术的形式，发挥社会团体的优势，协助省院党组推进检察文化建设和检察队伍建设。二是四川省检察官文联是全省检察机关各文学艺术团体和广大文学艺术工作者、爱好者自愿组成的联合性社团组织。它以全省检察文学艺术骨干为主体，团结广大检察文学艺术爱好者，组成检察文化艺术队伍，共同推动全省检察文化繁荣发展。三是四川省检察官文联是检察机关提高检察队伍素质的重要力量。它通过发挥自身优势，推进检察文化建设，培育检察精神，建设检察人员共有的精神家园。四是四川省检察官文联是密切全省检察机关与人民群众血肉联系的文化纽带。它通过各种文学艺术创作和文化艺术活动，宣传检察工作，树立检察形象，使人民群众和社会各界更加了解检察、认同检察、支持检察、监督检察，从而增强全省检察机关的社会影响力和执法公信力。五是四川省检察官文联是加强全省检察文化、法治文化、廉政文化和地域文化建设，促进四川法治文化、廉政文化大发展大繁荣的重要阵地。它既宣传检察文化，又宣传法治文化、廉政文化和地域文化；既展示检察机关的工作业绩，又展示全省法治建设、廉政建设的成就，同时，还展示四川本地特色文化的魅力。检察文化的繁荣，必将推动法治文化、廉政文化和地域文化的发展，为推进社会主义文化大发展大繁荣贡献力量。

按照党的十七届六中全会及省委九届九次全会、省第十次党代会精神和“十二五”规划纲要的要求，根据高检院关于加强检察官文联工作的要求，当前和今后一个时期四川省检察官文联工作的总体思路是：以邓小平理论和“三个代表”重要思想为指导，深入贯彻落实科学发展观，紧紧围绕全省工作大局和检察中心工作，团结、动员检察文艺工作者、爱好者坚持党的基本路线、基本纲领和政策，遵守宪法、法律、法规和国家政策，遵守社会道德风尚，弘扬、培育政法干警核心价值观和检察官职业道德，坚持贴近检察实际，贴近基层干警、贴近人民群众，繁荣和发展四川检察文学艺术事业，提高检察队伍素质，促进检察工作科学发展，为推进社会主义法治国家建设和社会主义文化大发展大繁荣贡献自己的力量。

按照四川省检察官文联的总体工作思路的要求，做好检察官文联各项工作，要坚持以下七点基本要求：

一是坚持正确的政治方向。社会主义核心价值体系是兴国之魂，是社会主义先进文化的精髓，是检察文化建设的基本遵循和行动指南，也是检察文化建设最终的价值追求。要把社会主义核心价值体系融入检察文化建设的全过程，贯穿于检察官文联工作的各方面，坚持用马克思主义中国化的最新理论成果武装和教育全体检察人员，用中国特色社会主义共同理想凝聚力量，用以爱国主义为核心的民族精神和以改革创新为核心的时代精神鼓舞士气、激励斗志、培育队伍，引导和促进广大检察人员不断强化“忠诚、为民、公正、廉洁”的政法干警核心价值观，始终坚持“三个至上”，牢固树立“六观”、“六个有机统一”、“五个意识”、“六个并重”，切实做到“四个在心中”，进一步增强检察人员对中国特色社会主义的政治认同、理念认同和感情认同。

二是坚持围绕中心服务大局。检察官文联要坚持为党和国家大局服务、为法治建设和廉政建设服务、为检察中心工作服务的原则，紧紧围绕党和国家的重大决策部署，围绕检察工作发展的总体格局来谋划和推进工作。要把履行法律监督职责的丰富实践作为检察文化建设和检察官文联工作的源泉，深入宣传检察工作、弘扬检察精神、讴歌检察队伍的楷模典型和先进事迹，全方位展示检察工作的丰硕成果和检察机关的良好形象。

三是坚持为基层服务、为人民群众服务的宗旨。要始终坚持“为人民服务、为社会主义服务”的方向，牢固树立群众观点、实践观点、生活观点，注重贴近群众、贴近生活、贴近实际，体验检察生活、洞悉社情民意、把握时代潮流，为广大检察人员和人民群众创作喜闻乐见的文学艺术精品。广泛开展检察人员和人民群众喜闻乐见的文艺活动，不断丰富检察人员的精神生活，满足检察人员的文化艺术需求，进一步夯实检察工作的群众基础，形成让普通群众、社会感受检察文化、认同检察文化的良好氛围。

四是坚持遵循文化艺术规律。检察文学艺术创作要坚持“百花齐放，百家争鸣”的方针，充分发扬艺术民主和学术民主，鼓励不同艺术风格、不同学术流派的文化艺术作品争奇斗艳，争鸣共存，营造积极向上、健康宽松的和谐氛围，最大限度地激发检察文艺人才的创造活力。要构筑形式多样的检察文化载体，努力创造有利于优秀检察文学艺术作品和检察文化艺术人才脱颖而出的环境和条件，不断满足检察人员多层次、多方位、多品位的文化艺术需求。

五是坚持突出检察特性和四川特色。检察官文联作为加强检察文化建设的重要阵地，必须突出检察机关作为国家法律监督机关的职能特性，融入检察工作、服务检察工作，团结、激励全体检察人员为实现检察工作科学发展、创新发展而奋斗。要在反映检察机关立足法律监督职能，依法打击犯罪、保障人权、保护合法、惩防腐败、调节违规的基础上，注重对法律监督实践的升华、提炼，推动检察工作与检察文化建设的共同发展。同时，作为地方检察官文联，还要立足四川实际，体现地域特色，总结推广本地区、本单位开展检察文化建设的好经验、好做法，提炼四川检察文化精神，打造具有自身特色的检察文化品牌，不断增强检察文化的生命力。

六是坚持检察人员的主体地位。高素质的检察队伍是先进检察文化的建设主体，是推动检察文化发展的内在基础和强劲动力。检察文化建设必须坚持以人为本，着眼于全面提高干警素质，贴近检察人员思想、工作和生活实际，促进检察人员全面发展。要善于发现和挖掘本单位、本部门检察文化建设人才，最大限度地调动检察人员参与检察文化建设的积极性和创造性，广泛开展群众性检察文化活动，积极引导检察人员创作具有思想性、艺术性、观赏性的优秀文学艺术作品，使广大检察人员在检察文化建设中陶冶道德情操，激励斗志，凝聚力量。

七是坚持改革创新。检察官文联和检察文学艺术工作者要大胆探索、勇于创新，紧密结合检察实践和当代实际，着力在检察文化理论、检察文化艺术内容、检察文化艺术科技手段等方面进行创新，努力拓展检察文化的新思路、新视野，开辟检察文化的新平台、新阵地，丰富检察文化的新内容、新形式，不断增强检察文化的吸引力、感召力，及时反映时代风貌，体现时代要求，弘扬时代精神，创造出既立足国情又面向世界，既正视现实又放眼未来的中国特色社会主义检察文化，不断增强检察文化艺术事业的青春与活力。

三、突出工作重点，下大力推动检察文学艺术事业繁荣发展

一要抓好检察文化理论研究。检察文化理论研究是检察官文联的一项基础性、战略性工作。我们既要深入研究检察文化和法治文化的内涵、基本特征、发展规律、与其他文化的关系等基础性问题，又要加强对实践中重大问题、重要措施的理论论证，同时注重对检察文化建设中的好经验、好做法的理论概括和提炼。要加强与高等院校、科研机构的合作，组织开展、积极参与和检察文化相关的国内外学术交流活动，整合理论研究资源，共同携手攻关，为完善中国特色社会主义检察文化理论体系作出应有的努力和贡献。

二要积极开展检察文学艺术创作和检察文化艺术活动。要立足检察、立足法治、立足廉政、立足地域文化，整合检察机关文艺人才和社会文艺人才资源，加强与宣传、文化、新闻、出版等社会各界的沟通联系，不断扩大与行业内外文艺界之间的交流与合作，推进检察系统实践资源与专门界别研究创作资源的有机结合，组织实施检察文化“精品战略”，努力创作出体现检察特色、弘扬检察精神、塑造检察品格、展示检察风采的优秀作品，不断提高检察文艺创作和检察文化活动的水平。要充分发挥各类文体协会、文艺团体和兴趣小组的带动作用，广泛开展书画、摄影、文艺表演、体育竞赛等群众性文体活动，培养检察人员良好的生活作风和健康的生活情趣，激发检察人员的职业使命感、荣誉感和归属感。

三要丰富检察文化建设的载体和传播途径。要充分发挥各类文化艺术载体在检察文化传播过程中的重要作用，构建具有时代特征、体现时代精神的新型检察文化阵地。要通过刊物、画册、专栏、电子显示屏、图书馆（室）等多种形式，为繁荣检察文化提供活动平台。要深入研究、积极推进检察网络文化建设，加强与网络媒体的合作，扩大检察文化的覆盖面和渗透力。要高度重视基层检察院文化基础设施建设，积极创建展示基层检察人员文学艺术作品、开展文学艺术教育的平台。同时，要改变把检察文化建设等同于文体活动的认识，注重体现检察文化的丰富内涵和职能特征，突出其法治性、法律监督属性和反腐倡廉属性。

四要抓好文化艺术人才队伍建设。推动社会主义文化大发展大繁荣，队伍是基础，人才是关键。一方面，要深入实施人才战略，优化人才资源配置，善于发现、培养、使用各类检察文化人才，特别是要把检察机关的文学艺术工作者和爱好者团结和组织起来，为他们展示才华创造有利条件和宽松环境，努力造就一支高素质的检察文化艺术队伍。另一方面，要加强检察文化艺术队伍的思想道德建设，引导检察文化工作者自觉践行社会主义核心价值观，提高自身文艺修养。要通过举办各种文化学习和研讨活动，提高检察文艺人才的理论水平和对文艺作品的鉴别力、欣赏力、品评力。要通过组织评比、展览、演出等活动，使检察文艺人才在实践中展示才华、经受锻炼，不断提高文化艺术才能和专业水平。

五要抓好检察文化艺术宣传。要逐步提升检察官文联的社会影响力，主动加强与中央、省内新闻媒体的联系，及时通报工作情况，加大舆论宣传力度，使社会各界了解检察官文联组织开展的各种文学艺术活动，了解和认同检察官文联在推动检察文化建设中的作用和成效，为检察官文联开展工作创造良好的舆论环境。同时，要加强省际间、地域间的检察文学艺术交流和合作，加强与省文联各专业协会、省内其他政法部门之间的交流，大力宣传我省检察机关的工作业绩和先进人物，多角度地展示四川检察文化的发展和进步，努力扩大四川检察文化的影响力，推动四川检察文化事业的繁荣发展。

四、加强自身建设，切实提升检察官文联工作的能力和水平

第一，坚定政治信念。要深入学习邓小平理论和“三个代表”重要思想，深入贯彻落实科学发展观，自觉践行社会主义核心价值观，牢固树立社会主义法治理念，不断强化政治意识、大局意识、法治意识、宗旨意识和责任意识，增强服务四川经济社会发展大局、服务检察中心工作、服务检察文化建设的主动性，努力把检察官文联工作融入到检察工作全局中去，确保检察官文联工作的正确方向。

第二，做好服务工作。要加强对下指导和服务，多做增进了解、加强交流、互动和睦的工作，不断增强检察文学艺术队伍的向心力和凝聚力，使每位检察文化艺术工作者能够心情舒畅地干事创业。要改进服务方式，提高服务质量，重视广大检察文艺工作者的意见和要求，维护他们的正当权益。要努力创造条件、搭建平台，推荐优秀作品，大力扶植和培养检察文艺新人，不断壮大检察机关文艺队伍，努力提高四川检察文艺创作和文艺活动水平。

第三，加强教育培训。要加强检察文化业务培训，以推进检察队伍专业化建设为契机，大力加强检察文艺队伍建设，通过开办检察文化骨干培训班等形式，广泛学习政治、经济、法律、文化、艺术等各领域知识，不断提高做好检察官文联工作的能力和水平。

第四，加强规范化建设。加强检察官文联组织建设，按照精简、高效、规范、科学的原则，不断提高工作效率，稳步推进各专业协会建设。各位委员和专业协会会长、副会长要充分发挥作用，带领广大会员开展好各专业协会的活动，推动文联工作开好头、起好步。同时，制定和完善相关工作制度，规范工作程序，充实工作力量，逐步使文联各项工作步入规范化轨道。

第五，保持良好作风。坚持深入一线、深入生活、服务基层、服务群众，认真倾听检察文艺工作者的呼声，帮助解决实际问题和困难，维护他们的合法权益。坚持求真务实，真抓实干，以良好的作风团结和带领广大检察文艺工作者、爱好者做好各项工作。要强化管理和监督，加强党风党纪教育，抓好廉洁自律工作，强化自我教育、自我管理和自我约束，确保检察文联队伍自身净、自身正、自身硬。

各位领导、各位代表，同志们，沐浴着社会主义文化大发展大繁荣的春风，四川省检察官文联应运而生。它的成立，标志着四川检察文化建设掀开了新的一页。展望未来，我们深感责任重大，使命光荣。四川省检察官文联将在省检察院党组的领导下，在中国检察官文联、省文联的指导和省民政厅的监督下，努力团结、凝聚广大检察文艺工作者和爱好者，进一步解放思想、开拓创新、齐心协力、真抓实干，为加强检察文化建设、提升检察队伍素质、推动四川检察事业科学发展提供更强的思想保障和精神动力，为促进中国特色社会主义检察文化大发展大繁荣作出新的贡献！

在四川省检察官文学艺术联合会第一次会员代表大会结束时的讲话

（2012年8月9日）

李安信

尊敬的张耕主席、玉顺书记，各位领导、各位代表，同志们：

四川省检察官文联第一次会员代表大会就要结束了。在大家的共同努力下，会议完成了各项既定任务，达到了预期目的，取得了圆满成功。会议审议通过了四川省检察官文学艺术联合会章程，选举产生了四川省检察官文学艺术联合会第一届领导机构和组成人员，部署了当前和今后一个时期四川省检察官文联工作。这是一次团结和谐、充满生机、凝聚人心的大会，必将在四川检察文化建设史上留下灿烂的一页。中国检察官文联张耕主席，省委常委、省委政法委刘玉顺书记出席会议并作了重要讲话，对我们当前和今后一个时期加强检察文化建设，做好检察官文联工作具有十分重要的指导意义；邓川检察长从加强检察文化建设、促进检察事业科学发展的高度，对做好检察官文联工作提出了明确要求。大家一定要认真学习领会，抓好贯彻落实。四川省检察官文联主席郭彦同志所作的工作报告，全面阐述了四川省检察官文联工作面临的形势，分析了检察官文联的职能定位，提出了当前和今后一个时期检察官文联的工作思路和目标任务。这次会议时间虽短，但内容丰富，收获很大。主要体现在：

一是统一了思想。大家深刻认识到，四川省检察官文联的成立，对于繁荣发展检察文化，强化高素质检察队伍建设，全面推进检察工作具有重要意义。张耕主席、玉顺书记、邓川检察长的讲话，为四川省检察官文联紧紧围绕中央、省委关于建设文化强国、文化强省的决策部署开展文联工作，进一步加强检察文化建设、提升检察队伍素质、推动检察工作科学发展指明了方向。大家一致认为，要坚持不懈地用中国特色社会主义理论体系、社会主义核心价值体系和社会主义法治理念为行动指引，用科学发展观统领检察官文联的工作。不断丰富检察文化建设的内容和载体，深化检察文化理论研究，大力开展检察文化艺术活动。要努力提高加强检察文化建设、做好检察官文联工作的自觉性，充分发挥检察文化在团结凝聚检察队伍、促进检察事业发展中的巨大作用，充分发挥检察官文联在加强和改进检察文化建设中的重要作用。

二是明确了方向。张耕主席、玉顺书记、邓川检察长明确指出，做好检察官文联工作，推进检察文化繁荣发展，必须主动把检察文化建设和检察官文联工作融入建设与西部经济发展高地相适应的文化强省工作，主动融入检察中心工作和高素质检察队伍建设中，才能保证检察文化建设和检察官文联工作的正确方向。大家表示，一定要贯彻落实好各位领导的讲话精神，努力使检察官文联工作契合当代中国和四川文化建设的时代要求，紧紧围绕检察中心工作和检察队伍建设，体现检察工作的生动实践，突出检察干警的主体地位，以丰富多彩、独具特色的文化艺术成果，为检察事业的科学发展提供强大的精神动力和智力支持。

三是坚定了信心。大家一致感到，刚成立的四川省检察官文联的工作，正迎来宝贵的历史机遇。党中央、高检院和省委高度重视文化建设，党的十七届六中全会对社会主义文化体制改革、推动社会主义文化大发展大繁荣作出了新的全面部署。高检院和省委相继召开有关会议，就贯彻落实党的十七届六中全会《决议》，实施文化强检和文化强省战略提出了具体要求，作出了具体部署，为全国检察机关和我省文化建设大发展大繁荣指明了发展的方向。这个大的气候和有利时机，为四川检察官文联的工作提供了难得的机遇。我们一定要按照中央、高检院和省委的要求，在省院党组的坚强领导下，抢抓机遇，乘势而上，进一步增强做好检察官文联工作的信心，推动四川检察文化建设持续深入开展。

这次会议结束后，各地要认真抓好会议精神的贯彻落实，及时把张耕主席、玉顺书记、邓川检察长的重要讲话精神和会议提出的任务要求汇报好、领会好、落实好。在此，我就贯彻落实好本次会议精神，再讲几点意见。

一、要高度重视，充分发挥检察官文联的重要作用

成立四川省检察官文学艺术联合会，是省院党组落实中央、高检院和省委关于加强文化建设的部署，进一步加强和改进检察文化建设的重要举措。高检院对这项工作十分关心，在四川省检察官文联筹备期间给予了大力指导。省文联和省民政厅为检察官文联的成立提供了有力支持。省院党组对这项工作非常重视，召开专门会议听取筹备工作进展情况汇报，研究解决遇到的实际问题，并就加强四川省检察官文联工作提出了明确要求。我们一定要按照高检院、省委和省院党组的要求，充分发挥检察官文联在文化艺术方面的独特优势，团结检察文艺人才，壮大检察文艺队伍，大力开展文艺创作活动和文化理论研究，增进与社会各界和人民群众的沟通联系，推动检察文化建设、队伍建设和检察事业的不断发展进步。

二、要坚持从实际出发，加强检察官文联的组织建设

检察官文联工作是一项长期、系统的工作，要打好基础，因地制宜，稳步推进。要认真抓好四川省检察官文联及各专业协会的建设，加强统筹规划，量力而行、适度发展，对条件具备的专业协会要抓紧组建，积极推动。要加强对下指导，帮助做好各市州检察官文联的筹建工作。各市州院要坚持从实际出发，整合各方资源，努力争取支持，条件成熟一个建立一个。要加强检察官文联各项体制机制建设，积极适应当前检察文化和检察官文联工作的新发展、新变化，做到边工作边完善，边探索边发展，切实打牢检察官文联的组织和制度基础，扩大检察官文联的社会影响力。

三、要统筹协调，正确处理好检察官文联同各方面的关系

一要正确处理好检察官文联与检察机

关的关系。四川省检察官文联要在省院党组的领导下，认真贯彻执行省院党组的决策部署，紧贴检察中心工作，使检察官文联的工作始终沿着正确的方向发展。要加强与省院政治部的沟通联系，主动作为、紧密配合，努力形成工作合力。二要正确处理好与中国检察官文联、省文联和各市州检察官文联之间的关系。要自觉接受中国检察官文联和省文联的业务指导，密切与市州检察官文联的联系，加强对下业务指导，共同抓好检察官文联工作。三要正确处理好与相关部门和团体的关系。在深入挖掘检察系统文学艺术创作潜力、培养检察文艺创作人才的同时，加强与社会文化艺术团体、文化体育艺术院校和教育、宣传、文化等相关单位之间的联系和交流，积极开展形式多样的合作，争取更多的支持和帮助，为开展检察官文联工作创造良好的外部环境。同时，也要加强与法学研究、政法院校等法学机关的联系，积极探索检察官文联工作与全面履行检察职能的内在规律，从而推进我省检察事业的不断创新发展。

四、要严格自律，切实加强检察官文联自身管理

做好检察官文联的工作，文联自身要带头深入学习践行社会主义核心价值体系，牢固树立社会主义法治理念，用中国特色社会主义理论武装头脑，不断提高政治理论素养。要牢固树立自觉接受监督的理念，深入开展党风廉政教育和纪律作风教育，做到自重、自省、自警、自律，经得住考验，抗得住诱惑，管得住小节。要始终坚持艰苦奋斗、勤俭节约的优良作风，严格财物管理制度，精打细算地用好每一笔资金。要加强对检察官文联和各专业协会的管理监督，以监督保廉洁、赢公信，防止不廉洁问题的发生。

同志们，四川省检察官文联的成立，标志着四川检察文化建设站在了新的更高的起点上。我们一定要认真贯彻落实好省院党组和本次会议精神，以更加开阔的思路、更加务实的作风、更加有力的措施，全面推进四川省检察官文联的各项工作，全面兴起检察文化建设新高潮，为推动检察文化繁荣发展，促进检察事业科学发展作出新的更大贡献！

资　料

四川省检察官文学艺术联合会章程

（2012年8月9日　四川省检察官文学艺术联合会第一次会员代表大会通过）

第一章　总　则

第一条　根据国务院《社团登记管理条例》、《中国文学艺术界联合会章程》、《中国检察官文学艺术联合会章程》和四川省检察机关的实际制定本章程。

第二条　本会的名称为四川省检察官文学艺术联合会，简称四川省检察官文联。

第三条　本会是四川检察系统各文学艺术团体和广大文学艺术工作者、爱好者自愿组成的地方性、联合性、非营利性社团组织，是四川省人民检察院领导下的群团组织，是中国检察官文联、四川省文联的单位会员。

第四条　本会的宗旨是：以邓小平理论和“三个代表”重要思想为指导，深入贯彻落实科学发展观，紧紧围绕全省工作大局和检察中心工作，团结、动员检察文艺工作者、爱好者坚持党的基本路线、基本纲领和政策，遵守宪法、法律、法规和国家政策，遵守社会道德风尚，坚持文艺为人民服务、为社会主义服务、为检察事业服务的方向，弘扬、培育检察官职业道德，坚持贴近检察实际，贴近人民群众，繁荣和发展四川检察文学艺术事业，凝聚检察机关人心，激励检察干警斗志，提高检察队伍素质，促进检察工作科学发展，为推进社会主义法治国家建设和社会主义文化大发展大繁荣贡献力量。

第五条　本会接受业务主管单位四川省文联和登记管理机关四川省民政厅的业务指导和监督管理，接受中国检察官文联的相关指导。

第六条　本会的住所位于四川省成都市。

第二章　业务范围

第七条　对本会下属各分支机构负有领导、管理的职责，对各市、州检察官文联（包括成都铁路运输检察系统文联，下同）负有联络、协调、服务、指导的职责。

第八条　支持各市、州检察官文联依据宪法、法律和各自章程，独立自主地开展工作，不断研究、探索和解决检察文化建设实践中出现的新情况、新问题，总结和推广检察文化工作的新经验，使检察文化自觉服从于全党工作大局，服务于检察工作全局，服务于社会和法治建设。

第九条　组织和支持全省检察系统文艺工作者深入生活、深入基层、深入群众，积极开展各种创作、展演、交流、比赛、研究、评论等活动，并对四川省检察系统优秀文艺工作者和各文学艺术门类的优秀成果予以推介、表彰和奖励，提高检察系统文艺队伍的创作积极性和创造性。

第十条 采取各种措施，努力提高四川检察文艺创作和文艺活动水平，大力扶植和培养检察文艺新人，不断壮大检察系统文艺队伍。

第十一条 积极沟通检察官文联同宣传、文化、新闻、出版等社会各界的联系，不断扩大与行业内外文艺界之间的联系、交流与合作。

第十二条 组织编辑出版检察文化刊物，推介交流展示检察文化建设成果。组织开展并积极参与和检察文化相关的国内外学术交流活动，不断拓宽检察文化建设视野。

第十三条 重视广大检察文艺工作者的意见和要求，维护他们的正当权益。

第三章 会员及其权利义务

第十四条 本会实行会员制，包括单位会员和个人会员。各市、州检察官文联可申请作为单位会员加入本会；有一定文学艺术成就的检察机关工作人员（含离退休人员）可以申请作为个人会员加入本会，并按照专业特长参加相应的专业分支机构活动，接受该专业分支机构的管理。按照自愿原则，经检察官文联常务委员会批准，在文学艺术界具有一定影响、关心支持检察事业、为检察文化事业作出过贡献的社会人士可吸收为特邀会员。

第十五条 申请加入本会的个人会员，必须具备下列条件：

（一）自愿加入本会；

（二）拥护本会章程；

（三）有一定文学艺术成就或爱好。

第十六条 个人会员入会程序：

（一）提交入会申请书；

（二）经两名正式会员介绍，或所在单位推荐；

（三）经本会批准；

（四）核发会员证。

第十七条 单位会员入会程序：

（一）提交入会申请书；

（二）经本会批准。

第十八条 会员享有下列权利：

（一）有选举权和被选举权；

（二）参加本会的活动；

（三）获得本会服务的优先权；

（四）享受本会为创作活动提供的必要帮助和便利条件；

（五）有权请求本会保障其合法权益不受侵害；

（六）有对本会工作的建议权和监督批评权；

（七）入会自愿，退会自由。

第十九条 会员履行下列义务：

（一）遵守本会章程，执行本会决议，完成本会布置的工作；

（二）维护本会合法权益；

（三）经常与本会保持联系，向本会反映情况，提供有关资料；

（四）单位会员应及时向本会报告年度工作计划和工作总结；

（五）单位会员的重要人事变动，应报本会备案审查；

（六）按规定缴纳会费。

第二十条 个人会员和单位会员退会，应书面通知本会，并交回个人会员证。个人会员和单位会员如不按期缴纳会费或不参加本会活动，视为自动退会。

第二十一条 个人会员和单位会员如

违反国家法律，对社会造成危害，或严重违反本会章程，或长期不开展活动，经本会核实，可给予警告、限期改正和除名等处理。

第四章　组织机构及其负责人的产生和罢免

第一节　会员代表大会

第二十二条　本会的组织原则是民主制。

第二十三条　本会的最高权力机构为会员代表大会。其主要职权是：

（一）审议和通过委员会的工作报告和财务报告；

（二）制定和修改本会章程；

（三）选举和罢免委员会委员；

（四）决定终止事宜；

（五）讨论和决定其他重要事项。

第二十四条　会员代表大会须有三分之二以上的会员代表出席方能召开，其决议须经到会会员代表半数以上表决通过方能有效。

第二十五条　会员代表大会由各单位会员和有关方面推选的代表组成，每 5 年召开一次。会员代表大会因特殊情况需提前或延期的，须由委员会表决通过，报业务主管单位审查并经社团登记管理机关批准同意。延期最长不得超过 1 年。

第二节　委　员　会

第二十六条　委员会是本会会员代表大会的执行机构，对会员代表大会负责。在会员代表大会会议闭会期间，由委员会领导本会工作。其主要职权是：

（一）执行会员代表大会的决议；

（二）选举和罢免本会主席、副主席、秘书长和常务委员；

（三）推举本会名誉主席，决定委员会委员的候补人选；

（四）决定设立本会各分支机构、秘书处及其内设机构，决定各分支机构负责人；

（五）制定和修改会费标准；

（六）筹备召开会员代表大会；

（七）向会员代表大会报告工作和财务状况；

（八）会员代表大会授予的其他职权。

第二十七条　委员会委员由各单位会员及各有关方面按规定名额推选，提交会员代表大会选举通过。委员会委员每届任期 5 年。

第二十八条　委员会会议须有三分之二以上的委员出席方能召开，委员会会议每年至少召开一次，其决议须经到会委员三分之二以上表决通过方能生效。

第二十九条　委员会委员由于工作变动等原因不再担任该职务的，其缺额可由其单位会员单位或有关方面重新推选。但重新推选的名单须及时报告四川省检察官文联并经委员会确认。

第三节　常务委员会

第三十条　本会设立常务委员会。常务委员会由主席、副主席、秘书长和常务委员组成，由委员会选举产生，对委员会负责。常务委员会人数不超过委员人数的三分之一。在委员会会议闭会期间，由常务委员会领导本会工作。其主要职权是：

（一）决定委员会委员、常务委员的候补人选；

（二）决定本会各专业分支机构会长的候选人选，决定本会各内设机构负责人；

（三）在委员会会议闭会期间，决定本会顾问职务的设立和人选；推举本会名誉主席，并由委员会予以确认；

（四）在委员会会议闭会期间，决定设立本会各分支机构和各内设机构；

（五）监督会员代表大会决议的执行；

（六）研究制定年度工作计划，监督本会各机构开展工作；

（七）建立并监督内部管理制度的执行；

（八）委员会授予的其他职权。

第三十一条 常务委员会会议须有三分之二以上常务委员出席方能召开，其决议须经到会常务委员会成员三分之二以上表决通过方能生效。

第三十二条 常务委员会至少半年召开一次会议。必要时，可适时召开。

第四节 主席办公会

第三十三条 本会设立主席办公会，由主席、副主席和秘书长组成。在常务委员会会议闭会期间，由主席办公会领导本会工作。其主要职权是：

（一）提名委员会委员、常务委员的候补人选；

（二）决定本会副秘书长、秘书处各内设部门负责人，决定本会各分支机构负责人人选；

（三）落实会员代表大会、委员会、常务委员会的决议；

（四）提出设立本会各分支机构和各内设机构的建议；

（五）决定秘书处各内设部门的设置和调整；

（六）决定会员的吸收或除名；

（七）制定内部管理制度并监督实施；

（八）指导和协调本会各分支机构、各内设机构的日常工作；

（九）提出委员会或常务委员会研究的议题；

（十）处理本会日常重大事项；

（十一）常务委员会授予的其他职权。

第三十四条 主席办公会会议由主席提议，须有半数以上成员出席方能召开，其决议须经到会成员三分之二以上表决通过方能生效。重大事项须向常务委员会备案。

第五节 主席、副主席、秘书长

第三十五条 本会的主席、副主席、秘书长必须具备以下条件：

（一）坚持党的路线、方针、政策，政治素质高；

（二）在本会业务领域内有较大影响；

（三）最高任职年龄不超过70周岁；

（四）身体健康，能坚持正常工作；

（五）未受过刑事处罚；

（六）具有完全民事行为能力。

第三十六条 本会主席、副主席、秘书长每届任期5年，最长不得超过两届。因特殊情况需要延长任期的，须经会员代表大会三分之二以上会员代表表决通过，报业务主管单位和社团登记管理机关批准同意后方可任职。

第三十七条 本会主席为本会的法定代表人，在副主席、秘书长的协助下，行使下列职权：

（一）召集和主持委员会、常务委员会会议；

（二）检查会员代表大会、委员会、常务委员会决议的落实情况；

（三）代表本会签署有关重要文件；

（四）根据常务委员会的授权处理其他事项。

第三十八条 本会秘书长在副秘书长

的协助下，行使下列职权：

（一）负责本会的日常管理、协调等工作，起草并组织实施年度工作计划；

（二）领导秘书处各内设部门开展工作；

（三）协调本会各分支机构的工作；

（四）对秘书处各内设部门的设置和调整提出建议；

（五）提出本会副秘书长、秘书处各内设部门负责人人选，交主席办公会决定；

（六）处理其他日常工作事务。

第六节　秘书处

第三十九条　本会设立秘书处，由秘书长一人、副秘书长若干人组成。秘书处为本会常设办事机构，在秘书长领导下开展工作，负责落实会员代表大会、委员会、常务委员会和主席办公会的各项决议，具体承办主席办公会交办的各项任务和本会的日常工作。

第四十条　秘书处内设部门的设置和调整，由秘书长提议，提请主席办公会讨论通过。

第七节　分支机构

第四十一条　本会设立若干分支机构。各分支机构受委员会领导；在委员会会议闭会期间，受常务委员会领导。

第四十二条　各分支机构会员一般为本会会员，分支机构由会长、副会长、秘书长、常务理事、理事和会员组成。

第八节　名誉主席、顾问

第四十三条　本会设名誉主席一人、顾问若干人。名誉主席由委员会推举产生；顾问由常务委员会聘任。

第九节　委员以上人员的罢免

第四十四条　本会委员会委员、常务委员、秘书长、副主席、主席等人员因犯罪受到刑事处罚的，由常务委员会提出罢免动议，依照本章程规定程序，按相关职权予以罢免，并按本章程的规定报有关方面批准。

第五章　经费和资产管理

第四十五条　本会经费来源：

（一）省检察院财政拨款；

（二）会员会费；

（三）企业、团体、个人捐赠；

（四）在核准的业务范围内开展活动或服务的收入；

（五）其他合法收入。

第四十六条　本会按照国家有关规定收取会员会费。

第四十七条　本会经费必须用于本章程规定的业务范围和事业的发展，不得在会员中分配。

第四十八条　本会认真执行《民间非营利组织会计制度》，建立严格的财务管理制度，保证会计资料合法、真实、准确、完整。

第四十九条　本会配备具有专业资格的会计人员，会计不得兼任出纳。财会人员必须进行会计核算，实行会计监督。财会人员调动工作或离职时，必须与接管人员办清交接手续。

第五十条　本会的资产管理必须执行国家规定的财务管理制度，接受会员代表大会和财政部门的监督。资产来源属于国家拨款或者社会捐赠、资助的，必须接受审计机关的监督，并将有关情况以适当方式向社会公布。

第五十一条　本会换届或更换法定代表人之前必须接受社团登记管理机关和业务主管单位组织的财务审计。

第五十二条　本会的资产，任何单位、个人不得侵占、私分和挪用。

第六章　章程的修改

第五十三条　对本会章程的修改，须经委员会表决通过，并报会员代表大会审议批准。

第五十四条　本会修改的章程，须在会员代表大会通过后15日内，经业务主管单位审查同意，并报社团登记管理机关核准后生效。

第七章　本会终止及其财产处理

第五十五条　本会完成宗旨或自行解散或由于分立、合并等原因需要注销的，由委员会或常务委员会提出终止动议。

第五十六条　本会终止须经会员代表大会表决通过，并报业务主管单位审查同意。

第五十七条　本会终止前，须在业务主管单位及有关机关指导下成立清算组织，清理债权债务，处理善后事宜。清算期间，不得开展清算以外的活动。

第五十八条　本会经社团登记管理机关办理注销登记手续后即为终止。

第五十九条　本会终止后的剩余财产，在业务主管单位和社团登记管理机关的监督下，按照国家有关规定，用于发展与本会宗旨相关的事业。

第八章　附　　则

第六十条　本章程经2012年8月9日四川省检察官文联第一次会员代表大会表决通过并实施。

第六十一条　本章程解释权归四川省检察官文联。

第六十二条　本章程自社团登记管理机关核准之日起生效。

四川省检察官文学艺术联合会第一届委员会名单

（2012 年 8 月 9 日　四川省检察官文学艺术联合会第一次会员代表大会通过）

名誉主席

邓　川　四川省人民检察院检察长

主　席

郭　彦　四川省人民检察院副检察长

副主席

李安信　四川省人民检察院政治部主任

李　建　四川省人民成都市检察院检察长

贾宪生　四川省人民检察院检委会专职委员

周　力　四川省人民检察院检委会专职委员

刘红立　自贡市人民检察院检察长

尧　箴　四川省人民检察院副巡视员

曾精明　四川省人民检察院调研员

王　漠　成都市人民检察院机关党委书记

马光剑　成都市人民检察院检察文化中心副主任

秘书长

尧　箴（兼）　四川省人民检察院副巡视员

副秘书长

王　红（女）　四川省人民检察院办公室主任

陈齐鸿　四川省人民检察院政治部副主任

王　燕（女）四川省人民检察院政治部干部处处长

刘　萍（女）四川省人民检察院政治部宣传处处长

田　丰　四川省人民检察院计划财务装备处处长

石光学　四川省人民检察院机关党办主任

毛新甫　四川省人民检察院离退休人员工作处处长

侯继敏　四川省人民检察院机关服务中心主任

各直属专业协会负责人

理论研究协会　会长：刘红立　自贡市人民检察院检察长

文学协会　会长：曾精明　四川省人民检察院调研员

书法美术协会　会长：马光剑　成都市人民检察院检察文化中心副主任

摄影协会　会长：周　力　四川省人民检察院检委会专职委员

音乐舞蹈协会　会长：贾宪生　四川省人民检察院检委会专职委员

影视协会　会长：王　漠　成都市人民检察院机关党委书记

新闻协会　会长：陈齐鸿　四川省人民检察院政治部副主任

体育协会　会长：尧　箴　四川省人民检察院副巡视员

四川省检察文化艺术工作情况

综　述

2012年是四川省检察文化建设稳步推进、创新发展的一年。全省检察机关认真贯彻落实高检院“文化育检”的方针和部署，积极探索检察文化建设的新思路、新方法、新举措，省检察院和成都、自贡市检察院相继成立检察官文联，检察文化建设理念、活动交流、理论研究、文艺创作、人才队伍等各方面取得新成效，为推进高素质检察队伍建设和全省检察工作科学发展提供了有力的思想保障、精神动力和智力支持。

一、坚定不移地走中国特色社会主义道路，检察文化建设的思路和方向更加明确。近年来，省检察院党组坚持把检察文化建设作为提高检察队伍素质、提升检察机关形象的重要平台，专门出台了《关于加强检察文化建设的实施意见》，大力实施“文化育检、文化兴检、文化强检”战略，充分发挥检察文化特有的教育、引导、规范、凝聚和激励作用。2012年，全省检察机关扎实开展政法干警核心价值观教育实践活动，积极培育具有当地特色和时代特征的四川检察文化精神，引导检察人员深入学习实践社会主义核心价值体系，牢固树立社会主义法治理念，坚持用马克思主义中国化的最新理论成果武装头脑、指导行动，用以爱国主义为核心的民族精神和以改革创新为核心的时代精神凝聚力量、鼓舞斗志，努力营造崇尚学习、积极进取、特色鲜明的检察文化氛围，不断提升检察人员的思想境界、法律素养和职业操守，着力打造一支忠诚履职、严格执法、清正廉洁、作风过硬的检察队伍。

二、省检察院及部分市级检察官文联相继成立，检察文化建设的阵地和平台更加宽阔。按照高检院关于各省级检察院应尽快成立检察官文联的要求，省检察院党组决定成立四川省检察官文学艺术联合会，构建全省检察人员共有的精神家园，进一步繁荣和发展四川检察文化。5月21日，省检察院向省文联提交筹备成立四川省检察官文学艺术联合会的申请及相关材料，6月15日获批复同意。6月16日，向省民政厅提出成立四川省检察官文学艺术联合会筹备组的申请，于7月3日获批复同意。8月9日，四川省检察官文学艺术联合会第一次会员代表大会在国家检察官学院四川分院召开，会议审议通过了四川省检察官文学艺术联合会章程，选举产生了第一届领导集体和组成人员，部署了当前和今后一个时期的四川省检察官文联工作。全省各市、州检察院也把成立检察官文联筹备工作摆上重要议程，努力争取党委、政府及文联等相关部门的支持，积极协调准备。其中，自贡、成都率先成立检察官文联，配备专人负责检察官文联工作，为当地检察文化建设搭建了更为宽广的平台，标志着四川检察文化繁荣跨入了新的发展阶段。省检察院建立了全省检察文化人才信息库，理论研究、文学、书画、摄影等8大类411名专业人才及检察文艺工作者、爱好者团结和凝聚在省检察官文联组织周围，紧贴检察工作实际，开展了形式多样的文化艺术活动，创作出一批优秀的检察文艺作品和理论研究成果，形成了检察文化人才队伍不断壮大、检察文化事业发展后劲充足的生动局面。

三、检察文化活动的内容和载体不断丰富，检察队伍的凝聚力和战斗力进一步显现。全省检察机关把文化建设融入检察工作的各个方面，充分利用检察官文联并联合工、青、团、妇、检协、女检协等组织平台，广泛开展形式多样、生动活泼、便于检察人员参与、适合机关工作特点的文化活动。围绕迎接党的十八大，组织以“喜迎十八大·争创新业绩”为主题的读书月、书法摄影作品展、诗歌散文朗诵会、趣味运动会等活动；围绕加强机关青年工作，先后组织青年检察干警开展“发扬革命传统，传承雷锋精神”主题活动和“检察开放日”暨省直机关青年文化列车（检察院站）活动；围绕加强检察理论和法治文化研究，承办四川省“法检公司”第六届执法理论研讨会，组织检察干警积极参与中国法学会主办的第二届民事行政检察论坛，高检院举办的第四届民事行政检察西部论坛等学术理论研讨活动，提交了一批高质量的论文，省检察院关于民诉法的立法完善建议写入修改后的民诉法，300余篇调研成果被中央办公厅、高检院和省委等上级机关采用、批转，200余篇理论研究成果在国家级、省部级刊物上发表，全国检察业务专家、金堂县检察院检察长黄维智编著的《心证形成过程实证研究——以刑事诉讼程序为主线》、《公诉阅卷的重点与方法》2部专著出版；围绕繁荣和发展检察文化，鼓励深入生活，积极创作，与省作家协会创作研究室联合举办省检察官文联副主席曾精明创作的《放歌世博》诗集研讨会，其作品受到与会专家好评；围绕提升高层次检察文化人才专业素养，积极选派高层次检察文化人才参与中国检察官文联组织的“以荷喻检”、“以梅喻检”等活动，通过以会代训、以评代训拓宽创作视野，提升艺术修养，9人在全国检察机关廉洁从检书画摄影展中获奖，省检察官文联副主席马光剑同志当选为四川省美术家协会副主席；围绕加强高素质检察队伍建设，广泛开展向全国先进工作者王芝良、最美青年检察官高永飞等先进典型学习活动，发挥先进典型的带动作用，在全国检察机关公诉人电视论辩赛、监所检察业务竞赛等竞技中，四川选手均获优异成绩，7个集体、2名个人被高检院评为优秀业务团队或业务标兵、业务能手，30个集体、79名个人被表彰为四川省政法系统先进集体或先进个人，自贡市贡井区检察院公诉科被全国妇联授予“全国三八红旗集体”荣誉称号，省检察院公诉二处“女子办案组”被授予省“青年文明号”，在省直机关首届文化节活动中，省检察院获优秀组织奖，自贡市检察院、都江堰市检察院被确定为首批全国检察机关文化建设示范院。

会　议

【四川省检察官文学艺术联合会第一次会员代表大会】2012年8月9日，四川省检察官文学艺术联合会第一次会员代表大会在国家检察官学院四川分院召开。中共中央候补委员、全国政协教科文卫体委员会副主任、中国检察官文联主席张耕，四川省委常委、省委政法委书记刘玉顺，四川省人大常委会副主任、省文联主席郭永祥，四川省检察院党组书记、检察长邓川，四川省检察院原检察长高振中，四川省法学会会长、省检察院原检察长韩忠信，四川省高级人民法院党组成员、机关党委书记李彦民，四川省公安文学艺术联合会秘书长余长明，四川省国家安全厅巡视员李江河，四川省司法厅政治部主任沈华伦，四川省民政厅副巡视员郭军祥，四川省作家协会名誉副主席、省评论家协会主席何开四，担任四川省检察官文联顾问的省院领导班子成员、检委会专职委员，四川省检察院、成都市检察院和成都铁路检察分院担任省检察官文联委员以上职务人员及会员代表，其他20个市、州两级检察院担任省检察官文联委员以上职务人员，共180人出席了会议。

会议通过召开预备会、主席团会议、第一届委员会第一次全体会议、第一届常务委员会第一次全体会议、第一次会员代表大会，圆满完成了各项议程。一是审议通过了《四川省检察官文学艺术联合会章程（审议稿）》；二是选举产生了四川省检察官文学艺术联合会第一届委员会委员；三是选举产生了四川省检察官文学艺术联合会第一届委员会主席、副主席、秘书长、常务委员，由郭彦同志任主席，李安信、李建、贾宪生、周力、刘红立、尧箴、曾精明、王漠、马光剑9名同志任副主席，尧箴同志任秘书长，封安等31名同志任常务委员；四是推选四川省检察院党组书记、检察长邓川同志为四川省检察官文学艺术联合会第一届委员会名誉主席；五是审议并决定了四川省检察官文学艺术联合会第一届委员会各直属专业协会会长、副会长；六是决定聘任高振中、龚读纶、韩忠信等12名同志担任四川省检察官文学艺术联合会第一届委员会顾问；七是审议并决定四川省检察官文学艺术联合会第一届委员会秘书处副秘书长及各部部长、副部长。

中共中央候补委员、全国政协教科文卫体委员会副主任、中国检察官文联主席张耕，四川省委常委、省委政法委书记刘玉顺，四川省人大常委会副主任、省文联主席郭永祥，四川省检察院检察长、省检察官文联名誉主席邓川分别作重要讲话；四川省检察院副检察长、省检察官文联主席郭彦作工作报告；四川省检察院政治部主任、省检察官文联副主席李安信作会议总结。

活　动

【全省检察机关政法干警核心价值观征文活动】3月，为深入推进政法干警核心价值观教育实践活动，引导广大检察人员认真践行“忠诚、为民、公正、廉洁”的要求，四川省检察官文联、省检察院政治部组织开展全省检察机关政法干警核心价值观征文活动。省检察院领导及泸州、德阳、内江、乐山、达州等地检察长带头撰写征文，广大检察人员踊跃投稿，共收到征文300余篇。征文紧贴实际、观点鲜明、论述深刻、体裁多样、语言生动，集中反映了广大检察人员在坚定理想信念、推进执法为民、促进公正廉洁等方面的理性思考和积极成效，评选出优秀征文55篇；选送的4篇征文被评为全国检察机关政法干警核心价值观正确的发展理念和执法理念优秀征文；14篇征文被评为全省政法系统“政法干警核心价值观”获奖征文；省检察院分别被高检院政治部、省委政法委评为征文活动优秀组织奖。

【机关青年干警发扬革命传统、传承雷锋精神活动】4月，为激励青年干警发扬革命传统、传承雷锋精神，四川省检察官文联和省检察院青年工作委员会组织机关部分青年干警赴南充市、仪陇县开展“发扬革命传统，传承雷锋精神”主题活动，首先参观了仪陇县朱德元帅故居纪念馆，伟人的革命精神和共产主义信念使大家深受鼓舞。随即同南充市检察院和顺庆区检察院青年干警举行了“学习雷锋精神·争当有为青年”主题座谈会，雷锋班第一任班长张兴吉应邀作题为《以真诚的奔跑去服务群众》的报告，讲述了雷锋生前先进事迹以及对雷锋精神的深刻理解。与会青年干警代表分别就新形势下发扬、传承雷锋精神作了发言，引起强烈共鸣。省检察院机关党委书记、省检察官文联顾问刘典华就如何弘扬和践行雷锋精神提出五点要求。通过主题活动，青年干警对在新时期发扬革命传统、践行雷锋精神有了更加深刻的认识，纷纷表示要立足岗位、勇挑重担，为检察事业的科学发展谱写新的光辉篇章。

【全省检察机关“检察文化建设示范单位”创建评选活动】7月，为推进检察文化建设全面、深入发展，在全省检察机关首次开展检察文化建设示范单位及优秀单位创建评选活动。经过逐级申报、组织推荐、考核考察等程序，评定成都市高新区检察院等21个检察院为全省检察文化建设示范单位，评定古蔺县检察院等14个检察院为全省检察文化建设优秀单位。

【四川省检察院机关举办“喜迎十八大·争创新业绩”诗歌（散文）朗诵会】10月17日，为迎接党的十八大胜利召开，四川省检察院机关隆重举行“喜迎十八大·争创新业绩”诗歌（散文）朗诵会。各支部认真组织、广泛动员，机关检察人员积极参与，选送作品26篇，评选出9篇作品在朗诵会上展示。邓川检察长、部分党组成员及机关180余人莅临鉴赏。

交　流

【四川省作家协会创作研究室、四川省检察官文联联合举办曾精明《放歌世博》诗集研讨会】9月13日，四川省作家协会创作研究室、四川省检察官文联在成都联合举办省检察官文联副主席曾精明创作的《放歌世博》诗集研讨会。省人大原副主任、省法学会会长、省检察官文联顾问韩忠信，省作家协会副主席勾春平，省检察院副检察长、省检察官文联主席郭彦等领导和专家、学者出席了会议。《放歌世博》是158年世博历史上，由一位诗人为一届世博会所写并出版的第一部诗集。与会专家一致认为，《放歌世博》的问世，不仅是对中华文明的一份贡献，也是对世界人类文明的一份贡献。这部在特定背景下创作的主题性诗集，既抒发了作者真挚感情，又将不同的国家、不同的文化用浅显、真纯的诗句呈现给读者，诗作浑然一体、关注现实、情绪饱满、包含厚重而丰富的世界历史文化。这次研讨会还为加强省检察官文联与省作协以及业内专家学者的交流和沟通搭建了良好平台。

【“检察开放日”暨省直机关青年文化列车（检察院站）活动】10月31日，在国家检察官学院四川分院举办了“检察开放日”暨省直机关青年文化列车（检察院站）活动。四川省检察院检察长、省检察官文联名誉主席邓川，共青团四川省委书记、省青联名誉主席张彤，共青团省直机关工委书记王引出席活动并讲话。团省委、省青联、省直机关团工委、省直机关青联的领导，高校青年代表及新闻媒体记者等50余人应邀参加活动。受邀领导和代表观看了宣传片，听取了检察工作情况通报和青年检察官培养情况介绍，并与省院与会领导和青年检察官代表进行了座谈交流。座谈会结束后，青联代表与青年检察官进行了气排球友谊赛，首次面向各行业青年代表的检察开放日在欢声笑语的文艺联谊会中结束。

【四川省直机关读书月活动】9月14日，四川省直机关举行读书月活动启动仪式。仪式上，四川省检察院被评为省直机关推进学习型党组织建设先进单位，省检察院党组被评为党组中心组学习先进单位，省检察院公诉二处处长立克幸义同志作为省直机关唯一的个人代表在启动仪式上作了交流发言。发言围绕读书的意义、方法以及抓好读书活动、促进业务工作畅谈了体会，引起很好反响。

获奖情况

【“全国三八红旗集体”】自贡市贡井区检察院公诉科被全国妇联授予“全国三八红旗集体”荣誉称号。

【高检院记一等功】四川省检察院、成都市检察院被最高人民检察院记集体一等功。省检察院党组成员、副检察长、省检察官文联顾问刘勤、张晓勇，省检察院公诉一处处长雷秀华，成都市检察院党组成员、副检察长王昕，资阳市检察院党组成员、副检察长秦毅被最高人民检察院记个人一等功。

【首批全国检察机关文化建设示范院】自贡市检察院、都江堰市检察院被最高人民检察院确定为首批全国检察机关文化建设示范院，在全国检察机关文化建设工作会议上介绍经验。

【第二届全国检察机关优秀公诉人电视论辩大赛】四川省辩论代表队以决赛得分第二名、团体总分第三名的成绩荣获二等奖，参赛选手陈王莉、张茂林分别以全场个人得分第二、三名的成绩荣获最佳风采奖，李直荣获优秀论辩奖。

【首届全国监所检察业务竞赛】乐山市检察院驻乐山监狱检察室副主任钟明被评为“全国（十大）监所检察业务标兵”，郫县检察院监所检察科科长兼驻看守所检察室主任王青被评为“全国监所检察业务能手”，四川省检察院获“全国首届监所检察业务竞赛组织奖”。

【全国优秀公诉团队】泸州市、绵阳市、资阳市3个市级检察院和峨眉山市、宜宾市翠屏区、简阳市3个基层检察院获评全国优秀公诉团队，获评数量居全国首位。

【全国检察机关廉洁从检书画摄影展】12月11日至18日，最高人民检察院在北京举办了全国检察机关廉洁从检书画摄影展。四川省检察机关有9人获奖。其中：一等奖1名，二等奖1名，三等奖2名，优秀奖5名，占获奖总数近7%。

【全国检察机关政法干警核心价值观正确的发展理念和执法理念优秀征文】四川省检察机关有4篇征文被评为优秀征文，四川省检察院获得优秀组织奖。

【最美青年检察官】北川县检察院高永飞同志入选全国最美青年检察官，受到最高人民检察院曹建明检察长接见。

【全省重大先进典型】蒲江县检察院检察官王芝良被省委宣传部确定为全省重大先进典型，追授为“全省创先争优优秀共产党员”称号。

【全省政法系统先进集体和先进个人】全省检察机关30个集体和79名个人被省委政法委表彰为全省政法系统先进集体和先进个人。其中，名山县检察院、江油市检察院、泸州市江阳区检察院3个集体和彭州市检察院控申科科长干骐同志通过公众网络投票，当选四川省“我最信任的基层政法单位”和“我最喜爱的政法干警”。

【全省政法系统“政法干警核心价值观”征文】全省检察机关有2篇征文被省委政法委评为一等奖，5篇征文被评为二等奖，7篇征文被评为三等奖，省检察院获得优秀组织奖。

理论研究

【四川省“法检公司”第六届执法理论研讨会】9月27日，四川省法院、省检察院、省公安厅、省司法厅共同主办，省检察院承办的四川省“法检公司”第六届执法理论研讨会在乐山召开。全省检察机关有5个单位获得组织奖，37篇论文分别获一、二、三等奖和优秀奖。

【民事检察调查权刍议】四川省检察院民事行政检察处撰写的《民事检察调查权刍议》在最高人民检察院举办的第四届民行检察西部论坛上作交流发言。

【行政检察的实践困境及其出路——以四川省检察机关20年的司法实践为样本】在中国法学会检察学研究会举办的第二届民事行政检察论坛上，四川省检察院案件管理办公室主任李鹏飞撰写的《行政检察的实践困境及其出路——以四川省检察机关20年的司法实践为样本》被评为优秀论文并作交流发言。

出版创作

【《心证形成过程实证研究——以刑事诉讼程序为主线》出版】2月，全国检察机关首批检察业务专家、金堂县院检察长黄维智编著的《心证形成过程实证研究——以刑事诉讼程序为主线》由中国检察出版社出版。该专著系全国哲学社会科学“十一五”规划项目课题，并获国家社科基金年度项目优秀成果。

【《公诉阅卷的重点与方法》出版】8月，全国检察机关首批检察业务专家、金堂县院检察长黄维智编著的《公诉阅卷的重点与方法》由中国检察出版社出版。该书是国内第一部就公诉阅卷技能进行系统阐述的业务专著。

人才队伍

【省检察官文联副主席马光剑当选四川省美术家协会副主席】9月，四川省美术家协会第六次会员代表大会在成都召开。大会通过了修改协会章程的决议，并以不记名投票方式，选举了新一届主席团成员。四川省检察官文联副主席、成都市检察官文联主席马光剑当选为主席团成员、四川省美术家协会副主席。

马光剑同志的绘画作品30年前就曾在全军、全国美展获奖，其代表作《夜校》、《信念》、《胜利者》等曾颇具影响。1985年，马光剑同志被中国美术家协会吸收为会员，并当选为重庆市美协常务理事、油画艺委会副会长。近年来，马光剑同志身为全国公安美术家协会副主席、四川省检察官文联副主席，在主题创作道路上默默耕耘，始终坚持为时代讴歌、为党的事业服务的创作原则，在艺术上崇尚和追求博大崇高的精神气象，《使命》、《背影》、《瑞金1931》等一批表现现实生活和革命历史的题材作品相继问世。

【注重高层次艺术人才培训】积极参与中国检察官文联分别在山东枣庄、江苏南京组织的“以荷喻检”、“以梅喻检”活动，选派马光剑、陈义志、赵刚等十余名书画家、摄影爱好者到会现场实地采风，通过以会代训、以评代训，既现场创作，启发灵感，又交流技艺，拓展视野，不断提升高层次艺术人才的水平和影响力。

【加强对文化建设人才的管理】4月，为进一步发掘文艺人才，组建检察文化专门人才队伍，专门下发《关于统计上报四川检察文化建设人才信息的通知》，对全省检察机关检察文化人才的情况进行梳理、统计。四川省检察文化人才信息库在原有6大类80余名人才的基础上，扩大到涵盖检察和法治文化理论研究、文学、书法美术、摄影、音乐舞蹈、影视、新闻、体育8大类共411名人才。

基层检察文化

【自贡举办全市检察机关喜迎十八大“赛诗会”】9月，为迎接党的十八大召开，深入推进政法干警核心价值观教育实践活动和检察文化建设，丰富检察人员精神文化生活，自贡市检察院举行全市检察机关“赛诗会”。全市检察人员积极创作了多篇歌颂党和祖国、歌颂改革开放伟大成就，歌颂检察事业的诗歌、散文。比赛中，由20名原创作者声情并茂地朗诵了初选出的优秀作品，热情讴歌了伟大的党和祖国，表达了献身检察事业的决心。市作协主席李华，著名诗人、作协名誉主席李加建登台吟诗；市美术家协会副主席、秘书长徐祥麟，中国书法家协会会员、书法家郭昤现场作画题字；国家二级演员、四川理工学院客座教授陈正平等亮相献技，为赛诗会增添了高规格色彩。

【雅安推出文化兴廉“六个一”示范活动】雅安市检察院结合该市历史悠久的“三雅文化”、汉文化、女娲文化、近现代兴起的茶文化、熊猫文化、红军文化、生态文化、水电文化实际，找准预防工作与文化建设的切入点，积极开展“文化兴廉六个一”示范活动，即单位有一块“文化兴廉”大家谈园地墙栏，个人有一块“文化兴廉”提醒警示语桌牌，单位办一场“文化兴廉”主题晚会，个人听一场“文化兴廉”专家报告，单位撰写一篇“文化兴廉”总结，个人书写一篇“文化兴廉”心得，着力营造文化兴廉、生态助廉氛围，创出雅安职务犯罪预防工作新特色、新亮点。示范活动已在与市检察院共建的中国移动四川雅安分公司开展。

【阿坝州检察机关内部刊物《阿坝检察》复刊】 为更好地推动检察文化建设，为全州检察干警打造一个学习交流、理论探讨、展示形象的平台，阿坝州检察院复刊《阿坝检察》。刊物设理论探索、法律解读、工作实务、检察动态、检察人物、干警核心价值观教育实践活动、预防职务犯罪、案例分析、检察文苑等栏目，全年出刊4期。复刊的《阿坝检察》得到全州检察人员的喜爱和好评，调动了全州检察干警的积极性，掀起了法治理论、检察实务和文化学习的热潮，推动了全州检察工作的开展。2012年刊物第1期出版后，赠送省内其他21个市、分、州院和外省少数民族兄弟院，增进了相互交流和了解。

基层检察官文联建设

【自贡市检察官文学艺术联合会第一届委员会名单】（2012年3月13日　自贡市检察官文联第一次会员代表大会通过）

名誉主席

刘红立　自贡市人民检察院检察长

主　席

罗　勇　自贡市人民检察院副检察长

副主席

王培东　自贡市人民检察院副检察长

李　杨　自贡市人民检察院副检察长

蓝顺利　自贡市人民检察院反贪局局长

曾　梅　自贡市人民检察院纪检组组长

聂会稀　自贡市人民检察院检委会专职委员

陈木才　自贡市人民检察院调研员

王德利　自贡市人民检察院正县级检察员

秘书长

王德利（兼）

副秘书长

邹　良　自贡市人民检察院政治部副主任

邱仕武　自贡市人民检察院副处级干部

专业协会负责人

文学分会　会长：贺永钢

书画分会　会长：涂天祥

摄影分会　会长：邹良

音乐舞蹈分会　会长：李铁山

体育分会　会长：李昌楷

【成都市检察官文学艺术联合会第一届委员会名单】（2012年11月22日　成都市检察官文联第一次会员代表大会通过）

名誉主席

李　建　成都市人民检察院检察长

名誉副主席

王　琪　成都市人民检察院常务副检察长

李忠贵　成都市人民检察院副检察长

先幼果　成都市人民检察院副检察长

王　昕　成都市人民检察院副检察长

康从平　成都市人民检察院副检察长

何　明　成都市人民检察院副检察长

王万忠　成都市人民检察院纪检组长

蒋　莉　成都市人民检察院反贪局长

陆芙蓉　成都市人民检察院政治部主任

王　漠　成都市人民检察院机关党委书记、成都市检察文化中心主任

主　席

马光剑　四川省美协副主席、四川省检察官文联副主席、成都市检察文化中心副主任

副主席

巴　莉　成都市人民检察院机关党委副书记、党办主任、成都市检察文化中心副主任

周　忠　成都市人民检察院法律政策研究室主任

吴自敏　成都市人民检察院计划财务装备处处长

秘书长

傅　鉴　成都市人民检察院政治部宣传处处长

专业协会负责人

理论研究专业协会　常务理事：周忠（兼）

文学专业协会　常务理事：甘奇慧、查洪南

书法美术专业协会　常务理事：马光剑（兼）

摄影专业协会　常务理事：张斌、龚亚明

音乐舞蹈专业协会　常务理事：巴莉（兼）

影视专业协会　常务理事：吴自敏（兼）

新闻专业协会　常务理事：傅鉴（兼）

体育专业协会　常务理事：耿涛

福建省检察文学艺术联合会

福建省检察文学艺术联合会第一次会员代表大会

讲　　话

在福建省检察文学艺术联合会成立大会上的讲话

（2012 年 10 月 11 日　根据录音整理）

张　耕

同志们：

今天，我非常高兴参加福建省检察官文联成立大会。福建省检察官文联成立，是我们检察系统的一件大事，也是一件喜事。在党的十八大召开前夕福建省检察官文联成立更具有重要意义。全国现在已经成立了 17 家省级检察官文联，福建省是第 18 家，18 这个数字很吉利，恰巧和十八大这个数字相契合。福建省检察官文联成立，标志着福建省检察文化建设进入新阶段，取得了新成效。

福建省检察官文联成立的意义，可以概括为五句话：一是福建省检察官文联成立，是福建省检察机关认真贯彻党十七届六中全会精神的一项重要举措。二是福建省检察官文联成立，是福建省检察机关向即将召开的党的十八大献上的一份厚礼。三是福建省检察官文联成立，是福建省检察机关加强检察队伍建设的一项重要举措。四是福建省检察官文联成立，是福建省委、省人大、省政府、省政协长期以来对检察工作和检察文化建设重视、关心和支持的结果。五是福建省检察官文联成立，也是全国检察官文联建设取得的又一重要成果。福建省检察官文联的筹建工作做得很好，省院党组特别是倪英达检察长高度重视，各项筹备工作进展顺利。今天，我们在这里召开成立大会，这对全国检察官文联的建设将起到很好的促进和引领作用。

这次会议安排的非常好，内容很丰富。同检察文化建设工作会议一起召开，不仅有书画摄影作品展览，而且昨天晚上举办了一场很有特色、令人很受教育的文艺演出。这次大会在我的脑海里留下了非常深刻的印象。福建省检察官文联的成立，除了省委的关心、重视，高检院党组的关心、重视，各方支持，省院党组和各级检察院高度重视和全力推进外，还有一个重要原因，就是福建省的检察文化建设多年来一直推进得很好，取得了明显成效，为检察官文联的成立奠定了坚实基础。几年来，特别是党的十六大以来，福建省检察文化建设取得了明显成果，有力地推动了检察工作的科学发展。从我了解的情况看，福建省检察文化建设有四个重要特点：

一是领导高度重视，方向十分明确。福建省的检察文化建设起步是早的，2008年初就作出了《关于进一步加强检察文化建设的意见》。我记得高检院的文化建设巡礼会议是2007年在广东召开的，那次会议是高检院党组加强检察文化建设的一次推进会。那次会议之后，各省都在抓检察文化建设。福建省起步很快，第二年就制定了加强检察文化建设的意见，而且持续不断地推进检察文化建设。特别是党的十七届六中全会以后，福建省借着这个东风，加大了检察文化建设力度，省院党组反复强调要将检察文化建设摆上重要位置，纳入党组议事日程，作为检察队伍建设的重要抓手，采取了一系列措施推进检察文化建设。先后组织力量到广东、海南、山东、江苏、湖北等地考察学习。还建立了检察文化建设试点，通过试点推动面上的工作。所有这些都表明，福建省院党组和各级检察院党组对检察文化的认识是深刻的，方向是明确的，贯彻党的十七届六中全会精神是坚定的，采取的措施是有力的，成效也是显著的。

二是立足检察实际，彰显福建特色。福建检察文化建设的又一个重要特点，就是紧紧结合检察工作实际，推动检察文化建设。所有检察文艺作品都是自编、自演，都是检察官的生活和事迹，这在检察队伍和社会上引起了强烈反响。昨天晚上的文艺演出生动地反映了党的十六大以来福建省检察队伍建设、检察工作中的感人事迹和取得的成果，令人感动。这台演出，使我们深受启发，这就是用文化艺术形式宣传检察工作的成绩，彰显检察精神，所取得的效果远远大于写一篇报告、作一次讲话。从这里，让我们看到了文化的魅力，看到了文化在塑造人的精神方面所发挥的巨大作用。昨天晚上的演出很成功，我注意到很多节目在检察官的心中引起了共鸣，大家不断热烈鼓掌，不少同志热泪盈眶。有好多节目令我印象非常深刻。比如《人民检察官之歌》，我认为这个大合唱是唱得最有感情、最富有激情的，指挥也指挥得很好，很有激情。还有《唱给李彬的歌》，这个节目的形式很新颖，李彬同志自己当演员，鲜水村的两位村民也是直接从村里请来的，他们演的很真实、很有感染力、很有震撼力，鲜水村村民的话讲的很朴实，是真情实感的表达，不是编好的台词。《书画舞乐》这个节目也编排的非常好，把各种艺术形式融为一体，这个节目给人传递了一个信息，我们检察系统有人才。两个写书法的同志，还有两个绘画的同志，他们的水平是不低的，已具有相当的艺术水准。在这个节目的表演中，书法、绘画、舞蹈、乐曲配合的很好。还有一个节目，《留学风波》也很感人，剧情发展的非常自然，讲的道理非常深刻，没有唱高调，让人很容易接受，表现出了检察官忠于职守、严格执法、不徇私情、刚正不阿的高尚风格。还有一个用曲艺形式反映检察机关十年来工作成果的节目，反映检察机关参与社会管理创新的成果——非羁押诉讼帮教基地，都编排得很好。看了这些节目，使我看到了成立检察官文联的必要性，看到了加强检察文化建设的必要性，看到了用文化艺术形式弘扬检察精神的必要性。所有这些都充分体现了福建省检察文化建设的特色。

三是立足地域特征，注重文化结合。福建是一个文化大省，有着非常深厚的文化积淀，你们的材料总结的很好，比如侨文化，这是福建文化的特色。海峡两岸文化，也是福建文化的特色。福建和台湾有很多缘分，比如地缘、商缘、法缘、文缘等等。现在福建省院又设立了一个两岸检察官交流中心，这是促进两岸文化交流的重要平台。还有红色文化，我明天要去古田会议旧址接受革命传统教育。还有茶文化，福建的茶很有名，铁观音、大红袍等等，福建茶文化是中华传统文化非常重要的内容，茶能舒心、茶能养性，是我们生活的重要组成部分。福建检察机关把这些文化与检察文化很好地结合起来，把这些文化中的一些内涵和检察精神相融合，丰富检察机关的理念。这个做法很好。

四是载体丰富、成效显著。文化的传承需要载体。福建省检察文化在发展过程中特别注重载体创新，先后成立了许多兴趣小组，如文学、书法、摄影、体育小组等等，举行了很多活动，组织了不少的展览，建立了读书会、研究会等等，通过这些活动，发现和培养了一批文化艺术人才。据一些资料介绍，福建省检察机关目前有省级艺术团体会员资格的检察官30多人，有国家级艺术团体会员资格的有十几人，同时产生了一批文化艺术作品，昨天晚上的文艺演出就是一个证明。去年，在高检院政治部、中国检察官文联组织的全国检察机关书画摄影作品展览中，福建省选送的不少作品获奖。在美术作品中，全国评选出6个二等奖，福建就占了两个，福州市院的杨玉勋同志、福州晋安区的陈伟同志，他们的绘画水平已达到了相当的程度，得到了专家的好评。福建省检察官文联的成立，将进一步推进检察文化建设，这就使我们对做好检察文化艺术工作有了更大的信心，检察官文联的工作肯定会做得更好。

下面，我讲一讲检察官文联成立后，在工作中应着重注意和把握的几个问题：

一、要进一步深化对文化建设的认识，不断提高做好检察官文联工作的自觉性和自信心

对文化的认识，我们是逐步提高的。党的十七届六中全会以后，对文化建设的认识发生了很大的飞跃。六中全会把文化提得很高，提出文化是民族的精神、民族的血脉、人民的精神家园，把文化提到了国家软实力的高度，这就加深了我们对文化的认识。这个认识还要进一步深化，所谓深化就是要和检察机关的文化建设实际紧密结合起来，要看到文化建设在检察队伍建设和检察工作科学发展中所起的重要作用，或者说是潜在的作用。中央为什么把文化提得那么高，为什么现在强调文化建设？我认为，中央看到了我们30多年的改革开放，经济有了很大的发展，但是文化建设在某些方面面临的挑战和冲击十分严峻。我记得邓小平同志讲过，改革开放最大的失误就是教育。我理解教育说到底是文化问题，教育本身就是文化的传承。我们的文化一定要弘扬我们的理念、价值观、追求和信念，不是简单的说说唱唱，蹦蹦跳跳，热热闹闹就完了。昨天晚上的演出多好啊，传播了很多检察理念，弘扬了检察精神。它告诉人们，做检察官就得这样干！所以，检察官文联作为检察机关以文化艺术形式推进检察队伍建设，推进检察工作科学发展的重要阵地和平台，首先自己要深化对文化的认识，不断提高工作的自觉性。

二、要摆正检察官文联的位置，始终坚持正确的工作方向

检察官文联的位置怎么摆，这是做好检察官文联工作的重要前提，检察官文联的性质和地位在文联的章程中已经讲得非常明白。我在不同场合，从不同角度也作过多方面的阐述，我认为最重要的有两点：第一，检察官文联是在同级检察院党组的直接领导下的非营利性社会团体；第二，检察官文联是通过文艺形式协助检察机关加强队伍建设、推进检察工作科学发展。这两点决定了检察官文联在工作中要把握好以下几个方面：一是一定要自觉接受同级检察院党组的领导，一定要接受中国文联和地方文联的业务指导，一定要接受民政部门的行业管理。二是一定要在开展文化艺术活动中，加强与检察机关政治部门的联系，接受政治部门的工作指导。中国检察官文联成立一年多来，高检院党组和政治部门对检察官文联的工作非常支持，去年书画展、文艺晚会等都给了大力支持。检察官文联一定要认识到，检察官文联只是推进检察文化建设和队伍建设的一个部门、一股力量。检察官文联不是检察文化建设的职能部门，检察文化建设的职能部门是检察机关的政治部门。检察官文联开展的全局性文化艺术活动，一定要和政治部门沟通，一定要接受政治部门的指导。关于检察官文联的工作方向问题，这始终是检察官文联面临的一个非常重要的问题。怎么把握好正确的工作方向，我认为主要有以下几点：一是要始终坚持围绕中心，服务大局。围绕中心就是围绕检察机关的中心工作，服务大局就是服务党和国家的工作大局。昨天晚上的文艺演出充分体现了这点，所以得到了大家的拥护，得到领导的肯定。二是要始终坚持践行社会主义核心价值体系，并以此为引领，推进检察官文联的各项工作。社会主义核心价值体系在检察机关具体化，就是政法干警核心价值观，就是曹建明检察长反复强调的“六观”，要通过文化艺术的形式践行和体现政法干警核心价值观和“六观”。三是要始终坚持检察官的主体地位。检察官文联开展的所有文化艺术活动都要尽可能突出检察官，尽可能做到像昨天的文艺演出一样，由检察官编、检察官演、检察官导，给大家一个真实的检察官形象。这不仅要面对检察官也要面对社会。四是要始终坚持“双百”方针，使文化艺术领域的不同流派、不同风格的文化艺术创作能够有更充分的发展空间。五是要始终坚持“三贴近”原则。对检察官文联来讲就是要贴近检察实际，贴近检察生活，贴近基层群众，这样，我们的检察文化艺术事业才会有生命力和感染力。

三、要坚持“三位一体”的工作思路，不断促进检察文化理论研究、检察文化艺术创作和检察文化艺术活动的协调发展

检察文化理论研究、检察文化艺术创作和检察文化艺术活动是“三位一体”，密不可分的，这三者必须统一起来，协调发展。理论是指引，没有理论的指引，工作方向就会出问题。创作是根本，没有创作，没有作品，什么活动也开展不了，特别是有影响、内涵深刻的活动更离不开创作。活动是载体，如果没有载体，没有丰富多彩的文化艺术活动，再好的文化艺术作品也难以表现出来。因此，各级检察官文联一定要在检察文化理论研究、检察文化艺术创作和检察文化艺术活动上下功夫，见成效。

四、要高度重视文化艺术人才队伍建设，逐步建立起一支高素质的检察文化艺术队伍

从我了解的情况看，检察系统的文化艺术人才还是不少的。但这些人才比较分散，他们的专业能力和水平需进一步提高。我们成立检察官文联的目的，就是要建立一个平台和纽带，把检察系统的文化艺术人才凝聚起来，给他们提供一个展示才华的机会和条件，给他们提供一个不断提高自己专业水平的场地和渠道，把这支队伍培养好、使用好、发挥好。当前，要摸清各地检察官文化艺术人才的底数。究竟有多少对检察文化，特别是对检察文化艺术工作有浓厚兴趣的检察人员，要把这些人紧紧地团结在检察官文联的周围，要使检察官文联成为检察系统文化艺术爱好者共有的精神家园。同时，要通过各种不同的形式，提高这支队伍的专业水平。

五、要始终坚持抓好检察官文联的自身建设，不断提高检察官文联的工作能力和水平

检察官文联是检察系统的一个新组织，缺乏工作经验。因此需要加强学习，要使在检察官文联工作的同志尽快成为检察文化艺术的行家里手，起码也要懂得检察文化艺术的基本知识。检察官文联成立后，要注重机构建设、制度建设，要不断使工作制度化、规范化。同时，检察官文联要抓好自身的廉政建设。对于这个问题，我在每个省成立检察官文联的大会上都要讲。检察官文联是个社会团体，他和社会打交道的面就多、就广，还可以接受社会赞助。这就要求检察官文联一定要把好廉政这个关。接受社会赞助的时候一定要搞清赞助方的背景，接受重大赞助一定要向检察院党组报告，对此一定要慎之又慎。千万不要出现我们的文化艺术活动搞得轰轰烈烈，热热闹闹，很具有影响力，但在廉洁方面却出了问题，这不但影响检察官文联的形象，而且会严重损害检察机关的形象。

我相信，福建省检察官文联成立后，在省院党组的领导下，各项工作一定会取得好成绩，以优异成绩迎接党的十八大胜利召开！

谢谢大家！

（张耕同志时任全国政协教科文卫体委员会副主任，中国检察官文联主席，最高人民检察院原党组副书记、常务副检察长。）

在福建省检察文学艺术联合会成立大会上的讲话

（2012 年 10 月 11 日）

倪英达

尊敬的中国检察官文联张耕主席、各位领导、同志们：

今天，我们在这里齐聚一堂，庆祝福建省检察文学艺术联合会的成立。这是我省检察机关文化建设的一次盛会。首先，我代表福建省人民检察院，向福建省检察文联的成立表示热烈祝贺，向尊敬的张耕主席，向拨冗参加会议的各有关单位领导表示诚挚的欢迎。刚才，张耕主席发表了热情洋溢的讲话，对我们是鼓励和鞭策，同时也提出了要求和期望，我们一定要认真抓好贯彻落实。

文化是民族的血脉，是人民的精神家园。70 年前，毛泽东同志发表《在延安文艺座谈会上的讲话》，犹如精神灯塔，指引革命文艺健康发展，使之成为推动中国革命取得胜利的重要力量。70 年后，站在新的历史起点上展望未来，我们对社会主义文化的美好前景充满信心。党的十七届六中全会，明确提出坚持中国特色社会主义文化发展道路、努力建设社会主义文化强国的战略目标。这是新中国成立特别是改革开放以来我国文化建设实践探索的基本结论，鲜明回答了新的历史条件下我国文化改革发展走什么样的路，朝什么样的目标迈进这个带有方向性、战略性的重大问题，是对中国特色社会主义道路的丰富和发展，是我们党理论创新和实践创新的又一重大成果，为我们党在新的历史条件下领导文化工作提供了根本遵循。推动社会主义文化大发展大繁荣，是全党全社会的共同事业，需要包括检察机关在内的各方面的积极参与。今年 6 月，高检院召开全国检察机关文化建设工作会议，作出了《关于进一步加强检察文化建设的决定》，认真贯彻党中央重大战略部署，科学把握文化发展规律，积极谋划和推进检察文化建设。

福建依山面海，有着特殊的地理位置和丰厚的人文底蕴，文化资源丰富，历代名家辈出，不仅有着数千年的古代文明积淀，而且有着多姿多彩的红色文化记忆和蓝色海洋文明，特别是闽台一衣带水，地缘近、血缘亲、文缘深、商缘广、法缘久，是连接海峡两岸同胞民族感情的重要纽带。省委、省政府高度重视文化建设，在推动福建科学发展、跨越发展进程中着力提升福建文化的影响力，发挥“文化力”的支撑作用。全省检察机关坚持融入文化发展潮流，依托我省丰厚文化资源的优势，在 15 个单位开展检察文化试点工作，实施“文化育检”工程，推动检察文化建设取得了积极成效，呈现出蓬勃生机，也为我们深入推进检察文化建设积累了经验。

今天，福建省检察文联的成立，将为推进检察文化建设提供重要的平台。我们要自觉地把检察文化建设纳入社会主义文化建设的总体格局，纳入加强检察队伍建设、促进检察工作的总体思路，持之以恒地用先进文化武装检察队伍，为检察事业科学发展提供思想保证、精神动力和智力支持。

首先，繁荣检察文化事业，必须始终坚持正确的发展方向。方向决定事业成败。社会主义核心价值体系是兴国之魂，是社会主义先进文化的精髓，决定着中国特色社会主义文化的发展方向，在整个文化建设中居于统领和支配地位。要把社会主义核心价值体系融入检察文化建设全过程，贯穿到检察文化领域的方方面面，巩固全省检察人员团结奋斗的共同思想道德基础，确保检察文化建设的社会主义方向。要充分运用各种文化形式和载体，坚持用中国特色社会主义理论体系武装头脑，用中国特色社会主义共同理想凝聚力量，牢固树立社会主义法治理念，引导广大检察人员把“忠诚、为民、公正、廉洁”的政法干警核心价值观内化于心、外践于行，成为全体检察人员共同的根本宗旨、精神力量、职业操守和行为准则，坚定不移地做中国特色社会主义事业的建设者、捍卫者。

其次，繁荣检察文化事业，必须始终围绕检察中心工作。检察文化根植于检察实践的沃土，集中体现检察职业特点和精神内涵，既是激励检察人员克难奋进的精神动力，也是引领检察事业发展进步的重要力量。要坚持把检察文化建设置于检察事业发展全局来思考和谋划，紧紧围绕检察中心工作，运用各种文化艺术形式，宣传检察工作的方针政策和重大举措。要大力宣传、热情讴歌我省检察机关涌现出来的检察英模的崇高品德和先进事迹，全方位展示检察工作的丰硕成果和检察队伍的良好形象，团结激励广大检察人员忠实履行宪法和法律赋予的职责，增进广大人民群众对检察工作的理解、信任和支持，充分发挥检察文化塑造精神、凝聚力量、提高素质、树立形象、推动工作的功能作用。

第三，繁荣检察文化事业，必须始终坚持以人为本。我们的文学艺术之所以长盛不衰具有恒久的生命力，就是始终坚持了把文学艺术之根深深地植于人民之中，始终做到贴近群众，贴近基层，贴近生活，始终服务于人民，反映人民在创造和建设有中国特色社会主义进程中所迸发出的激情、意志、智慧和勇气，唤醒人民的民族自豪感和爱国热忱，展示我们这个伟大时代的巨变和一往无前的开拓精神。检察机关的文化建设，要坚持贴近检察实际、贴近基层一线，坚持广大检察人员在检察文化建设中的主体地位，组织广大检察人员乐于参与、便于参与的文化活动，精心培育植根检察人员、服务检察人员的文化载体，加强优秀文艺作品创作，用文化艺术的形式，反映检察工作和检察生活，彰显检察工作的效果。各级检察机关领导干部要更加注重文化修养，更加注重生活情趣的培养，更加注重营造良好的文化氛围，带动全省检察人员融入检察文化建设，快乐地工作、快乐地生活。

第四，繁荣检察文化事业，必须始终把握时代主旋律。福建历史文化源远流长、博大精深，福建省第九次党代会提出了“爱国爱乡、海纳百川、乐善好施、敢拼会赢”的福建精神，我们要以此培育检察人员热爱祖国、热爱家乡、为国奉献的高尚情怀。我们处在坚持改革开放，建设中国特色社会主义事业的历史时期，我们是号召者、建设者，也是受益者，更应当是伟大事业的捍卫者。党的十八大即将召开，全体检察人员要唱响共产党好、社会主义好、改革开放好的时代主旋律，迎接党的十八大胜利召开。我们的检察文化建设还在起步阶段，要实事求是，立足本地区本单位的文化资源、发展条件和检察人员的现实需求，边工作边完善，边探索边发展，推动福建检察文化建设取得实实在在的成效。

检察文联是在各级检察院党组的直接领导下，由热爱文学艺术、有一定文艺特长的检察人员自愿结成的联合性、非营利性社会组织，是检察队伍中文学艺术骨干和爱好者的精神家园。成立福建省检察文联，是省检察院党组为促进福建检察文化繁荣发展而采取的一项重大举措。作为推动检察文化建设的重要力量，福建省检察文联要紧紧围绕检察中心工作，坚持以提高队伍素质、提升检察形象和执法公信力为目标，着力团结广大检察文艺人才、壮大检察文艺队伍，着力提高检察文艺创作和文艺活动水平，着力加强检察文化和法治文化理论研究，着力增进与社会各界和人民群众的沟通联系，使检察文联真正成为检察机关加强队伍建设的重要助手，密切与人民群众血肉联系的桥梁纽带，加强检察文化和法治文化建设的重要阵地，努力建设一支充满生机和活力的文艺创作队伍，创作出更多无愧于时代、无愧于人民群众的精品力作。

同志们，伟大的时代呼唤伟大的作家艺术家，伟大的人民期盼伟大的文艺作品。全省检察机关文艺工作者要团结一心、开拓进取，为不断开创全省检察文化建设新局面，推动检察事业科学发展作出新的贡献。衷心祝愿福建检察文化事业欣欣向荣、蓬勃发展！

最后，预祝大会圆满成功，祝各位领导、同志们身体健康、工作顺利、合家幸福！

把握机遇　干事创业
开创福建检察文联工作的新局面

——在福建省检察文学艺术联合会第一届委员会第一次全体会议上的工作报告

（2012 年 10 月 11 日）

郑京水

各位委员、同志们：

今天，福建省检察文学艺术联合会成立大会暨第一届委员会第一次全体会议隆重召开，大会选举产生了福建省检察文联领导集体，推选倪英达检察长担任福建省检察文联名誉主席，推选我担任福建省检察文联主席，这是省检察院党组和各位委员对我的信任，这是荣誉，更是责任，我谨向大会和同志们表示衷心的感谢！

这次会议高举中国特色社会主义伟大旗帜，以科学发展观为指导，认真贯彻落实党的十七届六中全会、全国检察文化建设工作会议和中国检察官文学艺术联合会第一次会员代表大会精神，深入分析我省检察文化艺术工作面临的新形势，研究部署当前和今后一个时期福建省检察文联工作。会议开得很成功。下面，我就如何做好福建省检察文联的工作讲三点意见。

一、福建省检察文联应运而生

党的十七大以来，社会主义文化建设受到党和国家的高度重视。胡锦涛总书记深刻指出："当今时代，文化在综合国力竞争中的地位日益重要。谁占据了文化发展的制高点，谁就能够更好地在激烈的国际竞争中掌握主动权。"去年 10 月，党中央召开了十七届六中全会，作出了《中共中央关于深化文化体制改革推动社会主义文化大发展大繁荣若干重大问题的决定》，胡锦涛总书记在会上作了重要讲话。今年 6 月，高检院在延安召开全国检察机关首次文化建设工作会议，深入学习贯彻党的十七大、十七届六中全会精神，回顾总结党的十七大以来检察机关文化建设的基本经验，分析面临的形势任务，研究部署当前和今后一个时期加强检察文化建设的思路和措施，在新的历史起点上繁荣发展检察文化。同时，自去年 6 月以来，中国检察官文联和全国十几个兄弟省市的检察文联相继成立。在这样的大好形势下，福建省检察文学艺术联合会应运而生，这表明福建省检察文化事业已进入了新的历史阶段。刚才，倪英达检察长在福建省检察文学艺术联合会第一次会员代表大会开幕式上，又作了重要讲话，再一次强调了加强检察文化建设的重要性，对做好福建省检察文联工作提出了具体要求，为我们指明了方向。我们要抓住机遇，增强信心，以改革创新的精神，干事创业，把检察文化事业推向前进。

检察文联工作对我们来说，是一项全新的工作，由于刚刚成立，基础很薄弱，必然会面临着许多困难和挑战。面对新形势、新任务、新要求，我们一定要抓住难得的历史机遇，正视存在的问题和困难，以开拓进取、真抓实干的工作作风，以饱满的热情、坚定的信心，努力开创福建省检察文联工作新局面。

二、福建省检察文联的职能定位和总体工作思路

正确认识和把握检察文联的职能定位，是确立检察文联总体工作思路、做好检察文联工作的基本前提。按照《福建省检察文学艺术联合会章程》的规定，检察文联的职能定位主要体现在五个方面：一是福建省检察文联是在省检察院党组领导下，在中国检察官文联和省文联指导下，经民政部门批准登记注册的联合性、非营利性社会团体。我们既要自觉接受省检察院党组的领导，又要在业务上接受中国检察官文联、省文联的指导和省民政厅的监督管理。二是检察文联是检察队伍中文化艺术工作者和爱好者的联合组织。它以检察文化艺术骨干为主体，团结广大检察文化艺术爱好者，组成检察文化艺术队伍，共同推动检察文化和法治文化大发展大繁荣。三是检察文联是检察机关加强检察队伍建设、提高检察队伍素质的重要助手和力量。它以文化艺术的形式和社会团体的优势协同检察机关政治部门推进检察文化建设，培育检察精神，建设检察人员共有的精神家园。四是检察文联是密切检察机关与人民群众血肉联系的桥梁和纽带。它通过各种文化艺术创作和文化艺术活动，宣传检察工作，树立检察形象，使人民群众和社会各界更加了解检察、理解检察、认同检察、支持检察，增强检察机关的社会影响力和执法公信力。五是检察文联是加强检察文化和法治文化建设，促进中国特色社会主义文化大发展大繁荣的重要阵地。

按照党的十七大、十七届六中全会精神和全国检察文化建设会议、中国检察官文学艺术联合会第一次会员代表大会精神，当前和今后一个时期福建省检察文联的总体工作思路是：以邓小平理论和“三个代表”重要思想为指导，深入贯彻落实科学发展观，紧紧围绕党和国家工作大局，围绕福建检察中心工作，以提高福建检察队伍素质、提升检察形象和执法公信力为目标，以改革创新为动力，充分发挥福建省检察文联的联络、协调、服务职能，团结、组织福建检察文化艺术队伍，紧贴检察工作，深入检察实际，大力开展检察文化艺术创作和文化艺术活动，服务检察机关、服务检察队伍、服务基层、服务群众，为推动福建检察文化和法治文化大发展大繁荣，为促进海峡西岸经济区建设做出应有的贡献。

要做好福建省检察文联的各项工作，必须坚持以下几点：一是坚持围绕中心，服务大局，推动检察工作科学发展；二是坚持“百花齐放，百家争鸣”方针，推动检察文化艺术事业繁荣昌盛；三是坚持突出检察特色，促进检察职能作用的发挥；四是坚持检察人员的主体地位，充分展示检察队伍的精神风貌；五是坚持面向基层、面向群众，充分体现检察文联的服务职能。

三、切实做好福建省检察文联工作，努力繁荣检察文化艺术事业

福建省检察文联的成立来之不易。是在中国检察官文联的关心、省检察院党组的直接领导下，在省文联、省民政厅的大力支持下，经过两年时间的筹备才完成的。我们不仅顺利成立了省检察文联，还成立文学、书法绘画、摄影和音乐舞蹈等四个协会，这在全国各省检察文联的发展方面是属于前列的。这里，我谨代表福建省检察文联，向关心、支持福建省检察文联成立的各位领导和有关部门表示衷心的感谢！向在福建省检察文联筹备工作中不辞劳苦、默默工作，付出辛勤劳动的所有同志致以崇高的敬意！福建省检察文联的成立和四个协会的组建，对我省检察文化艺术事业的繁荣发展必将起到积极的推动作用。我们将不断增强工作责任感和使命感，以更加昂扬的斗志、更加务实的作风、更加坚定的信心，扎实做好检察文联工作，努力开创福建省检察文联工作新局面。

（一）切实抓好检察文化艺术创作，打造优秀的文化艺术力作。要鼓励检察文化艺术队伍把文化艺术创作真正扎根于检察生活和人民群众之中，在丰富多彩的检察工作和社会主义现代化建设实践中不断汲取艺术营养，丰富生活体验，增强艺术功力。在苦练内功的同时，要广泛借助社会资源，吸引更多的艺术人才关注和参与检察文化艺术创作。要树立创作精品力作的意识，努力创作出一批高扬爱国旗帜、弘扬共同理想、礼赞高尚情操、展现时代精神，反映检察工作发展，蕴含检察价值追求，富有思想性和艺术性、独具福建检察特色和检察风格的优秀作品。

（二）切实抓好各类文化艺术活动，彰显检察文化艺术工作的魅力。开展形式多样、为广大检察人员和人民群众喜闻乐见的文化艺术活动，是检察文联的一项重要工作。要通过这些文化艺术活动，展示检察文化的深厚底蕴，激发检察人员的职业使命感、职业荣誉感和归属感，提升全省广大检察人员的文化品位，营造浓厚的检察文化建设氛围。福建省检察文联下设文学、书法绘画、摄影和音乐舞蹈四个协会，各协会要充分利用自己的优势和特色，认真组织全省检察人员特别是检察文联会员，开展各具特色的文化艺术展览、笔会、采风、文学创作和文艺演出等广大干警喜闻乐见的活动，丰富干警的业余文化生活，陶冶干警情操，提高干警文化素养，培养检察人员良好的生活作风和健康的生活情趣。要适时开展形式多样的文艺活动，以振奋人心，鼓舞士气，丰富检察人员的文化生活。

（三）抓好载体创新，为检察文化艺术活动建立广泛、有效的展示平台。文化艺术载体种类繁多，形式各异，这些载体对于检察文化艺术作品的传播和展示发挥着巨大作用。要进一步完善这些载体，用好这些载体，同时要解放思想，与时俱进，不断开拓具有时代特征、体现时代精神的新型载体。要高度重视基层检察院的文化体育活动室和文化长廊建设，建设展示基层检察人员文化艺术作品、开展文化艺术教育的平台和精神家园，起到陶冶情操、纯洁心灵、振奋精神、激励斗志、推动工作的积极作用。

（四）抓好检察文化艺术人才建设，努力造就一支高素质的检察文化艺术队伍。人才是事业发展的重要保障。发现、培养、凝聚、使用人才，造就一支热爱祖国、热爱人民、热爱检察事业、德艺双馨、开拓进取的检察文化艺术队伍是检察文联的重要职责。要善于发现人才，牢固树立人才资源是第一资源的理念，深入研究检察文化艺术人才的现状，通过开展各种各样的文化艺术活动，发现一批人才并把他们吸纳到检察文联中来。要善于培养人才，重视检察文化艺术队伍的思想道德修养，引导他们牢固树立正确的世界观、人生观和价值观，切实增强历史使命感和社会责任感，以良好的职业精神和职业道德，以高尚的情操和真诚的艺术创造赢得检察机关的认可和人民群众的尊重。要为各类检察文化艺术人才展示才华创造有利条件和宽松环境，全力支持他们大胆开展检察文化艺术创作和文化艺术活动，积极帮助他们解决实际困难和问题，努力形成人尽其才、才尽其用的良好局面，逐步培养一批优秀的检察文化艺术骨干，脱颖出一批政治坚定、业务精湛、品德优良、成就突出的检察文化艺术领军人物，脱颖出检察系统的作家、画家、书法家、摄影家、音乐家、舞蹈家等各类检察文化艺术家，为繁荣发展检察文化艺术事业提供有力的人才支撑。要鼓励检察文化艺术人才互相支持，互相学习，前贤奖掖后辈，新人尊重长辈，真诚切磋，共同进步。

（五）抓好舆论宣传，逐步提升检察文联的社会影响力。福建省检察文联是新成立的社会团体，需要依赖媒体的力量扩大影响，逐步取得社会各界的了解和支持。因此，我们要主动加强同新闻媒体的联系，经常通报工作情况，提供工作信息，努力做好新闻宣传报道工作。通过舆论宣传，使社会各界了解检察文联的职能定位、工作思路和目标任务，了解检察文联组织开展的各种文化艺术活动，了解检察文联在推动检察文化建设中发挥的作用和取得的成效，从而更加关心、支持检察文联的工作。福建省检察文联要加强同中央驻闽和本省主要新闻单位的联系，争取他们的支持和帮助，为检察文联工作的开展创造有利的舆论环境。

（六）抓好检察文联组织体系建设，为做好检察文联工作提供保障。要认真抓好设区市检察文联的筹建工作。设区市检察文联是做好省检察文联工作的基础，全省各设区市检察院要按照中国检察官文联和省检察文联的要求，结合自身实际，本着成熟一个成立一个的原则，推进各地检察文联的建设发展。条件成熟的要尽快成立检察文联，条件尚未成熟的要积极创造条件，争取成立。目前，福州市检察院正在积极筹建检察文联，走在了全省检察机关前列。省检察文联要切实加强指导，帮助设区市检察文联筹备组织做好检察文联的筹建工作。设区市检察文联要注重结合自身实际，大力开展丰富多彩的文化艺术活动，推进以文化人、以文育人，努力提高检察干警的综合素质。要认真抓好检察文联所属各专业协会的建立。检察文联各专业协会是各项检察文化艺术活动的直接组织者和推动者，它们的工作关系着检察文联工作的全局。因此，一定要把检察文联各专业协会建立好、建设好，为开展各项文化活动搭建有效平台。

（七）抓好福建省检察文联自身建设，不断提高检察文联工作能力和水平。检察文联和各专业协会队伍素质如何，直接关系着检察文联的工作成效，关系检察文化艺术事业的繁荣和发展。因此，必须把检察文联和各专业协会的自身建设放在十分重要的位置，抓紧抓好，务求实效。一要坚定政治信念。要不断增强政治意识、大局意识和责任意识，进一步增强服务党和国家工作大局、服务检察中心工作、服务检察文化艺术队伍建设、服务社会主义法治文化建设的主动性，把检察文化艺术工作融入到各项工作中去，确保检察文联工作的正确方向。二要强化教育培训。牢固树立终身学习理念，勤于学习，善于学习，强化业务培训，通过举办专题培训、网络教育等形式，广泛学习政治、经济、法律、文化、艺术等各领域知识，不断提高做好检察文联工作的能力和水平。三要做好团结服务工作。多做增进了解、加强交流、化解矛盾的工作，增进检察文化艺术队伍的向心力和凝聚力，使每一位检察文化艺术工作者心情舒畅地干事业、创佳绩。四要树立良好工作作风。坚持深入实际，深入基层，深入了解检察机关的情况，倾听检察文化艺术队伍的呼声和要求，帮助他们解决困难和问题。要坚持求真务实，改革创新，勤奋工作，无私奉献，以良好的作风组织检察文化艺术队伍做好各项工作。五要加强规范化建设。按照精简、廉洁、规范、科学的原则，尽快组建福建省检察文联机关，努力提高检察文联的工作效率和水平。

同志们，福建省检察文联责任重大、使命光荣。我们要以邓小平理论和“三个代表”重要思想为指导，全面贯彻落实科学发展观，在省检察院党组的领导和中国检察文联、省文联的指导下，解放思想，开拓创新，求真务实，扎实工作，努力开创福建省检察文联工作新局面，促进福建检察文化事业大发展大繁荣，以优异的成绩向党的十八大献礼！

关于福建省检察文学艺术联合会筹备成立情况的报告

（2012年10月11日）

朱 隽

各位代表、同志们：

根据会议议程安排，下面我将福建省检察文联筹备成立情况向大会作报告。

近年来，我省检察机关高度重视检察文化建设，坚持把检察文化建设作为提高队伍素质、提升检察形象、促进检察工作的重要手段，大力实施“文化育检”工程，充分利用福建丰富的海西人文底蕴和红色文化资源，围绕侨乡、老区、世遗等六个文化特色，精心打造检察文化，着力创新文化载体，积极探索职业化、本土化、多样化的检察文化建设之路，取得了丰硕的成果。为适应推动社会主义文化大发展大繁荣和检察文化建设新形势、新任务和新要求，省院党组决定成立福建省检察文学艺术联合会，进一步丰富检察文化建设的组织形式，构建检察人员共有的精神家园，繁荣和发展我省检察文化事业。

2010年9月10日，省院检察长办公会议专门听取了政治部关于成立福建省检察文联建议意见的汇报，经研究决定，同意成立福建省检察文联。

2011年8月1日，省院专门召开党组会组织学习中国检察官文学艺术联合会第一次会员代表大会精神。会议决定，成立福建省检察文联筹备工作小组，由省院政治部牵头，办公室、研究室、行装处、宣传处、机关党委主要负责人组成筹备工作小组，组织协调各项筹备工作。

2011年8月16日，经省院党组决定，召开了福建省检察文联筹备工作座谈会，省院领导、机关内设机构负责人、各设区市检察院分管副检察长、政治部主任、宣传处处长和部分检察文艺人才参加了会议，并邀请省内知名专家和文艺人才参加，研究部署筹备工作具体事项，明确落实责任分工，有力地推动了福建省检察文联的成立。

在筹备过程中，高检院政治部、中国检察官文联、福建省文联、省民政厅等有关部门给予了大力支持和帮助。省院党组和倪英达检察长先后多次听取检察文联筹备成立进展情况的汇报，协调解决筹备工作中遇到的困难和问题。

2012年3月，省院向福建省文联提交了《关于筹备成立福建省检察文学艺术联合会的申请》，省文联经审查批准，以闽文联〔2012〕88号文件作出了同意成立的批复。2012年7月，省院向福建省民政厅提交了《关于筹备成立福建省检察文学艺术联合会的申请》，省民政厅以闽民管〔2012〕310号文件批复同意。

根据省文联、省民政厅的批复，省院决定召开福建省检察文学艺术联合会成立大会，研究部署当前和今后一个时期的检察文联工作。昨日，省院召开了福建省检察文联第一次全体会员代表会议，审议通过了省检察文联章程，选举产生了省检察文联主席、副主席等领导机构成员。文学、书法绘画、摄影、音乐舞蹈四个协会也分别召开了代表会议，审议通过了协会章程，选举产生了会长、副会长等领导成员。同时，通过了关于聘请福建省检察文联顾问的决定。

在福建省检察文学艺术联合会成立大会结束时的讲话

（2012 年 10 月 11 日）

朱　隽

同志们：

福建省检察文联成立大会今天就要结束了。在大家的共同努力下，会议完成了各项既定任务，达到了预期目的，开得很成功。会议审议通过了福建省检察文联章程，选举产生了福建省检察文联第一届领导机构和组成人员，部署了当前和今后一个时期的我省检察文联工作。这次大会必将在我省检察文化建设的历史上留下光辉的一页。省院党组对这次会议十分重视，专门听取筹备工作情况汇报。倪英达检察长亲自出席会议，并作了重要讲话。讲话从全面加强检察文化建设、不断促进检察事业科学发展的高度，深刻阐述了新形势下加强检察文化建设的重要意义，对当前和今后一个时期推进检察文化建设、做好检察文联工作提出了明确要求。郑京水同志在检察文联全委会上所作的工作报告，全面阐述了检察文联工作面临的形势，分析了检察文联的职能定位，提出了当前和今后一个时期检察文联的总体工作思路和目标任务。中国检察官文联、高检院政治部宣传部、省领导和省委政法委、省文联、省民政厅、省法院、省公安厅、省安全厅等有关领导亲自参加了会议，中国检察官文联张耕主席、省文联党组张作兴书记和顾问代表省文联陈奋武副主席作了致辞。会议期间，与会代表认真学习领会倪英达检察长的重要讲话精神，观看了省院组织的文艺晚会，参观了书画摄影作品展和书画名家笔会，观看了以李彬同志驻村事迹为原型的电影《使命》。总的看，这次会议时间虽短，但内容丰富，效果很好。为更好地贯彻落实这次会议精神，下面，我受省院党组和倪英达检察长委托，讲几点意见。

一、深刻认识成立检察文联的重大意义，充分发挥检察文联的重要作用

党的十七届六中全会对深化文化体制改革、推动社会主义文化大发展大繁荣作出了全面部署。检察机关贯彻落实十七届六中全会精神，就要深刻认识加强检察文化建设对加强检察队伍建设、树立检察机关良好形象、保障检察中心工作具有的重要作用。当前，加快转变经济发展方式、维护社会和谐稳定、保障和改善民生、强化法律监督的新形势对我省检察机关提出了新要求，对检察队伍建设和检察人员的素质能力提出了新要求。检察文化建设对检察人员的思想观念、道德情操的发展变化有着不可估量的影响，也是提升检察人员法律监督能力的有效途径之一。成立福建省检察文学艺术联合会是我省检察机关贯彻落实党的十七届六中全会精神和全国检察机关文化建设工作会议精神，进一步加强检察文化建设的重要举措。高检院制定出台的《关于加强检察文化建设的意见》和中国检察官文学艺术联合会第一次会员大会就加强检察文联工作提出了方向性的明确要求。我们一定要按照中央和高检院的要求，把检察文联作为加强检察文化建设的重要力量和重要阵地，充分发挥检察文联在文化艺术方面的独特优势，团结检察战线方方面面的人才和力量，通过开展丰富多彩的文化艺术创作和文化艺术活动，进一步繁荣发展检察文化，推动检察文化建设和队伍建设不断发展进步，促进各项检察工作科学发展。

二、准确把握检察文联的工作方向，进一步推进检察文化建设

一是要准确把握检察文联的职能定位。福建省检察文联是在省院党组领导下，在政治部的指导下开展检察文化建设工作的社会团体。福建省检察文联是我省检察机关开展检察文化建设的重要组织形式，全省各级检察机关都要对检察文联的工作给予支持和帮助。检察文联也要充分发挥社会团体的优势，以文化艺术的形式协助检察机关推进检察文化建设。要紧密围绕党和国家工作大局，围绕检察中心工作，以提高检察队伍素质、提升检察形象和执法公信力为目标，充分发挥联络、协调、服务职能，组织、团结、凝聚检察文化艺术队伍。通过开展各种文化艺术创作和文化艺术活动，宣传检察工作，弘扬检察精神，使人民群众和社会各界更加了解和支持检察机关，进一步密切与人民群众的血肉联系，增强检察机关的社会影响力和执法公信力。

二是要充分利用检察文联广泛开展检察文化活动。成立检察文联为广大检察人员广泛开展群众性的检察文化活动提供了有效载体。要依托检察文联，整合已经成立的各类检察文化组织，在基层检察人员中开展经常性的检察文化活动。要通过检察文联加强对基层检察文化组织的鼓励和支持，注重挖掘和培养一批检察文化人才，关注具有文化特长的人才，建立健全检察文化工作者队伍，推动群众性文化活动蓬勃开展。要把检察文联和基层文化组织作为检察文化建设的实践载体，通过深入、持久、扎实的文化活动，形成广泛参与、普遍受益、规范有序、充满生机的检察文化创建局面。

三是要以成立检察文联为契机，进一步推进检察文化建设活动。检察文联的成立开创了我省检察文化建设的新局面。要紧密结合新形势下检察队伍的实际，深入开展检察文化的基础理论和应用理论研究，积极鼓励检察文艺创作。要把握正确的创作方向，坚持贴近检察生活、贴近检察人员、贴近检察一线，增强精品意识，打造思想性、艺术性、观赏性兼备的文化精品。要创造良好工作环境，从检察人员的实际需要出发，最大程度地帮助检察人员解决创作问题，拓展发展空间。要贯彻“二为”方向和“双百”方针，创造和谐的思想氛围，注重人文关怀，加强心理疏导，实现检察人员内心和谐和检察机关内部和谐。要创造外部宣传效果，充分利用新闻媒体、公益广告等平台，展示检察文化作品和成果，进一步营造蓬勃向上的检察文化氛围。

三、立足实际，采取措施加强检察文联和检察文化建设

一是要加强组织领导。全省各级检察机关要把检察文联工作纳入检察文化建设的整体部署来思考和谋划，完善检察文化建设的具体规划和措施。要明确专人负责检察文联工作，检察政工部门作为牵头部门和责任部门具体抓，基层党组织、工会、共青团、女检协等党群组织要发挥各自优势，积极参与组织开展各项活动。要采取具体措施健全和完善检察文联的组织机构和规章制度，确保检察文联工作稳步推进、取得实效。

二是要突出区域特色。全省各级检察机关要以检察文联为平台，加强对本地区特色文化的研究，把本地区优秀的文化与检察文化相结合，形成具有本单位特色的检察文化成果，积极打造具有鲜明特点的检察文化品牌。各单位要在深入调研的基础上，求真务实、注重实效，结合本单位实际制定切实可行的工作措施，找准自身文化建设的着力点，构建具有本地区特色的检察文化体系。要循序渐进，突出重点，深入研究和把握检察文化建设的规律，切实增强针对性和实效性，使检察文化理念和成果真正能够入情入理、入脑入心。

三是要健全工作机制。制度需要文化做支撑，文化离不开制度的保证，制度是文化的根基所在。要建立健全检察文化建设长效机制，保持检察文化建设的持久性和延续性，从而推动检察文联工作稳步发展。要建立检察文化培训制度、成果展示制度、考核评价制度、物质保障制度等，为检察文联工作和检察文化建设提供持续发展的保障和基础。

同志们，福建检察文联的成立为我省检察文化建设带来了新的生机和活力。我们要认真贯彻落实省院党组的部署和这次会议精神，以更加饱满的精神、务实的作风、创新的思路，全面推进检察文联的各项工作，为繁荣发展检察文化、提升检察队伍素质、促进检察工作做出新的更大的贡献，以优异的成绩迎接党的十八大胜利召开！

关于福建省检察文学艺术联合会第一次会员代表大会代表资格审查情况的报告

（2012 年 10 月 10 日）

吴新华

各位代表：

受福建省检察文学艺术联合会筹备领导小组委托，现将本次大会代表资格审查情况报告如下：

一、代表推选情况

在省院党组的领导下，在中国检察官文联、省文联和省民政厅的指导下，依靠全省各级检察机关的支持，筹备领导小组办公室综合分析我省检察文化发展的形势要求，结合我省检察文化艺术队伍的现状，确定出席会议的代表共 99 人，实到代表 92 人，符合法定人数。

二、代表的条件

拥护中国共产党的领导，认真贯彻执行党的文艺路线、方针、政策，热爱检察文化艺术事业，在检察文化艺术工作中做出一定成绩的检察人员，以及检察系统的文化艺术工作者和爱好者。

三、代表名额分配原则

按照福建省检察文学艺术联合会机构设置要求和工作需要相结合的原则，确定代表名额的分配，其中，拟任委员由省检察文联筹备领导小组选定，其他代表按申请会员数的 20% 比例，由设区市院政治部推荐。

四、代表的产生办法

由福建省检察文学艺术联合会筹备领导小组根据代表名额分配原则，经省院政治部审查同意。

五、代表的结构

既有来自省院机关、设区市检察院和基层检察院的代表，又有具有一定文化艺术特长和影响力的检察文化艺术人才代表。女性代表也占有一定比例。

我们对出席本次大会的代表资格进行了认真审查，认为这些代表的产生严格遵守了相关规定，履行了程序，审核严格，手续完备，符合要求，代表资格有效。

特此报告，请审议。

资　料

福建省检察文联名誉主席、主席、副主席、秘书长、副秘书长及文学、书法绘画、摄影、音乐舞蹈协会会长名单

（2012 年 10 月 11 日　福建省检察官文学艺术联合会第一次会员代表大会通过）

名誉主席（1 人）

倪英达　福建省人民检察院党组书记、检察长

主　席（1 人）

郑京水　中国检察官文学艺术联合会常委、福建省人民检察院原副检察长

副主席（6 人）

朱　隽　中国检察官文学艺术联合会委员、福建省检察院党组成员、政治部主任

李　建　福建省人民检察院副厅长级干部

王乃坚　福建省人民检察院原副检察长

陈励筠　福建省人民检察院副厅级检察员、政治部常务副主任

杨玉勋　福州市人民检察院党组副书记、副检察长

郑国钦　厦门市人民检察院党组成员、政治部主任

秘书长（1 人）

吴新华　福建省人民检察院宣传处处长

副秘书长（2 人）

郑　勋　福建省人民检察院宣传处调研员

齐震宇　福建省人民检察院机关党委正处级检察员

文学协会

会长：陈文盛（三明市人民检察院副检察长）

书法绘画协会

会长：杨玉勋（福州市人民检察院党组副书记、副检察长）

摄影协会

会长：林立（福州市人民检察院检委会专职委员）

音乐舞蹈协会

会长：黄若华（女）（福建省人民检察院机关工会主席）

福建省检察文学艺术联合会章程

（2012 年 10 月 11 日　福建省检察文学艺术联合会第一次会员代表大会通过）

第一章　总　　则

第一条　根据国务院《社团登记管理条例》、《中国文学艺术界联合会章程》和检察机关的职能定位制定本章程。

第二条　本会名称为福建省检察文学艺术联合会，简称福建省检察文联，英文名称为 FuJian Procuratorial Federation of Literature and Art，英文缩写为 FPFLA。

第三条　本会是在福建省人民检察院党组领导下、由热爱文化艺术、有一定文化艺术特长的检察人员（含离退休人员）自愿结成的全省性、联合性、非营利性社会团体。

第四条　本会的宗旨是：以邓小平理论和“三个代表”重要思想为指导，深入贯彻落实科学发展观，大力弘扬社会主义核心价值体系和社会主义法治理念，紧紧围绕党和国家工作大局，围绕海西发展大局，围绕检察中心工作，充分发挥联络、协调、服务职能作用，组织、团结、凝聚全省检察文化艺术队伍，积极开展检察文化艺术创作和文化艺术活动，发现、培养检察文化艺术人才，为推动检察文化和法治文化繁荣发展，提高检察队伍综合素质，促进检察事业科学发展作出应有的贡献。

第五条　本会接受福建省文学艺术界联合会的业务指导和福建省民政厅的监督管理。

第六条　本会会址设在福州市晋安区新店街道秀峰路 618 号国家检察官学院福建分院。

第二章　业务范围

第七条　本会的业务范围包括：

（一）采取有效措施，努力提高全省检察文化艺术创作和文化艺术活动水平，大力扶植和培养检察文化艺术新人，不断壮大检察系统文化艺术队伍；

（二）组织和支持全省检察系统文化艺术工作者深入生活、深入基层，积极开展文化艺术创作、展演、交流、比赛、研讨、评论等活动，对全省检察系统优秀文化艺术工作者和各文化艺术门类的优秀成果予以推介，报经上级主管部门批准，开展表彰奖励活动；

（三）研究、探索检察文化和法治文化建设的历史发展及其规律，分析、解决检察文化和法治文化实践中出现的新情况、新问题，总结、推广检察文化和法治文化建设的新经验，使检察文化和法治文化更好地服务党和国家工作大局，服务海西发展大局，服务检察中心工作，服务检察队伍建设；

（四）积极与宣传、文化、新闻、出版等社会各界沟通联系，不断扩大与系统外文化艺术界之间的联系、交流和合作；

（五）反映广大检察文化艺术工作者的意见和要求，维护他们的合法权益；

（六）完成其他任务。

第三章　会　　员

第八条　本会会员包括单位会员和个人会员。

第九条　申请加入本会的会员，必须具备下列条件：

（一）拥护本会章程；

（二）单位会员为各设区市检察文联；

（三）个人会员为热爱文化艺术并有一定文化艺术特长的检察人员（含离退休人员）。

第十条　会员入会程序：

（一）提交入会申请书，其中个人会员须经两名正式会员介绍，或所在单位推荐；

（二）经本会审核通过；

（三）由本会秘书处发给会员证。

第十一条　会员享有下列权利：

（一）选举权、被选举权和表决权；

（二）对本会工作的批评建议权和监督权；

（三）参加本会的活动；

（四）获得本会服务的优先权；

（五）享受本会为创作活动提供的必要帮助和便利条件；

（六）请求本会保障其合法权益不受侵害；

（七）自由退会的权利。

第十二条　会员履行下列义务：

（一）遵守本会章程，执行本会决议，完成本会布置的工作；

（二）维护本会合法权益；

（三）与本会保持联系，向本会及时反映工作情况；

（四）单位会员应按时向本会报告年度工作计划和工作总结；

（五）单位会员的重要人事变动，应报本会审查备案；

（六）按规定缴纳会费。

第十三条　会员退会应书面通知本会，并交回会员证。

会员如逾期一年不缴纳会费或长期不参加本会活动，视为自动退会。

第十四条　会员如违反国家法律，对社会造成危害，或严重违反本会章程，或长期不开展活动，经本会核实，可给予警告、限期改正或除名等处理。

第四章　组织机构及选举、任免程序

第一节　会员代表大会

第十五条　会员代表大会是本会的最高权力机构，由各单位会员和有关方面推选的会员代表组成。

第十六条　会员代表大会的职权是：

（一）制定和修改本会章程；

（二）选举和罢免委员会委员；

（三）审议委员会的工作报告和财务报告；

（四）决定终止事宜；

（五）讨论和决定其他重要事项。

第十七条　会员代表大会须有二分之一以上的会员代表出席方能召开，其决议须经到会会员代表半数以上表决通过方为有效。

第十八条　会员代表大会每五年召开一次。因特殊情况需提前或延期的，须由委员会表决通过，报业务主管单位审查并经社团登记管理机关批准同意。但延期最长不超过一年。

第二节　委　员　会

第十九条　委员会是本会会员代表大

会的执行机构，对会员代表大会负责。

第二十条 委员会的职权是：

（一）执行会员代表大会的决议；

（二）选举本会主席、副主席、秘书长和常务委员会委员；

（三）决定委员会委员的候补人选；

（四）决定本会顾问、荣誉职务的设立和人选；

（五）决定设立本会各专业协会和本会办事机构、分支机构、代表机构等工作机构；

（六）制定和修改会费标准；

（七）筹备召开会员代表大会；

（八）向会员代表大会报告工作和财务状况；

（九）会员代表大会授予的其他职权。

第二十一条 委员会委员由会员代表大会选举产生，每届任期五年。

由于工作变动等原因不再担任委员职务的，其缺额可由原单位会员或有关方面重新推选，由主席办公会提请委员会批准为委员的候补人选，提请会员代表大会选举产生。

第二十二条 委员会会议须有二分之一以上委员出席方能召开，其决议须经到会委员半数以上表决通过方能生效。

第二十三条 委员会会议每年至少召开一次；情况特殊的，也可采用视频会、电话会等形式召开。

第三节 常务委员会

第二十四条 本会设立常务委员会，由主席、副主席、秘书长及常务委员组成。常务委员会是本会领导机构，在委员会会议闭会期间领导本会工作。

第二十五条 常务委员会的职权是：

（一）决定委员会委员、常务委员的候补人选；

（二）在委员会会议闭会期间，决定本会顾问、荣誉职务的设立和人选，并由委员会予以确认；

（三）在委员会会议闭会期间，决定设立本会各专业协会和本会办事机构、分支机构、代表机构等工作机构，并由委员会予以确认；

（四）监督会员代表大会决议的执行情况；

（五）监督本会各机构开展工作；

（六）监督内部管理制度的制定和执行；

（七）委员会授予的其他职权。

第二十六条 常务委员会会议须有二分之一以上常务委员出席方能召开，其决议须经到会常务委员半数以上表决通过方能生效。

第二十七条 常务委员会会议至少每半年召开一次。必要时，经主席办公会同意，可适时召开。

第四节 主席办公会

第二十八条 本会设立主席办公会，由主席、副主席和秘书长组成。在常务委员会会议闭会期间，领导本会工作。

第二十九条 主席办公会职权是：

（一）提名委员会委员、常务委员的候补人选；

（二）决定本会副秘书长、秘书处各内设部门负责人，决定本会各专业协会会长、副会长、秘书长人选；

（三）落实会员代表大会、委员会、常务委员会的决议；

（四）决定本会顾问、荣誉职务的设立和人选，并由委员会予以确认；

（五）提出设立本会各专业协会和本

会办事机构、分支机构、代表机构等工作机构的建议；

（六）决定秘书处各内设部门的设置和调整；

（七）决定本会内设机构专职工作人员的聘用；

（八）决定会员的吸收或除名；

（九）决定内部管理制度的制定和实施；

（十）指导和协调本会各专业协会、本会各内设部门的日常工作；

（十一）提出委员会或常务委员会研究的议题；

（十二）处理本会日常重大事项；

（十三）常务委员会授予的其他职权。

第三十条 主席办公会会议由主席提议，须有半数以上成员出席方能召开，其决议须经到会成员半数以上表决通过方能生效。重大事项须向常务委员会备案。

第五节 主席、副主席、秘书长

第三十一条 本会主席、副主席、秘书长由委员会选举产生，并报业务主管单位和社团登记管理机关备案。

第三十二条 本会主席、副主席、秘书长必须具备下列条件：

（一）坚持党的路线、方针、政策，政治素质高；

（二）在本会业务领域内有一定影响；

（三）最高任职年龄不超过70周岁；

（四）身体健康，能坚持正常工作；

（五）未受过剥夺政治权利的刑事处罚；

（六）具有完全民事行为能力。

第三十三条 本会主席、副主席、秘书长每届任期五年，最长不得超过两届。因特殊情况需要延长任期的，须报业务主管单位和社团登记管理机关审查，经委员会表决通过。

第三十四条 主席为本会法定代表人。法定代表人代表本会签署有关重要文件。

因情况特殊，经主席委托，委员会同意，并报业务主管单位审查、登记管理机关批准后，可以由秘书长担任法定代表人。

本会法定代表人不得兼任其他团体的法定代表人。

第三十五条 本会主席在副主席协助下，行使下列职权：

（一）召集和主持委员会、常务委员会、主席办公会会议；

（二）检查会员代表大会、委员会、常务委员会决议的落实情况；

（三）根据常务委员会的授权处理其他事项。

第三十六条 本会秘书长不得兼任其他社会团体职务；本会副秘书长可以专职。

第三十七条 本会秘书长行使下列职权：

（一）主持本会日常工作；

（二）领导本会各内设部门开展工作；

（三）协调本会各专业协会的工作；

（四）对秘书处内设部门的设置和调整提出建议；

（五）提名本会副秘书长、秘书处各内设部门负责人的人选；

（六）对本会秘书处专职工作人员的聘用提出建议；

（七）处理其他日常工作事务。

第六节 专业协会

第三十八条 本会设立若干专业协会。各专业协会受委员会领导；在委员会会议闭会期间，受常务委员会领导。在常务委员会会议闭会期间，受主席办公会领导。

第三十九条 各专业协会由会长、副会长、秘书长、理事和会员组成。

第五章　资产的管理使用

第四十条　本会经费来源：

（一）财政拨款；

（二）会费；

（三）社会捐赠、资助；

（四）其他合法收入。

第四十一条　会员会费的收取，按照本会制定的会费标准和国家有关规定执行。

第四十二条　本会经费必须用于本章程规定的业务范围和本会的事业发展，不得在会员中分配。

第四十三条　本会开展表彰奖励活动，不收取任何费用。

第四十四条　本会建立严格的财务管理制度，保证会计资料合法、真实、准确、完整。

第四十五条　本会配备具有专业资格的会计人员。会计不得兼任出纳。必须进行会计核算，实行会计监督。会计人员调动工作或离职时，必须与接管人员办清交接手续。

第四十六条　本会的资产管理必须执行国家规定的财务管理制度，接受会员代表大会和财政部门的监督。资产来源属于行政拨款或者社会捐赠、资助的，必须接受审计机关的审计监督，并将有关情况以适当方式公布。

第四十七条　本会换届或更换法定代表人之前必须接受社团登记管理机关和业务主管单位组织的财务审计。

第四十八条　本会的资产，任何单位、个人不得侵占、私分和挪用。

第四十九条　本会专职工作人员的工资和保险、福利待遇等，参照事业单位的有关规定执行。

第六章　章程的修改

第五十条　本章程的修改，须经委员会表决通过后提交会员代表大会审议。

第五十一条　修改的章程须在会员代表大会通过后15日内，报业务主管单位审查，经其同意，并报社团登记管理机关核准后方能生效。

第七章　终止程序及终止后的财产处理

第五十二条　本会自行解散或由于分立、合并等原因需要注销的，由委员会或常务委员会提出终止动议。

第五十三条　本会终止动议须经会员代表大会表决通过，并报业务主管单位审查备案。

第五十四条　本会终止前，须在业务主管单位及有关机关指导下成立清算组织，清理债权债务，处理善后事宜。清算期间，不开展清算以外的活动。

第五十五条　本会经社团登记管理机关办理注销登记手续后即为终止。

第五十六条　本会终止后的剩余财产，在业务主管单位和社团登记管理机关的监督下，按照国家有关规定，用于发展与本会宗旨相关的事业。

第八章　附　　则

第五十七条　本章程经福建省检察文学艺术联合会会员代表大会通过实施。

第五十八条　本章程解释权属福建省检察文学艺术联合会。

第五十九条　本章程自社团登记管理机关核准之日起生效。

福建省检察文学协会章程

（2012 年 10 月 11 日　福建省检察文学协会第一次会员代表大会通过）

第一章　总　　则

第一条　依照《福建省检察文学艺术联合会章程》制定本章程。

第二条　福建省检察文学艺术联合会文学协会，是全省检察干警文学爱好者自愿组成的非营利性组织，是繁荣检察文艺、发展检察文化的重要力量。

第三条　本会宗旨：以邓小平理论、“三个代表”重要思想和十七届六中全会精神为指导，紧紧围绕党和国家工作大局和检察中心工作，组织、团结、凝聚全省检察系统文学工作者，积极开展检察文学创作活动，发现、培养检察文学人才，为推动检察文学的繁荣发展，提高检察队伍综合素质，促进检察事业科学发展做出应有的贡献。

第四条　本会在福建省检察文学艺术联合会领导下，接受福建省作家协会的指导。

第五条　本会的任务是：运用文学艺术这一载体宣传、普及检察文化，按照文学艺术专业特点开展文学艺术创作、交流、研讨活动；对全省检察系统优秀文学工作者及优秀文学作品予以推介，报经上级主管部门批准，开展表彰奖励活动；加强与宣传、文化、新闻、出版等社会各界沟通联系，不断扩大与系统外文学界的联系、交流与合作；反映广大检察文学工作者的意见和要求，维护他们的合法权益；扶植和培养检察文学新人，努力提高全省检察文学创作水平，不断壮大检察系统文学创作队伍。

第六条　本会在法律法规的范围内开展活动，依法维护会员的合法权益。

第二章　会　　员

第七条　本会会员应具备以下条件：

一、在文学创作或文学理论研究上有一定水平，具有良好文学素养的检察人员（含离退休人员）；

二、拥护本会章程，按时缴纳会费；

三、提交入会申请书，经所在单位推荐；

四、申请材料经理事会审核后，报请福建省检察文学艺术联合会批准，由福建省检察文学艺术联合会秘书处发给《会员证》。

第八条　会员享有以下权利：

一、选举权、被选举权和表决权；

二、对本会工作提出建议和意见；

三、参加本会举办的各项活动；

四、享受本会为创作活动提供的必要帮助和便利条件；

五、请求本会保障其合法权益不受侵害；

六、自由退会的权利。

会员同时享有《福建省检察文学艺术联合会章程》规定的各项权利。

第九条　会员履行下列义务：

一、遵守本会章程，执行本会决议；

二、完成本会布置的工作；

三、积极参加本会组织的各项活动；

四、自觉维护本会声誉；

五、承担本会委托的工作，及时反映工作情况；

六、按规定缴纳会费。

会员同时须履行《福建省检察文学艺术联合会章程》规定的各项义务。

第十条 会员退会应书面通知本会，交回《会员证》。会员一年不缴纳会费或不参加本会活动，视为自动退会。

会员如因工作变动调离检察系统，应书面通知本会，报请福建省检察文学艺术联合会批准，交回《会员证》。

第十一条 会员如有严重违反本章程或其他违法乱纪的行为，经理事会表决通过，可予以警告或除名。

第三章 组织机构

第十二条 本会的最高权力机构是会员代表大会，会员代表大会的职权是：

一、选举产生理事会；

二、修改章程；

三、选举和罢免理事；

四、审议理事会的工作报告和其他重要事项议案；

五、会员代表大会须有二分之一以上的会员代表出席方能召开，其决议须经到会会员代表半数以上表决通过，方能生效。

第十三条 会员代表大会每五年召开一次。因特殊情况需提前或延期的，须由理事会表决通过，报请福建省检察文学艺术联合会批准，但延期最长不得超过一年。

第十四条 理事会是会员代表大会闭幕期间的执行机构，对会员代表大会负责。其职权是：

一、推选会长、副会长、秘书长；

二、执行本会会员代表大会的决议；

三、审核新会员申请，讨论会员奖励事项；

四、听取协会工作报告，审议决定重大事项；

五、决定理事会理事的增补；

六、审议工作报告和审定经费收支情况；

七、制定内部管理制度；

八、筹备和召开下一届会员代表大会；

九、决定其他重要事项。

第十五条 本会设立理事会，由会长、副会长、秘书长和理事组成，是本会的领导机构。理事会全体会议每年至少召开一次；情况特殊下可采用视频会、电话会等形式召开。理事会会议须有二分之一以上理事出席方可召开，其决议须经到会理事半数以上表决通过方为有效。

第十六条 本会会长、副会长、秘书长任期五年，最长不得超过两届。因特殊情况需延长任期的，须经会员代表大会二分之一以上会员代表表决通过，报请福建省检察文学艺术联合会批准后方可任职。

第十七条 本会可设顾问若干名。在开拓和发展我省检察文学艺术创作事业中贡献突出、成绩卓越者，由理事会聘任为本会顾问。顾问不兼任理事。

第十八条 本会会长行使下列职权：

一、执行福建省检察文学艺术联合会决议；

二、召集和主持理事会；

三、检查会员代表大会、理事会决议的落实情况；

四、代表本会签署有关重要文件。

第十九条 本会秘书长行使下列职权：

一、主持办事机构开展日常工作；

二、提名副秘书长人选，交理事会讨论，报请福建省检察文学艺术联合会批准；

三、处理其他日常事务。

第四章　奖　　励

第二十条　凡文学作品在省级以上正规大型文化刊物发表或获奖者；对社会公益事业有突出贡献者；在文学艺术理论研究成果获得省级以上有关部门褒奖者，由本会推荐报请福建省检察文学艺术联合会予以表彰和奖励。

第五章　经　　费

第二十一条　本会经费来源：

一、会费收入；

二、社会捐赠；

三、其他合法收入。

第二十二条　本会经费必须用于本章程规定的业务范围和活动、印刷会刊和日常办公，不得在会员中分配。

第二十三条　本会经费由福建省检察文学艺术联合会统一管理。

第六章　章程的修改

第二十四条　对本会章程的修改，须经理事会表决通过后报会员代表大会审议。

第二十五条　本会修改的章程，须会员代表大会审议通过，经福建省检察文学艺术联合会批准后生效。

第七章　附　　则

第二十六条　本章程经会员代表大会表决通过。本章程的解释权属本会理事会。

第二十七条　本章程如与《福建省检察文学艺术联合会章程》规定相抵触，以《福建省检察文学艺术联合会章程》为准。

第二十八条　本章程自福建省检察文学艺术联合会批准之日起生效。

福建省检察书法绘画协会章程

（2012 年 10 月 11 日　福建省检察书法绘画协会第一次会员代表大会通过）

第一章　总　　则

第一条　依照《福建省检察文学艺术联合会章程》制定本章程。

第二条　福建省检察文学艺术联合会书法绘画协会，是全省检察系统书法、美术爱好者自愿组成的非营利性组织，是繁荣检察文艺、发展检察文化的重要力量。

第三条　本会宗旨：以邓小平理论、“三个代表”重要思想和十七届六中全会精神为指导，紧紧围绕党和国家工作大局和检察中心工作，组织、团结、凝聚全省检察系统书法、美术爱好者，积极开展检察书法绘画创作活动，发现、培养检察书法、美术人才，为推动检察书法绘画艺术的繁荣发展，提高检察队伍综合素质，促进检察事业科学发展做出应有的贡献。

第四条　本会在福建省检察文学艺术联合会领导下，接受福建省书法家协会、福建省美术家协会的指导。

第五条　本会的任务是：运用书法绘画艺术这一载体宣传、普及检察文化，按照书法、美术专业艺术特点开展书法绘画艺术创作、交流、研讨活动；对全省检察系统优秀书法绘画创作人员及优秀书法绘画作品予以推介，报经上级主管部门批准，开展表彰奖励活动；加强与宣传、文化、新闻、出版等社会各界沟通联系，不断扩大与系统外书法、美术界的联系、交流与合作；反映广大检察书法绘画工作爱好者的意见和要求，维护他们的合法权益；扶植和培养检察书法绘画新人，努力提高全省检察书法绘画创作水平，不断壮大检察系统书法绘画创作队伍。

第六条　本会在法律法规的范围内开展活动，依法维护会员的合法权益。

第二章　会　　员

第七条　本会会员应具备以下条件：

一、在书法、美术创作或理论研究上有一定水平，具有良好书法、美术造诣的检察人员（含离退休人员）；

二、拥护本会章程，按时缴纳会费；

三、提交入会申请书，经所在单位推荐；

四、申请材料经理事会审核后，报请福建省检察文学艺术联合会批准，由福建省检察文学艺术联合会秘书处发给《会员证》。

第八条　会员享有以下权利：

一、选举权、被选举权和表决权；

二、对本会工作提出建议和意见；

三、参加本会举办的各项活动；

四、享受本会为创作活动提供的必要帮助和便利条件；

五、请求本会保障其合法权益不受侵害；

六、自由退会的权利。

会员同时享有《福建省检察文学艺术联合会章程》规定的各项权利。

第九条　会员履行下列义务：

一、遵守本会章程，执行本会决议；

二、完成本会布置的工作；

三、积极参加本会组织的各项活动；

四、自觉维护本会声誉；

五、承担本会委托的工作，及时反映工作情况；

六、按规定缴纳会费。

会员同时须履行《福建省检察文学艺术联合会章程》规定的各项义务。

第十条 会员退会应书面通知本会，交回《会员证》。会员一年不缴纳会费或不参加本会活动，视为自动退会。

会员如因工作变动调离检察系统，应书面通知本会，报请福建省检察文学艺术联合会批准，交回《会员证》。

第十一条 会员如有严重违反本章程或其他违法乱纪的行为，经理事会表决通过，可予以警告或除名。

第三章 组织机构

第十二条 本会的最高权力机构是会员代表大会，会员代表大会的职权是：

一、选举产生理事会；

二、修改章程；

三、选举和罢免理事；

四、审议理事会的工作报告和其他重要事项议案；

五、会员代表大会须有二分之一以上的会员代表出席方能召开，其决议须经到会会员代表半数以上表决通过，方能生效。

第十三条 会员代表大会每五年召开一次。因特殊情况需提前或延期的，须由理事会表决通过，报请福建省检察文学艺术联合会批准，但延期最长不得超过一年。

第十四条 理事会是会员代表大会闭幕期间的执行机构，对会员代表大会负责。其职权是：

一、推选会长、副会长、秘书长；

二、执行本会会员代表大会的决议；

三、审核新会员申请，讨论会员奖励事项；

四、听取协会工作报告，审议决定重大事项；

五、决定理事会理事的增补；

六、审议工作报告和审定经费收支情况；

七、制定内部管理制度；

八、筹备和召开下一届会员代表大会；

九、决定其他重要事项。

第十五条 本会设立理事会，由会长、副会长、秘书长和理事组成，是本会的领导机构。理事会全体会议每年至少召开一次；情况特殊下可采用视频会、电话会等形式召开。理事会会议须有二分之一以上理事出席方可召开，其决议须经到会理事半数以上表决通过方为有效。

第十六条 本会会长、副会长、秘书长任期五年，最长不得超过两届。因特殊情况需延长任期的，须经会员代表大会二分之一以上会员代表表决通过，报请福建省检察文学艺术联合会批准后方可任职。

第十七条 本会可设顾问若干名。在开拓和发展我省检察书法绘画艺术创作事业中贡献突出、成绩卓越者，由理事会聘任为本会顾问。顾问不兼任理事。

第十八条 本会会长行使下列职权：

一、执行福建省检察文学艺术联合会决议；

二、召集和主持理事会；

三、检查会员代表大会、理事会决议的落实情况；

四、代表本会签署有关重要文件。

第十九条 本会秘书长行使下列职权：

一、主持办事机构开展日常工作；

二、提名副秘书长人选，交理事会讨论，报请福建省检察文学艺术联合会批准；

三、处理其他日常事务。

第四章　奖　　励

第二十条　凡书法、美术作品在省级以上展出或获奖者；对社会公益事业有突出贡献者；在书法绘画艺术理论研究成果获得省级以上有关部门褒奖者，由本会推荐，报请福建省检察文学艺术联合会予以表彰和奖励。

第五章　经　　费

第二十一条　本会经费来源：

一、会费收入；

二、社会捐赠；

三、其他合法收入。

第二十二条　本会经费必须用于本章程规定的业务范围和活动、印刷会刊和日常办公，不得在会员中分配。

第二十三条　本会经费由福建省检察文学艺术联合会统一管理。

第六章　章程的修改

第二十四条　对本会章程的修改，须经理事会表决通过后报会员代表大会审议。

第二十五条　本会修改的章程，须会员代表大会审议通过，经福建省检察文学艺术联合会批准后生效。

第七章　附　　则

第二十六条　本章程经会员代表大会表决通过。本章程的解释权属本会理事会。

第二十七条　本章程如与《福建省检察文学艺术联合会章程》规定相抵触，以《福建省检察文学艺术联合会章程》为准。

第二十八条　本章程自福建省检察文学艺术联合会批准之日起生效。

福建省检察摄影协会章程

（2012 年 10 月 11 日　福建省检察摄影协会第一次会员代表大会通过）

第一章　总　　则

第一条　依照《福建省检察文学艺术联合会章程》制定本章程。

第二条　福建省检察文学艺术联合会摄影协会，是全省检察系统摄影爱好者自愿组成的非营利性组织，是繁荣检察文艺、发展检察文化的重要力量。

第三条　本会宗旨：以邓小平理论、“三个代表”重要思想和十七届六中全会精神为指导，紧紧围绕党和国家工作大局和检察中心工作，组织、团结、凝聚全省检察系统摄影爱好者，积极开展检察摄影创作活动，发现、培养检察摄影人才，为推动检察摄影繁荣发展，提高检察队伍综合素质，促进检察事业科学发展做出应有的贡献。

第四条　本会在福建省检察文学艺术联合会领导下，接受福建省摄影家协会的指导。

第五条　本会的任务是：运用摄影艺术这一载体宣传、普及检察文化，按照摄影艺术专业特点开展摄影创作、交流、研讨活动；对全省检察系统优秀摄影创作人员及优秀摄影作品予以推介，报经上级主管部门批准，开展表彰奖励活动；加强与宣传、文化、新闻、出版等社会各界沟通联系，不断扩大与系统外摄影界的联系、交流与合作；反映广大检察摄影爱好者的意见和要求，维护他们的合法权益；扶植和培养检察摄影新人，努力提高全省检察摄影创作水平，不断壮大检察系统摄影创作队伍。

第六条　本会在法律法规的范围内开展活动，依法维护会员的合法权益。

第二章　会　　员

第七条　本会会员应具备以下条件：

一、在摄影创作或摄影理论研究上有一定水平，具有良好摄影技能的检察人员（含离退休人员）；

二、拥护本会章程，按时缴纳会费；

三、提交入会申请书，经所在单位推荐；

四、申请材料经理事会审核后，报请福建省检察文学艺术联合会批准，由福建省检察文学艺术联合会秘书处发给《会员证》。

第八条　会员享有以下权利：

一、选举权、被选举权和表决权；

二、对本会工作提出建议和意见；

三、参加本会举办的各项活动；

四、享受本会为创作活动提供的必要帮助和便利条件；

五、请求本会保障其合法权益不受侵害；

六、自由退会的权利。

会员同时享有《福建省检察文学艺术联合会章程》规定的各项权利。

第九条　会员履行下列义务：

一、遵守本会章程，执行本会决议；

二、完成本会布置的工作；

三、积极参加本会组织的各项活动；

四、自觉维护本会声誉；

五、承担本会委托的工作，及时反映工作情况；

六、按规定缴纳会费。

会员同时须履行《福建省检察文学艺术联合会章程》规定的各项义务。

第十条　会员退会应书面通知本会，交回《会员证》。会员一年不缴纳会费或不参加本会活动，视为自动退会。

会员如因工作变动调离检察系统，应书面通知本会，报请福建省检察文学艺术联合会批准，交回《会员证》。

第十一条　会员如有严重违反本章程或其他违法乱纪的行为，经理事会表决通过，可予以警告或除名。

第三章　组织机构

第十二条　本会的最高权力机构是会员代表大会，会员代表大会的职权是：

一、选举产生理事会；

二、修改章程；

三、选举和罢免理事；

四、审议理事会的工作报告和其他重要事项议案；

五、会员代表大会须有二分之一以上的会员代表出席方能召开，其决议须经到会会员代表半数以上表决通过，方能生效。

第十三条　会员代表大会每五年召开一次。因特殊情况需提前或延期的，须由理事会表决通过，报请福建省检察文学艺术联合会批准，但延期最长不得超过一年。

第十四条　理事会是会员代表大会闭幕期间的执行机构，对会员代表大会负责。其职权是：

一、推选会长、副会长、秘书长；

二、执行本会会员代表大会的决议；

三、审核新会员申请，讨论会员奖励事项；

四、听取协会工作报告，审议决定重大事项；

五、决定理事会理事的增补；

六、审议工作报告和审定经费收支情况；

七、制定内部管理制度；

八、筹备和召开下一届会员代表大会；

九、决定其他重要事项。

第十五条　本会设立理事会，由会长、副会长、秘书长和理事组成，是本会的领导机构。理事会全体会议每年至少召开一次；情况特殊下可采用视频会、电话会等形式召开。理事会会议须有二分之一以上理事出席方可召开，其决议须经到会理事半数以上表决通过方为有效。

第十六条　本会会长、副会长、秘书长任期五年，最长不得超过两届。因特殊情况需延长任期的，须经会员代表大会二分之一以上会员代表表决通过，报请福建省检察文学艺术联合会批准后方可任职。

第十七条　本会可设顾问若干名。在开拓和发展我省检察摄影艺术创作事业中贡献突出、成绩卓越者，由理事会聘任为本会顾问。顾问不兼任理事。

第十八条　本会会长行使下列职权：

一、执行福建省检察文学艺术联合会决议；

二、召集和主持理事会；

三、检查会员代表大会、理事会决议的落实情况；

四、代表本会签署有关重要文件。

第十九条　本会秘书长行使下列职权：

一、主持办事机构开展日常工作；

二、提名副秘书长人选，交理事会讨论，报请福建省检察文学艺术联合会批准；

三、处理其他日常事务。

第四章　奖　　励

第二十条　凡摄影作品在省级以上展出或获奖者；对社会公益事业有突出贡献者；在摄影艺术理论研究成果获得省级以上有关部门褒奖者，由本会推荐，报请福建省检察文学艺术联合会予以表彰和奖励。

第五章　经　　费

第二十一条　本会经费来源：

一、会费收入；

二、社会捐赠；

三、其他合法收入。

第二十二条　本会经费必须用于本章程规定的业务范围和活动、印刷会刊和日常办公，不得在会员中分配。

第二十三条　本会经费由福建省检察文学艺术联合会统一管理。

第六章　章程的修改

第二十四条　对本会章程的修改，须经理事会表决通过后报会员代表大会审议。

第二十五条　本会修改的章程，须会员代表大会审议通过，经福建省检察文学艺术联合会批准后生效。

第七章　附　　则

第二十六条　本章程经会员代表大会表决通过。本章程的解释权属本会理事会。

第二十七条　本章程如与《福建省检察文学艺术联合会章程》规定相抵触，以《福建省检察文学艺术联合会章程》为准。

第二十八条　本章程自福建省检察文学艺术联合会批准之日起生效。

福建省检察音乐舞蹈协会章程

（2012 年 10 月 11 日　福建省检察音乐舞蹈协会第一次会员代表大会通过）

第一章　总　　则

第一条　依照《福建省检察文学艺术联合会章程》制定本章程。

第二条　福建省检察文学艺术联合会音乐舞蹈协会，是全省检察系统音乐舞蹈爱好者自愿组成的非营利性组织，是繁荣检察文艺、发展检察文化的重要力量。

第三条　本会宗旨：以邓小平理论、“三个代表”重要思想和十七届六中全会精神为指导，紧紧围绕党和国家工作大局和检察中心工作，组织、团结、凝聚全省检察系统音乐舞蹈爱好者，积极开展检察音乐舞蹈创作实践，发现、培养检察音乐舞蹈人才，为推动音乐舞蹈事业繁荣发展，提高检察队伍综合素质，促进检察事业科学发展做出应有的贡献。

第四条　本会在福建省检察文学艺术联合会领导下，接受福建省音乐家协会、福建省舞蹈家协会的指导。

第五条　本会的任务是：运用音乐舞蹈艺术这一载体宣传、普及检察文化，鼓励、倡导广大检察音乐舞蹈爱好者贴近检察、贴近生活、贴近实际积极创作，勇于创新；加强检察音乐舞蹈理论研究，加强组织创作、表演、评奖活动；对全省检察系统优秀音乐舞蹈创作人员及优秀音乐舞蹈作品予以推介，报经上级主管部门批准，开展表彰奖励活动；加强与宣传、文化、新闻、出版等社会各界沟通联系，不断扩大与系统外音乐舞蹈界的联系、交流与合作；反映广大检察音乐舞蹈爱好者的意见和要求，维护他们的合法权益；扶植和培养检察音乐舞蹈新人，不断提升全省检察系统音乐舞蹈创作水平，努力壮大全省检察系统音乐舞蹈队伍。

第六条　本会在法律法规的范围内开展活动，依法维护会员的合法权益。

第二章　会　　员

第七条　本会会员应具备以下条件：

一、在音乐舞蹈的创作、演出或理论研究上有一定水平，具有良好音乐舞蹈造诣的检察人员（含离退休人员）；

二、拥护本会章程，按时缴纳会费；

三、提交入会申请书，经所在单位推荐；

四、申请材料经理事会审核后，报请福建省检察文学艺术联合会批准，由福建省检察文学艺术联合会秘书处发给《会员证》。

第八条　会员享有以下权利：

一、选举权、被选举权和表决权；

二、对本会工作提出建议和意见；

三、参加本会举办的各项活动；

四、享受本会为创作活动提供的必要帮助和便利条件；

五、请求本会保障其合法权益不受侵害；

六、自由退会的权利。

会员同时享有《福建省检察文学艺术联合会章程》规定的各项权利。

第九条 会员履行下列义务：

一、遵守本会章程，执行本会决议；

二、完成本会布置的工作；

三、积极参加本会组织的各项活动；

四、自觉维护本会声誉；

五、承担本会委托的工作，及时反映工作情况；

六、按规定缴纳会费。

会员同时须履行《福建省检察文学艺术联合会章程》规定的各项义务。

第十条 会员退会应书面通知本会，交回《会员证》。会员一年不缴纳会费或不参加本会活动，视为自动退会。

会员如因工作变动调离检察系统，应书面通知本会，报请福建省检察文学艺术联合会批准，交回《会员证》。

第十一条 会员如有严重违反本章程或其他违法乱纪的行为，经理事会表决通过，可予以警告或除名。

第三章 组织机构

第十二条 本会的最高权力机构是会员代表大会，会员代表大会的职权是：

一、选举产生理事会；

二、修改章程；

三、选举和罢免理事；

四、审议理事会的工作报告和其他重要事项议案；

五、会员代表大会须有二分之一以上的会员代表出席方能召开，其决议须经到会会员代表半数以上表决通过，方能生效。

第十三条 会员代表大会每五年召开一次。因特殊情况需提前或延期的，须由理事会表决通过，报请福建省检察文学艺术联合会批准，但延期最长不得超过一年。

第十四条 理事会是会员代表大会闭幕期间的执行机构，对会员代表大会负责。其职权是：

一、推选会长、副会长、秘书长；

二、执行本会会员代表大会的决议；

三、审核新会员申请，讨论会员奖励事项；

四、听取协会工作报告，审议决定重大事项；

五、决定理事会理事的增补；

六、审议工作报告和审定经费收支情况；

七、制定内部管理制度；

八、筹备和召开下一届会员代表大会；

九、决定其他重要事项。

第十五条 本会设立理事会，由会长、副会长、秘书长和理事组成，是本会的领导机构。理事会全体会议每年至少召开一次；情况特殊下可采用视频会、电话会等形式召开。理事会会议须有二分之一以上理事出席方可召开，其决议须经到会理事半数以上表决通过方为有效。

第十六条 本会会长、副会长、秘书长任期五年，最长不得超过两届。因特殊情况需延长任期的，须经会员代表大会二分之一以上会员代表表决通过，报请福建省检察文学艺术联合会批准后方可任职。

第十七条 本会可设顾问若干名。在开拓和发展我省检察音乐舞蹈艺术的发展中贡献突出、成绩卓著者，由理事会聘任为本会顾问。顾问不兼任理事。

第十八条 本会会长行使下列职权：

一、执行福建省检察文学艺术联合会决议；

二、召集和主持理事会；

三、检查会员代表大会、理事会决议的落实情况；

四、代表本会签署有关重要文件。

第十九条 本会秘书长行使下列职权：

一、主持办事机构开展日常工作；

二、提名副秘书长人选，交理事会讨论，报请福建省检察文学艺术联合会批准；

三、处理其他日常事务。

第四章 奖 励

第二十条 凡在省级或以上音乐舞蹈比赛中和为检察音乐舞蹈事业发展中作出突出贡献的集体和个人，由本会推荐报请福建省检察文学艺术联合会予以表彰和奖励。

第五章 经 费

第二十一条 本会经费来源：

一、会费收入；

二、会捐赠；

三、其他合法收入。

第二十二条 本会经费必须用于本章程规定的业务范围和活动、印刷会刊和日常办公，不得在会员中分配。

第二十三条 本会经费由福建省检察文学艺术联合会统一管理。

第六章 章程的修改

第二十四条 对本会章程的修改，须经理事会表决通过后报会员代表大会审议。

第二十五条 本会修改的章程，须会员代表大会审议通过，经福建省检察文学艺术联合会批准后生效。

第七章 附 则

第二十六条 本章程经会员代表大会表决通过。本章程的解释权属本会理事会。

第二十七条 本章程如与《福建省检察文学艺术联合会章程》规定相抵触，以《福建省检察文学艺术联合会章程》为准。

第二十八条 本章程自福建省检察文学艺术联合会批准之日起生效。

福建省检察文化艺术工作情况

综　述

2012 年，福建省检察文联在省检察院党组和中国检察官文联的领导和指导下，认真贯彻落实党的十七届六中全会精神和全国检察文化建设会议、中国检察文学艺术联合会第一次会员代表大会精神，积极开展检察文化艺术活动，努力以文化建设推进检察工作，取得了一定成效。

一是领导重视，认真部署。省检察院党组研究决定成立省检察文联筹备成立领导小组，多次听取省检察文联筹备成立工作进展情况的汇报，协调解决筹备工作中遇到的困难和问题。省检察院党组书记、检察长倪英达亲自参加省检察文联成立大会，并作讲话。省检察院党组成员、政治部主任朱隽多次与省文联、省民政厅领导协调，使省检察文联成立登记的审批工作得以顺利进行。

二是积极创新，开设阵地。5 月 22 日，在省检察院内网开设“检察文化建设”特色专栏，分设“文学作品”、“书法绘画作品”、“摄影作品”、“影视节目”等 9 个栏目，努力打造成为全省检察人员共同的网上精神家园。截至 12 月 31 日，专栏共发稿 200 多篇（幅），其中文学作品 20 多篇、摄影作品 100 余幅、书法绘画作品 50 多幅、影视节目 6 个。该栏目设立以来，点击率不断上升。省委常委、省政法委书记苏增添在全省基层政法文化建设先进单位表彰会上的讲话中，对该“检察文化建设”专栏给予充分肯定。

三是搭建平台，营造环境。10 月 11 日，召开了省检察文联及文学、书法绘画、摄影、音乐舞蹈协会成立大会。会后，福州、厦门、莆田市检察院也积极筹备成立市检察文联。福州准备在 2013 年 1 月召开市检察文联成立大会。检察文联和专业协会的成立，为全省检察人员搭建了平台。省检察文联摄影协会组织会员在霞浦参加了第四届海峡摄影节活动，多幅作品在活动中获奖。省检察文联书法绘画协会、音乐舞蹈协会，在省检察文联成立大会期间，分别举办了书画展览、笔会和文艺晚会。

会　议

【福建省检察文学艺术联合会成立大会】10 月 11 日上午，在国家检察官学院福建分院召开了省检察文联成立大会，中国检察官文联主席张耕、福建省文联、省民政厅、省政法委、省法院、省公安厅领导，省检察院、各设区市检察院领导和省检察文联会员代表共300余人参加了大会。会上，张耕主席和省文联张作兴书记等领导作了讲话，充分肯定了福建省检察文化建设取得的成绩，对今后的检察文化建设和检察文联工作提出了希望和要求。大会通过了省检察文联和文学、书法绘画、摄影、音乐舞蹈协会的章程，选举产生了省检察文联和文学、书法绘画、摄影、音乐舞蹈四个协会的领导机构人员。据统计，截至12月31日全省共有210名检察人员加入了省检察文联。

【省检察文联领导班子“碰头会”】 12月26日，省检察文联召开领导班子“碰头会”，省检察文联主席、副主席、秘书长、副秘书长和文学、书法绘画、摄影、音乐舞蹈协会的会长、秘书长参加了会议。会上，中国检察官文联常委、省检察文联主席郑京水认真回顾总结了省检察文联成立以来的工作情况和取得的成效，分析了当前检察文联工作存在的困难和问题，对今后的检察文联工作提出了要求。文学、书法绘画、摄影、音乐舞蹈协会的会长汇报了2013年各个协会的工作意见和设想。大家明确了目标，开阔了思路，增强了信心。

【省检察摄影协会第一次理事会】 12月2日，省检察文联摄影协会在霞浦县检察院召开第一届理事会第一次会议。中国检察官文联常委、省检察文联主席郑京水，省检察文联副主席李建，宁德市院检察长林豪，省检察文联常委、宁德市检察院政治部主任刘名军，省检察文联副秘书长郑勋，霞浦县检察院检察长李启新等领导参加了会议。

省检察文联常委、摄影协会会长、福州市检察院检委会专职委员林立就协会2013年工作计划（征求意见稿）作专门说明，与会领导和理事就工作计划、日常事务、摄影创作活动及会员培训等问题进行广泛讨论，达成了共识。

会上，郑京水主席发表讲话，对检察文联及其摄影协会工作提出四点要求：第一，要明确定位和把准政治方向。省检察摄影协会要在省院党组的领导下，在中国检察官文联和省检察文联的具体指导下开展工作，要紧紧围绕党和国家工作大局，服务好中心工作。坚持核心价值观引导，坚持以人为本，突出检察文化主题开展活动。第二，要正确处理好本职与爱好的关系。要在加倍努力做好本职工作的基础上，钻研和发展摄影艺术，将摄影爱好与检察工作紧密结合起来，通过摄影这个窗口让更多的人认识、了解检察文化。第三，要充分发挥艺术陶冶情操的作用，在追求作品美的同时更注重心灵美，不断提高个人的内心素养，努力成为实实在在“追美”的人。第四，要充分利用好这次摄影节活动提供的大好机会，与摄影名家多交流、多沟通，既要学习他们的摄影技术和创作技巧，又要学习他们吃苦耐劳，不断追求艺术进步的敬业精神，使检察队伍的摄影艺术水平进一步提高。

会议期间，省检察摄影协会第一届理事会理事参加了第四届海峡摄影节的相关活动，摄影协会陈建新等同志选送的多幅作品获奖并在大会展出。

活　动

【举办“庆国庆·迎十八大”文艺晚会】 10月10日晚，省检察文联组织举办了以《忠诚铸检魂、奋进在海西》为主题的“庆国庆·迎十八大”文艺晚会。晚会历时90分钟，15个节目均由各级检察机关自编、自演，以检察官身边的人和事为题材，以不同视角、运用不同艺术表现形式，生动呈现了人民检察官的风采。晚会的成功演出得到了中国检察官文联张耕主席和与会代表的好评。

【举办“喜迎十八大暨廉洁从检书画摄影作品展”】 10月10日至31日，省检察文联和省检察院纪检组、监察处在省检察院办公大楼一楼大厅，联合举办了“喜迎十八大暨廉洁从检书画摄影作品展”，共展出来自全省检察干警和福建省书画名家之手的书法、绘画、摄影作品153幅。参展的作品体裁多样、视角开阔、检察特色突出，全方位反映了检察机关廉政文化建设的新经验、新成效。

【举办书法绘画艺术交流笔会】 10月11日下午，省检察文联在国家检察官学院福建分院，组织举办了书法绘画名家笔会，邀请中国检察官文联主席张耕、福建省文联副主席、省书法家协会主席陈奋武、原福建省文联副主席、省美术家协会会长陈一峰等书画名家及福建省各级检察机关的十多位书画艺术爱好者，现场切磋书画技艺，让广大检察书画艺术爱好者现场感受了挥毫泼墨的激情。

创　作

【电影《使命》拍摄完成】 经过近一年的努力，拍摄完成了以全国优秀共产党员、全国模范检察官、福建省检察院反贪局副处级检察员李彬同志为原型的电影《使命》。

影片融入了福建省第一、第二批下派书记中的优秀典型人物，用常人的视角，为观众塑造一个有血有肉、扎根基层、真心诚意为群众谋利益的基层优秀干部的崭新形象，展示当代共产党员一心为民、无私奉献的崇高品格和精神风貌，真实记录福建省广大农村的巨大变化和“三农”工作的巨大成就。

影片由福建省委组织部、宣传部、农办、省检察院、省艺术摄影学会和福建荣玖影视文化有限公司联合摄制。

出　版

【《福建检察工作》画册】 为全面总结和展示全省各级检察机关服务大局、忠诚履职的十年奋斗历程，进一步推动福建省检察工作全面发展进步，按照省检察院党组要求，认真组织做好“忠诚铸检魂，奋进在海西”福建检察工作画册的图片收集和编撰工作。在全省各级检察机关开展图片征集工作，甄选、编撰近500余张图片，按照领导关怀、改革发展的十年、服务和保障福建科学发展跨越发展、强化法律监督、强化自身监督、强化队伍建设、坚持检察工作科学发展七个方面逐一分门别类，并协调配合专业人员做好画册的编排设计和核定工作。通过检察工作画册，生动再现十年来的重大检察节点，树立和展示了全省检察机关的良好形象。目前，印制的3000册工作画册已分发到省检察院、各设区市、县（区）院，发挥了良好的宣传效应。

宁夏回族自治区检察官文学艺术联合会

宁夏回族自治区检察官文学艺术联合会第一次会员代表大会

讲　　话

在宁夏回族自治区检察官文学艺术联合会成立大会上的讲话

（2012 年 10 月 16 日　根据录音整理）

张　耕

同志们：

今天，我很高兴参加宁夏回族自治区检察官文联成立大会。首先代表中国检察官文联对宁夏回族自治区检察官文联成立表示热烈的祝贺！对关心和支持检察官文联成立的自治区检察院的各位领导和自治区相关部门表示衷心的感谢！

宁夏回族自治区检察官文联成立是检察系统的一件大事，也是一件盛事，特别是在党的十八大即将召开的时候，宁夏回族自治区检察官文联成立更具有重要意义。宁夏回族自治区检察官文联成立是自治区各级检察机关认真贯彻党的十七届六中全会精神、加强检察文化建设的一项重要举措；是自治区各级检察机关向即将召开的党的十八大献上的一份厚礼；是自治区党委、人大、政府、政协和相关部门多年来关心支持检察工作和检察文化建设所取得的重要成果；也是全国检察官文联建设的又一重要成果。

宁夏回族自治区检察官文联成立，除了借党的十七届六中全会这股强劲东风，自治区党委、人大、政府、政协和相关部门的关心支持，高检院党组的高度重视，自治区检察院党组和各级检察院的党组的强力推动外，还有一个重要原因，就是宁夏回族自治区检察文化建设多年来在不断地加强，取得了明显成效，为自治区检察官文联的成立奠定了坚实的基础。宁夏回族自治区检察文化建设有许多明显的特点，这是很宝贵的经验，需要检察官文联予以坚持和发扬。我在这里要讲三点：

一是领导高度重视，注重统一认识。检察文化建设对检察机关来说并不是新课题。2007年，高检院在广州举办了全国检察机关文化建设巡礼活动，对检察文化建设进行了部署。这次会议后，全国检察机关的文化建设得到进一步加强。党的十七届六中全会之后，文化建设进入新的阶段。宁夏回族自治区检察院党组和王雁飞检察长按照中央部署和高检院的要求，对检察文化建设高度重视，强调要把检察文化建设作为检察机关一项重要工作摆上议事日程，认真抓好。提出要从三个方面统一认识：一是要按照党的十七届六中全会精神，把检察文化建设和社会主义文化大发展、大繁荣紧密地联系起来，深刻认识检察文化是社会主义先进文化的重要组成部分，加强检察文化建设是社会主义文化大发展、大繁荣的必然要求；二是深刻认识检察文化建设是推动检察工作科学发展的重要保障，检察文化建设不是单纯的文化娱乐活动，它和检察工作科学发展紧紧地联系在一起；三是深刻认识检察文化建设是加强检察队伍建设、建设高素质检察队伍的必然要求。自治区检察院党组从这三个方面把全区检察人员对检察文化建设的认识统一了起来，形成了开展检察文化建设的积极性、主动性，从而取得了检察文化建设的明显成果。

二是指导思想明确，注重取得实效。自治区检察院党组明确提出检察文化建设要搞好“四个服务”，就是服务检察机关，服务检察工作，服务检察人员，服务人民群众。这“四个服务”我认为和党的十七届六中全会精神的要求是完全一致的，这个指导思想很明确。同时自治区检察院党组还强调，在检察文化建设中一定要注重检察理念的弘扬。多年来，我们在检察工作实践中总结出了很多检察工作的理念。自治区检察院突出强调了两个方面：一是“立检为公，执法为民”，二是“强化法律监督，维护公平正义”。我认为这两个理念是检察理念中最重要的内容，检察文化建设必须弘扬这个理念。自治区检察院还强调要把检察文化建设落实到制度建设和作风建设上，刚才雁飞检察长在讲话中也强调要把检察文化建设落实到检察机关的规范化建设上，这就是要完善制度，要使规范执法成为检察人员的自觉行动。自治区检察院还强调“以文化人”，检察文化建设要在提高检察队伍的素质、加强检察机关的廉政建设等方面发挥作用。通过检察文化建设全面提升检察队伍素质，树立检察队伍的良好形象，提高检察机关的执法公信力。正因为指导思想明确，宁夏回族自治区的检察文化建设才取得了明显成效，在检察队伍中出现了一大批的先进检察官和先进集体。有的受到了自治区检察院的表彰，有的受到了自治区党委的表彰，有的受到了中央政法委、高检院、全国总工会等中央机关的表彰。

三是坚持从实际出发，注重搞好结合。检察文化建设最怕的就是把检察文化建设和检察机关的各项工作搞成两张皮。自治区检察院和自治区的各级检察院避免了这种现象，把二者结合得很好。突出表现在两个方面：一是从检察机关的实际出发，提出要培育“五种文化”，即学习文化、管理文化、团队文化、自律文化和廉政文化，这五种文化都是和检察机关的各方面工作紧密联系在一起的，如果把这五种文化真正培育起来了，检察机关的各项工作就会发生新的变化，会取得新的成绩。二是结合检察机关实际，提出检察文化建设要把握好“六个抓手”，即抓基层建设，抓教育培训，抓创先争优，抓从优待警，抓信息宣传，抓文娱活动。这“六个抓手”都是紧紧和检察机关的各项工作密切结合在一起的，这样才能真正发挥检察文化建设的作用。

检察官文联成立后工作怎么抓，着重抓什么，我想谈一些自己的看法，供大家参考。

一、要进一步提高对文化建设重要性的认识，不断增强做好检察官文联工作的自觉性和自信心

党的十七届六中全会召开后，全国上下包括我们检察系统对文化建设的认识大大提高了，加强文化建设的积极性进一步增强了，文化现在成为一个非常热的话题。在这种情况下，我认为有两种倾向需要防止。一种是把文化建设和一般的文娱活动简单地画等号，我认为这个认识是片面的。文化是什么？文化是人类在改造客观世界和主观世界中形成的精神成果和物质成果的总和。我们不能把文化简单地看成是一般的文娱活动，也就是说，不能简单地理解文化活动或者检察官文联的工作就是说说唱唱、跳跳蹦蹦，使大家高兴高兴就行了。实际上检察文化建设应该涵盖检察工作的方方面面。如果简单地把检察文化建设看成就是搞文娱活动，那就会产生一个问题，认为检察文化建设可有可无，这是我们在认识方面要关注的一个问题。第二种倾向是，把每项工作都冠以文化的名称，使文化变成了标签到处贴，这就把文化庸俗化了。这种做法我认为同样是不可取的。检察官文联成立后要继续深入学习党的十七届六中全会精神，学习胡锦涛总书记的重要讲话，学习中央的决定，学习高检院的意见，结合检察机关的实际，正确、全面、深刻地认识检察文化的内涵、检察文化的作用，把检察官文联的工作不断地向前推进，并取得成效。

二、要始终把握好检察官文联的定位，坚持正确的工作方向

定位很重要。位定准了，工作的方向就会对头；位定不准，就会出现这样那样的问题。检察官文联的位怎么定，我们可以从不同的方面去定，但我认为最重要是两个方面：一个方面，按照检察官文联章程的规定，检察官文联是在同级检察院党组直接领导下的非营利性社会团体，这是检察官文联的一个本质定位。这个定位决定了检察官文联必须很好地把握三条：一是检察官文联一定要自觉地接受同级检察院党组的领导，一定要围绕党组的部署，特别是中心工作来谋划自己的工作；二是检察官文联一定要接受中国文联和地方文联的业务指导；三是检察官文联一定要自觉接受民政部门的监督管理。另一个方面，检察官文联是检察机关文化艺术爱好者的联合组织，检察官文联的工作方式是开展检察文化艺术创作和检察文化艺术活动。这就是说检察官文联的工作绝不是检察文化建设的全部，而仅仅是检察文化建设的一个重要方面。检察文化建设的主管部门不是检察官文联，而是检察机关的政治部门。所以检察官文联一定要和检察机关的政治部门加强联系，密切合作，接受指导。检察官文联要通过文化艺术创作和文化艺术活动这个形式弘扬检察精神，宣传检察工作，展示检察英模等等。

关于检察官文联工作的方向问题，要注重把握五点：一是要始终坚持服务大局，围绕中心。所谓大局就是党和国家的工作大局，所谓中心就是检察机关的中心工作。离开了这两条，检察官文联的工作就会出问题。二是要努力践行社会主义核心价值体系，弘扬政法干警核心价值观。在这个问题上要下大功夫。不管是文化艺术创作还是文化艺术活动，都要充分体现社会主义核心价值体系和政法干警的核心价值观，包括曹建明检察长反复强调的“六观”。三是检察官文联的工作一定要突出检察官的主体地位。不管是文化艺术创作，还是文化艺术活动，从内容上讲都要反映检察工作、检察官的生活。在演出方面要尽可能让检察官参与，充分发挥他们的积极性。四是要认真贯彻“双百”方针。“双百”方针是毛主席在延安文艺座谈会上提出来的，实践证明这是一个完全正确的方针。在检察文化艺术创作和文化艺术活动中，要倡导不同艺术风格，不同艺术流派互相学习，互相支持，最大限度地激发检察系统的文化艺术爱好者的积极性和创造性。五是要坚持“三贴近”原则。检察官文联的工作一定要贴近检察机关，贴近检察官生活，贴近广大人民群众。要通过文化艺术的形式把检察机关的职能、检察机关的理念宣传到社会上去，让全社会更加了解和理解检察机关，支持检察机关，关心检察机关。以上这五条应该成为衡量检察官文联工作方向是否正确的标准。

三、要坚持“三位一体”工作思路，努力促进检察文化理论研究、检察文化艺术创作、文化艺术活动协调发展

我讲的“三位一体”是指三个方面的关系：一个是检察文化理论研究，一个是检察文化艺术创作，一个是检察文化艺术活动。概括起来讲，它们之间的关系是：理论研究是指导，文化艺术创作是根本，文化艺术活动是载体。离开了理论研究的指导，检察文化艺术创作和检察文化艺术活动就可能会出现这样那样的方向性问题。文化理论研究好了，不仅为文化艺术创作、文化艺术活动提供指导，而且还会为二者提供丰富的资源。离开了文化艺术创作，理论研究成果就无法转化为文化艺术作品和文化艺术活动。离开了文化艺术活动，理论研究成果和文化艺术作品就无法生动、形象地呈现出来。因此，它们三者紧密相连，相互依存，必须“三位一体”，协调发展。

四、要高度重视人才队伍建设

检察机关的文化艺术人才是不少的。这支队伍存在两个问题，一是分散，二是文化艺术水平亟需提高。检察官文联成立后，要使这支队伍觉得有了自己的家。要通过举办展览、笔会、讲座等各种形式为他们提供展示才华的平台。要加强同艺术团体和艺术家的联系，通过他们来提升检察文化艺术队伍的能力和水平。当前要认真做好的一项工作，就是要把检察文化艺术人才队伍底数摸清楚，在宁夏回族自治区的范围内，究竟有多少文化艺术爱好者，有多少省级艺术团体的会员，有多少国家级艺术团体的会员，这些人分别具有什么专长，这个底子一定要搞清楚，这样才会有针对性地建设好这支队伍，有了这支队伍，有了这批人才，检察官文联的工作才能搞得更好。

五、要高度重视检察官文联自身建设，特别是廉政建设

自身建设既包括检察官文联内部的机构、制度等方面的建设，更包括廉政建设，一定要把廉政建设提到重要位置上来，要突出抓好。因为检察官文联和检察机关是不一样的，检察官文联是一个社团组织，它和社会打交道的面更多更广，而且按照章程规定，检察官文联可以接受社会赞助。这就需要检察官文联在接受社会赞助的时候，要慎之又慎。这一点我要特别强调，因为检察官文联的背后是检察院，没有检察院的支持，检察官文联工作是无法搞好的，千万不要出现那种情况，一笔赞助接受了，一场活动搞好了，有的人员却出问题了，这不仅败坏检察官文联的声誉，更败坏检察机关的声誉。一定要高度重视，一定要慎之又慎。

我相信在自治区检察院党组的领导下，在各个部门的支持下，宁夏回族自治区检察官文联一定会不断地开拓工作新局面，以优异的成绩迎接党的十八大胜利召开。

谢谢大家！

（张耕同志时任全国政协教科文卫体委员会副主任，中国检察官文联主席，最高人民检察院原党组副书记、常务副检察长。）

在宁夏回族自治区检察官文学艺术联合会成立暨第一次会员代表大会上的讲话

（2012 年 10 月 16 日）

王雁飞

尊敬的张耕主席，各位领导、同志们：

在党的十八大即将召开之际，宁夏检察官文学艺术联合会今天成立，这是全区检察系统文化建设的一件盛事。首先，我代表自治区院党组，向宁夏检察官文联的成立表示热烈的祝贺！向长期以来关心支持检察工作和检察文化建设的中国检察官文联、自治区党委政法委、自治区民政厅、文化厅和自治区文联等单位和各位领导表示衷心的感谢！

宁夏检察官文联的成立，是自治区院党组贯彻落实高检院和自治区党委加强文化建设有关要求，进一步推动全区检察文化繁荣发展而采取的一项重要举措，对建设高素质检察队伍，推动检察工作科学发展意义重大、影响深远。

下面，我就加强检察文化建设和检察官文联工作，讲三点意见：

一、充分认识加强检察文化建设的重要意义

社会主义先进文化是马克思主义政党思想精神上的旗帜，文化建设是中国特色社会主义事业总体布局的重要组成部分。我们党历来高度重视文化建设。毛泽东、邓小平、江泽民、胡锦涛等中央领导同志都对加强和繁荣社会主义文化建设做出过重要论述。党的十七届六中全会对坚持中国特色社会主义文化发展道路，深化文化体制改革，进一步推进社会主义文化大发展、大繁荣提出了明确要求。检察文化是社会主义先进文化的重要组成部分，加强检察文化建设是推动社会主义文化大发展大繁荣的必然要求，是推动检察事业科学发展的重要保障，是强化高素质检察队伍建设的迫切需要。

近年来，全区检察机关坚持以科学发展观为指导，充分履行检察职能，把坚定法律信仰、弘扬检察精神、提升职业素质、促进公正廉洁作为检察文化建设的重要任务，营造了崇尚学习、创先争优的浓厚氛围，检察文化建设呈现出蓬勃生机，为全区检察事业科学发展提供了有力思想保证和强大精神动力。当前，全区检察机关更要自觉担负起加强检察文化建设，繁荣发展社会主义先进文化的历史使命，充分发挥检察文化的熏陶、塑造、教育、激励等作用，以社会主义核心价值体系为指导，以牢固树立社会主义法治理念为核心，以提升检察队伍政治素质、业务素质和职业道德素质为目标，以形式多样、内涵丰富的文化活动为载体，全面推进检察文化建设，努力营造积极向上、精诚团结、勤于工作、乐于奉献的工作氛围，为检察工作科学发展提供坚强的思想保证、强大的精神动力和智力支持。

二、围绕检察中心工作全面推进和加强检察文化建设

检察事业的科学发展，离不开检察文化的支撑，建设高素质、专业化的检察队伍，离不开先进文化的培育。检察事业要有更快、更全面的发展，检察文化建设必须走在前面。

注重检察文化的熏陶感染作用，抓好环境阵地建设。要加强检察办公场所的文化建设，建设具有检察特色的院史陈列室、图书室、“文化墙”等文化设施建设，组织举行丰富多彩的文化活动，营造浓厚的检察文化氛围，开展创建检察文化建设示范单位活动。要高度重视网络的思想文化传播作用，积极建设好检察门户网站、检察局域网、宁夏检察微博、“请您留言”等检察文化网络阵地和平台，鼓励干警参与网络互动，构建开放包容、健康向上的网络文化。要加强与新闻媒体的联系、沟通与合作，为强化法律监督、维护公平正义、推动科学发展、促进社会和谐提供有力的舆论支持和正确的舆论导向。

注重检察文化的教育导向作用，抓好行为形象建设。检察机关的整体形象来自于每一位检察人员，检察人员应当从执法态度、群众接待、工作用语等细节做起，自觉约束自己的言行习惯，时时处处体现出检察机关的良好形象。检察机关要进一步倡导和规范检察礼仪，得体的着装和礼仪是检察人员身份、责任、内在素质的“介绍信”。检察人员应当是执行法纪的模范，做任何事情都要依法进行。

注重检察文化的约束塑造作用，抓好制度规范建设。制度是培养先进检察文化的重要保障，制度的目的不仅是管理和约束，更是全面塑造人、保护人、激励人，检察文化建设必须要注重制度和规范层面的建设。目前，全区检察机关连续三年开展规范执法活动，目的就是通过持续地抓规范、抓养成，把“规范”变成每一位检察人员的责任、标准、习惯和素养，变成高度的自发和自觉，使制度的刚性要求转化为每一名检察人员内在的是非观念和价值标准。各级检察机关要结合“规范执法深化年”活动的开展，进一步完善和落实各项检察工作制度，做到制度面前人人平等，制度面前无特权，增强检察人员对检察工作共同准则的认同感。

注重检察文化的凝聚激励作用，抓好思想道德建设。孟子说：“以力服人者，非心服也；以德服人者，心悦而诚服也”。检察文化建设要把德育摆在突出位置，深入贯彻检察官职业道德基本准则，并与纪律作风建设、党风廉政建设有机融合起来，引导检察人员树立正确的人生目标，坚持职业道德和操守，弘扬正气，严以律己，时刻自重、自省、自警、自励，营造风清气正的工作环境。要注重培养检察人员对法律的信仰和对检察职业的荣誉感，大力弘扬和培育检察人员共同价值体系，用共同的理想去激励干警，增强检察机关的“软实力”。

三、切实加强对检察文化建设的领导和检察官文联自身建设

检察文化建设是一项长期、艰巨、复杂的系统工程，作为推动检察文化建设的重要力量，检察官文联要进一步加强自身建设，立足职能，主动作为，为建设高素质检察队伍、推动检察工作科学发展发挥出应有的作用。一是要切实加强检察文化建设的领导。各级检察院党组要切实加强对检察文化建设和检察文联工作的政治领

导、思想领导和组织领导，把这项工作摆上重要议事日程，纳入检察工作全局来研究部署，及时帮助解决存在的问题。要重视加强检察文联工作人员的思想政治、业务能力、纪律作风建设，强化自我教育、自我管理和自我约束，不断提高检察官文联的工作水平，更好地推动检察文艺事业的繁荣发展。二是要准确把握检察官文联的职能定位。检察官文联是检察队伍中文化艺术骨干和爱好者的联合组织。检察官文联必须紧紧围绕检察中心工作，以提高检察队伍素质、提升检察形象和执法公信力为目标，充分发挥联络、协调、服务的职能，组织、团结、建设好检察文化艺术队伍。三是要充分发挥和调动基层和广大干警的积极性。要因地制宜，突出区域特色，尊重基层的首创精神，立足于挖掘、利用好各地区现有的优秀文化资源，与检察工作紧密结合，形成具有当地特色的检察文化成果。要充分尊重广大检察干警的主体地位，让干警在文化建设中充当主角，积极组织开展形式活泼、寓教于乐、的文化体育活动，让干警在主动参与中受到熏陶，努力使检察文化建设充满生机与活力。

同志们，加强检察文化建设，推动社会主义文化大发展、大繁荣，任务艰巨，使命光荣。我们要以成立检察官文联为新的起点，进一步振奋精神、扎实工作，努力开创检察文化建设新局面，为推动检察事业科学发展作出新的更大的贡献！

在宁夏回族自治区检察官文学艺术联合会第一次会员代表大会上的讲话

（2012年10月16日）

汪　敬

尊敬的张耕主席，各位领导和专家，各位代表：

宁夏检察官文学艺术联合会今天正式成立并召开第一次会员代表大会，这是全区检察干警文化生活中的一件大事，也是一件喜事。大会选举产生了宁夏检察官文联领导集体，推选我担任宁夏检察官文联主席，推选李桂兰、雷玺禄同志为副主席，推选马秀宁为秘书长，这是对我们的信任，更是交给我们的光荣任务和重要责任。在宁夏检察官文联筹备过程中，中国检察官文联给我们提供了全面的指导和帮助。今天，中国检察官文联张耕主席又不辞辛劳，亲临宁夏，指导我区检察官文联工作和我区检察文化建设。让我们以热烈的掌声，对中国检察官文联和张耕主席表示衷心的感谢。

今天到会的还有自治区政法委、民政厅、文化厅和自治区文联等有关单位的领导、专家，他们的到来，既为大会增添了喜庆气氛，又是对我们的支持和鼓励。在此，我代表宁夏检察官文联，向莅临今天会议的各位领导和专家表示热烈的欢迎和诚挚的谢意！

近年来，在高检院和自治区党委的领导下，宁夏检察机关把检察文化建设与检察业务工作、队伍建设有机结合起来，进行了一系列积极探索，取得了较好的成效。但“文化育检”是一项长期的任务，我区的检察文化建设还需要进一步加强。我们必须认真落实高检院和自治区检察院党组的部署，抓住宁夏检察官文联成立的有利契机，奋发努力，开拓进取，把全区检察文化建设提高到一个新的水平。对此，张耕主席、王雁飞检察长随后将作重要讲话，请大家认真学习贯彻。我代表宁夏检察官文联，先讲几点意见。

一、充分认识新形势下加强检察文化建设的重要意义

文化是一个民族的精神和灵魂，集中体现一个民族的精神境界和价值追求，集中体现一个民族的认同感、归属感和生命力、凝聚力，是推动国家发展和民族振兴的强大精神力量。党的十七届六中全会通过的《中共中央关于深化文化体制改革、推动社会主义文化大发展大繁荣若干重大问题的决定》指出：推动社会主义文化大发展大繁荣是全党全社会的共同责任，必须站在战略和全局高度，充分认识推进文化改革发展的重要性和紧迫性，更加自觉、更加主动地推动社会主义文化大发展大繁荣。

检察文化作为检察工作的重要组成部分，在引领检察工作发展方向、坚定检察人员理想信念、为检察事业科学发展提供强大精神动力等方面具有十分重要的意义。

高检院对检察文化工作高度重视，2010年12月出台了《关于加强检察文化建设的意见》，2011年6月成立了中国检察官文学艺术联合会，曹建明检察长在中国检察文联第一次会员代表大会上的讲话明确指出：加强检察文化建设是推动社会主义文化大发展大繁荣的必然要求；是推动检察事业科学发展的重要保障；是强化高素质检察队伍建设的迫切需要。今年6月，高检院又召开了全国首次检察机关文化建设工作会议。这些重要举措对推动全国检察文化建设的发展起到了重要作用。

“小省区要办大文化”是宁夏自治区党委、政府对我区文化建设提出的要求。自治区检察院党组近年来认真贯彻高检院和自治区党委加强文化建设的部署，不断加强检察文化建设。王雁飞检察长多次对全区检察文化建设作出重要指示，多次视察全区检察机关文化建设情况，亲自参加全区检察机关重大的文化活动；同时还提出了“规范是文化”的理念，把检察文化建设与检察业务工作紧密结合起来，通过提高检察人员的思想和文化素质促进规范执法，通过推进规范执法使检察文化建设具有充实丰富的内容。全区各级检察机关认真贯彻自治区检察院有关检察文化建设的部署和王雁飞检察长的指示精神，把检察文化建设摆上重要位置，结合实际开展了多种形式的检察文化活动，涌现了一批颇具特色的检察文化建设典型单位。如吴忠市院连续五年举办不同主题检察文化艺术节、中卫市院成立了检察官艺术团，隆德县检察院开展经常性的书画艺术创作、石嘴山市大武口区院创办《星海清风》报刊、贺兰县检察院干警文学艺术创作等。

成立宁夏检察官文联，是自治区院党组根据高检院指示精神，加强新形势下我区检察文化建设的重要举措。宁夏检察官文联的成立，为我们更好地开展检察文化建设创造了条件、搭建了平台。全区检察机关要以此为契机，认真落实高检院和区院党组的部署，充分运用各种文化载体，弘扬社会主义核心价值体系，坚定检察人员的理想信念，培育“忠诚、为民、公正、廉洁”的政法干警核心价值观和以“六观”、“六个有机统一”、“四个必须”为基本内容的执法理念，以潜移默化的方式激发检察干警热爱检察事业、忠实履行职责的责任感和使命感。

二、明确检察官文联的职能定位

正确认识和把握检察官文联的职能定位，是做好检察官文联工作的前提。根据宁夏检察官文联章程，检察官文联的职能定位主要有以下几个方面：

第一，宁夏检察官文联是在自治区院党组领导下，在中国检察官文联和自治区文联指导下，经民政部门批准登记注册，由全区检察系统文学艺术爱好者组成的地方性、专业性、非营利性的社会团体。在工作中，自觉接受自治区院党组的领导和政治部的指导，发挥社会团体的优势，以文学艺术等多种文化形式，配合各级检察院政工部门推进检察文化建设，培育检察精神，建设全区检察干警共有的精神家园。

第二，检察官文联是全区检察队伍中文学艺术爱好者的联合组织。它以全区检察系统文学艺术骨干为主体，团结、组织广大检察文学艺术爱好者，组成检察文学艺术队伍，发挥检察文化建设骨干作用，带动全体检察人员共同推动全区检察文化繁荣发展。

第三，宁夏检察官文联是加强全区检

察文化建设，促进我区法治文化大发展大繁荣的重要阵地。检察文化是中国特色社会主义法治文化的重要组成部分。在检察官文联这个舞台上，通过检察文化，宣传社会主义法治文化；通过弘扬检察精神，弘扬社会主义法治精神；通过展示检察机关的形象和工作业绩，促进社会主义法治建设。

第四，宁夏检察官文联是全区检察机关加强与人民群众联系的桥梁和纽带。它通过各种文学艺术创作和文化艺术活动，宣传检察工作，树立检察形象，密切与人民群众的联系，使人民群众和社会各界更加了解检察工作、支持检察，增强全区检察机关的社会影响力和执法公信力。

当前和今后一个时期，宁夏检察官文联工作的指导思想是：以邓小平理论和“三个代表”重要思想为指导，深入贯彻落实科学发展观，紧紧围绕宁夏经济社会发展大局，围绕全区检察中心工作，以提高检察队伍素质、提升检察形象和执法公信力为目标，以改革创新为动力，充分发挥联络、协调、服务职能，团结、组织全区检察文学艺术队伍，大力开展检察文学艺术创作和文化艺术活动，加强“文化育检”；服务检察工作、服务队伍建设，推动全区检察文化繁荣，促进全区检察工作科学发展。

三、当前我区检察官文联的主要任务

根据中国检察官文联确定的工作目标，结合我区检察工作和检察文化建设的实际，当前和今后一个时期，宁夏检察官文联的主要任务是：

一是牢牢把握检察文化建设的正确方向。社会主义核心价值体系是兴国之魂，是社会主义先进文化的精髓，决定着中国特色社会主义发展方向。检察文化建设必须坚持正确的政治方向，坚持用社会主义核心价值体系引领检察文化建设，坚持用马克思主义中国化的最新成果武装检察干警头脑，用社会主义法治理念指导工作实践。

二是立足检察职能积极开展检察文学艺术创作。检察文联的重要职责就是搞好检察文化艺术创作，不断给检察人员、人民群众奉献出优秀的检察文化艺术作品。服务检察中心工作，是检察文化创作必须坚持的基本原则。各级检察机关要立足检察事业发展全局，深入宣传检察工作的方针政策，热情讴歌检察队伍的模范典型和先进事迹，全方位展示检察工作的丰硕成果，在生动的检察实践中挖掘文化、培育文化。要组织有艺术才能的检察人员，努力创作出一批展现时代精神、反映检察工作科学发展、富有思想性和艺术性、独具检察特色和检察风格的优秀作品。

三是进一步营造机关文化氛围。全区各级检察院要进一步开展具有检察特色的“三室一墙”（院史室、图书室、活动室和文化墙）文化设施建设。要结合实际，组织开展各种形式的文化活动，通过营造浓厚的文化氛围，充分发挥先进文化教育、引导、规范、凝聚、激励等作用，体现人文关怀，缓解检察干警，特别是基层检察干警的压力，使检察干警的思想情操在潜移默化中受到陶冶和升华。

四是不断创新文化艺术载体。要充分运用具有时代特征、体现时代精神的新型载体，发挥互联网传播快、受众面广的优势，加大检察文化的覆盖面和渗透力。要继续办好宁夏检察微博，逐步扩大社会关注度和影响力，使之成为宁夏检察文化的特色品牌。要利用检察内网，开辟检察文化宣传交流平台。要定期举办检察官艺术节、检察官运动会、检察官书画摄影展等活动，交流检察文化的创新成果，激发检察人员的创作热情。要结合基层院建设中开展的“一院一品牌”活动，鼓励各基层院争创检察文化示范院。目前，首批检察文化示范院推荐、评比活动正在进行中，将在年内命名表彰。

五是积极推进检察官文联组织建设。人才队伍建设是检察官文联的基础工作。检察文化艺术活动的开展要坚持以检察人员为主，各级检察机关要注意通过开展各种文学艺术活动发现人才，逐步培养一批检察文学艺术骨干，造就一支稳定的人才队伍，为检察文化建设提供有力的人才支撑。全区各级院党组都要重视、支持检察官文联工作，要把政治坚定、热爱文化工作的干部选派到文联岗位，并为他们发挥聪明才智创造条件。

六是借助社会资源加强检察文化建设。检察文化建设离不开社会各界的支持、帮助。要加强与自治区文化厅、文联及其他文化艺术单位、团体的联系和交流，开展形式多样的合作。邀请更多的艺术人才指导和参与检察文化建设。要充分发挥各位专家顾问的作用，通过举办讲座、研讨会，组织笔会、采风等活动，提高广大检察干警的理论水平和艺术鉴别力、欣赏力。

同志们，做好宁夏检察官文联工作，责任重大，使命光荣。我们要在院党组的领导下，在中国检察官文联和自治区文联的指导下，在全区广大检察干警的支持下，进一步解放思想、开拓创新、扎实工作，服务检察中心工作，服务全区检察干警，努力开创宁夏检察官文联工作的新局面，为宁夏文化事业和全国检察文化事业大发展大繁荣贡献力量，以优秀的检察文化艺术成果，促进宁夏检察事业科学发展、跨越发展。

关于宁夏回族自治区检察官文学艺术联合会筹备成立情况的报告

（2012年10月16日）

康小民

尊敬的张耕主席，各位领导、各位嘉宾、各位代表：

受大会筹备领导小组的委托，我就宁夏检察官文学艺术联合会筹备成立情况向大会作报告。

近年来，自治区人民检察院高度重视检察文化建设，明确提出了实施“文化育检”的战略任务，要求各级检察机关始终坚持把检察文化建设作为提高队伍素质、提升检察形象的重要抓手抓紧抓实。王雁飞检察长更是着眼宁夏检察队伍长远发展，强调把文化建设作为队伍建设的重要内容，要求筹建宁夏检察官文联，培养一批检察文化建设示范单位，培育和弘扬检察人员共同价值体系，增强检察工作软实力。各市、县（区）检察机关也结合检察工作和区域特点，在检察文化的理论研究、组织推动、制度创新、机制建设等方面进行了有益探索。总体来看，近年来，在各方面的共同努力下，宁夏检察文化建设取得了长足进步和发展。为适应新形势对检察文化建设提出的新任务新要求，按照高检院的统一部署，区检院党组审时度势，决定成立宁夏检察官文联，以建立统一的联系机构，进一步加强和改进检察文化建设，充分发挥检察文化独特的教育、引导、约束、凝聚作用，不断提高检察队伍的政治素质和职业道德素养，增强检察队伍的凝聚力和战斗力。

2012年1月，经过充分准备，区检院向自治区文联和自治区民政厅同时提出成立宁夏检察官文联的申请。2012年2月，自治区文联和自治区民政厅相继复函同意筹备成立宁夏检察官文联。

根据民政厅《关于同意筹备宁夏检察官文学艺术联合会的复函》要求和宁夏检察官文联建设工作需要，区检院决定召开宁夏检察官文联第一次会员代表大会。会议将通过宁夏检察官文联章程，选举产生宁夏检察官文联第一届领导机构和组成人员，部署当前和今后一个时期的检察官文联工作。开好这次会议，对于团结检察文化艺术队伍，凝聚检察文化艺术力量，繁荣和发展检察文化事业，进一步加强检察队伍建设，推动检察工作科学发展都将起到重要的推动作用。

在文联成立过程中，筹备工作得到了自治区党委组织部、政法委和民政厅、文化厅、宁夏文联以及其他相关部门的大力支持和帮助，尤其得到了中国检察官文联特别是张耕主席的亲切关怀。今天，张耕主席亲临会场并将做重要讲话。在此，我谨代表宁夏检察官文联筹备领导小组，向关心、支持宁夏检察官文联成立的各位领导、各位来宾表示衷心的感谢！

宁夏检察官文学艺术联合会的成立，

是全区检察机关的一件大事，标志着检察文化建设掀开新的一页，进入新的阶段，在推动检察文化繁荣发展方面具有里程碑意义。宁夏检察官文学艺术联合会将在自治区人民检察院的领导下，在中国检察官文联、宁夏文联的指导和民政部门的监督下，在各兄弟单位的支持下，积极组织、团结、凝聚广大检察文化艺术工作者和爱好者，以提高检察队伍素质、提升检察形象和检察机关执法公信力为目标，以改革创新为动力，坚持服务检察机关、服务检察队伍、服务基层、服务群众，充分发挥检察官文联联络、协调、服务职能作用，大力开展检察文化艺术创作和文化艺术活动，为推动检察文化进一步繁荣发展作出积极贡献！

在宁夏回族自治区检察官文学艺术联合会第一次会员代表大会上的致辞

（2012 年 10 月 16 日）

刘 伟

各位代表，各位嘉宾，同志们，朋友们：

在全区上下满怀信心喜迎党的十八大胜利召开之际，宁夏检察官文学艺术联合会第一次会员代表大会今天隆重召开了。这是全区检察系统的一件大事和喜事，对于进一步推动全区检察系统文学艺术事业的繁荣发展，具有十分重要的意义。在此，我代表自治区文联向大会的胜利召开表示热烈祝贺；向各位代表、各位朋友致以诚挚问候和崇高敬意；向多年来重视、支持文艺工作和文联工作的自治区检察院党组和全区检察系统各级领导表示衷心的感谢！

文化是民族的血脉，是人民的精神家园。文艺是民族精神的火炬，文艺事业是中国特色社会主义事业的重要组成部分，是社会主义文化建设的重要内容，文艺工作在党和国家工作全局中具有十分重要的地位。我们欣喜地看到，近年来，全区检察系统干警在自治区检察院党组的正确领导下，深入贯彻落实科学发展观，自觉坚持“二为”方向、“双百”方针和“三贴近”原则，以昂扬的精神状态和辛勤的艺术劳动，创作生产了一批思想性艺术性观赏性相统一，具有浓郁地域特色、深受广大群众喜爱的优秀作品，为推动全区检察文化建设繁荣发展做出了积极贡献。谨此，我代表自治区文联，向全区检察系统广大文艺工作者致以崇高的敬意！

当前，我区文艺事业正面临着前所未有的发展机遇。党的十七届六中全会确立了建设社会主义文化强国的目标，吹响了向文化强国进军的号角。自治区党委政府出台了一系列加快文化大发展大繁荣的政策措施，为推动全区文艺大发展提供了更为广阔的空间和舞台。在这样的大好形势下，全区检察系统的文学艺术事业必将迎来新的辉煌。

衷心希望全区检察系统广大干警，始终坚持社会主义文化前进方向，大力弘扬社会主义核心价值体系。社会主义核心价值体系是社会主义文艺的灵魂，广大文艺工作者承担着建设社会主义先进文化的时代重任，必须始终坚持为人民服务、为社会主义服务的方向，坚持百花齐放、百家争鸣的方针，努力学习、自觉运用马克思主义文艺观，用社会主义核心价值体系指导创作的全过程，把文艺创作融入建设和谐富裕新宁夏、与全国同步进入小康社会的伟大实践，用文艺的形式唱响时代主旋律，把高尚的情感境界、健康的人生追求、美好的艺术情趣传递给人们，更好地发挥文化引领风尚、教育人民、服务社会、推动发展的作用。

衷心希望全区检察系统广大干警，始终保持同人民群众的血肉联系，为人民抒写，为人民放歌。一切进步的文艺创作都源于人民、为了人民、属于人民，一切进步的文艺工作者的艺术生命都源于同人民群众的血肉联系。文学艺术家只有把人民放在心中最高位置，不断培养和增进对人民群众的感情，关心群众疾苦，体察人民愿望，把握群众需求，与人民群众同呼吸、共命运，为人民放歌，为人民抒情，为人民呼吁，才能得到人民的喜爱和尊重。广大文艺工作者要按照“走基层转作风改文风”活动的要求，切实增强面向基层、服务群众的责任感和使命感，深入生活、深入群众，在社会生活中汲取素材、提炼主题，以充沛的激情、生动的笔触、优美的旋律、感人的形象，努力创作出思想性艺术性观赏性相统一、人民喜闻乐见的优秀文艺作品，把最精美的文艺作品奉献给人民，更好地满足人民群众日益增长的精神文化需求。

衷心希望全区检察系统广大干警，不断提高综合修养和人格魅力，努力成为“德艺双馨”文艺家。没有崇高的精神追求和高超的艺术才华，难以写出高品位的作品，难以成为人民群众喜爱的文艺家。广大文艺工作者要把加强思想道德修养作为一项长期的重要任务，牢固树立正确的世界观、人生观、价值观，自觉践行中国文联倡导的“爱国、为民、崇德、尚艺”的核心价值观和《中国文艺工作者职业道德公约》，坚持正确的创作方向，秉持良好的职业精神，恪守良好的职业道德，培养健康的审美情趣，修炼良好的品德素养，做到创作与修养共进，作品与人品齐升，成为德艺双馨的人民艺术家，赢得社会的尊重和赞誉。要自觉增强社会责任感和历史使命感，大力弘扬真善美，贬斥假恶丑，坚决抵制庸俗、低俗、媚俗之风，努力追求淡泊名利、不骄不躁，正派做人、踏实从艺，热心公益、甘于奉献，真正成为先进文化的传播者、人间正气的弘扬者、美好心灵的塑造者，努力做德艺双馨的典范和榜样。

文联是党和政府联系广大文艺工作者的桥梁和纽带，是繁荣社会主义文艺、发展先进文化的重要力量，在团结凝聚文艺大军，推动社会主义文化大发展大繁荣方面担负着不可替代的重要责任。希望宁夏检察官文学艺术联合会在自治区检察院党组的坚强领导下，认真履行联络、协调、服务的重要职责，充分发挥组织、引导、服务、维权的作用，把全区检察系统干警的思想和行动统一到党的十七届六中全会精神上来，把智慧和力量凝聚到自治区检察院党组确定的各项任务和要求上来，精心组织开展一系列有特色高质量的文艺活动，在推进全区检察文化繁荣发展中有新作为。希望全体代表共同努力，把这次会议开成一次承前启后、继往开来，总结工作、创新发展的大会，开成一次统一思想、提高认识，团结鼓劲，开拓奋进的大会。希望大会即将产生的宁夏检察官文学艺术联合会领导班子同心同德、锐意进取，以昂扬向上的精神状态、开拓创新的实际行动、求真务实的工作作风，不断开创全区检察系统文学艺术事业新局面。

同志们、朋友们，新起点造就新机遇，新征途孕育新希望。我们相信，本次大会的召开，必将成为全区检察系统文学艺术事业发展一个新的起点。让我们在自治区党委、政府的坚强领导下，以邓小平理论和“三个代表”重要思想为指导，深入贯彻落实科学发展观，提高文化自觉，增强文化自信，解放思想，与时俱进，开拓进取，扎实工作，为推动全区文化大发展大繁荣，建设和谐富裕新宁夏、与全国同步进入小康社会做出新的更大贡献，以优异成绩迎接党的十八大胜利召开。

最后，预祝大会圆满成功！

资　料

宁夏回族自治区检察官文学艺术联合会第一届委员会主席、副主席、常务委员、秘书长、副秘书长名单

（9 人）

主席（1 人）

汪　敬　宁夏回族自治区人民检察院党组副书记、副检察长

副主席（1 人）

李桂兰　宁夏回族自治区人民检察院党组成员、副检察长

雷玺禄　宁夏回族自治区人民检察院副巡视员

常务委员（5 人）

马　骁　中卫市人民检察院党组成员、政治处主任

刘志立　吴忠市人民检察院党组成员、政治处主任

张学文　石嘴山市人民检察院党组成员、政治处主任

杨秀鸿　固原市人民检察院党组成员、政治处主任

胡文君　银川市人民检察院党组成员、政治处主任

秘书长（1 人）

马秀宁　宁夏回族自治区人民检察院政治部宣传处处长

副秘书长（1 人）

杨春晖　宁夏回族自治区人民检察院政治部宣传处干部

宁夏回族自治区检察官文学艺术联合会第一届委员会主席、副主席、秘书长、副秘书长、委员和常务委员会委员选举办法

根据国务院《社会团体登记管理条例》和《宁夏检察官文学艺术联合会章程》，制定本选举办法：

一、宁夏检察官文学艺术联合会（以下简称宁夏检察官文联）第一届委员会主席、副主席、秘书长、副秘书长、委员和常务委员会委员，由宁夏检察官文联第一届委员会第一次全体会议选举产生。

二、宁夏检察官文学艺术联合会第一届委员会委员候选人由宁夏检察官文学艺术联合会筹备领导小组商各市、县（区）人民检察院提出候选人建议名单，同自治区人民检察院政治部酝酿协商后，报请自治区人民检察院党组审查同意，确定为正式候选人。

三、宁夏检察官文学艺术联合会第一届委员会委员经宁夏检察官文联第一次会员代表大会选举产生，参会代表超过代表总数三分之二，方可进行选举。

四、宁夏检察官文学艺术联合会第一届委员会主席、副主席、秘书长、副秘书长和常务委员会委员候选人，由宁夏检察官文学艺术联合会筹备领导小组从第一届委员会委员中提名并确定为正式候选人；候选人得赞成票超过实到委员半数以上，方可当选。

五、宁夏检察官文学艺术联合会第一届委员会主席、副主席、秘书长、副秘书长、委员和常务委员会委员的产生，采用举手表决方式，实行等额选举。

六、正式候选人名单按姓氏笔划排序。

七、选举人对候选人可以表示赞成、反对或弃权。

八、本选举办法，经宁夏检察官文联第一次会员代表大会审议通过后生效。

宁夏回族自治区检察官文学艺术联合会 第一届委员会委员候选人建议名单

（35 人）

丁旭东　银川市上前城地区人民检察院党组成员、办公室主任

马凤俊　石嘴山市红果子地区人民检察院办公室主任

马占荣　海原县人民检察院党组成员、副检察长

马秀宁　宁夏回族自治区人民检察院政治部宣传处处长

马　骁　中卫市人民检察院党组成员、政治处主任

马　迪　银川市兴庆区人民检察院党组成员、政工科长

马建军　吴忠市利通区人民检察院政工科科长

马维荣　同心县人民检察院党组成员、政工科长、纪检组长

王习礼　贺兰县人民检察院党组成员、纪检组长

王文峰　西吉县人民检察院党组成员、政工科长

王　会　隆德县人民检察院党组成员、副检察长

王志奎　石嘴山市大武口区人民检察院党组成员、政工科长

张学文　石嘴山市人民检察院党组成员、政治处主任

刘　广　彭阳县人民检察院党组成员、副检察长

刘志立　吴忠市人民检察院党组成员、政治处主任

李国新　青铜峡市人民检察院党组成员、政工科长

李桂兰　宁夏回族自治区人民检察院党组成员、副检察长

李福太　固原市原州区人民检察院政工科长

何　萍　银川市金凤区人民检察院副检察长

张　钢　平罗县人民检察院党组成员、副检察长

苏彦彬　中宁县人民检察院办公室主任

沙晨红　灵武市人民检察院政工科长

汪　敬　宁夏回族自治区人民检察院党组副书记、副检察长

吴新军　石嘴山市惠农区人民检察院政工科科长

陈吉明　银川铁路运输检察院政治处主任

杨和平　吴忠市红寺堡区人民检察院党组副书记、政工科长

杨秀鸿　固原市人民检察院党组成员、政治处主任

杨春晖　自治区人民检察院政治部宣传处干部

周新华　永宁县人民检察院党组成员、纪检组长

胡文君　银川市人民检察院党组成员、政治处主任

胡秀清　泾源县人民检察院党组成员、

办公室主任
贺继宏　中卫市沙坡头区人民检察院政工科长
崔振华　盐池县人民检察院政工科长
郭海虹　银川市西夏区人民检察院党组成员、纪检组长
雷玺禄　宁夏回族自治区人民检察院副巡视员

宁夏回族自治区检察官文学艺术联合会
第一届委员会顾问推举名单

（7人）

刘　伟　宁夏回族自治区文联党组成员、副主席

陈长祥　宁夏回族自治区文联副主席、宁夏摄影家协会主席

漠　月　《朔方》常务副主编、一级作家

程　牧　宁夏音乐家协会副主席、宁夏大学教授

郭震乾　中国美术家协会理事、宁夏美术家协会副主席兼秘书长

李洪义　中国书法家协会理事、宁夏书法家协会常务副主席

徐明智　宁夏文联副主席、宁夏曲艺杂技协会主席

宁夏回族自治区检察官文学艺术联合会章程

第一章　总　　则

第一条　根据国务院《社团登记管理条例》、《宁夏文学艺术界联合会章程》和检察机关的职能定位制定本章程。

第二条　本会名称为宁夏检察官文学艺术联合会，简称宁夏检察官文联，英文名称为 Ningxia prosecutor’s association of literary and artistic，英文缩写为 NXPALA。

第三条　本会是在宁夏回族自治区人民检察院的领导下、由热爱文化艺术、有一定文化艺术特长的检察人员（含离退休人员）和各市、县（区）检察官文联自愿结成的全区性、联合性、非营利性社会团体。

第四条　本会的宗旨是：以邓小平理论和“三个代表”重要思想为指导，深入贯彻落实科学发展观，大力弘扬社会主义核心价值体系和社会主义法治理念，紧紧围绕党和国家工作大局，围绕检察中心工作，充分发挥联络、协调、服务职能作用，组织、团结、凝聚检察文化艺术队伍，积极开展检察文化艺术创作和文化艺术活动，发现、培养检察文化艺术人才，为推动检察文化和法治文化繁荣发展，提高检察队伍综合素质，促进检察事业科学发展做出积极的贡献。

第五条　本会接受宁夏文学艺术界联合会和中国检察官文学艺术联合会的业务指导和自治区民政厅的监督管理。

第六条　本会会址设在银川市北京东路 41 号。

第二章　业务范围

第七条　本会的业务范围包括：

（一）采取有效措施，努力提高宁夏检察文化艺术创作和文化艺术活动水平，大力扶植和培养检察文化艺术新人，不断壮大检察系统文化艺术队伍；

（二）组织和支持检察系统文化艺术工作者深入生活、深入基层，积极开展文化艺术创作、展演、交流、比赛、研讨、评论等活动，对全区检察系统优秀文化艺术工作者和各文化艺术门类的优秀成果予以推介，报经上级主管部门批准，开展表彰奖励活动；

（三）研究、探索检察文化和法治文化建设的历史发展及其规律，分析、解决检察文化和法治文化实践中出现的新情况、新问题，总结、推广检察文化和法治文化建设的新经验，使检察文化和法治文化更好地服务党和国家工作大局，服务检察中心工作，服务检察队伍建设；

（四）积极与宣传、文化、新闻、出版等社会各界沟通联系，不断扩大与区内外文化艺术界之间的联系、交流和合作；

（五）反映广大检察文化艺术工作者的意见和要求，维护其合法权益；

（六）完成其他任务。

第三章　会　　员

第八条　本会会员包括单位会员和个人会员。

第九条　申请加入本会的会员，必须具备下列条件：

（一）拥护本会章程；

（二）单位会员为各市、县（区）检察官文联；

（三）个人会员为热爱文化艺术并有一定文化艺术特长的检察人员（含离退休人员）。

第十条 会员入会程序：

（一）提交入会申请书，其中个人会员须经两名正式会员介绍，或所在单位推荐；

（二）经本会审核通过；

（三）由本会主席团发给会员证。

第十一条 会员享有下列权利：

（一）选举权、被选举权和表决权；

（二）对本会工作的批评建议权和监督权；

（三）参加本会的活动；

（四）获得本会服务的优先权；

（五）享受本会为创作活动提供的必要帮助和便利条件；

（六）请求本会保障其合法权益不受侵害；

（七）自由退会的权利。

第十二条 会员履行下列义务：

（一）遵守本会章程，执行本会决议，完成本会布置的工作；

（二）维护本会合法权益；

（三）与本会保持联系，向本会及时反映工作情况；

（四）单位会员应按时向本会报告年度工作计划和工作总结；

（五）单位会员的重要人事变动，应报本会审查备案；

（六）按规定缴纳会费。

第十三条 会员退会应书面通知本会，并交回会员证。

会员如逾期一年不缴纳会费或长期不参加本会活动，可视为自动退会。

第十四条 会员如违反国家法律，对社会造成危害，或严重违反本会章程，或长期不开展活动，经本会核实，可给予警告、限期改正或除名等处理。

第四章 组 织

第十五条 本会的最高权力机构为宁夏检察官文学艺术联合会代表大会和由它选举产生的宁夏检察官文联委员会。

第十六条 宁夏检察官文学艺术联合会代表大会每五年召开一次，由宁夏检察官文学艺术联合会委员会召集，必要时可提前或延期召开。

第十七条 宁夏检察官文学艺术联合会代表大会代表通过一定的民主程序推选和特邀产生。

第十八条 宁夏检察官文学艺术联合会代表大会的职权：

（一）制定和修改本会章程；

（二）选举和罢免委员会委员；

（三）审议委员会的工作报告；

（四）决定终止事宜；

（五）讨论和决定其他重要事项。

第十九条 宁夏检察官文学艺术联合会委员会由代表大会选举产生。以团体会员代表身份参加的宁夏检察官文学艺术联合会委员，当委员因工作调动或其他原因不再担任该团体负责人时，委员的席位可由接替的该团体、该部门负责人替补。上述委员的更替由所在团体向宁夏检察官文学艺术联合会报告，由本会确认后更名备案。

第二十条 宁夏检察官文学艺术联合

会委员会全体会议每年召开一次，必要时可提前或延期召开。

第二十一条 宁夏检察官文学艺术联合会委员会的职权：

（一）执行宁夏检察官文学艺术联合会代表大会的决议；

（二）选举主席、副主席；

（三）增补或调整宁夏检察官文学艺术联合会委员会委员；

（四）听取和审查宁夏检察官文学艺术联合会年度工作报告；

（五）决定应由宁夏检察官文学艺术联合会委员会决定的事项。

第二十二条 宁夏检察官文学艺术联合会委员会选举主席一人，副主席若干人。秘书长、副秘书长由主席、副主席提名，全委会通过。主席、副主席、秘书长、副秘书长组成主席团。宁夏检察官文学艺术联合会代表大会和委员会闭会期间，由主席团行使其权力。

本会主席团会议根据工作需要举行，由主席或受委托的副主席召集。

第二十三条 对不称职的主席团成员、委员会委员，由产生机构通过一定的程序，予以罢免或撤换。在特殊情况下，可由主席团讨论决定，并由宁夏检察官文学艺术联合会委员会下一次会议确认。

第二十四条 本会设立若干专业协会。各专业协会由会长、副会长、秘书长和会员组成，受宁夏检察官文学艺术联合会委员会或主席团领导。

第五章　经费与资产

第二十五条 本会经费来源：

（一）主管单位拨款；

（二）会员会费；

（三）社会捐赠、资助；

（四）其他合法收入。

第二十六条 会员会费的收取，按照本会制定的会费标准和国家有关规定执行。

第二十七条 本会的经费、资产及国家调拨给予的不动产受法律保护，任何单位和个人不得侵占、私分和挪用。

第二十八条 本会严格遵守相关财务规定和财务纪律，依据相关财务制度进行管理和经营，并接受相关部门的监督。

第六章　附　　则

第二十九条 本章程修改权属宁夏检察官文学艺术联合会，解释权属主席团。

第三十条 本章程自社团登记管理机关核准之日起生效。

宁夏回族自治区检察官文学艺术联合会成立暨第一次会员代表大会议程

一、全体起立，奏唱《国歌》；

二、宣读《自治区民政厅关于宁夏检察官文学艺术联合会筹备成立的批复函》；

三、宣读中国检察官文联及兄弟省市检察官文联贺信；

四、自治区文联领导致辞；

五、审议通过《宁夏检察官文学艺术联合会章程（草案）》；

六、审议通过《宁夏检察官文学艺术联合会第一届委员会主席、副主席、秘书长、副秘书长、委员和常务委员会委员选举办法（草案）》；

七、选举宁夏检察官文学艺术联合会第一届委员会委员；

八、选举宁夏检察官文学艺术联合会第一届委员会主席、副主席、秘书长、副秘书长、常务委员；

九、宣读《宁夏检察官文学艺术联合会第一届委员会顾问名单》并颁发聘书；

十、宁夏检察官文学艺术联合会当选主席作《工作报告》；

十一、自治区人民检察院党组书记、检察长王雁飞同志讲话；

十二、全国政协教科文卫体委员会副主任、中国检察官文联主席张耕同志讲话；

十三、全体起立，唱《歌唱祖国》。

宁夏回族自治区检察文化艺术工作情况

综　述

2012年，宁夏检察文化工作坚持以科学发展观为指导，坚持“检察文化理论研究、检察文化艺术创作、检察文化艺术活动”“三位一体”协调发展工作思路，文火炖药，扎实推进，促进了检察工作科学发展。

一、深入开展政法干警核心价值观教育实践活动

在全区检察机关组织开展了政法干警“忠诚、为民、公正、廉洁”核心价值观教育实践活动。6月中旬，区检院教育实践活动领导小组办公室采取听取汇报、查阅资料、召开座谈会和明察暗访等形式，对全区检察机关教育实践活动开展情况进行了专题督查，共发现问题4类12项，并下发督查通报逐一要求整改，进一步推进了活动的深入开展。9月中旬，区检院先后组织召开政法干警核心价值观教育实践活动市、县（区）级检察机关汇报会和区检院机关汇报会，对教育实践活动对照检查阶段工作情况和活动阶段性成果以及存在的问题进行了汇报交流，并就集中整改和总结验收阶段工作进行了具体安排部署。期间，创建了办公内网“宁夏检察机关政法干警核心价值观教育实践活动专栏”，归类登载活动相关文件和动态、简报40余篇，方便了市、县（区）级检察机关查阅文件、交流学习和开展活动；创办了《宁夏检察机关政法干警核心价值观教育实践活动简报》，编辑、刊印活动简报20期，被中央政法委、高检院和自治区党委组织部、政法委等单位转发15篇，多项工作得到中央政法委、自治区党委政法委肯定。

抢抓教育实践活动有利契机，将检察队伍中存在的突出问题上升到检察职业理念和职业文化的高度进行深刻剖析，提炼了“检察人的职业担当需要什么样的精神”、“应当如何坚守雷锋的忠诚与奉献精神”和“青年干警如何尊重老同志、老同志如何关心培养青年干警”3个议题，组织全区检察干警开展了为期半个月的专题讨论。澄清了个别检察干警的一些模糊认识，使检察队伍的精神面貌得到明显改善。

二、推进检察文化理论研究、艺术创作、艺术活动协调发展

组织开展了全区检察机关“正确发展理念和执法理念”以及“党建理论和思想政治工作”等征文活动，共收集论文90篇，荣获全国检察机关党建理论研讨活动组织奖，其中有3篇论文分别在高检院相关主题研讨大会上进行交流，2篇论文获得优秀奖。

在全区检察机关启动了“法治文化建设年”活动，印发《宁夏回族自治区人民检察院“法治文化建设年”实施方案》并精心组织形式多样的检察文化活动。举办了宁夏检察机关第二届书画摄影展览，展出书法、美术、摄影等作品100余幅，并对获奖作品作者和优秀组织单位进行了表彰，其中有4幅作品入选了高检院“廉洁书画摄影作品展”。在全区检察机关开展了“迎新春、送文化”春联征集活动，共征集筛选并向高检院文联报送春联近300副，共有12人次获奖，宁夏检察官文学艺术联合会被中国检察官文联评为优秀组织奖。组织报送了自治区检察院“全区组工干部书画摄影作品展”作品。共报送书法作品2副、摄影作品7副、文学作品2篇。积极协助筹建院史室，印发《宁夏回族自治区人民检察院院史室筹建方案》的通知，先后到自治区档案局筛选、复印、整理1979年以前的院史室材料70余份。10月16日，组织召开了宁夏检察官文学艺术联合会成立暨第一次会员代表大会，全国政协教科文卫体委员会副主任、中国检察官文联主席张耕，自治区人民检察院党组书记、检察长王雁飞出席大会并讲话；自治区党委政法委，自治区文化厅、民政厅、文联相关领导到会致贺并致辞；自治区文联和自治区作家协会、曲艺杂技协会、美术家协会、音乐家协会、书法家协会、摄影家协会相关知名学者、专家应邀出席大会并被聘为宁夏检察官文学艺术联合会第一届委员会顾问；自治区检察院相关领导、内设机构负责人、宁夏检察官文学艺术联合会第一届委员会委员候选人、全区各市、县（区）检察院检察长以及有文学艺术特长的检察干警代表和新闻媒体朋友共130余人参加了大会。会议审议通过了《宁夏检察官文学艺术联合会章程（草案）》等；选举产生了宁夏检察官文学艺术联合会第一届委员会领导集体。自治区检察院党组副书记、副检察长汪敬当选为宁夏检察官文学艺术联合会第一届委员会主席并作了工作报告。启动了宁夏检察机关专项艺术人才甄选工作，初步甄选各类专项艺术人才150余人。宁夏区检院因在全区广场文化演出活动中表现突出，被自治区党委宣传部等6部门表彰为“清凉宁夏”广场文艺演出优秀组织单位。

三、深化基层文化、激励文化和网路文化建设

宁夏区检院对全区基层检察院建设工作进行了检查调研，在座谈了解和实地考察的基础上，形成专题调研报告上报院党组，基层一线反映强烈的机构编制等实际问题，通过院领导的努力得到解决。印发了《2012年基层检察院建设指导意见》，修订了《宁夏基层人民检察院考核评定办法》，健全了《市级院考核评定办法》。进行了全区市级院年度考核，组织了市院对基层院年度考核，促进基层检察院建设各项任务措施的有效落实。组织开展了“一院一品牌”活动，提出了加强全区“一院一品牌”活动的指导意见，督促市级院切实发挥好“一线指挥部”作用，确定了22个品牌创建方案，促进基层检察文化建设再上新台阶。对首批评选出的兴庆区检察院等五个全区检察文化建设示范院进行了通报表彰。贺兰县检察院被高检院表彰为全国检察文化建设示范单位。为迎接党的十八大，配合最高检开展了“走黄河·说法治·话成就”系列采访活动，集中宣传报道了沙坡头区等六个沿黄河基层院建设情况和廉设香、肖声、罗永国等基层检察干警的典型事迹。与此同时，邀请全国模范检察官马俊欣先进事迹报告团来宁，全区检察干警通过现场或视频直播聆听了专题报告。按照宁夏区党委宣传部通知要求，推荐上报了15名模范人物入选《推进社会主义核心价值体系建设工程系列丛书·政法系统先进人物篇》。开展了“最美青年检察官”推荐宣传活动，银川市检察院的青年干警肖声被授予全国最美青年检察官。

出台《宁夏检察机关互联网站群管理暂行办法》，完成宁夏检察门户网站改版。制定完善配套的管理办法，从加强硬件设施和管理能力入手，全方位实现门户网站的功能拓展、页面改进、增大信息量、提高宣传效率。通过宁夏检察网共发布、转载宣传信息500余条。充分发挥检务微博的即时性、互动性等特点，将检务微博打造成处置涉检舆情的前沿阵地。制订了《宁夏检察微博管理办法（试行）》、《宁夏自治区检察院微博管理制度》、《微博管理员工作职责》等相关制度，健全了宁夏检察微博网民诉求登记上报、信息处理办法。经过不懈努力，宁夏检察微博社会关注度不断攀升。12月，第二届政法微博与管理创新峰会上，宁夏检察微博被评为2012年政法微博问政新锐奖，同时荣登腾讯网全国十大检察机构微博排行榜和新浪网宁夏政务微博影响力前十排行榜。曹建明检察长专门作出批示：宁夏检察机关及时正面回应涉检网络舆情的做法，取得好的社会效果，值得肯定。

内蒙古检察官文学艺术联合会

内蒙古检察官文学艺术联合会第一次会员代表大会

讲　话

在内蒙古检察官文学艺术联合会成立大会上的讲话

（2012 年 10 月 19 日　根据录音整理）

张　耕

同志们：

今天，我非常高兴参加内蒙古自治区检察官文学艺术联合会第一次会员代表大会。自治区检察官文联成立是全国检察系统的一件大事，也是一件喜事，特别是在党的十八大即将召开前夕，内蒙古自治区检察官文联成立更具重大意义。我代表中国检察官文联向内蒙古自治区检察官文联的成立表示热烈的祝贺！

内蒙古自治区检察官文联成立是全区检察机关认真贯彻党的十七届六中全会精神的一项具体举措，是向党的十八大献上的一份厚礼；是自治区党委、人大、政府、政协以及相关部门长期以来关心、支持检察文化建设所取得的一项重要成果。这标志着自治区检察文化建设将进入一个新的阶段。自去年 6 月 22 日中国检察官文联成立以来，已经有 19 个省级检察院成立了检察官文联，内蒙古自治区检察官文联是第 20 家，这是全国检察官文联建设中的又一个重要成果。

内蒙古自治区检察官文联成立除了高

检院党组、自治区党委、人大、政府、政协以及相关部门的关心、自治区检察院党组的重视之外，还有一个重要原因，就是自治区检察文化建设取得了丰硕成果，为自治区检察官文联的成立奠定了坚实基础。近年来内蒙古自治区检察文化建设不断加强，无论是邢宝玉检察长，还是马永胜检察长，都高度重视检察文化建设，都采取了许多强有力的措施积极推动检察文化建设。党的十七届六中全会把文化建设提到了重要的战略位置，检察文化建设和其他文化建设一样进入了新的阶段，得到了全面加强。内蒙古自治区的检察文化建设有三个突出的特点：

第一，领导重视，强力推进。自治区检察院党组把检察文化建设摆在重要位置，作为“一把手”工程强力推进。在高检院《关于加强检察文化建设的意见》出台后，自治区检察院很快制定了关于加强检察文化建设的意见，采取了许多措施，大力推进检察文化建设。各盟、市、旗检察院都采取了很多措施加强检察文化建设。由于各级领导的重视，检察文化建设在不断推进，不断取得新的成果。

第二，立足实际，注重结合。自治区检察院党组一再强调，检察文化建设要服务于检察工作的科学发展，服务于检察机关的中心工作，要与各个方面的工作紧密结合起来，不能把检察文化建设和检察工作搞成两张皮。这个指导思想非常重要，也非常正确。自治区检察院还强调检察文化建设要在深化思想认识、坚定理想信念、积极履行职责上下功夫，使检察文化建设的开展有利于推动各项检察工作的开展。按照这一要求，许多地方都把检察文化建设与检察教育培训结合起来、与创先争优结合起来、与弘扬检察精神结合起来、与地域文化结合起来。今年8月，我在阿拉善盟调研时了解到，阿拉善盟检察分院把检察文化建设和区域文化结合得很好，他们从实际出发，通过认真研究，提出了把检察文化和驼文化结合起来，用骆驼精神弘扬检察精神，激励检察人员，提出“驼乡检魂”的理念。我认为，文化建设除了要和检察工作结合以外，还要和地域文化结合起来。这样，检察文化就更富有内涵，更富有特征，更富有生命力。

第三，载体丰富，成效显著。所谓“载体丰富”，就是说，全区三级检察院都采取了各种各样的方式，大力推动检察文化建设。比如，开展书画摄影展览，组织文艺演出，举办各种各样的讲坛，创作各类文艺作品等等。多年来，内蒙古检察文化在这方面取得的成果是非常明显的。不少地方搞了文化走廊，主题演讲，创作了《乡村检察官》等优秀作品，组织了文艺团体。比如，呼伦贝尔检察机关在全区首次成立了检察官文艺团体，建立了第一个盟市检察官文联。这些努力有力地推动了检察工作的开展，这些成果、经验，为内蒙古自治区检察官文联成立奠定了基础。从去年申办到现在，用了一年左右的时间，内蒙古自治区检察官文联便顺利成立了。这是各方面关心、支持，全体检察人员共同努力的结果。

检察官文联成立后如何开展工作，我讲几点意见，仅供参考：

一、要在深化认识，不断提高做好检察官文联工作的自觉性、自信心上下功夫

深化认识，就是要继续学习党的十七届六中全会精神，学习中央关于文化建设的一系列重要指示，学习高检院《关于加强检察文化建设的意见》，学习高检院党组关于检察文化建设的一系列意见和要求，进一步认识检察文化建设的重要性和紧迫性。在这里，要注意两个方面的问题：一是防止把检察文化建设和检察官文联工作简单地等同于一般文娱活动，认为只是说说唱唱、跳跳蹦蹦，因而不予重视。二是防止把检察文化庸俗化，不能把检察文化当作标签到处贴，认为检察文化是个筐，什么东西都可以往里装。如果这样，检察文化就会被泛化，泛化就会流于形式。我们要进一步加强对党的十七届六中全会精神的学习，努力提高认识，不断增强做好检察官文联工作的自觉性和自信心。

二、要在准确把握检察官文联的职能定位，坚持正确的工作方向上下功夫

检察官文联工作搞得好不好，有两个关键问题：一是定位，二是方向。所谓“定位”，就是一方面要认识到检察官文联是在同级检察院党组领导下的非营利性社会团体。这就要求检察官文联在工作中一定要把握好三点：一是要自觉接受同级检察院党组的领导，不能与检察院党组离心离德，不能把检察官文联的工作游离于检察院党组的工作部署之外；二是要自觉接受中国文联和自治区文联的业务指导；三是要自觉接受民政部门的行业管理。这三个方面，哪一个也不能马虎。另一方面要认识到检察官文联是检察系统文化艺术爱好者的联合体，是检察文化建设的重要方面军，是一个重要平台和阵地。检察官文联的工作不是检察文化建设的全部，检察官文联是以文化艺术的方式服务于检察工作、服务于检察队伍建设。检察官文联也不是检察文化建设的主管部门。检察文化建设的主管部门是各级检察院的政治部门。检察官文联要和政治部门密切配合，紧密协作，在重要工作上要接受政治部门的指导。

所谓“方向”，主要有五点：一是检察官文联工作一定要服务大局，围绕中心。就是要服务党和国家的工作大局，围绕检察机关的中心工作，只有这样才能得到检察院党组的关心和支持，才能得到检察系统的重视。二是要认真践行社会主义核心价值体系。对检察系统来讲，就是要践行“忠诚、为民、公正、廉洁”的政法干警核心价值观。所有的检察文化艺术创作和文化艺术活动都要充分体现政法干警核心价值观的要求和内涵。三是要突出检察官的主体地位。无论是文化艺术创作，还是文化艺术活动，都要反映检察工作、检察生活，反映检察系统的英模事迹。演出队伍应当主要是检察官，服务对象也主要是检察官。要基本做到文化艺术活动自编、自导、自演，努力为检察基层服务，为检察官服务，要使检察官感受到检察官文联是他们的精神家园。四是要认真贯彻“双百”方针。在开展检察文化艺术创作和文化艺术活动中，只要方向正确，就要提倡不同文艺风格、不同文艺流派互相学习，互相促进，努力营造一种有利于检察文化艺术事业发展的自由空间，使检察系统文化艺术人才的才华得到充分的展示。五是要贯彻“三贴近”原则。贴近检察生活，贴近检察工作，贴近检察官和人民群众。我们的检察文化艺术作品和文化艺术活动，要立足于检察实际，为检察抒写、为检察放歌。同时，要把检察理念、检察精神、检察价值观宣传到社会上去，为群众所了解，进而得到社会各方面对检察工作的理解和支持。

三、要在坚持“三位一体”工作思路，推进检察文化理论研究、检察文化艺术创作和检察文化艺术活动协调发展上下功夫

所谓“三位一体”的工作思路，就是要促进检察文化理论研究、检察文化艺术创作和检察文化艺术活动密切结合、协调发展。这三者是个整体，密不可分，缺一不可。文化理论研究是指导，文化艺术创作是根本，文化艺术活动是载体。这三个方面谁也离不开谁，必须协调发展，整体推进。

四、要在加强文化艺术人才建设，不断提高文化艺术人才素质上下功夫

检察系统的文化艺术人才不少，问题是这些人才比较分散，专业素质亟待提高。检察官文联成立后，要采取各种措施提高这支队伍的素质。首先要把队伍的底子搞清楚。弄清检察系统有多少文化艺术人才？每个人有什么专长？有多少人加入了省级以上艺术团体、成为它们的个人会员？其次，要加强培训，要采取采风、笔会、研讨等多种形式，组织专业培训。还要加强同专业协会的联系，向艺术界的专家们求教、学习，不断提高检察文化艺术人才的能力和水平。

五、要在不断加强检察官文联自身建设，提高自身素质上下功夫

检察官文联的工作人员很多是兼职的。兼职就意味着肩上的担子更重了，责任更大了。检察官文联的工作和检察机关的工作有所不同。检察官文联的同志要尽快熟悉检察官文联的工作，有针对性地推动各项工作。我要特别强调，检察官文联一定要切实抓好自身的廉政建设。按照章程规定，检察官文联可以接受社会资助。这是一项十分敏感的工作。每接受一笔资助都要慎之又慎，严防出现不廉洁的问题。一旦出了问题，不仅影响检察官文联的工作，而且会败坏检察机关的形象。因此，一定要高度重视，严格把关。

我相信，在自治区党委的关心支持下，在自治区检察院党组的直接领导下，自治区检察官文联的工作一定会搞得越来越好，一定会以优异的成绩迎接党的十八大胜利召开！

谢谢大家！

（张耕同志时任全国政协教科文卫体委员会副主任，中国检察官文联主席，最高人民检察院原党组副书记、常务副检察长。）

在内蒙古检察官文学艺术联合会第一次会员代表大会开幕式上的讲话

（2012 年 10 月 19 日）

马永胜

同志们：

今天，内蒙古检察官文联第一次会员代表大会在这里隆重召开，这是全区检察系统文化建设的一次盛会。首先，我代表自治区院党组，向大会的召开表示热烈的祝贺！向莅会指导的全国政协教科文卫体委员会副主任、中国检察官文学艺术联合会主席张耕同志表示崇高的敬意！向参与检察官文联筹备工作的同志们和广大检察文学艺术工作者表示亲切的慰问！向长期以来关心支持检察文化建设的各有关部门领导和同志们表示衷心的感谢！

近年来，全区检察机关坚持以科学发展观为指导，紧紧围绕“强化法律监督，维护公平正义”的检察工作主题，以提高检察人员综合素养和执法公信力为目标，大力实施“文化育检”工程，不断加大检察文化工作力度，检察文化建设得到了长足的发展，特别是自去年决定筹备内蒙古检察官文联以来，我们一方面认真落实高检院和中国检察官文联的工作部署，及时研究制定了自治区检察院《关于加强检察文化建设的意见》，在凝聚检心上下功夫，在推动检察工作上见实效，为全区检察事业科学发展提供了坚强的思想保证和不竭的精神动力。正因如此，我们才具有了成立检察官文联的深厚基础，可以说，内蒙古检察官文联的成立恰逢其时，这标志着我区检察文化建设事业进入了一个崭新的阶段。刚才，张耕主席所作的重要讲话中，进一步阐明了检察文化建设在检察工作中的重要地位和作用，为我区检察文化建设指明了正确方向，对我区检察文化建设的发展提出了新的希望。我们一定要认真学习、深刻领会，结合这次会议精神，全面贯彻落实。在本届委员会第一次全体会议上，当选主席还将作工作报告，下面，针对我区检察文化建设实际，我就加强检察文化建设和检察文联工作，讲几点意见。

一、要用战略眼光认识检察文化建设的重要意义

文化是一个民族的血脉，是人民的精神家园。文化的核心是价值观、是信仰追求。一个国家、一个民族如果没有自己的文化，就不会有自己的价值观。当今世界正处在大发展、大变革、大调整时期，各种思想交流、交融、交锋日益频繁，文化越来越成为民族凝聚力和创造力的重要源泉，越来越成为综合国力竞争的重要因素，越来越成为经济社会发展的重要支撑。谁占领了这个制高点，谁就将成为长期繁荣富强的国家和民族。因此，文化建设不是临时的权宜之计，而是一项持久的国家战略。我们党始终高度重视文化建设，并且站在国家强盛和民族复兴的战略高度，始终把文化建设放在事关党和国家全局和民族未来的战略地位来抓。党的十七届六中全会通过了《中共中央关于深化文化体制改革推动社会主义文化大发展大繁荣若干重大问题的决定》，明确提出了推动社会主义文化大发展大繁荣的指导思想、目标任务和重要方针；自治区第九次党代会作出了“努力促进民族文化大区向民族文化强区跨越”的重大战略部署；高检院也制定下发了《关于加强检察文化建设的意见》，专门召开了全国检察机关检察文化建设工作会议，对检察文化建设做出了全面规划，这些都为我区检察文化建设指明了方向。

推动社会主义文化大发展大繁荣，是全党全社会的共同事业，检察机关自然责无旁贷，更应该积极参与，努力推进。我们知道，检察文化是社会主义文化的重要组成部分，是检察事业不断发展的力量源泉。繁荣和发展检察文化，有利于弘扬法治精神、培育廉政风尚、促进社会和谐，是推动社会主义文化大发展大繁荣的必然要求；有利于充分发挥文化的教育、约束、激励等作用，提升检察机关的凝聚力、向心力和战斗力，是推动检察事业科学发展的重要保障；有利于全面提高检察人员的思想境界、职业操守和人文素养，是强化高素质检察队伍建设的迫切需要和战略要求。

各级检察机关特别是领导干部，要从提升检察文化软实力、促进检察事业科学发展的高度，深刻认识加强检察文化建设的重要性、必要性和紧迫性，不断增强推动检察文化建设的责任感和使命感，更加自觉地把检察文化建设纳入社会主义文化建设的总体格局，持之以恒地用社会主义核心价值观特别是政法干警核心价值观体系培育检察文化艺术队伍，持之以恒地用先进文化武装检察队伍，持之以恒地用马克思主义中国化的最新理论成果武装头脑、指导工作，为检察事业的科学发展提供思想保证、精神动力和智力支持，以检察文化建设水平的不断提升为社会主义文化大发展大繁荣做出积极贡献。

二、要用强力举措助推检察文化建设的繁荣发展

内蒙古检察官文联的成立，为深入推进全区检察文化建设搭起了一个崭新平台。各级检察机关要紧紧抓住这一有利契机，深入学习贯彻党的十七大、十七届六中全会和自治区第九次党代会精神，深刻理解全面落实即将召开的党的十八大精神，结合正在开展的政法干警核心价值观教育实践活动，以坚定法律信仰、弘扬检察精神、提升职业素质、促进公正廉洁为重点，深入研究和准确把握检察文化建设的特点规律，不断更新理念，转变观念，确立科学合理的思路，不断创新检察文化建设的载体与方法，在全区不断掀起检察文化建设的新高潮。

*一是必须始终坚持正确的政治方向。*社会主义核心价值体系是立国之本、兴国之魂，是社会主义先进文化的精髓，决定着中国特色社会主义的发展方向，在整个文化建设中居于统领和支配地位。因此，我们必须把社会主义核心价值体系融入检察文化建设全过程，贯穿到检察文化领域的方方面面，巩固全体检察人员团结奋斗的共同思想道德基础，确保检察文化建设的社会主义方向。以“忠诚、为民、公正、廉洁”为主要内容的政法干警核心价值观，是社会主义核心价值体系的重要组成部分，各级检察机关要将政法干警核心价值观教育实践活动作为当前检察文化建设的首要

任务继续抓紧抓好，切实做到内化于心、外践于行，确保检察文化建设的方向正确。要坚持用社会主义文化理论武装头脑，用社会主义文化理念凝聚力量、指导实践，充分运用各种文化形式和载体，引导广大检察人员坚定不移地做中国特色社会主义事业的建设者、捍卫者。当前，党的十八大即将召开，大会必将产生一批新的重要理论成果，我们要认真学习，深刻领会，及时将最新的理论成果应用到检察文化建设当中。

二是必须始终坚持围绕中心，服务大局。检察文化产生于、发展于检察实践，集中体现了检察职业特点和精神内涵，是推动检察工作克难奋进的精神动力，也是引领检察事业发展进步的重要力量。要始终坚持把检察文化建设置于检察事业发展全局之中来思考和谋划，紧紧围绕检察中心工作，充分运用各种有效的文化艺术形式，深入宣传自治区检察工作的方针政策和重大举措，热情讴歌以张章宝为代表的模范典型和先进事迹，坚持全方位地展示检察工作的丰硕成果和检察队伍的良好形象，更好地团结激励广大检察人员忠实履行宪法和法律赋予的神圣职责，更好地增进广大人民群众对检察工作的理解、信任和支持，充分发挥检察文化塑造精神、凝聚力量、提高素质、树立形象、推动工作的功能，不断为开创全区检察工作新局面提供精神动力和舆论保障。

三是必须始终坚持以人为本，突出检察人员的主体地位。检察文化建设说到底是以检察人员为主体的文化建设，在检察文化建设的实际中，要力求立足检察、贴近检察，要把满足广大检察人员日益增长的文化需求作为检察文化建设的出发点和落脚点，把广大检察人员认可不认可、满意不满意作为评价检察文化建设成效的重要标准。要坚持“百花齐放、百家争鸣”的方针。既要大力实施精品战略，打造出一批集思想性、艺术性、观赏性于一体的精品力作，也要积极开展形式活泼、寓教于乐、广大检察人员喜闻乐见的经常性文化活动，创作通俗易懂、雅俗共赏的文化作品。打个比方，就是既要有精品佳肴，也要有豪放的大烩菜，真正使广大检察人员从不同方面共建共享检察文化建设成果。我区有着独特的民族文化资源，检察系统更是人才济济，整个文化建设也具备了较好的基础，所以，检察官文联这个平台要让检察人员当主角、唱大戏，激发他们参与检察文化建设的热情和创造活力，切实筑牢检察文化建设的群众基础。

四是必须始终坚持因地制宜，突出地区特色。检察文化建设是一项长期、复杂的系统工程，很难一蹴而就、立竿见影，因此，既不能消极等待、无所作为，又不能急于求成、贪大求全。要立足实际，充分考虑本地区本单位的文化资源、地域优势、发展条件和现实需求，严格遵循文化建设规律，科学合理地做到边工作边完善，边探索边发展，以点带面，由浅入深，既要有短平快的三板斧，更要有使长劲的慢功夫，确保检察文化建设持之以恒地不断发展。目前，我区已经有不少分市院和基层院在文化建设上下了很大的功夫，也取得了较好的成果，在全区走在了前列，有的甚至进入全国示范院的行列。他们的做法有一个共同的经验，就是紧紧结合自己的实际，彰显地区的特点，下一步我们要发挥好他们的示范引领作用。各级检察机关要统筹规划，研究制定本地区本单位检察文化建设的发展规划和具体措施，逐步完善各项工作机制，增强系统性，把握规律性，强化预见性，不断拓展地区检察文化的发展空间。

三、要用高严标准抓好检察官文联组织的自身建设

成立内蒙古检察官文联，是自治区院党组为落实高检院的总体部署、促进全区检察文化繁荣发展而采取的一项重大举措。作为推动检察文化建设的重要力量，检察官文联要立足职能，主动作为，把各项文化活动搞起来，使检察机关氛围活起来，为建设高素质检察队伍、推动检察工作科学发展发挥出应有的作用。一要正确把握性质定位。检察官文联是同级检察院党组领导下，由热爱文化艺术、有一定特长的检察人员自愿结成的联合性、非营利性社会组织。在工作中，要自觉接受同级检察院党组的领导和政治部门的协调与指导，发挥社会团体的独特优势，协助检察机关推进检察文化建设。二要充分发挥职能作用。要坚持以服务大局为目标，着力团结广大检察文艺人才、壮大检察文艺队伍，着力提高检察文艺创作和文艺活动水平，着力加强检察文化和法治文化理论研究，着力增进与社会各界和人民群众的沟通联系，使检察官文联真正成为检察机关加强队伍建设的重要助手，密切与人民群众血肉联系的桥梁纽带，加强检察文化建设的重要阵地。三要自觉抓好自身建设。要重视加强检察官文联工作人员的思想政治建设、业务能力建设和纪律作风建设，既要强化自我管理，还要强化内外监督，不断提高检察官文联的管理能力和工作水平，夯实检察文化事业的组织基础。四要切实加强组织领导。各级检察院党组要把这项工作纳入检察工作全局来研究部署和检查指导，及时听取汇报，帮助解决问题。要把政治思想坚定、组织协调能力强、具有开拓精神、热爱熟悉文化工作的干部安排到检察官文联工作岗位，着力培养和造就一大批高素质的检察文化人才。要逐步加大经费投入，加强基层基础建设，为检察官文联开展工作提供有力的保障。各级检察机关政治部门要协助党组管好文联干部，支持检察官文联开展文化活动。要努力在我区形成各级检察院党组领导、政工宣传部门牵头协调、其他部门配合、检察官文联等团体和群众组织参与，各方面齐抓共管、共同推进检察文化事业蓬勃发展的工作格局。

同志们，繁荣检察文化，建设文化强区，任务艰巨，责任重大，使命光荣。我们要以成立检察官文联为新的起点，抓住机遇，振奋精神，扎实工作，掀起检察文化建设新高潮，开创检察文化建设新局面，为全区检察事业科学发展提供坚强思想保证、强大精神动力和有力智力支持，为实现富民强区战略作出新的更大的贡献！

抢抓机遇 开拓进取
努力推动内蒙古检察文化建设健康发展

——在内蒙古检察官文学艺术联合会第一届委员会第一次全体会议上的工作报告

（2012年10月19日）

韦亚力

各位委员、同志们：

在党的十八大即将召开之时，今天，内蒙古检察官文学艺术联合会第一次会员代表大会暨第一届委员会第一次全体会议隆重召开，这是我区检察文化建设的一件盛事。大会选举产生了内蒙古检察官文联领导集体，推选我担任内蒙古检察官文学艺术联合会主席，这是自治区院党组和各位委员、同志们对我的信任，我深感使命光荣、责任重大，在这里谨向大会和同志们表示衷心的感谢！

这次会议高举中国特色社会主义伟大旗帜，以迎接党的十八大召开为动力，以科学发展观为指导，认真贯彻落实党的十七大、十七届六中全会和自治区第九次党代会精神，深入分析了内蒙古检察文化建设面临的新形势，认真总结了我区检察文化建设取得的基本成就，研究部署了当前和今后一个时期的内蒙古检察官文联工作。会议开得很成功，既是一次团结奋进的大会，更是一次开拓创新的大会。在大会开幕式上，全国政协教科文卫体委员会副主任、中国检察官文学艺术联合会主席张耕同志，自治区院党组书记、检察长马永胜同志先后作了非常重要的讲话，对做好新形势下的检察官文联工作提出了明确要求，我们一定要认真学习，深刻领会，全面贯彻。下面，我结合全区检察文化建设实际讲几点意见。

一、充分认识我区检察文化建设形成的大好局面和面临的重要机遇

近年来，全区检察机关始终坚持文化育检方针，秉承社会主义先进文化的前进方向，紧紧围绕检察中心工作，以提高检察队伍素质和提升检察执法公信力为目标，充分发挥我区文化资源优势，大力加强检察文化建设，在检察文化艺术创作和文化艺术活动等方面取得了许多积极成果，逐步形成底蕴深厚、目标清晰的检察文化推进态势，为检察事业的科学发展提供了有力思想保证和强大精神动力。

一是强化组织领导，把检察文化建设纳入检察工作总体格局。党的十七届六中全会召开以来，我区检察机关采取了一系列有效举措，积极推进检察文化事业的向前发展。自治区检察院制定出台了《关于加强检察文化建设的意见》，为检察文化建设的规范发展、有效开展指明了方向，提出了目标要求。在强力推进检察文化建设的过程中，涌现出了以呼伦贝尔市检察院、呼和浩特市赛罕区检察院为代表的一大批检察文化建设先进单位，为检察工作注入了不竭的精神动力。马永胜检察长上任以来，高度重视检察文化建设，就检察文化建设多次提出明确要求。我们认真落实马永胜检察长重要指示精神，一方面加大引导和推动检察文化建设的力度，一方面积极筹备组建全区检察官文联，总结检察文化建设的成果和经验，研究探讨检察文化建设的理论与实践，为进一步发展内蒙古检察文化打下坚实的基础。

二是强化活动载体，提升检察文化的质量和效果。注重发挥检察文化的教育、约束、凝聚、激励等作用，积极组织开展丰富多彩的文艺活动，鼓励广大检察人员结合实际开展文化活动，营造和谐的人文环境，提高检察机关的社会影响力。自治区院不定期举办全区检察机关书画摄影才艺展、体育比赛、文艺演出、主题演讲、院史展览和出版画册等活动，积极探索影视作品的创作，拍摄了电影《乡村检察官》和电视专题片《护法北疆铸华章》，认真配合高检院、中国检察官文联做好文艺晚会、文化年鉴、教育读本、影视制作等专项工作；呼伦贝尔市依托两级院艺术骨干创建全区首家检察官艺术团，成立了全区首家盟市级检察官文学艺术联合会；锡林郭勒盟等地检察机关鼓励干警积极参加地方“那达幕”等富有民族特色的文化活动，亲身体验蒙汉人民共同创造的传统文化氛围；阿拉善盟检察分院以着力建设“驼乡检魂”文化为切入点，使检察文化与地域特色有机结合；鄂尔多斯市院坚持通过举办检察文化节，使检察文化与地方文化相互促进；兴安盟分院精心组织开展了“检察文化月活动”；呼和浩特、包头、赤峰、巴彦淖尔和乌海等院坚持把各项主题教育活动与检察文化建设有机结合；通辽、铁检、小黑河院充分利用荣誉陈列室开展文化教育活动。各盟市地区院紧紧抓住自治区成立60周年、检察机关恢复重建30年等重大庆典活动，广泛开展了多项文化艺术活动。各地新建的检察院办公大楼普遍实施了“文化走廊”工程，一层一个主题，一层一个特色，着力营造浓郁的检察文化氛围，不断增强检察机关的凝聚力和向心力。

三是强化典型引领，用弘扬先进增强检察文化的正能量。在继续深入开展向全国重大先进典型张章宝同志学习的同时，又挖掘树立了长期工作在诉讼监督第一线，敢于监督、善于监督的小黑河地区检察院驻呼和浩特第三监狱检察室主任孟志春这一先进典型，大力宣传了鄂尔多斯市准格尔旗女检察官王海萍在开展监所监察工作中的动人事迹。最近鄂尔多斯市院公诉处处长韩丽春被评选为全国身边最美青年检察官之一。2008 年以来，自治区院先后 8 次组织自治区及国家级新闻媒体对我区重大先进典型集中采访报道，多次组织张章宝先进事迹报告团在全国全区巡回报告。2010 年 7 月，中宣部、中央政法委、最高人民检察院、内蒙古自治区党委在北京人民大会堂联合举行了张章宝同志先进事迹报告会和座谈会。张章宝的先进事迹和情理兼容的工作模式，集中展现了我区检察人员服务大局、执法为民的精神风貌和人文品格，对弘扬先进检察文化起到了重要的促进作用。

四是强化人才战略，通过“文化育检”提升检察人员法律监督能力。在深入开展“学习型检察院”创建活动中，自治区院与高校联合举办司法考试培训班；各级院积极搭建各类展现检察人员聪明才智的文化平台，组织五届全区检察业务技能竞赛；实施检察理论研究课题奖励机制，定期举办的“检察论坛”已成为自治区的品牌文化学术活动。仅2011年，司法考试通过258人，通过率达到46.7%，评定自治区级检察业务专家达到15人。

在各方面的共同努力下，全区检察文化建设呈现出朝气蓬勃的发展势头，取得了一些初步的成果，为开展检察官文联工作，强化检察文化建设积累了宝贵经验，奠定了坚实基础。但是，我们也应当清醒地认识到，当前检察官文联工作仍面临一些困难和问题，主要表现在：一些检察机关和检察人员对检察文化建设重要性认识不足，对检察文化建设重视不够，组织领导不力，人财物保障滞后；有的检察机关只追求短期效果，只愿做表面文章，文化建设只停留在口头上或墙面上，不愿进行长期的扎实的基础建设；有的地方把检察文化艺术活动简单地等同于说说唱唱、蹦蹦跳跳，检察文化艺术工作长期停留在一般性的文体活动上，文化活动的感染力和生命力不强；检察文化艺术人才整体上比较缺乏，没有形成合力；文化艺术作品数量较少，精品更少，后劲不足；有的地方检察文化脱离群众，远离社会，内容空洞，形式刻板，缺乏特色和活力；等等。这些问题的存在，在很大程度上制约了全区检察文化建设的健康发展。

党的十七届六中全会，通过了《中共中央关于深化文化体制改革推动社会主义文化大发展大繁荣若干重大问题的决定》，明确提出了推动社会主义文化大发展大繁荣的指导思想、目标任务和重要方针；自治区第九次党代会作出了“努力促进民族文化大区向民族文化强区跨越”的重大战略部署；高检院制定下发了《关于加强检察文化建设的意见》，对检察文化建设做出了全面规划，今年又召开了全国检察文化建设工作会议。这些都为我区检察文化建设指明了方向。内蒙古检察官文联的成立，为我区检察文化建设掀开了新的历史篇章。我们既要为之振奋，又要保持清醒的头脑，既要看到难得的机遇，又要看到严峻的挑战，进一步坚定信心、振奋精神、顽强拼搏、埋头苦干，努力开创检察官文联工作新局面，把内蒙古检察文化建设不断推向前进。

二、科学准确定位检察官文联的主要职能、工作思路和基本要求

正确认识和把握检察官文联的职能定位，是做好内蒙古检察官文联工作的基本前提。按照内蒙古检察官文联章程的规定，内蒙古检察官文联的职能定位主要体现在五个方面：一是内蒙古检察官文联是经民政部门批准登记注册的联合性、非营利性社会团体。既要自觉接受自治区院党组的领导，又要在业务上接受中国检察官文联、自治区文联的指导和民政部门的监督管理。二是内蒙古检察官文联是内蒙古检察队伍中文化艺术工作者和爱好者的联合组织，负有推动全区检察文化大发展大繁荣的重要职责。三是内蒙古检察官文联是内蒙古检察机关加强检察队伍建设的重要助手。文联成立后，要充分发挥自身优势，协助检察机关政治部门共同推进检察文化建设。四是内蒙古检察官文联是密切检察机关与人民群众血肉联系的桥梁和纽带。要通过开展各种文学艺术活动，宣传检察工作，树立检察形象，增强全区检察机关的社会影响力和执法公信力。五是内蒙古检察官文联是加强检察文化、促进中国特色社会主义文化大发展大繁荣的重要阵地。我们既要弘扬检察文化，又要宣传法治文化；

既要彰显检察业绩，又要展示我国法治建设的成就。

按照党的十七大、十七届六中全会和自治区第九次党代会精神，当前和今后一个时期内蒙古检察官文联的总体工作思路是：以邓小平理论和“三个代表”重要思想为指导，深入贯彻落实科学发展观，坚持社会主义先进文化的前进方向，紧紧围绕全区检察工作大局，以提高检察队伍素质、提升检察形象和执法公信力为目标，以改革创新为动力，充分发挥联络、协调、服务职能作用，发现和培养检察文化艺术人才，团结、组织检察文化艺术队伍，立足工作实际，大力开展富有时代特色、检察特色、地域特色的检察文化艺术创作和文化艺术活动，为推动检察文化和法治文化大发展大繁荣作出积极的贡献。按照这一总体思路的要求，做好检察官文联各项工作，要注重坚持以下几点：

（一）以科学发展观为指导，始终保持鲜明的正确方向。科学发展观是我们一切工作的根本指导方针。内蒙古检察官文联要全面落实科学发展观，以马克思主义中国化的最新理论成果武装头脑、指导工作。要坚持用社会主义核心价值体系特别是政法干警核心价值观培育检察文化艺术队伍，坚定不移地高举中国特色社会主义伟大旗帜，坚定不移地坚持中国特色社会主义道路，坚定不移地坚持社会主义先进文化前进方向。

（二）始终围绕中心，服务大局。为党和国家大局服务，为法治建设服务，为全区检察中心工作服务，是检察官文联工作必须坚持的基本原则。内蒙古检察官文联的各项文艺创作和文艺活动，要紧紧围绕党和国家的重大决策部署来谋划和推进，满腔热情地歌颂党、歌颂祖国、歌颂社会主义制度；要努力用检察文化的成果丰富法治文化，用法治文化的理论指导检察文化建设，用检察文化建设的成果推动检察工作的科学发展，用不断发展的检察业绩保障自治区民族文化强区建设的顺利进行。

（三）始终凸显检察文化工作主题。繁荣检察文化，构建和谐社会，是检察文化艺术工作的重要任务。检察文化艺术活动要充分融入建设和谐社会的伟大实践中，以生动的笔触、优美的旋律、感人的形象，激励检察人员更加坚定理想信念、更加奋发有为。要满腔热情地弘扬民族优秀文化传统，倡导和谐理念，培育和谐精神，营造和谐氛围，充分发挥检察文化艺术工作在构建和谐社会中的重要作用。

（四）始终践行“百花齐放，百家争鸣”方针。要充分发扬艺术民主和学术民主，在文化艺术创作上提倡不同形式和风格的自由发展，在文化艺术理论上提倡不同观点和学派的充分讨论，在文化艺术发展上弘扬主旋律、提倡多样化，不断满足检察人员和人民群众的多种文化艺术需求。要尊重检察文化艺术工作者的创造性劳动，要继承民族地方的文化传统，承认差异，包容多样，最大限度地激发检察文化艺术队伍的创造活力。要大力扶持原创性作品，依法保护知识产权，鼓励不同艺术风格、不同流派的文化艺术作品争奇斗艳，各领风骚。

（五）始终突出时代特色、检察特色与地域特色。内蒙古检察官文联和检察文化艺术工作者要努力转变观念、解放思想，在开展传统性文艺创作的同时，积极吸纳富有时代特色的时尚文化元素，努力推进检察文化和法治文化理论创新、检察文化艺术内容和载体创新、艺术流派和风格创新，创造更多、更好的检察文艺作品；要进一步深化对检察工作规律的认识，及时了解全区检察机关的重大决策和部署，以文化艺术的形式宣传检察工作的主题，弘扬法律监督的社会效果；内蒙古自治区地域辽阔、文化形态丰富多彩，我们要不断总结吸收健康向上的地域文化，不断发展富有地域特色的检察文化，不断增强检察文化的时代特色。

（六）始终坚持检察人员的主体地位。检察文化艺术队伍是由爱好文化艺术工作的检察人员组成的，这是检察文化建设的主体力量。无论是创作文化艺术作品，还是开展文化艺术活动，都要坚持以检察人员为主，充分体现检察人员的主体地位，这样才能激励检察人员的斗志、凝聚检察队伍的力量、树立检察机关的良好形象。

（七）始终发挥检察官文联的服务职能。为检察基层服务，为检察人员服务，为人民群众服务，是检察官文联的重要职责，也是检察文化艺术事业蓬勃发展的力量之源。因此，内蒙古检察官文联和检察文化艺术队伍一定要牢固树立群众观念，经常深入工矿企业、城市社区和农村牧区，了解社情民意，把握时代脉搏，熟悉检察生活，只有这样才能创作出一批广大检察人员和人民群众喜闻乐见的文艺作品。

三、富有成效地做好检察官文联工作，以不断取得的建设成果助推内蒙古文化艺术事业繁荣发展

内蒙古检察官文联的成立，为检察文化建设提供了必要的组织准备，必将对内蒙古检察文化艺术事业的繁荣发展起到巨大的推动作用。我们一定要切实增强责任感和使命感，以更加昂扬的精神状态、更加务实的工作作风，扎实做好检察官文联的各项工作，把检察文化作为自治区文化事业建设的重要组成部分，努力推动内蒙古检察文化建设创新发展。

（一）努力打造优秀的文化艺术精品力作。要把检察文化艺术创作放在基础性、战略性的位置，大力实施“精品战略”，鼓励检察文化艺术队伍努力创作出一批弘扬共同理想、展现时代精神、独具检察特色和风格的优秀作品。要坚持以正确导向为基点、以公开公平公正为原则，建立健全符合检察文化艺术工作特点和规律的奖评机制，奖励优秀人才，激发创作热情，推动我区检察文化艺术创作工作深入发展，不断取得新成就。

（二）深入研究检察法治文化理论。检察文化和法治文化理论研究成果，既可以指导检察文化艺术事业的发展，又可以转化为类型各异的文化艺术作品。要深入研究检察文化和法治文化的内涵特征、发展规律、发展动力、发展思路、发展格局等基本理论问题，要注重从重大事件、重大案件、重要人物中挖掘文化艺术资源，为检察文化艺术创作提供丰富素材，为检察文化建设发展提供有力支撑。

（三）不断组织各类文化艺术活动。要经常性组织开展丰富多彩的文化艺术活动，激发检察人员的职业使命感、荣誉感和归属感，展示检察文化的深厚底蕴，提升检察人员的文化品位。要通过开展形式多样的文艺演出和慰问活动，丰富基层检察机关、检察人员和广大人民群众的文化生活。明年是我区检察机关恢复重建35周年，各级检察院要以此为契机，通过不同的文化艺术形式，开展各项纪念活动。

（四）积极搭建和扩大检察文化艺术活动平台。要在进一步完善、用好传统文化艺术载体的基础上，不断开拓具有时代特征的新型载体。当前，要深入研究、积极推进检察网络文化建设，加强与网络媒体的合作，充分发挥互联网传播快、受众面广的优势，打造展示检察官风采的网络品牌栏目。要加强基层检察院的文化室和文化长廊建设，积极构建展示文艺作品、开展艺术教育的精神家园，以此陶冶情操、激励斗志。

（五）合力造就一支高素质的检察文化艺术队伍。要善于发现人才，通过开展文化艺术活动，发现优秀人才并及时把他们吸纳到检察官文联中来。要善于培养人才，逐步培养造就一批文艺骨干和领军人物。特别是要加强检察文化艺术队伍的思想道德建设，引导他们牢固树立正确的世界观、人生观和价值观，以良好的职业道德、高尚的个人情操和真诚的艺术创造赢得群众的认可和尊重。要通过采取举办论坛、讲座、研讨会等形式，组织笔会、展览、演出等活动，让文艺人才展示才华、经受锻炼，不断提高理论水平和创作能力。要善于使用人才，不断优化人才资源配置，努力形成人尽其才，才尽其用的良好局面。

（六）建立健全检察官文联组织体系。建设好地方各级检察官文联是内蒙古检察官文联成立后必须认真抓好的一项重要工作。目前，我区已有呼伦贝尔市院、阿拉善盟分院成立了检察官文联组织，绝大部分盟市地区院和一些基层院正在积极筹备。内蒙古检察官文联要切实加强指导，帮助做好筹建工作。地方检察官文联成立后，要注重结合自身实际，深入推进文化育检，着力在组织文化艺术活动和推广工作经验上下功夫，在提高检察人员的综合素质上求实效。检察官文联各专业协会是检察文化艺术活动的直接组织者和推动者，要根据实际情况，统筹规划，使各专业委员会的工作从一开始就步入规范化运行的轨道，为检察官文联工作提供坚实的组织保障。

（七）主动开展检察文化艺术交流合作。要大力加强省区间、地域间的检察文化艺术交流，不断吸收、借鉴检察文化建设的先进经验，取长补短，共同提高。要通过强化内蒙古检察官文联与各方面的交流合作，认真研究、吸收、借鉴各地区文化发展的有益成果，努力扩大我区检察文化的影响力。内蒙古检察官文联在创建过程中，得到社会各方面的大力支持，在本次代表大会产生的第一届委员会中，我们将聘请八位顾问，他们都是在各个文艺领域成就卓著、颇有影响的著名专家、艺术家，我们真诚希望在今后的检察文化活动中能得到艺术家的更多支持和指导，更希望我们的检察文化工作者们虚心接受艺术家们的教诲，尽快使自己提高艺术修养。

（八）提高检察官文联的能力水平。一要进一步坚定理想信念。深入学习贯彻科学发展观，牢固树立社会主义法治理念，坚定走中国特色社会主义道路，确保检察官文联工作的正确方向。二要进一步强化教育培训。牢固树立终身学习的理念，强化业务培训，广泛学习各领域知识，不断提高做好检察官文联工作的能力和水平。三要进一步做好团结服务工作。多做加强交流、增进了解的工作。要注重改进服务方式，多听取各方意见，多办好事实事，使大家心情舒畅地干事创业，切实保持检察文化艺术队伍的凝聚力和向心力。四要进一步树立优良工作作风。坚持深入实际、深入基层，倾听检察文化艺术队伍的呼声和要求，帮助解决实际困难。坚持厉行节约，精打细算用好每一笔资金，真正把每一分钱花在刀刃上。牢固树立自觉接受监督的理念，切实加强管理制约，确保检察官文联队伍自身正、自身硬、自身净。

（九）注重扩大检察官文联的社会影响力。要主动加强与新闻媒体特别是驻区新闻单位的联系合作，不断加大舆论宣传力度，切实扩大社会影响。要充分利用《内蒙古检察》、内蒙古检察门户网站等自有宣传阵地，经常通报工作情况，让社会各界及时了解检察官文联在推动检察文化建设中取得的实际成效，从而更加关心、支持检察官文联的工作。

（十）要正确处理好检察官文联工作中的几个关系。一要正确处理检察官文联与各级检察机关的关系。在检察文化建设中，检察机关是主体，检察院党组是领导核心，检察官文联是参谋、是助手。这一点认识要十分明确而坚定，不能有丝毫的含糊。二要正确处理检察官文联与检察政治部门的关系。检察机关的政治部门是主管检察文化建设的职能部门，检察官文联是开展检察文化建设的重要力量。检察官文联的重大活动都要和政治部门沟通，主动争取支持，形成工作合力。三要正确处理中国检察官文联、内蒙古检察官文联、内蒙古地方文联之间的关系。内蒙古检察官文联要自觉接受中国检察官文联和内蒙古文联的业务指导。

同志们，内蒙古检察官文联宣布成立，这只是我区检察文化建设的新起点，检察官文联建设和检察文化艺术事业建设任重而道远。我们要在自治区院党组的坚强领导和中国检察官文联的有力指导下，进一步振奋精神，坚持不懈地改革创新，开拓奋进，扎实工作，为全区检察事业科学发展提供有力的精神动力和智力支持，为实现“民族文化大区向民族文化强区跨越”战略和法制文化建设作出新的更大的贡献！

关于内蒙古检察官文学艺术联合会筹备成立情况的报告

（2012 年 10 月 19 日）

曲云清

尊敬的张耕主席、各位代表、各位来宾：

受内蒙古检察官文学艺术联合会筹备领导小组的委托，我就内蒙古检察官文学艺术联合会筹备成立情况向大会作报告。

一、成立内蒙古检察官文学艺术联合会是检察机关加强检察文化建设的重要举措

近年来，全区检察机关认真贯彻高检院的工作部署，把检察文化建设作为一项战略性任务，纳入检察整体工作之中，采取有力措施，统筹谋划安排，全面深入推进，使全区检察文化建设从摸索走向了逐步成熟，步入了健康持续的发展道路，探索出了一些新的管理思想和管理形式，为检察工作的科学发展提供了有力的思想保证和精神动力。全国检察文化工作座谈会后，自治区院积极探索、认真研究加强全区检察文化建设的思路和措施，及时制定下发了《关于加强检察文化建设的意见》，明确检察文化的基本内涵、实现方式、载体途径等，成为推动全区检察文化建设的指导性文件。各级院自觉把检察文化建设摆上更加突出位置，努力做到全体动员、人人参与，检察官协会、工会等群众团体各展所长、各尽所能，形成了共建共享的浓厚氛围。许多地方成立了检察官书画摄影协会、检察官艺术团以及各种群众性兴趣小组，经常举办文化沙龙、组织联欢会、书画笔会、创作采风等丰富多彩的文化活动。全区检察机关通过组织举办和积极参与纪念检察机关恢复重建 30 周年、庆祝建国 60 周年，开展学习宣传张章宝先进事迹和连续开展先进基层院创建等重大活动，提升了检察文化建设的质量、丰富了检察文化活动的载体，涌现出一批优秀文化人才和优秀文艺作品。一批检察人员已成为国家、自治区文联会员，全区不断掀起检察文化建设高潮，为检察事业科学发展源源不断地提供着文化和智力支撑。在鄂尔多斯、呼伦贝尔、包头、呼和浩特、赤峰阿拉善等地呈现出检察文化建设日益活跃、不断发展的良好态势。成立检察官文联的客观条件在我区逐步成熟。

为适应新形势、新任务对检察文化建设提出的新要求，自治区院党组审时度势，决定成立内蒙古检察官文联，从而进一步加强全区检察文化建设，丰富检察文化建设的组织形式，充分发挥检察文化的教育、引导、约束、凝聚作用，不断提高检察队伍的思想政治素质和职业道德素养，增强检察队伍凝聚力和战斗力，繁荣和发展检察文化事业，构建检察人员共有的精神家园。

党的十七大作出了推动社会主义文化大发展大繁荣的战略部署，最高人民检察院近年来把检察文化建设作为一项战略性、

长期性的重要任务，纳入整体检察工作，对检察文化建设和检察官文联创建工作作出了一系列重要部署。曹建明检察长2010年给全国检察文化建设工作座谈会的批示中指出，全国检察机关要从社会主义事业兴旺发达和民族振兴的高度，充分认识文化建设的重要意义，要从讲政治、讲大局的战略高度，加强检察文化建设。高检院副检察长胡泽君在今年6月份召开的全国检察机关文化建设工作会议上要求，各级检察机关要坚持从检察文化的本质要求和核心任务出发，紧紧抓住提高检察队伍素质、提升执法公信力、促进检察工作的关键点，大力加强检察文化建设，为促进检察事业科学发展提供有力的精神支撑、智力保障和文化条件。为推动社会主义文化大发展大繁荣，自治区制定了创建“文化大区”的指导思想和大政方针。我区检察机关作为法律监督机关，在推动内蒙古经济社会发展和文化繁荣方面肩负着光荣使命和重要责任。

二、内蒙古检察官文学艺术联合会的成立离不开各方面的帮助与大力支持

在全国检察官文联成立之初，自治区院就建立了内蒙古检察官文学艺术联合会筹备领导小组，并多次研究解决筹备过程遇到的实际问题。自治区院政治部对各盟市检察文化建设和检察文艺人才分布情况进行了深入的调查摸底，承担起了各项筹备工作职责。经过反复调研论证，多次与主管部门磋商沟通，征询自治区文联意见，并向有关兄弟单位学习取经，特别是在马永胜检察长的重视和指导下，今年4月份，向自治区民政厅提出筹备成立中国检察官文联的申请，6月份，民政厅下发了行政许可申请受理决定书（内民政民管函［2012］16号），同意受理自治区检察院提交的成立内蒙古检察官文学艺术联合会的申请。经过集中申报和不断协调，8月份，民政厅下发了《关于核准内蒙古检察官文学艺术联合会成立登记的批复》（内民政批［2012］77号）。根据批复要求，自治区检察院决定召开内蒙古检察官文联第一次会员代表大会。会议将通过内蒙古检察官文联章程，选举产生内蒙古检察官文联第一届领导机构和组成人员，部署当前和今后一个时期的检察官文联工作。

为确保大会的顺利召开，自治区院责成政治部宣传处成立了专门的会议筹备组织，工作人员以严谨的态度和务实的作风投入到各项筹备之中，先后完成了章程草案、选举办法、情况说明、工作报告等初稿的撰写以及选举事项的安排、会议代表的推选等前期会务准备工作。2012年9月1日，《成立内蒙古检察官文学艺术联合会综合预案》经院党组审定通过。该预案进一步明确了大会的组织领导、文件材料以及会务保障等各项职责分工，在机关各部门通力协作下，各项筹备工作顺利完成，会议如期召开。

内蒙古检察官文联成立的筹备工作得到了高检院、中国检察官文联、自治区党委组织部、宣传部、政法委、自治区民政厅、内蒙古文联和政法各部门等相关部门的倾力支持和文学艺术界知名专家的热情帮助。在此，我代表内蒙古检察官文联筹备领导小组，向关心、支持内蒙古检察文联成立的各位领导、各位专家、各位来宾表示衷心的感谢！

三、内蒙古检察官文学艺术联合会是推动检察文化繁荣发展的重要阵地和有效平台

内蒙古检察官文学艺术联合会的成立，

是全区检察机关的一件大事，标志着我区的检察文化建设掀开新的一页，进入新的阶段，在推动全区检察文化繁荣发展方面具有里程碑意义。开好这次会议，对于团结检察文化艺术队伍，凝聚检察文化艺术力量，繁荣和发展检察文化事业，进一步加强检察队伍建设，推动检察工作科学发展都将起到重要的推动作用。

内蒙古检察官文学艺术联合会成立后，将接受业务主管单位内蒙古自治区检察院和社团登记管理机关自治区民政厅的业务指导和监督管理，同时接受中国检察官文学艺术联合会和内蒙古自治区文学艺术界联合会的业务指导。从今天起，内蒙古检察官文联将在各兄弟单位的支持下，积极组织、团结、凝聚广大检察文化艺术工作者和爱好者，坚持党的基本路线、基本纲领，遵守宪法、法律、法规和国家政策，牢固树立政法干警核心价值观，恪守检察官职业道德，紧紧围绕我区经济社会发展大局和检察中心工作，坚持贴近检察实际和人民群众，凝聚检察机关人心，激励检察干警斗志，提高检察队伍素质，努力促进检察工作的科学发展。

在未来的日子，内蒙古检察官文联将采取各种措施，努力提高全区检察文艺创作和文艺活动水平，大力扶植和培养检察文艺新人，不断壮大检察系统文艺人才队伍。组织和支持检察系统文艺工作者深入生活、深入基层，积极开展各种创作、展演、交流、比赛、研究、评论等活动，对全区检察系统优秀文艺工作者和各文学艺术门类的优秀成果予以推介，开展表彰奖励活动。研究、探索检察文化的发展规律，分析、解决检察文化的新情况、新问题，总结、推广检察文化建设的新经验。反映广大检察文艺工作者的意见和要求，维护他们的正当权益。积极与宣传、文化、新闻、出版等社会各界沟通联系，努力推进全区检察系统文艺界的团结，不断扩大对外联系、交流和合作，为推动自治区民族文化大区建设、促进中国特色社会主义法治文化大发展大繁荣不断作出积极的贡献。

在内蒙古检察官文学艺术联合会第一次会员代表大会闭幕式上的讲话

（2012年10月9日）

曲云清

尊敬的张耕主席、各位代表、各位嘉宾：

内蒙古检察官文学艺术联合会第一次会员代表大会，经过一天多的时间，在大家的共同努力下，已经完成了各项既定任务，达到了预期目的，取得了圆满成功。会议审议通过了内蒙古检察官文学艺术联合会章程，选举产生了内蒙古检察官文学艺术联合会第一届领导机构和组成人员，考察了全国检察文化建设示范院呼和浩特市赛罕区检察院的文化活动成果，部署了当前和今后一个时期内蒙古检察官文联工作。这是一次团结和谐、充满生机、凝聚人心的大会，必将在内蒙古检察文化建设史上留下灿烂的一页。中国检察官文联张耕主席出席会议并作了重要讲话，对加强当前和今后一个时期的检察文化建设和检察官文联工作提出了重要的指导意见；自治区检察院马永胜检察长从促进检察事业科学发展的高度，对做好检察官文联工作提出了明确要求。内蒙古检察官文联主席韦亚力同志所作的工作报告，分析概括了我区检察文化建设的主要成就，全面阐述了内蒙古检察官文联工作的职能定位和面临的形势，明确提出了当前和今后一个时期检察官文联的工作思路和目标任务。会议时间虽短，但内容丰富，收获很大。主要体现在：

一是统一了思想认识。成立内蒙古检察官文联，对于繁荣发展我区检察文化、强化高素质检察队伍建设、全面推进全区检察工作具有十分重要的意义。张耕主席和马永胜检察长的讲话，使大家进一步明确了检察文化建设在检察工作中的重要地位和作用，提高了大家对加强检察文化建设重要性、必要性和紧迫性的认识，增强了推动检察文化建设科学发展的责任感和使命感。大家形成了一个共识，那就是一定要以内蒙古检察官文联的成立为契机，充分发挥检察官文联职能作用，大力加强检察文化建设，努力为检察事业的科学发展提供强大的精神动力、坚实的智力支持、有力的舆论支持和良好的文化条件。

二是明确了目标任务。张耕主席、马永胜检察长明确指出，做好检察官文联工作，推进检察文化繁荣发展，必须继承草原文明和体现时代精神，主动把检察文化建设与创建民族文化大区的战略目标相适应相结合，主动融入检察中心工作和高素质检察队伍建设中，只有这样，才能保证检察文化建设和检察官文联工作的正确方向。这使我们进一步明确了检察官文联的目标和任务，我们要将检察官文联工作置于全区检察事业发展的全局中来思考和谋划，努力使检察官文联工作契合当代文化建设的时代要求，切实在服务检察机关、服务检察队伍、服务基层、服务群众上下功夫、见实效。

三是坚定了信念决心。党的十七届六中全会对社会主义文化体制改革、推动社会主义文化大发展大繁荣作出了新的全面部署，高检院和自治区党委相继召开有关会议，就贯彻落实党的十七届六中全会《决议》、实施文化强检和建设民族文化大区战略提出了具体要求，为全国检察机关和自治区的文化建设指明了方向，刚刚成立的内蒙古检察官文联迎来了宝贵的历史机遇，这将进一步坚定我们做好检察官文联工作的信念和决心，我们一定要在自治区院党组的坚强领导下，抢抓机遇，乘势而上，推动内蒙古检察文化建设持续深入开展。

会议结束后，各地要认真抓好会议精神的贯彻落实，及时把张耕主席、马永胜检察长的重要讲话精神和会议提出的任务要求领会好、汇报好、落实好。在此，我就贯彻落实好本次会议精神，再强调几点意见。

一、要高度重视、充分发挥检察官文联的职能作用

检察官文联是在各级检察机关的领导下，在地方文联指导下，由热爱文化艺术、有一定文化专长的检察人员自愿结成的联合性、非营利性社会团体。成立内蒙古检察官文联，是自治区院党组落实中央、高检院和自治区党委关于加强文化建设的部署，进一步加强和改进检察文化建设的重要举措。在内蒙古检察官文联的整个筹备过程中，中国检察官文联给予了大力指导，自治区党委组织部、宣传部、政法委、自治区民政厅、自治区文联提供了有力支持，自治区文学艺术界知名专家给予了热情帮助。自治区院党组对这项工作非常重视，多次召开会议听取工作进展情况汇报，研究决定重要事项，并就加强内蒙古检察官文联工作提出了明确要求。全区各级检察机关一定要认真按照高检院、自治区党委和自治区院党组的要求，充分发挥检察官文联在文化艺术方面的独特优势，紧紧围绕检察中心工作，以提高检察队伍素质、提升检察形象和执法公信力为目标，以改革创新为动力，团结检察文艺人才，壮大检察文艺队伍，大力开展文艺创作活动和文化理论研究，繁荣检察文化，提升检察形象，努力使检察官文联成为检察工作和队伍建设的重要助手。

二、从实际出发，加强检察官文联的组织建设

本届委员会已经决定，内蒙古检察官文联设立四个专业协会，我们要认真抓好各专业协会的组织建设和业务建设，本着统筹规划、积极推动、适度发展的原则，对条件具备的专业协会要抓紧组建。要加强对下指导，帮助做好各盟市地区检察官文联的筹建工作。各分市检察院要坚持从实际出发，整合各方资源，努力争取支持，条件成熟一个建立一个。要加强检察官文联各项体制机制建设，积极适应当前检察文化新发展、新变化，做到边工作边完善，边探索边发展，切实打牢检察官文联的组织和制度基础，扩大检察官文联的社会影响力。

三、突出检察官的主体地位，着力满足检察文化需求

检察官文联作为检察文化艺术爱好者的联合组织，必须坚持眼睛向内、以我为主，突出检察官的主体地位。要把满足广大检察人员日益增长的文化需求作为检察官文联建设的出发点和落脚点，积极开展广大检察人员乐于参与、便于参与的经常性文化活动，努力构建全体检察人员的共有精神家园。要把履行法律职责的丰富实践作为文化艺术作品创作的不竭源泉，切实发挥检察文化在提升境界、陶冶情操、舒缓压力等方面的重要作用，构建尊重人、关心人、理解人、帮助人的检察人文环境。要坚持把检察文化理论建设和检察文艺创作活动统筹推进，既注重加强理论研究、发挥好指导作用，又要注重打造精品力作、切实搞好文化服务。

四、要切实加强组织领导，推进检察文联各项工作深入开展

检察官文联工作是一项开创性工作，要打好基础，因地制宜，稳步推进。各级检察机关要切实加强和改善对检察文化建设和检察官文联工作的政治领导、思想领导和组织领导，及时帮助解决存在的困难和问题，大力支持检察官文联开展文化活动，积极把检察机关交由检察文联承办的工作项目经费纳入年度预算，争取财政支持，逐步加大投入。检察官文联自身要带头学习践行“忠诚、为民、公正、廉洁”的政法干警核心价值观，牢固树立社会主义法治理念，用中国特色社会主义理论武装头脑，不断提高政治理论素养，坚持艰苦奋斗、勤俭节约的优良作风，自觉接受内外监督。要积极发挥优势，认真履行职责，正确处理好同各方面的关系，不断扩大检察文联的整体工作效能。

同志们，内蒙古检察官文联的成立，标志着内蒙古检察文化建设站在了新的更高的起点上。我们一定要认真贯彻落实好自治区院党组的工作意图和本次会议精神，以更加开阔的思路、更加务实的作风、更加有力的措施，全面推进内蒙古检察官文联的各项工作，为推动检察文化繁荣进步、促进检察事业科学发展作出新的更大贡献！

关于内蒙古检察官文学艺术联合会第一次会员代表大会代表资格审查情况的报告

（2012年10月18日）

各位代表：

受内蒙古检察官文学艺术联合会筹备领导小组委托，现将本次大会代表资格审查情况报告如下：

一、代表推选情况

在自治区院党组的领导下，在中国检察官文联和自治区民政厅的指导下，依靠全区各级检察机关的支持，筹备领导小组办公室综合分析我区检察文化发展的形势要求，结合我区检察文化艺术队伍的现状，确定出席会议的代表共113人。

二、代表的条件

拥护中国共产党的领导，认真贯彻执行党的文艺路线、方针、政策，热爱检察文化艺术事业，在检察文化艺术工作中做出一定成绩的检察人员，以及检察系统的文学艺术工作者和爱好者。

三、代表名额分配

按照内蒙古检察官文学艺术联合会机构设置要求和工作需要相结合的原则，确定代表名额的分配。基层院、少数民族代表和女性代表应有一定比例。

四、代表的产生办法

由内蒙古检察官文学艺术联合会筹备领导小组根据代表名额分配原则，商请区院相关部门和各分市检察院提出候选人名单，同自治区院政治部协商、酝酿，报请自治区院党组审查同意。

五、代表的结构

这些代表，既有来自自治区院院机关、各分市检察院和基层检察院的代表，又有具有一定文学艺术特长和影响力的检察文化艺术人才代表。女性代表也占有一定比例。

我们对出席本次大会的代表资格进行了认真审查，认为这些代表的产生严格遵守了相关规定，履行了推选程序，经所在单位和主管部门严格审核，手续完备，符合要求，代表资格有效。

特此报告，请审议。

资　　料

内蒙古检察官文学艺术联合会第一届会员代表大会主席团组成人员建议名单

（9人）

主　席（1人）

韦亚力（女）　内蒙古自治区人民检察院党组成员、常务副检察长

执行主席（2人）

张　敏（女、满族）　内蒙古自治区人民检察院党组成员、副检察长

曲云清（蒙古族）　内蒙古自治区人民检察院党组成员、副检察长

成　员（6人）

王汉武（蒙古族）　呼伦贝尔市人民检察院检察长

张秀峰　赤峰市人民检察院检察长

董　贵　阿拉善盟检察分院检察长

宋伟燕（女）　内蒙古自治区人民检察院政治部副主任兼人事处处长

祁建华　内蒙古自治区人民检察院政治部宣传处处长

武天舒　内蒙古自治区人民检察院法律政策研究室正处级检察员

秘书长

祁建华（兼）

副秘书长

武天舒（兼）

内蒙古检察官文学艺术联合会章程

（2012 年 10 月 19 日　内蒙古检察官文学艺术联合会第一次会员代表大会通过）

第一章　总　　则

第一条　本会名称：内蒙古检察官文学艺术联合会，简称内蒙古检察官文联，英文名称：Inner Mongolia Procuratorial literature and Art Association 缩写：IMPLAA。

第二条　本会是在内蒙古自治区人民检察院领导下，由热爱文学艺术、有一定文学艺术特长的检察人员（含离退休人员）和地方检察官文联自愿结成的全区性、联合性、非营利性社会组织。

第三条　本会的宗旨是：以马列主义、毛泽东思想、邓小平理论和“三个代表”重要思想为指导，深入贯彻科学发展观，坚持党的基本路线、基本纲领，遵守宪法、法律、法规和国家政策，遵守社会道德风尚，培育社会主义核心价值体系，弘扬社会主义法治理念，培育检察官职业道德，紧紧围绕我区经济社会发展大局，围绕检察中心工作，坚持贴近检察实际，贴近人民群众，繁荣和发展检察文学艺术事业，凝聚检察机关人心，激励检察干警斗志，提高检察队伍素质，促进检察工作科学发展，为推动中国特色社会主义法治文化大发展大繁荣，维护社会公平正义与和谐稳定贡献力量。

第四条　本会接受业务主管单位内蒙古自治区人民检察院和社团登记管理机关内蒙古自治区民政厅的业务指导和监督管理。本会接受中国检察官文学艺术联合会和内蒙古自治区文学艺术界联合会的业务指导。

第五条　本会住所设在内蒙古自治区呼和浩特市。

第二章　业务范围

第六条　本会的业务范围包括：

（一）采取各种措施，努力提高全区检察文艺创作和文艺活动水平，大力扶植和培养检察文艺新人，不断壮大检察系统文艺人才队伍。

（二）组织和支持检察系统文艺工作者深入生活、深入基层，积极开展各种创作、展演、交流、比赛、研究、评论等活动，对全区检察系统优秀文艺工作者和各文学艺术门类的优秀成果予以推介，经主管单位批准，开展表彰奖励活动。

（三）研究、探索检察文化和法治文化建设的发展规律，分析、解决检察文化和法治文化实践中出现的新情况、新问题，总结、推广检察文化和法治文化建设的新经验，使检察文化和法治文化自觉服务于全党工作大局，服务于检察中心工作，服务于检察队伍建设，服务于社会和谐稳定和法治化建设进程。

（四）积极与宣传、文化、新闻、出版等社会各界沟通联系，努力推进全区检察系统文艺界的团结，不断扩大对外联系、交流和合作。

（五）反映广大检察文艺工作者的意见和要求，维护他们的正当权益。

（六）完成有关部门委托的其他任务。

第三章　会　　员

第七条　本会会员包括单位会员和个人会员。

第八条　申请加入本会的会员，必须具备下列条件：

（一）拥护本会章程；

（二）自愿加入本会；

（三）单位会员为各盟市地区检察官文联；

（四）个人会员为热爱文学艺术、有一定文学艺术特长的检察人员（含离退休人员）。

第九条　会员入会程序：

（一）提交入会申请书；

（二）经本会讨论通过；

（三）由本会秘书处发给会员证。

第十条　会员享有下列权利：

（一）选举权、被选举权和表决权；

（二）参加本会的活动；

（三）获得本会服务的优先权；

（四）享受本会为创作活动提供的必要帮助和便利条件；

（五）请求本会保障其合法权益不受侵害；

（六）对本会工作的批评建议权和监督权；

（七）入会自愿，退会自由。

第十一条　会员履行下列义务：

（一）执行本会的决议；

（二）维护本会合法权益；

（三）完成本团体交办的工作；

（四）按规定缴纳会费；

（五）向本会反映情况，提供有关资料；

（六）单位会员的重要人事变动，应报本会审查备案；

（七）单位会员应及时向本会报告年度工作计划和工作总结。

第十二条　会员退会应书面通知本会，并交回会员证。

会员如一年不缴纳会费或不参加本会活动，视为自动退会。

第十三条　会员如有违反本章程的行为，经委员会或常务委员会表决通过，予以除名。

第四章　组织机构和负责人产生、罢免

第十四条　本会的最高权力机构是会员代表大会，由各单位会员和有关方面推选的会员代表组成。会员代表大会的职权是：

（一）制定和修改本会章程；

（二）选举和罢免委员会委员；

（三）审议委员会的工作报告和财务报告；

（四）制定和修改会费标准；

（五）决定终止事宜；

（六）讨论和决定其他重要事项。

第十五条　会员代表大会须有三分之二以上的会员代表出席方能召开，其决议须经到会会员代表半数以上表决通过方为有效。

第十六条　会员代表大会每五年召开一次。因特殊情况需提前或延期换届的，须由委员会表决通过，报业务主管单位审查并经社团登记管理机关批准同意。但延期换届最长不超过一年。

第十七条　委员会是会员代表大会的执行机构，在闭会期间领导本会工作，对会员代表大会负责。

第十八条　委员会的职权是：

（一）执行会员代表大会的决议；

（二）选举和罢免本会主席、副主席、秘书长及常务委员会成员；

（三）筹备召开会员代表大会；

（四）向会员代表大会报告工作和财务状况；

（五）决定会员的吸收或除名；

（六）决定设立办事机构、分支机构、代表机构等工作机构；

（七）决定副秘书长、各机构主要负责人的聘任；

（八）领导本团体各机构开展工作；

（九）制定内部管理制度；

（十）决定名誉职务的设立和人选；

（十一）决定其他重大事项。

第十九条 委员会须有三分之二以上委员出席方能召开，其决议须经到会委员三分之二以上表决通过方能生效。

第二十条 委员会每年至少召开一次会议；情况特殊的，也可采用通讯形式召开。

第二十一条 本会设立常务委员会，由主席、副主席、秘书长及常务委员会委员组成。在委员会会议闭会期间，常务委员会可行使第十八条的第一、三、五、六、七、八、九项职权，对委员会负责。

第二十二条 常务委员会须有三分之二以上常务委员出席方能召开，其决议须经到会常务委员三分之二以上表决通过方能生效。

第二十三条 常务委员会至少每半年召开一次；情况特殊的，也可采用通讯形式召开。

第二十四条 本会主席、副主席和秘书长必须具备下列条件：

（一）坚持党的路线、方针、政策，政治素质好；

（二）在本会业务领域内有较大影响；

（三）最高任职年龄不超过70周岁，秘书长为专职；

（四）身体健康，能坚持正常工作；

（五）未受过剥夺政治权利的刑事处罚的；

（六）具有完全民事行为能力。

第二十五条 本会主席、副主席、秘书长如超过最高任职年龄需延长任期的，须经委员会表决通过，报业务主管单位审查并经社团登记管理机关批准同意后，方可任职。

第二十六条 本会主席、副主席、秘书长每届任期五年，最长不得超过两届。因特殊情况需延长任期的，须经会员代表大会三分之二以上会员代表表决通过，报业务主管单位审查并经社团登记管理机关批准同意后方可任职。

第二十七条 主席为本会法定代表人。如因特殊情况需由副主席或秘书长担任法定代表人，应报业务主管单位审查并经社团登记管理机关批准同意后方可担任，并在章程中写明。

本会法定代表人不兼任其他团体的法定代表人。

第二十八条 本会主席在副主席协助下，行使下列职权：

（一）召集和主持委员会及常务委员会；

（二）检查会员代表大会、委员会和常务委员会决议的落实情况；

（三）代表本团体签署有关重要文件；

（四）根据常务委员会的授权处理其他事项。

第二十九条 本会秘书长行使下列职权：

（一）主持办事机构开展日常工作，组织实施年度工作计划；

（二）协调本会各专业协会开展工作；

（三）提名副秘书长以及各办事机构、分支机构、实体机构主要负责人，交委员会或常务委员会决定；

（四）决定专职工作人员的聘用；

（五）处理其他日常事务。

第五章　资产管理、使用原则

第三十条　本会经费来源：

（一）会费；

（二）捐赠；

（三）政府资助；

（四）在核准业务范围内开展活动或服务的收入；

（五）利息；

（六）其他合法收入。

第三十一条　本会按照国家有关规定收取会员会费。

第三十二条　本会经费必须用于本章程规定的业务范围和事业的发展，不得在会员中分配。

第三十三条　本会建立严格的财务管理制度，保证会计资料合法、真实、准确、完整。

第三十四条　本会配备具有专业资格的会计人员。会计不得兼任出纳。会计人员必须进行会计核算，实行会计监督。会计人员调动工作或离职时，必须与接管人员办清交接手续。

第三十五条　本会的资产管理必须执行国家规定的财务管理制度，接受会员代表大会和财政部门的监督。资产来源属于国家拨款或者社会捐赠、资助的，必须接受审计机关的监督，并将有关情况以适当方式向社会公布。

第三十六条　本会换届或更换法定代表人之前必须接受社团登记管理机关和业务主管单位组织的财务审计。

第三十七条　本会的资产，任何单位、个人不得侵占、私分和挪用。

第三十八条　本会专职工作人员的工资和保险、福利待遇，参照国家对事业单位的有关规定执行。

第六章　章程的修改程序

第三十九条　对本章程的修改，须经委员会表决通过后报会员代表大会审议。

第四十条　本会修改的章程，须在会员代表大会通过后15日内，报业务主管单位审查，经其同意，并报社团登记管理机关核准后生效。

第七章　终止程序及终止后的财产处理

第四十一条　本会完成宗旨或自行解散或由于分立、合并等原因需要注销的，由委员会或常务委员会提出终止动议。

第四十二条　本会终止动议须经会员代表大会表决通过，并报业务主管单位审查同意。

第四十三条　本会终止前，须在业务主管单位及有关机关指导下成立清算组织，清理债权债务，处理善后事宜。清算期间，不开展清算以外的活动。

第四十四条　本会经社团登记管理机关办理注销登记手续后即为终止。

第四十五条　本会终止后的剩余财产，在业务主管单位和社团登记管理机关的监督下，按照国家有关规定，用于发展与本会宗旨相关的事业。

第八章　附　　则

第四十六条　本章程经 2012 年 10 月 19 日第一次会员代表大会表决通过。

第四十七条　本章程的解释权属本会委员会。

第四十八条　本章程自社团登记管理机关核准之日起生效。

关于《内蒙古检察官文学艺术联合会章程（草案）》起草情况的说明

（2012年10月18日）

大会主席团：

受内蒙古检察官文学艺术联合会筹备领导小组委托，现就《内蒙古检察官文学艺术联合会章程（草案）》的起草情况作如下说明：

一、关于性质和宗旨

（一）性质。内蒙古自治区检察官文学艺术联合会是在内蒙古自治区人民检察院领导下，由热爱文学艺术、有一定文学艺术特长的检察人员（含离退休人员）和地方检察官文联自愿结成的全区性、联合性、非营利性社会团体。本会接受业务主管单位内蒙古自治区人民检察院和社团登记管理机关自治区民政厅的业务指导和监督管理。本会接受中国检察官文学艺术联合会和内蒙古自治区文学艺术界联合会的业务指导。

（二）宗旨。以马列主义、毛泽东思想、邓小平理论和“三个代表”重要思想为指导，深入贯彻科学发展观，坚持党的基本路线、基本纲领，遵守宪法、法律、法规和国家政策，遵守社会道德风尚，培育社会主义核心价值体系，弘扬社会主义法治理念，培育检察官职业道德，紧紧围绕我区经济社会发展大局，围绕检察中心工作，坚持贴近检察实际，贴近人民群众，繁荣和发展检察文学艺术事业，凝聚检察机关人心，激励检察干警斗志，提高检察队伍素质，促进检察工作科学发展，为推动中国特色社会主义法治文化大发展大繁荣、维护社会公平正义与和谐稳定贡献力量。

二、关于业务范围

根据内蒙古检察官文学艺术联合会的性质和宗旨，在起草制定章程第二章第六条业务范围时，我们认为应该包括以下主要内容：采取有效措施，努力提高全区检察文艺创作和文艺活动水平，大力扶植和培养检察文艺新人，不断壮大检察系统文艺人才队伍；组织和支持检察系统文艺工作者积极开展文化艺术创作等工作；研究、探索检察文化和法治文化建设的规律，总结推广新经验；积极与宣传、文化、新闻、出版等社会各界沟通联系，不断扩大对外联系、交流和合作等。

三、关于组织机构

章程草案第四章作了具体规定：

1. 会员代表大会：是本会的最高权力机构，由各单位会员和有关方面推选的会员代表组成。会员代表大会具有制定和修改本会章程、选举和罢免委员会委员、审议委员会的工作报告和财务报告等职权。会员代表大会每五年召开一次，须有三分之二以上的会员代表出席方能召开，其决议须经到会会员代表半数以上表决通过方为有效。

2. 委员会：是本会会员代表大会的执行机构，对会员代表大会负责。第十八条规定了委员会具有执行会员代表大会的决议等十一项职权。委员会会议每年至少召开一次，须有三分之二以上委员出席方能召开，其决议须经到会委员三分之二以上表决通过方能生效。

3. 常务委员会：是本会的领导机构，由主席、副主席、秘书长及常务委员组成，在委员会会议闭会期间领导本会工作。常务委员会会议至少每半年召开一次，须有三分之二以上常务委员出席方能召开，其决议须经到会常务委员三分之二以上表决通过方能生效。

4. 主席、副主席、秘书长：章程草案规定了主席、副主席、秘书长的任职条件和职权。同时规定，本会主席、副主席、秘书长由委员会选举产生，并报业务主管单位和社团登记管理机关备案。

5. 专业协会：本会设立若干专业协会。各专业协会受委员会领导；在委员会会议闭会期间，受常务委员会领导；在常务委员会会议闭会期间，受秘书处领导。

四、关于资产的管理使用

章程草案规定，本会经费来源包括：财政拨款、会费、社会捐赠、资助和其他合法收入。会费的收取按照本会制定的会费标准和国家有关规定执行。本会经费必须用于本章程规定的业务范围和本会的事业发展，不得在会员中分配。本会建立严格的财务管理制度，保证会计资料合法、真实、准确、完整。同时规定，本会的资产管理必须执行国家规定的财务管理制度，接受会员代表大会和财政部门的监督。资产来源属于国家拨款或者社会捐赠、资助的，必须接受审计机关的审计监督，并将有关情况以适当方式向社会公布。

五、关于章程的修改

章程草案规定，本章程的修改，须经委员会表决通过后报会员代表大会审议。修改的章程须在会员代表大会审议通过后15日内，报业务主管单位审查，经其同意后报社团登记管理机关核准后方能生效。

六、关于章程起草的经过

2011年8月，自治区检察院党组决定筹建内蒙古检察官文联，章程草案的起草工作同时展开。章程草案的起草，主要做了以下几个方面的工作：一是严格遵循国家的法律、法规和有关政策。筹备领导小组认真学习国务院《社会团体登记管理条例》和有关法律法规政策的规定，寻求政策指导。二是认真起草，反复调研，广泛征求意见。由筹备组牵头，组织有关部门着手起草初稿，并广泛征求意见。三是主动取得中国检察官文学艺术联合会和自治区文联的指导帮助，更主要的是吸收和参考《中国检察官文学艺术联合会章程》，结合自治区实际，最后形成了今天提交审议的《内蒙古检察官文学艺术联合会章程（草案）》。

特此说明，请审议。

关于《内蒙古检察官文学艺术联合会第一届委员会委员选举办法（草案）》的说明

（2012年10月18日）

大会主席团：

受内蒙古检察官文学艺术联合会（以下简称内蒙古检察官文联）筹备领导小组委托，现就《内蒙古检察官文学艺术联合会第一届委员会委员选举办法（草案）》作如下说明。

一、候选人的推荐和正式候选人名单的确定

《内蒙古检察官文学艺术联合会章程（草案）》第十四条规定，委员会委员由会员代表大会选举产生。根据这一规定，选举办法草案第二条明确要求，内蒙古检察官文联第一届委员会委员候选人建议名单由内蒙古检察官文学艺术联合会筹备领导小组、各分市院商自治区院政治部后，报请自治区检察院党组审查同意，提请内蒙古检察官文联第一次会员代表大会主席团审议，确定为正式候选人。

二、选举程序

（一）《内蒙古检察官文学艺术联合会章程（草案）》第十五条规定："会员代表大会须有三分之二以上的会员代表出席方能召开，其决议须经到会会员代表半数以上表决通过方为生效。"根据这一规定，选举办法草案第三条规定，"内蒙古检察官文联第一次会员代表大会的代表超过代表总数三分之二，方可进行选举。"第六条规定，"候选人得赞成票超过实到代表半数以上，方可当选。"

（二）选举办法草案第四条规定，"内蒙古检察官文联第一届委员的产生，采用举手表决方式，实行等额选举。"

（三）选举办法草案第五条规定，"选举人对候选人可以表示赞成、反对或弃权。"

特此说明，请审议。

内蒙古检察官文学艺术联合会第一届委员会委员选举办法

根据国务院《社会团体登记管理条例》和《内蒙古检察官文学艺术联合会章程（草案）》有关规定，制定本选举办法。

一、内蒙古检察官文学艺术联合会（以下简称内蒙古检察官文联）第一届委员会委员由内蒙古检察官文联第一次会员代表大会选举产生。

二、区院机关检察官文联第一届委员会委员候选人由内蒙古检察官文学艺术联合会筹备领导小组提出建议名单商自治区院政治部；各分市院提出候选人建议名单，同自治区院政治部酝酿协商，报请自治区院党组审查同意，提请内蒙古检察官文学艺术联合会第一次会员代表大会主席团审议，确定为正式候选人。

三、内蒙古检察官文联第一次会员代表大会的参会代表超过代表总数三分之二，方可进行选举。

四、内蒙古检察官文联第一届委员会委员的产生，采用举手表决方式，实行等额选举。

五、选举人对候选人可以表示赞成、反对或弃权。

六、候选人得赞成票超过实到代表半数以上，方可当选。

七、本选举办法，经内蒙古检察官文联第一届会员代表大会审议通过后生效。

关于内蒙古检察官文学艺术联合会第一届委员会委员候选人建议名单的说明

（2012 年 10 月 18 日）

大会主席团：

受内蒙古检察官文学艺术联合会（以下简称内蒙古检察官文联）筹备领导小组委托，现就内蒙古检察官文联第一届委员会委员候选人建议名单作如下说明。

一、关于候选人建议名单产生的过程

根据《内蒙古检察官文学艺术联合会章程（草案）》和《内蒙古检察官文学艺术联合会第一届委员会委员选举办法（草案）》之有关规定，根据民主集中制原则，经充分酝酿沟通，并考虑到委员的代表性和广泛性，在自治区院机关组织自愿报名、各分市院报名推荐的基础上提出候选人，再由内蒙古检察官文联筹备领导小组、自治区院政治部共同审查研究，最后确定了由 60 名同志组成的内蒙古检察官文联第一届委员会委员候选人建议名单。

二、关于候选人建议名单的组成结构

大会主席团对内蒙古检察官文联第一届委员会委员候选人构成比例是：呼伦贝尔市（全国检察文化建设示范院）4 人，呼和浩特市、包头市、兴安盟、通辽市、赤峰市、锡林郭勒盟、鄂尔多斯市和巴彦淖尔市为 3 人，乌兰察布市、乌海市、阿拉善盟和铁检为 2 人，小黑河、保安沼地区为 1 人。自治区院机关及直属事业单位 22 人，其中女代表 17 人。候选人原则上要求是检察系统在职人员或离退休干部。

三、关于大会选举的形式

选举产生内蒙古检察官文联第一届委员会委员，是一项十分严肃认真的工作，为了充分发扬民主，又切实体现集中，大会主席团提出本届委员会委员的选举采取举手表决方式，实行等额选举。

特此说明，请审议。

内蒙古检察官文学艺术联合会
第一届委员会委员人员名单

（2012 年 10 月 19 日　内蒙古检察官文学艺术联合会第一次会员代表大会通过）

（60 人）

韦亚力（女）　内蒙古自治区人民检察院党组成员、常务副检察长
张　敏（女、满族）内蒙古自治区人民检察院党组成员、副检察长
曲云清（蒙古族）　内蒙古自治区人民检察院党组成员、副检察长
张瑞和　内蒙古自治区人民检察院办公室负责人
尹桂君（女）　内蒙古自治区人民检察院办公室正科级助检员
宋伟燕（女）　内蒙古自治区人民检察院政治部副主任兼人事处处长
郭文秀　内蒙古自治区人民检察院教育培训基层建设处处长
祁建华　内蒙古自治区人民检察院政治部宣传处处长
其其格（女、蒙古族）内蒙古自治区人民检察院政治部宣传处副处长
沈静芳（女）　内蒙古自治区人民检察院政治部宣传处主任科员
马迎春（女、回族）　内蒙古自治区人民检察院公诉处处长
董海龙　内蒙古自治区人民检察院民事行政检察处副处长
张晓红（蒙古族）　内蒙古自治区人民检察院职务犯罪预防处处长
侯占臣　内蒙古自治区人民检察院检察技术处处长
王传红　内蒙古自治区人民检察院法律政策研究室主任
武天舒　内蒙古自治区人民检察院法律政策研究室正处级检察员
李　健　内蒙古自治区人民检察院计划财务装备局局长
杨文明　内蒙古自治区人民检察院纪检监察室主任
赵　力（女）　内蒙古自治区人民检察院机关党委副书记
李旭明　内蒙古自治区人民检察院机关党委正处级调研员
张燕枝（女）　内蒙古自治区人民检察院机关事务服务中心主任
李世云（女、锡伯族）内蒙古自治区检察官进修学院院长
贾原岩　呼和浩特市人民检察院副检察长
赵立新　呼和浩特市人民检察院政治部副主任
云聪丽（女、蒙古族）　呼和浩特市人民检察院研究室主任
张忠明（蒙古族）　包头市人民检察院副检察长
沈海秋（满族）　包头市九原区人民检察院检察长

石玉玺　包头市昆都仑区人民检察院检察长
王汉武　呼伦贝尔市人民检察院检察长
康庆文　呼伦贝尔市人民检察院副检察长
石玉珍（女、蒙古族）　呼伦贝尔市人民检察院党组成员、政治部主任
毛云恒　呼伦贝尔市海拉尔区人民检察院检察长
刘晓君（女）　兴安盟检察分院副检察长
迟　文（女、蒙古族）　乌兰浩特市人民检察院纪检监察室主任
郭玉发　科右前旗人民检察院检察长
陈东光　通辽市人民检察院副检察长
孙树军　通辽市科尔沁区人民检察院检察长
付　强　扎鲁特旗人民检察院检察长
张秀峰　赤峰市人民检察院检察长
王东旭（蒙古族）　赤峰市人民检察院政治部主任
王占军（蒙古族）　赤峰市元宝山区人民检察院检察长
白献文（女、蒙古族）　锡林郭勒盟检察分院政治部主任
梁志坚　二连浩特市人民检察院检察长
韩平强　锡林浩特市人民检察院检察长
郝兢才　乌兰察布市人民检察院纪检组长
郑瑞明　察右后旗人民检察院检察长
张作厚　鄂尔多斯市人民检察院副检察长
越祖琨　鄂尔多斯市人民检察院办公室副主任、文化宣传办主任
李唯东　伊金霍洛旗人民检察院检察长
童雪涛（女、满族）　巴彦淖尔市人民检察院政治部主任
张春琴（女）　巴彦淖尔市人民检察院检察员
邢　露　巴彦淖尔市临河区人民检察院副检察长
付元胜　乌海市人民检察院副检察长
郭孟群　乌海市人民检察院纪检组长
董　贵　阿拉善盟检察分院检察长
钢苏雅拉（蒙古族）　阿拉善盟检察分院党组成员、政治部主任
周西来　保安沼地区人民检察院副检察长、政治部主任
白雅茹（女、蒙古族）　小黑河地区人民检察院副检察长
白福成　呼和浩特铁路运输检察分院纪检组长
苗同利　呼和浩特铁路运输检察分院检委会专职委员

关于《内蒙古检察官文学艺术联合会第一届委员会主席、副主席、秘书长和常务委员会委员选举办法（草案）》的说明

（2012年10月18日）

大会主席团：

受内蒙古检察官文学艺术联合会（以下简称内蒙古检察官文联）筹备领导小组委托，现就《内蒙古检察官文学艺术联合会第一届委员会主席、副主席、秘书长和常务委员会委员选举办法（草案）》作如下说明：

一、候选人的推荐和正式候选人名单的确定

根据本会实际情况，选举办法草案第二条规定，内蒙古检察官文学艺术联合会第一届委员会主席、副主席、秘书长和常务委员会委员候选人由内蒙古检察官文联第一次会员代表大会主席团从第一届委员会委员中提名，候选人选由内蒙古检察官文联筹备领导小组与自治区院政治部充分协商，报自治区院党组审核同意后，提请全体委员酝酿协商，由大会主席团确定正式候选人。

二、选举程序

（一）《内蒙古检察官文学艺术联合会章程（草案）》第十九条规定，“委员会会议须有三分之二以上委员出席方能召开，其决议须经到会委员三分之二以上表决通过方能生效。”根据这一规定，选举办法草案第三条规定，“内蒙古检察官文联第一届委员会出席第一次全体会议的委员超过委员总数三分之二，方可进行选举。”第六条规定，“候选人得赞成票超过实到委员三分之二以上，方可当选。”

（二）《内蒙古检察官文学艺术联合会章程（草案）》第十八条第十款规定，委员会“决定名誉职务的设立和人选”。

（三）选举办法草案第四条规定，“内蒙古检察官文联第一届委员会主席、副主席、秘书长和常务委员的产生，采用举手表决方式，实行等额选举。”

（四）选举办法草案第五条规定，“选举人对候选人可以表示赞成、反对或弃权。”

特此说明，请审议。

内蒙古检察官文学艺术联合会第一届委员会主席、副主席、秘书长、常务委员会委员选举办法

（2012年10月19日）

根据国务院《社会团体登记管理条例》和《内蒙古检察官文学艺术联合会章程》，制定本选举办法：

一、内蒙古检察官文学艺术联合会（以下简称内蒙古检察官文联）第一届委员会主席、副主席、秘书长和常务委员会委员，由内蒙古检察官文联第一届委员会第一次全体会议选举产生。

二、内蒙古检察官文联第一届委员会主席、副主席、秘书长和常务委员会委员候选人由内蒙古检察官文联第一次会员代表大会主席团从第一届委员会委员中提名，经全体委员酝酿协商后，由大会主席团确定正式候选人。

三、内蒙古检察官文联第一届委员会出席第一次全体会议的委员超过委员总数三分之二，方可进行选举。

四、内蒙古检察官文联第一届委员会主席、副主席、秘书长和常务委员的产生，采用举手表决方式，实行等额选举。

五、选举人对候选人可以表示赞成、反对或弃权。

六、候选人得赞成票超过实到委员三分之二以上，方可当选。

七、本选举办法，经内蒙古检察官文联第一届委员会第一次全体会议审议通过后生效。

关于内蒙古检察官文学艺术联合会第一届委员会主席、副主席、秘书长和常务委员会委员候选人建议名单的说明

（2012年10月18日）

大会主席团：

受内蒙古检察官文学艺术联合会（以下简称内蒙古检察官文联）筹备领导小组委托，现就内蒙古检察官文联第一届委员会主席、副主席、秘书长和常务委员会委员候选人建议名单作如下说明：

一、有关依据

1. 国务院《社会团体登记管理条例》中的有关规定；

2.《内蒙古检察官文学艺术联合会章程（草案）》和《内蒙古检察官文学艺术联合会第一届委员会主席、副主席、秘书长、常务委员会委员选举办法（草案）》中的有关规定。

二、产生经过

本着有利于加强组织领导，有利于开展全区检察官文联工作，有利于协调各方关系等主要原则，在确定内蒙古检察官文联第一届委员会主席、副主席、秘书长、常务委员会委员候选人建议名单时，自治区院筹备领导小组负责人首先向自治区院党组汇报并征得同意。涉及副厅级以上领导职务的已报经自治区党委组织部批准，涉及到各院主要领导的考虑他们有专业特长、热爱文联工作，在各分市院推荐人选中，筹备领导小组提名各院1名领导同志担任常务委员，都已提请自治区院党组研究确定，形成了第一届自治区检察官文联委员会主席、副主席、秘书长、常务委员会委员候选人的建议名单。

特此说明，请审议。

内蒙古检察官文学艺术联合会
第一届委员会主席、副主席、秘书长
和常务委员会委员人员名单

（2012 年 10 月 19 日　内蒙古检察官文学艺术联合会第一次会员代表大会通过）

主席（1 人）

韦亚力（女）　内蒙古自治区人民检察院党组成员、常务副检察长

副主席（6 人）

张　敏（女、满族）　内蒙古自治区人民检察院党组成员、副检察长

曲云清（蒙古族）　内蒙古自治区人民检察院党组成员、副检察长

王汉武（蒙古族）　呼伦贝尔市人民检察院检察长

张秀峰　赤峰市人民检察院检察长

董　贵　阿拉善盟检察分院检察长

宋伟燕（女）　内蒙古自治区人民检察院政治部副主任兼人事处处长

秘书长（1 人）

祁建华　内蒙古自治区人民检察院政治部宣传处处长

常务委员（23 人，以姓氏笔画为序）

王东旭（蒙古族）　赤峰市人民检察院政治部主任

王传红　内蒙古自治区人民检察院法律政策研究室主任

白雅茹（女、蒙古族）　小黑河地区人民检察院副检察长

白福成　呼和浩特铁路运输检察分院纪检组长

白献文（女、蒙古族）　锡林郭勒盟检察分院政治部主任

付元胜　乌海市人民检察院副检察长

李　健　内蒙古自治区人民检察院计划财务装备局局长

李世云（女、锡伯族）　内蒙古自治区检察官进修学院院长

刘晓君（女）　兴安盟检察分院副检察长

陈东光　通辽市人民检察院副检察长

张作厚　鄂尔多斯市人民检察院副检察长

张忠明（蒙古族）　包头市人民检察院副检察长

张晓红（蒙古族）　内蒙古自治区人民检察院职务犯罪预防处处长

张瑞和　内蒙古自治区人民检察院办公室负责人

赵　力（女）　内蒙古自治区人民检察院机关党委副书记

周西来　保安沼地区人民检察院副检察长

郝兢才　乌兰察布市人民检察院纪检组长

侯占臣　内蒙古自治区人民检察院检察技术处处长

钢苏雅拉（蒙古族）阿拉善盟检察分院政治部主任

郭文秀　内蒙古自治区人民检察院教育培训基层建设处处长

贾原岩　呼和浩特市人民检察院副检察长

康庆文　呼伦贝尔市人民检察院副检察长

童雪涛（女、满族）　巴彦淖尔市人民检察院政治部主任

内蒙古检察官文学艺术联合会
第一届委员会名誉主席名单

（2012年12月19日　内蒙古检察官文学艺术联合会第一次会员代表大会通过）

（2人）

马永胜　内蒙古自治区人民检察院党组书记、检察长

邢宝玉　内蒙古自治区人民检察院原党组书记、检察长，内蒙古自治区社会扶贫促进会会长

内蒙古检察官文学艺术联合会
第一届委员会艺术顾问名单

（2012 年 10 月 19 日　内蒙古检察官文学艺术联合会第一次会员代表大会通过）

（8 人，以姓氏笔画为序）

山　丹（女、蒙古族）　内蒙古人民广播电台文艺部主任、十八大代表

马　铁　国家一级美术师、著名国画家

李树榕（女）　内蒙古大学艺术学院教授、内蒙古自治区政协常委

陈　明　内蒙古师范大学体育学院教授、内蒙古自治区政协常委

阿拉泰（女、蒙古族）　国家一级演员、著名歌唱家、全国政协委员

赵如意　著名摄影家、内蒙古摄影家协会名誉主席

哈斯乌拉（蒙古族）　国家一级作家、内蒙古作家协会副主席

康　庄　国家一级美术师、著名书法家

关于内蒙古检察官文学艺术联合会专业协会设立的决定

（2012年10月19日　内蒙古检察官文学艺术联合会第一次会员代表大会通过）

本会设立4个专业协会：音乐舞蹈体育协会、文学理论协会、新闻影视协会、美术摄影书法协会。

各专业协会由会长、副会长、秘书长、副秘书长和会员组成。

内蒙古检察官文学艺术联合会及部分地区人员名单

内蒙古检察官文联

（2012 年 10 月 19 日内蒙古检察官文学艺术联合会第一次会员代表大会通过）

名誉主席（2 人）

马永胜　邢宝玉

主席（1 人）

韦亚力（女）　内蒙古自治区人民检察院党组成员、常务副检察长

副主席（6 人）

张　敏（女、满族）　内蒙古自治区人民检察院党组成员、副检察长

曲云清（蒙古族）　内蒙古自治区人民检察院党组成员、副检察长

王汉武（蒙古族）　呼和浩特市人民检察院检察长（原呼伦贝尔市人民检察院检察长）

张秀峰　赤峰市人民检察院检察长

董　贵　内蒙古自治区人民检察院检委会专职委员（原阿拉善盟检察分院检察长）

宋伟燕（女）　乌海市人民检察院检察长（原内蒙古自治区人民检察院政治部副主任兼人事处处长）

秘书长（1 人）

祁建华　内蒙古自治区人民检察院政治部宣传处处长

副秘书长（1 人）

武天舒　内蒙古自治区人民检察院法律政策研究室正处级检察员

呼伦贝尔市检察官文联

（2012 年 2 月 28 日呼伦贝尔检察官文学艺术联合会第一次会员代表大会通过）

名誉主席

于海富　呼伦贝尔市人民检察院检察长

主席

乌日根　呼伦贝尔市人民检察院正处级调研员

副主席

康庆文　呼伦贝尔市人民检察院副检察长

石玉珍　呼伦贝尔市人民检察院党组成员、政治部主任

毛云恒　海拉尔区人民检察院检察长

杨俊波　牙克石市人民检察院公诉科科长

副秘书长

吕丽梅　呼伦贝尔市人民检察院政治部副主任

贾广卿　呼伦贝尔市人民检察院副处级检察员

秘书处处长

赵极超　呼伦贝尔市人民检察院反贪局副局长

文学写作协会会长

石玉珍

摄影协会会长

毛云恒

书法美术协会会长

杨俊波

体育协会会长

苗树成　根河市人民检察院检察长

理论研究协会会长
李　晶　呼伦贝尔市人民检察院研究室主任
音乐舞蹈协会会长
韩建平　呼伦贝尔市人民检察院法警支队副支队长

海拉尔区人民检察院检察官文联

（2012 年 7 月 3 日海拉尔检察官文学艺术联合会第一次会员代表大会通过）
名誉主席
毛云恒　海拉尔区人民检察院检察长
主席
陶志辉　海拉尔区人民检察院正科级检察员
副主席
李云峰　海拉尔区人民检察院副检察长
赵　忠　海拉尔区人民检察院副检察长
张秀波　海拉尔区人民检察院副检察长
史铭丰　海拉尔区人民检察院副检察长
王元武　海拉尔区人民检察院政工科长
徐琦峰　海拉尔区人民检察院纪检组长
秘书长
王元武（兼）　海拉尔区人民检察院政工科长

满洲里市人民检察官文联

（2012 年 7 月 12 日满洲里检察官文学艺术联合会第一次会员代表大会通过）
主席
孙　海　满洲里市人民检察院检察长
副主席
庞雪冬　满洲里市人民检察院副检察长
秘书长
刘立华　满洲里市人民检察院政治部主任

牙克石市人民检察官文联

（2012 年 7 月 11 日牙克石检察官文学艺术联合会第一次会员代表大会通过）
主席
冯伟卓　牙克石市人民检察院检察长
副主席
巴瑞明　牙克石市人民检察院副检察长
黄庆生　牙克石市人民检察院副检察长
孙丹红　牙克石市人民检察院政工科长
杨俊波　牙克石市人民检察院公诉科长
秘书长
黄庆生　牙克石市人民检察院副检察长

扎兰屯市检察官文联

（2012 年 7 月 10 日扎兰屯市检察官文学艺术联合会第一次会员代表大会）
主席
赵国章　扎兰屯市人民检察院检察长
副主席
李海波　扎兰屯市人民检察院副检察长
秘书长
沈丽敏　扎兰屯市人民检察院政工科科长
副秘书长
赵富生　扎兰屯市人民检察院控申科科长
陈丽梅　扎兰屯市人民检察院预防科长
孙彤玉　扎兰屯市人民检察院公诉科副科长
文学写作协会会长
沈丽敏
摄影协会会长
伏守山　扎兰克市人民检察院技术科科长
理论研究协会会长
陈丽梅
舞蹈协会会长
雪　梅　扎兰克市人民检察院纪检主任
体育协会会长
崔延久　扎兰克市人民检察院反渎局局长
书法美术协会会长
于洪伟　扎兰克市人民检察院公诉科科长

根河市检察官文联

（2012 年 7 月 13 日根河检察官文学艺术联合会第一次会员代表大会通过）

名誉主席

苗树成　根河市人民检察院检察长

主席

李德战　根河市人民检察院副检察长

副主席

赵胜伟　根河市人民检察院政工科科长

徐莹莹　根河市人民检察院办公室主任

秘书长

赵胜伟　根河市人民检察院政工科科长

副秘书长

刘玉刚　根河市人民检察院政工科副科长

张　鹤　根河市人民检察院案管办

额尔古纳市检察官文联

（2012 年 7 月 11 日额尔古纳检察官文学艺术联合会第一次会员代表大会通过）

名誉主席

于建民　额尔古纳市人民检察院检察长

主席

王庆生　额尔古纳市人民检察院检委会专职委员

秘书长

宝　江　额尔古纳市人民检察院政工科长

阿荣旗人民检察官文联

（2012 年 7 月 12 日阿荣旗检察官文学艺术联合会第一次会员代表大会通过）

主席

张雪岩　阿荣旗人民检察院检察长

副主席

石长军　阿荣旗人民检察院政工科科长

秘书长

孙桂杰　阿荣旗人民检察院政工科副科长

莫力达瓦达斡尔族自治旗检察官文联

（莫力达瓦达斡尔族自治旗检察官文学艺术联合会第一次会员代表大会通过）

主席

李保华　莫力达瓦达斡尔族自治旗人民检察院检察长

副主席

林忠军　莫力达瓦达斡尔族自治旗人民检察院副检察长

郭海健　莫力达瓦达斡尔族自治旗人民检察院副检察长

鄂　擎　莫力达瓦达斡尔族自治旗人民检察院副检察长

鄂伦春自治旗检察官文联

（2012 年 7 月 12 日鄂伦春自治旗检察官文学艺术联合会第一次会员代表大会通过）

主席

邢占江　鄂伦春自治旗人民检察院检察长

副主席

白　巍　鄂伦春自治旗人民检察院副检察长

秘书长

王凤岩　鄂伦春自治旗人民检察院办公室副主任

鄂温克族自治旗检察官文联

（2012 年 7 月 10 日鄂温克族自治旗检察官文学艺术联合会第一次会员代表大会通过）

主席

王殿元　鄂温克旗人民检察院检察长

副主席兼秘书长

哈斯其木格　鄂温克旗人民检察院副检察长、大雁检察院检察长

副主席

乌力吉　鄂温克旗人民检察院副检察长

刘世春　鄂温克旗人民检察院副检察长

乃日拉图　鄂温克旗人民检察院副检察长、政工科科长
敖　岭　鄂温克旗人民检察院副检察长
涂跃春　鄂温克旗人民检察院副检察长
体育协会会长
敖　岭　鄂温克旗人民检察院副检察长
表演协会会长
伊　凡　鄂温克旗人民检察院公诉科副科长
摄影协会会长
张晓翀　鄂温克旗人民检察院技术科副科长
文学写作协会会长
马丹丹　鄂温克旗人民检察院侦监科副科长
书画协会会长
郭彩霞　鄂温克旗人民检察院政工科科员
理论研究协会会长
周　伟　鄂温克旗人民检察院办公室秘书

陈巴尔虎旗检察官文联

（2012年7月13日陈巴尔虎旗检察官文学艺术联合会第一次会员代表大会通过）
主席
韩　峰　陈巴尔虎旗人民检察院检察长
副主席
王永明　陈巴尔虎旗人民检察院副检察长
办公室主任
伊拉塔　陈巴尔虎旗人民检察院政工科长

新巴尔虎左旗检察官文联

（2012年5月24日新巴尔虎左旗检察官文学艺术联合会第一次会员代表大会通过）
主席
白海清　新巴尔虎左旗人民检察院检察长
副主席
查干巴拉　新巴尔虎左旗人民检察院副检察长
秘书长
阿拉木苏　新巴尔虎左旗人民检察院副检察长

新巴尔虎右旗检察官文联

（2012年7月9日新巴尔虎右旗检察官文学艺术联合会第一次会员代表大会通过）
主席
包玉山　新巴尔虎右旗人民检察院检察长
副主席
贾玉光　新巴尔虎右旗人民检察院副检察长
图布信　新巴尔虎右旗人民检察院副检察长
李冀龙　新巴尔虎右旗人民检察院副检察长
秘书长
图布信　新巴尔虎右旗人民检察院副检察长

赤峰市元宝山区检察官文联

（2011年12月1日元宝山检察官文学艺术联合会第一次会员代表大会通过）
写作协会秘书长
崔　友　元宝山区人民检察院研究室科员
体育协会秘书长
郭占利　元宝山区人民检察院检委会专职委员、监察室主任
音乐协会秘书长
郭艳军　元宝山区人民检察院办公室主任
理论协会秘书长
宋　平　元宝山区人民检察院研究室主任
青年检察官学会秘书长
于海飞　元宝山区人民检察院政工科副科长

阿拉善盟检察官文联

（2012年10月17日阿拉善盟检察官文学艺术联合会第一次会员代表大会通过）

主席
张作厚　阿拉善盟检察分院
副主席兼摄影协会会长
甄学钢　阿拉善盟检察分
副主席兼奇石文化研究会长
骆文达　阿拉善盟检察分院
副主席兼蒙古语文翻译学会会长
陈卫东　阿拉善盟检察分院
副主席兼书画协会会长
王晓忠　阿拉善盟检察分院
副主席兼文学研究会长
谢　琼　阿拉善盟检察分院
副主席兼蒙古族原生态歌舞艺术研究会会长
钢苏雅拉　阿拉善盟检察分院
秘书长
纪凌志　阿拉善盟检察分院

内蒙古自治区检察文化艺术工作情况

综　述

2012 年 10 月，内蒙古检察官文学艺术联合会宣告成立。至此，依托检察官文联，内蒙古检察机关秉承社会主义先进文化的前进方向，紧紧围绕检察中心工作，以提高检察队伍素质和提升检察执法公信力为目标，充分发挥内蒙古自治区文化资源优势，文化育检，以文化人，在检察文化艺术创作和文化艺术活动等方面取得了许多积极成果，推动着检察工作和检察队伍建设不断进步。

一、给力文化建设，为检察官文联创建打下坚实基础

2012 年是内蒙古检察机关不断探索和推进检察文化建设、开拓检察文化建设新局面的一年。

（一）强化组织领导，把检察文化建设纳入检察工作总体格局。内蒙古检察院加强了检察官文学艺术联合会筹备领导小组工作，将文化建设工作放在突出位置来抓，同时多次研究解决筹备过程遇到的实际问题，确保形成浓厚的文化建设氛围，把年内成立内蒙古检察官文联作为提升自治区检察文化建设水平的重要支撑。全区各级检察机关紧紧围绕检察工作，加大领导力度，努力结合本地实际，不断丰富载体，广泛延伸触角，引导全体检察人员在组织和参与各项文化建设过程中，升华思想境界、积极履行职责、能力创先争优。在强力推进检察文化建设的进程中，涌现出了以全国检察文化建设示范院呼伦贝尔市检察院、呼和浩特市赛罕区检察院为代表的一大批检察文化建设先进单位。

（二）强化活动载体，提升检察文化的质量和效果。注重发挥检察文化的教育、约束、凝聚、激励等作用，积极组织广大检察人员结合实际开展文化艺术活动。内蒙古检察院不定期举办全区检察机关书画摄影才艺展、体育比赛、文艺演出、主题演讲、院史展览和图书出版等活动，完成了电影《乡村检察官》拍摄及首映式的各项工作。

（三）强化典型引领，增强检察文化的正能量。内蒙古检察院坚持把培养、树立、宣传、学习先进典型作为文化建设的重要内容来抓，为先进典型脱颖而出创造条件。在深入开展向检察系统模范人物张章宝同志、小黑河地区检察院驻监所检察室主任孟志春同志（2012 年度内蒙古第三届道德模范提名奖）学习的同时，大力宣传了鄂尔多斯市院公诉处处长韩丽春（全国检察机关最美青年检察官、2012 年度内蒙古十大法治人物）和准格尔旗院王海萍（2012 年被确定为全国十名重点宣传的优秀派驻女检察官典型之一）、赤峰元宝山区检察院李秀丽（已入选正在评选中的感动内蒙古人物二十佳）的动人事迹，推出了内蒙古检察院干警那仁夫垂危之时立遗嘱捐献眼角膜的感人故事，营造了学先进、赶先进、做贡献的良好氛围。

（四）强化人才战略，通过“文化育检”提升检察人员法律监督能力。在深入开展“学习型检察院”创建活动中，内蒙古检察院与高校联合举办司法考试培训班；按时举办“检察论坛”；实施检察理论研究主题奖励机制等，并开展了全区检察业务专家和专门人才评审，评选了全区侦查监督十佳检察官、全区十佳公诉人等。2012年组织开展了盟市级检察业务专门人才和基层院检察业务能手评审选拔工作，共评审产生盟市级专门人才170名、业务能手486名。

通过“四个强化”，提升了内蒙古检察文化建设的质量、丰富了检察文化活动的载体，一批优秀文化人才和优秀文艺作品相继涌现；一批检察人员成为国家、自治区级文联会员，呈现出检察文化建设日益活跃、不断发展的良好态势，成立检察官文联的客观条件日益成熟。

二、抢抓发展机遇，内蒙古检察官文联应运而生

2012年以来，在马永胜检察长的重视和分管检察长的指导下，内蒙古检察院政治部宣传处作为具体办事机构承担起了检察官文联各项筹备工作职责，对各盟市检察文化建设和检察文艺人才分布情况进行了深入摸底调研和反复论证，学习借鉴有关兄弟单位的成功做法，多次与各主管部门磋商沟通，全面展开各项筹备工作。经过集中申报和不断协调，8月份民政厅下发了《关于核准内蒙古检察官文学艺术联合会成立登记的批复》（内民政批［2012］77号）。2012年9月1日，院党组审定通过了《成立内蒙古检察官文学艺术联合会综合预案》，决定：为尽快适应新形势新任务对检察文化建设提出的新要求、给即将召开的十八大献上一份厚礼，10月19日在呼和浩特市召开内蒙古检察官文联成立大会暨第一次会员代表大会。

10月19日，内蒙古检察官文学艺术联合会第一次会员代表大会在呼和浩特召开。开幕式上，中共中央候补委员、全国政协科教文卫体委员会副主任、中国检察官文学艺术联合会主席张耕应邀莅会并作重要讲话。大会主席团推举顾问——著名歌唱家、全国政协委员阿拉泰女士，内蒙古作家协会副主席哈斯乌拉先生，内蒙古大学艺术学院教授、自治区政协常委李树榕女士，内蒙古师范大学教授、自治区政协常委陈明先生，著名国画艺术家马铁先生，著名摄影家、内蒙古摄影家协会名誉主席赵如意先生到会与大家共同见证开幕盛会；山东、山西、河北、河南、安徽、浙江、新疆、宁夏、天津和陕西等10个省自治区检察院为成立大会发来贺信。

张耕主席在成立大会上强调，内蒙古检察官文联成立后，要深入贯彻党的十七届六中全会精神和高检院关于检察文化建设的部署要求，进一步深化对检察文化建设重要性和必要性的认识，不断提高检察官文联工作的自觉性和自信心。要准确把握检察官文联的职能定位和工作方向。检察官文联要服务党和国家工作大局，服务检察中心工作。要践行社会主义核心价值体系，弘扬“忠诚、为民、公正、廉洁”的政法干警核心价值观。要贯彻“百花齐放、百家争鸣”方针和“三贴近”原则。要坚持“三位一体”的工作思路，推进检察文化理论研究、检察文艺创作和检察文艺活动。要加强检察文艺人才队伍建设，提高文艺人才队伍素质。要不断加强检察官文联自身建设，努力提高自身素质。

内蒙古检察院检察长马永胜在讲话中指出，要用战略眼光认识检察文化建设的重要意义，用强力举措助推检察文化建设的繁荣发展，高标准、严要求地抓好检察官文联自身建设。检察文化建设必须始终坚持正确的政治方向。坚持围绕检察中心工作，服务和推动检察事业科学发展。坚持以人为本，突出检察人员的主体地位。坚持因地制宜，突出地区特色。

开幕式之后，接连召开了第一次会员代表大会和第一届委员会第一次全体会议。第一届委员会第一次全体会议听取了当选主席韦亚力的工作报告，选举产生了联合会第一届领导机构和组成人员，部署了当前和今后一个时期内蒙古检察官文联工作。内蒙古检察院检察长马永胜和原检察长邢宝玉当选为第一届委员会名誉主席；内蒙古检察院常务副检察长韦亚力当选为第一届委员会主席；副检察长张敏、曲云清、呼伦贝尔市院原检察长王汉武（现任呼和浩特市院检察长）、赤峰市院检察长张秀峰、阿盟分院原检察长董贵（现任自治区院检委会专职委员）以及自治区院政治部原副主任宋伟燕（现任乌海市院检察长）当选为第一届委员会副主席；政治部宣传处处长祁建华当选为第一届委员会秘书长；王东旭等23名同志当选为第一届委员会常务委员。全体与会代表还考察了全国检察文化建设示范院呼和浩特市赛罕区检察院的文化活动成果。

三、准确定位，内蒙古检察官文联未来发展任重道远

按照党的十七大、十七届六中全会和自治区第九次党代会精神，根据高检院和全国检察官文联工作部署，内蒙古检察官文联第一次会员代表大会确定的当前和今后一个时期内蒙古检察官文联的总体工作思路是：以邓小平理论和“三个代表”重要思想为指导，深入贯彻落实科学发展观，坚持社会主义先进文化的前进方向，紧紧围绕全区检察工作大局，以提高检察队伍素质、提升检察形象和执法公信力为目标，以改革创新为动力，充分发挥联络、协调、服务职能作用，发现和培养检察文化艺术人才，团结、组织检察文化艺术队伍，立足工作实际，大力开展富有时代特色、检察特色、地域特色的检察文化艺术创作和文化艺术活动，为推动检察文化和法治文化大发展大繁荣作出积极的贡献。按照这一总体思路的要求，今后的内蒙古检察官文联将在未来的日子里，主要抓以下几项工作：努力打造优秀的文化艺术精品力作。深入研究检察法治文化理论。不断组织各类文化艺术活动。积极搭建和扩大检察文化艺术活动平台。合力造就一支高素质的检察文化艺术队伍。建立健全检察官文联组织体系。主动开展检察文化艺术交流合作。

内蒙古检察官文联成立，是内蒙古检察文化建设的新起点。至此，内蒙古检察官文联将在中国检察官文联指导和自治区院党组的领导下，振奋精神，扎实工作，为实现“民族文化大区向民族文化强区跨越”战略和法治文化建设作出新的更大的贡献。

会　议

【政法干警核心价值观教育实践活动拉开帷幕】3月1日，全区检察机关深入开展政法干警核心价值观实践活动电视电话会议召开。3月28日，内蒙古检察院举办了核心价值观教育实践活动专题讲座（视频），邀请中央党校马克思主义理论教学部副主任、教授、博士生导师韩庆祥主讲“应科学提炼中国社会主义核心价值观”。

【全区检察机关政法干警核心价值观学习教育视频交流会】7月12日，内蒙古检察院召开全区检察机关政法干警核心价值观学习教育视频交流会。会上，呼伦贝尔、兴安盟、鄂尔多斯市、阿拉善盟、小黑河地区共5个分市院检察长作了典型发言。此次会议旨在总结和交流教育实践活动经验做法，夯实对照检查、集中整改阶段思想理论和业务实践基础，持续推进教育实践活动的深入开展，对全区检察机关政法干警核心价值观教育实践活动进行再动员、再部署。

【第十六次全区检察工作会议】8月9日至10日，内蒙古检察院召开第十六次全区检察工作会议。内蒙古自治区原党委书记胡春华，自治区党委副书记、政法委书记李佳，自治区党委常委、秘书长符太增，自治区副主席刘新乐，自治区政协副主席杨成旺等领导在会前接见与会代表并合影留念。会上，李佳书记、马永胜检察长分别作重要讲话。会议提出，要紧密结合实际，全面推进检察人才工程、文化育检工程、科技强检工程、强基固本工程。以“四项工程”为载体夯实检察工作科学发展根基。

【内蒙古检察科技装备建设应用展示会】8月28日至30日，全区检察机关计划财务装备工作会议召开。期间，首届内蒙古检察科技装备建设应用展示会同时举行。此次展示会，来自内蒙古三级检察机关共有500余人参加，31家厂商参展，涉及侦查取证、通讯指挥、检验鉴定、信息化办公办案、信息安全和业务用车等各个方面展品1000余件。

【内蒙古检察院机关创先争优表彰大会】9月21日，内蒙古检察院召开院机关创先争优表彰大会，对院机关和直属单位在创先争优活动中涌现出来的8个先进基层党组织和19个优秀共产党员进行表彰。大会进一步激发广大党员干警解放思想，与时俱进，团结拼搏的精神，推动检察工作跨越式发展，以优异的成绩迎接党的十八大胜利召开。

【全区检察机关信息化建设应用推进工作会议】9月22日至23日，内蒙古检察院在检察官进修学院召开全区检察机关信息化建设应用推进工作会议。信息化领导小组办公室全体成员参加会议，并对信息化建设工作进行研讨。

【内蒙古检察官文学艺术联合会成立大会】10月19日，内蒙古检察官文学艺术联合会成立。全国政协教科文卫体委员会副主任、中国检察官文学艺术联合会主席张耕出席会议并讲话。内蒙古自治区党委副书记、自治区副主席巴特尔，自治区政协主席任亚平分别会见了张耕。内蒙古检察院马永胜检察长和原检察长邢宝玉当选为名誉主席，韦亚力副检察长当选为内蒙古检察官文学艺术联合会第一届委员会主席。

【内蒙古检察院机关检察专线网络建设项目验收会】11月20日，内蒙古检察院召开机关检察专线网络建设项目验收会。郑锦春副检察长出席会议并致辞，自治区院信息化领导小组成员，纪检监察室负责人、专线网项目办人员、项目承建方代表、项目监理方代表以及设备厂家代表等20多人参加了验收会。

【党风廉政建设责任制和推进惩防体系建设检查考核动员大会】 12月4日，内蒙古检察院召开2012年度党风廉政建设责任制和推进惩防体系建设检查考核动员大会。12月18日，盟市、地区检察（分）院检察长向内蒙古检察院述职述廉报告工作（视频）。

【全区检察机关“抓党建带队建，强素质树形象”实践活动启动】 12月6日，全区检察机关开展“抓党建带队建，强素质树形象”实践活动动员大会。活动分为动员部署、集中学习、检查整改、总结验收四个阶段，计划利用半年左右时间，先后组织分市院检察长在媒体发表科学谋划2013年检察工作的主旨文章、开展张章宝工作模式示范院、“检察大走访”以及全员基本素质考试、检察英模报告团等活动，并以发放调查表、检务督察组暗访、专门群体座谈等“三种形式”进行评判，最终达到党委政府满意、社会各界认可、人民群众放心。

【全区检察机关第五届正义论坛（视频）】 11月20日至30日，自治区检察院和自治区检察官协会共同举办了以“刑事诉讼法修改与检察工作”为主题的第五届“正义论坛”。本届论坛首次通过检察局域网，采取网上研讨的方式进行。论坛期间，全区7130名检察人员中有5919人（占83%）注册为会员，从网上阅读论文、参与讨论，全区8844人次参与了网络投票，网络论坛获得了全区检察人员的高度关注和广泛参与。

活　动

【内蒙古预防职务犯罪警示教育基地揭牌】 1月12日下午，内蒙古预防职务犯罪警示教育基地经重建后在呼和浩特第一监狱正式揭牌。至此，全区建立并投入使用的警示教育基地已达160个。

【内蒙古检察院迎新春联欢会】 1月17日，内蒙古检察院在新落成的内蒙古检察官进修学院隆重举行迎新春联欢会。联欢会上，干警们自编自导自演了形式多样、丰富多彩的节目，突出了边疆民族特色，体现了文化育检的成果。全院离退休老干部、机关全体干警直属事业单位共350余人参加了活动。

【“追随足迹讲传统、忠诚为民践行动”活动】 5月15日，内蒙古检察院组织检察人员来到内蒙古乌兰夫纪念馆，开展“追随足迹讲传统、忠诚为民践行动”活动，150多名检察人员面向国旗庄严宣誓，并认真倾听了老干部讲述其从抗日战场到解放战场再到抗美援朝的光辉经历。

【电影《乡村检察官》首映】 5月18日，电影《乡村检察官》在呼和浩特铁路文化宫举行首映式。该片以全国重大先进典型、全国模范检察官张章宝为原型，是内蒙古检察机关与宣传文化部门通力合作，为加强自治区文化建设而打造的一部时代主旋律影片。影片以生动、鲜活的影像语言，集中再现了张章宝同志的先进事迹，展现了新时期检察官、执法人员胸怀大局、心系百姓、执法为民、恪尽职守、淡泊名利的崇高精神和光辉形象，具有较高的思想性、艺术性、观赏性。

【参加“体彩杯”第八届万人登山活动】5月25日，内蒙古检察院组织50名机关干部，参加了2012年全国群众登山大会暨呼和浩特“体彩杯”第八届万人登山活动。

【内蒙古检察院干警为患病同事献爱心】5月30日，内蒙古检察院曲云清副检察长代表全院干警，给机关事务服务中心临时聘用人员樊忠堂（患肺癌Ⅳ期）送去了全体检察干警的爱心捐款，共计66310元，并鼓励他积极治疗、战胜病魔。

【内蒙古检察院为帮扶嘎查寻找致富路】2012年以来，内蒙古检察院共投入经费113.66万元用于帮扶点兴安盟扎赉特旗巴彦套海嘎查扶贫帮困工作。帮扶点建起蛋鸡养殖基地，建鸡舍5栋，1250平米，成立了由贫困农牧民组成的养殖合作社；投入30万元，地方配套70万元完成部分村屯文明一条街的建设；协调争取5万元配套13万元，投入18万元，解决了帮扶基层支部多年没有办公场所和支部用房的问题。经过一年的努力，帮扶点面貌得到显著改善，有22户农牧民脱贫。

【内蒙古检察院“践行政法核心价值观，争当检察忠诚卫士”演讲比赛】6月5日下午，内蒙古检察院机关举办了以“践行政法核心价值观，争当检察忠诚卫士”为主题的演讲比赛，来自全院的13名同志参加比赛。开展此次活动，目的是有效推动深入开展“忠诚、为民、公正、廉洁”政法干警核心价值观教育实践活动，推动检察工作科学发展。

【内蒙古检察院组织节水展】6月14日，内蒙古检察院邀请呼和浩特市水资源管理局专业人员来到院机关，进行“珍惜生命之源、人人节水护水”主题展览，并现场发放节水宣传手册。上午9时许，全院干警纷纷走出办公室，到展位前参观。大家一边驻足观展，一边听取专业人员介绍，不时在沟通互动中咨询节水知识，提出节水意见建议。

【内蒙古检察院干警那仁夫眼角膜捐献接收仪式】6月15日，内蒙古检察院干警那仁夫同志眼角膜捐献仪式在内蒙古医院举行。4月11日，那仁夫在内蒙古医院病逝。在弥留之际，他决定将自己的身体器官捐献出来，让需要的人受益。那仁夫去世后，内蒙古医院根据那仁夫的遗嘱和器官捐献申请书，将角膜取出送到了北京同仁医院眼角膜库。据介绍，已有四名患者接受了那仁夫的眼角膜，并成功进行了移植手术。

【全区检察机关“举报宣传周”活动】6月26日，郝泽军副检察长在举报宣传周活动期间，应邀做客内蒙古人民广播电台《法制直播间》节目，接受访谈。6月29日，内蒙古检察院邀请十余家新闻媒体记者召开了2012年“举报宣传周”新闻发布会。

【内蒙古检察院讲“我心中的共产党和共产党员”庆党的生日】6月29日，内蒙古检察院举行别开生面的建党九十一周年纪念活动，三名年轻检察官党员分别结合自己在学习政法干警核心价值观的活动，表达了自己作为一名共产党员，怎么学、怎么做、怎样才能成为一个合格的优秀的共产党员的思想。检察系统的老兵，内蒙古军区某预备役师原副政委兰再增（曾在检察系统工作）用自己的亲身经历，讲述了核心价值观的先进与否决定党的兴衰成败的关系。150多名党员干警参加了活动。

【内蒙古检察院召开部分老领导座谈会】7月31日，马永胜检察长主持召开内蒙古检察院部分老领导座谈会，征求对“十六检”工作报告（稿）的意见。张鹤松、王尚罗、邢宝玉、管炳东、杨怀武、周忠清、田勇文等老领导，结合内蒙古检察工作实际和自身的工作经验，就会议报告提出了中肯的建设性意见。

【内蒙古检察院参与自治区政法机关第一届“忠诚杯”乒乓球比赛】8月5日，2012年自治区政法机关第一届“忠诚杯”乒乓球比赛经过三天的紧张比赛圆满结束。内蒙古检察院党组书记、检察长马永胜、原检察长邢宝玉参加了开幕式。此次比赛，共有11个单位29个代表队、124名队员参赛。内蒙古检察院代表队经过艰苦的角逐，夺得了男子团体第四、领导干部个人第六、男子个人第三名的好成绩。闭幕式上，内蒙古检察院接过“忠诚杯”旗，并将承办2013年第二届“忠诚杯”乒乓球赛事。

【内蒙古检察院三个公诉部门共同测试新刑诉法知识】8月6日上午，内蒙古检察院三个公诉部门举行了新刑诉法知识测试。李茂林副检察长带头参加了测试，除出差和挂职人员外，三个公诉部门全体人员共28人参加了测试。通过这次测试，加深了三个公诉部门人员对新刑诉法的理解和掌握，取得了良好的学习效果。

【内蒙古检察院组织应对修改后刑诉法施行研讨会】8月8日下午，内蒙古检察院组织部分市院、基层院公诉部门及三个公诉部门共同召开应对修改后刑诉法施行研讨会。参会人员围绕如何应对修改后刑诉法给公诉工作带来的机遇和挑战进行了深入讨论，并对下一步工作提出了许多实用可行的建议。

【内蒙古检察机关护航“云计算”】8月28日，内蒙古检察院、中国电信内蒙古分公司预防职务犯罪联席会议在呼和浩特召开。内蒙古检察院自此将全面护航“云计算”。中国电信云计算内蒙古自治区信息园区建设项目总投资概算173亿元，云计算的发展将有力推动自治区整体产业结构优化升级，检察机关将把预防重点放在土建、采购、项目管理等易出现职务犯罪行为的主要部门、重要岗位、关键环节的人员上，并协助云计算信息园区建设相关部门建立和完善预防职务犯罪和党风廉政建设的机制，开展警示教育等。

【检察出版社《检察风云》全国宣传工作会议在呼和浩特召开】9月3日，检察出版社《检察风云》全国宣传工作会议在呼和浩特闭幕。内蒙古检察院积极参与了会议的会务筹备和协助工作，这次会议进一步推动了《检察风云》杂志与内蒙古检察院的交流与合作。

【内蒙古检察机关首届监所检察业务竞赛活动】9月23日，内蒙古检察院举办全区检察机关首届监所检察业务竞赛活动。5个单位被评为监所检察业务竞赛组织活动奖；5人被评为业务标兵，10人被评为业务能手。

【央视主持人白岩松为检察人员上课】9月24日，内蒙古检察院邀请央视著名主持人、国务院新闻发言人培训讲师白岩松作了题为“与媒体沟通、与社会沟通”的专题讲座。各盟市、基层检察机关通过视频连线方式共同聆听了此次讲座。

【内蒙古检察院举办交通安全知识专题讲座】10月12日，内蒙古检察院举办交通安全知识专题讲座，曾担任过内蒙古交警总队总队长的郝泽军副检察长为全院检察干警上了一堂生动的交通安全教育课。

【内蒙古检察院举办十八大精神专题辅导讲座】11月27日，内蒙古检察院举办讲座，邀请中央党校李海青教授作题为《决定性阶段的政治宣言和行动纲领——党的十八大精神解读》的专题辅导讲座。

【内蒙古检察院举行“贯彻十八大精神增体魄强素质”主题党日活动】11月23日，内蒙古检察院在呼和浩特市和林格尔县盛乐会所举行“贯彻十八大精神增体魄强素质”主题党日活动。通过活动，进一步活跃了机关文化生活、增强全体党员干部的责任意识、使命意识，激发广大党员干部团结向上、奋发有为的精神状态，增强党组织的凝聚力、向心力。

【全区公诉人论辩赛】12月5日至6日，全区公诉人论辩赛进行决赛。内蒙古自治区公诉人论辩赛分为初赛和决赛两个阶段。初赛以东西部两个片赛的形式进行，各分市院结合岗位练兵活动，通过组织“十佳”公诉人、优秀公诉人评选或地区选拔赛等多种方式确定选手之后，按照地区分布参加了由通辽市检察院和包头市检察院承办的东西部两个片赛，内蒙古检察院及各盟市院共16个代表队进行初赛，最终8个代表队进入决赛。经过激烈角逐，呼和浩特市检察院代表队获得团体一等奖，鄂尔多斯市检察院等三支代表队获得团体二等奖，巴彦淖尔市等三支代表队获得团体三等奖，1人荣获最佳论辩奖，9人荣获优秀论辩奖。

【参与首届内蒙古法律文化研讨会】12月1日至2日，内蒙古检察院联合自治区文化发展基金会等部门召开了首届内蒙古法律文化研讨会，内蒙古检察院副检察长曲云清在会上作主旨发言。检察机关60余篇作品入选研讨会论文集。

【参与“2012年内蒙古十大法治事件和十大法治人物”评选活动】12月4日，在内蒙古电视台的“2012年内蒙古十大法治事件和十大法治人物”评选活动中，内蒙古检察院共4项入选。内蒙古检察院连续数年参与该项评选活动，2012年，作为东道主承办了评审会，从征集报送备选事件，到评审、组织机关方队录制颁奖晚会，全方位展现了内蒙古检察机关的风采。

【内蒙古检察院慰问帮扶点贫困群众和贫困大学生家庭】12月27日，内蒙古检察院曲云清副检察长受马永胜检察长的委托，带领院机关下基层工作队，到气温近零下30度的兴安盟扎赉特旗巴彦套海嘎查帮扶点走访慰问贫困群众和贫困大学生家庭。此次下基层的主要工作是：一是内蒙古检察院机关各支部与巴彦套海嘎查的七个贫困大学生进行对接并慰问贫困大学生家庭；二是相关处室为扶贫点捐赠科技致富教学电视、DVD、科技图书，学生用品等；三是院机关科以上党员干部扶贫帮困一对一结对帮扶对接。

创作与研究

【乌兰浩特市检察院编印《雷锋——我们的榜样》一书】3月，内蒙古乌兰浩特市检察院编印了《雷锋——我们的榜样》一书，并发至全体干警手中，引导干警自觉在实际工作中弘扬雷锋精神，践行核心价值观。该书收录了雷锋的生平、事迹、日记、格言，雷锋精神的当代价值以及检察系统学习雷锋的英模榜样，该院学习雷锋活动的实施方案、先进事迹和干警撰写的心得体会文章。

【《张章宝先进事迹读本》成为政法干警核心价值观教育实践活动必读本】4月，内蒙古检察院编辑的《张章宝先进事迹读本》陆续下发至各级检察人员手中。该读本分文件讲话篇、事迹报告篇、工作模式篇三部分，全面概括了张章宝深入基层化解社会矛盾，积极参与社会管理创新的先进事迹与工作方法。深入学习、宣传张章宝同志的先进事迹和工作方法对政法干警核心价值观教育实践活动的开展具有巨大的推动作用。

【廉政警示宣传短片《门》获全国二等奖】6月26日，赤峰市预防处牵头制作出的廉政宣传短片在赤峰市电视台三个频道黄金时间播出。该宣传片时长52秒，以“门”为题材展示了：私欲·贪腐之门、放纵·沉沦之门、侥幸·危险之门、查办·拘捕之门、审判·正义之门、归宿·牢狱之门。通过这一道道“门”，将一个人从思想上开始放松懈怠到行动上没有原则底线、再到最终难逃法律制裁的过程，生动而富有震撼力地展现在观众面前。该片成为内蒙古检察院唯一向高检院推荐的短片，参加国际反贪联合会执行委员会组织的宣传短片评比活动，并被评为全国二等奖。

【张昱获第二届中国律师版权实务论坛“优秀论文奖”】包头稀土高新区检察院张昱撰写的《论销售侵权复制品罪被虚置的原因及改进措施》，在第二届中国律师版权实务论坛上获得“优秀论文奖”。

【刘斌获第七届环渤海区域法治论坛三等奖】包头市检察院刘斌撰写的《检察工作参与社会管理创新的角色定位与路径选择》，获第七届环渤海区域法治论坛三等奖。

【王传红、维英论文入选《中国刑事法杂志》】内蒙古检察院王传红、维英撰写的《行政执法机关移送涉嫌犯罪案件机制研究》刊载于《中国刑事法杂志》2012年第3期。

获奖情况

【孟志春获得全区道德模范人物提名奖】9月6日，内蒙古自治区精神文明建设委员会做出《关于表彰第三届全区道德模范的决定》，授予孟志春同志第三届全区道德模范提名奖。孟志春同志作为长期工作在监所检察派驻一线的普通干警，以自己的实际行动，模范地实践着“立检为公，执法为民”的执法观。他的先进事迹平凡中见可贵，于细微处见精神，彰显了当代监所检察官的风采，在内蒙古检察院检察人员中树立了光辉的典范。2012年，孟志春同志作为检察系统唯一候选人参加了全国创先争优优秀共产党员、第三届全区道德模范评选活动。

【韩丽春获评最美女检察官及全区十大法治人物】鄂尔多斯市检察院公诉处处长韩丽春自1994年参加工作以来一直奋战在公诉岗位，亲自办理重特大刑事犯罪案件100多件，成功出庭支持公诉了众多全市乃至全区有影响的重大复杂案件，树立了检察官的良好形象。她本人多次受到表彰。2012年10月，成为内蒙古自治区“全国最美青年检察官”的唯一代表；2012年12月，被评为2012年度全区十大法治人物。

【李秀丽入选感动内蒙古人物】2012年李秀丽作为内蒙古检察院推选的唯一候选人参加了第四届感动内蒙古人物评选，

并入选20佳（最终评选结果将在2013年公布）。李秀丽是赤峰市元宝山区检察院侦监科科长，经她办理的千余起案子都是铁案，她率领该院的侦监科已经连续11年在全市检察系统业务评比中获得第一。她的名字在元宝山区家喻户晓，她为古山中学援建“青爱小屋”，她主动帮扶贫困少年，被孩子们称为“检察妈妈”，她创建的“秀丽热线”成为当地青少年喜爱的“品牌”。

【王海萍被确定为全国十名重点宣传的优秀派驻女检察官典型之一】鄂尔多斯市准格尔旗检察院监所科科长王海萍1998年到驻所检察室工作以来，强化刑罚执行和监管活动监督，努力维护监管安全和保障在押人员合法权益。2011年经多方努力，她为因犯故意杀人罪和故意伤害罪被判无期徒刑的周某争取到了房屋拆迁补偿、土地租金等合法权益。内蒙古电视台、内蒙古日报等媒体对该案进行了专题报道。在她的带领下，驻所检察室2007年和2011年连续两届被高检院命名为“一级规范化检察室”。

【李忠孝被推选为2012《榜样》年度人物】包头市九原区政工科长李忠孝撰写个人自传《平凡的人生、难忘的历程》被收录在《军旗下走来的士兵》、《中国纪实文学研究会鲜红的党旗编辑部》等多个刊物。李忠孝被中国传统文化促进会聘为特邀荣誉编委，被中华爱国主义精神联合会推选为2012《榜样》年度人物。

【呼伦贝尔市院和赛罕区院同获全国检察文化建设示范院】在6月19日召开的全国检察文化建设工作会议上，内蒙古自治区呼伦贝尔市人民检察院和呼和浩特市赛罕区人民检察院成为首批“全国检察文化建设示范院”。

【三个院入选“100个全国优秀公诉团队”】5月15日，包头市人民检察院公诉处、呼和浩特市赛罕区人民检察院公诉科、牙克石市人民检察院公诉科入选高检院表彰的100个全国优秀公诉团队。

【反渎优秀团队和个人受到高检院表彰】6月8日，呼和浩特市人民检察院反渎职侵权局、宁城县人民检察院反渎职侵权局、乌拉特前旗人民检察院反渎职侵权局获评全国检察机关“优秀反渎职侵权局”，通辽市人民检察院反渎职侵权局局长李彦秋、呼和浩特市赛罕区人民检察院反渎职侵权局局长李必鑫、扎兰屯市人民检察院反渎职侵权局局长崔延久获评全国检察机关“优秀侦查能手”称号。

交　流

【内蒙古检察院政治部赴四省学习考察】4月7日至19日，内蒙古检察院政治部一行8人先后赴福建、安徽、河南、浙江四省考察学习。在短短的13天里，考察组通过开座谈会、实地参观、处室对口交流、收集资料等形式，对各省省、地、县三级检察机关在人事、宣传文化、教育培训、基层院建设等方面工作进行了深入细致的了解，学习和借鉴区外有益经验和做法。

【内蒙古检察院赴四省学习考察】4月9日至19日，内蒙古检察院郑锦春副检察长和何奇专委带领办公室、两办、技术处、指挥中心及呼和浩特市院相关同志，先后赴山西、湖北、江苏、山东四省14个院，通过交流座谈、现场观摩、分组讨论、系统演示等方式，对信息化建设及应用和案件管理工作实地调研。

【内蒙古检察院赴山东省学习考察】 5月15日至20日，内蒙古检察院张敏副检察长带领内蒙古检察院及直属事业单位一行7人，到山东省院、国家检察官学院山东分院以及济南市院、枣庄市院、临沂市院、青岛市院，考察学习检察机关科技装备建设、检察官学院建设和机关事务管理工作。

【内蒙古检察院加强与人大代表、政协委员联络沟通】 为进一步加强与人大代表、政协委员联络工作，年初，内蒙古检察院制定下发了《关于进一步加强和改进与人大代表、政协委员联络工作的意见》，5月，又开通了与人大代表、政协委员短信联络平台，及时向他们通报检察机关的重大活动和重要工作信息，使代表委员能够更加方便快捷地了解检察工作，及时反映问题、提出意见和建议，更好地关心关注和支持检察工作。同时，还在互联网门户网站设立代表委员联系专栏和电子邮箱，充分利用信息化手段不断加强与代表委员的经常性联系，增强联络工作的互动性和实效性。7月24日，内蒙古检察院专门召开自治区人大代表、政协委员座谈会，向人大代表、政协委员征求意见。

【宁夏回族自治区检察院政治部来内蒙古检察院考察】 5月31日，宁夏回族自治区检察院政治部干部处干部李树国与检察官进修学院副院长谢祖辉及自治区编办事业处副处长马新一行3人来内蒙古检察院就内蒙古检察官进修学院的性质、规格、内设机构设置及人员编制配备等情况进行考察。

【临沂检察院与包头检察院缔结友好院】 7月2日，山东省临沂市检察院与内蒙古包头市检察院缔结友好院签字仪式在包头市检察院举行。4月，包头市检察院检察长乔青山带队赴临沂市检察院进行了考察。双方达成了缔结友好院的意向。7月，临沂市检察院检察长张振忠带领班子成员、环节干部及所属基层院检察长到包头市检察院进行了回访并签署缔结友好院协议。两院所属的南山区检察院与昆区检察院、沂水检察院与九原区检察院、河东区检察院与达茂旗检察院也分别缔结友好院并签字。

【内蒙古检察院与北京检察机关就党建工作座谈】 7月23日下午，北京市检察院党组成员、纪检组长（副局）张笑英一行19人来内蒙古检察院就机关党建工作的制度机制和方法措施、党支部书记的选拔配备和教育培养、开展政法干警核心价值观教育实践活动、创先争优等主题活动的做法情况进行调研。

【北京市东城区检察院与内蒙古集宁区检察院对接交流】 8月1日上午，北京市东城区检察院温长军、田宏杰二位副检察长一行8人在集宁区政府林杉副区长的陪同下，到集宁区检察院进行访问、讲课、座谈、交流，落实两院友好协议内容。

【新疆维吾尔自治区检察院到内蒙古检察院考察】 9月10日上午，新疆自治区人民检察院检察委员会专职委员马正新一行9人到内蒙古检察院学习考察。考察组一行参观了内蒙古检察院院史陈列室，就新刑诉法学习贯彻和检察委员会工作召开座谈会进行交流。

【上海市检察院一行来内蒙古检察院考察】 9月11日，上海市检察院郑鲁宁副检察长一行7人到内蒙古检察院参观考察，并就检察工作进行了座谈。

【自治区女检协赴山西省考察学习】 10月23日至28日，自治区女检察官协会一行8人共赴山西学习考察女检察官协会工作。双方就女检协的机构设置、协会自身建设以及今后工作思路进行了热烈的讨论与交流。之后，考察组赴晋中、临汾、运城等地实地调研，与各地女检协工作人员进行了多方面的交流。

【全区三级检察机关赴澳大利亚培训】 10月27日至11月16日，内蒙古检察院郝泽军副检察长为团长的内蒙古自治区三级检察机关15人组成的培训团，圆满完成赴澳大利亚的学习培训任务。这次培训，以“境外法律职业化现状及发展”为主题，采取听取相关专家授课、互动交流、走访考察等形式，先后在维多利亚大学、昆士兰大学、悉尼大学等高校听取了专家、教授的讲座，实地考察了维多利亚州最高法院、墨尔本阳光区地方法院和警察署、布里斯班南港区公共检控办公室、悉尼监狱，旁听了南港区法院和地方法院的四个庭审活动，与授课教师及有关法官、检察官、警官进行了交流。

教育培训

【第二期处级干部履职能力培训班】 4月23日至27日，内蒙古检察院在中央党校举办第二期处级干部履职能力培训班，内蒙古检察院、呼铁检察分院、保安沼、小黑河地区院的66名处级干部参加了培训。

【新刑诉法讲座】 5月11日，内蒙古检察院举办了新刑事诉讼法讲座，邀请中国政法大学法学研究院院长、诉讼法学和证据学博士生导师、中国法学会刑事诉讼研究会会长、高检院专家咨询委员会成员卞建林教授就“新刑事诉讼法修改与检察机关诉讼监督”进行了专题讲座。7月1日，北京大学法学院教授、博士生导师陈瑞华作刑事诉讼法专题讲座。

【全区检察机关信息宣传及理论研究培训班】 5月15日至20日，内蒙古检察院举办了内蒙古检察系统信息宣传及理论研究培训班，全区150名从事信息写作及理论研究工作的人员参加了培训。此次培训采取理论学习与重点研究、专题授课与互动交流相结合的形式，开设了检察公文、检察信息、新闻稿件和理论研究文章的写作以及新闻摄影、涉检网络舆情及应对处置等课程。

【全区检察机关基层培训轮训师资格培训班】 5月24日至29日，内蒙古检察院举办全区检察机关基层轮训师资格培训班，聘请区内外高校及其他培训机构的专家、教授进行授课，各盟市、地区检察院教育培训主管部门的负责人和业务骨干参加了培训。

【全区检察机关延伸法律监督触角工作培训班】 5月29日至6月3日，内蒙古检察院举办了延伸法律监督触角工作培训班，全区检察系统132人参加了培训。

【全区检察机关司法警察业务骨干培训班暨法警支队长研讨班】 6月5日至17日，来自内蒙古各盟市、地区、旗县（市、区）检察院的120名司法警察业务骨干参加了全区检察机关司法警察业务骨干培训班暨法警支队长研讨班。

【全区检察机关使用蒙文蒙语办案人员和翻译人员蒙文法庭观摩和蒙文翻译研讨会】 6月12日至14日，内蒙古检察院在锡林郭勒盟举办各盟市检察（分）院及部分基层使用蒙文蒙语办案人员和翻译人员蒙文法庭观摩和蒙文翻译研讨会。来自全区的近50名从事蒙文蒙语工作的检察官与会，紧紧围绕使用蒙文蒙语办案和翻译工作怎样为大局服务、如何保障少数民族当事人的合法权益，提升蒙文蒙语诉讼及翻译队伍水平等方面进行沟通与交流。

【全区检察委员会专职委员培训班】6月27日至7月1日，内蒙古检察院举办全区检察委员会专职委员培训班。来自全区三级检察机关的分管检察长、检委会专职委员等122人参加了培训。此次培训邀请了资深检察官和专家教授，就内蒙古经济形势与发展思路、检委会制度理论、检委会工作若干问题、如何领导和主持检委会工作、职务犯罪热点、侵权责任法、民事诉讼法、刑事诉讼法等进行了专题授课辅导。

【全区检察机关侦查信息化业务培训班】7月2日至6日，内蒙古检察院举办全区检察机关侦查信息化业务培训班，全区职务犯罪侦查部门共117名侦查业务骨干参加了培训。

【内蒙古检察院机关新版网站基本功能应用培训】8月2日至3日，内蒙古检察院开展了3期局域网新版网站基本功能应用培训，各内设机构、事务中心及学院的负责人和网络管理员共72人参加了培训。培训采取现场讲解、教学视频演示和实际操作练习相结合的方式，分别就新版网站登录浏览、文字及图片信息发布、网上培训学校登录学习使用和检察院版飞秋通讯软件应用、网上报修系统的使用等内容组织学员进行了学习演练。

【全区检察机关民事行政检察工作座谈会暨业务专题培训】8月23日至25日，内蒙古检察院召开了全区检察机关民事行政检察工作座谈会暨业务专题培训。

【全区检察机关预防工作业务骨干培训班】9月12日至16日，内蒙古检察院举办全区检察机关预防工作业务骨干培训班。来自全区各分市院和基层院的预防部门负责人及业务骨干共计125人参加了培训。

【全区检察机关技术部门处（科）长培训班】9月18日至22日，内蒙古检察院举办全区检察机关技术部门处（科）长培训班。

【全区检察机关专线网密码机管理使用培训班】10月22日至31日，内蒙古检察院在成都市举办了两期全区检察机关专线网密码机管理使用培训班。来自各盟市、地区旗县（市、区）检察院办公室、技术处分管保密、密码工作的负责人和所属基层院保密、密码的工作人员共180人先后参加了培训。

【全区检察机关侦查监督处（科）长培训班】10月25日至30日，内蒙古检察院举办全区检察机关侦查监督处（科）长培训班。

【全区检察机关2012年新进人员培训班】11月6日至10日，内蒙古检察院举办全区检察机关2012年新进人员培训班，全区检察机关新进人员共189人参加了培训。

【全区检察机关财务培训班】11月14日至16日，内蒙古检察院举办全区检察机关财务培训班。内蒙古检察院、各盟市、地区检察分院计划财务装备局局长、会计人员以及内蒙古检察院派出院办公室主任、会计人员和旗县检察院会计人员参加了培训。

【全区检察机关监所检察处（科）长及业务骨干培训班】11月25日至29日，

内蒙古检察院举办了全区检察机关监所检察处（科）长及业务骨干培训班，郝泽军副检察长在开班仪式上作了讲话。

【全区检察机关政法干警核心价值观研讨班开班】12月19日，内蒙古检察院举办全区检察机关政法干警核心价值观研讨班。本次培训班特别邀请到中共中央党校周为民教授、李建华教授讲授了十八大专题和系统思想与创新能力课程。自治区高级法院、自治区财经大学、内蒙古党校、自治区院宣传处、技术处等资深的检察业务专家就内蒙古所处的历史方位与发展思路、新刑诉法、新民诉法、网络舆情形势与应对等八个方面的课题进行专门讲授。

【全区检察机关反贪部门贯彻执行《人民检察院刑事诉讼规则（试行）》培训班开班】12月25日，内蒙古检察院举办全区检察机关反贪部门贯彻执行《人民检察院刑事诉讼规则（试行）》培训班。

设施建设

【内蒙古检察官进修学院、国家检察官学院内蒙古分院、全国检察机关蒙汉双语培训基地揭牌】1月13日，内蒙古检察官进修学院、国家检察官学院内蒙古分院、全国检察机关蒙汉双语培训基地揭牌仪式在呼和浩特举行。自治区党委副书记、政法委书记李佳，最高人民检察院政治部副主任胡尹庐、国家检察官学院副院长朱建华出席并揭牌。内蒙古检察官进修学院前身是内蒙古检察干部学校。1988年以来，该院先后举办了包括蒙文蒙语诉讼业务和翻译人员的培训班200多期，培训检察人员3万余人次。其中，为区外培训蒙古族检察官1200余人次。

【9名专家助力检察机关信息化建设】6月16日至17日，内蒙古检察院邀请了9名信息化领域知名专家，召开了《内蒙古自治区检察机关信息化基础体系一期建设总体方案》（以下称《一期总体方案》）专家论证会。与会专家认为，《一期总体方案》中各子方案思路清晰，设备配置较合理，总体能够满足业务需求，同时建议，方案要进一步加强前瞻性、先进性、可靠性、兼容性、可扩展性设计，并且要有利于安全保密管理。

【内蒙古检察院顺利通过司法鉴定实验室监督评审】6月23至24日，中国合格评定国家认可委员会（CNAS组织）派出两位评审专家，对内蒙古检察院实验室认可工作进行了监督评审。通过审查，两位专家宣布内蒙古检察院技术处通过了CNAS的监督评审。内蒙古检察院技术处法医病理实验室是目前全区政法机关唯一一家通过实验室认可的鉴定机构，此项工作填补了自治区政法机关的一项空白，并对全区政法机关司法鉴定机构开展实验室认可工作起到了积极的推动作用。

【内蒙古检察机关舆情监测系统投入使用】7月下旬，内蒙古检察院与正义网合作搭建的舆情监测系统正式投入使用。这一系统的投入使用，提升了内蒙古检察机关的舆情监测能力和水平，借助此系统，2012年内蒙古检察院共编发《涉检舆情反映》15期。

【内蒙古检察机关专线网络投入使用】11月20日，内蒙古自治区检察机关专线网络建设项目验收会在内蒙古检察院召开，来自最高人民检察院检察技术信息研究中心等单位的五位信息化专家组成专家组，对建设项目进行了全面验收，并一致同意通过验收，这也标志着该网正式投入使用。该项目是推进内蒙古检察机关信息化的基础性工程，从筹建、可行性研究、规划、专家论证、立项、招投标、施工到正式建成，历时一年多。新建成的专线网具有覆盖面广、链路带宽大、设备性能高等特点。涵盖了自治区院中心节点1个，盟市（分）院二级节点15个，旗县（区）院及派驻监所检察室三级节点240个。

人才队伍

【拓宽进人渠道，着力破解人员短缺难题】2012年，内蒙古检察院积极创新招录方式，拓宽补员渠道，先后八次开展考录（招聘）工作，通过公开选拔初任检察官、政法干警定向招录等方式，共补充人员176名、吸收志愿者16名，列入2012年招聘计划339名。

【内蒙古检察机关统一组织新刑诉法全员考试】10月23日和30日，内蒙古检察院组织两次全体检察人员新刑事诉讼法全员考试，三级检察院共7067名干警参加。考试前，内蒙古检察院订购了教材，制作了新刑事诉讼法资料汇编4册，并利用网上培训学校开设学习专栏等，确保学习活动扎实生动。

【开展检察业务专门人才和业务能手评审工作】2012年，内蒙古检察院制定印发评审通知，明确标准、程序和方法，组织盟市、基层院自下而上开展侦监、公诉、反贪、反渎、监所、控申和民行七个业务门类的盟市级检察业务专门人才和基层院业务能手评审工作，建立起涵盖主要业务门类的基础人才库，截至目前，全区检察机关有全国专家1名、全区专家14名、全区专门人才19名、盟市级专门人才296名、业务能手486名，形成了专家、专门人才和业务能手的梯次配置。

【加大师资培养力度】2012年，内蒙古检察院组织完成分市院专兼职教师推荐选拔工作，建立起拥有157人的全区检察教育培训师资库，组织了师资培训班，为分级分类实施全员培训奠定基础。

基层检察文化

【苏尼特左旗检察院党支部被自治区党委组织部命名为“自治区级基层党组织建设示范点”】3月，苏尼特左旗检察院党支部被自治区党委组织部命名为“自治区级基层党组织建设示范点”，成为此次获此殊荣的17个单位中唯一的检察机关党组织。苏尼特左旗检察院坚持以争创“五个好”基层党组织为抓手，以“用心执法、用心待民”为目标，积极探索“以党建带队伍，以党建促检察工作”的有效途径，着力在抓班子、带队伍、建机制、促业务、强保障上下功夫，有效推动了各项工作的全面发展。

【东河区检察院组织书画笔会活动】3月13日，东河区人民检察院举行了一场以“忠诚、为民、公正、廉洁”为主题的书画笔会活动，温六恩等八位来自中国美术家协会、包头美术家协会、包头书法家协会的著名书画家亲临现场挥毫泼墨，为全体干警提供了一次增长见识、开阔眼界、享受艺术的难得机会。八位著名书画艺术家利用3小时时间，围绕政法干警核心价值观的“忠诚、为民、公正、廉洁”主题，创作了“清正在德，廉洁在志”、“修德于身”、“铁血丹心卫神州”、“多植荷花塘自清，勤反腐败政自明”等20余幅书画佳作。

【奈曼旗检察院组织青年干警野外拉练】4月19日，通辽市奈曼旗检察院组织28名40岁以下青年干警开展了一次野外拉练活动。青年干警们走出机关，迎着漫天风沙，或跑或走快速行进17公里，仅用一个半小时就顺利回到院里。此次拉练活动，是该院深入推进“忠诚、为民、公正、廉洁”政法干警核心价值观教育活动具体内容之一。

【科左翼中旗检察院举办“文化育检”乒乓球联谊赛】内蒙古科尔沁左翼中旗检察院以“检察文化建设年”活动为契机，邀请老领导、人大代表、政协委员、人民监督员和新闻媒体单位代表，举办了一场别开生面的“文化育检”乒乓球联谊赛。老领导队、人大代表队和老检察官代表队分别获得一、二、三名。

【敖汉旗检察院奖功臣、学功臣、做功臣】“五一”、“五四”双节来临之际，赤峰市敖汉旗检察院推开了“奖功臣、学功臣、做功臣”活动。该院及时召开了“二〇一一年先进集体和先进个人”表彰大会，对13个先进部门与组织及15名青年干警进行了通报表扬和物质奖励。该院还通过“如何学先进典型、如何做先进典型、如何宣扬先进典型”的大学习、大讨论以及“单位创品牌、部门争第一、个人当劳模”等系列活动，引导干警树立“劳动最光荣、劳动受尊敬、劳动出先进”的理念，在干警中进一步树立起爱岗敬业、忠于职守、创先争优的“忠诚、为民、公正、廉洁”核心价值观念。

【东乌旗检察院扶贫送法同行】5月初，内蒙古东乌旗检察院走访苏木嘎查牧民，进行新一轮的慰问调查活动，活动中，院党组领导带领5名干警前往呼热图淖尔苏木阿拉坦额莫勒嘎查进行慰问调查，本着先难后易、实事求是、开发培养、统筹兼顾的原则，对走访的6户特困户进行“因户制宜”式的慰问扶贫，分别制定了帮扶方案。向牧民解读了旗委、政府的扶贫精神，使得牧民进一步了解了旗委政府的各项政策，还为牧民们解读了相关的法律法规，教育牧民群众用法律知识维护自己的各项利益。

【鄂尔多斯检察院廉政公益短片搬上荧屏受欢迎】鄂尔多斯检察院制作了两则廉政公益短片，从5月9日晚开始，分别在鄂尔多斯电视台一套、二套、三套黄金时段循环播放。这是鄂尔多斯市检察院结合当地经济社会发展给预防工作提出的新课题，积极转变观念，不断在预防理念上求突破，在预防工作上的创新之举。

【十二家媒体聚焦元宝山检察院】5月以来，《内蒙古日报》、内蒙古广播电台、内蒙古电视台、《内蒙古晨报》等12家媒体记者聚集在赤峰市元宝山区检察院，对该院进行集中采访报道。几天来，记者见面会、现场直播、检察官走访等活动应接不暇，内蒙古人民广播电台新闻中心还将“实践基地”驻扎在该院，在检察机关安了一个“新家”。

【呼和浩特人民检察院举办纪念《呼和浩特市预防职务犯罪工作条例》实施八周年文艺汇演】6月1日，呼和浩特人民检察院在赛罕区检察院举办了纪念《呼和浩特市预防职务犯罪工作条例》实施八周年文艺汇演。

【赤峰市检察院举办庆七一演讲读书体会交流大会】6月29日上午，赤峰市检察院举办了庆七一演讲读书体会交流大会。6名青年干警走上讲台，进行一场别开生面的演讲和体会交流。他们或结合本职工作和思想实际，畅谈践行核心价值观体会；或挖掘身边创先争优先进人物和事迹，赞颂他们闪光的思想境界；或分享读书心得体会，抒发对检察事业的热爱与追求。主题突出、热情洋溢的演讲和体会交流博得了热烈的掌声。

【通辽市科尔沁区检察院干警上讲堂】7月，通辽市科尔沁区人民检察院组织开展了“干警上讲堂”活动，鼓励干警勤于思考、善于思考，打造学习型检察院，营造有利于人才成长的环境。该院“干警上讲堂”活动分两期进行，每期由4名干警进行主讲，主要围绕传授新知识、介绍好经验、讲解疑难案例、检察官职业道德方面等内容进行讲课。授课干警从法律原则基本概念入手，结合真实案例，详细诠释了法律原则在司法实践中的运用，借助讲堂发表自己对检察工作的见解或介绍自己工作经验，对检察业务和法学研究前沿问题进行探讨，促进难点热点问题解决。

【通辽市科尔沁区检察院“检察官说法”架起检民“连心桥”】2008年6月3日以来，通辽市科尔沁区人民检察院以专栏的形式在《科尔沁都市报》开辟了“检察官说法”栏目，每月两期。该院以此栏目为平台，以群众喜闻乐见的形式，宣传检察职能，震慑和预防犯罪。目前，共发稿100余篇，在检察机关与人民群众之间架起了一座“连心桥”。

【呼伦贝尔检察系统首届“林海杯”乒乓球比赛】9月18日，呼伦贝尔市检察官文联举办了呼伦贝尔检察系统首届“林海杯”乒乓球比赛，来自呼伦贝尔市检察院及13个旗市（区）检察院共15支代表队、45人参加。

【呼伦贝尔市检察官文联与鄂温克旗检察官文联“诉讼法修改与检察业务”主题论坛】10月25日，呼伦贝尔市检察官文联与鄂温克旗检察官文联联合承办了“诉讼法修改与检察业务”主题论坛。这是呼伦贝尔检察官文联成立以来组织的第一次大型理论研讨活动，研讨会邀请了多位司法理论和实务专家作为点评嘉宾，从50篇论文中评审出40篇论文入选《诉讼法修改与检察业务》论文集。

【呼伦贝尔市检察机关“书法美术摄影展”喜迎十八大】11月6日下午，喜迎十八大“呼伦贝尔市检察系统首届书法美术摄影展”在海拉尔区检察院隆重举行。此次展览收到参赛作品共计200余幅，遴选了参赛检察干警100幅作品，其中书法、美术作品20幅（件），摄影作品80幅，既是全市检察系统对党的十八大一份特殊献礼，又是呼伦贝尔检察干警立检为公、执法为民神圣使命的集中展示。

黑龙江省检察官文学艺术联合会

黑龙江省检察官文学艺术联合会第一次会员代表大会

讲　话

在黑龙江省检察官文学艺术联合会成立大会上的讲话

（2012 年 10 月 25 日　根据录音整理）

张　耕

同志们：

我今天参加黑龙江省检察官文联成立大会感到非常高兴，也很荣幸。黑龙江省检察官文联的成立，是我们检察系统的一件大事，也是一件喜事。黑龙江省检察官文联的成立，表明黑龙江省的检察文化建设将进入一个新的阶段，同时也为全国检察官文联队伍增添了新的一员。全国到现在已经成立了 20 家省级检察官文联，黑龙江省检察官文联是第 21 家，这必将有力推动全国检察官文联的工作和检察文化建设的深入开展。我代表中国检察官文联对黑龙江省检察官文联的成立表示热烈的祝贺！同时也对关心和支持黑龙江省检察官文联成立的相关部门表示衷心的感谢！

黑龙江省检察官文联成立具有重要意义，特别是在党的十八大即将召开的前夕意义更为重大。黑龙江省检察官文联成立，是黑龙江省检察机关认真贯彻党的十七届六中全会精神的重要举措；是省委、省政府和高检院党组长期以来重视和推动检察文化建设的重要成果；也是黑龙江省检察文化建设进一步深入发展的重要标志；同时也是全国检察官文联建设中的一个重要成果，是我们向党的十八大献出的一份厚礼。

黑龙江省检察官文联成立，除了党委、政府和高检院党组以及各个方面的关心支持外，还有一个很重要的因素就是多年来黑龙江省检察文化建设在不断加强，在不断取得明显的成果。主要有四个方面的重要特点：

一是领导重视，强力推进。检察文化建设在全国检察机关已经推动好几年了。2007年，高检院在广东举办了全国检察机关文化建设巡礼活动，对检察文化建设作出了部署，提出了要求。各省按照高检院的要求积极推动这项工作。党的十七届六中全会把文化建设提到了战略的高度，提到了国家文化软实力的高度，提到了民族精神、民族血脉、民族精神家园的高度。在党的十七届六中全会精神的推动下，全国检察机关的检察文化建设进入了新的阶段，得到进一步加强。高检院很快出台了《关于加强检察文化建设的意见》，黑龙江省检察院也根据黑龙江的实际，很快研究制定了加强黑龙江省检察文化建设的意见，各级检察机关都从本地的实际出发推动这项工作。无论姜伟检察长还是徐明检察长，对检察文化建设都高度重视。反复强调，要把这项工作摆在检察工作的重要位置，用检察文化建设引领检察工作的开展。由于领导高度重视，各级检察机关的党组全力推动，黑龙江省检察文化建设取得了明显成效，为检察官文联的成立奠定了坚实基础。

二是深化理念，强调引领。这是黑龙江省检察文化建设的一个重要特点。黑龙江省检察院党组很重视检察理念的深化，很重视文化的引领。检察文化建设的一个重要功能就是引领。靠什么来引领？靠理念。因此，理念要不断深化，要和实际结合。黑龙江省检察院党组在深化检察理念方面做了大量工作。经过认真调查研究，结合黑龙江省检察工作的实际，在广泛地听取意见的基础上，概括出了黑龙江省检察机关的精神，就是“崇德尚法、廉洁公正、胸怀全局、脚踏实地”。我认为这十六个字是对检察理念的深化。深化在什么地方呢？深化在和本部门工作实际紧密结合上。这十六个字是黑龙江省检察机关的精神追求。通过这个精神追求把检察队伍凝聚起来，形成坚强的合力，推动检察工作的开展。在深化检察理念的同时，黑龙江省检察院党组强调典型引领，培养了一批检察文化建设的典型。据我了解，大庆市红岗区检察院就是一个典型。明天，我们要去大庆看看他们检察文化建设的情况，学习他们的经验。另外，还有绥化市检察院等一批检察文化建设的典型，这些典型都很有特点。这就是检察文化建设的典型引领，典型引领是有力量的，有说服力的。

三是突出特征，注重结合。突出特征，就是黑龙江省的检察文化建设突出了黑龙江省检察机关的特征。这一点充分体现在各项检察文化活动中。黑龙江的检察文化活动，无论从内容看、从形式看，还是从演出人员看，都体现了黑龙江的检察工作、检察生活、检察精神，具有浓厚的黑龙江省检察机关的特征。很多文艺节目都是自编、自导、自演的。我看到一个数字，2011年全省检察机关文艺汇演中，在19个节目中有17个节目都是自编、自导、自演的，这就突出了检察官在检察文化活动中的主体地位。另一个方面体现为检察文化与地域文化的结合。黑龙江地域文化的一个突出特点，或者说核心内容，那就是“大庆精神”、“铁人精神”、“北大荒精神”等等。这些精神感动了几代人，塑造了一批国家的精英。黑龙江省检察机关善于把检察文化和这些文化融合在一起，用地域文化的内涵来丰富检察精神，丰富检察文化，激励检察官，推进检察工作。

四是创新载体，成效显著。所谓创新载体，就是利用各种各样的文化载体来推动检察工作、弘扬检察精神、凝聚检察力量。我理解，文化说到底是要“化人”的。文化的一个最重要的功能是改变人的精神面貌、解决人的精神状态、解决人的信仰追求。文化通过各种各样的载体表现出来。文化的内涵主要是理念、精神、价值观等等。这些都是精神层面的，最终是要以物质形式来表现，就是要附之于各种各样的物质载体。黑龙江省检察文化的载体是丰富的，而且具有创新性。例如，通过征文活动这一载体，征集了4000多篇文章，这些文章对于丰富检察文化内涵、深化检察文化理念起到了重要作用。还比如，开展的红色之旅、采风、主题演讲、书画摄影比赛、文艺汇演、体育比赛等等，都是检察文化的载体。在这些活动中，给我印象很深的一点就是领导干部带头参与。红色之旅活动就是由车承军副检察长带队，先后到延安、井冈山等革命圣地去接受红色文化熏陶和革命传统教育。这些活动都开展得很好，而且很有效果，培养出了一批优秀的检察文化艺术人才。去年，在高检院政治部、中国检察官文联举办的全国检察机关书画摄影展览中，黑龙江有不少作品获奖，其中有代表性的，就是关澍同志画的那幅油画，反映了当年东北抗联的斗争场面，画得很生动，很好。还有一些书法作品也获奖了。今天上午我和省里的几位艺术家看了省院举办的检察人员的书画摄影作品展览，很受感动。我觉得检察系统大有人才，有些同志已经成为省级或者国家级文艺团体的会员。这些成果表明，多年来在黑龙江省检察院党组的重视和推动下，黑龙江省检察文化建设开展得很好，取得了丰硕成果，为黑龙江省检察官文联成立奠定了坚实基础。我们要珍惜这个基础，重视检察文化建设积累的宝贵经验，把黑龙江省检察文化建设和黑龙江省检察官文联的工作不断地向前推进。

借这个机会，我想讲一讲检察官文联的工作问题，主要讲五个方面的看法，供大家参考。

一、要进一步深化认识，努力在提高做好检察官文联工作的自觉性和自信心上见成效

对文化的认识是一个过程，不可能一步到位，随着实践的深入，认识会逐步深化。我们要进一步学习党的十七届六中全会精神，学习中央领导的指示，学习高检院党组的要求，结合实际研究问题，进一步提高认识。

从检察官文联的角度看，当前有三个关系问题需要我们认真研究。第一，要正确认识和把握检察官文联工作和检察文化建设的关系。这是检察官文联要弄清楚的一个很重要的问题。检察文化建设是检察机关的一项重要工作，是带有全局性的工作。检察官文联是检察文化建设的一支重要力量，是一个方面军。检察官文联的工作不是检察文化建设的全部。检察官文联只是用文化艺术的形式推动检察文化建设，也就是说检察官文联要把检察机关的工作经验、工作理念、英模事迹这些活生生的素材，转化为文化艺术作品和文化艺术活动，用文化艺术作品和文化艺术活动来感染检察官、凝聚检察官、振奋检察官，推动检察工作。所以检察官文联工作是一个方面的工作，是一个局部的工作，不是检察文化建设的全部，这一点一定要搞清楚。检察文化建设是由检察机关部署、政治部门牵头、相关部门配合来推进的。检察官文联要和政治部门密切协作，接受政治部门的工作指导和协调。第二，要正确认识和把握检察官文联工作和检察队伍建设的关系。检察官文联是检察队伍建设的重要生力军，它通过文化艺术创作和文化艺术活动协助检察机关的政治部门推进检察队伍建设。政治部门是检察队伍建设的主管部门，检察官文联是助手，是方面军。在这个问题上，检察官文联一定要摆正自己的位置。第三，要正确认识和把握检察官文联工作和检察工作的关系。这里涉及两方面的问题，一个是不能把检察官文联工作和检察工作等同起来。我们现在讲的文化，是一个大文化的概念，比如各地讲的检察理念文化、制度文化、环境文化、行为文化等等，都是大文化的概念。从这个概念看，文化覆盖了检察工作的方方面面，在这个意义上检察文化可以和检察工作画等号，可以等同。但是从检察官文联工作的角度就不能这样看，因为检察官文联不是检察机关的职能部门，而是一个社会团体。对检察官文联来说，文化是个小概念，是指文化艺术创作和文化艺术活动，这是精神层面的内容。因此，检察官文联的工作不可能覆盖检察工作，不能与检察工作相等同。另一个问题是，不能把检察官文联工作和检察工作对立起来。如果对立起来，就会出现检察官文联工作和检察工作相冲突，其原因是把检察官文联工作简单地看成说说唱唱、蹦蹦跳跳。这样，有的人就会提出，我不搞唱歌跳舞，检察工作就搞不好吗？这种认识是偏颇的。实际上检察官文联工作并不是简单地搞唱歌跳舞、书画摄影，而是用文化艺术的形式传播、弘扬检察精神。通过弘扬检察精神振奋检察队伍，激励检察队伍，调动大家的积极性，齐心协力做好检察工作。所以，从这个角度看，检察官文联工作和检察工作是一致的，不是对立的。只有把这三个方面的关系搞清楚，处理好，才会脚踏实地、认认真真做好检察官文联的工作。

二、要始终坚持正确的工作方向，努力在推动检察工作科学发展上见成效

这个问题刚才徐明检察长已经讲了不少，我再简单强调一下。检察官文联工作的方向正确不正确，用什么来衡量，我看主要有这么几条：一要服务大局，围绕中心。这是我们常讲的一句话，服务大局就是服务党和国家工作大局，围绕中心就是围绕检察机关中心工作，如果离开这一点，检察官文联的工作肯定会出问题。二要始终坚持践行社会主义核心价值体系。社会主义核心价值体系是社会主义先进文化的精髓，是兴国之魂。对检察机关和检察官文联工作来说，践行社会主义核心价值体系就是要践行政法干警核心价值观和曹建明检察长强调的“六观”。对黑龙江省检察机关和检察官文联来说，还要践行黑龙江省检察机关的“十六字”精神。能否做到以上要求是衡量检察官文联工作方向是否正确的重要标志。三要突出检察官的主体地位。检察官文联的文化艺术创作和文化艺术活动，从内容上讲，都应该是和检察机关的工作、生活有关的内容，演出人员应该主要是检察官，创作人员也应该主要是检察官，服务对象也是检察官。这是检察官文联工作坚持正确方向的很重要的一条。四要立足实际、面向基层、服务群众。检察官文联的工作一定要从检察机关的实际出发，不仅要为检察机关服务，还要为群众服务，我们的文化艺术创作和文化艺术活动都要面向群众、宣传群众、鼓舞群众，使群众更了解我们、理解我们、支持我们。五要充分发挥检察文化的引领作用。如果检察官文联的文化艺术创作和文化艺术活动不能起到引领作用，那就应该反思我们的工作方向是否正确。从哪些方面发挥引领作用呢？我看主要有四个方面：一是理念引领。理念引领就是通过检察官文联的文化艺术创作和文化艺术活动弘扬检察理念，宣传检察理念，诠释检察理念，达到教育人、感染人、激励人的目的。二是精神引领。通过检察官文联的工作弘扬检察精神，振奋检察队伍，使检察机关形成一种朝气蓬勃、积极向上的工作氛围和机关作风。三是力量引领。通过检察官文联的工作进一步凝聚检察队伍的力量，使大家拧成一股劲，朝着一个目标奋进，推进检察工作的发展。四是形象引领。通过检察官文联的工作塑造和树立检察机关和检察官的良好形象，提高检察机关的执法公信力，增强社会的认可度。

三、要坚持“三位一体”的工作思路，努力在推动检察文化理论研究、检察文化艺术创作、检察文化艺术活动上见成效

检察官文联的工作概括起来，无非三个方面的内容：一个是检察文化理论研究，一个是检察文化艺术创作，一个是检察文化艺术活动。这三者紧密相连，融为一体。文化理论研究是指导，是解决检察官文联工作的导向问题；文化艺术创作是根本，是创作符合检察机关实际和特色、为检察官和人民群众所喜爱的文化艺术作品；文化艺术活动是载体，是承接文化理论研究成果和文化艺术作品，把它们转化为具体的、生动的文化艺术活动，并以此感染人、教育人、激励人。所以，检察官文联一定要在这三个方面下功夫，这样检察官文联的工作才会搞得有声有色。

四、要坚持不懈地抓好检察文化艺术人才队伍建设，努力在提高队伍素质上见成效

检察系统的文化艺术人才不少，今天看了省院举办的展览我很振奋，更坚定了我的看法。但是这支队伍的底数不清、活动不多、素质亟待提高。这是检察官文联成立后面临的一项重要工作，一定要关注这支队伍，培养这支队伍，提高这支队伍，用好这支队伍。要通过各种各样的方式，比如培训、采风、展览、比赛、论坛、研讨等等，给他们提供平台、提供机会，有时还要给一点时间，使这支队伍能够充分展示自己的才华。黑龙江省检察官文联成立后，要进一步把本省的文化艺术人才的状况搞清楚，到底有多少文化艺术爱好者？有多少达到一定水平的专业人才？在这些专业人才中各类人才又是什么状况？底数搞清楚了，才能有针对性地进行培养和提高。

五、要高度重视检察官文联自身建设，努力在提高自身工作能力和水平上见成效

检察官文联是国家批准的社会团体，自身建设是一项很重要的工作。除了我们经常讲的思想建设、组织建设以外，很重要的一个建设是廉政建设。这一点，我在每个省检察官文联成立的大会上都讲。为什么呢？因为检察官文联和检察机关不一样，它自身虽然不是检察机关的职能部门，但它和检察机关有着密切的联系，它的背后是检察机关。所以，检察官文联的工作搞得好不好，队伍建设搞得好不好，不仅是检察官文联自身的事，也关系到检察机关的形象和影响。检察官文联作为社会团体，按照章程规定可以接受社会捐赠。但要慎之又慎。要认真考虑这笔捐赠能不能接受，要履行一定的程序，千万不能随便接受。黑龙江省检察官文联成立后，对廉政建设一定要高度重视，一点也不能放松，不要出现检察官文联的工作搞得红红火火，社会反响也不错，领导也很满意，但队伍出了问题，这个损失和影响就大了。

黑龙江省检察官文联有着很好的检察文化建设的基础，又有省检察院党组的高度重视和支持，又有各个方面的关心，特别是有党的十七届六中全会精神这股强劲的东风的推动，我相信黑龙江省检察官文联的工作一定会搞得很好，为进一步加强检察队伍建设，推动检察工作科学发展作出新的成绩，迎接党的十八大胜利召开。

谢谢大家！

（张耕同志时任全国政协教科文卫体委员会副主任，中国检察官文联主席，最高人民检察院原党组副书记、常务副检察长。）

在黑龙江省检察官文学艺术联合会第一次会员代表大会上的讲话

（2012年10月25日）

徐　明

尊敬的张耕主席、各位来宾、各位代表、同志们：

今天，我们在这里隆重召开黑龙江省检察官文学艺术联合会第一次会员代表大会，这是全省检察机关文化建设的一次盛会。中央候补委员、全国政协教科文卫体委员会副主任、中国检察官文联主席、高检院党组原副书记、常务副检察长张耕同志，省政协原主席、省书法家协会主席马国良同志，省人大副主任申立国同志，省政协副主席何小平同志和有关部门的领导同志及省检察官文联的顾问莅临大会指导。在此，我代表省检察院党组向光临大会的领导和嘉宾表示热烈的欢迎和衷心的感谢！向省检察官文联的成立表示热烈的祝贺！

我们党历来高度重视运用先进文化引领前进方向、凝聚奋斗力量，不断以思想文化新觉醒、理论创造新成果、文化建设新成就推动党和人民事业向前发展。高检院高度重视检察文化建设，曹建明检察长对检察文化建设提出了明确要求，指明了方向。在张耕主席的领导和推动下，高检院成立了中国检察官文联，并致力于加强规范化建设，指导和推动了全国检察机关检察官文联的建立，为加强检察文化建设，提高检察干警的综合素质作出了重要贡献，今天又亲自出席我省检察官文联成立大会，并将作重要讲话，这是对我们的巨大支持和鼓舞。省委对我省检察官文联的成立高度重视，省委副书记杜家毫同志亲自听取了汇报，提出了明确要求。黑龙江省检察官文联要以社会主义核心价值体系引领工作，以科学的理论武装人、以正确的舆论引导人、以高尚的精神塑造人、以优秀的作品鼓舞人，在全省检察机关进一步形成统一指导思想、共同理想信念、强大精神力量、基本道德规范，这样一种蓬勃向上的良好氛围，建设好检察干警共有的精神家园，提高广大干警的文化自觉和文化自信，为全省检察事业的健康发展，为检察人的成长进步提供强大的精神动力。

一、深刻认识检察文化建设的重要意义

当前，我国既处于发展的重要战略机遇期，又处于社会矛盾凸显期，检察机关维护社会稳定、维护司法公正、促进社会和谐、促进经济发展的任务繁重。特别是刑事诉讼法、民事诉讼法的修改，对规范执法行为、强化法律监督提出新的更高要求。检察文化作为社会主义先进文化的重要组成部分，是检察机关更好地服务经济社会发展，实现检察事业科学发展的重要力量源泉。全省检察机关要从适应社会主义先进文化发展的要求、提升检察文化软实力的战略高度，深刻认识加强检察文化建设的重要性。

（一）检察文化是社会主义先进文化的重要组成部分。文化越来越成为增强民族凝聚力和创造力的重要源泉，也是检察事业发展的不竭动力。繁荣和发展检察文化，不仅对提高检察队伍素质、增强法律监督能力、推动检察工作、更好服务大局具有战略意义，而且对弘扬法治精神、培育廉政风尚、促进社会和谐更具有积极促进作用。全省各级检察机关要深刻认识肩负的重要责任，自觉把检察文化建设纳入社会主义文化建设的总体格局，以检察文化建设水平的不断提升为社会主义文化大发展大繁荣作出积极贡献。

（二）检察文化是检察事业科学发展的重要保障。只有将检察文化融入到各项检察工作中，检察文化才有坚实的根基和强大的生命力。通过深入推进检察文化建设，也必将有力推动检察工作创新发展。检察文化根源于、产生于、发展于检察实践，集中体现了检察职业特点和精神内涵，是推动检察工作发展的精神动力，也是引领和促进检察事业发展进步的重要力量。在新的历史时期，检察工作面临难得的发展机遇，也面临繁重的工作任务和应对各种复杂局面的严峻考验，迫切需要发挥检察文化的教育、规范、约束、凝聚、激励等作用。我们要坚持把检察文化建设作为推进检察事业科学发展的有效抓手，更好地引导广大检察人员坚定信念，增强理性、平和、文明、规范执法的自觉性和职业道德意识，形成共同的价值取向和行为规范，提升检察机关的凝聚力、执行力、创新力和战斗力，为检察事业的科学发展提供思想保证、精神动力和智力支持。

（三）检察文化是提高检察队伍素质的精神动力。文化是民族的血脉，是人民的精神家园，检察文化就是检察事业的血脉、检察人的精神家园，是提高精神境界和品味的源泉，是全体检察人的价值追求、思想情感、品格意志等的综合反映。我们正处于深刻变革的时代，在这样的大背景下，检察人员的思想活跃、观念碰撞、文化交融，也不同程度地受思想认识、道德选择、价值取向等多样化的影响，精神文化需求不断增长，辨析和抵制错误腐朽思想文化的能力亟待提高。建设一支高素质的检察队伍，需要用先进文化来熏陶和教育，需要用高尚精神来充实和激励，全面提升检察人员的思想境界、职业操守、人文素养。加强检察文化建设，可以更好地发挥文学艺术独特的精神感召力、思想影响力和内心驱动力，消除陈旧的执法观念，进一步转变执法作风，提高执法能力和水平，树立更好的社会形象。检察官文联的成立，标志着我省检察文化建设事业又拥有了一支重要的新生力量，必将对建设高素质检察队伍，推动检察工作科学发展起到积极作用，为建设富强、文明、和谐、大美、幸福黑龙江提供有力的司法保障和法律服务。

二、坚定检察官文联的发展方向

要以党的十七届六中全会精神为指导，以弘扬社会主义核心价值体系和“忠诚、为民、公正、廉洁”的政法干警核心价值观为根本任务，坚持贴近检察工作实践，贴近干警思想，贴近检察生活，深化对检察文化建设规律的研究和把握，创新检察文化建设的途径与方法，积极开展富有检察特色的文学艺术活动，推动全省检察文化向更高层次发展。

一是检察文化建设要体现方向性，用核心价值体系武装干警。社会主义核心价值体系是社会主义文化建设的根本，是检察文化建设的基本遵循和行动指南。要坚持用社会主义核心价值体系引领检察文化建设，贯穿到检察文化建设全过程，确保检察文化建设的正确方向。要坚持把坚定理想信念放在检察文化建设的首位，用社会主义法治理念指导检察实践，自觉坚持为人民服务、为社会主义服务的方向和百花齐放、百家争鸣的方针，坚持忠诚的政治本色、为民的宗旨理念、公正的神圣职责、廉洁的基本操守，努力用政法干警核心价值观凝聚力量，引导和促进广大检察人员坚定做中国特色社会主义事业的建设者、捍卫者和社会公平正义的守护者、践行者。

二是检察文化建设要体现实践性，从检察实践中提炼文化成果。检察文化来源于检察实践。检察职业精神以忠诚为基石，以为民为宗旨，以公正为核心，以服务大局为使命，以清廉为操守，这是检察文化的精髓和灵魂，是检察文化建设的核心。要结合检察工作的生动实践，不断总结提炼富有时代气息、具有检察特点、社会普遍认同的检察职业精神。要坚持把检察文化建设融入到检察工作的各个层面，紧紧围绕检察中心工作，把履行法律监督职责的丰富实践作为检察文化工作的不竭源泉，以艺术的表现形式，深入宣传检察工作的方针政策和重大举措，热情讴歌检察队伍的模范典型和先进事迹，全方位展示检察工作的丰硕成果和检察队伍的良好形象，更好地激励广大检察人员忠实履行宪法和法律赋予的职责，更好地增进广大人民群众对检察工作的理解、信任和支持，充分发挥检察文化锻造精神、凝聚力量、提高素质、树立形象、推动工作的作用，不断开创检察工作新局面。

三是检察文化建设要体现地域性，构筑具有黑龙江特色的检察文化。黑龙江的悠久历史孕育了光辉灿烂的文化，培育了大庆精神、铁人精神、北大荒精神和突破高寒禁区等精神，激励着一代又一代黑龙江人为这片土地的繁荣发展拼搏不息，创造一个又一个辉煌业绩。生活在黑龙江这片土地上的检察人，我们一定要以这些精神为动力，大力弘扬“崇德尚法、廉洁公正、胸怀全局、脚踏实地”的省院机关精神，引领干警政治坚定，公正执法，爱岗敬业，无私奉献，提升全省检察干警的整体素质和形象。全省各级检察机关要把本地区优秀的文化与检察文化相结合，形成具有黑龙江特色的检察文化成果。要立足检察实际，充分考虑本地的文化资源、发展条件和检察人员的现实需求，充分挖掘悠久的历史文化、光辉灿烂的红色文化、特色鲜明的地域文化和得天独厚的生态文化资源，积极打造具有黑龙江特色的检察文化品牌，丰富检察文化成果，多出精品力作，奉献精神食粮。

四是检察文化建设要体现广泛性，充分展示检察干警的精神风貌。检察文化建设要以广大干警的广泛参与为基础，以丰富多彩的活动为载体，为广大干警搭建一个展示文学艺术才华，反映干警精神风貌的平台。要把满足广大检察人员日益增长的文化需求作为检察文化建设的出发点和落脚点，坚持群众性，坚持以干警为主体，积极开展广大检察人员喜闻乐见的文学艺术活动，营造良好的检察文化氛围。既要注重发挥检察文化专门人才的作用、加强与文化艺术界的交流，更要充分调动和激发广大检察人员参与检察文化建设的积极性、主动性、创造性，打牢检察文化的群众基础，丰富干警的生活情趣，提高干警的文化品味，陶冶干警的道德情操，感受干警的艺术享受，共建共享检察文化建设成果。

三、切实加强检察官文联的自身建设

检察官文联的成立，标志着我省检察文化建设步入有组织、有保障、有规划发展的新阶段。作为推动检察文化建设的重要力量，检察官文联要按照文联章程的规定，认真做好各项工作。

（一）加强组织领导。各级检察院党组要切实加强和改善对检察文化建设和检察官文联工作的政治领导、思想领导和组织领导，把这项工作摆上重要议事日程，纳入检察工作全局来研究部署，及时听取汇报，帮助解决存在的问题。各级检察机关政治部门作为检察文化建设的职能部门，要认真贯彻党组的决定，协助党组加强与检察官文联的具体联系、指导和协调，支持检察官文联开展文化艺术活动，进一步形成各级检察院党组领导、政工宣传部门牵头协调，检察官文联积极组织，其他部门配合，干警广泛参与，共同推进检察文化事业蓬勃发展的工作格局。

（二）发挥职能作用。省检察官文联是中国检察官文联的一个组成部分，也是省文联的一个分支，是检察机关文化艺术骨干和爱好者的联合组织，其功能是服务检察中心工作，满足检察精神追求，促进职业道德建设。要在上级院检察官文联和同级地方文联的领导和指导下开展工作，要加强联系，大力协作，虚心学习，取得支持，以文化艺术为纽带，发挥社会团体的优势，推进检察文化建设。要团结检察文艺人才，壮大检察文艺队伍，大力开展文艺创作活动和文化理论研究。要增进与社会各界和人民群众的沟通联系，成为加强检察队伍建设、推动检察工作科学发展的重要助手。检察官文联工作者要认清时代和人民赋予的神圣使命，把文学艺术创作融入检察事业创新发展实践，以充沛的激情、生动的笔触、优美的旋律、感人的形象，反映和奏响时代主旋律，组织创作更多无愧于历史、无愧于时代、无愧于人民的反映检察工作的优秀作品，为推动检察文化发展繁荣贡献智慧和力量。

（三）强化基础建设。要按照精简、高效、规范、科学的原则，稳步推进检察官文联和有关专业协会的建设，扩大检察官文联的社会影响力。要建立健全教育培训、日常活动、经费使用等相关制度和工作规程，逐步使检察官文联各项工作步入规范化轨道。要牢固树立以人为本，人才是第一资源的观念，通过开展各种文化艺术活动，发现一批人才并吸纳到检察官文联中来，为各类人才展示才华创造有利条件。

（四）提供有力保障。各级院党组要高度重视，从人力、物力、财力等方面给予支持，为检察文化建设的顺利开展提供有力的保障。把政治思想坚定、组织协调能力强、具有开拓精神、热爱熟悉文化工作的干部安排到检察官文联工作岗位，为检察官文联工作的开展提供有力的保障。

检察官文联的成立，为黑龙江检察文化建设注入了生机和活力。检察文学艺术工作者责任重大，使命光荣。我们一定要以对祖国和人民的拳拳挚爱，对文学艺术的执着追求，努力开创我省检察文化建设的新局面，为推动检察事业的科学发展作出新的、更大的贡献，以优异的成绩迎接党的十八大胜利召开！

谢谢大家。

按照科学发展观的要求
努力做好黑龙江省检察官文联工作

（2011 年 10 月 25 日）

车承军

各位代表、委员、同志们：

今天，我们在这里隆重召开黑龙江省检察官文学艺术联合会第一次会员代表大会暨第一届委员会，这是我省检察文化建设的一件盛事。大会选举产生了黑龙江省检察官文联领导集体，推选我担任黑龙江省检察官文联主席，这是省院党组和各位委员、同志们对我的信任，是荣誉，更是责任。我谨向大会和同志们表示衷心的感谢！

这次会议以科学发展观为指导，认真贯彻落实党的十七大、十七届六中全会和省第十一次党代会精神，深入分析了黑龙江检察文化建设面临的新形势，研究部署了当前和今后一个时期黑龙江省检察官文联工作。在下午的大会上，全国检察官文联主席张耕同志和省院检察长徐明同志要分别作重要讲话，对做好新形势下的检察官文联工作将要提出明确要求，我们一定要认真学习、深刻领会、全面贯彻。下面，我作工作报告。

一、切实增强做好检察文化建设和检察官文联工作的责任感

文化是一个民族的精神和灵魂，是推动国家发展、民族振兴的重要力量。检察文化作为中国特色社会主义先进文化的重要组成部分，在引领检察工作的发展方向、坚定检察人员的理想信念、为检察工作科学发展提供强大精神动力等方面，具有十分重要的意义。前不久，曹建明检察长在大庆市红岗区检察院调研时充分肯定了检察文化建设所取得的成绩和做法，再次强调全国各级检察机关“要坚持把检察文化建设放在更加突出的位置，要坚持检察文化的正确方向，检察文化建设要坚持四个服务的根本目标”。全省检察机关要认真落实曹检察长的重要指示，进一步增强责任感和使命感，提升检察文化软实力，推动检察工作科学发展。

成立黑龙江省检察官文联，是省院党组在党的十七届六中全会精神指引下，落实高检院的要求，适应新形势新任务的需要，加强新形势下检察文化建设的重要举措。全省检察机关要认真贯彻落实高检院《关于加强检察文化建设的意见》，以黑龙江省检察官文联成立为契机，进一步创新文化建设载体，丰富文化建设内容，体现检察特点和地域特色，努力开创全省检察文化建设和检察官文联工作新局面。

一要始终坚持正确的发展方向。要坚持用社会主义核心价值体系引领检察文化建设和检察官文联工作，不断巩固社会主义核心价值体系在检察文化领域的指导地位，确保检察文化建设和检察官文联工作的社会主义方向。要坚持把坚定理想信念放在检察文化建设和检察官文联工作的首

要位置，用忠诚、公正、清廉、文明的政法干警核心价值观凝聚力量，始终坚持党的事业至上、人民利益至上、宪法法律至上，切实做到党在心中、国家在心中、人民在心中、法律在心中，坚定不移地高举中国特色社会主义伟大旗帜，坚定不移地走中国特色社会主义道路。

二要始终坚持服务检察实践。检察文化来源于丰富多彩的检察实践，也要服务检察实践。要始终突出检察文化建设和检察官文联工作的实践特色，把检察文化建设和检察官文联工作置于检察工作发展的总体格局来思考和谋划。要紧紧围绕检察中心工作，贴近检察实际，贴近人民群众，把履行法律监督职责的丰富实践作为检察文化建设和检察官文联工作的不竭源泉，深入宣传检察工作方针政策和重大举措，热情讴歌检察队伍的模范典型和先进事迹，全方位展示检察工作的丰硕成果和检察队伍的良好形象，更好地发挥检察文化在塑造精神、汇聚力量方面的独特作用。要将社会主义先进文化融入到执法办案的全过程，渗透到检察实践的各个方面，用丰富的实践培育文化，用生动的文化推动工作，不断促进全省检察工作科学发展。

三要始终坚持突出黑龙江特色。检察文化既有共性的一面，也有鲜明的地域特色。文化的优势在于个性与特色，在检察文化建设上必须考虑不同地区的差异性，要有自己的特色。黑龙江是边境大省，在检察文化建设上要贴近我省的省情。“大庆精神”、“铁人精神”、“北大荒精神”、“突破高寒禁区精神”是我省的宝贵财富，感动和激励着一代又一代人。全省各级院都要加强对本地特色文化的研究，把本地优秀的文化与检察文化紧密结合起来，不断增强检察文化的生命力，打造具有地域特色的检察文化品牌，为全国检察官文联的创新发展贡献力量。

四要始终坚持以人为本。检察文化的精髓是重视人的价值、发挥人的作用。在检察文化建设中，要坚持把检察机关的整体价值和检察人员的个人发展有机结合起来，既要重视检察人员在检察工作中的重要作用，充分调动他们的积极性、创造性，又要从理解、尊重、培养人的角度出发，关心检察人员的个人发展，支持他们的进取精神，满足他们的精神需求。要广泛开展群众性检察文化活动，使广大检察人员在检察文化建设中陶冶道德情操，抒发美好理想，感受文化气氛，提升文化品位，共建共享检察文化发展成果。

二、准确把握检察官文联的职能定位和指导思想

正确认识和把握检察官文联的职能定位，是做好黑龙江省检察官文联工作的基本前提。按照黑龙江省检察官文联章程的规定，黑龙江省检察官文联的职能定位主要体现在五个方面：

一是黑龙江省检察官文联是在省院党组领导下，在中国检察官文联和省文联指导下，经民政部门批准登记注册的联合性、非营利性社会团体。既要直接接受省院党组的领导，又要在业务上接受中国检察官文联、省文联的指导和民政部门的监督管理。

二是黑龙江省检察官文联是我省检察队伍中文化艺术工作者和爱好者的联合组织。它是以检察文化艺术骨干为主体，团结广大检察文化艺术爱好者，组成的检察文化艺术队伍，负有推动黑龙江检察文化和法治文化大发展大繁荣的重要职责。

三是黑龙江省检察官文联是我省检察机关加强队伍建设、提高队伍素质的重要助手。文联成立后，要充分发挥自身优势，协助检察机关政治部门共同推进检察文化建设。

四是黑龙江省检察官文联是密切检察机关与人民群众血肉联系的桥梁和纽带。要通过开展各种文艺创作和文艺活动，宣传检察工作，树立检察形象，增强检察机关的社会影响力和执法公信力。

五是黑龙江省检察官文联是加强检察文化和法治文化建设、促进中国特色社会主义文化大发展大繁荣的重要阵地。我们既要弘扬检察精神、宣传检察文化，又要弘扬法治精神、宣传法治文化；既要展示检察机关的工作业绩，又要展示我国法治建设的成就。

黑龙江省检察官文联的指导思想是：以邓小平理论和“三个代表”重要思想为指导，深入贯彻落实科学发展观，坚持社会主义先进文化的前进方向，紧紧围绕全省检察工作大局，以提高检察队伍素质、提升检察形象和执法公信力为目标，以改革创新为动力，充分发挥联络、协调、服务职能作用，团结组织检察队伍，紧贴检察工作实际，大力开展检察文化艺术创作和文化艺术活动，发现和培养检察文化艺术人才，为推动检察文化和法治文化大发展大繁荣做出应有的贡献。

三、扎实做好检察官文联的各项工作，努力繁荣黑龙江检察文化艺术事业

黑龙江省检察官文联的成立，必将对我省检察文化艺术事业的繁荣发展起到巨大的推动作用。我们一定要以更加昂扬的精神状态、更加务实的工作作风，扎实做好检察官文联的各项工作，努力推动黑龙江检察文化建设创新发展。

一要抓好检察文化艺术创作，着力打造文化艺术精品力作。要把检察文化艺术创作放在基础性、战略性的位置，大力实施“精品战略”，鼓励检察文化艺术队伍深深扎根基层，汲取艺术营养，丰富生活体验，努力创作出一批弘扬共同理想、展现时代精神、独具检察特色和风格的优秀作品。要坚持以正确导向为基点、以公开公平公正为原则，建立健全符合检察文化艺术工作特点和规律的奖评机制，奖励优秀人才，激发创作热情，推动检察文化艺术创作工作深入发展。

二要抓好检察文化和法治文化理论研究，为检察文化艺术事业发展提供有力的理论支持和丰富的创作资源。检察文化和法治文化理论研究成果，既可以指导检察文化艺术事业的发展，又可以转化为类型各异的文化艺术作品。要深入研究检察文化和法治文化的内涵特征、发展规律、发展动力、发展思路、发展格局等基本问题，不断充实中国特色社会主义检察文化理论体系。要注重从重大事件、典型案例、先进人物中挖掘文化艺术资源，为检察文化艺术创作提供丰富素材。

三要抓好各类文化艺术活动，彰显检察文化艺术工作的魅力。要经常性组织开展丰富多彩的文化艺术活动，激发检察人员的职业使命感、荣誉感和归属感，展示检察文化的深厚底蕴，提升检察人员的文化品位。要通过开展形式多样的文艺演出和慰问活动，进一步振奋检心，鼓舞士气，丰富基层检察机关、检察人员和广大人民群众的文化生活。

四要抓好载体创新，为检察文化艺术活动建立广泛、有效的展示平台。要充分发挥文化艺术载体对于检察文化艺术作品传播和展示的巨大推动作用，在进一步完善、用好传统载体的基础上，不断开拓具有时代特征的新型载体。当前，要深入研究、积极推进检察网络文化建设，加强与网络媒体的合作，充分发挥互联网传播快、受众面广的优势，加大检察文化的覆盖面和渗透力。要注重电视传媒的开发和建设，打造展示检察官风采的品牌栏目。要加强基层检察院的文化室和文化长廊建设，积极构建展示文艺作品、开展艺术教育的平台和精神家园，以此陶冶情操、激励斗志、推动工作。

五要抓好检察文化艺术人才建设，努力造就一支高素质的检察文化艺术队伍。培养造就一支热爱祖国、热爱人民、热爱检察事业的检察文化艺术队伍是黑龙江省检察官文联的重要职责。要善于发现人才，通过开展文化艺术活动，及时发现优秀人才并把他们吸纳到检察官文联中来。要善于培养人才，逐步培养造就一批文艺骨干和领军人物。特别是要加强检察文化艺术队伍的思想道德建设，引导他们牢固树立正确的世界观、人生观和价值观，以良好的职业道德、高尚的个人情操和真诚的艺术创造赢得群众的认可和尊重。要通过采取举办论坛、讲座、研讨会等形式，组织笔会、展览、演出等活动，让文艺人才展示才华、经受锻炼，不断提高理论水平和创作能力。要善于使用人才，不断优化人才资源配置，完善人才扶持、表彰、激励机制，努力形成人尽其才、才尽其用的良好局面，为黑龙江检察文化建设提供有力的人才支撑。

六要抓好舆论宣传，逐步提升黑龙江省检察官文联的社会影响力。要主动加强与新闻媒体、新闻单位的联系合作，不断加大舆论宣传力度，切实扩大社会影响。要充分利用《龙之剑》、《检察情况反映》等宣传阵地，经常通报工作情况，提供工作信息，让社会各界及时了解检察官文联的职能定位、工作思路和目标任务，了解检察官文联在推动检察文化建设中取得的实际成效，从而更加关心、支持黑龙江省检察官文联的工作。

七要抓好组织体系建设，为全面做好黑龙江省检察官文联工作提供坚实的组织保障。建设好地方检察官文联，是黑龙江省检察官文联成立后必须认真抓好的一项重要工作。目前，一些市分院和县（区）院也正在积极筹备成立检察官文联，省检察官文联要切实加强指导，帮助做好筹建工作。地方检察官文联成立后，要注重结合自身实际，深入推进文化育检，着力在组织文化艺术活动和推广工作经验上下功夫，在提高检察人员的综合素质上求实效。检察官文联各专业委员会是检察文化艺术活动的直接组织者和推动者，要根据实际情况，统筹规划，量力而行，适度发展，使各专业委员会的工作一开始就步入规范化运行的轨道。

八要抓好检察文化艺术交流合作，提高检察文化影响力。要大力加强省际间、地域间的检察文化艺术交流，不断吸收、借鉴检察文化建设的先进经验，取长补短，共同提高。要加强与国际间的检察文化艺术交流，大力宣传我国检察制度的优越性，努力扩大我国检察文化的影响力，认真研究、吸收、借鉴各国文化发展的有益成果。要加强与港澳台地区的文化艺术交流，进一步促进两岸三地间检察文化的交流合作。

九要抓好检察官文联自身建设，不断

提高工作能力和水平。深入学习贯彻科学发展观，牢固树立社会主义法治理念，坚定走中国特色社会主义道路，确保检察官文联工作的正确方向。牢固树立终身学习理念，强化业务培训，广泛学习政治、经济、法律、文化、艺术等各领域知识，不断提高做好检察官文联工作的能力和水平。多做加强交流、增进了解的工作，使大家心情舒畅地干事创业，切实增强检察文化艺术队伍的凝聚力和向心力。要注重改进服务方式，提高服务质量，多听取各方意见，多办好事实事，使检察官文联真正成为检察文化艺术工作者的家。坚持深入实际、深入基层，倾听检察文化艺术队伍的呼声和要求，帮助解决实际困难。坚持廉洁自律，牢固树立自觉接受监督的理念，深入开展党风党纪教育，切实加强管理制约，确保检察官文联队伍自身正、自身硬、自身净。

这里，我还要重点强调一下，要正确处理好检察官文联工作中的几个关系问题。一要正确认识和处理检察官文联与各级检察机关的关系。在检察文化建设中，检察机关是主体，检察院党组是领导核心，检察官文联是参谋、是助手。这一点，要十分明确，十分坚定，不能有丝毫的含糊。二要正确认识和处理检察官文联与各级检察机关政治部门的关系。检察机关的政治部门是主管检察文化建设的职能部门，检察官文联是开展检察文化建设的重要力量。检察官文联的重大活动都要和政治部门沟通，主动争取支持，形成工作合力，共同推动检察文化事业的繁荣和发展。三要正确认识和处理中国检察官文联、黑龙江省检察官文联、黑龙江地方文联之间的关系。黑龙江省检察官文联要自觉接受中国检察官文联和黑龙江省文联的业务指导。

同志们，检察官文联责任重大、使命光荣。我们要在省院党组的坚强领导和中国检察官文联的有力指导下，进一步振奋精神，改革创新，开拓奋进，扎实工作，努力推动黑龙江检察事业创新发展，为全省检察事业科学发展提供有力的精神动力和智力支持，为实现“文化强省”战略作出新的更大的贡献，以优异的成绩迎接党的十八大胜利召开！

谢谢大家。

资　　料

黑龙江省检察官文联第一届委员会领导机构名单

（2012年10月25日　黑龙江省检察官文学艺术联合会第一次会员代表大会通过）

名誉主席（1人）

徐　明　黑龙江省人民检察院党组书记、检察长

主席（1人）

车承军　黑龙江省人民检察院党组副书记、常务副检察长

副主席（8人）

张中华　黑龙江省人民检察院副检察长

王健伟　黑龙江省人民检察院党组成员、政治部主任

吴冠华　哈尔滨市人民检察院党组副书记、副检察长

李　剑　黑龙江省人民检察院副厅级检察员、办公室主任

李树军　绥化市人民检察院党组副书记、常务副检察长

孙英达　黑龙江省人民检察院政治部副主任

张雪秋　林区分院党组成员、政治部主任

李道申　黑龙江省人民检察院宣传处处长兼龙之剑编辑部主编

秘书长（1人）

陈玉庆　黑龙江省人民检察院干部教育培训处副处长（正处级）

黑龙江省检察官文学艺术联合会
第一届委员会顾问名单

（2012 年 10 月 25 日　黑龙江省检察官文学艺术联合会第一次会员代表大会通过）

（共 9 人）

马国良　黑龙江省政协原主席、省书法家协会主席
宋宏伟　黑龙江省文化厅厅长
傅道彬　黑龙江省文学艺术联合会主席
刘玉平　黑龙江省电视台台长
郭铭玉　黑龙江省体育局局长
赵德信　黑龙江省委宣传部副部长
迟子建　中国作协第八届主席团委员、黑龙江省作家协会主席、国家一级作家
吴团良　黑龙江省美术家协会主席（驻会）
索久林　黑龙江省文联副主席、省摄影家协会主席

黑龙江省检察文化艺术工作情况

综 述

2012年，黑龙江省检察机关在最高人民检察院和省委的领导下，认真学习贯彻党的十八大精神，忠实履行宪法和法律赋予的职责，全面落实高检院的各项工作部署，落实曹建明检察长在黑龙江调研时的重要讲话精神，紧紧围绕全省检察工作大局，找准检察文化建设工作的切入点、结合点和着力点，坚持以“忠诚、为民、公正、廉洁”为检察文化建设的核心，坚持服务检察工作、服务队伍建设、服务检察干警的指导思想，抓好“检察文化理论研究、检察文化艺术创作和检察文化艺术活动”等三项重点工作，为推动全省检察文化建设蓬勃开展起到了积极的作用。

【曹建明检察长到黑龙江省大庆红岗区检察院视察 对红检文化给予充分肯定】 2012年8月15日，最高人民检察院党组书记、检察长曹建明一行在黑龙江省委副书记、政法委书记杜家毫，黑龙江省检察院党组书记、检察长徐明，黑龙江省委常委、大庆市委书记韩学键等领导的陪同下到大庆市红岗区检察院视察调研工作。

在红岗区检察院，曹建明检察长先后视察了院文化长廊、文体活动中心、干警办公室和荣誉室，并看望慰问检察干警，与干警进行了亲切交谈。视察过程中，红岗区院检察长钟国庆首先对红岗区情、院情及文化长廊进行了简单介绍。随后，曹建明检察长在会议室观看了《红检风范》文化建设宣传片，听取了《以检察文化为引领，全力推进基层检察院规范化建设》的工作汇报。曹建明检察长对红岗检察工作取得的成绩给予充分肯定，他说，到了红岗检察院边看边听，内心非常感慨、非常放心，非常高兴。红岗是大庆油田的主产区，是铁人精神、大庆精神的发源地，大庆精神、铁人精神激励了一代人又一代人，大庆为我们留下了非常宝贵的财富。红岗区检察院在市委、区委和上级检察机关的有力的领导下，紧紧围绕大庆和全区的经济社会发展，始终坚持“三个强化”，各项工作取得了突出成绩，尤其是检察文化建设取得了丰硕的成果，走在了全国检察机关的前列。曹建明检察长强调，检察机关要认真落实党的十七届六中全会精神，做到“三个坚持、四个服务、四个结合”：坚持把文化建设放在更加突出的位置；坚持检察文化的正确方向；坚持“四个服务”的根本目标。检察文化建设要始终围绕“四个服务”：服务于检察工作科学发展、服务于检察队伍建设、服务于基层检察机关、服务于社会主义文化建设的根本目标，特别是把检察文化建设要与团结、凝聚、激励广大检察人员忠实履行法律监督职责结合起来，与规范执法行为、强化职业素质、提高执法公信力结合起来，与高素质的检察队伍结合起来，与增进人民群众对检察工作的理解、信任和支持结合起来。希望红岗区检察院能够继续在这方面探索创造更好的经验，希望红岗区检察院不仅在全国检察机关检察文化建设方面，也希望在全国各项工作当中继续当好排头兵。

黑龙江省检察院徐明检察长要求大庆市检察机关要落实好曹建明检察长的重要讲话要求，真正把检察文化建设作为事业发展的力量源泉，坚持检察文化建设的正确方向，坚持曹建明检察长强调的“四个服务”的目标，不断的提升检察文化的突出作用，特别要注意突出检察官的主体地位，检察文化重在基层，重在广大干警的积极参与上，重在促进检察人员的全面发展上，重在促进检察工作的科学发展上。

【中国检察官文联主席张耕到黑龙江省大庆检察机关调研检察文化建设工作】2012 年 10 月 26 日至 27 日，全国政协教科文卫体委员会副主任，中国检察官文学艺术联合会主席，最高检原党组副书记、常务副检察长张耕一行 3 人到大庆市调研，先后参观了红岗区检察院、大庆博物馆、铁人王进喜纪念馆等，省委常委、大庆市委书记韩学键、省检察院检察长徐明、大庆市委副书记、市长夏立华、省院常务副检察长车承军等领导陪同。

张耕主席在视察红岗区院时，参观了文化长廊、体育馆等设施，他对该院的环境建设、队伍建设和检察文化建设等工作予以充分肯定和高度评价，他指出红岗院检察文化有三个特点非常突出：一是认识深；二是结合好；三是成效实。

张耕同志要求：一是要认真贯彻落实十七届六中全会精神，从实际出发，进一步促进检察业务工作，提高执法公信力；二是要结合检察机关工作实际与地域文化，用铁人精神来激励红检文化，把铁人精神的核心内容融入红检文化中；三是要将检察文化建设落实到对整个部门的引领，落实到队伍的精神状态，落实到工作的质量要求，落实到环境对人的熏陶和影响，振奋队伍精神，凝聚力量，树立形象，推动检察业务工作。

张耕主席希望红岗区院要继续创新理念，将红检文化建设推上新的高度，总结经验，引领检察文化建设，努力践行政法干警核心价值观，以优异的工作成绩和检察文化建设成果迎接党的十八大胜利召开。

省检察院检察长徐明强调，要深入学习、贯彻张耕主席的讲话精神，保护好、深化好、发扬好、引领好检察文化建设工作，创新工作理念，推动检察文化建设工作不断发展。

【黑龙江省检察院全体党员干警集中收看党的“十八大”开幕式盛况】2012 年 11 月 8 日，黑龙江省检察院徐明检察长及其他院领导和全体党员干警集中收看中国共产党第十八次代表大会开幕式盛况。

大家一致认为，这次会议是一次鼓舞人心、增强斗志的大会；是顺民心、合民意的大会；是承前启后、继往开来的大会。

负责检察文化建设的同志们纷纷表示，党的十八大报告尤其是把文化建设提到了新的高度，对扎实推进社会主义文化强国建设作出新的重大部署，进一步深刻阐明了文化建设的指导原则和努力方向。作为检察文化建设重要力量的检察官文联，要按照省院党组部署和全国检察官文联的要求，切实把学习贯彻党的十八大精神作为检察官文联工作的首要任务，进一步增强做好检察官文联工作的信心和使命感，发挥职能优势，采取有效措施，坚持“三位一体”的工作思路，为黑龙江省检察文化艺术事业繁荣发展做出积极的贡献。

【黑龙江省检察院党组中心组专题学习贯彻党的十八大精神】黑龙江省院党组书记、检察长徐明主持召开党组中心组会议，专题学习领会党的十八大精神，深入研究贯彻落实意见。省院在哈党组成员、副检察长、副厅级专职检委会委员、副厅级检察员参加会议，有关内设机构负责人列席会议。

会上，徐明检察长指出，党的十八大是我们党在不懈奋斗、努力进取和中华民族实现复兴、走向富强重要历史阶段、改革关键时期、发展重要节点所召开的一次承前启后、继往开来的重要会议，进一步昭示了中国共产党高举中国特色社会主义伟大旗帜的坚定立场，进一步向全党全国各族人民发出了全面建成小康社会的总动员令。学习好、领会好、贯彻好、落实好党的十八大精神，是全省各级检察机关当前和今后一个时期首要的政治任务，是推动检察事业科学发展的重要前提和基础。为此，他要求：一是不断深化对党的十八大精神的学习，做到入脑入心，见诸实效。要对省院机关和全省各级检察机关的学习做出部署，提出要求。二是不断创新学习的方式方法，做到深入浅出、运用自如。在学习中要创新学习方式，丰富学习方法，坚持原汁原味地学习党的十八大报告、习近平总书记的重要讲话和省委吉炳轩书记的讲话，真正吃透报告精神，准确把握讲话精髓。三是紧密结合检察工作实际，做到学以致用，以用促学。学习贯彻落实党的十八大精神，就是要在学习中紧密结合党和国家发展、检察事业发展、检察队伍建设的实际，对照、比照党的十八大总体部署、总体要求和目标任务，确定检察工作的前进方向、工作思路、工作重点、推进措施，做到学以致用，以用促学。四是继续坚持调查研究，做到注重实践，搞好结合。要把党的十八大精神的学习与完成好今年各项检察工作、谋划好明年工作统筹协调，共同推进，做到“两不误、两促进”。五是进一步加大宣传宣讲工作力度，做到加强引导，营造氛围。要妥善处理好工作和学习的关系，分层次、有步骤地对各级院领导班子成员、内设机构负责人和全体检察人员进行学习培训。同时，要组织领导干部、有一定理论功底和模范人物进行主题宣讲，用身边人引导身边人，让身边人学身边人。六是加强对学习活动的组织领导，做到全员参与，不留死角。党的十八大是新的历史时期建成小康社会、实现中华民族伟大复兴的总动员和总部署，是惠及全中国人民的行动纲领，学习贯彻和落实好党的十八大精神，是全省检察人员的重要责任和内在要求。为此，各级院要高度重视并精心组织好学习活动，严肃学习纪律，严格学习时间，保证学习效果。要把自学和辅导、交流和研讨、集中和分散相结合，定期检查督促，定期通报情况，定期交流成果。徐明检察长强调，省院党组和各级院党组中心组要把党的十八大精神的学习作为重要内容，有计划、有重点地先学一步，学好一步，学深一步，推动本单位学习活动健康深入发展。

会上，徐明检察长，省院党组副书记、常务副检察长车承军，党组副书记、副检察长王军分别宣读了十八大报告。

【黑龙江省检察机关深入开展政法干警核心价值观教育实践活动】黑龙江省检察院在2012年3月8日，组织召开了全省检察机关深入开展政法干警核心价值观教育实践活动电视电话会议。会上，省院党组成员、政治部主任王健伟同志宣读了教育实践活动实施方案；省院党组副书记、常务副检察长车承军同志代表省院党组作了动员讲话。省院党组成员、副检察长闫世斌同志主持会议并提出了贯彻落实意见。省院在哈党组成员、内设机构正副处长以及各分市院、基层院党组成员和有关人员共计900余人分别在主会场和分会场参加了会议。

车承军副检察长在讲话中首先指明了开展政法干警核心价值观教育实践活动的重要意义，强调要提高认识，切实增强开展政法干警核心价值观教育实践活动的责任感和紧迫感。全省检察机关要充分认识开展教育实践活动的重大意义，自觉地把思想统一到中央和高检院的决策和部署上来。一是深刻认识开展教育实践活动，是检察机关贯彻落实科学发展观、推进社会主义核心价值体系建设的重要举措。政法干警核心价值观是社会主义核心价值体系和检察文化对检察人员的本质要求。检察机关作为党领导人民实现依法治国的重要力量，必须率先垂范树立和落实政法干警核心价值观，要切实增强广大检察人员纪律观念和廉洁从检意识，始终坚持“三个至上”，做到“四个在心中”，努力保持检察工作正确的政治方向。二是深刻认识开展教育实践活动，是加强检察队伍建设、提升检察人员整体素质的有效途径。全省各级院要通过深入开展核心价值观教育实践活动，不断巩固深化各项教育活动成果，着力提高广大检察人员的思想境界和综合素质，进一步坚定理想信念，践行根本宗旨，打牢公正执法、执法为民的思想基础，集中解决在执法思想、执法作风、执法实践等方面存在的突出问题，倡导并养成解放思想、与时俱进的作风；求真务实、真抓实干的作风；联系群众、一心为民的作风；公正执法、廉洁从检的作风，用坚定的政治立场、扎实的工作作风、突出的工作业绩推动各项检察工作科学发展。三是深刻认识开展教育实践活动，是适应形势发展需要、满足人民群众新期待的必然要求。通过开展政法干警核心价值观教育实践活动，紧紧围绕人民群众最期盼、最迫切、最关心的问题，进一步加强和改进各项执法工作，进一步健全检察人员联系群众、服务群众的体制机制，不断提高检察机关直接联系群众、服务群众的能力，提高发现问题、解决矛盾的能力，提高推动发展、维护稳定的能力，提高强化法律监督、廉洁公正执法的能力，以关注民生、惠及民利、维护民权、保障民安的实际成效，树立和维护检察机关、检察队伍的良好形象。

车承军副检察长还指出，切实把政法干警核心价值观教育实践活动与检察文化建设相结合，在推进文化育检上有新飞跃。找准教育实践活动与检察文化建设的结合点，积极探索具有鲜明时代特征和我省检察特色的检察文化建设新途径。组织广大检察人员围绕政法干警核心价值观，开展丰富多彩的检察文化活动，创作更多优秀检察文化作品，特别是要创造更多具有广泛社会影响的检察文化精品，热情讴歌检察人员“忠诚、为民、公正、廉洁”的先进事迹和崇高精神，让人民群众在强烈的情感共鸣中增进对检察机关和检察队伍的理解和支持。

车承军副检察长最后要求，要重点推进，确保政法干警核心价值观教育实践活动取得实实在在的效果，要抓好组织领导、抓好典型选树、抓好作风建设、抓好机制完善、抓好宣传引导。

【全国检察机关践行政法干警核心价值观英模事迹报告会在黑龙江省哈尔滨举行】 5月23日，“全国检察机关践行政法干警核心价值观英模事迹报告会”在哈尔滨举行。会前，黑龙江省委政法委副书记姜玛俐以及省检察院在哈领导亲切会见了报告团成员。省检察院党组成员、政治部主任王健伟主持会议并讲话。在接见报告团成员时姜玛俐说，在座的各位英模是时代造就的英雄，是新时期检察机关的杰出代表，是人民检察官学习的榜样和楷模，也是我们全省政法干警学习的榜样和楷模。你们的先进事迹和崇高精神，不仅集中体现政法干警核心价值观根本内涵，也彰显了新时期人民检察官的根本宗旨。我相信，这次报告活动一定会内容充实、鲜活生动、感人至深、发人深省，使我们广大检察人员受到一次深刻的教育，推动全省检察机关教育实践活动深入开展。我也相信，你们的好思想、好作风、好品德、好业绩，一定会激励我们全省广大政法干警更好地立足岗位、履职尽责，更好地担负起中国特色社会主义事业的实践者、捍卫者和建设者，无愧于党和人民的重托。报告会上，上海市第三届“平安英雄”、“三八红旗手”、杨浦区检察院控申科科长葛海英，全国政法系统“优秀党员干警”、青海省西宁市检察院公诉处检察员沙沨，辽宁省“劳动模范”、辽宁省庄河市检察院反贪局检察员郭有利等3人从不同角度、不同侧面报告了他们立足本职岗位，坚持群众路线、践行执法为民的工作经历和体会；山东省苍山县检察院干警史乃群、河南省郏县检察院干警张琳分别深情讲述了全国政法系统“优秀党员干警”、山东省苍山县检察院监所检察科科长李树德和全国“模范检察官”、河南省“优秀共产党员”、郏县检察院检察员马俊欣忠诚履职、无私奉献的感人事迹。

宣讲结束后，省院政治部主任王健伟指出，报告团成员结合各自岗位和自身实际，为我们做了一场生动感人、发人深省的先进事迹报告。在他们身上，集中代表了检察事业的前进方向，集中反映了新时期人民检察官的时代特征，集中彰显了新时期人民检察官的良好形象，他们是检察队伍中的优秀分子，是人民检察官的杰出代表，他们无愧于人民检察官的光荣称号。

为使学习活动落到实处，见诸实效，在全省检察机关迅速掀起学习先进、争做先进、赶超先进的热潮，王健伟主任要求全省检察干警：一是要把深入学习英模事迹、大力弘扬英模精神与强化服务大局意识、提高执法为民本领结合起来，保持检察工作正确的政治方向。二是要把深入学习英模事迹、大力弘扬英模精神与解决实际问题、形成争先创优氛围结合起来，展现检察机关良好社会形象。三是要把深入学习英模事迹、大力弘扬英模精神与加强纪律作风建设、统筹推进工作结合进来，履行好法律监督职能作用。

省院在哈领导及全体干警，哈尔滨、农垦、林区、哈铁分市院领导和部分干警参加了报告会。

【真情关注 真心支持 黑龙江省检察院为服务黑龙江非公经济发展履职尽责】为深入贯彻省第十一次党代会精神，4月25日，黑龙江省检察院联合省工商联，在省检察院召开了服务黑龙江非公有制经济发展座谈会，征求《黑龙江省人民检察院关于服务非公有制经济发展的意见》，听取28位来自不同行业、不同领域的民营企业家，对检察机关如何更好地发挥法律监督职能、服务和促进我省非公经济更好更快发展的意见和建议。省政协副主席、省工商联主席洪袁舒出席会议并讲话。省检察院检察长徐明强调：检察机关率先召开这样的座谈会，是贯彻落实省十一次党代会精神，更加主动自觉地服务改革发展稳定大局、更加主动自觉地创造优良法治环境和发展环境的具体举措，也是检察机关应该肩负的社会责任和宗旨所在。座谈会上，省政协副主席、省工商联主席洪袁舒提出了与检察机关加强检企合作并在全省地市更进一步推广、开展联合调研、适时召开联席会议、加强对民营企业法制教育和共同帮助企业解决实际问题等6项具体措施。参会的各位企业家对省检察院和省工商联真情关注、关切民营企业和非公经济，真心帮助、真诚服务民营企业和非公经济的做法予以了充分肯定，特别是对检察机关出台的关于服务非公有制经济发展的意见给予了高度评价，认为检察机关虚心倾听民营企业的意见、全面了解非公经济发展的情况、密切关注发展中的困难和问题、真心谋划解决问题的思路和办法，不但坚定了我们加快发展的信心，而且激励了我们更好发展的决心。省工商联副主席、全国政协委员、亿阳集团董事长邓伟等人表示，“这个意见在我们黑龙江民营史上尚属首次，具有非常重要的意义，它像一缕春风吹进了我们的心田，为我们继续在黑龙江大地上发展增加了动力和信心。民营经济只有更好地发展，才能更好地改善民生，但在黑龙江民营经济还是短腿，有的单位和领导不勇于、不善于和民营企业接触，但检察机关敢于提出为非公经济服务的理念，是值得敬佩的。”省工商联副主席、全国人大代表葵花药业有限公司董事长关彦斌说，“检察机关出台的这个意见非常好，服务的理念来自于检察机关的责任意识和准确定位，你们走在了全省司法系统的前面，让我们非常感动。”

徐明检察长代表省院党组十分感谢各位与会者对检察机关工作的肯定，特别感谢省工商联对这项工作给予的大力支持。他表示，对省工商联领导和各位企业家提出的建立检企对接制度、联络员制度、解决企业发展中的问题和提高检察人员了解、熟悉企业、提高服务能力等意见和建议，要尽快加以研究和落实，并尽快在全省检察机关加以推进。

徐明检察长强调，检察机关服务民营和非公经济不是可有可无的，而是党和人民赋予我们的神圣职责，是检察工作的重要组成部分。把服务大局、促进发展的切入点和落脚点放在服务民营和非公经济发展上，保障非公经济的健康发展，是关系民生、关系人民群众的幸福指数、关系社会和谐稳定的重要前提。全省检察机关要从今年开始，把服务民营和非公经济的发展摆在全部检察工作的重要位置，主动适应非公经济发展的法律需求、管理需求和发展环境需求，牢固树立同等对待、同等保护、同等服务的思想，增强“亲商、助商、安商、护商”的意识，正确处理服务与履行检察职能的关系，严格区分和正确把握经济纠纷与违法犯罪所得、个人犯罪与企业违规之间的关系，真正做到依法惩治犯罪者，保护无辜者，支持创业者，挽救失足者，教育失误者，为非公经济发展营造平安稳定的治安环境、规范有序的市场环境、公平正义的法治环境和高效廉洁的政务环境。要尽快修改完善和落实好《黑龙江省人民检察院关于服务非公有制经济发展的意见》，主动自觉地在服务经济发展大局中谋划检察工作、深化检察工作和检验检察工作，建立健全检察机关和民营企业、非公企业的工作联席制度和信息沟通渠道，确定专门部门、专门人员保证工作健康有序、扎实推进，以服务我省非公经济发展的成效检验检察机关服务大局、服务发展的成果，在黑龙江社会经济又好又快、更好更快发展中做出我们应有的贡献。黑龙江省院还及时编出了服务非公有制经济发展宣传手册 3 册；省院法律政策研究室编出了非公有制经济相关法律政策汇编手册、涉企刑事案例汇编手册；省院民事行政检察处还与在哈部分中小微企业家座谈，听取意见；双鸭山市院还设立了全市公有制企业维权投诉中心，为非公有制企业提供全方位的法律服务。

【黑龙江省检察官文联主席车承军副检察长在首届中国检察官文化论坛作大会发言】为纪念毛泽东同志《在延安文艺座谈会上的讲话》发表 70 周年，5 月 24 日至 26 日，中国检察官文学艺术联合会在延安举办首届中国检察官文化论坛，论坛就检察文化和法治文化基本理论问题进行了研讨。黑龙江省检察系统有三篇论文被大会收录，有两名同志参加了论坛大会，黑龙江省检察院党组副书记、常务副检察长、省检察官文联主席车承军出席会议并在大会上作了题为“简析检察文化与基层院建设”的大会发言。他在发言中指出“检察文化是社会主义先进文化的重要组成部分，是检察机关和检察人员在履行法律监督职责和日常生活中创造的，具有鲜明检察特色的法律文化，是广大检察干警的精神家园和精神支柱。检察事业发展的根基在基层，推动检察事业发展的主体是基层干警，决定了发挥检察文化建设的主体作用是基层检察干警必须担负的社会责任和神圣使命”。他还从以下五个方面进行了论述：

一是作为理论支撑与核心价值，检察文化可以增强检察事业发展的牵引力 。检察文化必然对检察人员产生一种强大的精神意志牵引，促使检察人员接受共同的精神认知，调整自己的言行举止乃至整个精神世界。所以，检察文化是全体检察人员共有的价值体系，反映了检察人员的价值取向；二是作为精神动力与力量源泉，检察文化可以增强检察事业发展的凝聚力。检察文化建设可促使检察人员产生目标、准则和观念的认同感和对检察群体的归属感；三是作为智力支持与能力保障，检察文化可以增强检察事业发展的辐射力。检察文化的物质要素是反映检察机关法律监督活动特点的物质实体，是检察文化的基础。检察文化以智力支持与能力保障增强检察事业发展的辐射力；四是作为道德规范与行为标尺，检察文化可以增强检察事业发展的约束力。检察文化是检察人员在行使职权过程中形成的价值观念、思维模式、道德准则、精神风范、检察礼仪等精神财富，是检察机关在检察实践中创造的精神文化、制度文化乃至物质文化的总和；五是作为激励导向和争创载体，检察文化可以增强检察事业发展的激发力。检察文化主要是检察群体信奉并付诸实践的价值理念体系，检察人员在其作用下内心会产生一种激发力，增强做好检察工作的积极性、主动性和创造性。

【黑龙江省检察院9名检察干警书画作品获选参加廉洁从检书画摄影展】为贯彻落实党的十七届六中全会和中纪委第七次全会精神，深入推进检察机关党风廉政建设和反腐倡廉工作，积极配合全国检察机关“忠诚、为民、公正、廉洁”政法干警核心价值观教育实践活动和保持党的纯洁性教育活动，切实加强检察机关党员干部队伍纯洁和自身反腐倡廉建设中的积极作用，最高人民检察院纪检组、监察局和全国检察官文联联合举办了廉洁从检书画摄影作品展。黑龙江省检察院纪检组、监察处和省检察官文联精心组织，周密落实，在全省干警创作的近千幅作品中挑选出400幅作品报送全国检察机关廉洁书画展组委会，黑龙江省院关澍创作的油画《雪域》获三等奖并有9名检察干警的作品参加了在北京首都博物馆举行的展览并被收藏在全国检察机关廉洁从检书画摄影展作品画册。

【黑龙江省检察院举办迎新春、送温暖楹联征集活动】为认真贯彻落实党的十八大和全国检察机关文化建设工作会议精神，践行政法干警核心价值观，全国检察文联举办了第二届“迎新春、送文化”楹联征集活动。黑龙江省检察官文联借此举办了以欢乐祥和迎新春为主题，倡树文明和谐，抒发对祖国、对人民、对检察事业的深厚感情和美好祝愿的迎春楹联征集活动，全省检察干警楹联爱好者积极参与，共书写了600余副体现“忠诚、为民、公正、廉洁”政法干警核心价值观、检察文化、法治文化和中国传统优秀文化内容，讴歌检察英模的春联作品。黑龙江省有两名同志三人次获得了三等奖和优秀奖。春节前夕参赛作品通过黑龙江省检察院局域网选登后，不仅为全省检察干警送去了慰问、送去了祝福，也送去了文化，更多的是激发了广大检察干警热爱中国优秀传统文化，以文化服务检察工作科学发展、服务检察队伍建设、服务检察基层和人民群众。

【黑龙江省检察机关举办喜迎十八大“盛世龙检情”美术、书法、摄影展】为喜迎党的十八大胜利召开，黑龙江省检察院组织了“盛世龙检情”全省检察机关美术、书法、摄影展。这是全省各级院党组重视检察文化建设的具体实践，是政法干警核心价值观教育实践活动丰富文化硕果的集中展现，也是全省广大检察人员良好精神风貌和健康生活方式的真实写照。

近年来，黑龙江省检察文化建设成绩斐然，涌现出很多高检院表彰的先进集体和先进个人。他们不但用紧握法律监督利剑的双手惩恶扬善，还在工作闲暇之余拿起了充满色彩的画笔，贴近生活，走入自然，或挥毫泼墨，笔走龙蛇；或施朱敷粉，妙手著春；或捕捉瞬间，凝固精彩。用笔墨和光影描绘和记录下中华民族不朽的灿烂文化，热情讴歌了火热的检察工作和生活，真情抒发了恪守和践行社会主义法治理念，坚持“三个至上”、“六观”、“六个有机统一”、“四个必须”、“五个意识和六个并重”的宗旨信念和职业情怀，内容充实，格调高雅，风格鲜活，耐人寻味。这次展出的197幅书法、美术和摄影作品，是在400多幅参展作品中筛选出来的精品。从检察长到普通干警，从离退休老干部到新招录检察人员，精心创作，踊跃参展，表现出极大的热情，展示出扎实的功底。一幅幅飘逸着墨香的书画佳作和一件件五彩纷呈的摄影精品，构图新颖，色彩艳丽，有着鲜活灵动的艺术感染力，不仅给人以美的享受，而且具有主题鲜明的思想性和深邃性，给人以教育启迪，为党的十八大胜利召开、为黑龙江省检察官文联成立献上了黑龙江检察儿女一片最诚挚的心声和最美好的祝愿。

展览开幕后，省院领导、机关干警、离退休老干部和在哈分市院部分干警分别参观了展览，同时参加全省检察官文联成立大会的各级院参会代表也亲临现场参观，得到了一致好评。中国检察官文联主席张耕、省文联领导等也光临指导。

【全面实施“十二五规划”，黑龙江省检察队伍整体素质全面提高】黑龙江省检察院认真学习落实《“十二五”时期全省检察教育培训规划》，明确“十二五”时期检察教育培训将突出基层检察人员主体地位，通过重心下移，多渠道、全覆盖开展基层检察人员教育培训，实现对全省基层检察人员全员教育培训。力争实现“四大基本目标”：一是队伍整体素质进一步提升。全省专家人才和分市院、基层院各类专门人才总量达到2000名，专业人才匮乏状况明显改善；全省本科以上人员比重稳步提高，博士、硕士研究生分别达到20名和500名，文化专业结构持续优化，检察人才队伍实现协调发展。二是正规化岗位培训深入展开。全省完成2万人次以上培训任务，正规化教育培训规模持续扩大，基层和边远贫困地区教育培训明显加强；落实高检院岗位素能标准体系，探索实施分类培训大纲，培训针对性、实效性明显增强。三是岗位练兵机制更加健全。适合不同地区、不同岗位、不同层次的岗位素能训练指导标准得到全面落实，练赛载体得到深化创新，全员参与、形式多样、贴近实战的岗位练兵机制和业务竞赛模式基本形成。四是教育培训体系更趋科学。加快建设满足实际培训需求、功能互补的全省教育培训基地体系，建立完善符合检察教育培训特点的专兼职教师队伍、培训课程及教材资料体系，探索构建开放、兼容的全省检察教育网络培训体系。在此基层上还有针对性地开展了主题岗位练兵、竞赛活动。2012年先后举办了全省检察机关监所部门业务考试、预防职务犯罪岗位技能大练兵、庭审观摩考核、司法警察岗位练兵业务竞赛等多项活动，有近4000人参加比赛。推进了检察队伍建设、提高了检察队伍能力素质，为全黑龙江省检察事业科学发展提供更加有力的思想政治保证、人才保证和智力支持。

【黑龙江省检察院大兴读书之风，举办读书励志会】黑龙江省检察院在抓队伍建设、提高干警素质方面动脑筋想办法，开展了丰富多彩的活动。分别举办了演讲大赛、书法笔会、音乐讲座等活动。为了进一步营造“爱读书、读好书、善读书”的良好氛围，把读书真正当成一种生活态度、一种工作责任、一种精神追求，促进读书活动的深入开展，2012年3月7日下午，省院机关举行了纪念“三八”妇女节读书励志交流会。会上有12名同志交流了读书心得，省检察院党组副书记、常务副检察长车承军同志出席了读书会，省检察院党组成员、副检察长闫世斌代表省院党组讲话并带去了省院党组对全省女检察官的节日问候，省院党组成员杨春雷副检察长、党组成员政治部主任王健伟、检委会副厅级专职委员莎莎等出席了读书会，省检察院副检察长张中华对交流发言作了大会点评。大家在交流后一致认为收获很大并达到了读书内容一定要广泛、要读懂书、要有感悟、要在读书的过程中思考问题、解决问题、思维不断得到扩展、要联系自身、要主动和他人交流、精神食粮共享等共识。

基层检察文化

【哈尔滨市检察院搭建平台全力推进检察文化建设再攀新台阶】2012年，哈尔滨市检察院坚持把文化育检纳入工作主题，定位于制度加文化的管理模式，积极发挥检察文化的导向、引领和教育功能，效果不断显现，促进了各项检察工作的提升。

一是丰富形式，搭建平台，形成文化育检常态化。进一步完善了文化活动设施，为干警开展文化活动提供良好保障，全院干警利用体能训练馆和其他文化活动场所参加体育健身已成自觉习惯。

二是成立组织，分类推进，促进检察文化活动有序开展。成立文体活动领导机构，分成若干活动小组，分类组织文体活动。

三是坚持学习，提供载体，运用政治理论业务知识武装头脑。创新设立“哈尔滨检察论坛”，采取检察官教检察官的形式，全年共举办论坛20期，参加听课约31600人次；集中开展大调研活动，指定中层正、副职、后备干部结合工作岗位职能撰写调研文章85篇，在“哈尔滨检察论坛”、《哈尔滨检察》平台上交流；邀请省委党校副校长祝福恩教授、市委统战部副部长杨国民为干警解读十八大报告；全天开放图书馆、阅览室，新添图书和刊物300余册，有效满足干警借阅需求；《哈尔滨检察》出刊6期，发表干警投稿360余篇，其中理论文章102篇；媒体发稿国家级173篇，省级105篇，“龙剑网”刊载411篇。开展了侦监业务竞赛、公诉庭审模拟演练、文书展评、侦查技巧案例模拟，培养和选拔人才；通过分类考试等形式遴选156名干警进入全市检察专业人才库。

四是利用观展，强化教育，充分发挥教育资源主阵地作用。结合开展的廉政风险防控活动，分三批组织两级院1000余名干警参观市院警示教育展馆和哈尔滨市警示教育基地。推动文化长廊建设，更换展板42块，重点展示履行法律监督职责，服务工作大局，狠抓机关纪律作风和清理信访积案等内容，营造浓厚的文化氛围，增强干警的凝聚力和向心力。举办了“浓墨重彩颂党恩　忠诚为民铸检情”迎庆十八大书法绘画摄影展，用笔墨和光影描绘和记录下中华民族不朽的灿烂文化，热情讴歌了火热的检察工作和生活，真情抒发了恪守检察职业道德和践行政法干警核心价值观的宗旨信念和职业情怀。

五是整章建制，狠抓管理，机关风气全面好转。新一届领导班子提出了“用制度机制管人、管事、管案件，靠从严管理提高队伍素质，提高办案质效，提高司法公信力”工作思路，以“发现问题，解决问题”为抓手，通过“五项通报制度”推动内部从严管理。

【同江市检察院检察文化建设提升综合竞争实力】同江市人民检察院依托“文化育检”战略，通过“文化树魂、文化治检、文化塑形、文化注力”为检察工作树魂立德，注入生机活力，全面提升创先争优的竞争软实力，推动了检察工作创新发展，被评为“全国先进基层检察院”，全省检察机关“文化建设先进院”。

一是文化树魂，用道德文化引领精神品格。以文化理念凝聚核心价值追求。开展了检察官宣誓、党史知识竞赛、祭扫烈士墓、“走基层听民声”等各类主题教育活动，构建了以文化走廊、院史荣誉馆、名言警句专栏为内容的环境文化，搭建了网上学习论坛、读书沙龙等交流平台，编写了记载着老一辈检察人丰功伟绩的画册《足迹》，编排了讴歌全国模范检察官王秀娟的诗剧《心声》，全力打造了诠释和培育核心价值观的教育基地，将“忠诚、公正、清廉、文明”的检察职业道德作为检察文化的灵魂，引领和塑造干警的精神品格。

二是文化治检，用制度文化促进规范执法。从制度文化入手，规范办公办案行为。借鉴ISO质量管理体系中的流程管理，将行政办公、执法办案、纪检监察、目标考评等工作用一个涵盖14个部门，由1个质量手册、11个程序文件、19个作业文件和1个制度汇编构成的制度管理体系，将各项检察工作紧密衔接起来，突出了“流程”控制，消除了管理上的“盲区”，堵塞了漏洞，解决了执法上的随意性，有效地控制了执法过程。其中，通过检委会委员听庭评庭增强了对干警执法行为的监督，促进了规范执法；“述案”讲评便于及时发现和解决执法过程中存在的问题，杜绝了安全隐患；案件线索评估和案件进展通报制度的建立有效地提高了成案率，提高了工作效率，进而形成了通过制度管人管事管案的规范管理模式。

三是文化塑形，用典型文化激发动力。突出典型引领作用，通过开展“工作业绩、能力有提高、方法有创新、队伍有活力”的四有型评选活动，选树典型榜样，队伍中涌现出了全国模范检察官王秀娟、全国最美青年检察官李明、全国优秀反渎局等先进典型群体。通过开展以“以院为家”的谈心交流活动，领导和干警们相互及时交流工作上的意见和建议，逐步建成了一支目标同向、思想同心、工作同步的优秀团队，干警无违纪行为，无办案安全事故发生，队伍朝气蓬勃、积极向上，检察机关的社会形象得到了进一步提升，社会满意度达到99%。

四是文化注力，用业务文化提升素质。注重检察业务与检察文化的相融合，贴近实践的案例控辩、法律文书制作和案例分析竞赛活动，锻炼了干警的综合技能，促进了业务水平的提高；对刑法、刑事诉讼法每季一考给干警“补课”，让干警“充电”，使人人都朝着“业务精通”的方向发展；“全员出庭公诉”活动为每一位干警提供了展示才能的机会，18名非公诉科干警办理的公诉案件无一错案，从中发现和储备了优秀的公诉人才。积极鼓励干警参加司法考试，建立了奖励制度，11人通过了考试，通过比例在佳木斯基层院中位居首位。干警的业务素质得到了大幅度提升，工作质量明显提高，审查批捕、提起公诉、职务犯罪和提请抗诉等各类案件准确率均为100%。队伍中涌现出全省追逃标兵杨德成、全市十佳公诉人陈永春、全市十佳办案能手吴伟峰、秦炜等业务能手。

【大庆龙凤区检察院构建“四新”文化体系，营造凝心聚力共筑和谐文化育检氛围】大庆市龙凤区人民检察院围绕构建

“四新”文化体系，营造凝心聚力、干事创业、共铸和谐的文化育检氛围，先后获得全国检察宣传工作先进单位、全国文明接待室、全省文明单位标兵等荣誉137项。

一是更新理性发展模式，打造精神文化。结合地域特色和检察工作实际，精心编写了《龙凤检察赋》，干警们吟诵着“茫茫松嫩，悠悠百湖……铮铮利剑铸检威，匡扶正义写忠诚……”荣誉感、自豪感油然而生。以老黄牛、饱满的谷穗等为物语，倡扬“六心”精神——实心谋发展、公心办铁案、虚心采众长、诚心解民忧、清心立检德、同心检魂，打造了想干事的班子、会干事的队伍、能干事的环境。院党组突出发展主题，“两房”建设工作经验在全省检察系统予以推广，检察长刘力学获全国“两房”建设先进个人。全市目标排名获得第一名。纪检部门突出预防主题，打造廉政工程，被市院授予党风廉政建设先进单位；办公室突出管理主题，打造规范工程，被评为全省卫生先进单位；政工科突出教育主题，打造凝心工程，被评为全省“六个十佳”和谐单位。

二是拓新能力建设模式，打造素质文化。创新“三个模式”，着力打造想干事、能干事、干成事的检察队伍。创新思想教育模式。开展了“知规矩、尽责任、长本领”主题演讲活动。检察长刘力学作了题为《干事创业贵在“知规矩、尽责任、长本领”》的讲话，引领干警“知规矩，把握好自我”、“尽责任，发挥好自我”、“长本领，完善好自我”。创新岗位练兵模式。广泛开展案例研讨、科室长讲业务和计算机培训、礼仪培训等多种形式的岗位练兵活动。按照新刑诉法要求，重点开展了“旧案重审”活动，通过模拟讯问“对抗演练”，规范讯问用语，提高审讯技巧。创新主题教育模式。围绕“核心价值观教育实践”活动，组织开展了户外拓展训练和参观“三馆”（铁人纪念馆、油田历史陈列馆、大庆城市规划展示馆）等活动，增强了干警团队协作意识，达到了用大庆精神、铁人精神铸魂育人的效果。

三是谋新精细运作模式，打造管理文化。重点推行精细管理模式。突出车辆管理的“硬约束”。通过GPS定位系统，对全院车辆停车地点、行驶路径、行车速度、里程、油耗等信息实时监控，有效规避了干警公车私用、违规用车等行为。突出院务管理的“全覆盖”。推行“三九”模式。对院务工作细化为会务、接待、维修等九个工作项目。根据九个工作项目不同要求，以流程图的形式一一详解。围绕九个工作项目，总结出浅显易懂的“九个规范”，通过准确到位的提示，有效规范干警工作行为。突出资源管理的“负增长”。按照八项规定要求，严格控制外出学习考察的规模。定期检查用水设备，防止“跑、漏、滴”。每个楼层设立一个节电监督员，提示干警做到“人走灯灭”、“人走机关”。就餐实施“光盘行动”，会务用餐一律在职工食堂安排。全年经费、油耗、接待等方面的总支出同比节约了19.7%。

四是创新工作推进模式，打造业务文化。主要采取“三个节点式”。案件监管“节点式”。依托案件管理系统，对办案的每个环节都设置了监管程序，案件一旦录入系统，办案人员就必须按照程序进行操作。院领导通过信息查询平台，及时了解案件是谁在办，办到了什么程度，并通过红黄灯预警，提示干警及时办结案件，克服了以往信息不畅、监管不力的弊端，办案质量效率达历史最好水平，实现了连续15年无涉检越级访。办案流程“节点式”。根据信息收集、线索经营、初查、侦查、审讯五个环节不同要求，研究制定了自侦工作“五个环节”规范运行表，提高了自侦工作专业化水平。先后查处各类贪贿、渎职案件5件11人，大案率为100%，涉案金额900余万元。安全管理“节点式”。严格办案工作区使用制度，充分利用安检门、监控设备、同步录音录像等高科技装备，有效防止自伤自残、泄露案情等安全事故。主要领导通过系统指挥功能，对办案过程实时监控指挥，规范干警言行，有效避免了刑讯逼供、超时审讯情况。所办理的自侦案件无一起办案安全事故发生。

成立大会

【黑龙江省检察官文学艺术联合会成立大会隆重召开】10月25日，黑龙江省检察官文学艺术联合会成立大会隆重召开。

全国政协教科文卫体委员会副主任、中国检察官文联主席、最高人民检察院原党组副书记、常务副检察长张耕同志，省政协原主席、省书法家协会主席马国良同志，省人大副主任申立国同志，省政协副主席、民革省委主委何小平同志，省检察院检察长徐明同志，省政府副秘书长、省政府办公厅主任赵铭同志，省委宣传部常务副部长、省广电影视局党组书记李寅奎同志，省委政法委副书记姚大为同志，省委宣传部副部长赵德信同志，省文化厅厅长宋宏伟同志，省体育局局长郭铭玉同志，省安全厅副厅长鲍显荣同志，省高级人民法院副院长陈远飞同志，省民政厅副厅长顾乃龙同志，省司法厅副厅长邹大力同志，省文学艺术联合会主席傅道彬同志，中国作协第八届主席团委员、省作家协会主席、国家一级作家迟子建同志，省文联副主席、省摄影家协会主席索久林同志，省文联副主席、省美术家协会主席吴团良同志，省检察院副厅级以上领导，省检察官文联主席、副主席、秘书长等出席会议。省检察官文联第一届委员会常务委员、委员，基层检察文化建设先进单位代表及省院机关各内设机构负责人等120余人参加了大会。

中国检察官文联主席张耕同志代表中国检察官文联对黑龙江省检察官文联的成立表示热烈的祝贺！同时也对黑龙江省委、省政府、省人大、省政协、省政法委和省有关部门的领导，以及艺术团体的专家对检察文化建设的高度重视、关心和支持，对黑龙江检察官文联成立给予的关心和支持表示衷心的感谢。他在讲话中指出：黑龙江省检察官文联的成立，是黑龙江检察队伍建设进一步深入的一个重要标志，同时也是全国检察官文联建设中的一个重要成果，更是向党的十八大献出的一份厚礼。

关于检察官文联的工作问题，张耕主席强调，检察官文联成立之后要进一步深化认识，努力在提高做好检察官文联工作的自觉性和自新性上见成效。要始终坚持正确的工作方向，努力在推动检察工作科学发展上见成效。要坚持“三位一体”的工作思路，努力在推动检察文艺创作、检察文艺活动和检察文化理论研究方面见成效。要坚持不懈地抓好检察文化艺术人才队伍建设，努力在提高这支队伍的素质上见成效。要高度重视检察官文联的自身建设，努力在提高自身的工作能力和水平上见成效。要搞好思想建设、组织建设，还要搞好廉政建设。

省院党组书记、检察长、检察官文联名誉主席徐明同志在讲话中指出，要深刻认识检察文化建设的重要意义。要坚定检察官文联的发展方向。一是检察文化建设要体现方向性，用核心价值体系武装干警。二是检察文化建设要体现实践性，从检察实践中提炼文化成果。三是检察文化建设要体现地域性，构筑具有黑龙江特色的检察文化。四是检察文化建设要体现广泛性，充分展示检察干警的精神风貌。

徐明检察长强调要切实加强检察官文联的自身建设。检察官文联的成立，标志着我省检察文化建设步入有组织、有保障、有规划发展的新阶段。要加强组织领导，发挥职能作用，强化基础建设，提供有力保障。

会上，省民政厅副厅长顾乃龙同志宣读了同意黑龙江省检察官文学艺术联合会成立的批复；省检察院党组副书记、副检察长王军同志宣读第一届委员会顾问名单；省院副检察长、省检察官文联副主席张中华同志作《关于黑龙江省检察官文学艺术联合会筹备成立情况的报告》；省院党组成员、政治部主任、省检察官文联副主席王健伟同志宣布省检察官文联第一届委员会领导机构名单；省院副厅级检察员、省检察官文联副主席李剑同志宣读兄弟省市检察官文联贺信；黑龙江省文学艺术联合会主席傅道彬同志致辞；省书法家协会副主席张戈同志为检察官文联赠送了省检察院机关精神“崇德尚法、廉洁公正、胸怀全局、脚踏实地”的墨宝。黑龙江省院党组副书记、常务副检察长、省检察官文联主席车承军主持成立大会。

湖南省检察官文学艺术联合会

湖南省检察官文学艺术联合会第一次会员代表大会

讲　话

在湖南省检察官文学艺术联合会成立大会上的讲话

（2012 年 11 月 6 日　根据录音整理）

张　耕

同志们：

参加湖南省检察官文联成立大会，我感到非常高兴。湖南省检察官文联是在一个很重要的背景下成立的。这就是，党的十七届七中全会刚刚闭幕，再过一天，党的十八大就要召开。湖南省检察官文联成立是检察机关向党的十八大献出的一份厚礼。这是检察系统的一件大事、一件喜事、一件很有意义的事。这既是湖南省检察机关认真贯彻落实党的十七届六中全会精神，加强检察文化建设的一项重要举措，也是湖南省委、省人大、省政府、省政协及相关部门多年来关心、支持检察文化建设所取得的一项重要成果，同时也是全国检察官文联建设的一个重要成果。

湖南省检察官文联成立，标志着湖南省检察文化建设进入了一个新的阶段。这既是湖南省委、省政府以及各个方面关心支持的结果，也是高检院党组关心的结果，既是湖南省检察机关努力的结果，也是湖南省检察文化建设发展的必然趋势。多年来，湖南省检察院每一届党组都高度重视检察文化建设，今天四位老检察长一起出席省检察官文联成立大会就充分说明了这一点。正因为历届检察院党组对检察文化建设高度重视，湖南省检察文化建设才能不断地发展，不断地取得成绩，为检察官文联的成立奠定了坚实基础。从我了解的情况看，湖南省检察文化建设有三个重要特点：

一是对检察文化建设认识比较深刻，部署得好。湖南省检察院几届党组都认为检察文化建设是检察队伍建设的一项重要工作，都把这项工作摆在重要位置来抓。原检察长张树海同志上世纪 80 年代在省政法委工作时就组建了政法书画诗词学会，后来又增加了摄影。担任检察长后，他对检察文化建设更加重视，连续举办了 21 届书画诗词摄影展览。后来，李志辉检察长、何素斌检察长，到现在的龚佳禾检察长，他们都一如既往地重视检察文化工作。

2007 年高检院在广东举办了检察文化建设巡礼。这次会议后，湖南省检察文化建设有了新的进展，特别是党的十七届六中全会以来，湖南省检察文化建设和全国其他地方一样，进入了新阶段，出现了新局面，取得了新成效。湖南省检察院在部署检察文化建设时，特别强调要突出抓好“四个建设”，即理念文化建设、职业道德文化建设、行为文化建设、制度文化建设。这四个方面的建设都非常重要。理念文化建设是解决方向问题的，就是要弘扬检察理念、深化检察理念、践行检察理念。职业道德文化建设是解决精神状态问题的，就是检察官应当以什么样的精神状态从事工作，履行职责，这是一个最基本的要求。行为文化建设是解决形象问题的，行为文化建设搞好了，检察官执法的行为就会理性、平和、文明、规范，形象就会光彩。制度文化建设是解决保障问题、机制问题的，理念的弘扬、道德的约束、行为的规范都要靠制度来保障。湖南省检察院在检察文化建设中突出强调这四个建设，抓住了重点，抓住了关键。

二是检察文化建设的思路比较明确，融合得好。湖南省检察文化建设有一个清晰的思路。第一，是以社会主义核心价值体系作为引领。党的十七届六中全会把社会主义核心价值体系提高到了兴国之魂的高度，提高到了社会主义先进文化精髓的高度。以社会主义核心价值体系作为检察文化建设的引领，这个思路是非常明确的。第二，是以培育检察职业精神为核心，以提高执法公信力为目标，以强化内在监督为重点，推进检察工作的科学发展。按照这个思路走，检察文化建设的方向就是正确的，重点就是突出的，效果必然是显著的。湖南省检察院党组还特别强调，检察文化建设一定要和检察工作相融合，要把检察文化建设融入到各项检察工作中去。湖南省检察机关的一系列检察文化艺术作品，都和检察工作相联系；开展的检察文化活动，都和检察工作中的热点问题、难点问题相结合。因为思路明确、强调融合，所以就解决了检察文化建设和检察工作“两张皮”的问题。检察文化建设不是游离在检察工作之外，而是和检察工作紧密结合，这样，检察文化建设就必然成为推动检察工作的动力。

三是检察文化建设的载体比较丰富，效果很好。湖南省检察文化建设的载体是非常丰富的，围绕检察工作各个方面开展了许多有益的文化活动。比如，举办演讲比赛、专题讲座、案件评查、书画诗词摄影展览等等，通过各种各样的载体，把检察理念、检察价值观、检察工作成果、检察英模事迹等等更加生动、具体、形象地展现出来，起到了教育人、感染人、激励人、凝聚人的作用。通过这些活动，检察文化建设取得了丰硕成果，涌现了一批先进单位、先进个人和优秀作品。比如，岳阳市岳阳楼区检察院被评为“全国模范检察院”，常德市鼎城区检察院被评为“全国政法系统优秀基层党组织”，长沙市检察院等两个市级检察院、醴陵市检察院等9家基层院被评为“全省检察文化建设示范院”，株洲市检察院被评为“十佳书香机关”，一批检察官被评为全国模范检察官、全省政法系统杰出政法干警、全省十大法制人物等等先进个人。自2008年以来，湖南省检察机关先后选送优秀文艺作品384件参加省级和全国的相关展览和评选，其中72件作品获奖。

湖南省检察官文联成立后，要很好地发挥职能作用，推动检察文化建设更加深入地开展，取得更好的成效。这里，我强调几点意见：

一、要进一步深入学习党的十七届六中全会、七中全会精神，不断深化对检察文化的认识

党的十七届七中全会主要是为党的十八大做准备，胡锦涛总书记代表中央政治局总结了去年以来的工作，文化建设是其中很重要的一部分，强调要把文化建设作为现代化建设一个重要方面来抓，作为现代化建设“五位一体”布局中的重要方面来推进，我们要继续学习贯彻党的十七届六中、七中全会精神，特别是《中共中央关于深化文化体制改革推动社会主义文化大发展大繁荣若干重大问题的决定》。当前社会上对文化建设高度重视，出现了“文化热”，大家都在讲文化。从检察官文联这个角度看，要关注两个倾向：一个是对文化建设不够重视，思想深处还有文化无用的看法，这个认识显然是错误的，是不符合中央精神的；另一个是把文化泛化，什么都是文化，把文化当成一个标签到处贴，文化建设没有实际措施和内容。文化被泛化，其结果必然放松或削弱文化建设。这种认识显然也是不正确的。在深化对文化认识的同时，要处理好三个方面的关系：一是处理好检察官文联工作和检察文化建设的关系。检察文化建设是检察队伍建设的重要组成部分，是检察机关全局性的工作。现在各地检察机关讲的理念文化、行为文化、环境文化、制度文化等等，是一个大文化的概念，即文化是精神成果和物质成果的总和。从大文化来讲，检察文化覆盖了所有检察工作，所以，检察文化建设是一个全局性的工作。检察官文联工作是一个局部性的工作。检察官文联的工作主要是以文化艺术的形式推动检察队伍建设，推动检察文化建设。检察官文联要研究怎样把检察理念、检察价值观、检察精神转化为检察文化艺术作品，转化为检察文化艺术活动。通过检察文化艺术作品和文化艺术活动来丰富检察文化建设，推动检察文化建设。要明确检察官文联工作不是检察文化建设的全部，检察官文联也不是检察文化建设的主管部门，检察文化建设的主管部门是各级检察院的政治部门。检察文化建设的工作格局是检察院党组领导、政治部门牵头、检察官文联和其他部门密切配合，共同推进。所以，检察官文联是检察文化建设的一支重要的生力军、方面军。二是处理好检察官文联工作和检察队伍建设的关系。检察官文联是用文化艺术的形式推动检察队伍建设，协助政治部门加强检察队伍建设。涉及检察队伍建设的重大问题，检察官文联一定要服从政治部门的指导，加强与政治部门的联系与协调。三是处理好检察官文联工作与检察工作的关系。检察官文联工作要服从和服务于检察工作。要按照检察机关的整体部署来谋划自身的工作，要把检察官文联工作融入检察工作全局之中，不能把检察官文联工作与检察工作搞成“两张皮”。检察官文联进行检察文化理论研究，开展检察文化艺术创作和文化艺术活动一定要同检察工作紧密结合起来，不能游离在检察工作之外。否则，就会在工作方向上出现问题。

二、要坚定不移地走中国特色社会主义文化发展道路，始终坚持检察官文联工作的正确方向

中国特色社会主义文化发展道路是党的十七届六中全会提出来的，是我们党在总结文化建设的历史经验基础上得出的正确结论。这个道路的核心内容有五点：一是中国特色社会主义核心价值体系的引领；二是提高公民的道德素养；三是丰富人民的精神文化生活；四是增强文化的整体实力和效力；五是扩大文化的交流。坚定不移地走中国特色社会主义文化发展道路，坚持正确的工作方向，对检察官文联来说，要着力抓好以下几点：第一，要认真践行政法干警核心价值观。政法干警核心价值观和高检院党组提出的“六观”，是社会主义核心价值体系在政法系统和检察机关的具体化，三者是统一的。我们要把三者结合起来，在检察官文联的各项工作中加以贯彻落实。第二，检察官文联的工作一定要围绕中心、服务大局，就是要围绕检察机关中心工作，服务于党和国家的工作大局。通过做好检察官文联的各项工作，为检察人员建立起共有的精神家园，建立起展示检察人员文化艺术才华的平台，建立起检察人员交流文化艺术成果的阵地。检察官文联服务的对象是检察人员，所创作的文化艺术作品一定要反映检察生活、检察精神、检察风貌。检察官文联所组织的文化艺术活动，一定要尽可能动员检察人员参加，把他们作为参与的主体。要把普及和提高结合起来，在普及的基础上提高，在提高的指导下普及，通过开展各种文化艺术活动弘扬检察精神，凝聚检察力量，展示检察形象。第三，要贯彻“双百”方针和“三贴近”原则。在检察文化艺术创作中要提倡百花齐放、百家争鸣，要允许不同艺术流派、不同艺术风格的发展；文化艺术创作和文化艺术活动一定要贴近检察生活、贴近检察基层、贴近人民群众，要给检察人员和人民群众奉献更多的精神食粮，让人民群众更加了解我们、理解我们、支持我们。

三、要认真坚持“三位一体”的工作思路，努力推动检察官文联工作全面协调可持续发展

“三位一体”的工作思路，是指检察官文联三个方面工作：检察文化理论研究、检察文化艺术创作、检察文化艺术活动要紧密相联、同步推进、协调发展。这三者中，检察文化理论研究是具有指导性的。通过检察文化理论研究，丰富和诠释检察理念、检察精神、检察价值观，把握检察官文联工作的方向。检察文化艺术创作是带有根本性的。在检察文化理论的指导下，检察文化艺术创作把研究成果和丰富的检察素材转化成文化艺术作品，为检察文化艺术活动提供依据和母体。检察文化艺术活动是采取各种文化艺术形式，把检察文化艺术作品有声有色地展示出来，这是重要的载体。如果不注重检察文化理论研究，就可能在工作方向上出问题；如果不注重检察文化艺术创作，检察文化艺术活动就会成为无米之炊；如果不开展检察文化艺术活动，检察文艺作品就不可能具体地、生动地展现出来，也就失去了其自身的价值。因此，这三者必须紧密结合，整体推进，协调发展。

四、要坚持不懈地加强检察文化艺术队伍建设

检察官文联成立以后，要在检察文化艺术队伍建设上下功夫，逐步建立起一支高素质的检察文化艺术队伍。检察文化艺术队伍是检察官文联的骨干力量，是一支生力军，要高度重视、培育和用好这支队伍。当前，首先要把队伍的底子搞清楚，湖南省究竟有多少检察文化艺术爱好者，其中有多少已经达到了一定的专业水平，哪些加入了省级文化团体或国家级文化团体，有什么代表作品，参加了哪些省级、国家级的文化艺术活动。这样我们才能有针对性地培养好这支队伍，提高这支队伍，用好这支队伍。同时要开展一系列检察文化艺术活动，比如采风、笔会、专题研讨、专家讲座等等，通过这些活动提高这支队伍的专业水平。还要为这支队伍创造条件，只要有全省和全国性的文化艺术活动的机会，就要尽可能创造条件让他们参加，让他们在实践中锻炼，与大师、名家多接触，提高自身的专业素质。在这方面要下大气力，要舍得花本钱，努力培养一支骨干力量。

五、要高度重视检察官文联自身建设

省级检察官文联与省级检察机关是结合在一起的，在检察官文联工作的同志责任很重，许多同志既要把本职工作做好，还要把检察官文联的工作做好，这就需要在自身建设上下功夫。检察官文联一定要不断加强思想建设、组织建设、机构建设等等。在这里，我要突出强调廉政建设。检察官文联与检察机关紧紧联系在一起，检察官文联工作搞好了，会给检察机关添彩，如果搞不好，甚至出了问题，就会给检察机关抹黑，就会败坏检察机关的声誉。检察官文联又是社会团体，接触面比较广，在接受社会捐赠时，一定要慎之又慎，避免发生这样那样的问题。检察官文联一定要高度重视廉政建设，既要把各项工作搞得轰轰烈烈，使检察队伍的精神面貌发生显著变化，又要保证廉洁，千万不能出现不廉洁的问题。我走了不少地方，特别是基层单位，凡是那里检察文化建设搞得好的，那里队伍的精神面貌就不一样，凝聚力就不一样，形象就不一样，工作成效也不一样。检察官文联成立后，要成为检察机关的有力助手，通过检察官文联的工作推动检察工作的开展，为检察机关增光添彩。我相信，湖南省检察官文联的工作一定会开展得很好。

谢谢大家！

（张耕同志时任全国政协教科文卫体委员会副主任，中国检察官文联主席，最高人民检察院原党组副书记、常务副检察长。）

资　　料

湖南省检察官文联第一届理事会名誉主席名单

（2012年11月6日　湖南省检察官文学艺术联合会第一次会员代表大会通过）

（1人）

龚佳禾　湖南省人民检察院党组书记、检察长

湖南省检察官文联第一届理事会主席、副主席、秘书长名单

（7人）

主席（1人）

卢乐云　湖南省人民检察院党组副书记、副检察长

副主席（5人）

徐哲劲　湖南省人民检察院党组成员、政治部主任

黎光明　湖南省人民检察院巡视员

刘清生　常德市人民检察院党组书记、检察长

王勋爵　郴州市人民检察院党组书记、检察长

周建达　湖南省人民检察院副厅级退休干部

秘书长（1人）

苗　霞（女）湖南省人民检察院政治部宣传综合处处长

湖南省检察官文学艺术联合会
专业委员会人员名单

（2012 年 11 月 6 日　湖南省检察官文联艺术联合会第一次会员代表大会通过）

一、检察文化理论研究专业委员会

主任委员：

李胜昔　湖南省人民检察院检察官管理处处长

副主任委员：

刘　拥　湖南省人民检察院研究室副主任

易志斌　湖南省人民检察院研究室副主任

秘　书：

易志斌（兼）　湖南省人民检察院研究室副主任

二、检察行为艺术专业委员会

主任委员：

雷　华　湖南省人民检察院技术处处长

副主任委员：

刘志红（女）　湖南省人民检察院离退办主任

张小华（女）　湖南省人民检察院侦监一处副处长

梁驭骁　湖南省人民检察院公诉一处干部

李征明　湖南省人民检察院反贪局干部

刘　高　湖南省人民检察院反渎局干部

黄文辉　湖南省人民检察院民行处干部

秘　书：

蒋智勇　长沙市人民检察院公诉二处副处长

三、书法美术专业委员会

主任委员：

曹志刚　湖南省人民检察院监察处处长

副主任委员：

徐立泉　岳阳市屈原区人民检察院检察长

李云开　株洲市人民检察院法警支队长

陈爱农　城步县人民检察院副检察长

李冬林　衡东县人民检察院副检察长

秘　书：

李云开（兼）　株洲市人民检察院法警支队长

四、摄影专业委员会

主任委员：

谭鸽群（女）　湖南省人民检察院司改办副处级干部

副主任委员：

张　勇　张家界市人民检察院干部

张大海　沅陵县人民检察院干部

秘　书：

柳　勇　冷水江市人民检察院干部

五、新闻专业委员会

主任委员：

汤维骏　《检察日报》湖南记者站站长

副主任委员：

孙意国　湖南省人民检察院政治部宣传综合处副处长

王波向（女）　长沙市星城区人民检察院政工室副主任

秘　书：

李建辉　衡阳市人民检察院宣传科干部

六、文学诗词专业委员会

主任委员：

谭新民　湖南省人民检察院办公室副主任

副主任委员：

江　恒　湖南省人民检察院办公室干部

叶菊如（女）　岳阳楼区人民检察院案件质量管理中心主任

秘　书：

叶菊如（女）（兼）　岳阳楼区人民检察院案件质量管理中心主任

七、音乐舞蹈专业委员会

主任委员：

胡黎明　湖南省人民检察院政治部干部处副处长

副主任委员：

张辉华　湖南省人民检察院监所处干部

卞　凯（女）　常德市人民检察院干部

秘　书：

刘书勤（女）　湖南省人民检察院公诉二处干部

八、体育专业委员会

主任委员：

张仕映　湖南省人民检察院法警总队长

副主任委员：

李　翔　长沙市望城区人民检察院副检察长

秘　书：

李　翔（兼）　长沙市望城区人民检察院副检察长

湖南省检察文化艺术工作情况

综　述

2012年11月6日，湖南省检察官文学艺术联合会第一次会员代表大会在长沙召开。全国政协教科文卫体委员会副主任、中国检察官文联主席张耕，湖南省政协副主席、省文联主席谭仲池，湖南省检察院党组书记、检察长龚佳禾，湖南省委政法委副书记宋甲武出席会议并讲话。湖南省检察院巡视员黎光明在会上作了《关于湖南省检察官文学艺术联合会筹备成立情况的报告》。会议审议通过了《湖南省检察官文学艺术联合会章程（草案）》等文件，并选举产生湖南省检察官文学艺术联合会第一届理事会理事共87人，常务理事34人。

湖南省人民检察院党组副书记、副检察长卢乐云当选为主席，湖南省人民检察院党组成员、政治部主任徐哲劲、湖南省人民检察院巡视员黎光明、常德市人民检察院党组书记、检察长刘清生、郴州市人民检察院党组书记、检察长王勋爵、湖南省人民检察院副厅级退休干部周建达当选为副主席，湖南省人民检察院政治部宣传综合处处长苗霞当选为秘书长。

辽宁省检察官文学艺术联合会

辽宁省检察官文学艺术联合会
第一次会员代表大会

讲　　话

在辽宁省检察官文学艺术联合会
成立大会上的讲话

（2012 年 11 月 28 日　根据录音整理）

张　耕

同志们：

参加辽宁省检察官文联成立大会，我感到很高兴。辽宁省检察官文联是在一个非常重要的背景下成立的，这就是党的十八大刚刚召开。党的十八大是我们党历史上一次非常重要的会议，具有里程碑意义，这次会议取得了巨大成果：一是制定了全面建成小康社会的行动纲领。胡锦涛同志的政治报告，向全世界宣示了中国共产党人要坚持什么道路，坚持什么制度，完成什么使命。二是修改了党的章程。这是我们党的根本大法，特别是在党章中把科学发展观与马列主义、毛泽东思想、邓小平理论、“三个代表”重要思想一道确定为党的指导思想，这是一个历史性的成果。三是选举产生了新一届中央领导集体。这个集体是一个务实的集体，是一个团结战斗的集体，是一个充满希望的集体。我有幸参加了党的十八大，认为这次会议意义非常深远。辽宁省检察官文联在这个背景下成立，意义重大，我代表中国检察官文联对辽宁省检察官文联的成立表示热烈的祝贺！

辽宁省检察官文联成立是辽宁省检察机关认真学习贯彻落实党的十八大精神的一个重要举措。这将进一步促进辽宁省检察文化建设，为建设社会主义文化强国作出新的应有的贡献。辽宁省检察官文联成立标志着辽宁省检察文化建设进入了一个新的阶段，这是辽宁省检察文化建设结出的重要成果，也是全国检察官文联建设结出的重要成果。从去年六月份中国检察官文联成立到现在一年半的时间，各地成立检察官文联的积极性很高，目前全国已经成立了 22 家，辽宁省是第 23 家，也就是说，在一年半的时间里全国有三分之二以上的省份建立了检察官文联，这说明各级检察机关对检察文化建设高度重视，对党的十七届六中全会精神和十八大精神的贯彻高度重视。有了这么一个平台，辽宁省的检察文化建设将会有新的发展，将会取得新的成果。辽宁省检察官文联之所以能够顺利成立，除了省委重视，高检院关心，省民政厅、省文联等各方面的支持之外，还有一个因素，那就是多年来辽宁省检察文化建设在不断地发展，并取得了很多成果，为辽宁省检察官文联的成立奠定了坚实基础。据我了解，这几年辽宁省检察文化建设发展得很好，呈现出三个主要特点：

第一，领导高度重视，认识不断深化。辽宁省检察院党组对检察文化建设一直很重视，五年前就抓这项工作。2007 年高检院在广州举办了检察文化建设巡礼，对全国检察文化建设作出了部署。辽宁省检察院对这次会议精神贯彻得非常认真，当时就开始认真抓检察文化建设。党的十七大，特别是党的十七届六中全会把文化建设提到了战略高度，提到了民族灵魂、民族血脉、人民共有的精神家园的高度，提到了国家文化软实力的高度，而且确定了建设社会主义文化强国的战略目标。在这种情况下，辽宁省检察院党组把检察文化建设摆在了更加重要的位置，作为加强检察队伍建设、推动检察工作科学发展的重要抓手，采取了许多有力措施。比如，在高检院《关于加强检察文化建设的意见》出台之后，省院很快制定了加强检察文化建设的意见，形成了由检察长牵头、政治部门主管、各个方面配合的有效机制，同时派人到北京、广东、深圳去学习，结合自己的实际大力开展这项工作。辽宁省各地、市检察机关对检察文化建设也高度重视，有些地方成立了文化艺术团体，有的开展了各种各样的检察文化艺术活动。几年来，辽宁省成立的各种检察文化团体、小组等大约有 300 多个，举行的活动有 1200 多次。

第二，紧贴检察工作实际，努力搞好结合。检察文化一个很重要的功能，就是要为检察队伍和检察工作的发展服务。怎么服务？就是要把检察文化融入到各项检察工作之中，要和检察工作的实际紧密结合起来。在这一点上，辽宁省各级检察机关做得很好，我印象深刻的有这么几个结合：一是把检察文化建设与检察理念教育紧密结合起来。多年来，我们在检察工作实践中形成了一系列先进理念，并且成为了开展各项工作的重要指导。把检察文化建设和这些理念结合起来，用文化艺术形式诠释检察理念、弘扬检察理念，就会使检察理念更好地变成检察官的行动。辽宁省检察院和各级检察院近年来开展了一系列主题教育活动，其目的就是践行社会主义核心价值体系，践行政法干警核心价值观，真正做到忠诚、为民、公正、廉洁，把这个价值观外化为检察官的行动。我认为把检察文化建设同检察理念相结合是发挥检察文化功能的一个很重要的方面。二是把检察文化建设与职业素质建设紧密结合起来。工作能不能搞好关键取决于检察官的素质，特别是职业素质。职业素质靠什么来提高？很重要的一点是靠文化。有人对文化下了一个非常简捷的定义，文化就是以文化人。我理解，文化说到底是塑造人的灵魂的，是解决人的精神状态的，是解决人的自信心和自觉性问题的。我去了很多地方，看了不少基层检察院，凡是检察文化建设搞得好的地方，那里干警的精神面貌不一样，精神状态不一样，工作氛围不一样，“精气神”不一样，他们的工作就搞得好。多年来辽宁省检察院和各级检察院采取了很多办法，抓各种各样的培训。比如，领导素能培训、职业资格培训、各项专业培训、岗位技能培训等等，通过这些培训，把检察文化的内涵融入到各项检察工作里面去，提高检察队伍的能力和素养。通过检察文化建设提高职业素养，这是展示检察文化功能的又一个重要方面。三是把检察文化建设与规范职业行为紧密结合起来。职业行为是检察官的外在表现，人民群众对检察官的认识首先是从外在表现开始的，看你的形象好不好、作风好不好、言谈举止好不好，所以检察文化建设和检察职业行为建设要紧密结合起来。在这一点上，辽宁省检察院和各级检察院做了大量的工作，制定了检察职业基本规范，包括文明举止、规范用语等等，以此来规范检察队伍的执法行为，使检察官在社会上有一个良好的形象，尤其是通过文化艺术的形式把检察官的形象更好地宣扬出去。四是把检察文化建设与机关的环境建设紧密结合起来。环境对一个人素质的养成是非常重要的，可以起到潜移默化、润物无声的作用。辽宁省院和各级检察院在环境文化建设方面下了很大的功夫，例如，建立了文化墙、文化长廊、图书室、荣誉室、院史展览室等等，把文化建设融入到机关环境建设里面去。今天下午我们要看省院的新办公大楼，那里面将来会布置很多有检察文化内涵的书画作品，使检察官在日常生活中不知不觉地受到检察文化的熏陶，提高他们的文化素质，这对于塑造检察形象，提升检察精神，会起到很好的作用。五是把检察文化建设与学习优秀传统文化紧密结合起来。我国是一个有着5000年文明历史的国家，传统文化中有很多经典需要我们继承，需要我们弘扬。在中央提出建设社会主义文化强国的大背景下，我们对传统文化的学习和传承会越来越科学，越来越全面，我们一定要继承和弘扬传统文化中的优秀成果。在这方面，辽宁省各级检察机关做了大量的探索。比如，盘锦市检察院成立了国学研习班，而且坚持日常化。传统文化是中华文化的重要组成部分，传统文化传承好了会丰富我们的检察文化，而且传统文化里面有很多优秀的法治文化的内涵需要我们继承。所以，我认为辽宁省检察院在检察文化建设方面做了很多探索，下了很大功夫，特别是这五个方面的结合给我留下了深刻的印象。

第三，注重创新和丰富载体，文化建设的成效比较显著。文化是精神层面的东西，它需要通过物质载体表现出来。所以，载体对文化的传承非常重要，辽宁省各级检察机关在这方面做了很多工作。比如，组织多方面的检察文化理论研究，建立各种各样的检察文化艺术团体，开展各种各样的检察文化艺术活动，比如书法、绘画、音乐、舞蹈、摄影等等。特别是在创作方面，辽宁省各级检察机关做得更为突出，近年来出版各类文艺作品47部，这很不简单啊！有的文艺作品发表以后被多家媒体转载，在全国产生了影响。所以，辽宁省检察官文联能够顺利成立，这决不是一个偶然的现象，它有着深厚的基础，这个基础就是辽宁省检察文化建设多年来的发展和取得的成效。

辽宁省检察官文联成立以后，检察文化建设在原来的基础上一定会有新的推进，会有新的创造，会有新的业绩。检察官文联作为一个社团组织，就要搞好自己的工作，实实在在地干事。这里，我想讲一讲检察官文联的几项工作：

一、认真学习贯彻党的十八大精神，不断提高对检察文化建设和检察官文联工作的认识

党的十八大内容很丰富，博大精深，需要我们很好地学习和领会，认真贯彻和落实。从检察工作的角度和检察文化建设的角度学习领会党十八大精神，有两个方面要好好把握：第一个方面是党的十八大把民主法治建设提到了新的高度，这是与我们检察工作和检察官文联工作密切相关的。突出的有三点：一是明确提出到2020年依法治国的基本方略要全面落实；二是到2020年法治政府要基本建成；三是强调法治是治国理政的基本方式，领导干部要善于运用法治思维和法治方式化解矛盾、解决问题。第二个方面是党的十八大明确提出文化是血脉，是人民共有的精神家园，特别强调要“扎实推进社会主义文化强国建设”。大家注意，这里用了“扎实”两个字，党的十八大关于文化建设的部署和要求与十七届六中全会是完全一致的，而且强调得更高，更突出。一个是民主法治精神，一个是文化建设精神，需要我们很好地学习和领会，需要很好地贯彻和落实。因此，按照党的十八大的要求，我们应该一如既往地把检察文化建设放在重要位置，坚持不懈地推进，同时要充分发挥刚刚成立的检察官文联的作用，要使检察官文联通过自己的工作能够有效地推进检察文化建设更加深入地开展。

贯彻落实党的十八大精神，加强检察文化建设，推动检察官文联工作，我认为要认真处理好四个关系：一是要处理好检察官文联与检察机关的关系。要明确地认识到检察官文联是检察机关的一个社会团体，是在检察院党组的直接领导下开展工作，检察官文联的各项工作要服从和服务于检察机关的工作部署、工作要求、工作目标，不能游离于检察机关的工作之外，更不能摆脱、削弱检察院党组的领导。二是要处理好检察官文联与政治部门的关系。要认识到检察官文联是推动检察文化建设的一支重要力量，是一个方面军，但绝不是检察文化建设的职能部门，检察文化建设的职能部门是检察机关的政治部门，检察官文联是助手，这个关系要摆正。因此，检察官文联要加强与政治部门的联系，要自觉接受政治部门的工作指导。三是处理好检察官文联工作与检察文化建设的关系。检察文化建设是检察机关的一项全局性工作。因为我们现在对文化的理解是一个大概念，文化是精神成果和物质成果的总和，所以检察文化覆盖了检察工作的各个方面，比如我们现在讲的理念文化、制度文化、行为文化、环境文化等等都同各方面的检察工作联系在一起。那么检察官文联是干什么的呢？检察官文联仅仅是文化建设的一个方面军，也就是说，检察官文联是用文化艺术的形式来推进检察文化建设。因此，检察官文联要研究检察文化理论、研究检察文化艺术创作、研究检察文化艺术活动，要在这些方面好好下功夫、动脑筋。四是要处理好检察官文联与其他相关方面的关系。检察官文联工作涉及到很多方面，特别是文化艺术活动，涉及到很多艺术部门、专业团体，这些关系都要处理好，特别要处理好与中国文联和地方文联的关系，我们是中国文联和地方文联的团体会员，要在它的指导下开展活动，要充分利用地方文联的资源。以上四个方面关系一定要处理好，否则就可能出现不协调的问题，就会影响检察官文联工作的顺利开展。

二、以党的十八大精神为指引，始终坚持检察官文联工作的正确方向

检察官文联成立后遇到的一个重要的问题，就是怎样坚持正确的工作方向？我认为，主要是着力把握好以下几点：一是要坚持以社会主义核心价值体系为引领。就是要通过文化艺术的形式，践行政法干警核心价值观和高检院党组提出的“六观”，就是要把社会主义核心价值体系、政法干警的核心价值观和检察机关的“六观”运用文化艺术的形式表现出来，使之更生动、更具体、更具有感染力。运用丰富多彩的艺术形象鼓舞检察官，引领检察官，振奋检察精神，凝聚检察力量，推动检察工作。我们组织的各种文化艺术活动都要有深厚的检察理念、深厚的核心价值观的内涵。检察文化艺术活动决不是单纯的娱乐，它要宣传一种理念，引领一种精神。二是要坚持服务大局，围绕中心。就是要服务党和国家的工作大局，围绕检察机关的中心工作，检察官文联工作要紧贴这两个方面开展。三是要全心全意为检察官服务。这是检验检察官文联工作方向是否正确的一个很重要的方面。检察官文联的服务对象是检察官，要最大限度地满足检察官对文化艺术、精神产品的需求。我们所有的检察文化艺术作品和检察文化艺术活动都要为检察官而歌、为检察官而写，都要弘扬他们的精神、宣传他们的事迹、展示他们的形象。四是调动所有检察官尽可能地投入到各种各样的文化艺术活动中来。我们的文化艺术演出和文化艺术活动要尽可能多地吸收检察官参加，要由检察官自己演自己，自己展示自己，这样才能提高检察官的职业自信心，才能突出检察官的主体地位，使检察官感受到检察官文联就是他们的家，是所有检察官的精神家园，大家要共同建设好这个家园，维护好这个家园。五是要贯彻“二为”方向、“双百”方针和“三贴近”原则。这是毛主席在延安文艺座谈会上提出来的，实践证明是完全正确的，现在是完全适用的。“二为”方向对检察官文联来讲，就是为党和国家的工作大局服务、为检察中心工作服务、为检察官服务、为人民群众服务。“双百”方针就是“百花齐放，百家争鸣”，允许各种不同风格的艺术形式竞相展示，形成万紫千红的生动局面。“三贴近”就是贴近检察生活、贴近检察干警、贴近检察基层。只有这样，检察官文联的工作路子才能越走越宽广。

三、以党的十八大精神为指引，认真领会科学发展观的历史地位，不断促进检察官文联工作科学发展

科学发展观是被实践证明了的正确的指导思想。怎样运用科学发展观指导检察官文联的工作？这是需要我们认真研究的问题。我认为检察官文联工作概括起来有三个方面：一是检察文化理论研究，二是检察文化艺术创作，三是检察文化艺术活动，这三个方面只有以科学发展观来指引，才能全面、协调、可持续地开展，所以我把它叫做“三位一体”的工作思路，三个方面互相联系，密不可分，要整体推进，协调发展。检察文化理论研究不是单纯的理论研究，它可以分为两个方面，一是怎样深化检察理念。二是怎样把检察理念转化为文艺作品，转化为什么样的文艺作品，这是检察官文联要深入研究的一个重要方面，这方面的研究关系着检察官文联工作的方向，所以检察文化理论研究是引领。用文化艺术的形式把检察理念表现出来，这就是文化艺术创作，这是检察官文联工作的根本。我们就是要创作出能够生动反映检察文化内涵的文化艺术作品，包括小说、诗歌、影视、书法、绘画等等。如果每个省能够打造出一部高质量的文化艺术作品，我们检察机关的宣传、检察队伍的形象在社会上就会产生很大影响。检察文化艺术活动是检察官文联工作的载体，它有两个目的：一是向社会宣传，让老百姓了解检察机关，理解检察队伍，关心检察队伍，支持检察队伍。二是通过开展文化艺术活动吸引检察官积极参与，从而振奋精神，凝聚力量，提升队伍的整体战斗力。所以，检察文化理论研究、检察文化艺术创作、检察文化艺术活动这三个方面的工作要统筹兼顾、协调发展。

四、以党的十八大精神为指引，坚持不懈地抓好检察文化艺术队伍建设

从我到过的各省来看，每个省都有一大批检察文化艺术人才，我们组建检察官文联，就是要把这些人才凝聚起来，而且要提升他们，要给他们提供各种有利条件、搭建各种平台，让他们能够充分展示自己的才华，这是检察官文联的责任。因此，我们要善于发现人才、培养人才、使用人才，要让这些人才更好地成长起来。辽宁省检察官文联成立之后的一项重要任务，就是要深入了解检察系统有多少文化艺术爱好者和具有一定专业水平的人才。要摸清底数，以便于更好地使用和培养这支队伍。

五、以党的十八大精神为指引，坚持不懈地抓好检察官文联自身建设

就各省而言，检察官文联和检察机关是合在一起的，办事机构一般设在政治部门。因此，要把检察官文联自身建设纳入检察官队伍整体建设之中，检察官文联队伍的能力要随着检察官队伍素质的提升而提升。我在这里要突出强调一点，就是检察官文联自身的廉政建设。从党的十八大报告中可以明显看出，廉政建设的份量很重，篇幅最大，把廉政建设提到了事关亡党亡国的高度。检察官文联作为一个社会团体，它有不同于检察机关的地方，它的活动更宽松，与社会的接触面更大，可以接受社会的资助或捐赠，所以要高度重视廉洁问题。我们是检察机关的文联，所以在接受社会捐助的时候一定要特别慎重，否则可能会出现问题。千万不能检察官文联的工作搞得丰富多彩，而个别干部出了不廉洁问题，这不仅会影响检察官文联的形象，更会给检察机关抹黑，一定要高度重视这个问题。

辽宁省是历史文化积淀深厚的省份，我相信辽宁省检察官文联成立后，检察文化建设一定会搞得更好，党的十八大精神一定会落实得更好。

谢谢大家！

（张耕同志时任全国政协教科文卫体委员会副主任，中国检察官文联主席，最高人民检察院原党组副书记、常务副检察长。）

资　　料

辽宁省检察官文学艺术联合会章程

（2012年11月28日　辽宁省检察官文学艺术联合会第一次会员代表大会通过）

第一章　总　　则

第一条　根据国务院《社团登记管理条例》制定本章程。

第二条　本会名称为辽宁省检察官文学艺术联合会，简称辽宁检察文联，英文名称为 Liaoning Prosecutor's Federation of Literature and Art，英文缩写为 LPFLA。

第三条　本会是在辽宁省人民检察院领导下、由热爱文化艺术、有一定文化艺术特长的检察人员（含离退休人员）和地方检察文联自愿结成的全省性、联合性、非营利性社会团体。

第四条　本会的宗旨是：以邓小平理论和“三个代表”重要思想为指导，深入贯彻落实科学发展观，大力弘扬社会主义核心价值体系和社会主义法治理念，紧紧围绕党和国家工作大局，围绕检察中心工作，充分发挥联络、协调、服务职能作用，组织、团结、凝聚检察文化艺术队伍，积极开展检察文化艺术创作和文化艺术活动，发现、培养检察文化艺术人才，为推动检察文化和法治文化繁荣发展，提高检察队伍综合素质，促进检察事业科学发展做出应有的贡献。

第五条　本会接受辽宁省人民检察院的业务指导和辽宁省民政厅的监督管理。

第六条　本会会址设在辽宁省沈阳市。

第二章　业务范围

第七条　本会的业务范围包括：

（一）采取有效措施，努力提高全省检察文化艺术创作和文化艺术活动水平，大力扶植和培养检察文化艺术新人，不断壮大检察系统文化艺术队伍；

（二）组织和支持检察系统文化艺术工作者深入生活、深入基层，积极开展文化艺术创作、展演、交流、比赛、研讨、评论等活动，对全省检察系统优秀文化艺术工作者和各文化艺术门类的优秀成果予以推介，报经上级主管部门批准，开展表彰奖励活动；

（三）研究、探索检察文化和法治文化建设的历史发展及其规律，分析、解决检察文化和法治文化实践中出现的新情况、新问题，总结、推广检察文化和法治文化建设的新经验，使检察文化和法治文化更好地服务党和国家工作大局，服务检察中心工作，服务检察队伍建设；

（四）积极与宣传、文化、新闻、出版等社会各界沟通联系，不断扩大与省内外文化艺术界之间的联系、交流和合作；

（五）反映广大检察文化艺术工作者的意见和要求，维护他们的合法权益；

（六）完成其他任务。

第三章 会 员

第八条 本会会员包括单位会员和个人会员。

第九条 申请加入本会的会员，必须具备下列条件：

（一）拥护本会章程；

（二）单位会员为辽宁省各市级检察文联；

（三）个人会员为热爱文化艺术并有一定文化艺术特长的检察人员（含离退休人员）。

第十条 会员入会程序：

（一）提交入会申请书，其中个人会员须经两名正式会员介绍，或所在单位推荐；

（二）经本会审核通过；

（三）由本会秘书处发给会员证。

第十一条 会员享有下列权利：

（一）选举权、被选举权和表决权；

（二）对本会工作的批评建议权和监督权；

（三）参加本会的活动；

（四）获得本会服务的优先权；

（五）享受本会为创作活动提供的必要帮助和便利条件；

（六）请求本会保障其合法权益不受侵害；

（七）自由退会的权利。

第十二条 会员履行下列义务：

（一）遵守本会章程，执行本会决议，完成本会布置的工作；

（二）维护本会合法权益；

（三）与本会保持联系，向本会及时反映工作情况；

（四）单位会员应按时向本会报告年度工作计划和工作总结；

（五）单位会员的重要人事变动，应报本会审查备案；

（六）按规定缴纳会费。

第十三条 会员退会应书面通知本会，并交回会员证。

会员如逾期一年不缴纳会费或长期不参加本会活动，可视为自动退会。

第十四条 会员如违反国家法律，对社会造成危害，或严重违反本会章程，或长期不开展活动，经本会核实，可给予警告、限期改正或除名等处理。

第四章 组织机构及选举、任免程序

第一节 会员代表大会

第十五条 会员代表大会是本会的最高权力机构，由各单位会员和有关方面推选的会员代表组成。

第十六条 会员代表大会的职权是：

（一）制定和修改本会章程；

（二）选举和罢免理事会理事；

（三）审议理事会的工作报告和财务报告；

（四）决定终止事宜；

（五）讨论和决定其他重要事项。

第十七条 会员代表大会须有三分之二以上的会员代表出席方能召开，其决议须经到会会员代表半数以上表决通过方为有效。

第十八条 会员代表大会每五年召开一次。因特殊情况需提前或延期的，须由理事会表决通过，报业务主管单位审查并经社团登记管理机关批准同意。但延期最长不超过一年。

第二节　理　事　会

第十九条　理事会是本会会员代表大会的执行机构，对会员代表大会负责。

第二十条　理事会的职权是：

（一）执行会员代表大会的决议；

（二）选举本会会长、副会长、秘书长和常务理事会理事；

（三）决定理事会理事的候补人选；

（四）决定本会顾问、荣誉职务的设立和人选；

（五）决定设立本会各专业协会和本会办事机构、分支机构、代表机构等工作机构；

（六）制定和修改会费标准；

（七）筹备召开会员代表大会；

（八）向会员代表大会报告工作和财务状况；

（九）会员代表大会授予的其他职权。

第二十一条　理事会理事由会员代表大会选举产生，每届任期五年。

由于工作变动等原因不再担任理事职务的，其缺额可由原单位会员或有关方面重新推选，由会长办公会提请理事会批准为理事的候补人选，提请会员代表大会选举产生。

第二十二条　理事会会议须有三分之二以上理事出席方能召开，其决议须经到会理事半数以上表决通过方能生效。

第二十三条　理事会会议每年至少召开一次；情况特殊的，也可采用视频会、电话会等形式召开。

第三节　常务理事会

第二十四条　本会设立常务理事会，由会长、副会长、秘书长、副秘书长及常务理事组成。常务理事会是本会领导机构，在理事会会议闭会期间领导本会工作。

第二十五条　常务理事会的职权是：

（一）决定理事会理事、常务理事的候补人选；

（二）根据会长办公会提名，决定本会各专业协会会长的候选人选；

（三）在理事会会议闭会期间，决定本会顾问、荣誉职务的设立和人选，并由理事会予以确认；

（四）在理事会会议闭会期间，决定设立本会各专业协会和本会办事机构、分支机构、代表机构等工作机构，并由理事会予以确认；

（五）监督会员代表大会决议的执行情况；

（六）监督本会各机构开展工作；

（七）监督内部管理制度的制定和执行；

（八）理事会授予的其他职权。

第二十六条　常务理事会会议须有三分之二以上常务理事出席方能召开，其决议须经到会常务理事半数以上表决通过方能生效。

第二十七条　常务理事会会议至少每半年召开一次。必要时，经会长办公会同意，可适时召开。

第四节　会长办公会

第二十八条　本会设立会长办公会，由会长、副会长和秘书长组成。在常务理事会会议闭会期间，领导本会工作。

第二十九条　会长办公会职权是：

（一）提名理事会理事、常务理事的候补人选；

（二）决定本会副秘书长、秘书处负责人，决定本会各专业协会副会长、秘书长、副秘书长、常务理事人选；

（三）落实会员代表大会、理事会、常务理事会的决议；

（四）决定本会顾问、荣誉职务的设立和人选，并由理事会予以确认；

（五）提出设立本会各专业协会和本会办事机构、分支机构、代表机构等工作机构的建议；

（六）决定秘书处的设置和调整；

（七）决定本会专职工作人员的聘用；

（八）决定会员的吸收或除名；

（九）决定内部管理制度的制定和实施；

（十）指导和协调本会各专业协会、本会各内设部门的日常工作；

（十一）提出理事会或常务理事会研究的议题；

（十二）处理本会日常重大事项；

（十三）常务理事会授予的其他职权。

第三十条 会长办公会会议由会长提议，须有半数以上成员出席方能召开，其决议须经到会成员半数以上表决通过方能生效。重大事项须向常务理事会备案。

第五节 会长、副会长、秘书长

第三十一条 本会会长、副会长、秘书长由理事会选举产生，并报业务主管单位和社团登记管理机关备案。

第三十二条 本会会长、副会长、秘书长必须具备下列条件：

（一）坚持党的路线、方针、政策，政治素质高；

（二）在本会业务领域内有一定影响；

（三）最高任职年龄不超过60周岁；

（四）身体健康，能坚持正常工作；

（五）未受过剥夺政治权利的刑事处罚；

（六）具有完全民事行为能力。

第三十三条 本会会长、副会长、秘书长每届任期五年，最长不得超过两届。因特殊情况需要延长任期的，须报业务主管单位和社团登记管理机关审查，经理事会表决通过。

第三十四条 会长为本会法定代表人。法定代表人代表本会签署有关重要文件。

因情况特殊，经会长委托，理事会同意，并报业务主管单位审查、登记管理机关批准后，可以由秘书长担任法定代表人。

本会法定代表人不得兼任其他团体的法定代表人。

第三十五条 本会会长在副会长协助下，行使下列职权：

（一）召集和主持理事会、常务理事会、会长办公会会议；

（二）检查会员代表大会、理事会、常务理事会决议的落实情况；

（三）根据常务理事会的授权处理其他事项。

第三十六条 本会秘书长行使下列职权：

（一）主持本会日常工作；

（二）领导本会各内设部门开展工作；

（三）协调本会各专业协会的工作；

（四）对秘书处的设置和调整提出建议；

（五）提名本会副秘书长、秘书处负责人的人选；

（六）对本会秘书处专职工作人员的聘用提出建议；

（七）处理其他日常工作事务。

第六节 秘书处

第三十七条 本会秘书处为常设办事机构，在秘书长领导下开展工作，负责落实会员代表大会、理事会、常务理事会、会长办公会的各项决议，具体承办会长办公会交办的各项任务和本会的日常工作。

第三十八条 秘书处的设置和调整，由秘书长提议，提请会长办公会讨论通过。

第七节 专业协会

第三十九条 本会设立若干专业协会。各专业协会受理事会领导；在理事会会议闭会期间，受常务理事会领导。在常务理事会会议闭会期间，受会长办公会领导。

第四十条 各专业协会由会长、副会长、秘书长、常务理事、理事和会员组成。

第五章 资产的管理使用

第四十一条 本会经费来源：

（一）财政拨款；

（二）会费；

（三）社会捐赠、资助；

（四）其他合法收入。

第四十二条 会员会费暂不收取。如收取将按照本会制定的会费标准，经会员代表大会通过和国家有关规定执行。

第四十三条 本会经费必须用于本章程规定的业务范围和本会的事业发展，不得在会员中分配。

第四十四条 本会开展表彰奖励活动，不收取任何费用。

第四十五条 本会建立严格的财务管理制度，保证会计资料合法、真实、准确、完整。

第四十六条 本会配备具有专业资格的会计人员。会计不得兼任出纳。必须进行会计核算，实行会计监督。会计人员调动工作或离职时，必须与接管人员办清交接手续。

第四十七条 本会的资产管理必须执行国家规定的财务管理制度，接受会员代表大会和财政部门的监督。资产来源属于国家拨款或者社会捐赠、资助的，必须接受审计机关的审计监督，并将有关情况以适当方式向社会公布。

第四十八条 本会换届或更换法定代表人之前必须接受社团登记管理机关和业务主管单位组织的财务审计。

第四十九条 本会的资产，任何单位、个人不得侵占、私分和挪用。

第五十条 本会专职工作人员的工资和保险、福利待遇等，参照国家对事业单位的有关规定执行。

第六章 章程的修改

第五十一条 本章程的修改，须经理事会表决通过后提交会员代表大会审议。

第五十二条 修改的章程须在会员代表大会通过后15日内，报业务主管单位审查，经其同意，并报社团登记管理机关核准后方能生效。

第七章 终止程序及终止后的财产处理

第五十三条 本会自行解散或由于分立、合并等原因需要注销的，由理事会或常务理事会提出终止动议。

第五十四条 本会终止动议须经会员代表大会表决通过，并报业务主管单位审查备案。

第五十五条 本会终止前，须在业务主管单位及有关机关指导下成立清算组织，清理债权债务，处理善后事宜。清算期间，不开展清算以外的活动。

第五十六条 本会经社团登记管理机关办理注销登记手续后即为终止。

第五十七条 本会终止后的剩余财产，在业务主管单位和社团登记管理机关的监督下，按照国家有关规定，用于发展与本会宗旨相关的事业。

第八章　附　　则

第五十八条　本章程经辽宁省检察官文学艺术联合会会员代表大会通过实施。

第五十九条　本章程解释权属辽宁省检察官文学艺术联合会。

第六十条　本章程自社团登记管理机关核准之日起生效。

辽宁省检察官文学艺术联合会
会长、副会长、秘书长、常务理事、理事名单

（2012年11月28日　辽宁省检察官文学艺术联合会第一次会员代表大会通过）

会长

闫建成　辽宁省人民检察院党组副书记、副检察长

副会长兼秘书长

郝英林　辽宁省人民检察院党组成员、政治部主任

常务理事

赵宏伟　辽宁省人民检察院副厅级检察员、机关党委副书记

李玉娇　辽宁省人民检察院办公室主任

柳建伟　辽宁省人民检察院教育宣传处处长

杨文凯　国家检察官学院辽宁分院院长

马文斌　辽宁省人民检察院机关服务中心主任

张宇虹　《检察纵横》杂志社社长

理事

李冠山　沈阳市人民检察院政治部主任

刘　伟　大连市人民检察院副检察长

翟宝刚　鞍山市人民检察院副检察长

兰景瑞　抚顺市人民检察院政治部主任

魏俊英　本溪市人民检察院政治部主任

马　智　丹东市人民检察院政治部主任

张　雪　锦州市人民检察院政治部主任

李丹凤　营口市人民检察院政治部主任

刘　昕　阜新市人民检察院政治部主任

张　建　辽阳市人民检察院副检察长

褚黎明　铁岭市人民检察院政治部主任

刘东辉　朝阳市人民检察院政治部主任

王　敏　盘锦市人民检察院政治部主任

马天峰　葫芦岛市人民检察院政治部主任

彭树桃　辽宁省人民检察院沈铁分院副检察长

张　勇　辽宁省人民检察院辽河分院副检察长

辽宁省检察官文学艺术联合会
理事会顾问名单

（2012 年 11 月 28 日　辽宁省检察官文学艺术联合会第一次会员代表大会通过）

田连元　辽宁省曲艺家协会名誉主席、著名评书表演艺术家

王玉文　中国摄影家协会副主席、辽宁省摄影家协会名誉主席

扈光辉　辽宁省电影家协会副主席、本山艺术学院院长

刘若云　辽宁人民艺术剧院一级导演

唐　红　辽宁省舞蹈家协会副主席、秘书长

汪　敏　辽宁省音乐家协会副主席、秘书长

王易霓　辽宁省美术家协会副主席、秘书长

胡崇炜　辽宁省书法家协会副主席、秘书长

张　颖　辽宁省理论研究室主任、《艺术广角》主编、一级作家

马　琳　辽宁省电视艺术家协会副主席、秘书长

高海涛　辽宁省作家协会副主席、创作研究部主任

周建新　辽宁省作家协会副主席、创作联络部主任

辽宁省各市（分）人民检察院检察官文联成立情况

一、盘锦市人民检察院

2011 年 12 月 28 日，盘锦市人民检察院成立检察官文学艺术联合会。

检察官文学艺术联合会负责人名单：

主　席

张永会　盘锦市人民检察院副检察长

副主席

王　敏　盘锦市人民检察院政治处主任

王建辉　盘锦市人民检察院副检察长

秘书长

胡　斌　盘锦市人民检察院党组秘书

二、辽阳市辽阳县人民检察院

2012 年 4 月 19 日，辽阳市辽阳县人民检察院成立检察官文学艺术联合会。

检察官文学艺术联合会负责人名单：

主　席

石成杰　辽阳县人民检察院检察长

副主席

王继连　辽阳县人民检察院副检察长

李喜栋　辽阳县人民检察院副检察长

王洪新　辽阳县人民检察院副检察长

褚茂君　辽阳县人民检察院副检察长

秘书长

丁东放　辽阳县人民检察院政治处主任

辽宁省检察文化艺术工作情况

综　述

2012年，辽宁省检察院在辽宁省党委和最高人民检察院的领导下，紧紧围绕工作大局，践行科学发展观，认真学习、贯彻、落实党的十八大精神，忠实履行宪法和法律赋予的职责，把检察文化融入检察工作、融入工作环境、融入干警生活，检察文化建设以“忠诚、为民、公正、廉洁”为核心，以“二为”方向和“双百”方针为主线，以文化创作和文艺活动为抓手，坚定法律信仰、弘扬检察精神、提升职业素质、促进公正廉洁，为实现辽宁省检察院机关自身的“平稳、务实、和谐”发展，为辽宁省经济社会平稳较快发展作出了积极贡献。

一、加强理论学习研究，不断探索检察文化助推检察事业发展的路径。党的十七大作出了“推动社会主义文化大发展大繁荣”的战略部署；党的十八大明确提出文化是血脉、是人民共有的精神家园，特别强调要“扎实推进社会主义文化强国建设”。高检院曾多次组织召开会议，对提高加强检察文化建设重要性的认识，加强检察文化建设的指导思想、总体思路、目标任务、基本原则，以及如何推进检察文化建设等方面提出了具体的目标要求，并下发了《最高人民检察院关于进一步加强检察文化建设的决定》。辽宁省检察院党组认真学习、深刻领会党中央、高检院的指示精神，不断深化对加强检察文化建设重要性必要性的认识，深刻领会检察文化的内涵和本质，认真研究加强检察文化的思路措施，要求全省三级院要认真学习党中央作出的战略部署，深刻领会高检院文化建设工作会议精神，要以高度的政治责任感和使命感，以高度的文化自觉和文化自信，深入推进检察文化建设，更好地服务检察事业科学发展，为建设中国特色社会主义文化强国贡献积极力量。按照省院党组的部署，全省各级院党组及时调整工作部署，大力实施文化育检战略，把检察文化建设工作与各项检察工作同研究、同部署、同落实。有的单位由检察长牵头，政工部门主抓，研究制定检察文化建设方案，明确检察文化建设的目标、方法、步骤、载体，并积极加以实践，有的单位多次选派人员分批分组到北京海淀、深圳海珠、广州南山等全国检察文化建设典型院考察学习。通过考察研讨，大家在对检察文化的理解和作用上达成了共识，在此基础上确立了适合本单位的文化建设模式。

二、弘扬社会主义核心价值体系，不断用先进的理念武装检察人员头脑。辽宁省检察院始终坚持用社会主义核心价值体系统领检察文化建设，通过开展一系列主题教育实践活动，用马克思主义中国化最新成果武装检察人员头脑，引导和促进检察人员坚定理想信念和职业信仰，树立正确的发展理念和执法理念，真正使政法干警核心价值观内化于心、外践于行，成为全省检察人员共同的根本宗旨、职业操守和行为准则。始终牢固树立“六观”，自觉坚持“六个有机统一”，不断统一执法思想，更新执法观念，规范执法行为。许多市、县级检察院把学习中国优秀传统文化，汲取儒家思想精髓，积极开展研讨作为加强检察文化建设的必修课，通过弘扬忠义、仁爱、为民、和谐、礼让等传统道德理念，净化检察人员心灵，培养检察人员的荣誉感、责任感和使命感。海城市院结合传统文化和检察工作实际，经过反复讨论、总结、升华，提炼出“自强不息、顽强奋进；永不言败、永不服输；永不放弃、永不满足”的“海检”精神，以及“责任、荣誉、公正、忠诚”的八字院训。辽阳市宏伟区院经广泛征求意见和认真提炼，将“和谐、公正、务实、创新”定为宏伟检察精神。盘锦市双台子区院开办国学研习班，每逢周五，大家相聚一堂，学习《论语》、《道德经》等国学经典，感悟国学精髓，打造人文检察。盘锦市院组织全市检察人员举办了“采撷国学智慧，培育核心价值观”主题检察文化论坛活动，两级院检察人员在传统文化的长河中找到了政法干警核心价值观的理论基础和文化渊源，从而更加自觉地践行政法干警核心价值观。

三、加强检察职业素质建设，不断提升执法公信力。辽宁省检察院坚持人才兴检，以队伍专业化推动能力建设，规范检察人员的执法行为，促进公正执法。开展领导素能培训、任职资格培训、专项业务培训和岗位技能培训，引导检察人员坚持学习，不断更新知识结构，提高法律监督能力。2012 年，本溪市院注重常态化的业务培训和岗位练兵，切实提高检察人员的岗位素能，全年开展全员执法规范轮训 7 次，参训干警达到 1100 余人（次）。鞍山市铁东区院以招录调入具有专业特长的人才为调节，形成良好的人才引进机制。阜新市细河区院为了提高检察人员文化素质，与当地书店建立长期供应新书渠道，确保第一时间能从图书资料室查阅到最新、最权威书籍，有力促进了检察业务工作高效开展。其次是着力规范检察职业行为，促进了理性、平和、文明、规范执法。不断完善执法制度，建立了涵盖各业务部门和工作环节的统一、完备、权威的业务工作规范体系。统一规范检察职业礼仪，以文明的举止和规范的用语开展执法工作，注重提升各项制度的执行力，保障执法工作规范运行。同时大力加强廉政文化建设，深入开展廉政教育和警示教育，筑牢检察人员拒腐防变的思想防线。大力宣传体现检察职业特点和时代精神的先进典型，弘扬检察职业道德，培育检察职业精神，树立良好执法形象。

四、大力加强基础设施建设，积极营造和谐向上的工作环境。辽宁省各级检察机关在环境文化建设上精心构思，重点投入，倾力打造出独具特色的检察文化环境。干警们身居其中，工作有心情、健身有场所、休闲有去处，时刻感受到文化的熏陶，大大提升了集体归属感和自豪感。据统计，全省绝大多数院都建有图书室、院史陈列室（荣誉室）、健身房，有86个院建有融知识性、鉴赏性、艺术性、教育性于一体的法治文化长廊，有65个院建有警示教育基地。使干警在潜移默化中受到教育，得到提高。

五、加强活动载体创新，不断增强检察文化发展的活力。据不完全统计，2012年，全省三级院共成立各类文化活动协会、小组300余个，组织各类文体活动、读书活动、拓展训练、红色之旅等1200余次。坚持以人为本，积极建立和落实领导干部联系检察人员、日常交流谈心等制度，及时掌握检察人员的思想动态，落实好检察人员休假、定期体检等各项规定，帮助解决工作和生活中遇到的实际困难，从多方面为检察人员鼓劲减压。注重人文关怀，加强检察人员的心理健康教育和疏导，积极营造和谐健康的人际关系和工作氛围等等。

会　议

【辽宁省检察机关文化建设工作会议】 2012年11月27日，辽宁省检察机关文化建设工作会议在沈阳召开。大会深入学习贯彻党的十七大、十八大、十七届六中、七中全会精神，传达2012年6月份高检院在长春召开的检察文化建设工作会议精神；表彰了辽宁省检察文化建设示范院；回顾近年来辽宁省检察文化建设的基本情况、基本经验，并进行经验交流；研究部署当前和今后一个时期加强检察机关文化建设的思路和措施，在新的历史起点上进一步繁荣发展辽宁省检察文化。

【辽宁省检察官文联第一次会员代表大会】 2012年11月28日，辽宁省检察官文学艺术联合会第一次会员代表大会召开，大会宣读了批准辽宁省检察官文联成立的文件，报告了文联筹备工作情况，表决了文联章程，对拟任文联常务理事、理事人选提名并表决，宣读顾问推举名单并表决，宣读拟任会长人选工作简历、副会长、秘书长人选并表决。

活　动

【举办“辽宁检察论坛”】 2012年4月，辽宁省检察院成功举办了全省检察机关政法干警核心价值观暨新刑事诉讼法专题研究班。辽宁省检察院中层以上领导干部和全省三级院检察长近200人参加研修，全省检察人员通过电视电话会议形式共同聆听了全国人大法工委郎胜副主任和中国人民大学陈卫东教授，分别就刑事诉讼法修改相关问题所做的讲解。4月，专题研修班学员还聆听了国家检察官学院杨蓉教授和省委党校黄莉教授，分别就政法干警如何践行核心价值观、当前我国经济社会发展环境与战略重点所作的辅导报告。

【加强“政法干警核心价值观”教育】 2012年7月，辽宁省检察院机关举办了践行“政法干警核心价值观”主题演讲比赛，并选拔选手参加了全省“检察干警核心价值观主题教育实践活动”演讲比赛，省院机关韩大书同志获得了第一名。7月，组织省院机关全体检察干警观看了电影《杨善洲》和《忠诚与背叛》，并组织干警进行座谈和讨论。激发了干警自觉以英模为榜样，为核心价值观为精神之魂、立身之本、执业之基，推动新时期人民检察事业科学发展。8月，组织全院干警观看电影《苏联亡党亡国20周年祭》和《失德之害》，通过“以案施教”的方式，深入开展“警示教育”，引导广大党员干部坚定理想信念，加强党性修养，忠于职守，清正廉洁。结合2011年开展的“发扬传统、坚定信念、执法为民”，“争做雷锋式检察官”主题教育活动，2012年9月，辽宁省检察院机关召开了“立足岗位，学雷锋树新风”座谈会，23位青年检察干警结合自身业务及特殊岗位做出了精彩的发言。10月，辽宁省检察院按照辽宁省“省直纪工委”的要求，机关党委组织各党支部开展了“读廉书、思廉政、倡廉洁”主题征文和理论研讨活动，经机关党委评选，有6篇理论文章和体会参加“省直工委”评选。参加了辽宁省“省直工委”组织的党务公开经验交流会，机关党委作了经验介绍，得到“省直工委”领导和同志们的肯定。

【增强检察文化软实力建设】2012年辽宁省检察院注重发挥检察文化作用，组织了一系列主题实践活动。2012年初举办春节文艺汇演，丰富了干警文化生活，提升了检察队伍的凝聚力。“三·八”妇女节组织干警到市光荣院，开展了以“情系社会、奉献爱心”为主题的实践活动。“五·四”青年节，组织青年干警趣味运动会，辽宁省检察院机关40岁以下180名青年干警参加了运动会，展现了青年干警积极向上的精神风貌。5月份组织检察干警参加辽宁省“省直机关”组织的“世界行走日活动”。6月份组织检察干警参加辽宁省“省直机关”广播体操比赛，获组织奖。“八·一”建军节，组织近百名在省院机关工作的军转干部、复员退役军人及现役军人家属以“观看辽宁工业发展史，倾听共和国前行脚步”为主题，参观了位于铁西区的中国工业博物馆，感受沈阳老工业基地的成长发展历史，领悟军转检察官们的革命职业情怀。9月份乒乓球比赛，分别获得组织奖和道德风尚奖。辽宁省检察院连续三届被省直工委评为青年工作标兵单位。

【组织迎接十八大征文活动】2012年6月份，辽宁省检察院组织以亲见、亲闻、亲历为视角，开展以“科学发展，辉煌成就”为主题的迎接十八大主题征文活动，共收到征文稿件21篇，评选出获奖文章4篇，并向辽宁省“省直工委”推荐。2012年11月15日，辽宁省检察院组织召开了由全院33个党支部书记参加的十八大精神学习心得交流会，向各党支部印发了《辽宁省检察院机关学习贯彻党的十八大精神意见》，并于12月3日邀请了省委党校孙学敏教授为全院检察干警作学习十八大报告精神专题辅导。辽宁省检察院的成功做法在辽宁省“省直机关”大会上介绍了学习型检察院建设经验。

【坚持开展“扶贫帮困”活动】一直以来，辽宁省检察院机关将清原夏家堡镇作为党员干部的教育基地，将扶贫帮困工作与主题教育实践活动相结合。2012年2月，检察院党组召开专题会议，研究部署扶贫工作，要求各党支部和党员全员参与，要让党员受教育、农民得实惠。一是每年为清原夏家堡镇中心小学校车解决运行费用5万元；二是帮助镇中心小学解决标准桌椅1000套，完成学习桌椅更换500套、教师办公桌椅52套，教室维修245平方米；三是5月份协调辽宁省工商局完成了夏家堡镇新开发的旅游景点辽宁石寿山旅游开发公司和辽宁万寿山生态采摘有限公司的注册；四是9月份促成天津尚赫保健品有限公司、沈阳董波健康沙龙与夏家堡中心小学签订长期助学合同；五是9月份会同辽宁省计划生育委员会组织5名妇科医生及专家去夏家堡镇义诊，就诊人数达700余人；六是11月份动员全体党员干部筹集爱心助学金3.1万元，组织24个部门以支部为单位对24名贫困学生对接帮扶，实施全面捐助款物4.1万元；七是12月份联系“呐喊书店”捐助图书600余册，并将图书送到学校学生手中；八是协调辽宁省交通厅公路管理局援建7.5公里万寿山景区公路建设，35米桥梁建设4座，协调资金420万元，整个援建项目持续2年，于2012年10月份全部完成。

理论研究

【召开了辽宁省检察系统贯彻新刑诉法研讨会】2012年10月24日，辽宁省检察机关刑事诉讼法理论研讨会在盘锦市召开。辽宁省人民检察院党组成员、副检察长于昆出席会议并讲话。辽宁省检察院法律政策研究室全体人员、各市（分）人民检察院、辽宁大学、辽宁省法学会、国家检察官学院辽宁分院、《检察纵横》杂志社等单位的50多名代表和论文作者出席会议。会议紧紧围绕检察工作大局、检察业务工作和领导决策开展，提交研讨论文95篇，效果很好。

【《检察实务研究》发行6期】2012年共发行《检察实务研究》6期。这是辽宁省检察院主办、在辽宁省内检察系统发行的双月刊杂志，主要设刑事法律研究、工作研究、检察长论坛、民行监督四个专栏，宣讲新法规、研究新情况、探讨新思路、推广好经验。

【编辑学习资料12期】2012年每月收集整理1期法律、法规文件资料，内容丰富，紧贴工作，成了检察工作很好的工具用书。

【多项理论研究成果被交流推广】2012年，辽宁省检察院有多项理论研究成果在多个“大会”、“论坛”上交流，推动了检察事业的健康发展。省院副检察长胡玉、公诉一处助理检察员杨华的《浅谈量刑建议制度的完善》在中国法学会检察学研究会公诉专业委员会“第三届公诉论坛”交流，省院副检察长孙黎、民行三处处长李元的《尊重和保障人权理念对监所检察执法观念的新要求》在第八届国家高级检察官论坛交流，省院副检察长于昆、法律政策研究室副主任任文松的《检察机关加强刑事和解工作的相关建议》在中国法学会检察学研究会刑事诉讼专业委员会“第二届论坛”交流，省院副检察长吴喆、法律政策研究室副主任任文松的《论检察机关行政公诉制度》在第二届全国民行检察研究委员会进行会议交流，省院副检察长吴喆的《食品监管渎职罪解读及完善建议》在中国刑法学年会会议进行会议交流，省院民行一处助理检察员潘松的《民事审判活动中的违法情形及其检察监督》在中国法学会检察学研究会民事诉讼专业委员会

“第二届论坛”交流，省院民行二处处长张俊芳的《论行政违法行为的检察监督》在民事行政西部论坛进行会议交流并作大会发言，省院法律政策研究室正处级调研员周习武的《落实新修订的刑事诉讼法遇到的困惑问题及对策》在中国法学会检察学研究会检察基础理论专业委员会“第二届论坛”交流并作大会发言等等。

创　作

【电影《检察官》开始拍摄】2012年12月，根据辽宁省检察院办公室主任李玉娇撰写的电影剧本《检察官》为蓝本，开始拍摄电影《检察官》。电影《检察官》围绕“忠诚、为民、公正、廉洁”的核心价值观，讲述了一桩满带争议与疑问的富二代弑父案，一个充满实验意味的虚拟法庭，将一个正处于困惑中的人民检察官与11个毫无联系、代表社会各个阶层的普通人聚在了一起。他们以一种前所未有的方式探讨案情。通过几番紧张激烈的辩论，不仅让大家了解到中国法制的公正，也帮助检察官走出困惑，查明案情真相。

获奖情况

【获奖学术文章】2012年辽宁省检察院有多篇业务性强的学术文章获奖：省院公诉三处助理检察员郑明玮的《食品安全法律制度比较研究》，省院侦查监督处副处长王雷、书记员王婧的《捕后羁押复查制度研究》，省院监察处助理检察员夏晓鹏的《教育制度监督并重，全面加强领导干部廉洁自律工作》等多篇论文荣获辽宁省诉讼法学会2012年学术年会一等奖；省院政治部基层工作处助理检察员石小卉的《论危害食品安全犯罪的刑法规制》，省院政治部基层工作处书记员崔冠楠的《我省食品安全犯罪的突出问题及打击对策研究》，省院控告申诉检察处书记员杨倩茹、省院反贪局侦查二处书记员乔天夫的《食品安全案件公益诉讼中检察机关原告资格探究》，省院民行一处助理检察员潘松的《虚假诉讼及其民事检察监督》等多篇论文荣获辽宁省法学会刑法学研究会2012年会二等奖；省院监察处副处长王树顺的《发挥纪检监察的职能作用问题探讨》等多篇论文荣获2012年辽宁省“省直机关”纪检监察工作理论研讨三等奖。

出　版

【长篇小说《卧底》出版】2012年3月，辽宁省检察院办公室主任李玉娇撰写的长篇小说《卧底》在北方联合出版传媒（集团）股份有限公司春风文艺出版社出版。小说以独特的视角，透过两个黑社会团伙从形成开始到最终灭亡的描述，把这种变化反映得淋漓尽致。

【中篇小说《特殊任务》出版】2012年7月，辽宁省检察院办公室主任李玉娇撰写的中篇小说《特殊任务》在群众出版社出版。小说通过对政法干警的家庭、生活、工作的描写，表达政法干警对国家、对社会、对人民的责任，对家人、对爱人、对亲人的爱意，对犯罪分子、黑恶势力、社会蛀虫的痛恨。

【《多维法制视角下的企事业社会责任》出版】2012年9月，辽宁省检察院法律政策研究室副主任任文松、沈阳师范大学法学院副教授王晓编著的《多维法制视角下的企事业社会责任》在中国社会科学出版社出版。该专著基于多维法制视角，分析了企业在不同法制环境中承担的相应社会责任，针对我国企业社会责任立法落后的现状，提出了完善我国企事业社会责任的具体建议。

文化交流

【新疆塔城地区检察院考察团到盘锦市检察院考察】2012年5月30日，新疆塔城地区检察院考察团一行七人，在新疆塔城地区检察院党组副书记、检察长买土送·吐地买买提的率领下，到盘锦市检察院考察检察文化建设，辽宁省检察院副厅级检察员田家军、基层处副处长沈迪满亲自到盘锦市检察院陪同考察。考察团就检察文化的形式、作用、意义等方面做了深入交流，取得了很好的效果。

教育培训

【制定《基层检察人员轮训实施方案》】2012年，辽宁省检察院制定了《基层检察人员轮训实施方案》，出台了《新刑诉法学习培训实施意见》，大力加强教育培训，加强领导素能培训和基层检察人员轮训，大力开展专项业务培训、任职资格培训和司法考试培训，辽宁省检察院直接培训市、县级检察院检察长142人、副检察长136人、其他检察人员1500余人，共组织各类培训班451期、培训27000余人次，司法考试通过率达32%。

【检察官培训学院充分发挥作用】检察官培训学院辽宁分院，充分发挥在辽宁省检察教育培训工作中的主导作用，2012年集中培训时间共计245天，培训合格率100%。培训工作以提高权威性和实效性为基点，在开展新刑诉法培训中，邀请著名法学家、新中国诉讼法学奠基人陈光中教授等知名大家授课。通过高端、源头解读，使干警对新刑诉法修改背景、过程、内容有了全面深刻的理解。基层检察院检察干警轮训工作中，更加注重实效。为做到按需施教，到13个基层检察院召开座谈会进行调研，发放调查问卷2300余份。在教学方式上更多增加案例研讨教学、情景模拟教学等实训教学模式，实现了培训模式的变革。打造既懂管理又能教学的复合型师资队伍。加强检察理论研究、探索，2012年共完成论文16篇，有3篇在国家级刊物上发表，13篇在省级刊物上发表。

设施建设

【综合业务楼落成并投入使用】辽宁省检察院新建的综合业务楼建设用地面积3.28公顷，总建筑面积约50000平方米。平面布局按照南北方向分为三大部分。南部区域主要为绿化和广场，中部为建筑主体，北部区域为停车场和小花园。场内道路两纵四横，道路、停车场、广场用地面积1.45公顷，可停放机动车369辆。主体工程分为主楼和裙房两部分，主楼地上十层，地下一层；裙房地上四层，局部两层。根据“两房”建设标准要求，楼内设有侦查监督、审查起诉、侦查指挥、讯问、询问、控告申诉接待、赃证物保管等办案用房176间；设有化验、文检、痕检、法医鉴定、录音录像检验等专业技术用房28间。此外还设有各种会议室17间，办公室318间，消防、配电等设备用房67间。总体形成了布局合理、结构优化、设施先进、功能完备，楼宇智能化、平台数字化、管理信息化、服务网络化的综合业务保障格局。

【加大“阳光检务”的硬件建设】 为落实检务公开，实行“阳光检务”，辽宁省检察院建立了数字多媒体信息发布系统，设置了信息发布LED大屏4个，电梯前厅显示器30个，触摸查询机3个，可以及时发布各种视频、图片、文字等办公信息，及时传送机关、社会和时事新闻，也可方便来院人员了解相关情况。

【增加保密设施】 辽宁省检察院为适应当前新形势下检察机关保密工作的要求，在新综合业务楼内增加了保密碎纸系统，配备了真空中央吸尘碎纸系统，在综合业务楼的每层楼设置一台末端碎纸机，通过专用管道系统连接到中央碎纸主机，该系统采用PLC自动控制系统，保证纸介质文件可以集中收集、集中销毁、集中处理，防止泄密。

【改善生活环境】 辽宁省检察院为了给广大检察干警一个舒适温馨的生活环境，在新综合业务楼内设置宽敞明亮的餐厅，同时容纳500多人就餐；舒适明亮的老干部活动室，为老干部提供了健康舒心的活动场所；文印中心配备了多种功能的打字、复印、速印、胶印、装订设备；具有净化功能的直饮水系统保证饮用水的安全洁净；太阳能热水系统及浴室提供充足的绿色能源生活热水，使干警倍感温馨。

【营造文化氛围】 辽宁省检察院综合业务楼内设有法警训练场、健身室、瑜伽室、篮球、羽毛球、网球场等设施，为干警锻炼强健体魄提供了良好条件；加强图书室建设，新增电子图书7000余册；新建成的文书、音像档案库房面积340余平方米，实现了检察档案的科学化、现代化管理。

人才队伍

【加强基层检察院人才补充】 辽宁省检察院配合组织部门开展定向培养考生、选调生的资格审查、面试等工作，为基层检察院定向培养、选调优秀大学生45名。批准下级检察院录用、调入检察干警276名。

【加强检察队伍监督管理】 辽宁省检察院制定了《辽宁省市、县两级检察机关录用、调进人员审核办法》。审查报批司法警察警衔169人。充分发挥奖惩机制的作用，做到奖勤罚懒，赏罚分明，2012年，辽宁省共有57个基层检察院被授予全省先进检察院称号；18个单位分别被荣记集体一等功、二等功；173人记功嘉奖，培养树立重大先进典型——庄河市检察院郭有利被命名为全国模范检察官。

【加强检察干警锻炼培养】 辽宁省检察院结合援藏援疆任务落实，协调全省三级检察院向西藏、新疆等地检察机关提供援助资金、物资总计500余万元，培训受援地区检察人员20余人，16名干部到我省挂职锻炼。

【加强检察文化队伍建设】2012年11月，辽宁省检察院成立检察官文学艺术联合会，下设六个专业协会，即文学协会、摄影协会、音乐舞蹈协会、体育协会、书法美术协会、影视协会，吸纳培养各类文艺人才、骨干100余人，为辽宁省检察文化建设发展提供了坚实的人才基础。

基层检察文化

【大连市人民检察院开展“重走光辉路阳光传递百日行动”】2012年6月26日至6月28日，国际反贪局联合会第四届研讨会在大连市召开，汇集了世界各国反贪机构负责人及从事反贪工作的高级人才，以此为契机，2012年3月15日至7月1日，大连市人民检察院以“进千家、访千案、帮百户、结百案”为活动载体，开展了“重走光辉路阳光传递百日行动”。“进千家”。市、区（县）两级检察院领导、全体检察干警选择1000个（名）乡镇社区基层组织、企业、人大代表、政协委员和工人、农民、知识分子等，开展法制宣传、提供法律咨询、接待控告申诉，倾听群众的诉求和对检察工作的意见建议。“访千案”。对办结的自侦案发案单位，办理的刑事抗诉案件的被害人、民事行政抗诉案件当事人，不捕、不诉、被判处缓刑、在社区矫正的未成年人嫌疑人、罪犯及家属，提出监督意见建议案件进行回访，检验办案效果。“帮百户”。对办案中发现的百户确有困难的刑事案件被害人或其近亲属、正在监狱服刑罪犯近亲属、正在社区矫正的罪犯，结成帮困对子，帮助他们走出因犯罪危害造成的生活困境。“结百案”。全面排查历年来涉检信访案件，特别是对多年上访、缠访案件，以及重大疑难上访案件要重点排查，采取强有力措施，千方百计息访所有涉检信访积案，切实化解社会矛盾。

2012年4月22日至2013年12月5日，大连市检察机关预防部门开展“走千村百镇 进学校课堂”活动，推进预防职务犯罪宣传教育工作。

2012年大连市人民检察院的理论研究也是硕果累累。撰写的《中华人民共和国合同法对契约自由原则的扬弃》和《中国公司法人人格否认制度的谦抑性》论文，在中国—拉美国家法治论坛交流；撰写的《〈刑事诉讼修正案〉判决前财产没收程序与〈联合国反腐败公约〉资产追回制度之衔接》论文，在国际反贪局联合会第四次研讨会交流；撰写的市软环境建设年论文征文，获得特等奖。编撰《大连检察》大型画册，展示大连检察干警良好精神风貌和业务素质，得到高检院曹建明检察长的高度评价。

2012年大连市人民检察院被评为全国检察宣传先进单位；全国检察机关首届廉政宣传短片评比三等奖。

【鞍山市海城市人民检察院丰富文化载体、促进检察事业发展】2012年海城市人民检察院不断在丰富检察文化载体上下功夫，先后投资30余万元建立了藏书1万余册的图书馆和电子阅览室；建立了室内网球馆、健身馆、台球室、乒乓球室；室外篮球、排球、羽毛球活动场地。把各种文化活动列入年度计划之中，做到有计划，有检查，有评比，有总结；坚持学习《弟子规》等传统文化，从中感受经典，汲取精神力量；把检察工作融入检察文化，把检察文化贯穿检察工作，有力促进了检察事业的发展。2012 年 5 月 3 日，海城市人民检察院开展了“海检在我心中闪光”主题演讲比赛；5 月 21 日，海城市人民检察院把法庭设在海城同泽中学，会同海城市人民法院公开审理一起招摇撞骗案。600 余名师生旁听了审理，守法意识全面加强，达到了很好的普法效果；6 月份，举办了“活力海检”趣味运动会；组织了以“以荷喻检”为主题的书法绘画摄影展。9 月份，组织青年检察干警到海城市第二中学以案说法，切实推动了教育活动的深入开展。2012 年海城市人民检察院先后出台了《加强人才队伍建设决定》、《业务素质培训五年规划》，并与大连海事大学法律硕士研究生实践基地结成共建对子，鼓励检察干警积极学习 ，提升知识结构。海城市人民检察院被高检院评为“全国检察文化建设示范院”。

【本溪市人民检察院以“爱心团队”展示检察风采】2012 年，本溪市人民检察院成立“爱心团队”，以活动传递爱心，宣传文化。3 月 5 日，本溪市检察院机关“爱心团队”开展“美化心灵、清洁环境，做雷锋精神传人”义务劳动活动。5 月 14 日，“爱心团队”发起向患重病的明山区检察院王大勇同志献爱心捐款活动。干警们纷纷在“祝王大勇同志早日康复”的红色条幅上签名，并派代表与院领导赴京探望，同时向王大勇同志资助爱心基金。8 月份，本溪市部分地区遭受 50 年不遇的洪灾，“爱心团队”在第一时间迅速组成救灾突击队奔赴重灾区，跋山涉水、肩挑背扛，为灾民们运送水、食品和其他生活必需品，捐助的救灾款物折合人民币 60 余万元，帮助重灾户清淤修路，重建家园。用实际行动弘扬了“凝聚力量、竞合向上，共同克难、奉献社会”的团队宗旨，传递了爱心和温暖，展示了检察干警践行政法干警核心价值观、投身服务和保障新本溪建设的新风貌。10 月份，“爱心团队”在本溪市民政局社会福利和慈善促进处设立“市检察院爱心团队法律助老服务站”，开通法律服务热线，并制定《本溪市人民检察院爱心团队关于开展法律助老行动的举措》。

【丹东市人民检察院创建检察讲坛丰富检察文化】2012 年 3 月 27 日，丹东市人民检察院创建了丹东检察讲坛，创新了业务培训形式，为贯彻“文化兴检”提供了有力的抓手，为检察干警提供沟通交流的平台。2012 年 3 月 27 日，丹东市发展和改革委员会主任胡昌礼为丹东市人民检察院干警全面讲解了丹东市的经济发展、对外开放、基础建设、民生问题等方面。检察干警对丹东的未来充满了信心，增强了服务大局、服务民生的意识。7 月 16 日，丹东市中心医院心脏外科主任医师、心血管疾病专家宋树伟为办案人员做了医疗急救知识培训讲座。8 月 16 日，中国公安大学博士生导师刘万奇教授为丹东市检察人员作“刑诉法修改与刑事检察”专题辅导，丹东市全体检察干警通过视频系统同步收听收看了本次讲座。10 月 26 日上午，丹东市中心医院的6位主治医师讲授健康保健知识，为广大检察人员答疑解惑。在检察人员心中树立了“戒烟戒酒，运动适量，努力工作，心情舒畅”的健康理念。2012年5月，为进一步学习和弘扬辽宁省劳动模范、丹东市人民检察院吴凤杰同志以事业为重、忠诚履职的敬业精神；脚踏实地、求真务实的实干精神；廉洁自律、艰苦奋斗的奉献精神，丹东市人民检察院组织青年检察干警与吴凤杰同志亲切座谈，听她讲述自己的成长历程，并表达了向劳模致敬和向劳模学习的决心。

【营口市人民检察院以竞赛活动促进检察文化发展】2012年6月5日，营口市人民检察院在营口市老边区举行了营口市检察系统“政法干警核心价值观”教育实践活动主题演讲比赛。参赛选手紧扣政法干警核心价值观主题，密切结合检察工作实际，以身边人、身边事为素材，阐述检察人员对主题教育实践活动的认识、理解和体会，从不同侧面讲述了检察干警践行“忠诚、为民、公正、廉洁”的政法干警核心价值观的先进事迹，表达出了对法律的忠诚、对正义的追求、对人民的热爱。6月28日，为适应《刑事诉讼法》修订后的新要求，深入推进修订后的《刑事诉讼法》的学习，为全面贯彻落实新《刑事诉讼法》做好思想和实践准备，营口市检察院在市检察院举办全市检察系统修订后的《刑事诉讼法》知识竞赛。10月10日，为迎接党的十八大的召开，促进全市检察机关“政法干警核心价值观教育实践活动”的深入开展，活跃检察机关文化生活，培养团队意识，展示检察干警的精神风貌，由营口市检察院主办、大石桥市院承办的第七届全市检察机关乒乓球比赛在大石桥市交通警察大队举行。全地区45名检察干警分别参加了领导干部组和男女团体、单打等五个项目的比赛。市院江振镛、大石桥市院、西市区院、大石桥市院刘振远、鲅鱼圈区院梁逢春分别获得五个单项比赛的第一名。11月8日，为适应新《民事诉讼法》修订后的新要求，深入推进修订后的《民事诉讼法》的学习，市院举办了全市检察系统新《民事诉讼法》知识竞赛。两级院组成7个代表队参赛，经过激烈角逐，鲅鱼圈区院、市院、站前区院分获团体前三名。通过各种竞赛活动发现人才，锻炼队伍，丰富文化载体，促进了检察文化的发展，推动了检察工作的顺利开展。

【阜新市人民检察院研究检察理论、推动学术交流】2012年阜新市人民检察院以检察理论研究为切入点，大力提升检察干警的理论水平和业务素养。参加辽宁省政法机关践行“忠诚、为民、公正、廉洁”核心价值观，争做人民满意政法干警教育实践活动征文竞赛活动，获奖论文4篇；参加第九届“辽宁法治论坛”征文，获奖论文2篇；参加第七届“东北法治论坛”征文，获奖论文1篇；参加2012年辽宁省政法理论年会，获奖论文20篇。2012年阜新市、县两级院在省级公开出版发行的报刊上发表检察理论文章109篇，参加省级学术会议获三等奖以上的66篇。通过参加学术交流活动极大地激发了广大干警特别是年轻干警钻研业务的兴趣，切实提高干警的执法能力和办案水平。

【辽阳市人民检察院加强理论研究和文学创作】2012年辽阳市人民检察院紧贴检

察实践，加强理论研究，共撰写调研文章340余篇，其中被省级以上采用270余篇。为保障修改后刑事诉讼法正确实施，组织撰写关于检察机关如何贯彻落实新刑事诉讼法方面论文40余篇。参加2012辽宁省政法理论年会，组织干警参加辽宁省法学会刑法学研究会年会的征文活动，有19篇论文获奖。辽阳市院干警钟素艳就其长篇小说《女人画》创作了创作谈《关于〈女人画〉》，发表在4月2日《文艺报》“书香中国”栏目。辽阳市院联合辽阳电视台制作了关于全省政法系统雷锋式政法干警朱宁川的《恪尽职守 秉公办案 做雷锋式的检察官——朱宁川》专题片。

【盘锦市人民检察院坚持检察文化活动常态化】2012年盘锦市人民检察院坚持文化活动常态化，让检察文化融入生活、融入工作、融入心灵，以活动促进工作，以文化提升质量。2012年1月，盘锦市检察院机关党委、乒乓球协会共同举办迎新春乒乓球赛。2月23日，盘锦市检察官文联传统文化协会举办第六期明德国学论坛，以《〈道德经〉心得——“上善若水”学做人》为题讨论发言。3月27日，盘锦市检察院与盘锦市国税局在市国税局体育馆举行羽毛球联谊赛。切磋了技艺，交换了心得，锻炼了身体，增进了友谊。5月12日，盘锦市检察院组织全体检察官来到母爱圣地——望儿山脚下，在慈母像前举行了拜母仪式，表达敬母爱母之情。检察干警在活动结束后表示，要把敬母爱母的热情化为建设家乡，回报社会，努力工作的实际行动中来。6月12日，盘锦市检察官文联举办了以“采撷国学智慧，培育核心价值”为主题的检察文化论坛。中国检察官文联、辽宁省人民检察院、盘锦市委、人大、政协以及相关市直机关的领导参加了本次论坛活动。本次论坛活动，以学习和弘扬中华传统文化为契合点，以培育和构建当代检察官核心价值为着力点，将政法干警“忠诚、为民、公正、廉洁”核心价值观与传统文化所蕴藏的当代检察官执法理念进行了有机整合。全面提升检察官品格修养，推动检察队伍建设的信心和自觉。8月18日至21日，盘锦市检察院组织全院工作人员走进多彩坝上草原，开展“拥抱森林，感受阳光”活动。使全院工作人员感受到院党组关心、爱护的浓浓之情，都表示将以更大的热情投入到以后的工作中，为检察事业的发展贡献自己的力量。9月14日，盘锦检察官文联体育协会登山队的“亲近自然、情系检察”登山活动在北镇龙岗子成功举办。2012年盘锦市人民检察院被最高人民检察院政治部确定为全国检察文化建设示范院。

【辽河人民检察院“石油精神”进检察】2012年，辽宁省人民检察院辽河分院坚持把检察文化建设作为推动检察工作科学发展的动力源，紧紧围绕检察工作主题，结合地域特色，将检察文化建设与石油文化有机结合，努力打造独具“辽河特色”的检察文化品牌，不断提升检察队伍的软实力，有力推进了检察工作创新发展。4月，分院先后邀请辽河油田公司工程建设、企业法规等领域专家为检察干警讲授油田生产开发构成、油田工程建设标准规范、工程建设易发职务犯罪环节等内容，为干警们奉上了精美的企业生产管理知识大餐，为辽河分院有针对性地履行检察职能、更好地服务企业发展打下了坚实的基础。5

月4日，辽河分院组织全体青年检察干警来到辽河油田企业文化教育中心，通过观摩油田会战图片展，聆听创业故事和劳动模范先进事迹，帮助青年干警学习了解辽河油田40余年不平凡的成长历程，感悟体会油田企业在发展壮大中形成的文化内涵，教育引导青年干警牢固树立饮水思源的大局精神，充分发挥自身优势，更好地服务油田企业的科学发展。

重庆市检察官文学艺术联合会

重庆市检察官文学艺术联合会第一次会员代表大会

讲　　话

在重庆市检察官文学艺术联合会成立大会上的讲话

（2012 年 12 月 13 日　根据录音整理）

张　耕

同志们：

今天，我很高兴参加重庆市检察官文联的成立大会。党的十八大不久前胜利闭幕，目前，全国上下正在学习贯彻落实党的十八大精神。在这个重要背景下，重庆市检察官文联成立具有重要的意义。这是重庆市各级检察机关贯彻落实党的十八大精神的一个重要举措，是重庆市检察文化建设进入新阶段的一个重要标志，也是重庆市检察文化建设多年来不断发展、不断取得丰硕成果的一个重要标志。

多年来，重庆市检察机关对检察文化建设高度重视，检察文化建设发展很好，取得的成果很好。据我掌握的一些资料来看，重庆市检察文化建设有三个方面的特点：

一是重庆市各级检察机关对检察文化建设认识深刻，起步较早。重庆市各级检察院的领导对检察文化建设很重视，认识比较深刻。他们认为检察文化建设是检察机关加强队伍建设，推动检察工作的一项不可取代的工作，具有十分重要的作用，把这项工作摆在了重要位置，作为一把手工程，要求各级检察长作为第一责任人。特别是市检察院余敏检察长带头进行调查研究，亲自主持专题会议，研究和部署检察文化建设工作，下了很大的功夫。基层检察院的领导都对检察文化建设也很重视。有的院检察文化建设开展的很早，早在2001年就提出了文化建院的理念，有的结合自己的实际提炼了本院的检察精神，还有的组建了检察文化活动组织。由于认识深刻，起步比较早，所以重庆的检察文化建设发展得比较好。2001年到现在先后举办了两次大型的文艺调演，特别是2009年的调演影响很大，产生了很好的社会反响。

二是重庆检察文化建设注重精神塑造，采取了很多有力的措施。重庆市各级检察院领导，特别是余敏检察长在检察文化建设中，把检察干警精神的塑造、灵魂的塑造摆在了重要位置，采取了很多措施，下了很大的功夫。比如，开展了一系列主题教育活动，先后开展政法干警核心价值观主题教育、检察职业道德主题教育和其他方面的主题教育等等。通过这些教育活动提升检察队伍素质，弘扬检察精神，特别是在提炼重庆检察精神上，余敏检察长花费了很大精力，用了半年时间做了大量调查研究，最后采取投票的办法，并征求了专家的意见，形成了八个字的重庆检察精神，这就是“忠诚廉明，守护正义”。这八个字虽然很简单，但来之不易。有了这八个字，重庆检察队伍就有了价值追求，就有了精神导向，就会激发广大检察干警履行检察职责的热情，把自己的各项工作搞好。为了塑造灵魂、塑造精神，还很注重建设文化环境，发挥文化环境的熏陶作用，这一点我看各个院都做得非常好。今天下午开会前，我看了第一分院，第一分院的检察文化环境建设确实搞得很好，从重庆实际出发，在“山”和“水”这两个字上做文章，提炼出了山水检察精神，把山水精神和检察精神结合起来，形成了检察院独特的理念，还建设了院史室、文化室、文化廊等等，极力营造一种文化环境、文化氛围，使干警们在文化氛围的熏陶下不知不觉来提高文化素养。

三是重庆检察文化建设的载体很丰富，效果很明显。各级检察机关几乎调动了所有的艺术手段进行检察文化建设。比如，组织了许多书画展览、摄影展览，各种各样的比赛、文体活动等等，通过这些文化活动，既展示了检察机关的文化建设成果，又发现和培养了一批检察文化艺术人才。我认为重庆市检察机关的文化艺术人才确实不少。有几个同志在我的印象中很深刻，比如，万州区院的李勇同志，很能写剧本、写小说，写了100多部作品，有36部作品获奖，而且有的奖项是很高的，如曹禺戏剧奖、中国文学奖、高检院“金鼎奖”等，这很不简单；还有四分院的李代富同志，举办了个人书画展，参加了很多书画展览，获得12项金奖，20多项其他奖励，这也很不容易；还有一分院的退休干警邓晓岗，他不光是重庆检察系统一名出色的艺术人才，在全国检察系统也是数得上的，他多次参加了高检院的书画摄影比赛，连连获奖，特别在去年由高检院政治部、中国检察官文联共同组织的纪念人民检察制度创立80周年大型书画摄影展览中，他的书法和绘画作品都获得二等奖。所有这些都是多年来重庆市检察机关狠抓检察文化建设结出的丰硕成果。正是有了这么一个工作基础，重庆市检察官文联的成立就是必然的。当然，除了我们自身的工作基础以外，还有各个方面的关心，比如，市委政法委的关心和市文联及其他部门的支持，特别是市检察院党组在检察官文联成立这个问题上下了很大的力气，做了很多的工作。为此，我代表中国检察官文联，对重庆市检察官文联的成立表示热烈的祝贺！

这是我对重庆市检察文化建设和检察官文联成立的一些感受。下面，我想简单讲一讲重庆市检察官文联成立后，着重要抓好的几项工作。

一、要以党的十八大精神为指引，不断地提高做好检察官文联工作的自觉性和责任心

十八大是我们党的历史上一次非常重要的会议，具有里程碑意义，是一个高举旗帜、继往开来、承上启下、团结奋进的大会。十八大的政治报告，十八大修改的党章，十八大选出的新一届中央领导集体，使我们建设中国特色的社会主义、全面建成小康社会有了行动纲领，有了党章保障，有了坚强的领导核心，我们对全面建成小康社会充满信心，对做好检察官文联工作同样也充满信心。特别是党的十八大把民主法治建设和文化建设提到了一个很高的战略位置。党的十八大提出到2020年依法治国基本方略要全面落实，法治政府要基本建成，要求各级领导干部要善于运用法治思维和法治方式解决矛盾，维护社会稳定。同时，提出要扎实推进社会主义先进文化建设，扎实推进文化强国建设，而且提出了明确的任务，所有这些都是对我们的极大鼓舞。认真落实党的十八大精神，从认识上讲，有两个问题要关注：一是一定要克服“两种倾向”，第一种就是认为文化无用的倾向，现在大家对文化都有个比较深刻的认识，都在重视文化，但还不能说是所有的人都对文化很重视，还有一些人，不同程度地存在文化无用的看法，他们不能很好地处理文化建设和业务工作的关系，认为抓文化建设，影响工作开展；第二种就是文化万能的倾向，有些同志形象地讲，文化是个筐，什么都往里面装，我认为这是把文化泛化了，泛化的结果就必然导致文化不重要了。所以对这两种倾向我们都要注意加以克服。二是要处理好“三个关系”。第一个关系，就是检察官文联工作和检察机关的关系。检察官文联的同志一定要明确，检察官文联是在检察院党组直接领导下的一个社会团体，检察官文联的工作绝对不能游离于检察院党组的工作部署之外，要自觉地接受检察院党组的领导，把检察官文联的工作融入到检察工作的整体部署中去。第二个关系，就是检察官文联工作和检察文化建设的关系。检察官文联必须明确，检察官文联的工作是检察文化建设的一个组成部分，不是检察文化建设的全部，检察官文联是用文化艺术的形式来加强和推动检察文化建设，因此检察官文联只是检察文化建设的一个方面军，而不是主管部门，主管部门是检察院的政治部门，这个关系要搞明确。第三个关系，就是检察官文联和其他部门的关系。首先是和各级文联的关系，检察官文联是同级文联的团体会员，一定要自觉地接受同级文联的工作指导。其次，检察官文联是经过注册登记的社会团体，一定要接受当地民政部门的行业管理。再次，检察官文联要和方方面面加强联系，比如各个艺术团体，还有其他方面，这些关系都要处理好。我们在学习党的十八大精神的时候，一定要结合检察官文联工作实际，切实注意防止以上“两种倾向”，正确把握处理好“三个关系”。

二、要以党的十八大精神为指引，始终坚持检察官文联正确的工作方向

这个正确的工作方向，我认为主要是体现在以下几个方面。第一，一定要以社会主义核心价值体系为引领，认真实践政法干警核心价值观和高检院党组提出的“六观”。政法干警核心价值观是对社会主义核心价值体系在政法系统的具体化，“六观”是对核心价值体系和核心价值观在检察系统的具体化。这是检察官文联必须认真落实好的。第二，一定要深化服务理念，认真做好服务工作。检察官文联是个服务单位。为谁服务，要为检察机关服务，为检察队伍服务，为检察基层服务，为人民群众服务。靠什么服务，要用文化艺术服务，要不断创作出为检察干警和人民群众喜爱的各种各样的文化艺术作品，开展为群众所喜爱的各种各样富有检察特色的文化艺术活动。在做好这些方面服务的同时，最重要的是要围绕大局、服务中心，围绕党和国家的工作大局，服务检察机关的中心工作。这样，检察官文联的工作才能体现出自身的作用，才会有作为，有地位。第三，一定要突出检察官的主体地位。检察官文联是用文化艺术形式来推动检察队伍建设和检察工作的科学发展，所以检察官文联在开展各种文化活动的时候，一定要做到：从内容上讲，要充分展示检察官的工作，检察官的故事，检察官的事迹；从力量来说，主体一定是检察官，不管是书法、绘画、摄影、演出，主体都应当是检察官。前不久，中国检察官文联配合高检院纪检监察部门，在首都博物馆举办了全国检察机关“廉洁从检”书画摄影作品展，这个展览所有作品的作者都是检察官和检察官的家属、子女，有的作品还是检察英模及其家属、子女创作的。展览一开始，就引起了很大的反响。这就是突出了检察官的主体地位，由检察官写自己演自己，这对社会群众的影响要深刻得多。第四，一定要贯彻“二为”方向、“双百”方针和“三贴近”原则。坚持为社会主义服务、为人民群众服务的方向和“百花齐放、百家争鸣”的方针，这是毛主席在延安文艺座谈会上提出来的，现在仍然具有重要的现实意义。“三贴近”原则就是贴近群众、贴近实际、贴近生活，这些对我们检察官文联来说是完全适用的。“双百”方针非常重要，在我们的文艺创作和艺术活动中，一定要给不同的艺术风格和不同的艺术流派以自由，给他们发展的空间，这个问题很重要，一定要发扬艺术民主。

三、要以党的十八大精神为指引，认真领会和理解科学发展观的历史地位，不断促进检察官文联工作全面协调可持续发展

科学发展观作为我们党的指导思想，不仅写进了党的十八大报告，而且写进了党章。检察官文联怎样贯彻科学发展观、怎样协调发展，概括起来是检察文化理论研究、检察文化艺术创作、检察文化艺术活动，这三个方面要紧密联系，整体推进、协调发展。理论是指导、创作是根本、活动是载体，三者缺一不可。检察文化理论研究，同一般的检察理论研究是不完全一样的，检察文化理论研究要研究什么呢？一个是要从文化艺术的角度研究怎样深化检察理念、诠释检察理念、弘扬检察理念，换句话说，就是怎样把检察理念转化为生动的、为检察官和人民群众所喜爱的、容易接受的各种各样的文化艺术作品，这是检察文化理论研究的重要目的。在检察文化理论研究的指导下进行检察文化艺术创作，再把创作的作品转化为具体的检察文化艺术活动，我把这三者的协调发展叫做检察官文联“三位一体”的工作思路。这个思路怎么样，请检察官文联的同志们进一步认真研究。

四、要以党的十八大精神为指引，坚持不懈地推进检察文化艺术队伍建设

检察官文联的工作主要靠文化艺术人才来推动。检察系统的文化艺术人才不少，特别是重庆市检察机关的文化艺术人才确实很多，可以说是人才济济。现在需要我们组织、凝聚、提升、使用好这批人才。重庆市检察官文联成立以后，要为这些艺术人才的发展提供很好的平台，为他们提供各种各样的机会，创造各种各样的条件，使他们的文化艺术才能得到充分地发挥，得到不断地提高。当前检察官文联要做的一件事情，就是要把重庆市检察系统的文化艺术人才底数搞清楚，究竟有多少文化艺术人才，有多少类型，他们达到了什么样的水平。比如，哪些人达到了省一级和国家级的专业协会会员的水平，他们参加过哪些展览，获得过哪些奖项，这些我们应该心中有数，然后才能够有针对性地来使用、培养和提高这批人才。

五、要以党的十八大精神为指引，认真地毫不动摇地加强检察官文联自身建设

一是要使检察官文联的工作尽快走上规范化轨道，要抓紧研究检察官文联的建章立制工作，该建的规章制度要逐步建立起来。同时，要重视专业委员会的规范化建设，重庆市检察官文联一次性把七个专业委员会都成立起来了，这件事做得好，走在了前面。专业委员会成立起来后要认真研究怎么样开展活动，怎么样履行好自己的职责，抓紧建立各项制度，使专业委员会的工作，一开展就步入规范化轨道。二是要实事求是地推动基层的检察官文联的建设。现在全国省一级的检察官文联已成立了 23 家，重庆是第 24 家。基层的检察官文联全国现在也有 100 多家了，区县特别是地市一级，凡有条件的地方我看也可以把检察官文联成立起来。现在大家都认为检察官文联是检察人员的精神家园，建设好了，确实对凝聚检察队伍的力量、振奋检察队伍的精神、提高检察队伍的素质、推动检察工作有好处。这 23 个省（区市）成立检察官文联时，我都去参加了他们的成立大会，还看了一些基层检察院，凡是文化建设搞得好的基层检察院，那里干部的精神面貌就不一样，精神状态就不一样，凝聚力就不一样，机关的工作氛围就不一样。这再次证明了文化的力量，因为文化是精神、文化是灵魂，人有了精神、有了灵魂，还有什么事干不好呢？三是廉政建设。这是检察官文联自身建设中我要强调的最重要的一条。检察官文联一定要把廉政建设放在很重要的位置。为什么？因为检察官文联和检察机关不一样，检察官文联章程规定得很明确，可以接受社会捐赠，这是检察官文联经费来源的一个重要渠道。在接受捐赠时，我们要特别注意，不能谁给钱都接收，弄不好是要出问题的。我们一定要绷紧廉政这个弦。接受每一笔社会捐赠都要慎之又慎，使用时更要慎之又慎，一定要符合国家有关政策和规定，千万不能在廉洁上出问题。检察官文联的队伍出了问题，不但会影响文联自身，更重要的是会败坏检察院的声誉，给检察机关抹黑。所以在廉政这个问题上，我请我们检察官文联的同志一定要注意，一定要谨慎。

我相信，重庆市检察官文联成立之后，在市检察院党组的领导下，一定会把工作搞得很好。目前，已经有了检察文化建设非常好的基础，而且重庆又是个文化积淀很厚重的地方，各方面文化都有。我去看了白公馆、渣滓洞，还有红岩纪念馆，我感觉重庆这个地方红色文化积淀非常深厚。所以，检察官文联一定会大有作为，会把地方文化同检察文化结合在一起，形成具有重庆特色的检察文化。

最后，我祝愿重庆市检察官文联的各项工作不断深入开展，不断取得辉煌的成就，为中国特色社会主义检察文化的繁荣发展作出应有的贡献！

谢谢大家！

（张耕同志时任全国政协教科文卫体委员会副主任，中国检察官文联主席，最高人民检察院原党组副书记、常务副检察长。）

在重庆市检察官文联成立大会上的讲话

（2012 年 12 月 13 日）

杨　矿

尊敬的各位领导，各位艺术家，同志们、朋友们：

大家下午好！

值此全市人民深入学习贯彻党的十八大精神，满怀豪情踏上科学发展、富民兴渝新征程的重要时期，我们欣喜地迎来了重庆市检察官文学艺术界联合会成立大会的隆重召开。这是市检察院认真贯彻落实党的十八大精神，重视和加强检察文化建设的一项重大举措，是全市检察文艺界期盼已久的一件大事，必将为检察文化的繁荣和发展注入新的活力。借此机会，我谨代表重庆市文联，向重庆市检察官文联成立表示热烈的祝贺！向各位代表并通过你们向全市检察系统的广大文艺工作者、文艺爱好者致以诚挚的问候！向关心支持文艺事业的检察院各级领导以及各位朋友表示由衷的感谢和崇高的敬意！

文联是党和政府联系文艺界的桥梁和纽带，是繁荣发展文艺事业，大力建设文化强国，切实创新社会管理，助推全面建成小康社会的重要力量。市检察官文联是市检察院联系系统广大文艺工作者最灵活的触角、最便捷的通道，是指导系统干部职工开展群众文化最有效的组织，最鲜活的细胞。市检察院有了检察官文联这个平台，就可以更好地实现全市检察系统文化资源优化重组，弘扬社会主义法治精神，构建新型文艺活动主体，培养优秀文艺人才，创作优秀文艺作品，推进检察事业科学发展上新台阶。

衷心希望新成立的市检察官文联在市检察院的正确领导和中国检察官文联的指导下，依法治会，依章办会，牢牢把握检察文化的前进方向，紧紧围绕检察院工作大局来统筹谋划和开展工作，突出重点，打造亮点，努力把党和政府对文艺的要求、检察干警对文艺的需求、系统文艺工作者和文艺爱好者对文艺的追求结合起来，认真履行好联络协调服务职能，充分发挥组织维权服务作用，在繁荣发展社会主义先进文化、建设温馨和谐检察机关中承担起自己的庄严使命。

衷心希望市检察官文联要努力适应新形势新情况新任务的新要求，积极探索适应社会主义市场经济体制、符合检察文化发展规律和基层社会团体特点、充满生机与活力的管理体制、运行机制、组织形式、活动方式；牢固树立高度文化自觉和文化自信，坚持用社会主义核心价值体系引领文艺思潮，坚持“二为”方向和“双百”方针，发扬艺术民主，切实践行“爱国、为民、崇德、尚艺”文艺界核心价值观；立足服务系统检察官，开展多彩文艺活动，创作生产精品力作，培养优秀文艺人才；发挥桥梁纽带作用，整合系统文化资源，不断增强检察官文联组织的自身活力和凝聚力，努力把检察官文联建设成为全市检察系统广大文艺工作者和爱好者的“温馨和谐家园”，成为全市基层文联建设的新标杆。

衷心希望全市检察系统文艺工作者牢记自己的庄严使命，以充沛的激情、生动的笔触、优美的旋律、感人的形象，升起更加昂扬的理想风帆，描绘更加美好的生活蓝图，激励更加坚定的奋进信心，满腔热情地讴歌时代主旋律，满足检察官和人民群众多层次、多样化、多方面的精神文化需求，为建设文化强市，率先全面建成小康社会作出新的更大的贡献！

最后，祝大会圆满成功！

谢谢大家！

在重庆市检察官文学艺术联合会成立大会上的讲话

（2012年12月13日）

余　敏

尊敬的张耕主席，各位领导，同志们：

今天，重庆市检察官文学艺术联合会第一次会员代表大会隆重召开。这是我市检察机关文化建设的一次盛会。全国政协教科文卫体委员会副主任、中国检察官文学艺术联合会主席张耕同志亲临大会指导，并作重要讲话。我们一定要认真领会、抓好落实。市委政法委常务副书记袁勤华、市文联副主席杨矿以及有关部门领导和嘉宾也出席了大会。在此，我代表市检察院党组，向张耕主席、各位领导、各位嘉宾表示热烈的欢迎和衷心的感谢！向重庆市检察官文联的成立表示热烈的祝贺！

文化是民族的血脉，是人民的精神家园。当今时代，文化越来越成为民族凝聚力和创造力的重要源泉，越来越成为综合国力竞争的重要因素。党的十八大从全面建成小康社会、实现中华民族伟大复兴的战略高度，作出了“扎实推进社会主义文化强国建设，推动社会主义文化大发展大繁荣”的重大部署。检察机关作为国家专门法律监督机关，既要积极运用好打击、预防、监督、教育等手段，切实担负起社会主义先进文化保障者、捍卫者的职责使命，同时也必须自觉地把检察文化建设纳入社会主义文化建设总体布局，大力推进检察文化大发展大繁荣，当好社会主义先进文化的建设者。

重庆直辖以来，全市检察机关认真贯彻高检院和市委部署，大力实施文化育检战略，以创建规范化检察院和检察文化建设示范院为重要载体，紧贴检察工作和检察队伍实际，坚持加强文化阵地建设、丰富文化活动载体、提升司法素养和职业品格三管齐下，共同提炼和大力弘扬“忠诚廉明、守护正义”的重庆检察精神，大力发掘和宣传检察干警身边的先进模范人物，广泛开展群众性文化活动，因地制宜打造具有检察职业特色的文化环境，提振队伍精气神，为推动重庆检察工作科学发展提供了有力的文化支撑、注入了强大的精神力量。

党的十八大突出强调要“发挥文化引领风尚、教育人民、服务社会、推动发展的作用”，提出了要“加强社会主义核心价值体系建设，倡导富强民主文明和谐、倡导自由平等公正法治、倡导爱国敬业诚信友善；坚持依法治国和以德治国相结合，加强职业道德教育，加强司法公信建设，以及丰富人民精神文化生活”等新部署、新任务，对于我们在新的形势下，加强检察文化建设，提升队伍素质、执法公信力和检察职业形象提出了新的更高要求。我们一定要认真贯彻落实中央、高检院和市委关于推进文化建设的战略部署，以高度的文化自觉和文化自信，更加扎实地推进富含检察职业元素、体现重庆地域特色的检察文化建设，为检察事业的科学发展提供思想保证、精神动力和智力支持。今天，重庆检察文联的成立，为深入推进全市检察文化建设提供了新平台，标志着全市检察文化建设步入了新阶段。借此机会，我讲四点意见：

第一，希望检察文联围绕中心，主动融入、充分履职。检察文联是我市检察队伍中文艺人才和文艺爱好者的联合组织。要发挥社团组织优势，以鲜活的文化艺术形式浸润思想、反映工作、展示才华，激发检察干警的工作创造力和队伍的生机活力，真正使检察文联成为检察机关加强队伍建设的重要助手，密切与社会和人民群众联系的桥梁纽带。一要主动融入文化强市建设工作。检察文化是社会主义先进文化的重要组成部分。重庆市检察官文联开展的各项文学艺术创作和文化艺术活动，要紧紧围绕我市第四次党代会提出的“大力建设文化强市，努力促进重庆文化大发展大繁荣”的奋斗目标来谋划、来部署，突出检察文化建设的地域特色，植根于源远流长的巴渝文化、光照千秋的红岩精神、可歌可泣的三峡移民精神等重庆历史文化底蕴中，打造检察文化和法治文化，为建设文化强市贡献力量。二要主动融入检察中心工作。要紧紧围绕检察中心工作来研究谋划检察文联的工作，突出检察文化建设的职业特色，通过开展丰富多彩、独具特色、喜闻乐见的文化艺术活动，充分展示全市检察机关服务经济社会发展，强化法律监督、强化自身监督、强化队伍建设、强化基层基础建设的丰硕成果，不断增进人民群众对检察工作的理解、信任和支持，营造良好的法治环境。三要主动融入高素质检察队伍建设。要大力发掘和团结检察文艺人才，激发他们投入检察文化建设的积极性，丰富检察文艺创作，创新文化活动载体，拓展文化活动阵地，带动和影响广大检察干警积极参与各类文化艺术活动，不断满足广大检察干警对精神文化多样化、多层次、多方面的现实需求，培养健康向上、丰富多彩的生活情趣，在潜移默化、润物无声过程中提升司法素养、职业品格和职业操守，促进广大检察干警爱岗敬业、恪守检察职业道德、忠实履行法律监督职责，促进检察队伍整体素质不断提升，促进干警个人全面健康发展。

第二，希望检察文联领导集体牢记使命，尽心履责、勇担重任。当选重庆市检察官文联领导职务，这既是荣誉，更是责任。近年来，全市检察文化建设工作纵向比，有进步有突破；横向比，有差距有压力。当前，我们要在党的十八大关于加强社会主义先进文化建设的精神指引下，以重庆检察文联和三级检察院文联理事组为重要抓手，推动重庆检察文化建设迈上新台阶。希望检察文联的同志们不辜负组织和广大检察干警的信任和期望，不辱使命，担当重任，领导检察文联认真履职、创新发展。要把检察文联工作融入到全市检察文化建设之中来思考和谋划，推进各专业委员会建设，组织开展好各具特色的文化活动，多出优秀人才、多创优秀作品。要注重把握检察文化建设态势，加强对各级院文联理事组工作的指导，引导因地制宜开展工作。要着力发挥文艺团体在联络范围、协调手段、服务对象等方面的特点，探索符合文艺发展规律和社团组织的管理体制、运行机制、组织形式和活动方式，把各方面的文艺人才团结凝聚起来，把广大检察干警吸引调动起来，各尽其能、各展所长、各有所获，把检察文联建设成为广大检察干警温馨和谐的精神家园。

第三，希望检察文艺人才坚持“三贴

近”，真情创作、展现才华。一切优秀的文化创造，一切传世的精品力作，都是时代的产物。当前重庆检察事业正处在蓬勃发展的阶段，如火如荼的检察工作实践，为检察文艺创作提供了丰沛的动力源泉，检察文化建设发展正面临着重大历史机遇。广大检察文艺人才要始终坚持正确的创作方向，始终坚持贴近检察工作实际、贴近生活、贴近干警，用充沛的激情、生动的笔触、优美的旋律、感人的形象，创作出主题鲜明、内涵深刻、形式新颖、感召力强的优秀检察文艺作品，颂扬检察事业，讴歌检察干警，展示干警丰富多彩的内心世界，激励广大干警在检察工作中奋勇争先、勇争一流，在推动重庆检察文化发展繁荣的生动实践中展现艺术才华、服务检察事业。

第四，希望广大检察干警主动参与，共建共享、提升素养。检察干警是检察文化建设的主体，满足广大检察干警日益增长的文化需求是检察文化建设的出发点和落脚点。希望广大检察干警依托检察文联的各专业委员会，主动参与到形式活泼、寓教于乐的各种检察文化活动中，不断增强参与检察文化建设的积极性、主动性和创造性，切实在检察文化建设中陶冶职业情操，抒发职业理想，享受文化氛围，提升文化品位，增强综合素养，共建共享检察文化建设成果。

各级院党组要切实把检察文联工作纳入检察文化建设来整体谋划，检察长要大力支持检察文化建设和检察文联工作，落实责任，强化措施，完善机制，提供保障，及时研究解决具体困难和问题。各级院政治部门作为推进检察文化建设的责任部门，要协助党组加强与检察文联的具体联系、指导和协调，管好导向，支持检察文联开展文化活动，努力形成院党组领导、政工部门牵头协调、其他部门配合、检察文联等团体和群众组织参与，各方面齐抓共管、共同推进检察文化事业蓬勃发展的工作格局。

同志们，检察文化是推动检察工作科学发展的强大精神动力。重庆检察文联的成立为检察文化建设注入了生机与活力。我们一定要深入学习贯彻党的十八大精神，以成立重庆检察文联为新的起点，进一步振奋精神、扎实工作，努力开创重庆检察文化建设的新局面，为服务重庆经济社会科学发展和实现检察工作自身科学发展作出新的更大贡献！

谢谢大家！

在重庆市检察官文学艺术联合会成立大会上的讲话

（2012 年 12 月 13 日）

袁勤华

尊敬的张耕主席，各位领导，各位代表，同志们：

在全市上下深入学习贯彻党的十八大、市第四次党代会精神之际，重庆市检察官文学艺术联合会正式成立。在此，我谨代表市委政法委，并代表市委常委、政法委书记刘学普同志对检察文联的成立表示热烈的祝贺！对张耕主席莅临指导表示诚挚的欢迎！并向全市检察干警致以亲切的慰问！

党的十八大是在我国进入全面建成小康社会决定性阶段召开的一次十分重要的大会，对于凝聚党心军心民心、推进党和国家事业发展具有十分重大的意义。大会描绘了全面建成小康社会、加快推进社会主义现代化的宏伟蓝图，对在新的历史条件下推进中国特色社会主义作出了全面部署，特别是从中国特色社会主义事业“五位一体”总体布局的高度，提出了“扎实推进社会主义文化强国建设”的战略任务，强调“全面建成小康社会，实现中华民族伟大复兴，必须推动社会主义文化大发展大繁荣，发挥文化引领风尚、教育人民、服务社会、推动发展的作用”。

建设社会主义先进文化，既是中央在新时期着眼提升国家软实力、国际竞争力的重大战略部署，也是推进包括政法维稳工作在内的各项工作科学发展的精神动力和重要保障。近年来，我市检察机关认真贯彻落实中央、市委和高检院的一系列决策部署，紧紧围绕中心、服务大局，狠抓政法三项重点工作，积极参与平安建设，全面履行法律监督职能，强化检察队伍建设，整个检察工作取得突破性发展，开创了重庆检察工作的崭新局面，为全市经济社会又好又快发展提供了强有力的司法保障。在这个过程中，我市检察机关始终坚持把检察文化建设作为强化队伍建设、助推检察事业发展的重要抓手，大力实施文化育检战略，全力服务检察中心工作，有力促进了检察工作科学发展。

深入学习贯彻党的十八大精神，是当前和今后一个时期全市各级政法部门的首要政治任务。全市检察机关要紧密联系实际，与贯彻落实市第四次党代会精神有机结合，围绕“科学发展、富民兴渝”总任务和“一统三化两转变”发展战略，不断强化法律监督、强化自身监督、强化队伍建设，不断提升检察工作服务和保障经济社会发展的水平。在推进法律监督工作、强化司法服务的过程中，要认真贯彻十八大和市第四次党代会关于推进文化建设的战略部署，更加自觉地把检察文化建设纳入各项检察工作之中统筹思考和谋划，充分发挥文化建设塑造精神、凝聚力量、提高素能、树立形象、推动工作的功能作用。成立重庆检察官文联，是新形势下推进检察工作创新发展、强化高素质检察队伍建设的一项重要举措。希望全市检察机关以此为新的起点，紧密结合检察工作实际，全面推进检察文化建设，持续强化检察队伍素质，不断提升检察形象和执法公信力。

一要始终坚持用社会主义核心价值体系武装检察队伍，深化社会主义法治理念和政法干警核心价值观教育，扎实开展以为民务实清廉为主要内容的党的群众路线教育实践活动，确保广大检察干警坚定不移地做中国特色社会主义事业的建设者和捍卫者。

二要充分发挥检察文化的教育、规范、约束、凝聚、激励等作用，在潜移默化、润物无声过程中提高检察队伍的思想政治素质、职业道德素质和法律监督能力，树立检察机关理性、平和、文明、规范的良好执法形象，不断提升检察机关的凝聚力、向心力和战斗力。

三要充分发挥检察文联的职能作用，贴近实际、贴近干警、贴近一线，主动引导检察干警在检察文化建设中自我教育、自我展示、自我提升，不断满足检察干警的精神文化需求，促进整个检察队伍全面发展，努力把各级检察机关建设成为检察干警共有的精神家园，为打造一流队伍、争创一流业绩提供强大的组织保证和精神动力。

同志们，检察文化建设事关检察事业的长远发展。全市检察机关要在党的十八大精神指引下，以成立重庆检察文联为契机，大力推进检察文化建设，全面提升队伍整体素质，努力建设一支政治坚定、能力过硬、作风优良、奋发有为的检察队伍，不断开创检察工作新局面，为推动“科学发展、富民兴渝”作出新的更大贡献！

凝心聚力　科学谋划　乘势而上
努力推动重庆检察文化艺术繁荣发展

——在重庆市检察官文学艺术联合会第一次
会员代表大会暨成立大会上的工作报告

（2012 年 12 月 13 日）

南东方

尊敬的张耕主席、各位领导、各位代表、同志们：

今天，我们乘着全市检察机关深入学习贯彻党的十八大精神的东风，在这里隆重召开重庆市检察官文学艺术联合会第一次会员代表大会，这标志着重庆市检察官文学艺术联合会正式成立。这是全市检察机关文化建设的一件大事，也是全市检察干警文化生活的一件喜事。大会选举产生了重庆市检察官文联领导集体，推选我担任第一届重庆市检察官文联主席，这是市院党组和各位代表对我的信任，是荣誉，更是责任。在此，我谨向大会，并代表重庆市检察官文联向莅临大会的张耕主席、余敏检察长、勤华常务副书记、各位领导、各位来宾和同志们表示衷心的感谢！

在我市检察官文联筹备成立过程中，中国检察官文联给予了大力支持和有力指导。今天，中国检察官文联张耕主席亲临大会指导并将做重要讲话，这是对重庆检察文联成立的强力支持，也是对我们工作的巨大鼓舞和鞭策，将为我们加强检察文化建设、做好检察文联工作指明方向。我们一定要认真学习领会、切实抓好贯彻落实。下面，我代表第一届重庆市检察官文联领导集体向大会做工作报告。

一、抓住大好机遇，坚定做好检察文联工作的信心和决心

当前，检察文化建设和检察官文联工作正迎来宝贵的历史机遇。党的十八大报告突出强调文化建设在中国特色社会主义事业总体布局中的重要地位和作用。市第四次党代会响亮提出“大力建设文化强市，努力促进重庆文化大发展大繁荣”的奋斗目标。高检院曹建明检察长多次对检察文化建设做出重要批示，强调坚持把检察文化建设摆到更加重要的位置，更加积极、更加主动、更加自觉地加强和改进检察文化建设，并对当前和今后一个时期推进检察文化建设、做好检察文联工作提出了明确要求。今年 6 月，高检院专门召开全国检察机关首次文化建设工作会议，研究部署了当前和今后一个时期加强检察文化建设的思路和措施，明确提出要在新的历史起点上繁荣发展检察文化的具体要求。这些都为检察文化建设指明了发展方向，提供了有利条件。

近年来，全市检察机关认真贯彻落实高检院文化育检的战略部署，结合重庆检察实际，坚持加强文化阵地建设、丰富文化活动载体、提升司法素养和职业品格三管齐下，化无形为有形，大力推进富含检察职业元素的文化建设，为建设高素质检察队伍、推动重庆检察工作科学发展、勇争一流提供了有力的思想保证和强大的精神力量。2008年召开的第二次全市检察工作会议和政治工作会议，提出了“积极开展检察文化建设，培育具有重庆特色、体现司法属性、反映和谐要求的重庆检察文化”的工作部署和五年规划，将检察文化建设列为基层院规范化创建的重要任务，指导基层院按照“神形兼备、内外兼修”的要求，整体推进检察文化建设。市院先后组织全市检察机关自下而上开展“重庆检察精神”大讨论，共同提炼出“忠诚廉明、守护正义”的重庆检察精神；开展“我身边的检察职业道德模范”和“执法为民示范窗口、亲民爱民优秀干警”等一系列评选表彰活动，推出“全国先进工作者”龚勇、“全国模范检察官”罗东宁、“振新重庆争光贡献奖”么宁等一批重大先进典型；成功举办重庆市检察机关首届检察文化艺术节、书画摄影展、“青年才艺之星”评选和体育联赛等活动。各级院紧贴本地实际，以规范化检察院创建为载体，整体推进检察文化建设，提炼形成本院的发展理念、检察精神或院训，因地制宜打造文化长廊、院史荣誉室、图书阅览室、廉政文化教育基地、健身运动场所等文化设施，组建文学、艺术、体育等各类活动团队，广泛开展干警喜闻乐见的文化活动，检察文化建设呈现出整体推进、亮点纷呈、蓬勃发展的良好态势。许多检察院成为当地机关单位文化建设的示范窗口和样板单位。江北和万州区院被高检院评为“全国检察文化建设示范院”。三级检察院的41个院建成市级以上文明单位，其中12个院建成市级文明单位标兵，3个院被评为“全国精神文明建设工作先进单位”。一批优秀文艺作品分别荣获曹禺戏剧奖、中国戏剧文学奖、全国检察机关精神文明建设“金鼎奖”和全国检察机关书画摄影比赛大奖。一批理论研究成果和文艺作品公开出版。全市检察文艺人才信息库已涵盖6大类共200余人。今年，市院专门出台了《关于加强检察文化建设的实施意见》，明确了新一轮检察文化建设的目标任务，部署开展了“文化建设示范院”创建活动，掀起了检察文化建设的新热潮。所有这些，都为做好检察文化建设工作积累了丰富经验，为检察官文联的建立奠定了坚实基础。

在这样的大好形势下，重庆市检察官文联应运而生，标志着我市检察文化建设迈入了新的历史阶段。我们一定要抓住宝贵的历史机遇和有利条件，切实增强加强检察文化建设的紧迫感和责任感，坚定做好检察文联工作的信心和决心，凝心聚力、科学谋划、乘势而上，努力做好检察文联工作，开创重庆检察文化建设新局面。

二、把握职能定位，明确检察文联工作的总体思路和基本要求

正确认识和准确把握检察官文联的职能定位，是确立检察文联总体思路、做好检察文联工作的基本前提。按照重庆市检察官文联章程的规定，重庆市检察官文联的本质属性和职能定位主要体现在以下五个方面：一是重庆市检察官文联是在市检察院党组领导下，在中国检察官文联和重庆市文联指导下，经民政部门批准登记注册，由全市检察机关各院理事组和文艺人才、文艺爱好者组成的联合性、非营利性的社会团体。在工作中，既要自觉接受市检察院党组的领导，又要主动接受中国检察官文联、重庆市文联的指导和市民政局的监督管理。二是重庆市检察官文联是全市检察机关文艺人才、文艺爱好者的联合组织。它以全市检察机关文艺人才为主体，团结广大文艺爱好者，通过开展丰富多彩的文化活动，带动和影响整个检察队伍加强文化修养、提升文化品位，把各级检察机关建设成为检察干警共有的文化精神家园。三是重庆市检察官文联是检察机关加强检察队伍素质建设的重要助手和力量。它以文化艺术的形式，发挥社会团体的优势，协同检察机关政治部门推进检察文化建设，发展繁荣检察文化，提升检察队伍素质。四是重庆市检察官文联是加强检察文化建设的重要阵地。在这个阵地上，既培育检察精神、传播检察文化，又弘扬法治精神、宣传法治文化；既展示重庆检察工作业绩、塑造检察队伍形象，又展示各地检察文化、廉政文化和地域文化的风采和魅力。五是重庆市检察官文联是密切检察机关与人民群众血肉联系的桥梁和纽带。它通过各种文化艺术创作和文化艺术活动，宣传检察工作，树立检察形象，使人民群众和社会各界更加了解检察、理解检察、认同检察、支持检察，增强全市检察机关的社会影响力和执法公信力。充分发挥检察文联的职能作用，把重庆检察文联建设好，必须牢牢把握这些基本职能定位。

按照党的十八大精神和高检院关于加强检察文化建设的总体要求，根据检察文联的职能定位和中国检察官文联的工作部署，当前和今后一个时期重庆市检察官文联工作的总体思路是：高举中国特色社会主义伟大旗帜，坚持以邓小平理论、“三个代表”重要思想、科学发展观为指导，深入学习贯彻落实党的十八大精神，坚持社会主义先进文化的前进方向，紧紧围绕全市工作大局和检察工作中心，以提高检察队伍素质、提升检察形象和执法公信力为目标，立足检察职能，团结、组织检察文化艺术队伍和广大检察干警，大力开展检察文化艺术创作和文化艺术活动，服务检察工作、服务队伍建设、服务基层群众，推动重庆检察文化大发展大繁荣，为重庆检察工作科学发展做出应有的贡献。贯彻这个总体思路，做好检察文联各项工作，要始终坚持以下七点基本要求：

一要坚持正确的政治方向。社会主义核心价值体系是社会主义先进文化的精髓，是检察文化建设的基本遵循和行动指南。要始终把社会主义核心价值体系融入检察文化建设的全过程，贯穿于检察文联工作的各个方面，坚持用马克思主义中国化的最新理论成果武装全体检察干警，用中国特色社会主义共同理想凝聚力量，用以爱国主义为核心的民族精神和以改革创新为核心的时代精神鼓舞士气、激励斗志、培育队伍，引导和促进广大检察干警忠实践行社会主义法治理念，强化政法干警核心价值观，切实做到“三个至上”、“四个在心中”。

二要坚持围绕检察工作中心。为党和国家大局服务，为法治建设服务，为检察中心工作服务，是检察文联必须坚持的基本原则。离开了这一点，检察文联就失去了存在的价值。检察文联的各项文化艺术创作和文化艺术活动，都要始终围绕全市经济社会发展大局，围绕检察工作中心来谋划、来推进；要把履行法律监督职责的丰富实践作为检察文化建设和检察文联工作的不竭源泉，深入宣传检察工作、大力弘扬检察精神、热情讴歌检察英模，全方位展示检察工作的丰硕成果和检察队伍的良好形象，努力促进全市检察工作科学发展、勇争一流。

三要坚持服务基层、服务群众的宗旨。为检察基层服务，为广大检察干警和人民群众服务，是检察文联的重要职责，也是检察文化艺术事业蓬勃发展的力量之源。检察文联要牢固树立群众观点、实践观点、生活观点，深入基层，深入检察工作第一线，了解社情民意，熟悉检察生活，体验检察情感，为广大检察干警和人民群众创作喜闻乐见的文艺作品，在丰富检察干警精神文化生活的同时，向人民群众宣传检察职能、展示检察队伍风采，不断夯实检察工作的群众基础，形成让广大检察干警、普通群众、社会各界感受检察文化、认同检察文化的良好氛围。

四要坚持突出检察干警的主体地位。检察干警是检察文化建设的主体力量，是推动检察文化发展的内在基础和强劲动力。要始终让检察干警在文化建设中充当主角，善于发现和挖掘本单位、本部门的检察文化艺术人才，最大限度地调动检察干警参与检察文化建设的积极性和创造性。要始终把满足检察干警的精神文化需求作为检察文联工作的出发点和落脚点，把检察干警认可不认可、满意不满意作为评价工作成效的重要标准，积极引导检察干警创作具有思想性、艺术性、观赏性的优秀文艺作品，广泛开展群众性检察文化活动，使广大检察干警在检察文化建设中陶冶道德情操、激励工作斗志、受到文化熏陶、提升职业素养，共建共享检察文化发展成果。

五要坚持遵循文化艺术规律。文化艺术产品是重要的精神产品，需要有自由的空间和宽松的环境。检察文联要充分发扬艺术民主和学术民主，践行“百花齐放、百家争鸣”方针，鼓励理论上的充分讨论、艺术形式风格的自由发展、不同艺术门类形态的探索创新，充分满足多层次、多样化、多方面的文化艺术需求。要尊重检察文艺骨干的创造性劳动，承认差异，包容多样，大力营造保护创作热情、鼓励创新实践的良好氛围，着力打造一批具有检察特色、检察风格、检察气质的精品力作。

六要坚持突出检察特性和重庆特色。检察文联作为加强检察文化建设的重要阵地，必须突出检察机关作为国家法律监督机关的职能特性，融入检察工作、服务检察工作，团结、激励全体检察干警为推动重庆检察工作科学发展、勇争一流而奋斗。要在反映检察机关立足法律监督职能，全力服务大局、维护稳定、保障民生、惩防腐败、守护正义、促进和谐的成效基础上，注重对检察工作生动实践的升华、提炼，推动检察工作与检察文化建设的共同发展。同时，作为地方检察文联，还要立足重庆实际，体现地域特色，大力传承红岩精神、三峡移民精神和巴渝文化，深度提炼本地、本单位开展检察文化建设的好经验、好做法，打造具有自身特色的检察文化品牌，努力使重庆检察文化建设和检察文联工作走在全国检察机关前列。

七要坚持创新发展。创新是我们的事业永葆生机、蓬勃发展的关键所在。做好检察文联工作要努力转变观念、解放思想、与时俱进，积极推进检察文化和法治文化理论创新、检察文化艺术内容和载体创新、检察文化艺术流派和风格创新、检察文化艺术科技手段创新，不断增强检察文化的吸引力、感召力。要主动适应现代科技迅猛发展的新形势，大力推进现代科技在检察文化艺术创作和检察文化艺术活动中的广泛运用，丰富文化艺术表现手段，拓宽文化艺术传播途径，不断增强检察文艺的青春活力。

三、突出工作重点，努力推动检察文化艺术繁荣发展

根据中国检察官文联确定的工作目标，结合重庆检察工作和检察文化建设实际，当前和今后一个时期，重庆市检察官文联的主要任务是抓好七个方面的工作。

一是大力开展检察文化艺术创作。文化艺术创作是文联组织的核心工作内容。检察文联要把检察文艺创作放在突出位置，大力开展检察文化艺术创作活动，努力把更多的优秀作品奉献给检察机关，奉献给检察干警，奉献给人民群众。要积极引导把检察文化艺术创作真正扎根于检察生活和人民群众之中，在丰富生动的检察工作实践中不断汲取艺术营养，丰富生活体验，增强艺术功力，创作出广大检察干警、人民群众喜闻乐见的文艺作品。要整合检察机关文艺创作人才资源，广泛借助社会智力和资源，吸引更多的专长人才关注和参与检察文化艺术创作，不断提高检察文化艺术创作水平。要树立精品意识，实施精品战略，努力推出弘扬检察精神、礼赞职业情操，反映检察工作科学发展，蕴含检察价值追求，富有思想性和艺术性、独具检察特色和检察风格的优秀作品。要建立激励机制，奖励优秀人才，激发检察文艺队伍的创作热情，推动检察文艺创作工作蓬勃开展。

二是广泛开展各类文化艺术活动。这是吸引广大干警参与检察文化建设的重要途径，也是检察文联开展工作的重要抓手。要通过组织开展形式多样、丰富多彩的文化艺术活动，展示重庆检察文化底蕴，激发全体检察干警的职业使命感、荣誉感和归属感，提升整个检察队伍的文化品位，营造浓厚的机关文化氛围。要适时举办检察文化艺术节、文化建设巡礼等规模性文化活动，搭建展示检察干警才华的平台，打造富有重庆特色的检察文化品牌。要充分发挥检察文联各专业委员会的作用，经常组织开展文化讲堂、文化论坛、文艺表演、书画摄影和体育竞赛等适合检察机关特点的群众性文化活动，活跃机关文化生活，培养检察干警阳光健康的生活情趣，在潜移默化中受到启发和影响。

三是不断丰富创新检察文化艺术载体。文化艺术载体种类繁多、形式各异，在推动检察文化建设中发挥着重要作用。检察文联要充分运用现有的文化艺术载体和有效形式，为检察文化建设提供多种展示平台和活动形式。要大力推进检察文化室、文化长廊、图书室、陈列室、教育基地、娱乐健身等文化基础设施建设，打造展现本地检察精神风貌，润泽心灵、陶冶情操、凝聚人心的干警精神家园。同时，要进一步解放思想、与时俱进，不断创新具有时代特征、体现时代精神的新型载体。要积极推进检察网络文化建设，充分发挥互联网传播快、受众面广的优势，在建好检察专线网和“法律监督网”两大网络阵地的同时，进一步加强与社会网络媒体的合作，重视电视传媒的开发和建设，努力推出展示检察官形象和风采的新平台和新栏目，扩大检察文化的覆盖面、渗透力和影响力。

四是着力培养检察文艺专长人才。推动检察文化繁荣发展，队伍是基础，人才是关键。发现、培养、使用和凝聚检察文艺人才是检察文联的重要职责。要全面掌握全市检察文艺人才队伍现状，通过组织开展各类文化活动，举办各种论坛、讲座和研讨会，请著名文化艺术家讲课、辅导、点评文艺作品等，在检察队伍中及时发现和培养文艺专长人才，不断提高他们的艺术理论修养和艺术鉴别力、欣赏力和创造力。要通过组织笔会、采风、展览、演出等活动，使检察文艺人才在各类文化艺术活动中汲取营养、经受锻炼、展示才华，不断提高文艺才能和专业水平。要按照各类检察文艺人才的特点、专长有针对性地提供服务，不断优化人才资源配置，完善人才扶持、表彰、激励和推介机制，为各类检察文艺人才展示才华创造有利条件和宽松环境，鼓励支持他们开展文艺创作活动，逐步培养一批熟悉检察业务、有较高文艺才能的检察文化骨干队伍，脱颖出一批在检察机关乃至社会上有一定影响的检察文艺领军人物。

五是切实推进检察文化和法治文化理论研究。理论是实践的先导、行动的指南。检察文化和法治文化理论研究是检察文联的一项基础性、战略性工作，能为检察文化事业发展提供有力的理论支持和丰富的创作资源。既要深入研究检察文化和法治文化的内涵、基本特征、发展规律、与其他文化的关系等基础性问题，又要加强对实践中重大问题、重要措施的理论论证，同时注重对检察文化建设中的好经验、好做法的理论概括和提炼。要重视重点课题研究，积极协同政治部门和法律研究部门，加强与高等院校、科研机构密切合作，积极组织和参与同检察文化相关的学术交流活动。要注意从检察史志中挖掘文化艺术资源，加强对重庆检察事业发展历史中的重大事件、案件、人物、工作机制的梳理与研究，为检察文艺创作提供丰富的素材。

六是积极推动文化艺术交流合作。文化艺术需要交流合作、取长补短。加强内外交流与合作是检察文联的重要任务。要大力开展国内省际间、地域间的检察文化交流。要主动加强与市文联各专业协会、市内政法部门之间的交流，大力宣传全市检察机关的工作业绩和先进典型，多角度、多层面展示重庆检察文化的发展和进步，努力扩大检察机关的知名度与影响力。要注意学习别人的好做法好经验，借鉴他山之石，完善文联工作机制和措施。要着力加强与检察官协会、女检协、市检察机关青联等系统内社团组织的联系与沟通，整合资源、协作配合，形成检察文化建设的强大合力。

七是主动抓好检察文化艺术宣传。检察文联是新成立的社会团体，需要依赖媒体的力量扩大影响，逐步取得社会各界的了解和支持。要主动加强与新闻媒体的联系，经常通报工作情况，提供工作信息，为检察文联工作创造有利的舆论环境。要通过全方位的宣传，使社会各界了解检察文联的职能定位和工作任务，了解检察文联开展的各种文化活动，了解和认同检察文联在推动检察文化建设、促进检察工作中发挥的作用和取得的成效，从而更加理解、关心、支持检察文联的工作。

四、加强自身建设，切实提升检察文联工作水平

检察文联和各专业委员会的自身建设，直接关系到检察文联的工作成效，必须把自身建设放在十分重要的位置，常抓不懈。

一要始终坚定政治信念。要自觉深入学习贯彻党的十八大精神，坚持以中国特色社会主义理论体系为指导，忠实践行政法干警核心价值观，引导广大文艺爱好者始终坚定走中国特色社会主义道路的理想信念，不断增强政治意识、大局意识、宗旨意识、法治意识和责任意识，不断增强服务重庆经济社会发展大局、服务检察中心工作的主动性，努力把检察文化融入到各项检察工作中去，确保检察文联工作的正确方向。

二要抓好组织建设。要在各级院党组领导和市文联的指导下，按照精简、高效、规范、科学的原则，尽快建立完善检察文联的各项组织，建立健全相关工作制度，形成符合重庆检察工作实际、符合检察文化建设规律和人民团体特点的管理体制和运行机制。重庆市检察官文联日常办事机构设在市院政治部综合处。根据检察文化建设的实际，重庆市检察官文联设立了检察文化理论研究、文学、书法美术、摄影影视、音乐舞蹈、生活艺术、体育棋类等七个专业委员会，三级检察院又分别设立了文联理事组。要切实建好这些工作机构，配强力量，把思想政治坚定、组织协调能力强、具有开拓精神、懂检察业务、熟悉文化工作、热爱文化艺术的人才充实到各组织机构中来；各专业委员会和各院文联理事组要做好计划、健全制度，充分发挥其作用，带领广大会员开展好各专业委员会的活动，推动文联工作开好头、起好步。要重视加强检察文联队伍的业务培训，不断提高做好文联工作的能力和水平，努力成为检察文化建设的行家里手。

三要做好服务协调工作。检察文联要切实增强服务意识，创造性地履行好联络、协调、服务职能。要切实加强检察文联内部之间的沟通交流，听取各方意见，增进协作配合，维护合法权益，增强检察文联的向心力和凝聚力；要妥善处理好检察文化建设与检察业务工作的关系，积极争取各级院党组的关心支持，做好事、办实事、解难事，尽力创造条件、搭建平台，大力扶持检察文艺新人，推荐优秀作品，不断壮大检察文艺队伍；要积极探索与其他党政机关、专业团体和社会文艺人才的多形式、多渠道联系的组织形式，主动争取他们参与检察机关的文化建设，积极开展形式多样的合作，争取多方面的支持和帮助，为检察文联工作有效开展营造良好外部环境。

四要强化纪律作风建设。纪律作风是文化素养的外在表现。检察文联工作者要更加重视纪律作风建设。要始终保持良好的精神状态，勤奋工作，努力奉献，在全力做好检察业务工作的同时，努力推动文联工作创新发展。要坚持深入实际、深入基层、深入一线，倾听检察文化艺术队伍的呼声和要求，求真务实，真抓实干，推动文联工作不断进步。要强化党风检纪教育，切实抓好廉洁自律工作，切实做到自重、自省、自警、自律，确保检察文联队伍自身净、自身正、自身硬。要加强检察文联和各专业委员会的管理和监督，严格纪律，完善制度，自觉接受主管单位和登记机关的监督，防止不廉洁问题的发生。

五要正确处理好与其他方面的工作关系。做好检察文联的工作，必须正确认识和处理好三个方面的关系：一是要正确认识和处理检察文联与各级检察院的关系。在检察文化建设中，检察机关是主体，检察院党组是领导核心，检察文联是参谋、是助手。检察文联要自觉贯彻执行检察院党组的决策部署，紧贴检察中心工作，使检察文联的工作始终沿着正确的方向发展。二是要正确认识和处理检察文联与检察机关政治部门的关系。检察机关政治部门是主管队伍建设和检察文化建设的职能部门，检察文联是开展检察文化建设的重要力量。检察文联的重大活动都要和政治部门沟通，主动争取政治部门的支持，形成合力，共同推动检察文化的繁荣和发展。三是要正确认识和处理与中国检察官文联、地方文联之间的关系。重庆市检察官文联是中国检察官文联的团体会员，也是重庆市文联的团体会员，要自觉接受两个协会的业务指导，不断提升自身工作水平。

各位领导、同志们，沐浴着党的十八大的胜利召开、中国特色社会主义文化建设迎来大发展大繁荣的春风，重庆市检察官文联应运而生。它的成立，标志着重庆检察文化建设也掀开了新的一页。检察文化建设天地广阔、大有作为，检察文联责任重大、使命光荣。我们一定要深入学习贯彻党的十八大精神，在市院党组的领导和中国检察官文联、市文联的指导下，以高度的文化自觉和文化自信，团结、凝聚检察文艺人才和广大检察干警，齐心协力、真抓实干、开拓创新，为加强检察文化建设、提升检察队伍素质和检察机关执法公信力做出新贡献，为重庆检察工作科学发展、勇争一流提供强大的思想保证和精神动力！

再次感谢张耕主席、余敏检察长、勤华常务副书记和市级相关部门领导的光临指导！感谢市院班子各位领导，各分院、基层院检察长，各位嘉宾和全体代表对检察文联成立给予的关心、支持！

资　　料

重庆市检察官文学艺术联合会章程

第一章　总　则

第一条　本团体名称为重庆市检察官文学艺术联合会，简称重庆检察官文联，英文名称为 Chongqing Prosecutor' s Federation of Literature and Art，英文缩写为 CQPFLA。

第二条　本会是在重庆市人民检察院领导下，由热爱文学艺术、有一定文艺特长的检察人员（含离退休人员）和分院、基层院检察官文学艺术社会团体及其他机构自愿结成的地方性、联合性、非营利性社会团体。

第三条　本会的宗旨是：遵守宪法、法律、法规和国家政策，遵守社会道德风尚。以邓小平理论、“三个代表”重要思想和科学发展观为指导，大力弘扬社会主义核心价值体系和社会主义法治理念，弘扬、培育检察官职业道德，紧紧围绕党和国家工作大局，围绕全面正确履行检察职能，充分发挥联络、协调、服务职能作用，组织、团结、凝聚检察文化艺术队伍，影响、带动全体检察干警，积极开展检察文化艺术创作和文化艺术活动，发现、培养检察文化艺术人才，为推动检察文化和法治文化繁荣发展，提高检察队伍综合素质，促进检察事业科学发展做出应有的贡献。

第四条　本会是中国检察官文学艺术联合会、重庆市文学艺术界联合会的团体会员，接受其业务指导，同时接受登记管理机关重庆市民政局的监督管理。

第五条　本会会址设在重庆市渝北区。

第二章　业务范围

第六条　本会的业务范围包括：

（一）着力提高全市检察文化艺术创作和文化艺术活动水平，扶植和培养检察文化艺术新人；

（二）组织和支持本会会员深入生活、深入基层，积极开展文化艺术创作、展演、交流、比赛、研讨、评论等活动，推介检察系统优秀文化艺术人才和各文化艺术门类优秀成果，并组织开展表彰奖励活动；

（三）研究、探索检察文化和法治文化建设的历史发展及其规律，分析、解决检察文化和法治文化实践中出现的新情况、新问题，总结、推广检察文化和法治文化建设的新经验，促进检察文化和法治文化服务于检察中心工作和检察队伍建设；

（四）积极与宣传、文化、新闻、出版等社会各界沟通联系，不断扩大与市内外文化艺术界之间的联系、交流和合作；

（五）反映广大检察文化艺术人才的意见和要求，维护其合法权益；

（六）完成其他任务。

第三章 会　员

第七条 本会会员包括单位会员和个人会员。

第八条 申请加入本会的会员，必须具备下列条件：

（一）拥护本会章程；

（二）单位会员为各分院、基层院检察官文学艺术社会团体及其他机构；

（三）个人会员为热爱文化艺术、有一定文化艺术特长的检察人员（含离退休人员）。

第九条 会员入会程序：

（一）提交入会申请书，其中个人会员须经两名正式会员介绍，或所在单位推荐；

（二）经本会审核通过；

（三）由本会秘书处发给会员证。

第十条 会员享有下列权利：

（一）选举权、被选举权和表决权；

（二）对本会工作的批评建议权和监督权；

（三）参加本会的活动；

（四）获得本会服务的优先权；

（五）享受本会为创作活动提供的必要帮助和便利条件；

（六）请求本会保障其合法权益不受侵害；

（七）自由退会的权利。

第十一条 会员履行下列义务：

（一）遵守本会章程，执行本会决议，完成本会布置的工作；

（二）维护本会合法权益；

（三）与本会保持联系，向本会及时反映工作情况；

（四）单位会员应按时向本会报告年度工作计划和工作总结；

（五）单位会员的重要人事变动，应报本会审查备案；

（六）按规定缴纳会费。

第十二条 会员退会应书面通知本会，并交回会员证。

会员如逾期一年不缴纳会费或长期不参加本会活动，可视为自动退会。

第十三条 会员如违反国家法律，对社会造成危害，或严重违反本会章程，或长期不开展活动，经本会核实，可给予警告、限期改正或除名等处理。

第四章 组织机构及选举、任免程序

第一节 会员代表大会

第十四条 会员代表大会是本会的最高权力机构，由各单位会员和个人会员代表组成。个人会员代表由分布于各检察机关的本会会员按照其会员总数的一定比例，分别推荐或选举产生，具体办法由理事会另行制定《重庆市检察官文学艺术联合会会员管理办法》。

第十五条 会员代表大会的职权是：

（一）制定和修改本会章程；

（二）制定和修改会费标准；

（三）选举和罢免理事会理事；

（四）审议理事会工作报告和财务报告；

（五）决定终止事宜；

（六）讨论和决定其他重要事项。

第十六条 会员代表大会须有三分之二以上的会员代表出席方能召开，其决议须经到会会员代表半数以上表决通过方为有效；制定及修订本章程须经出席会员代表大会的三分之二以上会员代表表决通过。

第十七条 会员代表大会每届五年。

因特殊情况需提前或延期换届的，须由理事会表决通过，报业务主管单位审查并经登记管理机关批准同意。但延期换届最长不超过一年。

第二节　理事会

第十八条　理事会是本会会员代表大会的执行机构，与会员代表大会届期一致，在会员代表大会闭会期间领导本会开展日常工作，对会员代表大会负责。理事会成员不超过会员代表总数的三分之一。

第十九条　理事会的职权是：

（一）执行会员代表大会的决议；

（二）选举和罢免本会主席、副主席、秘书长和常务理事；

（三）决定本会顾问、荣誉职务的设立和人选；

（四）决定设立本会各专业委员会和本会办事机构、分支机构、代表机构等工作机构；

（五）筹备召开会员代表大会；

（六）向会员代表大会报告工作和财务状况；

（七）领导本会各机构开展工作，制定本会内部管理制度；

（八）会员代表大会授予的其他职权。

第二十条　由于工作变动等原因不再担任理事职务的，其缺额可由原单位会员或有关方面重新推荐，由主席办公会提请理事会批准为理事的候补人选，提请会员代表大会选举产生。

第二十一条　理事会会议须有三分之二以上理事出席方能召开，其决议须经到会理事三分之二以上表决通过方能生效。

第二十二条　理事会会议原则上每两年召开一次；情况特殊的，也可采用视频会、电话会等形式召开。

第三节　常务理事会

第二十三条　本会设立常务理事会，常务理事会由本会主席、副主席、秘书长和常务理事组成，与理事会届期一致，在理事会会议闭会期间行使第十九条的一、三、四、五、七、八项的职权，对理事会负责。常务理事会成员不超过理事会成员总数的三分之一。

第二十四条　常务理事会会议须有三分之二以上常务理事会成员出席方能召开，其决议须经到会常务理事会成员三分之二以上表决通过方能生效。

第二十五条　常务理事会会议原则上每年召开一次。必要时，经主席办公会同意，可适时召开。

第四节　主席办公会

第二十六条　本会设立主席办公会，由主席、副主席和秘书长组成，与常务理事会届期一致。在常务理事会会议闭会期间，领导本会工作。

第二十七条　主席办公会职权是：

（一）提名理事会理事、常务理事的候补人选；

（二）决定本会副秘书长、秘书处各内设部门负责人，决定本会各专业委员会主任、副主任人选；

（三）落实会员代表大会、理事会或常务理事会的决议；

（四）决定本会顾问、荣誉职务的设立和人选，并由理事会或常务理事会予以确认；

（五）提出设立本会各专业委员会和本会办事机构、分支机构、代表机构等工作机构的建议；

（六）决定秘书处各内设部门的设置和调整；

（七）决定本会内设机构专职工作人员的聘用；

（八）决定会员的吸收或除名；

（九）草拟本会内部管理制度，并提请理事会或常务理事会审议通过；组织实施本会各项管理制度；

（十）指导和协调本会各专业委员会、本会各内设部门的日常工作；

（十一）提出理事会或常务理事会研究的议题；

（十二）处理本会日常事项；

（十三）常务理事会授予的其他职权。

第二十八条 主席办公会会议由主席提议，须有半数以上成员出席方能召开，其决议须经到会成员半数以上表决通过方能生效。重大事项须向常务理事会备案。

第五节 主席、副主席、秘书长

第二十九条 本会主席、副主席、秘书长必须具备下列条件：

（一）坚持党的路线、方针、政策，政治素质高；

（二）在本会业务领域内有一定影响；

（三）最高任职年龄不超过65周岁；

（四）身体健康，能坚持正常工作；

（五）未受过剥夺政治权利的刑事处罚；

（六）具有完全民事行为能力。

第三十条 本会主席、副主席、秘书长如超过最高任职年龄的，须经理事会表决通过，报业务主管单位审查并社团登记管理机关批准同意后，方可任职。

第三十一条 本会主席、副主席、秘书长任期最长不得超过两届。因特殊情况需要延长任期的，须经会员代表大会三分之二以上会员代表表决通过，报业务主管单位和登记管理机关批准同意后方可任职。

第三十二条 主席为本会法定代表人。法定代表人代表本会签署有关重要文件。

本会法定代表人不得兼任其他团体的法定代表人。

第三十三条 本会主席在副主席协助下，行使下列职权：

（一）召集和主持理事会、常务理事会；

（二）检查会员代表大会、理事会、常务理事会决议的落实情况。

第三十四条 本会秘书长为专职，不得兼任其他社会团体职务。

第三十五条 本会秘书长行使下列职权：

（一）主持办事机构开展日常工作；

（二）领导本会各内设部门开展工作；

（三）协调本会各专业委员会的工作；

（四）对秘书处内设部门的设置和调整提出建议；

（五）提名本会副秘书长、秘书处各内设部门负责人的人选；

（六）对本会秘书处专职工作人员的聘用提出建议；

（七）处理其他日常工作事务。

第六节 秘书处

第三十六条 本会秘书处为常设办事机构，在秘书长领导下开展工作，负责落实会员代表大会、理事会、常务理事会、主席办公会的各项决议，具体承办主席办公会交办的各项任务和本会的日常工作。

第三十七条 秘书处内设部门的设置和调整，由秘书长提议，提请主席办公会审议通过。

第七节 专业委员会

第三十八条 本会设立检察文化理论研究、文学、书法美术、音乐舞蹈、摄影影视、生活艺术、体育棋牌等若干专业委员会。各专业委员会受理事会领导；在理事会闭会期间，受常务理事会领导；在常务理事会闭会期间，受主席办公会领导。

第三十九条 各专业委员会由主任、副主任、秘书和会员组成。

第五章 资产的管理使用

第四十条 本会经费来源：

（一）财政资助；

（二）会费收入；

（三）社会捐赠、资助；

（四）其他合法收入。

第四十一条 本会制定和修订会费标准须经会员代表大会以无记名投票方式通过，方可实施。

第四十二条 本会经费必须用于本章程规定的业务范围和本会的事业发展，不得在会员中分配。

第四十三条 本会开展表彰奖励活动，不收取任何费用。

第四十四条 本会依照财政部《民间非营利组织会计制度》建立财务核算管理制度，保证会计资料合法、真实、准确、完整。

第四十五条 本会配备具有专业资格的财会人员，会计不得兼任出纳。财会人员必须履行会计核算、会计监督职责。财会人员调动工作或离职时，必须与接管人员办清交接手续。

第四十六条 本会的资产管理接受会员代表大会和财政部门的监督；资产来源属于财政资助的，应接受审计部门检查；属于社会捐赠和其他资助的，应尊重捐赠、资助者意愿，接受审计部门监督，并将其使用情况以适当方式向社会公布。

第四十七条 本会在每年度、换届等原因变更法定代表人时，由理事会委托会计师事务所分别进行年度财务审计和原法定代表人离任审计，并将审计结果向会员代表大会报告。

第四十八条 本会的资产，任何单位、个人不得侵占、私分和挪用。

第四十九条 本会依照《社会组织劳动合同书（示范文本）》与本会建立劳动关系的专职工作人员签订《劳动合同》。

第六章 章程的修订

第五十条 本章程的修订，须经理事会表决通过后提交会员代表大会审议。

第五十一条 修订的章程须在会员代表大会通过后十五日内，经业务主管单位审查同意，报登记管理机关核准后方能生效。

第七章 终止程序及终止后的财产处理

第五十二条 本会自行解散或由于分立、合并等原因需要注销的，由理事会或常务理事会提出终止动议。

第五十三条 本会终止动议须经会员代表大会表决通过（若因会员散失不能召开会员代表大会，则经理事会表决通过），并报业务主管单位审查同意。

第五十四条 本会终止前，须在业务主管单位及有关机关指导下成立清算组织，清理债权债务，处理善后事宜。清算期间，不开展清算以外的活动。

第五十五条 本会经登记管理机关办理注销登记手续后即为终止。

第五十六条 本会终止后的剩余财产，在主管机关和登记管理机关的监督下，按照国家有关规定，用于发展与本会宗旨相关的事业。

第八章　附　　则

第五十七条　本章程经2012年11月13日本会第一次会员代表大会表决通过。

第五十八条　本章程解释权属本会理事会。

第五十九条　本章程自社会社团登记管理机关核准之日起生效。

重庆市检察官文学艺术联合会常务理事名单

（19 人）

王正建　重庆市人民检察院一分院党组成员、政治部主任

王旗明　重庆市人民检察院二分院党组成员、政治部主任

王建华　重庆市人民检察院三分院党组成员、政治部主任

谭祥文　重庆市人民检察院四分院党组成员、政治部主任

张渝祥　重庆市人民检察院五分院党组成员、政治部主任

李　刚　重庆市人民检察院计财处处长

蒋春晓　重庆市人民检察院宣传处处长

黄常明　重庆市人民检察院研究室主任

陈　萍　重庆市人民检察院党办主任

田　渝　重庆市人民检察院技术处处长

李玉林　重庆铁路运输检察院党组书记、检察长

郭祖祥　巴南区人民检察院党组书记、检察长

程　权　大足区人民检察院党组书记、检察长

王鸣隆　梁平县人民检察院党组书记、检察长

廖新兰　重庆市人民检察院四分院专委

曾　慧　重庆市人民检察院五分院宣教处处长

邓晓钢　重庆市人民检察院一分院退休干警

黄顺祥　重庆市人民检察院二分院干警

李　勇　万州区人民检察院干警

关于重庆市检察官文学艺术联合会筹备成立情况的报告

为贯彻落实曹建明检察长关于“积极稳步推进地方检察文联和有关专业协会的建设”要求，从去年底至今年上半年，政治部就重庆检察官文联申报批准、会员推荐、第一次会员代表大会筹备等工作进行了有序的准备。现将有关情况报告如下：

一、高检院对检察官文联工作的部署及我市检察文化建设概况

（一）中国检察官文联成立及高检院工作部署

中国检察官文联第一次会员代表大会于2011年6月22日至23日在北京召开，自此中国检察官文联正式成立。会议审议通过了中国检察官文联章程，选举产生了第一届领导机构和组成人员，我院原副检察长雷万亚当选为副主席（雷万亚副检察长调离后，按程序将副检察长南东方上报，拟任中国检察官文联副主席，现正等召开文联常委会任命）。会议还部署了当前和今后一个时期的检察文联工作。会上，曹建明检察长就加强检察文化建设和检察文联工作讲了三点要求：一是从促进社会主义文化繁荣发展、促进检察事业科学发展的高度，充分认识新形势下加强检察文化建设的重要意义；二是全面加强检察文化建设，努力推动中国特色社会主义检察文化繁荣发展；三是加强检察文联自身建设，充分发挥检察文联在推动检察文化建设中的重要作用。曹建明要求各级检察院党组要切实加强和改善对检察文化建设和检察文联工作领导，要将检察文联的工作项目经费纳入年度预算。高检院政治部主任在会议结束时的讲话中也明确要求，要认真抓好地方检察文联的建立工作，从实际出发，条件成熟一个建立一个。

全国检察文联成立后，各省市检察官文联陆续成立。到目前为止，已成立检察官文联的有北京、天津、河北、山西、吉林、江苏、安徽、河南、湖北、海南等10个省市。

（二）我市检察文化建设简要情况

2008年，全市检察机关第二次政治工作会议，部署了大力繁荣检察文化的建设任务。各级院结合检察工作和本地区域特点，在检察文化的理论研究、机制建设、环境建设、文艺作品创作等方面进行了有益探索，积累了丰富经验，培养了包括中国书法家协会会员、国务院管理局北戴河服务局特聘画家、重庆书法家协会副秘书长的邓晓岗，先后荣获“曹禺戏剧奖”、“中国戏剧文学奖”、高检院“金鼎奖”以及重庆市“五个一工程”提名奖的李勇等一大批检察文艺人才，提炼出“忠诚廉明、守护正义”的重庆检察精神。2009年成功举办“歌颂伟大祖国、弘扬爱国精神、传承光荣传统、凝聚检察力量”为主题的首届检察文化艺术节，2011年又举办“党恩、检察情”书画摄影展，涌现出了大量的优秀作品。我市检察官的优秀代表、全国模范检察官罗东宁、龚勇的动人故事，也在人民群众中广为传颂，并被选为2011年高检院纪念人民检察制度建立80周年文艺晚会背景材料。

在市院领导下，经过各级院的共同努力，近几年来我市的检察文化建设取得了较好的成就。但是，与很多省市比起来，我市检察文化建设还有一定差距，存在着检察文化建设的系统化制度化有待加强、缺少领军人物和叫得响的名片等问题，需要建立统一的组织机构来整体推进检察文化建设。

二、关于我市成立检察官文联的建议意见

（一）关于机构设置及职能定位

1. 机构名称

建议拟成立的我市检察官文联的全称为“重庆市检察官文学艺术联合会”，简称“重庆检察官文联”。

待第一次代表大会召开后，按照法定程序向民政部门申请成立登记为社团法人。

2. 职能定位

重庆检察官文联是在市院党组领导下，在中国检察官文联和重庆市文联指导下，由热爱文化艺术、有一定特长的检察人员自愿结成的联合性、非经营性社会组织，是检察队伍中文化艺术骨干和爱好者的联合组织。其主要职能是：紧紧围绕检察中心工作，坚持以提高检察队伍素质、提升检察形象和执法公信力为目标，充分发挥联络、协调、服务职能作用，组织、团结、凝聚检察文化艺术队伍，积极开展检察文艺创作和文化艺术活动，发现、培养检察文化艺术人才，为推动检察文化和法治文化繁荣发展，促进检察事业科学发展做出应有贡献。

市院政治部具体负责对检察官文联的联系、协调和工作指导。

3. 组织机构

拟成立的重庆检察官文联最高权力机构为会员代表大会，由各单位会员和有关方面推选的会员代表组成。会员代表大会原则上每5年召开一次。

会员代表大会选举产生理事75名（其中：区县院班子成员38名，分院10名，市院7名，其他会员20人）组成理事会，作为代表大会执行机构。

理事会选举产生主席1名、副主席6名、秘书长1名、常务理事21名（其中：各专业委员会负责人6名，万州、涪陵、黔江、渝中、沙区、江北、九龙坡、渝北、南岸等院各一名，邓晓钢、李勇、祈桂明等骨干会员6人）组成常务理事会，在会议闭会期间领导本会工作。

重庆检察官文联下设专业委员会6个，分别为：文学新闻、理论研究、书法美术、摄影影视、音乐舞蹈、体育棋类。

（二）关于人事安排

建议由市院党组成员、副检察长南东方同志任文联主席，市院党组成员、政治部主任杨平，中国检察官文联常委、五分院副检察长杨洪梅，以及另四个分院各一名班子成员（具体人员待与分院商量后定）共6人任副主席。在政治部综合处设文联办事机构秘书处，孙亚同志任秘书长。

（三）关于召开第一次会员代表大会暨文联成立大会

1. 会员推荐情况

今年3月，政治部下发关于推荐重庆市检察官文学艺术联合会个人会员的通知，在全市检察系统征集热爱文化艺术、有一定特长的检察人员（含离退休人员）加入市检察文联。到目前为止，全市分院和基层院共有189人申请成为个人会员。

建议各分院、区县院成立理事小组，作为市检察文联的单位会员。

2. 筹备申请情况

市文联已批复同意作为重庆市检察官文联的业务主管单位。

政治部正在准备相关材料向市民政局申请筹备。按照《社会团体登记管理条例》第十条规定：成立社会团体要“有合法的资产和经费来源，全国性的社会团体有10万元以上活动资金，地方性的社会团体和跨行政区域的社会团体有3万元以上活动资金”，要“有固定的住所”，同时在申请筹备时要提供验资报告、场所使用权证明。这两项材料建议相关处室从程序上完善相关手续，协助完成筹备申请工作。

3. 召开代表大会

建议于10月上旬在市院召开第一次会员代表大会。会期一天，参会人员140人左右（其中，区县院代表76人，分院15人，市院代表30人，邀请中国检察官文联、市委政法委、市委宣传部、市民政局、市文联等有关单位领导和市院领导约20人）。

整个会议分2个阶段进行：上午召开预备会议、代表大会和理事会，主要议程为通过章程、选举机构等；下午召开全体会议，主要议程包括当选主席作工作报告和领导讲话等。相关单位领导和市院领导只出席下午的全体会议。

4. 成果展示

在会议期间组织作品展和编印画册营造氛围，同时展示检察文化建设成果：一是举办全市检察文化建设成果展，组织展出近年来检察干警在书法、美术、摄影等方面优秀作品；二是将全市检察机关检察文化建设重大活动、重要作品、环境打造等方面的图片资料编印成画册，分发与会代表，赠送相关单位领导。

三、关于经费预算

1. 注册资金　3万元

2. 画册　4万元

3. 文化成果展　3万元

4. 杂支　1万元

合计：11万元。

以上报告妥否，请党组审定。

重庆市检察文化艺术工作情况

综 述

重庆市检察官文联于2012年12月底正式成立，之前以重庆市检察官文联筹备组的名义开展工作。一年里，重庆市检察官文联（筹备组）坚持以邓小平理论、“三个代表”重要思想和科学发展观为指导，深入学习贯彻党的十八大和重庆市四次党代会精神，学习贯彻全国检察机关文化建设工作会议和中国文联第九次全国代表大会精神，在市院党组领导下，自觉接受中国检察官文联和重庆市文联的业务指导以及民政部门的监督管理，凝心聚力、科学谋划、乘势而上，努力推动重庆检察文化艺术繁荣发展。

一、积极健全组织机构，大力加强文联自身建设

2012年，根据中国检察官文联的部署和市院党组的安排，积极稳妥推进重庆市检察官文联筹备成立工作，不断健全重庆市检察官文联的组织结构，大力加强自身建设。

（一）*完成筹备成立*。2012年是重庆市检察官文联的成立之年。从2011年底，重庆市检察院成立专门领导小组，着手市检察官文联筹备成立。12月，重庆市检察官文联正式成立。历时一年，先后开展了会员召集、向市文联和市民政局提出成立申请、资料收集、筹备成立大会等工作。2012年12月17日，重庆市检察官文联第一次会员代表大会和第一次理事会会议如期举行，标志着重庆市检察官文联正式成立。

（二）*召开常务理事会*。成立后的重庆市检察官文联继续加大工作力度，积极推动内部机构和各专业委员会设立。同时组织召开重庆市检察官文联第一届常务理事会第一次全体会议，研究确定主席、副主席分工，研究任命各专业委员会主任、副主任及检察官文联副秘书长，讨论确定2013年工作要点及各专业委员会开展工作组织活动的方式方法。

（三）*梳理凝聚人才*。文联筹备成立阶段，已对全市检察系统文化艺术人才进行了初步摸查。市检察官文联正式成立后，又严格按照中国检察官文联的检察文化艺术人才门类，对这些人才进行了细致分类梳理，为会员建立信息档案。同时充分发挥市检察官文联的联络、协调、服务职能，有机整合全市检察文化艺术人才资源，结合其文化艺术专长，有针对性地创造条件、分配任务，充分发挥其示范带头作用，不断繁荣全市的检察文艺创作。

二、充分发挥职能作用，全力助推检察文化建设

2012年，重庆市检察官文联（筹备

组）按照市院党组的要求和中国检察官文联的要求，充分发挥职能作用，坚持检察文化理论研究、检察文化艺术创作、检察文化艺术活动“三位一体”的工作思路，全力助推全市检察文化建设。

（一）加强检察文化理论研究。为更好地助推检察文化建设，不断提升重庆市检察文化建设理论研究水平，重庆市检察官文联专门设立了理论研究专业委员会，集中优势力量，重点研究有关检察文化的理论问题。按照中国检察官文联的部署，紧紧围绕“什么是检察文化、为什么要开展检察文化理论研究、怎样开展检察文化理论研究”等基础和重大课题积极进行理论探索，从不同角度对检察文化和法治文化的一些基本问题进行探讨，并密切关注全市检察文化建设的实践探索，注重总结、概括、提升其中的成功经验，促进实践经验向理论成果转化。

（二）推动开展文化艺术创作。重庆市检察官文联充分发挥联合性社会团体的组织优势，依托各专业委员会，积极整合全市检察文化艺术人才资源，并采取寻找素材、搭建平台等有效措施为文艺创作创造有利条件，充分调动检察文化艺术人才的创作积极性，在丰富生动的检察工作实践中不断汲取艺术营养，使大家紧紧围绕品德修养、执法办案、维护民生、廉洁公正等检察工作主题开展书法、绘画、摄影、十字绣等文化艺术创作，努力把更多的优秀作品奉献给检察机关，奉献给检察干警，奉献给人民群众，努力推出弘扬检察精神、礼赞职业情操，反映检察工作科学发展，蕴含检察价值追求，富有思想性和艺术性、独具检察特色和检察风格的优秀作品。

（三）组织参与文化艺术活动。文化艺术活动是吸引广大干警参与检察文化建设的重要途径，也是检察官文联开展工作的重要抓手。2012 年，充分发挥检察官文联各专业委员会的作用，经常组织开展文化讲堂、文化论坛、文艺表演、书画摄影和体育竞赛等适合检察机关特点的群众性文化活动，活跃机关文化生活，培养检察干警阳光健康的生活情趣，在潜移默化中受到启发和影响，既展示了重庆检察机关的文化底蕴，又进一步激发了全体检察干警的职业使命感、荣誉感和归属感，提升整个检察队伍的文化品位，营造浓厚的机关文化氛围。

三、坚持创新工作思路，有力服务检察中心工作

2012 年，重庆市检察官文联紧紧围绕服务检察中心工作，立足本身职能，找准角色定位，主动融入服务检察基层建设、服务检察队伍建设、服务人民群众生活的工作大局，不断创新工作思路，丰富工作形式，推动重庆市检察官文联工作的科学发展。

（一）服务于检察基层建设。近几年来，重庆市检察机关正在大力开展检察文化建设。将检察文化建设作为基层检察院开展规范化检察院创建工作的重要考量指标，在此基础上组织开展“文化建设示范院”创建活动，评选命名了全市首批 4 个文化建设示范院，带动全市基层检察文化建设。

（二）服务于检察队伍建设。重庆市检察官文联紧紧围绕检察队伍建设，不断满足广大检察干警对精神文化多样化、多层次、多方面的现实需求，培养健康向上、丰富多彩的生活情趣，在潜移默化、润物无声过程中提升司法素养、职业品格和职业操守，促进广大检察干警爱岗敬业、恪守检察职业道德、忠实履行法律监督职责，促进检察队伍整体素质不断提升，促进干警个人全面健康发展。

（三）服务于人民群众生活。重庆市检察官文联积极响应人民群众对公平正义的新期待，紧紧围绕用检察文化服务于人民群众生活来研究谋划检察官文联的工作，通过开展丰富多彩、独具特色的文化艺术活动，充分展示全市检察机关服务经济社会发展，强化法律监督、强化自身监督、强化队伍建设、强化基层基础建设的丰硕成果，以喜闻乐见的艺术形式向群众传达公平正义理念和法治意识，不断增进人民群众对检察工作的理解、信任和支持，营造良好的法治环境。

活　动

【乒乓球比赛】2月23日，组队参加重庆市政府主办的“健康重庆”第二届全民健身运动会乒乓球比赛。经两天5轮的艰苦比赛，市检察院代表队荣获女子团体第五名。

【植树活动】3月20日，市院党组副书记、副检察长王定顺，党组成员、副检察长南东方、陈胜才率领机关70余名干警集体前往渝北区统景镇骆塘村山头，参加义务植树活动。

【加强检察文化建设的实施意见】4月25日，市检察院出台《关于加强文化建设的实施意见》。意见共分为三个部分，第一部分为指导思想、总体目标与基本原则。第二部分为主要内容及工作措施，分别从大力开展检察人员职业素养和职业能力建设、大力开展检察文化活动载体建设、大力加强文化阵地建设等三个方面部署了全市检察机关加强检察文化建设的具体内容。第三部分为检察文化建设的组织实施和机制保障，对全市检察文化建设的具体实施提出了明确要求。

【“青年才艺之星”评选】5月4日，举办首届重庆市检察机关“青年才艺之星”评选活动。经过层层选拔出来的来自市院机关、各分院和基层院的12名青年干警分别表演了歌舞、相声、器乐、魔术等节目。一分院张雨岚获“青年才艺之星”一等奖，五分院李光林、合川区院刘针华获二等奖，四分院安素洁、南岸区院王岭、开县院涂仁菊获三等奖，长寿区院李珣、武隆县院杨旭、酉阳县院刘晓晓、大足区院王迪、市检察院李大盟、万州区院王一涵获优秀奖。一分院张雨岚、五分院李光林、武隆县院杨旭还分别荣获“实务之星”、“论辩之星”、“才艺之星”单项奖。共青团重庆市委书记、市青联主席周波，市院领导应邀对比赛进行指导。全市青年干警通过视频观看了比赛全程。

【检察文化大讲坛】5月11日，市院机关检察文化大讲坛正式开通，邀请重庆市委党校副校长周放教授讲授了第一讲——“国学经典”。市检察院检察长余敏及全体党组成员、检委会专职委员、副巡视员、全体干警参加了讲座。讲座由市院党组成员、副检察长南东方主持。

市委党校周放教授从风骚独领、兴观群怨、政治鼓点、爱国旗帜、心灵鸡汤、生活情趣等六个方面对古典诗词进行了鲜活诠释，为全院干警作了一堂精彩纷呈的国学讲座，给大家带来动人的视听享受和精神启迪，受到干警广泛好评。

【“莎姐”进校园活动】6月1日，市检察院和武隆县检察院在武隆县土地乡中心小学开展了“莎姐进乡村·携手庆六一”活动。“莎姐”检察官为小朋友们讲授了《未成年人法律知识讲座》、《留守女童安全防范知识讲座》，并现场开启了“莎姐”信箱。市检察院党组成员、纪检组长刘娟参加活动。

【检察官与律师辩论赛】9月18日，第二届重庆市检察官与律师论辩赛在西南政法大学举行。来自全市检察机关公诉部门的9名选手和来自市律师协会的9名选手分三组展开比赛。中国人民大学陈卫东教授、重庆大学法学院院长陈忠林教授、全国检察业务专家、一分院检察长于天敏等7名法学理论及司法实务专家担任评委。市人大常委会副主任余远牧、市检察院检察长余敏、市委政法委常务副书记秦敏、市司法局局长林育均、西南政法大学党委书记张国林、市律师协会会长韩德云等领导嘉宾莅临现场，与来自全市检察机关、司法局、市律师协会及西南政法大学的观摩人员共计600余人观看比赛。经过三场比拼，来自梁平县院的谭强和五分院的李光林分获最佳辩手奖及最佳风采奖，检察官三队获最佳辩论队奖。

【评选表彰执法为民先进集体和个人】9月28日，举行重庆市检察机关“执法为民示范窗口、亲民爱民优秀干警和执法为民精品案件”表彰大会。会议表彰了近年来全市检察系统在立检为公、执法为民中涌现出来的执法为民示范窗口10个、亲民爱民优秀检察干警10名、执法为民精品案件10件。受到表彰的集体、个人代表作了先进事迹报告，资深检察官对精品案件进行了点评。市院党组成员、巡视员、专职检委会委员、副巡视员出席会议，各分院、区县院和铁检院全体干警通过视频系统观看了表彰大会。市委政法委政治部主任谭晓荣，市人大内司委、市政协社法委领导以及部分人大代表、政协委员和人民监督员应邀参加了表彰会。

【“十佳公诉人”比赛】10月26日，历时八个月的第五届重庆市十佳公诉人暨优秀公诉人业务竞赛活动圆满结束，一分院助理检察员陈荣鹏等10名选手荣获“重庆市十佳公诉人”称号，一分院助理检察员罗婷等11名选手荣获“重庆市优秀公诉人”称号，大赛同时还产生了12名单项奖选手。

【羽毛球比赛】11月7日至9日，全市检察系统第二届羽毛球比赛举行。本届比赛设团体赛和领导干部组单项赛，共来自全市检察系统26支代表队319人参赛。经小组循环赛、淘汰赛、决赛三个阶段404场比赛的激烈角逐，市检察院一队、三分院代表队、九龙坡区院代表队分别夺得团体赛冠、亚、季军；二分院、一分院、沙坪坝区院、酉阳县院、四分院代表队分别荣获第四至八名。刘华、陈海燕、张晓勇、蒋文军分获领导干部组单项赛45岁以上男子组、女子组和45岁以下男子组、女子组冠军。市院党组副书记、副检察长王定顺，市院党组成员、副检察长梁田，市院党组成员、纪检组长刘娟，市院党组成员、政治部主任杨平，巡视员周忠渝及各分院领导出席了开幕式。梁田、刘娟、杨平及部分分院领导同志出席闭幕式，并为获奖球队和个人颁发了奖状。

【举办重庆市检察机关文化建设成果展】12月13日至30日，举办了“百花齐放春满园——重庆检察机关文化建设成果展”。展览分翰墨飘香绘赤心、光影溢彩呈美景、卷帙浩繁鉴征途等三个部分，集中展示了近年来重庆市的检察文化建设成果。这些成果涉及书法、绘画、摄影、文学、十字绣等多种艺术形式，主题涵盖了赞美壮丽河山、歌颂美好生活、聚焦执法办案、关注修身养性等丰富内容，既有获文化部世界华人诗书画大展银奖和曹禺戏剧奖等高规格奖项的专业文艺创作，又有普通干警的爱好兴趣之作。

【编印重庆市检察官文学作品集《清风》】12月，编辑出版了重庆市检察官文学作品集《清风》。第一辑共收录市院、各分院及基层院共41个单位的干警文学作品60篇，约16.2万字。作品以2008年以来的创作为主，包括了报告文学、散文、诗歌、随笔、杂文、戏剧剧本、小说等，既有曾荣获全国戏剧文化奖二等奖、高检院金鼎奖一等奖的作品，也有干警在报刊杂志公开发表的作品。作者既有检察长，也有普通干警；既有在检察文化建设中卓有建树者，也有初出茅庐的年轻同志。市检察院党组成员、副检察长、市检察官文联主席南东方为该书作序，市检察院党组成员、政治部主任杨平主持编纂。

【编印画册《巴山渝水润检魂》】12月，编印了《巴山渝水润检魂——重庆市检察机关文化建设巡礼》画册。画册内容分为开篇、“红岩薪火传新篇”、“筑石夯基素养攀”、“黄葛山茶郁芊芊”、“吊脚广厦皆洞天”、“登高涉远立标杆”等6个部分，对近年来的重庆市检察文化建设工作进行了集中梳理和总结，全方位展示了全市检察机关在检察文化建设方面的典型思路、先进经验和丰硕成果。

【检察官文联成立】12月13日，重庆市检察官文学艺术联合会成立暨第一次会员代表大会在一分院召开。全市检察机关代表共120余人参加会议。全国政协教科文卫体委员会副主任、中国检察官文学艺术联合会主席张耕，市院检察长余敏，市委政法委常务副书记袁勤华出席会议并作重要讲话。市文联、市民政局、市级政法各部门相关领导应邀出席会议。

大会审议通过了《重庆市检察官文联章程（草案）》，选举产生了重庆市检察官文联第一届领导机构。推举市院党组书记、检察长余敏同志为名誉主席，选举市院党组成员、副检察长南东方同志为主席，杨平、刘晴、张亚林、刘吉、杨再方、杨洪梅等6名同志为副主席，孙亚同志为秘书长，王正建等19名同志为常务理事，陈正明、黄顺祥等86名同志为理事。聘请市文联副主席杨矿等6名同志为艺术顾问。

会议期间，与会代表参观了全市检察文化成果展和一分院文化建设情况。

【参加第十届“公仆杯”文艺汇演】12月23日，市直机关工委主办的“庆祝党的十八大胜利召开暨第十届‘公仆杯’职工文艺汇演”在重庆市人民大厦举行，市检察院出演的开场节目舞蹈《红旗颂》获一等奖。

【评选命名“文化建设示范院”】2012年，市检察院分别推出了江北区院和万州区院两个全国“文化建设示范院”，并在全市开展全市“文化建设示范院”活动，评选命名一分院、四分院、荣昌县院和石柱县院为全市“文化建设示范院”。

全国省级检察官文学艺术联合会成立一览表

（截至 2012 年 12 月 31 日）

- 2010 年 12 月 28 日　河南省检察官文学艺术联合会换届
  （河南省检察文联成立于 2006 年）
- 2011 年 8 月 19 日　河北省检察官文学艺术联合会成立
- 2011 年 9 月 16 日　湖北省检察文学艺术联合会成立
- 2011 年 10 月 25 日　江苏省检察官文学艺术联合会成立
- 2011 年 10 月 27 日　吉林省检察官文学艺术联合会成立
- 2011 年 12 月 1 日　海南省检察官文学艺术联合会成立
- 2011 年 12 月 17 日　安徽省检察官文学艺术联合会成立
- 2011 年 12 月 31 日　山西省检察官文学艺术联合会成立
- 2012 年 2 月 23 日　北京市检察官文学艺术联合会成立
- 2012 年 3 月 29 日　天津市检察官文学艺术联合会成立
- 2012 年 4 月 11 日　浙江省检察官文学艺术联合会成立
- 2012 年 4 月 27 日　上海市检察官文学艺术联合会成立
- 2012 年 5 月 4 日　陕西省检察官文学艺术联合会成立
- 2012 年 7 月 14 日　新疆维吾尔自治区检察官文学艺术联合会成立
- 2012 年 7 月 26 日　山东省检察官文学艺术联合会成立
- 2012 年 7 月 30 日　江西省检察官文学艺术联合会成立
- 2012 年 8 月 9 日　四川省检察官文学艺术联合会成立
- 2012 年 10 月 11 日　福建省检察文学艺术联合会成立
- 2012 年 10 月 16 日　宁夏回族自治区检察官文学艺术联合会成立
- 2012 年 10 月 19 日　内蒙古检察官文学艺术联合会成立
- 2012 年 10 月 25 日　黑龙江省检察官文学艺术联合会成立
- 2012 年 11 月 6 日　湖南省检察官文学艺术联合会成立
- 2012 年 11 月 28 日　辽宁省检察官文学艺术联合会成立
- 2012 年 12 月 13 日　重庆市检察官文学艺术联合会成立

2012年2月23日，北京市检察官文学艺术联合会第一次会员代表大会部分代表合影

2012年3月29日，天津市检察官文学艺术联合会第一次会员代表大会与会代表合影

2012年4月27日，上海市检察官文学艺术联合会第一次会员代表大会部分代表合影

2012年7月26日，山东省检察官文学艺术联合会第一次会员代表大会与会代表合影

2012年7月30日，江西省检察官文学艺术联合会第一次会员代表大会与会代表合影

2012年8月9日，四川省检察官文学艺术联合会第一次会员代表大会与会代表合影

2012年10月11日，福建省检察文学艺术联合会第一次会员代表大会与会代表合影

2012 年 10 月 16 日，宁夏回族自治区检察官文学艺术联合会第一次会员代表大会嘉宾及代表合影

2012年10月19日，内蒙古检察官文学艺术联合会第一次会员代表大会与会代表合影

2012 年 10 月 25 日，黑龙江省检察官文学艺术联合会成立大会与会代表合影

2012 年 12 月 13 日，重庆市检察官文学艺术联合会第一次会员代表大会与会代表合影

河南省检察官文学艺术联合会
第二届委员会名誉主席、主席、副主席、秘书长、副秘书长

蔡　宁

张国臣

李自民

田效录

王广军

余秀华

张志超

种松志

刘海奎

吕　青

张　萍

孙国群

尚文会

名誉主席　蔡　宁
主　　席　张国臣
副 主 席　李自民　田效录　王广军　余秀华　张志超　种松志
秘 书 长　刘海奎
副秘书长　吕　青　张　萍　孙国群　尚文会

河北省检察官文学艺术联合会
第一届委员会主席、副主席、秘书长、副秘书长

陈晓颖

曲 波

蒋瑞杰

高金川

过 虹

朱新艳

主　　席 陈晓颖
副 主 席 曲　波　蒋瑞杰
秘 书 长 高金川
副秘书长 过　虹　朱新艳

湖北省检察文学艺术联合会
第一届委员会名誉主席、主席、副主席、秘书长

敬大力

徐汉明

金　鑫

孙光骏

彭胜坤

黄六洲

鲁尔英

石荣春

严红兵

李石柱

李亚非

李　健

郭清君

夏　红

名誉主席 敬大力
主　　席 徐汉明
副 主 席 金　鑫　孙光骏　彭胜坤　黄六洲　鲁尔英　石荣春　严红兵　李石柱　李亚非　李　健　郭清君
文成国　江作苏　张良成　熊召政　康均心　俞　江　夏　红
秘 书 长 夏　红

江苏省检察官文学艺术联合会
第一届委员会主席、副主席、秘书长

徐 安

严 明

范 群

葛晓燕

杨其江

王君悦

赵志凯

董安庆

董忠伟

主　　席　徐 安
副 主 席　严 明　范 群　葛晓燕　杨其江　王君悦　赵志凯　董安庆
秘 书 长　董忠伟

吉林省检察官文学艺术联合会
第一届委员会名誉主席、主席、副主席、秘书长

张金锁

陈凤超

李瑞东

孙永军

肖春光

从向东

名誉主席 张金锁
主　　席 陈凤超
副 主 席 李瑞东　孙永军　肖春光
秘 书 长 从向东

海南省检察官文学艺术联合会
第一届委员会主席、副主席、秘书长

黄卫国

冯　刚

李广和

王彦青

韩精华

刘海燕

邢　卫

主　　席　黄卫国
副 主 席　冯　刚　李广和　王彦青　韩精华　刘海燕
秘 书 长　邢　卫

安徽省检察官文学艺术联合会
第一届委员会名誉主席、主席、副主席、秘书长、副秘书长

崔 伟

陈怀安

鲍国友

李中学

王永法

许治安

马长城

陈 峰

许 刚

卢 斐

名誉主席 崔 伟
主　　席 陈怀安
副 主 席 鲍国友 李中学 王永法 许治安 马长城 陈 峰
秘 书 长 许 刚
副秘书长 卢 斐

山西省检察官文学艺术联合会
第一届委员会主席、副主席、秘书长、副秘书长

王满春

严奴国

武传慧

胡克勤

赵相成

王建中

王国宏

张志云

马红彬

骆风林

主　　席　王满春
副 主 席　严奴国　武传慧　胡克勤　赵相成　王建中　王国宏　张志云
秘 书 长　马红彬
副秘书长　骆风林

北京市检察官文学艺术联合会
第一届委员会主席、副主席、秘书长

高保京

平家友

许庆文

张幸民

高凯

焦海涛

主　　席　高保京
副 主 席　平家友　许庆文　张幸民　高　凯
秘 书 长　焦海涛

天津市检察官文学艺术联合会
第一届委员会主席、副主席、秘书长、副秘书长

杨学工

韩鲁红

李 智

刘 虹

王家利

王 文

张卫国

张有强

陶 明

高象华

阮 津

主　　席 杨学工
副 主 席 韩鲁红 李 智 刘 虹 王家利 王 文 张卫国 张有强 陶 明
秘 书 长 高象华
副秘书长 阮 津

浙江省检察官文学艺术联合会
第一届委员会主席、副主席、秘书长、副秘书长

任 国

倪集华

武耀庭

修杭生

岳耀勇

宋立新

陈铁平

主　　席　任 国
副 主 席　倪集华　武耀庭　修杭生　岳耀勇
秘 书 长　宋立新
副秘书长　陈铁平

上海市检察官文学艺术联合会
第一届委员会主席、副主席、秘书长、副秘书长

郑鲁宁

周越强

潘柏生

江静良

金雅蓉

许国庆

顾晓敏

曹苏明

刘节田

沈　坚

商　璟

杨康健

主　　席　郑鲁宁
副 主 席　周越强　潘柏生　江静良　金雅蓉　许国庆　顾晓敏
曹苏明　刘节田　沈　坚　商　璟
秘 书 长　江静良
副秘书长　杨康健

陕西省检察官文学艺术联合会
第一届委员会主席、副主席、秘书长、副秘书长

崔明生

房燕萍

任小青

邢志坚

周红梅

郑　琪

主　　席　崔明生
副 主 席　房燕萍　任小青　邢志坚　周红梅
秘 书 长　任小青
副秘书长　郑　琪

山东省检察官文学艺术联合会
第一届委员会名誉主席、主席、副主席、秘书长、副秘书长

吴鹏飞

国家森

王 建

李占国

吕盛昌

崔久明

宋文娟

张庆建

何庄龙

赵继明

名誉主席 吴鹏飞
主　　席 国家森
副 主 席 王　建　李占国　吕盛昌
秘 书 长 崔久明
副秘书长 宋文娟　张庆建　何庄龙　赵继明

江西省检察官文学艺术联合会
第一届委员会主席、副主席、秘书长

曾页九

薛江武

李　智

张勇玲

王漪清

周文英

主　　席　曾页九
副 主 席　薛江武　李　智　张勇玲　王漪清
秘 书 长　周文英

四川省检察官文学艺术联合会
第一届委员会名誉主席、主席、副主席、秘书长、副秘书长

邓 川

郭 彦

李安信

李 建

贾宪生

周 力

刘红立

尧 箴

曾精明

王 漠

马光剑

王 红

陈齐鸿

王 燕

刘 萍

田 丰

石光学

名誉主席 邓 川
主 席 郭 彦
副 主 席 李安信 李 建 贾宪生 周 力 刘红立
尧 箴 曾精明 王 漠 马光剑
秘 书 长 尧 箴
副秘书长 王 红 陈齐鸿 王 燕 刘 萍
田 丰 石光学 毛新甫 侯继敏

毛新甫

侯继敏

福建省检察文学艺术联合会
第一届委员会名誉主席、主席、副主席、秘书长、副秘书长

倪英达

郑京水

朱　隽

李　建

王乃坚

陈励筠

郑国钦

吴新华

郑　勋

齐震宇

名誉主席　倪英达
主　　席　郑京水
副 主 席　朱　隽　李　建　王乃坚　陈励筠　郑国钦
秘 书 长　吴新华
副秘书长　郑　勋　齐震宇

宁夏回族自治区检察官文学艺术联合会
第一届委员会主席、副主席、秘书长、副秘书长

汪　敬

李桂兰

雷玺禄

马秀宁

杨春晖

主　　席　汪　敬
副 主 席　李桂兰　雷玺禄
秘 书 长　马秀宁
副秘书长　杨春晖

内蒙古检察官文学艺术联合会
第一届委员会名誉主席、主席、副主席、秘书长、副秘书长

马永胜

邢宝玉

韦亚力

曲云清

王汉武

张秀峰

董　贵

宋伟燕

祁建华

武天舒

名誉主席　马永胜　邢宝玉
主　　席　韦亚力
副 主 席　张　敏　曲云清　王汉武　张秀峰　董　贵　宋伟燕
秘 书 长　祁建华
副秘书长　武天舒

黑龙江省检察官文学艺术联合会
第一届委员会名誉主席、主席、副主席、秘书长、副秘书长

徐　明

车承军

张中华

王健伟

孙英华

李道申

陈玉庆

冯安熙

蔺学文

关　澍

名誉主席　徐　明
主　　席　车承军
副 主 席　张中华　王健伟　吴冠华　李　剑　李树军　孙英华　张雪秋　李道申
秘 书 长　陈玉庆
副秘书长　冯安熙　蔺学文　关　澍

湖南省检察官文学艺术联合会
第一届委员会名誉主席、主席、副主席、秘书长

龚佳禾

卢乐云

徐哲劲

黎光明

刘清生

王勋爵

周建达

苗　霞

名誉主席　龚佳禾
主　　席　卢乐云
副 主 席　徐哲劲　黎光明　刘清生　王勋爵　周建达
秘 书 长　苗　霞

辽宁省检察官文学艺术联合会
第一届委员会主席、副主席、秘书长、副秘书长

闫建成

郝英林

李玉娇

柳建伟

主　　席　闫建成
副 主 席　郝英林
秘 书 长　郝英林
副秘书长　李玉娇　柳建伟

重庆市检察官文学艺术联合会
第一届委员会主席、副主席、秘书长

南东方

杨　平

刘　晴

张亚林

刘　吉

杨再方

杨洪梅

孙　亚

主　　席　南东方
副 主 席　杨　平　刘　晴　张亚林　刘　吉　杨再方　杨洪梅
秘 书 长　孙　亚

1. 2012 年 12 月 27 日，河南省人民检察院检察长蔡宁参观检察官摄影作品展。
2. 2012 年 12 月 7 日，河南省人民检察院常务副检察长、省检察官文联主席张国臣，河南省人民检察院副检察长、省检察官文联副主席田效录点评干警作品。
3. 2012 年 5 月 9 日，河南省检察官文联二届二次全委会会场。
4. 2012 年 11 月 1 日，以全国模范检察官程建宇为原型的电影《火红的杜鹃花》在河南举行首映式。
5. 2012 年 8 月 15 日，河南省郑州市人民检察院女检察官体操队参加体育运动会。
6. 2012 年 1 月 19 日，河南省人民检察院机关迎新春文艺晚会。

1	2
3	4
5	6

1. 2012 年 7 月 27 日，全国毛泽东文艺思想研究会副会长、河北师范大学原党委书记、校长曹桂方在河北省检察机关文化建设工作会议暨省检察官文联常委（扩大）会议上作学术报告。

2. 2012 年 7 月 27 日，河北省人民检察院党组副书记、常务副检察长、省检察官文联主席陈晓颖出席河北省检察机关文化建设工作会议暨省检察官文联常委（扩大）会议并讲话。

3. 2012 年 7 月 28 日，组织部分河北省检察官文联常委、委员参观张家口市张北县元中都草原博物馆文化展。

4. 2012 年 7 月 28 日，组织部分河北省检察官文联常委、委员参观张北县 802 演习纪念馆。

5. 2012 年 2 月 28 日，河北省检察官文联召开主席办公会。

1	2
3	4
5	

1	3	
2		
4	5	6
7	8	9

1. 2012 年 11 月 30 日，湖北首届“十大法治人物”颁奖典礼在湖北电视台举行，湖北省人民检察院检察长敬大力在颁奖典礼现场与获奖检察官合影。
2. 2012 年 4 月 25 日，恩施州来凤县人民检察院组织干警参加来凤县“喜迎十八大、欢庆五一节”职工歌咏比赛活动。
3. 2012 年 5 月 4 日，湖北省丹江口市人民检察院组织青年干警开展以“热爱检察、乐于奉献、关爱社会、拼搏追求、博才宽容”为主题的采风活动。
4. 2012 年 5 月 4 日，湖北省武汉市蔡甸区人民检察院举办了“践行政法干警核心价值观、弘扬武汉精神”诗文演讲比赛。
5. 2012 年 5 月 11 日至 13 日，由湖北省荆门市人民检察院主办、湖北省京山县人民检察院承办的首届“荆门检察论坛”在京山县举行，来自湖北省检察机关、有关党政机关和律师、工商界的代表，以及省内高校的专家学者等 100 余位代表共讨如何发挥检察职能服务、保障和促进经济社会发展，为企业发展提供良好软环境问题。
6. 2012 年 6 月 29 日，人大代表聆听湖北检务微博情况介绍。
7. 2012 年 6 月 29 日，湖北省 130 个检察院同步举行了“公众开放日”活动，来自社会各界的群众代表在与检察机关“亲密接触”中增进了对检察工作的了解和支持。
8. 2012 年 4 月 20 日，湖北省襄阳市人民检察院干警参加全市政法战线“书香伴我行，阅读丰富人生”青年演讲比赛并获奖。
9. 湖北省恩施市人民检察院干警在春节前夕为群众写春联、送文化。

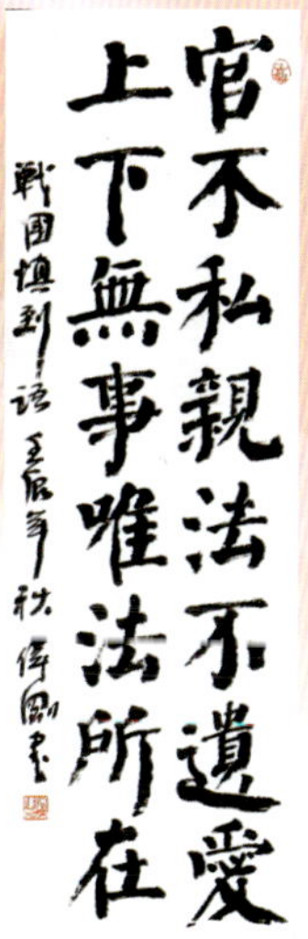

1	2	3	
4	5	6	
7	8	9	10
11	12	13	

1. 2012年2月29日，张耕主席、高检院政治部胡尹庐副主任在江苏省人民检察院徐安检察长陪同下观看“以梅喻检”书画摄影作品展览。
2. 2012年11月27日，张耕主席在江苏省委政法委副书记张新民、江苏省人民检察院副检察长严明陪同下观看全省政法文化艺术周书画摄影作品展览。
3. 2012年11月27日，江苏省委常委、政法委书记李小敏在省人民检察院徐安检察长陪同下观看全省政法文化艺术周书画摄影作品展览。
4. 2012年11月19日，全省检察机关学习贯彻党的十八大会议精神。
5. 2012年6月28日，全省检察机关“迎接十八大、岗位作贡献”演讲比赛。
6. 2012年11月6日，江苏省政法文化艺术周书画摄影作品评选。
7. 2012年3月1日，“以梅喻检”文化活动创作笔会。
8. 2012年2月29日，“以梅喻检”文化活动文艺演出。
9. 2012年11月28日，东南大学教授、书画家程德启参观全省政法文化艺术周书画摄影作品展览并题字。
10. 2012年11月23日，靖江市人民检察院王玮绘画作品——《牧城清风》。
11. 2012年11月20日，连云港市人民检察院王凡书法作品——王冕《梅花》。
12. 2012年8月25日，扬州市人民检察院童锋摄影作品——《慈母手中线，儿子身上衣》。
13. 2012年11月22日，南京铁路运输检察院沈伟钢书法作品——《官不私亲法不遗爱，上下无事唯法所在》。

1	2	3	4
5	6	7	
8	9	10	11
12	13	14	

1. 2012 年 6 月 28 日，安图县人民检察院升国旗 重温入党誓词。
2. 2012 年 3 月，辽源市人民检察院举办三八节联欢会。
3. 2012 年 3 月 8 日，汪清县人民检察院组织三八节联谊会女干警表演。
4. 2012 年 5 月 4 日，梅河口市人民检察院青年团员来到敬老院打扫卫生。
5. 2012 年 6 月，白山市人民检察院举行书法笔会活动。
6. 2012 年 7 月，大安市人民检察院邀请书法家到院举行笔会活动。
7. 2012 年 8 月 2 日，延吉市人民检察院运动会拔河比赛。
8. 2012 年 8 月 2 日，通化县人民检察院举行长白山红色之旅采风活动座谈会。
9. 2012 年 8 月，龙井市人民检察院举行乒乓球比赛。
10. 2012 年 10 月，白城市人民检察院组织地区大合唱活动。
11. 2012 年 11 月 19 日，敦化市人民检察院干警帮扶受灾农户抢收玉米。
12. 2012 年 8 月 13 日，白山市检察机关举行白山地区检察文化节。
13. 2012 年 4 月 26 日，吉林市人民检察院举办羽毛球比赛。
14. 2012 年 8 月 1 日，全州检察机关文艺汇演，图们市人民检察院检察干警表演大合唱《检察官之歌》。

1	2
3	4
5	6

1. 2012 年 5 月 8 日至 12 日，海南省检察机关书画摄影展在省博物馆举行，海南省人民检察院马永霞检察长参观展览。

2. 2012 年 5 月 8 日至 12 日，海南省检察机关书画摄影展在省博物馆举行，海南省检察官文联主席黄卫国参观展览。

3. 2012 年 9 月 27 日，全省检察机关“迎国庆、铸检魂”诗歌朗诵比赛在海口举行。

4. 2012 年 4 月 23 日，海南省检察官文联、中央电视台中视创新文化发展有限公司、海南广播电视总台战略合作签约仪式暨中视创新自制剧拍摄基地揭牌、《乡镇检察室》栏目剧杀青仪式在海口举行。

5. 2012 年 3 月 27 日，海南省检察机关书画创作笔会在海南省人民检察院举行。

6. 2012 年 2 月 24 日和 27 日，“检民心连心基层行”文艺演出慰问活动分别在澄迈县福山镇和海口秀英区永兴镇举行。

1	2	
3	4	5
6		

1. 2012 年 10 月 19 日，首届沪苏浙皖检察官文联书法绘画摄影艺术作品展暨检察官文联工作研讨会。

2. 2012 年 6 月 4 日，安徽省委宣传部郎涛副部长与省文联领导一行视察指导省检察官文联工作。

3. 2012 年 9 月 29 日，安徽省人民检察院“庆祝检察机关恢复重建 35 周年书画摄影展”开幕。

4. 2012 年 10 月 19 日，首届沪苏浙皖检察官文联工作研讨会。

5. 2012 年 5 月 13 日，陈怀安主席等应邀参加全省检察机关首届廉政公益海报评选活动。

6. 2012 年 4 月 19 日，安徽省检察官文联音乐舞蹈委员会举办音乐讲座。

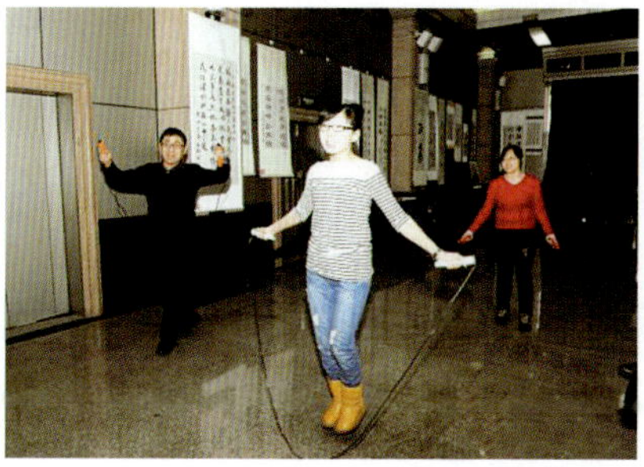

1	2	3
4	7	
5	8	
6		

1. 2012 年 2 月 4 日至 6 日，山西省太原市晋源区人民检察院举办元宵节文化体育活动。
2. 2012 年 2 月 6 日，山西省检察院组织检察干警举行“迎新春元宵节文体活动”，图为跳绳比赛现场。
3. 2012 年 2 月 8 日，山西省晋城市检察院举行“为了公平正义”全市检察机关文艺汇演。
4. 2012 年 4 月，山西省孝义市人民检察院举办以“凝聚力量，忠诚为民”为主题的首届孝义检察文化节，图为读书荐书活动。
5. 2012 年 6 月 1 日，山西省武乡县人民检察院电子期刊《红星杨》创刊。
6. 2012 年 9 月 26 日，山西省人民检察院杨司检察长为全省检察机关学习新刑事诉讼法知识竞赛获奖人员颁奖。
7. 举行清明公祭活动。
8. 2012 年 9 月 7 日，参加山西省党政领导干部乒乓球比赛。

1	2	3
4	5	6
7	8	

1. 2012 年 6 月 11 日，最高人民检察院、北京市委以及市检察院领导接见北京市检察机关深入开展政法干警核心价值观教育实践活动推进会先进集体和先进个人代表。

2. 2012 年 5 月 30 日，北京市人民检察院慕平检察长会见法国巴黎大审法院检察院检察官。

3. 2012 年 3 月 31 日，“全国部分省级检察院文化建设调研座谈”会在朝阳区人民检察院召开。

4. 2012 年 2 月 23 日，北京市检察官文学艺术联合会第一次会员代表大会召开。

5. 2012 年 9 月 25 日，北京市西城区人民检察院开展了“正义的颂歌——迎国庆西城检察院践行政法干警核心价值观”主题诗歌朗诵会。

6. 2012 年 1 月 18 日，北京市人民检察院举办春节联欢会。

7. 2012 年 8 月 9 日，电影《钢铁玫瑰》首映式。

8. 2012 年 8 月 3 日，北京市丰台区人民检察院组织干警进行羽毛球友谊赛。

1	2
3	4
5	6
7	8

1. 2012 年 9 月 25 日，天津市检察机关文化建设工作会议在天津市静海县人民检察院召开。
2. 2012 年 3 月 29 日，天津市检察官文学艺术联合会成立大会暨第一次会员代表大会召开。
3. 2012 年 1 月 19 日，天津市人民检察院党组成员与参演干警合影。
4. 2012 年 7 月 25 日，天津市检察机关“忠诚检察事业”人民检察史知识竞赛决赛在二分院举行。
5. 2012 年 6 月 3 日，天津市检察系统第二届男子足球比赛圆满结束，出席闭幕式的领导与荣获冠军、亚军、季军的三支代表队合影。
6. 2012 年 4 月 10 日，天津市人民检察院组织全市检察机关廉政宣传短片评比活动。
7. 2012 年 5 月 8 日至 6 月 3 日，天津市检察系统第二届男子足球比赛在天津检察官学院举行。
8. 2012 年 12 月 4 日至 6 日，天津市人民检察院男女羽毛球代表队在 2012 年天津市市级机关羽毛球男女团体赛上双双荣获亚军。

1	2	
3	4	
5	6	7
8	9	10
11	12	13

1. 为了提升干警文化品位，天津市静海县人民检察院于 2012 年 6 月建立了院史展览厅、健身房、阅览室、文化长廊、老干部活动室、乒乓球室等文体活动场所（图 1—图 4）。

2. 2012 年 12 月底天津市和平区人民检察院检察文化展览馆正式投入使用。该展览馆主要有领导关怀、亲临指导，历史沿革、发展变化，检察风采、建设之路，文化强检、荣誉史成四个篇章（图 5—图 13）。

1	2
3	
4	5

1. 2012年4月11日，浙江省检察官文联第一次会员代表大会会场。
2. 会员代表举手表决。
3. 开展摄影作品评展。
4. 开展微博征文评奖。
5. 举行运动会，图为开幕式全体剪影。

1. 2012年11月15日，著名艺术家王汝刚应邀来上海市人民检察院作文化讲座。陈旭检察长（右二）、郑鲁宁主席（左二）、周越强副主席（右一）、潘柏生副主席（左一）会见并合影。
2. 2012年4月27日，上海市检察官文学艺术联合会第一届主席团合影。
3. 2012年6月15日，上海市检察官文学艺术联合会主席郑鲁宁（左二）主持第一次主席办公会（专业委员会主任列席）。
4. 2012年12月4日，上海市检察官文学艺术联合会顾问、著名文化名人钱文忠教授应邀来上海市人民检察院作文化讲座。
5. 郑鲁宁主席向艺术家王汝刚颁发顾问证书发。
6. 2012年9月，部分参加上海市作报告会的会员与市作协副主席赵丽宏（左四）等合影。
7. 2012年9月18日，上海市检察官文学艺术联合会会同纪检监察部门对“全国检察机关廉洁从检书画摄影展”应征作品进行评选推荐。
8. 2012年10月12日，上海市检察官合唱团在上海市十佳检察官颁奖典礼上演出。
9. 2012年8月，上海市检察官文学艺术联合会在上海市人民检察院办公大楼创建上海检察官艺术长廊。

1	2	3
4	5	
6		7
		8
		9

1	2
3	4
5	6

1. 2012年5月4日，胡太平检察长在陕西省检察官文联成立大会上。
2. 2012年5月4日，陕西省检察官文学艺术联合会第一次会员代表大会。
3. 2012年9月21日，陕西省人民检察院干警表演舞蹈《清风荷花颂》。
4. 2012年5月4日，陕西省人民检察院党组成员、政治部主任吕萍在陕西省检察官文联成立大会上汇报检察官文联筹备成立情况。
5. 2012年9月22日，铜川市检察官文联成立大会。
6. 2012年12月26日，西安市检察官文联成立大会。

1. 2012 年 7 月 26 日，山东省检察官文联成立大会会议现场。
2. 2012 年 6 月 28 日，事迹报告会合影。
3. 2012 年 8 月 5 日，“以荷喻检”文化活动中，检察书画人才在进行创作。
4. 2012 年 10 月 25 日，全省检察机关文化建设工作会议召开。
5. 2012 年 8 月 3 日，枣庄市人民检察院干警自编自演文艺节目在“以荷喻检”文化活动上演出。
6. 2012 年 6 月 19 日，山东省人民检察院党组成员、政治部主任宋文娟在全国检察文化建设工作会议上领奖。
7. 2012 年 8 月 15 日，举行山东省检察机关第四届游泳比赛。

1	2
	3
4	5
6	7

1 2
3 4
5

1. 2012年7月29日，江西省委常委、省委政法委书记舒晓琴、全国政协教科文卫体委员会副主任、中国检察官文联主席张耕等领导参观“弘扬检察•赞美江西——全省检察机关书画摄影展”。

2. 2012年11月22日，江西省人民检察院党组书记、检察长、省检察官文联主席曾页九出席全省检察机关羽毛球、乒乓球比赛开幕式并宣布比赛开始。

3. 2012年7月30日，江西省检察官文学艺术联合会第一次会员代表大会。

4. 2012年11月23日，江西省人民检察院、省体育局领导与各代表队领队合影。

5. 2012年11月22日，江西省人民检察院、各设区市人民检察院和南铁分院13个代表队的整齐方阵。

1	2	3
4		5
6		7

1. 2012 年 8 月 9 日，四川省检察官文学艺术联合会第一次会员代表大会。
2. 2012 年 10 月 31 日，四川省人民检察院举行检察开放日暨省直机关“青年文化列车”活动座谈会。
3. 2012 年 4 月 24 日，四川省检察官文联和四川省人民检察院青年工作委员会组织机关部分青年开展“发扬革命传统，传承雷锋精神”主题活动。
4. 2012 年 10 月 17 日，四川省人民检察院组织喜迎十八大，争创新业绩诗歌（散文）朗诵会。
5. 2012 年 9 月 25 日，四川省自贡市人民检察院举办喜迎党的十八大、国庆中秋吟诗会，图为时任检察长刘红立为赛诗会致辞。
6. 2012 年 9 月 25 日，四川省自贡市人民检察院举办喜迎党的十八大、国庆中秋吟诗会，图为比赛现场。
7. 2012 年 9 月 25 日，四川省自贡市人民检察院举办喜迎党的十八大、国庆中秋吟诗会，图为自贡市画家为赛诗会献画，以示庆祝。

1	2	
3	4	5
6	7	
8	9	

1. 2012年10月11日，福建省检察文学艺术联合会第一次会员代表大会与会代表合影。
2. 2012年10月11日，中国检察官文联主席张耕参观书画摄影作品展。
3. 2012年10月11日，中国检察文联主席张耕（中）、中国检察官文学艺术联合会委员、省检察院政治部主任、省检察文联副主席朱隽（左）、省检察院离退休老干部王贤（右）现场交流书法。
4. 2012年10月10日，高检院政治部宣传部部长马莉莉（左）参观书画摄影作品，中国检察官文学艺术联合会委员、省检察院政治部主任、省检察文联副主席朱隽（右）陪同参观。
5. 2012年10月11日，原福建省文联副主席、省美术家协会会长陈一峰现场作画。
6. 2012年10月11日，福建省文联副主席、省书法家协会主席陈奋武（左五）、原福建省文联副主席、省美术家协会会长陈一峰（左四）、福建省检察文联主席郑京水（左六）、福建省检察文联副主席朱隽（左三）、福建省检察文联副主席杨玉勋（左七）、福建省检察文联秘书长吴新华（左二）、福建省检察文联副秘书长郑勋在福建检察文联成立书画艺术交流活动中。
7. 2012年10月10日，福建省检察文联主席郑京水（第一排左三）；副厅级检察员、省检察文联副主席李建（第一排左四）与参加活动的摄影协会会员合影。
8. 2012年10月10日，图为大合唱《人民检察官之歌》。
9. 2012年10月10日，图为《书画舞韵》表演。

1	2	3
4	5	6
7		8

1. 李定达检察长带领宁夏回族自治区人民检察院干警到宁夏黄河军事文化博览园爱国教育基地开展集体拓展活动。
2. 开展法律服务进军营活动。
3. 开展全区检察机关优秀女检察干警、好检嫂评选表彰活动。
4. 开展全区检察机关预防部门“岗位练兵、素能比武”演讲活动。
5. 在检察干警中开展“比思想看境界、比素质看能力、比作风看形象、比服务看成效”活动。
6. 邀请宁夏知名艺术家参与评选宁夏检察机关第三届书画摄影作品。
7. 在检察机关内部开展“学党章、守纪律”集中教育活动。
8. 组织干警积极参与植树活动。

1	2	3
4	5	
6	7	8
	9	10

1. 2012 年 5 月 18 日，内蒙古检察官文学艺术联合会名誉主席邢宝玉（中）、内蒙古自治区检察官文学艺术联合会主席韦亚力（右一）参加电影《乡村检察官》首映。
2. 2012 年 12 月 3 日，内蒙古检察官文学艺术联合会名誉主席主席马永胜（右一）为 2012 年内蒙古十大法治事件颁奖。
3. 2012 年 8 月 3 日，内蒙古检察官文学艺术联合会名誉主席邢宝玉（右一）、副厅级检察员王俊德参加乒乓球比赛。
4. 2012 年 8 月 5 日，内蒙古自治区政法机关第一届“忠诚杯”乒乓球赛开幕式，内蒙古检察官文学艺术联合会主席韦亚力挥动会旗。
5. 2012 年 12 月 1 日，内蒙古检察官文学艺术联合会副主席曲云清（左一）参加首届内蒙古法律文化研讨会并发言。
6. 2012 年 6 月 29 日，纪念建党九十一周年演讲比赛。
7. 2012 年 5 月 15 日，内蒙古自治区人民检察院干警听革命老前辈讲传统。
8. 2012 年 5 月 25 日，内蒙古自治区人民检察院干警参加万人登山活动起始点合影。
9. 2012 年 10 月 19 日，内蒙古自治区呼和浩特市赛罕区人民检察院检察官合唱《鸿雁》。
10. 2012 年 10 月 19 日，干警表演安代舞。

1. 2012年8月15日，最高人民检察院曹建明检察长、黑龙江省政法委杜家毫书记、黑龙江省人民检察院徐明检察长等领导在大庆红岗区观看检察文化长廊。
2. 中国检察官文联主席张耕、原黑龙江省委副书记、黑龙江省书法协会主席马国良，在黑龙江省人民检察院检察长徐明、黑龙江省检察官文联主席车承军副检察长等的陪同下观看书画展。
3. 2012年11月8日，黑龙江省人民检察院徐明检察长等党组成员与干警一同收看“十八大”开幕盛况。
4. 2012年10月25日，黑龙江省检察官文学艺术联合会成立大会。
5. 2012年3月8日，黑龙江省检察机关深入开展政法干警核心价值观教育实践活动电视电话会议主会场。
6. 2012年3月7日，黑龙江省检察官文联主席车承军副检察长等院领导在读书励志会上与检察干警交流读书心得。
7. 同江市人民检察院干警在检察长张树伟的带领下到烈士纪念馆进行革命传统教育。
8. 新招录检察官在阶梯教室上课。
9. 以同江市人民检察院干警全国模范检察官王秀娟为原型创作的剧目。

1	2	3
4	5	6
7	8	9

1		2
4		3
	5	6
7	8	9

1. 2012 年 11 月 28 日，辽宁省检官文联成立，中国检察官文学艺术联合会主席张耕（左起第 3 三）、辽宁省人民检察院党组书记、院长肖声（左起第四）、辽宁省文学艺术界联合会党组书记、副主席李春晓（左起第二）、辽宁省民政厅党组成员、副厅长马涛（左起第五）等领导出席大会。
2. 2012 年 4 月 19 日，辽宁省辽河分院检察机关举行义务植树。
3. 2012 年 6 月 12 日，辽宁省盘锦市人民检察院举行以“采撷国学智慧，培育核心价值”为主题的检察文化论坛。
4. 2012 年 8 月 10 日，辽宁省人民检察院组织全省检察系统进行“深入践行政法干警核心主题”演讲比赛，图为一等奖获得者辽宁省人民检察院机关韩大书决赛时演讲。
5. 2012 年 8 月 10 日，辽宁省人民检察院组织全省检察系统进行“深入践行政法干警核心主题”演讲比赛，辽宁省人民检察院政治部主任郝英林在演讲决赛前讲话。
6. 2012 年 3 月 26 日，辽宁省鞍山市海城市举办书法展览。
7. 2012 年 4 月 23 日，辽宁省大连市检察机关进行以“超越自我、体验快乐”为主题的篮球赛比赛。
8. 2012 年 1 月 9 日，辽宁省阜新市人民检察院举办春节汇演。
9. 2012 年 12 月 25 日，辽宁省丹东市人民检察院举办 “爱家乡、爱检察、迎春书画摄影展”。

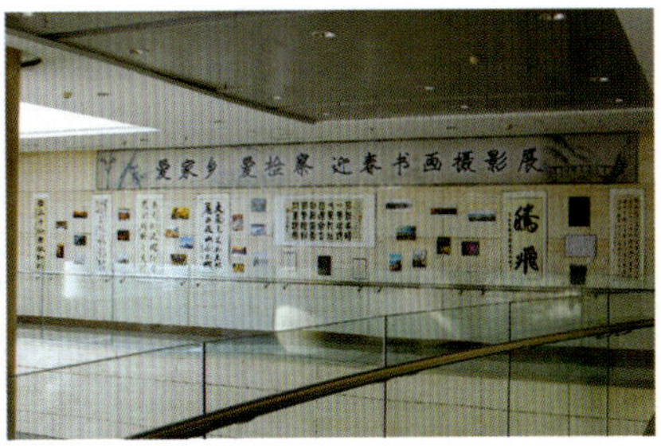

1	2
3	4
	5
6	7

1. 2012年12月23日，重庆市检察官文学艺术联合会成立暨第一次会员代表大会召开，中国检察官文学艺术联合会主席张耕、重庆市人民检察院检察长余敏出席会议。
2. 2012年12月13日至30日，重庆市检察官文联举办了“百花齐放春满园”——重庆市检察机关文化建设成果展，图为中国检察官文学联合会主席张耕参观成果展。
3. 2012年9月28日，重庆市检察机关“执法为民示范窗口、亲民爱民优秀干警和执法为民精品案件”表彰大会在重庆市人民检察院举行，图为余敏检察长（前排左三）等领导与“亲民爱民优秀干警”合影。
4. 2012年5月11日，重庆市检察院机关文化大讲坛正式开通，市委党校副校长周放教授为大讲坛讲授了第一讲——国学经典。
5. 2012年6月1日，重庆市人民检察院和武隆县人民检察院在武隆县土地乡中心小学开展了“莎姐进乡村·携手庆六一”活动。
6. 2012年11月7日至9日，重庆市检察系统第二届羽毛球比赛举行，图为比赛开幕式现场。
7. 2012年12月，重庆市检察官文联编辑出版了《清风》重庆市检察官文学作品集和《巴山渝水润检魂——重庆市检察机关文化建设巡礼》画册。

四、各省、自治区、直辖市检察官文学艺术联合会筹备组，新疆生产建设兵团检察官文学艺术联合会筹备组

广东省检察官文学艺术联合会筹备组

检察官文联筹备

检察官文联筹备情况

【广东省检察官文联筹备情况】经参考中国检察官文联章程以及各省检察官文联章程，并对检察官文联的性质、宗旨、业务范围、工作程序等基本问题进行明晰，7月完成《广东省检察官文联章程（草案）》定稿工作。6月，筹备组向全省市级院和铁路分院下发通知，并制定文艺人才调查摸底表了解全省检察系统文艺人才基本情况。经广泛动员和资格审查，已有216名干警符合省检察官文联会员资格。广东省检察官文联设立理事会，并经全省地级以上检察院推荐了理事候选人。这些理事候选人将在广东省检察官文联成立大会上正式选举产生。广东省检察官文联各项事务已筹备妥当，预计于2013年年初正式成立。

检察文化艺术工作情况

综　述

近年来，广东省检察院党组高度重视检察文化建设，坚持把检察文化建设作为提高队伍素质、提升检察形象的重要手段，大力实施文化兴检工程，全省各级检察机关认真贯彻落实高检院《关于加强检察文化建设的意见》，结合检察工作和本地的区域特点，在检察文化的理论研究、组织推动、制度创新、机制建设等方面进行了有益的探索，积累了丰富的经验，培养了一批检察人才。

会　议

【全省检察机关文化建设工作会议】 9月，在东莞召开全省检察机关文化建设工作会议，草拟出《广东省人民检察院关于进一步加强检察文化建设的决定》征求全省意见。发挥文化建设示范引领作用，东莞市院、广铁分院、广州市海珠区院荣获全国检察文化建设示范单位，省院授予广州市黄埔区院等12个单位为“全省检察文化建设示范单位”，掀起全省检察文化建设新一轮高潮。

文化艺术活动

【“廉洁文化”书画摄影展览】 4月，组织全省检察干警参加中国检察官文联举办的“廉洁文化”书画摄影展览，共征集书画作品近60件、摄影作品200余件。

【政法干警书画摄影展】 7月，组织参加由省委政法委举办的政法干警书画摄影展，征集美术作品13件、书法作品112件、摄影作品138件。

【粤港澳青少年反腐倡廉广告动漫创作比赛颁奖礼】 7月，在省检察院机关礼堂举办粤港澳青少年反腐倡廉广告动漫创作比赛颁奖礼，邀请粤、港、澳反腐合作机构官员及三地获奖青少年参加活动，推进粤港澳三地的廉政文化建设。

【“党旗飘 粤检魂”全省检察机关文化建设文艺汇演】 9月，在东莞召开全省检察机关文化建设工作会议，组织了“党旗飘 粤检魂”全省检察机关文化建设文艺汇演。

获奖情况

【政法干警书画摄影展】 7月，组织参加由省委政法委举办的政法干警书画摄影展，征集美术作品13件、书法作品112件、摄影作品138件，其中1件摄影作品获得二等奖、4件摄影作品获得三等奖。

【践行政法干警核心价值观有关荣誉】 广东省检察院政治部获得全国检察机关政法干警核心价值观正确发展理念和执法理念征文活动组织奖，广东三篇文章获得优秀论文奖。

【全国先进基层党组织】 组织开展党员重温入党誓词、检察官宣誓仪式、“革命传统教育周”等活动，教育广大党员干警坚定理想信念。广州市海珠区院被评为“全国先进基层党组织”。

【全国基层检察院“四化”建设示范院】 广州市番禺区院、珠海市金湾区院被评为全国基层检察院“四化”建设示范院。

【优秀专题调研报告】 专题报告《关于进一步加强基层检察院“四化”建设的调研和设想》被评为高检院“十二五”时期检察政治工作发展规划优秀专题调研报告。珠海市院承担的《检察绩效管理完善问题研究》课题顺利通过专家评审。

出版创作

11月，省检察院编辑印刷了《检察官的情怀》、《检察官的楷模》检察文化系列丛书。

12月，省检察院《创新促发展 阳光赢公信》电视宣传片制作完成。

基层检察文化艺术

广州、珠海、东莞等市院纷纷制定检察文化建设发展纲要，系统开展检察文化建设。揭阳市院突出地方特色，挖掘出“忠诚为民”、“文明执法”、“公正用人”、“书香门第”、“感恩奉献”五大文化，形成具有揭阳特色的检察文化体系。深圳、中山、韶关等市院建成检察官培训基地，成为检察官俱乐部或检察官日常活动之家。广州、江门、汕头、清远等市院投入资金，精心打造形式多样的检察文化活动场所，开展检察文化节、举办专家讲座、成立书友会、建设“硕士研究站”等。韶关、惠州、河源、潮州等市院及所辖基层院，精心打造文化长廊、荣誉室、阅览室，使整个检察机关充满书香气。珠海市院组织儿童嘉年华亲子活动和干警子女夏令营等活动。

广西壮族自治区检察官文学艺术联合会筹备组

检察文化艺术工作情况

综　述

2012年，广西壮族自治区各级检察机关认真贯彻落实中央关于推动社会主义文化大发展大繁荣以及自治区党委关于建设民族文化强区的一系列精神，根据高检院和自治区检察院党组的部署，坚持把文化建设作为推进全区检察事业发展和加强队伍建设的有效载体和重要抓手，大力实施文化育检战略，深入开展学习实践科学发展观活动，推进社会主义核心价值体系建设，深化社会主义法治理念教育，促进了检察工作正确执法理念和发展观念的进一步确立，着力培育检察职业精神；全面细化、落实执法规范化建设的各项要求，着力规范检察职业行为，促进了理性、平和、文明、规范执法；广泛开展具有广西民族特色的检察文化活动，不断创新文化载体，推动了检察机关精神文明建设；大力宣传在全区乃至全国有影响的检察先进单位和英模人物，加大检察宣传力度，着力营造良好舆论环境，树立了全区检察机关良好形象；着力加强检察文化理论研究，不断推出有深度、高质量的理论成果；建立健全文化建设各项制度规范，着力提供制度保障，提升了检察文化建设科学化水平，全区检察文化建设呈现出整体推进、蓬勃发展的良好态势，涌现出一批载体丰富、成效显著、具有检察职业特点和自身价值观念的文化品牌。

一、坚持以社会主义核心价值体系为指导，确保检察文化建设的正确方向

坚持把坚定理想信念放在检察文化建设的首要位置，充分运用各种文化形式和载体，通过针对性、经常性和有效性的思想政治教育和检察职业道德教育，坚持不懈地用社会主义法治理念武装广大检察人员头脑，用社会主义法治理念指导实践，用“忠诚、为民、公正、廉洁”的核心价值观凝聚力量，引导和促进广大检察人员坚定理想信念，弘扬职业道德，进一步坚定走中国特色社会主义法治道路的信心和决心。

4月1日，张少康检察长带领自治区人民检察院机关部分检察人员到南宁市人民公园革命烈士纪念碑扫墓，敬献花篮，深切缅怀革命先烈的丰功伟绩，颂扬革命先烈的崇高精神。

6月28日，自治区检察院举办“清廉为政，永葆纯洁”主题党课，党组书记、检察长张少康同志为全区检察机关5000多名党员干部上了一堂题为“永葆共产党人纯洁的政治本色，做纯洁的优秀检察官”党课。党课中，张少康同志纵观古今，横揽中外，从保持共产党员纯洁性的含义、内涵、外延，从保持纯洁性的重要意义、基本要求，用生动活泼的语言对检察机关的共产党员和检察人员应当如何保持纯洁性、做保持纯洁性的表率做了深刻的阐述。一个半小时的党课发人深省、引人入胜。自治区院机关全体党员干部在主会场，各基层检察院党员干部在分会场通过三级网视频聆听了党课。

二、坚持围绕检察中心工作开展检察文化建设，积极为检察事业科学发展和检察队伍建设服务

紧紧围绕检察中心工作，贴近检察实际，贴近人民群众，把履行法律监督职责的丰富实践作为检察文化建设工作的不竭源泉，不断加强正面舆论宣传工作，弘扬主旋律，深入宣传检察工作的方针政策和重大举措，热情讴歌检察队伍的模范典型和先进事迹，全方位展示检察工作的丰硕成果和检察队伍的良好形象，更好地团结激励广大检察人员忠实履行宪法和法律赋予的职责，更好地增进广大人民群众对检察工作的理解、信任和支持，充分发挥检察文化塑造精神、凝聚力量、提高素质、树立形象、推动工作的功能作用，不断开创检察工作新局面。

2012年，全区检察机关共被各级报刊、电台采用稿件8500多篇（条）；组织在自治区级以上媒体发稿400余篇（条）；在正义网上稿200多篇，在检察日报上稿120多篇，其中在检察日报发表的文章近40%刊登在一版或其他版面头条；在广西日报刊发的重大稿件80%刊载于政法版头条；在《广西法治日报》上发表反映检察工作的稿件50多篇，基本涵盖了侦监、公诉、民行、控申、反贪、预防等各主要业务部门的工作成绩。如对全国检察文化建设示范院罗城县检察院的宣传策划，1月31日《检察日报》第5版廉政周刊头条登载了《从检一日，廉洁终身——广西罗城仫佬族自治县人民检察院廉政文化建设片断》的调查文章，配发中国安全生产报摄影记者采写的《在期盼中坚守》，以一名摄影记者的眼光记录了实地采访时所遇到的廉政点滴事，随后以该院检察长署名文章《创建有特色的检察文化》一文结尾，一个专版3篇稿件近5000字并配发图片4张，多角度生动诠释了一个基层检察院创建包含廉洁文化在内的检察文化工作成效。

三、夯实检察文化发展的基础，不断为检察文化建设注入新的生机和活力

（一）*着力培育政治信仰和理想信念。*把牢固树立和自觉践行社会主义法治理念作为检察文化建设的重要任务，把社会主义法治理念的各项要求落实到执法办案的各个环节，体现到队伍建设的各个方面，坚持用社会主义法治理念清理执法思想，规范执法行为，提升执法办案的能力和水平，及时将学习成果转化为谋划工作的思路、解决工作难题的有效方法、推动工作的具体措施。

在全区检察机关深入开展政法干警核心价值观教育实践活动中，全区检察机关按照中央和自治区的部署，紧密结合检察工作实际，不断创新载体，以“服务千百十亿元企业”、“道德讲坛”、“读书活动”、“书画摄影活动”、“学雷锋活动”、“参观爱国主义教育基地”等多种形式，开展了“八个一”的活动，即开展一次集体宣誓活动，开展一场“大学习、大讨论”活动，开展一轮全员大培训，开展一系列检察文化建设活动，开展一系列业务技能大比武活动，开展一批精品案件、优质案件和优秀法律文书评选活动，开展一次廉洁守纪大讲评活动，组织一系列亲民爱民帮民活动。

5月4日，时值共青团成立90周年之际，自治区检察院组织青年干警到扶绥县岜盆乡岜伦村小学开展核心价值观活动。活动中，自治区检察院的青年检察官们驱车来到岜伦村小学，看望小学生们。检察官们向岜伦小学赠送了电脑等办公器材，为同学们带来了一大批图书、书包、文具以及体育用品等。在赠送物品后，检察官们走到孩子们中与孩子们围在一起聊天、游戏，倾听孩子们的心声。

（二）着力创建自身品牌特色。坚持把服务检察人员的文化需求作为基本出发点和落脚点，将本地优秀特色文化与检察文化结合，推进检察文化创新，借本地文化提升个性检察文化，使检察文化更具生命力，涌现出一批具有检察职业特点和自身价值观念的文化品牌。南宁市检察机关立足首府检察工作实际，以“邕江检察讲坛”为载体，深入开展检察文化建设，以丰富多彩的内容、生动鲜活的形式，有效发挥检察文化的教育、引导、激励作用，提升了检察干警素质，激发了干事创业的激情和活力，促进首府检察工作和队伍建设快速发展。河池市罗城县检察院把以“尚德崇文，开放包容，感恩图强”为主要内容的“佬文化”检察化、实践化，确立了“融合仫佬族文化精髓、服务民族和谐发展要求”的检察文化工作思路，突出“三个仫佬文化特色”，发挥“三个检察文化作用”，紧紧围绕服务大局、维护民族团结、促进检察工作科学发展开展检察文化建设，打造了独具民族特色的和谐检察文化；柳州市鱼峰区检察院以科学发展观为指导，紧紧围绕“强化法律监督，维护公平正义”检察工作主题，探索性地借鉴“柳宗元文化”，在柳宗元“民本思想”的影响下，不断丰富和完善检察文化体系，大力推进和谐检察建设，形成了融合“柳侯文化”精髓的鱼峰“民生检察文化”，促进了各项检察工作持续健康发展。

（三）着力抓好检察文化示范单位建设。逐步探索、建立、完善具有广西特色的检察文化载体建设的长效机制，不断提高检察文化建设的实效性。积极培养示范点单位的检察文化建设工作，以先进典型的示范作用带动全区检察机关开展检察文化建设。年初，经深入调研和广泛征求意见，自治区检察院出台了《广西壮族自治区人民检察院关于加强检察文化建设的指导意见（试行）》，从六个方面对检察文化建设做了具体部署，进一步明确了全区检察文化建设的目标、任务和方向，是全区检察机关开展文化建设的指导性文件。自治区检察院多次深入河池、崇左、桂林等基层单位开展检察文化建设工作调研，重点培育、指导一些基础较好的单位抓检察文化建设，以点带面推动全区检察文化建设，一批载体丰富、特色鲜明、成效显著的文化建设示范单位涌现出来：罗城县检察院和鱼峰区检察院6月被高检院评定为首批“全国检察文化建设示范单位”，罗城县检察院还在全国检察机关文化建设工作会议上作了经验交流。此外，自治区检察院经推荐、考核、党组确定等程序，评定了柳城县检察院、海城区检察院等8个单位为全区检察文化建设示范院，充分发挥典型的引领作用。并决定从2012年开始，每2年开展一次全区检察文化建设示范院评比活动，符合示范院标准的授牌表彰，同时对已经获得示范院称号的单位也要重新进行考核，不合格的摘牌，合格的继续保留称号。

（四）着力拓展检察文化阵地。加强检察机关办公场所法治文化建设，组织检察人员用身边人、身边事、自己的语言打造“文化长廊”、“文化橱窗”、“文化墙”，营造浓厚的文化氛围。11月，自治区检察院在院机关大楼内建成检察文化综合长廊，以优美且具有文化寓意的图画配上名言警句的“格言文化墙”为主要内容，对各部门楼层体进行整体布置，展现检察人员法律养成和廉政建设文化的内容和要求。

全区检察机关结合各自实际，积极创造条件建设检察机关自己的文化阵地，纷纷设立检察博物馆、荣誉室、预防职务犯罪展览室、活动室等，还利用社区文化活动中心等阵地，传播检察文化。

贺州市成功建设了全区市级检察院首个检察文化警示教育基地。基地位于贺州市检察院大堂左侧，占地约230平方米，由源头预防、警示教育、检察文化、荣誉展示等几个部分内容组成。基地在设计上着重突出了检察文化的社会功能，注重本地法治文化资源将廉政理论教育、示范教育、法纪教育、警示教育、传统教育融于一体，形成了浓厚的廉政文化氛围；在展品、展项的设置和展示手段方面注重创新，集声、光、电、形、色于一体，载体新颖、内容丰富、图文并茂，使党员干部在“一物一反思，一步一警示”中得到警醒和陶冶。

荔浦县检察院邀请桂林当代书画研究院等单位书画名家举行笔会，现场挥毫泼墨，与干警共研书画，共同创作书法、绘画作品。当天，五位书法绘画艺术大师与检察干警共同创作书法55幅、绘画18幅。书法绘画作品均被该院和干警所收藏。活动当天，该院还展出了干警收藏的书法、绘画、摄影、奇石、根雕等艺术作品30多幅（件），以活跃笔会活动的氛围。

（五）着力丰富检察文化建设载体。不断提高传承检察文化丰富内涵的能力和手段。通过移动电视、户外广告、手机报、短信、微博、博客、检察网站等拓展检察文化传播渠道，丰富传播手段，提高传播能力。

自治区检察院组织了首届廉政宣传短片评比活动。全区60个单位共自编自导制作了74部作品，经专家评选，其中56部获得单项奖。自治区检察院从中选取10部优秀作品报送参加首届全国检察机关廉政宣传短片评比，共有6部片获奖，其中一等奖1部。各级检察机关充分进行成果运用，将宣传短片在人群密集的广场、中心街道进行滚动播放，还积极向各地主流媒体推荐播放，其中10部优秀短片获得在广西电视台重要时段进行播放。

12月8日，由检察日报社正义网主办的“第二届政法微博与社会管理创新峰会”在北京举行。会议发布了2012年度全国政法微博影响力榜单，广西区两位检察官微博入选，分别是：防城港市检察院副检察长何文凯微博入选“全国十佳政法官员影响力微博”，自治区检察院宣传处副处长何重任微博入选“全国十佳检察官影响力微博”，这也是这两位检察官微博连续第二年入榜。

四、提升文化软实力，塑造检察形象和执法公信力

深化职业道德和廉政教育，大力加强廉政文化建设，广泛开展岗位廉政教育、纪律作风教育等，大力推行“检务公开”、“检察开放日”活动，塑造检察职业形象，不断以文化软实力提升检察形象和执法公信力。

全区各级检察机关分别采取参观、展示、互动等形式，引导群众参观检察机关办公办案区、来访接待室、大要案侦查指挥中心、荣誉室、警示教育基地、院史展览室等，通过召开座谈会、回答提问和咨询、填写调查问卷和意见表等形式，介绍和展示检察工作情况，认真解答群众提出的问题，充分听取群众的意见和建议，让人民群众亲身感受检察工作制度化、规范化建设情况，进一步加深人民群众对检察工作的了解和认识。9月18日，自治区人民检察院开展“检察开放日”活动，这是自治区人民检察院第三次向公众开放，旨在主动接受社会各界监督，提升检察机关透明度和公信力。来自社会各界的50名代表听取了张少康检察长关于2012年上半年检察工作情况介绍，观看了《创新社会管理，打造民生检察》专题片，参观了自治区人民检察院控告申诉接访室、办案工作区、大要案指挥中心、检委会会议室和案件监督管理处等办公、办案区域，并与自治区检察院领导进行座谈。

此外，全区三级检察机关结合自身工作实际，挖掘工作亮点，充分利用各种宣传形式和手段，全方位开展检察工作宣传。

广西检察机关民事行政检察工作专项宣传活动4月至11月举行。4月7日，全区三级检察院民行部门全体工作人员、控申处有关人员走上街头，以“民行检察与民同行”为宣传主题统一设点宣传。通过摆放宣传板、发放宣传资料、现场答疑、接受咨询、受理申诉等方式，对国家相关法律法规、民事行政检察的监督职责、工作成效和典型案例等进行宣传，进一步扩大民行检察的社会影响力和认知度。自治区检察院技术处与中国移动公司广西分公司、中国联通公司广西分公司联系，在活动前三天通过短信群发系统向手机用户编发宣传月的标语、内容等信息。仅本次设点宣传活动共分发资料20590份，接待群众3228人次，受理申诉案件77件，获取案件线索20余件，现场息诉22件。

柳城县检察院将柳城县的山歌文化、壮欢文化、“百村百戏”文化与检察文化相结合，组织优秀文艺队到全县12个乡镇及社区开展文艺表演，将廉政文化化作首首山歌、曲曲彩调唱于集市、广场，让廉政文化深入民心；在乡村公路两旁设立廉政文化长廊，营造尊廉尚廉的浓厚氛围；树十年来未发生职务犯罪案件的县国税局为廉政典型形象推动廉政教育。还建成集培训、帮教、监督、预防、挽救功能为一体的综合型廉政警示宣传教育基地，使之成为全县干部教育、任用、考核的警示教育窗口和基地。自成立以来，该基地接待了各级领导、干部5000多人次。

3月24日（农历三月三）是壮族的传统歌节，又称“三月三歌圩节”，每年这一天，群众会自发聚到歌圩场上赛歌、赏歌。利用这一契机，东兰县检察院干警将法制宣传点设到了歌圩现场，向群众展示了该院干警自创的检察文化山歌——《东兰检察多精英》，使法制宣传、检察文化建设与传统活动巧妙结合。当天，借着展示检察文化山歌的机会，检察官们通过现场讲解、发放宣传单等方式，向群众宣传了党的民族政策和相关法律法规、检察工作动态、举报常识等知识，并就群众提出的法律问题给予耐心细致的解答，使他们在欢庆节日的同时增强法制观念和维权意识，营造了良好的宣传氛围。有群众还现场唱了起来："来咯了咯……今天来了检察官……又唱歌来又宣传……大家心里好喜欢"。

活　动

【全区检察文化建设工作会议召开】 11 月 28 日至 30 日，自治区检察院在柳城县和柳州市召开全区检察文化建设工作会议。这是检察机关深入贯彻落实党的十八大精神的一项具体举措，也是贯彻落实全国检察机关文化建设工作会议精神，稳步推进检察文化建设、促进全区检察事业科学发展的一次重要会议。会议回顾总结了近年来全区检察文化建设工作基本情况，对进一步加强检察文化建设工作作了具体部署。柳州市检察院、罗城县检察院等 6 个单位在会上作了经验发言，柳州市鱼峰区检察院等 7 个单位作了书面交流。与会代表现场观摩了柳城县检察院文化建设成果，参观了柳州市检察院检察文化长廊和柳州市检察文化节摄影书画展览，摄影书画展览还专门邀请了柳州市当地知名的 4 位书画家现场挥毫泼墨。

【"广西检察文化之旅"启动】 11 月 29 日晚，"广西检察文化之旅"启动仪式暨柳州市检察文化节文艺晚会举行。柳州市检察机关干警自编自演了一台精彩的文艺晚会。"广西检察文化之旅"活动将陆续在各地开展，广西检察机关力争将活动打造成在全国检察机关具有知名度的独具广西特色的检察文化品牌。活动的形式是每年选取一至两个地方，相对集中一周左右的时间，开展"广西检察文化之旅——走进××"系列活动。活动内容主要有文艺演出、"法制小剧场"进社区、体育运动会或文体联谊活动、红色传统教育和民族文化教育、检察文化采风活动、检察文化节等。

【广西检察机关第三届运动会胜利举行】 8 月，广西检察机关第三届运动会胜利举行。整个运动会比赛分两个阶段进行。部分比赛项目已先期于 7 月至 8 月中旬成功举行，全区检察机关进行了分片区预赛。26 日至 29 日进行的是各项目的决赛阶段比赛。决赛阶段，全区检察机关 16 个代表队的 430 名运动员，其中男运动员 305 名，女运动员 125 名，在篮球、气排球、羽毛球、乒乓球、棋类等 5 个大项 11 个小项目中一拼高低。

【自治区检察院为主诉检察官颁证】 2 月 6 日，自治区检察院举行仪式，为 2012 年通过公开考试方式选任的林俊杰等 7 名主诉检察官颁发任命书。自治区检察院自 1999 年开始在全区检察机关施行主诉检察官办案责任制。被选任主诉检察官自 2011 年 12 月开始，通过个人申请、资格审查、组织考试考察等程序，对申请拟任主诉检察官的政治素质、法律政策水平、审查运用证据能力、语言文字表达能力、论辩能力、逻辑思维能力和职业道德情操等进行了综合测试、考核。

【全区检察机关服务“千百十亿元企业工程”行动启动】4月28日，广西壮族自治区检察机关服务“千百十亿元企业工程”行动正式启动。这次行动的服务对象主要是列入“千百十亿元企业工程”的重点项目，行动实施时间为2012年至2015年。活动方案要求，广西各地检察机关立足检察职能，通过深入企业和相关职能部门进行走访调研，以召开座谈会、研讨会等形式，向企业及其主管部门问需、问计、问效；在调研掌握企业需求的基础上，结合企业实际，按照“一企一策”要求，为重点企业量身定制符合其自身特点的服务措施；坚持领导包案制和信访“会诊”制，适时采取公开听证、释疑解惑、谈话教育、司法救助等方法息诉罢访；重点抓好预防调查和对策研究，加强职务犯罪苗头性、倾向性问题的排查和预警，向企业推荐相关行业中强化监督和管理的好做法好经验，协助企业规范工作流程和管理制度；开通办理涉企刑事案件的“绿色通道”，集中力量优先办理等方式，积极主动为企业做好服务。

【2012年“举报宣传周”活动举行在线访谈】6月25日至29日，全国检察机关“举报宣传周”活动在全国统一举行，今年的主题是“惩防并举，保障民生”。6月25日下午，自治区院民行处处长陈春云做客广西新闻网，与广大网友进行在线交流。在长达40多分钟的交流中，陈春云就民事行政检察工作基本职能及检察机关民事行政检察工作现状等情况与网友在线交流，并详细解答了网友提出的各种问题，获得网友的一致好评。

【7000名检察干警同时宣誓】2月27日，自治区人民检察院举行全区检察机关深入开展政法干警核心价值观教育实践活动启动仪式暨动员大会，对全区检察机关开展好“忠诚、为民、公正、廉洁”政法干警核心价值观教育实践活动进行了动员和部署。当天，全区三级检察院7000名干警举行了升国旗和检察官宣誓活动。

【女检察官参加庆“三八”“舞动广西”广场民族舞启动仪式】3月2日，自治区文明办、自治区妇联、自治区妇儿工委办在南宁市举行“喜迎十八大·巾帼荟萃展风采”——庆“三八”、“践行雷锋精神、巾帼志愿者在行动”、实施“新两纲”宣传月暨全区基层妇女“舞动广西”广场民族舞启动仪式。自治区检察院组织女检察官参加了启动仪式并进行了职业着装礼仪风采展示，向现场观众充分展示了现代女检察官的精神风貌。

【全国首届廉政短片、公益广告评比中获佳绩】在全国检察机关首届廉政宣传短片、公益广告评比活动中，广西检察机关报送的作品获佳绩，共获一等奖1项、优秀奖5项。获得一等奖的作品是由自治区检察院选送、自治区地税局制作的作品《到位》，《拒惑筑通途》、《守住防线》、《小鱼的贪婪》、《女儿的日记》、《连成廉》等五部作品分别获优秀奖。

【第九期司法警察培训班开班】5月9日，全区检察机关第九期司法警察培训班在南宁开班。在为期10天的培训班中，来自全区检察机关的114名晋升警督以上的、资历相对较老、年龄相对较大的司法警察接受培训。本次培训邀请了有关学者专家和自治区检察院有关业务部门负责人围绕相关法律法规、检察业务知识、司法警察专业知识、技能和突发事件处置等内容进行授课。学习过程中，还安排学员进行经验交流，分享各个单位的一些好的做法。此外，还开设了警械具使用、擒拿技术、队列操练等技能训练。培训班结束时，还组织学员进行业务技能考核测试，并开展司法警察宣誓仪式。

【2012 年度“纪律教育周”活动进行】 2012 年 11 月至 2013 年春节前，广西区检察院结合学习贯彻党的十八大精神和述职述廉工作，集中一周时间在全区检察机关开展以“干警清正、机关清廉、检务清明”为主题的 2012 年度“纪律教育周”活动。根据《全区检察机关 2012 年度“纪律教育周”活动实施方案》，活动分为学习动员、学习教育、查摆问题、开展讲评、整改等 5 部分，主要是通过给检察人员上廉政党课、组织参观预防职务犯罪警示教育基地、观看示范教育和警示教育片、对近年参加工作的检察干警进行廉洁守纪教育和开展廉洁守纪讲评等多种形式，进一步促使检察队伍自觉树立“忠诚、为民、公正、廉洁”政法干警核心价值观，以“四三”格局的方式方法，着力纠正检察干警在纪律作风、执法规范等方面存在的问题，使广大检察人员在进一步端正认识的基础上，在查摆中把问题找准，把原因查明，在整改上下功夫，建立健全规章制度，力求取得廉洁守纪的实效，真正把各项纪律和规章制度落实到检务工作中，用纪律规范检察人员的工作、生活、社交等行为，努力实现“三个增强、三个促进”，即增强纪律意识，促进纪律作风养成；增强制度意识，促进制度落实，提高制度执行力；增强为民意识，促进检察人员严格公正廉洁文明执法，严格执行检察纪律，自觉克服特权思想、霸道作风，真正为人民执好法、掌好权。

理　论

【全区检察理论研究年会暨第十二届广西检察理论研究优秀成果奖颁奖大会召开】 3 月，全区检察理论研究年会暨第十二届广西检察理论研究优秀成果奖颁奖大会在桂林召开。会议总结回顾了 2011 年全区检察理论研究和专题调研工作，对 2012 年工作进行全面部署。2011 年，全区各级检察院检察长亲自部署，带头下基层进行调研，形成了一批具有推动全区检察工作科学发展、跨越发展的调研成果。全区检察人员公开发表 3000 字以上的理论文章 3900 篇，其中在知名期刊（含专刊、增刊）发表 56 篇，在数量上较以往有了大幅度提升，在质量上有了新突破、新跨越。自治区检察院制定了一系列规范性文件，如《广西检察工作“十二五”发展规划纲要》、《关于充分发挥检察职能积极参与促进社会管理创新的工作意见》等。会议对第十二届广西检察理论研究优秀成果进行表彰，还组织与会人员围绕“诉讼监督与能动检察”主题进行了理论研讨。贵港、玉林、钦州、防城港 4 个市检察院分别作了经验交流发言。部分获奖论文作者分别就自己的论文主要观点作交流汇报并接受专家现场点评。自治区第四批重点课题负责人汇报了课题研究进展情况及阶段性成果。

【《检察人员廉洁守纪指南》出版发行】 5 月，自治区人民检察院和中国检察出版社联合举行《检察人员廉洁守纪指南》首发仪式。自治区检察院机关部门负责人和15个市分院纪检组长在仪式上接受了颁书。《检察人员廉洁守纪指南》由广西壮族自治区人民检察院组织编写，由中国检察出版社编辑出版。该书根据党和国家对党员干部的纪律要求和最高人民检察院对检察人员履行职务的纪律要求，将检察人员廉洁守纪的范围分为政治、组织、人事、经济、检务、行政公务、生活、社交、劳动效能等九个部分。并根据检察人员违纪从量变到质变的一般发展规律，按照程度的重轻划分为三个层次，对所出现的行为分别以“高压线”、“警戒线”、“斑马线”警示。

交　流

【广西对口支援西藏阿里地区检察机关举行签字仪式】 1月，广西检察机关对口支援西藏阿里地区检察机关签字仪式暨座谈会在南宁举行。广西壮族自治区检察院及南宁市、柳州市、桂林市、梧州市、北海市检察院与阿里地区检察分院、措勤县检察院经充分协商，双方签订合作协议。根据协议，广西五市检察院在三年时间里，将从加强检察业务援助支持、加强干部人才援助支持、加强教育培训援助支持、加强装备及资金项目援助支持等方面和西藏阿里地区检察机关进行援助对接，抓好对口援助各项措施的落实，力争全面推进西藏阿里地区检察机关队伍专业化、业务规范化、管理科学化、保障现代化建设，为西藏阿里地区检察事业的发展贡献一份力量。同时把西藏阿里地区检察机关好的思想、好的作风、好的经验带回广西，相互促进、相互提高。

【韩国济州地方检察厅代表团来访】 5月，经报最高人民检察院和外交部批准，以韩国济州地方检察厅检察长朴性载为团长的济州检察代表团一行6人应邀到广西进行为期5天的友好访问。期间，原张少康检察长会见了代表团并与代表团召开工作座谈。代表团还赴桂林考察交流。

【中越检方在凭祥举行司法协助案件证据材料交接仪式】 6月，受最高人民检察院的委托，广西壮族自治区检察院与越南最高人民检察院在凭祥口岸举行司法协助案件材料交接仪式，就该院提请越南最高人民检察院协助调查取证的符铖涉嫌贪污一案的有关案件材料进行交接。广西壮族自治区人民检察院陈普生副检察长和越南最高人民检察院国际合作局梅世白副局长分别签署了司法协助案件移交备忘录。随后，越方将该案司法协助的有关证据材料移交中方。

【广西检察官协会代表团赴台湾考察交流】 8月，应台湾检察官协会理事长施庆堂先生邀请，广西检察官协会代表团一行9人赴台湾进行了为期8天的考察交流。在台期间，代表团与台湾检察官协会召开了工作座谈会，访问了台湾警察学术研究会，考察了嘉义地方法院检察署，了解台湾检察署的职能，与台湾立法院秘书王峻宏和陈安全以及海峡两岸法律扶助协会进行工作交流，还考察了在桂投资的台湾福昌集团种猪研发公司，听取台商对在桂投资的意见和想法。

【越南检察代表团来访】 12月，以越南最高人民检察院检察杂志社总编阮辉冕为团长的越南检察代表团一行20人到广西进行为期5天的友好访问。期间，代表团与广西区院检察干警代表召开工作座谈，代表团还赴桂林和梧州考察交流。

教育培训

【全国检察机关新媒体应用研讨会暨全区检察机关网络舆论引导专题培训班召开】 10月21日至27日，全国检察机关新媒体应用研讨会暨全区检察机关网络舆论引导专题培训班在广西召开。高检院政治部宣传部网络宣传监管处处长宋安明、检察日报社副总编辑赵信分别出席了在大新和海城举办的培训。自治区检察院蒙永山副检察长出席会议并讲话。高检院、正义网和海南、湖南等全国13个省市网络宣传工作负责人及全区各市分院主管副检察长、办公室负责人和核心网络评论员参加了此次培训。培训班邀请了国家互联网信息管理部门领导、院校学者、网络实务专家，就中国互联网建设运用和管理的政策法规、新形势下的网络宣传与舆论引导、政法网络舆情事件应对处置策略与技巧、微博运行管理与实务操作等专门知识专题进行了讲授。培训期间，首次开展了突发事件网络舆情应对处置实战演练活动。实战演练中，全体参训学员根据既定实战演练方案和虚拟案例，分成不同演练小组，围绕舆情响应、舆情回应、舆情引导和公信力修复四个环节进行演练。演练形式新颖，既是互动式教学运用，也是随即应变、应对处置能力和技巧的充分展示。学员演练结束后，与会专家和各市省宣传工作负责人即兴作现场精彩点评，从更高的站位、更专业的视角引导参训人员熟悉网络舆情应对处置工作全过程，从而对网络舆情应对与处置工作中的各个关键步骤和环节更加了解和把握。

【公诉部门2012年基层检察人员轮训培训班开班】 9月，广西检察机关公诉部门2012年基层检察人员轮训培训班开班。这标志着全区检察机关公诉部门今明两年基层轮训工作进入全面实施阶段。培训班举办两期，梧州等10个市分院的近150名基层业务骨干参加培训。培训班以实训授课为主，采用大班套小班与公诉专题研讨相结合的训练方式，强调“以问题为中心、以学员为主体、以教师为主导、以能力为目的”，在实战中训练，在训练中提高，以岗位练兵为基础，以实战培训促进提升。

【聘任30名检察业务专家和业务骨干做检察教官】 9月，广西检察官学院举行检察教官聘任仪式，聘任自治区检察院反贪局副局长梁毅等30名来自全区检察机关的检察业务专家和业务骨干为检察教官。从2010年开始至今，广西检察官学院已进行了两次聘任，共聘任19名检察官兼职教授和30名检察教官。

【全国检察机关第四期优秀公诉人高级研修班开班】 11月，全国检察机关第四期优秀公诉人高级研修班在南宁开班。最高检公诉厅厅长彭东，广西区检察院党组成员、副检察长陈普生和来自全国各省市、自治区、直辖市和兵团检察院的优秀公诉人以及广西各级检察院公诉部门干警等200余人参加开班典礼。研修班以“刑诉法修改与公诉应对”为专题，专门邀请了中国政法大学教授卞建林等5名知名法学专家对当前刑事案件质量若干问题、刑诉法修改与刑事抗诉工作、刑法方法论与公诉工作等重点专题和问题进行讲授。此次培训采取案例教学与公诉专题研讨相结合、专家授课与交流互动相结合的方式进行。针对修改后刑诉法对公诉人法庭对抗能力的新要求，专门设置了模拟论辩赛环节，选取了“全国优秀公诉人电视论辩赛”的辩题供大家实战演练。

设施建设

【柳州市人民检察院文化长廊投入使用】9月25日，柳州市人民检察院“文化长廊”正式投入使用。文化长廊由三楼的文化长廊核心区域和各楼道走廊悬挂格言警句、部门职能、工作理念等组成。其中，三楼文化长廊核心区域由检察文化区、廉政文化区两部分组成。进门左侧为检察文化区，反映在各级领导关怀下，柳州市检察院创建、变迁和发展的风雨历程，展示了柳州市检察院党组推崇、全院干警积极践行的“崇法、为民、自强、创新”文化理念，及其在这一文化理念引导下所开展的各项检务实践活动。右为廉政文化区，主要反映廉政建设文化，旨在教育警示检察干警，警钟长鸣，拒腐防变。其中特设的影视区滚动播放由柳州市检察院自行编导的廉政宣传短片。

【那坡检察文化进庭院】那坡县检察院积极争取党委政府支持，投资建设了独立的办公大楼和技侦大楼，建设了优雅的健身娱乐室、花园、干警食堂，全面营造环境优美、和谐温馨的办公环境。同时注重在办公场所见缝插针地进行文化装饰，把浓厚的文化气息弥漫到每个角落，在检察院大楼右侧建成长120米的廉政文化学习园地，制作学习专题，包括廉政学习、警言警句等，增加干警的学习空间；每个检察干警写一句廉洁守纪格言，用“一句话”配上个人照片安放在廉政文化长廊上，供全院干警互相教育，用“一句话”制作成岗位廉洁守纪警言牌匾，悬挂在办公室门口墙上，同时精心设计和制作古代廉政牌匾展示在干警日常办公办案中随处可见的地方，使全院干警能时刻感受到廉政建设的浓厚氛围。每个办公室精心设计制作相关工作职责内容的牌匾体现文化上墙，努力营造办公文化氛围，提升干警文化品位，激发干警从检热情。

【恭城瑶族自治县人民检察院开设“爱心协会宣传栏”】恭城县检察院进一步丰富该院“敬和新民”检察文化建设活动内容，开设了“恭检爱心协会宣传栏”，成为干警开展公益活动，交流公益心得的优良场所。“恭检爱心协会宣传栏”以恭城县检察院热心公益、服务民生为主线，共分为“扶贫帮困”、“温暖送孤寡”和“曙光照春蕾”三个版块，以图文并茂的形式，分别展现了该院在深入实施以“敬法、和谐、创新、为民”为主题的“敬和新民”检察文化建设活动中，深入基层、深入群众，广泛开展选派检察人员作为新农村指导员驻村扶贫帮困支持新农村建设、筹集资金慰问农村困难党员、扶助孤寡老人生活及为贫困儿童捐资助学的活动内容和场景，通过切实为人民群众办实事办好事，树立新时期检察官亲民、爱民、为民、护民的良好形象。

人才队伍

【聘任第二批检察业务专家】7月26

日，自治区检察院举行第二批广西检察业务专家颁证仪式，自治区人民检察院党组书记、检察长张少康以及党组成员为被授予“广西检察业务专家”称号的14名检察官颁发证书。广西通过首批、第二批检察业务专家评选，已产生19名全区检察业务专家。这些业务专家大多来自基层检察院和办案一线，他们既有丰富的理论知识，更有办案的实践技能。

【2012年广西公诉人论辩赛圆满落幕】 11月27日至28日，2012年广西公诉人论辩赛在南宁举行。论辩赛历经两天的激烈角逐，南宁市人民检察院代表队勇摘桂冠；柳州市检察院代表队获得团体第二名；桂林市、玉林市检察院代表队位居第三名。比赛还角逐出团体奖、组织奖以及最佳辩手奖。论辩赛目的是选拔优秀公诉人才，促进公诉人业务能力的提高，是检察机关岗位练兵的重要活动之一。

基层检察文化

【柳州市人民检察院夯实文化发展基础，突出硬件设施建设】 2010年以来，柳州市两级检察院共投入445.39万元，先后建成了一批文化长廊、文体活动室、阅览室等文化基础设施，为推动检察文化建设提供了物质保障和有效载体。年内，柳州市院投入50万元资金，建成了反映本院发展历程、诠释“崇法、为民、自强、创新”文化理念及其检务实践活动，以及廉政文化为主要内容的“文化长廊”。柳城县检察院建成了五大区域的庭院文化设施和活动场所，彰显了检察机关司法品性和文化品位；柳南区检察院投入53.2万元，建成了文化长廊、图书（电子）阅览室、党员活动室、文化墙、多功能球馆等文化基础设施；鹿寨县检察院与广西黄冕林场共建预防职务犯罪警示教育基地，打造廉政文化品牌，投资100余万元建成廉政文化展厅、廉政文化长廊等文化基础设施。

【柳州市鱼峰区人民检察院打造学习交流平台推进理论文化交流建设】 鱼峰区院组织全体干警通过内网对案例进行分析、探讨，然后由检委会进行分析和总结，在相互探讨中逐步加深对相关法条的理解。不定期邀请著名的专家学者和上级领导来院授课、交流，探讨法律法规，畅谈工作体会，不断提高干警的业务和文化水平。建立理论研究工作小组，大兴理论调研之风，高度重视理论研究对检察工作的指导工作，及时总结推广干警的理论学习成果和经验。开展“大练兵、大竞赛”活动，通过采取论辩赛、出庭观摩、向身边党员学习等多种形式，开展“大练兵、大竞赛”活动。组织文化交流活动，每年选派检察人员前往全国、全区各地先进检察院开展文化和工作交流，学习先进经验和做法。

【罗城仫佬族自治县人民检察院系统打造特色和谐检察文化】 罗城县院以“感恩党，感恩祖国，当一名奋发有为的优秀检察官”为内容，开展“争创学习型科室、学习型干警”和“检察之星”评选活动，建成检察文化展示中心、检察文化长廊、图书室和荣誉室，营造机关良好文化氛围，激发干警集体荣誉感和使命感。出版《罗城检察画册》和《岗位廉政山歌集》，拍摄《检察文化建设专题片》、《廉政教育短片》等作品，成立摄影、书画、文学等兴趣小组，丰富干警文化活动。依托清朝

“一代廉吏”于成龙廉政文化警示教育基地和罗城县打造的“全国廉政教育示范基地”，创建了检察机关“预防职务犯罪警示教育基地”。

【崇左市大新县人民检察院建设学习型检察院】大新县院充分利用中国检察官教育基金会捐赠的价值5万多元一共1352册书籍，建造检察官图书室。成立了以领导班子成员为主体的党组中心组、以中层干部为主体的骨干组、以检察业务培养对象为主体的青年业务学习小组等多层次学习组织，每周定期开展法学、检察理论和业务学习，定期检查学习笔记，把检察人员、科室及各类学习组织的学习情况列入年度考核范围。还根据岗位的不同特点，有针对性地开展业务知识考试、业务知识竞赛、案件评查、公诉观摩庭等活动。被大新县委评定为全县“优学工程”示范单位。

【百色市那坡县人民检察院打造县城检察文化一条街】那坡县院在那坡县城城区商贸繁华、人员密集的睦边大道、幸福大道的街道两旁悬挂预防职务犯罪公益广告牌，将其打造建成廉政文化一条街，并将党务、政务公开和施政举措与廉政文化有机结合，通过形象生动、主题鲜明的宣传牌，使廉洁理念渗透到广大党员干部和群众的心中，引起广大党员干部的对照和反思，让广大群众看到了党委政府反腐倡廉的决心。目前，已投入专款20万元制作了260多块廉政广告牌悬挂在街道两旁，全长6公里，扮靓了那坡县城，取得了很好的廉政教育和预防职务犯罪的效果。

【贺州市人民检察院检察著书立说传播检察文化】贺州市院充分挖掘个人和集体智慧，鼓励检察干警积极投身创作，传播检察机关廉政文化。叶建辉主编的《检察创新与服务大局探索》一书出版后，被列为贺州市广大干部职工廉政教育读本。廖勇勤和黄登红根据一起民事抗诉改判案件素材创作的长篇通讯作品《他是贼吗》在《检察日报》刊登后，最高人民检察院影视中心根据该作品创作出《我不是贼》在中央电视台播出，并在全国各省、市电视台播出。2012年由贺州检察院干警独立创作的《第三药方》《天平》和《选择》等三个影视短片在贺州市、县（区）电视台连续播出6个月，并发送全市120多个单位作为廉政教育材料，有力传播了检察机关廉政文化。

贵州省检察官文学艺术联合会筹备组

检察文化艺术工作情况

综　述

2012年，贵州省检察机关按照高检院和省委的部署要求，坚持以科学发展观为指导，着眼于检察事业的科学发展，紧紧围绕服务强化法律监督、强化自身监督、强化队伍建设这一总要求，以提高检察人员政治素质、业务素质和职业道德素质为目标，始终把检察文化建设作为检察工作的重中之重，大力实施“文化育检”战略，深入学习实践社会主义核心价值体系，切实用马克思主义中国化的最新成果武装头脑，促进检察队伍思想政治建设；认真贯彻落实执法规范化建设的各项要求，切实做到理性、平和、文明、规范执法，促进各项检察工作科学发展；坚持强化职业道德和廉政意识，切实抓好党风廉政建设，促进检察机关纪律作风建设；大力宣传先进典型，弘扬检察职业精神，营造良好舆论环境，树立检察机关良好形象；创新检察文化活动载体，开展丰富多彩的文化活动，发挥检察文化的凝聚作用，促进检察机关精神文明建设；创新工作措施，充分调动基层检察院开展文化建设的积极性，切实抓好基层院检察文化建设，推动基层检察院建设迈上新台阶。

贵州省检察院检察文化工作纪实

2012年，贵州省检察机关着力发挥检察文化引领向上、促进和谐、凝聚力量、激励斗志、陶冶情操的作用，创新活动载体，因地制宜地开展文化活动，全面提升检察干警的政治素质、业务素质和职业道德素质，使检察干警保持高昂的情绪和奋发进取的精神状态，检察文化建设呈现出蓬勃发展的良好态势，为检察事业科学发展提供强大的精神动力和智力支持。

一、注重发挥检察文化的教育作用，促进检察队伍思想政治建设

贵州省检察院始终坚持“政治建检”的工作方针，坚持把强化理论武装、思想政治教育作为文化建设的首要任务，充分发挥文化的引领、教育、激励等功能。一是通过开展瞻仰革命旧址、重温入党誓词、重读红色经典、举行检察官和司法警察宣誓、邀请先模人物上党课、相关人士作专题讲座、召开座谈会、撰写读书体会、召开先进事迹报告会等形式的革命传统教育，激发干警爱国爱党、爱检爱岗的热情。6月28日，贵州省检察院召开纪念中国共产党91周年暨“加强党的纯洁性建设”教育大会，袁本朴检察长为全体党员干警上党课。二是通过组织学习贯彻党的十八大、贵州省第十一次党代会、贵州省委十一届一次、二次全会精神，引导检察干警深刻领悟中央的重大理论观点和重大战略部署，引导检察干警自觉增强对中国特色社会主义的政治认同、理论认同、感情认同，增强对中国特色社会主义检察制度的信心，增强做中国特色社会主义建设者、捍卫者和公平正义守护者的自觉性。4月20日，贵州省检察院袁本朴检察长亲自组织机关全体干警原文学习省第十一次党代会报告。三是通过组织开展政法干警核心价值观教育实践活动，培育检察人员明法致公、笃学致新、思静致远的正确价值观。在开展政法干警核心价值观教育实践活动中，贵州省检察院党组组织专题学习了政法干警核心价值观的重要论述和曹建明检察长的动员讲话，在认真分析以往教育活动经验的基础上，充分利用贵州省丰富的红色革命教育资源，突出贵州检察特点，积极创新符合检察人员实际的七项载体，增强教育实践活动的吸引力、感染力、影响力。即：举行一次践行政法干警核心价值观主题演讲比赛，自下而上，层层预赛选拔，营造热烈的活动氛围；组织一次“大学习、大讨论”征文活动，精选一批优秀文章，印发全省学习借鉴；编发学习专刊，在检察内网开辟“大学习、大讨论”心得专栏，提供学习交流平台；举行一次检察官集体宣誓仪式，增强检察人员的职业使命感、职业责任感和职业荣誉感；开展一次开门评检活动，通过上门走访、检察开放日、举报宣传周等活动，广泛听取社会各界对检察机关和检察人员的意见和建议；编印活动学习资料和背离政法干警核心价值观的典型警示案例，下发学习讨论；组织丰富多彩的检察文艺演出，迎接党的十八大召开。四是通过组织主题演讲、专题讨论、征文活动、以案析理、体会交流等形式的社会主义法治理念教育，培养干警理性、平和、文明、规范的执法理念。贵州省各级检察院围绕“为谁执法、为谁用权、为谁服务”等基本问题，组织开展了“执法为民”专题讨论活动，引导干警始终把人民放在心中最高位置。6月29日，贵州省检察院举行全省检察机关“忠诚、为民、公正、廉洁”主题演讲比赛，参赛选手们用朴实的语言和真实的情感表达了对检察事业的忠诚、对人民群众的热爱、对公平正义的追求以及对廉洁自律的坚守。演讲比赛通过视频直播，全省5000多名检察干警同步收看了演讲比赛。

二、注重发挥检察文化的规范作用，促进执法规范化建设

贵州省检察院始终把规范检察人员执法行为作为文化建设的重要内容，坚持把文化建设融入各项检察业务工作，强化规范执法意识，提升规范执法能力。一是强化规范执法意识。加强执法规范化教育，引导检察干警牢固树立理性、平和、文明、规范的执法理念。抓好修改后的刑诉法、民诉法、执法工作规范的学习培训和贯彻执行，把修改后的刑诉法、民诉法和执法工作规范纳入教育培训规划，作为检察干警培训的重要内容和必修课程，使每个执法办案人员熟练掌握执法办案各个环节、岗位的行为标准、履职要求和工作程序，知道应该做什么、怎么做、做到什么程度，切实提高规范执法意识和执法办案能力水平。二是建立健全执法规范体系。贵州省三级检察院结合本地、本单位实际，在认真总结执法办案工作经验教训的基础上，制定了较好详细具体的执法规程，进一步细化了执法流程、执法程序和执法标准，对各项检察业务工作实行流程管理，形成结构合理、配置科学、程序规范、制约有效的执法规范体系，使各项执法活动、每个执法环节都有章可循。三是加强对规范执法的监督。加强案件管理工作，7 月贵州省检察院案件管理办公室正式成立，全年贵州检察机关共有 70 个检察院成立了案件管理机构，全省所有检察院都已正式开展案件统一受理、案件流程监控、案件文书监管、涉案款物监管、办案质量评查、案件统计管理等案件管理工作。不断健全对基层执法办案工作的监督机制，严格执行讯问职务犯罪嫌疑人全程同步录音录像制度，全面推行人民监督员制度，进一步落实和完善检务督察、执法监督、检察人员执法业绩档案等制度，及时发现和纠正执法不规范的问题。

三、注重发挥检察文化的约束作用，促进党风廉政建设

始终把促进公正廉洁执法作为检察文化建设的基本要求，围绕强化职业道德和廉政意识，积极开展廉政文化建设，不断促进检察人员遵纪守法、廉洁自律。一是营造机关廉政文化氛围。贵州省检察院在机关办公楼一楼到七楼的走廊和楼道间，悬挂了 100 余幅反腐防腐警示用语和廉政宣传图片，制作了 13 块图文并茂的预防职务犯罪宣传展，在局域网中开通廉政文化专栏，在电子显示屏上播放警示名言，举办执法能力建设和廉政建设演讲比赛和读书思廉活动，创建“赏廉”、“颂廉”、“演廉”新环境，营造崇廉耻贪氛围。二是强化作风建设。贵州省检察院以“风气要正、工作要实、干部要干”为目标，以提高制度执行力为重点，认真贯彻落实贵州省委“四要十不准”的规定，大力提倡“当日事当日毕”，坚决落实“谁主管谁负责”，加强管理，明确责任，严肃纪律，一年来干警精神面貌焕然一新，相互推诿扯皮明显减少，工作效率、工作质量大大提高。三是着力开展廉政警示教育。针对检察队伍中出现的违纪违法案件，组织检察干警接受警示教育，同时经常劝诫检察干警守住自己的嘴，莫伸自己的手，管好自己的腿，并且用自己的一言一行感召大家。

四、注重发挥检察文化的导向作用，促进检察机关形象建设

始终把加强舆论宣传，弘扬检察职业精神，扩大社会影响力，作为推进检察文化建设的重要手段，主动与新闻媒体进行沟通联系，积极争取新闻媒体的支持，通过组织新闻媒体专题采访、开辟专栏等途径，大力宣传检察机关的性质、职能，大力宣传检察机关服务保障贵州科学发展、两推一加、后发赶超、同步小康的新举措新办法，大力宣传检察机关有效服务大局发展，维护社会和谐稳定，查办预防职务犯罪取得的新进展新成效，大力宣传检察机关做好新形势下群众工作，维护人民群众权益的新做法新经验，大力宣传检察机关有效履行法律监督职责，维护社会公平正义的新思路新成果，营造良好的社会舆论氛围。扎实开展创先争优活动，对业绩突出的先进集体、先进个人进行记功表彰，激发各级检察机关和检察干警爱岗敬业、创先争优的工作热情。6月29日，贵州省检察院举行记功表彰大会，19个基层检察院被评为“全省先进基层检察院”，1名个人记一等功，13个集体、4名个人记二等功，6名干警嘉奖。全年，贵州省检察机关先后有119个先进集体、177名先进个人受到表彰，贵州省贵阳市南明区检察院被评为“全国检察文化建设模范院”、六盘水市钟山区检察院王伟琴同志被评为“全国优秀青年检察官”。

五、注重发挥基层检察院主体地位作用，促进基层检察文化建设

基层检察院是检察文化建设的生力军，贵州省检察院在分析总结近年来全省基层检察院建设和检察文化建设经验及存在的问题的基础上，在全省实施基层检察院建设“4+1”工程，把基层检察院建设在最高人民检察院规定的“四化”建设基层上，增强了检察文化建设这一大项内容，将执法规范化、队伍专业化、管理科学化、保障现代化建设与检察文化建设有机结合、整体推进，以创建“4+1”示范院为载体，充分发挥基层检察院主体地位作用，进一步激励和调动基层检察院的积极性和创造性，推动基层检察院建设整体水平迈上新台阶，不断夯实检察工作科学发展的根基。5月，通过基层检察院自荐，市、州检察院推荐，省检察院考察的方法，贵州省检察院确定了28个基层检察院为第一批“4+1”工程示范院的创建院。贵州省检察院组成督导组，用了近6个月的时间，对这些创建院进行了面对面的督导。贵州省检察院还把党组和检察长特别重视检察文化建设、检察文化建设成效明显的南明区、仁怀、兴义三个基层检察院作为试点院，由贵州省检察院进行重点指导，为全省基层院建设“4+1”工程树立标杆和榜样。同时，注重发挥试点院的示范带动作用，在试点院组织召开了两次全省基层院建设“4+1”工程推进会，组织全省基层院认真学习借鉴试点院在检察文化建设方面的有效措施和先进经验，积极探索适合自身发展的创建之路。

会 议

【召开学习修改后刑诉法动员会】4月1日，贵州省检察院机关召开35岁以下青年干警学习修改后刑诉法动员会，该院党组书记、检察长袁本朴出席并作重要讲话。

袁本朴检察长指出，要为贯彻修改后刑诉法创造良好条件。认真落实高检院曹建明检察长全面学习的要求，扎实推进执行修改后刑诉法各项准备工作。以学习贯彻修改后刑诉法为契机，营造气顺、心齐的工作氛围，打开风正、劲足的工作局面，努力实现全省检察工作新发展。要为检察事业后继发展培养一批年轻人。组织上要给年轻人搭建成长的平台，年轻人不能自甘落后，要有自信心，要奋发图强，抓紧时间多学知识。袁本朴检察长要求，年轻人要有理想、有良心，振奋精神，迎难而上，努力学习，勤奋干事，把贵州省检察院奋勇争先的精神状态拿出来，把要成为优秀人才的雄心壮志拿出来，为实现贵州检察工作新发展贡献力量。

贵州省检察院党组成员、政治部主任渠新建要求院机关青年干警要充分认识学习修改后刑诉法的意义，强化学习措施，突出学习重点，确保学习效果。

活　动

【中华全国总工会授予贵州省检察院机关工会“模范职工之家”荣誉称号】5月8日，贵州省直工会工委朱敏主任等一行三人受全国总工会委托到贵州省检察院举行“模范职工之家”授牌仪式。朱敏指出，贵州省检察院机关工会在加强工会自身建设、参与机关内部事务民主管理、维护职工利益、提高干警职工素质、开展职工文化体育活动等方面做了大量工作，得到了广大职工认可。

【开座谈会激励青年干警成长成才】5月4日，贵州省检察院组织院机关35周岁以下的青年干警100余人召开“发扬贵州精神，为实现后发赶超目标做贡献”主题座谈会，纪念共青团成立90周年。贵州省检察院党组成员、机关党委书记徐坤出席座谈会，并与青年干警分享了自己的成长经历和人生经验，勉励大家要有维护公平正义的责任心、积极向上的进取心。徐坤指出，平凡的岗位也能干出不平凡的成绩，伟大是“熬”出来的。

会上，贵州省检察院公诉三处副处长熊英结合参加“百名中国司法官项目”赴法学习培训的经历，做了题为《满怀热情，追逐正义》的交流发言。参加座谈的青年干警们按照座谈会主题要求，结合自身工作实际，分别从对“五四”精神的认识体会、进入贵州省检察院机关工作以来的感受及将来工作努力的方向等方面，踊跃发言，表示要以更大的热情投入到工作中，不断加强学习，坚定理想信念，敢于担当重任，乐于奉献，脚踏实地、爱岗敬业，在工作中传承“五四”精神，发扬新时期贵州精神，为贵州检察事业作出应有贡献。

【举办职工体育趣味运动会】9月28日，贵州省检察院举行迎接国庆职工趣味运动会，共有120余名运动员参加袋鼠跳跳、趣味篮球等9项比赛。趣味运动会，旨在积极营造“团结有力、激情拼搏、快乐工作、健康生活”的氛围，凝聚检心、检力，提高队伍的团队意识、集体荣誉感和顽强拼搏精神。

【政法干警核心价值观征文和演讲比赛】5月，贵州省检察院专门下文对政法干警核心价值观征文和演讲比赛活动进行安排部署。6月，贵州省检察院组织专家评委对112篇参赛文章进行评选，评出18篇获奖文章。6月29日，贵州省检察院举行全省检察机关政法干警核心价值观征文演讲比赛，来自全省的20名选手参加了演讲比赛，全省三级检察院近5000名干警通过视频系统同步收看。演讲比赛结束后，贵州省检察院对10名演讲优胜者和18篇征文活动优秀作品进行了颁奖。

【举行“检察开放日”活动】11月30日，贵州省检察院开展了以“进一步提高检察工作在人民群众中的知晓率和满意度”为主题的“检察开放日”活动。参加活动的有在黔全国人大代表、全国政协委员、贵州省人大代表、省政协委员、教育部门、企业以及金阳新区基层代表等有关方面的代表人士以及部分媒体记者共40余人。贵州省检察院袁本朴检察长等院领导陪同。

活动内容主要有参观展板、观看预防职务犯罪宣传短片、参观贵州省检察院机关办公办案区并与检察人员互动交流等。各位来宾零距离、多侧面地走进检察、感受检察，了解贵州检察机关近年来在业务建设、队伍建设、基础设施建设、检察文化等方面取得的明显成效，对检察工作提出意见建议。

设施建设

【创建廉政短信发送平台】5月，贵州省检察院廉政提示短信正式发送，首条信息摘自时任贵州省委书记栗战书在中共贵州省第十一次代表大会上所作的报告。提醒干部在工作中一定要“稳住心神、管住行为、守住清白，做到心底无私、光明磊落、始终保持共产党人的崇高品格和清廉形象”。

为认真贯彻落实党的十七届六中全会精神，进一步深化反腐倡廉教育，推进和加强法治文化、廉政文化建设，贵州省检察院创建了廉政短信发送平台，采取定期和不定期方式向有关干部发送廉政提示短信。全年向全省副处级干部发送廉政提示短信近600条。

云南省检察官
文学艺术联合会筹备组

检察文化艺术工作情况

活　动

【筹备组织云南省“检察英模事迹巡回宣讲团”巡回宣讲报告】2012年9月4日至10月25日，为认真贯彻最高人民检察院曹建明检察长、中共云南省委书记秦光荣在追授杨进昌同志“全国模范检察官”荣誉称号命名表彰大会上的讲话精神，云南省检察院党组决定组织“检察英模事迹巡回宣讲团”到全省部分州、市巡回宣讲，云南省检察官文联筹备组担负了筹备组织“检察英模事迹巡回宣讲团”的工作任务。年初就着手开始进入筹备工作，起草和修订宣讲《方案》，深入英模单位采访了解英模人物和先进单位事迹，修改、补充和审核、完善宣讲稿；从以往英模人物和近期涌现的英模人物、先进单位中，经过反复筛选比较，突出先进性和代表性，确定了宣讲的英模人物和先进单位，他们是：（1）以2012年2月被最高人民检察院追记为“全国模范检察官”的原云南省红河州检察院司法会计杨进昌同志事迹为宣讲内容，由杨进昌同志的同事宣讲杨进昌同志用生命在平凡的岗位上书写对党、对国家、对人民、对检察事业的不凡诗篇的事迹；由杨进昌同志女儿宣讲生活中的杨进昌同志淡泊名利、清正廉洁的亲身感受和深刻体会。（2）以2011年5月被云南省人民政府表彰为“云南省先进工作者”的云南省怒江州贡山县检察院专职检委会委员江德华同志先进事迹作为宣讲内容，江德华同志是从怒江大峡谷走出来的全国第一个独龙族检察官，作为特有少数民族检察官，参加检察工作26年来，江德华同志克服在怒江大峡谷办案途中渡江溜索、翻越雪山、夜宿雪地、蚂蝗叮咬的恶劣环境条件考验，充分发挥自己懂得独龙族语言的优势，注重在边疆基层一线化解社会矛盾，追求办案法律效果和社会效果的有机统一，为边疆少数民族地区的民主法治建设作出重要的贡献，赢得了边疆广大干部少数民族群众的普遍赞誉。他办理审查逮捕案件600多件，一直保持无错案、无超时限、无违法违纪等“三无”记录，先后被评为“办案能手”、“先进工作者”、“优秀公务员”，多次受到省、州、县表彰，由江德华同志宣讲本人几十年如一日，情系群众，安心边疆，扎根基层，践行宗旨，执法为民的事迹。（3）以“全国模范检察官”杨竹芳同志担任云南省昆明市西山区检察院副检察长后不断进取的先进事迹为宣讲内容，由杨竹芳同志本人宣讲把荣誉当作新起点，始终坚守“铁肩担道义 柔肠爱人民”的追求，尽管职位变化了，仍然奋战在办案一线，用她的“典型”效应，协助检察长作了大量工作，受到上级院和全院干警好评，保持了先进典型本色的事迹。（4）2006 年 2 月被最高人民检察院荣记“集体一等功”，2011 年 2 月被最高人民检察院授予“全国先进基层检察院”，2011 年 7 月又被中共中央授予“全国先进基层党组织”的云南省保山市昌宁县检察院，在该院党组的坚强领导下，班子团结务实，始终保持与时俱进、开拓创新的良好精神状态，明确了“抓班子、带队伍、强业务、树形象、求发展、创一流”的工作思路，确定了打造“精品小院”、争先创优的奋斗目标，检察业务综合考评连续多年居全市、全省第一，全院各项建设取得丰硕成果。由昌宁县检察院代表宣讲该院创新思路、谋求发展、争创一流的做法和深刻体会的先进事迹。为了提高宣讲的质量和效果，联系聘请了全国和省演讲协会专家对宣讲团成员进行面对面宣讲技能培训，提升了宣讲质量和水平。宣讲历时 23 天，行程 1000 多公里，共作报告 5 场次，在省院机关举行了首场报告会，又深入到云南省红河州、怒江州、保山市和楚雄州进行巡回宣讲报告，并向全省政法系统全程同步视频转播报告实况，所到 4 个州市党委、人大、政府、政协领导，政法系统共计 26200 余人参加聆听报告，对宣讲报告作了充分肯定和高度评价，反响热烈，掌声不断，宣讲报告团的报告为全省检察机关争了光，为检察队伍树立了好榜样，收到很好的政治效果、法律效果和社会效果。

【组织征集上报“廉洁文化”书画摄影作品】2012 年 5 月 9 日，根据中国检察文联的通知，云南省检察官文联筹备组向全省检察机关下发征集“廉洁文化”书画、摄影作品通知，督促按时上报作品，经过认真收集和专门筛选，向中国检察官文联按时上报全省检察人员的书画、摄影作品 21 幅。

【报送参赛书画、摄影作品获奖】2012 年 6 月 15 日，云南省检察官文联筹备组选送参加最高人民检察院举办的纪念人民检察制度创立 80 周年书画、摄影展参赛作品，有 5 件作品分获二、三等和优秀奖。

获奖情况

【两个单位被最高人民检察院评定为“全国检察文化示范院”】

2012 年 6 月 19 日，在吉林省长春市召开的全国检察机关首次文化建设工作会议上，云南省检察文联筹备组报送的云南省曲靖市人民检察院、昆明市官渡区人民检察院两个单位被最高人民检察院评定为“全国检察文化建设示范院”。

出版创作

【筹备编辑《云南省检察英模人物风采录》、《云南省检察机关先进单位风采录》系列丛书】2012 年 3 月，根据云南省检察院领导的要求，云南省检察官文联筹备组认真做好筹备编辑出版《云南省检察英模人物风采录》、《云南省检察机关先进单位风采录》两本丛书工作，把筹备编辑出版两本丛书作为检察文化系列丛书，作为开展政法干警核心价值观教育实践活动的辅助材料。两书从年初就着手开始进入筹备编辑工作，提出编辑两本丛书详尽《方案》，向全省检察机关下发了征集材料和照片的通知，多次与省院政治部办公室等业务部门协调，反复核对受全国性表彰单位和人物对象，确定了全省检察机关历年受全国性表彰的32名英模人物和48个先进单位，收集齐全了32名英模人物和48个先进单位事迹材料，200余张英模人物和先进单位的照片，撰写了书籍的前言和后记，设计了书籍结构、封面和封底，统筹完成了全书初稿，全书约49万字，85张图片，并经与云南人民出版社接洽审稿事宜，已经联系好了省委印刷厂承印，目前，待总编和编审完成即可印刷出版。

青海省检察官文学艺术联合会筹备组

检察官文联筹备

检察官文联筹备情况

青海省检察官文联正在筹备组织中，目前，青海省人民检察院检察长王晓勇拟任文联名誉主席，政治部主任戴军拟任文联主席，办公室主任张正、政治部副主任王静、研究室主任郝瀚拟任文联副主席，政治部宣教处处长周永平拟任秘书长。文联的工作正在逐步展开中。

检察文化艺术工作情况

综　述

2012年，青海省检察官文联筹备组在高检院的领导下，在中国检察官文联的指导下，以科学发展观为指导，认真贯彻落实中央、省委和高检院关于推动社会主义文化大发展的一系列部署，充分发挥职能作用，坚持把文化建设作为推进检察事业发展和加强队伍建设的有效载体和重要抓手，配合政治部门大力实施文化育检工程，推进检察文化建设，健全完善工作机制、丰富文化活动载体，构建了检察人员共有的精神家园，推动检察队伍建设，促进检察工作科学发展。

一、情势所趋：成立青海省检察官文学艺术联合会是新形势新任务对检察工作发展的迫切需求

文化是民族的血脉，是人民的精神家园，是当今世界综合国力竞争的软实力。党的十七大、十七届六中全会把文化建设作为社会主义现代化建设“四位一体”总体布局的重要组成部分加以推进，提出了推动社会主义文化大发展大繁荣、提升国家文化软实力的战略任务。党的十八大特别强调：“全面建成小康社会，实现中华民族伟大复兴，必须推动社会主义文化大发展大繁荣，兴起社会主义文化建设新高潮，提高国家文化软实力，发挥文化引领风尚、教育人民、服务社会、推动发展的作用。”检察机关作为国家法律监督机关，既是中国特色社会主义事业的建设者和捍卫者，同时也是中国特色社会主义文化建设的参与者和推进者，在推动经济社会发展和文化繁荣方面肩负着重要职责。曹建明检察长多次对检察文化建设作出重要批示，强调坚持把检察文化建设摆到更加重要的位置，更加积极、更加主动、更加自觉地加强和改进检察文化建设。2011 年 6 月，高检院成立了中国检察官文联，进一步加强和改进检察文化建设，丰富检察文化建设的组织形式，繁荣和发展检察文化事业，构建检察人员共有的精神家园。

为了进一步加强对检察文化建设的组织领导，推动检察文化的繁荣发展，省院党组决定成立青海省检察官文联筹备组，并多次听取专题汇报，研究解决筹备过程中遇到的实际问题。经过反复调研论证，多次与主管部门磋商沟通，向兄弟省区学习借鉴。2012 年下半年分别向省文联和省民政厅提出了筹备成立青海省检察官文联的申请，省文联和省民政厅研究同意并及时给予了批复。这对于团结检察文化艺术队伍，凝聚检察文化艺术力量，繁荣和发展检察文化事业，进一步加强检察队伍建设，推动检察工作科学发展都具有十分重要的意义。

在文联筹备成立过程中，我们得到了中国检察官文联、省委组织部、省委政法委、省民政厅、省文联以及其他相关部门的高度重视和大力支持。所有这些都成为催生青海省检察官文联成立、推动检察官文联工作创新发展的强大动力。

二、创新形式：加强检察文化建设

2012 年，青海省各级检察机关认真贯彻落实高检院大力实施文化育检战略，深入开展学习实践政法干警核心价值观活动，推进社会主义核心价值体系建设，广泛开展特色检察文化活动，通过干警喜闻乐见的形式，营造氛围，文化建设“声”“情”并茂、“形”“神”兼备，极大丰富了检察官职业文化内涵。一是注重学习交流，让检察文化有“声”。认真贯彻落实全国检察机关文化建设工作会议精神，对推进高原检察机关检察文化建设做出具体安排，通过开展全省基层院检察文化建设观摩会，形成检察文化建设垂直领导与横向交流相结合、文化建设与主题活动相结合、文化活动与推进工作相结合的工作局面。通过召开创先争优表彰大会，表彰奖励了检察文化建设中成绩突出的 13 个先进集体和 60 名先进个人，组织“全省检察机关践行政法干警核心价值观英模事迹报告会”、全省检察机关第八次“双先”表彰大会暨英模事迹报告会等，大力宣传先进典型，展示检察机关良好形象，形成学先进、赶先进、争先进的生动局面。二是加强网络文化建设，让检察文化有“形”。通过全面升级 56 个基层院的二、三级网络，在内外网开设检察官专栏，建成“检察文化墙”等，营造浓厚的文化氛围，使无形的文化建设落地生“根”，成为思想政治建设、检察文化建设、检察宣传工作的重要载体。三是倡导人文关怀，让检察文化有“情”。通过搜集、整理、挖掘、研究检察历史资料，建设检察历史陈列室、院史室、图书室、电子阅览室、健身房、多功能活动室、荣誉室、警示教育展览室等，传承文化传统，不断丰富检察文化特性和内涵，引领干警继承和弘扬检察机关优良传统和职业操守，激发干警的荣誉感、使命感、归属感。通过建立和坚持谈心谈话制度，注重人文关怀和人文疏导，引导干警正确认识自我、正确对待他人和社会，正确对待困难、挫折和荣誉，进一步增强进取心和责任感。四是丰富文体活动，让检察文化有“趣”。通过开展青海省检察机关第二届干警运动会，举办《夏都之约》文艺晚会，不断丰富、提高检察文化建设的内容和品味，检察队伍凝聚力和战斗力进一步增强。五是突出职业特点，让检察文化有“法”。通过组织精品案例评选、推广“双语诉讼活动”，邀请全国检察教育培训讲师团在全省检察机关进行巡回宣讲以及开展计算机基础知识、网上办公、办案技术应用的专题培训和跟踪辅导等，为广大干警提供广阔的学习实践平台，干警知识内涵和思想素质得到极大提升。

活　动

【国家检察官学院青海分院揭牌】2月20日，国家检察官学院青海分院正式挂牌成立。青海省委副书记、省委政法委书记王建军、青海省政协副主席李忠保出席挂牌仪式，并为国家检察官学院青海分院揭牌。

青海省检察院检察长王晓勇在挂牌仪式上说，青海省检察教育培训工作伴随着检察机关的恢复重建，已走过32年的历程。多年来，省检察院党组高度重视干部教育工作，始终将教育培训作为一项重要战略任务来抓，检察教育培训工作在探索中逐步开展，今年2月高检院正式批准青海成立国家检察官青海分院。国家检察官学院青海分院的成立标志青海检察机关结束了多年来无专门培训场所机构的历史，也标志着青海检察教育培训工作向规范化、科学化、专业化建设迈进了一大步，检察教育培训工作站在了新的起点，为全省检察机关加大检察人员培训力度，适应大规模培训干部任务要求奠定了良好的基础，必将为深入推进检察教育和检察文化建设起到深远意义。

【全省女检察官庆“三·八”展风采文艺联欢会】2月28日下午，青海检察机关举行全省女检察官庆“三·八”展风采文艺联欢暨“好媳妇”表彰会，来自全省各级院的女检察官代表200多人参加了会议。中国证监会青海证监局，青海杰森集团、省高级法院工会、省女法官协会，省女律师工作委员会的领导以及省检察院党组成员也出席了联欢会。长期以来，青海省女检察官始终发扬“自尊、自信、自立、自强”的四自精神，忠实履行法律监督职责，爱岗敬业、无私奉献、锐意进取，为维护社会和谐稳定、维护公平正义、维护法律统一正确实施做出了积极的贡献。为迎接“三·八”国际劳动妇女节，青海省检察院政治部和省女检察官协会组织安排了系列的庆祝活动，包括慰问走访孤儿、孤老、孤残等“三孤”人员，继续开展女检察官进社区、进学校、进企业、进农村的“四进”活动和开展法制宣传，参与社区矫正等活动，今天的联欢会和表彰会是该系列活动的重要内容。联欢会前还代中国女检察官协会向在摄影比赛和岗位读书活动中获奖的女检察官作者颁发证书与奖品。

【出台方案，加强查办和预防涉农职务犯罪专项工作】3 月 28 日，青海省检察院召开了全省检察机关查办和预防涉农惠民领域职务犯罪专项工作视频会议。从会议上获悉，青海省检察院去年 9 月安排部署了从 2011 年 9 月至 2012 年 9 月全省检察机关在涉农（牧）领域集中开展职务犯罪专项侦查的活动。截至 2012 年 3 月，全省检察机关共查办涉农（牧）领域贪污贿赂犯罪案件 26 件 36 人；共立查涉农涉牧领域渎职侵权案件 8 件 14 人，为青海农牧区改革发展和新农村建设提供了有力的司法保障。从 2008 年到 2011 年的 4 年间，青海省检察机关共查办涉农惠民领域贪污贿赂犯罪案件 173 件 258 人。涉农惠民案件占到了青海省反贪案件的三分之一，是贪污贿赂犯罪案件易发多发的重要领域。为进一步加大惩治和预防危害农村经济社会发展的职务犯罪力度，保障中央“三农”政策落实，促进社会主义新农村建设，结合青海的实际，出台了《青海省检察机关加强查办和预防涉农惠民领域职务犯罪专项工作方案》。

【举办 4·14 玉树地震一周年纪念活动】4 月 14 日，适逢青海玉树地震一周年之际，青海省人民检察院机关举行了以感恩奋进，加快建设社会主义新玉树为主题的玉树 4·14 地震一周年纪念活动。干警们肃立默哀，悼念遇难者和抗震救灾斗争中英勇献身的革命烈士，他们凝望灾区，再次为同胞祈福。省检察院检察长王晓勇、省院党组成员，以及全机关干警参加了此次活动。参加活动人员通过默哀、敬献鲜花等活动深切表达了对逝者的哀悼和怀念。

干警们纷纷表示，作为共和国的检察官，对遇难同胞最好的纪念，就是大力弘扬玉树精神，感恩奋进，在省委和高检院的正确领导下，在省人大及其常委会的监督下，深入贯彻落实科学发展观，以深化三项重点工作为着力点，以“三个强化”为总要求，以深化体制改革为动力，以党建带队建为保证，以主题实践活动为载体，全面履行法律监督职责，不断提高检察工作科学水平，为实现青海“十二五”十七经济社会发展提供有力的司法保障。

【全国检察机关践行政法干警核心价值观英模事迹报告会在西宁举行】5 月 25 日上午，由最高人民检察院政治部干部教育培训部部长王卫东带领的全国检察机关践行政法干警核心价值观英模事迹报告团走进西宁，为全省检察系统干警代表作了一场感人至深的人民检察官践行“忠诚、为民、公正、廉洁”政法干警核心价值观教育事迹报告。报告会前，省委副书记、省委政法委书记王建军，省委常委、宣传部部长吉狄马加，省检察院检察长王晓勇亲切接见了报告团一行。

报告会上，5 名报告团成员从不同角度、不同侧面生动讲述了上海市第三届“平安英雄”、“三八红旗手”、杨浦区人民检察院控申科科长葛海英，全国政法系统“优秀党员干警”、山东省苍山县人民检察院监所科科长李树德，全国政法系统“优秀党员干警”、青海省西宁市人民检察院公诉处检察员沙沨等五名同志立足本职岗位，坚持群众路线、践行执法为民的工作经历和体会，将人民检察官忠于党、忠于国家、忠于人民、忠于宪法和法律的政治本色生动地作出了诠释。

【省检察机关开展举报宣传周活动】 2012年6月25日至29日，是全国检察机关第十四个以“惩防并举，保障民生”为主题的举报宣传周活动。我省检察机关在为期5日的宣传周活动中以多种形式增强市民反腐防腐意识，发动市民有奖举报，为查办职务犯罪提供充足线索。举报宣传周活动上，全省各级检察机关在新宁广场、中心广场设点宣传、统一接待来访群众、邀请基层群众代表参加检察长开放日活动以及开展“四进”活动，广泛宣传反腐倡廉，帮助举报人学会怎样举报，如何维护自身合法权益，及时兑现奖励，提高市民的举报积极性。

【青海省检察院部署开展“基层建设年”活动】 6月8日下午，青海省检察院召开动员会，安排部署开展青海检察机关“基层建设年”活动。会议以视频方式在全省检察机关召开，并在会上宣读了《全省检察机关“基层建设年”活动实施方案》（以下简称《实施方案》）。青海省院副检察长马德良代表省院党组做了动员讲话。

《实施方案》从指导思想、目标要求、工作任务和实施步骤4个方面对青海省检察机关“基层建设年”活动进行了安排和部署。指出开展“基层建设年”要“以执法规范化、队伍专业化、管理科学化和保障现代化为方向，以‘发挥优势、特色提升、强项争优、整体推进’为主要路径，以开展‘忠诚、为民、公正、廉洁’政法干警核心价值观教育实践活动为载体，以创优争先为动力，以解决影响和制约基层建设的重点、难点问题为突破口，着力提高基本素质，规范基础工作，强化基本保障，使检察机关基层建设明显进步、基础建设更加牢固、一线建设不断加强，力争使青海省检察工作的一些单项业务和队伍建设进入全国或西部地区检察工作前列”为指导思想。

【青海检察机关司考工作动手早】 7月2日，青海省检察院与北京万国司法考试培训学校联合举办的2012年青海省检察机关司法考试培训班正式开学。来自全省各级检察院近百名学员参加了培训班。青海省院党组对司法考试工作十分重视，从2007年，已连续5年举办集中封闭培训班5期，537人次参加了培训，233人通过了司法考试，通过率达到了43.4%，取得了非常好的效果，2012年，青海省院党组仍然把司法考试工作列为全省检察机关的一项重点工作，在州市分院检察长会议上进行了安排和部署，要求全省各级院要进一步统一思想、提高认识，牢固树立常抓不懈的思想，切实从事关检察事业长远发展的战略高度，继续认真抓好司法考试工作，进一步加大司法考试培训力度，把提高司法考试通过率，提高现有人员的素质作为有效缓解基层院检察官短缺问题的有效途径。

按照党组的要求，省院研究制定了2012年全省检察机关司法考试培训方案，积极准备，筹措培训经费，联系培训场所，并与万国司法考试培训学校就如何进一步加强培训的组织工作、提高培训效果等进行协商和沟通，确定了培训方式和培训内容。期间，王晓勇检察长专门听取了汇报，并作出重要指示，强调司法考试培训班这项工作一定要长期坚持下去，事实证明，这是一条提高干警素质，有效缓解检察官断档问题的有效措施，在办班过程中，一定要管理好、服务好，确保取得好的成绩。

【青海海东王佐龙副检察长获“青海省优秀法学家”称号】2012年7月4日，第二届“青海省优秀法学家”表彰暨2012年“双百”法治宣讲报告会在省会议中心召开，青海省检察院海东检察分院副检察长王佐龙荣获“青海省优秀法学家”荣誉称号，并受到省委政法委和省法学会等有关部门的表彰。省委副书记王建军向获得“青海省优秀法学家”荣誉称号的专家表示祝贺，指出，这次评选出的优秀法学家，是青海法学法律界的学术带头人，是广大法学法律工作者的杰出代表。荣誉凝聚造诣，荣誉体现公认，荣誉寄托责任，希望新当选的优秀法学家以此为新起点，再接再厉，为繁荣法学研究、推进依法治省再立新功。强调，省十二次党代会提出了建设新青海、创造新生活的奋斗目标、精神动力、工作重点和重大举措。全面落实依法治省基本方略、加快青海民主法治建设，是建设新青海、创造新生活的重要内容和基本保障，也是广大法学法律工作者义不容辞的职责。

【基层院检察文化建设观摩会在共和县召开】7月6日，青海省检察院在海南藏族自治州共和县检察院召开了全省基层院检察文化建设观摩会，来自全省州市分院的检察长和有关部门负责人、西宁市铁路运输检察院检察长、省院党组成员和部分处室负责人参加了观摩会。

会上，与会人员参观了海南州检察院、共和县检察院基础设施建设以及共和县检察院文化建设情况，并就贯彻落实全国检察机关文化建设工作会议精神进行了学习，对推进高原检察机关检察文化建设进行了安排。共和县院干警还为观摩团一行表演了自编自导的文艺节目。

【青海省检察机关举行第二届双语诉讼竞赛活动】为了积极应对刑事诉讼法修改对检察工作带来的新挑战和新任务，切实维护藏区群众使用民族语言进行诉讼的权利，进一步提高青海检察干警双语诉讼能力和加强公诉人建设，根据年初青海省院公诉工作计划，经研究决定于8月初在青海省果洛藏族自治州举办全省第二届双语诉讼业务竞赛及公诉实务培训活动。2012年8月6日至9日，青海省检察机关第二届双语诉讼业务竞赛及公诉实务培训活动在雪域高原果洛藏族自治州举行。来自全省各州市分院检察机关共83人参加了竞赛活动。

活动分诉讼文书制作比赛、双语诉讼论辩赛。期间，结合修改后的刑诉法的运用，还举行了公诉实务培训。最后，评选出果洛代表一队团体一等奖，海南代表队、黄南代表队二等奖，果洛代表二队、西宁海西代表队、玉树代表队三等奖，海北代表队优秀组织奖。评选出了最佳辩手3名，优秀辩手6名。

【全国检察教育培训讲师团在青海巡讲】根据高检院《关于组织全国检察教育培训讲师团赴甘肃、青海、新疆巡讲的通知》，8月15日，西部巡讲团青海巡讲组到达西宁。从8月16日开始，先后在省院、西宁、海东、海南、海西进行了9次巡讲。讲师团成员不顾长途奔波的辛苦，克服高原缺氧带来的不便，坚持以需求为导向、以问题为中心、以学员为主体、以教师为主导、以实战技能为内容、以实战演练为模式、以能力提升和思维方式转变为目的，紧扣高检院确定的巡讲主题，紧密结合各地检察工作实际，就践行政法干警核心价值观、运用技术手段查办职务犯罪案件和新刑事诉讼法修改对公诉工作的应对和挑战等内容为我省作了精彩的巡讲。

【第二届全省检察机关运动会举办】9月26日，在全省检察机关喜迎党的十八大胜利召开之际，青海省检察机关第二届运动会胜利开幕。长期以来，青海省检察机关在忠实践行“强化法律监督、维护公平正义”职责使命的同时，广泛开展各类具有时代特征、青海特色、检察特点的体育健身活动，丰富、提高检察文化建设的内容和品位，增强、提升检察队伍的凝聚力和战斗力，弘扬、彰显检察人员朝气蓬勃、健康向上的良好形象，演绎“传承体育精神，共创和谐检察”的文化内涵，谱写了强化法律监督与推进检察文化建设“双赢”的新篇章。

这届运动会，是一次深入贯彻落实青海省第十二次党代会、第十四次全省检察工作会议精神的鼓劲会，也是一次集中展示检察干警精神风貌、加速推进检察文化建设的促进会，对于推动青海省各项检察工作创新创优发展具有重要意义。

【全省检察机关第八次“双先”表彰大会暨英模报告大会召开】9月28日，省检察院在西宁召开全省检察机关第八次“双先”表彰大会暨英模报告大会。大会表彰了2005年以来在各项检察工作中做出显著成绩的13个先进集体和60名先进个人，并由先进集体代表和个人作了大会交流发言，同时举行践行政法干警核心价值观英模事迹报告会。省人大常委会副主任曹文虎、省政协副主席李忠保、省检察院检察长王晓勇出席大会并为受表彰代表颁奖。

【青海举办首届公诉人与律师论辩赛】为加强公诉人与律师之间的业务交流，促进公诉人和律师队伍积极学习和应对新修订的刑事诉讼法，全面提高公诉人、律师的综合素质，展示良好风采，10月31日上午，青海省首届公诉人与律师辩论赛在省检察院信息中心视频会议室举行。论辩赛由省检察院与省司法厅共同主办，省律师协会和省检察官协会联手协办。代表全省检察系统、律师行业的6支队伍，18名代表进行了现场辩论。省检察院检察长王晓勇及省院党组成员，省司法厅、省律协、省委政法委、省人大内司委及省直有关政法单位的领导参加观看了论辩赛。全省检察机关公诉部门的检察干警通过视频观看了这场论辩赛。

论辩赛由公诉人代表队和律师代表队采取控辩方对抗形式，进行3场论辩。每队由3名队员组成，各参赛1次。选手们仪态大方，着装规范，举止得体，语言流畅，普通话标准，声音洪亮。双方辩手根据基本案情，阐明自己方的观点，说理充分，论证有力。尤其是在自由辩论阶段，双方观点鲜明，言之有据，正确适用法律、法规、司法解释，条理清晰，逻辑严谨，反驳有力。不断赢得在场观众的热烈掌声。总结陈词阶段，对对方的观点进行归纳和反驳，对本方观点进行系统论证，观点论据精准，针对性强，说理透彻。最后，按照个人得分排名次评出了最佳辩手2名，优秀辩手4名，鼓励奖12名。

【首次检察机关司法警察编队管理工作观摩推进会召开】11月13日，省院在海西州召开全省检察机关首次司法警察编队管理工作观摩推进会。会议传达学习了第三次全国检察机关司法警察工作会议精神，安排部署了全省检察机关司法警察工作，为荣获第三批全国检察机关司法警察编队管理示范单位的海西州检察院司法警察支队举行了揭牌仪式，并组织与会代表现场观摩了海西州检察院司法警察工作规范化建设成果，省院政治部主任戴军主持会议并讲话。

【青海举办民事行政抗诉书说理比赛】 11月28日，青海省检察院举办首次民事行政抗诉书说理比赛。比赛在青海省检察机关民事行政检察部门掀起新一轮岗位练兵热潮。青海省检察院有关负责人强调，加强抗诉书说理工作是确保民事行政案件办案质量的切入点，要通过积极推进说理工作增强民行检察监督的权威性与社会公信力。

理　论

【青海检察理论研究年会召开】 2012年，青海省检察机关在省院党组的高度重视和正确领导下，紧密结合形势需要和本地区检察工作实际，积极开展了广泛深入的调查研究。全省检察理论研究工作扎实推进，责任制、年会制和奖励制等工作机制日臻完善，《青海检察》杂志稳步出刊，办刊质量逐步提升，检察理论研究氛围日趋活跃，检察理论研究服务领导决策、服务业务工作、服务基层建设的职能作用日益凸显，检察理论研究成果日渐丰厚，检察理论研究工作取得了新的进展，并顺利完成了《青海检察》办刊任务。本次年会对《检察文化的构成 现实图景与未来向度》等58篇优秀论文和海南州人民检察院等3个单位进行了表彰。2012年度全省检察理论调研成果评选，共收到全省各级人民检察院推荐的论文257篇，内容涉及检察基础理论、应用理论、法学理论以及检察工作与社会管理创新等方面，就该省检察工作科学发展、深入推进三项重点工作、开展检察人员“五进”活动、推行人民监督员制度、加强队伍建设、履行检察监督职能以及如何结合检察职能参与社会管理创新等问题，从有利于提升全省检察机关法律监督能力，牢固树立社会主义法治理念，推动全省检察机关为实现经济社会全面发展做出积极贡献的目的出发，围绕丰富理论、完善机制、健全制度、推动立法，对检察执法活动、检察文化建设等实践性及理论性问题进行了广泛的调查研究和探讨论证，不少成果具有相应的参考价值，反映出该省各级检察机关对理论研究的重视程度在不断增加，研究成果的质量在不断提高。

交　流

【青海省基层院检察文化建设观摩会在共和县召开】 7月6日，青海省检察院在海南藏族自治州共和县检察院召开了全省基层院检察文化建设观摩会，来自全省州市分院的检察长和有关部门负责人、西宁市铁路运输检察院检察长、省院党组成员和部分处室负责人参加了观摩会。

会上，与会人员参观了海南州检察院、共和县检察院基础设施建设以及共和县检察院文化建设情况，并就贯彻落实全国检察机关文化建设工作会议精神进行了学习，对推进高原检察机关检察文化建设进行了安排。共和县院干警还为观摩团一行表演了自编自导的文艺节目。

教育培训

建设高素质检察队伍，是做好检察工作的基础和前提。省检察院指导各级检察机关大力加强社会主义法治理念教育，深入开展创先争优和“忠诚、为民、公正、廉洁”的政法干警核心价值观等教育实践活动，落实检察官职业行为基本规范、检察机关文明用语规则，确保检察队伍始终坚持正确的政治方向和执法为民的根本宗旨。以提高法律监督能力为重点，持续开展“大学习、大培训、大练兵”活动，连续三年与甘肃、宁夏检察机关开展了公诉业务论辩赛，举办了首届律师公诉人论辩赛和两期藏汉双语论辩赛，积极推进全员培训、分级分类培训、跟案培训、岗位练兵、竞赛比武等活动，达到不同类别、不同层次、不同岗位人员培训全覆盖。坚持不懈地抓好司法考试，连续5年举办封闭式培训班，537人参加培训，233人通过考试，通过率为43.4%。2012年，集中狠抓了修改后刑诉法、民诉法学习培训，省院对全省自侦部门的干警进行了封闭式全员培训，各州市分院分层次对其他业务部门的干警进行集中培训。深入推进竞争上岗、轮岗交流、检察官逐级遴选等一系列机制改革，从基层遴选四批干警到省检察院工作。树立了以全国模范检察官沙沨为代表的一批先进典型，34个集体、134名个人受到省委、高检院的表彰，其中，4个院被评为全国先进基层检察院，1个院被确定为全国检察机关基层院建设示范院。

设施建设

【国家检察官学院青海省分院成立】 针对我省检察教育培训工作存在的突出问题，为适应新形势新任务对检察教育培训工作的新要求，满足不断增长的培训工作需要，改变多年来我省检察机关无专门培训场所的现状，今年2月，最高人民检察院批准我省成立国家检察官学院青海分院。2月20日，挂牌仪式在西宁举行。省委副书记、省委政法委书记王建军，省政协副主席李忠保，省检察院检察长王晓勇及最高人民检察院政治部干部教育培训部部长王卫东和国家检察官学院副院长杨迎泽出席挂牌仪式。多年来，青海省检察院党组高度重视干部教育培训工作，始终将教育培训作为一项重要战略任务来抓，检察教育培训工作在探索中逐步开展，在实践中不断发展，积累了较为丰富的检察教育培训工作经验。目前，国家检察官学院青海分院拥有240多平方米的学术报告厅一个、100多平方米电教室一个、80平方米小会议室一个，1350平方米的45间学员宿舍、530平方米的学员食堂等功能相对完善的基础设施，基本上能够满足全省检察机关目前开展培训工作的需要。

基层检察文化

【城西区检察院以检察文化建设为抓手促进检察业务工作全面发展】 西宁市城西区人民检察院在区委和上级院的正确领导下，以检察文化建设为抓手，通过开展丰富多彩的检察文化，促进各项业务工作全面发展。该院先后获得“全国模范检察院、全国先进基层检察院、全国基层检察院‘四化’建设示范院、省级文明单位、全省政法系统先进基层党组织、全省先进检察院、全市先进检察院、全市先进基层党组织、全市政法系统人民满意的政法单位”等多项殊荣。

该院通过加强领导统一思想“文化”亮剑助推发展；理念文化建设与思想教育相结合，促进执法理念转变；制度文化建设与规范化建设相结合，推进规范化进程；廉政文化建设与廉政教育相结合，促进公正廉洁执法；日常文化活动与节日文化活动相结合，启迪心智陶冶情操；发挥检察文化“软实力”作用，推进基层院“四化”建设等措施，在检察文化的启迪、熏陶下，执法理念的转变，执法素能的培养，执法形象的塑造，使该院打造了一支政治坚定、素质精良、形象良好的检察队伍，党组团结协作、廉洁从检、民主集中、管理科学，干警业务精通、执法公正、勤廉履职、文明进步，队伍展现出勃勃生机和无限活力。

【大通县人民检察院检察文化建设出实招】大通县检察院从本院实际出发，大胆探索，改革创新，呈现出检察文化建设的勃勃生机。

一是该院以邓小平理论和“三个代表”重要思想为指导，认真贯彻落实科学发展观，围绕建设繁荣、和谐、生态、宜居新大通的目标，以“弘扬法治精神、建设法治大通”为主题，坚持法制教育与法治实践相结合，法制宣传和法治文化相渗透，进一步提高干警法律素质，树立社会主义法治理念，维护社会公平正义，为构建社会主义和谐社会营造浓郁的法治氛围。

二是深入开展社会主义法治理念学习教育活动，使依法治国、执法为民、公平正义、服务大局和党的领导等理念深深扎根于广大干警头脑中，并自觉用以指导法治建设实践；坚持依法治国与以德治国相结合，建立健全法治文化建设与道德教育、法治实践与道德实践相结合的长效机制；强化全体干警普法教育和“法律四进”活动，注重依法治理的推进，切实强化民主政治、公正司法等工作，着力在全院构建以公平正义为主体的法治价值体系；充分利用视频、学习园地、报纸以及网络等阵地，深入开展法制宣传，广泛传播法律知识、法治理念和法治文化，大力倡导全体干警学法辨是非，知法明荣辱，用法止纷争，努力把法律知识转化为法律意识和法治精神。

三是找准普法与法治文化建设的结合点，以普法推进法治文化建设。在深入推进法制宣传教育中，充分发挥宣传功能，使文字化的法律转化为法律意识，努力在全院树立法律信仰，使广大干警自觉知法守法，树立法治观念，保证宪法和法律的实施，从而起到传播法律知识、培养法治观念、营造法治氛围、弘扬法治精神的作用。

四是结合检察文化建设，全面开展法治文化创建活动。牢固树立“立检为公，执法为民”的理念，进一步抓好法律监督，依法对侦查、审判等活动的每个环节进行有效监督，维护法律的严肃性，保证监督的严密性，不断提高法律监督制约的能力，使国家和人民利益得到充分保护，使社会公平正义得到充分体现。

五是发挥自身的优势，深入挖掘文化

资源，把法治文化渗透进机关文化中，渗透到检察文化建设当中，找准检察文化与法治文化的切合点，创新一批各具特色、各显魅力的创建载体，为全体干警提供寓教于乐、化有形载体为无形熏陶的法治精神传播方式，进一步扩大法治文化的影响力。通过多形式的相互融合，从法制宣传教育由过去的说教式、灌输式、被动式向文化熏陶、感性共鸣、理性思考、自觉接受的形式转化。

六是加强文化墙、阅览室、学习园地、健身房等公共文化设施建设，逐步增加法治文化内容。加强对公共信息资源的整合，充分运用视频、电子显示屏、学习园地和手机短信等载体传播法治信息。强化法治文化的理论研究，充分调动广大干警的积极性，加强法治文化理论研究和应用对策研究，并在法治实践中丰富和发展法治文化理论，更好地指导全院的法治实践。

七是积极培育和扶持法治文艺骨干、理论研究人员，为不断丰富和发展法治文化提供有力的人才和智力支持。

【门源县检察院多措并举促进检察文化建设】门源县检察院坚持用文化“软实力”来弥补硬件建设的不足，在院内组建了文学创作、书画摄影、读书会、球类活动、民俗小手工艺制作等兴趣小组，举办了迎新年茶花会、“庆祝建党节、迎接十八大”主题演讲活动和单位职工运动会，认真排练文艺节目进行“激情文化广场”演出活动，组织干警参加了全县职工篮球比赛，并对新干警开展工作礼仪知识培训。这一系列活动的实施不但逐步培养起了干警广泛的兴趣爱好，而且凝聚了干警人心，增强了团队精神，树立起了良好的职业道德风尚。大力倡导勤于动笔、善于思考的良好习惯是门源检察院促进文化建设的切入点之一。年内，该院将检察文学创作和信息宣传工作列入《重点业务工作奖惩办法》，并按季度进行考核奖励，激励了干警参与检察工作宣传和文学创作的热情。半年来，全院干警撰写的各类稿件中，被省、州检察院和县委相关部门转发各类简报11篇，《青海检察》选用调研文章1篇，《检察日报》、《青海法制报》、《祁连山报》、《青海政法》等刊物采用通讯报道8篇，正义网、青海平安网等省级以上政法部门官方网站录用稿件17篇，地方文学刊物《金门源》先后采用散文及诗歌类投稿6篇，县电视台录播工作新闻6条。同时，该院还组织人员开展了《门源检察史》一书的编撰工作，全书拟对自治县建立至“十一五”结束时的检察工作进行系统地回顾和总结，为检察文化建设添上一笔丰富的史料。

【青海共和检察院“上白下蓝”的文化密码】近年来，为大力实施“文化育检、文化兴检、文化强检”战略，共和县院党组先后组织成立了检察文化建设工作领导小组、检察文化下乡慰问演出工作小组、检察季刊制作小组、画册制作小组、院志编纂小组、检察知识题库编纂小组、才艺展示活动领导小组等7个工作机构，并认真安排部署，明确责任分工，排练了歌舞，相继制作了《共和检察》季刊、《共和检察文化掠影》画册、业务科室工作职能手册、《检察人员知识测试习题集》，订制了具有地方民族特色、反映共和检察文化的纸杯、手提袋、公务包、工作笔记、学习笔记、便签等物品，着力打造具有共和特色的品牌文化。

打造精神文化，增强向心力。该院广泛开展棋类、球类、广播体操、锅庄舞、文艺汇演、演讲比赛、廉政文化长廊展示等各类健康向上的文体活动，培养干警的业余兴趣爱好，陶冶干警情操。还组织了检察文艺宣传队，编排一些富含法律知识和检察文化的小品、相声等丰富多彩的文艺节目，以群众喜闻乐见的宣传方式，深入村社开展“送检察文化下乡”活动，让群众在观赏文艺节目的同时，把法律法规、检察业务知识和检察文化印进基层群众的脑海中，起到寓教于乐的作用。

打造素质文化，增强战斗力。认真组织实施岗位大练兵活动，特别是通过参加省院组织的网络培训，提升了干警网上办案办公水平，目前该院各科室已初步实行网上办公，业务科室已实现网上办案，检察队伍的执法能力、执法水平、执法公信力有了一个质的提高。

以规范管理提升法律监督能力，把廉政文化的培育作为检察文化建设的中坚和桥梁。通过加强廉政思想教育，引导干警树立正确的人生观和价值观，使广大干警常修为检之德，自觉恪守职业道德，廉洁自律意识，真正做到自身正、自身硬、自身净；加强内部监督，严格执行“一案三卡”备案和职务犯罪案件报批、备案及同步录音录像等制度要求，认真开展治理“小金库”、财务大检查和自侦案件扣押冻结款物检查等工作。并创新监督举措，探索建立了一系列内部监督制约机制，邀请人民监督员参与职务犯罪案件立查活动、刑事和解、接待信访，确保干警文明执法、廉洁办案。

打造形象文化，增强公信力。年初以来，该院结合宣讲 1 号文件、维稳宣讲等活动，院党组一班人带领业务骨干和懂藏汉双语的检察干警，深入机关、乡镇、村（社区）、寺院、企业及学校开展政策宣讲和法制讲座 36 次，进一步提高县内广大僧人、学生和干部群众的法律意识。今年 5 月中旬，该院联合县妇联、沙珠玉乡珠玉村“两委”组织举办了“关爱母亲、感恩母亲”检民才艺展示活动，期间检察官和群众共展出刺绣、绘画、摄影、书法、编织等作品 88 件，进一步密切了检群鱼水关系，强化了检民共建力度。

打造物质文化，增强凝合力。积极争取项目，切实加强基层院“两房”建设，努力改善办公条件，优化办公环境。坚持以人为本、健康第一的人文理念，从关心干警生活细微之处入手，继续做好单位食堂管理、干警健身活动、组织干警及退休老干部体检、为干警“过生日”、“我们都是一家人”、“常回家看看”等活动，为干警办实事，使广大检察干警深刻感受到院党组的亲切关爱，大大增强了干警们爱岗敬业的职业精神。

【兴海县人民检察院“五位一体”加强检察文化建设】近年来，兴海县检察院将检察文化建设作为推进业务工作的有效载体，大力实施文化育检工程，在具体工作中突出“五位一体”着力加强检察文化建设。

一是强化理论学习，夯实检察文化内容。认真组织干警学习党的十七大精神及省州县委和上级院等一系列的会议精神和重要指示，全面贯彻落实各项会议精神，以集中学习和个人自学的方式，坚持每周三理论学习制度，学习做到了有笔记，讨论发言有提纲，会议有记录，组织干警开展了贯彻落实三项制度和“五个倍加”宣教活动交流座谈会及“为什么入党，为什么从检，为什么奋斗”为主题的座谈会，促进了理论学习的常态化开展。

二是开展文化联谊，弘扬检察文化精神。为推进检察文化建设，进一步增强凝聚力、提高广大妇女同志的工作主动性和积极性，努力发扬女干警“自尊、自强、自信、自立”的实干精神，举办了以弘扬检察文化为主题的庆“三·八”联谊会。通过主题鲜明、内容丰富的演唱及滑稽可笑的趣味活动，极大地丰富了“三·八”联谊会的内容，弘扬了检察文化，使庆“三·八”联谊活动成为推介、宣传检察文化的一大载体，为进一步增强相关部门对检察职能的了解、熟悉和支持搭建了良好的平台。

三是开展法制宣传，推介检察文化形象。利用“三·八”维权周、“12·4”法律宣传和检察人员“四进”活动，通过悬挂横幅、展出展板、发放宣传资料、设立咨询台等加大对检察机关性质、职能、受案范围，党的民族政策及相关法律法规的宣传力度，在宣传检察文化、推介检察文化方面起到了积极的作用。

四是开展结对帮扶，拓展检察文化内涵。将检察文化建设贯穿于“户帮户”、“一扶一”结对帮扶活动中。组织干警深入民族村开展送温暖、献爱心活动。干警详细了解帮扶户的生活状况，并向帮扶户传达讲解了党的一系列惠民政策。结合“四联、四送”和“一扶”活动，深入联点扶贫帮困社区，深入社区开展调研的同时，为城西社区解决了2000元办公经费，确定了帮扶2户贫困户。为联点民族村捐助现金5000余元。

五是建设环境文化，营造检察文化氛围。加大经费投入力度，建成了电子阅览室、党员活动室、健身房、篮球场等活动场所，并利用办公楼各个楼层、走廊等空间建设文化长廊，以谚语、诗歌、名言警句、现代管理理念等为文字内容，营造了充满检察文化氛围的工作环境。

【泽库县检察院开展犯罪宣教活动】青海省黄南藏族自治州泽库县人民检察院联合县纪律检查委员会、泽曲镇党委举办了“廉政文化宣传暨职务犯罪预防宣传教育巡展”活动。此次“廉政文化宣传暨职务犯罪预防宣传教育巡展”活动，采取了展览展板、发放宣传材料、提供预防咨询服务、表演廉政文化节目等灵活多样的形式，宣传了惩治和预防腐败的相关法律法规，展示了检察机关反腐败工作的成效。参加宣传巡展的干部群众边走边看，不时发表自己对宣传教育巡展活动的看法。

【海北州人民检察院检察文化建设凝聚强大精神力量】文化是民族的血脉，是人民精神的家园。近年来，海北州检察院坚持以文化育人，大力实施文化兴检战略；充分发挥检察文化的教育、凝聚、规范、塑造等功能，于春风化雨、润物无声中塑造检察队伍良好执法形象。海北州检察院结合“文明海北”建设活动，加强检察队伍文明教育，开展文明单位创建活动。去年，州检察院被州委评为“州级文明标兵单位”，被省院荣记“集体三等功”；门源、祁连县检察院分别被评为“州级文明单位”。5名检察人员分别荣立“二等功”和“三等功”。积极建设荣誉室、文化墙、图书室等检察文化载体，提升检察文化品位。积极参加全省检察机关第二届、全州第八届职工运动会；积极组织参加今年女检察官庆“三·八”学“两法”知识竞赛，取得第二名的优异成绩；组织开展“我们的节日”系列文体活动，不断丰富检察人员精神文化生活。加强检察理论研究，组织编发《海北检察研究》刊物。通过打造检察文化建设阶段性成果，向全州展现海北州检察机关的崭新风貌，为促进海北检察工作科学发展提供强大的精神动力。

甘肃省检察官文学艺术联合会筹备组

检察官文联筹备

检察官文联筹备情况

2012年，省院积极做好甘肃省检察官文联的成立工作，先后整理、装订、修改、报送会员个人情况登记表、信息汇总表，章程草案，社团发起人情况登记表，申请书，拟任名誉主席、副主席、秘书长、副秘书长，拟任常务理事、理事名单、表格，办公用房登记审核，验资报告等筹备文件和表格，获民政厅审核通过予以上会。并按照中国检察官文联的统一安排，完成了“甘肃检察文联”更名为“甘肃省检察官文学艺术联合会”的工作。甘肃省检察官文学艺术联合会拟任领导11名，由省院党组书记、检察长路志强担任名誉主席，常务副检察长张兴中任主席，宣传处处长李郁军任秘书长，副处长王瑞成任副秘书长。下设法治理论研究、文学、书法绘画、摄影、影视、音乐舞蹈、新闻、体育八个协会。

检察文化艺术工作情况

综　述

2012年，甘肃省检察机关认真落实全国检察文化建设座谈会议精神，把检察文化建设作为培育检察精神、提升职业素养、规范执法行为、塑造良好形象、陶冶高尚情操，推动检察工作科学发展的有力措施和途径，进一步加大检察文化建设的指导力度，丰富检察文化载体，加强基础设施建设，检察文化建设保持了健康、持续发展的态势，促进了各项工作科学发展。年内，永靖县院、敦煌市院被评为“全国检察文化建设示范院”。

活　动

全省检察机关把开展健康向上的文化活动作为培养干警团队精神、增强干警团队归属感，激励干警热爱学习、热爱工作、热爱生活的有效手段，积极组织开展各类活动，干警的精神风貌有了明显变化，综合素质得到明显提高。

【主题教育实践活动】全省各级院深入开展政法干警核心价值观教育实践活动，引导检察干警全面把握核心价值观的丰富内涵和基本要求，促进检察干警牢固树立“六观”，切实做到“六个有机统一”和“四个必须”，自觉把“忠诚、为民、公正、廉洁”融入到检察工作中，转化为坚持科学发展、强化法律监督、维护公平正义、促进社会和谐的实际行动。

【联村联户、为民富民行动】根据省委安排部署，全省检察机关积极投身“联村联户、为民富民”行动。通过结对共建、挂钩帮扶、领导下访、干部入户等形式，切实促进农业发展、农村繁荣、农民增收，使干警从服务农村重点工作的新视角去深入践行政法干警核心价值观，进一步增强了检察干警亲民爱民、心系群众的宗旨观念，提高了干警服务群众工作的能力，提升了检察机关的良好形象。

【政法干警核心价值观主题演讲比赛】4月至5月，全省各级院先后开展“忠诚、为民、公正、廉洁”核心价值观主题演讲比赛，为全省政法干警核心价值观主题演讲比赛选拔优秀选手。干警们结合自己的切身体会和身边的感人事迹，阐述了对政法干警核心价值观本质要求和精神内涵的认识理解，抒发了对检察事业的忠诚热爱和对公平正义的捍卫追求，充分展现了检察干警核心价值观教育实践活动的丰硕成果和检察队伍的良好精神风貌。

【检察开放日】部分院开展了以“走进检察机关，促进依法规范执法”为主题的“检察开放日”活动，邀请人大代表、政协委员和基层群众代表到检察机关座谈，征求意见和建议，加强了社会各界对检察机关和检察工作的了解，赢得了人民群众对检察工作的支持。

【文体活动】全省各级院广泛举办书法、绘画、摄影等展览，展示检察干警在执法办案、队伍建设和各项检察工作中做出的突出贡献，展现了新时期检察官良好职业道德和职业情操，诠释了人民检察官牢记宗旨、执法为民的精神内涵，激励了全体干警爱岗敬业的热情。同时，各级院利用各种节日，积极组织开展篮球、乒乓球、拔河、象棋等体育项目，活跃干警文化生活，陶冶干警情操，提升了检察干警的综合素质。

【文艺演出】在元旦、春节期间，全省各级院纷纷举办新春联谊会，各部门组织表演团队，表演热情洋溢的文艺节目庆祝节日，充分展示了检察干警风采，增强了机关的凝聚力与亲和力。按照省委政法委安排部署，省院选派干警参与了全省政法系统学习贯彻党的十八大精神、践行政法干警核心价值观汇报演出《永远的忠诚》，展示了政法干警良好的精神风貌。

【革命传统教育】结合“七一”等节日，全省各级院组织全体干警观看红色系列经典电影，开展检察官宣誓、党员重温入党誓词、党员奉献日等活动。部分院还组织干警赴革命圣地或烈士纪念馆缅怀革命先烈、学习革命精神，进行爱国主义思想教育，使全体干警接受形象直观的正面革命传统教育，增强历史使命感和时代责任感，激发干警爱党、爱国、爱人民、爱检察事业的情怀。

【人文文化建设】全省各级院坚持以人为本的理念，采取教育、引导、激励等多种形式，大力弘扬“爱集体、讲奉献、明事理、懂规矩”的机关风尚，促进干警之间和睦相处、坦诚相待，部门之间相互配合、团结协作，干警与单位之间和衷共济、协调发展，催生了队伍的凝聚力和战斗力。另一方面，各级院坚持从优待检，把解决干警的思想问题同解决实际问题有机结合起来，通过积极争取、落实兑现检察官津贴并逐年提高检察人员住房公积金缴纳比例，组织干警定期体检，领导班子成员与思想上、情绪上出现不稳定因素的干警进行谈心等措施，为干警健康成长和实现自身价值创造有利条件，以真挚的情感凝聚人心，促进检察工作良性发展。

【服务群众】全省各级院把检察文化建设与服务群众紧密结合起来，在做好法制宣讲、法律咨询等加强公民法制教育的同时，还开展法制进校园、送法下乡、植树造林、灾区捐款、救助失学儿童等活动，赢得了群众赞誉，树立了良好的检察机关形象。

创作与研究

全省检察机关高度重视文化艺术作品创作，大力营造保护创作热情、鼓励创新实践的良好氛围，引导干警积极从事文艺创作、学术论文、信息调研、新闻报道等工作，不断丰富检察文化内涵，提高检察文化传播能力。

【文学作品】定西市院王喜平的长篇小说《流芳心语》，于2012年底由读者出版集团·甘肃敦煌文艺出版社出版，小说共计78万字，分为《砥炼》、《涅槃》上下两部，是2012年全省出版的篇幅最长的长篇小说。武威市院出版了武威《检察文汇》，市院干警陈晓煜出版了散文集《从寂寞中走来》、《真水无香》。

【调查研究】全省各级院以创建“学习型检察院”活动为载体，以各类报纸、刊物为平台，鼓励干警调查研究，形成了大量指导检察工作和引导观念更新的理论研究成果，全年共在各类报纸、刊物上发表调研文章1300余篇。

【新闻稿件】全省检察机关充分利用各媒体，开展检察宣传，共在省级以上媒体发表新闻稿件11576篇。其中，国家级纸制媒体323篇，省级纸制媒体2621篇，网络媒体8603篇。

获奖情况

【演讲】6月，在省委政法委组织的全省政法干警核心价值观主题演讲比赛中，省院干警李婷演讲的《谱写壮丽的人生之歌》最终荣获全省一等奖的优异成绩，高台县院干警吴超群的《铁肩担正义，丹心筑检魂》荣获三等奖。

【论文】在省院承办的“民行检察·西部论坛”上，酒泉市院常祯撰写的《民行检察自诉和解机制研究》和敦煌市院张丽娟撰写的《民行检察监督中建立违法行为调查机制相关问题的研究》入选全国区域性学术会议。另外，在省级以上研讨会、论坛、年会征文活动中，有18篇调研成果获省级以上奖励。兰州市院有1篇文章入选全国性学术会议，5篇文章入选国家区域性学术会议，50余篇文章入选省级学术会议；40余篇文章获省级奖励。张掖市院推荐上报的全省法治论坛论文中，有1篇荣获一等奖，1篇获得二等奖，2篇获得三等奖。

【政法干警核心价值观征文】在高检院组织的政法干警核心价值观、正确的发展理念和执法理论征文活动中，省院党组成员、副检察长张清的《公诉工作落实“理性、平和、文明、规范”执法观应树立的理念》荣获优秀论文奖，并受到了高检院的通报表彰。在省委政法委组织的全省政法干警核心价值观知识竞赛和征文比赛中，全省检察机关共有139篇文章获奖，获奖率高达92.1%，其中省院有2篇获一等奖，1篇获二等奖，17篇获优秀奖。省院党组副书记、副检察长张兴中的一篇论文收录到省直机关工委第二辑《领导干部读书学习心得集》。另外，还有49名检察干警在政法干警核心价值观知识竞赛中分获一二三等奖。

【文学】经甘肃省委宣传部决定，2012年全省重点文艺创作资助项目批准立项，其中，定西市人民检察院干警王喜平的长篇小说《流芳心语》脱颖而出，荣列其中。这是继其长篇小说《至真清吟》被列甘肃省农家书屋文库项目作品之后，又一重量作品荣列省级文艺创作项目。

【书画】定西市漳县院赵金铸的书法作品和通渭县院王辉的绘画作品在“纪念人民检察制度创立80周年全国检察机关书画摄影展览”中分获书法二等奖、绘画优秀奖，同时王辉还受邀参加了由中国检察官文联与山东省检察官文联共同举办、枣庄市检察院承办的“以荷喻检”文化活动，其绘画作品《风雪铸忠魂》荣获全国检察机关廉洁从检书画摄影作品展二等奖。兰州市院魏周建、敦煌市院张竞生的绘画作品在“纪念人民检察制度创立80周年全国检察机关书画摄影展览”中获得绘画优秀奖。甘州区院党组副书记薛建希同志的书画作品《白梅》，被高检院列入全国检察机关廉政文化书画作品进行了刊登。

文化交流

全省各级院注重文化交流活动，通过走出去、请进来的方式，学习借鉴先进经验，开阔理论思维，拓展文化视野，努力提升文化品位，推进文化建设。

【读书交流】部分院推行了“四个一”读书活动，即每日挤一小时看书学习、每月阅读一本推荐读物、每季交流一次心得体会、每年撰写一篇理论调研文章，鼓励干警进行学习交流和问题研讨，积极引导干警端正思想认识，提高文化品位，增强综合素质。

【考察学习】部分院组织干警赴检察文化建设先进省份考察学习，交流创建经验，借鉴成功做法，为进一步开展检察文化建设打好基础。

【军地文化交流】酒泉市院为进一步贯彻落实西北五省（区）军地检察机关第二次协作工作会议精神，切实加强军地协作与交流，与驻地部队军事检察院召开军地协作联席会议，共同商定达成了军地协作工作实施细则，明确了军地检察机关协作的目标和原则，建立了联席会议、干部交流、线索移送和情况通报、思想教育和作风培养、联合预防等六项制度，共召开座谈会 3 次，开展国防教育 1 次，为军事检察院送书籍 20 余册。通过协作交流，为市院开展主题教育、爱国主义教育和国防教育提供了场所和资料，培养了检察人员“特别能吃苦、特别能战斗、特别能攻关、特别奉献”的航天精神。

教育培训

全省检察机关把教育培训作为提高干部队伍整体素质的有效途径，不断转变学习观念，开展了多层次、多形式、见实效的培训和岗位练兵活动，干警工作水平得到明显提高。

【新刑诉法培训】 为从更高起点上推进培训工作，省院按照高检院的培训进程和要求，研究制定了新刑诉法和刑诉规则培训计划，对培训的时间、内容和参训人员做了具体要求。从 5 月底到 12 月底，组织全省检察机关通过三级网视频直播，开展了近 20 次网络培训，参训人员达 5000 余人，参训率达 95%。各级院克服工学、工训矛盾，积极参加培训，使检察人员掌握了新刑诉法的主要精神，熟悉了新刑诉法的具体内容。

【司法考试培训班】 省院对参考人员认真摸底，详细统计，科学分析，制定下发了《全省检察机关 2012 年司法考试实施方案》，提出了 2012 年的培训目标和具体举措，统一组织了全程网络视频辅导。4—9 月，为加强司考培训工作的针对性和实效性，省院与各市州分院密切配合，及时上挂网络课件，及时反馈复习信息，严格执行学员考勤制度和定期测试制度，对每一阶段的备考情况进行通报，取得了良好成效。全省检察机关共有 115 人（其中 A 证 44 人，C 证 71 人）通过国家司法考试，通过率为 55%，比全省平均通过率高出 20 个百分点，通过 A 证人数同比增加 16 人。

【基层院班子成员素能培训班】 为进一步加强基层院班子成员的工作执行能力、舆情应对能力、群众工作能力，省院举办了 90 人参加的第三期全省基层院领导班子成员素能培训班，培训满意度达到了 88%。在培训科目设置上，突出了受训人员的现实需求和工作发展需要，既有《当前中国宏观经济形势与经济政策》、《中国现阶段主要社会矛盾与治理》等宏观课程，也有《领导科学与艺术》、《刑诉法的修改与检察工作》等具体课程，更有涉及基层院执行力与效能提升的具体内容；在培训方式上，采取了专题讲座、座谈交流、案例教学、实地参观等不同的培训形式，使大家在理论方面得到提升、在业务方面得到锻炼、在检察工作创新发展方面得到启发。

【基层检察人员轮训】 根据高检院关于开展基层轮训的意见，省院印发了《2012—2013 年全省基层检察人员轮训工作实施方案》，对轮训工作进行了全面部署，同时就各条线培训的专题、内容、人数和基层检察人员的需求提前做了统计和调研。根据调研结果，基层院各条线需要培训 3299 人，截至 2012 年底，共举办培训班 16 期，轮训了 1200 余名基层检察人员。

【调训工作】 按照高检院 2012 年调训

计划，省院全年共选送了 269 人次参加高检院、国家检察官学院、省委党校等举办的高层次培训。选送和调训工作突出了对调训人选的综合把关，加大对甘南藏区检察干警培训和基层院业务工作的支持力度，目前已实现对甘南藏区检察干警轮训一遍的目标。

设施建设

全省检察机关把硬件建设作为检察文化建设的基础，切实加强“五小”建设，努力搭建文化平台，使干警在检察文化的熏陶中，心情舒畅、精神饱满地投入工作。

【省院新办公大楼文化长廊】2012 年 3 月，省院新办公大楼建成使用，为了营造出浓厚的文化氛围，省院向社会各界征集书画、摄影作品 480 幅，内容涵盖励志、勤学、敬业、廉政等方面，辅以精美的艺术设计，悬挂在楼道、走廊，使干警在潜移默化中接受检察文化的熏陶。

【图书资料室】为加强落后地区的文化基础建设，省院积极为全省市县两级院援建图书室。省院在前期摸底统计基础上，通过调研分析，制定了援建方案，根据各院现有藏书量和干警的人数、业务工作的需求和干警的阅读兴趣，科学确定了援建书目，分三档（1200 本、800 本和 400 本图书）进行援建，共为 17 个市州分院和 83 个基层院配置了价值 130 万元的图书。为确保工作质量和成效，分别在省院和各受助院确定专人负责图书配送的协调联系和核收工作。另外，为切实发挥图书室孕育人才的摇篮作用，还指导各市县院建立健全了图书借阅管理制度。

【检察荣誉室】全省大部分院都成立了检察荣誉室，重点展示建院以来特别是恢复重建 30 多年来的艰苦创业过程，让全院干警全面了解检察事业的发展历程。同时，及时更新每年涌现出的先进典型和标兵，激励干警争当业务标兵和道德楷模，以更加昂扬的精神践行检察誓言。检察荣誉室也成为向社会各界宣传检察事业辉煌历史和伟大成就的阵地。

【党建活动室】全省大部分院都建成了党建活动室，以全面加强机关党的建设、推进各项检察工作科学发展为主题，涵盖了以“党的基本理论、纲领、路线、方针”为主要内容的党员基本知识、以“党的民主生活制度和三会一课制度”为主要内容的党内条规制度、以“八荣八耻”为主要内容的社会主义核心价值体系，和以“转型跨越、为民富民”为主要内容的省市县经济社会发展思路等。让广大党员干警通过学习党纪党规，明确基层党组织任务，进一步增强大局意识、责任意识和服务意识，积极投身于全面建设小康社会的伟业中。

【检察文化室】部分院建成了检察文化室，通过征集检察干警的书法、绘画、摄影作品，筛选优秀作品布展成文化室。作品内容健康、格调高雅、形式多样，以弘扬法治、反腐倡廉、励志明理、促进和谐为主旨，展现检察机关“强化法律监督，维护公平正义”的工作主题和检察干警爱民为民的精神风貌。

【体育健身室】全省大部分院都建成了体育健身室，包括乒乓球室、羽毛球场、排球场、篮球场、单杠器械场和综合器械场等，丰富干警的业余生活，培养健康向上的生活方式。

【美化环境】全省各级院积极营造和谐优美的工作环境，在单位院内种植草坪、花木、藤类植物等，人性化安装多种健身器材，在办公楼内摆放各种盆景、花卉，使干警身心舒畅，享受人与自然和谐。

人才队伍

全省检察机关实施人才兴检战略，加大检察人才的培养力度，用事业造就人才，用环境凝聚人才，用机制激励人才，为检察人才的健康成长创造条件，队伍的专业化水平得到提升。

【全省检察业务专家】为进一步加强对检察业务专家的考核，激励案件办理和业务研究，省院制定了《甘肃省检察业务专家考核及复审办法》。并根据高检院关于开展第三批全国检察业务专家评审的要求，省院制定了评审细则，经过初审和复审，最终推荐了3名同志参加全国检察业务专家的评审。

【专业人才库】全省共有617名业务骨干分别录入全省侦查监督、公诉、职务犯罪侦查、理论研究和公文写作人才库。

【检察文艺人才】甘肃省检察官文学艺术联合会（筹备组织）共向全国检察官文联报送检察文艺人才52人。

基层检察文化艺术工作

2008年以来，全省各基层院高度重视检察文化建设工作，充分发挥检察文化的熏陶、感染和激励作用，多措并举，营造出了文化育检的良好氛围，以检察文化建设推动了各项检察工作的深入开展，为检察事业发展提供思想保证和智力支持。

【永靖县院检察文化】永靖县检察院坚持把检察文化建设作为推动检察工作、促进队伍建设的新动力，充分发挥检察文化的育人、凝聚和辐射作用，有效提升了队伍整体素质和检察工作水平。

县院紧紧围绕检察文化的基本内涵，以素质文化、廉政文化、和谐文化为重点，积极拓展创建渠道，确保检察文化建设沿着正确的方向发展。在优化素质文化上，以培育干警核心价值观为核心，实行文化育德、文化促德、文化固德，塑造干警良好的品德修养。围绕建设学习型检察院，突出抓好司法考试、计算机等级考试、学历教育、创新能力培训“四项教育”，落实学习、竞争、激励、考评“四项机制”，全面提高干警政治、业务素质。在优化廉政文化上，将廉政文化教育作为检察文化建设的重点，创办《警钟》期刊，在内网开辟“廉政文化建设”专栏，在干警办公电脑桌面安装寓意深刻的廉政漫画格言，进一步发挥了文化助廉的功能。主动延伸检察文化在党风廉政建设中的引导功能，开展了以“上廉政课、看廉政片、写廉政句、建廉政栏”为主要内容的廉政文化进机关活动；联合县纪委、县文联共同举办了“庆七一·颂清廉”首届廉政书画展；制作检察廉政口杯和预防职务犯罪贺年卡向社会各界发放，在全县营造了积极向上的廉政文化建设氛围。在优化和谐文化上，坚持以培育和谐检察文化为着力点，采取喜闻乐见、形式多样的表现形式，先后组织开展了“爱我中华”、“颂歌献给党”等大型主题汇演，举办了演讲比赛、“丹墨飘香”书画大赛、书画摄影展览等活动，组织干警深入延安、会宁等爱国主义教育基地听党课、学党史，开展入党誓词和检察官誓词教育活动。根据干警兴趣爱好，成立了文艺组、篮球队、乒乓球队和羽毛球队，适时开展比赛活动，增进了同事间的友谊与默契，增强了干警的凝聚力和向心力，达到了潜移默化、润物无声的效果。

同时，县院努力搭建文化平台，培育良好的检察文化建设氛围，不断增强检察文化的吸引力、感染力。县院全面加强基础设施建设，建立了图书室、电子阅览室、书画室和健身房，创办《永靖检察》期刊，购置法律知识百科及文学艺术体育等方面的书籍8000余册，配置10台上网电脑，为干警查阅资料、不断“充电”提供便利条件；在文体活动室放置跑步机、乒乓球桌等体育健身设施，为干警健身娱乐提供方便。在机关办公楼走廊制作廉政格言、名言警句等版面，形成文化长廊，利用大厅LED显示屏、局域网不间断播放院党组寄语、文化格言等，有效提升检察机关文化品位。另外，努力培育亲情文化家园，注重人文关怀，倡导亲情文化，坚持从优待警，为干警提供早餐、办理意外保险、按时组织体检，尽最大可能为干警安心工作创造便利条件，解决后顾之忧，着力营造理解人、尊重人、关心人的和谐氛围。

浓厚的文化氛围，陶冶了干警的道德情操，提升了干警的思想境界，激发了干警干事创业的热情，形成了“上下一致、雷厉风行”的工作作风，各项工作呈现出良好发展势头。2012年，在20日内提起公诉的案件有36件50人；一天内办结提请批捕案18件32人，三天内办结32件44人，办案速度和效能大幅提升。县院先后被评为“全省先进检察院”、“全省精神文明建设工作先进单位”、“省级文明单位”、“全省政法系统先进基层党组织”、“全国先进基层检察院”、“全国检察文化建设示范院”。

新疆生产建设兵团检察官文学艺术联合会筹备组

检察文化艺术工作情况

综　述

2012年，兵团检察文化建设在高检院、中国检察官文联、兵团检察院党组的领导下，依托兵团文联，以党的十八大精神为指导，以筹备成立兵团检察官文联为契机，在抓队伍建设中，深入推进“文化育检”工程，以社会主义核心价值观为引导，突出兵团特色，弘扬兵团精神，结合实际，不断创新和丰富检察文化建设的内容和形式，各院开展了形式多样、广大检察人员喜闻乐见的文化活动，展示了兵团检察文化的深厚底蕴，激发了检察人员的使命感、荣誉感和归属感，营造了浓厚的检察文化氛围，服务了检察中心工作，取得了良好效果。

一、举办了以政法干警核心价值观教育为主要内容的文艺演出和演讲比赛

为把主题教育实践活动引向深入，充分发挥检察文化独特的教育、引导、约束、凝聚作用，不断提高检察队伍的思想政治素质和职业道德素养，兵团检察院年内组织了一系列以主题教育活动为内容的检察文化活动。3月，兵团检察院与第十二师检察机关联合举办了“践行政法干警核心价值观”文艺晚会，讴歌兵团检察事业；5月，兵团检察院和十三个检察分院开展了主题演讲比赛，经过逐级选拔，最终选出的14名参加了兵团检察院举办的“兵团检察机关政法干警核心价值观”主题演讲决赛，将主题教育活动推向了高潮。兵团检察院通过检察专线网络视频系统向各院实况转播了决赛全程。

二、举办了“歌颂党、迎接十八大、建设美好家园、实现跨越发展”为主题的廉政书法美术摄影作品展

（一）举办廉政书法美术摄影作品展。为弘扬兵团廉政文化，兵团检察院举办了以“歌颂党、迎接十八大、建设美好家园、实现跨越发展”为主题的廉政书法美术摄影作品展，共展出各院检察干警创作的书法美术摄影作品160余幅。这些作品紧贴廉政主题、紧贴检察工作、紧贴工作实际，广泛展览后受到了检察干警和社会各界的普遍好评。经兵团文联专家评审，评审出来了一、二、三等奖。

（二）参加了廉政文艺演出。兵团各级检察机关排练了形式多样的文艺节目，积极参加政法机关组织的廉政文艺汇演，且有多个节目获奖。这些节目以小品、相声、舞蹈等形式反映了检察干警廉洁从检的品德，宣传了检察干警的形象。

（三）上报高检院的3部廉政公益短片获奖。兵团检察院从各师分院报送的10部短片中，评选推荐了5部廉政宣传短片参加高检院的评选活动。其中第四师检察分院的《贪则腐，腐则废》获三等奖，第五师检察分院的《敬廉守信从孩子做起》、《律人必先律己》、第七师检察分院的《君子之道，弘清养正》、第十师检察分院的《拒绝腐败，把握人生》获优秀奖。这些获奖廉政短片不仅在兵团电视台进行了播出，兵团检察院还把这些获奖廉政短片制成了光碟，赠送兵团有关单位、部门作为干部廉政教育资料，以增强廉政公益广告反腐倡廉的吸引力、感染力、渗透力和影响力。

三、在人少工作多的情况下完成了兵团检察官文联的筹备工作

年初成立了兵团检察官文联筹备领导小组，确定一名副检察长任组长，负责筹备期间的具体事务，研究解决筹备过程遇到的实际问题。筹备成员在人少手工作多的情况下认真负责，及时向兵团民政局了解成立兵团检察官文联的条件和要求，学习社团登记条例等文件，动员兵团检察系统符合条件的干警申请加入检察官文联，共发展会员247人，占全体检察人员的24%。12月7日，民政局批复同意筹备成立兵团检察官文学艺术联合会。兵团检察官文学艺术联合会的成立，丰富了检察文化建设的组织形式，为进一步加强和改进兵团检察文化建设，繁荣和发展检察文化事业打下了坚实基础。此外，第二师、三师、七师、八师检察分院正在积极筹备成立检察官文联。

四、完成了兵团检察史料馆一期工程建设任务

为了加强兵团检察传统文化史教育，展现老一代检察人的艰苦创业、开拓进取、创新发展的奋斗历程，5月，兵团检察院史料馆建设全面启动。在人员少、各项工作任务繁忙的情况下，先后开展了展馆策划、征集史料、征集实物、查找史料、筛选史料、设计布局等一系列工作，最终从数千张照片中筛选出贴近兵团检察主题、有一定历史价值的各类照片，选集了反映兵团检察历史的珍贵文物。年底检察史料馆一期工程建设已完成。展馆建成后，将成为兵团检察机关良好的检察发展史教育基地。

五、拍摄了兵团检察机关恢复重建30周年电视专题片

为配合兵团史料馆的建设，兵团检察院多方收集资料、照片，拍摄了《屯垦戍边铸检魂》专题片。经过反复编辑、排版，年底专题片已基本完成。专题片反映了1984年兵团检察机关恢复重建以来走过的风雨历程，检察工作取得的巨大成绩，较好的再现了兵团检察历史。该处播放后受到广大检察干警的广泛好评，干警们进一步增强了履行好兵团屯垦戍边历史使命的神圣感和责任感。

六、深入部分基层检察院开展了检察文化专题调研

3月至4月，兵团检察院领导带领部分人员深入第四师、第八师、第十师基层检察院开展了包括检察文化在内的专题调研，与基层检察干警面对面谈心，了解了基层检察院检察文化建设情况，撰写了调研报告，提出加强检察文化建设的建议，明确了推进兵团检察文化建设的新思路、新举措、新方法、新途径，为全面开展兵团检察文化建设明确了思路。

七、开展了形式丰富干警文化生活

兵团有着独特的屯垦戍边历史和文化，兵团精神是一笔宝贵的精神财富。兵团各级检察机关突出检察干警主体地位，立足兵团检察工作实际，大力弘扬“热爱祖国、无私奉献、艰苦创业、开拓进取”的兵团精神，把兵团精神融入到培育践行社会主义核心价值观之中，渗透到检察工作的方方面面，鼓励、引导各级检察院开展具有兵团检察特点的文化活动。获得全国检察文化示范院的第四师检察分院检察文化建设形式多样、丰富多彩，成效显著，第一师、二师、三师、六师、八师、十三师检察机关在文化建设上都取得了新的成绩。使之成为弘扬检察文化的重要窗口。

一是抓好基层文化室和文化长廊建设。各院普遍建成了检察陈列室，办公大楼走廊里悬挂了书法作品、摄影作品、文化格言、廉政警句等，形成了检察文化长廊，体现了浓厚的检察文化氛围，展示了检察机关的形象。

二是注重兵团传统文化教育。各院通过举办讲座、聆听先进事迹报告会、参观红色教育基地、到烈士陵园瞻仰革命先烈、重温检察官誓言等多种形式，对干警尤其是年轻干警进行传统文化教育。兵团检察院和第六师基层干警共同参观了兵团武装力量建设陈列馆，参观了王震将军故居，使干警受到了深刻的兵团红色文化教育。

三是利用网络推进检察文化建设。各院在局域网开辟书法摄影、美文赏析、趣味体育、音舞天地等专栏，开展网上征文活动和书画、摄影及读书心得交流活动等，提升干警的文化品味和审美情趣。

四是组织干警开展各类文体活动。各院根据干警特长和兴趣爱好，成立了音乐舞蹈、体育、书法、摄影等活动小组，定期开展各类文体活动，丰富了干警尤其是年轻干警的业余文化生活，提升了干警的文化品味，活跃了机关文化生活，陶冶了干警情操，振奋了工作精神，

五是加大对检察文化投入，为文化育检提供物质保障。各院加大了文化育检的投入力度，建设了电子阅览室、文体活动室、篮球场等场所，为干警学习、健身、开展文体活动创造了条件。兵团检察院投入10余万元新建了干部学习室，配备了外网电脑、投影仪、DVD影碟机等设备，既促进了干警的学习又丰富了干警文化生活。

八、扩大了兵团检察文化宣传覆盖面

各院加大了对检察文化的宣传力度，干警在兵团主流媒体的报刊、电视台、网站等主流媒体积极发表检察文化稿件、图片等，宣传兵团检察文化工作成就、效果，展示兵团检察干警的风采，为兵团检察文化建设营造了良好的舆论氛围。

广东省

1	2	
3	4	5
6	7	

1. 2012 年 5 月 17 日，广东检察论坛召开。
2. 2012 年 8 月 18 日，广东省女检察官协会化妆舞会。
3. 2012 年 9 月 26 日，“党旗飘 粤检魂”全省检察机关文化建设文艺汇演。
4. 2012 年 9 月 27 日，全省检察机关文化建设工作会议。
5. 2012 年 7 月 28 日，粤港澳青少年反腐倡廉广告动漫创作比赛颁奖礼。
6. 广东省检察机关文化建设系列丛书。
7. 广东省人民检察院电视宣传片。

1	2	3
4	5	6
7	8	9
10	11	12

1. 2012年11月19日，广西壮族自治区人民检察院传达学习党的十八大精神。
2. 2012年2月27日，广西壮族自治区人民检察院政法干警核心价值观教育活动启动，自治区检察院检察干警进行宣誓。
3. 2012年2月6日，广西壮族自治区人民检察院主诉检察官颁证仪式。
4. 2012年3月31日，广西壮族自治区人民检察院检察干警到钦州举行"政法干警核心价值观"主题教育实践活动。
5. 2012年4月28日，广西壮族自治区检察机关服务千百十亿元企业活动启动。
6. 2012年9月10日，广西基层检察人员轮训培训班开班。
7. 2012年5月4日，广西壮族自治区人民检察院干警到邕伦村开展核心价值观教育活动。
8. 2012年5月10日，韩国济州检察厅代表团来访。
9. 2012年6月28日，广西壮族自治区检察机关"清廉为政、永葆纯洁"主题党课。
10. 2012年4月6日，广西壮族自治区人民检察院举行与民同行宣传月活动。
11. 2012年9月25日，柳州市检察文化长廊揭幕启用。
12. 2012年12月26日，广西壮族自治区人民检察院举行第九套广播体操比赛球掠球。

1	2
3	4
5	

1. 云南省人民检察院开展文体活动。
2. 云南省人民检察院积极参加全民健身运动会。
3. 云南省人民检察院太极拳兴趣小组。
4. 云南省人民检察院足球队全家福。
5. 云南省人民检察院足球队多人围抢球掠影。

1	2	
3	4	5
6	7	8
9		

1. 青海省人民检察院在海南州举办青海省检察机关第三届双语诉讼业务竞赛。
2. 高检院联合青海省委为“全国模范检察官”、西宁市人民检察院公诉处处长沙沨召开命名表彰大会。
3. 青海省人民检察院邀请“青海优秀法学家”王佐龙为全院干警作关于检察文化建设的辅导讲座。
4. 第六届全省优秀公诉人业务答辩现场。
5. 第三届青海省检察机关侦查监督优秀检察官竞赛。
6. 青海省检察机关庆三八读书会会场。
7. 青海省人民检察院退休干部申志忠为干警作检史讲座。
8. 王晓勇检察长给青海省人民检察院干警授课。
9. 原子城爱国主义教育基地宣讲团成员为检察官做宣讲。

1	2
3	4
5	

1. 2012年10月9日，甘肃省委书记王三运视察甘肃省人民检察院工作时参观了解省院文化长廊建设情况。
2. 2012年10月10日，甘肃省委书记王三运莅临兰州市城关区人民检察院视察检察文化建设情况。
3. 2012年6月10日，甘肃省兰州市人民检察院组织干警参加马拉松赛。
4. 2012年6月29日，甘肃省人民检察院干警李婷代表全省检察机关参加甘肃省政法干警核心价值观演讲获一等奖。
5. 临夏州永靖县人民检察院开展书画展览活动。

1	2	
3	4	
5	6	7
8		

1. 2012年9月27日，天水市秦州区人民检察院编排舞蹈《哈达献给党》。
2. 2012年6月4日，甘肃省白银市人民检察院干警参加全市九套广播体操比赛。
3. 2012年3月8日，甘肃省兰州市人民检察院举办“快乐三八”活动。
4. 2012年1月18日，甘肃省嘉峪关市人民检察院迎春文艺演出。
5. 2012年11月2日，甘肃省陇西县人民检察院干警在图书室认真学习。
6. 甘肃省陇南市人民检察院组织干警参加红七月演出。
7. 甘肃省武威天祝县人民检察院在石门沟草原举办拔河比赛。
8. 2012年7月5日，甘肃省民乐县人民检察院参加政法系统政法干警核心价值观文艺汇演。

1	2
3	4
5	6

1. 2012 年 9 月 10 日，新疆生产建设兵团检察机关书画摄影展。
2. 2012 年 6 月 28 日，新疆生产建设兵团检察机关演讲比赛。
3. 2012 年 10 月 19 日，新疆生产建设兵团人民检察院新建电子阅览室。
4. 新疆生产建设兵团人民检察院与新疆大学法学院成教学科研合作基地。
5. 2012 年 4 月 12 日，参加新疆生产建设兵团机关组织的乒乓球比赛。
6. 2012 年 2 月 10 日，干警晨读。

1	2
3	
4	5

1. 2012年10月19日，干警进行在线学习。
2. 垦区人民检察院全体党员在国旗下重温检察官誓言，入党誓词。
3. 农四师检察机关书法协会在国庆节前夕举办的书法展。
4. 2012年3月7日，庆三·八展现核心价值观联欢会。
5. 新疆生产建设兵团检察机关书画摄影展部分作品。

五、中国检察官文学艺术联合会大事记

2012年1月6日至8日，由中国检察官文联和北京市检察院政治部共同组织的第一届“迎新春、送文化”活动在北京举行。

2012年1月20日，曹建明检察长在中国检察官文联报送的《中国检察官文学艺术联合会2011年工作总结》上作出重要批示指出，一年来，检察官文联按照党组要求，围绕检察中心工作，积极开展各项文化艺术活动，宣传检察工作，弘扬检察精神，成效明显，为推动检察文化建设作出了积极贡献。衷心希望检察官文联在新的一年里，认真贯彻落实党的十七届六中全会精神，以弘扬社会主义核心价值体系特别是“忠诚、为民、公正、廉洁”的人民检察核心价值观为根本任务，坚持紧贴检察工作实际和一切从实际出发，坚持眼睛向内、重心下移、以我为主、因地制宜、量力而行、规范运行，积极开展适合基层广大检察人员参加的、富有检察特色的大众文化艺术活动，奋力推进检察文化建设和检察队伍建设，以新的优异成绩迎接党的十八大胜利召开。

2012年2月29日至3月1日，由中国检察官文学艺术联合会和江苏省检察官文学艺术联合会主办、南京市检察官文联承办的“以梅喻检”文化活动在江苏省南京市举行。

2012年3月15日，曹建明检察长在中国检察官文联秘书处呈报的《关于“以梅喻检”文化活动情况的报告》上批示：“以梅喻检”文化活动搞得好，有意义。

2012年3月23日，张耕主席主持召开会议，商讨《检察文化和法治文化理论研究大纲》的起草工作，曹康泰、冯军、徐建波、谢鹏程等专家出席。

2012年5月12日，中国检察官文联秘书处组织高检院合唱团赴河北省兴隆县组织拍摄纪念人民检察制度创立80周年公益MV。

2012年5月24日至26日，为纪念毛泽东同志《在延安文艺座谈会上的讲话》发表70周年，由中国检察官文学艺术联合会和陕西省检察官文学艺术联合会共同举办、延安市检察院承办、榆林市检察院协办的首届中国检察官文化论坛在延安举行。

2012年5月25日，中国检察官文学艺术联合会第一届委员会第一次常委会在陕西省延安市召开，会议审议了有关规定。

2012年6月11日，中国检察官文联在北京召开中国特色社会主义检察文化理论研究课题组会议，张耕主席出席会议并作重要讲话，杨明秘书长出席会议，课题组第一副组长谢鹏程主持了会议，课题组副组长徐建波、张建伟及课题组成员参加了会议。会议讨论确定了《中国特色社会主义检察文化理论研究》提纲和写作纲目。

2012年6月25日下午，中国检察官文学艺术联合会召开专题学习会，传达学习全国检察机关文化建设工作会议精神，并就如何贯彻落实会议精神、做好检察官文联工作作了具体部署。张耕主席出席会议并就如何贯彻落实全国检察机关文化建设工作会议精神、做好检察官文联工作提出明确要求。

2012年6月28日，中国检察官文学艺术发展专项基金接受北京法政集团捐赠仪式在中国检察官文联举行，张耕主席、北京法政集团董事长王广发、中国文学艺术基金会副秘书长郭希敏等出席捐赠仪式。

2012年6月29日至7月3日，张耕主席、杨明秘书长到山东省济南市检察院、济南市天桥区人民检察院、蓬莱市人民检察院、枣庄市人民检察院、滕州市人民检察院调研检察文化建设和检察官文联工作。

2012 年 7 月 13 日下午，中组部中直工委中国文联来中国检察官文联调研党建工作，高检院机关党委组织部部长任长义陪同调研，秘书处党支部成员参加座谈。

2012 年 8 月 4 日至 6 日，由中国检察官文联和山东省检察官文联共同举办、枣庄市检察院承办的“以荷喻检”文化活动在山东省检察官培训学院枣庄分院举行。

2012 年 8 月 31 日，曹建明检察长在中国检察官文联秘书处呈报的《关于“以荷喻检”文化活动情况的报告》上批示：“以荷喻检”文化活动搞得好，很好地彰显了检察职业道德、品格和精神。

2012 年 9 月 16 日，中华全国总工会、中国文学艺术界联合会、中央精神文明建设指导委员会办公室、中央电视台、中国音乐家协会联合主办的第三届职工艺术节“开滦杯”声乐展演活动颁奖晚会在河北省唐山市丰南大剧院圆满结束，由中国检察官文学艺术联合会选送的歌曲《人民检察官下乡来》获得民族唱法二等奖；歌曲《白雪红梅的故事》获得民族唱法优秀奖、《心里有灯不怕黑》获得美声唱法优秀奖、《真心换得百姓心》获得通俗唱法优秀奖、《情怀》获得美声唱法优秀奖，中国检察官文学艺术联合会获得“优秀组织奖”。

2012 年 9 月 17 日至 26 日，中国检察官文学艺术联合会组成以张耕主席为团长，郑鲁宁、杨学工、高二江、龙梅、孙勤为团员，一行 6 人的中国检察官文学艺术访问团，赴欧洲克罗地亚、波兰、保加利亚三国进行为期 10 天的学习考察。

2012 年 10 月 10 日，由中华全国总工会、中国文联、中央文明办、中央电视台和中国书法家协会、中国美术家协会联合主办的第三届中国职工艺术节“神华杯”书法美术作品展览在北京炎黄艺术馆落幕，中国检察官文联荣获第三届职工艺术节“神华杯”书法美术组织奖。

2012 年 10 月 14 日，中国检察官文学艺术联合会致信著名作家莫言，对莫言荣获 2012 年诺贝尔文学奖表示祝贺。

2012 年 11 月 1 日至 12 月 20 日，中国检察官文联开展第二届“迎新春、送文化”春联征集活动，本次征集活动面向全体检察干警和社会各界，内容要求体现“忠诚、为民、公正、廉洁”政法干警核心价值观，抒发对祖国、对人民、对检察事业的深厚感情和美好祝愿。

2012 年 11 月 8 日上午，组织秘书处全体人员收看党的十八大开幕式盛况。

2012 年 11 月 15 日，中国检察官文联会刊《检魂》编辑方案研讨会在北京召开。张耕主席出席会议。高检院政治部、办公厅、检察日报、检察理论所、检察出版社、法制日报等单位同志参加研讨会。

2012 年 11 月 16 日，中国检察官文学艺术联合会秘书处召开党的十八大精神专题学习会，张耕同志传达会议精神，并就中国检察官文联学习贯彻党的十八大精神提出要求。与会同志进行了认真讨论，进一步研究了贯彻落实的意见。

2012 年 11 月 17 日，由中华全国总工会、中国文学艺术界联合会、中央精神文明建设指导委员会办公室、中央电视台、中国摄影家协会联合主办的第三届中国职工艺术节“浙江能源杯”摄影艺术展览，在浙江省杭州市浙江美术馆举行。此次展览共收到 32468 幅参展作品，并通过中国摄影家协会专家组评选出352幅获奖作品。其中，由中国检察官文学艺术联合会选送的北京市人民检察院第二分院王宪江的作品《动之以情》获记录类二等奖、江苏省江阴市人民检察院詹爱平的作品《春江渔歌》获记录类优秀奖、河北省人民检察院过虹的作品《漓江渔歌》和《龙脊梯田》分别获艺术类优秀奖。中国检察官文学艺术联合会在本次展览中获得“优秀组织奖”。

2012年11月30日，中国检察官文联印发《关于认真学习贯彻党的十八大精神的通知》，要求各级检察官文联和检察官文联筹备组织要以高度的政治责任感和历史使命感，把学习贯彻好党的十八大精神作为当前和今后一个时期的首要政治任务切实抓紧抓好。

2012年12月1日，中国检察官文联《检魂》杂志创刊问计座谈会在北京召开，张耕主席出席会议并作重要讲话。检察日报，北京、山东、上海、江苏、浙江、陕西、内蒙、辽宁等10个省市检察官文联负责同志10余人参加了会议。

2012年12月11日，由最高人民检察院纪检组、监察局、政治部、检察日报、中国检察官文联联合主办的“全国检察机关廉洁从检书画摄影展”在北京首都博物馆开幕。最高人民检察院党组书记、检察长曹建明出席开幕式。本次书画摄影展共在全国检察系统征集作品14800多件，从中精选545件展出。参展作品体裁多样、视角开阔，廉政主题鲜明、检察特色突出，多角度、全方位反映了检察机关廉政文化建设的新经验和自身反腐败的新风貌，生动展现了检察机关党风廉政建设的新成果。

2012年12月21日，中国检察官文联创办《检魂》会刊研讨会在北京召开，《中国作家》杂志社主编艾克拜尔·米吉提，检察日报社社长李雪慧，《啄木鸟》杂志社社长张曙，《美术》杂志社编辑部主任张瞳，《中国摄影》杂志社主编助理马勇及高检院办公厅、政治部、国际合作局、《人民检察》、《方圆》、中国检察出版社、《检察日报》文艺部的同志计18人参加会议。张耕主席出席会议并讲话，杨明秘书长主持会议。

2012年12月27日，中国检察官文联秘书处召开2012年度总结表彰工作会议，张耕主席总结了中国检察官文联筹备以来的各项工作情况，并对2013年的工作进行了部署。张耕主席还为获得优秀等次的同志颁发了证书和奖金。